모두를 위한
리버싱 지침서 2/e

리버싱을 통한 어셈블리 언어의 이해

모두를 위한
리버싱 지침서 2/e

데니스 유리체프 지음   윤우빈 옮김

ⁱ!ⁱ
에이콘

 에이콘출판의 기틀을 마련하신 故 정완재 선생님 (1935-2004)

데니스 유리체프가 쓴 온라인 문서를 읽었다. 훌륭하다.[1]

— **피트 피니건**(Pete Finnigan)/오라클 RDBMS 보안 전문가

흥미로운 책이다. 유리체프는 대단한 작업을 해냈다.

— **마이클 시코스키**(Michael Sikorski)/『실전 악성코드와 멀웨어 분석』(에이콘, 2013)의 저자

이 훌륭한 리버싱 가이드에 찬사를 보낸다.

— **허버트 보스**(Herbert Bos)/VU 대학교 암스테르담의 정교수, 『Modern Operating Systems 4/e』
   (Pearson, 2014)의 공동 저자

믿기 어려울 정도로 놀라운 책이다.

— **루이스 로차**(Luis Rocha)/CISSP/ISSAP, 버라이즌 비즈니스의 네트워크 및 정보보안 기술 매니저

엄청난 노력과 훌륭한 책에 감사를 표한다.

— **요리스 반 더 비스**(Joris van de Vis)/SAP Netweaver 및 보안 전문가

---

1. https://twitter.com/petefinnigan/status/400551705797869568

적절한 리버싱 기술 입문서다.[2]

— **마이크 스테이**(Mike Stay)/미연방 법집행 훈련센터의 강사

정말 마음에 드는 책이다. 이 책을 읽는 학생을 여럿 봤으며, 대학원 강의에서 활용할 예정이다.[3]

— **세르게이 브라투스**(Sergey Bratus)/다트머스 대학 컴퓨터과학 학부의 연구 조교수

데니스 유리체프는 리버스 엔지니어링에 대한 인상적인 책을 만들었다.[4]

— **타넬 포더**(Tanel Poder)/오라클 RDBMS의 성능 튜닝 전문가

이 책은 초보자에게는 마치 위키피디아와 같다.

— **아처**(Archer)/중국 번역가, IT 보안 연구가

리버스 엔지니어링을 배우고자 하는 사람들이 가장 먼저 봐야 할 책이다.

— **미코 히포넨**(Mikko Hyppöonen)/F-Secure

---

2. https://www.reddit.com/r/IAmA/comments/24nb6f/i_was_a_professional_password_cracker_who_taught/
3. https://twitter.com/sergeybratus/status/505590326560833536
4. https://twitter.com/TanelPoder/status/524668104065159169

지은이 소개

데니스 유리체프^{Dennis Yurichev}

우크라이나 출신의 숙련된 리버스 엔지니어이자 프로그래머
며, 오라클 RDBMS 보안 연구가로 알려져 있다. VMware에 일
부가 된 벤처 기업 블루레인^{Bluelane}에서 보안 연구가로 일한 바
있다. 저자의 사이트는 http://yurichev.com/이며, 이메일 주소
는 dennis@yurichev.com이다.

한국어판
출간에 부쳐

2015년 1월 한국에 있는 에이콘출판사(www.acornpub.co.kr)는 이 책을 한국어로 번역
하고 출판하는 데 많은 노력을 기울여줬다. 현재 에이콘출판사의 웹 사이트에서 번역
출간된 책을 확인할 수 있다.

초판을 한국어로 번역하는 데 수고해 주신 분은 민병호 님(트위터 @tais9)이다.

책 표지의 디자인은 친구이자 작가인 앤디 네채브스키가 해줬고, 에이콘출판사는 한
국어판에 대한 저작권을 갖고 있다. 따라서 한글로 된 책을 자신의 책장에 놓고 싶다
면 서점에서 직접 구매할 수 있다.

감사의 글

내 질문에 참을성 있게 답해준 슬라바 'Avid' 카타코프, SkullC0DEr에게 감사의 말을 전한다.

잘못된 내용과 실수를 알려준 스타니슬라프 'Beaver' 보브리츠스키, 알렉산더 리센코, 알렉산더 'Solar Designer' 페실라크, 페데리코 라몬디노, 마크 윌슨, 제니아 갈린스카야, 라지코바 메이람굴 케이라토브나, 아나톨리 프로코피예프, 코스티아 베그네츠, 발렌틴 'netch' 네차예프, 알렉산드르 플라호프, 아르템 메틀라, 알렉산더 야스트레보프, 블래드 고로브킨[5], 에브게니 프로신, 주루 이진, 허창민, 비토르 비달, 스틴 크레비츠, 장 그레고르 파울론[6], 벤 L, 에티엔 칸, 노버트 세테이[7], 마크 레미, 마이클 한센, 데크 바텐, The Renaissance[8], 휴고 찬, 에밀 무르살리모프, 태너 호크, Tan90909090@GitHub에도 감사를 전한다.

그 밖에 앤드류 주빈스키, 아르노 페타드(#debian-arm IRC의 rtp), #gcc IRC의 noshadow, 알렉산드르 오테여, 모센 모스타파 조카, 피터 소비에토프, 미샤 'tiphareth' 베르비츠키에게도 감사하다.

교정에 참여한 알렉산더 'Lstar' 체르넨키, 블라디미르 보토프, 안드레이 브라주크, 마크 'Logxen' 쿠퍼, 위안 조첸 캉, 말 말라코프, 루이스 포터, 자를 토르센, 홍 시에에게도 감사한다.

---

5. goto-vlad@github
6. https://github.com/pixjuan
7. https://github.com/73696e65
8. https://github.com/TheRenaissance

바실 콜레프[9]는 많은 실수를 교정하는 데 정말 많은 도움을 줬다.

그림과 표지를 디자인한 앤디 네차에브스키에게 감사한다.

참고를 달아주고 잘못된 부분을 바로 잡아 준 github.com의 참여자 모두에게 고마움을 전한다.[10]

이 책에서는 다수의 레이텍^{LATEX} 패키지를 사용했다. 레이텍 개발자에게도 감사의 마음을 표한다.

---

9. https://vasil.ludost.net/
10. https://github.com/DennisYurichev/RE-for-beginners/graphs/contributors

옮긴이 소개

윤우빈(ybwbok@gmail.com)

기존의 IT 기술과 새로 만들어지고 있는 최신 기술을 보안이라는 관점에서 이해하고 새로운 기술, 비즈니스 영역의 새로운 보안 위협과 그에 대한 대응 기술을 고민하며, 에이콘출판사를 통해 다양한 보안 관련 지식을 공유하고자 노력하고 있다. 지금도 여전히 새로운 분야에 대한 보안 기술 연구와 다양한 보안 기술 개발을 위해 진땀 흘리고 있다.

옮긴이의 말

리버스 엔지니어링은 다양한 분야에서 사용될 수 있는 용어다. 이 책은 그중에서 소프트웨어 리버스 엔지니어링을 다룬다. 소프트웨어 개발을 위해 개발자가 프로그래밍 언어로 작성한 소스코드는 컴파일러에 의해 CPU가 실행할 수 있는 바이너리 코드 형태로 변환된다. 그렇게 만들어진 바이너리 코드를 디스어셈블러를 이용해 우리가 이해할 수 있는 어셈블리 코드로 변환할 수 있다. 소프트웨어 리버스 엔지니어링은 디스어셈블리 과정으로 만들어진 어셈블리 코드를 해석해 해당 소프트웨어의 동작 방식을 이해하고 분석하는 과정이라고 할 수 있다. 따라서 리버스 엔지니어링에 있어 어셈블리 코드의 이해는 필수라고 할 수 있다. 어셈블리 코드는 그것이 동작하는 CPU의 종류에 따라 각기 다른 스펙으로 정의된다.

독자는 이 책을 통해 어셈블리 코드를 분석하는 방법을 알 수 있을 것이다. 그리고 일반적인 x86 계열의 CPU뿐만 아니라 ARM, MIPS에 대한 어셈블리 코드도 매번 비교 설명하기 때문에 PC용 바이너리뿐만 아니라 IoT 기기와 같은 다양한 플랫폼에서 동작하는 바이너리를 리버스 엔지니어링할 수 있는 기반 기술을 배울 수 있을 것이다.

끝으로 언제나 좋은 IT 서적을 출판하고자 노력하고 항상 가족처럼 대해주시는 에이콘출판사 가족들께 감사의 말을 전합니다.

차례

2장 중요한 기초 내용

5장 코드에서 중요하고 흥미로운 부분 찾아내기   1033

7장 도구

9장　비공개 파일 포맷 리버싱 　　　　　　　　　　　　　　1325

들어가며

왜 원서의 제목이 두 가지인가?

원서의 제목은 2014년에서 2018년까지는 『Reverse Engineering for Beginners』였다. 하지만 책 제목이 독자의 범위를 제한한다고 생각했다. 정보 보호를 업무로 하고 있는 사람들은 '리버스 엔지니어링'을 알고 있지만 그들로부터 '어셈블러'라는 말은 거의 듣지 못했다. 마찬가지로 '리버스 엔지니어링'이라는 용어는 일반 프로그래머에게는 익숙하지 않지만 '어셈블러'라는 용어는 익숙하다.

그래서 2018년 7월에 실험적으로 제목을 『Assembly Language for Beginners』로 변경하고 Hacker News 웹 사이트[11]에 링크를 게시했다. 그 결과 돌아온 반응은 나쁘지 않았다. 그래서 책의 제목이 두 개가 됐다.

하지만 누군가 이미 『Assembly Language for Beginners』라는 이름의 책을 저술했기 때문에 책의 두 번째 제목을 『Understanding Assembly Language』로 바꿨다. 또한 책의 분량이 1,000페이지가 넘는데, 'for Beginners'라는 제목은 약간 맞지 않는다고 의견을 준 사람들도 있었다.

두 책의 내용은 동일하고 다만 제목과 파일명(UAL-XX.pdf, RE4B-XX.pdf), URL, 첫 페이지만 다를 뿐이다.

---

11. https://news.ycombinator.com/item?id=17549050

리버스 엔지니어링의 의미

'리버스 엔지니어링'이라는 용어는 여러 가지 의미로 사용된다.

1) 소프트웨어 리버스 엔지니어링: 컴파일된 프로그램을 연구하는 일
2) 3D 모델을 스캐닝 후 그것을 복제하고자 필요한 후속적인 디지털 조작 작업
3) DBMS의 구조를 재생성하는 일

이 책에서 의미하는 리버스 엔지니어링은 첫 번째 의미다.

필요한 사전 지식

C 프로그래밍 언어에 대한 기본적인 지식이 필요하다. 이를 위한 추천 자료는 12.1.3 절을 참고하기 바란다.

연습문제

http://challenges.re에서 리버스 엔지니어링에 관련해 연습할 수 있다.

간단한 FAQ

Q: 이 책을 읽기 위한 선행 지식은 무엇인가요?
A: C/C++에 대한 기본적인 이해가 필요합니다.

Q: x86/x64/ARM과 MIPS를 모두 배워야 하나요? 너무 많지 않을까요?
A: 초보자는 ARM과 MIPS 부분을 건너뛰고 x86/x64 부분만 읽어도 됩니다.

Q: 왜 어셈블리어를 배워야 하나요?
A: OS 개발자가 아니라면 어셈블리로 코드를 작성할 필요는 없을 것입니다. 또한 최신 컴파일러(2010)는 사람보다 최적화 수행 능력이 더 좋습니다.[12]

---

12. 이 주제에 대해서는 애그너 포그의 『Microarchitecture of Intel, AMD and VIA CPUs』(2016)를 참고하기 바란다.

또한 최신의 CPU는 매우 복잡해서 어셈블리에 대한 지식이 그런 CPU의 세부 내용을 이해하는데 그렇게 도움이 되지는 않습니다.

하지만 최소한 두 가지 영역에서는 어셈블리에 대한 이해가 도움이 됩니다. 무엇보다도 보안/악성 프로그램 연구에 도움이 됩니다. 그리고 디버깅하는 동안 컴파일된 코드를 이해한다면 많은 도움이 됩니다. 따라서 이 책은 어셈블리 코드를 작성하기보다는 어셈블리어를 이해하고자 하는 사람들을 위한 것입니다. 그래서 컴파일된 많은 예제를 책에 담고 있습니다.

Q: 리버스 엔지니어링으로 어떤 직업을 구할 수 있을까요?

A: Redit에는 리버스 엔지니어링과 관련된 채용 공고 스레드[13]가 때대로 등장합니다. 'netsec' 하위 레딧에서 찾을 수 있으며, 그곳을 보기 바랍니다.

Q: 일반적으로 프로그래밍을 배우려면 어떻게 해야 하나요?

A: C 언어와 LISP 언어를 모두 마스터하면 프로그래머의 삶이 훨씬 쉬워집니다. 브라이언 커니건, 데니스 리치의 『C Programming Language 2/e』(Pearson, 1988) 책의 예제를 풀어보는 것과 컴퓨터 프로그램의 구조와 해석을 공부해 보는 것을 추천합니다.

Q: 질문이 있다면 어디로 연락하면 되나요?

A: 제게 이메일(dennis@yurichev.com)로 질문하면 됩니다.

프로그래밍 학습 방법

많은 사람이 프로그래밍 학습 방법에 대해 질의를 하는데, 왕도는 없지만 그래도 효과적인 방법은 있다. 내 경험상으로 봤을 때 다음 책들을 이용해서 연습하기를 권한다.

- 브라이언 커니건, 데니스 리치, 『The C Programming Language 2/e』(1988)
- 해럴드 애빌슨, 제럴드 제이 서스먼, 줄리 서스맨, 『컴퓨터 프로그램의 구조와 해설(Structure and Interpretation of Computer Programs)』
- 도널드 커누스, 『Art of Computer Programming』

---

13. https://www.reddit.com/r/ReverseEngineering/

- 니클라우스 워스의 책
- 브라이언 커니건, 롭 파이크, 『프로그래밍 수련법(Practice of Programming)』 (1999)

순수한 C와 LISP 같은 프로그래밍 언어를 앞으로 전혀 다루지 않을 수도 있다. 거의 대부분의 상용 소프트웨어를 개발하는 프로그래머들이 그럴 것이다. 하지만 C와 LISP에 대한 코딩 경험은 장기적으로 보면 많은 도움이 될 것이다. 또한 책 자체를 읽는 것을 건너뛸 수도 있다. 단지 책에 있는 연습문제를 해결하고자 도움이 필요할 때마다 책을 훑어봐도 된다. 최대 몇 년이나 평생이 걸릴 수도 있지만 유행을 좇아 다니며 이 것저것 배우려고 하는 것보다는 빠른 방법이다.

위에 제시한 책들은 저자들이 학생들에게 먼저 적용해보고 내용을 다듬었기 때문에 성공했을 것이다. LISP 책으로는 개인적으로 『Racket(Scheme dialect)』을 추천한다. 하지만 이는 어디까지나 개인 취향에 달려있다.

어셈블리어를 앞으로 쓸 일이 전혀 없더라도 어셈블리어를 이해하면 프로그래밍에 많은 도움이 된다고 말하는 사람들이 있다. 이 말은 전적으로 맞는 말이다. 하지만 이는 엄청난 열정을 갖고 있는 프로그래머에게 해당되며, 처음에는 그렇게 할 필요까지는 없다.

또한 독학으로 공부하는 사람들(나를 포함해서)은 어려운 문제에 너무 매달려 쉬운 문제를 건너뛰는 경향이 있다. 그것은 매우 잘못된 방법이다. 스포츠나 음악과 비교해 생각해보면 운동을 할 때 처음부터 100킬로그램부터 시작하거나 바이올린 연주를 배우고자 파가니니의 곡부터 시작하는 사람은 없기 때문이다. 마음속으로 문제의 해결책을 제시할 수 있을 때만 문제 해결을 위한 시도가 가능하다.

연구라는 것은 많은 질문과 때로는 그 질문에 대한 대답으로 구성된다고 생각한다.
해결하고자 하는 근본적인 질문의 특별한 경우를 나타내는 작은 질문들을 반복적으로 해보는 방법을 익혀야 한다.
어떤 분야에 대한 탐험을 시작한다면 처음에는 그 분야에 대한 직관을 얻는 것으로 첫걸음을 디뎌야 한다. 일반적인 상황의 특정 부분을 완전히 이해하고자 작은 부분들을 많이 살펴보기 바란다.
그렇게 함으로써 어떤 것이 사실이고 어떤 것이 그렇지 않다는 것을 많이 배우게 되며, 유익한 방향과

피해야 할 방향에 대한 가이드를 얻을 수 있다.

끝내 당신은 더 큰 단계에 이를 수 있는 방법을 배우게 될 것이고, 커다란 문제 해결을 위한 하나의 큰 걸음을 내디딜 수 있게 된다.

하지만 거기서 멈춰서는 안 된다. 그 순간 당신이 접한 큰 문제를 제대로 이해한 세상에서 몇 안 되는 사람 중 하나가 될 것이다. 따라서 당신의 뇌가 지금 상상할 수 있는 것과 동일하거나 유사한 방법으로 문제의 주변에 무엇이 진실인지를 발견해야만 한다. 분석 결과가 '자연적인 경계'(복잡한 변수의 함수를 더 이상 분석할 필요가 없을 때까지의 상태와 유사한 의미)에 이를 때까지 진행해야 한다.

내 저서인 『Surreal Numbers』라는 책은 연구를 수행하는 동안 발생할 수 있는 실질적인 예제를 제공해줄 것이다.

나는 수 체계에 대한 존 콘웨이의 매력적인 공리(그의 놀랍게 간단한 공리는 실제 값을 가진 숫자보다 훨씬 뛰어나다)를 처음 공부할 때 올바르지 않은 방향으로 시작했고, 그 이후 발견한 유용한 것을 발견했다. 그 책에 등장하는 인물들도 나와 정확히 같은 순서로 잘못된 시작과 유용한 발견을 하게 된다. (그 책에 나오는 인물 중 한 사람은 다른 등장인물들과는 달리 무차별적인 반복과 인내심을 바탕으로 성공하거나 실패하는 경향이 있고 좀 더 큰 그림을 볼 줄 아는 사람이다. 그 두 가지 부류의 등장인물들은 모두 나의 연구 스타일을 대변한다. 그 책을 통해서 나는 독자들에게 '서서히 알아내는' 연구 기술을 설명하고 싶었다)

『Surreal Numbers』는 알고리즘과 같은 컴퓨터 공학 주제가 아니라 대수와 논리와 같은 순수한 수학적인 주제를 다룬다. 연구하는 동안 알고리즘도 함께 다룬다면 아름다운 새로운 차원이 펼쳐지게 될 것이다. 컴퓨터에서 알고리즘이 구현될 수 있기 때문이다.

내 경험상 그런 프로그램을 작성하는 행위는 분명 문제 영역에 대한 이해의 깊이를 더해줄 것이다.

도널드 커누스(https://theorydish.blog/2018/02/01/donald-knuth-on-doing-research/)

행운을 빈다.

01
코드 패턴

1.1 방법론

나는 처음 C를 배우고 이후에 C++를 배웠을 때 간단한 코드를 작성해 컴파일 해보고 그 결과로 만들어진 어셈블리어를 살펴보곤 했다. 그러면 작성한 코드 내부에서 어떤 일이 일어나는지 쉽게 이해할 수 있었다.[1] 그런 작업을 반복적으로 하다 보니 C/C++ 코드와 컴파일러가 만들어낸 결과물 간의 관계가 머릿속 깊이 각인돼 이제는 C 코드를 보면 대략적으로 어떻게 컴파일돼 동작하는지 쉽게 유추할 수 있게 됐다. 다른 사람에게도 이 기술이 유용하게 사용될 수 있을 것이다.

그런데 이와 같은 작업을 쉽게 할 수 있는 좋은 웹 사이트가 있다. 자신의 컴퓨터에 어떤 프로그램도 설치하지 않아도 되며 다양한 컴파일러를 지원하는데, 그것은 https://godbolt.org/다.

연습

내가 어셈블리어를 공부할 때는 종종 컴파일된 작은 C 함수들의 어셈블리 코드를 최대한 작게 만들고자 조금씩 코드를 바꿔보곤 했지만, 현실에서는 그렇게 가치 있는 일

---

1. 사실 이해가 잘되지 않는 코드가 있다면 지금도 그것의 어셈블리어를 살펴보곤 한다.

이 아닐 수 있다. 효율성 측면에서 최신 컴파일러와 경쟁하는 것은 쉽지 않기 때문이다. 하지만 어셈블리에 대한 깊은 이해를 얻을 수 있는 매우 좋은 방법이다. 그러므로 이 책에 있는 어셈블리 코드를 좀 더 짧게 만들고자 노력해보기 바란다. 하지만 작성한 코드를 테스트하는 것을 잊어서는 안 된다.

최적화 레벨과 디버그 정보

소스코드는 다양한 최적화 레벨을 가진 여러 가지 컴파일러로 컴파일할 수 있다. 전형적인 컴파일러는 보통 세 단계의 최적화 레벨을 지원하며, 레벨 0은 최적화를 수행하지 않는다는 것을 의미한다. 최적화는 코드의 크기나 코드의 속도를 위해 수행하기도 한다. 최적화를 수행하지 않는 컴파일러는 컴파일 속도가 빠르고 좀 더 이해하기 쉬운 코드를 만들어내지만, 최적화를 수행하는 컴파일러는 컴파일 속도가 상대적으로 느리며 좀 더 빠른 코드를 만들어내려고 노력한다(그렇다고 반드시 코드가 작아지지는 않는다). 컴파일러는 산출한 코드를 쉽게 디버깅할 수 있도록 출력 파일에 디버그 정보를 포함시킬 수 있다. 디버그 코드의 중요한 기능 중 하나는 소스코드의 각 라인과 기계 코드의 주소를 연결해주는 정보를 포함하는 것이다. 하지만 컴파일러의 최적화는 소스코드의 전체 라인을 최적화해 그에 대한 정보가 기계 코드에 존재하지 않게 만드는 경향이 있다. 따라서 리버스 엔지니어는 컴파일러 최적화가 수행된 바이너리를 보게 될 수도 있고 최적화가 수행되지 않은 바이너리를 보게 될 수도 있다. 이 때문에 이 책에서는 가능하다면 디버그 버전과 릴리스 버전 모두를 살펴보도록 노력할 것이다.

경우에 따라서는 좀 더 간단한(또는 가장 간단한) 코드를 얻고자 꽤 오래된 컴파일러를 이용하기도 할 것이다.

1.2 몇 가지 기본 사항

1.2.1 CPU에 대한 간단한 소개

CPU는 프로그램을 구성하는 기계 코드를 실행하는 장치다.

관련 용어:

명령어^{Instruction}: 원시 CPU 명령이다. 가장 간단한 예로는 레지스터 간의 데이터 이동, 메모리 작업, 기본적인 산술 연산이 있다. 각 CPU는 자체적인 명령어 집합 아키텍처 ^{ISA, Instruction Set Architecture}를 가진다.

기계 코드^{Machine code}: CPU가 직접 처리하는 코드다. 각 명령어는 보통 여러 바이트로 인코딩된다.

어셈블리어^{Assembly language}: 니모닉^{Mnemonic} 코드와 프로그래머가 유용하게 사용할 수 있게 만들어진 매크로와 같은 확장이다.

CPU 레지스터^{CPU register}: 각 CPU에는 정해진 수의 범용 레지스터^{GPR}[2]가 존재한다. 보통 x86은 8개, x86-64는 16개, ARM은 16개의 범용 레지스터를 가진다. 레지스터를 이해하는 가장 쉬운 방법은 마치 타입 없는 임시 변수로 생각하는 것이다. 고급 프로그래밍 언어^{PL, Programming language}로 작업 중인데, 이용할 수 있는 변수가 32비트(또는 64비트) 변수 8개뿐이라고 상상해보자. 8개 변수만으로도 무궁무진한 일을 수행할 수 있다.

서로 다른 기계 코드와 프로그래밍 언어가 왜 필요할까? 해답은, 인간은 C/C++, 자바, 파이썬과 같은 고급 프로그래밍 언어를 이용하는 것이 더 쉽지만 CPU는 좀 더 낮은 레벨의 추상화를 이용하는 것이 더 쉽기 때문이다. 고급 프로그래밍 언어의 코드를 실행할 수 있는 CPU를 만드는 것이 가능할 수는 있겠지만 현재 우리가 알고 있는 CPU보다 몇 배나 더 복잡할 것이다. 반대로 인간이 로우레벨의 어셈블리어를 작성하는 것은 매우 불편할 것이다. 너무 로우레벨이고 수많은 실수를 남발할 수 있기 때문이다. 고급 프로그래밍 언어 코드를 어셈블리어로 변환하는 프로그램을 컴파일러라고 한다.[3]

서로 다른 ISA에 대한 노트

x86 ISA는 언제나 가변 길이 명령어를 지원하는 ISA였기 때문에 64비트 시대가 도래했을 때 x64 확장이 ISA에 미친 영향은 미미했다. 실제로 x86 ISA는 16비트 8086 CPU 시절에 만들어진 명령어를 여전히 포함하고 있어 현재의 CPU에서도 발견할 수 있다.

---

2. General Purpose Registers
3. 고전 러시아 문학에서도 '통역사'라는 용어를 사용한다.

ARM은 고정 길이 명령어를 염두에 두고 설계한 RISC^{Reduced Instruction Set Computing} CPU다.
과거엔 고정 길이 OP 코드가 갖는 몇 가지 장점이 있었고, 초기에 모든 ARM 명령어는
4바이트로 인코딩됐다.[4] 이를 지금은 'ARM 모드'라고 부른다. 하지만 처음에 기대했
던 것만큼 효율적이지 않았다. 사실 실제 애플리케이션에서 가장 자주 사용되는 CPU
명령어[5]는 훨씬 더 적은 양의 정보로 인코딩될 수 있다. 결국 명령어를 2바이트만으로
인코딩하는 Thumb이라는 ISA가 추가됐다. 지금은 이를 'Thumb 모드'라고 부른다. 하
지만 모든 ARM 명령어를 2바이트로 인코딩하는 건 불가능하기 때문에 Thumb 명령어
세트에는 제약 사항이 있다. 물론 ARM 모드와 Thumb 모드로 컴파일된 코드가 한 프
로그램 내에 공존할 수 있다. 그 후 ARM 설계자들은 Thumb을 확장할 수 있다고 생각
했고, ARMv7에서 Thumb-2를 도입했다. Thumb-2는 여전히 2바이트 명령어지만 일
부 새로운 명령어의 길이는 4바이트다. Thumb-2가 ARM과 Thumb의 결합이라는 오
해가 만연한데, 사실이 아니다. 오히려 Thumb-2는 모든 프로세서 기능을 완전히 지
원할 수 있도록 확장됐고 ARM 모드와 경쟁할 수 있게 됐다. 그 결과 아이팟/아이폰/아
이패드 애플리케이션의 대부분이 Thumb-2 명령어 세트로 컴파일되고 있다(이는
Xcode의 디폴트 옵션 값이 Thumb-2로 설정돼 있다는 것이 주요 요인이라고 할 수 있다). 시간
이 흘러 64비트 ARM이 등장했다. 이 ISA는 4바이트 명령어며, 추가적인 Thumb 모드
를 필요로 하지 않는다. 하지만 64비트 요구 사항 때문에 ISA가 변경됐으며, 결과적으
로 ARM 명령어 집합은 총 세 개가 됐다. ARM 모드, Thumb 모드(Thumb-2 포함), ARM64
가 그것이다. 세 ISA에 공통적인 부분이 없지는 않지만 이들을 한 아키텍처의 변형으
로 보기보다는 서로 다른 별개의 ISA로 볼 수 있다. 그러므로 이 책에서는 가능한 한
세 가지 ARM ISA 코드 모두를 제공하려고 노력할 것이다. 또한 MIPS, 파워PC^{PowerPC},
Alpah AXP와 같이 고정된 32비트 길이의 명령어를 제공하는 다른 RISC ISA도 많다.

---

4. 고정 길이 명령어를 사용하면 다음(또는 이전) 명령어의 주소를 아무런 노력 없이 계산할 수 있기 때문에 편리하다.
   이에 대해서는 이후의 switch() 연산(1.15.2) 절에서 살펴볼 것이다.
5. 예를 들면 MOV/PUSH/CALL/Jcc

1.2.2 수 체계

요즘은 8진수가 POSIX 시스템의 파일 권한 설정에만 사용되는 것으로 보이며, 숫자 값의 비트 패턴을 강조하고자 16진수가 널리 사용된다.

앨런 도노반(Alan A. A. Donovan), 브라이언 커니건(Brian W. Kernighan) — 『Go Programming Language』

인간은 10진수에 익숙해져 왔다. 그것은 아마도 대부분의 사람이 손가락이 10개이기 때문일 것이다. 하지만 '10'이라는 숫자는 과학과 수학에서 중요한 의미를 갖지 않는다. 디지털 전자 공학에서 자연수 시스템은 2진수다. 0은 현재 전선에 전류가 없다는 것을 의미하고 1은 있다는 것을 의미한다. 2진수 10은 10진수로 2이고, 2진수 100은 10진수로 4가 된다. 수 체계가 10개의 수를 갖는다면 기수는 10이 된다. 2진수 체계에서는 기수가 2가 된다.

기억해야 할 사항:

1) 수 체계를 나타내고자 보통 하나의 문자를 이용해 표시한다.

2) 다른 기수로 변환하더라도 수의 값은 변하지 않는다. 단지 해당 값을 표현하는 방법 (RAM$^{Random-Access Memory}$에서 표현되는 방법으로)이 바뀔 뿐이다.

1.2.3 다른 기수로의 변환

수의 자리 표기는 대부분의 수 체계에서 사용된다. 이는 숫자가 수의 어느 위치에 있느냐에 따라 상대적인 가중치가 적용된다는 것을 의미한다. 2가 맨 오른쪽에 위치한다면 그 값은 2지만 맨 오른쪽의 바로 왼쪽에 위치한다면 그 값은 20이 된다. 그렇다면 1234가 의미하는 것은 무엇일까?

$$10^3 \cdot 1 + 10^2 \cdot 2 + 10^1 \cdot 3 + 1 \cdot 4 = 1234 \text{ 또는 } 1000 \cdot 1 + 100 \cdot 2 + 10 \cdot 3 + 4 = 1234$$

2진수의 경우에도 동일하다. 하지만 기수는 10 대신 2가 된다. 그렇다면 0b101011이 의미하는 것은 무엇일까?

$$2^5 \cdot 1 + 2^4 \cdot 0 + 2^3 \cdot 1 + 2^2 \cdot 0 + 2^1 \cdot 1 + 2^0 \cdot 1 = 43 \text{ 또는 } 32 \cdot 1 + 16 \cdot 0 + 8 \cdot 1 + 4 \cdot 0$$
$$+ 2 \cdot 1 + 1 = 43$$

로마 숫자 체계와 같은 비위치 표기법도 있다.[6] 아마도 종이 위에서 기본적인 연산(더하기, 곱하기 등)을 하는 것이 더 쉽게 느껴졌기 때문에 위치 표기법으로 전환했을 것이다.

학교에서 배운 것과 동일하게 2진수도 더하거나 뺄 수 있다. 하지만 2진수는 두 개의 숫자만 이용할 수 있다.

2진수는 소스코드에 표현할 때 덩치가 커지기 때문에 16진수 시스템이 유용하다. 16진수에서는 기수로 숫자 0..9와 라틴 문자 6개(A..F)가 사용된다. 각각의 16진수 숫자는 4비트 또는 4개의 2진수 숫자를 취하므로 2진수를 16진수로 또는 16진수를 2진수로 직접 변환하는 것이 매우 쉽다.

16진수	2진수	10진수
0	0000	0
1	0001	1
2	0010	2
3	0011	3
4	0100	4
5	0101	5
6	0110	6
7	0111	7
8	1000	8
9	1001	9
A	1010	10
B	1011	11
C	1100	12
D	1101	13
E	1110	14

---

6. 숫자 체계의 진화에 대해서는 도널드 커누스의 『Art of Computer Programming, Volume 2, 3rd ed.』(1997), 195–213을 참고하기 바란다.

F	1111	15

어떤 기수를 사용하고 있는지는 어떻게 알 수 있을까?

일반적으로 10진수 숫자는 **1234**처럼 표현한다. 일부 어셈블리어에서는 10진수를 위한 식별자로 **1234d**와 같이 'd'를 접미사로 사용한다.

2진수 숫자는 **0b100110111**처럼 '0b' 접두사를 이용해 표현하곤 한다(GCC^GNU Compiler Collection는 이를 위해 비표준 언어 확장을 갖고 있다[7]). 또 다른 방법으로는 **100110111b**처럼 'b' 접미사를 이용하는 것이다. 이 책에서는 2진수 숫자를 위해 '0b' 접두사를 사용할 것이다.

C/C++와 여타 프로그래밍 언어에서는 16진수 숫자를 위해 **0x1234ABCD**처럼 '0x' 접두사를 사용한다. 다른 방법으로는 **1234ABCDh**처럼 'h' 접미사를 사용하는 경우도 있다. 이는 어셈블리어와 디버거에서 주로 사용하는 방법이다. 이 경우 16진수 숫자가 라틴 문자(A..F)로 시작하면 **0ABCDEFh**처럼 앞에 0를 붙여 준다. 8비트 컴퓨터에서는 16진수 숫자를 위해 **$ABCD**처럼 $ 접두사를 사용하기도 했다. 이 책에서는 16진수 숫자를 위해 '0x' 접두사를 사용할 것이다.

숫자를 머릿속에서 변환하는 방법을 배워야 할까? 한 글자의 16진수 숫자는 쉽게 기억할 수 있지만 더 큰 숫자를 위해 스스로 자신을 괴롭힐 필요는 없을 것이다.

아마도 가장 흔하게 보이는 16진수는 URL^Uniform Resource Locator에 있을 것이다. URL에서는 라틴 문자가 아닌 것은 16진수로 인코딩된다. 예를 들면 https://en.wiktionary. org/wiki/na%C3 %AFvet%C3%A9은 'naïveté' 단어에 대한 Wiktionary 문서의 URL이다.

8진수

컴퓨터 프로그래밍에서 과거에 많이 사용된 수 체계는 8진수였다. 8진수에서는 8개의 숫자(0..7)를 사용하고 각 숫자는 3비트로 매핑되기 때문에 쉽게 10진수로 변환할 수 있다. 8진수는 대부분 16진수 체계로 대체됐다. 하지만 놀랍게도 사람들이 많이 사용하는 *NIX 유틸리티인 chmod에서는 인자로 8진수를 받아들인다.

---

7. https://gcc.gnu.org/onlinedocs/gcc/Binary-constants.html

*NIX 사용자라면 누구나 알겠지만 chmod 인자는 3개의 숫자로 이뤄진다. 첫 번째 숫자는 파일 소유자의 권한(읽기, 쓰기, 실행)을 나타내고, 두 번째 숫자는 해당 파일이 속한 그룹의 권한을, 그리고 마지막 숫자는 다른 모든 사용자를 위한 권한을 나타낸다. chmod에 전달되는 숫자는 2진수 형태로 표현될 수 있다.

10진수	2진수	의미
7	111	rwx
6	110	rw-
5	101	r-x
4	100	r--
3	011	-wx
2	010	-w-
1	001	--x
0	000	---

각 비트는 read/write/execute 플래그에 매핑된다.

여기서 chmod의 중요성은 인자로 전달되는 숫자가 8진수 숫자로 표현된다는 것이다. 644를 예로 살펴보자. chmod 644인 파일은 파일 소유자가 읽기/쓰기 권한을 가지며 그룹과 다른 모든 사용자는 읽기 권한을 가진다는 것을 의미한다. 8진수 644를 2진수로 변환하면 110100100 또는 3비트로 나눠 표현한 110 100 100이 될 것이다.

2진수의 각 3비트가 각각 소유자/그룹/다른 사용자를 위한 것이며, 첫 번째는 rw-, 두 번째와 세 번째는 r--라는 것을 알 수 있다.

8진수 체계는 PDP-8과 같은 예전 컴퓨터에서 많이 사용됐다. 워드가 12, 24, 36비트였고 비트 길이가 모두 3으로 나눠지기 때문에 8진수 시스템이 해당 환경에서 자연스러웠기 때문이다.

요즘 대부분의 컴퓨터에서는 워드/주소 크기가 16, 32, 64비트며 이 비트 길이 모두 4로 나눠진다. 따라서 16진수 시스템을 사용하는 것이 좀 더 자연스럽다.

모든 표준 C/C++ 컴파일러는 8진수 체계를 지원한다. 이 때문에 혼동이 자주 일어난다. 0377(10진수 255)처럼 8진수가 0으로 시작하기 때문이다. 경우에 따라서는 9 대신

'09'라고 오타를 치면 컴파일러가 에러를 출력할 수도 있다. GCC는 다음과 같은 에러를 출력할 것이다.

```
error: invalid digit "9" in octal constant.
```

8진수는 자바에서도 종종 사용된다. IDA가 출력할 수 없는 자바 문자열을 보여줄 때는 16진수가 아닌 8진수로 인코딩해 보여준다. JAD 자바 디컴파일러도 동일한 방법을 사용한다.

가분성

10진수 120을 보면 마지막 숫자가 0이기 때문에 10으로 나눠떨어진다는 것을 금방 알아낼 수 있다. 같은 방법으로 123400은 마지막 숫자 두 개가 0이기 때문에 100으로 나눠떨어진다는 것을 알 수 있다.

비슷하게 16진수 0x1230은 0x10(또는 16)으로 나눠떨어지고 0x123000은 0x1000(또는 4096)으로 나눠떨어진다.

2진수 0b1000101000은 0b1000(8)로 나눠진다.

이 속성을 이용하면 메모리에서 일부 블록의 주소나 크기가 어떤 경계에 위치하는지 쉽게 알아낼 수 있다. 예를 들면 PE^Portable Executable에서 섹션들의 시작 주소는 0x41000 또는 0x10001000처럼 거의 항상 끝이 3개의 0으로 끝나는 16진수 주소다. 그 이유는 거의 대부분의 PE 섹션들이 0x1000(4096) 바이트 경계에 위치하기 때문이다.

다중 정밀도 연산과 기수

다중 정밀도 연산에서는 큰 수를 이용할 수 있고 각 수는 여러 바이트에 저장될 것이다. 예를 들면 RSA 키는 공개키와 비밀키 모두 4096비트까지 확장할 수 있다.

도널드 커누스의 『Art of Computer Programming, Volume 2, 3rd ed.』(1997, p. 265)에서는 다중 정밀도 숫자를 여러 개의 바이트에 저장할 때 전체 숫자를 기수 $2^8 = 256$으로 표현할 수 있고 각 숫자를 해당 바이트에 저장한다고 설명하고 있다. 마찬가지로 여러 개의 32비트 정수 값에 다중 정밀도 수를 저장한다면 각 숫자는 32비트 슬롯으로 이동하므로 숫자가 기수 2^{32}에 저장된다고 생각할 수 있다.

10진수가 아닌 숫자를 읽는 방법

10진수가 아닌 수는 각각의 숫자를 개별적으로 읽는다. 즉, '일-영-영-일-일-...', 그리고 10진수와 혼동되지 않도록 '십'과 '천'처럼 읽지 않는다.

부동소수점

정수와 부동소수점을 구분하고자 부동소수점의 끝에 0.0, 123.0처럼 끝에 '.0'을 붙여준다.

1.3 빈 함수

가장 간단한 함수는 아무것도 하지 않는 함수일 것이다.

리스트 1.1: C/C++ 코드

```
void f()
{
    return;
};
```

그럼 빈 함수를 컴파일해보자.

1.3.1 x86

다음은 x86 플랫폼에서 GCC와 MSVC 컴파일러의 컴파일 결과다.

리스트 1.2: 최적화를 수행한 GCC/MSVC(어셈블리 출력)

```
f:
    ret
```

함수 호출자로 리턴하는 RET 명령어 하나만 보일 뿐이다.

1.3.2 ARM

리스트 1.3: 최적화를 수행한 Keil 6/2013(ARM 모드) 어셈블리 출력

```
f    PROC
     BX      lr
     ENDP
```

ARM ISA에서는 리턴 주소가 로컬 스택에 저장되지 않고 링크 레지스터에 저장된다. 따라서 BX LR 명령어에 의해 해당 주소로 점프하고 결과적으로 함수 호출자에게 실행을 효과적으로 반환한다.

1.3.3 MIPS

MIPS에서는 레지스터를 명명할 때 두 가지 방법이 있다. 즉, 숫자를 이용($0에서 $31까지)하거나 의사^{Pseudo} 이름을 지정($V0, $A0 등)하는 것이다.

아래의 GCC 어셈블리 출력에서는 레지스터를 숫자로 구분했다.

리스트 1.4: 최적화를 수행한 GCC 4.4.5(어셈블리 출력)

```
    j      $31
    nop
```

반면 IDA[8]는 의사 이름을 이용한다.

리스트 1.5: 최적화를 수행한 GCC 4.4.5(IDA)

```
    j      $ra
    nop
```

첫 번째 명령어는 실행 흐름을 호출자에게 반환하고자 $31(또는 $RA) 레지스터에 저장된 주소로 점프하는 점프 명령어(J 또는 JR)다.

이는 ARM의 LR('Link Register') 레지스터와 유사하다.

두 번째 명령어는 NOP('No Operation') 명령어로, 아무런 작업도 수행하지 않는 명령어이므로 지금은 무시해도 된다.

---

8. Hex-Rays에서 개발한 인터랙티브 디스어셈블리(Interactive Disassembler)와 디버거(Debugger)

MIPS 명령어와 레지스터 이름

MIPS에서 레지스터와 명령어 이름은 전통적으로 소문자로 적는다. 하지만 이 책에서는 일관성을 위해 다른 ISA의 경우처럼 대문자를 이용할 것이다.

1.3.4 실제로 사용되는 빈 함수

빈 함수는 쓸모없는 것처럼 보이겠지만 로우레벨 코드에서는 빈번하게 볼 수 있다. 무엇보다도 빈 함수는 디버깅 함수에서 매우 많이 사용된다.

리스트 1.6: C/C++ 코드

```
void dbg_print (const char *fmt, ...)
{
#ifdef _DEBUG
        // 로그 파일을 연다.
        // 로그 파일에 내용을 쓴다.
        // 로그 파일을 닫는다.
#endif
};

void some_function()
{
    ...
    dbg_print ("we did something\n");
    ...
};
```

디버그 빌드가 아닌(즉, '릴리스 빌드') 경우에는 **_DEBUG**가 정의되지 않기 때문에 **dbp_print()** 함수가 실제로 호출된다고 하더라도 아무런 작업을 수행하지 않는다.

데모 버전을 만드는 경우와 실제 고객을 위한 버전을 만들 때 이와 유사한 방법을 이용한다. 즉, 데모 빌드의 경우에는 다음의 예처럼 몇 가지 중요한 함수가 실행되지 않게 만든다.

리스트 1.7: C/C++ 코드

```
void save_file ()
{
#ifndef DEMO
    // 실제 저장 기능을 수행하는 코드
```

```
#endif
};
```

사용자가 **파일 ▶ 저장** 메뉴를 클릭했을 때 **save_file()** 함수가 호출된다. 데모 버전의 경우에는 해당 메뉴를 비활성화해 전달할 것이다. 하지만 소프트웨어 크랙으로 메뉴를 활성화시키더라도 저장 기능을 수행하는 코드가 빠진 빈 함수가 호출될 것이다.

IDA에서는 이와 같은 함수를 **nullsub_00**, **nullsub_01**과 같은 이름으로 부른다.

1.4 리턴 값

또 다른 간단한 함수로는 단순히 상수 값을 리턴하는 함수가 있다.

리스트 1.8: C/C++ 코드

```
int f()
{
    return 123;
};
```

이 함수를 컴파일해보자.

1.4.1 x86

다음은 x86 플랫폼에서 GCC와 MSVC 컴파일러의 컴파일 결과(최적화 수행)다.

리스트 1.9: 최적화를 수행한 GCC/MSVC(어셈블리 출력)

```
f:
    mov eax, 123
    ret
```

단지 두 개의 명령어만 있다. 첫 번째는 123 값을 **EAX** 레지스터에 저장한다. 이는 리턴 값을 저장하고자 사용하는 방법이다. 두 번째는 함수 호출자로 리턴하는 **RET** 명령어다. 함수 호출자는 **EAX** 레지스터에서 리턴 값을 가져올 것이다.

1.4.2 ARM

ARM 플랫폼의 경우에는 약간 다르다.

리스트 1.10: 최적화를 수행한 Keil 6/2013(ARM 모드) ASM 출력

```
f   PROC
    MOV    r0,#0x7b ; 123
    BX     lr
    ENDP
```

ARM에서는 함수의 결과를 반환하고자 R0 레지스터를 이용한다. 따라서 123이 R0에 복사된다.

이때 주목해야 하는 점은 MOV라는 명령어 이름 때문에 x86과 ARM ISA 모두에서 그 의미가 잘못 이해된다는 것이다. 즉, 데이터가 실제로 이동하는 것이 아니라 단지 복사될 뿐이다.

1.4.3 MIPS

아래의 GCC 어셈블리 출력에서는 레지스터를 숫자로 구분했다.

리스트 1.11: 최적화를 수행한 GCC 4.4.5(어셈블리 출력)

```
    j     $31
    li    $2,123   # 0x7b
```

반면 IDA는 의사 이름을 이용한다.

리스트 1.12: 최적화를 수행한 GCC 4.4.5(IDA)

```
    jr    $ra
    li    $v0, 0x7B
```

$2(또는 $v0) 레지스터는 함수의 리턴 값을 저장하는 데 사용된다. LI는 'Load Immediate'라는 의미로, MOV와 동일한 명령어다.

다른 명령어는 함수 호출자로 실행을 반환하는 점프 명령어(J 또는 JR)다.

그런데 왜 로드 명령어(LI)와 점프 명령어(J 또는 JR)의 위치가 바뀌어 있는지 궁금할 것이다. 이는 '브랜치 지연 슬롯'이라고 하는 RISC 특징 때문이다.

이와 같은 일이 발생하는 이유는 일부 RISC ISA 아키텍처의 특이한 특징 때문이다. 여기서는 중요한 점이 아니기 때문에 MIPS에서 점프나 분기 명령어 바로 다음에 위치하는 명령어는 점프/분기 명령어가 실행하기 전에 실행된다고 기억하기만 하면 된다.

결과적으로 분기 명령어는 분기를 수행하기 전에 실행되는 명령어와 위치가 항상 바뀌게 된다.

단순히 1(true)이나 0(false)을 리턴하는 함수는 실제로 매우 흔하다.

가장 간단한 예로 표준 유닉스 유틸리티인 /bin/true와 /bin/false는 각각 종료 코드로 0과 1을 리턴한다(종료 코드가 0이면 일반적으로 성공을 의미하고 0이 아니면 에러를 의미한다).

1.5 Hello, world!

브라이언 커니건과 데이스 리치의 책 『C Programming Language 2/e』(1988)의 유명한 예제를 이용해보자.

리스트 1.13: C/C++ 코드

```
#include <stdio.h>
int main()
{
    printf("hello, world\n");
    return 0;
}
```

1.5.1 x86

MSVC

MSVC 2010으로 컴파일해보자.

```
cl  1.cpp /Fa1.asm
```

(/Fa 옵션을 지정하면 어셈블리 리스트 파일을 생성할 수 있다)

리스트 1.14: MSVC 2010

```
CONST     SEGMENT
$SG3830   DB          'hello, world', 0AH, 00H
CONST     ENDS
PUBLIC    _main
EXTRN     _printf:PROC
; Function compile flags: /Odtp
_TEXT     SEGMENT
_main     PROC
          push      ebp
          mov       ebp, esp
          push      OFFSET $SG3830
          call      _printf
          add       esp, 4
          xor       eax, eax
          pop       ebp
          ret       0
_main     ENDP
_TEXT     ENDS
```

MSVC는 어셈블리 리스트를 인텔 구문으로 출력한다. 인텔 구문과 AT&T 구문의 차이는 1.5.1절에서 다룰 것이다.

컴파일러가 생성한 1.obj 파일은 1.exe로 링크된다. 위의 경우 어셈블리 파일에는 두 개의 세그먼트가 있는데, 그것은 CONST(데이터 상수)와 _TEXT(코드)다.

C/C++에서 'hello world'라는 문자열의 타입은 const char[]이지만(비야네 스트롭스트룹의 『C++ Programming Language, 4th Edition』(2013) p.176, 7.3.2절), 고유한 이름을 갖고 있지는 않지만 컴파일러는 이 문자열을 처리하고자 내부적으로 $SG3830이라는 이름으로 정의해 처리했다.

이 예는 다음과 같이 다시 작성할 수 있다.

```
#include <stdio.h>
const char $SG3830[]="hello, world\n";
int main()
```

```
{
    printf($SG3830);
    return 0;
}
```

어셈블리 코드를 다시 살펴보자. 문자열의 끝이 C/C++ 문자열 표준인 0바이트로 종료됐음을 확인할 수 있다. C 문자열에 관한 내용은 5.4.1절에서 좀 더 자세히 다룬다.

코드 세그먼트 _TEXT에는 main()이라는 함수만 존재한다. main() 함수는 여타 대부분의 다른 함수처럼 프롤로그 코드로 시작해 에필로그 코드로 끝난다.[9]

함수 프롤로그 다음에는 printf() 함수 호출 부분인 CALL _printf가 나온다. 함수 호출 전에 PUSH 명령어를 사용해 인사말이 저장된 문자열 주소(또는 문자를 가리키는 포인터)를 스택에 저장한다.

printf() 함수가 main() 함수로 제어 흐름을 반환하는 시점에도 문자열 주소(또는 문자열을 가리키는 포인터)는 여전히 스택에 들어있다. 해당 문자열 주소는 더 이상 필요없기 때문에 스택 포인터(ESP 레지스터)를 보정할 필요가 있다.

ADD ESP, 4는 ESP 레지스터의 값에 4를 더하라는 의미다.

4인 이유는 32비트 코드이기 때문에 스택을 이용해 주소를 전달할 때 딱 4바이트가 필요하기 때문이다. x64 코드에서는 8바이트가 필요하다. ADD ESP, 4는 사실상 레지스터를 지정하지 않는 POP 레지스터 명령어와 동일하다.[10]

인텔 C++ 컴파일러와 같은 일부 컴파일러는 동일한 목적으로 ADD 대신 POP ECX를 이용한다(예를 들면 인텔 C++ 컴파일러로 컴파일된 오라클 RDBMS 코드에서 이와 같은 패턴을 발견할 수 있다). 이 명령어의 실행 결과는 ADD와 거의 동일하지만 ECX 레지스터의 값이 변경된다는 점이 다르다. 인텔 C++ 컴파일러가 POP ECX를 사용하는 이유는 이 명령어의 OP 코드가 ADD ESP, x보다 짧기 때문일 것이다(POP 명령어는 1바이트, ADD 명령어는 3바이트).

다음은 ADD 명령어 대신 POP 명령어를 사용하는 오라클 RDBMS의 예다.

---

9. 함수 프롤로그와 에필로그에 대한 내용은 1.6절을 참고하기 바란다.
10. 하지만 CPU 플래그가 수정된다.

리스트 1.15: 오라클 RDBMS 10.2 리눅스(app.o 파일)

```
.text:0800029A          push    ebx
.text:0800029B          call    qksfroChild
.text:080002A0          pop     ecx
```

printf()를 호출한 다음에 C/C++ 코드에서는 main() 함수의 리턴 값으로 0을 리턴하고자 return 0을 호출한다.

이를 어셈블리 코드에서는 명령어 XOR EAX, EAX로 구현된다.

사실 XOR는 'eXclusive OR(배타적 논리합)'[11]에 불과하지만, 컴파일러는 MOV EAX, 0 대신 종종 이 명령어를 사용한다. 그 이유는 역시 짧은 OP 코드이기 때문이다(XOR는 2바이트와 MOV 명령어는 5바이트).

어떤 컴파일러는 SUB EAX, EAX 명령어를 이용하기도 한다. 이는 EAX의 값에서 EAX의 값을 빼라는 의미로 결과는 항상 0이 된다.

마지막 명령어인 RET는 호출자에게 제어 흐름을 반환한다. 이는 C/C++ CRT[12] 코드로, 제어 흐름이 다시 OS로 반환된다.

GCC

이제는 동일한 C/C++ 코드를 리눅스에서 GCC 4.4.1 컴파일러로 컴파일해보자.

```
gcc 1.c -o 1
```

그리고 IDA 디스어셈블러를 이용해서 main() 함수가 어떻게 생성됐는지 알아보자 (MSVC와 마찬가지로 IDA도 인텔 구문을 사용한다).[13]

리스트 1.16: IDA 코드

```
main          proc near

var_10        = dword   ptr -10h
```

---

11. https://en.wikipedia.org/wiki/Exclusive_or
12. C 런타임 라이브러리
13. GCC를 실행할 때 -S -masm=intel 옵션을 지정하면 인텔 구문의 어셈블리 리스트를 생성할 수 있다.

```
            push    ebp
            mov ebp, esp
            and esp, 0FFFFFFF0h
            sub esp, 10h
            mov eax, offset aHelloWorld     ; "hello, world\n"
            mov     [esp+10h+var_10], eax
            call    _printf
            mov     eax, 0
            leave
            retn
   main     endp
```

결과는 거의 동일하다. 'hello, world' 문자열의 주소(데이터 세그먼트에 저장된)가 우선 **EAX** 레지스터에 저장된 후 스택에 저장된다. 또한 함수 프롤로그에서는 **ESP** 레지스터의 값을 16바이트 경계로 정렬하는 명령어 **AND ESP, 0FFFFFFF0h**를 볼 수 있다(CPU는 자신이 처리하는 값이 메모리에서 4바이트나 16바이트 경계로 정렬된 주소에 위치할 때 더 좋은 성능을 보여준다).[14]

SUB ESP, 10h는 스택에 16바이트를 할당한다. 하지만 이후 코드를 보면 4바이트만 필요하다는 사실을 알 수 있다. 이 역시 할당된 스택의 크기가 16바이트 경계로 정렬되기 때문이다.

다음으로 문자열 주소(또는 문자열을 가리키는 포인터)가 PUSH 명령어 없이 직접 스택 공간에 저장된다. **var_10**은 지역 변수로 **printf()**의 인자다.

그다음에는 printf() 함수가 호출된다.

MSVC와 달리 최적화를 활성화하지 않은 GCC는 **MOV EAX, 0**을 이용한다.

마지막 명령어인 **LEAVE**는 **MOV ESP, EBP**와 **POP EBP** 명령어의 결합과 동일하다. 다시 말해 이 명령어는 스택 포인터(ESP)를 되돌리고 **EBP** 레지스터를 초기 상태로 복구한다. 이 작업은 함수 도입부에서 레지스터 값(ESP와 EBP)을 변경했기(MOV EBP, ESP / AND ESP, ...) 때문에 필요하다.

---

14. https://en.wikipedia.org/wiki/Data_structure_alignment

GCC: AT&T 구문

이 코드를 AT&T 구문의 어셈블리어로 나타내면 어떻게 되는지 알아보자. AT&T 구문은 유닉스 계열에서 매우 널리 사용된다.

리스트 1.17: GCC 4.7.3로 컴파일

```
gcc -S 1_1.c
```

컴파일 결과는 다음과 같다.

리스트 1.18: GCC 4.7.3

```
        .file "1_1.c"
        .section       .rodata
.LC0:
        .string    "hello, world\n"
        .text
        .globl    main
        .type     main, @function
main:
.LFB0:
        .cfi_startproc
        pushl      %ebp
        .cfi_def_cfa_offset 8
        .cfi_offset 5, -8
        movl       %esp, %ebp
        .cfi_def_cfa_register 5
        andl       $-16, %esp
        subl       $16, %esp
        movl       $.LC0, (%esp)
        call       printf
        movl       $0, %eax
        leave
        .cfi_restore 5
        .cfi_def_cfa 4, 4
        ret
        .cfi_endproc
.LFE0:
        .size     main,  .-main
        .ident    "GCC: (Ubuntu/Linaro 4.7.3-1ubuntu1) 4.7.3"
        .section          .note.GNU-stack,"",@progbits
```

다수의 매크로(마침표로 시작하는 부분)가 포함돼 있는 것을 확인할 수 있다. 아직은 매크로가 우리의 관심사는 아니기 때문에 여기서는 C 문자열처럼 널 종료 문자열을 인코딩하는 .string 매크로를 제외한 나머지는 제거할 것이다. 결과적으로 다음과 같은 코드를 볼 수 있다.[15]

리스트 1.19: GCC 4.7.3

```
 .LC0:
        .string "hello, world\n"
 main:
        pushl   %ebp
        movl    %esp, %ebp
        andl    $-16, %esp
        subl    $16, %esp
        movl    $.LC0, (%esp)
        call    printf
        movl    $0, %eax
        leave
 ret
```

인텔과 AT&T 구문의 주요 차이점은 다음과 같다.

• 오퍼랜드(피연산자)의 순서가 반대다.

> 인텔 구문: <명령어> <목적 오퍼랜드> <원시 오퍼랜드>
> AT&T 구문: <명령어> <원시 오퍼랜드> <목적 오퍼랜드>

인텔 문법을 다룰 때는 오퍼랜드 사이에 = 기호를 삽입하고 AT&T 문법을 다룰 때는 화살표 기호 →를 삽입한다고 생각하면 이해하기 쉽다.[16]

• **AT&T**: 레지스터 이름 앞에는 반드시 % 기호가, 숫자 앞에는 $ 기호가 나온다. 대괄호 대신 소괄호를 사용한다.

• **AT&T**: 오퍼랜드의 크기를 정의하고자 명령어 뒤에 데이터 타입을 나타내는 접미사가 추가된다.

> - q -- quad(64비트)
> - l -- long(32비트)
> - w -- word(16비트)
> - b -- byte(8비트)

---

15. -fno-asynchronous-unwind-tables GCC 옵션을 사용하면 '불필요한' 매크로를 제거할 수 있다.
16. memcpy(), strcpy() 같은 일부 C 표준 함수에서는 인자를 인텔 구문과 동일한 방식으로 나열한다. 목적 메모리 블록의 포인터가 맨 처음에 나온 후 소스 메모리 블록의 포인터가 뒤따른다.

컴파일된 결과물을 보면 앞서 살펴본 IDA의 결과물과 기본적으로 동일하다. 차이점이 있다면 0FFFFFFF0h가 $-16으로 표기된 것뿐이다. 이는 동일한 의미인데, 10진수 16은 16진수 0x10이고 32비트 데이터 타입에서 -0x10은 0xFFFFFFF0과 동일하다.

한 가지 더: 리턴 값은 XOR 대신 MOV 명령어를 사용해 0으로 설정했다. MOV는 단순히 레지스터에 값을 저장하는 명령어로, 의미상 이름이 정확하지는 않다(데이터를 옮기는 게 아니라 복사를 하는 것이기 때문이다). 다른 아키텍처에서는 이 명령어를 'LOAD'나 'STORE' 같은 이름으로 사용한다.

문자열 패치(Win32)

Hiew를 이용하면 실행 파일에 있는 'hello, world'라는 문자열을 쉽게 발견할 수 있다.

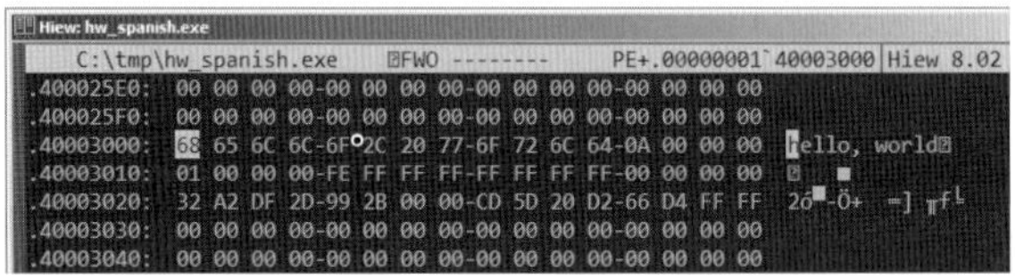

그림 1.1: Hiew

메시지를 스페인어로 변환할 수도 있다.

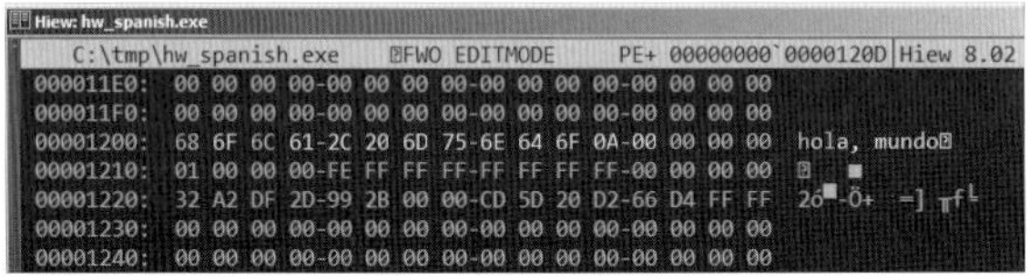

그림 1.2: Hiew

스페인어 문자열의 길이는 영어의 경우보다 1바이트 작기 때문에 문자열 마지막에 0x0A 바이트(\n)와 0x0 바이트를 추가한다.

더 긴 문자열을 삽입하고자 한다면 어떻게 해야 할까? 원래의 영어 문자열 이후에는 몇 개의 0x0 바이트들이 있다. CRT 코드 어딘가에서 해당 바이트들을 사용할 수도 있기 때문에 그 부분을 덮어써도 되는지 말하기는 어렵다. 어쨌든 자신이 무엇을 하고 있는지 정확히 알고만 있다면 해당 부분을 다른 문자로 덮어쓸 수도 있다.

문자열 패치(리눅스 x64)

rada.re를 이용해 리눅스 x64 실행 파일을 패치해보자.

리스트 1.20: rada.re 세션

```
dennis@bigbox ~/tmp % gcc hw.c

dennis@bigbox ~/tmp % radare2 a.out
-- SHALL WE PLAY A GAME?
[0x00400430]> / hello
Searching 5 bytes from 0x00400000 to 0x00601040: 68 65 6c 6c 6f
Searching 5 bytes in [0x400000-0x601040]
hits: 1
0x004005c4 hit0_0 .HHhello, world;0.

[0x00400430]> s 0x004005c4

[0x004005c4]> px
- offset -   0 1  2 3  4 5  6 7  8 9   A B  C D   E F 0123456789ABCDEF
0x004005c4  6865 6c6c 6f2c 2077 6f72 6c64 0000 0000 hello, world....
0x004005d4  011b 033b 3000 0000 0500 0000 1cfe ffff ...;0...........
0x004005e4  7c00 0000 5cfe ffff 4c00 0000 52ff ffff |...\...L...R...
0x004005f4  a400 0000 6cff ffff c400 0000 dcff ffff ....l...........
0x00400604  0c01 0000 1400 0000 0000 0000 017a 5200 .............zR.
0x00400614  0178 1001 1b0c 0708 9001 0710 1400 0000 .x..............
0x00400624  1c00 0000 08fe ffff 2a00 0000 0000 0000 ........*.......
0x00400634  0000 0000 1400 0000 0000 0000 017a 5200 .............zR.
0x00400644  0178 1001 1b0c 0708 9001 0000 2400 0000 .x..........$...
0x00400654  1c00 0000 98fd ffff 3000 0000 000e 1046 ........0......F
0x00400664  0e18 4a0f 0b77 0880 003f 1a3b 2a33 2422 ..J..w...?.;*3$"
0x00400674  0000 0000 1c00 0000 4400 0000 a6fe ffff ........D.......
0x00400684  1500 0000 0041 0e10 8602 430d 0650 0c07 .....A....C..P..
0x00400694  0800 0000 4400 0000 6400 0000 a0fe ffff ....D...d.......
0x004006a4  6500 0000 0042 0e10 8f02 420e 188e 0345 e....B....B....E
0x004006b4  0e20 8d04 420e 288c 0548 0e30 8606 480e . ..B.(..H.0..H.

[0x004005c4]> oo+
File a.out reopened in read-write mode

[0x004005c4]> w hola, mundo\x00

[0x004005c4]> q

dennis@bigbox ~/tmp % ./a.out
hola, mundo
```

/ 명령으로 문자열 'hello'를 찾고 커서(rada.re에서는 seek라는 용어로 부른다)를 찾은 주
소로 설정했다. 그다음에는 주소가 실제로 맞는지 확인하고자 **px** 명령으로 그 부분을

덤프해본다. oo+는 rada.re를 읽기-쓰기 모드로 바꿔준다. w 명령을 이용해 현재 커서의 위치에 아스키 문자열을 쓴다. 주의할 점은 문자열의 마지막이 \00이어야 한다는 것이다. 그리고 마지막으로 q 명령으로 종료한다.

MS-DOS 시절의 소프트웨어 현지화

이 방법은 1980년대와 1990년대에 MS-DOS 소프트웨어를 러시아어로 변환하는 일반적인 방법이었다. 일반적으로 러시아어의 단어와 문장은 영어보다 약간 길기 때문에 러시아어로 현지화된 소프트웨어에는 이상하고 이해가 안 되는 약어들이 많았다.

그 당시에는 다른 언어로 변환하더라도 마찬가지였을 것이다.

1.5.2 x86-64

MSVC: x86-64

64비트 MSVC의 경우도 살펴보자.

리스트 1.21: MSVC 2012 x64

```
$SG2989 DB       'hello, world', 0AH, 00H
main    PROC
        sub     rsp, 40
        lea     rcx, OFFSET FLAT:$SG2989
        call    printf
        xor     eax, eax
        add     rsp, 40
        ret     0
main ENDP
```

x86-64에서 레지스터는 모두 64비트로 확장되며, 이름은 R로 시작한다. 스택을 좀 더 자주 사용하지 않고자(즉, 외부 메모리/캐시에 접근하는 빈도를 줄이고자) 주로 레지스터를 사용해 함수 인자를 전달한다(fastcall: 6.1.3절). 즉, 함수에 전달되는 인자 중에서 일부는 레지스터를 이용해 전달되고 나머지는 스택을 통해 전달된다. Win64에서는 네 개의 함수 인자를 RCX, RDX, R8, R9 레지스터를 이용해 전달한다. 이는 예제에서 바로 확인할 수 있다. printf()에 사용할 문자열의 포인터가 스택이 아닌 RCX 레지스터를 통

해 전달된다는 것을 알 수 있다. 64비트에서는 포인터가 64비트이기 때문에 R로 시작하는 64비트 레지스터가 사용된다. 하지만 하위 호환성을 위해 여전히 E로 시작하는 32비트 부분에도 접근할 수 있다. 다음은 x86-64에서 **RAX/EAX/ AX/AL** 레지스터가 어떻게 보이는지를 나타낸 것이다

Byte 번호							
7번째	6번째	5번째	4번째	3번째	2번째	1번째	0번째
RAX^{x64}							
				EAX			
						AX	
						AH	AL

main() 함수는 정수(int) 타입의 값을 리턴하는데, C/C++에서는 하위 호환성과 높은 이식성을 위해 64비트에서도 여전히 32비트 정수 값을 사용한다. 이 때문에 함수 끝부분을 보면 **RAX** 대신 이 레지스터의 32비트 부분인 **EAX**를 0으로 만든다. 로컬 스택에 할당된 40바이트는 '셰도우 영역'이라고 부르며, 이는 1.10.2절에서 다룬다.

GCC: x86-64

이번에는 64비트 리눅스에서 GCC로 컴파일해보자.

리스트 1.22: GCC 4.4.6 x64

```
.string "hello, world\n"
main:
        sub     rsp, 8
        mov     edi, OFFSET FLAT:.LC0  ; "hello, world\n"
        xor     eax, eax     ; 전달된 벡터 레지스터의 개수
        call    printf
        xor     eax, eax
        add     rsp, 8
        ret
```

리눅스, *BSD, 맥OS X에서도 레지스터를 이용해서 함수 인자를 전달하는 방식이 사용된다(마이클 맷츠, 잔 후빅카, 안드레아스 재거, 마크 미첼의 『System V Application Binary Interface. AMD64 Architecture Processor Supplement』(2013)).[17]

---

17. https://software.intel.com/sites/default/files/article/402129/mpx-linux64-abi.pdf

처음 6개의 인자가 RDI, RSI, RDX, RCX, R8, R9 레지스터로 전달되며, 나머지는 스택을 통해 전달된다. 예제를 보면 문자열의 포인터가 EDI(RDI 레지스터의 32비트 부분)를 통해 전달되는 것을 확인할 수 있다.

하지만 왜 64비트인 RDI가 아닌 걸까?

64비트 모드에서 하위 32비트 레지스터 부분에 뭔가를 기록하는 모든 MOV 명령어는 상위 32비트를 0으로 만든다는 사실을 반드시 기억하기 바란다(인텔 매뉴얼: 12.1.4절 989페이지). 따라서 MOV EAX, 011223344h 명령은 상위 32비트를 0으로 설정해 원하는 값을 정확히 RAX에 기록하는 것이다.

컴파일된 오브젝트 파일(.o)을 열면 모든 명령어의 OP 코드를 확인할 수 있다.[18]

리스트 1.23: GCC 4.4.6 x64

```
.text:00000000004004D0                    main proc near
.text:00000000004004D0 48 83 EC 08         sub      rsp, 8
.text:00000000004004D4 BF E8 05 40 00      mov      edi, offset format ; "hello, world\n"
.text:00000000004004D9 31 C0               xor      eax, eax
.text:00000000004004DB E8 D8 FE FF FF      call     _printf
.text:00000000004004E0 31 C0               xor      eax, eax
.text:00000000004004E2 48 83 C4 08         add      rsp, 8
.text:00000000004004E6 C3                  retn
.text:00000000004004E6                    main     endp
```

컴파일 결과를 보면 주소 0x4004D4 위치에서 EDI에 값을 쓰는 명령어의 길이는 5바이트를 차지한다. 64비트 값을 RDI에 기록하는 동일한 명령어는 7바이트를 차지한다. 당연히 GCC는 공간을 적게 사용하는 명령어를 사용한다. 뿐만 아니라 문자열을 포함하는 데이터 세그먼트가 4기가바이트보다 높은 주소에 할당되지 않는 것을 확인할 수 있다.

또한 printf() 함수를 호출하기 전에 EAX 레지스터의 값을 0으로 만드는 것을 확인할 수 있다. 이는 x86-64의 *NIX 시스템은 사용된 벡터 레지스터의 개수를 EAX 레지스터로 전달하는 것이 ABI[Application Binary Interface] 표준이기 때문이다.

---

18. 이를 위해서는 IDA의 옵션 ▶ 디스어셈블리 ▶ OP 코드 바이트 수를 활성화해야 한다.

주소 패치(Win64)

예제를 \MD 스위치를 이용해 MSVC 2013으로 컴파일했다면(MSVCR*.DLL 파일을 링크해 더 작은 실행 바이너리가 만들어진다) main() 함수가 가장 위에 위치해 쉽게 찾을 수 있을 것이다.

그림 1.3: Hiew

실험을 위해 주소를 1 증가시켜볼 수 있다.

그림 1.4: Hiew

Hiew에서 'ello, world'를 볼 수 있다. 그리고 패치된 실행 파일을 실행시켜보면 'ello, world'가 출력될 것이다.

바이너리에서 다른 문자열 패치(리눅스 x64)

리눅스 x64에서 GCC 5.4.0으로 예제를 컴파일해보면 다른 문자열도 많이 볼 수 있다. 그것들은 대부분 임포트된 함수명과 라이브러리 이름들이다.

컴파일된 파일의 모든 섹션에 있는 문자열을 보려면 **objdump** 명령을 실행해보기 바란다.

```
$ objdump -s a.out

a.out:     file format elf64-x86-64

Contents of section .interp:
 400238 2f6c6962 36342f6c 642d6c69 6e75782d  /lib64/ld-linux-
 400248 7838362d 36342e73 6f2e3200           x86-64.so.2.
Contents of section .note.ABI-tag:
 400254 04000000 10000000 01000000 474e5500  ............GNU.
 400264 00000000 02000000 06000000 20000000  ............ ...
Contents of section .note.gnu.build-id:
 400274 04000000 14000000 03000000 474e5500  ............GNU.
 400284 fe461178 5bb710b4 bbf2aca8 5ec1ec10  .F.x[.......^...
 400294 cf3f7ae4                             .?z.
...
```

문자열 '/lib64/ld-linux-x86-64.so.2'의 주소를 printf()에 전달해도 문제가 되지 않는다.

```
#include <stdio.h>
int main()
{
    printf(0x400238);
    return 0;
}
```

믿기 어렵겠지만 해당 주소의 문자열이 출력될 것이다.

주소를 0x400260으로 변경하면 'GNU' 문자열이 출력된다. 0x400260은 저자가 이용하는 시스템에서 추출한 주소고 여러분의 시스템에서는 주소가 다소 차이가 있을 것이다. 또한 소스코드에서 코드를 추가하거나 삭제해도 모든 문자열 주소가 변경될 것이다.

1.5.3 GCC: 한 가지 더

익명의 C 문자열이 상수^{const} 타입이라는 사실(1.5.1절)과 상수 세그먼트에 할당된 C 문자열은 변경이 불가능하게 보장된다는 점은 재미있는 결과는 낳는다. 컴파일러가 문자열의 특정 부분을 사용할 수도 있는 것이다.

다음 예를 살펴보자.

```c
#include <stdio.h>

int f1()
{
    printf ("world\n");
}

int f2()
{
    printf ("hello world\n");
}

int main()
{
    f1();
    f2();
}
```

일반적인 C/C++ 컴파일러(MSVC 포함)는 두 개의 문자열을 할당하지만, GCC 4.8.1의 경우는 다르다.

리스트 1.24: GCC 4.8.1 + IDA 리스트

```
f1              proc near

s               = dword ptr -1Ch

                sub     esp, 1Ch
                mov     [esp+1Ch+s], offset s ; "world\n"
                call    _puts
                add     esp, 1Ch
                retn
f1              endp

f2              proc near

s               = dword ptr -1Ch

                sub     esp, 1Ch
```

```
                mov     [esp+1Ch+s], offset aHello ; "hello "
                call    _puts
                add     esp, 1Ch
                retn
f2              endp

aHello          db 'hello '
s               db 'world',0xa,0
```

실제로 'hello world' 문자열을 출력할 때 이 두 단어는 메모리상에서 서로 이웃하고 있으며, f2()에서 호출된 puts()는 이 문자열이 나눠져 있다는 사실을 알지 못한다. 사실 이 문자열은 나눠져 있지 않으며, 이 리스트에서만 '가상으로' 나눠져 있을 뿐이다.

f1()에서 호출된 puts()는 'world' 문자열과 0바이트를 사용한다. puts()는 이 문자열 앞에 무언가 있다는 사실을 알지 못한다!

이와 같이 멋진 트릭이 최소한 GCC에서는 종종 사용되며, 결과적으로 메모리를 절약하게 된다.

이와 비슷한 예제를 3.2절에서도 볼 수 있다.

1.5.4 ARM

ARM 프로세서를 다룰 때 저자가 사용한 컴파일러는 다음과 같다.

- 임베디드 분야에서 널리 사용되는 Keil 릴리스 6/2013
- LLVM-GCC 4.2 컴파일러를 포함하고 있는 애플 Xcode 4.6.3 IDE[19]
- GCC 4.9(Linaro)(ARM64용), http://www.linaro.org/projects/armv8/에서 Win32 실행 파일을 받을 수 있음

따로 명시하지 않는 한 이 책에서 사용하는 ARM 코드는 모두 32비트 코드(Thumb와 Thumb-2 모드를 포함)다. 이 책에서 64비트 ARM을 얘기할 때는 ARM64를 의미한다.

최적화를 수행하지 않은 Keil 6/2013(ARM 모드)

예제를 Keil로 컴파일하는 것부터 시작해보자.

---

19. 애플 Xcode 4.6.3은 오픈소스 GCC를 프런트엔드 컴파일러로, 그리고 LLVM을 코드 생성기로 사용한다.

```
armcc.exe --arm --c90 -O0 1.c
```

armcc 컴파일러는 인텔 구문의 어셈블리 리스트를 생성하지만 하이 레벨 ARM 프로세서 관련 매크로를 포함한다.[20] 여기서는 명령어를 '있는 그대로' 보는 게 중요하므로 IDA로 디스어셈블된 결과를 살펴보자.

리스트 1.25: 최적화를 수행하지 않은 Keil 6/2013(ARM 모드) IDA

```
.text:00000000            main
.text:00000000 10 40 2D E9 STMFD    SP!, {R4,LR}
.text:00000004 1E 0E 8F E2 ADR      R0, aHelloWorld ; "hello, world"
.text:00000008 15 19 00 EB BL       __2printf
.text:0000000C 00 00 A0 E3 MOV      R0, #0
.text:00000010 10 80 BD E8 LDMFD    SP!, {R4,PC}

.text:000001EC 68 65 6C 6C+aHelloWorld    DCB "hello, world",0 ; DATA XREF: main+4
```

각 명령어의 길이가 모두 4바이트인 것을 볼 수 있다. 실제로 이 코드는 Thumb 모드가 아닌 ARM 모드로 컴파일됐다.

첫 번째 명령어인 STMFD SP!, {R4,LR}은 x86의 PUSH 명령어와 같은 역할로, 두 레지스터(R4와 LR)의 값을 스택에 저장한다.

사실 armcc 컴파일러는 출력을 단순화하고자 실제로는 PUSH {r4,lr} 명령어를 출력한다. 하지만 PUSH 명령어는 Thumb 모드에서만 지원하기 때문에 엄밀히 말해 틀린 것이다. 결국 좀 더 정확한 결과를 확인하고자 IDA를 이용하는 게 좋다.

이 명령어는 우선 SP[21]를 감소시켜 스택에 새 항목을 위한 공간을 마련하고 이를 가리킨다. 다음으로 변경된 SP의 주소에 R4와 LR 레지스터의 값을 기록한다.

이 명령어는 Thumb 모드의 PUSH 명령어와 마찬가지로 한 번에 여러 개의 레지스터 값을 저장할 수 있어 유용하다. 하지만 x86에서는 이런 작업이 불가능하다. STMFD 명령어는 SP뿐만 아니라 임의의 레지스터를 지원한다는 점에서 PUSH 명령어의 기능을 확장한 일반화된 버전이라고 할 수 있다. 다시 말해 STMFD는 여러 레지스터의 값을 특정 메모리 위치에 저장할 때 사용할 수 있다.

---

20. 예를 들면 ARM 모드에는 PUSH/POP 명령어가 없다.
21. stack pointer. x86/x64에서는 SP/ESP/RSP. ARM에서는 SP

ADR R0, aHelloWorld 명령어는 PC[22] 레지스터의 값과 'hello, world' 문자열이 위치한 오프셋을 더하거나 뺀다. 여기서 어떻게 PC 레지스터를 이용할 수 있느냐고 물을 수 있다. 이를 소위 '위치 독립적 코드'[23]라고 부른다.

이런 코드는 메모리상의 고정되지 않은 주소에서 실행될 수 있다. 다시 말하면 PC와 관련된 주소를 이용하는 방법이다.

ADR 명령어는 이 명령어의 주소와 문자열이 저장된 위치의 차이를 계산한다. 그 차이 (오프셋)는 운영체제가 코드를 어디에 로딩하든 언제나 동일하다. 이 때문에 C 문자열에서 메모리상의 절대 주소를 알아내고자 현재 명령(PC의 값)의 주소를 더하기만 하면 된다.

BL __2printf('Branch with Link') 명령어는 printf() 함수를 호출한다. 이 명령어의 작동 방식은 다음과 같다.

- BL 명령어 다음의 주소(0xC)를 LR에 저장한다.
- 그다음에는 printf()의 주소를 PC 레지스터에 기록함으로써 제어 흐름을 printf()로 넘긴다.

printf()는 작업을 마친 후 어디로 리턴해야 할지 알아야 한다. 모든 함수는 LR 레지스터에 저장된 주소로 제어 흐름을 전달한다.

여기서 ARM과 같은 '순수한' RISC 프로세서와 x86 같은 CISC^{Complex Instruction Set Computing} 프로세서의 차이점을 확인할 수 있다. x86에서는 보통 리턴 주소를 스택에 저장한다. 이는 1.7절에서 좀 더 살펴본다.

그런데 BL 명령어에서 주소 지정에 사용할 수 있는 공간은 24비트뿐이기 때문에 32비트 절대 주소나 오프셋은 32비트 BL 명령어에 인코딩할 수 없다. 기억하겠지만 모든 ARM 모드 명령어의 크기는 4바이트(32비트)다. 그러므로 명령어는 4바이트 경계 주소에만 위치할 수 있다. 이는 명령어 주소의 마지막 2비트를 생략할 수 있다는 것을 의미한다. 요컨대 오프셋 인코딩으로 26비트를 사용할 수 있다는 것이다. 이는 current_PC ± ≈ 32M을 인코딩 하는 데 충분하다.

---

22. Program Counter. x86/64에서는 IP/EIP/RIP. ARM에서는 PC
23. 6.4.1절을 참고하기 바란다.

다음에 나오는 MOV R0, #0[24]은 R0 레지스터에 0을 기록하는 간단한 명령어다. 우리의 C 함수가 0을 리턴하며 리턴 값은 R0 레지스터에 있어야 하기 때문이다.

마지막 명령어 LDMFD SP!, R4,PC[25]은 R4와 PC에 저장할 값을 스택(또는 기타 임의의 메모리 위치)에서 로딩한 후 스택 포인터 SP를 증가시킨다. 여기서 이 명령어는 POP처럼 동작한다. 참고로 첫 번째 명령어 STMFD는 R4와 LR 레지스터의 값을 스택에 저장하지만 LDMFD 명령어는 R4와 PC의 값을 복원한다.

이미 언급했듯이 함수가 제어를 반환할 주소는 보통 LR 레지스터에 저장된다. 그런데 첫 번째 명령어에서는 그 주소를 스택에 저장한다. main() 함수에서 printf()를 호출할 때 LR 레지스터를 사용하기 때문이다. 함수의 끝부분에서는 리턴 주소 값을 PC 레지스터에 직접 써 넣어 함수를 호출했던 곳으로 제어를 넘길 수 있다.

C/C++에서는 보통 main() 함수가 첫 번째 함수이기 때문에 제어 흐름은 OS 로더나 CRT의 어느 지점, 또는 그것과 유사한 어딘가로 반환된다. 따라서 함수의 끝에서 BX LR 명령어를 생략할 수 있다.

DCB는 바이트나 아스키 문자열의 배열을 정의하는 어셈블리어 지시어로, x86 어셈블리어의 DB 지시어와 매칭된다.

최적화를 적용하지 않은 Keil 6/2013(Thumb 모드)

동일한 코드를 이번에는 Keil를 사용해 Thumb 모드로 컴파일해보자.

```
armcc.exe --thumb --c90 -O0 1.c
```

IDA로 본 내용은 다음과 같다.

리스트 1.26: 최적화를 수행하지 않은 Keil 6/2013(Thumb 모드) + IDA

```
.text:00000000                 main
.text:00000000 10 B5           PUSH    {R4,LR}
.text:00000002 C0 A0           ADR     R0, aHelloWorld ; "hello, world"
.text:00000004 06 F0 2E F9     BL      __2printf
```

---

24. MOVE를 의미
25. LDMFD는 STMFD 명령어와 반대

```
.text:00000008 00 20                    MOVS    R0, #0
.text:0000000A 10 BD                    POP     {R4,PC}
.text:00000304 68 65 6C 6C+aHelloWorld  DCB "hello, world",0 ; DATA XREF: main+2
```

2바이트(16비트) OP 코드를 쉽게 발견할 수 있을 것이다. 이게 바로 앞서 언급한 Thumb 모드다. 하지만 BL 명령어는 두 개의 16비트 명령어로 구성된다. 이는 하나의 16비트 OP 코드를 이용해 printf() 함수의 오프셋을 로딩하는 것이 불가능하기 때문이다. 따라서 첫 번째 16비트 명령어는 오프셋의 상위 10비트를 로딩하고 두 번째 명령어는 하위 11비트를 로딩한다.

Thumb 모드에서 모든 명령어의 크기는 2바이트(또는 16비트)다. 그러므로 Thumb 명령어가 홀수 주소에 위치하는 건 불가능하며, 명령어 인코딩 시 주소의 마지막 비트는 생략할 수 있다.

따라서 BL Thumb 명령어는 current_PC $\pm \approx$ 2M의 주소를 인코딩할 수 있다.

함수의 나머지 명령어에 대한 설명은 간단하다. PUSH와 POP은 STMFD/LDMFD와 유사하게 동작하지만, 여기선 SP 레지스터가 명시적으로 언급되지 않는다. ADR의 동작은 이전 예와 동일하다. MOVS는 0을 리턴하고자 R0 레지스터에 0을 기록한다.

최적화를 수행한 Xcode 4.6.3(LLVM)(ARM 모드)

최적화 옵션을 비활성화한 Xcode 4.6.3의 출력에는 불필요한 코드가 너무 많기 때문에 여기선 컴파일러 스위치 -O3을 사용해 명령어 개수를 최소화했다.

리스트 1.27: 최척화를 수행한 Xcode 4.6.3(LLVM)(ARM 모드)

```
__text:000028C4                    _hello_world
__text:000028C4 80 40 2D E9    STMFD    SP!, {R7,LR}
__text:000028C8 86 06 01 E3    MOV      R0, #0x1686
__text:000028CC 0D 70 A0 E1    MOV      R7, SP
__text:000028D0 00 00 40 E3    MOVT     R0, #0
__text:000028D4 00 00 8F E0    ADD      R0, PC, R0
__text:000028D8 C3 05 00 EB    BL       _puts
__text:000028DC 00 00 A0 E3    MOV      R0, #0
__text:000028E0 80 80 BD E8    LDMFD    SP!, {R7,PC}
__cstring:00003F62 48 65 6C 6C+aHelloWorld_0  DCB "Hello world!",0
```

명령어 STMFD와 LDMFD는 이미 친숙할 것이다.

MOV 명령어는 단순히 0x1686을 R0 레지스터에 기록한다. 이는 'Hello world!' 문자열의 오프셋 값이다.

R7 레지스터는 『iOS ABI Function Call Guide』(2010)[26]에 프레임 포인터 레지스터로 표준화돼 있다.

MOVT R0, #0 (MOVe Top) 명령어는 대상 레지스터의 상위 16비트에 0을 기록한다. 하지만 ARM 모드의 일반적인 MOV 명령어는 레지스터의 하위 16비트에 기록할 수 있다.

기억해야 할 것은 ARM 모드에서 모든 명령어의 OP 코드 크기는 32비트로 제한된다는 것이다. 물론 이 제약 사항은 레지스터 간에 데이터를 옮기는 것과는 무관하다. 그래서 상위 16비트(16~32비트 위치)에 데이터를 쓰기 위한 MOVT 명령어가 추가적으로 있는 것이다. 하지만 여기서 MOVT를 사용한 건 불필요한 중복 작업이다. MOV R0, #0x1686 명령어가 이미 해당 레지스터의 상위 부분을 0으로 설정하기 때문이다. 이 부분은 컴파일러의 단점으로 보인다.

ADD R0, PC, R0 명령어는 PC 값을 R0 값과 더해 'Hello world!' 문자열의 절대 주소를 계산한다. 이미 알듯이 이 코드는 '위치 독립적 코드'이므로 이런 주소 보정 과정이 필수적으로 이뤄져야 한다.

BL 명령어는 printf() 대신 puts() 함수를 호출한다.

GCC가 첫 번째 printf() 호출을 puts()로 치환했다. 실제 인자가 하나뿐인 printf()는 puts()와 거의 동일하다.

이는 printf()에 전달되는 인자에 %로 시작하는 포맷 식별자가 없기 때문에 동일한 결과를 만들어낸다. 그렇지 않다면 두 함수의 결과는 달라진다.[27]

그렇다면 왜 컴파일러가 printf()를 puts()로 바꿨을까? 아마도 puts()가 더 빠르기 때문일 것이다.[28] puts()의 속도가 더 빠른 이유는 각 인자를 %와 비교하지 않고 단순

---

26. https://developer.apple.com/library/archive/documentation/Xcode/Conceptual/iPhoneOSABIReference/iPhoneOSABIReference.pdf

27. puts()는 문자열 끝에 개행 문자 '\n'을 필요로 하지 않으며, 이 때문에 개행 문자가 보이지 않는다는 점도 염두에 두자.

28. ciselant.de/projects/gcc_printf/gcc_printf.html

히 stdout으로 전달하기 때문이다. 그다음에는 익숙한 MOV R0, #0 명령어가 나온다. 이는 R0 레지스터를 0으로 설정한다.

최적화를 수행한 Xcode 4.6.3(LLVM)(Thumb-2 모드)

기본적으로 Xcode 4.6.3은 다음과 같은 방식으로 Thumb-2 코드를 만들어낸다.

리스트 1.28: 최적화를 수행한 Xcode 4.6.3(LLVM)(Thumb-2 모드)

```
__text:00002B6C                         _hello_world
__text:00002B6C 80 B5           PUSH            {R7,LR}
__text:00002B6E 41 F2 D8 30     MOVW            R0, #0x13D8
__text:00002B72 6F 46           MOV             R7, SP
__text:00002B74 C0 F2 00 00     MOVT.W          R0, #0
__text:00002B78 78 44           ADD             R0, PC
__text:00002B7A 01 F0 38 EA     BLX             _puts
__text:00002B7E 00 20           MOVS            R0, #0
__text:00002B80 80 BD           POP             {R7,PC}
...
__cstring:00003E70 48 65 6C 6C 6F 20+aHelloWorld  DCB "Hello world!",0xA,0
```

이미 살펴봤듯이 Thumb 모드에서 BL과 BLX 명령어는 두 개의 16비트 명령어로 인코딩된다. Thumb-2에서는 이런 식으로 OP 코드가 확장된다. 따라서 여기서는 32비트의 새로운 명령어로 인코딩된다.

Thumb-2 명령어의 OP 코드가 항상 0xFx 또는 0xEx로 시작한다는 점을 고려하면 이를 쉽게 확인할 수 있다.

하지만 IDA 리스트에서는 OP 코드 바이트의 순서가 바뀌어 보인다. ARM 프로세서용 명령어는 다음과 같이 인코딩되기 때문이다. 즉, Thumb과 Thumb-2 모드에서는 바이트의 순서가 바뀌며, ARM 모드에서는 네 번째 바이트가 첫 번째로, 세 번째 바이트가 두 번째로, 두 번째 바이트가 세 번째로, 첫 번째 바이트가 네 번째로 온다(이는 엔디안의 차이 때문이다).

- ARM과 ARM64 모드: 4-3-2-1;
- Thumb 모드: 2-1;
- Thumb-2 모드에서 16비트 명령 쌍: 2-1-4-3

결과적으로 MOVW, MOVT.W, BLX 명령어가 0xFx로 시작하는 걸 볼 수 있다.

Thumb-2 명령어 중 하나인 MOVW R0, #0x13D8은 16비트 값을 R0 레지스터의 하위 비트 부분에 기록하고 상위 비트는 0으로 채운다.

MOVT.W R0, #0은 앞선 예제의 MOVT 명령어와 동일하게 동작하지만 Thumb-2 모드용 명령어다.

그 밖에도 몇 가지 차이점이 있는데, BL 대신 BLX 명령어가 사용된 것도 다른 점이다.

차이점은 RA('Return Address')를 LR 레지스터에 저장하고 제어 흐름을 puts() 함수로 넘기며, 프로세서는 또한 Thumb/Thumb-2 모드를 ARM 모드로(또는 반대로) 변경한다.

이 명령어가 여기에 위치하는 이유는 실행 제어를 넘겨받을 명령어가 다음과 같기 때문이다(ARM 모드로 인코딩돼 있다).

```
__symbolstub1:00003FEC _puts            ; CODE XREF: _hello_world+E
__symbolstub1:00003FEC 44 F0 9F E5      LDR  PC, =__imp__puts
```

이는 임포트 섹션에 있는 puts()의 주소가 기록돼 있는 곳으로 점프를 하는 것이다

주의 깊은 독자라면 코드상의 필요한 곳에서 puts()를 왜 바로 호출하지 않는지 궁금할 수 있다. 그렇게 하면 공간 측면에서 매우 비효율적이기 때문이다.

거의 모든 프로그램이 외부 동적 라이브러리(윈도우의 DLL, *NIX의 .so, 맥OS X의 .dylib)를 사용한다. 자주 사용되는 라이브러리 함수는 동적 라이브러리에 저장되는데, 표준 C 함수인 puts()도 이에 해당한다.

실행 바이너리 파일(윈도우 PE .exe, ELF, 또는 Mach-O)에는 임포트 섹션이 존재한다. 이 섹션에는 외부 모듈에서 임포트한 심볼(함수나 전역 변수) 목록과 모듈 자체의 이름이 들어있다.

OS의 로더는 필요한 모든 모듈을 로딩하는데, 우선 주 모듈의 임포트 심볼 목록을 구한 다음 해당 심볼의 정확한 주소를 결정한다.

이 예의 경우 __imp__puts는 OS 로더가 외부 라이브러리에 있는 함수의 올바른 주소를 저장하는 데 사용되는 32비트 변수다. 그러면 LDR 명령어는 단순히 이 변수에서 32

비트 값을 읽어 PC 레지스터에 값을 써 넣어 실행 제어를 전달한다.

각 심볼의 주소를 전용 공간에 한 번만 저장하기만 하면 OS 로더가 수행하는 데 필요한 시간을 줄일 수 있다.

게다가 이미 살펴봤듯이 메모리 접근 없이 하나의 명령어만 사용해 32비트 값을 레지스터에 로딩하는 건 불가능하다.

따라서 최적의 솔루션은 제어를 동적 라이브러리로 전달한 다음 Thumb-코드에서 이 짧은 단일 명령어 함수(소위 thunk 함수)로 점프하기 위한 ARM 모드에서 동작하는 별도의 함수를 할당하는 것이다.

어쨌든 위의 예(ARM 모드로 컴파일한)에서는 BL 명령어에 의해 동일한 thunk 함수로 실행 제어가 전달된다. 하지만 프로세서 모드는 전환되지 않는다(따라서 명령어 니모닉에서 X가 빠져있다).

thunk 함수

thunk 함수는 thunk라는 이름 때문에 이해하기 어렵다. thunk 함수를 단순히 어떤 종류에 다른 종류로 바꿔주는 어댑터나 변환기로 이해하는 것이 가장 간단한 방법이다. 예를 들면 영국의 전원 플러그를 미국의 벽면 소켓에 삽입할 수 있게 만들어주거나 반대의 경우를 가능하게 해주는 어댑터라고 생각하면 된다. thunk 함수를 경우에 따라서는 래퍼 함수라고 부르기도 한다.

다음은 thunk 함수에 대한 좀 더 자세한 설명이다.

1961년 Algol-60 프로시저 호출에서 실제 매개변수의 값을 정의된 형태로 바인딩하는 방법을 만들어낸 P. Z. Ingerman은 '주소를 제공하는 코딩 방법 중 하나'라고 말한다. 형식 매개변수 대신 표현식을 사용해 프로시저를 호출하면 컴파일러는 표현식을 계산하고 그 결과의 주소를 어떤 표준 위치에 남기는 thunk를 만들어낸다.

...

마이크로소프트와 IBM은 자신들의 인텔 기반 시스템에 '16비트 실행 환경'(대충 설계된 세그먼트 레지스터와 64K 메모리 주소의 한계를 갖고 있음)과 '32비트 실행 환경'(연속적인 주소 체계 및 실제와 유사한 메모리 주소 관리 체계를 갖고 있음)을 정의했다. 두 가지 실행 환경 모두 동일한 컴퓨터와 OS에서 동작할 수 있다(마이크로소프트 윈도우에서는 WOW(Windows On Windows)라고 불린다). 마이

(http://www.catb.org/jargon/html/T/thunk.html)

포트란으로 작성된 LAPACK^{Linear Algebra PACKage} 라이브러리에서 또 다른 예를 찾아볼 수 있다. C/C++ 개발자들도 LAPACK를 사용하길 원했지만 그것을 C/C++로 다시 작성해 여러 버전으로 관리하는 것은 정신 나간 일이라고 할 수 있다. 그래서 C/C++ 환경에서 포트란 함수를 호출할 수 있는 간단한 C 함수가 있다.

```
double Blas_Dot_Prod(const LaVectorDouble &dx, const LaVectorDouble &dy)
{
    assert(dx.size()==dy.size());
    integer n = dx.size();
    integer incx = dx.inc(), incy = dy.inc();

    return F77NAME(ddot)(&n, &dx(0), &incx, &dy(0), &incy);
}
```

이와 같은 함수를 '래퍼'라고 부른다.

ARM64

GCC

이번에는 예제 코드를 ARM64의 GCC 4.8.1에서 컴파일해보자.

리스트 1.29: 최적화를 수행하지 않은 GCC 4.8.1 + objdump

```
1  0000000000400590 <main>:
2     400590:    a9bf7bfd    stp     x29, x30, [sp,#-16]!
3     400594:    910003fd    mov     x29, sp
4     400598:    90000000    adrp    x0, 400000 <_init-0x3b8>
5     40059c:    91192000    add     x0, x0, #0x648
6     4005a0:    97ffffa0    bl      400420 <puts@plt>
7     4005a4:    52800000    mov     w0, #0x0              // #0
8     4005a8:    a8c17bfd    ldp     x29, x30, [sp],#16
9     4005ac:    d65f03c0    ret
10
11  ...
12
13  Contents of section .rodata:
```

ARM64에는 Thumb나 Thumb-2 모드가 없고 ARM 모드만 있다. 따라서 ARM 모드에서는 모든 명령어의 크기가 32비트다. 그리고 레지스터의 수도 두 배(2.4절)다. 64비트 레지스터의 이름은 X로 시작하며 하위 32비트 부분은 W로 시작한다.

STP 명령어는 한 번에 두 개의 레지스터 X29와 X30을 스택에 저장한다.

물론 이 명령어는 임의의 메모리 위치에 두 값을 저장할 수 있지만 여기에선 SP 레지스터를 명시했기 때문에 두 값은 스택에 저장된다.

ARM64 레지스터는 64비트로 크기는 8바이트다. 그러므로 두 개의 레지스터를 저장하려면 16바이트가 필요하다.

오퍼랜드 다음에 나오는 느낌표(!)는 반드시 SP에서 16을 먼저 뺀 다음에 두 레지스터의 값을 스택에 기록해야 한다는 의미다. 이를 프리 인덱스$^{pre-index}$라고 한다. 포스트 인덱스$^{post-index}$와 프리 인덱스의 차이는 1.31.2절에서 살펴본다.

좀 더 친숙한 x86 용어로 말하면 첫 번째 명령어는 PUSH X29와 PUSH X30을 수행하는 것과 같다. ARM64에서 X29는 FP$^{Frame\ Pointer}$로 사용되며, X30은 LR로 사용된다. 이 때문에 두 레지스터가 함수 프롤로그에서 저장되고 함수 에필로그에서 복구되는 것이다.

두 번째 명령어는 SP를 X29(또는 FP)에 복사한다. 함수 스택 프레임을 설정하기 위한 과정이다.

ADRP와 ADD 명령어는 문자열 'Hello!'의 주소를 X0 레지스터에 기록한다. 함수의 첫 번째 인자가 X0을 통해 전달되기 때문이다. ARM에는 큰 숫자를 레지스터에 기록하는 명령어가 없기 때문에(명령어 길이가 4바이트로 제한되기 때문. 자세한 내용은 1.31.3절 참고) 여러 개의 명령어를 사용해야 한다. 첫 번째 명령어(ADRP)는 문자열이 위치한 곳의 4KiB 페이지 주소를 X0에 기록하며, 두 번째 명령어(ADD)는 나머지 부분을 주소에 더한다. 이에 대해서는 1.31.4절에서 좀 더 자세히 살펴본다.

주소 0x400000 + 0x648 = 0x400648은 .rodata 데이터 세그먼트에 속하며, 여기서 'Hello!' C 문자열을 볼 수 있다.

다음으로 BL 명령어를 사용해 puts()를 호출한다. 이는 이미 1.5.4절에서 다뤘다.

MOV 명령어는 W0에 0을 기록한다. W0은 64비트 레지스터 X0의 하위 32비트다.

상위 32비트 부분	하위 32비트 부분
X0	
	W0

함수의 수행 결과는 X0을 통해 리턴되며, main()은 0을 리턴하므로 MOV 명령어는 리턴 값을 준비하기 위한 명령어다. 그런데 왜 하위 32비트 부분을 사용했을까?

x86-64와 마찬가지로 ARM64에서도 int 데이터 타입은 여전히 32비트이기 때문에 호환성을 위해 그런 것이다.

따라서 함수가 32비트 int를 리턴한다면 X0 레지스터의 하위 32비트만 이용해야 한다. main()이 64비트 값을 리턴하도록 예제를 약간 수정하고 다시 컴파일하면 차이를 확실히 알 수 있다.

리스트 1.30: uint64_t 타입의 값을 리턴하는 main()

```
#include <stdio.h>
#include <stdint.h>

uint64_t main()
{
    printf ("Hello!\n");
    return 0;
}
```

결과는 동일하지만 MOV 명령어는 다음과 같이 변경된다.

리스트 1.31: 최적화를 수행하지 않은 GCC 4.8.1 + objdump

```
4005a4:         d2800000        mov     x0, #0x0        // #0
```

그다음으로 LDP^Load Pair 가 X29와 X30 레지스터를 복구한다.

이번에는 느낌표가 없다. 이는 우선 스택에서 값을 로딩한 다음에 SP 값을 16만큼 증가시켜야 한다는 의미다. 이를 포스트 인덱스라고 한다.

ARM64에서는 새로운 명령어인 RET가 등장한다. 동작은 BX LR과 동일하지만 CPU에게 해당 명령어가 단순 점프가 아니라 함수 리턴임을 알려주는 특별한 힌트hint 비트가 추가된다. 이 덕분에 CPU가 실행을 좀 더 최적화할 수 있다.

함수 자체가 매우 간단하기 때문에 GCC에 최적화 스위치를 지정하더라도 생성되는 코드는 동일하다.

1.5.5 MIPS

전역 포인터

MIPS에서 중요한 개념 중 하나는 '전역 포인터'다. 이미 알다시피 각 MIPS 명령어의 크기는 32비트이기 때문에 하나의 명령에서 32비트 주소를 다루는 것은 불가능하다. 이를 위해 (앞선 GCC 예제에서 문자열 주소를 로딩하고자 사용한 방식처럼) 두 개의 명령어가 필요하다. 하지만 하나의 명령어로 레지스터-32768...레지스터+32767 영역에 있는 주소에서 데이터를 로드하는 것은 가능하다(부호 있는 16비트 오프셋은 하나의 명령어에 인코딩될 수 있기 때문에). 따라서 이와 같은 목적으로 일부 레지스터를 할당해 가장 자주 사용되는 데이터의 64KiB 영역을 가리키게 할 수도 있다. 이때 사용되는 레지스터를 '전역 포인터'라고 부르며 그것은 64KiB 영역의 중간 부분을 가리키게 된다. 어떤 함수들의 주소를 알아내는 것은 두 개가 아닌 하나의 명령어를 실행하는 것처럼 빨라야 한다고 GCC 개발자들이 결정했기 때문에 해당 영역에는 주로 전역 변수와 printf()처럼 임포트된 함수들의 주소가 포함된다. ELF 파일에서는 이 64KiB 영역이 섹션에 나눠 위치한다. 즉, .sbss('small BSS[Block Started by Symbol]') 섹션에는 초기화되지 않은 데이터가 .sdata('small data') 섹션에는 초기화된 데이터가 위치한다. 이는 프로그래머가 .sdata/.sbss 섹션에 있는 데이터 중에서 어떤 종류의 데이터를 빠르게 접근하고자 하는지 선택하게 된다는 것을 의미한다. 일부 오래된 프로그래머는 MS-DOS 메모리 모델(11.6절 참고)이나 모든 메모리가 64KiB 블록으로 나눠진 XMS/EMS와 같은 MS-DOS 메모리 관리자가 떠오르기도 할 것이다.

이 개념은 MIPS에만 특화된 것은 아니다. 파워PC에서도 동일한 기술을 사용한다.

최적화를 수행한 GCC

'전역 포인터'를 이해하려면 다음 예제를 보자.

리스트 1.32: 최적화를 수행하는 GCC 4.4.5(어셈블리 출력)

```
 1  $LC0:
 2  ; \000는 8진수로 0 바이트를 나타낸다.
 3          .ascii    "Hello, world!\012\000"
 4  main:
 5  ;함수 프롤로그
 6  ; GP 설정
 7          lui       $28,%hi(__gnu_local_gp)
 8          addiu     $sp,$sp,-32
 9          addiu     $28,$28,%lo(__gnu_local_gp)
10  ; RA를 로컬 스택에 저장
11          sw        $31,28($sp)
12  ; puts() 함수 주소를 GP에서 $25로 로드
13          lw        $25,%call16(puts)($28)
14  ; 문자열의 주소를 $4 ($a0)로 로드
15          lui       $4,%hi($LC0)
16  ; puts() 함수로 점프, 링크 레지스터에 리턴 주소 저장
17          jalr      $25
18          addiu     $4,$4,%lo($LC0) ; 브랜치 지연 슬롯
19  ; RA를 복구
20          lw        $31,28($sp)
21  ; $zero에서 0을 $v0로 복사
22          move      $2,$0
23  ; RA로 점프함으로써 리턴
24          j         $31
25  ; 함수 에필로그
26          addiu     $sp,$sp,32 ; 브랜치 지연 슬롯 + 로컬 스택 해제
```

함수의 앞부분에서 **$GP** 레지스터가 해당 영역의 중간 부분을 가리키도록 설정된다. 또한 RA 레지스터가 로컬 스택에 저장되며, 여기서는 printf() 대신 puts()가 사용된다. **LW**('Load Word') 명령어를 이용해 puts() 함수의 주소를 $25에 로드한다. 그다음에는 **LUI**('Load Upper Immediate')와 **ADDIU**('Add Immediate Unsigned Word') 명령어를 이용해 문자열의 주소를 $4에 로드한다. **LUI**는 주소의 상위 16비트 영역을 레지스터의 상위 16비트에 설정하고(그래서 명령어의 이름에 'Upper'가 포함된다) **ADDIU**는 주소의 하위 16비트 영역을 설정한다.

JALR 명령어 다음에 **ADDIU** 명령어가 온다(브랜치 지연 슬롯을 상기하기 바란다). **$4** 레지

스터는 $A0 레지스터라고도 부르며 함수의 첫 번째 인자를 전달하는 데 사용된다.[29]

JALR('Jump and Link Register') 명령어는 $25 레지스터에 저장된 주소(puts()의 주소)로 점프하며 RA에 다음 명령어(LW)의 주소를 저장한다. 이는 ARM의 경우와 매우 유사하다. 한 가지 중요한 점은 RA에 저장된 주소는 바로 다음 명령어의 주소가 아닌 그다음 주소(지연 슬롯 다음)가 저장된다는 것이다(지연 슬롯이고 바로 다음 주소의 명령어는 점프 명령어 전에 실행되기 때문이다). 따라서 이 경우 JALR 명령어가 실행되는 동안 ADDIU 명령어 다음에 있는 LW 명령어의 주소인 PC+8이 RA에 저장된다.

20번 줄의 LW('Load Word') 명령어는 로컬 스택에서 RA를 복구한다(이 명령어는 함수 에필로그의 일부분이다).

22번 줄의 MOVE 명령어는 $0($ZERO) 레지스터의 값을 $2($V0) 레지스터로 복사한다.

MIPS에는 값이 항상 0인 상수 레지스터가 있다. MIPS 개발자들은 컴퓨터 프로그래밍에서 0이 실제로 가장 자주 사용되는 상수라는 아이디어를 생각해냈다. 따라서 0이 필요한 경우에는 항상 $0 레지스터를 사용하자.

MIPS의 또 다른 흥미로운 특징은 레지스터 간의 데이터를 이동하는 명령어가 없다는 것이다. 사실 MOVE DST, SRC는 ADD DST, SRC, $ZERO(DST = SRC + 0)와 동일하다. 분명 MIPS 개발자들은 간단한 OP 코드 테이블을 원했을 것이다. 하지만 MOVE 명령어가 실행될 때마다 실제로 더하기 연산이 발생한다는 의미는 아니다. 대부분의 CPU는 이와 같은 의사 명령어 사용과 ALU[Arithmetic Logic Unit]를 전혀 사용하지 않는 쪽으로 최적화를 수행한다.

24번 줄의 J 명령어는 RA에 있는 주소로 점프해 효과적으로 함수의 리턴을 수행한다. J 명령어 다음의 ADDIU 명령어는 사실 J 명령어 전에 실행(브랜치 지연 슬롯을 기억하기 바란다)되며 함수 에필로그의 일부분이다. 다음은 IDA의 출력 내용이며 각 레지스터는 의사 이름으로 표현된다.

리스트 1.33: 최적화를 수행한 경우의 GCC 4.4.5(IDA)

```
1    .text:00000000 main:
2    .text:00000000
3    .text:00000000 var_10      = -0x10
```

---

29. MIPS 레지스터 테이블은 부록 3.1절을 참고하기 바란다.

```
 4  .text:00000000 var_4        = -4
 5  .text:00000000
 6  ; 함수 프롤로그
 7  ; GP 설정
 8  .text:00000000              lui     $gp, (__gnu_local_gp >> 16)
 9  .text:00000004              addiu   $sp, -0x20
10  .text:00000008              la      $gp, (__gnu_local_gp & 0xFFFF)
11  ; RA를 로컬 스택에 저장
12  .text:0000000C              sw      $ra, 0x20+var_4($sp)
13  ; GP를 로컬 스택에 저장
14  ; 어떤 이유로 인해 GCC 어셈블리 출력에는 이 명령어가 빠져있다.
15  .text:00000010              sw      $gp, 0x20+var_10($sp)
16  ; puts() 함수 주소를 GP에서 $t9로 로드
17  .text:00000014              lw      $t9, (puts & 0xFFFF)($gp)
18  ; $a0에 있는 문자열의 주소를 설정
19  .text:00000018              lui     $a0, ($LC0 >> 16) # "Hello, world!"
20  ; puts() 함수로 점프, 링크 레지스터에 리턴 주소 저장
21  .text:0000001C              jalr    $t9
22  .text:00000020              la      $a0, ($LC0 & 0xFFFF) # "Hello, world!"
23  ; RA 복원
24  .text:00000024              lw      $ra, 0x20+var_4($sp)
25  ; $zero에서 0을 $v0로 복사
26  .text:00000028              move    $v0, $zero
27  ; RA로 점프함으로써 리턴
28  .text:0000002C              jr      $ra
29  ; 함수 에필로그
30  .text:00000030              addiu   $sp, 0x20
```

15번 줄의 명령어는 GP의 값을 로컬 스택에 저장한다. 그런데 GCC의 출력 결과에는 이상하게 이 명령어가 없다. 아마도 GCC의 에러로 보인다.[30] 각 함수는 64KiB 데이터 영역을 사용할 수 있기 때문에 실제로 GP의 값이 저장돼야 한다. puts()의 주소를 담고 있는 레지스터를 $T9라고 부른다. T는 값을 지속적으로 보존하지 않는 다는 의미의 'Temporary'를 의미한다.

최적화를 수행하지 않은 GCC

최적화를 수행하지 않은 GCC의 출력은 내용이 더 많다.

---

30. GCC 사용자에게는 그렇게 중요한 부분이 아니기 때문에 수정되지 않은 버그가 존재할 수 있다.

리스트 1.34: 최적화를 수행하지 않은 GCC 4.4.5(어셈블리 출력)

```
1   $LC0:
2           .ascii  "Hello, world!\012\000"
3   main:
4   ; 함수 프롤로그
5   ; RA ($31)와 FP를 스택에 저장
6           addiu   $sp,$sp,-32
7           sw      $31,28($sp)
8           sw      $fp,24($sp)
9   ; FP (stack frame pointer)를 설정
10          move    $fp,$sp
11  ; GP 설정
12          lui     $28,%hi(__gnu_local_gp)
13          addiu   $28,$28,%lo(__gnu_local_gp)
14  ; 문자열의 주소를 로드
15          lui     $2,%hi($LC0)
16          addiu   $4,$2,%lo($LC0)
17  ; GP를 이용해서 puts()의 주소를 로드
18          lw      $2,%call16(puts)($28)
19          nop
20  ; puts() 호출
21          move    $25,$2
22          jalr    $25
23          nop             ; 브랜치 지연 슬롯
24
25  ; 로컬 스택에서 GP를 복원
26          lw      $28,16($fp)
27  ; $2 ($V0) 레지스터를 0으로 설정
28          move    $2,$0
29  ; 함수 에필로그
30  ; SP 복원
31          move    $sp,$fp
32  ; RA 복원
33          lw      $31,28($sp)
34  ; FP 복원
35          lw      $fp,24($sp)
36          addiu   $sp,$sp,32
37  ; RA로 점프
38          j       $31
39          nop ; 브랜치 지연 슬롯
```

FP는 스택 프레임에 대한 포인터로 사용되고 있다. 그리고 세 개의 NOP 명령어를 볼 수 있다. 두 번째와 세 번째 NOP 명령어는 분기 명령어 다음에 위치한다. 아마도 GCC 컴파일러는 (브랜치 지연 슬롯 때문에) 분기 명령어 다음에 항상 NOP 명령어를 추가하는 것으로 보인다. 그리고 최적화 옵션이 활성화되면 그것을 제거한다.

따라서 최적화를 수행하지 않았기 때문에 NOP 명령어를 볼 수 있다.

다음은 최적화를 수행하지 않은 경우의 IDA 출력 결과다.

리스트 1.35: 최적화를 수행하지 않은 GCC 4.4.5(IDA)

```
 1  .text:00000000 main:
 2  .text:00000000
 3  .text:00000000 var_10  = -0x10
 4  .text:00000000 var_8   = -8
 5  .text:00000000 var_4   = -4
 6  .text:00000000
 7  ; 함수 프롤로그
 8  ; RA와 FP를 스택에 저장
 9  .text:00000000      addiu   $sp, -0x20
10  .text:00000004      sw      $ra, 0x20+var_4($sp)
11  .text:00000008      sw      $fp, 0x20+var_8($sp)
12  ; FP (stack frame pointer) 설정
13  .text:0000000C      move    $fp, $sp
14  ; GP 설정
15  .text:00000010      la      $gp, __gnu_local_gp
16  .text:00000018      sw      $gp, 0x20+var_10($sp)
17  ; 문자열의 주소를 로드
18  .text:0000001C      lui     $v0, (aHelloWorld >> 16) # "Hello, world!"
19  .text:00000020      addiu   $a0, $v0, (aHelloWorld & 0xFFFF) # "Hello, world!"
20  ; GP를 이용해 puts()의 주소를 로드
21  .text:00000024      lw      $v0, (puts & 0xFFFF)($gp)
22  .text:00000028      or      $at, $zero ; NOP
23  ; puts() 호출
24  .text:0000002C      move    $t9, $v0
25  .text:00000030      jalr    $t9
26  .text:00000034      or      $at, $zero ; NOP
27  ; 로컬 스택에서 GP를 복원
28  .text:00000038      lw      $gp, 0x20+var_10($fp)
29  ; $2 ($V0) 레지스터를 0으로 설정
30  .text:0000003C      move    $v0, $zero
31  ; 함수 에필로그
32  ; SP 복원
33  .text:00000040      move    $sp, $fp
34  ; RA 복원
35  .text:00000044      lw      $ra, 0x20+var_4($sp)
36  ; FP 복원
37  .text:00000048      lw      $fp, 0x20+var_8($sp)
38  .text:0000004C      addiu   $sp, 0x20
39  ; RA로 점프
40  .text:00000050      jr      $ra
41  .text:00000054      or      $at, $zero ; NOP
```

흥미롭게도 IDA는 **LUI/ADDIU** 명령어 쌍을 인식해 15번 줄에서 그것을 하나의 **LA** ('Load Address') 의사 명령어로 통합했다. 그리고 통합한 의사 명령어의 크기가 8바이트라는 것을 알 수 있다. 이는 실제 MIPS 명령어가 아니기 때문에 의사 명령어(또는 매크로)라고 할 수 있지만 간편한 이름으로 명령어 쌍을 표현하고 있다.

또 다른 특징은, IDA는 **NOP** 명령어를 인식하지 않기 때문에 22, 26, 41번 줄의 **OR $AT, $ZERO**가 그것을 대체한다. 이는 **$AT** 레지스터에 0 값으로 **OR** 연산을 수행하는 명령어로, 아무런 의미가 없는 명령어다. 다른 ISA처럼 MIPS도 별도의 **NOP** 명령어를 갖고 있지 않다.

이 예에서 스택 프레임의 역할

문자열의 주소는 레지스터로 전달되는데, 왜 로컬 스택을 설정하는 것일까? 그 이유는 RA와 GP 레지스터의 값은 어딘가에 저장돼야(printf()가 호출되기 때문에) 하며 이때 로컬 스택이 사용되기 때문이다. 중간에 다른 함수가 호출되면 함수의 프롤로그와 에필로그가 제거될 수 있기 때문이다(1.4.3절 참고).

최적화를 수행한 GCC: GDB에서 로드

리스트 1.36: 간단한 GDB 세션

```
root@debian-mips:~# gcc hw.c -O3 -o hw

root@debian-mips:~# gdb hw
GNU gdb (GDB) 7.0.1-debian
...
Reading symbols from /root/hw...(no debugging symbols found)...done.
(gdb) b main
Breakpoint 1 at 0x400654
(gdb) run
Starting program: /root/hw

Breakpoint 1, 0x00400654 in main ()
(gdb) set step-mode on
(gdb) disas
Dump of assembler code for function main:
0x00400640 <main+0>:    lui     gp,0x42
0x00400644 <main+4>:    addiu   sp,sp,-32
0x00400648 <main+8>:    addiu   gp,gp,-30624
0x0040064c <main+12>:   sw      ra,28(sp)
0x00400650 <main+16>:   sw      gp,16(sp)
```

```
0x00400654 <main+20>:    lw      t9,-32716(gp)
0x00400658 <main+24>:    lui     a0,0x40
0x0040065c <main+28>:    jalr    t9
0x00400660 <main+32>:    addiu   a0,a0,2080
0x00400664 <main+36>:    lw      ra,28(sp)
0x00400668 <main+40>:    move    v0,zero
0x0040066c <main+44>:    jr      ra
0x00400670 <main+48>:    addiu   sp,sp,32
End of assembler dump.
(gdb) s
0x00400658 in main ()
(gdb) s
0x0040065c in main ()
(gdb) s
0x2ab2de60 in printf () from /lib/libc.so.6
(gdb) x/s $a0
0x400820: "hello, world"
(gdb)
```

1.5.6 결론

x86/ARM과 x64/ARM64 코드의 주된 차이점은 문자열을 가리키는 포인터가 64비트라는 점이다. 메모리 값의 하락과 애플리케이션이 더 많은 메모리를 필요로 하기 때문에 실제로 최근에 출시되는 CPU는 대부분 64비트다. 따라서 컴퓨터에 매우 많은 메모리를 추가할 수 있게 됐고 그것은 32비트 포인터로 지정할 수 있는 메모리 공간을 초과한다. 결국 지금은 모든 포인터가 64비트라고 할 수 있다.

1.5.7 연습

- http://challenges.re/48
- http://challenges.re/49

1.6 함수 프롤로그와 에필로그

함수 프롤로그는 함수의 시작 부분에 위치하는 명령어 집합이다. 그것은 주로 다음과 같은 형태를 갖는다.

```
push    ebp
mov     ebp, esp
sub     esp, X
```

이 명령어들이 수행하는 작업을 살펴보자. 우선 EBP 레지스터의 값을 스택에 저장하고, EBP 레지스터의 값을 ESP의 값으로 설정한 후 지역 변수용 스택 공간을 할당한다.

EBP 값은 함수 실행 내내 고정되며, 지역 변수와 인자에 접근할 때 사용된다. ESP도 사용할 수는 있지만 이 값은 시간에 따라 변하기 때문에 사용하기 불편하다.

함수 에필로그는 스택에 할당된 공간을 반환하고 EBP 레지스터의 값을 원래 상태로 복구하며, 제어 흐름을 호출자에게 반환한다.

```
mov     esp, ebp
pop     ebp
ret     0
```

디스어셈블러는 보통 함수 프롤로그와 에필로그를 이용해 함수 부분을 식별한다.

1.6.1 재귀

에필로그와 프롤로그는 재귀 호출의 성능을 악화시킬 수 있다. 좀 더 자세한 것은 3.4.3절을 참고하기 바란다.

1.7 스택

스택stack은 컴퓨터 과학에서 가장 기본적인 자료 구조 중 하나로[31], 일명 LIFO Last In First Out라고도 한다.

기술적인 관점에서 볼 때 스택은 프로세스 메모리에 존재하는 특정 메모리 블록이며, 이 블록 내의 특정 위치를 가리키는 포인터(x86이나 x64의 ESP 또는 RSP 레지스터, ARM의 SP 레지스터)가 스택 포인터다.

---

31. wikipedia.org/wiki/Call_stack

x86과 ARM Thumb 모드에서 가장 자주 사용되는 스택 접근 명령어는 PUSH와 POP이다. PUSH는 32비트 모드의 경우 ESP/RSP/SP에서 4를 빼고(64비트 모드에서는 8) 오퍼랜드의 내용을 ESP/RSP/SP가 가리키는 메모리 주소에 기록한다.

POP은 정반대의 명령어다. SP가 가리키는 메모리에서 데이터를 가져와 오퍼랜드(종종 레지스터)에 저장한 후 스택 포인터에 4(또는 8)를 더한다.

스택 할당 후의 스택 포인터는 스택의 끝을 가리킨다. PUSH는 스택 포인터를 감소시키고 POP은 증가시킨다. 스택의 끝은 사실 스택 블록을 위해 할당된 메모리 블록의 시작 부분이다. 이상하게 보이겠지만 그것이 스택이 동작하는 방식이다.

하지만 ARM은 밑으로 자라는 스택뿐만 아니라 위로 자라는 스택도 지원한다.

예를 들어 STMFD/LDMFD, STMED[32]/LDMED[33] 명령어는 아래로 자라는(높은 메모리 주소에서 낮은 메모리 주소로 자라는) 스택을 처리하는 명령어며, STMFA[34]/LDMFA[35], STMEA[36]/LDMEA[37] 명령어는 위로 자라는(낮은 메모리 주소에서 높은 메모리 주소로 자라는) 스택을 처리하는 명령어다.

1.7.1 스택이 거꾸로 자라는 이유

직관적으로 생각하면 스택도 여타 자료 구조처럼 위, 즉 높은 주소를 향해 증가해야 할 것 같다.

스택이 거꾸로 자라는 이유에는 역사적 배경이 있다. 컴퓨터가 방 하나 전체를 차지할 정도로 크던 시절에는 메모리를 두 개의 부분(힙과 스택)으로 나누는 게 용이했다. 물론 프로그램 실행 중에 힙heap과 스택이 얼마나 커질지 알 수 없었기 때문에 다음 그림이 가장 간단한 해결책이었다.

---

32. Store Multiple Empty Descending(ARM 명령어)
33. Load Multiple Empty Descending(ARM 명령어)
34. Store Multiple Full Ascending(ARM 명령어)
35. Load Multiple Full Ascending(ARM 명령어)
36. Store Multiple Empty Ascending(ARM 명령어)
37. Load Multiple Empty Ascending(ARM 명령어)

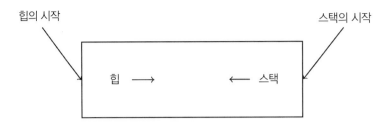

D.M. 리치, K. 톰슨의 『UNIX Time Sharing System』(1974)[38]에는 다음 내용이 나온다.

> 실행 이미지의 사용자 부분은 세 개의 논리적인 세그먼트로 나뉜다. 프로그램 텍스트 세그먼트는 가상 주소 공간의 위치 0에서 시작한다. 실행 중에는 이 세그먼트에 쓰기 보호가 설정되며, 동일한 프로그램을 실행하는 모든 프로세스가 단 하나의 사본을 공유한다. 가상 주소 공간에서 프로그램 텍스트 세그먼트 다음의 첫 8K바이트 경계에서 공유되지 않는 쓰기 가능한 데이터 세그먼트가 시작한다. 이 세그먼트의 크기는 시스템 호출에 의해 확장될 수 있다. 가상 주소 공간의 최상위 주소에서는 스택 세그먼트가 시작되는데, 이 세그먼트는 하드웨어 스택 포인터의 변동에 따라 자동으로 하위 주소를 향해 증가한다.

이는 마치 여러 학생이 하나의 공책에 강의 노트를 작성하는 경우를 연상시킨다. 첫 번째 강의는 공책의 앞 페이지부터 작성하고 두 번째 강의는 공책의 끝부분부터 작성하는 것이다. 결국 빈 공간이 없다면 두 강의 노트는 어딘가에서 만나게 될 것이다.

1.7.2 스택의 용도

함수의 리턴 주소 저장

x86

CALL 명령어를 사용해 다른 함수를 호출하면 CALL 명령어 바로 다음에 나오는 주소가 스택에 저장되며, CALL 오퍼랜드가 실행된 후에는 무조건 이 주소로 점프한다.

CALL 명령어는 PUSH 호출_후_주소/JMP 오퍼랜드 명령어 쌍과 동일하다.

RET는 스택에서 점프할 주소 값을 가져와 그 주소로 점프한다. 이는 POP tmp/JMP tmp 명령어 쌍과 동일하다.

---

38. https://dl.acm.org/doi/10.1145/361011.361061

스택 오버플로우는 간단히 만들 수 있다. 재귀 호출을 영원히 호출하면 된다.

```
void f()
{
    f();
};
```

MSVC 2008은 다음 같은 경고를 출력한다.

```
c:\tmp6>cl ss.cpp /Fass.asm
Microsoft (R) 32-bit C/C++ Optimizing Compiler Version 15.00.21022.08 for 80x86
Copyright (C) Microsoft Corporation. All rights reserved.

ss.cpp
c:\tmp6\ss.cpp(4) : warning C4717: 'f' : recursive on all control paths, function will cause
runtime stack overflow
```

하지만 어쨌든 해당 코드를 생성한다.

```
?f@@YAXXZ PROC                 ; f
; Line 2
        push    ebp
        mov     ebp, esp
; Line 3
        call    ?f@@YAXXZ    ; f
; Line 4
        pop     ebp
        ret     0
?f@@YAXXZ ENDP                 ; f
```

컴파일러의 최적화 옵션(/Ox 옵션)을 활성화하면 스택 오버플로우가 발생하지 않는 제대로 동작하는 최적화된 코드가 생성된다.[39]

```
?f@@YAXXZ PROC  ; f
; Line 2
$LL3@f:
; Line 3
        jmp      SHORT $LL3@f
?f@@YAXXZ ENDP       ; f
```

---

39. 아이러니한 부분이다.

GCC 4.4.1은 두 경우 모두 유사한 코드를 생성하며, 어떤 경고 메시지도 출력하지 않는다.

ARM

ARM 프로그램도 리턴 주소를 저장하는 용도로 스택을 사용하지만 방법은 다르다. 'Hello, world!'(1.5.4절)에서 살펴봤듯이 RA는 LR(링크 레지스터)에 저장된다. 한 함수가 또 다른 함수를 호출하길 원하고 LR 레지스터를 여러 번 사용해야 한다면 LR 값도 저장해야 한다. 일반적으로 LR은 함수 프롤로그에서 저장된다.

종종 프롤로그에서는 PUSH R4-R7，LR과 같은 명령어를 볼 수 있고 에필로그에서는 POP R4-R7，LR과 같은 명령어를 볼 수 있다. 이는 함수 내에서 사용될 레지스터(LR 포함)를 스택에 저장하는 것이다.

RISC에서는 다른 함수를 전혀 호출하지 않는 함수를 리프 함수$^{leaf function}$[40]라고 한다. 당연히 리프 함수에서는 LR 레지스터를 수정하지 않기 때문에 이를 저장하지도 않는다. 몇 개의 레지스터만 사용하는 간단한 함수인 경우에도 스택을 사용하지 않을 수 있다. 따라서 그런 경우에는 스택을 사용하지 않고도 리프 함수를 호출하는 게 가능하다. 이때는 스택을 위해 외부 RAM을 사용하지 않기 때문에 오래된 x86보다 빠르게 호출을 수행할 수도 있다.[41] 이런 호출 방식은 메모리에 스택 공간이 아직 할당되지 않았거나 이용할 수 있는 메모리가 없을 때 유용하다.

리프 함수에 대한 예제는 1.10.3절, 1.276절, 1.292절, 1.22.5절, 1.186절, 1.184절, 1.203절에서 볼 수 있다.

함수 인자 전달

x86에서 매개변수를 전달하는 가장 일반적인 방법은 'cdecl'이다.

---

40. http://infocenter.arm.com/help/index.jsp?topic=/com.arm.doc.faqs/ka13785.html
41. 한때 PDP-11과 VAX에서는 CALL 명령어(다른 함수를 호출하는 명령어)의 성능이 매우 안 좋았다. 실행 시간의 최대 50%가 함수 호출에 쓰이기도 했다. 이 때문에 간단한 함수를 여러 번 사용하는 것이 대표적인 해결책이었다(에릭 S. 레이몬드. 『Art of UNIX Programming』(2003) 4장, 파트 II).

```
push    arg3
push    arg2
push    arg1
call    f
add     esp, 12     ; 4*3=12
```

호출되는 함수는 스택 포인터를 통해 인자를 전달받는다.

f() 함수의 첫 번째 명령어가 실행되기 직전의 스택 상태는 다음과 같다.

ESP	리턴 주소
ESP + 4	인자#1. IDA에서는 arg_0으로 표기
ESP + 8	인자#1. IDA에서는 arg_4로 표기
ESP + 0xC	인자#1. IDA에서는 arg_8로 표기
...	...

다른 호출 규약에 대한 내용은 6.1절에서 다룬다.

그런데 호출되는 함수는 전달된 인자의 수에 대한 정보를 갖고 있지 않다. C의 printf() 함수처럼 전달되는 인자의 수가 유동적인 함수는 형식 문자열 지정자(%로 시작하는 심볼)를 이용해 전달되는 인자의 수를 판단한다.

다음과 같은 코드를 작성해보자.

```
printf("%d %d %d", 1234);
```

printf()는 1234를 출력한 다음 스택의 다음 위치에 있는 임의의 값[42]을 출력할 것이다.

main(), main(int argc, char *argv[]), main(int argc, char *artv[], char *envp[])와 같이 main() 함수를 어떻게 선언하든 크게 관계없는 것이 이 때문이다.

실제로 main()을 호출하는 CRT 코드는 대략 다음과 같다.

```
push envp
push argv
```

---

42. 정확히 말하면 무작위가 아니라 예측할 수 없다. 1.7.4절 참고

```
push argc
call main
...
```

main() 함수를 아무런 인자 없이 main()으로 선언했더라도 해당 값들은 여전히 스택에 존재하며 이용되지 않을 뿐이다. main()을 main(int argc, char *argv[])로 선언했다면 두 개의 인자를 사용하게 되며, 함수 입장에서 세 번째 인자는 여전히 '보이지 않는' 상태로 남아 있을 것이다. 심지어 main(int argc)로 선언하더라도 함수는 동작한다.

인자를 전달하는 또 다른 방법

프로그래머는 인자를 스택으로만 전달할 수 있는 것이 아니다. 그렇게 해야 하는 것은 아니지만 스택을 전혀 사용하지 않고도 인자를 전달하도록 구현할 수 있다.

어셈블리어 초보자가 주로 사용하는 방법은 전역 변수로 인자를 전달하는 것이다.

리스트 1.37: 어셈블리 코드

```
        ...
        mov     X, 123
        mov     Y, 456
        call    do_something
        ...
X       dd      ?
Y       dd      ?
do_something proc near
        ; X 값을 가져온다.
        ; Y 값을 가져온다.
        ; 어떤 작업을 수행한다.
        retn
do_something endp
```

하지만 이 방법은 분명한 단점을 갖고 있다. do_something() 함수는 자기 자신의 인자 때문에 자신(또는 다른 함수에서)을 재귀 호출할 수 없다. 로컬 변수의 경우도 마찬가지다. 로컬 변수의 값을 전역 변수에 저장하면 재귀 호출을 할 수 없다. 또한 이 방법은 스레드 안전[43]하지 않다. 스택에 필요한 정보를 저장하는 방법이 그런 문제를 쉽게 해결하는 방법이다. 스택은 여유 공간만 있다면 원하는 만큼의 함수 인자나 값을 저장할 수 있다.

---

43. 정확히 구현하려면 각 스레드는 자신의 인자/변수를 위한 자신만의 스택을 가져야 한다.

도널드 커누스의 『Art of Computer Programming, 볼륨 1, 3판』(1997, p189)에서는 IBM System/360에서 특별히 편리하게 사용할 수 있는 방법도 언급한다.

MS-DOS는 레지스터로 함수의 모든 인자를 전달하는 방법을 제공했다. 다음은 그 방법으로 'Hello, world!'를 출력하는 오래된 16비트 MS-DOS 코드다.

```
mov     dx, msg     ; 메시지의 주소
mov     ah, 9       ; 9는 "문자열 출력" 함수를 의미한다.
int     21h         ; DOS "syscall"
mov     ah, 4ch     ; "프로그램 종료" 함수
int     21h         ; DOS "syscall"

msg     db 'Hello, World!\$'
```

이는 6.1.3절에서 사용하는 방법과 매우 유사하다. 또한 리눅스(6.3.1절)와 윈도우에서 syscalls를 호출하는 것과 상당히 유사하다.

MS-DOS 함수가 불리언 값(즉, 단일 비트, 일반적으로 에러 상태를 나타낸다)을 리턴하려고 할 때 CF 플래그 값이 주로 사용된다.

예를 들면 다음과 같다.

```
mov     ah, 3ch         ; 파일 생성
lea     dx, filename
mov     cl, 1
int     21h
jc      error
mov     file_handle, ax
...
error:
...
```

에러가 발생하면 CF 플래그가 설정된다. 에러가 없다면 새로 생성된 파일의 핸들이 AX 레지스터로 전달된다.

이 방법은 어셈블리어 프로그래머에 의해 여전히 사용된다. 윈도우 Research Kernel 소스코드(윈도우 2003의 소스코드와 상당히 유사)에서 이와 같은 코드(base/ntos/ke/i386/cpu.asm 파일)를 발견할 수 있다.

```
        public  Get386Stepping
Get386Stepping proc
        call    MultiplyTest   ; Perform multiplication test
        jnc     short G3s00    ; if nc, muttest is ok
        mov     ax, 0
        ret
G3s00:
        call    Check386B0     ; Check for B0 stepping
        jnc     short G3s05    ; if nc, it's B1/later
        mov     ax, 100h       ; It is B0/earlier stepping
        ret
G3s05:
        call    Check386D1     ; Check for D1 stepping
        jc      short G3s10    ; if c, it is NOT D1
        mov     ax, 301h       ; It is D1/later stepping
        ret
G3s10:
        mov     ax, 101h       ; assume it is B1 stepping
        ret
...
MultiplyTest  proc
        xor     cx,cx          ; 64K times is a nice round number
mlt00:  push    cx
        call    Multiply       ; does this chip's multiply work?
        pop     cx
        jc      short mltx     ; if c, No, exit
        loop    mlt00          ; if nc, YEs, loop to try again
        clc
mltx:
        ret
MultiplyTest  endp
```

지역 변수 저장소

함수는 스택 포인터를 아래쪽으로 이동시키는 방법으로 지역 변수용 공간을 스택에 할당할 수 있다.

이 경우 얼마나 많은 지역 변수를 정의하든 매우 빠른 시간 내에 공간을 할당할 수 있다. 지역 변수를 스택에 반드시 저장해야 하는 것은 아니다. 지역 변수를 어디에 저장해도 상관은 없지만 전통적으로 지역 변수를 스택에 저장한다.

x86: alloca() 함수

alloca() 함수[44]는 짚고 넘어갈 만하다. 이 함수는 malloc()처럼 동작하지만 메모리를 스택에 직접 할당한다. 할당된 메모리 청크는 free() 함수를 호출해 해제할 필요가 없다. 함수 에필로그(1.6절)에서 ESP를 초기 상태로 복원하면 할당된 메모리는 알아서 해제되기 때문이다. alloca() 함수의 구현도 살펴볼 만하다. 간단히 설명하자면 이 함수는 단순히 ESP를 필요한 바이트 수만큼 아래쪽으로 이동시키고 ESP를 할당된 블록의 포인터로 설정한다.

다음 예를 보자.

```
#ifdef __GNUC__
#include <alloca.h> // GCC
#else
#include <malloc.h> // MSVC
#endif
#include <stdio.h>

void f()
{
    char *buf=(char*)alloca (600);
#ifdef __GNUC__
    snprintf (buf, 600, "hi! %d, %d, %d\n", 1, 2, 3); // GCC
#else
    _snprintf (buf, 600, "hi! %d, %d, %d\n", 1, 2, 3); // MSVC
#endif
    puts (buf);
};
```

_snprintf() 함수는 printf()와 기본적으로 동일하지만 출력을 stdout(예를 들어 터미널이나 콘솔)으로 출력하는 대신 buf 버퍼에 기록한다. puts()는 buf의 내용을 stdout으로 복사한다. 물론 이 두 번의 호출을 하나의 printf()로 대체할 수도 있지만 여기서는 작은 버퍼의 사용을 보여주고 싶었다.

MSVC

MSVC 2010에서 컴파일해보자.

---

44. MSVC에서 함수 구현은 C:\Program Files (x86)\Microsoft Visual Studio 10.0\VC\crt\src\intel의 alloca16.asm과 chkstk.asm에서 찾아볼 수 있다.

리스트 1.38: MSVC 2010

```
...
        mov     eax, 600    ; 00000258H
        call    __alloca_probe_16
        mov     esi, esp
        push    3
        push    2
        push    1
        push    OFFSET $SG2672
        push    600     ; 00000258H
        push    esi
        call    __snprintf
        push    esi
        call    _puts
        add     esp, 28
...
```

alloca()의 유일한 인자는 스택 대신 **EAX**를 통해 전달된다.[45]

GCC + 인텔 구문

GCC 4.4.1에서는 외부 함수를 호출하지 않고도 동일한 결과를 얻을 수 있다.

리스트 1.39: GCC 4.7.3

```
 .LC0:
        .string     "hi! %d, %d, %d\n"
 f:
        push        ebp
        mov         ebp, esp
        push        ebx
        sub         esp, 660
        lea         ebx, [esp+39]
        and         ebx, -16                        ; 16 비트 경계로 포인터 정렬
        mov         DWORD PTR [esp], ebx ; s
        mov         DWORD PTR [esp+20], 3
        mov         DWORD PTR [esp+16], 2
        mov         DWORD PTR [esp+12], 1
        mov         DWORD PTR [esp+8], OFFSET FLAT:.LC0; "hi! %d, %d, %d\n"
        mov         DWORD PTR [esp+4], 600          ; maxlen
```

---

45. alloca()는 일반적인 함수가 아니라 컴파일러 intrinsic(11.3절)이기 때문이다. 그럼에도 코드에서 몇 개의 명령어 대신 별도의 함수가 필요한 이유는 MSVC의 alloca() 함수 구현 내에 운영체제가 물리 메모리를 이 VM 영역에 매핑할 수 있도록 방금 할당된 메모리를 읽는 코드가 존재하기 때문이다. alloca() 호출 후에는 ESP가 600바이트 크기의 블록을 가리켜 그것을 buf 배열을 위한 메모리로 사용할 수 있다.

```
call        _snprintf
mov         DWORD PTR [esp], ebx              ; s
call        puts
mov         ebx, DWORD PTR [ebp-4]
leave
ret
```

GCC + AT&T 구문

동일한 코드를 AT&T 구문으로 나타내면 다음과 같다.

리스트 1.40: GCC 4.7.3

```
.LC0:
        .string    "hi! %d, %d, %d\n"
f:
        pushl      %ebp
        movl       %esp, %ebp
        pushl      %ebx
        subl       $660, %esp
        leal       39(%esp), %ebx
        andl       $-16, %ebx
        movl       %ebx, (%esp)
        movl       $3, 20(%esp)
        movl       $2, 16(%esp)
        movl       $1, 12(%esp)
        movl       $.LC0, 8(%esp)
        movl       $600, 4(%esp)
        call       _snprintf
        movl       %ebx, (%esp)
        call       puts
        movl       -4(%ebp), %ebx
        leave
        ret
```

이 코드는 이전 리스트의 코드와 동일하다.

movl $3, 20(%esp)는 인텔 구문의 mov DWORD PTR [esp+20], 3과 동일하다. AT&T
구문에서는 레지스터+오프셋 형식으로 메모리를 주소 지정할 때 오프셋(% 레지스터)으
로 표기한다.

(윈도우) SEH

SEH[46] 레코드도 (존재하는 경우) 스택에 저장된다. 좀 더 자세한 내용은 6.5.3절에서 다룬다.

버퍼 오버플로우 보호

1.20.2절을 참고하기 바란다.

스택에 있는 데이터의 자동 해제

로컬 변수와 SEH 레코드를 스택에 저장하는 이유는 아마도 함수가 종료될 때 스택 포인터를 이동시키는 하나의 명령어(주로 ADD)만으로 그것이 자동으로 해제되기 때문일 것이다. 즉, 함수 인자가 함수의 끝에서 자동으로 해제된다고 말할 수 있을 것이다. 반대로 힙에 저장되는 모든 것은 명시적으로 해제돼야만 한다.

1.7.3 전형적인 스택 레이아웃

32비트 실행 환경에서 함수의 첫 번째 명령어가 실행되기 전에 볼 수 있는 전형적인 스택 레이아웃은 다음과 같다.

...	...
ESP − 0xC	지역 변수 #2, IDA에서는 var_8로 표기
ESP − 8	지역 변수 #1, IDA에서는 var_4로 표기
ESP − 4	저장된 EBP 값
ESP	리턴 주소
ESP + 4	인자 #1, IDA에서는 arg_0으로 표기
ESP + 8	인자 #2, IDA에서는 arg_4로 표기
ESP + 0xC	인자 #3, IDA에서는 arg_8로 표기
...	...

---

46. Structured Exception Handling

1.7.4 스택 노이즈

누군가가 무언인지 무작위처럼 보인다고 말하면
그것은 일반적으로 어떤 규칙성을 볼 수 없다는 의미가 된다.

스테판 울프램. A New Kind of Science.

이 책에서는 종종 스택이나 메모리에 존재하는 '노이즈'나 '가비지' 값을 다룬다. 그런
것은 왜 발생하는 걸까? 노이즈는 다른 함수의 실행 후에 남겨진 것이다. 간단한 예를
살펴보자.

```c
#include <stdio.h>

void f1()
{
    int a=1, b=2, c=3;
};

void f2()
{
    int a, b, c;
    printf ("%d, %d, %d\n", a, b, c);
};

int main()
{
    f1();
    f2();
};
```

컴파일한 결과는 다음과 같다.

리스트 1.41: 최적화를 수행하지 않은 MSVC 2010

```
$SG2752 DB    '%d, %d, %d', 0aH, 00H
_c$ = -12      ; 크기= 4
_b$ = -8       ; 크기 = 4
_a$ = -4       ; 크기 = 4
_f1    PROC
        push    ebp
        mov     ebp, esp
        sub     esp, 12
        mov     DWORD PTR _a$[ebp], 1
        mov     DWORD PTR _b$[ebp], 2
```

```
        mov     DWORD PTR _c$[ebp], 3
        mov     esp, ebp
        pop     ebp
        ret     0
_f1     ENDP

_c$ = -12       ; 크기 = 4
_b$ = -8        ; 크기 = 4
_a$ = -4        ; 크기 = 4
_f2     PROC
        push    ebp
        mov     ebp, esp
        sub     esp, 12
        mov     eax, DWORD PTR _c$[ebp]
        push    eax
        mov     ecx, DWORD PTR _b$[ebp]
        push    ecx
        mov     edx, DWORD PTR _a$[ebp]
        push    edx
        push    OFFSET $SG2752 ; '%d, %d, %d'
        call    DWORD PTR __imp__printf
        add     esp, 16
        mov     esp, ebp
        pop     ebp
        ret     0
_f2     ENDP

_main   PROC
        push    ebp
        mov     ebp, esp
        call    _f1
        call    _f2
        xor     eax, eax
        pop     ebp
        ret     0
_main   ENDP
```

컴파일러는 경고 메시지를 출력한다.

```
c:\Polygon\c>cl st.c /Fast.asm /MD
Microsoft (R) 32-bit C/C++ Optimizing Compiler Version 16.00.40219.01 for 80x86
Copyright (C) Microsoft Corporation. All rights reserved.

st.c
c:\polygon\c\st.c(11) : warning C4700: uninitialized local variable 'c' used
c:\polygon\c\st.c(11) : warning C4700: uninitialized local variable 'b' used
c:\polygon\c\st.c(11) : warning C4700: uninitialized local variable 'a' used
```

```
Microsoft (R) Incremental Linker Version 10.00.40219.01
Copyright (C) Microsoft Corporation. All rights reserved.

/out:st.exe
st.obj
```

하지만 실행하면 다음과 같은 결과를 얻을 수 있다.

```
c:\Polygon\c>st
1, 2, 3
```

f2()에서는 어떤 변수에도 값을 지정하지 않았다. 출력된 값은 여전히 스택에 남아있는 '유령' 값이다.

이 예제를 OllyDbg에서 열어보자.

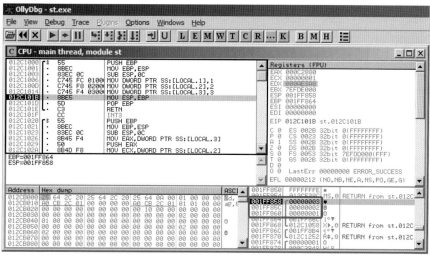

그림 1.5: OllyDbg: f1()

f1()이 변수 a, b, c에 값을 할당할 때 주소를 보면 **0x1FF860**부터 시작한다.

그리고 f2()가 실행될 때의 상황은 다음과 같다.

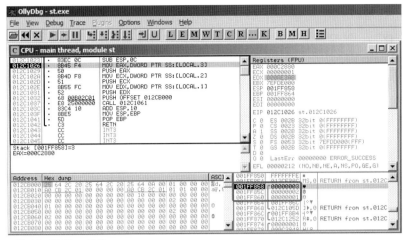

그림 1.6: OllyDbg: f2()

f2()의 a, b, c가 동일한 주소에 위치하고 있다. 아직 어떤 값으로도 덮어쓰지 않았기 때문에 여전히 그 자리에 그대로 남아있는 것이다. 이런 상황이 발생하려면 한 함수가 다른 함수 다음에 호출되고, 각 함수의 진입점에서 SP 값이 동일해야 한다(즉, 동일한 수의 인자를 가져야 한다). 그러면 지역 변수가 스택에서 똑같은 위치에 존재하게 된다. 정리하자면 스택(과 메모리 셀)의 모든 값은 이전 함수 실행 시 기록된 값을 그대로 유지한다. 엄밀히 말해 무작위 값은 아니지만 예측할 수 없는 값이라고 볼 수 있다. 물론 함수 실행 시마다 스택 영역을 깨끗하게 비울 수도 있겠지만 이는 지나친(그리고 불필요한) 추가 작업이다.

MSVC 2013

예제가 MSVC 2010으로 컴파일됐지만, 이 책의 독자는 MSVC 2013으로 컴파일해 실행하고 3개의 숫자가 모두 바뀐 결과를 얻었다.

```
c:\Polygon\c>st
3, 2, 1
```

이유가 무엇일까? 저자도 MSVC 2013으로 컴파일해봤다.

리스트 1.42: MSVC 2013

```
_a$ = -12        ; 크기 = 4
_b$ = -8         ; 크기 = 4
_c$ = -4         ; 크기 = 4
_f2      PROC

...

_f2      ENDP

_c$ = -12        ; 크기 = 4
_b$ = -8         ; 크기 = 4
_a$ = -4         ; 크기 = 4
_f1      PROC
...
_f1      ENDP
```

MSVC 2010과 달리 MSVC 2013은 함수 f2()에 a/b/c 변수를 반대 순서로 할당한다. C/C++ 표준에서는 로컬 변수의 순서대로 로컬 스택에 할당해야 한다는 규약이 없기 때문에 문제가 되지는 않는다. MSVC 2010은 한 가지 방법으로 수행하기 때문이다. 반면에 MSVC 2013의 컴파일러 내부가 일부 변경돼 약간 다르게 작동하는 것으로 추정된다.

1.7.5 연습

- http://challenges.re/51
- http://challenges.re/52

1.8 여러 개의 인자를 취하는 printf()

이번에는 'Hello, world!' 예제(1.5절)의 연장선상에서 main() 함수의 printf() 부분을 다음과 같이 변경해보자.

```c
#include <stdio.h>

int main()
{
    printf("a=%d; b=%d; c=%d", 1, 2, 3);
    return 0;
```

```
    };
```

1.8.1 x86

x86: 인자 3개

MSVC

MSVC 2010 Express로 컴파일한 결과는 다음과 같다.

```
$SG3830 DB  'a=%d; b=%d; c=%d', 00H

...
        push    3
        push    2
        push    1
        push    OFFSET $SG3830
        call    _printf
        add     esp, 16         ; 00000010H
```

거의 동일하지만 printf()의 인자가 스택에 역순으로 저장되는 것을 확인할 수 있다. 첫 번째 인자가 마지막에 저장된다.

32비트 실행 환경에서 int 타입 변수의 크기는 32비트, 즉 4바이트다.

총 4개의 인자(문자열을 가리키는 32비트 포인터 하나와 int 타입의 숫자 3개를 가리키는 포인터)를 사용하므로 4 × 4 = 16, 정확히 16바이트 영역을 스택에서 차지한다.

함수 호출 이후 명령어인 ADD ESP, X가 스택 포인터(ESP 레지스터)를 변경하는 부분을 보면 보통 함수에 전달되는 인자의 개수를 추측할 수 있다. 즉, X를 4로 나누면 된다.

물론 이는 32비트 실행 환경의 cdecl 호출 규약에서만 유효하다. 호출 규약에 대한 내용은 6.1절에 다룬다.

경우에 따라서는 여러 개의 함수가 연달아 호출될 때 컴파일러는 마지막 함수 호출 이후에 여러 ADD ESP, X 명령어를 하나의 명령어로 통합해 실행되게 만들기도 한다.

```
    push a1
```

```
push a2
call ...
...
push a1
call ...
...
push a1
push a2
push a3
call ...
add esp, 24
```

다음은 실제 예다.

리스트 1.43: x86

```
.text:100113E7 push    3
.text:100113E9 call    sub_100018B0    ; 하나의 인자(3)를 취한다.
.text:100113EE call    sub_100019D0    ; 아무런 인자도 취하지 않는다.
.text:100113F3 call    sub_10006A90    ; 아무런 인자도 취하지 않는다.
.text:100113F8 push    1
.text:100113FA call    sub_100018B0    ; 하나의 인자(1)를 취한다.
.text:100113FF add     esp, 8          ; 스택에서 한 번에 두 인자를 제거한다.
```

MSVC와 OllyDbg

이 예를 OllyDbg에서 로딩해보자. OllyDbg는 가장 널리 쓰이는 유저 레벨 Win32 디버거 중 하나다. MSVC 2012의 /MD 옵션을 이용해 예제를 컴파일하면 MSVCR*.DLL과 링크되므로 디버거에서 임포트된 함수를 명확히 확인할 수 있다.

그다음에는 컴파일한 실행 파일을 OllyDbg에서 로드한다. 첫 번째 브레이크포인트는 ntdll.dll에 위치한다. F9(실행)를 누른다. 두 번째 브레이크포인트는 CRT 코드에 존재한다. 이제는 main() 함수를 찾을 차례다.

코드를 맨 위로 스크롤하면 main() 함수를 찾을 수 있다(MSVC는 main() 함수를 코드 섹션의 맨 처음 위치에 할당한다).

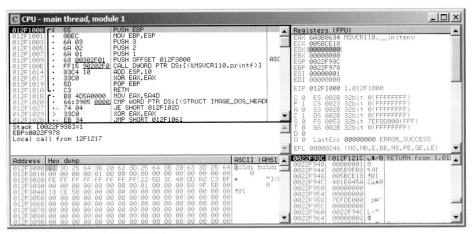

그림 1.7: OllyDbg: main() 함수의 시작

PUSH EBP 명령어를 클릭하고 F2(브레이크포인트 설정)와 F9(실행)를 차례로 누른다. 이는 현재로서는 관심사가 아닌 CRT 코드를 건너뛰기 위한 작업이다.

F8(스텝 오버)을 6번 눌러 6개의 명령어를 건너뛴다.

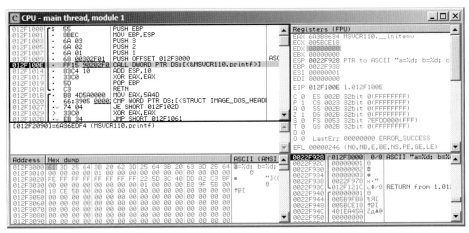

그림 1.8: OllyDbg: printf() 실행 전

이제 **PC**가 **CALL printf** 명령어를 가리킬 것이다. 다른 디버거와 마찬가지로 OllyDbg는 변경된 레지스터 값을 눈에 띄게 표시한다. 그래서 F8을 누를 때마다 **EIP**가 변하며 그 값이 빨간색으로 표시된다. 인자 값이 스택에 푸시되므로 **ESP**도 변경된다.

푸시된 값은 스택의 어디에 존재할까? 디버거의 우측 하단에 위치한 창을 보자.

그림 1.9: OllyDbg: 인자 값이 스택에 푸시된 후의 스택 상태(빨간색 박스는 저자가 추가한 것이다)

세 개의 열을 볼 수 있다. 그것은 스택 내 주소, 해당 주소에 저장된 값, OllyDbg의 추가적인 주석이다. OllyDbg는 printf() 같은 문자열을 인식해 그것과 관련된 3개의 인자 값을 출력해준다.

형식 문자열을 오른쪽 클릭한 다음 Follow in dump 메뉴를 클릭하면 메모리의 특정 위치를 출력해주는 좌측 하단부의 창에 printf()를 위한 형식 문자열이 나타난다. 해당 메모리 값은 사용자가 수정할 수 있다. 형식 문자열을 변경하면 실행 결과도 달라질 것이다. 지금으로선 그다지 유용한 기능이 아니지만 OllyDbg의 모든 기능을 익히는 차원에서 연습 삼아 해보면 좋다.

F8(스텝 오버)을 누른다. 그러면 콘솔에 다음과 같이 출력될 것이다.

```
a=1; b=2; c=3
```

레지스터와 스택의 상태가 어떻게 변경됐는지 확인해보자.

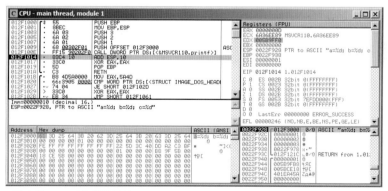

그림 1.10: printf() 실행 후의 OllyDbg

EAX 레지스터는 0xD(13)을 갖고 있다. printf()는 출력한 문자수를 리턴하기 때문에 이는 올바른 값이다. EIP 값도 변경돼 이제는 CALL printf 다음에 나오는 명령어의 주소를 담고 있다. ECX와 EDX 값도 변경됐는데, printf() 함수가 실행 중에 두 레지스터를 분명히 이용했을 것이다.

중요한 점은 ESP 값과 스택 상태가 모두 변경되지 않았다는 것이다. 형식 문자열과 그것에 대응되는 3개의 값이 여전히 그대로 남아 있다. 이는 cdecl 호출 규약 때문이다. 피호출자는 ESP를 호출되기 전 상태로 복원하지 않는다. 호출자가 그것을 담당해야 한다.

F8을 눌러 ADD ESP, 10 명령어를 실행하자.

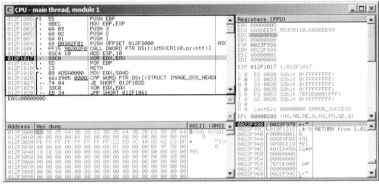

그림 1.11: OllyDbg: ADD ESP, 10 명령어가 실행된 이후

ESP가 변경됐지만 값들은 아직도 스택에 그대로 있다. 그렇다. 누구도 이 값을 0이나 기타 값으로 채울 필요가 없다. 스택 포인터(SP)보다 위에 존재하는 것은 모두 노이즈나 가비지로 무의미한 값들이다. 사용되지 않은 스택 항목을 0으로 채우는 작업은 상당한 시간을 필요할 뿐만 아니라 수행할 필요가 전혀 없다.

GCC

동일한 프로그램을 리눅스에서 GCC 4.1.1로 컴파일한 결과를 IDA에서 열어보면 결과는 다음과 같다.

```
main    proc near

var_10  = dword ptr -10h
var_C   = dword ptr -0Ch
var_8   = dword ptr -8
var_4   = dword ptr -4
```

```
        push    ebp
        mov     ebp, esp
        and     esp, 0FFFFFFF0h
        sub     esp, 10h
        mov     eax, offset aADBDCD    ; "a=%d; b=%d; c=%d"
        mov     [esp+10h+var_4], 3
        mov     [esp+10h+var_8], 2
        mov     [esp+10h+var_C], 1
        mov     [esp+10h+var_10], eax
        call    _printf
        mov     eax, 0
        leave
        retn
main    endp
```

MSVC와 GCC가 생성한 코드의 유일한 차이점은 인자를 스택에 저장하는 방식이다.
GCC는 PUSH/POP을 사용하지 않고 직접 스택에 접근한다.

GCC와 GDB

이번에는 리눅스의 GDB^{GNU Debugger} 디버거를 이용해 살펴보자. -g 옵션은 컴파일러가
실행 파일에 있는 디버그 정보를 추가하라는 의미다.

```
$ gcc 1.c -g -o 1
```

```
$ gdb 1
GNU gdb (GDB) 7.6.1-ubuntu
...
Reading symbols from /home/dennis/polygon/1...done.
```

리스트 1.44: printf()에 브레이크포인트를 설정해보자.

```
(gdb) b printf
Breakpoint 1 at 0x80482f0
```

실행해보면 소스코드에는 printf() 함수의 소스코드가 존재하지 않으므로 GDB가
표시할 수는 없지만 그렇게 할 수는 있다.

```
(gdb) run
Starting program: /home/dennis/polygon/1

Breakpoint 1, __printf (format=0x80484f0 "a=%d; b=%d; c=%d") at printf.c:29
29        printf.c: No such file or directory.
```

스택 항목 10개를 출력해보자. 가장 왼쪽 열은 스택상의 주소를 의미한다.

```
(gdb) x/10w $esp
0xbffff11c:    0x0804844a      0x080484f0      0x00000001      0x00000002
0xbffff12c:    0x00000003      0x08048460      0x00000000      0x00000000
0xbffff13c:    0xb7e29905      0x00000001
```

첫 번째 항목은 RA(0x0804844a)다. 이 주소의 메모리를 디스어셈블하면 확인할 수 있다.

```
(gdb) x/5i 0x0804844a
0x804844a  <main+45>: mov     $0x0,%eax
0x804844f  <main+50>: leave
0x8048450  <main+51>: ret
0x8048451:            xchg    %ax,%ax
0x8048453:            xchg    %ax,%ax
```

두 개의 XCHG 명령어는 NOP과 같이 무의미한 명령어다. 두 번째 항목(0x080484f0)은 형식 문자열의 주소다.

```
(gdb) x/s 0x080484f0
0x80484f0:      "a=%d; b=%d; c=%d"
```

다음에 나오는 항목 3개(1, 2, 3)는 printf()의 인자다. 나머지 항목은 스택에 존재하는 '가비지'일 수도 있고 다른 함수의 지역 변수일 수도 있다. 지금은 무시해도 된다. GDB가 함수 끝까지 모든 명령어를 실행하는 명령어인 finish를 입력한다. 여기서는 printf()의 끝부분까지 실행하라는 의미다.

```
(gdb) finish
Run till exit from #0   __printf (format=0x80484f0 "a=%d; b=%d; c=%d") at printf.c:29
main () at 1.c:6
6                  return 0;
Value returned is $2 = 13
```

GDB는 printf()가 EAX를 통해 리턴한 값(13)을 출력한다. 이는 출력된 문자의 개수로, OllyDbg를 사용해 확인한 것과 동일하다.

return 0;과 이 코드가 1.c 파일의 6번째 줄에 존재한다는 정보도 볼 수 있다. 1.c 파일은 현재 디렉터리에 존재하며, GDB는 이 파일에서 해당 문자열을 검색한다. GDB는 현재 실행 중인 C 코드 라인을 어떻게 아는 것일까? 이는 컴파일러가 디버깅 정보를 생성할 때 소스코드의 위치와 명령어 주소를 묶은 테이블을 저장하기 때문에 가능하다. 어쨌든 GDB는 소스 레벨 디버거다.

레지스터 값을 알아보자. EAX 값은 13이다.

```
(gdb) info registers
eax     0xd 13
ecx     0x0 0
edx     0x0 0
ebx     0xb7fc0000      -1208221696
esp     0xbffff120      0xbffff120
ebp     0xbffff138      0xbffff138
esi     0x0 0
edi     0x0 0
eip     0x804844a       0x804844a <main+45>
```

현재 명령어를 디스어셈블해보자. 화살표는 다음에 실행될 명령어를 가리킨다.

```
(gdb) disas
Dump of assembler code for function main:
   0x0804841d <+0>:     push   %ebp
   0x0804841e <+1>:     mov    %esp,%ebp
   0x08048420 <+3>:     and    $0xfffffff0,%esp
   0x08048423 <+6>:     sub    $0x10,%esp
   0x08048426 <+9>:     movl   $0x3,0xc(%esp)
   0x0804842e <+17>:    movl   $0x2,0x8(%esp)
   0x08048436 <+25>:    movl   $0x1,0x4(%esp)
   0x0804843e <+33>:    movl   $0x80484f0,(%esp)
   0x08048445 <+40>:    call   0x80482f0 <printf@plt>
=> 0x0804844a <+45>:    mov    $0x0,%eax
   0x0804844f <+50>:    leave
   0x08048450 <+51>:    ret
End of assembler dump.
```

기본적으로 GDB는 디스어셈블리를 AT&T 구문으로 출력한다. 하지만 인텔 구문으로 전환할 수도 있다.

```
(gdb) set disassembly-flavor intel
(gdb) disas
Dump of assembler code for function main:
   0x0804841d <+0>:     push    ebp
   0x0804841e <+1>:     mov     ebp,esp
   0x08048420 <+3>:     and     esp,0xfffffff0
   0x08048423 <+6>:     sub     esp,0x10
   0x08048426 <+9>:     mov     DWORD PTR [esp+0xc],0x3
   0x0804842e <+17>:    mov     DWORD PTR [esp+0x8],0x2
   0x08048436 <+25>:    mov     DWORD PTR [esp+0x4],0x1
   0x0804843e <+33>:    mov     DWORD PTR [esp],0x80484f0
   0x08048445 <+40>:    call    0x80482f0 <printf@plt>
=> 0x0804844a <+45>:    mov     eax,0x0
   0x0804844f <+50>:    leave
   0x08048450 <+51>:    ret
End of assembler dump.
```

다음 명령어를 실행하자. GDB는 블록의 끝을 의미하는 닫는 괄호를 보여준다.

```
(gdb) step
7        };
```

MOV EAX, 0 명령어를 실행한 이후의 레지스터 값을 살펴보자. EAX의 값이 0임을 확인할 수 있다.

```
(gdb) info registers
eax      0x0        0
ecx      0x0        0
edx      0x0        0
ebx      0xb7fc0000      -1208221696
esp      0xbffff120      0xbffff120
ebp      0xbffff138      0xbffff138
esi      0x0        0
edi      0x0        0
eip      0x804844f      0x804844f <main+50>
...
```

x64: 인자 8개

인자 수를 9개(printf() 형식 문자열 + 8 int 변수)로 늘려 더 많은 수의 인자가 스택을 통해 어떻게 전달되는지 살펴보자.

```
#include <stdio.h>
int main()
{
    printf("a=%d; b=%d; c=%d; d=%d; e=%d; f=%d; g=%d; h=%d\n", 1, 2, 3, 4, 5, 6, 7, 8);
    return 0;
};
```

MSVC

앞에서도 설명했듯 Win64에서 처음 네 개의 인자는 RCX, RDX, R8, R9 레지스터를 통해 전달하며 나머지는 스택을 이용해 전달한다. 다음 코드에서 확인할 수 있다. 하지만 PUSH 대신 MOV 명령어를 사용해 스택을 준비하기 때문에 값을 기록하는 과정이 직관적으로 이해하기 쉽다.

리스트 1.45: MSVC 2012 x64

```
$SG2923 DB   'a=%d; b=%d; c=%d; d=%d; e=%d; f=%d; g=%d; h=%d', 0aH, 00H

main    PROC
        sub     rsp, 88

        mov     DWORD PTR [rsp+64], 8
        mov     DWORD PTR [rsp+56], 7
        mov     DWORD PTR [rsp+48], 6
        mov     DWORD PTR [rsp+40], 5
        mov     DWORD PTR [rsp+32], 4
        mov     r9d, 3
        mov     r8d, 2
        mov     edx, 1
        lea     rcx, OFFSET FLAT:$SG2923
        call    printf

        ; return 0
        xor     eax, eax

        add     rsp, 88
        ret     0
main    ENDP
```

```
_TEXT    ENDS
        END
```

주의 깊은 독자라면 왜 4바이트로 충분한 int 값에 8바이트를 할당했는지 궁금할 수 있다. 이건 그냥 외워야 하는 문제로, 64비트보다 작은 데이터 타입은 모두 8바이트를 할당한다. 편의를 위해서인데 이렇게 하면 인자의 주소를 계산하기 쉽다. 더욱이 모든 인자가 정렬된 메모리 주소에 위치하게 된다. 32비트 환경에서도 동일하며 해당 환경에서는 모든 데이터 타입에 4바이트를 할당한다.

GCC

x86-64 *NIX OS에서도 기본적으로 동일하지만 처음 6개의 인자가 **RDI**, **RSI**, **RDX**, **RCX**, **R8**, **R9** 레지스터를 통해 전달된다. 나머지 인자는 스택을 이용한다. 1.5.2절에서 이미 봤듯이 GCC는 문자열 포인터를 **RDI** 대신 **EDI**에 저장하는 코드를 생성한다.

1.5.2절에서는 **printf()**를 호출하기 전에 **EAX** 레지스터를 비우는 부분도 확인했다.

리스트 1.46: 최적화를 수행한 GCC 4.4.6 x64

```
.LC0:
        .string "a=%d; b=%d; c=%d; d=%d; e=%d; f=%d; g=%d; h=%d\n"

main:
        sub     rsp, 40

        mov     r9d, 5
        mov     r8d, 4
        mov     ecx, 3
        mov     edx, 2
        mov     esi, 1
        mov     edi, OFFSET FLAT:.LC0
        xor     eax, eax         ; 전달된 벡터 레지스터의 수
        mov     DWORD PTR [rsp+16], 8
        mov     DWORD PTR [rsp+8], 7
        mov     DWORD PTR [rsp], 6
        call    printf

        ; return 0

        xor     eax, eax
        add     rsp, 40
        ret
```

GCC + GDB

이 예제를 GDB에서 살펴보자.

```
$ gcc -g 2.c -o 2
```

```
$ gdb 2
GNU gdb (GDB) 7.6.1-ubuntu
...
Reading symbols from /home/dennis/polygon/2...done.
```

리스트 1.47: printf()에 브레이크포인트를 설정하고 실행해보자.

```
(gdb) b printf
Breakpoint 1 at 0x400410
(gdb) run
Starting program: /home/dennis/polygon/2

Breakpoint 1, __printf (format=0x400628 "a=%d; b=%d; c=%d; d=%d; e=%d; f=%d; g=%d; h=%d\n")
at printf.c:29
29      printf.c: No such file or directory.
```

레지스터 RSI/RDX/RCX/R8/R9는 인자 값을 담고 있고, RIP의 값은 printf() 함수의 첫
번째 명령어 주소를 갖고 있다.

```
(gdb) info registers
rax        0x0        0
rbx        0x0        0
rcx        0x3        3
rdx        0x2        2
rsi        0x1        1
rdi        0x400628   4195880
rbp        0x7fffffffdf60      0x7fffffffdf60
rsp        0x7fffffffdf38      0x7fffffffdf38
r8         0x4        4
r9         0x5        5
r10        0x7fffffffdce0      140737488346336
r11        0x7ffff7a65f60      140737348263776
r12        0x400440   4195392
r13        0x7fffffffe040      140737488347200
r14        0x0        0
r15        0x0        0
rip        0x7ffff7a65f60      0x7ffff7a65f60 <__printf>
```

...

```
(gdb) x/s $rdi
0x400628:        "a=%d; b=%d; c=%d; d=%d; e=%d; f=%d; g=%d; h=%d\n"
```

x/g 명령을 이용해 스택을 덤프해보자. 여기서 g는 자이언트 워드^{giant word}, 즉 64비트 워드를 의미한다.

```
(gdb) x/10g $rsp
0x7fffffffdf38: 0x0000000000400576        0x0000000000000006
0x7fffffffdf48: 0x0000000000000007        0x00007fff00000008
0x7fffffffdf58: 0x0000000000000000        0x0000000000000000
0x7fffffffdf68: 0x00007ffff7a33de5        0x0000000000000000
0x7fffffffdf78: 0x00007fffffffe048        0x0000000100000000
```

첫 번째 스택 항목은 이전 예와 같이 RA다. 3개의 인자 6, 7, 8도 스택을 통해 전달된다. 8이 상위 32비트를 비우지 않은 상태(0x00007fff00000008)로 전달되는 것도 확인할 수 있다. 이 값은 32비트 크기의 int 타입이므로 문제될 게 없다. 레지스터나 스택의 상위 32비트에는 '임의의 가비지'가 존재해도 무방하다.

GBD를 이용해 printf() 실행 후에 제어 흐름이 반환되는 주소를 확인하면 main() 함수 전체가 출력된다.

```
(gdb) set disassembly-flavor intel
(gdb) disas 0x0000000000400576
Dump of assembler code for function main:
    0x000000000040052d <+0>:   push   rbp
    0x000000000040052e <+1>:   mov    rbp,rsp
    0x0000000000400531 <+4>:   sub    rsp,0x20
    0x0000000000400535 <+8>:   mov    DWORD PTR [rsp+0x10],0x8
    0x000000000040053d <+16>:  mov    DWORD PTR [rsp+0x8],0x7
    0x0000000000400545 <+24>:  mov    DWORD PTR [rsp],0x6
    0x000000000040054c <+31>:  mov    r9d,0x5
    0x0000000000400552 <+37>:  mov    r8d,0x4
    0x0000000000400558 <+43>:  mov    ecx,0x3
    0x000000000040055d <+48>:  mov    edx,0x2
    0x0000000000400562 <+53>:  mov    esi,0x1
    0x0000000000400567 <+58>:  mov    edi,0x400628
```

```
   0x000000000040056c <+63>:   mov     eax,0x0
   0x0000000000400571 <+68>:   call    0x400410 <printf@plt>
   0x0000000000400576 <+73>:   mov     eax,0x0
   0x000000000040057b <+78>:   leave
   0x000000000040057c <+79>:   ret
End of assembler dump.
```

printf()의 실행을 완료하고 EAX를 0으로 만드는 명령어를 실행하자. 그리고 EAX 레지스터의 값이 0인지 확인한다. 이제 RIP는 main() 함수의 끝에서 두 번째 명령어인 LEAVE를 가리킨다.

```
(gdb) finish
Run till exit from #0  __printf (format=0x400628 "a=%d; b=%d; c=%d; d=%d; e=%d; f=%d; g=%d;
h=% d\n") at printf.c:29
a=1; b=2; c=3; d=4; e=5; f=6; g=7; h=8
main () at 2.c:6
6                return 0;
Value returned is $1 = 39
(gdb) next
7         };
(gdb) info registers
rax             0x0          0
rbx             0x0          0
rcx             0x26         38
rdx             0x7ffff7dd59f0 140737351866864
rsi             0x7fffffd9   2147483609
rdi             0x0          0
rbp             0x7fffffffdf60 0x7fffffffdf60
rsp             0x7fffffffdf40 0x7fffffffdf40
r8              0x7ffff7dd26a0 140737351853728
r9              0x7ffff7a60134 140737348239668
r10             0x7fffffffd5b0 140737488344496
r11             0x7ffff7a95900 140737348458752
r12             0x400440     4195392
r13             0x7fffffffe040 140737488347200
r14             0x0          0
r15             0x0          0
rip             0x40057b     0x40057b <main+78>
...
```

1.8.2 ARM

ARM: 인자 3개

전통적으로 ARM에서 인자를 전달하는 방식(호출 규약)은 다음과 같다. 첫 4개의 인자는 R0~R3 레지스터를 이용해 전달하고 나머지는 스택으로 넘긴다. 이는 fastcall(6.1.3절)이나 Win64(6.1.5절)의 전달 방식과 유사하다.

32비트 ARM

최적화를 수행하지 않은 Keil 6/2013(ARM 모드)

리스트 1.49: 최적화를 수행하지 않은 Keil 6/2013(ARM 모드)

```
.text:00000000 main
.text:00000000 10 40 2D E9 STMFD   SP!, {R4,LR}
.text:00000004 03 30 A0 E3 MOV     R3, #3
.text:00000008 02 20 A0 E3 MOV     R2, #2
.text:0000000C 01 10 A0 E3 MOV     R1, #1
.text:00000010 08 00 8F E2 ADR     R0, aADBDCD      ; "a=%d; b=%d; c=%d"
.text:00000014 06 00 00 EB BL      __2printf
.text:00000018 00 00 A0 E3 MOV     R0, #0           ; return 0
.text:0000001C 10 80 BD E8 LDMFD   SP!, {R4,PC}
```

처음 4개의 인자가 R0~R3 레지스터를 통해 전달되는 순서는 다음과 같다. printf() 형식 문자열이 R0에, 1이 R1, 2가 R2, 3이 R3에 저장돼 전달된다. 0x18 위치의 명령어는 R0에 0을 기록한다. 이는 C 코드의 return 0 부분이다. 이제까지는 특별한 게 없다.

최적화를 수행한 Keil 6/2013도 동일한 코드를 생성한다.

최적화를 수행한 Keil 6/2013(Thumb 모드)

리스트 1.50: 최적화를 수행한 Keil 6/2013(Thumb 모드)

```
.text:00000000 main
.text:00000000 10 B5          PUSH    {R4,LR}
.text:00000002 03 23          MOVS    R3, #3
.text:00000004 02 22          MOVS    R2, #2
.text:00000006 01 21          MOVS    R1, #1
.text:00000008 02 A0          ADR     R0, aADBDCD      ; "a=%d; b=%d; c=%d"
.text:0000000A 00 F0 0D F8    BL      __2printf
```

```
.text:0000000E 00 20          MOVS    R0, #0
.text:00000010 10 BD          POP     {R4,PC}
```

ARM 모드의 최적화를 수행하지 않은 코드와 별반 다른 부분을 찾기 어렵다.

최적화를 수행한 Keil 6/2013(ARM 모드) + return문 제거

예제의 C 코드에서 **return 0**를 제거해보자.

```
#include <stdio.h>

void main()
{
    printf("a=%d; b=%d; c=%d", 1, 2, 3);
};
```

예상외의 결과를 볼 수 있다.

리스트 1.51: 최적화를 수행한 Keil 6/2013(ARM 모드)

```
.text:00000014 main
.text:00000014 03 30 A0 E3 MOV    R3, #3
.text:00000018 02 20 A0 E3 MOV    R2, #2
.text:0000001C 01 10 A0 E3 MOV    R1, #1
.text:00000020 1E 0E 8F E2 ADR    R0, aADBDCD        ; "a=%d; b=%d; c=%d\n"
.text:00000024 CB 18 00 EA B      __2printf
```

이는 최적화를 수행한 (-O3) 버전의 ARM 모드 코드로, 친숙한 **BL** 대신 **B** 명령어가 마지막 명령어다. 최적화를 수행한 버전과 최적화를 수행하지 않은 이전 예제 코드와의 차이점은 함수 프롤로그와 에필로그(R0와 LR 레지스터의 값을 저장하는 부분)가 없다는 것이다. **B** 명령어는 x86의 **JMP**와 유사하게 **LR** 레지스터를 변경하지 않고 그냥 다른 주소로 점프한다. **B** 명령어를 써도 되는 이유는 무엇일까? 사실 이 코드는 두 가지 측면에서 최적화하지 않은 코드와 동일하다. 1) **SP**(스택 포인터)와 스택이 변경되지 않았다. 2) **printf()** 호출이 마지막 명령어이기 때문에 그 이후엔 실질적으로 아무런 일도 수행하지 않는다. **printf()** 함수는 실행 후 **LR**에 저장된 주소로 제어 흐름을 반환할 뿐이다. 그런데 함수를 호출한 위치의 주소가 바로 **LR**에 들어 있다. 결과적으로 **printf()**는 이 지점으로 제어 흐름을 넘긴다. 다시 말해 **printf()** 이외의 함수는 호출하지 않기 때문에 LR을 수정할 필요가 없었고, LR을 수정할 필요가 없었기 때문에 LR을 저장할 필요도 없었던 것이다. 게다가 `printf()`를 호출한 이후에 수행할 작업이 없다. 이 때문에 예제 코드의 경우처럼 최적화하는 것이 가능한 것이다.

이런 최적화 기법은 마지막 코드가 함수 호출일 때 종종 사용된다. 이와 비슷한 예는 1.15.1절에서 볼 수 있다.

ARM64

최적화를 수행하지 않은 GCC(Linaro) 4.9

리스트 1.52: 최적화를 수행하지 않은 GCC(Linaro) 4.9

```
.LC1:
        .string "a=%d; b=%d; c=%d"
f2:
; FP와 LR을 스택 프레임에 저장
        stp     x29, x30, [sp, -16]!
; 스택 프레임 설정 (FP=SP):
        add     x29, sp, 0
        adrp    x0, .LC1
        add     x0, x0, :lo12:.LC1
        mov     w1, 1
        mov     w2, 2
        mov     w3, 3
        bl      printf
        mov     w0, 0
; FP와 LR 복원
        ldp     x29, x30, [sp], 16
        ret
```

첫 번째 명령어 STP('Store Pair')은 FP(X29)와 LR(X30)을 스택에 저장한다. 두 번째 명령어 ADD X29, SP, 0은 SP의 값을 X29에 기록함으로써 스택 프레임을 설정한다. 그다음으로는 문자열의 주소를 가리키기 위한 친숙한 ADRP/ADD 명령어 쌍을 볼 수 있다. lo12는 하위 12비트를 의미하며, 링커는 LC1 주소의 하위 12비트를 ADD 명령어의 OP코드에 써넣을 것이다.

`printf()` 형식 문자열의 %d는 32비트 int이므로 1, 2, 3은 레지스터의 32비트 부분에 로딩된다.

최적화를 수행한 GCC(Linaro) 4.9도 동일한 코드를 생성한다.

ARM: 인자 8개

1.8.1절의 9개 인자를 이용하는 예제를 다시 이용해보자.

```c
#include <stdio.h>

int main()
{
    printf("a=%d; b=%d; c=%d; d=%d; e=%d; f=%d; g=%d; h=%d\n", 1, 2, 3, 4, 5, 6, 7, 8);
    return 0;
};
```

최적화를 수행한 Keil 6/2013: ARM 모드

```
.text:00000028         main
.text:00000028
.text:00000028         var_18 = -0x18
.text:00000028         var_14 = -0x14
.text:00000028         var_4 = -4
.text:00000028
.text:00000028 04 E0 2D E5 STR    LR, [SP,#var_4]!
.text:0000002C 14 D0 4D E2 SUB    SP, SP, #0x14
.text:00000030 08 30 A0 E3 MOV    R3, #8
.text:00000034 07 20 A0 E3 MOV    R2, #7
.text:00000038 06 10 A0 E3 MOV    R1, #6
.text:0000003C 05 00 A0 E3 MOV    R0, #5
.text:00000040 04 C0 8D E2 ADD    R12, SP, #0x18+var_14
.text:00000044 0F 00 8C E8 STMIA  R12, {R0-R3}
.text:00000048 04 00 A0 E3 MOV    R0, #4
.text:0000004C 00 00 8D E5 STR    R0, [SP,#0x18+var_18]
.text:00000050 03 30 A0 E3 MOV    R3, #3
.text:00000054 02 20 A0 E3 MOV    R2, #2
.text:00000058 01 10 A0 E3 MOV    R1, #1
.text:0000005C 6E 0F 8F E2 ADR    R0, aADBDCDDDEDFDGD    ; "a=%d; b=%d; c=%d;
    d=%d; e=%d; f=%d; g=%"...
.text:00000060 BC 18 00 EB BL     __2printf
.text:00000064 14 D0 8D E2 ADD    SP, SP, #0x14
.text:00000068 04 F0 9D E4 LDR    PC, [SP+4+var_4],#4
```

이 코드를 몇 개의 부분으로 나눠서 살펴보자.

- **함수 프롤로그**: 첫 번째 명령어인 STR LR, [SP,#var_4]!는 스택에 LR을 저장한다. 이는 printf() 호출 시 LR을 이용하기 때문에 필요하다. 끝부분의 느낌표는 프리 인덱스를 의미한다.

  다시 말해 우선 SP를 4만큼 줄이고 LR 값을 SP에 저장된 주소에 저장한다. 이는 x86의 PUSH와 유사하다. 1.31.2절에서 관련 내용을 찾아볼 수 있다.

  두 번째 명령어 SUB SP, SP, #0x14는 SP를 감소시켜 스택에 0x14(20)바이트 크기의 영역을 확보한다. printf() 함수로 5개의 32비트 값을 전달해야 하고, 32비트는 4바이트이므로 5 × 4 = 20이 되는 것이다. 나머지 4개의 32비트 값은 레지스터를 통해 전달한다.

- **스택으로 인자 5, 6, 7, 8 전달**: 인자 5, 6, 7, 8은 각각 R0, R1, R2, R3에 저장된다. 그리고 ADD R12, SP, #0x18+var_14 명령어가 네 개의 변수가 저장되는 스택 주소를 R12 레지스터에 저장한다. var_14는 -0x14와 동일한 어셈블리 매크로로 IDA가 스택에 접근하는 코드를 간결하게 표시하려고 생성한 것이다. IDA가 생성하는 var_? 매크로는 스택에 존재하는 지역 변수를 반영한다. 따라서 SP+4가 R12 레지스터에 저장된다. 다음 명령어인 STMIA R12, R0-R3은 레지스터 R0-R3의 값을 R12 값이 가리키는 메모리에 저장한다. STMIA는 다중 값 저장 후 증가^{Store Multiple Increment After}라는 뜻으로, 각 레지스터의 값을 기록한 다음 R12를 4만큼 증가시킨다는 의미다.

- **스택을 이용한 인자 4 전달**: 인자 4는 우선 R0에 저장한 다음 STR R0, [SP,#0x18+var_18] 명령어를 이용해 스택에 기록한다. var_18은 -0x18을 의미하며, 결국 오프셋이 0이 되므로 R0 레지스터의 값(④)은 SP가 가리키는 위치에 저장된다.

- **레지스터를 이용한 인자 1, 2, 3 전달**: 처음 세 개의 숫자(a, b, c, 각각 1, 2, 3)는 printf() 호출 직전에 R1, R2, R3 레지스터를 이용해 전달하며, 나머지 다섯 개의 값은 스택을 이용한다.

- printf() 호출

- **함수 에필로그**: ADD SP, SP, #0x14 명령어는 SP 포인터를 이전 위치로 복원함으로써 스택을 정리한다. 물론 스택에 있던 값은 지금은 그대로 유지되지만

이후에 실행되는 함수에 의해 덮어 써진다.

LDR PC, [SP+4+var_4],#4 명령어는 스택에 저장된 LR 값을 PC 레지스터에 로딩해 함수를 종료한다. 여기엔 느낌표가 없다. 우선 SP(4 + var_4 = 4 + (−4) = 0, 즉 이 명령어는 LDR PC, [SP],#4와 동일하다)에 저장된 주소를 PC에 로딩한 후 SP를 4만큼 증가시킨다. 이를 포스트 인덱스[47]라 한다. IDA가 명령어를 이렇게 출력한 이유는, var_4는 로컬 스택에 저장된 LR 값을 위해 할당된 것이기 때문이다. 이 명령어는 x86[48]의 POP PC 명령어와 유사하다.

최적화를 수행한 Keil 6/2013: Thumb 모드

```
.text:0000001C                    printf_main2
.text:0000001C
.text:0000001C                    var_18 = -0x18
.text:0000001C                    var_14 = -0x14
.text:0000001C                    var_8 = -8
.text:0000001C
.text:0000001C 00 B5              PUSH    {LR}
.text:0000001E 08 23              MOVS    R3, #8
.text:00000020 85 B0              SUB     SP, SP, #0x14
.text:00000022 04 93              STR     R3, [SP,#0x18+var_8]
.text:00000024 07 22              MOVS    R2, #7
.text:00000026 06 21              MOVS    R1, #6
.text:00000028 05 20              MOVS    R0, #5
.text:0000002A 01 AB              ADD     R3, SP, #0x18+var_14
.text:0000002C 07 C3              STMIA   R3!, {R0-R2}
.text:0000002E 04 20              MOVS    R0, #4
.text:00000030 00 90              STR     R0, [SP,#0x18+var_18]
.text:00000032 03 23              MOVS    R3, #3
.text:00000034 02 22              MOVS    R2, #2
.text:00000036 01 21              MOVS    R1, #1
.text:00000038 A0 A0              ADR     R0, aADBDCDDDEDFDGD    ; "a=%d; b=%d; c=%d; d=%d; e=%d;
    f=%d; g=%"...
.text:0000003A 06 F0 D9 F8        BL      __2printf
.text:0000003E
.text:0000003E                    loc_3E  ; CODE XREF: example13_f+16
.text:0000003E 05 B0              ADD     SP, SP, #0x14
.text:00000040 00 BD              POP     {PC}
```

---

47. 자세한 내용은 1.31.2절을 참고한다.
48. 물론 x86에서 POP으로 IP/EIP/RIP의 값을 설정할 수는 없지만 이해를 돕고자 이렇게 썼다.

출력 내용은 이전 예와 거의 동일하지만 thumb 코드이기 때문에 인자를 스택에 저장하는 과정이 다르다. 우선 8을 넣고, 5, 6, 7을 넣은 후 4를 저장한다.

최적화를 수행한 Xcode 4.6.3(LLVM): ARM 모드

```
__text:0000290C                      _printf_main2
__text:0000290C
__text:0000290C                      var_1C = -0x1C
__text:0000290C                      var_C  = -0xC
__text:0000290C
__text:0000290C 80 40 2D E9   STMFD   SP!, {R7,LR}
__text:00002910 0D 70 A0 E1   MOV     R7, SP
__text:00002914 14 D0 4D E2   SUB     SP, SP, #0x14
__text:00002918 70 05 01 E3   MOV     R0, #0x1570
__text:0000291C 07 C0 A0 E3   MOV     R12, #7
__text:00002920 00 00 40 E3   MOVT    R0, #0
__text:00002924 04 20 A0 E3   MOV     R2, #4
__text:00002928 00 00 8F E0   ADD     R0, PC, R0
__text:0000292C 06 30 A0 E3   MOV     R3, #6
__text:00002930 05 10 A0 E3   MOV     R1, #5
__text:00002934 00 20 8D E5   STR     R2, [SP,#0x1C+var_1C]
__text:00002938 0A 10 8D E9   STMFA   SP, {R1,R3,R12}
__text:0000293C 08 90 A0 E3   MOV     R9, #8
__text:00002940 01 10 A0 E3   MOV     R1, #1
__text:00002944 02 20 A0 E3   MOV     R2, #2
__text:00002948 03 30 A0 E3   MOV     R3, #3
__text:0000294C 10 90 8D E5   STR     R9, [SP,#0x1C+var_C]
__text:00002950 A4 05 00 EB   BL      _printf
__text:00002954 07 D0 A0 E1   MOV     SP, R7
__text:00002958 80 80 BD E8   LDMFD   SP!, {R7,PC}
```

STMFA('Store Multiple Full Ascending') 명령어만 제외하면 이미 살펴본 내용과 거의 동일하다. STMFA는 STMIB('Store Multiple Increment Before')와 이름만 다른 동일한 명령어다. 이 명령어는 먼저 SP 레지스터의 값을 증가시킨 후에 다음 레지스터의 값을 메모리에 기록하며, 순서는 매우 중요하다.

또 한 가지 쉽게 알아챌 수 있는 건 언뜻 보면 명령어가 무작위로 배치된 것처럼 보인다는 점이다. 예를 들어 R0 레지스터의 값은 세 곳, 주소 0x2918, 0x2920, 0x2928에서 처리되지만 이는 한곳에서 수행할 수도 있다.

하지만 최적화를 수행하는 컴파일러는 최대한 효과적으로 실행되게 만들고자 나름의 방식으로 명령어를 배치한다.

보통 CPU는 이웃한 여러 명령어를 동시에 실행하려고 한다. 예를 들면 MOVT R0, #0와 ADD R0, PC, R0 명령어는 모두 R0 레지스터를 수정하기 때문에 동시에 실행할 수 없다. 반면에 MOVT R0, #0와 MOV R2, #4 명령어는 동시에 실행해도 어떤 충돌도 발생하지 않기 때문에 동시에 실행할 수 있다. 추정컨대 컴파일러는 최대한 동시 실행이 가능하도록 코드를 생성하려고 할 것이다.

최적화를 수행하는 Xcode 4.6.3(LLVM): Thumb-2 모드

```
__text:00002BA0                     _printf_main2
__text:00002BA0
__text:00002BA0                     var_1C = -0x1C
__text:00002BA0                     var_18 = -0x18
__text:00002BA0                     var_C = -0xC
__text:00002BA0
__text:00002BA0 80 B5               PUSH     {R7,LR}
__text:00002BA2 6F 46               MOV      R7, SP
__text:00002BA4 85 B0               SUB      SP, SP, #0x14
__text:00002BA6 41 F2 D8 20         MOVW     R0, #0x12D8
__text:00002BAA 4F F0 07 0C         MOV.W    R12, #7
__text:00002BAE C0 F2 00 00         MOVT.W   R0, #0
__text:00002BB2 04 22               MOVS     R2, #4
__text:00002BB4 78 44               ADD      R0, PC  ; char *
__text:00002BB6 06 23               MOVS     R3, #6
__text:00002BB8 05 21               MOVS     R1, #5
__text:00002BBA 0D F1 04 0E         ADD.W    LR, SP, #0x1C+var_18
__text:00002BBE 00 92               STR      R2, [SP,#0x1C+var_1C]
__text:00002BC0 4F F0 08 09         MOV.W    R9, #8
__text:00002BC4 8E E8 0A 10         STMIA.W LR, {R1,R3,R12}
__text:00002BC8 01 21               MOVS     R1, #1
__text:00002BCA 02 22               MOVS     R2, #2
__text:00002BCC 03 23               MOVS     R3, #3
__text:00002BCE CD F8 10 90         STR.W    R9, [SP,#0x1C+var_C]
__text:00002BD2 01 F0 0A EA         BLX      _printf
__text:00002BD6 05 B0               ADD      SP, SP, #0x14
__text:00002BD8 80 BD               POP      {R7,PC}
```

출력 내용은 ARM 대신 Thumb 명령어가 사용된 점만 제외하면 이전 예와 거의 동일하다.

ARM64

최적화를 수행하지 않은 GCC(Linaro) 4.9

리스트 1.53: 최적화를 수행하지 않은 GCC(Linaro) 4.9

```
.LC2:
        .string "a=%d; b=%d; c=%d; d=%d; e=%d; f=%d; g=%d; h=%d\n"
f3:
; 스택에 공간을 할당
        sub     sp, sp, #32
; FP와 LR을 스택 프레임에 저장
        stp     x29, x30, [sp,16]
; 스택 프레임 설정 (FP=SP):
        add     x29, sp, 16
        adrp    x0, .LC2    ; "a=%d; b=%d; c=%d; d=%d; e=%d; f=%d; g=%d; h=%d\n"
        add     x0, x0, :lo12:.LC2
        mov     w1, 8       ; 9번째 인자
        str     w1, [sp]    ; 9번째 인자를 스택에 저장
        mov     w1, 1
        mov     w2, 2
        mov     w3, 3
        mov     w4, 4
        mov     w5, 5
        mov     w6, 6
        mov     w7, 7
        bl      printf
        sub     sp, x29, #16
; FP와 LR 복원
        ldp     x29, x30, [sp,16]
        add     sp, sp, 32
        ret
```

처음 8개의 인자는 X-나 W- 레지스터를 이용해 전달한다(『Procedure Call Standard for the ARM 64-bit Architecture (AArch64)』(2013)).[49] 문자열 포인터의 크기는 64비트이기 때문에 X0에 전달되며, 나머지 값은 모두 32비트 int 타입이므로 32비트 부분(W-)을 사용한다. 9번째 인자(8)는 스택을 통해 전달한다. 실제로 레지스터의 수는 한정돼 있기 때문에 다량의 인자를 모두 레지스터를 이용해 전달할 수는 없다.

최적화를 수행하는 GCC(Linaro) 4.9도 동일한 코드를 만들어낸다.

---

49. http://infocenter.arm.com/help/topic/com.arm.doc.ihi0055b/IHI0055B_aapcs64.pdf

1.8.3 MIPS

인자 3개

최적화를 수행하는 GCC 4.4.5

'Hello, world!' 예제와의 주요 차이점은 puts() 대신 printf()가 호출되고 $5...$7(또는 $A0...$A2) 레지스터로 3개의 인자가 더 전달된다는 것이다. 해당 레지스터들의 이름이 A-로 시작된다는 것은 함수 인자 전달에 사용된다는 것을 의미한다.

리스트 1.54: 최적화를 수행하는 GCC 4.4.5(어셈블리 출력)

```
$LC0:
        .ascii "a=%d; b=%d; c=%d\000"
main:
; 함수 프롤로그
        lui     $28,%hi(__gnu_local_gp)
        addiu   $sp,$sp,-32
        addiu   $28,$28,%lo(__gnu_local_gp)
        sw      $31,28($sp)
; printf()의 주소를 로드
        lw      $25,%call16(printf)($28)
; 문자열의 주소를 로드하고 printf()의 첫 번째 인자를 설정
        lui     $4,%hi($LC0)
        addiu   $4,$4,%lo($LC0)
; printf()의 두 번째 인자를 설정
        li      $5,1    # 0x1
; printf()의 세 번째 인자를 설정
        li      $6,2    # 0x2
; printf() 호출
        jalr    $25
; printf()의 네 번째 인자를 설정(브랜치 지연 슬롯)
        li      $7,3    # 0x3
; 함수 에필로그
        lw      $31,28($sp)
; 리턴 값을 0으로 설정
        move    $2,$0
; 리턴
        j       $31
        addiu   $sp,$sp,32  ; 브랜치 지연 슬롯
```

리스트 1.55: 최적화를 수행한 GCC 4.4.5(IDA)

```
.text:00000000 main:
```

```
.text:00000000
.text:00000000 var_10      = -0x10
.text:00000000 var_4       = -4
.text:00000000
; 함수 프롤로그
.text:00000000        lui     $gp, (__gnu_local_gp >> 16)
.text:00000004        addiu   $sp, -0x20
.text:00000008        la      $gp, (__gnu_local_gp & 0xFFFF)
.text:0000000C        sw      $ra, 0x20+var_4($sp)
.text:00000010        sw      $gp, 0x20+var_10($sp)
; printf()의 주소를 로드
.text:00000014        lw      $t9, (printf & 0xFFFF)($gp)
; 문자열의 주소를 로드하고 printf()의 첫 번째 인자를 설정
.text:00000018        la      $a0, $LC0   # "a=%d; b=%d; c=%d"
; printf()의 두 번째 인자를 설정
.text:00000020        li      $a1, 1
; printf()의 세 번째 인자를 설정
.text:00000024        li      $a2, 2
; printf() 호출
.text:00000028        jalr    $t9
; printf()의 네 번째 인자를 설정 (브랜치 지연 슬롯)
.text:0000002C        li      $a3, 3
; 함수 에필로그
.text:00000030        lw      $ra, 0x20+var_4($sp)
; 리턴 값을 0으로 설정
.text:00000034        move    $v0, $zero
; 리턴
.text:00000038        jr      $ra
.text:0000003C        addiu   $sp, 0x20    ; 브랜치 지연 슬롯
```

IDA는 LUI와 ADDIU 명령어를 하나의 LA 의사 명령어로 통합했다. 그리고 LA 명령어의
크기는 8바이트이기 때문에 0x1C 주소에 어떤 명령어도 위치하지 않게 된다.

최적화를 수행하지 않은 GCC 4.4.5

최적화를 수행하지 않은 GCC의 결과는 내용이 좀 더 많다.

리스트 1.56: 최적화를 수행하지 않은 GCC 4.4.5(어셈블리 출력)

```
$LC0:
        .ascii "a=%d; b=%d; c=%d\000"
main:
; 함수 프롤로그
        addiu   $sp,$sp,-32
```

```
        sw      $31,28($sp)
        sw      $fp,24($sp)
        move    $fp,$sp
        lui     $28,%hi(__gnu_local_gp)
        addiu   $28,$28,%lo(__gnu_local_gp)
; 문자열의 주소를 로드
        lui     $2,%hi($LC0)
        addiu   $2,$2,%lo($LC0)
; printf()의 첫 번째 인자를 설정
        move    $4,$2
; printf()의 두 번째 인자를 설정
        li      $5,1    # 0x1
; printf()의 세 번째 인자를 설정
        li      $6,2    # 0x2
; printf()의 네 번째 인자를 설정
        li      $7,3    # 0x3
; printf()의 주소를 가져온다
        lw      $2,%call16(printf)($28)
        nop
; printf() 호출
        move    $25,$2
        jalr    $25
        nop
; 함수 에필로그
        lw      $28,16($fp)
; 리턴 값을 0으로 설정
        move    $2,$0
        move    $sp,$fp
        lw      $31,28($sp)
        lw      $fp,24($sp)
        addiu   $sp,$sp,32
; 리턴
        j       $31
        nop
```

리스트 1.57: 최적화를 수행하지 않은 GCC 4.4.5(IDA)

```
.text:00000000 main:
.text:00000000
.text:00000000 var_10          = -0x10
.text:00000000 var_8           = -8
.text:00000000 var_4           = -4
.text:00000000
; 함수 프롤로그
.text:00000000                 addiu   $sp, -0x20
.text:00000004                 sw      $ra, 0x20+var_4($sp)
```

```
.text:00000008          sw      $fp, 0x20+var_8($sp)
.text:0000000C          move    $fp, $sp
.text:00000010          la      $gp, __gnu_local_gp
.text:00000018          sw      $gp, 0x20+var_10($sp)
; 문자열의 주소를 로드
.text:0000001C la  $v0, aADBDCD # "a=%d; b=%d; c=%d"
; printf()의 첫 번째 인자를 설정
.text:00000024          move    $a0, $v0
; printf()의 두 번째 인자를 설정
.text:00000028          li      $a1, 1
; printf()의 세 번째 인자를 설정
.text:0000002C          li      $a2, 2
; printf()의 네 번째 인자를 설정
.text:00000030          li      $a3, 3
; printf()의 주소를 가져온다.
.text:00000034          lw      $v0, (printf & 0xFFFF)($gp)
.text:00000038          or      $at, $zero
; printf() 호출
.text:0000003C          move    $t9, $v0
.text:00000040          jalr    $t9
.text:00000044          or      $at, $zero ; NOP
; 함수 에필로그
.text:00000048          lw      $gp, 0x20+var_10($fp)
; 리턴 값을 0으로 설정
.text:0000004C          move    $v0, $zero
.text:00000050          move    $sp, $fp
.text:00000054          lw      $ra, 0x20+var_4($sp)
.text:00000058          lw      $fp, 0x20+var_8($sp)
.text:0000005C          addiu   $sp, 0x20
; 리턴
.text:00000060          jr      $ra
.text:00000064          or      $at, $zero ; NOP
```

인자 8개

1.8.1절의 예를 9개의 인자를 이용하도록 바꿔 살펴보자.

```
#include <stdio.h>

int main()
{
    printf("a=%d; b=%d; c=%d; d=%d; e=%d; f=%d; g=%d; h=%d\n", 1, 2, 3, 4, 5, 6, 7, 8);
    return 0;
};
```

최적화를 수행하는 GCC 4.4.5

$A0...$A3 레지스터로는 처음 4개의 인자가 전달되고 나머지는 스택으로 전달된다.

이는 O32 호출 규약(MIPS에서 사용되는 가장 보편적인 호출 규약)이다. 다른 호출 규약 (N32와 같은)은 레지스터를 다른 용도로 사용할 것이다.

SW는 'Store Word'(레지스터에서 메모리로 저장)를 의미한다. MIPS에서는 메모리로 값을 저장하는 명령어가 없기 때문에 명령어 쌍(LI/SW)을 이용해야만 한다.

리스트 1.58: 최적화를 수행한 GCC 4.4.5(어셈블리 출력)

```
$LC0:
        .ascii  "a=%d; b=%d; c=%d; d=%d; e=%d; f=%d; g=%d; h=%d\012\000"
main:
; 함수 프롤로그
        lui     $28,%hi(__gnu_local_gp)
        addiu   $sp,$sp,-56
        addiu   $28,$28,%lo(__gnu_local_gp)
        sw      $31,52($sp)
; 스택에 있는 다섯 번째 인자를 전달
        li      $2,4    # 0x4
        sw      $2,16($sp)
; 스택에 있는 여섯 번째 인자를 전달
        li      $2,5    # 0x5
        sw      $2,20($sp)
; 스택에 있는 일곱 번째 인자를 전달
        li      $2,6    # 0x6
        sw      $2,24($sp)
; 스택에 있는 여덟 번째 인자를 전달
        li      $2,7    # 0x7
        lw      $25,%call16(printf)($28)
        sw      $2,28($sp)
; $a0에 있는 첫 번째 인자를 전달
        lui     $4,%hi($LC0)
; 스택에 있는 아홉 번째 인자를 전달
        li      $2,8    # 0x8
        sw      $2,32($sp)
        addiu   $4,$4,%lo($LC0)
; $a1에 있는 두 번째 인자를 전달
        li      $5,1    # 0x1
; $a2에 있는 세 번째 인자를 전달
        li      $6,2    # 0x2
; printf() 호출
        jalr    $25
; $a3에 있는 네 번째 인자를 전달(브랜치 지연 슬롯):
```

```
            li      $7,3    # 0x3
; 함수 에필로그
            lw      $31,52($sp)
; 리턴 값을 0으로 설정
            move    $2,$0
; 리턴
            j       $31
            addiu   $sp,$sp,56  ; 브랜치 지연 슬롯
```

리스트 1.59: 최적화를 수행한 GCC 4.4.5(IDA)

```
.text:00000000 main:
.text:00000000
.text:00000000 var_28   = -0x28
.text:00000000 var_24   = -0x24
.text:00000000 var_20   = -0x20
.text:00000000 var_1C   = -0x1C
.text:00000000 var_18   = -0x18
.text:00000000 var_10   = -0x10
.text:00000000 var_4    = -4
.text:00000000
; 함수 프롤로그
.text:00000000        lui    $gp, (__gnu_local_gp >> 16)
.text:00000004        addiu  $sp, -0x38
.text:00000008        la     $gp, (__gnu_local_gp & 0xFFFF)
.text:0000000C        sw     $ra, 0x38+var_4($sp)
.text:00000010        sw     $gp, 0x38+var_10($sp)
; 스택에 있는 다섯 번째 인자를 전달
.text:00000014        li     $v0, 4
.text:00000018        sw     $v0, 0x38+var_28($sp)
; 스택에 있는 여섯 번째 인자를 전달
.text:0000001C        li     $v0, 5
.text:00000020        sw     $v0, 0x38+var_24($sp)
; 스택에 있는 일곱 번째 인자를 전달
.text:00000024        li     $v0, 6
.text:00000028        sw     $v0, 0x38+var_20($sp)
; 스택에 있는 여덟 번째 인자를 전달
.text:0000002C        li     $v0, 7
.text:00000030        lw     $t9, (printf & 0xFFFF)($gp)
.text:00000034        sw     $v0, 0x38+var_1C($sp)
; $a0에 있는 첫 번째 인자를 전달
.text:00000038        lui    $a0, ($LC0 >> 16) # "a=%d; b=%d; c=%d; d=%d; e=%d; f=%d;
g=%"...
; 스택에 있는 아홉 번째 인자를 전달
.text:0000003C        li     $v0, 8
.text:00000040        sw     $v0, 0x38+var_18($sp)
; $a0에 있는 첫 번째 인자를 전달
```

```
.text:00000044     la     $a0, ($LC0 & 0xFFFF) # "a=%d; b=%d; c=%d; d=%d; e=%d;
f=%d; g=%"...
```

; $a1에 있는 두 번째 인자를 전달

```
.text:00000048     li     $a1, 1
```

; $a2에 있는 세 번째 인자를 전달

```
.text:0000004C     li     $a2, 2
```

; printf() 호출

```
.text:00000050     jalr   $t9
```

; $a3에 있는 네 번째 인자를 전달(브랜치 지연 슬롯):

```
.text:00000054     li     $a3, 3
```

; 함수 에필로그

```
.text:00000058     lw     $ra, 0x38+var_4($sp)
```

; 리턴 값을 0으로 설정

```
.text:0000005C     move   $v0, $zero
```

; 리턴

```
.text:00000060     jr     $ra
.text:00000064     addiu  $sp, 0x38 ; 브랜치 지연 슬롯
```

최적화를 수행하지 않은 GCC 4.4.5

최적화를 수행하지 않은 GCC의 결과는 내용이 좀 더 많다.

리스트 1.60: 최적화를 수행하지 않은 GCC 4.4.5(어셈블리 출력)

```
$LC0:
        .ascii "a=%d; b=%d; c=%d; d=%d; e=%d; f=%d; g=%d; h=%d\012\000"
main:
; 함수 프롤로그
        addiu   $sp,$sp,-56
        sw      $31,52($sp)
        sw      $fp,48($sp)
        move    $fp,$sp
        lui     $28,%hi(__gnu_local_gp)
        addiu   $28,$28,%lo(__gnu_local_gp)
        lui     $2,%hi($LC0)
        addiu   $2,$2,%lo($LC0)
; 스택에 있는 다섯 번째 인자를 전달
        li      $3,4    # 0x4
        sw      $3,16($sp)
; 스택에 있는 여섯 번째 인자를 전달
        li      $3,5    # 0x5
        sw      $3,20($sp)
; 스택에 있는 일곱 번째 인자를 전달
        li      $3,6    # 0x6
        sw      $3,24($sp)
```

```
; 스택에 있는 여덟 번째 인자를 전달
        li      $3,7    # 0x7
        sw      $3,28($sp)
; 스택에 있는 아홉 번째 인자를 전달
        li      $3,8    # 0x8
        sw      $3,32($sp)
; $a0에 있는 첫 번째 인자를 전달
        move    $4,$2
; $a1에 있는 두 번째 인자를 전달
        li      $5,1    # 0x1
; $a2에 있는 세 번째 인자를 전달
        li      $6,2    # 0x2
; $a3에 있는 네 번째 인자를 전달
        li      $7,3    # 0x3
; printf() 호출
        lw      $2,%call16(printf)($28)
        nop
        move    $25,$2
        jalr    $25
        nop
; 함수 에필로그
        lw      $28,40($fp)
; 리턴 값을 0으로 설정
        move    $2,$0
        move    $sp,$fp
        lw      $31,52($sp)
        lw      $fp,48($sp)
        addiu   $sp,$sp,56
; 리턴
        j       $31
        nop
```

리스트 1.61: 최적화를 수행하지 않은 GCC 4.4.5(IDA)

```
.text:00000000 main:
.text:00000000
.text:00000000 var_28  = -0x28
.text:00000000 var_24  = -0x24
.text:00000000 var_20  = -0x20
.text:00000000 var_1C  = -0x1C
.text:00000000 var_18  = -0x18
.text:00000000 var_10  = -0x10
.text:00000000 var_8   = -8
.text:00000000 var_4   = -4
.text:00000000
; 함수 프롤로그
.text:00000000      addiu   $sp, -0x38
```

```
.text:00000004      sw      $ra, 0x38+var_4($sp)
.text:00000008      sw      $fp, 0x38+var_8($sp)
.text:0000000C      move    $fp, $sp
.text:00000010      la      $gp, __gnu_local_gp
.text:00000018      sw      $gp, 0x38+var_10($sp)
.text:0000001C      la      $v0, aADBDCDDDEDFDGD    # "a=%d; b=%d; c=%d; d=%d; e=%d;
f=%d; g=%"...
; 스택에 있는 다섯 번째 인자를 전달
.text:00000024      li      $v1, 4
.text:00000028      sw      $v1, 0x38+var_28($sp)
; 스택에 있는 여섯 번째 인자를 전달
.text:0000002C      li      $v1, 5
.text:00000030      sw      $v1, 0x38+var_24($sp)
; 스택에 있는 일곱 번째 인자를 전달
.text:00000034      li      $v1, 6
.text:00000038      sw      $v1, 0x38+var_20($sp)
; 스택에 있는 여덟 번째 인자를 전달
.text:0000003C      li      $v1, 7
.text:00000040      sw      $v1, 0x38+var_1C($sp)
; 스택에 있는 아홉 번째 인자를 전달
.text:00000044      li      $v1, 8
.text:00000048      sw      $v1, 0x38+var_18($sp)
; $a0에 있는 첫 번째 인자를 전달
.text:0000004C      move    $a0, $v0
; $a1에 있는 두 번째 인자를 전달
.text:00000050      li      $a1, 1
; $a2에 있는 세 번째 인자를 전달
.text:00000054      li      $a2, 2
; $a3에 있는 네 번째 인자를 전달
.text:00000058      li      $a3, 3
; printf() 호출
.text:0000005C      lw      $v0, (printf & 0xFFFF)($gp)
.text:00000060      or      $at, $zero
.text:00000064      move    $t9, $v0
.text:00000068      jalr    $t9
.text:0000006C      or      $at, $zero  ; NOP
; 함수 에필로그
.text:00000070      lw      $gp, 0x38+var_10($fp)
; 리턴 값을 0으로 설정
.text:00000074      move    $v0, $zero
.text:00000078      move    $sp, $fp
.text:0000007C      lw      $ra, 0x38+var_4($sp)
.text:00000080      lw      $fp, 0x38+var_8($sp)
.text:00000084      addiu   $sp, 0x38
; 리턴
.text:00000088      jr      $ra
.text:0000008C      or      $at, $zero  ; NOP
```

1.8.4 결론

다음은 함수 호출의 대략적인 패턴이다.

리스트 1.62: x86

```
...
PUSH 세 번째 인자
PUSH 두 번째 인자
PUSH 첫 번째 인자
CALL 함수
; (필요한 경우) 스택 포인터 수정
```

리스트 1.63: x64(MSVC)

```
MOV RCX, 첫 번째 인자
MOV RDX, 두 번째 인자
MOV R8, 세 번째 인자
MOV R9, 네 번째 인자
...
PUSH 다섯 번째, 여섯 번째 인자 등(필요한 경우)
CALL 함수
; (필요한 경우) 스택 포인터 수정
```

리스트 1.64: x64(GCC)

```
MOV RDI, 첫 번째 인자
MOV RSI, 두 번째 인자
MOV RDX, 세 번째 인자
MOV RCX, 네 번째 인자
MOV R8, 다섯 번째 인자
MOV R9, 여섯 번째 인자
...
PUSH 일곱 번째, 여덟 번째 인자 등(필요한 경우)
CALL 함수
; (필요한 경우) 스택 포인터 수정
```

리스트 1.65: ARM

```
MOV R0, 첫 번째 인자
MOV R1, 두 번째 인자
MOV R2, 세 번째 인자
MOV R3, 네 번째 인자
; 다섯 번째, 여섯 번째 인자 등 (필요한 경우) 스택으로 전달한다.
BL 함수
```

```
; (필요한 경우) 스택 포인터 수정
```

리스트 1.66: ARM64

```
MOV X0, 첫 번째 인자
MOV X1, 두 번째 인자
MOV X2, 세 번째 인자
MOV X3, 네 번째 인자
MOV X4, 다섯 번째 인자
MOV X5, 여섯 번째 인자
MOV X6, 일곱 번째 인자
MOV X7, 여덟 번째 인자
; 아홉 번째, 열 번째 인자 등 (필요한 경우) 스택으로 전달한다.
BL 함수
; (필요한 경우) 스택 포인터 수정
```

리스트 1.67: MIPS(O32 호출 규약)

```
LI $4, 첫 번째 인자   ; $A0
LI $5, 두 번째 인자   ; $A1
LI $6, 세 번째 인자   ; $A2
LI $7, 네 번째 인자   ; $A3
; 다섯 번째, 여섯 번째 인자 등 (필요한 경우) 스택으로 전달한다.
LW temp_reg, 함수 주소
JALR temp_reg
```

1.8.5 부연 설명

x86, x64, fastcall, ARM, MIPS에서 인자 전달 방식의 차이는 CPU가 함수에 전달되는 인자 전달 방식을 전혀 인식하지 못한다는 사실을 보여주는 좋은 예다. 스택의 경우도 마찬가지다.

MIPS의 $A0...$A3 레지스터는 단지 편의를 위한 목적으로 명명(O32 호출 규약)된다. 프로그래머는 데이터를 전달하고자 어떤 레지스터라도($ZERO를 제외하고) 사용할 수 있으며, 어떤 호출 규약이라도 사용할 수 있다.

어쨌든 CPU는 호출 규약을 알지 못한다.

또한 어셈블리어 프로그래머가 새로운 방법으로 함수에 인자를 전달할 수도 있다. 즉, 어떤 순서 없이 레지스터나 전역 변수를 사용할 수도 있다. 하지만 그것 또한 제대로 동작할 것이다.

1.9 scanf()

이제는 scanf()를 살펴보자.

1.9.1 간단한 예

```
#include <stdio.h>

int main()
{
    int x;
    printf ("Enter X:\n");
    scanf ("%d", &x);
    printf ("You entered %d...\n", x);
    return 0;
};
```

요즘에는 사용자와의 상호작용을 위해 scanf()를 사용하는 것은 현명한 선택은 아니다. 하지만 int 타입 변수의 포인터를 전달하는 과정을 설명하고자 scanf()를 이용할 것이다.

포인터

포인터는 컴퓨터 과학에서 가장 기초적인 개념 중 하나다. 큰 배열이나 구조체, 객체 등을 다른 함수에 인자로 직접 전달하는 것은 매우 비효율적이다. 예를 들어 콘솔에 문자열을 출력하고자 한다면 해당 문자열의 주소를 OS 커널에 전달하는 것이 더 쉬운 방법이다.

게다가 호출된 함수가 인자로 전달된 배열이나 구조체의 내용을 수정한 후 다시 리턴해야 하는 경우가 있다. 이를 위한 가장 간단한 해결책은 함수에 배열이나 구조체의 주소를 인자로 전달한 후 함수 내에서 배열이나 구조체의 내용을 변경하게 하는 것이다.

C/C++에서 포인터는 단순히 메모리 어딘가의 주소다.

x86에서 주소는 32비트 숫자(즉 4바이트)로 표현되며, x86-64에서는 64비트 숫자(8바이트)로 표현된다. x64 아키텍처에서는 포인터가 캐시 메모리를 포함해서 무조건 2배의 메모리 공간을 차지한다는 사실 때문에 x86-64로 옮기는 것을 몹시 싫어하는 사람들이 있다.

하지만 약간만 신경 쓰면 타입이 정해지지 않은 포인터만으로 프로그래밍하는 것도 가능하다. 예를 들어 메모리의 한 지점을 다른 곳으로 복사하는 표준 C 함수 memcpy() 의 경우 복사하고자 하는 블록 데이터의 타입을 미리 예측하는 게 불가능하기 때문에 두 개의 void* 타입 포인터를 인자로 취한다. 데이터 타입이 중요한 것이 아니라 복사할 블록의 크기가 중요하다.

포인터는 함수가 두 개 이상의 값을 리턴해야 할 때도 널리 쓰인다(이에 대해서는 3.21절에서 좀 더 자세히 다룬다).

scanf()가 바로 이런 경우다.

scanf()는 몇 개의 값을 성공적으로 읽었는지 리턴하는 것 외에 읽은 값 자체도 리턴해야 한다.

C/C++에서 포인터의 타입은 컴파일 단계에서 타입 검사 시에만 사용된다.

컴파일된 코드에는 포인터 타입에 대한 정보가 전혀 존재하지 않는다.

x86

MSVC

MSVC 2010으로 컴파일한 결과는 다음과 같다.

```
CONST    SEGMENT
$SG3831    DB    'Enter X:', 0aH, 00H
$SG3832    DB    '%d', 00H
$SG3833    DB    'You entered %d...', 0aH, 00H
CONST    ENDS
PUBLIC _main
EXTRN    _scanf:PROC
EXTRN    _printf:PROC
; 함수 컴파일 플래그: /Odtp
```

```
_TEXT    SEGMENT
_x$ = -4                    ; 크기 = 4
_main    PROC
    push    ebp
    mov     ebp, esp
    push    ecx
    push    OFFSET $SG3831  ; 'Enter X:'
    call    _printf
    add     esp, 4
    lea     eax, DWORD PTR _x$[ebp]
    push    eax
    push    OFFSET $SG3832  ; '%d'
    call    _scanf
    add     esp, 8
    mov     ecx, DWORD PTR _x$[ebp]
    push    ecx
    push    OFFSET $SG3833  ; 'You entered %d...'
    call    _printf
    add     esp, 8
    ; return 0
    xor     eax, eax
    mov     esp, ebp
    pop     ebp
    ret     0
_main    ENDP
_TEXT    ENDS
```

x는 지역 변수다.

C/C++ 표준에 따르면 지역 변수는 해당 함수 내에서만 볼 수 있고 이외의 어떤 곳에
서도 볼 수 없어야 한다. 전통적으로 지역 변수는 로컬 스택에 저장된다. 다른 방법도
있겠지만 x86에서는 그렇다.

함수 프롤로그 다음에 나오는 명령어 PUSH ECX는 ECX의 상태를 저장하는 목적이 아니
다(함수 끝부분에 이와 대응돼야 할 POP ECX가 없다는 점에 주목하자).

사실 이 명령어는 변수 x를 저장할 4바이트를 스택에 할당하기 위한 것이다.

x는 _x$ 매크로(-4와 동일)와 현재 프레임을 가리키는 EBP 레지스터를 사용해 접근한다.

EBP는 함수 실행 내내 현재 스택 프레임을 가리키므로 EBP+오프셋을 이용해 지역 변
수와 함수 인자에 접근할 수 있다.

ESP를 사용할 수도 있지만 이 값은 너무 자주 변경되기 때문에 이용하기 매우 불편하

다. 말하자면 EBP는 함수 실행 시작 시점의 ESP 값을 그대로 유지하는 고정된 상태라 할 수 있다.

32비트 환경에서 전형적인 스택 프레임의 레이아웃은 다음과 같다

...	...
EBP-8	지역 변수 #2, IDA에서는 var_8로 표기
EBP-4	지역 변수 #1, IDA에서는 var_4로 표기
EBP	저장된 EBP 값
EBP+4	리턴 주소
EBP+8	인자 #1, IDA에서는 arg_0으로 표기
EBP+0xC	인자 #2, IDA에서는 arg_4로 표기
EBP+0x10	인자 #3, IDA에서는 arg_8로 표기
...	...

예제에서 scanf() 함수는 두 개의 인자를 취한다.

첫 번째 인자는 %d를 포함하고 있는 문자열 포인터며, 두 번째는 변수 x의 주소다.

우선 변수 x의 주소는 lea eax, DWORD PTR _x$[ebp] 명령어를 사용해 EAX 레지스터에 저장한다.

LEA는 유효 메모리 로드 load effective memory 를 의미하며, 무언가의 주소를 계산할 때 종종 사용한다.

여기서 LEA는 단순히 EBP 레지스터의 값과 _x$ 매크로의 합을 EAX 레지스터에 저장한다고 보면 된다.

이 명령어는 lea eax, [ebp-4]와 동일하다.

EBP 레지스터 값에서 4를 뺀 값을 EAX 레지스터에 저장한 다음 EAX 레지스터의 값을 스택에 푸시하고 scanf()를 호출한다.

printf()의 호출은 그다음이다. printf()에 대한 첫 번째 인자는 문자열 "You entered %d...\n"을 가리키는 포인터다.

그리고 두 번째 인자를 준비하는 명령어는 mov ecx, [ebp-4]로, 이 명령어는 x 변수의

주소가 아닌 실제 값을 ECX에 저장한다.

그다음에는 ECX 값을 스택에 저장하고 printf()를 호출한다.

MSVC + OllyDbg

이 예를 OllyDbg에서 살펴보자. 파일을 연 다음 ntdll.dll을 지나 예제 실행 파일에 도 달할 때까지 F8(스텝 오버)을 누른다. main() 함수가 나올 때까지 위로 스크롤하자.

첫 번째 명령어인 PUSH EBP를 클릭하고 F2(브레이크포인트 설정)와 F9(실행)를 차례로 누른다. 이제 main() 함수가 시작되면 브레이크포인트가 작동하게 된다.

어디에서 변수 x의 주소가 계산되는지 추적해보자.

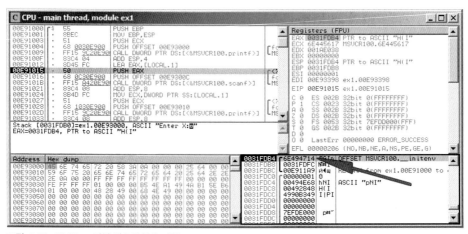

그림 1.12: OllyDbg: 지역 변수의 주소 계산

레지스터 창에서 EAX를 오른쪽 클릭한 다음 'Follow in stack'을 선택한다.

그러면 해당 주소가 스택 창에 나타난다. 그림상의 붉은 화살표는 로컬 스택에서 해당 변수를 가리킨다. 이 점에는 해당 위치에 가비지 값(0x6E494714)이 들어가 있을 것이 다. PUSH 명령어가 수행되면 이 스택 값이 동일한 스택의 다음 위치에 저장된다. scanf()의 실행이 종료될 때까지 F8을 눌러 추적해보자. scanf() 실행 중에 콘솔에 123을 입력한다.

Enter X:

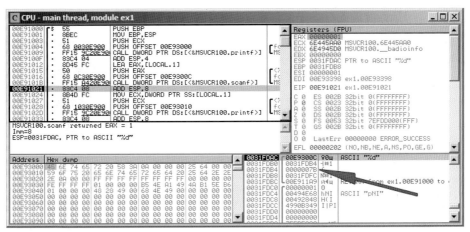는 123이라는 페이지 번호 표시

scanf() 실행 직후의 상태는 다음과 같다.

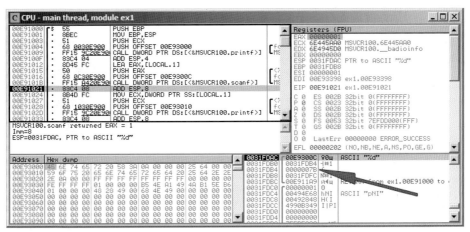

그림 1.13: OllyDbg: scanf() 실행

scanf()는 EAX를 이용해 1을 리턴하며, 하나의 값을 성공적으로 읽었다는 의미다. 지역 변수에 해당하는 스택 항목을 보면 이제는 0x7B(123) 값을 갖고 있다.

이후에 이 값은 스택에서 ECX 레지스터에 복사된 후 printf()로 전달된다.

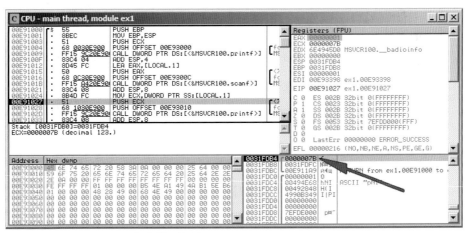

그림 1.14: OllyDbg: printf()에 전달할 값 준비

GCC

동일한 코드를 리눅스에서 GCC 4.4.1로 컴파일해보자.

```
main            proc near

var_20          = dword ptr -20h
var_1C          = dword ptr -1Ch
var_4           = dword ptr -4

                push    ebp
                mov     ebp, esp
                and     esp, 0FFFFFFF0h
                sub     esp, 20h
                mov     [esp+20h+var_20], offset aEnterX ; "Enter X:"
                call    _puts
                mov     eax, offset aD ; "%d"
                lea     edx, [esp+20h+var_4]
                mov     [esp+20h+var_1C], edx
                mov     [esp+20h+var_20], eax
                call    ___isoc99_scanf
                mov     edx, [esp+20h+var_4]
                mov     eax, offset aYouEnteredD___ ; "You entered %d...\n"
                mov     [esp+20h+var_1C], edx
                mov     [esp+20h+var_20], eax
                call    _printf
                mov     eax, 0
                leave
                retn
main            endp
```

GCC는 우선 printf() 호출을 puts()로 대체했다. 이유는 1.5.4절에서 설명했다. 앞선 MSVC 예와 마찬가지로 MOV 명령어를 이용해 인자를 스택에 저장한다.

부연 설명

이 간단한 예는 컴파일러가 C/C++ 표현을 순차적인 명령어 리스트 블록으로 변환한다는 사실을 보여준다. C/C++의 표현식 사이에 아무것도 없기 때문에 그 결과 기계 코드에서도 하나의 표현식과 그다음 표현식 사이에는 아무것도 없다.

x64

전반적으로 동일하지만 인자 전달 시 스택 대신 레지스터를 사용한다.

MSVC

리스트 1.68: MSVC 2012 x64

```
_DATA   SEGMENT
$SG1289 DB       'Enter X:', 0aH, 00H
$SG1291 DB       '%d', 00H
$SG1292 DB       'You entered %d...', 0aH, 00H
_DATA   ENDS

_TEXT   SEGMENT
x$ = 32
main    PROC
$LN3:
        sub     rsp, 56
        lea     rcx, OFFSET FLAT:$SG1289    ; 'Enter X:'
        call    printf
        lea     rdx, QWORD PTR x$[rsp]
        lea     rcx, OFFSET FLAT:$SG1291    ; '%d'
        call    scanf
        mov     edx, DWORD PTR x$[rsp]
        lea     rcx, OFFSET FLAT:$SG1292    ; 'You entered %d...'
        call    printf

        ; return 0
        xor     eax, eax
        add     rsp, 56
        ret     0
main    ENDP
_TEXT   ENDS
```

GCC

리스트 1.69: 최적화를 수행한 GCC 4.4.6 x64

```
.LC0:
        .string "Enter X:"
.LC1:
        .string "%d"
.LC2:
        .string "You entered %d...\n"
```

```
main:
        sub     rsp, 24
        mov     edi, OFFSET FLAT:.LC0   ; "Enter X:"
        call    puts
        lea     rsi, [rsp+12]
        mov     edi, OFFSET FLAT:.LC1    ; "%d"
        xor     eax, eax
        call    __isoc99_scanf
        mov     esi, DWORD PTR [rsp+12]
        mov     edi, OFFSET FLAT:.LC2   ; "You entered %d...\n"
        xor     eax, eax
        call    printf

        ; return 0
        xor     eax, eax
        add     rsp, 24
ret
```

ARM

최적화를 수행한 Keil 6/2013(Thumb 모드)

```
.text:00000042             scanf_main
.text:00000042
.text:00000042             var_8 = -8
.text:00000042
.text:00000042 08 B5       PUSH    {R3,LR}
.text:00000044 A9 A0       ADR     R0, aEnterX      ; "Enter X:\n"
.text:00000046 06 F0 D3 F8 BL      __2printf
.text:0000004A 69 46       MOV     R1, SP
.text:0000004C AA A0       ADR     R0, aD  ; "%d"
.text:0000004E 06 F0 CD F8 BL      __0scanf
.text:00000052 00 99       LDR     R1, [SP,#8+var_8]
.text:00000054 A9 A0       ADR     R0, aYouEnteredD___      ; "You entered %d...\n"
.text:00000056 06 F0 CB F8 BL      __2printf
.text:0000005A 00 20       MOVS    R0, #0
.text:0000005C 08 BD       POP     {R3,PC}
```

scanf()가 값을 읽을 수 있도록 int 타입의 변수를 가리키는 포인터를 인자로 전달해야 한다. int는 32비트 값이므로 메모리 어딘가에 그것을 저장할 4바이트가 필요한데, 여기엔 32비트 레지스터가 적당하다. 지역 변수 x를 저장할 공간은 스택에 할당되며, IDA는 그것을 var_8로 명명했다. SP(스택 포인터)가 이미 저장할 수 있는 공간을 가리키고 있기 때문에 굳이 추가적으로 할당할 필요는 없이 바로 사용하면 된다.

그리고 SP의 값을 R1 레지스터에 복사한 다음 형식 문자열과 함께 scanf()로 전달한다.

ARM에서 PUSH/POP 명령어는 x86에서와 다르게 동작한다. 즉, STM/STMDB/LDM/LDMIA 명령어와 동일하며, PUSH 명령어는 먼저 스택에 값을 쓴 다음 SP를 4만큼 뺀다. POP은 먼저 SP에 4를 더한 다음에 스택에서 값을 읽는다. 따라서 PUSH 명령어 수행 후에 SP는 스택상의 사용하지 않는 공간을 가리키게 된다. 그것은 이후에 scanf()와 printf()에 의해 이용된다.

LDMIA는 여러 레지스터의 값을 읽고 주소를 증가시킨다는 의미고, STMDB는 먼저 주소를 감소시킨 다음에 여러 레지스터의 값을 저장한다는 의미다.

이후에 이 값은 LDR 명령어를 이용해 스택에서 R1 레지스터로 옮긴 후 printf()에 전달한다.

ARM64

리스트 1.70: 최적화를 수행하지 않은 GCC 4.9.1 ARM64

```
1   .LC0:
2           .string "Enter X:"
3   .LC1:
4           .string "%d"
5   .LC2:
6           .string "You entered %d...\n"
7   scanf_main:
8   ; SP에서 32를 뺀 다음 FP와 LR을 스택 프레임에 저장
9           stp     x29, x30, [sp, -32]!
10  ; 스택 프레임 설정(FP=SP)
11          add     x29, sp, 0
12  ; "Enter X:" 문자열에 대한 포인터 로드
13          adrp    x0, .LC0
14          add     x0, x0, :lo12:.LC0
15  ; X0= "Enter X:" 문자열에 대한 포인터
16  ; 출력:
17          bl      puts
18  ; "%d" 문자열에 대한 포인터 로드
19          adrp    x0, .LC1
20          add     x0, x0, :lo12:.LC1
21  ; "x" 변수용 공간을 스택 프레임에서 찾는다. (X1=FP+28):
22          add     x1, x29, 28
```

```
23    ; X1="x" 변수의 주소
24    ; scanf()에 주소를 전달하고 호출
25            bl          __isoc99_scanf
26    ; 스택 프레임에 있는 변수에서 32비트 값을 로드
27            ldr        w1, [x29,28]
28    ; W1=x
29    ; "You entered %d...\n" 문자열에 대한 포인터 로드
30    ; printf()는 X0에서 문자열을 가져오고 X1(또는 W1)에서 "x" 변수를 가져온다.
31            adrp       x0, .LC2
32            add        x0, x0, :lo12:.LC2
33            bl         printf
34    ; 0을 리턴
35            mov        w0, 0
36    ; restore FP와 LR을 복원하고 SP에 32를 더한다.
37            ldp        x29, x30, [sp], 32
38            ret
```

32바이트의 스택 프레임이 할당됐으며, 필요한 것보다 많은 공간이다. 아마도 메모리 정렬 문제 때문이었을 것이다. 가장 흥미로운 부분은 스택 프레임에서 변수 x용 공간 (22번 줄)을 찾는 것이다. 왜 28을 더했을까? 컴파일러는 변수 x를 스택 프레임의 시작이 아니라 끝쪽에 위치시키기로 결정했기 때문일 것이다. 사용자가 입력한 값을 저장할 메모리 주소를 scanf()에 전달한다. 그것은 int 타입의 32비트 값이며, 27번 줄에서 그 값을 구해 printf()에 전달된다.

MIPS

로컬 스택에 변수 x용 공간을 할당하며, $sp + 24로 참조한다. 주소는 scanf()로 전달되며, 사용자가 입력한 값은 LW('Load Word') 명령어로 로드돼 printf()로 전달된다.

리스트 1.71: 최적화를 수행한 GCC 4.4.5(어셈블리 출력)

```
$LC0:
        .ascii "Enter X:\000"
$LC1:
        .ascii "%d\000"
$LC2:
        .ascii "You entered %d...\012\000"
main:
; 함수 프롤로그
        lui       $28,%hi(__gnu_local_gp)
        addiu     $sp,$sp,-40
```

```
        addiu   $28,$28,%lo(__gnu_local_gp)
        sw      $31,36($sp)
; puts() 호출
        lw      $25,%call16(puts)($28)
        lui     $4,%hi($LC0)
        jalr    $25
        addiu   $4,$4,%lo($LC0)     ; 브랜치 지연 슬롯
; scanf() 호출
        lw      $28,16($sp)
        lui     $4,%hi($LC1)
        lw  $25,%call16(__isoc99_scanf)($28)
; scanf()에 대한 두 번째 인자 설정, $a1=$sp+24:
        addiu   $5,$sp,24
        jalr    $25
        addiu   $4,$4,%lo($LC1)     ; 브랜치 지연 슬롯
; printf() 호출
        lw      $28,16($sp)
; printf()에 대한 두 번째 인자 설정
; $sp+24에 워드를 로드
        lw      $5,24($sp)
        lw      $25,%call16(printf)($28)
        lui     $4,%hi($LC2)
        jalr    $25
        addiu   $4,$4,%lo($LC2)     ; 브랜치 지연 슬롯
; 함수 에필로그
        lw      $31,36($sp)
; 리턴 값을 0으로 설정
        move    $2,$0
; 리턴
        j       $31
        addiu   $sp,$sp,40          ; 브랜치 지연 슬롯
```

IDA는 스택 레이아웃을 다음과 같은 형태로 보여준다.

리스트 1.72: 최적화를 수행한 GCC 4.4.5(IDA)

```
.text:00000000 main:
.text:00000000
.text:00000000 var_18  = -0x18
.text:00000000 var_10  = -0x10
.text:00000000 var_4   = -4
.text:00000000
; 함수 프롤로그
.text:00000000          lui     $gp, (__gnu_local_gp >> 16)
.text:00000004          addiu   $sp, -0x28
.text:00000008          la      $gp, (__gnu_local_gp & 0xFFFF)
```

```
.text:0000000C          sw      $ra, 0x28+var_4($sp)
.text:00000010          sw      $gp, 0x28+var_18($sp)
; puts() 호출
.text:00000014          lw      $t9, (puts & 0xFFFF)($gp)
.text:00000018          lui     $a0, ($LC0 >> 16)        # "Enter X:"
.text:0000001C          jalr    $t9
.text:00000020          la      $a0, ($LC0 & 0xFFFF)     # "Enter X:" ; 브랜치 지연 슬롯
; scanf() 호출
.text:00000024          lw      $gp, 0x28+var_18($sp)
.text:00000028          lui     $a0, ($LC1 >> 16)   # "%d"
.text:0000002C          lw      $t9, (__isoc99_scanf & 0xFFFF)($gp)
; scanf()에 대한 두 번째 인자 설정, $a1=$sp+24:
.text:00000030          addiu   $a1, $sp, 0x28+var_10
.text:00000034          jalr    $t9             ; 브랜치 지연 슬롯
.text:00000038          la      $a0, ($LC1 & 0xFFFF)    # "%d"
; call printf():
.text:0000003C          lw      $gp, 0x28+var_18($sp)
; printf()에 대한 두 번째 인자 설정
; $sp+24에 워드를 로드
.text:00000040          lw      $a1, 0x28+var_10($sp)
.text:00000044          lw      $t9, (printf & 0xFFFF)($gp)
.text:00000048          lui     $a0, ($LC2 >> 16)   # "You entered %d...\n"
.text:0000004C          jalr    $t9
.text:00000050          la      $a0, ($LC2 & 0xFFFF) # "You entered %d...\n" ; 브랜치 지연 슬롯
; 함수 에필로그
.text:00000054          lw      $ra, 0x28+var_4($sp)
; 리턴 값을 0으로 설정
.text:00000058          move    $v0, $zero
; 리턴
.text:0000005C          jr      $ra
.text:00000060          addiu   $sp, 0x28   ; 브랜치 지연 슬롯
```

1.9.2 흔히 하는 실수

x에 대한 포인터 대신 x 값을 전달하는 것은 흔히 하는 실수다.

```c
#include <stdio.h>

int main()
{
    int x;
    printf ("Enter X:\n");
    scanf ("%d", x);    // 버그
    printf ("You entered %d...\n", x);
    return 0;
```

```
};
```

무엇이 문제일까? x는 초기화되지 않아 로컬 스택의 임의의 값을 갖고 있을 것이다. scanf()가 호출되면 사용자가 입력하는 문자를 받아 그것의 길이를 숫자로 계산해 x에 기록하려고 한다. 이때 x를 메모리 주소로 취급한다. 하지만 그것은 임의의 노이즈 값이기 때문에 scanf()는 결국 임의의 주소에 값을 쓰게 된다. 결국 대부분의 경우 프로세스는 중단된다.

흥미롭게도 디버그 빌드의 일부 CRT 라이브러리는 0xCCCCCCCC 또는 0x0BADF00D처럼 시각적으로 독특한 패턴을 방금 할당된 메모리에 넣는다. 이 경우 x는 0xCCCCCCCC 값을 갖게 되고 scanf()는 0xCCCCCCCC 주소에 값을 쓰려고 할 것이다. 프로세스가 0xCCCCCCCC 주소에 값을 쓰려고 한다면 초기화되지 않은 변수(또는 포인터)가 초기화되기 전에 사용된다는 것을 알게 될 것이다.

1.9.3 전역 변수

이전 예의 변수 x가 지역 변수가 아니라 전역 변수였다면 함수 내부뿐만 아니라 코드 어디에서든 접근할 수 있었을 것이다. 전역 변수 사용은 권장되지는 않지만 설명을 위해 사용할 것이다.

```
#include <stdio.h>

// x는 전역 변수
int x;

int main()
{
    printf ("Enter X:\n");
    scanf ("%d", &x);
    printf ("You entered %d...\n", x);
    return 0;
};
```

MSVC: x86

```
_DATA    SEGMENT
COMM     _x:DWORD
$SG2456     DB        'Enter X:', 0aH, 00H
$SG2457     DB        '%d', 00H
$SG2458     DB        'You entered %d...', 0aH, 00H
_DATA    ENDS
PUBLIC   _main
EXTRN    _scanf:PROC
EXTRN    _printf:PROC
; 함수 컴파일 플래그: /Odtp
_TEXT    SEGMENT
_main    PROC
    push    ebp
    mov     ebp, esp
    push    OFFSET $SG2456
    call    _printf
    add     esp, 4
    push    OFFSET _x
    push    OFFSET $SG2457
    call    _scanf
    add     esp, 8
    mov     eax, DWORD PTR _x
    push    eax
    push    OFFSET $SG2458
    call    _printf
    add     esp, 8
    xor     eax, eax
    pop     ebp
    ret     0
_main    ENDP
_TEXT    ENDS
```

변수 x는 이제 _DATA 세그먼트에 정의되며, 더 이상 로컬 스택의 메모리가 할당되지 않는다. 그리고 변수 접근은 스택을 통하지 않고 바로 메모리를 처리하는 방식으로 수행된다. 초기화되지 않은 전역 변수는 실행 파일에서 공간을 전혀 차지하지 않는다(실행 파일 내에 초깃값이 0인 변수를 위한 공간을 할당할 이유는 없다). 누군가 초기화되지 않은 전역 변수에 접근하면 OS는 0으로 채워진 블록을 할당한다.[50]

이번에는 변수에 명시적으로 값을 할당해보자.

---

50. VM도 동일하게 동작한다.

```
int x=10;    // 디폴트 값
```

결과는 다음과 같다.

```
_DATA    SEGMENT
_x       DD      0aH
...
```

DWORD 타입의 값 **0xA**를 확인할 수 있다(DD는 DWORD, 즉 32비트를 의미한다).

컴파일된 .exe 파일을 IDA로 열어보면 **_DATA** 세그먼트의 시작 부분에 변수 x가 위치하며, 그 뒤로 텍스트 문자열들이 나오는 것을 볼 수 있다.

x 값을 초기화하지 않고 컴파일한 .exe 파일을 IDA로 로딩한 결과는 다음과 같다.

리스트 1.73: IDA

```
.data:0040FA80 _x                dd ?    ; DATA XREF: _main+10
.data:0040FA80                            ; _main+22
.data:0040FA84 dword_40FA84      dd ?    ; DATA XREF: _memset+1E
.data:0040FA84                            ; unknown_libname_1+28
.data:0040FA88 dword_40FA88      dd ?    ; DATA XREF: ___sbh_find_block+5
.data:0040FA88                            ; ___sbh_free_block+2BC
.data:0040FA8C                            ; LPVOID lpMem
.data:0040FA8C lpMem             dd ?    ; DATA XREF: ___sbh_find_block+B
.data:0040FA8C                            ; ___sbh_free_block+2CA
.data:0040FA90 dword_40FA90      dd ?    ; DATA XREF: _V6_HeapAlloc+13
.data:0040FA90                            ; __calloc_impl+72
.data:0040FA94 dword_40FA94      dd ?    ; DATA XREF: ___sbh_free_block+2FE
```

_x는 ?로 표시돼 있고 ?로 표시된 변수들은 초기화할 필요가 없는 변수다. 이는 .exe 파일을 메모리에 로딩한 이후에야 이 변수들의 공간을 할당하고 0으로 채운다는 의미다(『ISO/IEC 9899:TC3 (C C99 standard)』(2007, 6.7.8절 p10). 초기화되지 않은 변수는 .exe 파일에서 어떤 공간도 차지하지 않는다. 따라서 큰 배열의 경우 적합하다.

MSVC: x86 + OllyDbg

이번에는 좀 더 간단하다.

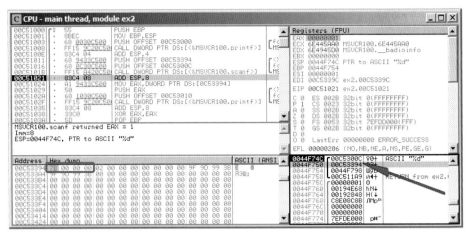

그림 1.15: OllyDbg: scanf() 실행 이후

변수는 데이터 세그먼트에 위치한다. PUSH 명령어(x의 주소를 푸시)를 실행하며 스택 창에 푸시된 주소가 보인다. 그것을 마우스 오른쪽 클릭해 Follow in dump를 선택하면 좌측의 메모리 창에 해당 변수를 볼 수 있다. 콘솔에 123을 입력하면 이 메모리 창에서 0x7B를 확인할 수 있다.

그런데 왜 첫 번째 바이트가 7B일까? 논리적으로 따져보면 00 00 00 7B여야 한다. 이를 엔디안이라고 하며 x86은 리틀엔디안을 따른다. 리틀엔디안에서는 최하위 바이트를 제일 먼저 쓰고 최상위 바이트를 마지막으로 쓴다. 이에 대해서는 2.8절을 참고하기 바란다. 예제로 다시 돌아가 좀 더 실행하면 이 메모리 위치의 32비트 값을 EAX로 로딩한 후 printf()로 전달한다.

변수 x의 메모리 주소는 0x00C53394다.

OllyDbg에서 프로세스 메모리 맵(Alt+M)을 볼 수 있는 기능을 이용하면 이 주소가 .data PE 세그먼트에 속한다는 사실을 알 수 있다.

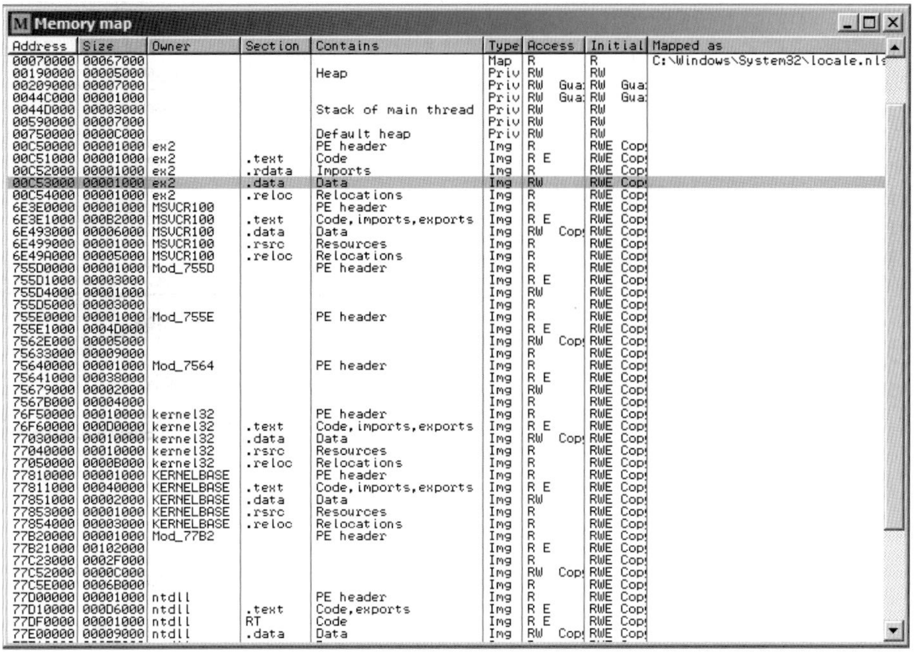

Address	Size	Owner	Section	Contains	Type	Access	Initial	Mapped as
00070000	00067000				Map	R	R	C:\Windows\System32\locale.nls
00190000	00005000			Heap	Priv	RW	RW	
00209000	00007000				Priv	RW Gua	RW Gua	
0044C000	00001000				Priv	RW Gua	RW Gua	
0044D000	00003000			Stack of main thread	Priv	RW	RW	
00590000	00007000				Priv	RW	RW	
00750000	0000C000			Default heap	Priv	RW	RW	
00C50000	00001000	ex2		PE header	Img	R	RWE Cop	
00C51000	00001000	ex2	.text	Code	Img	R E	RWE Cop	
00C52000	00001000	ex2	.rdata	Imports	Img	R	RWE Cop	
00C53000	00001000	ex2	.data	Data	Img	RW	RWE Cop	
00C54000	00001000	ex2	.reloc	Relocations	Img	R	RWE Cop	
6E3E0000	00001000	MSVCR100		PE header	Img	R	RWE Cop	
6E3E1000	000B2000	MSVCR100	.text	Code,imports,exports	Img	R E	RWE Cop	
6E493000	00006000	MSVCR100	.data	Data	Img	RW Cop	RWE Cop	
6E499000	00001000	MSVCR100	.rsrc	Resources	Img	R	RWE Cop	
6E49A000	00005000	MSVCR100	.reloc	Relocations	Img	R	RWE Cop	
755D0000	00001000	Mod_755D		PE header	Img	R	RWE Cop	
755D1000	00003000				Img	R E	RWE Cop	
755D4000	00001000				Img	RW	RWE Cop	
755D5000	00003000				Img	R	RWE Cop	
755E0000	00001000	Mod_755E		PE header	Img	R	RWE Cop	
755E1000	0004D000				Img	R E	RWE Cop	
7562E000	00005000				Img	RW Cop	RWE Cop	
75633000	00009000				Img	R	RWE Cop	
75640000	00001000	Mod_7564		PE header	Img	R	RWE Cop	
75641000	00038000				Img	R E	RWE Cop	
75679000	00002000				Img	RW	RWE Cop	
7567B000	00004000				Img	R	RWE Cop	
76F50000	00010000	kernel32		PE header	Img	R	RWE Cop	
76F60000	000D0000	kernel32	.text	Code,imports,exports	Img	R E	RWE Cop	
77030000	00010000	kernel32	.data	Data	Img	RW Cop	RWE Cop	
77040000	00010000	kernel32	.rsrc	Resources	Img	R	RWE Cop	
77050000	0000B000	kernel32	.reloc	Relocations	Img	R	RWE Cop	
77810000	00001000	KERNELBASE		PE header	Img	R	RWE Cop	
77811000	00040000	KERNELBASE	.text	Code,imports,exports	Img	R E	RWE Cop	
77851000	00002000	KERNELBASE	.data	Data	Img	RW	RWE Cop	
77853000	00001000	KERNELBASE	.rsrc	Resources	Img	R	RWE Cop	
77854000	00003000	KERNELBASE	.reloc	Relocations	Img	R	RWE Cop	
77B20000	00001000	Mod_77B2		PE header	Img	R	RWE Cop	
77B21000	00102000				Img	R E	RWE Cop	
77C23000	0002F000				Img	R	RWE Cop	
77C52000	0000C000				Img	RW Cop	RWE Cop	
77C5E000	0006B000				Img	R	RWE Cop	
77D00000	00001000	ntdll		PE header	Img	R	RWE Cop	
77D10000	000D6000	ntdll	.text	Code,exports	Img	R E	RWE Cop	
77DF0000	00001000	ntdll	RT	Code	Img	R E	RWE Cop	
77E00000	00009000	ntdll	.data	Data	Img	RW Cop	RWE Cop	

그림 1.16: OllyDbg: 프로세스 메모리 맵

GCC: x86

초기화되지 않은 변수가 _bss 세그먼트에 위치한다는 것을 제외하고는 리눅스에서의 결과도 거의 동일하다. ELF[51] 파일 형식에서 이 세그먼트의 속성은 다음과 같다.

```
; Segment type: Uninitialized       (세그먼트 타입: 초기화되지 않음)
; Segment permissions: Read/Write  (세그먼트 권한: 읽기/쓰기)
```

하지만 변수를 10과 같은 값으로 초기화하면 위치가 _data 세그먼트로 변경되며, 이 세그먼트의 속성은 다음과 같다.

```
; Segment type: Pure data           (세그먼트 타입: 순수 데이터)
; Segment permissions: Read/Write  (세그먼트 권한: 읽기/쓰기)
```

51. 리눅스를 포함한 *NIX 시스템에서 널리 사용되는 실행 파일 포맷

MSVC: x64

리스트 1.74: MSVC 2012 x64

```
_DATA   SEGMENT
COMM    x:DWORD
$SG2924 DB  'Enter X:', 0aH, 00H
$SG2925 DB  '%d', 00H
$SG2926 DB  'You entered %d...', 0aH, 00H
_DATA   ENDS

_TEXT   SEGMENT
main    PROC
$LN3:
        sub     rsp, 40
        lea     rcx, OFFSET FLAT:$SG2924    ; 'Enter X:'
        call    printf
        lea     rdx, OFFSET FLAT:x
        lea     rcx, OFFSET FLAT:$SG2925    ; '%d'
        call    scanf
        mov     edx, DWORD PTR x
        lea     rcx, OFFSET FLAT:$SG2926    ; 'You entered %d...'
        call    printf

        ; return 0
        xor     eax, eax

        add     rsp, 40
        ret     0
main    ENDP
_TEXT   ENDS
```

x86의 코드와 거의 동일하다. x 변수의 주소를 scanf()에 전달할 때 LEA 명령어를 사용했지만 두 번째 함수인 printf()에 해당 변수의 값을 전달할 때는 MOV 명령어를 사용했다는 점에 주목하자. DWORD PTR은 기계 코드와 무관한 어셈블리어 부분으로 변수의 데이터 타입이 32비트이므로 그에 따라 MOV 명령어를 인코딩해야 한다는 사실을 알려주는 것이다.

ARM: 최적화를 수행한 Keil 6/2013(Thumb 모드)

리스트 1.75: IDA

```
.text:00000000 ; Segment type: Pure code
.text:00000000          AREA .text, CODE
...
.text:00000000 main
```

```
.text:00000000          PUSH    {R4,LR}
.text:00000002          ADR     R0, aEnterX     ; "Enter X:\n"
.text:00000004          BL      __2printf
.text:00000008          LDR     R1, =x
.text:0000000A          ADR     R0, aD         ; "%d"
.text:0000000C          BL      __0scanf
.text:00000010          LDR     R0, =x
.text:00000012          LDR     R1, [R0]
.text:00000014          ADR     R0, aYouEnteredD___     ; "You entered %d...\n"
.text:00000016          BL      __2printf
.text:0000001A          MOVS    R0, #0
.text:0000001C          POP     {R4,PC}
...
.text:00000020 aEnterX DCB "Enter X:",0xA,0    ; DATA XREF: main+2
.text:0000002A          DCB     0
.text:0000002B          DCB     0
.text:0000002C off_2C  DCD x                   ; DATA XREF: main+8
.text:0000002C                                 ; main+10
.text:00000030 aD      DCB "%d",0              ; DATA XREF: main+A
.text:00000033          DCB     0
.text:00000034 aYouEnteredD___ DCB "You entered %d...",0xA,0 ; DATA XREF: main+14
.text:00000047          DCB     0
.text:00000047 ; .text ends
.text:00000047
...
.data:00000048 ; Segment type: Pure data
.data:00000048           AREA .data, DATA
.data:00000048           ; ORG 0x48
.data:00000048           EXPORT x
.data:00000048 x        DCD 0xA                ; DATA XREF: main+8
.data:00000048                                 ; main+10
.data:00000048 ; .data ends
```

여기서 변수 x는 전역 변수며, 따라서 코드가 아닌 데이터 세그먼트(.data)에 위치하고 있다. 텍스트 문자열은 코드 세그먼트(.text)에 위치하는데, x도 여기에 둘 수 있지 않느냐고 물을 수 있다. x는 변수고, 변수라는 이름에서 알 수 있듯이 값이 변할 수 있다. 그것도 매우 자주 변경될 수 있다. 반면 텍스트 문자열은 상수 타입으로, 변경되지 않는다. 그래서 .text 세그먼트에 위치하는 것이다.

경우에 따라 코드 세그먼트는 ROM^Read-Only Memory 칩(지금 우리는 임베디드 마이크로 전자 장치를 다루고 있으며, 여기선 메모리 부족이 흔하다는 사실을 기억하자)에 위치하고, 값이 변하는 변수는 RAM에 위치하기도 한다.

ROM이 존재하는 상황에서 값이 변하지 않는 변수를 RAM에 저장하는 건 매우 비효율적이다.

더욱이 RAM에 전원이 공급되면 임의의 값을 갖게 되기 때문에 RAM에 위치하는 상수 변수는 사용 전에 초기화를 수행해야 한다.

다음으로 코드 세그먼트에서 변수 x의 포인터(off_2C)를 볼 수 있는데, 변수를 처리할 때는 항상 이 포인터를 이용하고 있다.

이는 변수 x와 그것을 이용하는 코드의 거리가 멀어질 수 있기 때문에 코드 근처에 변수의 주소를 저장해 놓기 위함이다.

Thumb 모드의 LDR 명령어가 주소 지정할 수 있는 변수의 범위는 명령어 위치로부터 1020바이트다. ARM 모드에서는 ±4095바이트 내의 변수를 주소 지정할 수 있다.

변수 x의 주소를 코드 가까이에 둬야 하는 이유는 링커가 이 변수를 코드 근처에 위치 시키리라는 보장이 없기 때문이다. 변수는 심지어 외장 메모리칩에 위치할 수도 있다.

한 가지 더, Keil 컴파일러는 const로 선언한 변수를 .constdata 세그먼트에 할당한다.

아마도 링커는 이 세그먼트 역시 코드 세그먼트와 함께 ROM에 저장할 수도 있다.

ARM64

리스트 1.76: 최적화를 수행하지 않은 GCC 4.9.1 ARM64

```
 1            .comm x,4,4
 2   .LC0:
 3            .string "Enter X:"
 4   .LC1:
 5            .string "%d"
 6   .LC2:
 7            .string "You entered %d...\n"
 8   f5:
 9   ; FP와 LR을 스택 프레임에 저장
10           stp     x29, x30, [sp, -16]!
11   ; 스택 프레임 설정 (FP=SP)
12           add     x29, sp, 0
13   ; "Enter X:" 문자열에 대한 포인터 로드
14           adrp    x0, .LC0
15           add     x0, x0, :lo12:.LC0
```

```
16          bl      puts
17 ; "%d" 문자열에 대한 포인터 로드
18          adrp    x0, .LC1
19          add     x0, x0, :lo12:.LC1
20 ; 전역 변수 x의 주소 계산
21          adrp    x1, x
22          add     x1, x1, :lo12:x
23          bl      __isoc99_scanf
24 ; 전역 변수 x의 주소를 다시 계산
25          adrp    x0, x
26          add     x0, x0, :lo12:x
27 ; 이 주소의 메모리에서 값을 로드
28          ldr     w1, [x0]
29 ; "You entered %d...\n" 문자열에 대한 포인터를 로드
30          adrp    x0, .LC2
31          add     x0, x0, :lo12:.LC2
32          bl      printf
33 ; 0을 리턴
34          mov     w0, 0
35 ; FP와 LR을 복원
36          ldp     x29, x30, [sp], 16
37          ret
```

이 경우 변수 x는 전역 변수로 선언되고 그 주소는 ADRP/ADD 명령어 쌍으로 계산된다 (21, 25번 줄).

MIPS

초기화 되지 않은 전역 변수

이제 x는 전역 변수다. 오브젝트 파일이 아닌 실행 파일로 컴파일해 IDA로 열어 보자. 변수 x가 초기화되지 않았기 때문에 IDA는 변수 x를 .sbss ELF 섹션(1.5.5절의 '전역 포인터'를 상기하기 바란다)에서 보여준다.

리스트 1.77: 최적화를 수행한 GCC 4.4.5(IDA)

```
.text:004006C0 main:
.text:004006C0
.text:004006C0 var_10      = -0x10
.text:004006C0 var_4       = -4
.text:004006C0
; 함수 프롤로그
.text:004006C0              lui     $gp, 0x42
```

```
.text:004006C4                addiu   $sp, -0x20
.text:004006C8                li      $gp, 0x418940
.text:004006CC                sw      $ra, 0x20+var_4($sp)
.text:004006D0                sw      $gp, 0x20+var_10($sp)
; puts() 호출
.text:004006D4                la      $t9, puts
.text:004006D8                lui     $a0, 0x40
.text:004006DC                jalr    $t9        ; puts
.text:004006E0                la      $a0, aEnterX    # "Enter X:" ; 브랜치 지연 슬롯
; call scanf():
.text:004006E4                lw      $gp, 0x20+var_10($sp)
.text:004006E8                lui     $a0, 0x40
.text:004006EC                la      $t9, __isoc99_scanf
; x의 주소를 준비
.text:004006F0                la      $a1, x
.text:004006F4                jalr    $t9      ; __isoc99_scanf
.text:004006F8                la      $a0, aD      # "%d" ; 브랜치 지연 슬롯
; printf() 호출
.text:004006FC                lw      $gp, 0x20+var_10($sp)
.text:00400700                lui     $a0, 0x40
; x의 주소를 가져온다.
.text:00400704                la      $v0, x
.text:00400708                la      $t9, printf
; "x" 변수에서 값을 로드해 그것을 $a1으로 printf()에 전달
.text:0040070C                lw      $a1, (x - 0x41099C)($v0)
.text:00400710                jalr    $t9        ; printf
.text:00400714                la      $a0, aYouEnteredD___    # "You entered %d...\n" ; 브랜치
지연 슬롯
; 함수 에필로그
.text:00400718                lw      $ra, 0x20+var_4($sp)
.text:0040071C                move    $v0, $zero
.text:00400720                jr      $ra
.text:00400724                addiu   $sp, 0x20   ; 브랜치 지연 슬롯
...
.sbss:0041099C # Segment type: Uninitialized
.sbss:0041099C                .sbss
.sbss:0041099C                .globl x
.sbss:0041099C x:             .space 4
.sbss:0041099C
```

IDA는 출력되는 정보가 많지 않아 objdump의 출력 결과도 함께 살펴볼 것이다.

리스트 1.78: 최적화를 수행한 GCC 4.4.5(objdump)

```
1   004006c0 <main>:
2   ; 함수 프롤로그
```

```
3      4006c0:     3c1c0042     lui      gp,0x42
4      4006c4:     27bdffe0     addiu    sp,sp,-32
5      4006c8:     279c8940     addiu    gp,gp,-30400
6      4006cc:     afbf001c     sw       ra,28(sp)
7      4006d0:     afbc0010     sw       gp,16(sp)
8    ; puts() 호출
9      4006d4:     8f998034     lw       t9,-32716(gp)
10     4006d8:     3c040040     lui      a0,0x40
11     4006dc:     0320f809     jalr     t9
12     4006e0:     248408f0     addiu    a0,a0,2288 ; 브랜치 지연 슬롯
13   ; scanf() 호출
14     4006e4:     8fbc0010     lw       gp,16(sp)
15     4006e8:     3c040040     lui      a0,0x40
16     4006ec:     8f998038     lw       t9,-32712(gp)
17   ; x의 주소를 준비
18     4006f0:     8f858044     lw       a1,-32700(gp)
19     4006f4:     0320f809     jalr     t9
20     4006f8:     248408fc     addiu    a0,a0,2300 ; 브랜치 지연 슬롯
21   ; printf() 호출
22     4006fc:     8fbc0010     lw       gp,16(sp)
23     400700:     3c040040     lui      a0,0x40
24   ; x의 주소를 가져온다.
25     400704:     8f828044     lw       v0,-32700(gp)
26     400708:     8f99803c     lw       t9,-32708(gp)
27   ; "x" 변수에서 값을 로드해서 그것을 $a1으로 printf()에 전달
28     40070c:     8c450000     lw       a1,0(v0)
29     400710:     0320f809     jalr     t9
30     400714:     24840900     addiu    a0,a0,2304 ; 브랜치 지연 슬롯
31   ; 함수 에필로그
32     400718:     8fbf001c     lw       ra,28(sp)
33     40071c:     00001021     move     v0,zero
34     400720:     03e00008     jr       ra
35     400724:     27bd0020     addiu    sp,sp,32 ; 브랜치 지연 슬롯
36   ; 다음 명령어가 16 바이트 경계에 위치하게 하기 위한 NOP 명령들
37     400728:     00200825     move     at,at
38     40072c:     00200825     move     at,at
```

GP에 음수의 오프셋 값을 더해(18번 줄) 64KiB 데이터 버퍼에서 변수 x의 주소를 읽는
다. 또한 GP를 이용해 예제에서 사용하는 외부 함수 세 개(puts(), scanf(), printt())의
주소를 64KiB 전역 데이터 버퍼에서 읽는다(9, 16, 26번 줄). GP는 버퍼의 중간을 가리키
며 GP와 함께 사용되는 오프셋을 보면 세 개의 함수 주소와 변수 x의 주소는 버터의
시작 부분 어딘가에 저장돼 있다는 것을 알 수 있다.

또 한 가지 언급할 필요가 있는 것은 함수의 끝에 두 개의 NOP 명령어(MOVE $AT,$AT)가

있다는 것이다. 이는 다음 함수의 시작이 16바이트 경계에 위치하게 만들기 위함이다.

초기화된 전역 변수

예제를 약간 수정해 변수 x에 초깃값을 설정해보자.

```
int x=10; // 디폴트 값
```

이제는 변수 x가 IDA에서 .data 섹션에 있는 것을 볼 수 있다.

리스트 1.79: 최적화를 수행한 GCC 4.4.5(IDA)

```
.text:004006A0 main:
.text:004006A0
.text:004006A0 var_10       = -0x10
.text:004006A0 var_8        = -8
.text:004006A0 var_4        = -4
.text:004006A0
.text:004006A0              lui     $gp, 0x42
.text:004006A4              addiu   $sp, -0x20
.text:004006A8              li      $gp, 0x418930
.text:004006AC              sw      $ra, 0x20+var_4($sp)
.text:004006B0              sw      $s0, 0x20+var_8($sp)
.text:004006B4              sw      $gp, 0x20+var_10($sp)
.text:004006B8              la      $t9, puts
.text:004006BC              lui     $a0, 0x40
.text:004006C0              jalr    $t9      ; puts
.text:004006C4              la      $a0, aEnterX    # "Enter X:"
.text:004006C8              lw      $gp, 0x20+var_10($sp)
; x 주소의 상위 부분을 준비
.text:004006CC              lui     $s0, 0x41
.text:004006D0              la      $t9, __isoc99_scanf
.text:004006D4              lui     $a0, 0x40
; x 주소의 하위 부분을 더한다.
.text:004006D8              addiu   $a1, $s0, (x - 0x410000)
; 이제 x의 주소는 $a1에 위치
.text:004006DC              jalr    $t9      ; __isoc99_scanf
.text:004006E0              la      $a0, aD     # "%d"
.text:004006E4              lw      $gp, 0x20+var_10($sp)
; 메모리에서 워드를 가져온다.
.text:004006E8              lw      $a1, x
; 이제 x의 주소는 $a1에 위치
.text:004006EC              la      $t9, printf
.text:004006F0              lui     $a0, 0x40
.text:004006F4              jalr    $t9      ; printf
```

```
.text:004006F8          la      $a0, aYouEnteredD___  # "You entered %d...\n"
.text:004006FC          lw      $ra, 0x20+var_4($sp)
.text:00400700          move    $v0, $zero
.text:00400704          lw      $s0, 0x20+var_8($sp)
.text:00400708          jr      $ra
.text:0040070C          addiu   $sp, 0x20
...
.data:00410920          .globl x
.data:00410920 x:        .word 0xA
```

왜 .sdata 섹션이 아닐까? 그것은 아마도 GCC 옵션과 관련이 있을 것이다.

어쨌든 변수 x는 일반적인 메모리 영역인 .data 섹션에 위치한다. 그리고 그곳에서 변수를 다루는 방법을 볼 수 있다.

변수의 주소는 한 쌍의 명령어를 이용해 구성돼야 한다.

예제에서는 LUI('Load Upper Immediate')와 ADDIU('Add Immediate Unsigned Word') 명령어가 바로 그것이다.

좀 더 자세히 살펴보려면 objdump의 출력 결과를 살펴보자.

리스트 1.80: 최적화를 수행한 GCC 4.4.5(objdump)

```
004006a0 <main>:
    4006a0:    3c1c0042    lui     gp,0x42
    4006a4:    27bdffe0    addiu   sp,sp,-32
    4006a8:    279c8930    addiu   gp,gp,-30416
    4006ac:    afbf001c    sw      ra,28(sp)
    4006b0:    afb00018    sw      s0,24(sp)
    4006b4:    afbc0010    sw      gp,16(sp)
    4006b8:    8f998034    lw      t9,-32716(gp)
    4006bc:    3c040040    lui     a0,0x40
    4006c0:    0320f809    jalr    t9
    4006c4:    248408d0    addiu   a0,a0,2256
    4006c8:    8fbc0010    lw      gp,16(sp)
; x 주소의 상위 부분을 준비
    4006cc:    3c100041    lui     s0,0x41
    4006d0:    8f998038    lw      t9,-32712(gp)
    4006d4:    3c040040    lui     a0,0x40
; x 주소의 하위 부분을 더한다.
    4006d8:    26050920    addiu   a1,s0,2336
; 이제 x의 주소는 $a1에 위치
    4006dc:    0320f809    jalr    t9
```

```
4006e0:     248408dc     addiu    a0,a0,2268
4006e4:     8fbc0010     lw       gp,16(sp)
; $s0은 여전히 x 주소의 상위 부분을 갖고 있다.
; 그것의 하위 부분을 더하고 메모리에서 워드를 로드
4006e8:     8e050920     lw       a1,2336(s0)
; 이제 x의 주소는 $a1에 위치
4006ec:     8f99803c     lw       t9,-32708(gp)
4006f0:     3c040040     lui      a0,0x40
4006f4:     0320f809     jalr     t9
4006f8:     248408e0     addiu    a0,a0,2272
4006fc:     8fbf001c     lw       ra,28(sp)
400700:     00001021     move     v0,zero
400704:     8fb00018     lw       s0,24(sp)
400708:     03e00008     jr       ra
40070c:     27bd0020     addiu    sp,sp,32
```

변수의 주소를 위해 LUI와 ADDIU 명령어 쌍을 이용하는 것을 볼 수 있다. 하지만 주소의 상위 부분은 여전히 $S0 레지스터에 있기 때문에 LW('Load Word') 명령어에서 오프셋을 인코딩하는 것이 가능하다. 결국 하나의 LW 명령어만으로 변수에서 값을 로드해서 printf()에 전달할 수 있다.

임시 데이터를 갖고 있는 레지스터는 T-로 시작한다. S-로 시작하는 레지스터도 볼 수 있는데, 그것은 다른 함수에서 사용하기 전까지 레지스터의 내용을 유지한다는 것을 의미한다.

그래서 주소 0x4006cc에서 $S0 레지스터의 값이 설정되고 scanf()가 설정된 이후인 주소 0x4006e8에서 그 값이 다시 사용된다. 그리고 scanf() 함수는 그 값을 변경하지 않는다.

1.9.4 scanf()

이미 언급했듯이 요즘엔 scanf()의 사용은 다소 구식이라고 할 수 있다. 하지만 반드시 사용해야 한다면 최소한 scanf()가 에러 없이 올바로 실행됐는지 정도는 확인해야 한다.

```
#include <stdio.h>

int main()
{
```

```
    int x;
    printf ("Enter X:\n");
    if (scanf ("%d", &x)==1)
        printf ("You entered %d...\n", x);
    else
        printf ("What you entered? Huh?\n");

    return 0;
};
```

표준에 따르면 scanf()[52] 함수는 성공적으로 읽은 값의 개수를 리턴한다.

이 예에서는 코드가 잘 실행되고 사용자가 숫자를 하나 입력하면 scanf()는 1을 리턴하며, 에러 발생 시에는 0(또는 EOF[End of File])을 리턴한다.

위 코드에는 scanf()의 결과를 검사하고 에러가 발생한 경우 에러 메시지를 출력하는 C 코드가 추가됐다.

```
C:\...>ex3.exe
Enter X:
123
You entered 123...

C:\...>ex3.exe
Enter X:
ouch
What you entered? Huh?
```

MSVC: x86

MSVC 2010으로 컴파일할 때 생성되는 어셈블리 출력은 다음과 같다.

```
    lea     eax, DWORD PTR _x$[ebp]
    push    eax
    push    OFFSET $SG3833 ; '%d', 00H
    call    _scanf
    add     esp, 8
    cmp     eax, 1
    jne     SHORT $LN2@main
    mov     ecx, DWORD PTR _x$[ebp]
```

---

52. scanf, wscanf: MSDN

```
        push    ecx
        push    OFFSET $SG3834  ; 'You entered %d...', 0aH, 00H
        call    _printf
        add     esp, 8
        jmp     SHORT $LN1@main
$LN2@main:
        push    OFFSET $SG3836  ; 'What you entered? Huh?', 0aH, 00H
        call    _printf
        add     esp, 4
$LN1@main:
        xor     eax, eax
```

호출 함수 main()이 피호출 함수 scanf()의 결과에 접근할 수 있어야 하므로 피호출 함수는 EAX 레지스터로 값을 리턴한다.

그러면 CMP EAX, 1(CoMPare) 명령어를 사용해 EAX 레지스터 값을 1과 비교하는 방식으로 결과를 검사한다.

CMP 명령어 다음에는 JNE 조건부 점프가 나온다. JNE는 같지 않으면 점프하라('Jump if Not Equal')는 의미다.

그러므로 CPU는 EAX 레지스터의 값이 1과 같이 않으면 JNE의 오퍼랜드에 지정된 주소($LN2@main)로 실행 흐름을 넘긴다. CPU는 제어를 전달한 후 "What you entered? Huh?"를 인자로 취하는 printf()를 실행한다. 에러가 발생하지 않았다면 조건부 점프가 실행되지 않으며, 두 개의 인자인 "You entered %d..."와 변수 x의 값을 취하는 또 다른 printf()를 실행한다.

에러가 없는 경우 두 번째 printf()는 실행할 필요가 없기 때문에 두 번째 printf() 앞에 JMP 명령어(무조건적 점프)가 나온다. 그리고 제어 흐름은 두 번째 printf()와 return 0에 해당하는 XOR EAX, EAX 명령어 사이로 이동한다.

결과적으로 두 값의 비교는 보통 CMP/Jcc 명령어 쌍으로 구현된다고 할 수 있다. 여기서 cc는 조건 코드condition code다. CMP 명령어는 두 개의 값을 비교한 후 프로세서 플래그[53]를 설정한다. Jcc는 플래그를 검사한 후 특정 주소로 컨트롤을 넘길지 여부를 판단한다.

---

53. x86 플래그

이상하게 들릴 수도 있겠지만 사실 CMP 명령어는 SUB(뺄셈)다. CMP뿐만 아니라 모든 산술 명령어가 프로세서 플래그를 설정한다. 1과 1을 비교한다면 1 – 1을 수행하며, 결과가 0이므로 ZF 플래그(최종 결과가 0임을 의미)가 설정된다. 두 개의 오퍼랜드가 같은 경우를 제외하면 ZF가 설정될 일은 절대로 없다. 그러므로 JNE는 ZF 플래그만 확인한 후 이 플래그가 설정되지 않았을 때만 점프를 수행한다. JNE는 사실 JNZ('Jump if Not Zero') 명령어와 이름만 다른 동일 명령어다. 어셈블러는 JNE와 JNZ를 동일한 OP 코드로 인코딩한다. 결국 CMP 명령어는 SUB 명령어로 대체해도 거의 무방하다. 하지만 SUB는 첫 번째 오퍼랜드의 값을 변경하므로 주의해야 한다. 따라서 CMP는 결과를 저장하지 않고 플래그에만 영향을 주는 SUB 명령어라고 할 수 있다.

MSVC: x86: IDA

이제 IDA를 실행하고 새로운 걸 해보자. 그 전에 초심자라면 MSVC를 사용할 때 /MD 옵션을 사용하는 게 좋다. 이 옵션을 사용하면 모든 표준 함수가 실행 파일에 링크되지 않고 MSVCR*.DLL 파일에서 임포트된다. 결과적으로 어떤 표준 함수가 어디에서 사용됐는지 쉽게 알 수 있다.

IDA로 코드를 분석할 때는 주석을 적극적으로 남기는 것이 좋다. 예를 들어 이 예제를 분석하다 보면 에러 발생 시에 JNZ의 점프가 실행되는 걸 알 수 있다. 해당 레이블로 커서를 이동한 후 n을 눌러 레이블의 이름을 'error'로 변경할 수 있다. 다음 예를 보면 'exit'로 변경한 레이블도 확인할 수 있다.

```
.text:00401000 _main proc near
.text:00401000
.text:00401000 var_4    = dword ptr -4
.text:00401000 argc     = dword ptr 8
.text:00401000 argv     = dword ptr 0Ch
.text:00401000 envp     = dword ptr 10h
.text:00401000
.text:00401000         push    ebp
.text:00401001         mov     ebp, esp
.text:00401003         push    ecx
.text:00401004         push    offset Format   ; "Enter X:\n"
.text:00401009         call    ds:printf
.text:0040100F         add     esp, 4
```

```
.text:00401012            lea      eax, [ebp+var_4]
.text:00401015            push     eax
.text:00401016            push     offset aD       ; "%d"
.text:0040101B            call     ds:scanf
.text:00401021            add      esp, 8
.text:00401024            cmp      eax, 1
.text:00401027            jnz      short error
.text:00401029            mov      ecx, [ebp+var_4]
.text:0040102C            push     ecx
.text:0040102D            push     offset aYou     ; "You entered %d...\n"
.text:00401032            call     ds:printf
.text:00401038            add      esp, 8
.text:0040103B            jmp      short exit
.text:0040103D
.text:0040103D error: ; CODE XREF: _main+27
.text:0040103D            push     offset aWhat    ; "What you entered? Huh?\n"
.text:00401042            call     ds:printf
.text:00401048            add      esp, 4
.text:0040104B
.text:0040104B exit: ; CODE XREF: _main+3B
.text:0040104B            xor      eax, eax
.text:0040104D            mov      esp, ebp
.text:0040104F            pop      ebp
.text:00401050            retn
.text:00401050 _main     endp
```

이제 코드를 좀 더 쉽게 이해할 수 있다. 하지만 모든 명령어마다 주석을 달 필요는 없다.

IDA에서는 함수의 일부를 숨길 수도 있다. 숨길 블록을 선택하고 숫자 패드의 '–'를 누른 후 대신 표시될 텍스트를 입력하면 된다.

위 예에서 두 블록을 숨기면서 그 부분에 이름을 달아보자.

```
.text:00401000 _text     segment para public 'CODE' use32
.text:00401000            assume cs:_text
.text:00401000            ;org 401000h
.text:00401000 ; ask for X
.text:00401012 ; get X
.text:00401024            cmp      eax, 1
.text:00401027            jnz      short error
.text:00401029 ; print result
.text:0040103B            jmp      short exit
.text:0040103D
.text:0040103D error: ; CODE XREF: _main+27
.text:0040103D            push     offset aWhat    ; "What you entered? Huh?\n"
```

```
.text:00401042          call    ds:printf
.text:00401048          add     esp, 4
.text:0040104B
.text:0040104B exit: ; CODE XREF: _main+3B
.text:0040104B          xor     eax, eax
.text:0040104D          mov     esp, ebp
.text:0040104F          pop     ebp
.text:00401050          retn
.text:00401050 _main endp
```

숫자 패드의 '+'를 누르면 숨긴 블록을 다시 볼 수 있다.

'스페이스' 키를 누르면 IDA는 함수와 제어 흐름을 그래프로 보여준다.

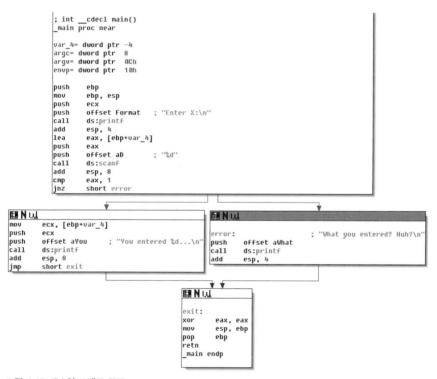

그림 1.17: IDA의 그래프 모드

조건부 점프에는 언제나 녹색(오른쪽)과 빨간색(왼쪽) 화살표 두 개가 존재한다. 녹색은 점프가 실행될 때의 실행 흐름을 보여주며, 적색은 점프가 실행되지 않을 때의 흐름을 나타낸다. 그래프 모드에서도 여러 개의 노드를 하나로 묶고 이름을 지정할 수 있다('group nodes').

3개의 블록을 묶어보자.

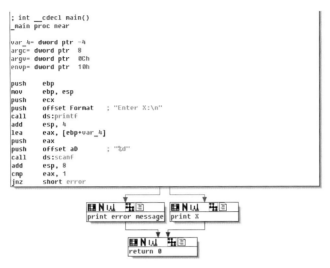

그림 1.18: 3개의 노드를 묶은 IDA의 그래프 모드

이 기능은 매우 유용하다. 다른 분석가와 마찬가지로 리버스 엔지니어에게는 분석해야 할 정보의 양을 줄이는 작업이 매우 중요하기 때문이다.

MSVC: x86 + OllyDbg

OllyDbg를 이용해 예제 프로그램을 수정함으로써 scanf()가 언제나 에러 없이 동작하는 것처럼 보이게 해보자. 지역 변수의 주소가 scanf()로 전달되는 시점에 이 변수의 값은 가비지(0x6E494714)로 채워져 있을 것이다.

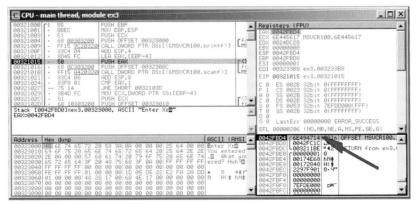

그림 1.19: OllyDbg: scanf()로 변수 주소 전달

scanf()가 실행되는 동안 콘솔에서 숫자가 아닌 "asdasd"와 같은 문자열을 입력하면
scanf()는 에러가 발생했다는 의미로 EAX 레지스터에 0을 저장하고 끝낸다.

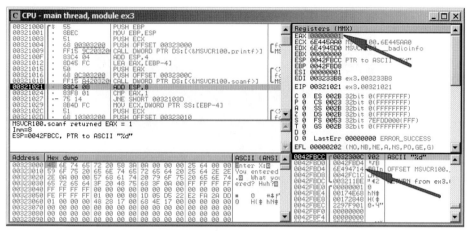

그림 1.20: OllyDbg: scanf() 에러 리턴

스택상의 지역 변수를 보면 값이 변경되지 않았음을 알 수 있다. scanf()가 뭘 쓸 수
있었겠는가? scanf()는 0을 리턴하는 것 외에는 아무것도 수행하지 않았다. 이제 프
로그램을 '해킹'해보자. EAX를 오른쪽 클릭하고 Set to 1 옵션을 선택하자. EAX의 값이
1이므로 에러 검사 루틴을 문제없이 통과하며, printf()는 스택의 지역 변수 값을 출
력한다. F9를 눌러 실행하면 콘솔 창에서 다음과 같은 결과를 확인할 수 있다.

리스트 1.81: 콘솔 창

```
Enter X:
asdasd
You entered 1850296084...
```

실제로 1850296084는 스택에 있는 값(0x6E494714)을 10진수로 표현한 것이다.

MSVC: x86 + Hiew

간단한 실행 파일 패치의 예를 하나 더 살펴보자. 이번에는 사용자가 뭘를 입력하든
입력할 것을 출력하는 프로그램으로 변경해본다. 컴파일할 때 /MD 옵션[54]을 사용해 외

---

54. '다이내믹 링크'라고 부른다.

부 MSVCR*.DLL을 사용하게 한다고 가정할 것이다. 그러면 .text 섹션의 시작 부분에서 main() 함수를 찾을 수 있다. 실행 파일을 Hiew로 열어 .text 섹션의 시작 부분을 찾는다(Enter, F8, F6, Enter, Enter).

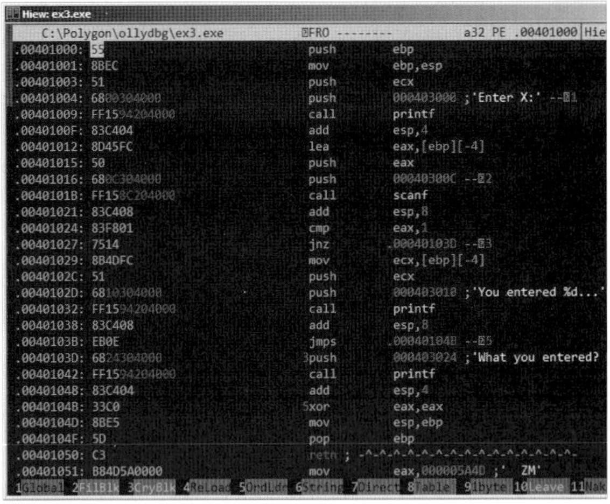

그림 1.21: Hiew: main() 함수

Hiew는 ASCIIZ[55] 문자열과 임포트된 함수명을 찾아 화면에 출력한다.

커서를 주소 .00401027(예제에서 변경할 JNZ 명령어가 존재하는 주소)로 옮기고 F3을 누른 다음 '9090'(두 개의 NOP을 의미)을 입력한다.

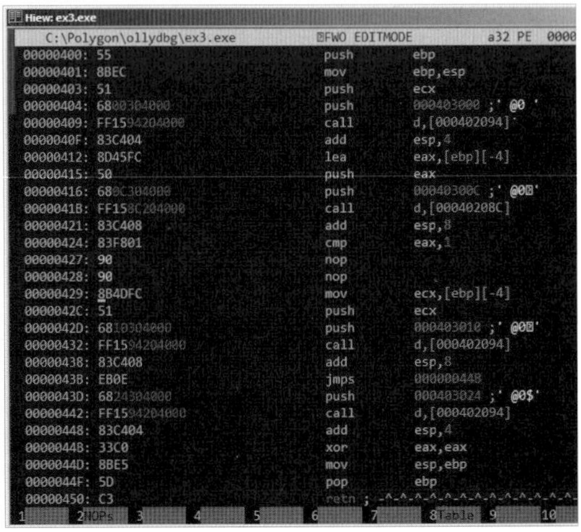

그림 1.22: Hiew: JNZ를 NOP으로 교체

---

55. ASCII Zero(널 문자로 끝나는 ASCII 문자열)

174

F9(업데이트)를 누르면 실행 파일이 디스크에 저장된다. 앞으로 이 파일은 우리가 변경한 대로 실행된다.

두 개의 **NOP**이 최적의 방법은 아닐 수 있다. 두 번째 OP 코드 바이트(점프 오프셋)를 **0**으로 변경하는 패치 방법도 가능하다. 그러면 **JNZ**는 항상 다음 명령어로 점프하게 된다.

정반대로 동작하도록 패치할 수도 있다. 두 번째 바이트(점프 오프셋)는 손대지 않고 첫 번째 바이트를 **EB**로 변경하면 점프가 무조건 수행되게 만들 수 있다. 그러면 어떤 것을 입력하든 언제나 에러 메시지가 출력된다.

MSVC: x64

예제 코드에서는 x86-64에서도 32비트인 **int**형 변수를 이용하기 때문에 레지스터의 32비트 부분(E-로 시작)이 어떻게 사용되는지 확인할 수 있다. 하지만 포인터 연산에서는 **R-**로 시작하는 64비트 레지스터 전체가 사용된다.

리스트 1.82: MSVC 2012 x64

```
_DATA   SEGMENT
$SG2924 DB      'Enter X:', 0aH, 00H
$SG2926 DB      '%d', 00H
$SG2927 DB      'You entered %d...', 0aH, 00H
$SG2929 DB      'What you entered? Huh?', 0aH, 00H
_DATA   ENDS

_TEXT   SEGMENT
x$ = 32
main    PROC
$LN5:
        sub     rsp, 56
        lea     rcx, OFFSET FLAT:$SG2924    ; 'Enter X:'
        call    printf
        lea     rdx, QWORD PTR x$[rsp]
        lea     rcx, OFFSET FLAT:$SG2926    ; '%d'
        call    scanf
        cmp     eax, 1
        jne     SHORT $LN2@main
        mov     edx, DWORD PTR x$[rsp]
        lea     rcx, OFFSET FLAT:$SG2927    ; 'You entered %d...'
        call    printf
        jmp     SHORT $LN1@main
$LN2@main:
```

```
            lea     rcx, OFFSET FLAT:$SG2929    ; 'What you entered? Huh?'
            call    printf
$LN1@main:
            ; return 0
            xor     eax, eax
            add     rsp, 56
            ret     0
main    ENDP
_TEXT   ENDS
END
```

ARM

ARM: 최적화를 수행한 Keil 6/2013(Thumb 모드)

리스트 1.83: 최적화를 수행한 Keil 6/2013(Thumb 모드)

```
var_8   = -8
            PUSH    {R3,LR}
            ADR     R0, aEnterX     ; "Enter X:\n"
            BL      __2printf
            MOV     R1, SP
            ADR     R0, aD          ; "%d"
            BL      __0scanf
            CMP     R0, #1
            BEQ     loc_1E
            ADR     R0, aWhatYouEntered      ; "What you entered? Huh?\n"
            BL      __2printf
loc_1A ; CODE XREF: main+26
            MOVS    R0, #0
            POP     {R3,PC}
loc_1E ; CODE XREF: main+12
            LDR     R1, [SP,#8+var_8]
            ADR     R0, aYouEnteredD___     ; "You entered %d...\n"
            BL      __2printf
            B       loc_1A
```

여기서 나오는 새로운 명령어는 CMP와 BEQ[56]다.

CMP는 동일한 이름의 x86 명령어와 유사하다. 두 인자로 뺄셈을 수행하고 결과에 따라 플래그 값을 설정한다.

---

56. (파워PC, ARM) Branch if Equal

BEQ는 두 개의 오퍼랜드가 동일하거나 마지막 산술 연산 결과가 0이거나 Z 플래그가 1일 때 지정된 주소로 점프한다. x86의 JZ와 동일하다.

코드의 나머지 부분은 간단하다. 실행 흐름이 두 개의 분기로 나뉜 다음 R0에 함수 리턴 값으로 0을 기록하는 시점에서 다시 하나가 되고 함수가 종료한다.

ARM64

리스트 1.84: 최적화를 수행하지 않은 GCC 4.9.1 ARM64

```
 1  .LC0:
 2          .string "Enter X:"
 3  .LC1:
 4          .string "%d"
 5  .LC2:
 6          .string "You entered %d...\n"
 7  .LC3:
 8          .string "What you entered? Huh?"
 9  f6:
10  ; FP와 LR을 스택 프레임에 저장
11          stp     x29, x30, [sp, -32]!
12  ; 스택 프레임 설정 (FP=SP)
13          add     x29, sp, 0
14  ; "Enter X:" 문자열에 대한 포인터 로드
15          adrp    x0, .LC0
16          add     x0, x0, :lo12:.LC0
17          bl      puts
18  ; "%d" 문자열에 대한 포인터 로드
19          adrp    x0, .LC1
20          add     x0, x0, :lo12:.LC1
21  ; 로컬 스택에 있는 x 변수의 주소를 계산
22          add     x1, x29, 28
23          bl      __isoc99_scanf
24  ; scanf()의 리턴 결과는 W0에 위치
25  ; 리턴 값 체크
26          cmp     w0, 1
27  ; BNE = Branch if Not Equal
28  ; W0<>0이면 L2에 대한 점프가 수행된다.
29          bne     .L2
30  ; W0=1이면 에러가 없다는 의미
31  ; 로컬 스택에서 x 값 로드
32          ldr     w1, [x29,28]
33  ; "You entered %d...\n" 문자열에 대한 포인터 로드
34          adrp    x0, .LC2
35          add     x0, x0, :lo12:.LC2
```

```
36          bl      printf
37   ; "What you entered? Huh?" 문자열을 출력하는 코드 건너뛰기
38          b       .L3
39   .L2:
40   ; "What you entered? Huh?" 문자열에 대한 포인터 로드
41          adrp    x0, .LC3
42          add     x0, x0, :lo12:.LC3
43          bl      puts
44   .L3:
45   ; 0을 리턴
46          mov     w0, 0
47   ; FP와 LR을 복원
48          ldp     x29, x30, [sp], 32
49          ret
```

코드의 실행 흐름은 **CMP/BNE**('Branch if Not Equal') 명령어 쌍에 의해 분기된다.

MIPS

리스트 1.85: 최적화를 수행한 GCC 4.4.5(IDA)

```
.text:004006A0
.text:004006A0 var_18  = -0x18
.text:004006A0 var_10  = -0x10
.text:004006A0 var_4   = -4
.text:004006A0
.text:004006A0          lui     $gp, 0x42
.text:004006A4          addiu   $sp, -0x28
.text:004006A8          li      $gp, 0x418960
.text:004006AC          sw      $ra, 0x28+var_4($sp)
.text:004006B0          sw      $gp, 0x28+var_18($sp)
.text:004006B4          la      $t9, puts
.text:004006B8          lui     $a0, 0x40
.text:004006BC          jalr    $t9             ; puts
.text:004006C0          la      $a0, aEnterX    # "Enter X:"
.text:004006C4          lw      $gp, 0x28+var_18($sp)
.text:004006C8          lui     $a0, 0x40
.text:004006CC          la      $t9, __isoc99_scanf
.text:004006D0          la      $a0, aD         # "%d"
.text:004006D4          jalr    $t9             ; __isoc99_scanf
.text:004006D8          addiu   $a1, $sp, 0x28+var_10  # 브랜치 지연 슬롯
.text:004006DC          li      $v1, 1
.text:004006E0          lw      $gp, 0x28+var_18($sp)
.text:004006E4          beq     $v0, $v1, loc_40070C
.text:004006E8          or      $at, $zero      # 브랜치 지연 슬롯, NOP
```

```
.text:004006EC        la      $t9, puts
.text:004006F0        lui     $a0, 0x40
.text:004006F4        jalr    $t9              ; puts
.text:004006F8        la      $a0, aWhatYouEntered    # "What you entered? Huh?"
.text:004006FC        lw      $ra, 0x28+var_4($sp)
.text:00400700        move    $v0, $zero
.text:00400704        jr      $ra
.text:00400708        addiu   $sp, 0x28

.text:0040070C loc_40070C:
.text:0040070C        la      $t9, printf
.text:00400710        lw      $a1, 0x28+var_10($sp)
.text:00400714        lui     $a0, 0x40
.text:00400718        jalr    $t9              ; printf
.text:0040071C        la      $a0, aYouEnteredD___    # "You entered %d...\n"
.text:00400720        lw      $ra, 0x28+var_4($sp)
.text:00400724        move    $v0, $zero
.text:00400728        jr      $ra
.text:0040072C        addiu   $sp, 0x28
```

scanf()는 자신의 실행 결과를 $V0 레지스터로 리턴한다. 주소 0x004006E4에서 $V0와 $V1(0x004006DC에서 $V1에 이미 1이 저장됨)의 값을 비교함으로써 결과를 검사한다.

BEQ는 'Branch Equal'을 의미한다. 두 값이 동일하면(즉, 성공하면) 실행 흐름은 0x0040070C로 점프한다.

연습

JNE/JNZ 명령어는 JE/JZ로 쉽게 바꿀 수 있으며, 그 반대도 마찬가지다(BNE와 BEQ의 경우도 마찬가지). 하지만 연결된 블록도 교체돼야 한다. 이와 같은 작업을 수행해보기 바란다.

1.9.5 연습

- http://challenges.re/53

1.10 전달된 인자에 접근

이제까지는 호출 함수가 스택을 이용해 피호출 함수에게 인자를 전달하는 내용을 살펴봤다. 피호출 함수는 이렇게 전달된 인자에 어떻게 접근할 수 있을까?

리스트 1.86: 간단한 예

```c
#include <stdio.h>

int f (int a, int b, int c)
{
    return a*b+c;
};

int main()
{
    printf ("%d\n", f(1, 2, 3));
    return 0;
};
```

1.10.1 x86

MSVC

컴파일 결과는 다음과 같다(MSVC 2010 Express).

리스트 1.87: MSVC 2010 Express

```
_TEXT   SEGMENT
_a$ = 8         ; 크기 = 4
_b$ = 12        ; 크기 = 4
_c$ = 16        ; 크기 = 4
_f      PROC
        push    ebp
        mov     ebp, esp
        mov     eax, DWORD PTR _a$[ebp]
        imul    eax, DWORD PTR _b$[ebp]
        add     eax, DWORD PTR _c$[ebp]
        pop     ebp
        ret     0
_f  ENDP

_main   PROC
        push    ebp
```

```
        mov     ebp, esp
        push    3   ; 세 번째 인자
        push    2   ; 두 번째 인자
        push    1   ; 첫 번째 인자
        call    _f
        add     esp, 12
        push    eax
        push    OFFSET $SG2463 ; '%d', 0aH, 00H
        call    _printf
        add     esp, 8
        ; return 0
        xor     eax, eax
        pop     ebp
        ret     0
_main   ENDP
```

함수 main()을 보면 숫자 세 개를 스택에 푸시한 후 함수 f(int, int, int)를 호출한다.

f() 내의 인자 접근은 지역 변수 접근 때와 마찬가지로 _a$ = 8 같은 매크로를 이용해서 수행되지만, 지역 변수와 달리 오프셋이 양수(주소 지정 시 + 기호 사용)다. 즉, _a$ 매크로와 EBP 레지스터의 값을 더하므로 스택 프레임 외부의 주소가 지정된다.

다음으로 a 값을 EAX에 저장한다. IMUL 명령어를 실행하면 EAX의 값은 자신과 _b에 저장된 값의 곱이 된다.

그 후 ADD 명령어가 EAX 값과 _c에 저장된 값을 더한다.

EAX에 이미 필요한 값이 저장돼 있기 때문에 EAX 값을 이동할 필요는 없다. 끝으로 호출자에게 리턴하는데, 호출 함수는 EAX에 저장된 리턴 값은 printf()의 인자로 사용한다.

MSVC + OllyDbg

OllyDbg로 확인해보자. f()에서 첫 번째 인자를 사용하는 첫 번째 명령어까지 이동하면 EBP가 스택 프레임을 가리키고 있음을 알 수 있으며, 스택 프레임은 붉은색 사각형으로 표시하고 있다.

스택 프레임의 첫 번째 항목은 저장된 EBP의 값이고, 두 번째는 RA, 세 번째는 첫 번째 함수 인자다. 그리고 그다음은 함수의 두 번째와 세 번째 인자다.

첫 번째 함수 인자에 접근하려면 EBP에 정확히 8(2개의 32비트 워드)을 더해야 한다.

OllyDbg는 스택의 내용을 인지해 스택의 각 요소에 "RETURN from", "Arg1 = …"와 같은 설명을 보여준다.

함수 인수는 함수의 스택 프레임 멤버가 아니라 호출 함수의 스택 프레임 멤버다. 따라서 OllyDbg는 'Arg' 요소를 다른 스택 프레임의 멤버로 표시한다.

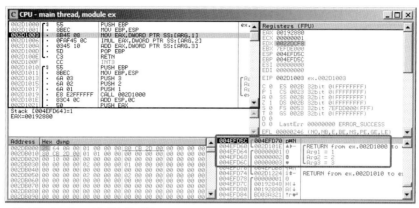

그림 1.23: OllyDbg: f() 함수의 내부

GCC

동일한 코드를 GCC 4.4.1로 컴파일한 후 IDA로 연 결과는 다음과 같다.

리스트 1.88: GCC 4.4.1

```
        public f
f       proc near
arg_0 = dword ptr 8
arg_4 = dword ptr 0Ch
arg_8 = dword ptr 10h

        push    ebp
        mov     ebp, esp
        mov     eax, [ebp+arg_0]    ; 첫 번째 인자
        imul    eax, [ebp+arg_4]    ; 두 번째 인자
        add     eax, [ebp+arg_8]    ; 세 번째 인자
        pop     ebp
        retn
f       endp

        public main
main    proc near
var_10 = dword ptr -10h
```

```
var_C   = dword ptr -0Ch
var_8   = dword ptr -8

        push    ebp
        mov     ebp, esp
        and     esp, 0FFFFFFF0h
        sub     esp, 10h
        mov     [esp+10h+var_8], 3     ; 세 번째 인자
        mov     [esp+10h+var_C], 2     ; 두 번째 인자
        mov     [esp+10h+var_10], 1    ; 첫 번째 인자
        call    f
        mov     edx, offset aD  ; "%d\n"
        mov     [esp+10h+var_C], eax
        mov     [esp+10h+var_10], edx
        call    _printf
        mov     eax, 0
        leave
        retn
main    endp
```

결과는 이전에 논의한 차이점을 제외하고는 거의 동일하다.

두 함수 모두 실행 후 스택 포인터를 복구하지 않는데, 이는 끝에서 두 번째 명령어인 LEAVE(A.6.2절)가 실행 마지막 부분에서 그것을 수행해주기 때문이다.

1.10.2 x64

x86-64에서는 얘기가 조금 달라진다. 함수 인자(처음 4개나 처음 6개)는 레지스터를 통해 전달되며, 피호출 함수는 스택이 아닌 레지스터에서 인자 값을 읽는다.

MSVC

최적화를 수행한 MSVC의 결과는 다음과 같다.

리스트 1.89: 최적화를 수행한 MSVC 2012 x64

```
$SG2997 DB      '%d', 0aH, 00H
main    PROC
        sub     rsp, 40
        mov     edx, 2
        lea     r8d, QWORD PTR [rdx+1]  ; R8D=3
        lea     ecx, QWORD PTR [rdx-1]  ; ECX=1
```

```
        call    f
        lea     rcx, OFFSET FLAT:$SG2997   ; '%d'
        mov     edx, eax
        call    printf
        xor     eax, eax
        add     rsp, 40
        ret     0
main    ENDP

f       PROC
        ; ECX - 첫 번째 인자
        ; EDX - 두 번째 인자
        ; R8D - 세 번째 인자
        imul    ecx, edx
        lea     eax, DWORD PTR [r8+rcx]
        ret     0
f       ENDP
```

간단한 f() 함수가 인자를 레지스터에서 바로 취하고 있다. LEA 명령어가 사용된 이유
는 LEA가 ADD보다 더 빠르다고 컴파일러가 판단했기 때문이다. main() 함수에서도
LEA를 사용해 첫 번째와 세 번째 인자를 준비한다. 이 역시 컴파일러가 레지스터로 값
을 로딩할 때 보통 사용하는 MOV 명령어보다 LEA가 빠르다고 판단했기 때문이다.

그러면 최적화하지 않은 MSVC의 출력 내용을 살펴보자.

리스트 1.90: MSVC 2012 x64

```
f               proc near
; shadow space:
arg_0           = dword ptr 8
arg_8           = dword ptr 10h
arg_10          = dword ptr 18h

                ; ECX - 첫 번째 인자
                ; EDX - 두 번째 인자
                ; R8D - 세 번째 인자
                mov     [rsp+arg_10], r8d
                mov     [rsp+arg_8], edx
                mov     [rsp+arg_0], ecx
                mov     eax, [rsp+arg_0]
                imul    eax, [rsp+arg_8]
                add     eax, [rsp+arg_10]
                retn
f               endp
```

```
main    proc near
        sub     rsp, 28h
        mov     r8d, 3  ; 세 번째 인자
        mov     edx, 2  ; 두 번째 인자
        mov     ecx, 1  ; 첫 번째 인자
        call    f
        mov     edx, eax
        lea     rcx, $SG2931 ; "%d\n"
        call    printf

        ; return 0
        xor     eax, eax
        add     rsp, 28h
        retn
main    endp
```

이상하다. 무슨 이유에서인지 레지스터로부터 세 개의 인자가 모두 스택에 저장됐다. 이를 '숨겨진 공간^{shadow space},[57]이라고 한다. Win64 프로그램은 네 개의 레지스터 값 모두를 이 공간에 저장할 수도 있다(반드시 그래야 하는 건 아니다). 여기엔 두 가지 이유가 있다. 1) 인자를 위해 레지스터 전체(또는 단 4개의 레지스터)를 할당하는 건 지나치게 호사스러운 작업이므로 이전처럼 스택을 이용해 접근한다. 2) 디버거가 브레이크포인트에서 언제든 함수 인자가 어디에 있는지 알 수 있다.[58]

복잡한 함수라면 인자를 '숨겨진 공간'에 저장한 다음 실행 시 필요에 따라 이용할 수 있지만 예제의 경우처럼 단순한 함수의 경우에는 이 공간을 이용하지 않아도 무방하다.

스택에 '숨겨진 공간'을 할당하는 건 호출자의 몫이다.

GCC

최적화를 수행한 GCC의 결과물은 좀 더 쉽게 이해할 수 있다.

리스트 1.91: 최적화를 수행한 GCC 4.4.6 x64

```
f:
        ; EDI - 첫 번째 인자
        ; ESI - 두 번째 인자
        ; EDX - 세 번째 인자
```

---

57. http://go.yurichev.com/17256
58. http://go.yurichev.com/17257

```
            imul    esi, edi
            lea     eax, [rdx+rsi]
            ret
    main:
            sub     rsp, 8
            mov     edx, 3
            mov     esi, 2
            mov     edi, 1
            call    f
            mov     edi, OFFSET FLAT:.LC0   ; "%d\n"
            mov     esi, eax
            xor     eax, eax        ; 전달된 벡터 레지스터의 개수
            call    printf
            xor     eax, eax
            add     rsp, 8
            ret
```

최적화를 수행하지 않은 GCC:

리스트 1.92: GCC 4.4.6 x64

```
    f:
            ; EDI - 첫 번째 인자
            ; ESI - 두 번째 인자
            ; EDX - 세 번째 인자
            push    rbp
            mov     rbp, rsp
            mov     DWORD PTR [rbp-4], edi
            mov     DWORD PTR [rbp-8], esi
            mov     DWORD PTR [rbp-12], edx
            mov     eax, DWORD PTR [rbp-4]
            imul    eax, DWORD PTR [rbp-8]
            add     eax, DWORD PTR [rbp-12]
            leave
            ret
    main:
            push    rbp
            mov     rbp, rsp
            mov     edx, 3
            mov     esi, 2
            mov     edi, 1
            call    f
            mov     edx, eax
            mov     eax, OFFSET FLAT:.LC0 ; "%d\n"
            mov     esi, edx
```

```
mov     rdi, rax
mov     eax, 0  ; 전달된 벡터 레지스터의 개수
call    printf
mov     eax, 0
leave
ret
```

시스템 V *NIX에는 '숨겨진 공간'이 명시적으로 존재하진 않지만(마이클 매츠, 잔 후비카, 안드레아스 재거, 마크 미첼의 『System V Application Binary Interface, AMD64 Architecture Processor Supplement』(2013, https://software.intel.com/sites/default/files/article/402129/mpx-linux64-abi.pdf) 피호출자는 레지스터가 부족해질 경우를 대비해 인자를 어딘가에 저장하려고 할 수도 있다.

GCC: int 대신 uint64_t 사용

앞선 예에서는 32비트 **int**를 사용했고, 따라서 레지스터의 32비트 부분(E로 시작)이 사용됐다. 예제를 64비트 값을 사용하는 코드로 살짝 수정해보자.

```
#include <stdio.h>
#include <stdint.h>

uint64_t f (uint64_t a, uint64_t b, uint64_t c)
{
    return a*b+c;
};

int main()
{
    printf ("%lld\n", f(0x1122334455667788,
                        0x1111111122222222,
                        0x3333333344444444));
    return 0;
};
```

리스트 1.93: 최적화를 수행한 GCC 4.4.6 x64

```
f       proc near
        imul    rsi, rdi
        lea     rax, [rdx+rsi]
        retn
f       endp
```

```
main    proc near
        sub     rsp, 8
        mov     rdx, 3333333344444444h ; 세 번째 인자
        mov     rsi, 1111111122222222h ; 두 번째 인자
        mov     rdi, 1122334455667788h ; 첫 번째 인자
        call    f
        mov     edi, offset format  ; "%lld\n"
        mov     rsi, rax
        xor     eax, eax            ; 전달된 벡터 레지스터의 개수
        call    _printf
        xor     eax, eax
        add     rsp, 8
        retn
main    endp
```

코드 자체는 동일하지만 이번에는 R로 시작하는 64비트 레지스터 전체를 사용하고 있다.

1.10.3 ARM

최적화를 수행하지 않은 Keil 6/2013(ARM 모드)

```
.text:000000A4 00 30 A0 E1    MOV     R3, R0
.text:000000A8 93 21 20 E0    MLA     R0, R3, R1, R2
.text:000000AC 1E FF 2F E1    BX      LR
...
.text:000000B0 main
.text:000000B0 10 40 2D E9    STMFD   SP!, {R4,LR}
.text:000000B4 03 20 A0 E3    MOV     R2, #3
.text:000000B8 02 10 A0 E3    MOV     R1, #2
.text:000000BC 01 00 A0 E3    MOV     R0, #1
.text:000000C0 F7 FF FF EB    BL      f
.text:000000C4 00 40 A0 E1    MOV     R4, R0
.text:000000C8 04 10 A0 E1    MOV     R1, R4
.text:000000CC 5A 0F 8F E2    ADR     R0, aD_0 ; "%d\n"
.text:000000D0 E3 18 00 EB    BL      __2printf
.text:000000D4 00 00 A0 E3    MOV     R0, #0
.text:000000D8 10 80 BD E8    LDMFD   SP!, {R4,PC}
```

main() 함수에서는 단순히 두 개의 함수를 호출하며, 세 개의 값을 첫 번째 함수(f()) 로 전달한다.

이미 살펴봤듯이 ARM에서는 보통 처음 네 값은 네 개의 레지스터(R0-R3)를 이용해 전달한다.

f() 함수는 처음 3개의 레지스터(R0-R2)를 인수로 사용한다.

MLA('Multiply Accumulate') 명령어는 첫 두 오퍼랜드(R3와 R1)를 곱하고 세 번째 오퍼랜드(R2)를 더한 후 결과를 레지스터 R0에 저장한다. 표준에 따라 R0는 함수가 리턴 값을 저장하는 곳이다.

곱셈과 덧셈을 한 번에 수행하는 것은 매우 유용한 연산이지만 SIMD에서 FMA 명령어가 도입되기 전까지 x86에는 존재하지 않았다(위키피디아).

첫 번째 MOV R3, R0 명령어는 분명히 필요 이상의 연산이고(하나의 MLA 명령어로 대체할수 있다) 컴파일러는 이를 최적화하지 않았다. 컴파일 시 최적화 옵션을 활성화하지 않았기 때문이다.

BX 명령어는 LR 레지스터에 저장된 주소로 제어를 반환하고 필요에 따라 프로세서 모드를 Thumb에서 ARM이나 그 반대로 전환한다. 이 전환 작업은 함수 f()가 자신이 Thumb이나 ARM 중 어느 코드에서 호출됐는지 알지 못하기 때문에 필요하다. BX 명령어는 Thumb 코드에서 호출되면 호출한 함수로 제어를 반환하는 동시에 프로세서 모드를 Thumb 모드로 전환한다. ARM 코드에서 호출되면 전환하지 않는다(『ARM(R) Architecture Reference Manual, ARMv7-A and ARMv7-R edition』(2012)A2.3.2절).

최적화를 수행한 Keil 6/2013(ARM 모드)

```
.text:00000098                 f
.text:00000098 91 20 20 E0           MLA     R0, R1, R0, R2
.text:0000009C 1E FF 2F E1           BX      LR
```

Keil 컴파일러의 최적화 옵션을 최대로 지정해(-O3) 함수 f()를 컴파일했다. MOV 명령어는 최적화(또는 제거)됐고, MLA가 모든 입력 레지스터를 사용해 결과를 바로 R0에 저장한다. 그리고 호출 함수는 R0 레지스터의 값을 읽고 사용한다.

최적화를 수행한 Keil 6/2013(Thumb 모드)

```
.text:0000005E 48 43        MULS    R0, R1
.text:00000060 80 18        ADDS    R0, R0, R2
.text:00000062 70 47        BX      LR
```

Thumb 모드에서는 MLA 명령어를 지원하지 않기 때문에 컴파일러는 두 개의 연산(곱하기와 더하기)을 별개로 수행하는 코드를 생성했다. 첫 번째 MULS 명령어는 R0와 R1을 곱한 후 결과를 R1 레지스터에 저장한다. 두 번째(ADDS) 명령어는 이전 결과와 R2를 더한 후 결과를 R0 레지스터에 저장한다.

ARM64

최적화를 수행한 GCC(Linaro) 4.9

모든 것이 간단하다. MADD는 단순히 융합된 곱/덧셈(이미 살펴본 MLA와 유사)을 수행하는 명령어다. 인자 세 개 모두 X- 레지스터의 32비트 부분을 통해 전달된다. 실제로 인자의 타입은 32비트 int다. 결과는 W0를 이용해 리턴한다.

리스트 1.94: 최적화를 수행한 GCC(Linaro) 4.9

```
 f:
        madd    w0, w0, w1, w2
        ret
main:
; FP와 LR을 스택 프레임에 저장
        stp     x29, x30, [sp, -16]!
        mov     w2, 3
        mov     w1, 2
        add     x29, sp, 0
        mov     w0, 1
        bl      f
        mov     w1, w0
        adrp    x0, .LC7
        add     x0, x0, :lo12:.LC7
        bl      printf
; 리턴 0
        mov     w0, 0
; FP와 LR을 복원
        ldp     x29, x30, [sp], 16
        ret
```

```
.LC7:
        .string     "%d\n"
```

모든 데이터 타입을 64비트 uint64_t로 변경하고 다시 컴파일해보자.

```c
#include <stdio.h>
#include <stdint.h>

uint64_t f (uint64_t a, uint64_t b, uint64_t c)
{
    return a*b+c;
};

int main()
{
    printf ("%lld\n", f(0x1122334455667788,
                        0x1111111122222222,
                        0x3333333344444444));
    return 0;
};
f:
        madd    x0, x0, x1, x2
        ret
main:
        mov     x1, 13396
        adrp    x0, .LC8
        stp     x29, x30, [sp, -16]!
        movk    x1, 0x27d0, lsl 16
        add     x0, x0, :lo12:.LC8
        movk    x1, 0x122, lsl 32
        add     x29, sp, 0
        movk    x1, 0x58be, lsl 48
        bl      printf
        mov     w0, 0
        ldp     x29, x30, [sp], 16
        ret
.LC8:
        .string "%lld\n"
```

함수 f()는 동일하지만 X- 레지스터의 64비트 전체를 사용했다. 레지스터에 64비트

값을 로딩할 때는 1.31.3절에서 다룬 것처럼 반씩 나눠 수행하고 있다.

최적화를 수행하지 않은 GCC(Linaro) 4.9

최적화를 수행하지 않고 컴파일하면 불필요한 코드가 많아진다.

```
f:
        sub     sp, sp, #16
        str     w0, [sp,12]
        str     w1, [sp,8]
        str     w2, [sp,4]
        ldr     w1, [sp,12]
        ldr     w0, [sp,8]
        mul     w1, w1, w0
        ldr     w0, [sp,4]
        add     w0, w1, w0
        add     sp, sp, 16
        ret
```

코드에서는 입력 인자를 로컬 스택에 저장한다. 이는 함수 실행 중 W0...W2 레지스터를 사용할 수 있고 그로 인한 함수 인자 값이 덮어써지는 것을 방지하기 위함이다.

이를 레지스터 저장 영역^{Register Save Area}이라고 한다(『Procedure Call Standard for the ARM 64-bit Architecture (AArch64)』(2013, http://infocenter.arm.com/help/topic/com.arm.doc.ihi0055b/IHI0055B_aapcs64.pdf). 하지만 호출자가 이런 값을 저장할 의무는 없으며, 1.10.2절에서 다룬 '숨겨진 공간'과 비슷한 개념이다.

최적화를 수행한 GCC 4.9로 컴파일 결과에서는 이처럼 인자를 저장하는 코드가 빠진 이유는 뭘까? 그것은 몇 가지 추가적인 최적화를 수행한 이후에 컴파일러는 함수 인자와 W0...W2 레지스터가 이후에 사용되지 않을 것이라고 판단했기 때문이다.

또한 하나의 MADD 명령어 대신 MUL/ADD 명령어 쌍을 사용했음을 알 수 있다.

1.10.4 MIPS

리스트 1.95: 최적화를 수행한 GCC 4.4.5

```
.text:00000000 f:
; $a0=a
; $a1=b
; $a2=c
.text:00000000             mult    $a1, $a0
```

192

```
.text:00000004          mflo    $v0
.text:00000008          jr      $ra
.text:0000000C          addu    $v0, $a2, $v0 ; 브랜치 지연 슬롯
; 리턴할 때 결과는 $v0에 위치
.text:00000010 main:
.text:00000010
.text:00000010 var_10  = -0x10
.text:00000010 var_4   = -4
.text:00000010
.text:00000010          lui     $gp, (__gnu_local_gp >> 16)
.text:00000014          addiu   $sp, -0x20
.text:00000018          la      $gp, (__gnu_local_gp & 0xFFFF)
.text:0000001C          sw      $ra, 0x20+var_4($sp)
.text:00000020          sw      $gp, 0x20+var_10($sp)
; c 값 설정
.text:00000024          li      $a2, 3
; a 값 설정
.text:00000028          li      $a0, 1
.text:0000002C          jal     f
; b 값 설정
.text:00000030          li      $a1, 2  ; 브랜치 지연 슬롯
; 이제 결과는 $v0에 위치
.text:00000034          lw      $gp, 0x20+var_10($sp)
.text:00000038          lui     $a0, ($LC0 >> 16)
.text:0000003C          lw      $t9, (printf & 0xFFFF)($gp)
.text:00000040          la      $a0, ($LC0 & 0xFFFF)
.text:00000044          jalr    $t9
; f() 함수의 결과를 가져와 그것을 printf()에 대한 두 번째 인자로 전달
.text:00000048          move    $a1, $v0    ; 브랜치 지연 슬롯
.text:0000004C          lw      $ra, 0x20+var_4($sp)
.text:00000050          move    $v0, $zero
.text:00000054          jr      $ra
.text:00000058          addiu   $sp, 0x20   ; 브랜치 지연 슬롯
```

함수의 처음 네 개의 인자는 A-로 시작하는 네 개의 레지스터로 전달된다.

MIPS에서는 HI와 LO라는 두 개의 특별한 레지스터가 있다. MULT 명령어가 실행되는 동안 64비트의 곱하기 결과가 HI와 LO 레지스터에 채워진다.

그 레지스터는 MFLO와 MFHI 명령어를 통해서만 접근할 수 있다. MFLO는 곱하기 결과의 하위 부분을 $V0에 저장한다. 결국 곱하기 결과의 상위 32비트 부분은 버려진다(HI 레지스터의 내용은 사용되지 않는다). 사실 여기서는 32비트 int 타입을 이용한다.

마지막으로 ADDU('Add Unsigned')는 곱하기 결과에 세 번째 인자의 값을 더한다.

MIPS에는 두 종류의 더하기 명령어가 있다. 그것은 ADD와 ADDU다. 두 명령어의 차이는 연산자의 부호가 아니라 예외와 관련이 있다. ADD 명령어는 때때로 유용하며(https://blog.regehr.org/archives/1154) Ada PL에서 지원하는 오버플로우 예외를 발생시키며 ADDU 명령어는 오버플로우 예외를 발생시키지 않는다.

C/C++는 이를 지원하지 않기 때문에 ADD 대신 ADDU가 사용되고 있는 것을 볼 수 있다.

32비트의 명령어 수행 결과는 $V0에 저장된다.

main() 함수에서는 새로운 명령어인 JAL('Jump and Link')을 볼 수 있다. JAL과 JALR 명령어의 차이는 JAL에서는 상대적인 오프셋 값이 인코딩되지만 JALR 명령어는 레지스터('Jump and Link Register')에 저장된 절대 주소로 점프한다.

f()와 main() 함수는 동일한 오브젝트 파일에 위치하기 때문에 f() 함수에 대한 상대적인 위치를 알 수 있고 고정할 수 있다.

1.11 리턴 결과 더 알아보기

x86에서는 함수 실행의 결과를 보통 EAX 레지스터를 이용해 리턴한다(MSDN: Return Values (C++)). 함수 리턴 타입이 바이트 타입이거나 문자(char)라면 EAX 레지스터의 하위부인 AL을 이용하고, 함수 리턴 값이 float 타입이면 EAX 대신 FPU 레지스터 ST(0)를 사용한다. ARM에서는 보통 R0 레지스터로 리턴 값을 전달한다.

1.11.1 void를 리턴하는 함수의 결과 사용

main() 함수의 리턴 값을 int 타입이 아니라 void로 선언하면 어떨까? 소위 말하는 시동 코드^{startup-code}는 대략 다음처럼 main()을 호출한다.

```
push envp
push argv
push argc
call main
push eax
call exit
```

다시 말해 다음과 같다.

```
exit(main(argc,argv,envp));
```

main()을 void로 선언해 return문이 어떤 값도 명시적으로 리턴하지 않으면 main()이 종료되는 시점의 **EAX** 레지스터 값이 exit() 함수의 인자로 사용된다. **EAX** 레지스터의 값은 대개 함수 실행 후 남겨진 무작위 값이다. 즉, 프로그램의 종료 코드가 임의의 값이 된다.

코드 예제로 확인해보자. main() 함수가 void 타입으로 선언됐다는 점에 주목하자.

```c
#include <stdio.h>

void main()
{
    printf ("Hello, world!\n");
};
```

리눅스에서 컴파일해보자.

GCC 4.8.1은 printf()를 puts()로 대체했지만(1.5.4절에서 이미 살펴봤다) 이는 전혀 문제될 것이 없다. puts()는 printf()처럼 출력한 문자의 수를 리턴하기 때문이다. main() 함수가 종료되기 전에 **EAX**를 0으로 채우지 않고 있다는 점에 주목하기 바란다.

다시 말해 main() 함수 종료 시의 **EAX** 값은 puts()의 리턴 값이다.

리스트 1.96: GCC 4.8.1

```asm
.LC0:
        .string "Hello, world!"
main:
        push    ebp
        mov     ebp, esp
        and     esp, -16
        sub     esp, 16
        mov     DWORD PTR [esp], OFFSET FLAT:.LC0
        call    puts
        leave
        ret
```

종료 코드를 보여주는 배시 스크립트를 작성해보자.

리스트 1.97: tst.sh

```
#!/bin/sh
./hello_world
echo $?
```

실행 결과는 다음과 같다.

```
$ tst.sh
Hello, world!
14
```

14는 화면에 출력된 문자의 개수다. printf() 함수에서 화면에 출력된 문자의 개수가 리턴되고 그것이 다시 **EAX/RAX** 레지스터를 통해 '종료 코드'가 된다.

또 다른 예는 3.29절에서도 볼 수 있다.

Hex-Rays에서 C++를 디컴파일해보면 종종 어떤 종류의 소멸자가 호출되는 것을 볼 수 있다.

```
...
call    ??1CString@@QAE@XZ ; CString:: CString(void)
mov     ecx, [esp+30h+var_C]
pop     edi
pop     ebx
mov     large fs:0, ecx
add     esp, 28h
retn
```

C++ 표준에 따르면 소멸자는 어떤 값도 리턴하지 않지만 Hex-Rays는 그것을 알지 못해 소멸자와 함수가 모두 **int** 타입을 리턴한다고 생각한다. 따라서 다음과 같은 출력 내용을 볼 수 있다.

```
...
    return CString::~CString(&Str);
}
```

1.11.2 함수의 결과를 사용하지 않는 경우

printf()는 성공적으로 출력한 문자의 수를 리턴하지만 이 값을 실제로 이용할 일은 거의 없다. 값을 리턴하는 함수를 호출하더라도 명시적으로 리턴 값을 이용하지 않을 수도 있다.

```
int f()
{
    // 처음 3개의 임의의 값은 무시한다.
    rand();
    rand();
    rand();
    // 네 번째 값을 이용한다.
    return rand();
};
```

네 번의 rand() 함수 호출의 결과는 항상 EAX에 기록된다. 하지만 처음 세 번의 결괏값은 사용하지 않고 버린다.

1.11.3 구조체 리턴

리턴 값이 EAX 레지스터에 저장된다는 사실을 상기해보자.

이 때문에 오래된 C 컴파일러는 레지스터 한 개(보통 int 타입)보다 큰 값을 리턴하는 함수는 생성할 수 없으며, 필요한 경우에는 함수 인자로 전달된 포인터를 통해 정보를 리턴해야 한다.

그러므로 함수가 여러 개의 값을 리턴해야 하는 경우에는 하나의 값만 리턴하고 나머지는 포인터를 이용한다.

요즘엔 구조체 전체를 리턴할 수도 있지만 그다지 널리 사용되진 않는다. 함수가 큰 구조체를 리턴해야 하는 경우 호출자는 그것을 할당하고 할당한 구조체의 포인터를 첫 번째 인수로 전달해야 한다. 이는 프로그래머가 직접 첫 번째 인자로 포인터를 전달하는 것과 거의 유사하지만 컴파일러는 이를 숨긴다. 예를 살펴보자.

```
struct s
```

```
{
    int a;
    int b;
    int c;
};

struct s get_some_values (int a)
{
    struct s rt;
    rt.a=a+1;
    rt.b=a+2;
    rt.c=a+3;
    return rt;
};
```

MSVC 2010 /Ox로 컴파일한 결과는 다음과 같다.

```
$T3853 = 8                     ; 크기 = 4
_a$ = 12                       ; 크기 = 4
?get_some_values@@YA?AUs@@H@Z PROC      ; get_some_values
    mov     ecx, DWORD PTR _a$[esp-4]
    mov     eax, DWORD PTR $T3853[esp-4]
    lea     edx, DWORD PTR [ecx+1]
    mov     DWORD PTR [eax], edx
    lea     edx, DWORD PTR [ecx+2]
    add     ecx, 3
    mov     DWORD PTR [eax+4], edx
    mov     DWORD PTR [eax+8], ecx
    ret     0
?get_some_values@@YA?AUs@@H@Z ENDP      ; get_some_values
```

여기서 구조체에 대한 포인터를 내부에서 전달하기 위한 매크로의 이름은 $T3853이
다. 이 예제를 C99 언어 확장을 이용해 다시 작성해보자.

```
struct s
{
    int a;
    int b;
    int c;
};
struct s get_some_values (int a)
{
    return (struct s){.a=a+1, .b=a+2, .c=a+3};
```

```
    };
```

리스트 1.98: GCC 4.8.1

```
_get_some_values proc near
ptr_to_struct  = dword ptr 4
a              = dword ptr 8
                mov     edx, [esp+a]
                mov     eax, [esp+ptr_to_struct]
                lea     ecx, [edx+1]
                mov     [eax], ecx
                lea     ecx, [edx+2]
                add     edx, 3
                mov     [eax+4], ecx
                mov     [eax+8], edx
                retn
_get_some_values endp
```

코드를 보면 해당 함수는 단순히 호출 함수가 할당한 구조체의 항목을 채우고 있다.
마치 구조체의 포인터가 전달된 것처럼 동작하고 있기 때문에 성능 저하는 전혀 없다.

1.12 포인터

1.12.1 리턴 값

함수에서 여러 개의 값을 리턴할 때 종종 포인터를 사용한다(1.9절의 scanf()를 떠올려
보자). 예를 들어 함수가 두 개의 값을 리턴하는 경우를 살펴보자.

전역 변수 예제

```
#include <stdio.h>

void f1 (int x, int y, int *sum, int *product)
{
    *sum=x+y;
    *product=x*y;
};

int sum, product;
```

```
void main()
{
    f1(123, 456, &sum, &product);
    printf ("sum=%d, product=%d\n", sum, product);
};
```

컴파일한 결과는 다음과 같다.

리스트 1.99: 최적화를 수행한 MSVC 2010(/0b0)

```
COMM      _product:DWORD
COMM      _sum:DWORD
$SG2803 DB        'sum=%d, product=%d', 0aH, 00H

_x$ = 8            ; 크기 = 4
_y$ = 12           ; 크기 = 4
_sum$ = 16         ; 크기 = 4
_product$ = 20     ; 크기 = 4

_f1      PROC
         mov     ecx, DWORD PTR _y$[esp-4]
         mov     eax, DWORD PTR _x$[esp-4]
         lea     edx, DWORD PTR [eax+ecx]
         imul    eax, ecx
         mov     ecx, DWORD PTR _product$[esp-4]
         push    esi
         mov     esi, DWORD PTR _sum$[esp]
         mov     DWORD PTR [esi], edx
         mov     DWORD PTR [ecx], eax
         pop     esi
         ret     0
_f1      ENDP

_main    PROC
         push    OFFSET _product
         push    OFFSET _sum
         push    456     ; 000001c8H
         push    123     ; 0000007bH
         call    _   f1
         mov     eax, DWORD PTR _product
         mov     ecx, DWORD PTR _sum
         push    eax
         push    ecx
         push    OFFSET $SG2803
         call    DWORD PTR __imp__printf
         add     esp, 28
         xor     eax, eax
         ret     0
```

```
_main    ENDP
```

이 코드를 OllyDbg로 살펴보자.

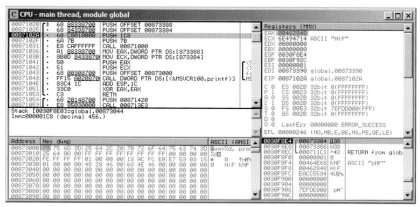

그림 1.24: OllyDbg: f1()으로 전달되는 전역 변수 주소

우선 전역 변수의 주소가 f1()으로 전달된다. 해당 스택 항목에서 Follow in dump를 클릭하면 두 변수가 할당된 데이터 세그먼트의 위치를 확인할 수 있다.

두 값은 0으로 초기화되는데, 이는 초기화되지 않은 데이터(BSS)는 실행 전에 초기화하기 때문이다(「ISO/IEC 9899:TC3 (C C99 standard)」(2007) 6.7.8절 p10).

전역 변수는 데이터 세그먼트에 존재하며 Alt+M을 눌러 메모리 맵을 확인하면 이를 확실히 확인할 수 있다.

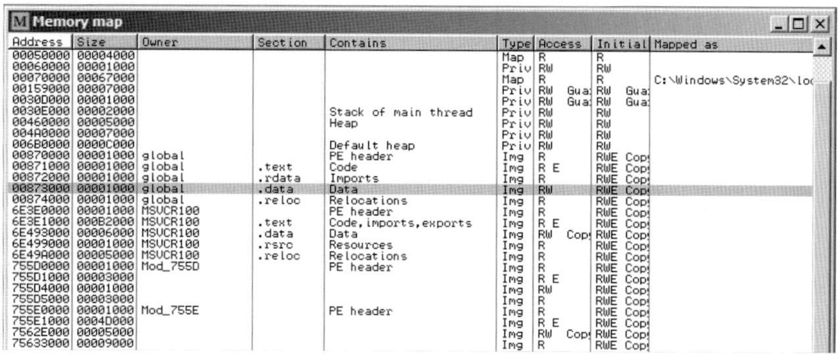

그림 1.25: OllyDbg: 메모리 맵

f1() 실행 직전까지 F7을 눌러 실행을 진행해보자.

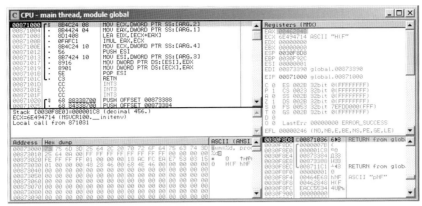

그림 1.26: OllyDbg: f1() 시작 시점

스택상에서 두 값 456(0x1C8)과 123(0x7B)이라는 전역 변수 두 개의 주소를 볼 수 있다.

f1()의 끝부분까지 진행해보자. 좌측 하단의 창을 보면 계산 결과가 전역 변수에 어떻게 저장되는지 알 수 있다.

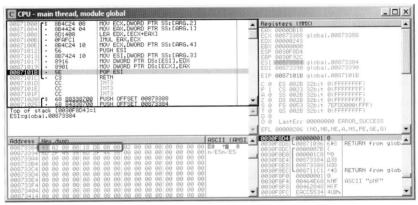

그림 1.27: OllyDbg: f1() 종료 시점

전역 변수의 값을 printf()로 (스택으로) 전달하고자 레지스터에 로딩한다.

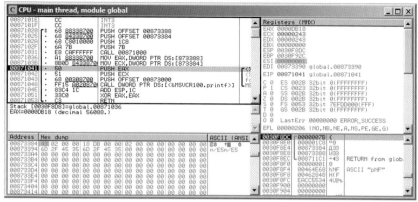

그림 1.28: OllyDbg: printf()로 전달되는 전역 변수의 값

지역 변수 예제

이전 예제를 약간 변경해보자.

리스트 1.100: 로컬 변수에 저장되는 더하기와 곱하기 값

```
void main()
{
    int sum, product;   // 이 함수 내의 지역 변수

    f1(123, 456, &sum, &product);
    printf ("sum=%d, product=%d\n", sum, product);
};
```

함수 f1()의 코드는 전혀 변하지 않고 main()의 코드만 변경한다.

리스트 1.101: 최적화를 수행한 MSVC 2010(/0b0)

```
_product$ = -8          ; 크기 = 4
_sum$ = -4              ; 크기 = 4
_main   PROC
; Line 10
        sub     esp, 8
; Line 13
        lea     eax, DWORD PTR _product$[esp+8]
        push    eax
        lea     ecx, DWORD PTR _sum$[esp+12]
        push    ecx
        push    456     ; 000001c8H
        push    123     ; 0000007bH
```

```
        call    _f1
; Line 14
        mov     edx, DWORD PTR _product$[esp+24]
        mov     eax, DWORD PTR _sum$[esp+24]
        push    edx
        push    eax
        push    OFFSET $SG2803
        call    DWORD PTR __imp__printf
; Line 15
        xor     eax, eax
        add     esp, 36
        ret     0
```

다시 한 번 OllyDbg에서 살펴보자. 스택에서 확인할 수 있는 지역 변수의 주소는 0x2EF854와 0x2EF858이다. 이 값들이 스택에 푸시되는 과정을 볼 수 있다.

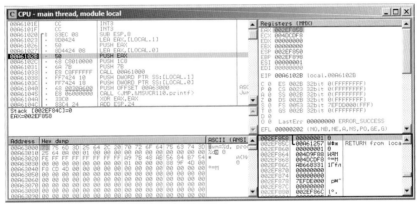

그림 1.29: OllyDbg: 스택에 푸시되는 지역 변수의 주소

f1()이 시작되는 시점에는 스택의 **0x2EF854**와 **0x2EF858**에 임의의 가비지가 아직 들어있다.

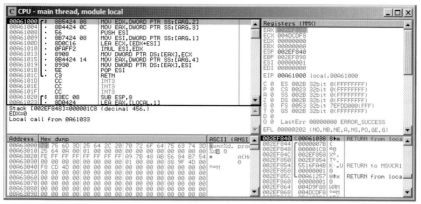

그림 1.30: OllyDbg: f1() 시작 시점

f1()이 실행을 완료하면 다음과 같다

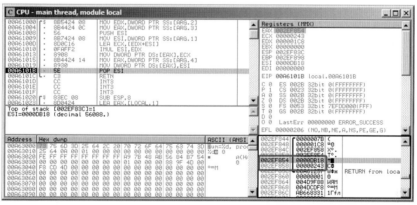

그림 1.31: OllyDbg: f1() 실행 완료

이제는 0x2EF854와 0x2EF858에 각각 0xDB18과 0x243이 들어있는 것을 볼 수 있다. 이 값들은 함수 f1()의 결괏값이다.

결론

f1()은 메모리상의 어느 위치로든 결과를 리턴할 수 있다. 이게 바로 포인터의 핵심이 자 유용성을 보여주는 예다. 참고로 C++에서도 이와 동일한 방식으로 참조가 수행된 다(3.18.3절을 참고하기 바란다).

1.12.2 입력값 교환

다음의 예를 살펴보자.

```c
#include <memory.h>
#include <stdio.h>

void swap_bytes (unsigned char* first, unsigned char* second)
{
    unsigned char tmp1;
    unsigned char tmp2;

    tmp1=*first;
    tmp2=*second;

    *first=tmp2;
    *second=tmp1;
};

int main()
{
    // 문자열을 힙으로 복사하기 때문에 그것을 변경할 수 있다.
    char *s=strdup("string");

    // 두 번째와 세 번째 문자를 교환한다.
    swap_bytes (s+1, s+2);

    printf ("%s\n", s);
};
```

보는 바와 같이 바이트 데이터는 MOVZX 명령어로 ECX와 EBX의 하위 8비트 부분으로 로딩(레지스터의 상위 부분은 0으로 초기화된다)되고 서로 교환된다.

리스트 1.102: 최적화를 수행한 GCC 5.4

```
swap_bytes:
        push    ebx
        mov     edx, DWORD PTR [esp+8]
        mov     eax, DWORD PTR [esp+12]
        movzx   ecx, BYTE PTR [edx]
        movzx   ebx, BYTE PTR [eax]
        mov     BYTE PTR [edx], bl
        mov     BYTE PTR [eax], cl
        pop     ebx
        ret
```

두 바이트의 주소는 인수에서 가져오고 함수 실행을 통해 EDX와 EAX가 교환된다.

따라서 이와 같은 작업을 수행하고자 포인터 사용하는 것보다 더 좋은 방법은 없다고 할 수 있다.

1.13 GOTO 연산

GOTO 연산은 사용하지 말아야 한다는 의견이 지배적이지만(에드거 다이크스트라의 『Go To Statement Considered Harmful』(1968), http://yurichev.com/mirrors/Dijkstra68.pdf). 그럼에도 불구하고 유용하게 사용할 수 있는 사례가 있다(도널드 커누스의 『Structured Programming with go to Statements』(1974), http://yurichev.com/mirrors/KnuthStructured ProgrammingGoTo.pdf).[59]

다음은 매우 간단한 예다.

```c
#include <stdio.h>

int main()
{
    printf ("begin\n");
    goto exit;
    printf ("skip me!\n");
exit:
    printf ("end\n");
};
```

MSVC 2012으로 컴파일한 결과는 다음과 같다.

리스트 1.103: MSVC 2012

```
$SG2934 DB      'begin', 0aH, 00H
$SG2936 DB      'skip me!', 0aH, 00H
$SG2937 DB      'end', 0aH, 00H

_main   PROC
        push    ebp
        mov     ebp, esp
        push    OFFSET $SG2934 ; 'begin'
        call    _printf
        add     esp, 4
```

---

59. 데니스 유리체프의 『C/C++ programming language notes』에서도 몇 가지 사례를 볼 수 있다.

```
        jmp     SHORT $exit$3
        push    OFFSET $SG2936 ; 'skip me!'
        call    _printf
        add     esp, 4
$exit$3:
        push    OFFSET $SG2937 ; 'end'
        call    _printf
        add     esp, 4
        xor     eax, eax
        pop     ebp
        ret     0
_main   ENDP
```

여기서 goto문은 단순히 동일한 효과를 내는 JMP 명령어(특정 위치로 무조건 점프하는 명령어)로 대체됐다. 두 번째 printf() 호출은 사용자가 디버거를 사용하거나 코드를 패치하지 않는 한 실행되지 않는다.

이 예를 간단한 패치 예제로 활용해보자. 실행 파일을 Hiew에서 열어보자.

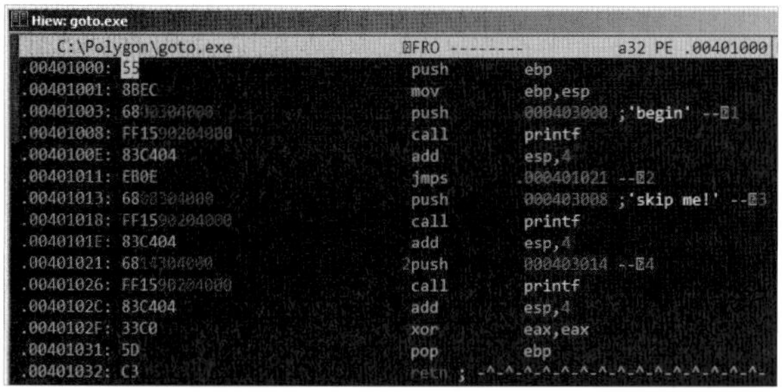

그림 1.32: Hiew

커서를 JMP 명령어(0x410)에 위치시킨 후 F3(수정)을 누르고 0을 두 번 입력한다. 그러면 OP는 EB 00이 된다.

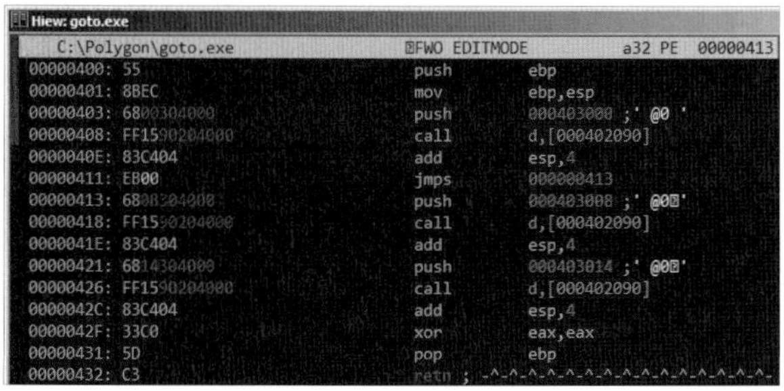

그림 1.33: Hiew

JMP OP 코드의 두 번째 바이트는 점프할 위치에 대한 상대적 오프셋을 의미하며, 0은 현재 위치의 바로 다음 명령어를 의미한다. 따라서 이제 JMP 명령어는 두 번째 printf() 호출을 건너뛰지 않는다.

F9(저장)를 누르고 종료한다. 실행 파일을 실행하면 다음과 같은 결과를 볼 수 있을 것이다.

리스트 1.104: 패치된 실행 파일의 실행 결과

```
C:\...>goto.exe

begin
skip me!
end
```

JMP 명령어를 두 개의 NOP 명령어로 대체해도 같은 결과를 볼 수 있다. NOP의 OP 코드는 0x90이며 길이가 1바이트이기 때문에 JMP 명령(OP 코드가 2바이트)을 대체하려면 두 개의 NOP을 사용해야 한다.

1.13.1 데드 코드

컴파일러 용어로는 두 번째 printf() 호출을 '데드 코드$^{dead\ code}$'라고도 한다. 다시 말해 해당 코드가 절대 실행되지 않는다는 의미다. 예제 코드를 최적화 옵션을 활성화하고 컴파일하면 컴파일러는 '데드 코드'를 제거하고 아무런 흔적도 남기지 않을 것이다.

리스트 1.105: 최적화를 수행한 MSVC 2012

```
$SG2981 DB      'begin', 0aH, 00H
$SG2983 DB      'skip me!', 0aH, 00H
$SG2984 DB      'end', 0aH, 00H

_main   PROC
        push    OFFSET $SG2981 ; 'begin'
        call    _printf
        push    OFFSET $SG2984 ; 'end'
$exit$4:
        call    _printf
        add     esp, 8
        xor     eax, eax
        ret     0
_main   ENDP
```

하지만 컴파일러는 "skip me!" 문자열을 제거하지 않는다.

1.13.2 연습

여러분이 즐겨 사용하는 컴파일러와 디버거로 동일한 작업을 수행해보기 바란다.

1.14 조건부 점프

1.14.1 간단한 예

```c
#include <stdio.h>

void f_signed (int a, int b)
{
    if (a>b)
        printf ("a>b\n");
    if (a==b)
        printf ("a==b\n");
    if (a<b)
        printf ("a<b\n");
};

void f_unsigned (unsigned int a, unsigned int b)
{
    if (a>b)
        printf ("a>b\n");
    if (a==b)
        printf ("a==b\n");
    if (a<b)
        printf ("a<b\n");
};

int main()
{
    f_signed(1, 2);
    f_unsigned(1, 2);
    return 0;
};
```

x86

x86 + MSVC

f_signed() 함수의 컴파일 결과는 다음과 같다.

리스트 1.106: 최적화를 수행하지 않은 MSVC 2010

```
_a$ = 8
_b$ = 12
_f_signed PROC
    push    ebp
    mov     ebp, esp
    mov     eax, DWORD PTR _a$[ebp]
    cmp     eax, DWORD PTR _b$[ebp]
    jle     SHORT $LN3@f_signed
    push    OFFSET $SG737        ; 'a>b'
    call    _printf
    add esp, 4
$LN3@f_signed:
    mov     ecx, DWORD PTR _a$[ebp]
    cmp     ecx, DWORD PTR _b$[ebp]
    jne     SHORT $LN2@f_signed
    push    OFFSET $SG739        ; 'a==b'
    call    _printf
    add esp, 4
$LN2@f_signed:
    mov     edx, DWORD PTR _a$[ebp]
    cmp     edx, DWORD PTR _b$[ebp]
    jge     SHORT $LN4@f_signed
    push    OFFSET $SG741        ; 'a<b'
    call    _printf
    add     esp, 4
$LN4@f_signed:
    pop     ebp
    ret     0
_f_signed ENDP
```

첫 번째 명령어 JLE는 작거나 같으면 점프$^{Jump\ if\ Less\ or\ Equal}$한다는 의미다. 즉, 두 번째 오퍼랜드가 첫 번째보다 크거나 같으면 제어 흐름이 명령어에 명시된 주소나 레이블로 이동한다. 조건에 부합되지 않으면(두 번째 오퍼랜드가 더 작으면) 제어 흐름은 수정되지 않고 첫 번째 printf()가 호출된다. 두 번째 검사는 JNE로 같지 않으면 점프$^{Jump\ if\ Not\ Equal}$한다는 의미다. 두 오퍼랜드가 동일하면 제어 흐름이 유지된다.

세 번째 검사는 JGE는 크거나 같으면 점프^{Jump if Greater or Equal}한다는 의미로, 첫 번째 오퍼랜드가 두 번째보다 크거나 두 오퍼랜드가 같으면 점프가 수행된다. 참고로 세 개의 조건부 점프의 조건이 모두 성립하면 어떤 printf()도 호출되지 않는데, 이는 특별한 조작 없이는 불가능하다. f_unsigned() 함수도 f_signed() 함수와 유사하지만 다음 코드에서 볼 수 있듯이 JLE와 JGE 대신 JBE와 JAE 명령어가 사용됐다.

리스트 1.107: GCC

```
_a$ = 8                 ; 크기 = 4
_b$ = 12                ; 크기 = 4
_f_unsigned PROC
    push    ebp
    mov     ebp, esp
    mov     eax, DWORD PTR _a$[ebp]
    cmp     eax, DWORD PTR _b$[ebp]
    jbe     SHORT $LN3@f_unsigned
    push    OFFSET $SG2761      ; 'a>b'
    call    _printf
    add     esp, 4
$LN3@f_unsigned:
    mov     ecx, DWORD PTR _a$[ebp]
    cmp     ecx, DWORD PTR _b$[ebp]
    jne     SHORT $LN2@f_unsigned
    push    OFFSET $SG2763      ; 'a==b'
    call    _printf
    add     esp, 4
$LN2@f_unsigned:
    mov     edx, DWORD PTR _a$[ebp]
    cmp     edx, DWORD PTR _b$[ebp]
    jae     SHORT $LN4@f_unsigned
    push    OFFSET $SG2765      ; 'a<b'
    call    _printf
    add     esp, 4
$LN4@f_unsigned:
    pop     ebp
    ret     0
_f_unsigned ENDP
```

앞서도 언급했듯이 분기 명령어가 서로 다르다. JBE는 낮거나 같으면 점프^{Jump if Below or Equal}하는 것이고, JAE는 높거나 같으면 점프^{Jump if Above or Equal}하라는 명령어인데, 이 명령어 집합(JA/JAE/JB/JBE)은 부호가 없는 숫자를 처리한다는 점에서 JG/JGE/JL/JLE 와 구별된다.

부호가 있는 숫자 표현은 2.2절에서 다루므로 참고하자. 결론적으로 JG/JL과 JA/JBE 의 사용을 보면 변수의 부호 여부를 유추할 수 있다. main() 함수의 코드는 다음과 같으며 새로운 내용은 거의 없다.

리스트 1.108: main()

```
_main    PROC
         push    ebp
         mov     ebp, esp
         push    2
         push    1
         call    _f_signed
         add     esp, 8
         push    2
         push    1
         call    _f_unsigned
         add     esp, 8
         xor     eax, eax
         pop     ebp
         ret     0
_main    ENDP
```

x86 + MSVC + OllyDbg

OllyDbg에서 예제를 실행하면 플래그가 어떻게 설정되는지 확인할 수 있다. 부호 없는 숫자를 다루는 f_unsigned() 함수부터 살펴보자.

CMP 명령어가 세 번 실행되지만 모두 동일한 인자를 취하므로 설정되는 플래그는 같다. 첫 번째 비교의 결과는 다음과 같다.

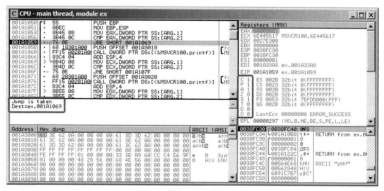

그림 1.34: OllyDbg: f_unsigned(): 첫 번째 조건부 점프

그래서 플래그는 C=1, P=1, A=1, Z=0, S=1, T=0, D=0, O=0이다.

OllyDbg에서는 플래그의 이름을 한 글자로 간결하게 표시한다.

OllyDbg는 점프(JBE)가 수행될 거라는 사실을 알려준다. 실제로 인텔의 매뉴얼(12.1.4절)
을 살펴보면 JBE는 CF=1이거나 ZF=1일 때 점프를 수행한다. 이 조건이 참이므로 점프
가 수행된다.

다음 조건부 점프는 다음과 같다.

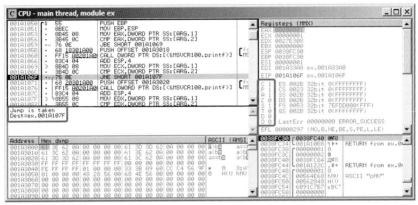

그림 1.35: OllyDbg: f_unsigned(): 두 번째 조건부 점프

OllyDbg가 JNZ의 조건이 충족됐음을 알려주고 있다. 실제로 JNZ는 ZF=0(제로 플래그)
일 때 점프를 수행한다.

세 번째 조건부 점프인 JNB는 다음과 같다.

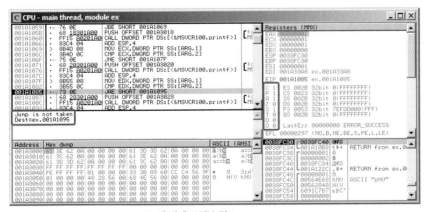

그림 1.36: OllyDbg: f_unsigned(): 세 번째 조건부 점프

인텔 매뉴얼(12.1.4절)을 보면 JNB의 점프 조건은 CF=0(캐리 플래그)다. 이는 참이 아니기 때문에 세 번째 printf()가 실행된다.

이제 OllyDbg에서 부호가 있는 수를 처리하는 **f_signed()** 함수를 살펴보자. 플래그는 동일하게 C=1, P=1, A=1, Z=0, S=1, T=0, D=0, O=0로 설정됐다. 첫 번째 조건부 점프 JLE가 수행된다.

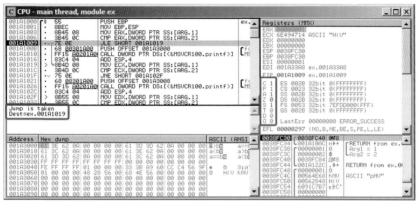

그림 1.37: OllyDbg: f_signed(): 첫 번째 조건부 점프

인텔 매뉴얼(12.1.4절)을 보면 JLE 점프가 수행되기 위한 조건은 ZF=1 또는 SF≠OF다. 예제 코드에서는 SF≠OF가 충족되고 점프가 수행된다.

두 번째 조건부 점프는 JNZ로, 조건은 ZF=0(제로 플래그)다.

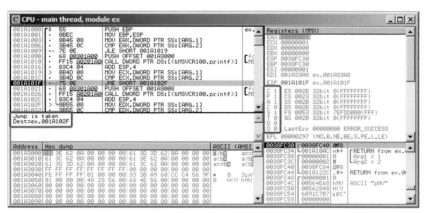

그림 1.38: OllyDbg: f_signed(): 두 번째 조건부 점프

세 번째 조건부 점프 JGE는 SF=OF일 때만 조건이 충족되며, 현재 설정된 플래그는 이를

만족하지 않기 때문에 점프가 수행되지 않는다.

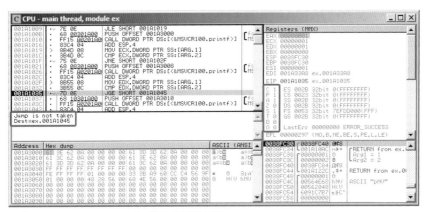

그림 1.39: OllyDbg: f_signed(): 세 번째 조건부 점프

x86 + MSVC + Hiew

f_unsigned() 함수를 패치해 입력값에 관계없이 항상 "a==b"를 출력하게 만들 수 있다. Hiew에서 실행 파일을 연 화면은 다음과 같다.

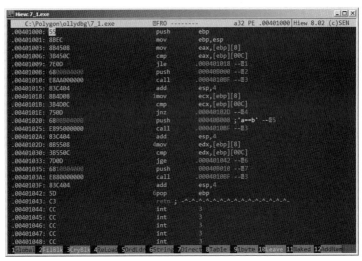

그림 1.40: Hiew: f_unsigned() 함수

기본적으로 다음과 같은 세 가지 작업을 수행해야 한다.

- 첫 번째 점프가 항상 수행되게 한다.

- 두 번째 점프가 절대로 수행되지 않게 한다.
- 세 번째 점프가 항상 수행되게 한다.

이렇게 하면 항상 두 번째 printf()가 실행되며 "a==b"가 출력된다.

또한 세 개의 명령어(또는 바이트)를 다음과 같이 패치해야 한다.

- 첫 번째 점프를 JMP로 수정한다. 점프 오프셋은 변경하지 않는다.
- 두 번째 점프는 조건이 충족되더라도 다음 명령어인 printf()로 점프하게 점프 오프셋을 0으로 수정한다. 점프 오프셋은 다음 명령어 주소에 더하는 값인 오프셋이 0이면 바로 다음 명령어로 점프하게 된다.
- 세 번째 점프를 JMP로 변경해 첫 번째 경우처럼 항상 점프하게 한다.

다음은 변경된 코드다.

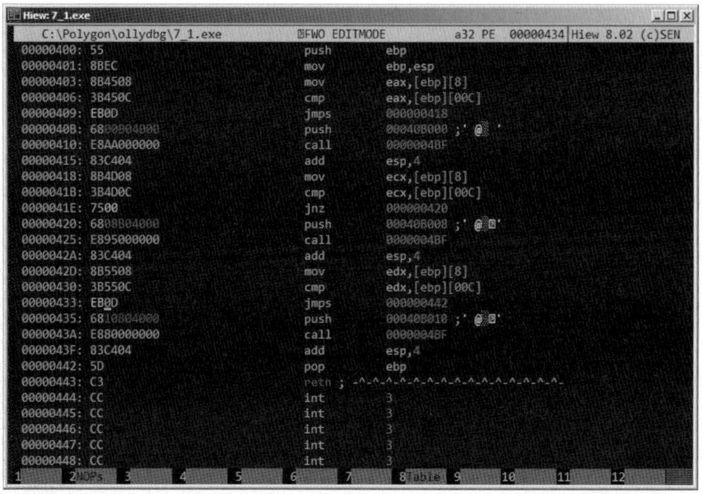

그림 1.41: Hiew: 변경된 f_unsigned() 함수

그중 하나라도 패치하지 않으면 여러 개의 printf()가 호출돼 실행될 수 있으며, 이는 우리가 바라는 바가 아니다.

최적화를 수행하지 않은 GCC

최적화를 수행하지 않은 GCC 4.4.1도 거의 동일한 코드를 생성하지만 printf() 대신 puts()(1.5.4절 참고)를 사용한다.

최적화를 수행한 GCC

주의 깊은 독자라면 각 명령어 실행 이후의 플래그 값이 동일하다면 왜 CMP 명령어를 여러 번 실행하는지 의문을 가질 수 있다. 아마도 MSVC보다 GCC 4.8.1이 좀 더 깊이 최적화를 수행하는 것으로 보인다.

리스트 1.109: GCC 4.8.1 f_signed()

```
f_signed:
        mov     eax, DWORD PTR [esp+8]
        cmp     DWORD PTR [esp+4], eax
        jg      .L6
        je      .L7
        jge     .L1
        mov     DWORD PTR [esp+4], OFFSET FLAT:.LC2 ; "a<b"
        jmp     puts
.L6:
        mov     DWORD PTR [esp+4], OFFSET FLAT:.LC0 ; "a>b"
        jmp     puts
.L1:
        rep     ret
.L7:
        mov     DWORD PTR [esp+4], OFFSET FLAT:.LC1 ; "a==b"
        jmp     puts
```

추가적으로 CALL puts/RETN 대신 JMP puts를 확인할 수 있다.

이런 종류의 트릭에 대해서는 1.15.1절에서 다룰 것이다.

물론 이런 형태의 x86 코드는 다소 드물다. 이미 언급했듯이 MSVC 2012는 이런 형태의 코드를 생성할 수 없는 것으로 보인다. 하지만 어셈블리어 프로그래머는 JCC 명령어를 연속적으로 사용할 수 있다는 사실을 잘 알고 있다.

따라서 어디서건 이런 코드를 보면 이는 사람이 직접 작성했을 가능성이 높다고 생각할 수 있다.

f_unsigned() 함수는 미적 관점에서 간결하게 컴파일되지는 않는다.

리스트 1.110: GCC 4.8.1 f_unsigned()

```
f_unsigned:
        push    esi
```

```
        push    ebx
        sub     esp, 20
        mov     esi, DWORD PTR [esp+32]
        mov     ebx, DWORD PTR [esp+36]
        cmp     esi, ebx
        ja      .L13
        cmp     esi, ebx ; 이 명령어는 제거될 수 있다.
        je      .L14
.L10:
        jb      .L15
        add     esp, 20
        pop     ebx
        pop     esi
        ret
.L15:
        mov     DWORD PTR [esp+32], OFFSET FLAT:.LC2 ; "a<b"
        add     esp, 20
        pop     ebx
        pop     esi
        jmp     puts
.L13:
        mov     DWORD PTR [esp], OFFSET FLAT:.LC0 ; "a>b"
        call    puts
        cmp     esi, ebx
        jne     .L10
.L14:
        mov     DWORD PTR [esp+32], OFFSET FLAT:.LC1 ; "a==b"
        add     esp, 20
        pop     ebx
        pop     esi
        jmp     puts
```

아주 간결하진 않지만 세 개 대신 두 개의 **CMP** 명령어만 사용됐다. 따라서 GCC 4.8.1 의 최적화 알고리즘은 아직 완벽하진 않아 보인다.

ARM

32bit ARM

최적화를 수행한 Keil 6/2013 (ARM mode)

리스트 1.111: 최적화를 수행한 Keil 6/2013(ARM 모드)

```
.text:000000B8                 EXPORT f_signed
```

```
.text:000000B8                 f_signed                ; CODE XREF: main+C
.text:000000B8 70 40 2D E9      STMFD       SP!, {R4-R6,LR}
.text:000000BC 01 40 A0 E1      MOV         R4, R1
.text:000000C0 04 00 50 E1      CMP         R0, R4
.text:000000C4 00 50 A0 E1      MOV         R5, R0
.text:000000C8 1A 0E 8F C2      ADRGT       R0, aAB         ; "a>b\n"
.text:000000CC A1 18 00 CB      BLGT        __2printf
.text:000000D0 04 00 55 E1      CMP         R5, R4
.text:000000D4 67 0F 8F 02      ADREQ       R0, aAB_0       ; "a==b\n"
.text:000000D8 9E 18 00 0B      BLEQ        __2printf
.text:000000DC 04 00 55 E1      CMP         R5, R4
.text:000000E0 70 80 BD A8      LDMGEFD     SP!, {R4-R6,PC}
.text:000000E4 70 40 BD E8      LDMFD       SP!, {R4-R6,LR}
.text:000000E8 19 0E 8F E2      ADR         R0, aAB_1       ; "a<b\n"
.text:000000EC 99 18 00 EA      B           __2printf
.text:000000EC ; End of function f_signed
```

ARM 모드의 명령어 중 상당수는 특정 플래그가 설정된 경우에만 실행될 수 있고, 이는 종종 숫자를 비교할 때 사용된다.

예를 들어 ADD 명령어는 사실 내부적으로는 ADDAL로, 여기서 AL은 Always를 의미한다. 즉, 무조건 덧셈을 수행한다는 의미다. 이런 조건 서술부는 32비트 ARM 명령어의 상위 4비트에 인코딩된다(조건 필드). 무조건적 점프를 위한 B 명령어는 사실 나머지 조건부 점프와 동일하게 인코딩되는 조건부 점프지만, 조건 필드에 AL이 있기 때문에 플래그를 무시하고 언제나 점프를 수행한다.

ADRGT 명령어는 ADR과 동작은 같지만 두 개의 숫자를 비교하는 바로 직전의 CMP 명령어에서 한 숫자가 나머지보다 크다고[Greater Than] 나온 경우에만 실행된다.

다음의 BLGT 명령어 역시 동작은 BL과 동일하지만 비교 결과가 ~보다 크다[Greater Than]는 것을 만족할 때만 실행된다. ADRGT는 문자열 "a>b\n"을 가리키는 포인터를 R0에 저장하고, BLGT는 printf()를 호출한다. 결과적으로 -GT로 끝나는 두 명령어는 R0의 값(a)이 R4의 값(b)보다 큰 경우에만 실행된다.

다음으로 ADREQ와 BLEQ 명령어를 볼 수 있다. 이들의 동작은 각각 ADR이나 BL과 같지만 마지막 비교 연산 시 두 오퍼랜드가 동일한 경우에만 실행된다. 두 명령어에 앞서 CMP 명령어를 확인할 수 있다(printf()가 플래그의 상태를 변경할 수 있기 때문이다).

LDMGEFD 명령어의 동작은 LDMFD와 같다. 하지만 비교 연산 시 한 값이 다른 값보다 크거나 같을 때$^{Greater\ or\ Equal}$만 실행된다. LDMGEFD SP!, {R4-R6,PC} 명령어는 언뜻 보면 함수 에필로그처럼 보이는데, 특이한 점은 a >= b일 때만 실행되며 명령어 실행과 함께 함수 실행이 완료된다는 점이다.

반대의 경우, 즉 a < b일 때는 제어 흐름이 다음 명령어인 LDMFD SP!, {R4-R6,LR}로 넘어가는데, 이 역시 함수 에필로그로 R4-R6 레지스터의 상태를 복원한다. 또 PC 대신 LR을 복구하며 함수에서 리턴하지 않는다. 마지막 두 명령어는 문자열 "a<b\n"만을 인자로 printf()를 호출한다. 함수 리턴 대신 printf()로의 무조건적 점프에 대해서는 1.8.2절에서 이미 살펴봤다.

f_unsigned도 유사하지만 ADRHI, BLHI, LDMCSFD 명령어를 사용한다. 이들 조건 서술부인 HI(Unsigned higher)와 CS = Carry Set(greater than or equal)는 이전 예와 의미는 동일하지만 부호 없는 값을 처리한다.

main() 함수에 특별히 새로운 내용은 없다.

리스트 1.112: main()

```
.text:00000128                 EXPORT main
.text:00000128          main
.text:00000128 10 40 2D E9     STMFD   SP!, {R4,LR}
.text:0000012C 02 10 A0 E3     MOV     R1, #2
.text:00000130 01 00 A0 E3     MOV     R0, #1
.text:00000134 DF FF FF EB     BL      f_signed
.text:00000138 02 10 A0 E3     MOV     R1, #2
.text:0000013C 01 00 A0 E3     MOV     R0, #1
.text:00000140 EA FF FF EB     BL      f_unsigned
.text:00000144 00 00 A0 E3     MOV     R0, #0
.text:00000148 10 80 BD E8     LDMFD   SP!, {R4,PC}
.text:00000148              ; End of function main
```

이는 ARM 모드에서 어떻게 조건부 점프를 제거하는지를 보여준다.

조건부 점프를 제거함으로써 얻는 장점은 2.10.1절에서 다룰 것이다.

CMOVcc 명령어를 제외하면 x86에는 이런 기능이 없다. CMOVcc는 MOV와 동일하지만, 보통 CMP가 값을 비교하면서 설정하는 플래그가 조건에 맞게 설정됐을 때만 실행된다.

최적화를 수행한 Keil 6/2013(Thumb 모드)

리스트 1.113: 최적화를 수행한 Keil 6/2013(Thumb 모드)

```
.text:00000072                f_signed      ; CODE XREF: main+6
.text:00000072 70 B5            PUSH      {R4-R6,LR}
.text:00000074 0C 00            MOVS      R4, R1
.text:00000076 05 00            MOVS      R5, R0
.text:00000078 A0 42            CMP       R0, R4
.text:0000007A 02 DD            BLE       loc_82
.text:0000007C A4 A0            ADR       R0, aAB       ; "a>b\n"
.text:0000007E 06 F0 B7 F8      BL        __2printf
.text:00000082
.text:00000082                loc_82        ; CODE XREF: f_signed+8
.text:00000082 A5 42            CMP       R5, R4
.text:00000084 02 D1            BNE       loc_8C
.text:00000086 A4 A0            ADR       R0, aAB_0 ; "a==b\n"
.text:00000088 06 F0 B2 F8      BL        __2printf
.text:0000008C
.text:0000008C                loc_8C        ; CODE XREF: f_signed+12
.text:0000008C A5 42            CMP       R5, R4
.text:0000008E 02 DA            BGE       locret_96
.text:00000090 A3 A0            ADR        R0, aAB_1 ; "a<b\n"
.text:00000092 06 F0 AD F8      BL        __2printf
.text:00000096
.text:00000096                locret_96     ; CODE XREF: f_signed+1C
.text:00000096 70 BD            POP       {R4-R6,PC}
.text:00000096                ; End of function f_signed
```

Thumb 모드에서는 B 명령어에만 조건 코드가 추가되기 때문에 코드를 이해하기가 수월하다. BLE는 작거나 같을 때 실행되는 조건부 점프고, BNE는 동일하지 않을 때 실행되며, BGE는 크거나 같을 때 실행된다.

f_unsigned 함수도 거의 동일하지만 부호가 없는 수를 다루는 명령어인 BLS(Unsigned lower or same)와 BCS(Carry Set (Greater than or equal))가 사용된다.

ARM64: 최적화를 수행한 GCC(Linaro) 4.9

리스트 1.114: f_signed()

```
f_signed:
; W0=a, W1=b
        cmp     w0, w1
```

```
        bgt     .L19    ; 크면 (a>b) 분기
        beq     .L20    ; 같으면 (a==b) 분기
        bge     .L15    ; 크거나 같으면 (a>=b) 분기 (도달 불가능)
        ; a<b
        adrp    x0, .LC11   ; "a<b"
        add     x0, x0, :lo12:.LC11
        b       puts
.L19:
        adrp    x0, .LC9        ; "a>b"
        add     x0, x0, :lo12:.LC9
        b       puts
.L15: ; impossible to get here
        ret
.L20:
        adrp    x0, .LC10   ; "a==b"
        add     x0, x0, :lo12:.LC10
        b       puts
f_unsigned:
        stp     x29, x30, [sp, -48]!
; W0=a, W1=b
        cmp     w0, w1
        add     x29, sp, 0
        str     x19, [sp,16]
        mov     w19, w0
        bhi     .L25    ; 높으면 (a>b) 분기
        cmp     w19, w1
        beq     L26     ; 같으면 (a==b) 분기
.L23:
        bcc     .L27    ; 캐리가 비어있으면 (작으면) (a<b) 분기
; 함수 에필로그, 도달 불가능
        ldr     x19, [sp,16]
        ldp     x29, x30, [sp], 48
        ret
.L27:
        ldr     x19, [sp,16]
        adrp    x0, .LC11   ; "a<b"
        ldp     x29, x30, [sp], 48
        add     x0, x0, :lo12:.LC11
        b       puts
.L25:
        adrp    x0, .LC9        ; "a>b"
        str     x1, [x29,40]
        add     x0, x0, :lo12:.LC9
        bl      puts
        ldr     x1, [x29,40]
        cmp     w19, w1
        bne     .L23    ; 같지 않으면 분기
```

```
.L26:
        ldr     x19, [sp,16]
        adrp    x0, .LC10   ; "a==b"
        ldp     x29, x30, [sp], 48
        add     x0, x0, :lo12:.LC10
        b       puts
```

이해를 돕고자 주석을 달았다. 다소 충격적인 건 컴파일러가 일부 조건이 불가능하다는 사실을 전혀 인지하지 못해 곳곳에 절대 실행될 일 없는 데드 코드가 존재한다는 사실이다.

연습

직접 함수들의 크기를 최적화해보자. 불필요한 중복 명령어는 제거하되 새로운 명령어는 추가하지 않아야 한다.

MIPS

MIPS의 독특한 특징 중 하나는 플래그가 없다는 것이다. 그것은 데이터 종속성 분석을 단순화시키기 위한 것이다.

x86에는 **SETcc**와 비슷한 명령어인 **SLT**(Set on Less Than, 부호 있는 명령어)와 **SLTU**(부호 없는 명령어)가 있다. 이 명령어들은 조건이 참이면 대상 레지스터의 값을 1로 만들고 그렇지 않으면 0으로 만든다. 그다음에는 **BEQ**('Branch on Equal')나 **BNE**('Branch on Not Equal')로 대상 레지스터를 체크해 점프를 수행한다.

따라서 MIPS에서는 비교와 분기를 위해 명령어 쌍이 사용돼야 한다. 먼저 부호 있는 버전의 함수를 살펴보자.

리스트 1.115: 최적화를 수행하지 않은 GCC 4.4.5(IDA)

```
.text:00000000 f_signed:                        # CODE XREF: main+18
.text:00000000
.text:00000000 var_10         = -0x10
.text:00000000 var_8          = -8
.text:00000000 var_4          = -4
.text:00000000 arg_0          = 0
```

```
.text:00000000 arg_4        = 4
.text:00000000
.text:00000000            addiu   $sp, -0x20
.text:00000004            sw      $ra, 0x20+var_4($sp)
.text:00000008            sw      $fp, 0x20+var_8($sp)
.text:0000000C            move    $fp, $sp
.text:00000010            la      $gp, __gnu_local_gp
.text:00000018            sw      $gp, 0x20+var_10($sp)
; 입력값을 로컬 스택에 저장
.text:0000001C            sw      $a0, 0x20+arg_0($fp)
.text:00000020            sw      $a1, 0x20+arg_4($fp)
; 재로드한다.
.text:00000024            lw      $v1, 0x20+arg_0($fp)
.text:00000028            lw      $v0, 0x20+arg_4($fp)
; $v0=b
; $v1=a
.text:0000002C            or      $at, $zero       ; NOP
; 이는 의사 명령어임. 실제로 "slt $v0,$v0,$v1"이 있음
; 따라서 $v0<$v1이면 $v0의 값이 1이될 것이고 그렇지 않으면 0이 된다.
.text:00000030            slt     $v0, $v1
; 조건문이 true가 아니라면 loc_5c로 점프
; 이는 의사 명령어임. 실제로 " beq $v0,$zero,loc_5c"가 있음
.text:00000034            beqz    $v0, loc_5C
; "a>b"를 출력하고 종료
.text:00000038            or      $at, $zero       ; 브랜치 지연 슬롯, NOP
.text:0000003C            lui     $v0, (unk_230 >> 16)    # "a>b"
.text:00000040            addiu   $a0, $v0, (unk_230 & 0xFFFF)    # "a>b"
.text:00000044            lw      $v0, (puts & 0xFFFF)($gp)
.text:00000048            or      $at, $zero       ; NOP
.text:0000004C            move    $t9, $v0
.text:00000050            jalr    $t9
.text:00000054            or      $at, $zero          ; 브랜치 지연 슬롯, NOP
.text:00000058            lw      $gp, 0x20+var_10($fp)
.text:0000005C
.text:0000005C loc_5C:    # CODE XREF: f_signed+34
.text:0000005C            lw      $v1, 0x20+arg_0($fp)
.text:00000060            lw      $v0, 0x20+arg_4($fp)
.text:00000064            or      $at, $zero          ; NOP
; a==b이 아니면 loc_90로 점프
.text:00000068            bne     $v1, $v0, loc_90
.text:0000006C            or      $at, $zero       ; 브랜치 지연 슬롯, NOP
; 조건이 맞으면 print "a==b"를 출력하고 종료
.text:00000070            lui     $v0, (aAB >> 16)          # "a==b"
.text:00000074            addiu   $a0, $v0, (aAB & 0xFFFF)    # "a==b"
.text:00000078            lw      $v0, (puts & 0xFFFF)($gp)
.text:0000007C            or      $at, $zero   ; NOP
.text:00000080            move    $t9, $v0
```

```
.text:00000084                 jalr    $t9
.text:00000088                 or      $at, $zero      ; 브랜치 지연 슬롯, NOP
.text:0000008C                 lw      $gp, 0x20+var_10($fp)
.text:00000090
.text:00000090 loc_90:         # CODE XREF: f_signed+68
.text:00000090                 lw      $v1, 0x20+arg_0($fp)
.text:00000094                 lw      $v0, 0x20+arg_4($fp)
.text:00000098                 or      $at, $zero   ; NOP
; $v1<$v0 (a<b)이면 $v0의 값을 1로 설정
.text:0000009C                 slt     $v0, $v1, $v0
; 조건이 맞지 않으면(즉, $v0==0) loc_c8로 점프
.text:000000A0                 beqz    $v0, loc_C8
.text:000000A4                 or      $at, $zero      ; 브랜치 지연 슬롯, NOP
; 조건이 맞으면 "a<b"를 출력하고 종료
.text:000000A8                 lui     $v0, (aAB_0 >> 16)      # "a<b"
.text:000000AC                 addiu   $a0, $v0, (aAB_0 & 0xFFFF) # "a<b"
.text:000000B0                 lw      $v0, (puts & 0xFFFF)($gp)
.text:000000B4                 or      $at, $zero   ; NOP
.text:000000B8                 move    $t9, $v0
.text:000000BC                 jalr    $t9
.text:000000C0                 or      $at, $zero      ; 브랜치 지연 슬롯, NOP
.text:000000C4                 lw      $gp, 0x20+var_10($fp)
.text:000000C8
; 모든 세 가지 조건이 맞지 않으면 종료
.text:000000C8 loc_C8:                                 # CODE XREF: f_signed+A0
.text:000000C8                 move    $sp, $fp
.text:000000CC                 lw      $ra, 0x20+var_4($sp)
.text:000000D0                 lw      $fp, 0x20+var_8($sp)
.text:000000D4                 addiu   $sp, 0x20
.text:000000D8                 jr      $ra
.text:000000DC                 or      $at, $zero       ; 브랜치 지연 슬롯, NOP
.text:000000DC # End of function f_signed
```

IDA는 SLT REG0, REG0, REG1를 간단히 SLT REG0, REG1로 교체했다.

실제적으로는 BEQ REG, $ZERO, LABEL인 BEQZ('Branch if Equal to Zero') 의사 명령어도 볼 수 있다.

부호 없는 버전은 SLT 대신 SLTU(부호 없는 명령어를 나타내고자 이름에 U가 포함됨)를 사용한다는 것 외에는 동일하다.

리스트 1.116: 최적화를 수행하지 않은 GCC 4.4.5(IDA)

```
.text:000000E0 f_unsigned:                     # CODE XREF: main+28
.text:000000E0
```

```
.text:000000E0 var_10          = -0x10
.text:000000E0 var_8           = -8
.text:000000E0 var_4           = -4
.text:000000E0 arg_0           = 0
.text:000000E0 arg_4           = 4
.text:000000E0
.text:000000E0                 addiu   $sp, -0x20
.text:000000E4                 sw      $ra, 0x20+var_4($sp)
.text:000000E8                 sw      $fp, 0x20+var_8($sp)
.text:000000EC                 move    $fp, $sp
.text:000000F0                 la      $gp, __gnu_local_gp
.text:000000F8                 sw      $gp, 0x20+var_10($sp)
.text:000000FC                 sw      $a0, 0x20+arg_0($fp)
.text:00000100                 sw      $a1, 0x20+arg_4($fp)
.text:00000104                 lw      $v1, 0x20+arg_0($fp)
.text:00000108                 lw      $v0, 0x20+arg_4($fp)
.text:0000010C                 or      $at, $zero
.text:00000110                 sltu    $v0, $v1
.text:00000114                 beqz    $v0, loc_13C
.text:00000118                 or      $at, $zero
.text:0000011C                 lui     $v0, (unk_230 >> 16)
.text:00000120                 addiu   $a0, $v0, (unk_230 & 0xFFFF)
.text:00000124                 lw      $v0, (puts & 0xFFFF)($gp)
.text:00000128                 or      $at, $zero
.text:0000012C                 move    $t9, $v0
.text:00000130                 jalr    $t9
.text:00000134                 or      $at, $zero
.text:00000138                 lw      $gp, 0x20+var_10($fp)
.text:0000013C
.text:0000013C loc_13C:                            # CODE XREF: f_unsigned+34
.text:0000013C                 lw      $v1, 0x20+arg_0($fp)
.text:00000140                 lw      $v0, 0x20+arg_4($fp)
.text:00000144                 or      $at, $zero
.text:00000148                 bne     $v1, $v0, loc_170
.text:0000014C                 or      $at, $zero
.text:00000150                 lui     $v0, (aAB >> 16)     # "a==b"
.text:00000154                 addiu   $a0, $v0, (aAB & 0xFFFF)   # "a==b"
.text:00000158                 lw      $v0, (puts & 0xFFFF)($gp)
.text:0000015C                 or      $at, $zero
.text:00000160                 move    $t9, $v0
.text:00000164                 jalr    $t9
.text:00000168                 or      $at, $zero
.text:0000016C                 lw      $gp, 0x20+var_10($fp)
.text:00000170
.text:00000170 loc_170:                            # CODE XREF: f_unsigned+68
.text:00000170                 lw      $v1, 0x20+arg_0($fp)
```

```
.text:00000174          lw      $v0, 0x20+arg_4($fp)
.text:00000178          or      $at, $zero
.text:0000017C          sltu    $v0, $v1, $v0
.text:00000180          beqz    $v0, loc_1A8
.text:00000184          or      $at, $zero
.text:00000188          lui     $v0, (aAB_0 >> 16)       # "a<b"
.text:0000018C          addiu   $a0, $v0, (aAB_0 & 0xFFFF) # "a<b"
.text:00000190          lw      $v0, (puts & 0xFFFF)($gp)
.text:00000194          or      $at, $zero
.text:00000198          move    $t9, $v0
.text:0000019C          jalr    $t9
.text:000001A0          or      $at, $zero
.text:000001A4          lw      $gp, 0x20+var_10($fp)
.text:000001A8
.text:000001A8 loc_1A8:                 # CODE XREF: f_unsigned+A0
.text:000001A8          move    $sp, $fp
.text:000001AC          lw      $ra, 0x20+var_4($sp)
.text:000001B0          lw      $fp, 0x20+var_8($sp)
.text:000001B4          addiu   $sp, 0x20
.text:000001B8          jr      $ra
.text:000001BC          or      $at, $zero
.text:000001BC # End of function f_unsigned
```

1.14.2 절댓값 계산

다음과 같은 간단한 예를 들어보자.

```
int my_abs (int i)
{
    if (i<0)
        return -i;
    else
        return i;
};
```

최적화를 수행한 MSVC

다음은 컴파일한 결과다.

리스트 1.117: 최적화를 수행한 MSVC 2012 x64

```
i$ = 8
```

```
my_abs PROC
; ECX = input
        test    ecx, ecx
; 입력값의 부호를 체크
; 부호가 양수면 NEG 명령어는 건너뛴다.
        jns     SHORT $LN2@my_abs
; 음수 일때
        neg     ecx
$LN2@my_abs:
; EAX로 결괏값 전달
        mov     eax, ecx
        ret     0
my_abs ENDP
```

GCC 4.9로 컴파일한 것도 거의 동일하다.

최적화를 수행한 Keil 6/2013: Thumb 모드

리스트 1.118: 최적화를 수행한 Keil 6/2013: Thumb 모드

```
my_abs PROC
        CMP     r0,#0
; 입력값이 0이거나 0보다 큰가?
; 그렇다면 RSBS 명령어를 건너뛴다.
        BGE     |L0.6|
; 0에서 입력값을 뺀다.
        RSBS    r0,r0,#0
|L0.6|
        BX      lr
        ENDP
```

ARM에는 부정 명령어가 없기 때문에 Keil 컴파일러는 빼기를 수행하는 'Reverse Subtract' 명령어를 사용한다.

최적화를 수행한 Keil 6/2013: ARM 모드

ARM 모드에서도 Keil 컴파일러가 그랬던 것처럼 특정 명령어에 대한 조건 코드를 추가하는 것이 가능하다.

리스트 1.119: 최적화를 수행한 Keil 6/2013: ARM 모드

```
my_abs PROC
```

```
        CMP     r0,#0
; 입력값이 0보다 작으면 "Reverse Subtract" 명령어 실행
        RSBLT   r0,r0,#0
        BX  lr
    ENDP
```

이제는 조건부 점프가 없어졌다(2.10.1절 참고).

최적화를 수행한 GCC 4.9(ARM64)

ARM64에는 부정 명령어인 NET 명령어가 있다.

리스트 1.120: 최적화를 수행한 GCC 4.9(ARM64)

```
my_abs:
        sub     sp, sp, #16
        str     w0, [sp,12]
        ldr     w0, [sp,12]
; 입력값을 WZR 레지스터의 내용과 비교
; (항상 0값을 갖고 있는)
        cmp     w0, wzr
        bge     .L2
        ldr     w0, [sp,12]
        neg     w0, w0
        b       .L3
.L2:
        ldr     w0, [sp,12]
.L3:
        add     sp, sp, 16
        ret
```

MIPS

리스트 1.121: 최적화를 수행한 GCC 4.4.5(IDA)

```
my_abs:
; $a0<0이면 점프
        bltz    $a0, locret_10
; $v0에서 입력값 ($a0)을 리턴
        move    $v0, $a0
        jr      $ra
        or      $at, $zero      ; 브랜치 지연 슬롯, NOP
locret_10:
```

```
; 입력값의 부호를 바꾸고 $v0에 저장
    jr      $ra
; 이는 의사 명령어다. 실제로 "subu $v0,$zero,$a0" ($v0=0-$a0) 명령어다.
    negu    $v0, $a0
```

이번에는 새로운 명령어인 **BLTZ**('Branch if Less Than Zero')를 볼 수 있다.

또한 0에서 빼기를 수행하는 **NEGU** 의사 명령어도 볼 수 있다. **SUBU**와 **NEGU**에서 볼 수 있는 'U' 접미사는 정수 오버플로우가 발생하더라도 예외가 발생하지 않는다는 것을 의미한다.

분기가 없는 버전?

분기가 없는 코드도 있을 수 있다. 이에 대해서는 3.13절에서 살펴본다.

1.14.3 삼항 연산자

C/C++의 삼항 연산자는 다음과 같다.

```
expression ? expression : expression
```

다음은 간단한 예다.

```c
const char* f (int a)
{
    return a==10 ? "it is ten" : "it is not ten";
};
```

x86

오래되고 최적화를 수행하지 않는 컴파일러는 **if/else**문과 동일하게 취급해서 어셈블리 코드를 만들어낸다.

리스트 1.122: 최적화를 수행하지 않은 MSVC 2008

```
$SG746 DB       'it is ten', 00H
$SG747 DB       'it is not ten', 00H
```

```
tv65 = -4    ; 임시 변수로 사용
_a$ = 8
_f      PROC
        push    ebp
        mov     ebp, esp
        push    ecx
; 입력값을 10과 비교
        cmp     DWORD PTR _a$[ebp], 10
; 같지 않으면 $LN3@f로 점프
        jne     SHORT $LN3@f
; 임시 변수에 문자열 포인터를 저장
        mov     DWORD PTR tv65[ebp], OFFSET $SG746    ; 'it is ten'
; 종료 코드로 점프
        jmp     SHORT $LN4@f
$LN3@f:
; 임시 변수에 문자열 포인터를 저장
        mov     DWORD PTR tv65[ebp], OFFSET $SG747    ; 'it is not ten'
$LN4@f:
; 종료 코드. 임수 변수에 저장된 문자열 포인터를 EAX로 복사
        mov     eax, DWORD PTR tv65[ebp]
        mov     esp, ebp
        pop     ebp
        ret     0
_f      ENDP
```

리스트 1.123: 최적화를 수행한 MSVC 2008

```
$SG792 DB       'it is ten', 00H
$SG793 DB       'it is not ten', 00H

_a$ = 8 ; 크기 = 4
_f      PROC
; 입력값을 10과 비교
        cmp     DWORD PTR _a$[esp-4], 10
        mov     eax, OFFSET $SG792 ; 'it is ten'
; 같으면 $LN4@f로 점프
        je  SHORT $LN4@f
        mov     eax, OFFSET $SG793 ; 'it is not ten'
$LN4@f:
        ret     0
_f      ENDP
```

최신 컴파일러의 결과는 더 간결할 수도 있다.

```
$SG1355 DB        'it is ten', 00H
$SG1356 DB        'it is not ten', 00H

a$ = 8
f       PROC
; 두 문자열의 포인터를 모두 로딩
        lea       rdx, OFFSET FLAT:$SG1355   ; 'it is ten'
        lea       rax, OFFSET FLAT:$SG1356   ; 'it is not ten'
; 입력값과 10을 비교
        cmp       ecx, 10
; 같으면 RDX ("it is ten")값을 복사
; 같지 않으면 아무것도 수행하지 않음. 문자열 "it is not ten"의 포인터는 여전히 RAX에 들어 있음
        cmove     rax, rdx
        ret       0
f       ENDP
```

최적화하지 않는 GCC 4.8은 조건부 점프를 사용하지만, 최적화하는 x86의 GCC 4.8은 위와 같이 **CMOVcc** 명령어를 이용한다.

ARM

ARM 모드에서 최적화를 수행하는 Keil 역시 조건부 명령어 **ARDcc**를 사용한다.

리스트 1.125: 최적화를 수행한 Keil 6/2013(ARM 모드)

```
f PROC
; 입력값을 10과 비교한다.
        CMP       r0,#0xa
; 같으면 "it is ten"에 대한 문자열 포인터를 R0에 복사
        ADREQ     r0,|L0.16|      ; "it is ten"
; 같지 않으면 "it is not ten"에 대한 문자열 포인터를 R0에 복사
        ADRNE     r0,|L0.28|      ; "it is not ten"
        BX        lr
        ENDP

|L0.16|
        DCB       "it is ten",0
|L0.28|
        DCB       "it is not ten",0
```

바이너리를 패치하는 등의 조작 없이 두 명령어 **ADREQ**와 **ADRNE**를 모두 실행하는 것은 불가능하다.

Thumb 모드에서는 로드 명령어가 조건 플래그를 지원하지 않기 때문에 Thumb 모드
에서 최적화를 수행하는 Keil은 조건부 점프 명령어를 사용한다.

리스트 1.126: 최적화를 수행한 Keil 6/2013(Thumb 모드)

```
f PROC
; 입력값과 10을 비교한다.
        CMP     r0,#0xa
; 같으면 |L0.8|로 점프
        BEQ     |L0.8|
        ADR     r0,|L0.12|  ; "it is not ten"
        BX      lr
|L0.8|
        ADR     r0,|L0.28|  ; "it is ten"
        BX      lr
        ENDP

|L0.12|
        DCB     "it is not ten",0
|L0.28|
        DCB     "it is ten",0
```

ARM64

최적화를 수행하는 ARM64의 GCC(Linaro) 4.9도 조건부 점프를 이용한다.

리스트 1.127: 최적화를 수행한 GCC(Linaro) 4.9

```
f:
        cmp     x0, 10
        beq     .L3       ; 같으면 분기
        adrp    x0, .LC1    ; "it is ten"
        add     x0, x0, :lo12:.LC1
        ret
.L3:
        adrp    x0, .LC0    ; "it is not ten"
        add     x0, x0, :lo12:.LC0
        ret
.LC0:
        .string "it is ten"
.LC1:
        .string "it is not ten"
```

이는 ARM64에서는 32비트 ARM 모드의 **ADRcc**나 x86의 **COMVcc**와 같이 조건 플래그를

지원하는 간단한 로드 명령어가 없기 때문이다.

물론 ARM64에는 CSEL('Conditional SELect') 명령어(『ARM Architecture Reference Manual, ARMv8, for ARMv8-A architecture profile』(2013) p390, C5.5)가 있지만 GCC 4.9가 그것을 이용할 수 있을 만큼 똑똑하지는 않은 것 같다.

MIPS

불행하게도 MIPS를 위한 GCC 4.4.5는 그렇게 똑똑하지는 않다.

리스트 1.128: 최적화를 수행한 GCC 4.4.5(어셈블리 출력)

```
$LC0:
        .ascii "it is not ten\000"
$LC1:
        .ascii "it is ten\000"
f:
        li      $2,10 # 0xa
; $a0와 10을 비교, 같으면 점프
        beq     $4,$2,$L2
        nop     ; branch delay slot
; "it is not ten" 문자열의 주소를 $v0에 남기고 리턴
        lui     $2,%hi($LC0)
        j       $31
        addiu   $2,$2,%lo($LC0)
$L2:
; "it is ten" 문자열의 주소를 $v0에 남기고 리턴
        lui     $2,%hi($LC1)
        j       $31
        addiu   $2,$2,%lo($LC1)
```

if/else way 방식으로 재구성

```
const char* f (int a)
{
    if (a==10)
        return "it is ten";
    else
        return "it is not ten";
};
```

흥미롭게도 x86에서 최적화를 수행한 GCC 4.8은 이 경우에도 CMOVcc를 사용하는 코

드를 생성한다.

리스트 1.129: 최적화를 수행한 GCC 4.8

```
.LC0:
        .string "it is ten"
.LC1:
        .string "it is not ten"
f:
.LFB0:
; 입력값과 10을 비교
        cmp     DWORD PTR [esp+4], 10
        mov     edx, OFFSET FLAT:.LC1   ; "it is not ten"
        mov     eax, OFFSET FLAT:.LC0   ; "it is ten"
; 비교 결과, 두 수가 같지 않으면 EDX의 값을 EAX에 복사
; 같으면 아무것도 수행하지 않음
        cmovne  eax, edx
        ret
```

ARM 모드에서 최적화를 수행한 Keil은 리스트 1.125와 동일한 코드를 만들어낸다.

하지만 최적화를 수행한 MSVC 2012는 (아직은) 그다지 우수하지 못하다.

결론

최적화를 수행하는 컴파일러는 왜 조건부 점프를 제거하려고 하는 것일까? 2.10.1절을 읽어 보기 바란다.

1.14.4 최댓값, 최솟값 구하기

32비트

```
int my_max(int a, int b)
{
    if (a>b)
        return a;
    else
        return b;
};

int my_min(int a, int b)
{
    if (a<b)
```

```
        return a;
    else
        return b;
};
```

리스트 1.130: 최적화를 수행하지 않은 MSVC 2013

```
_a$ = 8
_b$ = 12
_my_min PROC
        push    ebp
        mov     ebp, esp
        mov     eax, DWORD PTR _a$[ebp]
; A와 B를 비교
        cmp     eax, DWORD PTR _b$[ebp]
; A가 B보다 크거나 같으면 점프
        jge     SHORT $LN2@my_min
; 그렇지 않으면 EAX에 A를 로드하고 종류 코드로 점프
        mov     eax, DWORD PTR _a$[ebp]
        jmp     SHORT $LN3@my_min
        jmp     SHORT $LN3@my_min   ; this is redundant JMP
$LN2@my_min:
; B를 리턴
        mov     eax, DWORD PTR _b$[ebp]
$LN3@my_min:
        pop     ebp
        ret     0
_my_min ENDP

_a$ = 8
_b$ = 12
_my_max PROC
        push    ebp
        mov     ebp, esp
        mov     eax, DWORD PTR _a$[ebp]
; A와 B를 비교
        cmp     eax, DWORD PTR _b$[ebp]
; A가 B보다 작거나 같으면 점프
        jle     SHORT $LN2@my_max
; 그렇지 않으면 EAX에 A를 로드하고 종류 코드로 점프
        mov     eax, DWORD PTR _a$[ebp]
        jmp     SHORT $LN3@my_max
        jmp     SHORT $LN3@my_max   ; this is redundant JMP
$LN2@my_max:
; B를 리턴
        mov     eax, DWORD PTR _b$[ebp]
$LN3@my_max:
```

```
        pop     ebp
        ret     0
_my_max ENDP
```

위 두 함수는 조건부 점프 명령만 다르다. 첫 번째 함수에서는 JGE('Jump if Greater or Equal')가 사용됐고 두 번째 함수에서는 JLE('Jump if Less or Equal')가 사용됐다.

두 함수 모두에는 필요하지 않은 JMP 명령어가 하나씩 있다. 그것은 아마도 MSVC가 실수로 남겨 놓은 것 같다.

분기 없는 코드

Thumb 모드의 ARM 코드를 보면 x86 코드가 떠오른다.

리스트 1.131: 최적화를 수행한 Keil 6/2013(Thumb 모드)

```
my_max PROC
; R0=A
; R1=B
; A와 B:를 비교
        CMP     r0,r1
; A가 B보다 크면 분기
        BGT     |L0.6|
; 그렇지 않으면 (A<=B) R1 (B) 리턴
        MOVS    r0,r1
|L0.6|
; 리턴
        BX      lr
        ENDP

my_min PROC
; R0=A
; R1=B
; A와 B:를 비교
        CMP     r0,r1
; A가 B보다 작으면 분기
        BLT     |L0.14|
; 그렇지 않으면 (A>=B) R1 (B) 리턴
        MOVS    r0,r1
|L0.14|
; 리턴
        BX      lr
        ENDP
```

두 함수는 분기 명령어가 다르다(BGT와 BLT). ARM 모드에서는 조건부 접미사를 이용하면 좀 더 간단한 코드를 만들어낼 수 있다.

MOVcc는 조건이 만족될 때만 실행된다.

리스트 1.132: 최적화를 수행한 Keil 6/2013(ARM 모드)

```
my_max PROC
; R0=A
; R1=B
; A와 B를 비교
        CMP     r0,r1
; B를 R0에 넣음으로써 A 대신 B를 리턴
; 이 명령어는 A<=B인 경우에만 실행된다.
; 이 명령어가 실행되지 않으면 (A>B), A는 여전히 R0 레지스터에 남는다.
        MOVLE   r0,r1
        BX  lr
        ENDP

my_min PROC
; R0=A
; R1=B
; A와 B를 비교
        CMP     r0,r1
; B를 R0에 넣음으로써 A 대신 B를 리턴
; 이 명령어는 A>=B인 경우에만 실행된다.
; 이 명령어가 실행되지 않으면 (A<B), A는 여전히 R0 레지스터에 남는다.
        MOVGE   r0,r1
        BX      lr
        ENDP
```

최적화를 수행하는 GCC 4.8.1과 최적화를 수행하는 MSVC 2013는 모두 ARM의 MOVcc 명령어와 동일한 CMOVcc 명령어를 이용할 수 있다.

리스트 1.133: 최적화를 수행한 MSVC 2013

```
my_max:
        mov     edx, DWORD PTR [esp+4]
        mov     eax, DWORD PTR [esp+8]
; EDX=A
; EAX=B
; A와 B를 비교
        cmp     edx, eax
; A>=B이면 A 값을 EAX에 로드
; A<B이면 명령어가 실행되지 않는다.
        cmovge  eax, edx
```

```
        ret

my_min:
        mov     edx, DWORD PTR [esp+4]
        mov     eax, DWORD PTR [esp+8]
; EDX=A
; EAX=B
; A와 B를 비교
        cmp     edx, eax
; A<=B이면 A 값을 EAX에 로드
; A>B이면 명령어가 실행되지 않는다.
        cmovle  eax, edx
        ret
```

64비트

```c
#include <stdint.h>

int64_t my_max(int64_t a, int64_t b)
{
    if (a>b)
        return a;
    else
        return b;
};

int64_t my_min(int64_t a, int64_t b)
{
    if (a<b)
        return a;
    else
        return b;
};
```

불필요한 셔플링이 있지만 코드를 이해할 수는 있다.

리스트 1.134: 최적화를 수행하지 않은 GCC 4.9.1 ARM64

```
my_max:
        sub     sp, sp, #16
        str     x0, [sp,8]
        str     x1, [sp]
        ldr     x1, [sp,8]
        ldr     x0, [sp]
        cmp     x1, x0
```

```
        ble     .L2
        ldr     x0, [sp,8]
        b       .L3
.L2:
        ldr     x0, [sp]
.L3:
        add     sp, sp, 16
        ret

my_min:
        sub     sp, sp, #16
        str     x0, [sp,8]
        str     x1, [sp]
        ldr     x1, [sp,8]
        ldr     x0, [sp]
        cmp     x1, x0
        bge     .L5
        ldr     x0, [sp,8]
        b       .L6
.L5:
        ldr     x0, [sp]
.L6:
        add     sp, sp, 16
        ret
```

분기 없는 코드

함수 인자는 이미 레지스터에 있기 때문에 스택에서 함수 인자를 로드할 필요가 없다.

리스트 1.135: 최적화를 수행한 GCC 4.9.1 x64

```
my_max:
; RDI=A
; RSI=B
; A와 B를 비교
        cmp     rdi, rsi
; 리턴을 위해서 B를 RAX에 로드
        mov     rax, rsi
; A>=B이면 A(RDI)를 RAX에 넣어서 리턴한다.
; A<B이면 이 명령어는 실행되지 않는다.
        cmovge rax, rdi
        ret

my_min:
; RDI=A
; RSI=B
```

```
; A와 B를 비교
        cmp     rdi, rsi
; 리턴을 위해 B를 RAX에 로드
        mov     rax, rsi
; A<=B이면 A(RDI)를 RAX에 넣어 리턴한다.
; A>B이면 이 명령어는 실행되지 않는다.
        cmovle rax, rdi
        ret
```

MSVC 2013로 컴파일한 결과도 거의 동일하다.

ARM64에는 x86의 **CMOVcc**나 ARM의 **MOVcc**와 동일한 **CSEL**('Conditional SELect') 명령어가 있다.

리스트 1.136: 최적화를 수행한 GCC 4.9.1 ARM64

```
my_max:
; X0=A
; X1=B
; A와 B를 비교
        cmp     x0, x1
; X0>=X1이거나 A>=B이면 X0 (A)를 X0에 로드
; A<B이면 X1 (B)를 X0에 로드
        csel    x0, x0, x1, ge
        ret

my_min:
; X0=A
; X1=B
; A와 B를 비교
        cmp     x0, x1
; X0<=X1이거나 A<=B이면 X0 (A)를 X0에 로드
; A>B이면 X1 (B)를 X0에 로드
        csel    x0, x0, x1, le
        ret
```

MIPS

불행하게도 MIPS에서 GCC 4.4.5의 결과는 그렇게 좋지는 않다.

리스트 1.137: 최적화를 수행한 GCC 4.4.5(IDA)

```
my_max:
; $a1<$a0이면 $v1을 1로 그렇지 않으면 ($a1>$a0) 0으로 설정
```

```
        slt     $v1, $a1, $a0
; $v1이 0이거나 $a1>$a0이면 점프
        beqz    $v1, locret_10
; 이것은 브랜치 지연 슬롯이다.
; 분기가 발생하면 $v0에 $a1을 로드
        move    $v0, $a1
; 분기가 발생하지 않으면 $v0에 $a0를 로드
        move    $v0, $a0

locret_10:
        jr      $ra
        or      $at, $zero  ; 브랜치 지연 슬롯, NOP

; main() 함수는 동일하지만 SLT 명령의 입력 오퍼랜드가 바뀌었다.
my_min:
        slt     $v1, $a0, $a1
        beqz    $v1, locret_28
        move    $v0, $a1
        move    $v0, $a0
locret_28:
        jr      $ra
        or      $at, $zero  ; 브랜치 지연 슬롯, NOP
```

브랜치 지연 슬롯을 잊으면 안 된다. 첫 번째 MOVE는 BEQZ 전에 실행되고 두 번째 MOVE
는 분기가 발생하지 않을 때만 실행된다.

1.14.5 결론

x86

조건부 점프의 대략적인 형태는 다음과 같다.

리스트 1.138: x86

```
CMP 레지스터, 레지스터/값
Jcc true ; cc=조건 코드(condition code)
false:
... 비교 결과가 거짓일 때 실행할 코드...
JMP exit
true:
... 비교 결과가 참일 때 실행할 코드 ...
exit:
```

ARM

리스트 1.139: ARM

```
CMP 레지스터, 레지스터/값
Bcc true ; cc=조건 코드(condition code)
false:
... 비교 결과가 거짓일 때 실행할 코드...
JMP exit
true:
... 비교 결과가 참일 때 실행할 코드...
exit:
```

MIPS

리스트 1.140: 0인지 확인

```
BEQZ REG, label
...
```

리스트 1.141: 의사 명령어를 사용해 0보다 작은지 확인

```
BLTZ REG, label
...
```

리스트 1.142: 값이 동일한지 확인

```
BEQ REG1, REG2, label
...
```

리스트 1.143: 값이 동일하지 않은지 확인

```
BNE REG1, REG2, label
...
```

리스트 1.144: 값이 작은지 확인(부호 있는 비교)

```
SLT REG1, REG2, REG3
BEQ REG1, label
...
```

```
SLTU REG1, REG2, REG3
BEQ REG1, label
...
```

분기 없는 코드

조건문이 매우 짧으면 조건부 move 명령어를 사용할 수 있다. 즉, ARM에서는 MOVcc (ARM 모드), ARM64에서는 CSEL, x86에서는 CMOVcc를 사용할 수 있다.

ARM

ARM 모드에서는 일부 명령어에 대해 조건 서술부를 사용할 수 있다.

리스트 1.146: ARM(ARM 모드)

```
CMP 레지스터, 레지스터/값
instr1_cc       ; 조건 코드가 참일 때 실행할 명령어
instr2_cc       ; 다른 조건 코드가 참일 때 실행할 명령어
... 나머지 코드...
```

물론 CPU 플래그가 수정되지 않는다면 사용할 수 있는 조건 서술부 지원 명령어의 개수에는 제한이 없다.

Thumb 모드는 다음 네 개의 명령어에 조건 서술부를 추가해주는 IT 명령어를 지원한다. 이에 대해서는 1.19.7절에서 자세히 다룬다.

리스트 1.147: ARM(Thumb 모드)

```
CMP 레지스터, 레지스터/값
ITEEE EQ    ; 다음 서술부를 설정한다. if-then-else-else-else
instr1      ; 조건이 참일 때 실행되는 명령어
instr2      ; 조건이 거짓일 때 실행되는 명령어
instr3      ; 조건이 거짓일 때 실행되는 명령어
instr4      ; 조건이 거짓일 때 실행되는 명령어
```

1.14.6 연습

(ARM64) 모든 조건부 점프 명령어를 제거하고 CSEL 명령어를 이용하도록 리스트

1.127 코드의 내용을 변경해보기 바란다.

1.15 switch()/case/default

1.15.1 경우의 수가 적은 switch()문

```c
#include <stdio.h>

void f (int a)
{
    switch (a)
    {
        case 0: printf ("zero\n"); break;
        case 1: printf ("one\n"); break;
        case 2: printf ("two\n"); break;
        default: printf ("something unknown\n"); break;
    };
};

int main()
{
    f (2); // test
};
```

x86

최적화를 수행하지 않은 MSVC

컴파일 결과 (MSVC 2010):

리스트 1.148: MSVC 2010

```asm
tv64 = -4   ; size = 4
_a$ = 8     ; size = 4
_f      PROC
    push    ebp
    mov     ebp, esp
    push    ecx
    mov     eax, DWORD PTR _a$[ebp]
    mov     DWORD PTR tv64[ebp], eax
    cmp     DWORD PTR tv64[ebp], 0
    je      SHORT $LN4@f
```

```
        cmp     DWORD PTR tv64[ebp], 1
        je      SHORT $LN3@f
        cmp     DWORD PTR tv64[ebp], 2
        je      SHORT $LN2@f
        jmp     SHORT $LN1@f
$LN4@f:
        push    OFFSET $SG739   ; 'zero', 0aH, 00H
        call    _printf
        add     esp, 4
        jmp     SHORT $LN7@f
$LN3@f:
        push    OFFSET $SG741   ; 'one', 0aH, 00H
        call    _printf
        add     esp, 4
        jmp     SHORT $LN7@f
$LN2@f:
        push    OFFSET $SG743   ; 'two', 0aH, 00H
        call    _printf
        add     esp, 4
        jmp     SHORT $LN7@f
$LN1@f:
        push    OFFSET $SG745      ; 'something unknown', 0aH, 00H
        call    _printf
        add     esp, 4
$LN7@f:
        mov     esp, ebp
        pop     ebp
        ret     0
_f      ENDP
```

경우의 수가 적은 switch()가 사용된 이 함수는 사실 다음 코드와 유사하다.

```
void f (int a)
{
    if (a==0)
        printf ("zero\n");
    else if (a==1)
        printf ("one\n");
    else if (a==2)
        printf ("two\n");
    else
        printf ("something unknown\n");
};
```

경우의 수가 적은 switch()인 경우 어셈블리 코드상으로 해당 코드가 실제로 switch()

를 사용했는지 아니면 if()문을 여러 개 합친 것인지 알아내는 방법은 없다.

다시 말해 switch()는 if()를 여러 번 이용해 다수의 조건을 검사하는 코드 구조다.

컴파일러가 입력값 a를 임시 지역 변수 tv64[60]로 옮기는 부분만 제외하면 생성된 코드에서 특별히 새로운 내용은 찾을 수 없다.

동일한 코드를 GCC 4.4.1로 컴파일해도 결과는 거의 동일하다. 최적화 옵션을 최대로 활성화(-O3)해도 그것은 마찬가지다.

최적화를 수행한 MSVC

MSVC에서 최적화 옵션(/Ox)을 활성화해보자. cl 1.c /Fa1.asm /Ox

리스트 1.149: MSVC

```
_a$ = 8 ; 크기 = 4
_f      PROC
    mov     eax, DWORD PTR _a$[esp-4]
    sub     eax, 0
    je      SHORT $LN4@f
    sub     eax, 1
    je      SHORT $LN3@f
    sub     eax, 1
    je      SHORT $LN2@f
    mov     DWORD PTR _a$[esp-4], OFFSET $SG791 ; 'something unknown', 0aH, 00H
    jmp     _printf
$LN2@f:
    mov     DWORD PTR _a$[esp-4], OFFSET $SG789 ; 'two', 0aH, 00H
    jmp     _printf
$LN3@f:
    mov     DWORD PTR _a$[esp-4], OFFSET $SG787 ; 'one', 0aH, 00H
    jmp     _printf
$LN4@f:
    mov     DWORD PTR _a$[esp-4], OFFSET $SG785 ; 'zero', 0aH, 00H
    jmp     _printf
_f      ENDP
```

이 코드에서는 몇 가지 이해하기 난해한 트릭을 배울 수 있다.

첫 번째: 변수 a의 값을 EAX에 저장한 후 0을 뺀다. 이상해 보이지만 EAX 레지스터의 값이 0인지 검사를 수행한다. EAX가 0이면 ZF 플래그가 설정되며(다시 말해 EAX 값에서

---

60. tv로 시작하는 스택상의 지역 변수는 MSVC가 필요에 따라 생성하는 내부 변수의 이름이다.

0을 뺀 결과가 0이라는 의미다), 첫 번째 조건부 점프 JE(같으면 점프 또는 동일한 명령어인 JZ – 0이면 점프)가 실행돼 제어 흐름이 레이블 $LN4@f로 이동한다. 이 레이블에서는 메시지 'zero'가 출력된다. 첫 번째 점프가 수행되지 않으면 입력값에서 1을 빼며, 언젠가 연산 결과가 0이 되면 해당 점프가 수행된다.

어떤 점프도 수행되지 않으면 제어 흐름이 'something unknown' 문자열을 인자로 취하는 printf()로 전달된다.

두 번째: 두 번째 이상한 부분은 printf() 호출이다. 문자열 포인터를 변수 a에 저장한 후 CALL을 수행하는 것이 아니라 JMP를 이용해 printf()를 호출하고 있다는 것이다. 이에 대한 설명은 간단하다. 호출자는 스택에 값을 푸시하고 CALL을 이용해 함수를 호출한다. CALL 자신은 리턴 주소(RA)를 스택에 푸시하고 호출된 함수의 주소로 무조건적으로 점프한다. 호출된 함수의 스택 레이아웃은 함수 실행 내내 다음과 같다(스택 포인터를 이동시키는 명령어를 사용하지 않기 때문).

- ESP: RA를 가리킴
- ESP+4: 변수 a를 가리킴

한편 printf()를 호출해야 한다면 문자열을 가리키는 printf()의 첫 번째 인자를 제외한 동일한 스택 레이아웃이 필요하다. 생성된 코드가 바로 이 동작을 수행하는 것이다.

코드는 마치 함수 f()를 애초에 호출하지 않고 바로 printf()를 호출한 것처럼 함수의 첫 번째 인자를 문자열의 주소로 대체한 다음 printf()로 점프한다. printf()는 문자열을 stdout으로 출력한 후 RET 명령어를 실행한다. 이 명령어는 스택에서 RA를 꺼낸 후 제어 흐름을 f()가 아닌 f()의 호출자로 넘긴다. 결과적으로 f() 함수의 끝부분은 건너뛰게 된다.

이게 가능한 이유는 f() 함수에서 어느 경우든 printf()가 함수의 마지막 부분에서 호출되기 때문이다. 어떤 면에서는 longjmp() 함수와 거의 동일하다. 물론 이 모든 게 실행 속도 향상을 위한 조치다.

이와 비슷한 ARM 컴파일러의 사례는 이미 1.8.2절에서 살펴봤다.

OllyDbg

이번 예제는 다소 까다로우니 OllyDbg로 분석해보자. OllyDbg는 switch()문 구조를 탐지해 유용한 주석을 추가해준다. 시작 시점에서 EAX는 2며, 함수의 입력값이다.

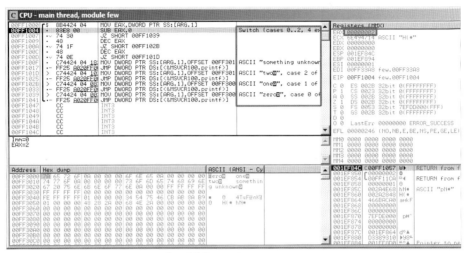

그림 1.42: OllyDbg: EAX에 담긴 첫 번째(유일한) 함수 인자

EAX에 있는 2에서 0을 뺀다. 물론 EAX 값은 여전히 2다. 하지만 ZF 플래그가 0, 즉 결괏값이 0이 아닌 값이라는 의미로 변한다.

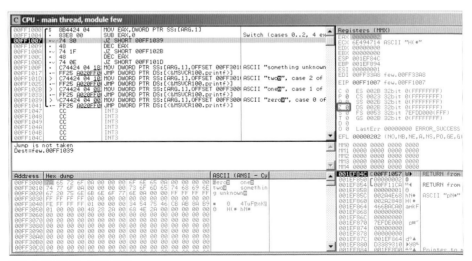

그림 1.43: OllyDbg: SUB 실행

DEC가 실행돼 EAX 값은 1로 된다. 1 역시 0이 아니므로 ZF 플래그는 여전히 0이다.

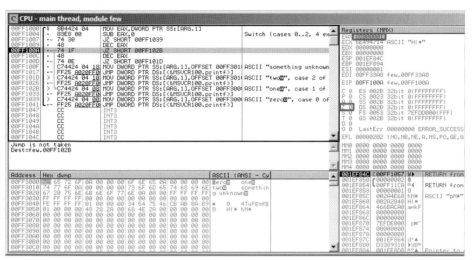

그림 1.44: OllyDbg: 첫 번째 DEC 실행

다음 DEC가 실행된다. 마침내 EAX가 0이 되고 산술 연산 결과가 0이므로 ZF 플래그가
1로 설정된다.

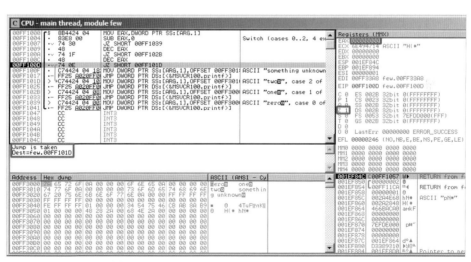

그림 1.45: OllyDbg: 두 번째 DEC 실행

OllyDbg는 이제 점프가 수행될 거라는 사실을 알려준다.

문자열 "two"를 가리키는 포인터가 스택에 저장된다.

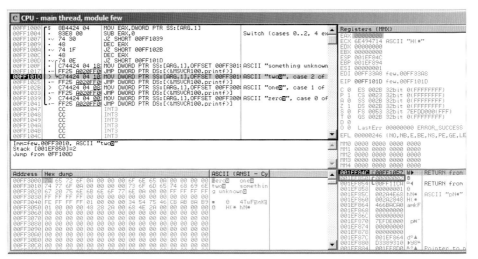

그림 1.46: OllyDbg: 첫 번째 인자의 위치에 문자열 포인터 기록

주의할 점은 현재 함수의 인자는 2며, 2는 이제 스택상의 주소 **0x001EF850**에 존재한다는 점이다.

MOV 명령어가 문자열 포인터를 주소 **0x001EF850**에 기록한다(스택 창을 보자). 그리고 점프가 수행된다. 이는 MSVCR100.DLL에 있는 printf() 함수의 첫 번째 명령어다(이 코드는 /MD 스위치로 컴파일했다).

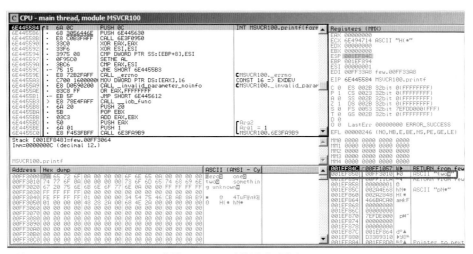

그림 1.47: OllyDbg: MSVCR100.DLL에 있는 printf()의 첫 번째 명령어

printf()는 **0x00FF3010**에 있는 문자열을 유일한 인자로 취하고 문자열을 출력한다.

다음은 printf()의 마지막 명령어다.

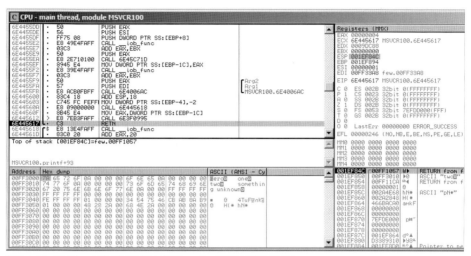

그림 1.48: OllyDbg: MSVCR100.DLL에 있는 printf()의 마지막 명령어

문자열 "two"가 콘솔 창에 막 출력됐다.

F7이나 F8(스텝 오버)을 누르면 함수 f()가 아니라 main()으로 돌아온다.

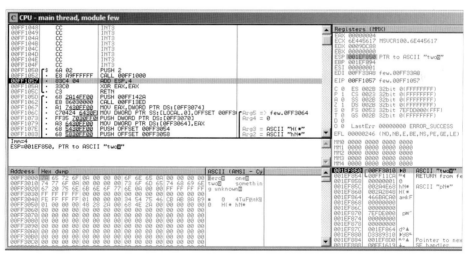

그림 1.49: OllyDbg: main()으로 리턴

그렇다. printf()에서 main()으로 바로 점프했다. 스택에 있는 RA가 함수 f()의 특정 위치가 아니라 main()을 가리키고 있었기 때문이다. 그리고 CALL 0x00FF1000은 함수 f()를 호출했던 실제 명령어다.

```
.text:0000014C              f1:
.text:0000014C 00 00 50 E3    CMP     R0, #0
.text:00000150 13 0E 8F 02    ADREQ   R0, aZero   ; "zero\n"
.text:00000154 05 00 00 0A    BEQ     loc_170
.text:00000158 01 00 50 E3    CMP     R0, #1
.text:0000015C 4B 0F 8F 02    ADREQ   R0, aOne    ; "one\n"
.text:00000160 02 00 00 0A    BEQ     loc_170
.text:00000164 02 00 50 E3    CMP     R0, #2
.text:00000168 4A 0F 8F 12    ADRNE   R0, aSomethingUnkno     ; "something unknown\n"
.text:0000016C 4E 0F 8F 02    ADREQ   R0, aTwo    ; "two\n"
.text:00000170
.text:00000170     loc_170:   ; CODE XREF: f1+8
.text:00000170                ; f1+14
.text:00000170 78 18 00 EA    B       __2printf
```

이전 예제와 마찬가지로 이 코드만 보고서는 원본 소스코드가 switch()로 작성됐는지 여러 개의 if()문으로 작성됐는지 알 수 없다.

어쨌든 ADREQ(Equal)와 같이 조건 서술부가 딸린 명령어를 또 볼 수 있는데, 이는 R0=0일 때만 수행되며, 문자열 "zero\n"의 주소를 R0에 로딩하는 명령어다. 다음 명령어인 BEQ는 R0=0일 때 제어 흐름을 loc_170으로 넘긴다.

눈치 빠른 독자라면 이전 명령어인 ADREQ가 이미 R0 레지스터를 다른 값으로 채운 상태에서 BEQ의 조건 검사가 제대로 수행될지 의문을 가질 것이다.

ADREQ는 플래그를 전혀 변경하지 않으며, BEQ는 CMP 명령어가 설정한 플래그를 검사하므로 이 코드에는 전혀 문제가 없다.

나머지 명령어는 이미 우리에게 익숙하다. 끝부분에 printf()를 호출하는 부분이 나오는데, 이미 1.8.2절에서 다뤘다. 결국 printf()로 도달하는 제어 경로는 총 세 개가 된다.

마지막 비교 명령어인 CMP R0, #2는 a=2인지 검사한다.

이미 0과 1에 대한 검사는 수행한 이후이고 둘 중 하나의 값이 아닌 상황이므로 a가 2가 아닌 경우에는 ADRNE가 "something unknown\n" 문자열의 포인터를 R0로 로딩한다. R0=2라면 ADREQ 명령어가 "two\n" 문자열의 포인터를 R0로 로딩한다.

ARM: 최적화를 수행한 Keil 6/2013(Thumb 모드)

```
.text:000000D4                 f1:
.text:000000D4 10 B5           PUSH    {R4,LR}
.text:000000D6 00 28           CMP     R0, #0
.text:000000D8 05 D0           BEQ     zero_case
.text:000000DA 01 28           CMP     R0, #1
.text:000000DC 05 D0           BEQ     one_case
.text:000000DE 02 28           CMP     R0, #2
.text:000000E0 05 D0           BEQ     two_case
.text:000000E2 91 A0           ADR     R0, aSomethingUnkno    ; "something unknown\n"
.text:000000E4 04 E0           B       default_case

.text:000000E6                 zero_case: ; CODE XREF: f1+4
.text:000000E6 95 A0           ADR     R0, aZero   ; "zero\n"
.text:000000E8 02 E0           B       default_case

.text:000000EA                 one_case:  ; CODE XREF: f1+8
.text:000000EA 96 A0           ADR     R0, aOne    ; "one\n"
.text:000000EC 00 E0           B       default_case

.text:000000EE                 two_case:  ; CODE XREF: f1+C
.text:000000EE 97 A0           ADR     R0, aTwo    ; "two\n"
.text:000000F0                 default_case  ; CODE XREF: f1+10
.text:000000F0                                             ; f1+14

.text:000000F0 06 F0 7E F8 BL          __2printf
.text:000000F4 10 BD           POP     {R4,PC}
```

이미 설명했듯이 Thumb 모드는 대부분의 명령어에 조건 서술부를 추가할 수 없기 때문에 이해하기 쉬운 x86 CISC 스타일의 코드와 유사하다.

ARM64: 최적화를 수행하지 않은 GCC(Linaro) 4.9

```
.LC12:
    .string "zero"
.LC13:
    .string "one"
.LC14:
    .string "two"
.LC15:
    .string "something unknown"
f12:
    stp    x29, x30, [sp, -32]!
    add    x29, sp, 0
    str    w0, [x29,28]
```

```
        ldr     w0, [x29,28]
        cmp     w0, 1
        beq     .L34
        cmp     w0, 2
        beq     .L35
        cmp     w0, wzr
        bne     .L38     ; default 레이블로 점프
        adrp    x0, .LC12 ; "zero"
        add     x0, x0, :lo12:.LC12
        bl      puts
        b       .L32
.L34:
        adrp    x0, .LC13 ; "one"
        add     x0, x0, :lo12:.LC13
        bl      puts
        b       .L32
.L35:
        adrp    x0, .LC14 ; "two"
        add     x0, x0, :lo12:.LC14
        bl      puts
        b       .L32
.L38:
        adrp    x0, .LC15 ; "something unknown"
        add     x0, x0, :lo12:.LC15
        bl      puts
        nop
.L32:
        ldp     x29, x30, [sp], 32
        ret
```

입력값은 int 타입이므로 X0 레지스터 전체 대신 W0 레지스터를 입력용으로 사용했다. 1.5.4절의 "Hello, world!" 예제처럼 ADRP/ADD 명령어 쌍을 이용해 문자열 포인터를 puts()로 전달한다.

ARM64: 최적화를 수행한 GCC(Linaro) 4.9

```
f12:
        cmp     w0, 1
        beq     .L31
        cmp     w0, 2
        beq     .L32
        cbz     w0, .L35
        ; 디폴트 케이스
```

```
        adrp    x0, .LC15 ; "something unknown"
        add     x0, x0, :lo12:.LC15
        b       puts
.L35:
        adrp    x0, .LC12 ; "zero"
        add     x0, x0, :lo12:.LC12
        b       puts
.L32:
        adrp    x0, .LC14 ; "two"
        add     x0, x0, :lo12:.LC14
        b       puts
.L31:
        adrp    x0, .LC13 ; "one"
        add     x0, x0, :lo12:.LC13
        b       puts
```

이전 예제보다 좀 더 최적화된 코드다. CBZ('Compare and Branch on Zero') 명령어는 W0
가 0일 때 점프를 수행한다. 또한 1.15.1절의 코드처럼 puts()를 호출하는 대신 바로
해당 주소로 점프하는 코드도 있다.

MIPS

리스트 1.150: 최적화를 수행한 GCC 4.4.5(IDA)

```
f:
        lui     $gp, (__gnu_local_gp >> 16)
; 1인지 체크
        li      $v0, 1
        beq     $a0, $v0, loc_60
        la      $gp, (__gnu_local_gp & 0xFFFF)       ; 브랜치 지연 슬롯
; 2인지 체크
        li      $v0, 2
        beq     $a0, $v0, loc_4C
        or      $at, $zero ; 브랜치 지연 슬롯, NOP
; 0이 아니면 점프
        bnez    $a0, loc_38
        or $at, $zero  ; 브랜치 지연 슬롯, NOP
; 0인 경우:
        lui     $a0, ($LC0 >> 16) # "zero"
        lw      $t9, (puts & 0xFFFF)($gp)
        or      $at, $zero ; 로드 지연 슬롯, NOP
        jr      $t9 ; 브랜치 지연 슬롯, NOP
        la      $a0, ($LC0 & 0xFFFF)  # "zero"    ; 브랜치 지연 슬롯
loc_38:                         # CODE XREF: f+1C
```

```
        lui      $a0, ($LC3 >> 16)        # "something unknown"
        lw       $t9, (puts & 0xFFFF)($gp)
        or       $at, $zero  ; 로드 지연 슬롯, NOP
        jr       $t9
        la       $a0, ($LC3 & 0xFFFF)     # "something unknown" ; 브랜치 지연 슬롯
loc_4C:                       # CODE XREF: f+14
        lui      $a0, ($LC2 >> 16)        # "two"
        lw       $t9, (puts & 0xFFFF)($gp)
        or       $at, $zero  ; 로드 지연 슬롯, NOP
        jr       $t9
        la       $a0, ($LC2 & 0xFFFF)     # "two" ; 브랜치 지연 슬롯
loc_60:                       # CODE XREF: f+8
        lui      $a0, ($LC1 >> 16)        # "one"
        lw       $t9, (puts & 0xFFFF)($gp)
        or       $at, $zero  ; 로드 지연 슬롯, NOP
        jr       $t9
        la       $a0, ($LC1 & 0xFFFF)     # "one" ; 브랜치 지연 슬롯
```

함수의 끝은 항상 puts()를 호출하는 것으로 끝나기 때문에 puts()로 점프(JAL('Jump and Link Register') 대신 JR('Jump Register')이 사용됨)하는 코드를 볼 수 있다. 이에 대해서는 1.15.1절에서 살펴봤다.

또한 LW 명령어 뒤에 NOP 명령어를 자주 볼 수 있다. 이는 MIPS에서 또 하나의 지연 슬롯인 '로드 지연 슬롯'이다.

LW가 메모리에서 값을 로드하는 동안 LW 다음의 명령어가 실행될 수 있다.

하지만 해당 명령어는 LW의 수행 결과를 이용하면 안된다.

최신 MIPS CPU는 다음 명령어가 LW의 결과를 사용하는 경우 대기하는 기능이 있기 때문에 이 설명이 지금은 정확하지 않을 수 있지만 GCC는 여전히 오래된 MIPS CPU를 위해 NOP를 추가한다. 따라서 이에 대해서는 무시해도 된다.

결론

경우의 수가 적은 switch()는 if/else 구조와 구별할 수 없다(예, 리스트 1.150).

1.15.2 경우의 수가 많은 switch()문

경우의 수가 많은 switch()문의 경우에는 컴파일러가 다수의 JE/JNE 명령어를 사용

하면 코드가 매우 길어지기 때문에 적절하지 않다.

```c
#include <stdio.h>

void f (int a)
{
    switch (a)
    {
        case 0: printf ("zero\n"); break;
        case 1: printf ("one\n"); break;
        case 2: printf ("two\n"); break;
        case 3: printf ("three\n"); break;
        case 4: printf ("four\n"); break;
        default: printf ("something unknown\n"); break;
    };
};

int main()
{
    f (2); // 테스트 코드
};
```

x86

최적화를 수행하지 않은 MSVC

MSVC 2010으로 컴파일한 코드는 다음과 같다.

리스트 1.151: MSVC 2010

```asm
tv64 = -4    ; 크기 = 4
_a$ = 8      ; 크기 = 4
_f       PROC
    push    ebp
    mov     ebp, esp
    push    ecx
    mov     eax, DWORD PTR _a$[ebp]
    mov     DWORD PTR tv64[ebp], eax
    cmp     DWORD PTR tv64[ebp], 4
    ja      SHORT $LN1@f
    mov     ecx, DWORD PTR tv64[ebp]
    jmp     DWORD PTR $LN11@f[ecx*4]
$LN6@f:
    push    OFFSET $SG739 ; 'zero', 0aH, 00H
    call    _printf
    add     esp, 4
```

```
        jmp     SHORT $LN9@f
$LN5@f:
        push    OFFSET $SG741 ; 'one', 0aH, 00H
        call    _printf
        add     esp, 4
        jmp     SHORT $LN9@f
$LN4@f:
        push    OFFSET $SG743 ; 'two', 0aH, 00H
        call    _printf
        add     esp, 4
        jmp     SHORT $LN9@f
$LN3@f:
        push    OFFSET $SG745 ; 'three', 0aH, 00H
        call    _printf
        add     esp, 4
        jmp     SHORT $LN9@f
$LN2@f:
        push    OFFSET $SG747 ; 'four', 0aH, 00H
        call    _printf
        add     esp, 4
        jmp     SHORT $LN9@f
$LN1@f:
        push    OFFSET $SG749 ; 'something unknown', 0aH, 00H
        call    _printf
        add     esp, 4
$LN9@f:
        mov     esp, ebp
        pop     ebp
        ret     0
        npad    2 ; 다음 레이블 정렬
$LN11@f:
        DD      $LN6@f ; 0
        DD      $LN5@f ; 1
        DD      $LN4@f ; 2
        DD      $LN3@f ; 3
        DD      $LN2@f ; 4
_f      ENDP
```

다양한 인자로 printf()를 호출하는 코드를 볼 수 있다. 인자로는 프로세스 메모리상
의 주소뿐만 아니라 컴파일러가 할당한 내부 심볼릭 레이블도 사용된다. 이런 레이블
은 모두 내부 테이블 $LN11@f에서 찾을 수 있다.

함수 도입부를 보면 a가 4보다 큰 경우 제어 흐름을 레이블 $LN1@f로 넘긴다. 이 레이
블에서는 "something unknown\n"을 인자로 하는 printf()를 호출한다.

a가 4보다 작거나 같으면 a에 4를 곱한 후 $LN11@f 테이블 주소를 더한다. 이게 바로 테이블 내에서 a 값에 따라 필요한 곳의 주소를 계산하는 과정이다. 예를 들어 a가 2라고 가정해보자. 2 × 4 = 8이다(모든 항목의 값이 4바이트인 이유는 이들이 32비트 프로세스 주소 공간 내의 주소 값이기 때문이다). $LN11@f 테이블의 주소 + 8은 $LN4@f 레이블이 저장된 테이블 항목을 가리킨다. JMP는 테이블에서 $LN4@f 주소를 가져와 그곳으로 점프한다.

이런 테이블을 종종 '점프 테이블' 또는 '분기 테이블'[61]이라고 한다.

그다음에는 "two"를 인자로 취하는 printf()가 호출된다. jmp DWORD PTR $LN11@f[ecx*4] 명령어의 의미는 말 그대로 주소 $LN11@f + ecx*4에 저장된 DWORD로 점프하라는 의미다.

npad는 다음 레이블을 정렬하는 어셈블리어 매크로로, 레이블이 4바이트(또는 16바이트) 경계의 주소에 저장되게 해준다. 프로세서는 메모리가 정렬돼 있을 때보다 더 효율적으로 메모리 버스나 캐시 메모리 등을 사용해 메모리의 32비트 값을 가져올 수 있다.

OllyDbg

이 예제를 OllyDbg로 살펴보자. 함수의 입력값(2)이 EAX에 로딩된다.

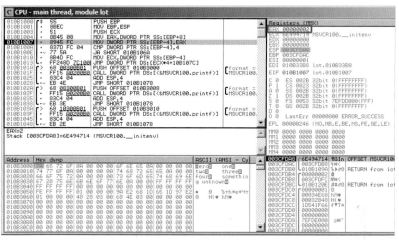

그림 1.50: OllyDbg: EAX에 로딩된 함수 입력값

---

61. 초기의 포트란 버전에서는 이와 같은 방법을 계산된 GOTO라고 부르기도 했다(http://en.wikipedia.org/wiki/Branch_table). 요즘에야 그다지 신경 쓸 일은 아니지만 이 얼마나 재미있는 용어인가!

입력값이 4보다 큰지 검사한다. 4보다 크지 않으면 "default" 점프는 수행되지 않는다.

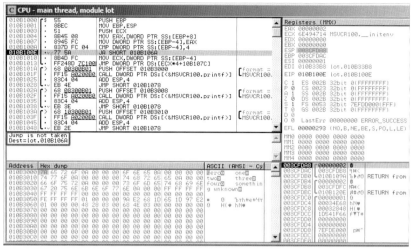

그림 1.51: OllyDbg: 2는 4보다 크지 않으므로 점프가 수행되지 않는다.

다음은 점프 테이블이다.

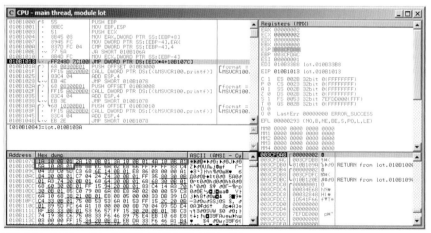

그림 1.52: OllyDbg: 점프 테이블을 이용한 목적지 주소 계산

'Follow in Dump'에서 'Address constant'를 클릭하면 점프 테이블이 데이터 창에 출력된다. 이들은 모두 5개의 32비트 값이다. [62] ECX는 2이므로 테이블의 세 번째 항목(인덱스 값이 2이므로[63])을 사용한다. 또한 'Follow in Dump'에서 'Address constant'를 클릭하

---

62. OllyDbg는 이런 픽스업(FIXUP) 값에 밑줄을 표시한다. 6.5.2절에서 살펴본다.

63 . 인덱스는 3.19.3절 참고

면 JMP 명령어가 점프할 주소인 0x010B103A를 알아낼 수 있다.

점프가 수행되고 현 위치는 0x010B103A다. 실행을 계속하면 문자열 **"two"**를 출력하는 코드가 실행된다.

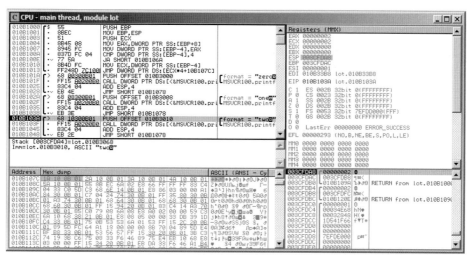

그림 1.53: OllyDbg: 2에 해당하는 case: 레이블에 도달한 화면

최적화를 수행하지 않은 GCC

GCC 4.4.1이 생성한 코드를 살펴보자.

리스트 1.152: GCC 4.4.1

```
        public f
f       proc near   ; CODE XREF: main+10

var_18  = dword ptr -18h
arg_0   = dword ptr 8

        push    ebp
        mov     ebp, esp
        sub     esp, 18h
        cmp     [ebp+arg_0], 4
        ja      short loc_8048444
        mov     eax, [ebp+arg_0]
        shl     eax, 2
        mov     eax, ds:off_804855C[eax]
        jmp     eax

loc_80483FE: ; DATA XREF: .rodata:off_804855C
```

```
                mov     [esp+18h+var_18], offset aZero ; "zero"
                call    _puts
                jmp     short locret_8048450

loc_804840C: ; DATA XREF: .rodata:08048560
                mov     [esp+18h+var_18], offset aOne ; "one"
                call    _puts
                jmp     short locret_8048450

loc_804841A: ; DATA XREF: .rodata:08048564
                mov     [esp+18h+var_18], offset aTwo ; "two"
                call    _puts
                jmp     short locret_8048450

loc_8048428: ; DATA XREF: .rodata:08048568
                mov     [esp+18h+var_18], offset aThree ; "three"
                call    _puts
                jmp     short locret_8048450

loc_8048436: ; DATA XREF: .rodata:0804856C
                mov     [esp+18h+var_18], offset aFour ; "four"
                call    _puts
                jmp     short locret_8048450

loc_8048444: ; CODE XREF: f+A
                mov     [esp+18h+var_18], offset aSomethingUnkno ; "something unknown"
                call    _puts

locret_8048450:         ; CODE XREF: f+26
                        ; f+34...
                leave
                retn
f               endp

off_804855C dd offset loc_80483FE ; DATA XREF: f+12
            dd offset loc_804840C
            dd offset loc_804841A
            dd offset loc_8048428
            dd offset loc_8048436
```

arg_0에 4를 곱할 때 왼쪽으로 2비트 시프트하는 방법(이는 4를 곱하는 것과 거의 동일하다)을 사용한 것만 제외하면 거의 동일한 코드다. 왼쪽으로 2비트 시프트하는 건 4를 곱하는 것과 거의 같다(1.18.2절). 다음으로 off_804855C 배열에서 레이블 주소를 가져와 주소 값을 계산한 후 EAX에 저장한다. 그리고 JMP EAX로 점프를 수행한다.

ARM: 최적화를 수행한 Keil 6/2013(ARM 모드)

리스트 1.153: 최적화를 수행한 Keil 6/2013(ARM 모드)

```
00000174                  f2
00000174 05 00 50 E3    CMP    R0, #5              ; switch 5가지 케이스
00000178 00 F1 8F 30    ADDCC  PC, PC, R0,LSL#2    ; switch 점프
0000017C 0E 00 00 EA    B      default_case        ; 점프 테이블 00000178 디폴트 케이스

00000180
00000180                  loc_180 ; CODE XREF: f2+4
00000180 03 00 00 EA    B      zero_case           ; 점프 테이블 00000178 0 케이스

00000184
00000184                  loc_184 ; CODE XREF: f2+4
00000184 04 00 00 EA    B      one_case            ; 점프 테이블 00000178 1 케이스

00000188
00000188                  loc_188 ; CODE XREF: f2+4
00000188 05 00 00 EA    B      two_case            ; 점프 테이블 00000178 2 케이스

0000018C
0000018C                  loc_18C ; CODE XREF: f2+4
0000018C 06 00 00 EA    B      three_case          ; 점프 테이블 00000178 3 케이스

00000190
00000190                  loc_190 ; CODE XREF: f2+4
00000190 07 00 00 EA    B      four_case           ; 점프 테이블 00000178 4 케이스

00000194
00000194                  zero_case ; CODE XREF: f2+4
00000194                            ; f2:loc_180
00000194 EC 00 8F E2    ADR    R0, aZero           ; 점프 테이블 00000178 0 케이스
00000198 06 00 00 EA    B      loc_1B8

0000019C
0000019C                  one_case  ; CODE XREF: f2+4
0000019C                            ; f2:loc_184
0000019C EC 00 8F E2    ADR    R0, aOne            ; 점프 테이블 00000178 1 케이스
000001A0 04 00 00 EA    B      loc_1B8

000001A4
000001A4                  two_case  ; CODE XREF: f2+4
000001A4                            ; f2:loc_188
000001A4 01 0C 8F E2    ADR    R0, aTwo            ; 점프 테이블 00000178 2 케이스
000001A8 02 00 00 EA    B      loc_1B8

000001AC
000001AC                  three_case ; CODE XREF: f2+4
000001AC                             ; f2:loc_18C
000001AC 01 0C 8F E2    ADR    R0, aThree          ; 점프 테이블 00000178 3 케이스
000001B0 00 00 00 EA    B      loc_1B8
```

```
000001B4
000001B4              four_case  ; CODE XREF: f2+4
000001B4                         ; f2:loc_190
000001B4 01 0C 8F E2  ADR    R0, aFour              ; 점프 테이블 00000178 4 케이스
000001B8
000001B8              loc_1B8 ; CODE XREF: f2+24
000001B8                      ; f2+2C
000001B8 66 18 00 EA  B      __2printf

000001BC
000001BC              default_case  ; CODE XREF: f2+4
000001BC                            ; f2+8
000001BC D4 00 8F E2  ADR    R0, aSomethingUnkno   ; 점프 테이블 00000178 디폴트 케이스
000001C0 FC FF FF EA  B      loc_1B8
```

이 코드는 모든 명령어가 4바이트의 고정 길이라는 ARM 모드의 특징을 활용하고 있다.

a의 최댓값은 4며, 그보다 큰 수에 대해서는 무조건 "something unknown\n" 문자열을 출력해야 한다는 사실을 기억해두자.

첫 번째 CMP R0, #5 명령어는 입력값 a를 5와 비교한다.

다음의 ADDCC PC, PC, R0,LSL#2 명령어는 R0 < 5(CC=캐리 클리어/~보다 작은)일 때만 실행된다. 즉, ADDCC의 조건이 성립되지 않으면(R0 >= 5이면) default_case 레이블로의 점프가 수행된다.

하지만 R0 < 5면 ADDCC가 실행되며 다음 내용이 수행된다.

R0 값에 4를 곱한다. 사실 명령어 마지막 부분의 LSL#2는 '왼쪽으로 2비트 시프트'하라는 의미다. 1.18.2절 '시프트'에서 살펴보겠지만 왼쪽으로 2비트 시프트하는 건 4를 곱하는 것과 동일하다.

R0*4에 현재 PC 값을 더한 후 이어지는 B(분기) 명령어 중 하나로 점프한다.

ADDCC를 실행하는 순간의 PC 값은 ADDCC 명령어가 위치한 주소(0x178)보다 8바이트 뒤(0x180), 즉 두 개의 명령어 다음 위치다.

여기서 ARM 프로세서 파이프라인의 동작을 확인할 수 있다. 프로세서는 ADDCC 명령어를 실행할 때 이미 다음 명령어 이후의 명령어를 처리하고 있으며 이 때문에 PC의 위치가 두 개의 명령어 이후인 것이다. 이를 기억해야 한다.

a = 0이면 PC 값에 아무것도 더하지 않고 현재 PC 값(8바이트 이후의 주소)을 그대로 PC에 다시 기록한 다음 ADDCC 명령어 위치보다 8바이트 뒤인 레이블 loc_180으로 점프를 수행한다.

a = 1이면 PC + 8 + a * 4 = PC + 8 + 1 * 4 = PC + 12 = 0x184를 PC에 기록하며, 이는 레이블 loc_184의 주소다.

a가 1 증가할 때마다 PC는 4씩 증가한다.

4는 ARM 모드의 명령어 길이, 즉 5번 연속으로 나오는 B 명령어의 길이다.

다섯 개의 B 명령어는 다시 각 switch()문의 코드로 제어 흐름을 넘긴다.

해당 문자열의 포인터를 로딩하는 작업이 거기서 이뤄진다.

ARM: 최적화를 수행한 Keil 6/2013(Thumb 모드)

리스트 1.154: 최적화를 수행한 Keil 6/2013(Thumb 모드)

```
000000F6                    EXPORT  f2
000000F6              f2
000000F6 10 B5            PUSH    {R4,LR}
000000F8 03 00            MOVS    R3, R0
000000FA 06 F0 69 F8      BL      __ARM_common_switch8_thumb ; switch 6가지 케이스

000000FE 05               DCB 5
000000FF 04 06 08 0A 0C 10 DCB 4, 6, 8, 0xA, 0xC, 0x10       ; switch문을 위한 점프 테이블
00000105 00               ALIGN 2
00000106
00000106              zero_case ; CODE XREF: f2+4
00000106 8D A0            ADR     R0, aZero      ; 점프 테이블 000000FA 0 케이스
00000108 06 E0            B       loc_118

0000010A
0000010A              one_case ; CODE XREF: f2+4
0000010A 8E A0            ADR     R0, aOne       ; 점프 테이블 000000FA 1 케이스
0000010C 04 E0            B       loc_118

0000010E
0000010E              two_case ; CODE XREF: f2+4
0000010E 8F A0            ADR     R0, aTwo       ; 점프 테이블 000000FA 2 케이스
00000110 02 E0            B       loc_118

00000112
00000112              three_case ; CODE XREF: f2+4
00000112 90 A0            ADR     R0, aThree     ; 점프 테이블 000000FA 3 케이스
```

```
00000114 00 E0              B       loc_118

00000116
00000116                    four_case ; CODE XREF: f2+4
00000116 91 A0              ADR     R0, aFour      ; jump 점프 테이블 table 000000FA 4 케이스
00000118
00000118                    loc_118 ; CODE XREF: f2+12
00000118                                           ; f2+16
00000118 06 F0 6A F8        BL      __2printf
0000011C 10 BD              POP     {R4,PC}

0000011E
0000011E                    default_case ; CODE XREF: f2+4
0000011E 82 A0              ADR     R0, aSomethingUnkno ; 점프 테이블 000000FA 디폴트 케이스
00000120 FA E7              B       loc_118

000061D0                    EXPORT __ARM_common_switch8_thumb
000061D0                    __ARM_common_switch8_thumb ; CODE XREF: example6_f2+4
000061D0 78 47              BX      PC

000061D2 00 00              ALIGN 4
000061D2                    ; End of function __ARM_common_switch8_thumb
000061D2
000061D4                    __32__ARM_common_switch8_thumb ; CODE XREF:
      __ARM_common_switch8_thumb
000061D4 01 C0 5E E5        LDRB    R12, [LR,#-1]
000061D8 0C 00 53 E1        CMP     R3, R12
000061DC 0C 30 DE 27        LDRCSB  R3, [LR,R12]
000061E0 03 30 DE 37        LDRCCB  R3, [LR,R3]
000061E4 83 C0 8E E0        ADD     R12, LR, R3,LSL#1
000061E8 1C FF 2F E1        BX      R12
000061E8                    ; End of function __32__ARM_common_switch8_thumb
```

Thumb과 Thumb-2 모드에서는 명령어의 길이가 모두 같다고 단정할 수 없으며, x86 처럼 명령어가 가변 길이라고 해야 더 정확하다.

이 때문에 디폴트 케이스를 제외한 경우의 수와 각 경우에 대한 실제 제어 흐름을 전달할 오프셋과 레이블 정보를 담고 있는 테이블이 추가됐다.

또한 이 테이블을 처리하고 제어를 전달하는 역할을 하는 __ARM_common_switch8_ thumb라는 특별한 함수도 볼 수 있다. 이 함수는 프로세서를 ARM 모드로 전환하는 BX PC 명령어로 시작한다. 뒤이어 테이블을 처리하는 함수를 볼 수 있는데, 지금 다루기엔 너무 복잡하므로 설명은 생략한다.

하지만 해당 함수에서 테이블에 대한 포인터로 LR 레지스터를 사용하는 점은 흥미롭다.

실제로 이 함수 호출 후에 LR에는 BL __ARM_common_switch8_thumb 명령어 다음의 주소가 담기며, 여기가 바로 테이블의 시작 주소다.

코드 재사용 목적에서 별도의 함수를 만들었다는 점도 주목할 만하다. 이 덕분에 컴파일러는 switch()문마다 동일한 코드를 만들지 않아도 된다.

IDA는 이런 서비스 함수와 테이블을 자동으로 잘 인식해 레이블마다 점프 테이블 '000000FA 케이스 0' 같은 주석을 추가했다.[64]

MIPS

리스트 1.155: 최적화를 수행한 GCC 4.4.5(IDA)

```
f:
            lui     $gp, (__gnu_local_gp >> 16)
; 입력값이 5보다 작으면 loc_24로 점프
            sltiu   $v0, $a0, 5
            bnez    $v0, loc_24
            la      $gp, (__gnu_local_gp & 0xFFFF)              ; 브랜치 지연 슬롯
; 입력값이 5보다 크거나 같은 경우
; "something unknown"을 출력하고 종료
            lui     $a0, ($LC5 >> 16)    # "something unknown"
            lw      $t9, (puts & 0xFFFF)($gp)
            or      $at, $zero  ; NOP
            jr      $t9
            la      $a0, ($LC5 & 0xFFFF) # "something unknown" ; 브랜치 지연 슬롯
loc_24:                                 # CODE XREF: f+8
; 점프 테이블의 주소를 로드
; LA는 의사 명령어다. 사실 LUI와 ADDIU 명령 쌍이 거기에 있다.
            la      $v0, off_120
; 입력값을 4로 곱한다.
            sll     $a0, 2
; 점프 테이블 주소한 곱한 값을 더한다.
            addu    $a0, $v0, $a0
; 점프 테이블에서 점프할 항목을 로드
            lw      $v0, 0($a0)
            or      $at, $zero  ; NOP
; 점프 테이블에서 가져온 주소로 점프
            jr      $v0
            or      $at, $zero    ; 브랜치 지연 슬롯, NOP
sub_44:                         # DATA XREF: .rodata:0000012C
; "three"를 출력하고 종료
```

---

64. IDA가 우리말로 주석을 추가하지는 않지만 내용상 설명해야 할 부분은 번역했다. - 옮긴이

```
            lui     $a0, ($LC3 >> 16)   # "three"
            lw      $t9, (puts & 0xFFFF)($gp)
            or      $at, $zero  ; NOP
            jr      $t9
            la      $a0, ($LC3 & 0xFFFF) # "three" ; 브랜치 지연 슬롯
sub_58:                                  # DATA XREF: .rodata:00000130
; "four"를 출력하고 종료
            lui     $a0, ($LC4 >> 16)   # "four"
            lw      $t9, (puts & 0xFFFF)($gp)
            or      $at, $zero  ; NOP
            jr      $t9
            la      $a0, ($LC4 & 0xFFFF) # "four" ; 브랜치 지연 슬롯
sub_6C:                                  # DATA XREF: .rodata:off_120
; "zero"를 출력하고 종료
            lui     $a0, ($LC0 >> 16)   # "zero"
            lw      $t9, (puts & 0xFFFF)($gp)
            or      $at, $zero  ; NOP
            jr      $t9
            la      $a0, ($LC0 & 0xFFFF) # "zero" ; 브랜치 지연 슬롯
sub_80:                                  # DATA XREF: .rodata:00000124
; "one"을 출력하고 종료
            lui     $a0, ($LC1 >> 16)   # "one"
            lw      $t9, (puts & 0xFFFF)($gp)
            or      $at, $zero  ; NOP
            jr      $t9
            la      $a0, ($LC1 & 0xFFFF) # "one" ; 브랜치 지연 슬롯
sub_94:                                  # DATA XREF: .rodata:00000128
; "two"를 출력하고 종료
            lui     $a0, ($LC2 >> 16)   # "two"
            lw      $t9, (puts & 0xFFFF)($gp)
            or      $at, $zero  ; NOP
            jr      $t9
            la      $a0, ($LC2 & 0xFFFF) # "two" ; 브랜치 지연 슬롯
;.rodata 섹션에 위치할 것이다.:
off_120:    .word sub_6C
            .word sub_80
            .word sub_94
            .word sub_44
            .word sub_58
```

SLTIU('Set on Less Than Immediate Unsigned') 명령어가 새롭게 보인다.

이는 SLTU('Set on Less Than Unsigned') 명령어와 동일하지만 'I'는 'immediate'라는 의미로서 명령어 자체에 지정된 숫자를 이용한다.

BNEZ('Branch if Not Equal to Zero') 명령어는 0이 아니면 분기한다는 의미다.

코드는 다른 ISA와 매우 유사하다. SLL('Shift Word Left Logical') 명령어는 4를 곱하는 연산을 수행한다.

MIPS는 결국 32비트 CPU이기 때문에 점프 테이블의 모든 주소는 32비트다.

결론

switch()의 대략적인 구조는 다음과 같다.

리스트 1.156: x86

```
MOV REG, input
CMP REG, 4 ; 가능한 경우의 수
JA  default
SHL REG, 2 ; 테이블에서 해당 항목 찾기. x64에서는 3비트 시프트
MOV REG, jump_table[REG]
JMP REG

case1:
    ; 작업 수행
    JMP exit
case2:
    ; 작업 수행
    JMP exit
case3:
    ; 작업 수행
    JMP exit
case4:
    ; 작업 수행
    JMP exit
case5:
    ; 작업 수행
    JMP exit
default:
    ...
exit:
    ....

jump_table dd case1
           dd case2
           dd case3
           dd case4
           dd case5
```

점프 테이블의 주소로 점프하는 코드는 명령어 JMP jump_table[REG*4](x64에서는 JMP jump_table[REG*8])로도 구현할 수 있다.

점프 테이블은 1.20.5절에서 설명한 것처럼 단순한 포인터 배열이다.

1.15.3 한 블록에 여러 경우가 존재할 때

실제 자주 사용되는 패턴으로 한 블록에 여러 개의 경우(case문)가 존재할 수 있다.

```c
#include <stdio.h>

void f(int a)
{
    switch (a)
    {
        case 1:
        case 2:
        case 7:
        case 10:
            printf ("1, 2, 7, 10\n");
            break;
        case 3:
        case 4:
        case 5:
        case 6:
            printf ("3, 4, 5\n");
            break;
        case 8:
        case 9:
        case 20:
        case 21:
            printf ("8, 9, 21\n");
            break;
        case 22:
            printf ("22\n");
            break;
        default:
            printf ("default\n");
            break;
    };
};

int main()
{
    f(4);
};
```

이 경우 모든 경우에 대해 코드 블록을 생성하면 공간을 너무 낭비하게 되므로 보통 각블록과 일종의 디스패처를 생성한다.

MSVC

리스트 1.157: 최적화를 수행한 MSVC 2010

```
 1  $SG2798 DB      '1, 2, 7, 10', 0aH, 00H
 2  $SG2800 DB      '3, 4, 5', 0aH, 00H
 3  $SG2802 DB      '8, 9, 21', 0aH, 00H
 4  $SG2804 DB      '22', 0aH, 00H
 5  $SG2806 DB      'default', 0aH, 00H
 6
 7  _a$ = 8
 8  _f       PROC
 9           mov     eax, DWORD PTR _a$[esp-4]
10           dec     eax
11           cmp     eax, 21
12           ja      SHORT $LN1@f
13           movzx   eax, BYTE PTR $LN10@f[eax]
14           jmp     DWORD PTR $LN11@f[eax*4]
15  $LN5@f:
16           mov     DWORD PTR _a$[esp-4], OFFSET $SG2798 ; '1, 2, 7, 10'
17           jmp     DWORD PTR __imp__printf
18  $LN4@f:
19           mov     DWORD PTR _a$[esp-4], OFFSET $SG2800 ; '3, 4, 5'
20           jmp     DWORD PTR __imp__printf
21  $LN3@f:
22           mov     DWORD PTR _a$[esp-4], OFFSET $SG2802 ; '8, 9, 21'
23           jmp     DWORD PTR __imp__printf
24  $LN2@f:
25           mov     DWORD PTR _a$[esp-4], OFFSET $SG2804 ; '22'
26           jmp     DWORD PTR __imp__printf
27  $LN1@f:
28           mov     DWORD PTR _a$[esp-4], OFFSET $SG2806 ; 'default'
29           jmp     DWORD PTR __imp__printf
30           npad    2 ; $LN11@f 테이블을 16 바이트 경계로 정렬
31  $LN11@f:
32           DD      $LN5@f ; '1, 2, 7, 10' 출력
33           DD      $LN4@f ; '3, 4, 5' 출력
34           DD      $LN3@f ; '8, 9, 21' 출력
35           DD      $LN2@f ; '22' 출력
36           DD      $LN1@f ; 'default' 출력
37  $LN10@f:
38           DB      0 ; a=1
39           DB      0 ; a=2
40           DB      1 ; a=3
41           DB      1 ; a=4
```

```
42          DB      1 ; a=5
43          DB      1 ; a=6
44          DB      0 ; a=7
45          DB      2 ; a=8
46          DB      2 ; a=9
47          DB      0 ; a=10
48          DB      4 ; a=11
49          DB      4 ; a=12
50          DB      4 ; a=13
51          DB      4 ; a=14
52          DB      4 ; a=15
53          DB      4 ; a=16
54          DB      4 ; a=17
55          DB      4 ; a=18
56          DB      4 ; a=19
57          DB      2 ; a=20
58          DB      2 ; a=21
59          DB      3 ; a=22
60 _f       ENDP
```

두 개의 테이블을 확인할 수 있다. 첫 번째($LN10@f)는 인덱스 테이블이며, 두 번째($LN11@f)는 블록을 가리키는 포인터 배열이다.

우선 입력값은 인덱스 테이블의 인덱스로 사용된다(13번째 줄).

테이블의 내용을 간단히 설명하면 다음과 같다. 0은 첫 번째 case 블록(입력값 1, 2, 7, 0), 1은 두 번째(입력값 3, 4, 5), 2는 세 번째(입력값 8, 9, 21), 3은 네 번째(입력값 22), 4는 디폴트 블록이다.

이 테이블에서 두 번째 테이블(코드 블록 포인터)의 인덱스를 구한 후 해당 주소로 점프한다(14번째 줄).

입력값 0에 대한 경우가 없기 때문에 a = 0인 경우를 위한 테이블 항목을 만들 필요가 없다. 따라서 테이블은 a = 1부터 시작하고 열 번째에 DEC 명령어가 있는 것이다.

이는 매우 자주 사용되는 패턴이다.

좀 더 간결한 코드를 만들어야 한다는 경제성 논리는 어디로 갔는가? 1.15.2절 같은 코드(블록 포인터로 구성된 테이블 한 개만 이용)를 생성하면 안 되는 이유가 뭔가? 인덱스 테이블의 항목은 8비트의 바이트 타입이라 이를 이용한 코드가 더 간결하기 때문이다.

GCC

GCC는 1.15.2절에서 다룬 것처럼 하나의 포인터 테이블만 사용한다.

ARM64: 최적화를 수행한 GCC 4.9.1

입력값이 0인 경우 실행되는 코드가 없기 때문에 GCC는 좀 더 간단한 점프 테이블을 만들려고 하며 입력값이 1인 경우부터 시작한다.

ARM64에서 GCC 4.9.1는 좀 더 똑똑한 트릭을 사용한다. 즉, 모든 오프셋을 8비트 바이트로 인코딩한다.

ARM64에서 모든 명령어는 크기가 4바이트라는 것을 상기하자.

GCC는 예제의 모든 오프셋의 위치가 서로 가깝다는 사실을 이용한다. 따라서 점프 테이블의 구성 요소는 하나의 바이트로 충분하다.

리스트 1.158: 최적화를 수행한 GCC 4.9.1 ARM64

```
f14:
; W0에 있는 입력값 체크
        sub     w0, w0, #1
        cmp     w0, 21
; 작거나 같으면 분기(부호 없는)
        bls     .L9
.L2:
; "default" 출력
        adrp    x0, .LC4
        add     x0, x0, :lo12:.LC4
        b       puts
.L9:
; X1에 점프 테이블 주소 로드
        adrp    x1, .L4
        add     x1, x1, :lo12:.L4
; W0=input_value-1
; 테이블에서 바이트를 로드
        ldrb    w0, [x1,w0,uxtw]
; Lrtx 레이블의 주소를 로드
        adr     x1, .Lrtx4
; 테이블의 항목에 4를 곱한다.(왼쪽으로 2비트 시프트해서) 그리고 그 값을 Lrtx에 더하거나 뺀다.
        add     x0, x1, w0, sxtb #2
; 계산된 주소로 점프
        br      x0
; 이 레이블은 코드(text) 세그먼트에 있는 것을 가리킨다.
```

```
.Lrtx4:
        .section .rodata
; ".section" 문 이후에 있는 모든 것은 읽기 전용 데이터(rodata) 세그먼트에 할당된다.
.L4:
        .byte   (.L3 - .Lrtx4) / 4  ; case 1
        .byte   (.L3 - .Lrtx4) / 4  ; case 2
        .byte   (.L5 - .Lrtx4) / 4  ; case 3
        .byte   (.L5 - .Lrtx4) / 4  ; case 4
        .byte   (.L5 - .Lrtx4) / 4  ; case 5
        .byte   (.L5 - .Lrtx4) / 4  ; case 6
        .byte   (.L3 - .Lrtx4) / 4  ; case 7
        .byte   (.L6 - .Lrtx4) / 4  ; case 8
        .byte   (.L6 - .Lrtx4) / 4  ; case 9
        .byte   (.L3 - .Lrtx4) / 4  ; case 10
        .byte   (.L2 - .Lrtx4) / 4  ; case 11
        .byte   (.L2 - .Lrtx4) / 4  ; case 12
        .byte   (.L2 - .Lrtx4) / 4  ; case 13
        .byte   (.L2 - .Lrtx4) / 4  ; case 14
        .byte   (.L2 - .Lrtx4) / 4  ; case 15
        .byte   (.L2 - .Lrtx4) / 4  ; case 16
        .byte   (.L2 - .Lrtx4) / 4  ; case 17
        .byte   (.L2 - .Lrtx4) / 4  ; case 18
        .byte   (.L2 - .Lrtx4) / 4  ; case 19
        .byte   (.L6 - .Lrtx4) / 4  ; case 20
        .byte   (.L6 - .Lrtx4) / 4  ; case 21
        .byte   (.L7 - .Lrtx4) / 4  ; case 22
.text
; ".text"문 이후의 모든 것은 코드(text) 세그먼트에 할당된다.
.L7:
; "22" 출력
        adrp    x0, .LC3
        add     x0, x0, :lo12:.LC3
        b       puts
.L6:
; "8, 9, 21" 출력
        adrp    x0, .LC2
        add     x0, x0, :lo12:.LC2
        b       puts
.L5:
; "3, 4, 5" 출력
        adrp    x0, .LC1
        add     x0, x0, :lo12:.LC1
        b       puts
.L3:
; "1, 2, 7, 10" 출력
        adrp    x0, .LC0
        add     x0, x0, :lo12:.LC0
```

```
        b       puts
.LC0:
        .string "1, 2, 7, 10"
.LC1:
        .string "3, 4, 5"
.LC2:
        .string "8, 9, 21"
.LC3:
        .string "22"
.LC4:
        .string "default"
```

예제를 오브젝트 파일로 컴파일해서 IDA로 열어보자. 다음은 점프 테이블이다.

리스트 1.159: IDA로 본 점프 테이블

```
.rodata:0000000000000064        AREA .rodata, DATA, READONLY
.rodata:0000000000000064        ; ORG 0x64
.rodata:0000000000000064 $d     DCB     9   ; case 1
.rodata:0000000000000065        DCB     9   ; case 2
.rodata:0000000000000066        DCB     6   ; case 3
.rodata:0000000000000067        DCB     6   ; case 4
.rodata:0000000000000068        DCB     6   ; case 5
.rodata:0000000000000069        DCB     6   ; case 6
.rodata:000000000000006A        DCB     9   ; case 7
.rodata:000000000000006B        DCB     3   ; case 8
.rodata:000000000000006C        DCB     3   ; case 9
.rodata:000000000000006D        DCB     9   ; case 10
.rodata:000000000000006E        DCB 0xF7    ; case 11
.rodata:000000000000006F        DCB 0xF7    ; case 12
.rodata:0000000000000070        DCB 0xF7    ; case 13
.rodata:0000000000000071        DCB 0xF7    ; case 14
.rodata:0000000000000072        DCB 0xF7    ; case 15
.rodata:0000000000000073        DCB 0xF7    ; case 16
.rodata:0000000000000074        DCB 0xF7    ; case 17
.rodata:0000000000000075        DCB 0xF7    ; case 18
.rodata:0000000000000076        DCB 0xF7    ; case 19
.rodata:0000000000000077        DCB     3   ; case 20
.rodata:0000000000000078        DCB     3   ; case 21
.rodata:0000000000000079        DCB     0   ; case 22
.rodata:000000000000007B ; .rodata ends
```

입력값이 1이거나 9면 4를 곱해 **Lrtx4** 레이블의 주소에 더한다.

입력값이 22나 0이면 4를 곱하고 결국 0이 된다.

Lrtx4 레이블의 바로 다음 레이블은 L7이며, 그곳에서는 "22"를 출력하는 코드가 있다.

코드 세그먼트에는 점프 테이블이 없으며(코드 섹션에 위치할 특별한 이유는 없다), 별도의 .rodata 섹션에 할당된다.

음수 값(0xF7)도 있는데, 그것을 "default" 문자열을 인쇄하는 코드(.L2 레이블)로 되돌아가는 데 사용된다.

1.15.4 폴쓰루

자주 사용하는 switch() 패턴에는 폴쓰루[Fall_Through](break문을 두지 않고 다음 경우로 실행을 계속하는 패턴 – 옮긴이)가 있다. 다음의 간단한 예[65]를 살펴보자.

```
1  bool is_whitespace(char c) {
2      switch (c) {
3          case ' ':   // fallthrough
4          case '\t':  // fallthrough
5          case '\r':  // fallthrough
6          case '\n':
7              return true;
8          default:    // not whitespace
9              return false;
10     }
11 }
```

좀 더 복잡한 예는 리눅스 커널 소스[66]에도 있다.

```
1  char nco1, nco2;
2
3  void f(int if_freq_khz)
4  {
5
6      switch (if_freq_khz) {
7          default:
8              printf("IF=%d KHz is not supportted, 3250 assumed\n", if_freq_khz);
9              /* fallthrough */
10         case 3250: /* 3.25Mhz */
```

65. https://github.com/azonalon/prgraas/blob/master/prog1lib/lecture_examples/is_whitespace.c에서 가져온 코드다.

66. https://github.com/torvalds/linux/blob/master/drivers/media/dvb-frontends/lgdt3306a.c

```
11                nco1 = 0x34;
12                nco2 = 0x00;
13                break;
14          case 3500: /* 3.50Mhz */
15                nco1 = 0x38;
16                nco2 = 0x00;
17                break;
18          case 4000: /* 4.00Mhz */
19                nco1 = 0x40;
20                nco2 = 0x00;
21                break;
22          case 5000: /* 5.00Mhz */
23                nco1 = 0x50;
24                nco2 = 0x00;
25                break;
26          case 5380: /* 5.38Mhz */
27                nco1 = 0x56;
28                nco2 = 0x14;
29                break;
30      }
31  };
```

리스트 1.160: 최적화를 수행한 GCC 5.4.0 x86

```
 1  .LC0:
 2          .string "IF=%d KHz is not supportted, 3250 assumed\n"
 3  f:
 4          sub     esp, 12
 5          mov     eax, DWORD PTR [esp+16]
 6          cmp     eax, 4000
 7          je      .L3
 8          jg      .L4
 9          cmp     eax, 3250
10          je      .L5
11          cmp     eax, 3500
12          jne     .L2
13          mov     BYTE PTR nco1, 56
14          mov     BYTE PTR nco2, 0
15          add     esp, 12
16          ret
17  .L4:
18          cmp     eax, 5000
19          je      .L7
20          cmp     eax, 5380
21          jne     .L2
22          mov     BYTE PTR nco1, 86
23          mov     BYTE PTR nco2, 20
```

```
24          add     esp, 12
25          ret
26  .L2:
27          sub     esp, 8
28          push    eax
29          push    OFFSET FLAT:.LC0
30          call    printf
31          add     esp, 16
32  .L5:
33          mov     BYTE PTR nco1, 52
34          mov     BYTE PTR nco2, 0
35          add     esp, 12
36          ret
37  .L3:
38          mov     BYTE PTR nco1, 64
39          mov     BYTE PTR nco2, 0
40          add     esp, 12
41          ret
42  .L7:
43          mov     BYTE PTR nco1, 80
44          mov     BYTE PTR nco2, 0
45          add     esp, 12
46          ret
```

함수의 입력이 3250이면 .L5 레이블로 이동한다. 하지만 다른 경우에도 .L5 레이블에 도달할 수 있다. printf() 호출과 .L5 레이블 사이에 어떤 점프 명령도 없기 때문이다.

이제 switch()문이 종종 버그의 원인인 이유를 이해할 수 있을 것이다. switch()문에서 break를 사용하는 것을 까먹으면 폴쓰루가 발생해 하나가 아닌 여러 블록이 실행돼 버린다.

1.15.5 연습

연습#1

컴파일러가 더 작은 코드를 만들어 내게 1.15.2절의 C 소스코드를 수정해보자.

1.16 루프

1.16.1 간단한 예

x86

x86에는 LOOP라는 특별한 명령어가 있는데, ECX 레지스터의 값이 0이 아니면 ECX를 감소시킨 후 제어 흐름을 오퍼랜드에 명시된 레이블로 전달한다. 이 명령어가 그다지 편리하지 않기 때문이겠지만, 최근 컴파일러가 이 명령어를 자동으로 생성하는 경우는 보지 못했다. 그러므로 코드에 이 명령어가 나오면 누군가 직접 어셈블리 코드로 작성한 것일 확률이 높다.

C/C++에서는 보통 for(), while(), do/while()문을 사용해 루프를 구성한다.

for()문부터 살펴보자.

for()문은 루프 초기화(루프 카운터 초깃값 설정), 루프 조건(카운터가 특정 값보다 큰가?), 반복 시마다 수행할 작업(증가/감소), 그리고 실제 코드 블록으로 정의된다.

```
for (초기화; 조건; 반복마다 수행할 작업)
{
    루프 코드;
}
```

컴파일러가 생성하는 코드는 네 개의 부분으로 구성된다. 다음의 간단한 예를 보자.

```
#include <stdio.h>
void printing_function(int i)
{
    printf ("f(%d)\n", i);
};

int main()
{
    int i;
    for (i=2; i<10; i++)
        printing_function(i);
    return 0;
};
```

MSVC 2010가 생성한 코드는 다음과 같다.

리스트 1.161: MSVC 2010

```
_i$ = -4
_main   PROC
    push    ebp
    mov     ebp, esp
    push    ecx
    mov     DWORD PTR _i$[ebp], 2       ; 루프 초기화
    jmp     SHORT $LN3@main
$LN2@main:
    mov     eax, DWORD PTR _i$[ebp]     ; 각 반복 이후에 수행할 작업
    add     eax, 1                      ; i 값에 1을 더한다.
    mov     DWORD PTR _i$[ebp], eax
$LN3@main:
    cmp     DWORD PTR _i$[ebp], 10      ; 각 반복 수행 전에 조건을 검사한다.
    jge     SHORT $LN1@main             ; i가 10보다 크거나 같으면 루프를 종료
    mov     ecx, DWORD PTR _i$[ebp]     ; 루프 내 코드, printing_function(i) 호출
    push    ecx
    call    _printing_function
    add     esp, 4
    jmp     SHORT $LN2@main             ; 루프 시작점으로 점프
$LN1@main:                              ; 루프 끝
    xor     eax, eax
    mov     esp, ebp
    pop     ebp
    ret     0
_main   ENDP
```

그다지 특별한 내용은 없다.

한 가지 미묘한 차이만 제외하면 GCC 4.4.1도 거의 동일한 코드를 생성한다.

리스트 1.162: GCC 4.4.1

```
main        proc near

var_20      = dword ptr -20h
var_4       = dword ptr -4

        push    ebp
        mov     ebp, esp
        and     esp, 0FFFFFFF0h
        sub     esp, 20h
        mov     [esp+20h+var_4], 2 ; (i) 초기화
        jmp     short loc_8048476
loc_8048465:
```

```
            mov      eax, [esp+20h+var_4]
            mov      [esp+20h+var_20], eax
            call     printing_function
            add      [esp+20h+var_4], 1 ; (i) 증가
 loc_8048476:
            cmp      [esp+20h+var_4], 9
            jle      short loc_8048465   ; i<=9이며 루프 계속
            mov      eax, 0
            leave
            retn
 main       endp
```

이번에는 최적화 옵션(/Ox)을 적용한 결과를 살펴보자.

리스트 1.163: 최적화를 수행한 MSVC

```
_main   PROC
    push    esi
    mov     esi, 2
$LL3@main:
    push    esi
    call    _printing_function
    inc     esi
    add     esp, 4
    cmp     esi, 10    ; 0000000aH
    jl      SHORT $LL3@main
    xor     eax, eax
    pop     esi
    ret     0
_main   ENDP
```

우선 변수 i의 공간을 할당할 때 로컬 스택 대신 레지스터 ESI를 사용했다. 그다지 많지 않은 지역 변수를 사용하는 작은 함수에서는 이런 최적화도 가능하다.

이때 가장 중요한 조건은 함수 f()가 실행 도중 ESI의 값을 변경하지 않아야 한다는 점이다. 컴파일러는 이를 확신한다. 물론 컴파일러가 함수 f()에서 ESI를 사용하기로 결정했다면 예제 코드와 거의 동일하게 함수 프롤로그에서 ESI의 값을 저장하고 에필로그에서 복원한다. 함수의 시작과 끝부분에 위치한 PUSH ESI/POP ESI에 주목하자.

GCC 4.4.1에서 최적화 옵션을 최대(-O3)로 지정한 결과는 다음과 같다.

리스트 1.164: 최적화를 수행한 GCC 4.4.1

```
main        proc near
var_10      = dword ptr -10h
            push    ebp
            mov     ebp, esp
            and     esp, 0FFFFFFF0h
            sub     esp, 10h
            mov     [esp+10h+var_10], 2
            call    printing_function
            mov     [esp+10h+var_10], 3
            call    printing_function
            mov     [esp+10h+var_10], 4
            call    printing_function
            mov     [esp+10h+var_10], 5
            call    printing_function
            mov     [esp+10h+var_10], 6
            call    printing_function
            mov     [esp+10h+var_10], 7
            call    printing_function
            mov     [esp+10h+var_10], 8
            call    printing_function
            mov     [esp+10h+var_10], 9
            call    printing_function
            xor     eax, eax
            leave
            retn
main        endp
```

GCC가 루프를 제거하고 코드를 쭉 풀어냈다.

루프 펼치기는 반복 횟수가 많지 않은 경우 루프 관련 명령어를 모두 제거하면 실행 속도를 향상시킬 수 있어 유용하다. 물론 생성되는 코드의 크기는 늘어난다.

루프 횟수가 많은 경우에는 루프를 펼치는 것은 권장되지 않는다. 함수가 커지면 더 많은 캐시가 필요해지기 때문이다.[67]

i의 최댓값을 100으로 증가시킨 후 GCC로 다시 컴파일해보자.

---

67. 이에 대한 좋은 자료로는 울리히 드레퍼의 『What Every Programmer Should Know About Memory』(2007)이 있다. 인텔 아키텍처에서 루프 펼치기에 대한 또 다른 자료로는 『Intel® 64 and IA-32 Architectures Optimization Reference Manual』(2014) 의 3.4.1.7절이 있다.

```
        public main
main    proc near

var_20  = dword ptr -20h

        push    ebp
        mov     ebp, esp
        and     esp, 0FFFFFFF0h
        push    ebx
        mov     ebx, 2              ; i=2
        sub     esp, 1Ch
; 레이블 loc_80484D0(루프 내 코드 도입부)을 16바이트 경계로 정렬
        nop

loc_80484D0:
; printing_function()의 첫 번째 인자로 i를 전달
        mov     [esp+20h+var_20], ebx
        add     ebx, 1          ; i++
        call    printing_function
        cmp     ebx, 64h            ; i==100?
        jnz     short loc_80484D0   ; 같지 않으면 루프 계속 수행
        add     esp, 1Ch
        xor     eax, eax            ; return 0
        pop     ebx
        mov     esp, ebp
        pop     ebp
        retn
main    endp
```

MSVC 2010에 최적화 옵션(/Ox)을 지정한 결과와 상당히 유사하다. 차이점은 변수 i용으로 레지스터 EBX를 사용한 점 정도다.

GCC는 함수 f()의 내부에서 EBX의 값이 수정되지 않는다고 확신하고 있다. 값이 변경될 수도 있는 경우에는 main() 함수의 코드처럼 함수 프롤로그와 에필로그에서 해당 값을 저장하거나 복원한다.

x86: OllyDbg

MSVC 2010에 /Ox와 /Ob0 옵션을 주고 예제를 컴파일한 후 OllyDbg에서 열어보자.

OllyDbg는 간단한 루프를 인식하며 사용자 편의 차원에서 이를 각괄호로 표시한다.

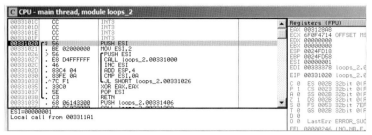

그림 1.54: OllyDbg: main() 시작부

F8(스텝 오버)을 이용해 ESI가 어떻게 증가하는지 살펴보자. 예를 들어 ESI=i는 6이다.

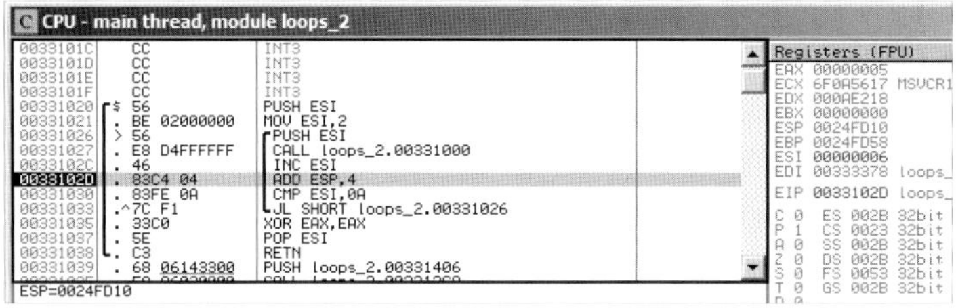

그림 1.55: OllyDbg: 루프 내 코드 실행 직후(i=6)

마지막 루프 때의 값은 9로, 그러면 값 증가 후 JL의 점프가 수행되지 않고 함수 실행이 종료된다.

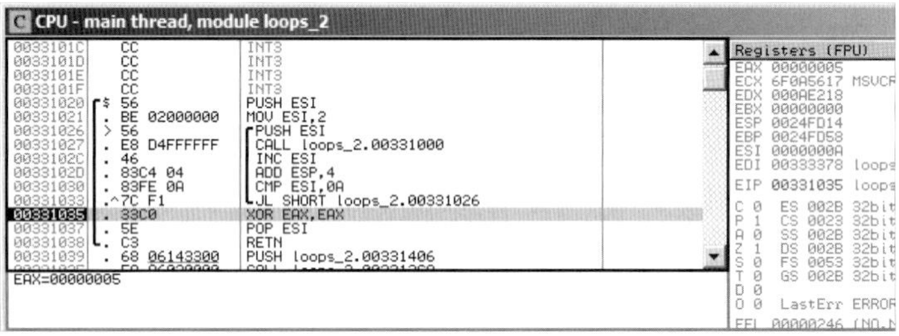

그림 1.56: OllyDbg: ESI = 10, 루프 종료

x86: tracer

이전 예제에서 느꼈을 수도 있지만 디버거에서 수동으로 루프 등을 추적하는 작업은 다소 지루하다. 이 때문에 tracer를 이용하려는 것이다.

컴파일된 예제 파일을 IDA에서 연 다음 명령어 PUSH ESI(인자를 f()로 전달)의 주소 (0x401026)를 찾는다. 그다음에는 tracer를 실행한다.

```
tracer.exe -l:loops_2.exe bpx=loops_2.exe!0x00401026
```

BPX는 해당 주소에 브레이크포인트를 설정하며, tracer는 브레이크포인트에 도달할 때마다 레지스터의 상태를 출력한다. 실행 후 tracer.log는 다음과 같다.

```
PID=12884|New process loops_2.exe
(0) loops_2.exe!0x401026
EAX=0x00a328c8 EBX=0x00000000 ECX=0x6f0f4714 EDX=0x00000000
ESI=0x00000002 EDI=0x00333378 EBP=0x0024fbfc ESP=0x0024fbb8
EIP=0x00331026
FLAGS=PF ZF IF
(0) loops_2.exe!0x401026
EAX=0x00000005 EBX=0x00000000 ECX=0x6f0a5617 EDX=0x000ee188
ESI=0x00000003 EDI=0x00333378 EBP=0x0024fbfc ESP=0x0024fbb8
EIP=0x00331026
FLAGS=CF PF AF SF IF
(0) loops_2.exe!0x401026
EAX=0x00000005 EBX=0x00000000 ECX=0x6f0a5617 EDX=0x000ee188
ESI=0x00000004 EDI=0x00333378 EBP=0x0024fbfc ESP=0x0024fbb8
EIP=0x00331026
FLAGS=CF PF AF SF IF
(0) loops_2.exe!0x401026
EAX=0x00000005 EBX=0x00000000 ECX=0x6f0a5617 EDX=0x000ee188
ESI=0x00000005 EDI=0x00333378 EBP=0x0024fbfc ESP=0x0024fbb8
EIP=0x00331026
FLAGS=CF AF SF IF
(0) loops_2.exe!0x401026
EAX=0x00000005 EBX=0x00000000 ECX=0x6f0a5617 EDX=0x000ee188
ESI=0x00000006 EDI=0x00333378 EBP=0x0024fbfc ESP=0x0024fbb8
EIP=0x00331026
FLAGS=CF PF AF SF IF
(0) loops_2.exe!0x401026
EAX=0x00000005 EBX=0x00000000 ECX=0x6f0a5617 EDX=0x000ee188
ESI=0x00000007 EDI=0x00333378 EBP=0x0024fbfc ESP=0x0024fbb8
EIP=0x00331026
FLAGS=CF AF SF IF
(0) loops_2.exe!0x401026
EAX=0x00000005 EBX=0x00000000 ECX=0x6f0a5617 EDX=0x000ee188
ESI=0x00000008 EDI=0x00333378 EBP=0x0024fbfc ESP=0x0024fbb8
EIP=0x00331026
FLAGS=CF AF SF IF
(0) loops_2.exe!0x401026
EAX=0x00000005 EBX=0x00000000 ECX=0x6f0a5617 EDX=0x000ee188
ESI=0x00000009 EDI=0x00333378 EBP=0x0024fbfc ESP=0x0024fbb8
EIP=0x00331026
```

```
FLAGS=CF PF AF SF IF
PID=12884|Process loops_2.exe exited. ExitCode=0 (0x0)
```

ESI 레지스터의 값이 2에서 9로 변하는 과정을 확인할 수 있다.

이 밖에도 tracer는 함수 내 모든 주소에서의 레지스터 값을 수집할 수 있는데, 이 기능은 추적이라고 한다. 모든 명령어를 추적하면서 의미 있는 레지스터 값을 인식하거나 수집하고 IDA.idc 스크립트를 생성한다. IDA를 이용해 main() 함수의 주소가 0x00401020임을 알아낸 후 다음 명령을 실행해보자.

```
tracer.exe -l:loops_2.exe bpf=loops_2.exe!0x00401020,trace:cc
```

BPF는 함수에 브레이크포인트를 설정하는 옵션이다.

결과적으로 loops_2.exe.idc와 loops_2.exe_clear.idc 스크립트가 생성된다.

다음은 loops_2.exe.idc를 IDA에 로딩한 것이다.

```
.text:00401020
.text:00401020 ; =============== S U B R O U T I N E =======================================
.text:00401020
.text:00401020
.text:00401020 ; int __cdecl main(int argc, const char **argv, const char **envp)
.text:00401020 _main           proc near               ; CODE XREF: ___tmainCRTStartup+11D↓p
.text:00401020
.text:00401020 argc            = dword ptr  4
.text:00401020 argv            = dword ptr  8
.text:00401020 envp            = dword ptr  0Ch
.text:00401020
.text:00401020                 push    esi             ; ESI=1
.text:00401021                 mov     esi, 2
.text:00401026
.text:00401026 loc_401026:                             ; CODE XREF: _main+13↓j
.text:00401026                 push    esi             ; ESI=2..9
.text:00401027                 call    sub_401000      ; tracing nested maximum level (1) reached,
.text:0040102C                 inc     esi             ; ESI=2..9
.text:0040102D                 add     esp, 4          ; ESP=0x38fcbc
.text:00401030                 cmp     esi, 0Ah        ; ESI=3..0xa
.text:00401033                 jl      short loc_401026 ; SF=false,true OF=false
.text:00401035                 xor     eax, eax
.text:00401037                 pop     esi
.text:00401038                 retn                    ; EAX=0
.text:00401038 _main           endp
```

그림 1.57: .idc 스크립트를 로딩한 IDA

ESI의 값이 루프 시작 지점에서는 2에서 9로, 증가 연산 후에는 3에서 0xA(10)로 변한다는 설명을 볼 수 있다. main() 종료 시 EAX 값이 0이라는 것도 확인할 수 있다.

tracer는 loops_2.exe.txt도 생성하는데, 이 파일에는 각 명령어의 실행 횟수와 레지스터 값 등의 정보가 들어있다.

리스트 1.166: loops_2.exe.txt

```
0x401020 (.text+0x20), e=  1 [PUSH ESI] ESI=1
0x401021 (.text+0x21), e=  1 [MOV ESI, 2]
0x401026 (.text+0x26), e=  8 [PUSH ESI] ESI=2..9
0x401027 (.text+0x27), e=  8 [CALL 8D1000h] tracing nested maximum level (1) reached,
    skipping this CALL 8D1000h=0x8d1000
0x40102c (.text+0x2c), e=  8 [INC ESI] ESI=2..9
0x40102d (.text+0x2d), e=  8 [ADD ESP, 4] ESP=0x38fcbc
0x401030 (.text+0x30), e=  8 [CMP ESI, 0Ah] ESI=3..0xa
0x401033 (.text+0x33), e=  8 [JL 8D1026h] SF=false,true OF=false
0x401035 (.text+0x35), e=  1 [XOR EAX, EAX]
0x401037 (.text+0x37), e=  1 [POP ESI]
0x401038 (.text+0x38), e=  1 [RETN] EAX=0
```

grep을 사용하면 유용한 정보를 쉽게 추출할 수 있다.

ARM

최적화를 수행하지 않은 Keil 6/2013(ARM 모드)

```
main
        STMFD   SP!, {R4,LR}
        MOV     R4, #2
        B       loc_368
loc_35C ; CODE XREF: main+1C
        MOV     R0, R4
        BL      printing_function
        ADD     R4, R4, #1
loc_368 ; CODE XREF: main+8
        CMP     R4, #0xA
        BLT     loc_35C
        MOV     R0, #0
        LDMFD   SP!, {R4,PC}
```

반복 카운터 i는 R4 레지스터에 저장한다. MOV R4, #2 명령어가 i를 초기화한다.

MOV R0, R4와 BL printing_function 명령어가 루프 내 코드로, 첫 번째 명령어는 함수
f()의 인자를 준비하며 두 번째는 명령어는 함수를 호출하고 있다. ADD R4, R4, #1
명령어는 반복마다 변수 i에 1을 더한다.

CMP R4, #0xA는 i를 0xA(10)와 비교한다. 다음 명령어 BLT('Branch Less Than')는 i가 10 보다 작으면 점프를 수행한다. i가 10보다 크거나 같으면 R0에 0을 저장하고(함수 리턴 값이 0이므로) 함수 실행을 종료한다.

최적화를 수행한 Keil 6/2013(Thumb 모드)

```
_main
        PUSH    {R4,LR}
        MOVS    R4, #2
loc_132             ; CODE XREF: _main+E
        MOVS    R0, R4
        BL      printing_function
        ADDS    R4, R4, #1
        CMP     R4, #0xA
        BLT     loc_132
        MOVS    R0, #0
        POP     {R4,PC}
```

사실상 동일한 코드다.

최적화를 수행한 Xcode 4.6.3(LLVM)(Thumb-2 모드)

```
_main
        PUSH     {R4,R7,LR}
        MOVW     R4, #0x1124     ; "%d\n"
        MOVS     R1, #2
        MOVT.W R4, #0
        ADD      R7, SP, #4
        ADD      R4, PC
        MOV      R0, R4
        BLX      _printf
        MOV      R0, R4
        MOVS     R1, #3
        BLX      _printf
        MOV      R0, R4
        MOVS     R1, #4
        BLX      _printf
        MOV      R0, R4
        MOVS     R1, #5
        BLX      _printf
        MOV      R0, R4
        MOVS     R1, #6
```

```
        BLX         _printf
        MOV         R0, R4
        MOVS        R1, #7
        BLX         _printf
        MOV         R0, R4
        MOVS        R1, #8
        BLX         _printf
        MOV         R0, R4
        MOVS        R1, #9
        BLX         _printf
        MOVS        R0, #0
        POP         {R4,R7,PC}
```

사실 함수 f()의 코드는 다음과 같다.

```
void printing_function(int i)
{
    printf ("%d\n", i);
};
```

즉, LLVM은 루프만 펼친 게 아니라 매우 단순한 함수 f()까지도 인라인으로 처리해 루프 대신 함수 내용을 8번 삽입했다. 이런 최적화는 함수가 (f()처럼) 매우 간단하고 (예제처럼) 여러 번 호출되지 않을 때 가능하다.

ARM64: 최적화를 수행한 GCC 4.9.1

리스트 1.167: 최적화를 수행한 GCC 4.9.1

```
printing_function:
; printf()에 대한 두 번째 인자를 준비한다.
        mov         w1, w0
; "f(%d)\n" 문자열의 주소를 로드
        adrp        x0, .LC0
        add         x0, x0, :lo12:.LC0
; 링크가 있는 분기 대신 여기서 분기하고 리턴한다.
        b           printf
main:
; FP와 LR을 로컬 스택에 저장
        stp         x29, x30, [sp, -32]!
; 스택 프레임을 셋업
        add         x29, sp, 0
; X19 레지스터의 내용을 로컬 스택에 저장
```

```
        str     x19, [sp,16]
; W19 레지스터를 카운터로 사용
; 카운터의 값을 2로 초기화
        mov     w19, 2
.L3:
; printing_function()에 대한 첫 번째 인자를 준비
        mov     w0, w19
; 카운터 레지스터의 값을 증가
        add     w19, w19, 1
; W0는 증가하기 전의 카운터 값을 갖고 있다.
        bl  printing_function
; 루프를 종료해야 하는가?
        cmp     w19, 10
; 그렇지 않다면 로프의 시작 지점으로 점프
        bne     .L3
; 0 리턴
        mov     w0, 0
; X19 레지스터의 값을 복원
        ldr     x19, [sp,16]
; FP와 LR 값을 복원
        ldp     x29, x30, [sp], 32
        ret
.LC0:
        .string "f(%d)\n"
```

ARM64: 최적화를 수행하지 않은 GCC 4.9.1

리스트 1.168: 최적화를 수행하지 않은 GCC 4.9.1 -fno-inline

```
.LC0:
        .string "f(%d)\n"
printing_function:
; FP와 LR을 로컬 스택에 저장
        stp     x29, x30, [sp, -32]!
; 스택 프레임을 설정
        add     x29, sp, 0
; W0 레지스터의 내용을 저장
        str     w0, [x29,28]
; "f(%d)\n" 문자열의 주소를 로드
        adrp    x0, .LC0
        add     x0, x0, :lo12:.LC0
; 로컬 스택에서 입력값을 로드해서 W1 레지스터에 로드
        ldr     w1, [x29,28]
; printf() 호출
        bl      printf
```

```
; FP와 LR 값을 복원
        ldp     x29, x30, [sp], 32
        ret
main:
; FP와 LR을 로컬 스택에 저장
        stp     x29, x30, [sp, -32]!
; 스택 프레임을 설정
        add     x29, sp, 0
; 카운터 초기화
        mov     w0, 2
; 로컬 스택에 카운터를 저장
        str     w0, [x29,28]
; 로프 조건을 체크하는 명령으로 점프
        b       .L3
.L4:
; W0에 카운터 값을 로드
; printing_function()에 대한 첫 번째 인자로 사용
        ldr     w0, [x29,28]
; printing_function() 호출
        bl      printing_function
; 카운터 값을 증가
        ldr     w0, [x29,28]
        add     w0, w0, 1
        str     w0, [x29,28]
.L3:
; 루프 조건을 체크
; 카운트 값을 로드
        ldr     w0, [x29,28]
; 9인가?
        cmp     w0, 9
; 9보다 작거나 같으면 루프 시작점으로 점프
; 그렇지 않으면 아무것도 수행하지 않는다.
        ble     .L4
; 0 리턴
        mov     w0, 0
; FP와 LR 값을 복원
        ldp     x29, x30, [sp], 32
        ret
```

MIPS

리스트 1.169: 최적화를 수행하지 않은 GCC 4.4.5(IDA)

```
main:
; IDA는 로컬 스택의 변수 이름을 인지하지 못한다.
```

```
; 따라서 직접 이름을 지정했다.
i               = -0x10
saved_FP        = -8
saved_RA        = -4

; 함수 프롤로그
                addiu   $sp, -0x28
                sw      $ra, 0x28+saved_RA($sp)
                sw      $fp, 0x28+saved_FP($sp)
                move    $fp, $sp
; 카운터를 2로 초기화하고 그 값을 로컬 스택에 저장한다.
                li      $v0, 2
                sw      $v0, 0x28+i($fp)
; 의사 명령어. 사실은 "BEQ $ZERO, $ZERO, loc_9C"
                b       loc_9C
                or      $at, $zero  ; 브랜치 지연 슬롯, NOP

loc_80:                 # CODE XREF: main+48
; 로컬 스택에서 카운터를 로드해서 printing_function()을 호출
                lw      $a0, 0x28+i($fp)
                jal     printing_function
                or      $at, $zero  ; 브랜치 지연 슬롯, NOP
; 카운터를 로드해서 증가시키고 그것을 다시 저장
                lw      $v0, 0x28+i($fp)
                or      $at, $zero ; NOP
                addiu   $v0, 1
                sw      $v0, 0x28+i($fp)

loc_9C:                 # CODE XREF: main+18
; 카운터 값이 10인지 체크
                lw      $v0, 0x28+i($fp)
                or      $at, $zero  ; NOP
                slti    $v0, 0xA
; 10보다 작으면 loc_80으로 점프(루프의 시작점)
                bnez    $v0, loc_80
                or      $at, $zero  ; 브랜치 지연 슬롯, NOP
; 종료, 0 리턴
                move    $v0, $zero
; 함수 에필로그
                move    $sp, $fp
                lw      $ra, 0x28+saved_RA($sp)
                lw      $fp, 0x28+saved_FP($sp)
                addiu   $sp, 0x28
                jr      $ra
                or      $at, $zero  ; 브랜치 지연 슬롯, NOP
```

새로운 명령어는 B다. 이는 실제로는 의사 명령어(BEQ)다.

한 가지 더

생성된 코드를 보면 i를 초기화한 다음 루프 내 코드를 바로 실행하지 않고 i 조건부터 우선 검사한 후 루프 내 코드를 실행하고 있다. 시작부터 루프 조건이 만족되지 않으면 루프 내 코드가 실행되지 않아야 하기 때문이다. 다음 예를 보자.

```
for (i=0; i<처리할_항목_수; i++)
    루프_내_코드;
```

처리할_항목_수가 0인 경우 루프 내 코드는 실행되지 않아야 한다. 이 때문에 루프 내 코드 실행 이전에 조건을 검사하는 것이다. 그러나 컴파일러는 최적화를 수행하면서 이런 상황이 발생하지 않는다고 판단하면 조건 검사와 루프 내 코드의 순서를 뒤바꿀 수도 있다(최적화 옵션을 지정한 Keil, Xcode(LLVM), MSVC로 매우 간단한 코드를 컴파일하는 경우).

1.16.2 메모리 블록 복사 루틴

실제로는 메모리 복사 루틴은 SIMD$^{Single Instruction, Multiple Data}$나 벡터화 등을 이용해 4바이트나 8바이트 단위로 반복 수행될 것이다.

이를 간단히 설명하는 방법은 예제를 보는 것이 최선이다.

```c
#include <stdio.h>

void my_memcpy (unsigned char* dst, unsigned char* src, size_t cnt)
{
    size_t i;
    for (i=0; i<cnt; i++)
        dst[i]=src[i];
};
```

직관적인 구현

리스트 1.170: x64에서 크기를 최적화(-0s)한 GCC 4.9

```
my_memcpy:
; RDI = 목적지 주소
; RSI = 출발지 주소
```

```
; RDX = 블록 크기

; 카인터(i)를 0으로 초기화
        xor     eax, eax
.L2:
; 모든 바이트가 복사됐으면 종료
        cmp     rax, rdx
        je      .L5
; RSI+i의 바이트를 로드
        mov     cl, BYTE PTR [rsi+rax]
; RDI+i에 바이트를 저장
        mov     BYTE PTR [rdi+rax], cl
        inc     rax     ; i++
        jmp     .L2
.L5:
        ret
```

리스트 1.171: ARM64에서 크기를 최적화한 GCC 4.9(-Os)

```
; X0 = 목적지 주소
; X1 = 출발지 주소
; X2 = 블록 크기

; 카운터(i)를 0으로 초기화
        mov     x3, 0
.L2:
; 모든 바이트가 복사됐으면 종료
        cmp     x3, x2
        beq     .L5
; X1+i에서 바이트를 로드
        ldrb    w4, [x1,x3]
; X0+i에 바이트를 저장
        strb    w4, [x0,x3]
        add     x3, x3, 1   ; i++
        b       .L2
.L5:
        ret
```

리스트 1.172: 최적화를 수행한 Keil 6/2013(Thumb 모드)

```
my_memcpy PROC
; R0 = 목적지 주소
; R1 = 출발지 주소
; R2 = 블록 크기

        PUSH    {r4,lr}
; 카운터(i)를 0으로 초기화
```

```
        MOVS    r3,#0
; 함수의 끝에서 조건을 체크하고자 점프
        B    |L0.12|
|L0.6|
; ]R1+i에서 바이트 로드
        LDRB    r4,[r1,r3]
; R0+i에 바이트 저장
        STRB    r4,[r0,r3]
; i++
        ADDS    r3,r3,#1
|L0.12|
; i<size?
        CMP    r3,r2
; 그렇다면 로프의 시작점으로 점프
        BCC    |L0.6|
        POP    {r4,pc}
        ENDP
```

ARM에서 ARM 모드

ARM 모드에서 Keil은 조건 서술부를 최대한 이용한다.

리스트 1.173: 최적화를 수행한 Keil 6/2013(ARM 모드)

```
my_memcpy PROC
; R0 = 목적지 주소
; R1 = 출발지 주소
; R2 = 블록 크기

; 카운터(i)를 0으로 초기화
        MOV    r3,#0
|L0.4|
; 모든 바이트가 복사됐는가?
        CMP    r3,r2
; 다음의 코드 블록은 R2<R3이거나 i<size일 때만 실행된다.
; R1+i에서 바이트 로드
        LDRBCC    r12,[r1,r3]
; R0+i에 바이트 저장
        STRBCC    r12,[r0,r3]
; i++
        ADDCC    r3,r3,#1
; 조건 블록의 마지막 명령어
; j i<size이면 루프 시작점으로 점프
; 그렇지 않으면(즉, if i>=size) 아무것도 수행하지 않는다.
        BCC    |L0.4|
; 리턴
```

```
        BX  lr
        ENDP
```

Keil에서는 두 개가 아닌 단지 하나의 분기 명령어만 사용된다.

MIPS

리스트 1.174: 크기를 최적화한 GCC 4.4.5(-Os)(IDA)

```
my_memcpy:
; 로프 조건 체크 부분으로 점프
        b          loc_14
; 카운터(i)를 0으로 초기화
; 카운터는 항상 $v0에 있을 것이다.
        move    $v0, $zero  ; 브랜치 지연 슬롯
loc_8:       # CODE XREF: my_memcpy+1C
; $t0 주소의 바이트(부호 없는)를 $v1으로 로드
        lbu      $v1, 0($t0)
; 카운터(i)를 증가
        addiu   $v0, 1
; $a3에 바이트 저장
        sb       $v1, 0($a3)
loc_14:      # CODE XREF: my_memcpy
; $v0에 있는 카운터(i) 값이 세 번째 인자($a2에 있는 "cnt")보다 작은지 체크
        sltu     $v1, $v0, $a2
; 출발지 블록에 있는 바이트의 주소
        addu    $t0, $a1, $v0
; $t0 = $a1+$v0 = src+i
; 카운터가 여전히 "cnt"보다 작으면 루프 시작점으로 점프
        bnez    $v1, loc_8
; 목적지 블록에 있는 바이트의 주소($a3 = $a0+$v0 = dst+i)
        addu    $a3, $a0, $v0   ; 브랜치 지연 슬롯
; BNEZ가 아니면 종료
        jr       $ra
        or       $at, $zero      ; 브랜치 지연 슬롯, NOP
```

두 개의 새로운 명령어인 LBU('Load Byte Unsigned')와 SB('Store Byte')를 볼 수 있다.

ARM의 경우와 마찬가지로 모든 MIPS 레지스터는 32비트 크기이기 때문에 x86에서와 같은 바이트 단위의 명령어가 없다.

따라서 하나의 바이트를 처리하려면 32비트 레지스터를 할당해야 한다.

LBU는 하나의 바이트를 로드하고 나머지 비트는 초기화한다('부호 없는 바이트 값').

반면에 LB('Load Byte') 명령어는 로드한 바이트를 부호 있는 32비트 값으로 만든다.

SB 명령어는 레지스터의 하위 8비트 부분을 메모리에 기록한다.

벡터화

최적화를 수행한 GCC는 더 많은 최적화 작업을 수행한다(1.28.1절 참고).

1.16.3 조건 검사

for()문에서 조건은 끝이 아닌 시작 시점에서 검사된다.

하지만 컴파일러 입장에서는 조건을 끝에서 검사하는 것이 편리할 수 있다. 때때로 추가적인 검사가 시작 부분에 추가되기도 한다.

예를 들면 다음과 같다.

```c
#include <stdio.h>

void f(int start, int finish)
{
    for (; start<finish; start++)
        printf ("%d\n", start);
};
```

x64에서 최적화를 수행한 GCC 5.4.0 코드는 다음과 같다.

```asm
f:
; 조건 검사(1)
        cmp     edi, esi
        jge     .L9
        push    rbp
        push    rbx
        mov     ebp, esi
        mov     ebx, edi
        sub     rsp, 8
.L5:
        mov     edx, ebx
        xor     eax, eax
        mov     esi, OFFSET FLAT:.LC0   ; "%d\n"
        mov     edi, 1
        add     ebx, 1
```

```
        call    __printf_chk
; 조건 검사(2)
        cmp     ebp, ebx
        jne     .L5
        add     rsp, 8
        pop     rbx
        pop     rbp
.L9:
        rep     ret
```

두 번의 조건 검사 부분을 볼 수 있다.

Hex-Rays(2.2.0 버전 이상)는 다음과 같이 디컴파일한다.

```
void __cdecl f(unsigned int start, unsigned int finish)
{
    unsigned int v2; // ebx@2
    __int64 v3; // rdx@3

    if ( (signed int)start < (signed int)finish )
    {
        v2 = start;
        do
        {
            v3 = v2++;
            _printf_chk(1LL, "%d\n", v3);
        }
        while ( finish != v2 );
    }
}
```

이 경우에는 의심의 여지없이 do/while()을 for()로 바꿀 수 있으며 첫 번째 검사를
제거할 수 있다.

1.16.4 결론

2에서 9(경계 포함)까지 반복하는 루프의 대략적인 구조는 다음과 같다.

리스트 1.175: x86

```
        mov [counter], 2     ; 초기화
        jmp check
body:;
```

```
        ; 루프 내 코드
        ; 작업 수행
        ; 로컬 스택에 있는 카운터 변수 사용
        add     [counter], 1    ; 증가
    check:
        cmp     [counter], 9
        jle     body
```

최적화되지 않은 코드에서는 증가 연산이 명령어 세 개로 표현되기도 한다.

리스트 1.176: x86

```
        MOV     [counter], 2    ; 초기화
        JMP     check
    body:;
        ; 루프 내 코드
        ; 작업 수행
        ; 로컬 스택에 있는 카운터 변수 사용
        MOV     REG, [counter]  ; 증가
        INC     REG
        MOV     [counter], REG
    check:
        CMP     [counter], 9
        JLE     body
```

루프 내 코드가 짧은 경우 레지스터 하나를 통째로 카운터 변수로 사용할 수도 있다.

리스트 1.177: x86

```
        MOV     EBX, 2  ; 초기화
        JMP     check
    body:;
        ; 루프 내 코드
        ; 작업 수행
        ; EBX의 카운터 사용. 수정하면 안 됨!
        INC     EBX     ; 증가
    check:
        CMP     EBX, 9
        JLE     body
```

컴파일러가 루프 코드의 순서를 변경할 수도 있다.

리스트 1.178: x86

```
        MOV     [counter], 2    ; 초기화
```

```
        JMP     label_check
label_increment:
        ADD     [counter], 1    ; 증가
label_check:
        CMP     [counter], 10
        JGE     exit
        ; 루프 내 코드
        ; 작업 수행
        ; 로컬 스택에 있는 카운터 변수 사용
        JMP     label_increment
exit:
```

보통은 루프 내 코드 전에 조건을 검사하지만 컴파일러 판단에 따라 루프 내 코드 이후에 조건을 검사하도록 루프 코드를 재배열할 수도 있다. 이는 컴파일러가 첫 번째 반복의 경우는 조건이 무조건 참이라서 루프 내 코드가 최소 한 번은 실행된다고 컴파일러가 확신하는 경우다.

리스트 1.179: x86

```
        MOV     REG, 2  ; 초기화
 body:;
        ; 루프 내 코드
        ; 작업 수행
        ; REG의 카운터 사용. 수정하면 안 됨!
        INC     REG ; 증가
        CMP     REG, 10
        JL      body
```

LOOP 명령어를 사용할 수도 있다. 이는 드문 경우로, 컴파일러는 이 명령어를 사용하지 않는다. 그러므로 LOOP 명령어를 보게 되면 해당 코드를 사람이 직접 작성했다는 의미다.

리스트 1.180: x86

```
        ; 10에서 1로 카운팅
        MOV     ECX, 10
 body:;
        ; 루프 내 코드
        ; 작업 수행
        ; ECX의 카운터 사용. 수정하면 안 됨!
        LOOP    body
```

ARM

ARM에서는 카운터 변수로 **R4** 레지스터를 사용한다.

리스트 1.181: ARM

```
        MOV     R4, 2   ; 초기화
        B       check
 body:;
        ; 루프 내 코드
        ; 작업 수행
        ; R4의 카운터 사용. 수정하면 안 됨!
        ADD     R4,R4, #1 ; 증가
 check:
        CMP     R4, #10
        BLT     body
```

1.16.5 연습

- http://challenges.re/54

- http://challenges.re/55

- http://challenges.re/56

- http://challenges.re/57

1.17 간단한 C 문자열 처리

1.17.1 strlen()

루프에 대해 한 번 더 얘기해보자. **strlen()** 함수[68]는 while()문으로 구현된다. MSVC 표준 라이브러리의 구현은 다음과 같다.

```
int my_strlen (const char * str)
{
    const char *eos = str;
    while( *eos++ ) ;
```

---

68. C 언어에서 문자열에 포함된 문자의 수를 세는 함수

```
        return( eos - str - 1 );
}
int main()
{
    // 테스트
    return my_strlen("hello!");
};
```

x86

최적화를 수행하지 않은 MSVC

컴파일 결과는 다음과 같다.

```
_eos$   = -4          ; 크기 = 4
_str$   = 8           ; 크기 = 4
_strlen PROC
    push    ebp
    mov     ebp, esp
    push    ecx
    mov     eax, DWORD PTR _str$[ebp]    ; EAX에 "str" 문자열에 대한 포인터 저장
    mov     DWORD PTR _eos$[ebp], eax    ; EAX를 지역 변수 "eos"에 할당
$LN2@strlen_:
    mov     ecx, DWORD PTR _eos$[ebp]    ; ECX=eos

    ; ECX 주소에서 8비트를 가져와 EDX에 32비트(부호 확장) 값으로 저장

    movsx   edx, BYTE PTR [ecx]
    mov     eax, DWORD PTR _eos$[ebp]    ; EAX=eos
    add     eax, 1                       ; EAX 증가
    mov     DWORD PTR _eos$[ebp], eax    ; EAX를 다시 "eos"에 저장
    test    edx, edx                     ; EDX가 0인가?
    je      SHORT $LN1@strlen_           ; 그렇다면 루프를 종료
    jmp     SHORT $LN2@strlen_           ; 루프 계속
$LN1@strlen_:

    ; 두 포인터 간의 차이를 계산

    mov     eax, DWORD PTR _eos$[ebp]
    sub     eax, DWORD PTR _str$[ebp]
    sub     eax, 1                       ; 1을 빼고 그 결과를 리턴
    mov     esp, ebp
    pop     ebp
    ret     0
_strlen_   ENDP
```

두 개의 새로운 명령어인 MOVSX와 TEST를 볼 수 있다.

첫 번째 새 명령어인 MOVSX는 MOV with Sign-Exten의 약자로, 메모리의 특정 위치에서 바이트 값을 가져와 32비트 레지스터에 저장하는 명령어다. 8번째부터 31번째 비트를 음수면 1로, 양수면 0으로 채운다.

부호 확장을 수행하는 이유를 살펴보자.

기본적으로 MSVC와 GCC에서 char 타입은 부호가 있는 타입이다. 두 개의 값이 있다고 가정하자. 하나는 값이 -2(0xFE로 표현됨)인 char 타입이고 나머지는 int(int도 부호가 있는 타입이다) 타입일 때 char 타입의 값을 그대로 int에 복사하면 0x000000FE가 된다. 이때 부호 있는 int 입장에서 보면 -2가 아니라 254 값으로 해석된다. 부호 있는 정수에서 -2는 0xFFFFFFFE로 표현된다. 그러므로 char 타입의 0xFE 값을 int 타입으로 복사할 때는 부호 비트를 확장해야 하는 것이다. 이게 바로 MOVSX의 동작 방식이다. 이에 대해서는 2.2절을 참고하기 바란다.

컴파일러가 EDX에 있는 char 타입의 변수를 저장한 이유는 불분명해 보인다. 8비트 레지스터 부분(예를 들어 DL)만 취할 수도 있었다. 하지만 이게 컴파일러의 레지스터 할당기가 동작하는 방식이다.

다음으로 TEST EDX, EDX가 나온다. TEST 명령어는 1.22절에서 자세히 다룰 것이다. 지금은 이 명령어가 EDX의 값이 0인지 검사한다는 사실 정도만 이해하면 된다.

최적화를 수행하지 않은 GCC

GCC 4.4.1로 컴파일해보자.

```
        public strlen
strlen  proc near

eos     = dword ptr -4
arg_0   = dword ptr 8

        push    ebp
        mov     ebp, esp
        sub     esp, 10h
        mov     eax, [ebp+arg_0]
        mov     [ebp+eos], eax
```

```
loc_80483F0:
        mov     eax, [ebp+eos]
        movzx   eax, byte ptr [eax]
        test    al, al
        setnz   al
        add     [ebp+eos], 1
        test    al, al
        jnz     short loc_80483F0
        mov     edx, [ebp+eos]
        mov     eax, [ebp+arg_0]
        mov     ecx, edx
        sub     ecx, eax
        mov     eax, ecx
        sub     eax, 1
        leave
        retn
strlen  endp
```

결과는 MSVC와 거의 동일하지만 MOVSX 대신 MOVZX가 사용됐다. MOVZX는 0으로 확장하는 MOV with Zero-Extent의 약자로, 8비트나 16비트 값을 32비트 레지스터에 복사하면서 나머지 비트를 0으로 설정한다. 이 명령어가 유용한 유일한 이유는 두 개의 명령어 xor eax, eax/mov al, [...]를 하나로 대체할 수 있다는 점이다.

사실 컴파일러는 훨씬 이해하기 쉬운 mov al, byte ptr [eax]/test al, al 같은 코드를 생성할 수도 있었다. 이는 EAX 레지스터의 최상위 비트에 무작위 노이즈가 들어간다는 점만 빼고는 동일한 코드다. 이런 부분은 좀 더 이해하기 쉬운 코드를 생성할 수 없는 컴파일러의 한계라고 이해하자. 엄밀히 말해 컴파일러에게 인간이 이해할 수 있는 코드를 생성해야 할 의무는 전혀 없다.

또 하나의 새로운 명령어는 SETNZ다. AL이 0이 아니면 test al, al은 ZF 플래그를 0으로 설정하며, 하지만 SETNZ는 ZF==0이면 AL을 1로 설정한다(NZ는 Not Zero를 의미한다). 쉽게 말해 AL의 값이 0이 아니면 loc_80483F0으로 점프하라는 의미다. 컴파일러가 약간의 불필요한 코드를 생성하긴 했지만 최적화 옵션을 지정하지 않았다는 사실을 잊지 말자.

최적화를 수행한 MSVC

이제는 최적화 옵션(/Ox)을 지정하고 MSVC 2012로 컴파일해보자.

리스트 1.182: 최적화를 수행한 MSVC 2012 /Ob0

```
_str$ = 8          ; 크기 = 4
_strlen PROC
        mov     edx, DWORD PTR _str$[esp-4]    ; EDX -> 문자열의 포인터
        mov     eax, edx                       ; EAX로 이동
$LL2@strlen:
        mov     cl, BYTE PTR [eax]             ; CL = *EAX
        inc     eax                            ; EAX++
        test    cl, cl                         ; CL==0?
        jne     SHORT $LL2@strlen              ; 아니오 이면 루프 계속
        sub     eax, edx                       ; 포인터간 차이 계산
        dec     eax                            ; EAX 감소
        ret     0
_strlen ENDP
```

이 코드는 훨씬 더 간단하다. 물론 말할 필요도 없이 컴파일러가 레지스터를 이렇게 효율적으로 사용할 수 있는 건 예제 함수가 매우 간단하고 지역 변수의 개수도 적기 때문이다.

INC/DEC는 증가/감소 명령어로, 1을 더하거나 뺀다.

최적화를 수행한 MSVC + OllyDbg

최적화를 수행한 코드를 OllyDbg에서 살펴보자. 다음은 첫 번째 반복 루틴이다.

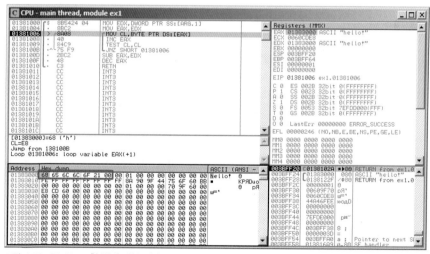

그림 1.58: OllyDbg: 첫 번째 반복 시작

OllyDbg가 루프를 인식한 후 루프 코드를 보기 좋게 각괄호로 묶어 표시하고 있다. EAX를 오른쪽 클릭하고 'Follow in Dump'를 선택하면 메모리 창의 내용이 해당 위치로 이동한다. 그리고 메모리에서 "hello!"라는 문자열을 볼 수 있다. 문자열 이후에는 최소 한 개의 0바이트(널 바이트)가 나오고 무작위 가비지가 뒤따른다. OllyDbg는 레지스터에 유효한 주소가 들어있고 해당 주소의 값이 문자열이면 해당 문자열을 보여준다.

현재 주소가 루프 내 코드 시작 지점에 돌아올 때까지 F8(스텝 오버)을 충분히 누른다.

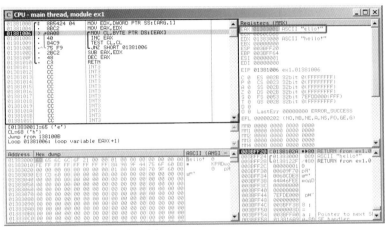

그림 1.59: OllyDbg: 두 번째 반복 시작

EAX가 문자열에서 두 번째 문자의 주소를 갖고 있는 것을 볼 수 있다.

루프를 벗어날 때까지 F8을 누른다.

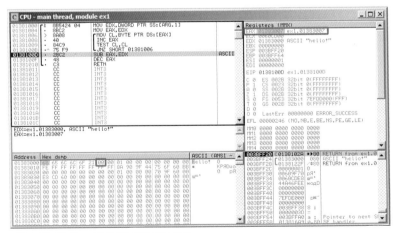

그림 1.60: OllyDbg: 포인터의 차이 계산 직전

EAX의 값이 이제는 문자열 바로 다음에 나오는 0바이트의 주소(문자열의 마지막 문자 + 1, 루프를 종료하든 그렇지 않는 항상 INC EAX에 의해 EAX 값이 1 증가하기 때문이다)를 가리키고 있다. 반면 EDX는 변동 없이 그대로 문자열의 시작 주소를 가리키고 있다. 이제 두 주소의 차이를 계산한다.

다음은 SUB 명령어가 실행된 상태다.

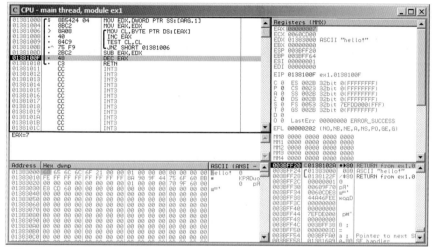

그림 1.61: OllyDbg: EAX 감소 직전

EAX 레지스터에 두 포인터의 차이 값인 7이 저장돼 있다. 사실 문자열 "hello!"의 길이는 6이지만 0바이트까지 포함하면 7이 된다. 하지만 strlen()은 0이 아닌 문자의 수를 리턴해야 하므로 함수 리턴 직전에 감소 연산을 수행한다.

최적화를 수행한 GCC

GCC 4.4.1에 최적화 옵션(-03)을 주고 컴파일해보자.

```
        public strlen
strlen  proc near

arg_0   = dword ptr 8

        push    ebp
        mov     ebp, esp
        mov     ecx, [ebp+arg_0]
        mov     eax, ecx
```

```
loc_8048418:
        movzx   edx, byte ptr [eax]
        add     eax, 1
        test    dl, dl
        jnz     short loc_8048418
        not     ecx
        add     eax, ecx
        pop     ebp
        retn
strlen  endp
```

MOVZX의 사용만 제외하면 MSVC와 크게 다르지 않다. MOVZX는 mov dl, byte ptr [eax]로 대체할 수 있다.

추측하건대 GCC 컴파일러의 코드 생성기는 32비트 EDX 레지스터 전체를 char 변수로 할당하고 해당 레지스터의 최상위 비트에 노이즈가 절대로 포함되지 않게 하는 방식을 선호하는 것으로 보인다.

새로운 명령어 NOT이 등장한다. 이 명령어는 오퍼랜드의 모든 비트를 뒤집는다. 즉, XOR ECX, 0ffffffffh 명령어와 동일하다. NOT과 그다음의 ADD 명령어가 포인터의 차이를 계산한 후 1을 뺀다. 문자열의 포인터가 저장된 ECX의 값을 NOT으로 뒤집고 1을 빼는 것이다. 이는 2.2절에서 살펴본다.

다시 말해 루프 코드 이후의 함수 끝부분에서 다음과 같은 코드가 실행되는 것이다.

```
ecx=str;
eax=eos;
ecx=(-ecx)-1;
eax=eax+ecx
return eax
```

이는 의미상 다음과 동일하다.

```
ecx=str;
eax=eos;
eax=eax-ecx;
eax=eax-1;
return eax
```

GCC가 이런 코드를 생성한 이유를 확실히 알 수는 없다. 하지만 두 코드가 효율성 측면에서 동일하다는 건 분명히 말할 수 있다.

ARM

32비트 ARM

최적화를 수행하지 않은 Xcode 4.6.3(LLVM)(ARM 모드)

리스트 1.183: 최적화를 수행하지 않은 Xcode 4.6.3(LLVM)(ARM 모드)

```
_strlen

eos  = -8
str  = -4

    SUB     SP, SP, #8   ; 지역 변수용 8바이트 할당
    STR     R0, [SP,#8+str]
    LDR     R0, [SP,#8+str]
    STR     R0, [SP,#8+eos]

loc_2CB8                 ; CODE XREF: _strlen+28
    LDR     R0, [SP,#8+eos]
    ADD     R1, R0, #1
    STR     R1, [SP,#8+eos]
    LDRSB   R0, [R0]
    CMP     R0, #0
    BEQ     loc_2CD4
    B       loc_2CB8

loc_2CD4                 ; CODE XREF: _strlen+24
    LDR     R0, [SP,#8+eos]
    LDR     R1, [SP,#8+str]
    SUB     R0, R0, R1   ; R0=eos-str
    SUB     R0, R0, #1   ; R0=R0-1
    ADD     SP, SP, #8   ; 할당한 8바이트 해제
    BX      LR
```

최적화하지 않는 LLVM은 지나치게 많은 코드를 생성하지만, 그 덕분에 함수가 스택에 위치한 지역 변수를 어떻게 이용하는지 볼 수 있다. 예제의 함수에서는 지역 변수가 eos와 str 두 개뿐이다. IDA로 생성한 이 리스트에서 **var_8**과 **var_4**를 각각 eos와 str 로 수정했다.

처음 몇 개의 명령어는 단순히 입력값을 str과 eos에 저장하는 부분이다.

루프 내 코드는 레이블 loc_2CB8부터다.

처음 세 개의 명령어(LDR, ADD, STR)는 eos의 값을 R0에 로딩하고 값을 증가시킨 후 다시 스택상의 eos 지역 변수에 저장한다.

다음 명령어인 LDRSB R0, [R0]('Load Register Signed Byte')는 R0에 저장된 메모리 주소에서 한 바이트를 로딩해 부호 비트를 32비트로 확장한다.[69] 이는 x86의 MOVSX와 유사한 명령어다.

C 표준에서 char 타입이 부호 있는 타입이기 때문에 컴파일러도 이를 부호 있는 타입으로 처리한다. 이에 대해서는 이미 1.17.1절에서 다뤘다.

ARM에서는 x86처럼 레지스터의 8비트, 16비트, 32비트 부분을 따로 사용하는 게 불가능하다는 사실에 유의하자.

x86에는 16비트 8086이나 8비트 8080까지 거슬러 올라가는 어마어마한 하위 호환성의 역사가 있는 반면 ARM은 처음부터 32비트 RISC 프로세서로 개발됐다.

결과적으로 ARM에서는 개별적인 바이트를 처리하더라도 무조건 32비트 레지스터를 사용해야 한다.

LDRSB는 문자열의 문자를 하나씩 R0로 로딩한다. 그리고 이어지는 CMP와 BEQ 명령어는 로딩된 문자가 0인지 검사한다. 0이 아니면 제어 흐름을 루프 내 코드로 다시 넘긴다. 0이면 루프를 종료한다.

함수의 마지막 부분에서는 eos와 str의 차이를 계산하고 여기서 1을 뺀 값을 R0에 담아 리턴한다.

참고: 이 함수에서는 레지스터를 저장하지 않았다.

ARM 호출 규약상 R0-R3 레지스터는 함수 인자 전달용으로 만든 '스크래치 레지스터scratch register'로 여기에 저장된 값은 호출자 함수가 더 이상 사용하지 않기 때문에 함수 종료 시 복구하지 않아도 무방하다.

그 외의 다른 레지스터는 사용하지 않았기 때문에 어떤 레지스터도 스택에 저장하지 않은 것이다.

---

69. Keil 컴파일러도 MSVC나 GCC와 마찬가지로 char 타입을 부호 있는 타입으로 취급한다.

결과적으로 호출자 함수로 복귀할 때 간단히 LR 레지스터의 주소로 점프(BX)만하면 되는 것이다.

최적화를 수행한 Xcode 4.6.3(LLVM)(Thumb 모드)

리스트 1.184: 최적화를 수행한 Xcode 4.6.3(LLVM)(Thumb 모드)

```
_strlen
        MOV     R1, R0

loc_2DF6
        LDRB.W  R2, [R1],#1
        CMP     R2, #0
        BNE     loc_2DF6
        MVNS    R0, R0
        ADD     R0, R1
        BX      LR
```

최적화를 수행한 LLVM은 eos와 str을 스택에 할당하지 않고 실행 내내 레지스터에 저장해도 무방하다고 판단했다.

루프 내 코드에 진입하기 전까지 str은 항상 R0에, eos는 R1에 들어있다. LDRB.W R2, [R1],#1 명령어는 R1에 저장된 메모리 주소 한 바이트를 R2에 로딩하며, 값은 32비트 값으로 부호 확장한다. 여기서 끝이 아닌데, 명령어 끝부분의 '포스트 인덱스 주소 지정'인 #1은 바이트를 로딩한 후에 R1에 1을 더한다는 의미다. 이에 대해서는 1.31.2절을 참고하기 바란다.

루프 내 코드에서는 CMP와 BNE[70] 명령어를 볼 수 있다. 이 명령어들은 문자열에서 0을 발견할 때까지 계속 실행된다.

MVNS('MoVe Not', 모든 비트를 뒤집음, x86의 NOT과 같음) 명령어와 ADD 명령어가 eos - str -1을 계산한다. 사실 이 두 명령어는 R0 = str + eos를 계산하는데, 이는 소스코드의 내용과 의미상 동일하다. 왜 이렇게 하는지는 1.17.1절에서 설명했다.

GCC처럼 LLVM도 이 코드가 더 간결하고 빠르다고 판단하는 것이다.

---

70. (파워PC, ARM에서) Branch if Not Equal

최적화를 수행한 Keil 6/2013(ARM 모드)

리스트 1.185: 최적화를 수행한 Keil 6/2013(ARM 모드)

```
_strlen
        MOV     R1, R0
loc_2C8
        LDRB    R2, [R1],#1
        CMP     R2, #0
        SUBEQ   R0, R1, R0
        SUBEQ   R0, R0, #1
        BNE     loc_2C8
        BX      LR
```

앞에서 살펴본 것과 거의 동일하며, 한 가지 차이점이라면 str - eos - 1 계산을 함수 끝부분이 아니라 루프 내 코드에서 수행한다는 점이다. 이미 설명했듯이 EQ로 끝나는 명령어는 바로 전에 실행된 CMP 명령어의 두 오퍼랜드가 동일한 경우에만 실행한다. 즉, R0 레지스터의 값이 0이면 두 SUBEQ 명령어가 실행되고 결과는 R0 레지스터에 저장된다.

ARM64

최적화를 수행한 GCC(Linaro) 4.9

```
my_strlen:
        mov     x1, x0
        ; X1은 마치 커서처럼 eos를 가리키는 포인터
.L58:
        ; X1에서 W2로 바이트 로딩. 그리고 X1 값 1 증가(포스트 인덱스)
        ldrb    w2, [x1],1
        ; 비교 후 0이 아니면 분기: W2와 0을 비교한 후 0이 아니면 .L58로 점프
        cbnz    w2, .L58
        ; 원본 X0 포인터와 현재의 X1 값의 차이 계산
        sub     x0, x1, x0
        ; 결과의 하위 32비트 1 감소
        sub     w0, w0, #1
        ret
```

내부 알고리즘은 1.17.1절과 동일하다. 즉, 0바이트를 찾고 포인터 간의 차이를 계산한 후 결과를 1 감소시킨다. 이해를 돕고자 주석을 추가했다.

주목할 만한 부분은 예제 코드에 잘못된 점이 있다는 것이다. **my_strlen()**은 32비트 **int**를 리턴하는데, 사실 **size_t**나 기타 64비트 타입을 리턴해야 한다는 것이다.

이론적으로 **strlen()**이 4GB 이상의 매우 큰 메모리 블록을 인자로 취할 수 있고 이 경우 64비트 플랫폼에서는 64비트 값을 리턴해야 하기 때문이다.

내 실수 때문에 마지막 **SUB** 명령어는 레지스터의 32비트 부분만 이용하고 있다. 반면 끝에서 두 번째 **SUB** 명령어는 64비트 레지스터 전체를 사용한다(포인터 간의 차이를 계산하는 명령어).

그럼에도 불구하고 이런 경우 어떤 코드가 생성되는지 보여주는 차원에서 그대로 책에 담았다.

최적화를 수행하지 않은 GCC(Linaro) 4.9

```
my_strlen:
; 함수 프롤로그
        sub     sp, sp, #32
; 첫 번째 인자(str)를 [sp,8]에 저장
        str     x0, [sp,8]
        ldr     x0, [sp,8]
; str을 eos 변수에 복사
        str     x0, [sp,24]
        nop
.L62:
; eos++
        ldr     x0, [sp,24]     ; eos를 X0에 로딩
        add     x1, x0, 1       ; X0 증가
        str     x1, [sp,24]     ; X0를 eos에 저장
; X0에 있는 메모리 주소에서 W0로 한 바이트 로딩
        ldrb    w0, [x0]
; 0인가? (wzr은 값이 항상 0을 갖고 있는 32비트 레지스터)
        cmp     w0, wzr
; 0이 아니면 점프(Branch Not Equal)
        bne     .L62
; 0 바이트 발견. 이제 포인터 간의 차이를 계산
; eos를 X1에 로딩
        ldr     x1, [sp,24]
; str을 X0에 로딩
        ldr     x0, [sp,8]
; 차이를 계산
        sub     x0, x1, x0
```

```
; 결과 감소
        sub     w0, w0, #1
; 함수 에필로그
        add     sp, sp, 32
        ret
```

최적화를 수행한 코드보다 더 긴 코드가 만들어졌다. 변수들이 메모리(로컬 스택) 이곳 저곳으로 이동된다.

감소 연산 시 32비트 레지스터 부분만 이용하는 실수도 찾아볼 수 있다.

MIPS

리스트 1.186: 최적화를 수행한 GCC 4.4.5(IDA)

```
my_strlen:
; 변수 eos는 항상 $v1에 저장된다.
        move    $v1, $a0

loc_4:
; eos에 있는 메모리 주소에서 $a1으로 바이트를 로드
lb $a1, 0($v1)
        or      $at, $zero   ; 로드 지연 슬롯, NOP
; 로드한 바이트가 0이 아니면 loc_4로 점프
        bnez    $a1, loc_4
; eso 값 증가
        addiu   $v1, 1 ; branch delay slot
; 루프 종료. str 변수를 뒤집는다.
        nor     $v0, $zero, $a0
; $v0=-str-1
        jr $ra
; $v1 + $v0 = eos + ( -str-1 ) = eos - str ? 1 연산 결과를 리턴
        addu    $v0, $v1, $v0    ; 브랜치 지연 슬롯
```

MIPS에는 **NOT** 명령어가 없다. 하지만 **OR** + **NOT** 연산을 수행해주는 **NOR** 명령어가 있다. 이 연산은 디지털 전자 장치에서 흔히 사용되는 연산이다.[71]

예를 들면 아폴로 프로그램에 사용된 아폴로 가이던스 컴퓨터는 5,600개의 **NOR** 게이트만으로 만들어졌다.[72] 하지만 **NOR**는 컴퓨터 프로그램에서 그렇게 흔하게 사용되지

---

71. NOR을 '유니버설 게이트'라고 한다.
72. 젠스 에익호프의 『Onboard Computers, Onboard Software and Satellite Operations: An Introduction』(2011)

는 않는다.

따라서 여기서는 NOR DST, $ZERO, SRC로 NOT 연산을 구현했다.

2.2절에서는 부호 있는 숫자를 비트 단위로 뒤집는 것은 부호를 변경하고 1을 빼는 것과 동일하다는 것을 보여준다.

결국 여기서 사용된 NOT 연산은 -str - 1 연산을 수행한다고 볼 수 있다. 이후에 이어지는 연산은 결괏값을 준비하는 과정이다.

1.17.2 문자열의 경계

win32 GetOpenFileName() 함수에 인자가 전달되는 방식은 흥미롭다. 해당 함수를 호출하려면 허용된 파일 확장자 목록을 설정해야 한다.

```
OPENFILENAME *LPOPENFILENAME;
...
char * filter = "Text files (*.txt)\0*.txt\0MS Word files (*.doc)\0*.doc\0\0";
...
LPOPENFILENAME = (OPENFILENAME *)malloc(sizeof(OPENFILENAME));
...
LPOPENFILENAME->lpstrFilter = filter;
...
if(GetOpenFileName(LPOPENFILENAME))
{
    ...
```

GetOpenFileName() 함수에는 문자열 리스트가 전달된다. 문자열에서 값이 0바이트를 찾을 때마다 새로운 아이템으로 인식하면 되기 때문에 문자열 파싱에는 문제가 되지 않는다. 값이 0인 바이트가 두 개 연속일 경우에는 문자열 리스트의 끝으로 인식한다. 이와 같은 문자열 리스트를 printf() 함수에 전달하면 첫 번째 아이템만 문자열로 인식할 것이다.

이와 같은 문자열 리스트는 0으로 끝나는 C 문자열을 여러 개 포함하는 버퍼라고 보면되고 한 번에 저장하고 처리할 수 있다.

또 다른 예로 strtok() 함수를 들 수 있다. strtok() 함수는 문자열을 가져와 문자열 중간에 값이 0인 바이트를 써넣는다. 즉, 입력된 문자열을 0으로 끝나는 C 문자열 여러 개가 들어있는 일종의 버퍼로 변환하는 것이다.

1.18 산술 연산 명령 치환

최적화를 진행하다 보면 하나의 명령어를 다른 명령어로 심지어는 명령어 그룹으로 대체하기도 한다. 예를 들면 ADD와 SUB는 서로 대체할 수 있다(리스트 3.119의 18번째 줄을 참고). 그리고 LEA 명령어는 종종 단순 산술 연산에 사용되기도 한다.

1.18.1 곱셈

덧셈을 사용한 곱셈

다음의 간단한 예제를 보자.

```
unsigned int f(unsigned int a)
{
    return a*8;
};
```

8을 곱하는 연산은 3개의 덧셈 명령어로 대체할 수 있다. 다음 코드를 보면 MSVC의 최적화기는 덧셈을 사용하는 코드가 더 빠르다고 판단한 것이다.

리스트 1.187: 최적화를 수행한 MSVC 2010

```
_TEXT   SEGMENT
_a$ = 8          ; 크기= 4
_f      PROC
        mov     eax, DWORD PTR _a$[esp-4]
        add     eax, eax
        add     eax, eax
        add     eax, eax
        ret     0
_f      ENDP
_TEXT   ENDS
END
```

시프트를 이용한 곱셈

$2n$ 형태의 숫자로 곱하거나 나누는 연산은 종종 시프트 명령어로 대체한다.

```
unsigned int f(unsigned int a)
{
    return a*4;
};
```

리스트 1.188: 최적화를 수행하지 않은 MSVC 2010

```
_a$ = 8          ; 크기= 4
_f      PROC
        push    ebp
        mov     ebp, esp
        mov     eax, DWORD PTR _a$[ebp]
        shl     eax, 2
        pop     ebp
        ret     0
_f      ENDP
```

4를 곱하는 연산은 숫자를 왼쪽으로 2비트 시프트하면서 우측의 마지막 두 비트를 0 두 개로 채우는 것과 동일하다. 이는 10진수에 100을 곱할 때 우측에 0 두 개를 추가하는 것과 같은 논리다.

왼쪽으로 시프트하는 명령어의 동작은 다음과 같다.

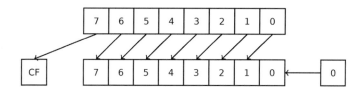

우측에 추가하는 비트는 항상 0이다.

ARM에서 4를 곱하는 연산은 다음과 같이 구현된다.

리스트 1.189: 최적화를 수행하지 않은 Keil 6/2013(ARM 모드)

```
f PROC
        LSL     r0,r0,#2
        BX      lr
```

ENDP

다음은 MIPS에서 4를 곱하는 연산이다.

리스트 1.190: 최적화를 수행한 GCC 4.4.5(IDA)

```
        jr      $ra
        sll     $v0, $a0, 2 ; 브랜치 지연 슬롯
```

SLL은 'Shift Left Logical'을 의미한다.

시프트/뺄셈/덧셈을 이용한 곱셈

7이나 17 같은 숫자로 곱할 때도 곱셈 명령어를 시프트로 대체할 수 있다. 상대적으로 쉬운 산술 연산만 알면 된다.

32비트

```
#include <stdint.h>

int f1(int a)
{
    return a*7;
};

int f2(int a)
{
    return a*28;
};

int f3(int a)
{
    return a*17;
};
```

x86

리스트 1.191: 최적화를 수행한 MSVC 2012

```
; a*7
_a$ = 8
```

```
_f1     PROC
        mov     ecx, DWORD PTR _a$[esp-4]
; ECX=a
        lea     eax, DWORD PTR [ecx*8]
; EAX=ECX*8
        sub     eax, ecx
; EAX=EAX-ECX=ECX*8-ECX=ECX*7=a*7
        ret     0
_f1     ENDP

; a*28
_a$ = 8
_f2     PROC
        mov     ecx, DWORD PTR _a$[esp-4]
; ECX=a
        lea     eax, DWORD PTR [ecx*8]
; EAX=ECX*8
        sub     eax, ecx
; EAX=EAX-ECX=ECX*8-ECX=ECX*7=a*7
        shl     eax, 2
; EAX=EAX<<2=(a*7)*4=a*28
        ret     0
_f2     ENDP

; a*17
_a$ = 8
_f3     PROC
        mov     eax, DWORD PTR _a$[esp-4]
; EAX=a
        shl     eax, 4
; EAX=EAX<<4=EAX*16=a*16
        add     eax, DWORD PTR _a$[esp-4]
; EAX=EAX+a=a*16+a=a*17
        ret     0
_f3     ENDP
```

ARM

ARM 모드에서 Keil은 두 번째 오퍼랜드의 시프트 수정자를 활용한다.

리스트 1.192: 최적화를 수행한 Keil 6/2013(ARM 모드)

```
; a*7
||f1|| PROC
        RSB     r0,r0,r0,LSL #3
; R0=R0<<3-R0=R0*8-R0=a*8-a=a*7
```

```
            BX      lr
            ENDP

; a*28
||f2||  PROC
            RSB     r0,r0,r0,LSL #3
; R0=R0<<3-R0=R0*8-R0=a*8-a=a*7
            LSL     r0,r0,#2
; R0=R0<<2=R0*4=a*7*4=a*28
            BX      lr
            ENDP

; a*17
||f3||  PROC
            ADD     r0,r0,r0,LSL #4
; R0=R0+R0<<4=R0+R0*16=R0*17=a*17
            BX      lr
            ENDP
```

하지만 Thumb 모드는 이런 수정자를 지원하지 않으며, 함수 f2()도 최적화하지 못한다.

리스트 1.193: 최적화를 수행한 Keil 6/2013(Thumb 모드)

```
; a*7
||f1||  PROC
            LSLS    r1,r0,#3
; R1=R0<<3=a<<3=a*8
            SUBS    r0,r1,r0
; R0=R1-R0=a*8-a=a*7
            BX      lr
            ENDP

; a*28
||f2||  PROC
            MOVS    r1,#0x1c ; 28
; R1=28
            MULS    r0,r1,r0
; R0=R1*R0=28*a
            BX      lr
            ENDP

; a*17
||f3||  PROC
            LSLS    r1,r0,#4
; R1=R0<<4=R0*16=a*16
            ADDS    r0,r0,r1
; R0=R0+R1=a+a*16=a*17
            BX      lr
```

MIPS

리스트 1.194: 최적화를 수행한 GCC 4.4.5(IDA)

```
_f1:
        sll     $v0, $a0, 3
; $v0 = $a0<<3 = $a0*8
        jr      $ra
        subu    $v0, $a0 ; ;브랜치 지연 슬롯
; $v0 = $v0-$a0 = $a0*8-$a0 = $a0*7
_f2:
        sll     $v0, $a0, 5
; $v0 = $a0<<5 = $a0*32
        sll     $a0, 2
; $a0 = $a0<<2 = $a0*4
        jr      $ra
        subu    $v0, $a0 ; 브랜치 지연 슬롯
; $v0 = $a0*32-$a0*4 = $a0*28
_f3:
        sll     $v0, $a0, 4
; $v0 = $a0<<4 = $a0*16
        jr      $ra
        addu    $v0, $a0 ; 브랜치 지연 슬롯
; $v0 = $a0*16+$a0 = $a0*17
```

64비트

```c
#include <stdint.h>

int64_t f1(int64_t a)
{
    return a*7;
};

int64_t f2(int64_t a)
{
    return a*28;
};

int64_t f3(int64_t a)
{
```

```
        return a*17;
};
```

x64

리스트 1.195: 최적화를 수행한 MSVC 2012

```
; a*7
f1:
        lea     rax, [0+rdi*8]
; RAX=RDI*8=a*8
        sub     rax, rdi
; RAX=RAX-RDI=a*8-a=a*7
        ret

; a*28
f2:
        lea     rax, [0+rdi*4]
; RAX=RDI*4=a*4
        sal     rdi, 5
; RDI=RDI<<5=RDI*32=a*32
        sub     rdi, rax
; RDI=RDI-RAX=a*32-a*4=a*28
        mov     rax, rdi
        ret

; a*17
f3:
        mov     rax, rdi
        sal     rax, 4
; RAX=RAX<<4=a*16
        add     rax, rdi
; RAX=a*16+a=a*17
        ret
```

ARM64

ARM64에서 GCC 4.9 역시 시프트 수정자 덕분에 간결한 코드를 생성한다.

리스트 1.196: 최적화를 수행한 GCC(Linaro) 4.9 ARM64

```
; a*7
f1:
        lsl     x1, x0, 3
```

```
;  X1=X0<<3=X0*8=a*8
        sub     x0, x1, x0
;  X0=X1-X0=a*8-a=a*7
        ret

;  a*28
f2:
        lsl     x1, x0, 5
;  X1=X0<<5=a*32
        sub     x0, x1, x0, lsl 2
;  X0=X1-X0<<2=a*32-a<<2=a*32-a*4=a*28
        ret

;  a*17
f3:
        add     x0, x0, x0, lsl 4
;  X0=X0+X0<<4=a+a*16=a*17
        ret
```

부스의 곱셈 알고리즘

컴퓨터가 크고 비싼 시절이 있었다. 당시에는 Data General Nova와 같은 CPU에서는 곱셈 연산을 지원하는 하드웨어 지원이 부족했다. 따라서 곱하기 연산을 해야 할 때는 부스Booth의 곱셈 알고리즘과 같은 소프트웨어 레벨에서 처리를 했다. 부스의 곱셈 알고리즘은 더하기 연산과 시프트 연산만으로 곱하기 연산을 수행하는 알고리즘이다. 최신 컴파일러의 최적화 기능과는 동일하지 않지만 목표(곱셈)와 리소스(빠른 연산)는 동일하다.

1.18.2 나눗셈

시프트를 이용한 나눗셈

다음은 4로 나누기를 하는 예제다.

```
unsigned int f(unsigned int a)
{
    return a/4;
};
```

MSVC 2010의 컴파일 결과는 다음과 같다.

```
_a$ = 8          ; 크기= 4
_f      PROC
        mov     eax, DWORD PTR _a$[esp-4]
        shr     eax, 2
        ret     0
_f  ENDP
```

SHR('SHift Right') 명령어는 숫자를 우측으로 2비트 시프트한다. 좌측에 비게 되는 두 비트(두 개의 최상위 비트)는 0으로 채운다. 그리고 두 개의 최하위 비트는 버린다. 사실 버려지는 두 비트는 나머지 연산의 나머지에 해당한다.

SHR 명령어는 SHL과 동일한 방식으로 동작하며 방향만 반대다.

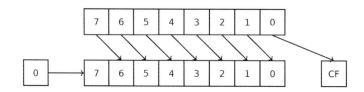

10진수 23을 갖고 십진법을 떠올리면 쉽게 이해할 수 있다. 23을 10으로 나누는 건 단순히 마지막 자릿수를 버리는 작업이다(3은 나머지가 된다). 나눗셈의 결과인 2는 몫이다. 나머지를 버리긴 하지만 문제될 건 없다. 실수가 아닌 정수를 다루고 있기 때문이다.

ARM에서는 4로 나누는 연산을 다음과 같이 구현한다.

리스트 1.198: 최적화를 수행하지 않은 Keil 6/2013(ARM 모드)

```
f PROC
        LSR     r0,r0,#2
        BX      lr
        ENDP
```

MIPS에서의 나누기 4는 다음과 같다.

리스트 1.199: 최적화를 수행한 GCC 4.4.5(IDA)

```
        jr      $ra
        srl     $v0, $a0, 2 ; branch delay slot
```

SRL 명령어는 'Shift Right Logical'을 의미한다.

1.18.3 연습

- http://challenges.re/59

1.19 부동소수점 장치

FPU는 부동소수점 수를 처리하고자 특별히 설계된 CPU 내의 장치다. 과거에는 코프로세서(보조 프로세서라고도 한다)라고 불렸으며 메인 CPU 옆에 위치한다.

1.19.1 IEEE 754

IEEE 754 포맷의 숫자는 부호, 분수, 지수로 구성된다.

1.19.2 x86

x86에서 FPU를 알아보기 전에 스택 머신(wikipedia.org/wiki/Stack_machine)이나 Forth 언어(wikipedia.org/wiki/Forth_(programming_language))의 기초를 공부해두면 좋다.

흥미롭게도 과거(80486 CPU 이전)에는 코프로세서가 별도의 칩이었고, 무조건 마더보드에 위치하는 것도 아니었다. 코프로세서만 따로 사서 설치할 수도 있었다.[73]

80486 DX CPU부터는 FPU가 CPU에 통합됐다.

FWAIT 명령어에서 그와 같은 역사를 확인할 수 있다. 이 명령어는 CPU를 대기 상태로 전환하고 FPU가 작업을 완료할 때까지 대기한다.

FPU 명령어 OP 코드에서도 흔적을 찾아볼 수 있다. FPU 명령어의 OP 코드는 소위 '이스케이프' OP 코드(D8..DF), 즉 별도의 코프로세서로 전달하는 OP 코드로 시작한다.

FPU에는 8개의 80비트 레지스터를 담을 수 있는 스택이 있다. 이들 레지스터는 ST(0)..ST(7)로, IEEE 754(wikipedia.org/wiki/IEEE_floating_point)포맷의 숫자를 저장할 수 있다.

---

73. 예를 들어 존 카맥은 자신의 비디오 게임 둠(Doom)에서 고정소수점 산술(wikipedia.org/wiki/Fixed-point_arithmetic) 값을 사용했고, 이를 32비트 GPR 레지스터(정수부를 16비트에 저장하고 분수 부분을 나머지 16비트에 저장)에 저장했다. 이 덕분에 둠은 FPU가 없는 80386과 80486 SX와 같은 32비트 컴퓨터에서도 동작할 수 있었다.

IDA와 OllyDbg는 출력을 간결하게 하고자 ST(0)를 ST로 표기하는데, 이는 일부 책과 매뉴얼에서는 'Stack Top'으로 표시된다.

1.19.3 ARM, MIPS, x86/x64 SIMD

ARM과 MIPS에서 FPU는 스택이 아니라 GPR 레지스터처럼 임의로 접근할 수 있는 레지스터 세트다.

x86/x64 CPU의 SIMD 확장에도 동일한 개념이 사용된다.

1.19.4 C/C++

표준 C/C++ 언어는 최소한 두 개의 부동소수점 타입, **float**(단정밀도 부동소수점, wikipedia.org/wiki/Single-precision_floating-point_format, 32비트)[74] 타입과 **double**(배정밀도 부동소수점, wikipedia.org/wiki/Double-precision_floating-point_format, 64비트) 타입을 지원한다.

도널드 커누스의 『Art of Computer Programming, Volume 2, 3rd ed.』(1997, p.246) 단정밀도는 부동소수점 값을 단일(32비트) 기계어 워드에 저장할 수 있다는 의미고 배정밀도는 두 워드(64비트)에 저장할 수 있다는 의미다.

MSVC와 달리 GCC는 **long double** 타입(확장 정밀도, wikipedia.org/wiki/Extended_precision>, 80비트)도 지원한다.

32비트 환경에서 **float** 타입은 **int** 타입과 같은 수의 비트를 필요로 하지만 숫자를 표현하는 방식은 완전히 다르다.

1.19.5 간단한 예제

다음의 간단한 예제를 살펴보자.

```
#include <stdio.h>
```

---

74. 단정밀도 부동소수점 포맷은 1.24.6절에서도 다룬다.

```
double f (double a, double b)
{
    return a/3.14 + b*4.1;
};

int main()
{
    printf ("%f\n", f(1.2, 3.4));
};
```

x86

MSVC

MSVC 2010으로 컴파일한 결과는 다음과 같다.

리스트 1.200: MSVC 2010: f()

```
CONST       SEGMENT
__real@4010666666666666 DQ 04010666666666666r        ; 4.1
CONST       ENDS
CONST       SEGMENT
__real@40091eb851eb851f DQ 040091eb851eb851fr        ; 3.14
CONST       ENDS
_TEXT       SEGMENT

_a$ = 8         ; 크기 = 8
_b$ = 16        ; 크기 = 8
_f  PROC
    push    ebp
    mov     ebp, esp
    fld     QWORD PTR _a$[ebp]

; 현재의 스택 상태 : ST(0) = _a
    fdiv    QWORD PTR __real@40091eb851eb851f

; 현재의 스택 상태 : ST(0) = _a를 3.14로 나눈 결과
    fld     QWORD PTR _b$[ebp]

; 현재의 스택 상태: ST(0) = _b;
; ST(1) = _a를 3.14로 나눈 결과
    fmul    QWORD PTR __real@4010666666666666

; 현재의 스택 상태:
; ST(0) = _b * 4.1의 결과
; ST(1) = _a를 3.14로 나눈 결과
    faddp   ST(1), ST(0)
```

```
; 현재의 스택 상태: ST(0) = 덧셈 결과
    pop     ebp
    ret     0
_f  ENDP
```

FLD는 스택에서 8바이트를 가져와 ST(0) 레지스터에 로딩한다. 이때 숫자를 80비트의 내부 포맷(확장 정밀도)으로 변환한다.

FDIV는 ST(0) 레지스터의 값을 3.14가 인코딩돼 있는 주소 __real@40091eb851eb851f의 값으로 나눈다. 어셈블러 구문은 부동소수점 수를 지원하지 않기 때문에 IEEE 754 포맷의 64비트로 3.14를 표현하고 있다.

FDIV 실행 후 ST(0)에는 나누기 연산의 몫이 저장된다.

ST(1)과 ST(0) 값을 스택에서 가져와 ST(1)을 ST(0)으로 나눈 후 결과를 다시 스택에 저장하는 FDIVP 명령어도 볼 수 있는데, Forth(wikipedia.org/wiki/Forth_(programming_language)) 언어에 익숙한 독자라면 이게 스택 머신(wikipedia.org/wiki/Stack_machine)이라는 사실을 쉽게 눈치 챘을 것이다.

이어지는 FLD 명령어는 b 값을 스택에 푸시한다.

결과적으로 나누기 연산의 몫은 ST(1) 레지스터에, b 값은 ST(0)에 위치한다.

FMUL 명령어는 ST(0) 레지스터의 b와 __real@4010666666666666의 값(4.1)을 곱한 후 ST(0) 레지스터에 그 결과를 저장한다.

마지막 명령어인 FADDP는 스택 최상위 값 두 개를 더해 ST(1) 레지스터에 저장한 후 ST(0) 값을 꺼낸다. 결국 덧셈 결과가 스택 최상위인 ST(0)에 위치하게 된다.

함수가 ST(0) 레지스터를 이용해 결과를 리턴해야 하므로 FADDP 명령어 이후에는 함수 에필로그를 제외한 어떤 명령어도 나오지 않는다.

MSVC + OllyDbg

스택에 위치한 두 쌍의 32비트 워드를 빨간색으로 표시했다. 각 쌍은 IEEE 754 포맷으로 표현된 배정밀도 숫자로, main()에서 전달된 것이다. 다음 그림에서는 첫 번째 FLD 명령어가 1.2를 스택에서 로딩해 ST(0) 레지스터에 저장하는 과정을 볼 수 있다.

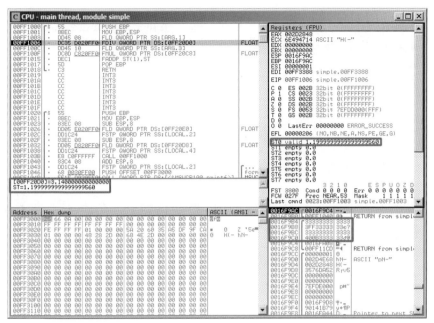

그림 1.62: OllyDbg: 첫 번째 FLD 명령어 실행 후

64비트 IEEE 754 부동소수점 숫자를 80비트(FPU에서 내부적으로 사용하는 포맷)로 변환하는 과정에서 발생하는 에러 때문에 1.2가 아니라 이에 가까운 1.999...를 볼 수 있다. EIP는 이제 메모리에서 배정밀도 숫자(상수)를 로딩하는 명령어(FDIV)를 가리키고 있다. 사용자 편의를 위해 OllyDbg는 해당 값인 3.14를 보여준다.

좀 더 실행해보자. FDIV 실행 후 ST(0)의 값은 0.382...(몫)이다.

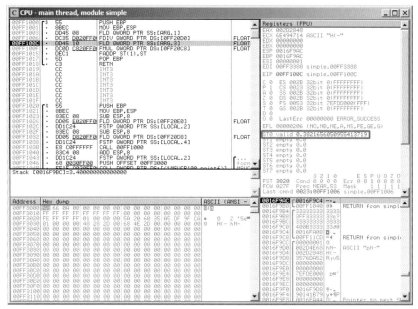

그림 1.63: OllyDbg: FDIV 명령어 실행 후

세 번째 단계로, 다음에 나오는 FLD 명령어는 3.4를 ST(0)에 로딩한다(대략적인 값인

3.39999...를 볼 수 있다).

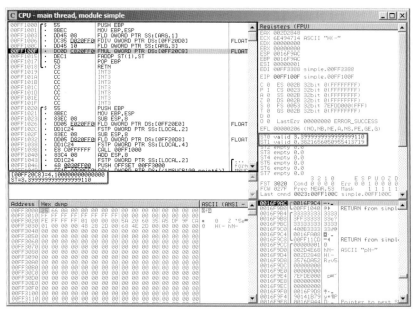

그림 1.64: OllyDbg: 두 번째 FLD 명령어 실행 후

이와 동시에 몫을 ST(1)로 푸시한다. 이제 EIP는 다음 명령어인 FMUL을 가리킨다. 이 명령어는 OllyDbg가 보여주는 것처럼 메모리에서 상수 4.1을 로딩한다.

다음으로 FMUL 명령어 실행 후 ST(0)의 값은 두 수의 곱이 된다.

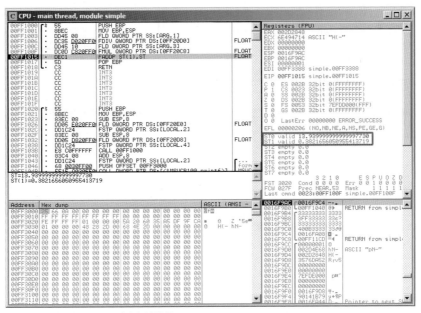

그림 1.65: OllyDbg: FMUL 명령어 실행 후

다음으로 FADDP 명령어 실행 후 덧셈 결과는 ST(0)에 위치하고 ST(1)은 초기화됐다.

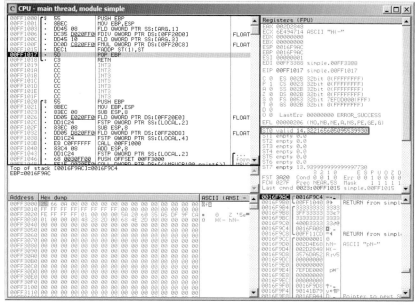

그림 1.66: OllyDbg: FADDP 명령어 실행 후

최종 결과가 리턴 값을 저장하는 ST(0)에 저장된다. 이후에 main()이 값을 레지스터에서 로딩한다.

뜻밖의 내용도 볼 수 있다. 바로 ST(7)에 저장된 13.93...이다. 이게 뭘까? 이미 언급했듯이 FPU 레지스터는 스택이다(1.19.2절). 하지만 이는 단순화시킨 설명이다.

이를 하드웨어에 그대로 구현한다고 상상해보면 스택에서 푸시와 팝을 수행할 때마다 나머지 7개 레지스터의 값을 이웃 레지스터로 이동(혹은 복사)시켜야 한다. 이는 엄청난 작업이다.

실제로 FPU는 8개의 레지스터와 현재 '스택 최상위'의 레지스터 번호를 담고 있는 TOP이라는 포인터를 갖고 있다.

스택에 값을 푸시하면 TOP을 다음으로 이용 가능한 레지스터로 변경하고 값을 해당 레지스터에 기록한다.

반면에 팝의 경우에는 이 과정을 거꾸로 수행하는데, 이때 팝한 레지스터의 값을 0으로 초기화하지는 않는다(물론 초기화할 수도 있지만 이는 성능 저하를 유발할 수 있는 추가 작업이다).

FADDP 명령어는 덧셈 결과를 스택에 저장한 후 한 항목을 꺼낸다. 실제 수행되는 작업은 더한 결과를 저장하고 TOP 레지스터를 이동시키는 것이다.

좀 더 엄밀히 말하면 FPU 레지스터는 순환 버퍼라고 할 수 있다.

GCC

GCC 4.4.1(-O3 옵션 지정)도 거의 동일한 코드를 생성한다.

리스트 1.201: 최적화를 수행한 GCC 4.4.1

```
            public f
f           proc near

arg_0       = qword ptr 8
arg_8       = qword ptr 10h

            push    ebp
            fld     ds:dbl_8048608 ; 3.14
; 현재의 스택 상태 : ST(0) = 3.14

            mov     ebp, esp
            fdivr   [ebp+arg_0]
; 현재의 스택 상태 : ST(0) = 나눗셈 결과

            fld     ds:dbl_8048610 ; 4.1
; 현재의 스택 상태 : ST(0) = 4.1, ST(1) = 나눗셈 결과

            fmul    [ebp+arg_8]
; 현재의 스택 상태 : ST(0) = 곱셈 결과, ST(1) = 나눗셈 결과

            pop     ebp
            faddp   st(1), st
; 현재의 스택 상태 : ST(0) = 덧셈 결과

            retn
f           endp
```

차이점이라면 우선 3.14를 스택(ST(0))에 푸시한 다음 arg_0의 값을 ST(0) 레지스터의 값으로 나눈다는 것이다.

FDIVR 명령어는 역나눗셈으로, 제수와 피제수를 서로 바꿔 나눈다. 곱셈 연산에서는 교환 법칙이 성립하므로 역곱셈 같은 명령어는 존재하지 않는다. 결과적으로 코드는 -R이 없는 FMUL 명령어를 사용하고 있다.

FADDP 명령어는 두 값을 더한 후 스택에서 값을 하나 꺼낸다. 이 연산 후 ST(0)에는

덧셈 결과가 남는다.

ARM: 최적화를 수행한 Xcode 4.6.3(LLVM)(ARM 모드)

ARM이 표준화된 방식으로 부동소수점을 지원하기 전까지는 여러 프로세서 생산업체가 자신만의 명령어 확장을 추가하곤 했다. 그러다가 VFP('Vector Floating Point')가 표준이 됐다.

x86과의 가장 큰 차이점은, ARM에는 스택이 없어 레지스터만 이용한다는 것이다.

```
f
          VLDR       D16, =3.14
          VMOV       D17, R0, R1    ; "a" 로드
          VMOV       D18, R2, R3    ; "b" 로드
          VDIV.F64   D16, D17, D16  ; a/3.14
          VLDR       D17, =4.1
          VMUL.F64   D17, D18, D17  ; b*4.1
          VADD.F64   D16, D17, D16  ; +
          VMOV       R0, R1, D16
          BX LR
 dbl_2C98 DCFD 3.14      ; DATA XREF: f
 dbl_2CA0 DCFD 4.1       ; DATA XREF: f+10
```

D로 시작하는 새로운 레지스터들을 볼 수 있다.

이들은 64비트 레지스터로 총 32개가 있으며 부동소수점(double) 수뿐만 아니라 SIMD(ARM에서는 NEON이라고 함)를 위해서도 사용된다. 32개의 32비트 S- 레지스터도 있는데, 단정밀도 부동소수점(float)용으로 사용된다.

D는 두 배double, S는 단일single에서 따왔기 때문에 쉽게 기억할 수 있을 것이다.

두 상수 3.14와 4.1은 IEEE 754 포맷으로 메모리에 저장된다.

VLDR과 VMOV 명령어는 쉽게 짐작할 수 있듯이 각각 LDR 및 MOV와 동일하게 동작하지만 D- 레지스터를 처리한다.

곧 살펴보겠지만 D- 레지스터처럼 부동소수점과 SIMD(NEON) 연산에 사용된다.

함수로 인자를 전달할 때는 평범하게 R- 레지스터를 이용하지만 각 인자가 64비트 크기의 배정밀도 값이기 때문에 각 인자마다 두 개의 R- 레지스터가 필요하다.

시작 부분의 VMOV D17, R0, R1은 R0와 R1에서 두 개의 32비트 값을 가져와 하나의 64비트 값으로 만든 후 D17에 저장한다.

VMOV R0, R1, D16은 정반대의 명령어로 D16의 값을 R0와 R1 레지스터에 저장한다. 64비트의 배정밀도 숫자는 R0와 R1 레지스터 쌍을 이용해 리턴하기 때문이다.

VDIV, VMUL, VADD 명령어는 부동소수점 숫자를 처리하는 명령어로 각각 나눗셈의 몫, 곱, 합을 계산한다.

Thumb-2용 코드도 동일하다.

ARM: 최적화를 수행한 Keil 6/2013(Thumb 모드)

```
f
            PUSH    {R3-R7,LR}
            MOVS    R7, R2
            MOVS    R4, R3
            MOVS    R5, R0
            MOVS    R6, R1
            LDR     R2, =0x66666666 ; 4.1
            LDR R3, =0x40106666
            MOVS    R0, R7
            MOVS    R1, R4
            BL      __aeabi_dmul
            MOVS    R7, R0
            MOVS    R4, R1
            LDR     R2, =0x51EB851F ; 3.14
            LDR     R3, =0x40091EB8
            MOVS    R0, R5
            MOVS    R1, R6
            BL      __aeabi_ddiv
            MOVS    R2, R7
            MOVS    R3, R4
            BL      __aeabi_dadd
            POP     {R3-R7,PC}
; 4.1 in IEEE 754 form:
dword_364   DCD 0x66666666 ; DATA XREF: f+A
dword_368   DCD 0x40106666 ; DATA XREF: f+C

; 3.14 in IEEE 754 form:
dword_36C   DCD 0x51EB851F ; DATA XREF: f+1A
dword_370   DCD 0x40091EB8 ; DATA XREF: f+1C
```

Keil은 FPU나 NEON을 지원하지 않는 프로세서에서도 실행할 수 있는 코드를 생성했다.

배정밀도 부동소수점 숫자를 일반적인 R- 레지스터로 전달하며 FPU 명령어 대신 __aeabi_dmul, __aeabi_ddiv, __aeabi_dadd와 같은 라이브러리 함수를 호출한다. 이 함수들은 부동소수점 곱셈, 나눗셈, 덧셈을 에뮬레이션한다.

물론 FPU 코프로세서보다는 느리지만 올바르게 동작한다.

x86에서도 코프로세서가 드물고 비싸서 고사양 컴퓨터에만 설치되던 시절에는 이와 유사한 FPU 에뮬레이션 라이브러리들이 많이 사용됐다.

ARM에서는 FPU 코프로세서 에뮬레이션을 soft float 또는 armel이라고 부르고, 반면 코프로세서의 FPU 명령어는 hard float 또는 armhf라고 한다.

ARM64: 최적화를 수행한 GCC(Linaro) 4.9

GCC(linaro) 4.9에서는 매우 간단한 코드가 생성된다.

리스트 1.202: 최적화를 수행한 GCC(Linaro) 4.9

```
 f:
; D0 = a, D1 = b
        ldr     d2, .LC25   ; 3.14
; D2 = 3.14
        fdiv    d0, d0, d2
; D0 = D0/D2 = a/3.14
        ldr     d2, .LC26   ; 4.1
; D2 = 4.1
        fmadd   d0, d1, d2, d0
; D0 = D1*D2+D0 = b*4.1+a/3.14
        ret

; IEEE 754 포맷의 상수:
.LC25:
        .word   1374389535 ; 3.14
        .word   1074339512
.LC26:
        .word   1717986918 ; 4.1
        .word   1074816614
```

ARM64: 최적화를 수행하지 않은 GCC(Linaro) 4.9

리스트 1.203: 최적화를 수행하지 않은 GCC(Linaro) 4.9

```
f:
        sub     sp, sp, #16
        str     d0, [sp,8]  ; a를 레지스터 저장 영역(Register Save Area)에 저장
        str     d1, [sp]    ; a를 레지스터 저장 영역에 저장
        ldr     x1, [sp,8]
; X1 = a
        ldr     x0, .LC25
; X0 = 3.14
        fmov    d0, x1
        fmov    d1, x0
; D0 = a, D1 = 3.14
        fdiv    d0, d0, d1
; D0 = D0/D1 = a/3.14
        fmov    x1, d0
; X1 = a/3.14
        ldr     x2, [sp]
; X2 = b
        ldr     x0, .LC26
; X0 = 4.1
        fmov    d0, x2
; D0 = b
        fmov    d1, x0
; D1 = 4.1
        fmul    d0, d0, d1
; D0 = D0*D1 = b*4.1
        fmov    x0, d0
; X0 = D0 = b*4.1
        fmov    d0, x1
; D0 = a/3.14
        fmov    d1, x0
; D1 = X0 = b*4.1
        fadd    d0, d0, d1
; D0 = D0+D1 = a/3.14 + b*4.1
        fmov    x0, d0  ; 불필요한 중복 코드:
        fmov    d0, x0  ; 불필요한 중복 코드:
        add     sp, sp, 16
        ret
.LC25:
        .word   1374389535  ; 3.14
        .word   1074339512
.LC26:
        .word   1717986918  ; 4.1
        .word   1074816614
```

최적화하지 않는 GCC의 결과는 좀 더 장황하다.

필요 이상으로 값을 이곳저곳으로 많이 옮긴다.

특히 마지막 두 개의 FMOV 명령어는 명백하게 불필요한 중복 코드다. 아마도 GCC 4.9
는 ARM64 코드를 생성하는 기능이 그다지 좋지 않은 것 같다.

ARM64에서는 레지스터가 64비트며 D- 레지스터 또한 64비트다.

따라서 컴파일러는 double 타입의 값을 저장할 때 로컬 스택 대신 GPR을 사용할 수 있
다. 이는 32비트 CPU에서는 불가능한 일이다.

연습 삼아 FMADD와 같은 새로운 명령어를 추가하지 않고 이 함수를 직접 최적화해보자.

1.19.6 부동소수점 수를 인자로 전달

```
#include <math.h>
#include <stdio.h>

int main ()
{
    printf ("32.01 ^ 1.54 = %lf\n", pow (32.01,1.54));
    return 0;
}
```

x86

MSVC 2010의 컴파일 결과는 다음과 같다.

리스트 1.204: MSVC 2010

```
CONST   SEGMENT
__real@40400147ae147ae1 DQ 040400147ae147ae1r     ; 32.01
__real@3ff8a3d70a3d70a4 DQ 03ff8a3d70a3d70a4r     ; 1.54
CONST   ENDS

_main   PROC
    push    ebp
    mov     ebp, esp
    sub     esp, 8  ; 첫 번째 변수용 공간 할당
    fld     QWORD PTR __real@3ff8a3d70a3d70a4
    fstp    QWORD PTR [esp]
```

```
        sub     esp, 8  ; 두 번째 변수용 공간 할당
        fld     QWORD PTR __real@40400147ae147ae1
        fstp    QWORD PTR [esp]
        call    _pow
        add     esp, 8  ; 변수 하나의 공간을 "반환"한다.
; 아직 로컬 스택에서 8바이트를 사용할 수 있음.
; 결괏값은 ST(0)에 들어있음
        fstp    QWORD PTR [esp] ; printf()에 전달할 연산 결과를 ST(0)에서 로컬 스택으로 이동
        push    OFFSET $SG2651
        call    _printf
        add     esp, 12
        xor     eax, eax
        pop     ebp
        ret     0
_main   ENDP
```

FLD 명령어와 FSTP 명령어는 데이터 세그먼트와 FPU 스택 사이에서 값을 이동시킨다. pow()[75]는 FPU 스택에서 두 개의 값을 취해 지수 곱을 계산한 후 ST(0) 레지스터에 저장한다. printf()는 로컬 스택에서 8바이트를 가져와 double 타입의 변수로 해석한다.

참고로 메모리에서 스택으로 값을 옮길 때 한 쌍의 MOV 명령어를 사용할 수도 있다. 메모리에 저장된 값과 pow()가 이용하는 형태가 모두 IEEE 754 포맷이기 때문에 값을 변환할 필요가 없기 때문이다.

바로 다음의 ARM 예제(1.19.6절)에서 이 내용을 확인할 수 있다.

ARM + 최적화를 수행하지 않은 Xcode 4.6.3(LLVM)(Thumb-2 모드)

```
_main

var_C   = -0xC

        PUSH    {R7,LR}
        MOV     R7, SP
        SUB     SP, SP, #4
        VLDR    D16, =32.01
        VMOV    R0, R1, D16
        VLDR    D16, =1.54
        VMOV    R2, R3, D16
        BLX     _pow
```

---

75. 표준 C 함수로, 지수 곱을 수행한다.

```
            VMOV    D16, R0, R1
            MOV     R0, 0xFC1   ; "32.01 ^ 1.54 = %lf\n"
            ADD     R0, PC
            VMOV    R1, R2, D16
            BLX     _printf
            MOVS    R1, 0
            STR     R0, [SP,#0xC+var_C]
            MOV     R0, R1
            ADD     SP, SP, #4
            POP     {R7,PC}

dbl_2F90    DCFD 32.01      ; DATA XREF: _main+6
dbl_2F98    DCFD 1.54       ; DATA XREF: _main+E
```

이미 살펴봤듯이 한 쌍의 R- 레지스터를 이용해 64비트 부동소수점 수를 전달한다.

(최적화 옵션을 지정하지 않았기에 당연한 결과겠지만) D- 레지스터를 이용할 필요 없이 R- 레지스터에 값을 바로 로딩할 수 있음에도 약간의 불필요한 코드가 D- 레지스터를 이용하고 있다.

_pow 함수는 첫 번째 인자는 R0와 R1로, 두 번째 인자는 R2와 R3로 전달받는다. 그리고 결괏값은 R0와 R1에 저장한다. 우선 _pow의 결과를 D16으로 옮긴 후 printf()가 결괏값을 이용하는 시점에 R1과 R2로 다시 이동시킨다.

ARM + 최적화를 수행하지 않은 Keil 6/2013(ARM 모드)

```
_main
        STMFD   SP!, {R4-R6,LR}
        LDR     R2, =0xA3D70A4 ; y
        LDR     R3, =0x3FF8A3D7
        LDR     R0, =0xAE147AE1     ; x
        LDR     R1, =0x40400147
        BL      pow
        MOV     R4, R0
        MOV     R2, R4
        MOV     R3, R1
        ADR     R0, a32_011_54Lf    ; "32.01 ^ 1.54 = %lf\n"
        BL      __2printf
        MOV     R0, #0
        LDMFD   SP!, {R4-R6,PC}

y               DCD 0xA3D70A4  ; DATA XREF: _main+4
```

```
dword_520        DCD 0x3FF8A3D7 ; DATA XREF: _main+8
x                DCD 0xAE147AE1 ; DATA XREF: _main+C
dword_528        DCD 0x40400147 ; DATA XREF: _main+10
a32_011_54Lf     DCB "32.01 ^ 1.54 = %lf",0xA,0
                               ; DATA XREF: _main+24
```

D- 레지스터는 사용하지 않고 R- 레지스터 쌍만 이용한다.

ARM64 + 최적화를 수행한 GCC(Linaro) 4.9

리스트 1.205: 최적화를 수행한 GCC(Linaro) 4.9

```
f:
        stp     x29, x30, [sp, -16]!
        add     x29, sp, 0
        ldr     d1, .LC1     ; 1.54를 D1에 로딩
        ldr     d0, .LC0     ; 32.01를 D0에 로딩
        bl      pow
; pow()의 결과는 D0에 들어있음
        adrp    x0, .LC2
        add     x0, x0, :lo12:.LC2
        bl      printf
        mov     w0, 0
        ldp     x29, x30, [sp], 16
        ret
.LC0:
; 32.01 (IEEE 754 포맷)
        .word   -1374389535
        .word   1077936455
.LC1:
; 1.54 (IEEE 754 포맷)
        .word   171798692
        .word   1073259479
.LC2:
        .string "32.01 ^ 1.54 = %lf\n"
```

상수를 D0와 D1에 로딩한다. 함수 pow()는 두 레지스터에서 값을 가져와 지수 곱을 계산한 다음 결과를 D0에 저장한다. 결괏값은 어떤 수정이나 이동도 없이 바로 printf()로 전달된다. 이는 printf()가 X- 레지스터에서 정수형 타입과 포인터 인자를 취하고, D- 레지스터에서 부동소수점 인자를 취하기 때문에 가능하다.

1.19.7 비교 연산 예제

다음 코드를 살펴보자.

```c
#include <stdio.h>

double d_max (double a, double b)
{
    if (a>b)
        return a;
    return b;
};

int main()
{
    printf ("%f\n", d_max (1.2, 3.4));
    printf ("%f\n", d_max (5.6, -4));
};
```

함수 자체는 매우 간단하지만 실제 구현된 코드를 이해하는 것은 까다로울 것이다.

x86

최적화를 수행하지 않은 MSVC

MSVC 2010이 생성한 코드는 다음과 같다.

리스트 1.206: 최적화를 수행하지 않은 MSVC 2010

```
PUBLIC      _d_max
_TEXT       SEGMENT
_a$ = 8               ; 크기 = 8
_b$ = 16              ; 크기 = 8
_d_max      PROC
    push    ebp
    mov     ebp, esp
    fld     QWORD PTR _b$[ebp]

; 현재 스택 상태: ST(0) = _b
; _b (ST(0))와 _a를 비교하고 레지스터를 팝
    fcomp   QWORD PTR _a$[ebp]
; 이제 스택은 비어있음
    fnstsw  ax
    test    ah, 5
    jp      SHORT $LN1@d_max
; a>b인 경우에만 도달하는 코드
```

```
        fld       QWORD PTR _a$[ebp]
        jmp       SHORT $LN2@d_max
$LN1@d_max:
        fld       QWORD PTR _b$[ebp]
$LN2@d_max:
        pop       ebp
        ret       0
_d_max  ENDP
```

FLD가 _b를 ST(0) 레지스터에 로딩한다.

FCOMP 명령어는 ST(0) 레지스터의 값을 _a 값과 비교한 다음 FPU 상태 워드 레지스터
의 C3/C2/C0 비트를 설정한다. FPU 상태 레지스터는 16비트 크기로 FPU의 현재 상태
를 반영한다.

FCOMP 명령어는 비트를 설정한 후 스택에서 변수 하나를 꺼낸다. 이 부분이 값만 비교
할 뿐 스택은 손대지 않는 FCOM 명령어와의 차이점이다.

안타깝게도 인텔 P6(인텔 P6는 펜티엄 프로, 펜티엄 II 등이다) 이전의 CPU에는 C3/C2/C0
비트를 검사하는 조건부 점프 명령어가 없다. 아마도 FPU가 별도의 칩이었던 역사의
산물일 것이다. 인텔 P6를 포함해 그 이후에 출시된 최근 CPU는 동작은 동일하지만
CPU 플래그 ZF/PF/CF를 수정하는 FCOMI/FCOMIP/FUCOMI/FUCOMIP 명령어를 지원한다.

FNSTSW 명령어는 FPU 상태 워드 레지스터를 AX로 복사한다. 비트 C3/C2/C0는 14/10/8
에 위치하며, 이 위치는 AX 레지스터에서도 변하지 않아 모두 AX의 상위 부분(AH)에 위
치한다.

- b > a면 C3/C2/C0 비트가 0, 0, 0으로 설정된다.
- a > b일 때의 비트 값은 0, 0, 1로 설정된다.
- a = b일 때는 비트가 1, 0, 0으로 설정된다.
- 결과를 알 수 없으면(에러) 모든 비트가 1, 1, 1로 설정된다.

AX 레지스터에서 C3/C2/C0 비트의 위치는 다음과 같다.

AH 레지스터에서 C3/C2/C0 비트의 위치는 다음과 같다.

test ah, 5(5=101b)를 실행한 후에 나머지 비트는 모두 무시하고 위치 0과 2의 C0와 C2 비트만 고려하게 된다.

이제 또 다른 주목할 만한 기초적인 요소인 패리티 플래그를 알아보자.

패리티 플래그는 마지막 계산 결과에서 1의 개수가 짝수면 1로, 홀수면 0으로 설정된다.

위키피디아의 설명은 다음과 같다(wikipedia.org/wiki/Parity_flag).

> 널리 사용되는 패리티 플래그 검사 중에는 실제 패리티와 아무런 관계가 없는 것도 있다. FPU에는 네 개의 상태 플래그(C0에서 C3)가 있는데, 이를 직접 검사하는 방법이 없어 플래그 레지스터로 복사를 해야 한다. 이때 C0는 캐리 플래그, C2는 패리티 플래그, C3는 제로 플래그에 위치하게 된다. C2 플래그 는 예를 들어 FUCOM 명령어로 비교할 수 없는 부동소수점 값(NaN이나 지원하지 않는 포맷)을 비교할 때 설정된다.

위키피디아의 설명대로 때때로 FPU 코드에서 패리티 플래그를 사용하기도 한다. 어떻게 사용되는지 알아보자.

PF 플래그는 C0와 C2가 모두 0이거나 모두 1일 때 1로 설정된다. 그러면 이후의 JP(PF==1이면 점프) 명령어가 실행된다. C3/C2/C0 값에 대한 여러 가지 경우를 생각해보면 조건부 점프 명령어인 JP의 점프가 실행되는 경우는 b > a와 a = b 두 가지라는 것을 알 수 있다(test ah, 5 명령어에 의해 C3 비트가 비워지기 때문에 C3는 고려하지 않는다).

이후의 코드는 간단하다. 조건부 점프가 실행되면 FLD가 _b 값을 ST(0) 레지스터에 로딩하며, 조건부 점프가 실행되지 않으면 _a 변수의 값을 로딩한다.

C2 플래그의 검사는?

C2 플래그는 에러가 발생했을 때(NaN 등) 설정되지만, 예제 코드에서는 이를 검사하지 않는다. 프로그래머가 FPU 에러를 고려한다면 반드시 C2 플래그를 검사하는 코드를 추가해야 한다.

첫 번째 OllyDbg 예제: a=1.2, b=3.4

예제를 OllyDbg로 로드해보자.

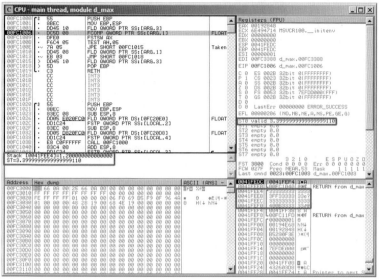

그림 1.67: OllyDbg: 첫 번째 FLD 명령 실행

이번 예에서 사용할 함수 인자는 a=1.2, b=3.4다(스택에 위치한 두 쌍의 32비트 값을 확인할 수 있다). b(3.4)는 이미 ST(0)에 로딩돼 있다. FCOMP 명령어가 실행되면 OllyDbg는 스택에 위치한 FCOMP의 두 번째 인자도 보여준다.

FCOMP 명령어가 실행됐다.

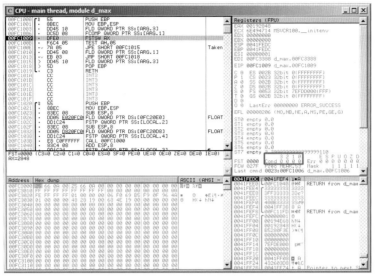

그림 1.68: OllyDbg: FCOMP 명령어 실행

FPU 상태 플래그의 상태는 모두 0이다. ST(7)의 값은 스택의 팝 연산을 반영하고 있다. 이는 1.19.5절에서 이미 다뤘다.

FNSTSW 명령어가 실행됐다.

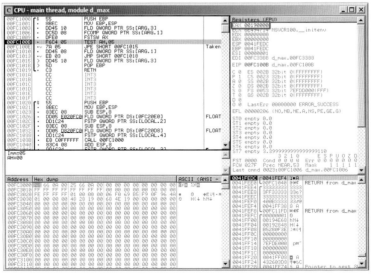

그림 1.69: OllyDbg: FNSTSW 명령어 실행

AX 레지스터의 모든 비트는 0이다. 실제로 모든 상태 플래그가 0이다(OllyDbg는 FNSTSW 명령어를 FSTSW로 디스어셈블했으며, 둘은 동일한 명령어다).

TEST 명령어가 실행됐다.

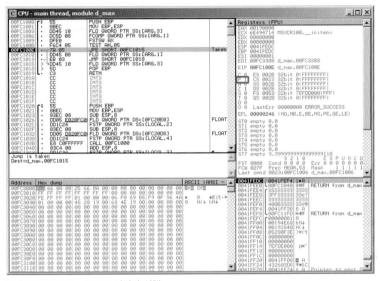

그림 1.70: OllyDbg: TEST 명령어 실행

PF 플래그는 1로 설정된다. 실제로 0으로 설정된 비트가 0개고, 0은 짝수로 인식하기 때문이다. OllyDbg는 JP를 동일한 명령어인 JPE('Jump Parity Even', x86 명령어)로 디스어셈블했다. 이제 곧 점프가 실행될 것이다.

JPE의 점프가 수행되며 FLD가 b(3.4)를 ST(0)에 로딩한다.

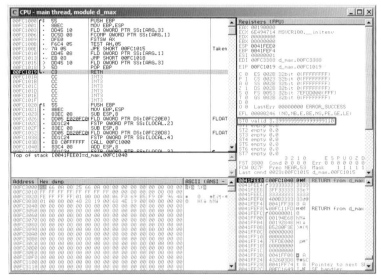

그림 1.71: OllyDbg: 두 번째 FLD 명령어 실행

함수 실행이 종료된다.

두 번째 OllyDbg 예제: a=5.6, b=−4

예제를 OllyDbg로 로드해보자.

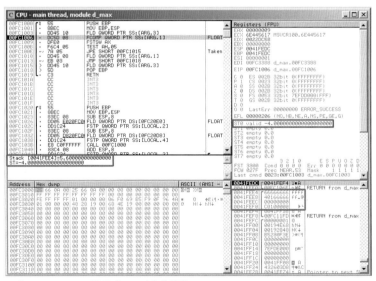

그림 1.72: OllyDbg: 첫 번째 FLD 명령어 실행

이번에 사용한 인자 값은 a=5.6, b=-4다. b(-4)는 이미 ST(0)에 로딩돼 있고, FCOMP 명령어가 실행된다. OllyDbg는 스택에 위치한 FCOMP의 두 번째 인자를 보여준다.

FCOMP 명령어가 실행됐다.

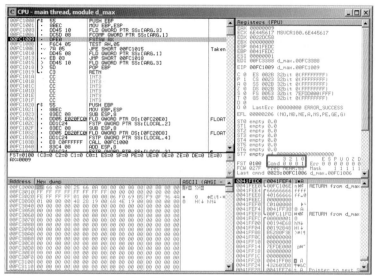

그림 1.73: OllyDbg: FCOMP 명령어 실행

FPU의 상태 플래그의 상태를 볼 수 있다. C0를 제외한 모든 플래그의 값이 0이다.

FNSTSW 명령어가 실행됐다.

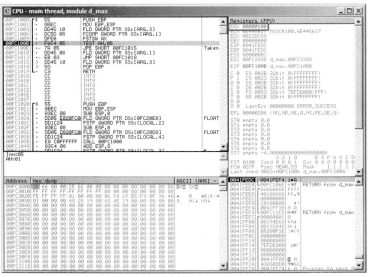

그림 1.74: OllyDbg: FNSTSW 명령어 실행

AX 레지스터의 값은 **0x100**이며 C0 플래그 값의 위치가 16번째 비트임을 볼 수 있다.

TEST 명령어가 실행됐다.

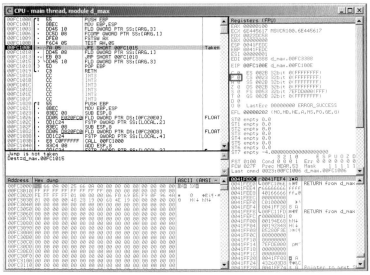

그림 1.75: OllyDbg: TEST 명령어 실행

PF 플래그가 0으로 초기화됐다. 실제로 **0x100**에는 1이 한 번 나오며 1은 홀수다. 지금
은 **JPE**에 의한 점프가 수행되지 않는다.

따라서 FLD는 a 값(5.6)을 ST(0)에 로딩한다.

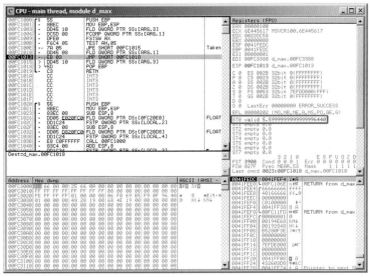

그림 1.76: OllyDbg: 두 번째 FLD 명령어 실행

함수의 실행이 종료된다.

최적화를 수행한 MSVC 2010

리스트 1.207: 최적화를 수행한 MSVC 2010

```
_a$ = 8          ; 크기 = 8
_b$ = 16         ; 크기 = 8
_d_max PROC
        fld     QWORD PTR _b$[esp-4]
        fld     QWORD PTR _a$[esp-4]

; 현재 스택 상태: ST(0) = _a, ST(1) = _b

        fcom    ST(1)  ; _a와 ST(1) = (_b) 비교
        fnstsw  ax
        test    ah, 65 ; 00000041H
        jne     SHORT $LN5@d_max
; ST(0)를 ST(1)으로 복사한 후 레지스터 팝
; (_a)가 스택의 최상위 값이 됨
        fstp    ST(1)

;현재 스택 상태: ST(0) = _a

        ret     0
```

```
$LN5@d_max:
; ST(0)를 ST(0)으로 복사한 후 레지스터 팝
; (_b)가 스택의 최상위 값이 됨
        fstp    ST(0)

; 현재 스택 상태: ST(0) = _b

        ret     0
_d_max  ENDP
```

FCOM 명령어가 FCOMP 명령어와 다른 점은 값을 비교하는 작업만 수행하고 FPU 스택의 상태는 변경하지 않는다는 것이다. 또한 이전 예제와 비교할 때 오퍼랜드의 순서도 반대다. 이 때문에 비교 결과에 따른 C3/C2/C0의 값도 달라진다.

- a > b이면 C3/C2/C0 비트가 0, 0, 0으로 설정된다.
- b > a이면 C3/C2/C0 비트가 0, 0, 1로 설정된다.
- a = b일 때 C3/C2/C0 비트가 1, 0, 0으로 설정된다.

명령어 test ah, 65의 결과로 C3와 C0는 0으로 남는다. 두 값은 a > b일 때 0이며, 그 경우 JNE 명령어에 의한 점프는 수행되지 않는다. 이어지는 FSTP ST(1) 명령어는 ST(0)의 값을 오퍼랜드로 복사하고 FPU 스택에서 값을 하나 꺼낸다. 다시 말해 ST(0)(_a 값이 들어있음)를 ST(1)으로 복사하는 것이다. 이제 _a 값 두 개가 스택 최상위에 위치한다. 그리고 스택에서 값을 하나 꺼낸다. 결과적으로 ST(0)의 값이 _a인 상태로 함수 실행이 종료된다.

조건부 점프 명령어인 JNE는 b > a거나 a = b일 때 수행된다. ST(0)를 ST(0)로 복사하는데, 이는 NOP 연산과 동일하다. 다음으로 스택에서 값을 하나 꺼내 스택의 최상위 값(ST(0))이 ST(1)에 있던 값(_b)이 되게 만들고 함수 실행을 종료한다. 이런 코드를 생성한 이유는 이 명령어가 FPU 명령어 중에서 스택의 값을 꺼내 사용하지 않고 바로 폐기하는 유일한 명령어이기 때문일 것이다.

첫 번째 OllyDbg 예제: a=1.2, b=3.4

두 개의 FLD 명령어가 실행된다.

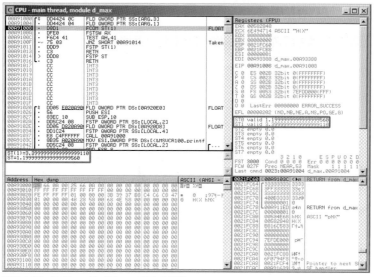

그림 1.77: OllyDbg: 두 개의 FLD 명령어 실행

FCOM의 실행을 확인할 수 있다. OllyDbg는 사용자 편의를 위해 ST(0)와 ST(1)의 내용
을 보여준다.

FCOM 명령어가 실행됐다.

그림 1.78: OllyDbg: FCOM 명령어 실행

C0만 값이 1이고 나머지 플래그는 0이다.

FNSTSW 실행 후 AX=0x3100이 된다.

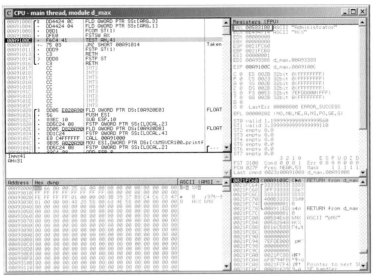

그림 1.79: OllyDbg: FNSTSW 명령어 실행

TEST 명령어를 실행한다.

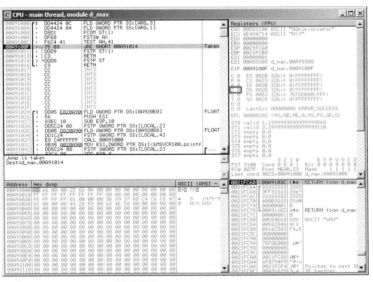

그림 1.80: OllyDbg: TEST 명령어 실행

ZF=0이므로 조건부 점프가 수행된다.

FSTP ST(또는 FSTP ST(0))를 실행한다. 스택에서 1.2를 꺼내 3.4를 최상위 값으로 만든다.

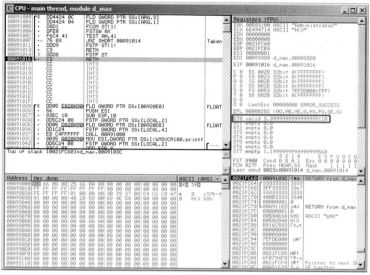

그림 1.81: OllyDbg: FSTP 명령어 실행

여기서 **FSTP ST** 명령어는 단순히 FPU 스택에서 값 하나를 꺼내는 작업이다.

두 번째 OllyDbg 예제: a=5.6, b=-4

두 개의 **FLD** 명령어를 실행한다.

그림 1.82: OllyDbg: 두 개의 FLD 명령어 실행

FCOM 명령어가 실행된다.

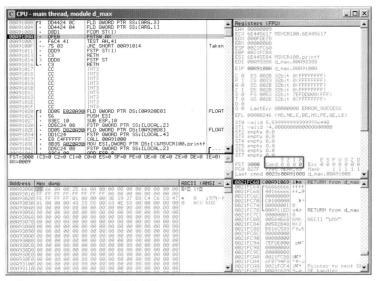

그림 1.83: OllyDbg: FCOM 명령어 실행

모든 조건 플래그의 값이 0이 된다.

FNSTSW 명령어가 실행되며 AX=0x3000이 된다.

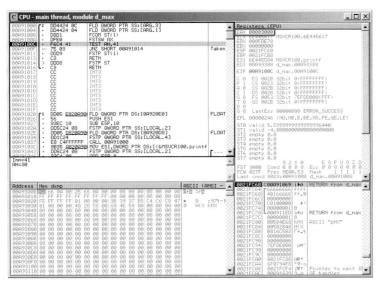

그림 1.84: OllyDbg: FNSTSW 명령어 실행

TEST 명령어가 실행된다.

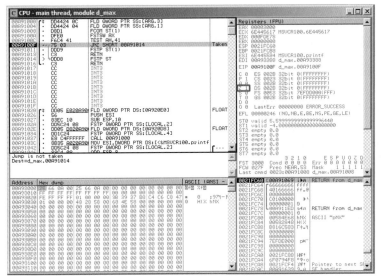

그림 1.85: OllyDbg: TEST 명령어 실행

ZF=1이므로 점프가 수행되지 않는다.

FSTP ST(1)이 실행되면 FPU 스택의 최상위 값이 5.6이 된다.

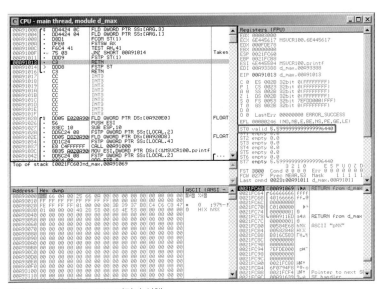

그림 1.86: OllyDbg: FSTP 명령어 실행

FSTP ST(1) 명령어는 스택 최상위 값을 그대로 두고 ST(1)을 0으로 만든다.

GCC 4.4.1

리스트 1.208: GCC 4.4.1

```
d_max proc near

b               = qword ptr -10h
a               = qword ptr -8
a_first_half    = dword ptr 8
a_second_half   = dword ptr 0Ch
b_first_half    = dword ptr 10h
b_second_half   = dword ptr 14h

    push    ebp
    mov     ebp, esp
    sub     esp, 10h

; 로컬 스택에 a와 b 저장

    mov     eax, [ebp+a_first_half]
    mov     dword ptr [ebp+a], eax
    mov     eax, [ebp+a_second_half]
    mov     dword ptr [ebp+a+4], eax
    mov     eax, [ebp+b_first_half]
    mov     dword ptr [ebp+b], eax
    mov     eax, [ebp+b_second_half]
    mov     dword ptr [ebp+b+4], eax

; FPU 스택에 a와 b 로딩

    fld     [ebp+a]
    fld     [ebp+b]

; 현재 스택 상태: ST(0) - b; ST(1) - a

    fxch    st(1)   ; 이 명령어는 ST(1)와 ST(0)를 스왑한다.

; 현재 스택 상태: ST(0) - a; ST(1) - b

    fucompp         ; a와 b 비교 후 스택 두 값(a와 b)을 꺼내기
    fnstsw  ax      ; FPU 상태를 AX에 저장
    sahf            ; AH에서 SF, ZF, AF, PF, CF 플래그 상태 로드
    setnbe  al      ; CF=0이고 ZF=0이면 AL에 1 저장
    test    al, al              ; AL==0 ?
    jz      short loc_8048453   ; 같으면 점프
    fld     [ebp+a]
    jmp     short locret_8048456

loc_8048453:
    fld     [ebp+b]

locret_8048456:
    leave
```

```
        retn
    d_max endp
```

FUCOMPP는 FCOM과 거의 동일하지만 스택에서 두 개의 값을 꺼내, '숫자 아님^NaN, Not a Number, 값을 다르게 처리한다. '숫자 아님' 값을 좀 더 살펴보자.

FPU는 숫자가 아닌 특수 값, 즉 NaN(wikipedia.org/wiki/NaN)을 처리할 수 있다. NaN은 무한대 값으로, 예를 들어 0으로 나눌 때 발생한다. NaN은 'quiet' 또는 'signaling' 중 하나가 될 수 있으며, 'quiet' NaN은 일반적인 값처럼 처리할 수 있지만 'signaling' NaN을 대상으로 연산을 수행하면 예외가 발생한다.

FCOM은 오퍼랜드가 NaN일 때 예외를 발생시킨다. 반면 FUCOM은 오퍼랜드가 'signaling' NaN(SNaN)일 때만 예외를 발생시킨다.

다음 명령어는 SAHF('Store AH into Flags')로 예제 코드에서 FPU와 관계가 없는 몇 안 되는 명령어다. 이 명령어는 AH의 8비트를 다음 순서대로 CPU 플래그의 하위 8비트로 이동시킨다.

7	6		4		2		0
SF	ZF		AF		PF		CF

이미 살펴봤듯이 FNSTSW는 C3/C2/C0 비트를 AH로 옮기며, 그 위치는 AH의 6, 2, 0번째 비트다.

	6			2	1	0
	C3			C2	C1	C0

즉, fnstsw ax/sahf 명령어 쌍은 C3/C2/C0를 ZF, PF, CF CPU 플래그로 옮긴다.

C3/C2/C0 비트가 조건에 따라 어떻게 설정되는지 다시 한 번 살펴보자.

  • a > b이면 C3/C2/C0를 0, 0, 0로 설정한다.
  • a < b이면 C3/C2/C0를 0, 0, 1로 설정한다.
  • a = b이면 C3/C2/C0를 1, 1, 0로 설정한다.

정리하자면 세 개의 FUCOMPP/FNSTSW/SAHF 명령어 수행 후 CPU 플래그 상태는 다음과 같이 설정된다.

- a > b이면 ZF=0, PF=0, CF=0로 설정한다.
- a < b이면 ZF=0, PF=0, CF=1로 설정한다.
- a = b이면 ZF=1, PF=0, CF=0로 설정한다.

CPU 플래그에 따라 SETNBE 명령어는 AL을 1이나 0로 설정한다. 이는 JNBE 명령어에 대응되는 명령어로, SETcc(cc는 조건 코드condition code다)는 AL에 1이나 0을 저장하지만 Jcc은 실제로 점프를 수행하거나 수행하지 않는다. SETNBE는 CF=0이고 ZF=0일 때만 AL에 1을 저장하고 그 외의 경우에는 AL에 0을 저장한다.

다시 말해 CF와 ZF가 모두 0일 때, 즉 a > b일 때만 1을 저장한다.

AL에 1을 저장한 다음에 뒤따르는 JZ 명령어에 의한 점프는 수행되지 않으며, 함수는 _a를 리턴한다. 다른 경우에는 _b를 리턴한다.

최적화를 수행한 GCC 4.4.1

리스트 1.209: 최적화를 수행한 GCC 4.4.1

```
        public d_max
 d_max  proc near

 arg_0  = qword ptr 8
 arg_8  = qword ptr 10h

        push    ebp
        mov     ebp, esp
        fld     [ebp+arg_0] ; _a
        fld     [ebp+arg_8] ; _b
; 스택 상태: ST(0) = _b, ST(1) = _a
        fxch    st(1)
; 스택 상태: ST(0) = _a, ST(1) = _b
        fucom   st(1)   ; _a와 _b를 비교
        fnstsw  ax
        sahf
        ja      short loc_8048448
; ST(0)을 ST(0)에 저장(무의미한 연산)
; 스택 최상위 값을 꺼낸다.
; _b가 스택의 최상위 값이 된다.
        fstp    st
```

```
        jmp      short loc_804844A
loc_8048448:
; _a를 ST(0)에 저장하고 스택에서 최상위 값을 꺼내 _a를 스택의 최상위 값으로 만든다.
        fstp     st(1)

loc_804844A:
        pop      ebp
        retn
d_max   endp
```

SAHF 명령어 대신 JA 명령어를 사용한 것만 빼면 이전 코드와 동일하다. 실제로 부호 없는 숫자에 대해 크거나 작거나 같은지를 검사해 점프를 수행하는 조건부 점프 명령어(JA, JAE, JBE, JE/JZ, JNA, JANE, JNB, JNBE, JNE/JNZ)는 CF와 ZF 플래그만을 검사한다.

FSTSW/FNSTSW 실행 후 AH 레지스터의 C3/C2/C0 비트의 위치는 다음과 같다.

SAHF 명령어 실행 후 CPU 플래그에 저장되는 AH 비트는 다음과 같다.

```
   7   6       4       2       0
  SF  ZF     AF      PF      CF
```

비교 연산 후에 C3와 C0 비트는 ZF와 CF 플래그로 이동돼 조건부 점프를 수행할 수 있게 된다. CF와 ZF가 모두 0이면 점프가 수행된다.

그러므로 앞서 나열한 조건부 점프 명령어는 FNSTSW/SAHF 명령어 쌍 이후에 사용할 수 있다.

FPU에서 C3/C2/C0 상태 비트의 위치는 분명 추가적인 비트 이동 없이 CPU 플래그에 쉽게 매핑할 수 있도록 의도적으로 정한 것으로 보인다.

최적화를 수행(-O3 옵션)한 GCC 4.8.1

P6 인텔 계열(펜티엄 프로, 펜티엄-II 등)에는 새로운 FPU 명령어인 FUCOMI(오퍼랜드를 비교하고 메인 CPU의 플래그를 설정)와 FCMOVcc(CMOVcc와 이름이 유사하지만 FPU 레지스터에 대한 명령어)가 도입됐다.

GCC 관리자는 분명 P6 이전의 인텔 CPU(초기 펜티엄과 486 등)에 대한 지원을 중단하기로 결정한 것으로 보인다.

또한 P6 인텔 계열부터는 FPU가 더 이상 별도의 칩이 아니기 때문에 FPU에서 메인 CPU의 플래그를 검사하거나 수정할 수 있다. 결과적으로 GCC가 최적화를 수행해 만들어낸 코드는 다음과 같다.

리스트 1.210: 최적화를 수행한 GCC 4.8.1

```
fld     QWORD PTR [esp+4]  ; a 로드
fld     QWORD PTR [esp+12] ; b 로드
; ST0=b, ST1=a
fxch    st(1)
; ST0=a, ST1=b
; a와 b를 비교
fucomi  st, st(1)
; a<=b이면 ST0로 ST1 (b)을 복사
; 아니면 ST0에 a를 그대로 유지
fcmovbe st, st(1)
; ST1의 값을 버림
fstp    st(1)
ret
```

GCC가 FXCH(교환 연산)를 사용한 이유를 알기는 어렵다.

처음 두 개의 FDL 명령어의 순서를 바꾸거나 FCMOVBE('below or equal') 명령어를 FCMOVA('above') 명령어로 바꾸면 FXCH 명령어를 쉽게 제거할 수 있다. 아마도 컴파일러가 완벽하지 않기 때문일 것이다.

FUCOMI는 ST(0)(a)와 ST(1)(b)를 비교하고 메인 CPU 플래그를 설정한다. FCMOVBE는 플래그를 검사한 후 ST0(a) <= ST1(b)이면 ST(1)(b)를 ST(0)(a)에 복사한다. 아니면 (a > b) ST(0)의 a를 그대로 유지한다.

마지막 FSTP 명령어는 ST(1)의 내용을 버리고 ST(0)는 스택 최상위로 유지한다.

이 함수를 GDB로 분석해보자.

리스트 1.211: 최적화를 수행한 GCC 4.8.1과 GDB

```
1 dennis@ubuntuvm:~/polygon$ gcc -O3 d_max.c -o d_max -fno-inline
2 dennis@ubuntuvm:~/polygon$ gdb d_max
```

```
 3 GNU gdb (GDB) 7.6.1-ubuntu
 4 ...
 5 Reading symbols from /home/dennis/polygon/d_max...(no debugging symbols found)...done.
 6 (gdb) b d_max
 7 Breakpoint 1 at 0x80484a0
 8 (gdb) run
 9 Starting program: /home/dennis/polygon/d_max
10
11 Breakpoint 1, 0x080484a0 in d_max ()
12 (gdb) ni
13 0x080484a4 in d_max ()
14 (gdb) disas $eip
15 Dump of assembler code for function d_max:
16    0x080484a0 <+0>:    fldl    0x4(%esp)
17 => 0x080484a4 <+4>:    fldl    0xc(%esp)
18    0x080484a8 <+8>:    fxch    %st(1)
19    0x080484aa <+10>:   fucomi  %st(1),%st
20    0x080484ac <+12>:   fcmovbe    %st(1),%st
21    0x080484ae <+14>:   fstp    %st(1)
22    0x080484b0 <+16>:   ret
23 End of assembler dump.
24 (gdb) ni
25 0x080484a8 in d_max ()
26 (gdb) info float
27    R7: Valid   0x3fff9999999999999800     +1.199999999999999956
28 => R6: Valid   0x4000d999999999999800     +3.399999999999999911
29    R5: Empty   0x00000000000000000000
30    R4: Empty   0x00000000000000000000
31    R3: Empty   0x00000000000000000000
32    R2: Empty   0x00000000000000000000
33    R1: Empty   0x00000000000000000000
34    R0: Empty   0x00000000000000000000
35
36 Status Word:          0x3000
37                          TOP: 6
38 Control Word:         0x037f  IM DM ZM OM UM PM
39                          PC: Extended Precision (64-bits)
40                          RC: Round to nearest
41 Tag Word:             0x0fff
42 Instruction Pointer:  0x73:0x080484a4
43 Operand Pointer:      0x7b:0xbffff118
44 Opcode:               0x0000
45 (gdb) ni
46 0x080484aa in d_max ()
47 (gdb) info float
48    R7: Valid   0x4000d999999999999800     +3.399999999999999911
49 => R6: Valid   0x3fff9999999999999800     +1.199999999999999956
```

```
50      R5: Empty   0x00000000000000000000
51      R4: Empty   0x00000000000000000000
52      R3: Empty   0x00000000000000000000
53      R2: Empty   0x00000000000000000000
54      R1: Empty   0x00000000000000000000
55      R0: Empty   0x00000000000000000000
56
57 Status Word:           0x3000
58      TOP: 6
59 Control Word:          0x037f  IM DM ZM OM UM PM
60                                PC: Extended Precision (64-bits)
61                                RC: Round to nearest
62 Tag Word:              0x0fff
63 Instruction Pointer:   0x73:0x080484a8
64 Operand Pointer:       0x7b:0xbffff118
65 Opcode:                0x0000
66 (gdb) disas $eip
67 Dump of assembler code for function d_max:
68      0x080484a0 <+0>:    fldl    0x4(%esp)
69      0x080484a4 <+4>:    fldl    0xc(%esp)
70      0x080484a8 <+8>:    fxch    %st(1)
71 =>   0x080484aa <+10>:   fucomi  %st(1),%st
72      0x080484ac <+12>:   fcmovbe    %st(1),%st
73      0x080484ae <+14>:   fstp    %st(1)
74      0x080484b0 <+16>:   ret
75 End of assembler dump.
76 (gdb) ni
77 0x080484ac in d_max ()
78 (gdb) info registers
79 eax        0x1      1
80 ecx        0xbffff1c4      -1073745468
81 edx        0x8048340       134513472
82 ebx        0xb7fbf000      -1208225792
83 esp        0xbffff10c      0xbffff10c
84 ebp        0xbffff128      0xbffff128
85 esi        0x0      0
86 edi        0x0      0
87 eip        0x80484ac       0x80484ac <d_max+12>
88 eflags     0x203    [ CF IF ]
89 cs         0x73     115
90 ss         0x7b     123
91 ds         0x7b     123
92 es         0x7b     123
93 fs         0x0      0
94 gs         0x33     51
95 (gdb) ni
96 0x080484ae in d_max ()
```

```
 97 (gdb) info float
 98    R7: Valid   0x4000d999999999999800     +3.399999999999999911
 99 => R6: Valid   0x4000d999999999999800     +3.399999999999999911
100    R5: Empty   0x00000000000000000000
101    R4: Empty   0x00000000000000000000
102    R3: Empty   0x00000000000000000000
103    R2: Empty   0x00000000000000000000
104    R1: Empty   0x00000000000000000000
105    R0: Empty   0x00000000000000000000
106
107 Status Word:            0x3000
108                             TOP: 6
109 Control Word:           0x037f  IM DM ZM OM UM PM
110                             PC: Extended Precision (64-bits)
111                             RC: Round to nearest
112 Tag Word:               0x0fff
113 Instruction Pointer:    0x73:0x080484ac
114 Operand Pointer:        0x7b:0xbffff118
115 Opcode:                 0x0000
116 (gdb) disas $eip
117 Dump of assembler code for function d_max:
118    0x080484a0 <+0>:    fldl    0x4(%esp)
119    0x080484a4 <+4>:    fldl    0xc(%esp)
120    0x080484a8 <+8>:    fxch    %st(1)
121    0x080484aa <+10>:   fucomi  %st(1),%st
122    0x080484ac <+12>:   fcmovbe    %st(1),%st
123 => 0x080484ae <+14>:   fstp    %st(1)
124    0x080484b0 <+16>:   ret
125 End of assembler dump.
126 (gdb) ni
127 0x080484b0 in d_max ()
128 (gdb) info float
129 => R7: Valid   0x4000d999999999999800     +3.399999999999999911
130    R6: Empty   0x4000d999999999999800
131    R5: Empty   0x00000000000000000000
132    R4: Empty   0x00000000000000000000
133    R3: Empty   0x00000000000000000000
134    R2: Empty   0x00000000000000000000
135    R1: Empty   0x00000000000000000000
136    R0: Empty   0x00000000000000000000
137
138 Status Word:            0x3800
139                             TOP: 7
140 Control Word:           0x037f  IM DM ZM OM UM PM
141                             PC: Extended Precision (64-bits)
142                             RC: Round to nearest
143 Tag Word:               0x3fff
```

```
144 Instruction Pointer:    0x73:0x080484ae
145 Operand Pointer:        0x7b:0xbffff118
146 Opcode:                 0x0000
147 (gdb) quit
148 A debugging session is active.
149
150     Inferior 1 [process 30194] will be killed.
151
152 Quit anyway? (y or n) y
153 dennis@ubuntuvm:~/polygon$
```

'ni'를 사용해 처음 두 개의 FLD 명령어를 실행해 FPU 레지스터의 값을 확인하자(26번 줄).

이미 설명했듯 FPU 레지스터 집합은 엄밀히 말해 스택이 아니라 순환 버퍼다(1.19.5절). GDB는 STx 레지스터의 값 대신 내부 FPU 레지스터(Rx)를 보여준다. 화살표(28번 줄)는 현재의 스택 최상위를 가리킨다.

그리고 Status Word(36번 줄)에서도 TOP 레지스터 내용인 6을 확인할 수 있다. 즉, 스택 최상위는 내부 레지스터 6을 가리킨다.

FXCH 명령어가 실행된 후 a와 b의 값이 교환된다(45번 줄).

FUCOMI 명령어가 실행(76번 줄)되고 플래그를 보면 CF가 설정된다(88번 줄).

FCMOVBE가 실제로 b 값을 복사한다(95번 줄).

FSTP는 스택 최상위에 값을 하나 남긴다(126번 줄). TOP의 값은 이제 7이고 FPU 스택 최상위는 내부 레지스터 7을 가리킨다.

ARM

최적화를 수행한 Xcode 4.6.3(LLVM)(ARM 모드)

리스트 1.212: 최적화를 수행한 Xcode 4.6.3(LLVM)(ARM 모드)

```
VMOV            D16, R2, R3   ; b
VMOV            D17, R0, R1   ; a
VCMPE.F64       D17, D16
VMRS            APSR_nzcv, FPSCR
VMOVGT.F64      D16, D17       ; a를 D16에 복사
VMOV            R0, R1,    D16
```

```
BX              LR
```

매우 간단한 코드다. 입력값을 D17과 D16 레지스터에 저장한 후 VCMPE 명령어를 이용해 비교한다.

x86 코프로세서처럼 ARM 코프로세서에도 코프로세서만의 플래그를 저장할 고유의 상태와 플래그 레지스터(FPSCR[76])가 있다. 또한 ARM에도 x86처럼 코프로세서의 상태 레지스터 비트를 검사하는 조건부 점프 명령어가 없기 때문에 VMRS 명령어를 사용하고 있다. 이 명령어는 코프로세서 상태 워드의 4비트(N, Z, C, V)를 범용 상태 레지스터(APSR[77])로 복사한다.

VMOVGT는 D- 레지스터를 처리하는 명령어로, MOVGT처럼 한 오퍼랜드가 나머지보다 더 클 때[GT-Greater Than] 연산을 수행한다.

이 명령어가 실행되면 현재 D17에 있는 a 값이 D16에 기록된다. 실행되지 않으면 b가 D16에 그대로 남는다.

끝에서 두 번째 명령어인 VMOV는 D16 레지스터의 값을 리턴하고자 R0와 R1 레지스터를 이용한다.

최적화를 수행한 Xcode 4.6.3(LLVM)(Thumb-2 모드)

리스트 1.213: 최적화를 수행한 Xcode 4.6.3(LLVM)(Thumb-2 모드)

```
VMOV            D16, R2, R3 ; b
VMOV            D17, R0, R1 ; a
VCMPE.F64       D17, D16
VMRS            APSR_nzcv, FPSCR
IT GT
VMOVGT.F64      D16, D17
VMOV            R0, R1, D16
BX              LR
```

이전 예제와 거의 동일하지만 약간의 차이점을 확인할 수 있다. 이미 살펴봤듯 ARM 모드에서는 다수의 명령어에 조건 서술부를 추가할 수 있다. 하지만 Thumb 모드는

---

76. (ARM) 부동소수점 상태 및 제어 레지스터(Floating-Point Status and Control Register)
77. (ARM) 애플리케이션 프로그램 상태 레지스터(Application Program Status Register)

조건 서술부를 지원하지 않는다. 16비트 명령어에는 조건을 인코딩해 저장할 수 있는 4비트의 여유 공간이 없기 때문이다.

이와 달리 Thumb-2는 기존의 Thumb 명령어에 특정 서술부를 지정할 수 있도록 확장됐다. IDA가 생성한 코드를 보면 이전 예제에서도 나온 VMOVGT 명령어를 볼 수 있다.

사실 실제 바이너리 인코딩은 VMOV이지만 IDA가 바로 앞의 IT GT 명령어를 보고 -GT 서술부를 추가한 것이다.

IT 명령어는 소위 if-then 블록을 정의하는데, 이 명령어 다음 최대 4개까지의 명령어에 조건 서술부를 추가할 수 있다. 이 예에서 IT GT는 GT('Greater Than') 조건이 참이면 다음 명령어를 실행한다는 의미다.

이제 좀 더 복잡한 코드를 살펴보자. 다음은 '앵그리 버드'(iOS용)의 코드다.

리스트 1.214: 앵그리 버드 클래식

```
...
ITE         NE
VMOVNE      R2, R3, D16
VMOVEQ      R2, R3, D17
BLX         _objc_msgSend ; not suffixed
...
```

ITE는 if-then-else를 의미하며 이후 두 개의 명령어에 조건 서술부가 추가되는 셈이다. 첫 번째 명령어는 ITE NE('not equal')의 조건이 참일 때 실행되며 두 번째 명령어는 조건이 거짓일 때, 즉 NE의 반대인 EQ('equal')가 참일 때 실행된다.

두 번째 VMOV(또는 VMOVEQ) 명령어 다음의 명령어(BLX)에는 조건 서술부가 적용되지 않는다.

'앵그리 버드'의 코드 중에서 좀 더 복잡한 것을 하나 더 살펴보자.

리스트 1.215: 앵그리 버드 클래식

```
ITTTT EQ
MOVEQ       R0, R4
ADDEQ       SP, SP, #0x20
POPEQ.W     {R8,R10}
POPEQ       {R4-R7,PC}
```

```
BLX             ___stack_chk_fail ; not suffixed
...
```

명령어에 나오는 4개의 'T'는 조건이 참일 때 다음 네 개의 명령어를 실행한다는 의미다. 이 때문에 IDA가 이후의 명령어 4개에 -EQ를 추가한 것이다.

예를 들어 ITEEE EQ('if-then-else-else-else')와 같은 명령어를 사용하면 다음과 같이 조건 서술부가 추가될 것이다.

```
-EQ
-NE
-NE
-NE
```

'앵그리 버드'의 또 다른 예는 다음과 같다.

리스트 1.216: 앵그리 버드 클래식

```
...
CMP.W           R0, #0xFFFFFFFF
ITTE LE
SUBLE.W         R10, R0, #1
NEGLE           R0, R0
MOVGT           R10, R0
MOVS            R6, #0 ; not suffixed
CBZ             R0, loc_1E7E32 ; not suffixed
...
```

ITTE('if-then-then-else')는 LE('Less or Equal') 조건이 참이면 첫 번째와 두 번째 명령어를 실행하고 반대 조건(GT)이 참이면 세 번째 명령어를 실행하라는 의미다.

컴파일러가 가능한 모든 조합을 생성하는 경우는 거의 없다.

예를 들어 '앵그리 버드' 게임(iOS용 클래식 버전)에서는 IT, ITE, ITT, ITTE, ITTT, ITTTT의 IT 명령어만 사용된다.

그것을 어떻게 알아냈는지 궁금할 것이다. IDA를 이용해 리스트 파일을 생성할 때 모든 OP 코드의 4바이트를 보여주는 옵션을 지정한다. 그러면 grep을 사용해 16비트 OP 코드의 상위 부분에서 IT 명령어에 해당하는 것(0xBF)을 찾으면 된다.

```
cat AngryBirdsClassic.lst | grep " BF" | grep "IT" > results.lst
```

참고로 Thumb-2 모드의 ARM 어셈블리어를 직접 프로그래밍할 때 명령어에 조건 서술부를 추가한다면 어셈블러가 적당한 플래그와 함께 IT 명령어를 자동으로 추가해줄 것이다.

최적화를 수행하지 않은 Xcode 4.6.3(LLVM)(ARM 모드)

리스트 1.217: 최적화를 수행하지 않은 Xcode 4.6.3(LLVM)(ARM 모드)

```
b               = -0x20
a               = -0x18
val_to_return   = -0x10
saved_R7        = -4

            STR         R7, [SP,#saved_R7]!
            MOV         R7, SP
            SUB         SP, SP, #0x1C
            BIC         SP, SP, #7
            VMOV        D16, R2, R3
            VMOV        D17, R0, R1
            VSTR        D17, [SP,#0x20+a]
            VSTR        D16, [SP,#0x20+b]
            VLDR        D16, [SP,#0x20+a]
            VLDR        D17, [SP,#0x20+b]
            VCMPE.F64   D16, D17
            VMRS        APSR_nzcv, FPSCR
            BLE         loc_2E08
            VLDR        D16, [SP,#0x20+a]
            VSTR        D16, [SP,#0x20+val_to_return]
            B           loc_2E10

loc_2E08
            VLDR        D16, [SP,#0x20+b]
            VSTR        D16, [SP,#0x20+val_to_return]

loc_2E10
            VLDR        D16, [SP,#0x20+val_to_return]
            VMOV        R0, R1, D16
            MOV         SP, R7
            LDR         R7, [SP+0x20+b],#4
            BX          LR
```

이미 살펴본 코드와 거의 동일하지만 변수 a와 b, 리턴 값이 모두 로컬 스택에 저장되기 때문에 불필요한 중복 코드가 지나치게 많다.

최적화를 수행한 Keil 6/2013(Thumb 모드)

리스트 1.218: 최적화를 수행한 Keil 6/2013(Thumb 모드)

```
                PUSH    {R3-R7,LR}
                MOVS    R4, R2
                MOVS    R5, R3
                MOVS    R6, R0
                MOVS    R7, R1
                BL      __aeabi_cdrcmple
                BCS     loc_1C0
                MOVS    R0, R6
                MOVS    R1, R7
                POP     {R3-R7,PC}
loc_1C0
                MOVS    R0, R4
                MOVS    R1, R5
                POP     {R3-R7,PC}
```

Keil은 타깃 CPU가 FPU를 지원하리라 확신할 수 없기 때문에 FPU 명령어를 생성하지 않는다. 또한 직관적인 비트 단위 비교로 비교 연산을 수행할 수 없기 때문에 외부 라이브러리의 비교 함수인 __aeabi_cdrcmple을 호출한다.

참고: 비교 함수를 실행하면 비교 결과가 플래그에 남기 때문에 바로 다음의 **BCS**('Carry Set – Greater than or equal') 명령어는 추가 코드 없이도 올바르게 동작한다.

ARM64

최적화를 수행한 GCC(Linaro) 4.9

```
d_max:
; D0 - a, D1 - b
        fcmpe   d0, d1
        fcsel   d0, d0, d1, gt
; D0에 결과가 있다.
        ret
```

ARM64 ISA는 FPSCR 대신 APSR CPU 플래그를 편하게 설정할 수 있는 FPU 명령어를 지원한다. FPU는 더 이상 별도의 장치가 아니다(적어도 논리적으로는 그렇다). 이런 명령어 중 하나인 **FCMPE**는 예제 코드에서 **D0**와 **D1**을 통해 전달된 두 값(함수의 첫 번째와 두 번째 인자)을 비교하고 APSR 플래그(N, Z, C, V)를 설정한다.

FCSEL('Floating Conditional Select')은 조건(예제에서는 GT('Greater Than'))에 따라 **D0**나 **D1**의 값을 **D0**로 복사한다. 이 명령어도 FPSCR 대신 APSR 레지스터의 플래그를 이용한다.

이런 명령어는 오래된 CPU 명령어 세트와 비교하면 훨씬 더 편리한 것이다.

조건(GT)이 참이면 **D0**의 값을 **D0**로 복사하고(즉, 아무것도 변하지 않는다), 조건이 거짓이면 **D1**의 값을 **D0**로 복사한다.

최적화를 수행하지 않은 GCC(Linaro) 4.9.

```
d_max:
; 레지스터 저장 영역에 입력 인자 저장
        sub     sp, sp, #16
        str     d0, [sp,8]
        str     d1, [sp]
; 값을 재로딩
        ldr     x1, [sp,8]
        ldr     x0, [sp]
        fmov    d0, x1
        fmov    d1, x0
; D0 - a, D1 - b
        fcmpe   d0, d1
        ble     .L76
; a>b이면 X0에 D0 (a) 로딩
        ldr     x0, [sp,8]
        b       .L74
.L76:
; a<=b이면 X0에 D1 (b) 로딩
        ldr     x0, [sp]
.L74:
; 결과가 X0에 들어있음
        fmov    d0, x0
; 결과가 D0에 있음
        add     sp, sp, 16
        ret
```

최적화를 수행하지 않은 경우 GCC는 좀 더 많은 코드를 만들어낸다.

우선 입력 인자 값을 로컬 스택(레지스터 저장 영역)에 저장한다. 그리고 인자를 **X0/X1**

레지스터에 다시 로딩한 다음 FCMPE 명령어를 사용해 두 값을 비교하고자 D0/D1으로 복사한다. 불필요한 코드가 많지만 이게 바로 최적화를 수행하지 않는 컴파일러가 코드를 생성하는 방식이다. FCMPE 명령어는 값을 비교하고 APSR 플래그를 설정한다. 이때 컴파일러는 좀 더 편리한 FCSEL 명령어를 이용하지 않고 예전 방식인 BLE 명령어('Branch if Less than or Equal')를 사용한다. a > b면 a 값을 X0에 재로딩한다. 반대로 a <= b면 b 값을 X0에 저장한다. 마지막으로 리턴 값을 저장하는 D0로 X0의 값을 복사한다.

연습

FCSEL와 같은 새로운 명령어를 추가하지 않고 불필요한 명령어를 제거하는 방식으로 예제 코드를 직접 최적화해보자.

최적화를 수행한 GCC (Linaro) 4.9-float

double 대신 float을 이용하도록 예제 코드를 수정해보자.

```
float f_max (float a, float b)
{
    if (a>b)
        return a;
    return b;
};
```

```
f_max:
; S0 - a, S1 - b
        fcmpe   s0, s1
        fcsel   s0, s0, s1, gt
; 결과는 S0에 들어있음
        ret
```

D- 레지스터 대신 S- 레지스터를 사용한 점만 제외하면 이전과 동일한 코드다. float 타입의 숫자를 32비트 S- 레지스터(실제로는 64비트 D- 레지스터의 하위 부분)를 이용해 전달하기 때문이다.

MIPS

MIPS 프로세서의 코프로세서는 FPU에서 설정하고 CPU에서 확인할 수 있는 조건 비트를 갖고 있다.

초기의 MIPS 프로세스는 단 하나의 조건 비트(FCC0)만을 갖고 있었지만 이후에는 8개의 조건 비트(FCC7-FCC0)를 갖게 됐다.

이 조건 비트들은 FCCR이라고 불리는 레지스터에 위치한다.

리스트 1.219: 최적화를 수행한 GCC 4.4.5(IDA)

```
d_max:
; $f14<$f12 (b<a)이면 FPU 조건 비트를 설정한다.
            c.lt.d  $f14, $f12
            or      $at, $zero  ; NOP
; 조건 비트가 설정되면 locret_14로 점프한다.
            bc1t    locret_14
; 이 명령어는 항상 실행된다(리턴 값을 'a'로 설정).
            mov.d   $f0, $f12   ; 브랜치 지연 슬롯
; 이 명령어는 분기가 발생할 때만 실행된다(즉, b>=a인 경우).
; 리턴 값을 'b'로 설정
            mov.d   $f0, $f14
locret_14:
            jr      $ra
            or      $at, $zero  ; 브랜치 지연 슬롯, NOP
```

C.LT.D 명령어는 두 값을 비교한다. LT는 'Less Than' 조건을 의미하며, D는 double 타입을 의미한다. 비교 결과에 따라 FCC0 조건 비트는 설정되거나 초기화된다.

BC1T 명령어는 FCC0 비트를 검사해 해당 비트가 설정돼 있다면 점프를 수행한다. T는 비트가 설정('True')됐다면 점프를 수행한다는 의미다. BC1F 명령어도 있는데, 그것은 비트의 값이 초기화('False')됐을 때 점프를 수행한다.

점프의 수행 여부에 따라 함수의 인자 중 하나가 $F0에 위치하게 된다.

1.19.8 어떤 상수 값

IEEE 754 인코딩 숫자에 대해서는 위키피디아의 설명을 보면 쉽게 알 수 있다. IEEE 754에서 0.0은 32개의 제로 비트(단정밀도 수를 위해) 또는 64개의 제로 비트(double 타입

을 위해)로 표현된다. 따라서 MOV나 XOR reg, reg 명령어를 이용하면 레지스터나 메모리의 내용을 부동소수점 변수 0.0으로 설정할 수 있다. 이는 다양한 데이터 타입의 여러 가지 변수를 포함하고 있는 구조체에 적합하다. memset() 함수를 이용하면 모든 정수 변수 값을 0으로, 모든 불리언 변수 값을 false로, 모든 포인터 값을 NULL로, 모든 부동소수점 변수 값(정밀도와 상관없이)을 0.0으로 설정할 수 있다.

1.19.9 복사

IEEE 754 값을 로드하고 저장(즉, 복사)하려면 FLD/FST 명령어를 사용해야만 한다고 무의식적으로 생각할 수도 있다. 하지만 일반적인 MOV 명령어를 사용하면 값을 비트 단위로 쉽게 복사할 수 있다.

1.19.10 스택과 계산기, 역폴란드 표기법

이제 일부 오래된 계산기가 역폴란드 표기법(wikipedia.org/wiki/Reverse_Polish_notation)을 사용하는 이유를 이해해야 한다. 예를 들면 12에 34를 더한다면 12와 34를 기입하고 그다음에 '더하기' 기호를 기입하는 것이다.

오래된 계산기는 스택을 기반으로 구현됐기 때문에 복잡하게 괄호로 묶인 표현식을 처리하는 것보다 역폴란드 표기법을 이용해 연산을 처리하는 것이 적합하다.

1.19.11 왜 80비트인가?

FPU 내부에서는 숫자를 80비트로 표현한다. 즉, 숫자를 2^n 형식으로 표현하기 때문에 이상하게 보일 수 있다. 표준 IBM 펀치 카드가 80비트로 이뤄진 12개의 행을 인코딩하는 방식을 사용했기 때문에 이는 아마도 역사적인 이유 때문이라고 할 수 있다. 예전에는 80 × 25 텍스트 모드 해상도가 보편적이었다는 것도 이유 중 하나가 될 수 있다.

위키피디아의 설명(https://en.wikipedia.org/wiki/Extended_precision)을 참고하기 바란다.

좀 더 자세한 내용을 알고 싶다면 이 책의 저자에게 이메일(dennis@yurichev.com)로 문의해주기 바란다.

1.19.12 x64

x86-64에서 부동소수점을 처리하는 방식은 1.30절을 참고하기 바란다.

1.19.13 연습

- http://challenges.re/60
- http://challenges.re/61

1.20 배열

메모리에서 배열은 단순히 동일한 타입의 변수를 한데 모아 놓은 변수의 집합이라고 할 수 있다(동일 타입 컨테이너^{homogeneous container}라고도 한다).

1.20.1 간단한 예

```c
#include <stdio.h>

int main()
{
    int a[20];
    int i;

    for (i=0; i<20; i++)
        a[i]=i*2;

    for (i=0; i<20; i++)
        printf ("a[%d]=%d\n", i, a[i]);

    return 0;
};
```

x86

MSVC

컴파일해보자.

```
_TEXT    SEGMENT
_i$ = -84            ; 크기 = 4
_a$ = -80            ; 크기 = 80
_main        PROC
    push     ebp
    mov      ebp, esp
    sub      esp, 84             ; 00000054H
    mov      DWORD PTR _i$[ebp], 0
    jmp      SHORT $LN6@main
$LN5@main:
    mov      eax, DWORD PTR _i$[ebp]
    add      eax, 1
    mov      DWORD PTR _i$[ebp], eax
$LN6@main:
    cmp      DWORD PTR _i$[ebp], 20 ; 00000014H
    jge      SHORT $LN4@main
    mov      ecx, DWORD PTR _i$[ebp]
    shl      ecx, 1
    mov      edx, DWORD PTR _i$[ebp]
    mov      DWORD PTR _a$[ebp+edx*4], ecx
    jmp      SHORT $LN5@main
$LN4@main:
    mov      DWORD PTR _i$[ebp], 0
    jmp      SHORT $LN3@main
$LN2@main:
    mov      eax, DWORD PTR _i$[ebp]
    add      eax, 1
    mov      DWORD PTR _i$[ebp], eax
$LN3@main:
    cmp      DWORD PTR _i$[ebp], 20 ; 00000014H
    jge      SHORT $LN1@main
    mov      ecx, DWORD PTR _i$[ebp]
    mov      edx, DWORD PTR _a$[ebp+ecx*4]
    push     edx
    mov      eax, DWORD PTR _i$[ebp]
    push     eax
    push     OFFSET $SG2463
    call     _printf
    add      esp, 12             ; 0000000cH
    jmp      SHORT $LN2@main
$LN1@main:
    xor      eax, eax
    mov      esp, ebp
    pop      ebp
    ret      0
_main        ENDP
```

특별할 것이 없는 루프 두 개를 볼 수 있다. 첫 번째 루프에서는 배열에 값을 채우고 두 번째 루프에서는 배열의 값을 출력한다. shl ecx, 1 명령어는 ECX의 값을 두 배로 만들고자 사용된다. 좀 더 자세한 내용은 1.18.2절을 참고하기 바란다.

스택에 배열을 위해 80바이트(4바이트 변수 20개)를 할당했다.

OllyDbg로 살펴보자.

그러면 배열이 어떻게 채워지는지 살펴볼 수 있다.

배열의 각 항목은 int 타입의 32비트 값으로, 인덱스 값에 2를 곱한 값이 저장된다.

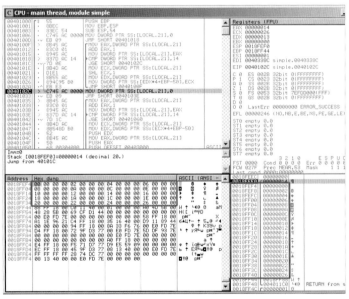

그림 1.87: OllyDbg: 배열 값을 채운 후 스택 상태

배열이 스택에 위치하므로 20개의 배열 항목 모두 스택에서 확인할 수 있다.

GCC

GCC 4.4.1이 생성하는 코드는 다음과 같다.

리스트 1.221: GCC 4.4.1

```
        public main
main    proc near   ; DATA XREF: _start+17
```

```
var_70          = dword ptr -70h
var_6C          = dword ptr -6Ch
var_68          = dword ptr -68h
i_2             = dword ptr -54h
i               = dword ptr -4

                push    ebp
                mov     ebp, esp
                and     esp, 0FFFFFFF0h
                sub     esp, 70h
                mov     [esp+70h+i], 0  ; i=0
                jmp     short loc_804840A

loc_80483F7:
                mov     eax, [esp+70h+i]
                mov     edx, [esp+70h+i]
                add     edx, edx        ; edx=i*2
                mov     [esp+eax*4+70h+i_2], edx
                add     [esp+70h+i], 1  ; i++

loc_804840A:
                cmp     [esp+70h+i], 13h
                jle     short loc_80483F7
                mov     [esp+70h+i], 0
                jmp     short loc_8048441

loc_804841B:
                mov     eax, [esp+70h+i]
                mov     edx, [esp+eax*4+70h+i_2]
                mov     eax, offset aADD ; "a[%d]=%d\n"
                mov     [esp+70h+var_68], edx
                mov     edx, [esp+70h+i]
                mov     [esp+70h+var_6C], edx
                mov     [esp+70h+var_70], eax
                call    _printf
                add     [esp+70h+i], 1

loc_8048441:
                cmp     [esp+70h+i], 13h
                jle     short loc_804841B
                mov     eax, 0
                leave
                retn
main            endp
```

참고로 변수 a는 int* 타입(int를 가리키는 포인터)이다. 배열을 가리키는 포인터를 다른
함수에 전달할 수 있다. 하지만 좀 더 정확히 말하면 배열의 첫 번째 항목을 가리키는
포인터를 전달하는 것이다(나머지 항목의 주소는 이 포인터를 이용해 손쉽게 계산할 수 있다).

a[idx]와 같이 인덱스를 이용해 특정 항목을 지정하면 단순히 해당 위치(계산된 포인터가 가리키는 위치)에 존재하는 항목이 반환된다.

흥미로운 예를 들면 문자열 또한 문자 배열로, const char[] 타입을 갖는다. 따라서 문자열에도 포인터 인덱스를 적용할 수 있다. 즉, "string"[i]는 올바른 C/C++ 표현식이다.

ARM

최적화를 수행하지 않은 Keil 6/2013(ARM 모드)

```
        EXPORT _main
_main
        STMFD   SP!, {R4,LR}
        SUB     SP, SP, #0x50    ; 20개의 int 변수용 공간 할당
; 첫 번째 루프
        MOV     R4, #0 ; i
        B       loc_4A0
loc_494
        MOV     R0, R4,LSL#1         ; R0=R4*2
        STR     R0, [SP,R4,LSL#2]   ; SP+R4<<2(SP+R4*4와 동일)에 R0 저장
        ADD     R4, R4, #1  ; i=i+1
loc_4A0
        CMP     R4, #20             ; i<20?
        BLT     loc_494             ; 맞으면 루프 내 코드로 분기
; 두 번째 루프
        MOV     R4, #0              ; i
        B    loc_4C4
loc_4B0
        LDR     R2, [SP,R4,LSL#2]   ; (두 번째 printf 인자) R2=*(SP+R4<<4) (*(SP+R4*4)와 동일)
        MOV     R1, R4              ; (첫 번째 printf 인자) R1=i
        ADR     R0, aADD            ; "a[%d]=%d\n"
        BL      __2printf
        ADD     R4, R4, #1          ; i=i+1
loc_4C4
        CMP     R4, #20             ; i<20?
        BLT     loc_4B0             ; 맞으면 루프 내 코드로 분기
        MOV     R0, #0              ; 리턴 값
        ADD     SP, SP, #0x50       ; 20개의 int 변수를 위해 할당했던 공간 해제
        LDMFD   SP!, {R4,PC}
```

int 타입은 32비트(4바이트)를 필요로 하므로 20개의 int 변수를 저장하려면 80(0x50)

바이트가 필요하다. 이 때문에 함수 프롤로그에서 SUB SP, SP, #0x50 명령어가 로컬 스택에 이 만큼의 공간을 할당하는 것이다.

첫 번째와 두 번째 루프 모두에서 루프 반복자 i는 R4 레지스터에 저장된다.

배열의 각 항목에 기록할 숫자는 i*2로 계산되고 이는 사실 i를 왼쪽으로 1비트 시프트하는 것과 동일하며, MOV R0, R4, LSL#1 명령어가 이를 수행한다.

STR R0, [SP,R4,LSL#2]는 R0의 내용을 배열에 기록한다. 여기서 배열 항목의 포인터를 계산하는 과정을 확인할 수 있다. SP는 배열의 시작점을 가리키며, R4는 i를 의미한다. 따라서 i를 왼쪽으로 2비트 시프트하는 것은 4를 곱하는 것과 같으며(각 배열 항목의 크기가 4바이트다), 여기에 배열의 시작 주소를 더하면 해당 배열 항목의 위치를 얻을 수 있다.

두 번째 루프는 STR에 대응되는 LDR R2, [SP,R4,LSL#2] 명령어를 이용해 필요한 배열 값을 로딩한다. 이때 각 배열 항목의 위치를 계산하는 방법은 동일하다.

최적화를 수행한 Keil 6/2013(Thumb 모드)

```
_main
        PUSH    {R4,R5,LR}
; 20개의 int 변수 + 추가 변수 하나를 위한 공간 할당
        SUB     SP, SP, #0x54

; 첫 번째 루프

        MOVS    R0, #0          ; i
        MOV     R5, SP          ; 첫 번째 배열 항목에 대한 포인터
loc_1CE
        LSLS    R1, R0, #1      ; R1=i<<1 (i*2와 동일)
        LSLS    R2, R0, #2      ; R2=i<<2 (i*4와 동일)
        ADDS    R0, R0, #1      ; i=i+1
        CMP     R0, #20         ; i<20?
        STR     R1, [R5,R2]     ; R1을 *(R5+R2) (R5+i*4와 동일)에 저장
        BLT     loc_1CE         ; i<20이면 루프 내 코드로 분기

; 두 번째 루프

        MOVS    R4, #0          ; i=0
loc_1DC
        LSLS    R0, R4, #2      ; R0=i<<2 (i*4와 동일)
        LDR     R2, [R5,R0]     ; *(R5+R0) (R5+i*4와 동일)의 값 로딩
```

```
        MOVS    R1, R4
        ADR     R0, aADD       ; "a[%d]=%d\n"
        BL      __2printf
        ADDS    R4, R4, #1     ; i=i+1
        CMP     R4, #20        ; i<20?
        BLT     loc_1DC        ; i<20이면 루프 내 코드로 분기
        MOVS    R0, #0         ; 리턴 값
; 20개의 int 변수 + 추가 변수용으로 할당했던 공간 해제
        ADD     SP, SP, #0x54
        POP     {R4,R5,PC}
```

Thumb 코드도 매우 비슷하다.

Thumb 모드는 배열에 기록할 값과 배열 항목의 주소를 모두 계산하는 비트 시프트 특수 명령어(예, LSLS)를 지원한다.

컴파일러가 로컬 스택에 약간 더 큰 공간을 할당하지만 마지막 4바이트를 사용하지는 않는다.

최적화를 수행하지 않은 GCC 4.9.1(ARM64)

리스트 1.222: 최적화를 수행하지 않은 GCC 4.9.1(ARM64)

```
.LC0:
        .string "a[%d]=%d\n"
main:
; 스택 프레임에 FP와 LR을 저장
        stp     x29, x30, [sp, -112]!
; 스택 프레임 설정 (FP=SP)
        add     x29, sp, 0
; 카운터 변수 값을 0을 설정(WZR은 항상 값이 0인 레지스터):
        str     wzr, [x29,108]
; 루프 조건을 검사하는 코드로 점프
        b       .L2
.L3:
; i 변수의 값을 로드
        ldr     w0, [x29,108]
; i 변수의 값에 2를 곱한다.
        lsl     w2, w0, 1
; 로컬 스택에서 배열 항목을 찾는다.
        add     x0, x29, 24
; 로컬 스택에서 32비트 정수 값을 로드하고 64비트로 부호를 확장한다.
        ldrsw   x1, [x29,108]
; 배열 항목의 주소를 계산(X0+X1<<2=array address+i*4)하고 그곳에 W2(i*2)를 저장한다.
```

```
        str     w2, [x0,x1,lsl 2]
; 카운터 (i) 증가:
        ldr     w0, [x29,108]
        add     w0, w0, 1
        str     w0, [x29,108]
.L2:
; 종료할 것인지 검사
        ldr     w0, [x29,108]
        cmp     w0, 19
; 계속해야 한다면 L3(루프의 시작 부분)로 점프
        ble     .L3
; 함수의 두 번째 부분의 시작
; 카운터 변수 값을 0으로 설정
; 카운터를 위한 로컬 스택의 위치는 이전과 동일하다.
; 동일한 지역 변수(i)가 카운터로 이용되기 때문이다.
        str     wzr, [x29,108]
        b       .L4
.L5:
; 배열의 주소를 계산
        add     x0, x29, 24
; i 값을 로드
        ldrsw   x1, [x29,108]
; 해당 위치의 배열 항목에서 값을 로드(X0+X1<<2 = 배열의 주소 + i*4)
        ldr     w2, [x0,x1,lsl 2]
; "a[%d]=%d\n" 문자열의 주소를 로드
        adrp    x0, .LC0
        add     x0, x0, :lo12:.LC0
; W1으로 i 변수 값을 로드하고 그것을 printf() 함수의 두 번째 인자로 전달한다.
        ldr     w1, [x29,108]
; W2는 여전히 방금 전 로드된 배열 항목의 값을 갖고 있다.
; printf() 호출:
        bl      printf
; i 변수 값 증가
        ldr     w0, [x29,108]
        add     w0, w0, 1
        str     w0, [x29,108]
.L4:
; 종료?
        ldr     w0, [x29,108]
        cmp     w0, 19
; 그렇지 않다면 루프의 시작 위치로 점프
        ble     .L5
; 0값 리턴
        mov     w0, 0
; FP와 LR을 복구
        ldp     x29, x30, [sp], 112
        ret
```

MIPS

MIPS에서는 많은 S- 레지스터를 사용하기 때문에 함수 프롤로그에서 여러 값을 저장하고 함수 에필로그에서는 그것을 복원한다.

리스트 1.223: 최적화를 수행한 GCC 4.4.5(IDA)

```
main:

var_70          = -0x70
var_68          = -0x68
var_14          = -0x14
var_10          = -0x10
var_C           = -0xC
var_8           = -8
var_4           = -4

; 함수 프롤로그
                lui     $gp, (__gnu_local_gp >> 16)
                addiu   $sp, -0x80
                la      $gp, (__gnu_local_gp & 0xFFFF)
                sw      $ra, 0x80+var_4($sp)
                sw      $s3, 0x80+var_8($sp)
                sw      $s2, 0x80+var_C($sp)
                sw      $s1, 0x80+var_10($sp)
                sw      $s0, 0x80+var_14($sp)
                sw      $gp, 0x80+var_70($sp)
                addiu   $s1, $sp, 0x80+var_68
                move    $v1, $s1
                move    $v0, $zero
; 루프 종결자로 사용된다.
; 컴파일 단계에서 GCC 컴파일러에 의해 사전 계산됐다.
                li      $a0, 0x28   # '('

loc_34:                             # CODE XREF: main+3C
; 값을 메모리에 저장
                sw      $v0, 0($v1)
; 반복될 때마다 값을 2씩 증가
                addiu   $v0, 2
; 루프 종결자에 도달했는가?
                bne     $v0, $a0, loc_34
; 어쨌든 주소에 4를 더한다.
                addiu   $v1, 4
; 배열에 값을 채우는 루프 종료
; 두 번째 루프 시작
                la      $s3, $LC0 # "a[%d]=%d\n"
; 변수 i는 $s0에 위치한다.
                move    $s0, $zero
```

```
                li      $s2, 0x14

loc_54:                         # CODE XREF: main+70
; printf() 호출
                lw      $t9, (printf & 0xFFFF)($gp)
                lw      $a2, 0($s1)
                move    $a1, $s0
                move    $a0, $s3
                jalr    $t9
; i 값 증가
                addiu   $s0, 1
                lw      $gp, 0x80+var_70($sp)
; 루프 종료가 아니라면 다시 루프로 점프
                bne     $s0, $s2, loc_54
; 메모리 포인터를 다음 32비트 워드로 이동
                addiu   $s1, 4
; 함수 에필로그
                lw      $ra, 0x80+var_4($sp)
                move    $v0, $zero
                lw      $s3, 0x80+var_8($sp)
                lw      $s2, 0x80+var_C($sp)
                lw      $s1, 0x80+var_10($sp)
                lw      $s0, 0x80+var_14($sp)
                jr      $ra
                addiu   $sp, 0x80

$LC0:           .ascii "a[%d]=%d\n"<0>   # DATA XREF: main+44
```

몇 가지 흥미로운 점은 두 개의 루프가 있는데, 첫 번째 루프에서는 i를 필요로 하지 않고 단지 i * 2 값(각 반복 수행 시마다 2씩 증가)과 메모리상의 주소(각 반복 수행 시마다 4씩 증가)만 필요로 한다는 것이다.

따라서 두 개의 변수를 이용한다. 하나($V0)는 매번 2씩 증가하고 다른 하나($V1)는 매번 4씩 증가한다.

printf()가 호출되는 두 번째 루프에서는 i 값을 사용자에게 출력한다. 따라서 매번 1씩 증가하는 변수($S0)와 매번 4씩 증가하는 메모리 주소($S1)가 이용된다.

이는 3.7절에서 설명한 루프 최적화를 상기시켜준다.

루프 최적화의 목적은 곱하기 연산을 제거하는 것이다.

1.20.2 버퍼 오버플로우

배열 범위 밖의 값 읽기

배열 인덱싱은 간단히 **array[index]**로 나타낼 수 있다. 코드를 자세히 들여다보면 인덱스 경계, 즉 인덱스가 20보다 작은지 검사하는 코드가 없다는 사실을 알 수 있다. 인덱스가 20 이상이면 어떤 일이 발생할까? 이 점이 바로 종종 비난받는 C/C++의 특징이다.

다음은 성공적으로 컴파일할 수 있을 뿐만 아니라 실행할 수 있는 코드다.

```c
#include <stdio.h>

int main()
{
    int a[20];
    int i;

    for (i=0; i<20; i++)
        a[i]=i*2;

    printf ("a[20]=%d\n", a[20]);

    return 0;
};
```

MSVC 2008의 컴파일 결과는 다음과 같다.

리스트 1.224: 최적화를 수행하지 않은 MSVC 2008

```
$SG2474 DB          'a[20]=%d', 0aH, 00H

_i$ = -84   ; 크기 = 4
_a$ = -80   ; 크기 = 80
_main   PROC
    push    ebp
    mov     ebp, esp
    sub     esp, 84
    mov     DWORD PTR _i$[ebp], 0
    jmp     SHORT $LN3@main
$LN2@main:
    mov     eax, DWORD PTR _i$[ebp]
    add     eax, 1
    mov     DWORD PTR _i$[ebp], eax
$LN3@main:
    cmp     DWORD PTR _i$[ebp], 20
    jge     SHORT $LN1@main
```

```
        mov     ecx, DWORD PTR _i$[ebp]
        shl     ecx, 1
        mov     edx, DWORD PTR _i$[ebp]
        mov     DWORD PTR _a$[ebp+edx*4], ecx
        jmp     SHORT $LN2@main
$LN1@main:
        mov     eax, DWORD PTR _a$[ebp+80]
        push    eax
        push    OFFSET $SG2474 ; 'a[20]=%d'
        call    DWORD PTR __imp__printf
        add     esp, 8
        xor     eax, eax
        mov     esp, ebp
        pop     ebp
        ret     0
_main   ENDP
_TEXT   ENDS
END
```

실행 결과는 다음과 같다.

리스트 1.225: OllyDbg: 콘솔 출력

```
a[20]=1638280
```

그냥 배열의 첫 번째 항목에서 80바이트 떨어진 위치에 존재하는 스택 값이 출력됐다.

OllyDbg를 이용해 이 값의 정확한 출처를 알아보자.

마지막 배열 항목 바로 다음에 위치한 값을 찾아보자.

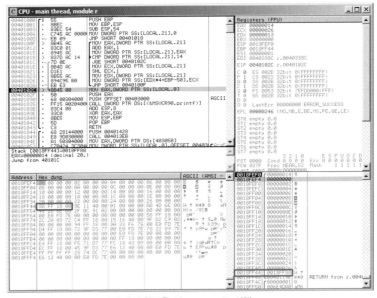

그림 1.88: OllyDbg: 20번째 배열 항목을 읽고 printf() 실행

스택 레이아웃을 고려해 판단해보면 이 값은 저장된 **EBP** 레지스터의 값이다.

예제 프로그램을 좀 더 실행하면 이 값이 복구되는 과정을 볼 수 있다.

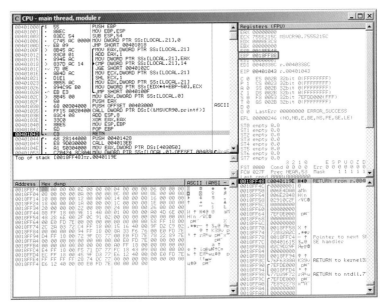

그림 1.89: OllyDbg: EBP 레지스터의 값 복구

컴파일러는 배열의 인덱스가 배열 범위 안의 것인지 항상 체크(자바, 파이썬 등과 같은 고급 프로그래밍 언어처럼)하는 추가적인 코드를 만들 수는 있지만 그렇게 하면 코드의 실행 속도가 느려진다.

배열의 범위 밖에 값을 쓰기

이전 예제에서는 스택에서 비정상적인 방법으로 값을 읽었다. 반대로 그곳에 어떤 값을 써넣으면 어떻게 될까? 다음의 예제 코드를 보자.

```c
#include <stdio.h>

int main()
{
    int a[20];
    int i;

    for (i=0; i<30; i++)
        a[i]=i;

    return 0;
};
```

MSVC

컴파일 결과는 다음과 같다.

리스트 1.226: 최적화를 수행하지 않은 MSVC 2008

```
_TEXT    SEGMENT
_i$ = -84    ; 크기 = 4
_a$ = -80    ; 크기 = 80
_main   PROC
    push    ebp
    mov     ebp, esp
    sub     esp, 84
    mov     DWORD PTR _i$[ebp], 0
    jmp     SHORT $LN3@main
$LN2@main:
    mov     eax, DWORD PTR _i$[ebp]
    add     eax, 1
    mov     DWORD PTR _i$[ebp], eax
$LN3@main:
    cmp     DWORD PTR _i$[ebp], 30 ; 0000001eH
```

```
    jge      SHORT $LN1@main
    mov      ecx, DWORD PTR _i$[ebp]
    mov      edx, DWORD PTR _i$[ebp]          ; 명백히 불필요한 코드
    mov      DWORD PTR _a$[ebp+ecx*4], edx   ; 여기서는 ECX를 두 번째 오퍼랜드로 사용할 수 있음
    jmp      SHORT $LN2@main
$LN1@main:
    xor      eax, eax
    mov      esp, ebp
    pop      ebp
    ret      0
_main    ENDP
```

컴파일된 프로그램을 실행하면 비정상 종료된다. 당연하다. 정확히 어디서 비정상 종료되는 것인지 알아보자.

예제 프로그램을 OllyDbg로 로드하고 30개의 배열 항목에 값이 모두 써질 때까지 실행시킨다.

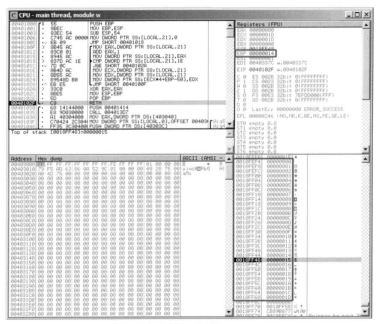

그림 1.90: OllyDbg: EBP 레지스터의 값이 복구된 이후

함수 종료 시점까지 실행시켜보자.

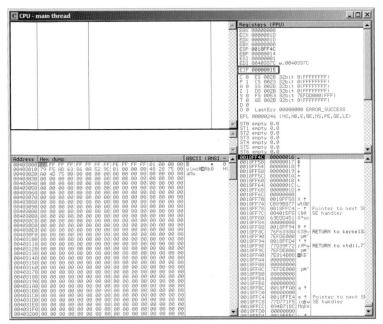

그림 1.91: OllyDbg: EIP 복구 후 OllyDbg가 주소 0x15를 디스어셈블하지 못하는 화면

이제 레지스터의 값들을 살펴보자.

EIP 레지스터의 값은 0x15다. 이는 최소한 Win32 코드에서는 실행할 수 없는 주소다. 어떤 이유에서인지 본래 의도와는 다르게 이런 상황이 됐다. EBP 레지스터의 값은 0x14고, ECX와 EDX의 값은 0x1D라는 점도 흥미롭다.

스택 레이아웃을 좀 더 알아보자.

제어 흐름이 main()으로 전달되면 우선 EBP 레지스터의 값을 스택에 저장한다. 그리고 배열과 i 변수용으로 84바이트를 할당한다. 84는 (20+1) × sizeof(int)다. ESP는 로컬 스택의 _i 변수를 가리키며 다음에 나오는 PUSH something을 실행하면 something이 _i 다음에 위치하게 된다.

다음은 main()에 제어권이 있을 때의 스택 레이아웃이다.

ESP	4바이트(변수 i용으로 할당)
ESP+4	80바이트(배열 a[20]용으로 할당)
ESP+84	저장된 EBP 값

ESP+88	리턴 값

a[19]=something문은 배열의 마지막 항목에 int 값을 기록한다(아직은 배열의 범위 안이다).

비정상 종료 시점의 레지스터 값을 다시 한 번 보자. 예제 코드에서는 20번째 항목에 숫자 20을 기록한다. 함수 끝부분의 함수 에필로그에서는 저장된 EBP 값을 복원한다 (10진수 20은 16진수로 0x14다). 그리고 RET 명령어를 실행하는데, 이는 POP EIP 명령어와 동일한 작업이다. RET 명령어가 스택에서 리턴 주소(main()을 호출했던 CRT 내 주소)를 가져오는데, 이때 스택에서 가져올 위치에 21(16진수로 0x15)이 저장돼 있는 것이다. CPU는 주소 0x15의 코드를 실행시키려고 하지만 주소 0x15에는 실행 가능한 코드가 없으므로 예외가 발생한다.

이게 바로 버퍼 오버플로우(https://en.wikipedia.org/wiki/Stack_buffer_overflow)다.

int 배열을 문자열(char 배열)로 바꾸고 긴 문자열을 정밀하게 만든 다음, 문자열 길이를 검사하지 않은 채 작은 크기의 버퍼에 문자열을 복사하는 함수를 가진 프로그램의 입력값으로 전달하면 해당 프로그램이 점프할 주소를 마음대로 지정할 수 있다. 실제로는 이렇게 간단하진 않지만 처음에 제안된 개념은 이와 같다(알레프 원의 『Smashing The Stack For Fun And Profit』(1996)(https://yurichev.com/mirrors/phrack/p49-0x0e.txt).

GCC

동일한 코드를 GCC 4.4.1로 컴파일해보자.

```
            public main
main        proc near

a           = dword ptr -54h
i           = dword ptr -4

            push    ebp
            mov     ebp, esp
            sub     esp, 60h    ; 96
            mov     [ebp+i], 0
            jmp     short loc_80483D1
loc_80483C3:
```

```
            mov      eax, [ebp+i]
            mov      edx, [ebp+i]
            mov      [ebp+eax*4+a], edx
            add      [ebp+i], 1
loc_80483D1:
            cmp      [ebp+i], 1Dh
            jle      short loc_80483C3
            mov      eax, 0
            leave
            retn
main        endp
```

이 프로그램을 리눅스에서 실행하면 세그먼테이션 에러[Segmentation fault]가 발생한다.

이를 GDB 디버거로 실행하면 다음과 같다.

```
(gdb) r
Starting program: /home/dennis/RE/1

Program received signal SIGSEGV, Segmentation fault.
0x00000016 in ?? ()
(gdb) info registers
eax        0x0          0
ecx        0xd2f96388   -755407992
edx        0x1d         29
ebx        0x26eff4     2551796
esp        0xbffff4b0   0xbffff4b0
ebp        0x15         0x15
esi        0x0          0
edi        0x0          0
eip        0x16         0x16
eflags     0x10202      [ IF RF ]
cs         0x73         115
ss         0x7b         123
ds         0x7b         123
es         0x7b         123
fs         0x0          0
gs         0x33         51
(gdb)
```

스택 레이아웃이 약간 다르기 때문에 레지스터 값도 Win32 예제와 조금 차이가 난다.

1.20.3 버퍼 오버플로우에서 보호하는 방법

C/C++ 프로그래머가 취약한 코드를 만들더라도 이를 보호하는 방법은 다양하다. MSVC가 제공하는 옵션은 다음과 같다.[78]

```
/RTCs 스택 프레임 런타임 검사
/GZ 스택 검사 활성화(/RTCs)
```

버퍼 오버플로우에서 보호하는 방법 중 하나는 함수 프롤로그에서 스택에 저장되는 지역 변수 사이에 임의의 값을 끼워 넣고 함수 종료 전에 함수 에필로그에서 해당 값을 검사하는 것이다. 값이 변했으면 마지막 명령어인 RET를 실행하지 않고 실행을 중지한다. 프로세스가 응답하지 않는 상태가 되지만 원격 공격이 이뤄지는 것보다는 훨씬 나은 결과다.

이와 같은 값을 종종 'canary'라고 부른다. 광부들이 유독 가스를 재빨리 탐지할 목적으로 사용하던 카나리아(wikipedia.org/wiki/Domestic_canary#Miner.27s_canary)와 유사한 면이 있기 때문이다.

카나리아는 광산 가스에 매우 민감해 위험에 놓이면 흥분하거나 심지어는 죽어버리기도 한다.

MSVC에서 RTC1과 RTCs 옵션을 지정하고 간단한 배열 예제(1.20.1절)를 컴파일하면 함수 끝부분에 'canary' 값을 검사하는 함수 @_RTC_CheckStackVars@8을 확인할 수 있다.

GCC가 이를 어떻게 처리하는지 살펴보자. 1.7.2절의 alloca() 예제로 살펴보자.

```c
#ifdef __GNUC__
#include <alloca.h> // GCC
#else
#include <malloc.h> // MSVC
#endif
#include <stdio.h>

void f()
{
    char *buf=(char*)alloca (600);
```

---

78. 컴파일러의 버퍼 오버플로우 보호 방법: wikipedia.org/wiki/Buffer_overflow_protection

```c
#ifdef __GNUC__
    snprintf (buf, 600, "hi! %d, %d, %d\n", 1, 2, 3); // GCC
#else
    _snprintf (buf, 600, "hi! %d, %d, %d\n", 1, 2, 3); // MSVC
#endif
    puts (buf);
};
```

옵션을 추가로 지정하지 않더라도 GCC 4.7.3은 기본적으로 'canary'를 검사하는 코드
를 추가한다.

리스트 1.227: GCC 4.7.3

```asm
.LC0:
        .string "hi! %d, %d, %d\n"
f:
        push    ebp
        mov     ebp, esp
        push    ebx
        sub     esp, 676
        lea     ebx, [esp+39]
        and     ebx, -16
        mov     DWORD PTR [esp+20], 3
        mov     DWORD PTR [esp+16], 2
        mov     DWORD PTR [esp+12], 1
        mov     DWORD PTR [esp+8], OFFSET FLAT:.LC0 ; "hi! %d, %d, %d\n"
        mov     DWORD PTR [esp+4], 600
        mov     DWORD PTR [esp], ebx
        mov     eax, DWORD PTR gs:20 ; canary
        mov     DWORD PTR [ebp-12], eax
        xor     eax, eax
        call    _snprintf
        mov     DWORD PTR [esp], ebx
        call    puts
        mov     eax, DWORD PTR [ebp-12]
        xor     eax, DWORD PTR gs:20    ; canary를 검사한다.
        jne     .L5
        mov     ebx, DWORD PTR [ebp-4]
        leave
        ret
.L5:
        call    __stack_chk_fail
```

임의로 추가한 값은 **gs:20**에 위치한다. 이 값을 스택에 기록한 후 함수 끝부분에서
gs:20의 값과 스택에 있는 값을 비교한다. 값이 다르면 **__stack_chk_fail** 함수를 호

출하며, 콘솔에서는 다음과 같은 출력을 볼 수 있다(우분투 13.04 x86).

```
*** buffer overflow detected ***: ./2_1 terminated
======= Backtrace: =========
/lib/i386-linux-gnu/libc.so.6(__fortify_fail+0x63)[0xb7699bc3]
/lib/i386-linux-gnu/libc.so.6(+0x10593a)[0xb769893a]
/lib/i386-linux-gnu/libc.so.6(+0x105008)[0xb7698008]
/lib/i386-linux-gnu/libc.so.6(_IO_default_xsputn+0x8c)[0xb7606e5c]
/lib/i386-linux-gnu/libc.so.6(_IO_vfprintf+0x165)[0xb75d7a45]
/lib/i386-linux-gnu/libc.so.6(__vsprintf_chk+0xc9)[0xb76980d9]
/lib/i386-linux-gnu/libc.so.6(__sprintf_chk+0x2f)[0xb7697fef]
./2_1[0x8048404]
/lib/i386-linux-gnu/libc.so.6(__libc_start_main+0xf5)[0xb75ac935]
======= Memory map: ========
08048000-08049000  r-xp  00000000 08:01   2097586   /home/dennis/2_1
08049000-0804a000  r--p  00000000 08:01   2097586   /home/dennis/2_1
0804a000-0804b000  rw-p  00001000 08:01   2097586   /home/dennis/2_1
094d1000-094f2000  rw-p  00000000 00:00   0         [heap]
b7560000-b757b000  r-xp  00000000 08:01   1048602   /lib/i386-linux-gnu/libgcc_s.so.1
b757b000-b757c000  r--p  0001a000 08:01   1048602   /lib/i386-linux-gnu/libgcc_s.so.1
b757c000-b757d000  rw-p  0001b000 08:01   1048602   /lib/i386-linux-gnu/libgcc_s.so.1
b7592000-b7593000  rw-p  00000000 00:00   0
b7593000-b7740000  r-xp  00000000 08:01   1050781   /lib/i386-linux-gnu/libc-2.17.so
b7740000-b7742000  r--p  001ad000 08:01   1050781   /lib/i386-linux-gnu/libc-2.17.so
b7742000-b7743000  rw-p  001af000 08:01   1050781   /lib/i386-linux-gnu/libc-2.17.so
b7743000-b7746000  rw-p  00000000 00:00   0
b775a000-b775d000  rw-p  00000000 00:00   0
b775d000-b775e000  r-xp  00000000 00:00   0         [vdso]
b775e000-b777e000  r-xp  00000000 08:01   1050794   /lib/i386-linux-gnu/ld-2.17.so
b777e000-b777f000  r--p  0001f000 08:01   1050794   /lib/i386-linux-gnu/ld-2.17.so
b777f000-b7780000  rw-p  00020000 08:01   1050794   /lib/i386-linux-gnu/ld-2.17.so
bff35000-bff56000  rw-p  00000000 00:00   0         [stack]
Aborted (core dumped)
```

gs는 소위 세그먼트 레지스터로 MS–DOS와 DOS 확장 시절에 널리 사용되던 레지스터다. 현재는 다른 용도로 사용한다.

간단히 설명하자면 리눅스에서 gs 레지스터는 무조건 다양한 스레드 관련 정보를 저장하는 TLS('Thread Local Storage')(6.2절)를 가리킨다(참고로 Win32 환경에서는 fs 레지스터가 동일한 역할을 수행하며 TIB('Thread Information Block', wikipedia.org/wiki/Win32_Thread_Information_Block)를 가리킨다).

리눅스 커널 소스코드(버전 3.11 이상)의 arch/x86/include/asm/stackprotector.h 파일

의 주석을 보면 이 변수의 자세한 설명을 확인할 수 있다.

최적화를 수행한 Xcode 4.6.3(LLVM)(Thumb-2 모드)

1.20.1절의 간단한 배열 예제로 다시 돌아가 LLVM이 'canary' 값을 어떻게 검사하는지 알아보자.

```
_main
var_64          = -0x64
var_60          = -0x60
var_5C          = -0x5C
var_58          = -0x58
var_54          = -0x54
var_50          = -0x50
var_4C          = -0x4C
var_48          = -0x48
var_44          = -0x44
var_40          = -0x40
var_3C          = -0x3C
var_38          = -0x38
var_34          = -0x34
var_30          = -0x30
var_2C          = -0x2C
var_28          = -0x28
var_24          = -0x24
var_20          = -0x20
var_1C          = -0x1C
var_18          = -0x18
canary          = -0x14
var_10          = -0x10

    PUSH    {R4-R7,LR}
    ADD     R7, SP, #0xC
    STR.W   R8, [SP,#0xC+var_10]!
    SUB     SP, SP, #0x54
    MOVW    R0, #aObjc_methtype ; "objc_methtype"
    MOVS    R2, #0
    MOVT.W  R0, #0
    MOVS    R5, #0
    ADD     R0, PC
    LDR.W   R8, [R0]
    LDR.W   R0, [R8]
    STR     R0, [SP,#0x64+canary]
    MOVS    R0, #2
    STR     R2, [SP,#0x64+var_64]
```

```
        STR     R0, [SP,#0x64+var_60]
        MOVS    R0, #4
        STR     R0, [SP,#0x64+var_5C]
        MOVS    R0, #6
        STR     R0, [SP,#0x64+var_58]
        MOVS    R0, #8
        STR     R0, [SP,#0x64+var_54]
        MOVS    R0, #0xA
        STR     R0, [SP,#0x64+var_50]
        MOVS    R0, #0xC
        STR     R0, [SP,#0x64+var_4C]
        MOVS    R0, #0xE
        STR     R0, [SP,#0x64+var_48]
        MOVS    R0, #0x10
        STR     R0, [SP,#0x64+var_44]
        MOVS    R0, #0x12
        STR     R0, [SP,#0x64+var_40]
        MOVS    R0, #0x14
        STR     R0, [SP,#0x64+var_3C]
        MOVS    R0, #0x16
        STR     R0, [SP,#0x64+var_38]
        MOVS    R0, #0x18
        STR     R0, [SP,#0x64+var_34]
        MOVS    R0, #0x1A
        STR     R0, [SP,#0x64+var_30]
        MOVS    R0, #0x1C
        STR     R0, [SP,#0x64+var_2C]
        MOVS    R0, #0x1E
        STR     R0, [SP,#0x64+var_28]
        MOVS    R0, #0x20
        STR     R0, [SP,#0x64+var_24]
        MOVS    R0, #0x22
        STR     R0, [SP,#0x64+var_20]
        MOVS    R0, #0x24
        STR     R0, [SP,#0x64+var_1C]
        MOVS    R0, #0x26
        STR     R0, [SP,#0x64+var_18]
        MOV     R4, 0xFDA    ; "a[%d]=%d\n"
        MOV     R0, SP
        ADDS    R6, R0, #4
        ADD     R4, PC
        B       loc_2F1C

; 두 번째 루프 시작

loc_2F14
        ADDS    R0, R5, #1
        LDR.W   R2, [R6,R5,LSL#2]
```

```
        MOV     R5, R0
loc_2F1C
        MOV     R0, R4
        MOV     R1, R5
        BLX     _printf
        CMP     R5, #0x13
        BNE     loc_2F14
        LDR.W   R0, [R8]
        LDR     R1, [SP,#0x64+canary]
        CMP     R0, R1
        ITTTT   EQ  ; "canary" 값이 올바른가?
        MOVEQ   R0, #0
        ADDEQ   SP, SP, #0x54
        LDREQ.W R8, [SP+0x64+var_64],#4
        POPEQ   {R4-R7,PC}
        BLX     ___stack_chk_fail
```

LLVM은 우선 루프를 '풀고' 미리 계산한 값을 배열에 하나씩 기록하고 있다. LLVM은 이 방법이 더 빠르다고 결론을 내린 것이다. 참고로 ARM 모드 명령어 중에는 이를 더 빠르게 수행해주는 명령어가 존재한다. 숙제 삼아 한 번 찾아보기 바란다.

함수 끝부분에서 'canary' 값을 비교하는 코드를 볼 수 있다. R8 레지스터가 가리키는 원본 값과 로컬 스택의 값을 비교하는데, 두 값이 일치하면 ITTTT EQ에 의해 4개의 명령어가 실행된다. 결국 R0 레지스터에 0을 기록하고 함수 에필로그를 수행한 후 함수를 종료한다. 값이 다르면 코드 블록을 실행하지 않고 프로그램의 실행을 중지하는 함수인 ___stack_chk_fail로 점프한다.

1.20.4 배열 관련 내용 하나 더

이제는 C/C++ 코드에서 왜 이와 같은 코드를 작성하는 것이 불가능한지 이해할 수 있을 것이다.

```
void f(int size)
{
    int a[size];
    ...
};
```

컴파일러가 로컬 스택 레이아웃에 공간을 할당하려면 컴파일 단계에서 정확한 배열의 크기를 알아야 하기 때문이다.

임의의 크기의 배열이 필요하다면 malloc()을 이용해 메모리를 할당한 후 원하는 타입의 배열 변수로 할당된 메모리 블록에 접근해야 한다.

또는 내부적으로 alloca()(1.7.2절)와 유사한 C99 표준의 기능(『ISO/IEC 9899:TC3 (C C99 standard)』(2007) 6.7.5/2)을 이용해도 된다. C용 가비지 컬렉션 라이브러리를 이용하는 것도 가능하다. C++의 스마트 포인터를 지원하는 라이브러리도 있다.

1.20.5 문자열에 대한 포인터 배열

포인터 배열 예제를 살펴보자.

리스트 1.228: 월의 이름 구하기

```
#include <stdio.h>

const char* month1[]=
{
    "January", "February", "March", "April",
    "May", "June", "July", "August",
    "September", "October", "November", "December"
};
// 0..11 사이의 값
const char* get_month1 (int month)
{
    return month1[month];
};
```

x64

리스트 1.229: 최적화를 수행한 MSVC 2013 x64

```
_DATA   SEGMENT
month1  DQ      FLAT:$SG3122
        DQ      FLAT:$SG3123
        DQ      FLAT:$SG3124
        DQ      FLAT:$SG3125
        DQ      FLAT:$SG3126
        DQ      FLAT:$SG3127
```

```
               DQ      FLAT:$SG3128
               DQ      FLAT:$SG3129
               DQ      FLAT:$SG3130
               DQ      FLAT:$SG3131
               DQ      FLAT:$SG3132
               DQ      FLAT:$SG3133
$SG3122 DB     'January', 00H
$SG3123 DB     'February', 00H
$SG3124 DB     'March', 00H
$SG3125 DB     'April', 00H
$SG3126 DB     'May', 00H
$SG3127 DB     'June', 00H
$SG3128 DB     'July', 00H
$SG3129 DB     'August', 00H
$SG3130 DB     'September', 00H
$SG3156 DB     '%s', 0aH, 00H
$SG3131 DB     'October', 00H
$SG3132 DB     'November', 00H
$SG3133 DB     'December', 00H
_DATA   ENDS

month$ = 8
get_month1 PROC
        movsxd  rax, ecx
        lea     rcx, OFFSET FLAT:month1
        mov     rax, QWORD PTR [rcx+rax*8]
        ret     0
get_month1 ENDP
```

코드는 매우 간단하다.

- 첫 번째 명령어인 **MOVSXD**는 (month 인자가 전달된) **ECX**의 32비트 값을 부호 확장해(month 인자가 int 타입이기 때문) **RAX**로 복사한다. 부호 확장을 하는 이유는 32비트 값을 다른 64비트 값과 함께 연산하기 때문이다.[79]

- 포인터 테이블의 주소를 **RCX**에 로딩한다.

- 끝으로 입력값(month)에 8을 곱한 후 로딩된 주소와 더한다. 64비트 환경에서는 주소(또는 포인터)를 저장할 때 정확히 64비트(즉, 8바이트)가 필요하다. 따라서 테이블의 각 항목 크기는 8바이트다. 결과적으로 특정 인덱스의 배

---

79. 다소 이상해 보일 수 있지만, 배열 인덱스로 음수가 전달될 수도 있기 때문이다(음수 배열 인덱스는 3.19절에서 다룬다). 음수 값의 인덱스가 전달되더라도 입력된 int 값이 제대로 부호 확장돼 해당 인덱스에 대응되는 항목이 선택된다. 이런 연산은 부호 확장 없이는 제대로 동작할 수 없다.

열 항목을 선택하려면 month × 8바이트를 건너뛰어야 한다. 이것이 바로 MOV 가 수행하는 작업이다. MOV는 해당 주소의 항목을 로딩하기도 한다. 인자 1이 전달되면 "February" 문자열을 가리키는 포인터를 리턴하는 식이다.

최적화를 수행한 GCC 4.9는 이보다 좀 더 나은 코드를 생성한다.[80]

리스트 1.230: 최적화를 수행한 GCC 4.9 x64

```
movsx   rdi, edi
mov     rax, QWORD PTR month1[0+rdi*8]
ret
```

32비트 MSVC

32비트 MSVC 컴파일러로도 컴파일해보자.

리스트 1.231: 최적화를 수행한 MSVC 2013 x86

```
_month$ = 8
_get_month1 PROC
        mov     eax, DWORD PTR _month$[esp-4]
        mov     eax, DWORD PTR _month1[eax*4]
        ret     0
_get_month1 ENDP
```

입력값을 64비트로 확장할 필요가 없으므로 그대로 사용하고 있다. 또한 테이블 항목 의 크기가 32비트, 즉 4바이트이므로 4를 곱한다.

32비트 ARM

ARM 모드에서의 ARM

리스트 1.232: 최적화를 수행한 Keil 6/2013(ARM 모드)

```
get_month1 PROC
        LDR     r1,|L0.100|
        LDR     r0,[r1,r0,LSL #2]
        BX      lr
```

---

80. 아래 리스트에 "0+"가 출력된 이유는 GCC 어셈블러의 출력이 이를 제거할 정도로 깔끔하지 않기 때문이다. 이 값은 변위(displacement)를 나타내며 리스트에서는 0이다.

```
        ENDP
|L0.100|
        DCD     ||.data||
        DCB     "January",0
        DCB     "February",0
        DCB     "March",0
        DCB     "April",0
        DCB     "May",0
        DCB     "June",0
        DCB     "July",0
        DCB     "August",0
        DCB     "September",0
        DCB     "October",0
        DCB     "November",0
        DCB     "December",0

        AREA ||.data||, DATA, ALIGN=2
month1
        DCD     ||.conststring||
        DCD     ||.conststring||+0x8
        DCD     ||.conststring||+0x11
        DCD     ||.conststring||+0x17
        DCD     ||.conststring||+0x1d
        DCD     ||.conststring||+0x21
        DCD     ||.conststring||+0x26
        DCD     ||.conststring||+0x2b
        DCD     ||.conststring||+0x32
        DCD     ||.conststring||+0x3c
        DCD     ||.conststring||+0x44
        DCD     ||.conststring||+0x4d
```

테이블 주소를 R1에 로딩한 후 나머지 부분은 모두 하나의 LDR 명령어로 수행한다.

입력된 month 값을 왼쪽으로 2번 시프트하고(4를 곱하는 것과 동일) R1 값(테이블 주소)에
더한다. 그리고 계산된 주소의 값에 위치한 테이블 항목의 32비트 값을 R0 레지스터에
로딩한다.

Thumb 모드에서의 ARM

전체적으로 동일한 코드지만 LDR 명령어에 LSL을 추가할 수 없기 때문에 약간 더 길다.

```
get_month1 PROC
        LSLS    r0,r0,#2
```

```
        LDR      r1,|L0.64|
        LDR      r0,[r1,r0]
        BX       lr
        ENDP
```

ARM64

리스트 1.233: 최적화를 수행한 GCC 4.9 ARM64

```
get_month1:
        adrp     x1, .LANCHOR0
        add      x1, x1, :lo12:.LANCHOR0
        ldr      x0, [x1,w0,sxtw 3]
        ret

.LANCHOR0 = . + 0
        .type month1, %object
        .size month1, 96
month1:
        .xword .LC2
        .xword .LC3
        .xword .LC4
        .xword .LC5
        .xword .LC6
        .xword .LC7
        .xword .LC8
        .xword .LC9
        .xword .LC10
        .xword .LC11
        .xword .LC12
        .xword .LC13
.LC2:
        .string "January"
.LC3:
        .string "February"
.LC4:
        .string "March"
.LC5:
        .string "April"
.LC6:
        .string "May"
.LC7:
        .string "June"
.LC8:
        .string "July"
.LC9:
```

```
        .string "August"
.LC10:
        .string "September"
.LC11:
        .string "October"
.LC12:
        .string "November"
.LC13:
        .string "December"
```

ADRP/ADD 명령어 쌍을 이용해 X1에 테이블의 주소를 로딩한다. 그리고 단 하나의 LDR 명령어를 이용해 전달된 인자에 해당하는 항목을 선택한다. 즉, LDR 명령어는 W0(입력된 month 인자)를 왼쪽으로 3번 시프트하고(8을 곱하는 것과 동일) 부호를 확장한 다음('sxtw' 부분) X1에 더한다. 그리고 테이블 항목의 64비트 값을 X0에 로딩한다.

MIPS

리스트 1.234: 최적화를 수행한 GCC 4.4.5(IDA)

```
get_month1:
; 테이블의 주소를 $v0로 로드
        la      $v0, month1
; 입력된 값에 4를 곱한다.
        sll     $a0, 2
; 테이블의 주소와 곱한 값을 더한다.
        addu    $a0, $v0
; 계산된 주소에 해당하는 테이블의 항목을 $v0에 로드
        lw      $v0, 0($a0)
; 리턴
        jr      $ra
        or      $at, $zero      ; 브랜치 지연 슬롯, NOP

        .data # .data.rel.local
        .globl month1
month1: .word aJanuar           # "January"
        .word aFebruary         # "February"
        .word aMarch            # "March"
        .word aApril            # "April"
        .word aMay              # "May"
        .word aJune             # "June"
        .word aJuly             # "July"
        .word aAugust           # "August"
        .word aSeptember        # "September"
```

```
            .word aOctober          # "October"
            .word aNovember         # "November"
            .word aDecember         # "December"

            .data # .rodata.str1.4
aJanuary:       .ascii "January"<0>
aFebruary:      .ascii "February"<0>
aMarch:         .ascii "March"<0>
aApril:         .ascii "April"<0>
aMay:           .ascii "May"<0>
aJune:          .ascii "June"<0>
aJuly:          .ascii "July"<0>
aAugust:        .ascii "August"<0>
aSeptember:     .ascii "September"<0>
aOctober:       .ascii "October"<0>
aNovember:      .ascii "November"<0>
aDecember:      .ascii "December"<0>
```

배열 오버플로우

예제 함수의 입력값은 0..11 사이의 숫자여야 하지만 12를 전달하면 무슨 일이 일어날까? 테이블에는 인덱스 12에 해당하는 항목이 존재하지 않는다.

물론 예제 함수는 해당 위치에 존재하는 어떤 값을 로딩하거나 리턴한다.

다른 함수가 해당 주소에서 문자열을 로딩하려고 한다면 프로그램은 비정상 종료될 것이다.

예제를 MSVC를 이용해서 Win64용으로 컴파일한 후 IDA로 열면 링커가 테이블 뒤에 배치한 내용을 볼 수 있다.

리스트 1.235: IDA로 연 실행 파일

```
off_140011000   dq offset aJanuary_1      ; DATA XREF: .text:0000000140001003
                                          ; "January"
                dq offset aFebruary_1     ; "February"
                dq offset aMarch_1        ; "March"
                dq offset aApril_1        ; "April"
                dq offset aMay_1          ; "May"
                dq offset aJune_1         ; "June"
                dq offset aJuly_1         ; "July"
                dq offset aAugust_1       ; "August"
```

```
                   dq offset aSeptember_1      ; "September"
                   dq offset aOctober_1        ; "October"
                   dq offset aNovember_1       ; "November"
                   dq offset aDecember_1       ; "December"
aJanuary_1         db 'January',0              ; DATA XREF: sub_140001020+4
                                               ; .data:off_140011000
aFebruary_1        db 'February',0             ; DATA XREF: .data:0000000140011008
                   align 4
aMarch_1           db 'March',0                ; DATA XREF: .data:0000000140011010
                   align 4
aApril_1           db 'April',0                ; DATA XREF: .data:0000000140011018
```

월의 이름이 바로 다음에 나온다. 예제 프로그램이 매우 작아 데이터 세그먼트에 넣을
데이터가 그다지 많지 않기 때문에 월의 이름이 데이터 세그먼트에 위치한다. 하지만
링커가 어떤 것이든 그곳에 저장할 수 있다는 사실을 염두에 둬야 한다.

함수에 **12**를 전달하면 어떻게 될까? 13번째 테이블 항목이 반환될 것이다. CPU가 해
당 위치의 데이터를 어떻게 64비트로 처리하는지 알아보자.

리스트 1.236: IDA로 연 실행 파일

```
off_140011000      dq offset qword_140011060
                                               ; DATA XREF: .text:0000000140001003
                   dq offset aFebruary_1       ; "February"
                   dq offset aMarch_1          ; "March"
                   dq offset aApril_1          ; "April"
                   dq offset aMay_1            ; "May"
                   dq offset aJune_1           ; "June"
                   dq offset aJuly_1           ; "July"
                   dq offset aAugust_1         ; "August"
                   dq offset aSeptember_1      ; "September"
                   dq offset aOctober_1        ; "October"
                   dq offset aNovember_1       ; "November"
                   dq offset aDecember_1       ; "December"
qword_140011060    dq 797261756E614Ah          ; DATA XREF: sub_140001020+4
                                               ; .data:off_140011000
aFebruary_1        db 'February',0             ; DATA XREF: .data:0000000140011008
                   align 4
aMarch_1           db 'March',0                ; DATA XREF: .data:0000000140011010
```

해당 값은 **0x797261756E614A**다. 곧 다른 함수(아마도 문자열을 처리하는 함수)가 이 주소
에 위치한 바이트를 C- 문자열로 간주하고 로딩할 것이다. 이 값이 유효한 주소일 가

능성은 매우 낮기 때문에 프로그램은 거의 항상 비정상 종료될 것이다.

배열 오버플로우 보호

> 뭔가 잘못될 수 있다면 정말로 잘못될 거다.
>
> —머피의 법칙

여러분의 함수나 라이브러리를 사용하는 모든 프로그래머가 11보다 큰 인자를 절대로 전달하지 않을 것이라고 기대할 수는 없다.

"일찍 실패하고 크게 실패하라" 또는 "빨리 실패하라"라는 철학이 있으며, 이는 가능한 한 빨리 문제를 보고하고 중단을 시키라는 말이다.

이를 구현하는 C/C++의 기능 중에 어설션^{assertions}이 있다. 이를 이용해서 잘못된 값이 전달되면 프로그램이 실패하도록 수정할 수 있다.

리스트 1.237: assert() 추가

```
const char* get_month1_checked (int month)
{
    assert (month<12);
    return month1[month];
};
```

어설션 매크로는 함수 시작 부분에서 값의 유효성을 검사하고 값이 유효할 때만 실행을 계속하게 만든다.

리스트 1.238: 최적화를 수행한 MSVC 2013 x64

```
$SG3143     DB 'm', 00H, 'o', 00H, 'n', 00H, 't', 00H, 'h', 00H, '.', 00H
            DB 'c', 00H, 00H, 00H
$SG3144     DB 'm', 00H, 'o', 00H, 'n', 00H, 't', 00H, 'h', 00H, '<', 00H
            DB '1', 00H, '2', 00H, 00H, 00H

month$ = 48
get_month1_checked PROC
$LN5:
        push    rbx
        sub     rsp, 32
        movsxd  rbx, ecx
        cmp     ebx, 12
```

```
        jl      SHORT $LN3@get_month1
        lea     rdx, OFFSET FLAT:$SG3143
        lea     rcx, OFFSET FLAT:$SG3144
        mov     r8d, 29
        call    _wassert
$LN3@get_month1:
        lea     rcx, OFFSET FLAT:month1
        mov     rax, QWORD PTR [rcx+rbx*8]
        add     rsp, 32
        pop     rbx
        ret     0
get_month1_checked ENDP
```

사실 assert()는 함수가 아니라 매크로다. 조건을 검사한 후 사용자에게 정보를 출력해주는 함수로 해당 소스코드 줄과 소스코드 파일명을 전달한다.

파일명과 조건이 모두 UTF-16으로 인코딩된 것을 볼 수 있다. 소스코드 줄 번호도 함께 전달한다(예제에서는 29).

이 메커니즘은 모든 컴파일러에서 동일한 방식으로 동작할 것이다. GCC가 생성하는 코드는 다음과 같다.

리스트 1.239: 최적화를 수행한 GCC 4.9 x64

```
.LC1:
        .string "month.c"
.LC2:
        .string "month<12"

get_month1_checked:
        cmp     edi, 11
        jg      .L6
        movsx   rdi, edi
        mov     rax, QWORD PTR month1[0+rdi*8]
        ret
.L6:
        push    rax
        mov     ecx, OFFSET FLAT:__PRETTY_FUNCTION__.2423
        mov     edx, 29
        mov     esi, OFFSET FLAT:.LC1
        mov     edi, OFFSET FLAT:.LC2
        call    __assert_fail

__PRETTY_FUNCTION__.2423:
        .string "get_month1_checked"
```

GCC의 매크로에서는 사용자 편의를 위해 함수명도 전달한다.

세상에 공짜가 없고 이는 코드를 검사하는 경우에도 마찬가지다.

코드를 검사하는 부분 때문에 프로그램의 실행 속도가 저하된다. 특히 실행 시간이 매우 중요한 소규모 함수에서 **assert()** 매크로를 사용하면 허용 범위를 넘어서는 속도 저하가 발생할 수 있다. 이 때문에 예를 들어 MSVC는 디버그 빌드에서는 검사 코드를 유지하지만 릴리스 빌드에서는 제거한다.

마이크로소프트 윈도우 NT 커널 역시 'checked' 빌드와 'free' 빌드의 형태로 제공된다 (msdn.microsoft.com/en-us/library/windows/hardware/ff543450(v=vs.85).aspx). 'checked' 빌드는 검증 코드가 포함되고 'free' 빌드에는 검증 코드가 포함되지 않는다. 물론 'checked' 빌드 커널은 모든 검사를 수행하기 때문에 상대적으로 느려 주로 디버그 세션에서만 사용된다.

특정 문자에 접근

문자열에 대한 포인터의 배열은 다음과 같이 접근할 수 있다.

```c
#include <stdio.h>
const char* month[]=
{
    "January", "February", "March", "April",
    "May", "June", "July", "August",
    "September", "October", "November", "December"
};

int main()
{
    // 네 번째 월의 다섯 번째 문자
    printf ("%c\n", month[3][4]);
};
```

month[3]의 타입은 const char*다. 그리고 month[3]의 주소에 4바이트를 더함으로써 다섯 번째 문자를 가져온다.

어쨌든 main() 함수에 전달되는 인자 리스트와 동일한 데이터 타입이다.

```
#include <stdio.h>

int main(int argc, char *argv[])
{
    printf ("3rd argument, 2nd character: %c\n", argv[3][1]);
};
```

유사한 구문임에도 불구하고 이는 이후에 살펴볼 2차원 배열과는 다르다는 점을 이해해야 한다.

또 하나 중요한 점은 ASCI^{American Standard Code for Information Interchange}나 확장 ASCII와 같이 문자를 단일 바이트로 처리하는 시스템에서 문자가 인코딩돼야 된다는 것이다. UTF-8 타입의 문자인 경우에는 올바로 동작하지 않는다.

1.20.6 다차원 배열

다차원 배열은 사실 내부적으로는 1차원 배열과 동일하다. 컴퓨터 메모리가 선형, 즉 1차원 배열이기 때문이다. 따라서 다차원 배열은 간단하게 1차원 배열로 표현할 수 있다. 예를 들어 다음은 3 × 4 배열을 12개의 셀로 이뤄진 1차원 배열로 어떻게 표현되는지 보여준다.

표 1.1: 메모리에서 1차원으로 표현된 2차원 배열

메모리상의 오프셋	배열 요소
0	[0][0]
1	[0][1]
2	[0][2]
3	[0][3]
4	[1][0]
5	[1][1]
6	[1][2]
7	[1][3]
8	[2][0]
9	[2][1]
10	[2][2]
11	[2][3]

다음은 3 × 4 배열의 각 셀이 메모리상에 어떻게 위치하는지를 보여준다.

표 1.2: 2차원 배열의 각 셀의 메모리 주소

0	1	2	3
4	5	6	7
8	9	10	11

원하는 특정 항목의 주소를 계산하려면 2차원 배열의 첫 번째 인덱스 값에 4(행렬 폭)를 곱한 다음 두 번째 인덱스 값을 더해야 한다. 이를 행 우선 정렬이라고 하며, 적어도 C/C++와 파이썬에서는 배열과 행렬을 표현할 때 이 방식을 따른다. 행 우선 정렬이라는 용어를 이해하기 쉽게 설명하면 다음과 같다. "우선 첫 번째 행을 기록하기 시작해 두 번째를 채우고 … 끝으로 마지막 행의 항목을 기록한다."

또 다른 방식으로는 열 우선 정렬(배열 인덱스를 역순으로 사용)도 있는데, 포트란, 매트랩, R 등에서 사용된다. 열 우선 정렬을 쉽게 설명하면 다음과 같다. "우선 첫 번째 열부터 기록하기 시작해 두 번째를 채우고 … 끝으로 마지막 열의 항목을 기록한다."

어느 방법이 더 좋은 방법일까? 일반적으로 성능과 캐시 메모리 측면에서 데이터 구성을 위한 최상의 체계는 배열의 요소에 순차적으로 접근할 수 있는 체계다. 따라서 함수가 행을 기준으로 데이터에 액세스하면 행 우선 정렬 방식이 더 좋고 그 반대도 마찬가지다.

2차원 배열 예제

예제에서는 char 타입의 배열을 사용한다. 즉, 배열의 한 항목이 메모리에서 차지하는 공간은 1바이트다.

행 채우기 예제

두 번째 행을 0…3으로 채워보자.

리스트 1.240: 행 채우기 예제

```
#include <stdio.h>
char a[3][4];
```

```
int main()
{
    int x, y;

    // 배열을 초기화
    for (x=0; x<3; x++)
        for (y=0; y<4; y++)
            a[x][y]=0;

    // 두 번째 행을 0..3으로 채운다.
    for (y=0; y<4; y++)
        a[1][y]=y;
};
```

세 개 행을 모두 붉은색으로 표시했다. 두 번째 행의 값이 0, 1, 2, 3임을 알 수 있다.

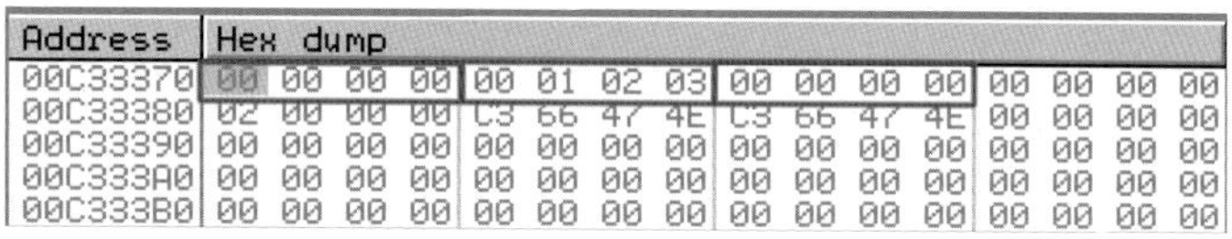

Address	Hex dump
00C33370	00 00 00 00 00 01 02 03 00 00 00 00 00 00 00 00
00C33380	02 00 00 00 C3 66 47 4E C3 66 47 4E 00 00 00 00
00C33390	00 00 00 00 00 00 00 00 00 00 00 00 00 00 00 00
00C333A0	00 00 00 00 00 00 00 00 00 00 00 00 00 00 00 00
00C333B0	00 00 00 00 00 00 00 00 00 00 00 00 00 00 00 00

그림 1.92: OllyDbg: 두 번째 행이 채워진 배열

열 채우기 예제

세 번째 열을 0..2로 채워보자.

리스트 1.241: 열 채우기 예제

```
#include <stdio.h>

char a[3][4];

int main()
{
    int x, y;
    // 배열을 초기화
    for (x=0; x<3; x++)
        for (y=0; y<4; y++)
            a[x][y]=0;

    // 세 번째 열을 0..2로 채운다.
    for (x=0; x<3; x++)
        a[x][2]=x;
};
```

이번에도 세 개의 행을 모두 붉은색으로 표시했다. 각 행에서 세 번째 위치의 값이 각

각 0, 1, 2임을 확인할 수 있다.

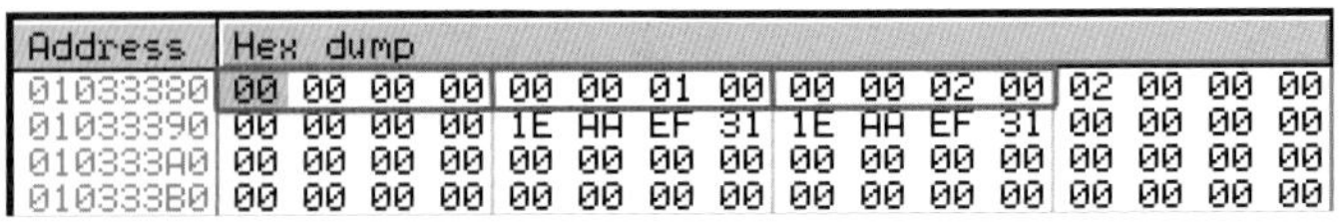

그림 1.93: OllyDbg: 세 번째 열이 채워진 배열

2차원 배열을 1차원 배열처럼 접근

2차원 배열을 1차원 배열처럼 접근하는 방법은 최소한 두 가지가 있다.

```c
#include <stdio.h>

char a[3][4];

char get_by_coordinates1 (char array[3][4], int a, int b)
{
    return array[a][b];
};

char get_by_coordinates2 (char *array, int a, int b)
{
    // 입력 배열을 1차원으로 취급
    // 4는 배열의 폭
    return array[a*4+b];
};

char get_by_coordinates3 (char *array, int a, int b)
{
    // 입력 배열을 포인터로 취급
    // 리턴할 배열 항목의 주소를 계산
    // 4는 배열의 폭
    return *(array+a*4+b);
};

int main()
{
    a[2][3]=123;
    printf ("%d\n", get_by_coordinates1(a, 2, 3));
    printf ("%d\n", get_by_coordinates2(a, 2, 3));
    printf ("%d\n", get_by_coordinates3(a, 2, 3));
};
```

컴파일[81]해 실행하면 값이 제대로 출력되는 걸 볼 수 있다.

---

81. C++가 아닌 C 프로그램으로 컴파일돼야 하기 때문에 MSVC로 컴파일하려면 .c 확장자로 저장해야 한다.

MSVC 2013의 최적화 결과는 놀라운데, 세 개 루틴에 모두 동일한 코드를 사용했다.

리스트 1.242: 최적화를 수행한 MSVC 2013 x64

```
array$ = 8
a$ = 16
b$ = 24
get_by_coordinates3 PROC
; RCX=배열의 주소
; RDX=a
; R8=b
        movsxd  rax, r8d
; EAX=b
        movsxd  r9, edx
; R9=a
        add     rax, rcx
; RAX=b+배열의 주소
        movzx   eax, BYTE PTR [rax+r9*4]
; AL= RAX+R9*4=b+배열의 주소+a*4=배열의 주소+a*4+b 주소의 바이트를 로드
        ret     0
get_by_coordinates3 ENDP

array$ = 8
a$ = 16
b$ = 24
get_by_coordinates2 PROC
        mov sxd rax, r8d
        movsxd  r9, edx
        add     rax, rcx
        movzx   eax, BYTE PTR [rax+r9*4]
        ret     0
get_by_coordinates2 ENDP

array$ = 8
a$ = 16
b$ = 24
get_by_coordinates1 PROC
        movsxd  rax, r8d
        movsxd  r9, edx
        add     rax, rcx
        movzx   eax, BYTE PTR [rax+r9*4]
        ret     0
get_by_coordinates1 ENDP
```

GCC 역시 기본적으로 동일하지만 약간 다른 코드를 생성한다.

```
; RDI=배열의 주소
; RSI=a
; RDX=b
get_by_coordinates1:
; 부호 확장된 32비트 int 값인 입력 a와 b를 64비트로 확장
        movsx    rsi, esi
        movsx    rdx, edx
        lea      rax, [rdi+rsi*4]
; RAX=RDI+RSI*4=address of array+a*4
        movzx    eax, BYTE PTR [rax+rdx]
; AL= RAX+RDX 주소의 바이트를 로드=배열의 주소+a*4+b
        ret

get_by_coordinates2:
        lea      eax, [rdx+rsi*4]
; RAX=RDX+RSI*4=b+a*4
        cdqe
        movzx    eax, BYTE PTR [rdi+rax]
; AL= RDI+RAX 주소의 바이트를 로드=배열의 주소+b+a*4
        ret

get_by_coordinates3:
        sal      esi, 2
; ESI=a<<2=a*4
; 부호 확장된 32비트 int 값인 입력 a*4와 b를 64비트로 확장
        movsx    rdx, edx
        movsx    rsi, esi
        add      rdi, rsi
; RDI=RDI+RSI=배열의 주소+a*4
        movzx    eax, BYTE PTR [rdi+rdx]
; AL= RDI+RDX 주소의 바이트를 로드=배열의 주소+a*4+b
        ret
```

3차원 배열 예제

다차원 배열이라고 달라지는 건 없다. 이번에는 **int** 타입의 배열을 다룰 것이다. 즉, 이번에는 배열의 한 항목이 메모리에서 차지하는 공간은 4바이트다.

예제 코드는 다음과 같다.

리스트 1.244: 간단한 예

```
#include <stdio.h>
```

```
int a[10][20][30];
void insert(int x, int y, int z, int value)
{
    a[x][y][z]=value;
};
```

x86

MSVC 2010의 컴파일 결과는 다음과 같다.

리스트 1.245: MSVC 2010

```
_DATA       SEGMENT
COMM        _a:DWORD:01770H
_DATA       ENDS
PUBLIC      _insert
_TEXT       SEGMENT
_x$ = 8                     ; 크기 = 4
_y$ = 12                    ; 크기 = 4
_z$ = 16                    ; 크기 = 4
_value$ = 20                ; 크기 = 4
_insert     PROC
    push    ebp
    mov     ebp, esp
    mov     eax, DWORD PTR _x$[ebp]
    imul    eax, 2400               ; eax=600*4*x
    mov     ecx, DWORD PTR _y$[ebp]
    imul    ecx, 120                ; ecx=30*4*y
    lea     edx, DWORD PTR _a[eax+ecx] ; edx=a + 600*4*x + 30*4*y
    mov     eax, DWORD PTR _z$[ebp]
    mov     ecx, DWORD PTR _value$[ebp]
    mov     DWORD PTR [edx+eax*4], ecx ; *(edx+z*4)=value
    pop     ebp
    ret     0
_insert     ENDP
_TEXT       ENDS
```

특별할 것은 없다. 배열을 다차원으로 표현하고자 인덱스를 계산할 때는 세 개의 입력
인자를 수식으로 계산한다. 수식은 주소 $= 600 \cdot 4 \cdot x + 30 \cdot 4 \cdot y + 4z$다. int 타입이
32비트(4바이트)이므로 계수에 4를 곱해야 한다는 사실을 잊지 말자.

리스트 1.246: GCC 4.4

```
        public insert
insert  proc near

x       = dword ptr 8
y       = dword ptr 0Ch
z       = dword ptr 10h
value   = dword ptr 14h

        push    ebp
        mov     ebp, esp
        push    ebx
        mov     ebx, [ebp+x]
        mov     eax, [ebp+y]
        mov     ecx, [ebp+z]
        lea     edx, [eax+eax]          ; edx=y*2
        mov     eax, edx                ; eax=y*2
        shl     eax, 4                  ; eax=(y*2)<<4 = y*2*16 = y*32
        sub     eax, edx                ; eax=y*32 - y*2=y*30
        imul    edx, ebx, 600           ; edx=x*600
        add     eax, edx                ; eax=eax+edx=y*30 + x*600
        lea     edx, [eax+ecx]          ; edx=y*30 + x*600 + z
        mov     eax, [ebp+value]
        mov     dword ptr ds:a[edx*4], eax ; *(a+edx*4)=value
        pop     ebx
        pop     ebp
        retn
insert  endp
```

GCC 컴파일러가 생성한 코드는 다르다.

GCC는 30y를 계산할 때 곱셈 명령어를 사용하지 않았다. 즉, $(y + y) \ll 4 - (y + y) = (2y) \ll 4 - 2y = 2 \cdot 16 \cdot y - 2y = 32y - 2y = 30y$로 30$y$를 계산했다. 하나의 덧셈 연산, 하나의 비트 단위 시프트 연산, 하나의 뺄셈 연산을 한 개씩만 사용해 30y를 계산한 것이다. 실제로 이 연산은 곱셈 명령어보다 빠르다.

ARM + 최적화를 수행하지 않은 Xcode 4.6.3(LLVM)(Thumb 모드)

리스트 1.247: 최적화를 수행하지 않은 Xcode 4.6.3(LLVM)(Thumb 모드)

```
_insert

value   = -0x10
z       = -0xC
```

```
y        = -8
x        = -4

; 로컬 스택에 int 타입의 값 4개를 위한 공간 할당
SUB      SP, SP, #0x10
MOV      R9, 0xFC2 ; a
ADD      R9, PC
LDR.W    R9, [R9] ; 배열에 대한 포인터를 구한다.
STR      R0, [SP,#0x10+x]
STR      R1, [SP,#0x10+y]
STR      R2, [SP,#0x10+z]
STR      R3, [SP,#0x10+value]
LDR      R0, [SP,#0x10+value]
LDR      R1, [SP,#0x10+z]
LDR      R2, [SP,#0x10+y]
LDR      R3, [SP,#0x10+x]
MOV      R12, 2400
MUL.W    R3, R3, R12
ADD      R3, R9
MOV      R9, 120
MUL.W    R2, R2, R9
ADD      R2, R3
LSLS     R1, R1, #2 ; R1=R1<<2
ADD      R1, R2
STR      R0, [R1] ; R1 - 배열 항목의 주소
; int 타입의 값 4개를 위해 로컬 스택에 할당했던 메모리 해제
ADD      SP, SP, #0x10
BX       LR
```

최적화를 수행하지 않은 LLVM은 모든 변수를 로컬 스택에 저장하는데, 이는 불필요한 작업이다. 배열 항목의 주소는 이미 살펴본 수식을 이용해 계산하고 있다.

ARM + 최적화를 수행한 Xcode 4.6.3(LLVM)(Thumb 모드)

리스트 1.248: 최적화를 수행한 Xcode 4.6.3(LLVM)(Thumb 모드)

```
_insert
MOVW     R9, #0x10FC
MOV.W    R12, #2400
MOVT.W   R9, #0
RSB.W    R1, R1, R1,LSL#4    ; R1 - y. R1=y<<4 - y = y*16 - y = y*15
ADD      R9, PC
LDR.W    R9, [R9]            ; R9 = 배열에 대한 포인터
MLA.W    R0, R0, R12, R9     ; R0 - x, R12 - 2400, R9 - a에 대한 포인터. R0=x*2400 + a에 대한 포인터
ADD.W    R0, R0, R1,LSL#3    ; R0 = R0+R1<<3 = R0+R1*8 = x*2400 + a에 대한 포인터 + y*15*8 =
```

```
                        ; a에 대한 포인터 + y*30*4 + x*600*4
STR.W    R3, [R0,R2,LSL#2]    ; R2 - z, R3 - value. 주소=R0+z*4 =
                        ; a에 대한 포인터 + y*30*4 + x*600*4 + z*4
BX  LR
```

이미 살펴본 트릭, 즉 시프트, 덧셈, 뺄셈을 이용해 곱셈을 대체하는 연산이 사용됐다.

새로운 명령어 RSB('Reverse Subtract')도 볼 수 있다. SUB처럼 뺄셈을 수행하지만 이에 앞서 오퍼랜드의 순서를 바꾼다. 왜일까? SUB와 RSB의 경우 두 번째 오퍼랜드에 시프트 계수를 추가할 수 있다(LSL#4).

문제는 이런 계수를 두 번째 오퍼랜드에만 적용할 수 있다는 것이다. 덧셈이나 곱셈처럼 교환 법칙이 성립하는 연산의 경우에는 문제될 것이 없다(오퍼랜드의 순서를 바꿔도 결과는 동일하다). 하지만 뺄셈에서는 교환 법칙이 성립하지 않기 때문에 RSB 같은 명령어가 필요하다.

MIPS

예제가 단순하기 때문에 GCC 컴파일러는 전연 포인터가 가리키는 64KiB 영역에 a 배열을 위치시켰다.

리스트 1.249: 최적화를 수행한 GCC 4.4.5(IDA)

```
insert:
; $a0=x
; $a1=y
; $a2=z
; $a3=value
                sll     $v0, $a0, 5
; $v0 = $a0<<5 = x*32
                sll     $a0, 3
; $a0 = $a0<<3 = x*8
                addu    $a0, $v0
; $a0 = $a0+$v0 = x*8+x*32 = x*40
                sll     $v1, $a1, 5
; $v1 = $a1<<5 = y*32
                sll     $v0, $a0, 4
; $v0 = $a0<<4 = x*40*16 = x*640
                sll     $a1, 1
; $a1 = $a1<<1 = y*2
```

```
                    subu    $a1, $v1, $a1
; $a1 = $v1-$a1 = y*32-y*2 = y*30
                    subu    $a0, $v0, $a0
; $a0 = $v0-$a0 = x*640-x*40 = x*600
                    la      $gp, __gnu_local_gp
                    addu    $a0, $a1, $a0
; $a0 = $a1+$a0 = y*30+x*600
                    addu    $a0, $a2
; $a0 = $a0+$a2 = y*30+x*600+z
; 테이블의 주소 로드
                    lw      $v0, (a & 0xFFFF)($gp)
; 배열 요소를 찾기 위해서 배열 인덱스에 4를 곱한다.
                    sll     $a0, 2
; 테이블 주소와 곱한 배열 인덱스 값을 더한다.
                    addu    $a0, $v0, $a0
; 값을 테이블에 저장하고 리턴
                    jr      $ra
                    sw      $a3, 0($a0)

                    .comm a:0x1770
```

다차원 배열의 크기 구하기

문자열을 처리하는 함수에 문자로 구성된 배열이 전달된다면 입력되는 배열의 크기를 추론할 수 없다. 이와 마찬가지로 함수가 2차원 배열을 처리한다면 하나의 차원만을 추론할 수 있다.

예를 들면 다음과 같다.

```
int get_element(int array[10][20], int x, int y)
{
    return array[x][y];
};

int main()
{
    int array[10][20];
    get_element(array, 4, 5);
};
```

이 코드를 컴파일(어떤 컴파일러이든 상관이 없다)한 후 Hex-Rays로 디컴파일해보면 다음과 같은 결과를 얻을 수 있다.

```
int get_element(int *array, int x, int y)
{
    return array[20 * x + y];
}
```

즉, 2차원 배열에서 1차원의 크기를 알아낼 방법이 없다. 매우 큰 수의 x가 함수에 전달된다면 버퍼 오버플로우가 발생해 메모리상의 임의의 주소에 해당하는 값을 읽게 될 것이다.

3차원 배열의 예를 들어보자.

```
int get_element(int array[10][20][30], int x, int y, int z)
{
    return array[x][y][z];
};
int main()
{
    int array[10][20][30];
    get_element(array, 4, 5, 6);
};
```

이를 Hex-Rays로 디컴파일해보면 다음과 같은 결과를 얻게 된다.

```
int get_element(int *array, int x, int y, int z)
{
    return array[600 * x + z + 30 * y];
}
```

이 경우에도 마찬가지로 3차원 배열의 두 번째와 세 번째 차원만 추론할 수 있다.

추가 예제

컴퓨터 화면은 2차원 배열로 표현되더라도 실제 비디오 버퍼는 선형의 1차원 배열로 구성된다. 이에 대해서는 8.12.2절에서 다룬다.

또 다른 예로는 지뢰 찾기 게임을 들 수 있다. 즉, 게임의 구성은 2차원 배열이지만 내부적으로 처리하는 배열은 1차원이다(8.3절).

1.20.7 문자열 집합을 2차원 배열로 처리

월의 이름을 리턴하는 리스트 1.228의 함수를 다시 살펴보자.

월의 이름에 해당하는 문자열을 가리키는 포인터를 준비하려면 최소한 한 개의 메모리 로딩 연산이 필요하다.

이 메모리 로딩 연산을 제거할 수 있을까?

문자열 목록을 2차원 배열로 표현하면 가능하다.

```c
#include <stdio.h>
#include <assert.h>

const char month2[12][10]=
{
    { 'J','a','n','u','a','r','y', 0, 0, 0 },
    { 'F','e','b','r','u','a','r','y', 0, 0 },
    { 'M','a','r','c','h', 0, 0, 0, 0, 0 },
    { 'A','p','r','i','l', 0, 0, 0, 0, 0 },
    { 'M','a','y', 0, 0, 0, 0, 0, 0, 0 },
    { 'J','u','n','e', 0, 0, 0, 0, 0, 0 },
    { 'J','u','l','y', 0, 0, 0, 0, 0, 0 },
    { 'A','u','g','u','s','t', 0, 0, 0, 0 },
    { 'S','e','p','t','e','m','b','e','r', 0 },
    { 'O','c','t','o','b','e','r', 0, 0, 0 },
    { 'N','o','v','e','m','b','e','r', 0, 0 },
    { 'D','e','c','e','m','b','e','r', 0, 0 }
};

// 입력은 0..11 사이
const char* get_month2 (int month)
{
    return &month2[month][0];
};
```

컴파일하면 다음과 같다.

리스트 1.250: 최적화를 수행한 MSVC 2013 x64

```
month2  DB      04aH
        DB      061H
        DB      06eH
        DB      075H
        DB      061H
        DB      072H
```

```
        DB      079H
        DB      00H
        DB      00H
        DB      00H
...

get_month2 PROC
; 입력 인자를 64비트 값으로 부호 확장
        movsxd  rax, ecx
        lea     rcx, QWORD PTR [rax+rax*4]
; RCX=month+month*4=month*5
        lea     rax, OFFSET FLAT:month2
; RAX=테이블을 가리키는 포인터
        lea     rax, QWORD PTR [rax+rcx*2]
; RAX= 테이블을 가리키는 포인터 + RCX*2= 테이블을 가리키는 포인터 + month*5*2= 테이블을 가리키는
포인터 + month*10
        ret     0
get_month2 ENDP
```

메모리에 접근하는 코드는 없다.

이 함수가 하는 작업은 pointer_to_the_table + month * 10을 계산해 월 이름의 첫
번째 문자가 위치하는 곳을 계산하는 것이다.

여러 개의 MUL과 MOV 명령어로 수행할 수 있는 연산을 두 개의 LEA 명령어로 효과적으
로 수행하고 있다.

배열의 폭은 10바이트다.

실제로 가장 긴 문자열의 길이는 "September"(9바이트)에 마지막 0바이트를 더한 10바
이트다.

나머지 월의 이름에도 끝에 0바이트를 채워 동일한 공간(10바이트)을 차지하게 만든다.

결과적으로 모든 문자열의 시작 위치를 쉽게 계산할 수 있기 때문에 함수가 수행되는
속도가 빨라지게 된다.

GCC 4.9는 더 간결한 코드를 생성한다.

리스트 1.251: 최적화를 수행한 GCC 4.9 x64

```
        movsx   rdi, edi
        lea     rax, [rdi+rdi*4]
```

```
        lea     rax, month2[rax+rax]
        ret
```

10을 곱하는 연산을 위해 이번에도 **LEA** 명령어가 사용됐다.

최적화를 수행하지 않는 컴파일러는 곱셈을 다른 방식으로 수행한다.

리스트 1.252: 최적화를 수행하지 않은 GCC 4.9 x64

```
get_month2:
        push    rbp
        mov     rbp, rsp
        mov     DWORD PTR [rbp-4], edi
        mov     eax, DWORD PTR [rbp-4]
        movsx   rdx, eax
; RDX = 입력값 부호 확장
        mov     rax, rdx
; RAX = month
        sal     rax, 2
; RAX = month<<2 = month*4
        add     rax, rdx
; RAX = RAX+RDX = month*4+month = month*5
        add     rax, rax
; RAX = RAX*2 = month*5*2 = month*10
        add     rax, OFFSET FLAT:month2
; RAX = month*10 + 테이블을 가리키는 포인터
        pop     rbp
        ret
```

최적화를 수행하지 않는 MSVC는 그냥 **IMUL** 명령어를 사용한다.

리스트 1.253: 최적화를 수행하지 않은 MSVC 2013 x64

```
month$ = 8
get_month2 PROC
        mov     DWORD PTR [rsp+8], ecx
        movsxd  rax, DWORD PTR month$[rsp]
; RAX = 입력값을 64비트로 부호 확장
        imul    rax, rax, 10
; RAX = RAX*10
        lea     rcx, OFFSET FLAT:month2
; RCX = 테이블을 가리키는 포인터
        add     rcx, rax
; RCX = RCX+RAX = 테이블을 가리키는 포인터 + month * 10
        mov     rax, rcx
```

```
; RAX = 테이블을 가리키는 포인터 + month * 10
        mov     ecx, 1
; RCX = 1
        imul    rcx, rcx, 0
; RCX = 1*0 = 0
        add     rax, rcx
; RAX = 테이블을 가리키는 포인터 + month * 10 + 0 = 테이블을 가리키는 포인터 + month * 10
        ret     0
get_month2 ENDP
```

하지만 한 가지 이상한 부분이 있다. 왜 0을 곱하고 최종 결괏값에 0을 더하는 것일까?

그것은 아마도 컴파일러 테스트 케이스에서 탐지되지 않은 컴파일러 코드 생성기의
이상한 알고리즘으로 보인다(어쨌든 코드는 정상적으로 동작한다).

컴파일러는 가끔 이와 같은 이상한 코드를 만들어낸다는 것을 알려주고자 이 코드를
추가했다.

32비트 ARM

Thumb 모드에서 최적화를 수행하는 Keil은 곱셈 명령어인 **MULS**를 사용한다.

리스트 1.254: 최적화를 수행한 Keil 6/2013(Thumb 모드)

```
; R0 = month
        MOVS    r1,#0xa
; R1 = 10
        MULS    r0,r1,r0
; R0 = R1*R0 = 10*month
        LDR     r1,|L0.68|
; R1 = pointer to the table
        ADDS    r0,r0,r1
; R0 = R0+R1 = 10*month + 테이블을 가리키는 포인터
        BX      lr
```

ARM 모드에서 최적화를 수행하는 Keil은 더하기와 시프트 연산을 사용한다.

리스트 1.255: 최적화를 수행한 Keil 6/2013(ARM 모드)

```
; R0 = month
        LDR     r1,|L0.104|
; R1 = 테이블을 가리키는 포인터
        ADD     r0,r0,r0,LSL #2
```

```
; R0 = R0+R0<<2 = R0 + R0 * 4 = month * 5
        ADD     r0,r1,r0,LSL #1
; R0 = R1+R0<<2 = 테이블을 가리키는 포인터+ month* 5 * 2 = 테이블을 가리키는 포인터 + month * 10
        BX      lr
```

ARM64

리스트 1.256: 최적화를 수행한 GCC 4.9 ARM64

```
; W0 = month
        sxtw    x0, w0
; X0 = 입력값 부호 확장
        adrp    x1, .LANCHOR1
        add     x1, x1, :lo12:.LANCHOR1
; X1 = 테이블을 가리키는 포인터
        add     x0, x0, x0, lsl 2
; X0 = X0+X0<<2 = X0+X0*4 = X0*5
        add     x0, x1, x0, lsl 1
; X0 = X1+X0<<1 = X1+X0*2 = 테이블을 가리키는 포인터 + X0*10
        ret
```

SXTW 명령어를 사용해 32비트의 입력값을 64비트로 부호 확장한 다음 X0에 저장한다.

테이블 주소는 ADRP/ADD 명령어 쌍을 이용해 로딩한다.

ADD 명령어에서는 LSL를 사용해 곱셈까지 수행한다.

MIPS

리스트 1.257: 최적화를 수행한 GCC 4.4.5(IDA)

```
                .globl  get_month2
get_month2:
; $a0=month
                sll     $v0, $a0, 3
; $v0 = $a0<<3 = month*8
                sll     $a0, 1
; $a0 = $a0<<1 = month*2
                addu    $a0, $v0
; $a0 = month*2+month*8 = month*10
; 테이블의 주소를 로드
                la      $v0, month2
; 계산한 테이블 주소와 인덱스를 합산해 반환
```

```
            jr      $ra
            addu    $v0, $a0
month2:         .ascii "January"<0>
                .byte 0, 0
aFebruary:      .ascii "February"<0>
                .byte 0
aMarch:         .ascii "March"<0>
                .byte 0, 0, 0, 0
aApril:         .ascii "April"<0>
                .byte 0, 0, 0, 0
aMay:           .ascii "May"<0>
                .byte 0, 0, 0, 0, 0, 0
aJune:          .ascii "June"<0>
                .byte 0, 0, 0, 0, 0
aJuly:          .ascii "July"<0>
                .byte 0, 0, 0, 0, 0
aAugust:        .ascii "August"<0>
                .byte 0, 0, 0
aSeptember: .ascii "September"<0>
aOctober:       .ascii "October"<0>
                .byte 0, 0
aNovember:      .ascii "November"<0>
                .byte 0
aDecember:      .ascii "December"<0>
                .byte 0, 0, 0, 0, 0, 0, 0, 0, 0
```

결론

이런 식으로 문자열을 저장하는 것은 다소 예전 방식이다. 예를 들어 오라클 RDBMS
에서 이런 방식을 많이 찾아볼 수 있다. 하지만 최신 컴퓨터에서도 굳이 이렇게까지
할 필요가 있는지 잘 모르겠다. 그렇지만 배열 예제로서는 더 없이 좋기 때문에 이 책
에 담았다.

1.20.8 결론

배열은 인접한 메모리상에 있는 값들의 집합이다.

배열의 요소는 구조체 등 어떤 타입이 될 수도 있다.

배열의 특정 요소에 접근한다는 것은 해당 배열 요소의 위치를 계산하는 것이다.

따라서 배열을 가리키는 포인터 값과 배열의 첫 번째 요소의 주소는 동일하다. 이것이 C/C++에서 ptr[0]과 *ptr 표현이 동일한 의미를 갖는 이유다. Hex-Rays가 종종 첫 번째 배열 요소를 두 번째로 대체하는 점은 흥미롭다고 할 수 있다. 전체 배열에 대한 포인터 역할을 한다는 것을 모르고 단순히 하나의 변수에 대한 포인터라고 생각하기 때문이다.

1.20.9 연습

- http://challenges.re/62

- http://challenges.re/63

- http://challenges.re/64

- http://challenges.re/65

- http://challenges.re/66

1.21 예: Angband 게임의 버그

1990년대의 오래된 게임 중 하나(https://en.wikipedia.org/wiki/Angband_(video_game), http://rephial.org/)에는 멋진 버그가 있었다.

발신인: be...@uswest.com(조지 벨)
제목: [Angband] 여러 개의 복제된 아이템(버그?)
날짜: 1993년 7월 23일 금요일 15:55:08 GMT

2000피트까지 저는 4개의 아이템만을 찾았습니다(대부분은 Dracoliches와 같은 몬스터를 사냥해서 얻었습니다). 정말 이상한 점은 여러 개의 똑같은 아이템들을 발견했다는 것입니다. 그리고 저의 반 엘프 레인저는 특정 레벨에서 2400피트로 떨어졌습니다. 거기는 몬스터들과 바위, 그리고 2, 3개의 특수한 몬스터 방으로 둘러싸인 묘지였습니다. 그래서 저는 주무기인 크리스 두리안으로 몬스터들을 마구 베었고, 그 결과 저는 거의 모든 방을 보물(평상시와 마찬가지로 쓰레기)로 가득 채웠습니다.

그런 다음 큰 금고로 가는 길을 발견했을 때 보물 중 일부가 이미 식별돼 있음을 알았습니다(사실 이상하게 친숙해 보였습니다!). 그리고 스팅이라는 이름의 *두 개*의 단검(1d6)(+7,+8)을 발견했고 또다시 똑 같은 세 번째 단검을 발견했습니다. 거기서 구르탱 아이템들도 여러 개 보았습니다. 레벨별로 아이템 수에 제한이 있나요? 제가 본 똑같은 아이템들은 동일한 레벨에서 본 것이기 때문에 그럴 것 같습니다.

PC용 Angban 게임을 하고 있으며 다른 사람도 저와 똑같은 이슈가 있나요?

-조지 벨

도와 주세요! 그렇다면 부활의 지팡이가 필요합니다. 검은 약탈자와 속도가 2인 유령들 때문에 이 묘지는 짜증납니다.

(https://groups.google.com/forum/#!original/rec.games.moria/jItmfrdGyL8/8csctQqA7PQJ)

발신인: 쩨리 <cm...@andrew.cmu.edu>
제목: Re: [Angband] 여러 개의 복제된 아이템(버그?)
날짜: 1993년 7월 23일 금요일 23:32:20 -0400

머시 버그에 오신 것을 환영합니다.
바닥에 256개가 넘는 아이템이 있으면 복제가 시작됩니다.
이 힘을 활용하는 법을 배우면 곧 승리하게 될 것입니다 :>

--릭

(https://groups.google.com/forum/#!search/angband$202.4$20bug$20multiplying$20items/
rec.games.moria/jItmfrdGyL8/FoQeiccewHAJ)

발신인: nwe...@soda.berkeley.edu (니콜라스 C 위버)
제목: Re: [Angband] 여러 개의 복제된 아이템 (버그?)
날짜: 1993년 7월 24일 18:18:05 GMT
쩨리 <74348474...@unix1.andrew.cmu.edu>가 작성한 글에 대한 <cm...@andrew.cmu.edu> 응답:
> 머시 버그에 오신 것을 환영합니다.
> 바닥에 256 개가 넘는 아이템이 있으면 복제가 시작됩니다.
> 이 힘을 활용하는 법을 배우면 곧 승리하게 될 것입니다 :>
>
> --릭

질문이 있습니다. 처음 256개의 아이템만 복제가 되나요? 원래의 아이템은 어떻게 되나요?

그럼에도 불구하고 버그에 대해 알고 싶은 사람들을 위해서 말하면 -n 옵션 (새로운 캐릭터를 시작)의 동작은 다음과 같습니다.

(이는 유닉스 상의 2.4.Frog.knows 버전에 대한 설명입니다)

Ctrl-P 키를 누르면 이전 상태를 유지

발견한 모든 아이템 기록과 죽인 몬스터에 대한 기록을 잃게 됩니다.

보유하고 있는 모든 아이템을 잃게 됩니다(objid()에서의 에러로 변경된다).

보유하고 있는 모든 금을 잃게 됩니다.

자신의 집에 있는 모든 것은 유지됩니다.

무엇인가를 죽이고 회복을 위한 물약을 먹으면 경험치가 이전의 상태로 돌아갑니다!

위에 설명한 내용을 수행했다면 주술사를 위한 아이템(사제/팔라딘)을 얻거나 지혜를 위한 아이템을 얻지 않으면 그때부터는 마법 주문이 제대로 동작하지 않을 것입니다. 그리고 아이템을 얻고 그것을 다시 켜고 꺼야 합니다. 그러면 다시 정상적으로 마법 주문을 수행할 수 있습니다.

당신이 호저(나처럼)라면 복제된 여러 아이템을 얻는데 활용 할 수 있습니다. 마법의 혀를 땅에 떨어뜨려 죽일 수 있는 레벨에 도달해야 합니다. 그리고 다시 올라가 집에 물건을 떨어뜨리고 있고 남은 금으로 경험치를 회복할 수 있는 물약과 중요한 마법 주문을 구입하고 angband -n으로 이전 상태로 돌아갑니다. 이 과정을 반복합니다. 결국 마법의 혀를 여러 번 죽일 수 있게 됩니다.

또한 듄다인 전사를 만들 수 있게 해줍니다.

물론 그렇게 하는 것은 사악하고 잘못된 일입니다. 이 정보를 알려준 결과에 대해서는 책임을 지지 않습니다.
--
니콜라스 C. 위버 nwe...@soda.berkeley.edu
이는 소리와 분노로 가득 찬 바보가 말하는 이야기입니다.
C가 B에서 진화했고 C+는 B에 가깝다. 이는 C++가 언어의 변혁이라는 것을 의미할까?

(https://groups.google.com/forum/#!original/rec.games.moria/jItmfrdGyL8/FoQeiccewHAJ)

메일의 전체 스레드: https://groups.google.com/forum/#!search/angband$202.4$20 bug$20multiplying$20items/rec.games.moria/jItmfrdGyL8/FoQeiccewHAJ.

위 버그가 있는 버전(2.4.fk)(http://rephial.org/release/2.4.fk, https://yurichev.com/mirrors/ angband-2.4.fk.tar)을 찾아 확인해보면 전역 변수가 다음과 같이 선언돼 있는 것을 확인할 수 있다.

```
/* 던전 객체의 수*/
#define MAX_DUNGEON_OBJ 423

...

int16 sorted_objects[MAX_DUNGEON_OBJ];

/* 식별된 객체의 플래그*/
int8u object_ident[OBJECT_IDENT_SIZE];
int16 t_level[MAX_OBJ_LEVEL+1];
inven_type t_list[MAX_TALLOC];
inven_type inventory[INVEN_ARRAY_SIZE];
```

MAX_DUNGEON_OBJ 상수가 너무 작은 것이 문제로 보인다. 배열을 이용하면 구현이 간단해지지만, 아마도 길이 제한이 없는 형태의 링크드 리스트나 다른 데이터 구조체를 사용해야 할 것이다.

전역으로 정의된 배열에 대한 버퍼 오버플로우의 또 다른 예제는 3.28절에서 볼 수 있다.

1.22 특정 비트 처리

입력 플래그를 나타내고자 비트 필드를 입력 인자로 사용하는 함수가 많다.

물론 여러 개의 bool 타입 변수를 이용하는 방법도 있지만 비효율적이다.

1.22.1 특정 비트 검사

x86

Win32 API 예제는 다음과 같다.

```
    HANDLE fh;

    fh=CreateFile ("file", GENERIC_WRITE | GENERIC_READ, FILE_SHARE_READ, NULL,
OPEN_ALWAYS, FILE_ATTRIBUTE_NORMAL, NULL);
```

MSVC 2010의 컴파일 결과는 다음과 같다.

리스트 1.258: MSVC 2010

```
    push    0
    push    128             ; 00000080H
    push    4
    push    0
    push    1
    push    -1073741824     ; c0000000H
    push    OFFSET $SG78813
    call    DWORD PTR __imp__CreateFileA@28
    mov     DWORD PTR _fh$[ebp], eax
```

WinNT.h 파일의 정의를 살펴보자.

리스트 1.259: WinNT.h

```
#define GENERIC_READ        (0x80000000L)
#define GENERIC_WRITE       (0x40000000L)
#define GENERIC_EXECUTE     (0x20000000L)
#define GENERIC_ALL         (0x10000000L)
```

GENERIC_READ | GENERIC_WRITE = 0x80000000 | 0x40000000 = 0xC0000000라는 사실

을 쉽게 알 수 있으며, **CreateFile()**(msdn.microsoft.com/en-us/library/aa363858(VS.85).aspx) 함수의 두 번째 인자로 전달된다. **CreateFile()**은 입력된 플래그를 어떤 방식으로 확인할까?

윈도우 XP SP3 x86의 KERNEL32.DLL을 들여다보면 **CreateFileW** 함수에서 다음과 같은 코드를 발견할 수 있다.

리스트 1.260: KERNEL32.DLL(윈도우 XP SP3 x86)

```
.text:7C83D429        test    byte ptr [ebp+dwDesiredAccess+3], 40h
.text:7C83D42D        mov     [ebp+var_8], 1
.text:7C83D434        jz      short loc_7C83D417
.text:7C83D436        jmp     loc_7C810817
```

TEST 명령어는 두 번째 인자의 최상위 바이트(ebp + dwDesiredAccess + 3)만을 추출한 후 **0x40** 플래그(**GENERIC_WRITE** 플래그)와 비교한다.

TEST는 기본적으로 **AND**와 동일한 작업을 수행하지만 결과를 저장하지는 않는다(**CMP** 명령어가 **SUB**와 동일한 연산을 수행하지만 결과를 저장하지 않는 것과 같다(1.9.4절)).

이를 코드로 간단히 표현하면 다음과 같다.

```
if ((dwDesiredAccess&0x40000000) == 0) goto loc_7C83D417
```

AND 명령어의 실행 결과가 0이 아니면 **ZF** 플래그가 비워지고 **JZ** 조건부 점프의 점프는 수행되지 않는다.

이 조건부 점프는 **dwDesiredAccess**의 **0x40000000** 비트가 설정되지 않아 **AND**의 결과가 0이 되고 **ZF** 플래그가 설정될 때만 수행된다.

리눅스의 GCC 4.4.1 예제를 살펴보자.

```
#include <stdio.h>
#include <fcntl.h>

void main()
{
    int handle;
    handle=open ("file", O_RDWR | O_CREAT);
```

```
        };
```

컴파일 결과는 다음과 같다.

리스트 1.261: GCC 4.4

```
            public main
    main    proc near

    var_20  = dword ptr -20h
    var_1C  = dword ptr -1Ch
    var_4   = dword ptr -4

            push    ebp
            mov     ebp, esp
            and     esp, 0FFFFFFF0h
            sub     esp, 20h
            mov     [esp+20h+var_1C], 42h
            mov     [esp+20h+var_20], offset aFile ; "file"
            call    _open
            mov     [esp+20h+var_4], eax
            leave
            retn
    main    endp
```

libc.so.6 라이브러리의 **open()** 함수를 열어보면 시스템 호출만 있음을 확인할 수 있다.

리스트 1.262: open( )(libc.so.6)

```
.text:000BE69B    mov    edx, [esp+4+mode]       ; 모드
.text:000BE69F    mov    ecx, [esp+4+flags]      ; 플래그
.text:000BE6A3    mov    ebx, [esp+4+filename]   ; 파일명
.text:000BE6A7    mov    eax, 5
.text:000BE6AC    int    80h                     ; LINU」 - sys_open
```

open()의 비트 필드는 리눅스 커널의 어딘가에서 검사하는 것으로 보인다.

물론 Glibc와 리눅스 커널 소스코드 모두 쉽게 구할 수 있지만, 책에서 다루는 내용은 소스코드 없이 바이너리의 내용을 이해하는 것이다.

리눅스 2.6에서는 **sys_open** 시스템 호출이 호출되면 **do_sys_open**이라는 커널 함수로 제어가 전달되고 그 함수에서부터 **do_filp_open()** 함수(커널 소스의 fs/namei.c에 존재한다)를 호출한다.

참고: 인자를 전달할 때는 보통 스택을 이용하지만 레지스터를 이용하는 방법도 있다. 이를 fastcall이라고 한다(6.1.3절). 패스트콜은 CPU가 인자 값을 읽을 때 메모리에 존재하는 스택에 접근할 필요가 없기 때문에 더 빠르다. GCC 옵션인 regparm(ohse. de/uwe/articles/gcc-attributes.html#func-regparm)을 사용하면 특정 개수의 인자를 레지스터로 전달할 수 있다.

리눅스 2.6 커널은 -mregparm=3(kernelnewbies.org/Linux_2_6_20#head-042c62f290834 eb1fe0a1942bbf5bb9a4accbc8f, 커널 소스의 arch\x86\include\asm\calling.h 파일도 살펴보기 바란다) 옵션을 이용해 컴파일됐다.

이는 처음 세 개의 인자는 EAX, EDX, ECX 레지스터로 전달하고 나머지는 스택으로 전달한다는 의미다. 물론 인자 개수가 3보다 적으면 그만큼의 레지스터만 사용한다.

리눅스 커널 2.6.31을 다운로드해 우분투에서 make vmlinux로 컴파일해보자. 컴파일 결과를 IDA로 열고 do_filp_open() 함수를 찾아보자. 함수 도입부는 다음과 같다(주석은 저자가 추가한 것이다).

리스트 1.263: do_filp_open()(리눅스 커널 2.6.31)

```
do_filp_open    proc near
...
                push    ebp
                mov     ebp, esp
                push    edi
                push    esi
                push    ebx
                mov     ebx, ecx
                add     ebx, 1
                sub     esp, 98h
                mov     esi, [ebp+arg_4]        ; acc_mode(다섯 번째 인자)
                test    bl, 3
                mov     [ebp+var_80], eax       ; dfd(첫 번째 인자)
                mov     [ebp+var_7C], edx       ; pathname(두 번째 인자)
                mov     [ebp+var_78], ecx       ; open_flag(세 번째 인자)
                jnz     short loc_C01EF684
                mov     ebx, ecx ; ebx <- open_flag
```

GCC는 처음 3개의 인자 값을 로컬 스택에 저장한다. 그렇게 하지 않고 컴파일러가 해당 레지스터를 이용할 수 없게 돼 컴파일러가 레지스터를 사용하는 환경이 제한적이 된다.

코드를 좀 더 살펴보자.

리스트 1.264: do_filp_open()(리눅스 커널 2.6.31)

```
loc_C01EF6B4:        ; CODE XREF: do_filp_open+4F
                test    bl, 40h         ; O_CREAT
                jnz     loc_C01EF810
                mov     edi, ebx
                shr     edi, 11h
                xor     edi, 1
                and     edi, 1
                test    ebx, 10000h
                jz      short loc_C01EF6D3
                or      edi, 2
```

0x40은 O_CREAT 매크로의 값이다. open_flag는 0x40 비트가 존재하는지 검사하고, 이 비트가 1이면 다음 JNZ 명령어의 점프가 수행된다.

ARM

리눅스 커널 3.8.0에서는 **O_CREAT** 비트를 검사하는 방식이 다르다.

리스트 1.265: linux kernel 3.8.0

```
struct file *do_filp_open(int dfd, struct filename *pathname,
const struct open_flags *op)
{
...
    filp = path_openat(dfd, pathname, &nd, op, flags | LOOKUP_RCU);
...
}

static struct file *path_openat(int dfd, struct filename *pathname,
struct nameidata *nd, const struct open_flags *op, int flags)
{
...
    error = do_last(nd, &path, file, op, &opened, pathname);
...
}

static int do_last(struct nameidata *nd, struct path *path,
struct file *file, const struct open_flags *op,
int *opened, struct filename *name)
{
...
    if (!(open_flag & O_CREAT)) {
```

```
    ...
        error = lookup_fast(nd, path, &inode);
    ...
    } else {
    ...
        error = complete_walk(nd);
    }
    ...
}
```

ARM 모드로 컴파일한 커널을 IDA로 열면 다음과 같은 코드를 볼 수 있다.

리스트 1.266: do_last()(vmlinux)(IDA)

```
...
.text:C0169EA8    MOV     R9, R3   ; R3 - (네 번째 인자) open_flag
...
.text:C0169ED4    LDR     R6, [R9]    ; R6 - open_flag
...
.text:C0169F68    TST     R6, #0x40 ; 점프 테이블 C0169F00 디폴트 케이스
.text:C0169F6C    BNE     loc_C016A128
.text:C0169F70    LDR     R2, [R4,#0x10]
.text:C0169F74    ADD     R12, R4, #8
.text:C0169F78    LDR     R3, [R4,#0xC]
.text:C0169F7C    MOV     R0, R4
.text:C0169F80    STR     R12, [R11,#var_50]
.text:C0169F84    LDRB    R3, [R2,R3]
.text:C0169F88    MOV     R2, R8
.text:C0169F8C    CMP     R3, #0
.text:C0169F90    ORRNE   R1, R1, #3
.text:C0169F94    STRNE   R1, [R4,#0x24]
.text:C0169F98    ANDS    R3, R6, #0x200000
.text:C0169F9C    MOV     R1, R12
.text:C0169FA0    LDRNE   R3, [R4,#0x24]
.text:C0169FA4    ANDNE   R3, R3, #1
.text:C0169FA8    EORNE   R3, R3, #1
.text:C0169FAC    STR     R3, [R11,#var_54]
.text:C0169FB0    SUB     R3, R11, #-var_38
.text:C0169FB4    BL      lookup_fast
...
.text:C016A128 loc_C016A128    ; CODE XREF: do_last.isra.14+DC
.text:C016A128    MOV     R0, R4
.text:C016A12C    BL      complete_walk
...
```

TST는 x86의 TEST 명령어에 해당한다. 코드를 보면 어떤 경우에는 lookup_fast()를

실행하고 또 다른 경우에는 complete_walk()를 실행하는 부분을 볼 수 있다. 이는 do_last() 함수의 소스코드와 일치한다. O_CREAT 매크로의 값은 여기서도 0x40이다.

1.22.2 특정 비트의 설정과 해제

다음의 코드 예를 보자.

```
#include <stdio.h>

#define IS_SET(flag, bit)   ((flag) & (bit))
#define SET_BIT(var, bit)   ((var) |= (bit))
#define REMOVE_BIT(var, bit) ((var) &= ~(bit))

int f(int a)
{
    int rt=a;

    SET_BIT (rt, 0x4000);
    REMOVE_BIT (rt, 0x200);

    return rt;
};
int main()
{
    f(0x12340678);
};
```

x86

최적화를 수행하지 않은 MSVC

MSVC 2010의 컴파일 결과는 다음과 같다.

리스트 1.267: MSVC 2010

```
_rt$ = -4        ; 크기 = 4
_a$ = 8          ; 크기 = 4
_f  PROC
    push    ebp
    mov     ebp, esp
    push    ecx
    mov     eax, DWORD PTR _a$[ebp]
    mov     DWORD PTR _rt$[ebp], eax
```

```
        mov     ecx, DWORD PTR _rt$[ebp]
        or      ecx, 16384              ; 00004000H
        mov     DWORD PTR _rt$[ebp], ecx
        mov     edx, DWORD PTR _rt$[ebp]
        and     edx, -513               ; fffffdffH
        mov     DWORD PTR _rt$[ebp], edx
        mov     eax, DWORD PTR _rt$[ebp]
        mov     esp, ebp
        pop     ebp
        ret     0
_f  ENDP
```

OR 명령어는 레지스터의 한 비트를 설정하며 나머지 비트의 값은 그대로 유지된다.

AND는 한 비트를 리셋한다. AND는 특정 비트를 제외한 모든 비트를 복사한다고 생각하면 된다. 실제로 AND의 두 번째 오퍼랜드는 저장해야 할 비트만 설정돼 있고 복사하고자 하지 않는 비트는 해제돼 있다(비트 마스크에서 0). 값이나 연산 자체보다는 동작 원리를 기억하는 편이 쉽다.

OllyDbg

OllyDbg로 예제를 분석해보자.

우선 코드의 상수를 2진수로 변환한다.

0x200(00000000000000000001000000000)(즉, 1부터 세었을 때 10번째 비트)

0x200의 비트를 뒤집으면 0xFFFFFDFF(11111111111111111101111111111)

0x4000(00000000000000100000000000000)(즉, 15번째 비트)

입력값은 0x12340678(10010001101000000011001111000)이다.

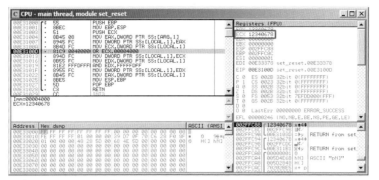

그림 1.94: OllyDbg: ECX에 로딩된 값

OR 명령어를 실행한다.

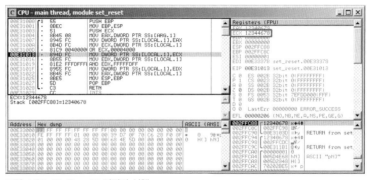

그림 1.95: OllyDbg: OR 명령어 실행

15번째 비트가 설정된다. 0x12344678(0b1001000110100010001 1001111000)

0x12344678(1001000110100010001 1001111000) 값을 다시 로딩한다(최적화 옵션을 지정하지 않았기 때문임).

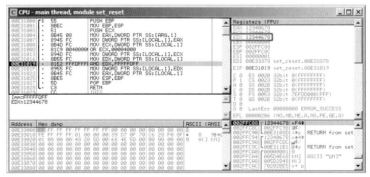

그림 1.96: OllyDbg: EDX에 값이 다시 로드됨

442

AND 명령어를 실행한다.

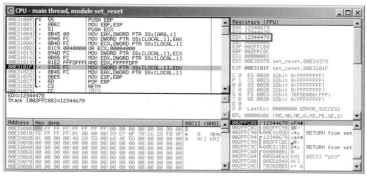

그림 1.97: OllyDbg: AND 명령어 실행

10번째 비트기 해제된다(다시 말해 10번째 비트를 제외한 모든 비트의 값은 그대로 유지됐다).

최종 값은 0x12344478(0b10010001101000100010001111000)이다.

최적화를 수행한 MSVC

최적화 옵션(/Ox)을 설정하고 MSVC로 컴파일하면 좀 더 간결한 코드가 생성된다.

리스트 1.268: 최적화를 수행한 MSVC

```
_a$ = 8              ; 크기 = 4
_f      PROC
    mov     eax, DWORD PTR _a$[esp-4]
    and     eax, -513       ; fffffdffH
    or      eax, 16384  ; 00004000H
    ret     0
_f      ENDP
```

최적화를 수행하지 않은 GCC

최적화 옵션 없이 GCC 4.4.1로 컴파일해보자.

리스트 1.269: 최적화를 수행하지 않은 GCC

```
        public f
f       proc near
```

```
var_4            = dword ptr -4
arg_0            = dword ptr 8

                 push    ebp
                 mov     ebp, esp
                 sub     esp, 10h
                 mov     eax, [ebp+arg_0]
                 mov     [ebp+var_4], eax
                 or      [ebp+var_4], 4000h
                 and     [ebp+var_4], 0FFFFFDFFh
                 mov     eax, [ebp+var_4]
                 leave
                 retn
f                endp
```

불필요한 코드가 있긴 하지만 최적화하지 않는 MSVC의 경우보다는 짧은 코드를 생성했다.

이제는 최적화 옵션 -O3을 지정해 GCC로 컴파일한 결과를 살펴보자.

최적화를 수행한 GCC

리스트 1.270: 최적화를 수행한 GCC

```
                 public f
f                proc near

arg_0            = dword ptr 8

                 push    ebp
                 mov     ebp, esp
                 mov     eax, [ebp+arg_0]
                 pop     ebp
                 or      ah, 40h
                 and     ah, 0FDh
                 retn
f                endp
```

더 짧은 코드가 만들어졌다. 컴파일러가 AH 레지스터를 이용해 EAX 레지스터의 일부를 수정하는 부분에 주목하자. AH는 EAX의 8번째부터 15번째 비트에 해당한다.

바이트							
7번째	6번째	5번째	4번째	3번째	2번째	1번째	0번째
RAX(x64)							
				EAX			
						AX	
						AH	AL

참고: 16비트 CPU 8086 누산기^{Acumulator}의 이름은 **AX**로, 두 개의 8비트 부분인 **AL**(하위 바이트)과 **AH**(상위 바이트)로 구성된다. 80386에서는 거의 모든 레지스터가 32비트로 확장됐고 누산기의 이름은 **EAX**가 됐다. 하지만 호환성을 위해 이전에 사용하던 이름인 **AX/AH/AL**를 이용해 **EAX**의 특정 부분에 접근할 수 있다.

모든 x86 CPU가 16비트 8086 CPU를 계승하기 때문에 이전의 16비트 OP 코드는 새로운 32비트 OP 코드보다 짧다. **or ah, 40h** 명령어의 길이가 단지 3바이트인 이유가 그것이다. **or eax, 04000h**를 생성하는 게 논리적으로는 더 합당하지만, 명령어의 길이가 5바이트 혹은 6바이트(첫 번째 오퍼랜드가 **EAX**가 아닌 경우)가 된다.

최적화를 수행한 GCC와 regparm

최적화 플래그 **-03**를 설정하고 **regparm=3**을 지정하면 더 간단한 코드가 생성된다.

리스트 1.271: 최적화를 수행한 GCC

```
        public f
f       proc near
        push    ebp
        or      ah, 40h
        mov     ebp, esp
        and     ah, 0FDh
        pop     ebp
        retn
f       endp
```

첫 번째 인자가 이미 **EAX**에 로딩돼 있으므로 이를 바로 이용할 수 있다. 함수 프롤로그(push ebp/mov ebp,esp)와 에필로그(pop ebp)를 모두 제거해도 무방하지만 GCC가 그 정도까지 코드 크기를 최적화하진 못했다. 하지만 이렇게 짧은 함수는 인라인 함수(3.11절)로 처리하는 편이 낫다.

ARM + 최적화를 수행한 Keil 6/2013(ARM 모드)

리스트 1.272: 최적화를 수행한 Keil 6/2013(ARM 모드)

```
02 0C C0 E3    BIC    R0, R0, #0x200
01 09 80 E3    ORR    R0, R0, #0x4000
1E FF 2F E1    BX     LR
```

BIC('Bitwise bit Clear')는 특정 비트를 해제하는 명령어다. 수행하는 작업은 AND 명령어와 동일하지만 오퍼랜드의 내용은 반대다. 다시 말해 NOT+AND 명령어 쌍과 유사하다고 할 수 있다.

ORR 명령어는 '논리적 OR'로 x86의 OR 명령어에 해당한다.

지금까지는 쉽다.

ARM + 최적화를 수행한 Keil 6/2013(Thumb 모드)

리스트 1.273: 최적화를 수행한 Keil 6/2013(Thumb 모드)

```
01 21 89 03    MOVS    R1, 0x4000
08 43          ORRS    R0, R1
49 11          ASRS    R1, R1, #5      ; 0x200을 만들고 R1에 저장
88 43          BICS    R0, R1
70 47          BX      LR
```

Keil은 Thumb 모드에서 0x4000을 이용해 0x200을 만든다. 이는 임의의 레지스터에 0x200을 기록하는 것보다 더 간결하다고 Keil이 판단한 것이다.

ASRS('arithmetic shift right')를 이용해 0x4000 >> 5를 수행하면 더 효율적으로 0x200을 생성할 수 있기 때문이다.

ARM + 최적화를 수행한 Xcode 4.6.3(LLVM)(ARM 모드)

리스트 1.274: 최적화를 수행한 Xcode 4.6.3(LLVM)(ARM 모드)

```
42 0C C0 E3    BIC    R0, R0, #0x4200
01 09 80 E3    ORR    R0, R0, #0x4000
1E FF 2F E1    BX     LR
```

LLVM이 생성한 코드는 다음과 같은 소스코드로 표현할 수 있다.

```
REMOVE_BIT (rt, 0x4200);
SET_BIT (rt, 0x4000);
```

코드는 우리가 원하는 동작을 정확히 수행한다. 하지만 왜 **0x4200**일까? 아마도 LLVM 최적화의 결과일 것이다(애플 Xcode 4.6.3에 포함된 LLVM 빌드 2410.2.00을 사용).

컴파일러 최적화 에러로 보이지만 어쨌든 생성된 코드는 올바르게 동작한다.

컴파일러의 이상 동작은 11.4절을 참고하기 바란다.

Thumb 모드를 위한 최적화를 수행한 Xcode 4.6.3(LLVM)도 동일한 코드를 만들어낸다.

ARM: BIC 명령어에 대한 추가 내용

예제를 약간만 변경해보자.

```
int f(int a)
{
    int rt=a;
    REMOVE_BIT (rt, 0x1234);
    return rt;
};
```

ARM 모드에서 최적화를 수행한 Keil 5.03은 다음과 같은 코드를 만든다.

```
f PROC
        BIC     r0,r0,#0x1000
        BIC     r0,r0,#0x234
        BX      lr
        ENDP
```

두 개의 **BIC** 명령어를 볼 수 있다. 즉, 0x1234 비트가 두 단계에 걸쳐 해제된다.

0x1234는 BIC 명령어에 인코딩할 수 없지만 **0x1000**과 **0x234**는 개별적으로 인코딩할 수 있기 때문이다.

ARM64: 최적화를 수행한 GCC(Linaro) 4.9

ARM64에서 최적화를 수행한 GCC는 BIC 대신 AND 명령어를 사용한다.

리스트 1.275: 최적화를 수행한 GCC(Linaro) 4.9

```
f:
        and     w0, w0, -513    ; 0xFFFFFFFFFFFFFDFF
        orr     w0, w0, 16384   ; 0x4000
        ret
```

ARM64: 최적화를 수행하지 않은 GCC(Linaro) 4.9

최적화를 수행하지 않은 GCC는 불필요한 코드도 생성하지만 동작 방식은 최적화 버전과 동일하다.

리스트 1.276: 최적화를 수행하지 않은 GCC(Linaro) 4.9

```
f:
        sub     sp, sp, #32
        str     w0, [sp,12]
        ldr     w0, [sp,12]
        str     w0, [sp,28]
        ldr     w0, [sp,28]
        orr     w0, w0, 16384   ; 0x4000
        str     w0, [sp,28]
        ldr     w0, [sp,28]
        and     w0, w0, -513    ; 0xFFFFFFFFFFFFFDFF
        str     w0, [sp,28]
        ldr     w0, [sp,28]
        add     sp, sp, 32
        ret
```

MIPS

리스트 1.277: 최적화를 수행한 GCC 4.4.5(IDA)

```
f:
; $a0=a
        ori     $a0, 0x4000
; $a0=a|0x4000
        li      $v0, 0xFFFFFDFF
        jr      $ra
```

```
            and       $v0, $a0, $v0
 ; 최종적으로: $v0 = $a0 & $v0 = a|0x4000 & 0xFFFFFDFF
```

ORI 명령어는 물론 OR 연산을 수행한다. 명령어 이름에서 'I'는 기계어 코드에 값이 포함된다는 것을 의미한다.

ORI 명령어 이후에는 AND 명령어에 사용됐다. AND 연산의 경우에는 하나의 명령어에 0xFFFFFDFF를 포함시킬 수 있기 때문에 ANDI 명령어를 사용하지 못했다. 따라서 컴파일러는 먼저 $V0 레지스터에 0xFFFFFDFF를 로드한 다음 그것을 이용해 AND 연산을 수행했다.

1.22.3 시프트

C/C++에서 비트 시프트는 <<와 >> 연산자로 구현된다. x86 ISA에서는 이를 지원하는 SHL('SHift Left') 명령어와 SHR('SHift Right') 명령어가 있다. 시프트 명령어는 2^n(1, 2, 4, 8 등)으로 곱하거나 나누는 연산을 수행할 때 종종 사용된다. 1.18.1절과 1.18.2절을 참고하기 바란다.

시프트 연산은 특정 비트를 분리하거나 여러 개의 흩어진 비트 값을 구성하는 경우에도 종종 사용되기 때문에 중요하다고 할 수 있다.

1.22.4 특정 비트의 설정과 해제: FPU 예

다음은 IEEE 754 형식에서 부동소수점 타입을 나타내는 방식이다.

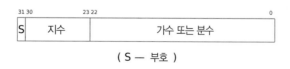

(S — 부호)

수의 부호는 로 나타낸다. FPU 명령어를 이용하지 않고 부동소수점 수의 부호를 변경하는 것이 가능할까?

```
#include <stdio.h>
```

```
float my_abs (float i)
{
    unsigned int tmp=(*(unsigned int*)&i) & 0x7FFFFFFF;
    return *(float*)&tmp;
};

float set_sign (float i)
{
    unsigned int tmp=(*(unsigned int*)&i) | 0x80000000;
    return *(float*)&tmp;
};

float negate (float i)
{
    unsigned int tmp=(*(unsigned int*)&i) ^ 0x80000000;
    return *(float*)&tmp;
};

int main()
{
    printf ("my_abs():\n");
    printf ("%f\n", my_abs (123.456));
    printf ("%f\n", my_abs (-456.123));
    printf ("set_sign():\n");
    printf ("%f\n", set_sign (123.456));
    printf ("%f\n", set_sign (-456.123));
    printf ("negate():\n");
    printf ("%f\n", negate (123.456));
    printf ("%f\n", negate (-456.123));
};
```

그러려면 C/C++에서는 실질적인 변환 없이 부동소수점 값을 복사하거나 부동소수점 값에서 복사하는 트릭이 필요하다. my_abs() 함수는 MSB 비트를 해제하는 함수고, set_sign() 함수는 MSB 비트를 설정하며, negate() 함수는 비트의 값을 뒤집는다.

XOR 연산을 이용하면 비트의 값을 뒤집을 수 있다(2.6절).

x86

코드는 매우 간단하다.

리스트 1.278: 최적화를 수행한 MSVC 2012

```
_tmp$ = 8
_i$ = 8
```

```
_my_abs PROC
        and     DWORD PTR _i$[esp-4], 2147483647 ; 7fffffffH
        fld     DWORD PTR _tmp$[esp-4]
        ret     0
_my_abs ENDP

_tmp$ = 8
_i$ = 8
_set_sign   PROC
        or      DWORD PTR _i$[esp-4], -2147483648 ; 80000000H
        fld     DWORD PTR _tmp$[esp-4]
        ret     0
_set_sign ENDP

_tmp$ = 8
_i$ = 8
_negate PROC
        xor     DWORD PTR _i$[esp-4], -2147483648 ; 80000000H
        fld     DWORD PTR _tmp$[esp-4]
        ret     0
_negate ENDP
```

부동소수점 타입의 입력값을 스택에서 가져오지만 정수 값으로 취급한다.

AND 명령어와 OR 명령어를 이용해 원하는 비트를 설정하거나 해제하며, XOR 명령어는 원하는 비트를 뒤집는다.

마지막으로 수정된 값은 ST0에 로드된다. 즉, ST0 레지스터에 리턴된 부동소수점 수가 로드되기 때문이다.

이제는 x64에서 최적화를 수행한 MSVC 2012의 결과를 살펴보자.

리스트 1.279: 최적화를 수행한 MSVC 2012 x64

```
tmp$ = 8
i$ = 8
my_abs  PROC
        movss   DWORD PTR [rsp+8], xmm0
        mov     eax, DWORD PTR i$[rsp]
        btr     eax, 31
        mov     DWORD PTR tmp$[rsp], eax
        movss   xmm0, DWORD PTR tmp$[rsp]
        ret     0
my_abs  ENDP
_TEXT   ENDS
```

```
tmp$ = 8
i$ = 8
set_sign PROC
        movss   DWORD PTR [rsp+8], xmm0
        mov     eax, DWORD PTR i$[rsp]
        bts     eax, 31
        mov     DWORD PTR tmp$[rsp], eax
        movss   xmm0, DWORD PTR tmp$[rsp]
        ret     0
set_sign ENDP

tmp$ = 8
i$ = 8
negate  PROC
        movss   DWORD PTR [rsp+8], xmm0
        mov     eax, DWORD PTR i$[rsp]
        btc     eax, 31
        mov     DWORD PTR tmp$[rsp], eax
        movss   xmm0, DWORD PTR tmp$[rsp]
        ret     0
negate  ENDP
```

XMM0로 입력값이 전달된 다음 로컬 스택으로 복사된다. 그다음에는 새로운 명령어인 BTR, BTS, BTC 명령어를 볼 수 있다.

이 명령어들은 특정 비트를 해제(BTR)하고, 설정(BTS)하고, 뒤집기(BTC) 위해 사용된다.

마지막으로 Win64 환경에서는 XMM0를 통해 부동소수점 값이 리턴되기 때문에 결국 결괏값은 XMM0로 복사된다.

MIPS

MIPS에서 GCC 4.4.5의 결과는 거의 동일하다.

리스트 1.280: 최적화를 수행한 GCC 4.4.5(IDA)

```
my_abs:
; 코프로세서 1에서 이동
        mfc1    $v1, $f12
        li      $v0, 0x7FFFFFFF
; $v0=0x7FFFFFFF
; AND 연산을 수행:
        and     $v0, $v1
; 코프로세서 1로 이동
```

```
        mtc1    $v0, $f0
; 리턴
        jr      $ra
        or      $at, $zero ; 브랜치 지연 슬롯

set_sign:
; 코프로세서 1에서 이동
        mfc1    $v0, $f12
        lui     $v1, 0x8000
; $v1=0x80000000
; OR 연산을 수행:
        or      $v0, $v1, $v0
; 코프로세서 1로 이동
        mtc1    $v0, $f0
; 리턴
        jr      $ra
        or      $at, $zero ; 브랜치 지연 슬롯

negate:
; 코프로세서 1에서 이동
        mfc1    $v0, $f12
        lui     $v1, 0x8000
; $v1=0x80000000
; XOR 연산 수행:
        xor     $v0, $v1, $v0
; 코프로세서 1으로 이동
        mtc1    $v0, $f0
; 리턴
        jr      $ra
        or      $at, $zero ; 브랜치 지연 슬롯
```

LUI 명령어는 하위 16비트를 해제하기 때문에 0x80000000을 레지스터에 로드하는 데 ORI 명령어를 추가적으로 이용하지 않고 단지 하나의 LUI 명령어를 사용했다.

ARM

최적화를 수행한 Keil 6/2013(ARM 모드)

리스트 1.281: 최적화를 수행한 Keil 6/2013(ARM 모드)

```
my_abs PROC
; 비트를 초기화
        BIC     r0,r0,#0x80000000
        BX      lr
        ENDP
```

```
set_sign PROC
; OR 연산을 수행
        ORR     r0,r0,#0x80000000
        BX      lr
        ENDP

negate  PROC
; XOR 연산을 수행
        EOR     r0,r0,#0x80000000
        BX      lr
        ENDP
```

지금까지는 문제가 없다.

ARM에는 특정 비트를 명시적으로 해제하는 BIC 명령어가 있다. EOR는 XOR('Exclusive OR')와 동일한 ARM 명령어다.

최적화를 수행한 Keil 6/2013(Thumb 모드)

리스트 1.282: 최적화를 수행한 Keil 6/2013(Thumb 모드)

```
my_abs  PROC
        LSLS    r0,r0,#1
; r0=i<<1
        LSRS    r0,r0,#1
; r0=(i<<1)>>1
        BX      lr
        ENDP

set_sign PROC
        MOVS    r1,#1
; r1=1
        LSLS    r1,r1,#31
; r1=1<<31=0x80000000
        ORRS    r0,r0,r1
; r0=r0 | 0x80000000
        BX      lr
        ENDP

negate  PROC
        MOVS    r1,#1
; r1=1
        LSLS    r1,r1,#31
; r1=1<<31=0x80000000
        EORS    r0,r0,r1
; r0=r0 ^ 0x80000000
```

```
        BX      lr
        ENDP
```

ARM에서 Thumb 모드는 16비트 명령어를 제공하며 명령어 안에 그렇게 많은 데이터가 인코딩되지 않는다. 따라서 0x80000000 상수를 만들고자 MOVS/LSLS 명령어 쌍이 사용됐다. 이는 1 << 31 = 0x80000000 연산과 동일하다.

my_abs 함수의 코드는 (i << 1) >> 1을 수행하는데, 이상해 보인다. 무의미해 보이기 때문이다. 하지만 입력값에 대한 << 1 연산은 MSB(부호 비트)를 삭제한다. 이어서 수행되는 >> 1 연산에 의해 모든 비트가 제자리로 돌아온다. 그럼에도 불구하고 MSB 값은 0이 된다. 시프트 연산으로 '새로' 생기는 비트는 항상 그 값이 0이기 때문이다. 이것이 LSLS/LSRS 명령어 쌍이 MSB를 지우는 방법이다.

최적화를 수행한 GCC 4.6.3(라즈베리 파이, ARM 모드)

리스트 1.283: 최적화를 수행한 GCC 4.6.3(라즈베리 파이, ARM 모드)

```
my_abs
; S0에서 R2로 복사
        FMRS    R2, S0
; 비트를 초기화:
        BIC     R3, R2, #0x80000000
; R3에서 S0로 복사
        FMSR    S0, R3
        BX      LR

set_sign
; S0에서 R2로 복사
        FMRS    R2, S0
; OR 연산을 수행
        ORR     R3, R2, #0x80000000
; R3에서 S0로 복사
        FMSR    S0, R3
        BX      LR

negate
; S0에서 R2로 복사
        FMRS    R2, S0
; ADD 연산을 수행
        ADD     R3, R2, #0x80000000
; R3에서 S0로 복사
        FMSR    S0, R3
```

QEMU에서 라즈베리 파일 리눅스를 실행해 ARM FPU를 에뮬레이션해보자. 그러면 부동소수점 수를 위해 R- 레지스터 대신 S- 레지스터를 이용한다.

FMRS 명령어는 GPR에서 FPU로 데이터를 복사한다.

my_abs()와 set_sign() 함수는 이름 그대로 동작한다. 그런데 negate() 함수에서는 왜 XOR 대신 ADD 명령어가 사용됐을까?

믿기 어렵겠지만 ADD 레지스터, 0x80000000 명령어는 XOR 레지스터, 0x80000000과 동일한 작업을 수행한다. 목표는 MSB를 뒤집는 것이므로 우선 XOR 연산은 잠시 잊자. 학교에서 배운 수학을 상기시켜보면 1000과 같은 값을 다른 값에 추가하면 마지막 3자리에는 영향을 미치지 않는다. 예를 들면 1234567 + 10000 = 1244567(마지막 4자리의 수는 변함이 없다).

0x80000000을 바이너리로 변환해보면 0b10000000000000000000000000000000이며, 최상위 비트만 설정돼 있는 것을 확인할 수 있다.

따라서 어떤 값에 0x80000000을 더하더라도 하위 31비트에는 영향을 주지 않으며 단지 MSB에만 영향을 주게 된다. 0에 1을 더하면 1이 되고, 1에 1을 더하면 바이너리 포맷으로 0b10이 되지만, 32비트 MSB가 1인 경우 1을 더하면 0이 된다.

결국 XOR 연산을 수행하는 것과 동일한 효과를 얻을 수 있어 ADD 명령어를 쓸 수 있는 것이다.

GCC가 XOR 대신 왜 ADD 명령어를 사용하기로 결정했는지는 알기 어렵지만 어쨌든 제대로 동작한다.

1.22.5 1로 설정된 비트 수 세기

다음은 입력값에서 1로 설정된 비트의 개수를 계산하는 간단한 함수다.

이를 'population count'(SSE4를 지원하는 최근의 x86 CPU에서는 POPCNT라는 전용 명령어도 지원한다)라고도 한다.

```c
#include <stdio.h>

#define IS_SET(flag, bit) ((flag) & (bit))

int f(unsigned int a)
{
    int i;
    int rt=0;

    for (i=0; i<32; i++)
        if (IS_SET (a, 1<<i))
            rt++;

    return rt;
};

int main()
{
    f(0x12345678); // 테스트
};
```

이 루프에서 반복 카운트 값 `i`는 0에서 31까지 증가하며 `1 << i` 연산에 의해 값이 1에서 `0x80000000`으로 변한다. 이 연산을 말로 설명하면 '1을 왼쪽으로 n비트만큼 시프트하기' 정도가 된다. 즉, `1 << i`문은 32비트 수에서 모든 가능한 비트 위치를 순차적으로 생성한다. 그리고 1이 왼쪽으로 시프트될 때 오른쪽 비트 값은 항상 0이 된다.

`i=0...31`에 대한 `1 << i` 값을 모두 담은 표는 다음과 같다.

C/C++ 표현식	2의 거듭제곱 수	10진수	16진수
1 << 0	2^0	1	1
1 << 1	2^1	2	2
1 << 2	2^2	4	4
1 << 3	2^3	8	8
1 << 4	2^4	16	0x10
1 << 5	2^5	32	0x20
1 << 6	2^6	64	0x40
1 << 7	2^7	128	0x80
1 << 8	2^8	256	0x100
1 << 9	2^9	512	0x200
1 << 10	2^{10}	1024	0x400
1 << 11	2^{11}	2048	0x800
1 << 12	2^{12}	4096	0x1000

1 << 13	2^{13}	8192	0x2000
1 << 14	2^{14}	16384	0x4000
1 << 15	2^{15}	32768	0x8000
1 << 16	2^{16}	65536	0x10000
1 << 17	2^{17}	131072	0x20000
1 << 18	2^{18}	262144	0x40000
1 << 19	2^{19}	524288	0x80000
1 << 20	2^{20}	1048576	0x100000
1 << 21	2^{21}	2097152	0x200000
1 << 22	2^{22}	4194304	0x400000
1 << 23	2^{23}	8388608	0x800000
1 << 24	2^{24}	16777216	0x1000000
1 << 25	2^{25}	33554432	0x2000000
1 << 26	2^{26}	67108864	0x4000000
1 << 27	2^{27}	134217728	0x8000000
1 << 28	2^{28}	268435456	0x10000000
1 << 29	2^{29}	536870912	0x20000000
1 << 30	2^{30}	1073741824	0x40000000
1 << 31	2^{31}	2147483648	0x80000000

이와 같은 상수(비트 마스크) 값은 코드에서 매우 자주 볼 수 있기 때문에 연습을 게을리 하지 않는 리버스 엔지니어라면 이런 값을 재빨리 인식할 수 있어야 한다.

10진수 값은 65536보다 작으며 16진수 값은 매우 쉽게 암기할 수 있을 것이다. 65536 보다 큰 10진수까지 기억할 필요는 없다.

이와 같은 상수 값은 플래그를 특정 비트에 매핑할 때 매우 자주 사용한다. 예를 들면 아파치 2.4.6 소스코드의 ssl_private.h 파일에는 다음과 같은 코드를 볼 수 있다.

```
/**
 * Define the SSL options
 */
#define SSL_OPT_NONE            (0)
#define SSL_OPT_RELSET          (1<<0)
#define SSL_OPT_STDENVVARS      (1<<1)
#define SSL_OPT_EXPORTCERTDATA  (1<<3)
#define SSL_OPT_FAKEBASICAUTH   (1<<4)
#define SSL_OPT_STRICTREQUIRE   (1<<5)
```

```
#define SSL_OPT_OPTRENEGOTIATE      (1<<6)
#define SSL_OPT_LEGACYDNFORMAT      (1<<7)
```

예제로 다시 돌아가 보자.

IS_SET 매크로는 a에서 특정 비트의 설정 여부를 검사한다.

사실 IS_SET 매크로는 논리적 AND 연산을 수행해 특정 비트가 0이면 0을, 1이면 해당
비트 마스크를 리턴한다. C/C++의 if() 연산자는 표현식의 결과가 0이 아니면 참으로
인식한다. 심지어 결괏값이 123456이라고 하더라도 참으로 인식해 if()는 항상 올바
로 동작한다.

x86

MSVC

MSVC 2010의 컴파일 결과를 보자.

리스트 1.284: MSVC 2010

```
_rt$ = -8         ; 크기 = 4
_i$ = -4          ; 크기 = 4
_a$ = 8           ; 크기 = 4
_f  PROC
    push   ebp
    mov    ebp, esp
    sub    esp, 8
    mov    DWORD PTR _rt$[ebp], 0
    mov    DWORD PTR _i$[ebp], 0
    jmp    SHORT $LN4@f
$LN3@f:
    mov    eax, DWORD PTR _i$[ebp]    ; i 증가
    add    eax, 1
    mov    DWORD PTR _i$[ebp], eax
$LN4@f:
    cmp    DWORD PTR _i$[ebp], 32     ; 00000020H
    jge    SHORT $LN2@f               ; 루프 종료?
    mov    edx, 1
    mov    ecx, DWORD PTR _i$[ebp]
    shl    edx, cl                    ; EDX=EDX<<CL
    and    edx, DWORD PTR _a$[ebp]
je SHORT $LN1@f                       ; AND 연산의 수행 결과가 0인가?
```

```
                                              ; 맞으면 다음 명령어를 건너뜀
        mov     eax, DWORD PTR _rt$[ebp]       ; 0이 아님
        add     eax, 1                         ;rt 증가
        mov     DWORD PTR _rt$[ebp], eax
$LN1@f:
        jmp     SHORT $LN3@f
$LN2@f:
        mov     eax, DWORD PTR _rt$[ebp]
        mov     esp, ebp
        pop     ebp
        ret     0
_f  ENDP
```

OllyDbg

예제를 OllyDbg에서 열어보자. 입력값은 0x12345678이다.

i=1일 때 이 값이 ECX에 어떻게 로딩되는지 확인할 수 있다.

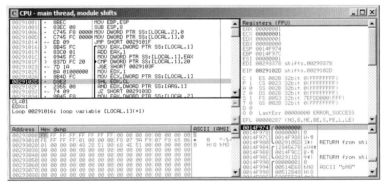

그림 1.98: OllyDbg: i = 1, i가 ECX에 로드

EDX는 1이며 이제 SHL 명령어가 실행된다.

SHL 명령어를 실행한다.

460

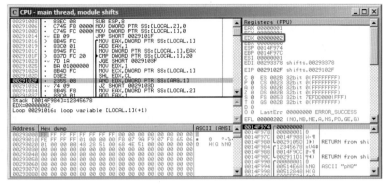

그림 1.99: OllyDbg: i = 1, EDX =1 ≪ 1 = 2

EDX의 값은 1 << 1(즉, 2)이 된다. 이 값이 비트 마스크다.

AND 명령어가 ZF를 1로 설정한다. 이는 입력값(0x12345678)을 2와 AND 연산한 결과가 0이라는 의미다.

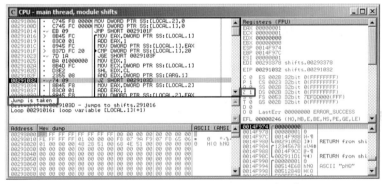

그림 1.100: OllyDbg: i = 1, 입력값에 해당 비트가 있는가? 아니오(FZ=1)

즉, 입력값에는 비트 마스크에 해당하는 비트가 설정돼 있지 않다.

JZ 명령어가 카운터를 증가시키는 코드를 건너뛰기 때문에 카운터는 증가하지 않는다.

i가 4가 될 때까지 실행을 계속한다. 이제는 SHL 명령어가 실행된다.

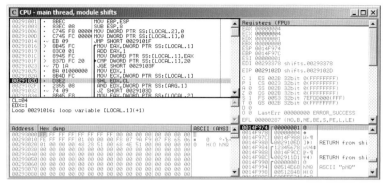

그림 1.101: OllyDbg: i = 4, i가 ECX에 로드

EDX =1 ≪ 4(또는 0x10, 16)인 경우는 다음과 같다.

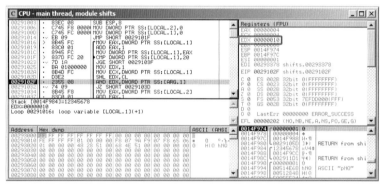

그림 1.102: OllyDbg: i = 4, EDX =1 ≪ 4 = 0x10

다음은 또 다른 비트 마스크다.

AND 명령어를 실행한다.

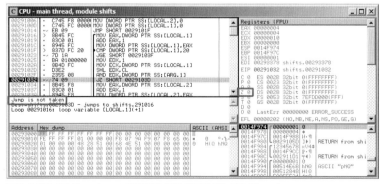

그림 1.103: OllyDbg: i = 4, 입력값에 해당 비트가 있는가? 예(ZF=0)

입력값에는 해당 비트가 설정돼 있기 때문에 ZF가 0이 된다.

실제로 0x12345678 & 0x10 = 0x10이다.

비트가 설정돼 있으므로 점프는 수행되지 않으며 비트 카운터가 증가한다.

함수는 13을 리턴한다. 이는 0x12345678에서 값이 1인 비트의 개수다.

GCC

GCC 4.4.1로 컴파일한 결과는 다음과 같다.

리스트 1.285: GCC 4.4.1

```
                public f
f               proc near

rt              = dword ptr -0Ch
i               = dword ptr -8
arg_0           = dword ptr 8

                push    ebp
                mov     ebp, esp
                push    ebx
                sub     esp, 10h
                mov     [ebp+rt], 0
                mov     [ebp+i], 0
                jmp     short loc_80483EF
loc_80483D0:
                mov     eax, [ebp+i]
                mov     edx, 1
                mov     ebx, edx
                mov     ecx, eax
                shl     ebx, cl
                mov     eax, ebx
                and     eax, [ebp+arg_0]
                test    eax, eax
                jz      short loc_80483EB
                add     [ebp+rt], 1
loc_80483EB:
                add     [ebp+i], 1
loc_80483EF:
                cmp     [ebp+i], 1Fh
                jle     short loc_80483D0
                mov     eax, [ebp+rt]
                add     esp, 10h
                pop     ebx
```

```
        pop     ebp
        retn
f               endp
```

x64

예제 코드를 약간 수정해 64비트로 확장해보자.

```c
#include <stdio.h>
#include <stdint.h>

#define IS_SET(flag, bit) ((flag) & (bit))

int f(uint64_t a)
{
    uint64_t i;
    int rt=0;

    for (i=0; i<64; i++)
        if (IS_SET (a, 1ULL<<i))
            rt++;

    return rt;
};
```

최적화를 수행하지 않은 GCC 4.8.2

지금까지는 매우 쉽다.

리스트 1.286: 최적화를 수행하지 않은 GCC 4.8.2

```
f:
        push    rbp
        mov     rbp, rsp
        mov     QWORD PTR [rbp-24], rdi    ; a
        mov     DWORD PTR [rbp-12], 0  ; rt=0
        mov     QWORD PTR [rbp-8], 0     ; i=0
        jmp     .L2
.L4:
        mov     rax, QWORD PTR [rbp-8]
        mov     rdx, QWORD PTR [rbp-24]
; RAX = i, RDX = a
        mov     ecx, eax
; ECX = i
```

```
        shr     rdx, cl
; RDX = RDX>>CL = a>>i
        mov     rax, rdx
; RAX = RDX = a>>i
        and     eax, 1
; EAX = EAX&1 = (a>>i)&1
        test    rax, rax
; 마지막 비트가 0인가?
; 맞으면 다음 ADD 명령 건너뜀
        je      .L3
        add     DWORD PTR [rbp-12], 1       ; rt++
.L3:
        add     QWORD PTR [rbp-8], 1        ; i++
.L2:
        cmp     QWORD PTR [rbp-8], 63       ; i<63?
        jbe     .L4                         ; 맞으면 루프 내 코드로 점프
        mov     eax, DWORD PTR [rbp-12]     ; return rt
        pop     rbp
        ret
```

최적화를 수행한 GCC 4.8.2

리스트 1.287: 최적화를 수행한 GCC 4.8.2

```
 1  f:
 2      xor     eax, eax            ; rt 변수는 EAX 레지스터에 저장된다.
 3      xor     ecx, ecx            ; i 변수는 ECX 레지스터에 저장된다.
 4  .L3:
 5      mov     rsi, rdi            ; 입력값 로드
 6      lea     edx, [rax+1]        ; EDX=EAX+1
 7  ; 여기서 EDX는 '새로운 버전의 rt'.
 8  ; 마지막 비트가 1이면 rt 변수에 값이 저장된다.
 9      shr     rsi, cl             ; RSI=RSI>>CL
10      and     esi, 1              ; ESI=ESI&1
11  ; 마지막 비트가 1인가? 그렇다면 '새로운 버전의 rt'를 EAX에 기록
12      cmovne  eax, edx
13      add     rcx, 1  ; RCX++
14      cmp     rcx, 64
15      jne     .L3
16      rep     ret                 ; fatret라고도 함
```

이 코드는 좀 더 간단하지만 이해하기 힘든 부분도 있다.

이제까지 살펴본 예제에서는 특정 비트를 1과 비교한 후에 rt 값을 증가시켰지만, 이번

코드는 **rt**를 먼저 증가시키고(6번 줄) 새로운 값을 EDX 레지스터에 기록한다. 그리고 마지막 비트가 1이면 **CMOVNE**('Conditional MOVe if Not Equal') 명령어(**CMOVNZ** 'Conditional MOVe if Not Zero'와 이름만 다른 동일 명령어)를 이용해 **EDX**(제안된 rt 값) 값을 **EAX**(함수 종료 시점에 리턴할 '현재 rt')에 기록하는 방식으로 새로운 **rt** 값을 반영한다.

결과적으로 입력값과 상관없이 매 루프마다, 즉 64번 동안 카운터를 증가시킨다.

이 코드의 장점은 조건부 점프를 두 개(rt 값을 증가시키는 것을 건너뛰기 위한 점프와 루프 마지막 부분의 점프)가 아닌 하나(루프 마지막 부분의 점프)만 사용한다는 것이다. 이런 코드는 분기 예측기(2.10.1절)를 지원하는 최신 CPU에서 좀 더 빠르게 수행된다.

마지막 명령어는 **REP RET**(OP 코드 F3 C3)는 MSVC에서 **FATRET**라고 부른다. 이는 최적화된 버전의 **RET** 명령어로, AMD에서는 **RET**가 조건부 점프 바로 다음에 나올 때 함수의 끝부분에 사용하도록 권장하고 있다(『Software Optimization Guide for AMD Family 16h Processors』(2013)의 15페이지).[82]

최적화를 수행한 MSVC 2010

리스트 1.288: 최적화를 수행한 MSVC 2010

```
a$ = 8
f       PROC
; RCX = 입력값
        xor     eax, eax
        mov     edx, 1
        lea     r8d, QWORD PTR [rax+64]
; R8D=64
        npad    5
$LL4@f:
        test    rdx, rcx
; 입력값에 해당 비트가 없는가?
; 없으면 다음 INC 명령어 건너뜀
        je      SHORT $LN3@f
        inc     eax             ; rt++
$LN3@f:
        rol     rdx, 1          ; RDX=RDX<<1
```

여기서는 **SHL**(좌측 시프트) 대신 **ROL**(좌측 회전) 명령어를 사용하지만 이 예제에서의 동

---

82. 좀 더 자세한 정보는 http://go.yurichev.com/17328 참고

작은 SHL과 동일하다.

회전 명령어에 대한 내용은 부록의 1.6절을 참고하기 바란다.

R8의 값은 64에서 0으로 줄어든다. 변수 i를 거꾸로 증가시키는 것이다.

다음은 실행 중일 때의 레지스터 값을 나타낸 테이블이다.

RDX	R8
0x0000000000000001	64
0x0000000000000002	63
0x0000000000000004	62
0x0000000000000008	61
...	...
0x4000000000000000	2
0x8000000000000000	1

마지막에는 1.22.5절에서 다룬 FATRET 명령어를 볼 수 있다.

최적화를 수행한 MSVC 2012

리스트 1.289: 최적화를 수행한 MSVC 2012

```
a$ = 8
f       PROC
; RCX = 입력값
        xor     eax, eax
        mov     edx, 1
        lea     r8d, QWORD PTR [rax+32]
; EDX = 1, R8D = 32
        npad    5
$LL4@f:
; pass 1 -----------------------------
        test    rdx, rcx
        je      SHORT $LN3@f
        inc     eax     ; rt++
$LN3@f:
        rol     rdx, 1  ; RDX=RDX<<1
; -----------------------------------
; pass 2 -----------------------------
        test    rdx, rcx
        je      SHORT $LN11@f
        inc     eax     ; rt++
```

```
$LN11@f:
        rol     rdx, 1  ; RDX=RDX<<1
; -----------------------------------
        dec     r8      ; R8--
        jne     SHORT $LL4@f
        fatret  0
f   ENDP
```

최적화를 수행한 MSVC 2012는 2010과 거의 동일한 코드를 생성하지만 어째서인지 두 개의 동일한 루프 코드를 생성했고 루프 카운트는 이제 64가 아닌 32다.

솔직히 말해 이유를 말하는 것은 어렵다. 최적화 트릭의 하나일까? 루프 내 코드가 좀 더 길면 좋다고 판단한 것일 수도 있다.

어쨌든 컴파일러 출력이 때로는 정말 이상하고 비논리적이지만 완벽히 동작한다는 사실을 보여주고 싶어 이 코드를 의도적으로 포함시켰다.

ARM + 최적화를 수행한 Xcode 4.6.3(LLVM)(ARM 모드)

리스트 1.290: 최적화를 수행한 Xcode 4.6.3(LLVM)(ARM 모드)

```
        MOV     R1, R0
        MOV     R0, #0
        MOV     R2, #1
        MOV     R3, R0
loc_2E54
        TST     R1, R2,LSL R3   ; R1 & (R2<<R3) 결과에 따라 플래그를 설정
        ADD     R3, R3, #1      ; R3++
        ADDNE   R0, R0, #1      ; TST가 ZF 플래그를 해제했으면 R0++
        CMP     R3, #32
        BNE     loc_2E54
        BX      LR
```

TST는 x86의 TEST 명령어와 동일하다.

3.9.3절에서도 언급했듯이 ARM 모드에는 별도의 시프트 명령어가 없다. 하지만 LSL('Logical Shift Left'), LSR('Logical Shift Righ'), ASR('Arithmetic Shift Right'), ROR('Rotate Right'), RRX('Rotate Right with Extend') 등의 수정자를 MOV, TST, CMP, ADD, SUB, RSB(이런 명령어를 '데이터 처리 명령어'라고 한다) 등의 명령어에 추가할 수 있다.

수정자는 두 번째 오퍼랜드를 어떻게 얼마나 시프트해야 하는지 정의한다.

따라서 TST R1, R2, LSL R3 명령어의 동작은 R1 ^ (R2 << R3)이다.

ARM + 최적화를 수행한 Xcode 4.6.3(LLVM)(Thumb-2 모드)

이전 예제와 거의 동일하지만 하나의 TST 명령어 대신 두 개의 LSL.W/TST 명령어가 사용됐다. Thumb 모드에서는 TST에 LSL 수정자를 직접 정의할 수 없기 때문이다.

```
        MOV     R1, R0
        MOVS    R0, #0
        MOV.W   R9, #1
        MOVS    R3, #0
loc_2F7A
        LSL.W   R2, R9, R3
        TST     R2, R1
        ADD.W   R3, R3, #1
        IT      NE
        ADDNE   R0, #1
        CMP     R3, #32
        BNE     loc_2F7A
        BX      LR
```

ARM64 + 최적화를 수행한 GCC 4.9

1.22.5절에서 사용된 64비트 예제를 이용해보자.

리스트 1.291: 최적화를 수행한 GCC(Linaro) 4.8

```
f:
        mov     w2, 0   ; rt=0
        mov     x5, 1
        mov     w1, w2
.L2:
        lsl     x4, x5, x1  ; w4 = w5<<w1 = 1<<i
        add     w3, w2, 1   ; new_rt=rt+1
        tst     x4, x0      ; (1<<i) & a
        add     w1, w1, 1   ; i++
; TST의 결과가 0이 아닌가?
; 0이 아니면 w2=w3, rt=new_rt
; 0이면: w2=w2, rt=rt(무의미한 연산)
        csel    w2, w3, w2, ne
        cmp     w1, 64      ; i<64?
```

```
        bne     .L2         ; 예
        mov     w0, w2      ; rt 리턴
        ret
```

이 코드는 GCC가 x64용으로 생성한 코드(리스트 1.287)와 매우 유사하다.

CSEL 명령어는 'Conditional SELect'로 TST가 설정한 플래그에 따라 두 개의 변수 중 하나를 선택해 rt 변수를 저장하는 레지스터인 W2로 복사한다.

ARM64 + 최적화를 수행하지 않은 GCC 4.9

1.22.5절에서 사용된 64비트 예제를 다시 한 번 사용할 것이다.

최적화를 수행하지 않은 코드는 예상대로 내용이 많다.

리스트 1.292: 최적화를 수행하지 않은 GCC(Linaro) 4.8

```
f:
        sub     sp, sp, #32
        str     x0, [sp,8]      ; 레지스터 저장 영역에 "a" 값을 저장
        str     wzr, [sp,24]    ; rt=0
        str     wzr, [sp,28]    ; i=0
        b       .L2
.L4:
        ldr     w0, [sp,28]
        mov     x1, 1
        lsl     x0, x1, x0  ; X0 = X1<<X0 = 1<<i
        mov     x1, x0
; X1 = 1<<i
        ldr     x0, [sp,8]
; X0 = a
        and     x0, x1, x0
; X0 = X1&X0 = (1<<i) & a
; X0가 0인가? 그렇다면 rt 증가시키지 않고 .L3로 점프
        cmp     x0, xzr
        beq     .L3
; rt++
        ldr     w0, [sp,24]
        add     w0, w0, 1
        str     w0, [sp,24]
.L3:
; i++
        ldr     w0, [sp,28]
        add     w0, w0, 1
```

```
        str     w0, [sp,28]
.L2:
; i<=63이면 .L4로 점프
        ldr     w0, [sp,28]
        cmp     w0, 63
        ble     .L4
; rt 리턴
        ldr     w0, [sp,24]
        add     sp, sp, 32
        ret
```

MIPS

최적화를 수행하지 않은 GCC

리스트 1.293: 최적화를 수행하지 않은 GCC 4.4.5(IDA)

```
f:
; IDA는 변수 이름을 알지 못하기 때문에 임의로 변수 이름을 부여했다.
rt              = -0x10
i               = -0xC
var_4           = -4
a               = 0

                addiu   $sp, -0x18
                sw      $fp, 0x18+var_4($sp)
                move    $fp, $sp
                sw      $a0, 0x18+a($fp)
; rt와 i 변수를 0으로 초기화
                sw      $zero, 0x18+rt($fp)
                sw      $zero, 0x18+i($fp)
; 루프를 검사하는 명령어로 점프
                b       loc_68
                or      $at, $zero      ; 브랜치 지연 슬롯, NOP
loc_20:
                li      $v1, 1
                lw      $v0, 0x18+i($fp)
                or      $at, $zero      ; 로드 지연 슬롯, NOP
                sllv    $v0, $v1, $v0
; $v0 = 1<<i
                move    $v1, $v0
                lw      $v0, 0x18+a($fp)
                or      $at, $zero      ; 로드 지연 슬롯, NOP
                and     $v0, $v1, $v0
; $v0 = a & (1<<i)
; a & (1<<i)이 0인가? 그렇다면 loc_58로 점프:
```

```
                beqz    $v0, loc_58
                or      $at, $zero
; a & (1<<i)!=0이면 점프를 수행하지 않으며 "rt"를 증가시킨다.
                lw      $v0, 0x18+rt($fp)
                or      $at, $zero      ; 로드 지연 슬롯, NOP
                addiu   $v0, 1
                sw      $v0, 0x18+rt($fp)
loc_58:
; i 증가:
                lw      $v0, 0x18+i($fp)
                or      $at, $zero      ; 로드 지연 슬롯, NOP
                addiu   $v0, 1
                sw      $v0, 0x18+i($fp)
loc_68:
; i를 로드하고 0x20 (32)과 비교.
; 0x20(32)보다 작으면 loc_20으로 점프:
                lw      $v0, 0x18+i($fp)
                or      $at, $zero      ; 로드 지연 슬롯, NOP
                slti    $v0, 0x20 # ' '
                bnez    $v0, loc_20
                or      $at, $zero      ; 브랜치 지연 슬롯, NOP
; 함수 에필로드. rt를 리턴:
                lw      $v0, 0x18+rt($fp)
                move    $sp, $fp        ; 로드 지연 슬롯
                lw      $fp, 0x18+var_4($sp)
                addiu   $sp, 0x18       ; 로드 지연 슬롯
                jr      $ra
                or      $at, $zero      ; 브랜치 지연 슬롯, NOP
```

코드의 내용이 많다. 모든 지역 변수는 로컬 스택에 위치하고 필요할 때마다 각각 다시 로드해 사용한다.

SLLV 명령어는 'Shift Word Left Logical Variable'의 약자로, SLL 명령어(결과적으로 고정)와 다른 점은 시프트되는 양이 SLL 명령어에 인코딩되며 시프트 되는 양은 레지스터에서 가져온다는 점이다.

최적화를 수행한 GCC

최적화를 수행한 GCC의 결과에서는 하나가 아닌 두 개의 시프트 명령어를 사용하고 있다. 그 이유는 무엇일까?

첫 번째 SLLV 명령어를 두 번째 SLLV 명령어로 바로 점프시키는 명령어로 교체하는 것

이 가능하다. 하지만 그것 또한 함수 내에서의 또 다른 분기 명령어며, 분기 명령어에서는 항상 제거하는 것이 좋다(2.10.1절).

리스트 1.294: 최적화를 수행한 GCC 4.4.5(IDA)

```
f:
; $a0=a
; rt 변수는 항상 $v0에 위치한다.
        move    $v0, $zero
; i 변수는 항상 $v1에 위치한다.
        move    $v1, $zero
        li      $t0, 1
        li      $a3, 32
        sllv    $a1, $t0, $v1
; $a1 = $t0<<$v1 = 1<<i
loc_14:
        and     $a1, $a0
; $a1 = a&(1<<i)
; i 증가:
        addiu   $v1, 1
; a&(1<<i)==0 이면 loc_28로 점프하고 rt를 증가시킨다.
        beqz    $a1, loc_28
        addiu   $a2, $v0, 1
; BEQZ가 참이 아니면 업데이트된 rot를 $v0에 저장한다.
        move    $v0, $a2
loc_28:
; i!=32이면 loc_14로 점프하고 다음에 시프트되는 값을 준비한다.
        bne     $v1, $a3, loc_14
        sllv    $a1, $t0, $v1
; 리턴
        jr      $ra
        or      $at, $zero  ; 브랜치 지연 슬롯, NOP
```

1.22.6 결론

C/C++의 시프트 연산자 <<와 >>에 해당하는 x86 시프트 명령어는 SHR/SHL(부호 없는 값)과 SAR/SHL(부호 있는 값)이다.

ARM에서 시프트 명령어는 LSR/LSL(부호 없는 값)과 ASR/LSL(부호 있는 값)이다. '데이터 처리 명령어'로 불리는 명령어에는 시프트 연산을 수행하기 위한 확장자를 붙일 수 있다.

특정 비트 검사(컴파일 단계에서 알 수 있는 경우)

레지스터의 값에 0b1000000 비트(0x40)가 존재하는지 확인하는 코드는 다음과 같다.

리스트 1.295: C/C++

```
if (input&0x40)
    ...
```

리스트 1.296: x86

```
TEST    REG, 40h
JNZ     is_set
; 해당 비트가 설정돼 있지 않음
```

리스트 1.297: x86

```
TEST    REG, 40h
JZ      is_cleared
; 해당 비트가 설정돼 있음
```

리스트 1.298: ARM(ARM 모드)

```
TST     REG, #0x40
BNE     is_set
; 해당 비트가 설정돼 있지 않음
```

때로는 **TEST** 대신 **AND**를 사용하기도 하지만 그때도 플래그는 동일한 방식으로 설정된다.

특정 비트 검사(런타임에 결정되는 경우)

다음의 C/C++ 코드는 값을 우측으로 n비트 시프트한 다음 최하위 비트만을 구하는 작업을 수행한다.

리스트 1.299: C/C++

```
if ((value>>n)&1)
    ....
```

x86에서는 주로 다음과 같이 구현된다.

```
; REG=input_value
; CL=n
SHR     REG, CL
AND     REG, 1
```

다음 코드처럼 1을 왼쪽으로 n번 시프트해 입력값의 해당 비트가 0이 아닌지 검사하는 루틴도 자주 사용된다.

```
if (value & (1<<n))
    ....
```

x86에서는 주로 다음과 같이 구현된다.

```
; CL=n
MOV     REG, 1
SHL     REG, CL
AND     input_value, REG
```

특정 비트 설정(컴파일 단계에서 알 수 있는 경우)

리스트 1.301: C/C++

```
value=value|0x40;
```

리스트 1.302: x86

```
OR      REG, 40h
```

리스트 1.303: ARM(ARM 모드)와 ARM64

```
ORR     R0, R0, #0x40
```

특정 비트 설정(런타임에 결정되는 경우)

리스트 1.304: C/C++

```
value=value|(1<<n);
```

x86에서는 주로 다음과 같이 구현된다.

리스트 1.305: x86

```
; CL=n
MOV    REG, 1
SHL    REG, CL
OR     input_value, REG
```

특정 비트 해제(컴파일 단계에서 알 수 있는 경우)

비트 단위로 뒤집은 값과 AND 연산을 수행하면 된다.

리스트 1.306: C/C++

```
value=value&(~0x40);
```

리스트 1.307: x86

```
AND    REG, 0FFFFFFBFh
```

리스트 1.308: x64

```
AND    REG, 0FFFFFFFFFFFFFFBFh
```

이 코드는 실제로 한 비트를 제외한 모든 비트의 값을 그대로 유지한다.

ARM 모드에서는 NOT + AND 명령어 쌍과 동일하게 동작하는 BIC 명령어를 지원한다.

리스트 1.309: ARM(ARM 모드)

```
BIC    R0, R0, #0x40
```

특정 비트 해제(런타임에 결정되는 경우)

리스트 1.310: C/C++

```
value=value&(~(1<<n));
```

```
; CL=n
MOV     REG, 1
SHL     REG, CL
NOT     REG
AND     input_value, REG
```

1.22.7 연습

- http://challenges.re/67

- http://challenges.re/68

- http://challenges.re/69

- http://challenges.re/70

1.23 의사 난수 생성기로서의 선형 합동 생성기

선형 합동 생성기는 난수를 생성하는 가장 간단한 방법일 것이다.

요즘에는 그렇게 각광받지는 않지만[83] 너무 간단(단 하나의 곱셈, 하나의 덧셈, AND 연산)해서 예제로 사용하는 데 적당하다.

```
#include <stdint.h>

// Numerical Recipes 책에서 가져온 상수
#define RNG_a 1664525
#define RNG_c 1013904223

static uint32_t rand_state;

void my_srand (uint32_t init)
{
    rand_state=init;
}

int my_rand ()
{
    rand_state=rand_state*RNG_a;
```

---

83. 메르센 트위스터(Mersenne Twister)가 좀 더 낫다.

```
    rand_state=rand_state+RNG_c;
    return rand_state & 0x7fff;
}
```

두 개의 함수 중 첫 번째는 내부 상태 값을 초기화하는 함수고 두 번째는 의사 난수를 만드는 함수다.

두 개의 상수가 사용되는 것을 볼 수 있는데, 윌리엄 H. 프레지스, 사울 A. 투콜스키, 윌리엄 T. 베터링과 브라이언 P. 플래너리의 『Numerical Recipes』(2007)에서 가져온 것이다.

해당 상수를 C/C++에서는 #define 매크로로 정의했다.

C/C++ 매크로와 상수의 차이점은, 모든 매크로는 C/C++ 선행 처리기에 의해 정의된 값으로 교체되며 변수처럼 메모리를 차지하지 않는다는 것이다.

반대로 상수는 읽기 전용 변수로 취급된다.

또한 상수 변수에 대해서는 포인터(또는 주소)를 사용할 수 있지만 매크로는 그럴 수 없다.

맨 마지막의 AND 연산은 C 함수인 my_rand()가 0..32767 사이의 값을 반환해야 하기 때문에 수행됐다.

32비트의 의사 난수 값을 만들고자 한다면 마지막의 AND 연산을 빼면 된다.

1.23.1 x86

리스트 1.312: 최적화를 수행한 MSVC 2013

```
_BSS    SEGMENT
_rand_state DD 01H DUP (?)
_BSS    ENDS

_init$ = 8
_srand  PROC
        mov     eax, DWORD PTR _init$[esp-4]
        mov     DWORD PTR _rand_state, eax
        ret     0
_srand  ENDP
```

```
_TEXT   SEGMENT
_rand   PROC
        imul    eax, DWORD PTR _rand_state, 1664525
        add     eax, 1013904223         ; 3c6ef35fH
        mov     DWORD PTR _rand_state, eax
        and     eax, 32767              ; 00007fffH
        ret     0
_rand   ENDP

_TEXT   ENDS
```

두 상수 값이 코드에 삽입돼 있는 것을 볼 수 있다. 따라서 해당 상수 값용 메모리가 할당되지 않는다.

my_srand() 함수는 단순히 입력값을 내부 변수인 rand_state로 복사한다.

my_rand() 함수는 rand_state 값을 가져와 새로운 rand_state 값을 만들고 EAX 레지스터에 저장한다.

최적화를 수행하지 않은 코드는 좀 더 내용이 많다.

리스트 1.313: 최적화를 수행하지 않은 MSVC 2013

```
_BSS    SEGMENT
_rand_state DD  01H DUP (?)
_BSS    ENDS

_init$ = 8
_srand  PROC
        push    ebp
        mov     ebp, esp
        mov     eax, DWORD PTR _init$[ebp]
        mov     DWORD PTR _rand_state, eax
        pop     ebp
        ret     0
_srand  ENDP

_TEXT   SEGMENT
_rand   PROC
        push    ebp
        mov     ebp, esp
        imul    eax, DWORD PTR _rand_state, 1664525
        mov     DWORD PTR _rand_state, eax
        mov     ecx, DWORD PTR _rand_state
        add     ecx, 1013904223         ; 3c6ef35fH
        mov     DWORD PTR _rand_state, ecx
```

```
            mov      eax, DWORD PTR _rand_state
            and      eax, 32767      ; 00007fffH
            pop      ebp
            ret      0
_rand     ENDP

_TEXT     ENDS
```

1.23.2 x64

x64 버전의 코드도 거의 동일하며 64비트 레지스터 대신 32비트 레지스터를 사용한다 (왜냐하면 int 변수를 사용하기 때문이다).

하지만 my_srand() 함수는 스택이 아닌 ECX 레지스터를 통해 입력값을 전달받는다.

리스트 1.314: 최적화를 수행한 MSVC 2013 x64

```
_BSS      SEGMENT
rand_state DD   01H DUP (?)
_BSS      ENDS

init$ = 8
my_srand   PROC
; ECX = 입력값
            mov      DWORD PTR rand_state, ecx
            ret      0
my_srand   ENDP

_TEXT      SEGMENT
my_rand    PROC
            imul     eax, DWORD PTR rand_state, 1664525    ; 0019660dH
            add      eax, 1013904223                       ; 3c6ef35fH
            mov      DWORD PTR rand_state, eax
            and      eax, 32767                            ; 00007fffH
            ret      0
my_rand    ENDP

_TEXT      ENDS
```

GCC 컴파일러는 거의 동일한 코드를 만들어낸다.

1.23.3 32비트 ARM

리스트 1.315: 최적화를 수행한 Keil 6/2013(ARM 모드)

```
my_srand    PROC
        LDR     r1,|L0.52| ; rand_state에 대한 포인터 로드
        STR     r0,[r1,#0] ; rand_state 저장
        BX      lr
        ENDP

my_rand     PROC
        LDR     r0,|L0.52| ; rand_state에 대한 포인터 로드
        LDR     r2,|L0.56| ; RNG_a 로드
        LDR     r1,[r0,#0] ; rand_state 로드
        MUL     r1,r2,r1
        LDR     r2,|L0.60| ; RNG_c 로드
        ADD     r1,r1,r2
        STR     r1,[r0,#0] ; rand_state 저장
; 0x7FFF로 AND 연산 수행:
        LSL     r0,r1,#17
        LSR     r0,r0,#17
        BX      lr
        ENDP

|L0.52|
        DCD     ||.data||
|L0.56|
        DCD     0x0019660d
|L0.60|
        DCD     0x3c6ef35f

        AREA ||.data||, DATA, ALIGN=2

rand_state
        DCD     0x00000000
```

ARM 명령어에는 32비트 상수를 삽입하는 것이 불가능하다. 따라서 Keil은 해당 상수 값들을 외부에 두고 로드하는 추가적인 작업을 수행해야만 한다. 흥미로운 점은 0x7FFF 상수 값도 명령어에 삽입할 수 없다는 것이다. 결국 Keil은 **rand_state**를 왼쪽으로 17비트 시프트 연산한 다음 그것을 다시 오른쪽으로 17비트 시프트 연산을 수행했다. 이는 C/C++에서 (rand_state ≪ 17) ≫ 17과 동일하다고 할 수 있다. 이것이 의미 없는 연산처럼 보일 수 있지만 상위 17비트를 지우고 하위 15비트를 그대로 유지시키기 위한 연산이다.

최적화를 수행한 Keil의 Thumb 모드 코드도 거의 동일한 코드를 만들어냈다.

1.23.4 MIPS

리스트 1.316: 최적화를 수행한 GCC 4.4.5(IDA)

```
my_srand:
; $a0를 rand_state에 저장
        lui     $v0, (rand_state >> 16)
        jr      $ra
        sw      $a0, rand_state
my_rand:
; rand_state를 $v0에 로드
        lui     $v1, (rand_state >> 16)
        lw      $v0, rand_state
        or      $at, $zero  ; 로드 지연 슬롯
; rand_state in $v0의 rand_state 값에 1664525(RNG_a)를 곱한다.
        sll     $a1, $v0, 2
        sll     $a0, $v0, 4
        addu    $a0, $a1, $a0
        sll     $a1, $a0, 6
        subu    $a0, $a1, $a0
        addu    $a0, $v0
        sll     $a1, $a0, 5
        addu    $a0, $a1
        sll     $a0, 3
        addu    $v0, $a0, $v0
        sll     $a0, $v0, 2
        addu    $v0, $a0
; 1013904223(RNG_c)를 더한다.
; IDA는 LUI 명령어와 ORI 명령어를 LI 명령어로 통합
        li      $a0, 0x3C6EF35F
        addu    $v0, $a0
; rand_state로 저장
        sw      $v0, (rand_state & 0xFFFF)($v1)
        jr      $ra
        andi    $v0, 0x7FFF  ; 브랜치 지연 슬롯
```

이 코드에서는 단지 하나의 상수 값(0x3C6EF35F 또는 1013904223)만 볼 수 있다. 그렇다면 다른 하나(1664525)는 어디에 있는 것일까?

1664525를 곱하는 연산이 시프트와 더하기 연산으로 대체된 것으로 보인다. 이 가정을 확인해보자.

```
#define RNG_a 1664525

int f (int a)
```

```
{
    return a*RNG_a;
}
```

리스트 1.317: 최적화를 수행한 GCC 4.4.5(IDA)

```
f:
        sll     $v1, $a0, 2
        sll     $v0, $a0, 4
        addu    $v0, $v1, $v0
        sll     $v1, $v0, 6
        subu    $v0, $v1, $v0
        addu    $v0, $a0
        sll     $v1, $v0, 5
        addu    $v0, $v1
        sll     $v0, 3
        addu    $a0, $v0, $a0
        sll     $v0, $a0, 2
        jr      $ra
        addu    $v0, $a0, $v0    ; 브랜치 지연 슬롯
```

가정이 맞았다.

MIPS 재배치

메모리에서 저장하는 것과 메모리에서 로드하는 작업이 실제로 어떻게 작동하는지에
초점을 맞출 것이다.

다음 코드는 IDA로 열어본 것이며 몇 가지 세부 사항을 제거했다.

디스어셈블된 리스트를 구하고 그것을 다시 재배치하고자 objdump를 두 번 사용할
것이다.

리스트 1.318: 최적화를 수행한 GCC 4.4.5(objdump)

```
# objdump -D rand_O3.o

...
00000000 <my_srand>:
    0:    3c020000    lui    v0,0x0
    4:    03e00008    jr     ra
    8:    ac440000    sw     a0,0(v0)

0000000c <my_rand>:
```

```
   c:    3c030000        lui     v1,0x0
  10:    8c620000        lw  v0,0(v1)
  14:    00200825        move    at,at
  18:    00022880        sll     a1,v0,0x2
  1c:    00022100        sll     a0,v0,0x4
  20:    00a42021        addu    a0,a1,a0
  24:    00042980        sll     a1,a0,0x6
  28:    00a42023        subu    a0,a1,a0
  2c:    00822021        addu    a0,a0,v0
  30:    00042940        sll     a1,a0,0x5
  34:    00852021        addu    a0,a0,a1
  38:    000420c0        sll     a0,a0,0x3
  3c:    00821021        addu    v0,a0,v0
  40:    00022080        sll     a0,v0,0x2
  44:    00441021        addu    v0,v0,a0
  48:    3c043c6e        lui     a0,0x3c6e
  4c:    3484f35f        ori     a0,a0,0xf35f
  50:    00441021        addu    v0,v0,a0
  54:    ac620000        sw      v0,0(v1)
  58:    03e00008        jr      ra
  5c:    30427fff        andi    v0,v0,0x7fff
...
# objdump -r rand_03.o

...
RELOCATION RECORDS FOR [.text]:
OFFSET   TYPE                VALUE
00000000 R_MIPS_HI16         .bss
00000008 R_MIPS_LO16         .bss
0000000c R_MIPS_HI16         .bss
00000010 R_MIPS_LO16         .bss
00000054 R_MIPS_LO16         .bss
...
```

my_srand() 함수에 대한 두 개의 재배치를 살펴보자.

첫 번째는 주소가 0이고 R_MIPS_HI16 타입이며, 두 번째는 주소가 8이고 타입이 R_MIPS_LO16이다.

이는 .bss 세그먼트의 시작 주소가 0(주소의 상위 부분)와 8(주소의 하위 부분)인 명령어에 기록된다는 것을 의미한다.

rand_state 변수는 .bss 세그먼트의 시작 부분이 위치한다.

따라서 LUI와 SW 명령어의 오퍼랜드에서 0이 표시된다. 그곳에 아직 아무것도 없기 때문이며, 컴파일러는 그곳에 무엇을 기록해야 할지 모른다.

링커가 이를 교정하는 것이다. LUI 명령어의 오퍼랜드에 주소의 상위 부분을 기록하고 SW 명령어의 오퍼랜드에 주소의 하위 부분을 기록하는 것이다.

SW 명령어는 주소의 하위 부분과 레지스터 $V0에 있는 것(주소의 상위 부분)을 더한다.

my_rand() 함수의 경우도 동일하다. R_MIPS_HI16에 의해 링커는 .bss 세그먼트의 상위 부분을 LUI 명령어에 기록한다.

따라서 rand_state 변수 주소의 상위 부분은 $V1 레지스터에 위치하게 된다.

주소 0x10에 있는 LW 명령어는 상위 주소와 하위 주소를 더하고 rand_state 변수의 값을 $V0에 로드한다.

주소 0x54에 있는 SW 명령어는 상위 주소와 하위 주소를 더한 다음 그것을 rand_state 전연 변수에 저장한다.

IDA는 로드하는 과정에서 재배치를 처리하기 때문에 이와 같은 세부적인 내용이 보이지 않는다. 하지만 이 과정을 명심하고 있어야 한다.

1.23.5 예제의 스레드 안전 버전

예제의 스레드 안전 버전은 6.2.1절에서 다룬다.

1.24 구조체

약간의 가정이 필요하긴 하지만 C/C++ 구조체를 이용하면 메모리에서 항상 이웃하게 저장되는 일련의 변수를 정의할 수 있다. 구조체 안의 변수 타입이 같을 필요는 없다 (이종 타입 컨테이너heterogeneous container라고도 한다).

1.24.1 MSVC: SYSTEMTIME 예제

시간 정보를 설명하는 SYSTEMTIME(MSDN: SYSTEMTIME 구조체를 참고) Win32 구조체를 살펴보자.

구조체의 정의는 다음과 같다.

리스트 1.319: WinBase.h

```
typedef struct _SYSTEMTIME {
    WORD wYear;
    WORD wMonth;
    WORD wDayOfWeek;
    WORD wDay;
    WORD wHour;
    WORD wMinute;
    WORD wSecond;
    WORD wMilliseconds;
} SYSTEMTIME, *PSYSTEMTIME;
```

현재 시간을 구하는 C 함수를 작성해보자.

```c
#include <windows.h>
#include <stdio.h>

void main()
{
    SYSTEMTIME t;
    GetSystemTime (&t);

    printf ("%04d-%02d-%02d %02d:%02d:%02d\n",
        t.wYear, t.wMonth, t.wDay,
        t.wHour, t.wMinute, t.wSecond);

    return;
};
```

MSVC 2010의 컴파일 결과는 다음과 같다.

리스트 1.320: MSVC 2010 /GS-

```
_t$ = -16 ; 크기= 16
_main   PROC
    push    ebp
    mov     ebp, esp
    sub     esp, 16
    lea     eax, DWORD PTR _t$[ebp]
    push    eax
    call    DWORD PTR __imp__GetSystemTime@4
    movzx   ecx, WORD PTR _t$[ebp+12] ; wSecond
    push    ecx
    movzx   edx, WORD PTR _t$[ebp+10] ; wMinute
```

```
        push    edx
        movzx   eax, WORD PTR _t$[ebp+8] ; wHour
        push    eax
        movzx   ecx, WORD PTR _t$[ebp+6] ; wDay
        push    ecx
        movzx   edx, WORD PTR _t$[ebp+2] ; wMonth
        push    edx
        movzx   eax, WORD PTR _t$[ebp] ; wYear
        push    eax
        push    OFFSET $SG78811 ; '%04d-%02d-%02d %02d:%02d:%02d', 0aH, 00H
        call    _printf
        add     esp, 28
        xor     eax, eax
        mov     esp, ebp
        pop     ebp
        ret     0
_main   ENDP
```

로컬 스택에 구조체를 저장할 공간으로 16바이트를 할당했다. 이는 정확히 sizeof
(WORD)*8에 해당한다(구조체에는 8개의 WORD 변수가 존재한다).

구조체가 wYear 필드로 시작한다는 점에 주목하자. SYSTEMTIME 구조체를 가리키는
포인터를 GetSystemTime()(MSDN: SYSTEMTIME 구조체를 참고)으로 전달하는 것은 사실
wYear 필드의 포인터를 전달하는 것과 동일하다. GetSystemTime()은 현재 연도를 해
당 WORD 포인터가 가리키는 위치에 기록한 다음 앞으로 2바이트 시프트하고 현재의
월을 기록하는 방식으로 동작한다.

OllyDbg

MSVC 2010에 /GS-와 /MD 옵션을 지정한 상태로 예제를 컴파일한 후 OllyDbg에서 열
어보자. GetSystemTime() 함수의 첫 번째 인자로 전달되는 주소를 데이터와 스택 창
에서 확인하자. 함수가 실행되면 다음과 같은 화면을 볼 수 있다.

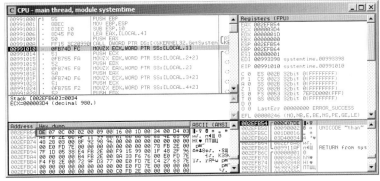

그림 1.104: OllyDbg: GetSystemTime() 실행 직후

함수 실행 당시 정확한 시스템 시각은 2014년 12월 9일 22시 29분 52초였다.

리스트 1.321: printf() 출력 내용

```
2014-12-09 22:29:52
```

데이터 창에서 날짜를 의미하는 16바이트를 볼 수 있다.

```
DE 07 0C 00 02 00 09 00 16 00 1D 00 34 00 D4 03
```

구조체의 모든 필드가 2바이트이므로 2바이트씩 묶어 생각하면 된다. 리틀엔디안이 므로 하위 바이트가 상위 바이트보다 먼저 나온다. 현재 메모리에 저장된 값들은 다음 과 같다.

16진수	10진수	필드명
0x07DE	2014	wYear
0x000C	12	wMonth
0x0002	2	wDayOfWeek
0x0009	9	wDay
0x0016	22	wHour
0x001D	29	wMinute
0x0034	52	wSecond
0x03D4	980	wMilliseconds

스택 창에서도 동일한 값을 확인할 수 있지만 32비트 단위로 묶여있다.

다음에는 printf()가 인자를 가져와 문자열을 구성한 후 콘솔에 출력한다. printf()로 출력하지 않는 값(wDayOfWeek와 wMilliseconds)이 있지만, 이들은 현재 메모리에 존재하고 있기 때문에 이용할 수 있다.

구조체를 배열로 대체

이번에는 구조체의 여러 필드가 서로 이웃하게 위치한 변수들이라는 사실을 입증해보자.

SYSTEMTIME 구조체의 정의를 알고 있기 때문에 이전 예제 코드를 다음과 같이 수정할 수 있다.

```c
#include <stdio.h>

void main()
{
    WORD array[8];
    GetSystemTime (array);

    printf ("%04d-%02d-%02d %02d:%02d:%02d\n",
        array[0] /* wYear */, array[1] /* wMonth */, array[3] /* wDay */,
        array[4] /* wHour */, array[5] /* wMinute */, array[6] /* wSecond */);

    return;
};
```

컴파일러가 경고를 출력하긴 한다.

```
systemtime2.c(7) : warning C4133: 'function' : incompatible types - from 'WORD [8]' to
'LPSYSTEMTIME'
```

하지만 그럼에도 불구하고 다음과 같은 코드가 만들어진다.

리스트 1.322: 최적화를 수행하지 않은 MSVC 2010

```asm
$SG78573 DB '%04d-%02d-%02d %02d:%02d:%02d', 0aH, 00H

_array$ = -16 ; 크기 = 16
_main   PROC
        push    ebp
        mov     ebp, esp
        sub     esp, 16
```

```
        lea     eax, DWORD PTR _array$[ebp]
        push    eax
        call    DWORD PTR __imp__GetSystemTime@4
        movzx   ecx, WORD PTR _array$[ebp+12] ; wSecond
        push    ecx
        movzx   edx, WORD PTR _array$[ebp+10] ; wMinute
        push    edx
        movzx   eax, WORD PTR _array$[ebp+8] ; wHoure
        push    eax
        movzx   ecx, WORD PTR _array$[ebp+6] ; wDay
        push    ecx
        movzx   edx, WORD PTR _array$[ebp+2] ; wMonth
        push    edx
        movzx   eax, WORD PTR _array$[ebp] ; wYear
        push    eax
        push    OFFSET $SG78573 ; '%04d-%02d-%02d %02d:%02d:%02d', 0aH, 00H
        call    _printf
        add     esp, 28
        xor     eax, eax
        mov     esp, ebp
        pop     ebp
        ret     0
_main   ENDP
```

실행 결과도 이전과 완전히 똑같다.

흥미롭게도 어셈블리 형태로는 이전 예제와 이번 예제의 컴파일 결과를 구분할 수 없다.

그러므로 이 코드만 봐서는 구조체와 배열 중 어떤 것이 선언됐는지 확인할 수 없다.

하지만 제정신이라면 일부러 이렇게 코딩하지는 않을 것이다. 불편하기 때문이다. 또한 구조체의 두 필드를 서로 맞바꾸는 등의 수정 작업을 하는 경우도 있기 때문에 배열을 사용할 일은 더더욱 없을 것이다.

OllyDbg 결과도 이전 구조체 예제와 완벽히 동일하기 때문에 여기에서는 생략한다.

1.24.2 malloc()을 이용한 구조체 할당

때로는 로컬 스택 대신 힙에 구조체를 저장하는 더 간단한 경우도 있다.

```
#include <windows.h>
#include <stdio.h>
```

```
void main()
{
    SYSTEMTIME *t;

    t=(SYSTEMTIME *)malloc (sizeof (SYSTEMTIME));

    GetSystemTime (t);

    printf ("%04d-%02d-%02d %02d:%02d:%02d\n",
        t->wYear, t->wMonth, t->wDay,
        t->wHour, t->wMinute, t->wSecond);

    free (t);

    return;
};
```

최적화 옵션(/Ox)을 지정하고 컴파일하면 필요한 코드만 볼 수 있다.

리스트 1.323: 최적화를 수행한 MSVC

```
_main       PROC
    push    esi
    push    16
    call    _malloc
    add     esp, 4
    mov     esi, eax
    push    esi
    call    DWORD PTR __imp__GetSystemTime@4
    movzx   eax, WORD PTR [esi+12] ; wSecond
    movzx   ecx, WORD PTR [esi+10] ; wMinute
    movzx   edx, WORD PTR [esi+8]  ; wHour
    push    eax
    movzx   eax, WORD PTR [esi+6]  ; wDay
    push    ecx
    movzx   ecx, WORD PTR [esi+2]  ; wMonth
    push    edx
    movzx   edx, WORD PTR [esi]    ; wYear
    push    eax
    push    ecx
    push    edx
    push    OFFSET $SG78833
    call    _printf
    push    esi
    call    _free
    add     esp, 32
    xor     eax, eax
    pop     esi
    ret     0
```

sizeof(SYSTEMTIME) = 16이고 malloc()은 정확히 이 만큼의 바이트를 메모리 할당해서 할당된 메모리 블록의 포인터를 EAX 레지스터로 리턴한다. 이 값은 이후에 ESI 레지스터로 전달된다. GetSystemTime() Win32 함수는 내부적으로 ESI 값을 저장하기 때문에 이 함수 코드에서는 ESI 레지스터의 값을 다른 곳에 따로 저장하지 않고 GetSystemTime()을 호출할 수 있다.

새로운 명령어인 MOVZX('Move with Zero eXtend')가 보인다. 대부분의 경우에는 MOVSX처럼 동작하지만 이 명령어는 나머지 비트들을 0으로 채운다.

printf()에는 32비트 int 타입을 전달해야 하는데, 구조체의 필드는 부호 없는 16비트 타입인 WORD다. 그러므로 WORD 값을 int로 복사할 때는 int의 16에서 31번째 비트를 0으로 만들어야 한다. 이렇게 하지 않으면 이전에 수행된 연산의 잔재가 레지스터에 노이즈 값으로 남게 된다.

이번 예제도 해당 구조체를 8개의 WORD로 이뤄진 배열로 나타낼 수 있다.

```
#include <windows.h>
#include <stdio.h>

void main()
{
    WORD *t;

    t=(WORD *)malloc (16);

    GetSystemTime (t);

    printf ("%04d-%02d-%02d %02d:%02d:%02d\n",
        t[0] /* wYear */, t[1] /* wMonth */, t[3] /* wDay */,
        t[4] /* wHour */, t[5] /* wMinute */, t[6] /* wSecond */);

    free (t);

    return;
};
```

컴파일 결과를 보자.

```
$SG78594 DB      '%04d-%02d-%02d %02d:%02d:%02d', 0aH, 00H

_main   PROC
        push    esi
        push    16
        call    _malloc
        add     esp, 4
        mov     esi, eax
        push    esi
        call    DWORD PTR __imp__GetSystemTime@4
        movzx   eax, WORD PTR [esi+12]
        movzx   ecx, WORD PTR [esi+10]
        movzx   edx, WORD PTR [esi+8]
        push    eax
        movzx   eax, WORD PTR [esi+6]
        push    ecx
        movzx   ecx, WORD PTR [esi+2]
        push    edx
        movzx   edx, WORD PTR [esi]
        push    eax
        push    ecx
        push    edx
        push    OFFSET $SG78594
        call    _printf
        push    esi
        call    _free
        add     esp, 32
        xor     eax, eax
        pop     esi
        ret     0
_main   ENDP
```

이번에도 이전 코드와 구별할 수 없는 코드가 생성됐다. 다시 한 번 강조하지만 실제 코드에서는 완벽한 이해 없이 이런 식으로 코딩하는 것은 좋지 않다.

1.24.3 유닉스: struct tm

리눅스

리눅스에서는 다음 예제처럼 time.h의 **tm** 구조체를 이용해보자.

```
#include <stdio.h>
```

```
#include <time.h>

void main()
{
    struct tm t;
    time_t unix_time;

    unix_time=time(NULL);

    localtime_r (&unix_time, &t);

    printf ("Year: %d\n", t.tm_year+1900);
    printf ("Month: %d\n", t.tm_mon);
    printf ("Day: %d\n", t.tm_mday);
    printf ("Hour: %d\n", t.tm_hour);
    printf ("Minutes: %d\n", t.tm_min);
    printf ("Seconds: %d\n", t.tm_sec);
};
```

GCC 4.4.1로 컴파일해보자.

리스트 1.325: GCC 4.4.1

```
main    proc near
        push    ebp
        mov     ebp, esp
        and     esp, 0FFFFFFF0h
        sub     esp, 40h
        mov     dword ptr [esp], 0 ; time()의 첫 번째 인자
        call    time
        mov     [esp+3Ch], eax
        lea     eax, [esp+3Ch] ; time()의 리턴 값을 가리키는 포인터
        lea     edx, [esp+10h] ; ESP+10h에서 struct tm이 시작
        mov     [esp+4], edx    ; 구조체의 시작을 가리키는 포인터 전달
        mov     [esp], eax      ; time()의 리턴 값을 가리키는 포인터 전달
        call    localtime_r
        mov     eax, [esp+24h]       ; tm_year
        lea     edx, [eax+76Ch]      ; edx=eax+1900
        mov     eax, offset format ; "Year: %d\n"
        mov     [esp+4], edx
        mov     [esp], eax
        call    printf
        mov     edx, [esp+20h]           ; tm_mon
        mov     eax, offset aMonthD      ; "Month: %d\n"
        mov     [esp+4], edx
        mov     [esp], eax
        call    printf
        mov     edx, [esp+1Ch]       ; tm_mday
```

```
        mov     eax, offset aDayD   ; "Day: %d\n"
        mov     [esp+4], edx
        mov     [esp], eax
        call    printf
        mov     edx, [esp+18h]        ; tm_hour
        mov     eax, offset aHourD  ; "Hour: %d\n"
        mov     [esp+4], edx
        mov     [esp], eax
        call    printf
        mov     edx, [esp+14h]            ; tm_min
        mov     eax, offset aMinutesD  ; "Minutes: %d\n"
        mov     [esp+4], edx
        mov     [esp], eax
        call    printf
        mov     edx, [esp+10h]
        mov     eax, offset aSecondsD   ; "Seconds: %d\n"
        mov     [esp+4], edx ; tm_sec
        mov     [esp], eax
        call    printf
        leave
        retn
main    endp
```

어째서인지 IDA는 로컬 스택에 있는 지역 변수의 이름을 만들지 않았다. 하지만 우리는 이미 숙련된 리버스 엔지니어 아닌가? 이 정도 예제는 그런 정보 없이도 충분히 분석할 수 있다.

lea edx, [eax+76Ch]도 주의 깊게 보자. 이 명령어는 EAX 값에 0x76C(1900)를 더하는 단순한 연산을 수행하지만 어떤 플래그도 변경하지 않는다. LEA 명령어는 부록을 참고하기 바란다.

GDB

예제를 GDB에서 로딩해보자(데모용으로 date의 결과를 약간 변경했다. 초까지 동일한 시간이 되도록 GDB를 빠르게 실행할 수 없었기 때문이다).

리스트 1.326: GDB

```
dennis@ubuntuvm:~/polygon$ date
Mon Jun 2 18:10:37 EEST 2014
dennis@ubuntuvm:~/polygon$ gcc GCC_tm.c -o GCC_tm
```

```
dennis@ubuntuvm:~/polygon$ gdb GCC_tm
GNU gdb (GDB) 7.6.1-ubuntu
...
Reading symbols from /home/dennis/polygon/GCC_tm...(no debugging symbols found)...done.
(gdb) b printf
Breakpoint 1 at 0x8048330
(gdb) run
Starting program: /home/dennis/polygon/GCC_tm

Breakpoint 1, __printf (format=0x80485c0 "Year: %d\n") at printf.c:29
29 printf.c: No such file or directory.
(gdb) x/20x $esp
0xbffff0dc:     0x080484c3      0x080485c0      0x000007de      0x00000000
0xbffff0ec:     0x08048301      0x538c93ed      0x00000025      0x0000000a
0xbffff0fc:     0x00000012      0x00000002      0x00000005      0x00000072
0xbffff10c:     0x00000001      0x00000098      0x00000001      0x00002a30
0xbffff11c:     0x0804b090      0x08048530      0x00000000      0x00000000
(gdb)
```

스택에서 해당 구조체를 쉽게 찾을 수 있다. 우선 time.h의 정의를 살펴보자.

리스트 1.327: time.h

```
struct tm
{
    int tm_sec;
    int tm_min;
    int tm_hour;
    int tm_mday;
    int tm_mon;
    int tm_year;
    int tm_wday;
    int tm_yday;
    int tm_isdst;
};
```

SYSTEMTIME에서는 WORD를 사용했지만 tm은 32비트 int를 사용했다는 점에 주목하기 바란다.

구조체의 필드들은 다음처럼 스택에 저장된다.

```
0xbffff0dc: 0x080484c3      0x080485c0      0x000007de      0x00000000
0xbffff0ec: 0x08048301      0x538c93ed      0x00000025 sec   0x0000000a min
0xbffff0fc: 0x00000012 hour 0x00000002 mday 0x00000005 mon  0x00000072 year
```

```
0xbffff10c: 0x00000001 wday 0x00000098 yday 0x00000001 isdst 0x00002a30
0xbffff11c: 0x0804b090        0x08048530        0x00000000        0x00000000
```

표로 표현하면 다음과 같다.

16진수	10진수	필드명
0x00000025	37	tm_sec
0x0000000a	10	tm_min
0x00000012	18	tm_hour
0x00000002	2	tm_mday
0x00000005	5	tm_mon
0x00000072	114	tm_year
0x00000001	1	tm_wday
0x00000098	152	tm_yday
0x00000001	1	tm_isdst

SYSTEMTIME과 마찬가지(1.24.1절)로 사용할 수 있지만 실제 코드에서는 사용하지 않는 필드(tm_wday, tm_yday, tm_isdst)도 있다.

ARM

최적화를 수행한 Keil 6/2013(Thumb 모드)

동일한 예제로 Thumb 모드의 코드를 살펴보자.

리스트 1.328: 최적화를 수행한 Keil 6/2013(Thumb 모드)

```
var_38  = -0x38
var_34  = -0x34
var_30  = -0x30
var_2C  = -0x2C
var_28  = -0x28
var_24  = -0x24
timer   = -0xC

        PUSH    {LR}
        MOVS    R0, #0      ; timer
        SUB     SP, SP, #0x34
        BL      time
        STR     R0, [SP,#0x38+timer]
        MOV     R1, SP      ; tp
```

```
ADD      R0, SP, #0x38+timer ; timer
BL       localtime_r
LDR      R1, =0x76C
LDR      R0, [SP,#0x38+var_24]
ADDS     R1, R0, R1
ADR      R0, aYearD          ; "Year: %d\n"
BL       __2printf
LDR      R1, [SP,#0x38+var_28]
ADR      R0, aMonthD         ; "Month: %d\n"
BL       __2printf
LDR      R1, [SP,#0x38+var_2C]
ADR      R0, aDayD           ; "Day: %d\n"
BL       __2printf
LDR      R1, [SP,#0x38+var_30]
ADR      R0, aHourD          ; "Hour: %d\n"
BL       __2printf
LDR      R1, [SP,#0x38+var_34]
ADR      R0, aMinutesD       ; "Minutes: %d\n"
BL       __2printf
LDR      R1, [SP,#0x38+var_38]
ADR      R0, aSecondsD       ; "Seconds: %d\n"
BL       __2printf
ADD      SP, SP, #0x34
POP      {PC}
```

최적화를 수행한 Xcode 4.6.3(LLVM)(Thumb-2 모드)

IDA는 localtime_r()과 같은 라이브러리 함수의 인자 타입을 알고 있기 때문에 tm 구조체의 구조를 알고 있다.

따라서 해당 구조체의 필드 이름을 표시하고 있다.

리스트 1.329: 최적화를 수행한 Xcode 4.6.3(LLVM)(Thumb-2 모드)

```
var_38  = -0x38
var_34  = -0x34

        PUSH     {R7,LR}
        MOV      R7, SP
        SUB      SP, SP, #0x30
        MOVS     R0, #0       ; time_t *
        BLX      _time
        ADD      R1, SP, #0x38+var_34 ; struct tm *
        STR      R0, [SP,#0x38+var_38]
        MOV      R0, SP       ; time_t *
```

```
        BLX     _localtime_r
        LDR     R1, [SP,#0x38+var_34.tm_year]
        MOV     R0, 0xF44   ; "Year: %d\n"
        ADD     R0, PC      ; char *
        ADDW    R1, R1, #0x76C
        BLX     _printf
        LDR     R1, [SP,#0x38+var_34.tm_mon]
        MOV     R0, 0xF3A   ; "Month: %d\n"
        ADD     R0, PC      ; char *
        BLX     _printf
        LDR     R1, [SP,#0x38+var_34.tm_mday]
        MOV     R0, 0xF35   ; "Day: %d\n"
        ADD     R0, PC      ; char *
        BLX     _printf
        LDR     R1, [SP,#0x38+var_34.tm_hour]
        MOV     R0, 0xF2E   ; "Hour: %d\n"
        ADD     R0, PC      ; char *
        BLX     _printf
        LDR     R1, [SP,#0x38+var_34.tm_min]
        MOV     R0, 0xF28   ; "Minutes: %d\n"
        ADD     R0, PC      ; char *
        BLX     _printf
        LDR     R1, [SP,#0x38+var_34]
        MOV     R0, 0xF25   ; "Seconds: %d\n"
        ADD     R0, PC      ; char *
        BLX     _printf
        ADD     SP, SP, #0x30
        POP     {R7,PC}
...
00000000 tm          struc ; (sizeof=0x2C, standard type)
00000000 tm_sec      DCD ?
00000004 tm_min      DCD ?
00000008 tm_hour     DCD ?
0000000C tm_mday     DCD ?
00000010 tm_mon      DCD ?
00000014 tm_year     DCD ?
00000018 tm_wday     DCD ?
0000001C tm_yday     DCD ?
00000020 tm_isdst    DCD ?
00000024 tm_gmtoff   DCD ?
00000028 tm_zone     DCD ? ; offset
0000002C tm          ends
```

MIPS

리스트 1.330: 최적화를 수행한 GCC 4.4.5(IDA)

```
 1   main:
 2
 3   ; IDA가 구조체의 필드명을 모르기 때문에 필드명을 코드상에 기입했다.
 4
 5   var_40     = -0x40
 6   var_38     = -0x38
 7   seconds    = -0x34
 8   minutes    = -0x30
 9   hour       = -0x2C
10   day        = -0x28
11   month      = -0x24
12   year       = -0x20
13   var_4      = -4
14
15           lui    $gp, (__gnu_local_gp >> 16)
16           addiu  $sp, -0x50
17           la     $gp, (__gnu_local_gp & 0xFFFF)
18           sw     $ra, 0x50+var_4($sp)
19           sw     $gp, 0x50+var_40($sp)
20           lw     $t9, (time & 0xFFFF)($gp)
21           or     $at, $zero      ; 로드 지연 슬롯, NOP
22           jalr   $t9
23           move   $a0, $zero        ; 브랜치 지연 슬롯, NOP
24           lw     $gp, 0x50+var_40($sp)
25           addiu  $a0, $sp, 0x50+var_38
26           lw     $t9, (localtime_r & 0xFFFF)($gp)
27           addiu  $a1, $sp, 0x50+seconds
28           jalr   $t9
29           sw     $v0, 0x50+var_38($sp)  ; 브랜치 지연 슬롯
30           lw     $gp, 0x50+var_40($sp)
31           lw     $a1, 0x50+year($sp)
32           lw     $t9, (printf & 0xFFFF)($gp)
33           la     $a0, $LC0      # "Year: %d\n"
34           jalr   $t9
35           addiu  $a1, 1900                ; 브랜치 지연 슬롯
36           lw     $gp, 0x50+var_40($sp)
37           lw     $a1, 0x50+month($sp)
38           lw     $t9, (printf & 0xFFFF)($gp)
39           lui    $a0, ($LC1 >> 16)      # "Month: %d\n"
40           jalr   $t9
41           la     $a0, ($LC1 & 0xFFFF)    # "Month: %d\n" ; 브랜치 지연 슬롯
42           lw     $gp, 0x50+var_40($sp)
43           lw     $a1, 0x50+day($sp)
```

```
44              lw      $t9, (printf & 0xFFFF)($gp)
45              lui     $a0, ($LC2 >> 16)       # "Day: %d\n"
46              jalr    $t9
47              la      $a0, ($LC2 & 0xFFFF)    # "Day: %d\n" ; 브랜치 지연 슬롯
48              lw      $gp, 0x50+var_40($sp)
49              lw      $a1, 0x50+hour($sp)
50              lw      $t9, (printf & 0xFFFF)($gp)
51              lui     $a0, ($LC3 >> 16)       # "Hour: %d\n"
52              jalr    $t9
53              la      $a0, ($LC3 & 0xFFFF)    # "Hour: %d\n" ; 브랜치 지연 슬롯
54              lw      $gp, 0x50+var_40($sp)
55              lw      $a1, 0x50+minutes($sp)
56              lw      $t9, (printf & 0xFFFF)($gp)
57              lui     $a0, ($LC4 >> 16)       # "Minutes: %d\n"
58              jalr    $t9
59              la      $a0, ($LC4 & 0xFFFF)    # "Minutes: %d\n" ; 브랜치 지연 슬롯
60              lw      $gp, 0x50+var_40($sp)
61              lw      $a1, 0x50+seconds($sp)
62              lw      $t9, (printf & 0xFFFF)($gp)
63              lui     $a0, ($LC5 >> 16)       # "Seconds: %d\n"
64              jalr    $t9
65              la      $a0, ($LC5 & 0xFFFF)    # "Seconds: %d\n" ; 브랜치 지연 슬롯
66              lw      $ra, 0x50+var_4($sp)
67              or      $at, $zero              ; 로드 지연 슬롯, NOP
68              jr      $ra
69              addiu   $sp, 0x50
70
71  $LC0:       .ascii "Year: %d\n"<0>
72  $LC1:       .ascii "Month: %d\n"<0>
73  $LC2:       .ascii "Day: %d\n"<0>
74  $LC3:       .ascii "Hour: %d\n"<0>
75  $LC4:       .ascii "Minutes: %d\n"<0>
76  $LC5:       .ascii "Seconds: %d\n"<0>
```

이는 브랜치 지연 슬롯이 우리를 혼란스럽게 만드는 예다.

예를 들어 35번째 줄의 addiu $a1, 1900는 년에 1900을 더하는 명령어인데, 34번째 줄의 JALR 명령어 전에 실행된다는 것을 잊지 말자.

변수의 집합으로서의 구조체

구조체란 단순히 여러 변수를 이웃하게 위치시키는 것이라는 사실을 설명하고자 예제 코드를 다음과 같이 수정했다.

리스트 1.327의 **tm** 구조체 정의를 염두에 두고 보기 바란다.

```
#include <stdio.h>
#include <time.h>

void main()
{
    int tm_sec, tm_min, tm_hour, tm_mday, tm_mon, tm_year, tm_wday, tm_yday, tm_isdst;
    time_t unix_time;

    unix_time=time(NULL);

    localtime_r (&unix_time, &tm_sec);

    printf ("Year: %d\n", tm_year+1900);
    printf ("Month: %d\n", tm_mon);
    printf ("Day: %d\n", tm_mday);
    printf ("Hour: %d\n", tm_hour);
    printf ("Minutes: %d\n", tm_min);
    printf ("Seconds: %d\n", tm_sec);
};
```

참고: 구조체의 첫 번째 요소인 **tm_sec** 필드를 가리키는 포인터를 **localtime_r**에 전달한다.

컴파일러는 다음과 같은 경고 문구를 출력한다.

리스트 1.331: GCC 4.7.3

```
GCC_tm2.c: In function 'main':
GCC_tm2.c:11:5: warning: passing argument 2 of 'localtime_r' from incompatible pointer type
    [enabled by default]
In file included from GCC_tm2.c:2:0:
/usr/include/time.h:59:12: note: expected 'struct tm *' but argument is of type 'int *'
```

그럼에도 불구하고 다음과 같은 코드가 만들어진다.

리스트 1.332: GCC 4.7.3

```
main            proc near

var_30          = dword ptr -30h
var_2C          = dword ptr -2Ch
unix_time       = dword ptr -1Ch
tm_sec          = dword ptr -18h
tm_min          = dword ptr -14h
```

```
tm_hour     = dword ptr -10h
tm_mday     = dword ptr -0Ch
tm_mon      = dword ptr -8
tm_year     = dword ptr -4

            push    ebp
            mov     ebp, esp
            and     esp, 0FFFFFFF0h
            sub     esp, 30h
            call    __main
            mov     [esp+30h+var_30], 0      ; arg 0
            call    time
            mov     [esp+30h+unix_time], eax
            lea     eax, [esp+30h+tm_sec]
            mov     [esp+30h+var_2C], eax
            lea     eax, [esp+30h+unix_time]
            mov     [esp+30h+var_30], eax
            call    localtime_r
            mov     eax, [esp+30h+tm_year]
            add     eax, 1900
            mov     [esp+30h+var_2C], eax
            mov     [esp+30h+var_30], offset aYearD ; "Year: %d\n"
            call    printf
            mov     eax, [esp+30h+tm_mon]
            mov     [esp+30h+var_2C], eax
            mov     [esp+30h+var_30], offset aMonthD ; "Month: %d\n"
            call    printf
            mov     eax, [esp+30h+tm_mday]
            mov     [esp+30h+var_2C], eax
            mov     [esp+30h+var_30], offset aDayD ; "Day: %d\n"
            call    printf
            mov     eax, [esp+30h+tm_hour]
            mov     [esp+30h+var_2C], eax
            mov     [esp+30h+var_30], offset aHourD ; "Hour: %d\n"
            call    printf
            mov     eax, [esp+30h+tm_min]
            mov     [esp+30h+var_2C], eax
            mov     [esp+30h+var_30], offset aMinutesD ; "Minutes: %d\n"
            call    printf
            mov     eax, [esp+30h+tm_sec]
            mov     [esp+30h+var_2C], eax
            mov     [esp+30h+var_30], offset aSecondsD ; "Seconds: %d\n"
            call    printf
            leave
            retn
main        endp
```

이 코드는 이전에 살펴본 코드와 동일하며 코드만으로는 원본 소스코드에서 구조체를 사용했는지 아니면 여러 개의 변수를 사용한 것인지 판단할 수 없다.

이 코드는 잘 실행된다. 하지만 실전에서 이렇게 코딩하는 것은 추천하지 않는다.

최적화를 수행하지 않은 컴파일러는 대개 함수에서 선언된 순서대로 변수를 로컬 스택에 할당하긴 하지만 항상 그렇다고 단정할 수는 없다.

참고로 어떤 컴파일러는 tm_sec을 제외한 나머지 변수인 tm_year, tm_mon, tm_mday, tm_hour, tm_min을 초기화하지 않고 사용한다는 경고를 출력할 수도 있다.

실제로 컴파일러는 localtime_r() 함수가 이 변수들에 값을 저장한다는 사실을 알지 못한다.

tm 구조체를 이용한 예제를 다룬 이유는 모든 필드가 int 타입이기 때문이다.

SYSTEMTIME 구조체처럼 구조체의 각 필드 크기가 16비트(WORD)면 이 예제는 제대로 동작하지 않을 것이다. 지역 변수는 32비트 경계로 정렬되기 때문에 GetSystemTime()은 값을 올바로 채우지 못하게 된다. 이는 이후의 1.24.4절을 참고하기 바란다.

구조체는 여러 개의 변수를 한 위치에 이웃하게 늘어놓은 것이다.

구조체는 컴파일러에게 변수들을 한 위치에 묶어두라고 지시하는 문법적 추가 요소라고 말할 수도 있다.

그런데 초기 버전의 C(1972년 이전)에는 구조체가 없었다(데니스 리치의 『development of the C language』(1993), http://go.yurichev.com/17264).

디버거의 결과는 이전과 동일하기 때문에 여기서는 생략한다.

32비트 워드 배열로서의 구조체

```c
#include <stdio.h>
#include <time.h>

void main()
{
    struct tm t;
    time_t unix_time;
    int i;

    unix_time=time(NULL);
```

```
    localtime_r (&unix_time, &t);

    for (i=0; i<9; i++)
    {
        int tmp=((int*)&t)[i];
        printf ("0x%08X (%d)\n", tmp, tmp);
    };
};
```

위 코드는 구조체 포인터를 int 배열 포인터로 형 변환을 하고 있으며 정상적으로 동작한다. 2014년 7월 26일 23시 51분 45초에 실행한 결과는 다음과 같다.

```
0x0000002D (45)
0x00000033 (51)
0x00000017 (23)
0x0000001A (26)
0x00000006 (6)
0x00000072 (114)
0x00000006 (6)
0x000000CE (206)
0x00000001 (1)
```

변수들이 리스트 1.327의 구조체 정의에 나열된 순서대로 정렬돼 출력된다. 컴파일 결과를 살펴보자.

리스트 1.333: 최적화를 수행한 GCC 4.8.1

```
main    proc near
        push    ebp
        mov     ebp, esp
        push    esi
        push    ebx
        and     esp, 0FFFFFFF0h
        sub     esp, 40h
        mov     dword ptr [esp], 0  ; timer
        lea     ebx, [esp+14h]
        call    _time
        lea     esi, [esp+38h]
        mov     [esp+4], ebx ; tp
        mov     [esp+10h], eax
        lea     eax, [esp+10h]
        mov     [esp], eax          ; timer
        call    _localtime_r
        nop
```

```
            lea      esi, [esi+0] ; NOP
loc_80483D8:
; EBX는 구조체를 가리키는 포인터, ESI는 구조체의 끝을 가리키는 포인터
            mov      eax, [ebx]  ; 배열에서 32비트 워드를 가져온다.
            add      ebx, 4       ; 구조체의 다음 필드
            mov      dword ptr [esp+4], offset a0x08xD ; "0x%08X (%d)\n"
            mov      dword ptr [esp], 1
            mov      [esp+0Ch], eax      ; printf()로 값을 전달
            mov      [esp+8], eax        ; printf()로 값을 전달
            call     ___printf_chk
            cmp      ebx, esi            ; 구조체의 끝인가?
            jnz      short loc_80483D8   ; 끝이 아니면 다음 값을 로드
            lea      esp, [ebp-8]
            pop      ebx
            pop      esi
            pop      ebp
            retn
main     endp
```

실제로 로컬 스택상의 해당 공간을 처음에는 구조체로, 나중에는 배열로 취급하고 있다.
심지어 이 포인터를 사용해 구조체 필드를 수정할 수도 있다.

다시 한 번 말하지만 이는 예제용으로 고안한 코드로, 실제 제품 코드에서 이렇게 코딩
하면 안 된다.

연습

연습 삼아 구조체를 배열로 취급해서 현재의 월에 해당하는 필드를 1만큼 증가시켜보자.

바이트 배열로서의 구조체

예제 코드는 심지어 더 작은 단위로 수정할 수도 있다. 즉, 바이트 배열의 포인터로 형
변환해 메모리를 덤프해보자.

```c
#include <stdio.h>
#include <time.h>

void main()
{
    struct tm t;
    time_t unix_time;
```

```
        int i, j;

        unix_time=time(NULL);

        localtime_r (&unix_time, &t);

        for (i=0; i<9; i++)
        {
            for (j=0; j<4; j++)
                printf ("0x%02X ", ((unsigned char*)&t)[i*4+j]);
            printf ("\n");
        };
    };
```

```
0x2D 0x00 0x00 0x00
0x33 0x00 0x00 0x00
0x17 0x00 0x00 0x00
0x1A 0x00 0x00 0x00
0x06 0x00 0x00 0x00
0x72 0x00 0x00 0x00
0x06 0x00 0x00 0x00
0xCE 0x00 0x00 0x00
0x01 0x00 0x00 0x00
```

이 예제 역시 2014년 7월 26일 23시 51분 45초에 실행했다(명확한 설명을 위해 날짜와 시간을 동일하게 했다). 이전 덤프(1.24.3절)와 값은 동일하다. 이 경우에도 리틀엔디안 아키텍처(2.8절)이기 때문에 하위 바이트가 먼저 나온다.

리스트 1.334: 최적화를 수행한 GCC 4.8.1

```
main    proc near
        push    ebp
        mov     ebp, esp
        push    edi
        push    esi
        push    ebx
        and     esp, 0FFFFFFF0h
        sub     esp, 40h
        mov     dword ptr [esp], 0  ; timer
        lea     esi, [esp+14h]
        call    _time
        lea     edi, [esp+38h]       ; struct end
        mov     [esp+4], esi         ; tp
        mov     [esp+10h], eax
        lea     eax, [esp+10h]
```

```
        mov     [esp], eax           ; timer
        call    _localtime_r
        lea     esi, [esi+0]         ; NOP
; ESI는 로컬 스택에 존재하는 구조체를 가리키는 포인터. EDI는 구조체의 끝을 가리키는 포인터
loc_8048408:
        xor e   bx, ebx              ; j=0

loc _804840A:
        movzx   eax, byte ptr [esi+ebx]   ; 바이트 로드
        add     ebx, 1                    ; j=j+1
        mov     dword ptr [esp+4], offset a0x02x ; "0x%02X "
        mov     dword ptr [esp], 1
        mov     [esp+8], eax              ; 로드된 바이트를 printf()로 전달
        call    ___printf_chk
        cmp     ebx, 4
        jnz     short loc_804840A
; 캐리지 리턴(CR) 문자를 출력
        mov     dword ptr [esp], 0Ah      ; c
        add     esi, 4
        call    _putchar
        cmp     esi, edi                  ; 구조체의 끝인가?
        jnz     short loc_8048408         ; j=0
        lea     esp, [ebp-0Ch]
        pop     ebx
        pop     esi
        pop     edi
        pop     ebp
        retn
main    endp
```

1.24.4 구조체에서 필드 패킹

구조체에서 중요한 내용 중 하나로 필드 패킹이 있다(위키피디아: Data structure alignment).

다음의 간단한 예제를 보자.

```
#include <stdio.h>

struct s
{
    char a;
    int b;
    char c;
    int d;
};
```

```
void f(struct s s)
{
    printf ("a=%d; b=%d; c=%d; d=%d\n", s.a, s.b, s.c, s.d);
};

int main()
{
    struct s tmp;
    tmp.a=1;
    tmp.b=2;
    tmp.c=3;
    tmp.d=4;
    f(tmp);
};
```

예제의 구조체에는 두 개의 **char** 필드(각각 1바이트)와 두 개의 **int** 필드(각각 4바이트)로 구성된다.

x86

컴파일해보자.

리스트 1.335: MSVC 2012 /GS- /0b0

```
1   _tmp$ = -16
2   _main   PROC
3       push    ebp
4       mov     ebp, esp
5       sub     esp, 16
6       mov     BYTE PTR _tmp$[ebp], 1          ; 필드 a 설정
7       mov     DWORD PTR _tmp$[ebp+4], 2       ; 필드 b 설정
8       mov     BYTE PTR _tmp$[ebp+8], 3        ; 필드 c 설정
9       mov     DWORD PTR _tmp$[ebp+12], 4      ; 필드 d 설정
10      sub     esp, 16                         ; 임시 구조체를 위한 메모리 할당
11      mov     eax, esp
12      mov     ecx, DWORD PTR _tmp$[ebp]       ; 구조체를 임시 구조체로 복사
13      mov     DWORD PTR [eax], ecx
14      mov     edx, DWORD PTR _tmp$[ebp+4]
15      mov     DWORD PTR [eax+4], edx
16      mov     ecx, DWORD PTR _tmp$[ebp+8]
17      mov     DWORD PTR [eax+8], ecx
18      mov     edx, DWORD PTR _tmp$[ebp+12]
19      mov     DWORD PTR [eax+12], edx
20      call    _f
21      add     esp, 16
```

```
22    xor     eax, eax
23    mov     esp, ebp
24    pop     ebp
25    ret     0
26 _main ENDP
27
28 _s$ = 8 ; 크기 = 16
29 ?f@@YAXUs@@@Z PROC ; f
30    push    ebp
31    mov     ebp, esp
32    mov     eax, DWORD PTR _s$[ebp+12]
33    push    eax
34    movsx   ecx, BYTE PTR _s$[ebp+8]
35    push    ecx
36    mov     edx, DWORD PTR _s$[ebp+4]
37    push    edx
38    movsx   eax, BYTE PTR _s$[ebp]
39    push    eax
40    push    OFFSET $SG3842
41    call    _printf
42    add     esp, 20
43    pop     ebp
44    ret     0
45 ?f@@YAXUs@@@Z ENDP ; f
46 _TEXT    ENDS
```

소스코드에서는 구조체 전체를 인자로 전달하지만 위 코드에서 볼 수 있듯이 실제로는 구조체를 임시 구조체로 복사(10번째 줄에서 임시 구조체용 공간을 스택에 할당하고 12...19번째 줄에서는 구조체의 4개 필드를 하나씩 복사한다)한 다음 그 포인터(즉, 주소)를 전달한다.

f() 함수가 구조체의 내용을 수정하는지 여부를 알 수 없기 때문에 구조체를 복사하는 것이다. f() 함수가 구조체를 수정하더라도 main() 내부에서는 해당 구조체가 그대로 유지돼야 하기 때문이다.

C/C++ 포인터를 사용하더라도 이 예제와 거의 동일한 코드가 생성된다. 단, 복사 부분은 제외될 것이다.

코드를 보면 필드의 주소가 4바이트 경계로 정렬된 것을 확인할 수 있다. 이 때문에 char도 int처럼 4바이트를 차지한다. 왜일까? 이렇게 하면 CPU가 더 효율적으로 정렬된 주소의 메모리에 접근하고 해당 데이터를 캐싱할 수 있기 때문이다.

하지만 크기 측면에서는 그다지 좋은 코드가 아니다.

/Zp1 옵션을 지정하고 컴파일해보자(/Zp[n]은 구조체를 *n* 바이트 경계로 패킹한다는 의미).

리스트 1.336: MSVC 2012 /GS- /Zp1

```
1   _main   PROC
2       push    ebp
3       mov     ebp, esp
4       sub     esp, 12
5       mov     BYTE PTR _tmp$[ebp], 1         ; 필드 a 설정
6       mov     DWORD PTR _tmp$[ebp+1], 2      ; 필드 b 설정
7       mov     BYTE PTR _tmp$[ebp+5], 3       ; 필드 c 설정
8       mov     DWORD PTR _tmp$[ebp+6], 4      ; 필드 d 설정
9       sub     esp, 12                        ; 임시 구조체를 위한 메모리 할당
10      mov     eax, esp
11      mov     ecx, DWORD PTR _tmp$[ebp]      ; 10바이트 복사
12      mov     DWORD PTR [eax], ecx
13      mov     edx, DWORD PTR _tmp$[ebp+4]
14      mov     DWORD PTR [eax+4], edx
15      mov     cx, WORD PTR _tmp$[ebp+8]
16      mov     WORD PTR [eax+8], cx
17      call    _f
18      add     esp, 12
19      xor     eax, eax
20      mov     esp, ebp
21      pop     ebp
22      ret     0
23  _main ENDP
24
25  _TEXT SEGMENT
26  _s$ = 8 ; 크기 = 10
27  ?f@@YAXUs@@@Z PROC ; f
28      push    ebp
29      mov     ebp, esp
30      mov     eax, DWORD PTR _s$[ebp+6]
31      push    eax
32      movsx   ecx, BYTE PTR _s$[ebp+5]
33      push    ecx
34      mov     edx, DWORD PTR _s$[ebp+1]
35      push    edx
36      movsx   eax, BYTE PTR _s$[ebp]
37      push    eax
38      push    OFFSET $SG3842
39      call    _printf
40      add     esp, 20
41      pop     ebp
42      ret     0
```

이번에는 char 필드가 1바이트만 차지하며 결과적으로 구조체는 10바이트의 공간만 사용한다. 이 코드의 특징은 작은 메모리를 사용한다는 것이다. 단점은 CPU가 구조체의 필드에 접근할 때 좀 더 느려질 수 있다는 것이다.

구조체는 역시 main()에서 복사한다. 하지만 필드별로 복사하지 않고 세 쌍의 MOV 명령어를 사용해 10바이트를 복사한다. 4쌍의 명령어가 아니라 왜 3쌍의 명령어일까?

컴파일러는 4쌍의 MOV 명령어를 이용해 두 개의 32비트 워드와 두 개의 바이트를 복사하는 연산보다 3쌍의 MOV 명령어로 10바이트를 복사하는 편이 더 낫다고 결정했기 때문이다.

참고로 크기가 작은 블록을 복사하는 경우에는 memcpy() 함수를 호출하지 않고 MOV 명령어를 이용해 복사를 구현하는 방식이 memcpy() 함수를 호출하는 것보다 빠르기 때문에 이 방식이 널리 사용된다.

쉽게 짐작할 수 있듯 이 구조체를 다수의 소스와 오브젝트 파일에서 사용하는 경우에는 모든 파일이 동일한 구조체 패킹 규약에 따라 컴파일돼야 한다.

구조체 필드의 정렬 방법을 지정하는 MSVC /Zp 옵션 대신 #pragma pack 컴파일러 옵션을 사용하면 소스코드에서 바로 구조체 정렬을 정의할 수 있다. MSVC(MSDN: Working with Packing Structures)와 GCC(Structure-Packing Pragmas) 모두 이 옵션을 지원한다.

16비트 필드로 구성된 SYSTEMTIME 구조체를 다시 떠올려보자. 컴파일러는 이 구조체의 필드를 1바이트 경계로 정렬해야 한다는 사실을 어떻게 알았을까?

WinNT.h 파일에는 다음과 같은 내용이 있다.

리스트 1.337: WinNT.h

```
#include "pshpack1.h"
```

리스트 1.338: WinNT.h

```
#include "pshpack4.h"        // 4바이트 패킹이 디폴트
```

PshPack1.h의 내용은 다음과 같다.

리스트 1.339: PshPack1.h

```
#if ! (defined(lint) || defined(RC_INVOKED))
#if ( _MSC_VER >= 800 && !defined(_M_I86)) || defined(_PUSHPOP_SUPPORTED)
#pragma warning(disable:4103)
#if !(defined( MIDL_PASS )) || defined( __midl )
#pragma pack(push,1)
#else
#pragma pack(1)
#endif
#else
#pragma pack(1)
#endif
#endif /* ! (defined(lint) || defined(RC_INVOKED)) */
```

이는 컴파일러에게 #pragma pack 이후에 정의된 구조체를 패킹하는 방법을 알려준다.

OllyDbg + 기본 설정으로 필드 패킹

필드가 기본 설정(4바이트로 정렬)에 따라 패킹된 예제를 OllyDbg로 열어보자.

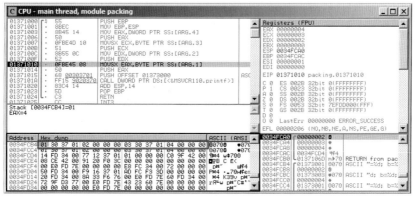

그림 1.105: OllyDbg: printf() 실행 전

데이터 창에서 4개의 필드를 볼 수 있다.

첫 번째(a)와 세 번째(c) 필드 옆의 무작위 바이트(0x30, 0x27, 0x01)는 어디서 온 값일까?

리스트 1.335를 보면 첫 번째와 세 번째 필드가 char 타입이므로 각각 바이트 값인 1과
3만을 기록한다(6번째와 8번째 줄).

따라서 32비트 워드에서 나머지 3바이트의 메모리 값은 수정되지 않는다. 결국 임의의 쓰레기 값이 그곳에 남게 되는 것이다.

printf()로 값을 출력할 때는 워드 대신 바이트를 취하는 MOVSX 명령어를 이용하기 때문에 이 쓰레기 값은 printf()의 출력에 영향을 주지 않는다(리스트 1.335의 34번째와 38번째 줄).

MSVC와 GCC에서 char는 기본적으로 부호가 있는 타입이기 때문에 여기서는 MOVSX (부호 확장) 명령어를 사용했다. unsigned char나 uint8_t 타입을 사용했다면 MOVZX 명령어를 대신 사용했을 것이다.

OllyDbg + 1바이트 경계로 필드 정렬

이번에는 데이터를 좀 더 쉽게 알아볼 수 있다. 4개의 필드가 서로 이웃하며 총 10바이트를 차지한다.

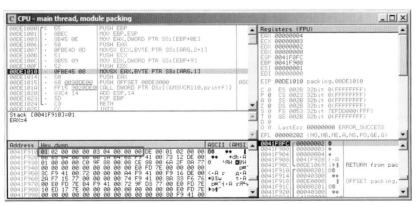

그림 1.106: OllyDbg: printf() 실행 전

ARM

최적화를 수행한 Keil 6/2013(Thumb 모드)

리스트 1.340: 최적화를 수행한 Keil 6/2013(Thumb 모드)

```
.text:0000003E                exit ; CODE XREF: f+16
.text:0000003E 05 B0          ADD     SP, SP, #0x14
```

```
.text:00000040 00 BD              POP      {PC}
.text:00000280           f
.text:00000280
.text:00000280           var_18 = -0x18
.text:00000280           a      = -0x14
.text:00000280           b      = -0x10
.text:00000280           c      = -0xC
.text:00000280           d      = -8
.text:00000280
.text:00000280 0F B5              PUSH     {R0-R3,LR}
.text:00000282 81 B0              SUB      SP, SP, #4
.text:00000284 04 98              LDR      R0, [SP,#16]     ; d
.text:00000286 02 9A              LDR      R2, [SP,#8]      ; b
.text:00000288 00 90              STR      R0, [SP]
.text:0000028A 68 46              MOV      R0, SP
.text:0000028C 03 7B              LDRB     R3, [R0,#12]     ; c
.text:0000028E 01 79              LDRB     R1, [R0,#4]      ; a
.text:00000290 59 A0              ADR      R0, aADBDCDDD    ; "a=%d; b=%d; c=%d; d=%d\n"
.text:00000292 05 F0 AD FF        BL       __2printf
.text:00000296 D2 E6              B        exit
```

이번에는 구조체에 대한 포인터 대신 구조체를 전달한다. ARM에서 처음 4개의 함수 인자는 레지스터로 전달되므로 구조체 필드는 R0~R3를 통해 전달된다.

LDRB 명령어는 메모리에서 한 바이트를 로딩해 32비트로 부호 확장한다. 이는 x86의 MOVSX 명령어와 유사하며 구조체에서 필드 a와 c를 로딩할 때 사용된다.

또 한 가지 쉽게 알아낼 수 있는 특이한 점은 자기 함수의 에필로그 대신 다른 함수의 에필로그로 점프하는 코드를 생성했다는 사실이다. 해당 함수는 예제 함수와 어떤 관계도 없는 전혀 다른 함수지만 완벽히 동일한 에필로그를 사용한다(아마도 예제와 동일하게 5개의 지역 변수(5 × 4 = 0x14)를 사용하기 때문일 것이다).

또한 메모리상의 위치도 멀지 않다(주소를 확인해보자).

실제로 원하는 대로 동작만 한다면 어떤 에필로그를 실행하든 무관하다.

Keil은 경제적인 측면에서 다른 함수의 일부를 재사용하기로 결정한 것이다. 에필로그는 4바이트를 차지하지만 점프 명령어는 2바이트만 사용한다.

ARM + 최적화를 수행한 Xcode 4.6.3(LLVM)(Thumb-2 모드)

리스트 1.341: 최적화를 수행한 Xcode 4.6.3(LLVM)(Thumb-2 모드)

```
var_C = -0xC

        PUSH    {R7,LR}
        MOV     R7, SP
        SUB     SP, SP, #4
        MOV     R9, R1      ; b
        MOV     R1, R0      ; a
        MOVW    R0, #0xF10  ; "a=%d; b=%d; c=%d; d=%d\n"
        SXTB    R1, R1      ; a를 준비
        MOVT.W  R0, #0
        STR     R3, [SP,#0xC+var_C] ; printf()를 위해서 d를 스택에 저장
        ADD     R0, PC      ; 형식 문자열
        SXTB    R3, R2      ; c를 준비
        MOV     R2, R9      ; b
        BLX     _printf
        ADD     SP, SP, #4
        POP     {R7,PC}
```

SXTB('Signed Extend Byte') 명령어는 x86의 **MOVSX** 명령어와 같다. 나머지 코드는 이전과 동일하다.

MIPS

리스트 1.342: 최적화를 수행한 GCC 4.4.5(IDA)

```
 1  f:
 2
 3  var_18      = -0x18
 4  var_10      = -0x10
 5  var_4       = -4
 6  arg_0       = 0
 7  arg_4       = 4
 8  arg_8       = 8
 9  arg_C       = 0xC
10
11  ; $a0=s.a
12  ; $a1=s.b
13  ; $a2=s.c
14  ; $a3=s.d
15          lui     $gp, (__gnu_local_gp >> 16)
```

```
16          addiu   $sp, -0x28
17          la      $gp, (__gnu_local_gp & 0xFFFF)
18          sw      $ra, 0x28+var_4($sp)
19          sw      $gp, 0x28+var_10($sp)
20  ; 32비트 빅엔디안 정수에서 한 바이트를 준비
21          sra     $t0, $a0, 24
22          move    $v1, $a1
23  ; 32비트 빅엔디안 정수에서 한 바이트를 준비
24          sra     $v0, $a2, 24
25          lw      $t9, (printf & 0xFFFF)($gp)
26          sw      $a0, 0x28+arg_0($sp)
27          lui     $a0, ($LC0 >> 16)   # "a=%d; b=%d; c=%d; d=%d\n"
28          sw      $a3, 0x28+var_18($sp)
29          sw      $a1, 0x28+arg_4($sp)
30          sw      $a2, 0x28+arg_8($sp)
31          sw      $a3, 0x28+arg_C($sp)
32          la      $a0, ($LC0 & 0xFFFF) # "a=%d; b=%d; c=%d; d=%d\n"
33          move    $a1, $t0
34          move    $a2, $v1
35          jalr    $t9
36          move    $a3, $v0     ; 브랜치 지연 슬롯
37          lw      $ra, 0x28+var_4($sp)
38          or      $at, $zero   ; 로드 지연 슬롯, NOP
39          jr      $ra
40          addiu   $sp, 0x28    ; 브랜치 지연 슬롯
41
42  $LC0:       .ascii "a=%d; b=%d; c=%d; d=%d\n"<0>
```

구조체의 필드는 $A0..$A3 레지스터로 전달된 다음 printf() 함수를 위해 $A1..$A3 레지스터로 다시 재편성된다. 이때 네 번째 필드($A3)는 SW를 이용해 로컬 스택으로 전달된다.

char 필드를 위해 두 개의 SRA('Shift Word Right Arithmetic') 명령어가 사용된다. 그 이유는 무엇일까?

MIPS는 기본적으로 빅엔디안 아키텍처(2.8절)며, 여기서 사용한 데비안 리눅스 역시 빅엔디안이다.

따라서 32비트 구조체 슬롯에 바이트 변수를 저장하면 상위 비트인 31..24비트에 값이 써진다.

char 변수를 32비트 값으로 확장해야 할 때는 오른쪽으로 24비트만큼 시프트해야 한다.

char는 부호가 있는 타입이므로 논리적인 시프트가 아닌 산술 시프트가 사용된다.

추가 내용

함수의 인자로, 구조체를 전달(구조체에 대한 포인터를 전달하는 대신)하는 것은 해당 구조체의 필드를 일일이 모두 전달하는 것과 같다.

구조체의 필드가 기본적으로 패킹된다면 f() 함수를 다음과 같이 다시 작성할 수 있다.

```c
void f(char a, int b, char c, int d)
{
    printf ("a=%d; b=%d; c=%d; d=%d\n", a, b, c, d);
};
```

그리고 컴파일되는 코드는 동일하다.

1.24.5 중첩된 구조체

구조체가 다른 구조체 내에서 정의되는 경우는 어떨까?

```c
#include <stdio.h>

struct inner_struct
{
    int a;
    int b;
};

struct outer_struct
{
    char a;
    int b;
    struct inner_struct c;
    char d;
    int e;
};

void f(struct outer_struct s)
{
    printf ("a=%d; b=%d; c.a=%d; c.b=%d; d=%d; e=%d\n",
        s.a, s.b, s.c.a, s.c.b, s.d, s.e);
};
```

```
int main()
{
    struct outer_struct s;
    s.a=1;
    s.b=2;
    s.c.a=100;
    s.c.b=101;
    s.d=3;
    s.e=4;
    f(s);
};
```

이 경우 두 개의 **inner_struct** 필드는 모두 **outer_struct** 구조체의 a, b 필드와 d, e
필드 사이에 위치하고 있다. MSVC 2010으로 컴파일한 결과를 보자.

리스트 1.343: 최적화를 수행한 MSVC 2010 /Ob0

```
$SG2802 DB      'a=%d; b=%d; c.a=%d; c.b=%d; d=%d; e=%d', 0aH, 00H

_TEXT       SEGMENT
_s$ = 8
_f      PROC
    mov     eax, DWORD PTR _s$[esp+16]
    movsx   ecx, BYTE PTR _s$[esp+12]
    mov     edx, DWORD PTR _s$[esp+8]
    push    eax
    mov     eax, DWORD PTR _s$[esp+8]
    push    ecx
    mov     ecx, DWORD PTR _s$[esp+8]
    push    edx
    movsx   edx, BYTE PTR _s$[esp+8]
    push    eax
    push    ecx
    push    edx
    push    OFFSET $SG2802  ; 'a=%d; b=%d; c.a=%d; c.b=%d; d=%d; e=%d'
    call    _printf
    add     esp, 28
    ret     0
_f      ENDP

_s$ = -24
_main   PROC
    sub     esp, 24
    push    ebx
    push    esi
    push    edi
    mov     ecx, 2
```

```
    sub     esp, 24
    mov     eax, esp
; 이때부터 EAX는 ESP와 동일한 의미를 갖는다.
    mov     BYTE PTR _s$[esp+60], 1
    mov     ebx, DWORD PTR _s$[esp+60]
    mov     DWORD PTR [eax], ebx
    mov     DWORD PTR [eax+4], ecx
    lea     edx, DWORD PTR [ecx+98]
    lea     esi, DWORD PTR [ecx+99]
    lea     edi, DWORD PTR [ecx+2]
    mov     DWORD PTR [eax+8], edx
    mov     BYTE PTR _s$[esp+76], 3
    mov     ecx, DWORD PTR _s$[esp+76]
    mov     DWORD PTR [eax+12], esi
    mov     DWORD PTR [eax+16], ecx
    mov     DWORD PTR [eax+20], edi
    call    _f
    add     esp, 24
    pop edi
    pop     esi
    xor     eax, eax
    pop     ebx
    add     esp, 24
    ret     0
_main   ENDP
```

여기서 흥미로운 부분은 어셈블리 코드만 보면 한 구조체가 다른 구조체 내부에 있다는 사실을 전혀 알 수 없다는 사실이다. 결과적으로 중첩된 구조체는 선형, 즉 1차원 구조체로 변환된다고 볼 수 있다.

물론 struct inner_struct c; 선언을 struct inner_struct c*;(포인터로 선언)으로 바꾸면 상황은 달라질 것이다.

OllyDbg

예제 파일을 OllyDbg에서 연 다음 메모리상에서 outer_struct를 확인해보자.

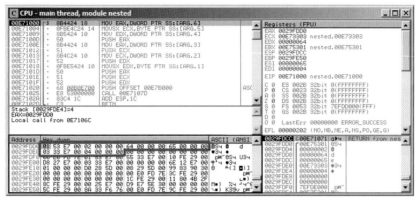

그림 1.107: OllyDbg: printf() 실행 전

구조체의 필드들은 메모리에 다음과 같은 형태로 저장된다.

- (outer_struct.a) (바이트) 1 + 3바이트의 임의의 값;

- (outer_struct.b) (32비트 워드) 2;

- (inner_struct.a) (32비트 워드) 0x64 (100);

- (inner_struct.b) (32비트 워드) 0x65 (101);

- (outer_struct.d) (바이트) 3 + 3바이트의 임의의 값;

- (outer_struct.e) (32비트 워드) 4;

1.24.6 구조체에서의 비트 필드

CPUID 예제

C/C++ 언어에서는 각 구조체 필드의 비트 수를 정밀하게 정의할 수 있다. 이는 메모리 공간을 절약하고 싶은 경우 매우 유용하다. 예를 들어 bool 타입의 변수는 1비트로도 충분하다. 물론 속도가 중요한 경우에는 합리적인 방법이 아니다.

CPUID(http://en.wikipedia.org/wiki/CPUID) 명령어를 떠올려보자. 이 명령어는 현재 CPU의 정보를 반환한다. 이 명령어 이전에 EAX가 1로 설정돼 있는 경우 CPUID는 해당 정보를 EAX 레지스터에 담아 리턴한다.

3:0(4비트)	스테핑(Stepping)
7:4(4비트)	모델(Model)
11:8(4비트)	계열(Family)
13:12(2비트)	프로세서 유형(Processor Type)
19:16(4비트)	확장 모델(Extended Model)
27:20(8비트)	확장 계열(Extended Family)

MSVC 2010에는 CPUID 매크로가 있는 반면 GCC 4.4.1에는 없다. GCC의 내장 어셈블러(GCC의 내장 어셈블러 정보를 참고, http://www.ibiblio.org/gferg/ldp/GCC-Inline-Assembly-HOWTO.html)를 이용해 GCC용 CPUID 함수를 직접 작성해보자.

```
#include <stdio.h>

#ifdef __GNUC__
static inline void cpuid(int code, int *a, int *b, int *c, int *d) {
    asm volatile("cpuid":"=a"(*a),"=b"(*b),"=c"(*c),"=d"(*d):"a"(code));
}
#endif

#ifdef _MSC_VER
#include <intrin.h>
#endif

struct CPUID_1_EAX
{
    unsigned int stepping:4;
    unsigned int model:4;
    unsigned int family_id:4;
    unsigned int processor_type:2;
    unsigned int reserved1:2;
    unsigned int extended_model_id:4;
    unsigned int extended_family_id:8;
    unsigned int reserved2:4;
};

int main()
{
    struct CPUID_1_EAX *tmp;
    int b[4];

#ifdef _MSC_VER
    __cpuid(b,1);
#endif

#ifdef __GNUC__
    cpuid (1, &b[0], &b[1], &b[2], &b[3]);
```

```
#endif

    tmp=(struct CPUID_1_EAX *)&b[0];

    printf ("stepping=%d\n", tmp->stepping);
    printf ("model=%d\n", tmp->model);
    printf ("family_id=%d\n", tmp->family_id);
    printf ("processor_type=%d\n", tmp->processor_type);
    printf ("extended_model_id=%d\n", tmp->extended_model_id);
    printf ("extended_family_id=%d\n", tmp->extended_family_id);

    return 0;
};
```

CPUID가 EAX/EBX/ECX/EDX를 채우면 이 레지스터들의 값이 b[] 배열에 기록된다. 그리고 b[] 배열을 이용해 CPUID_1_EAX 구조체의 포인터가 EAX의 값을 가리키게 한다. 다시 말하면 32비트의 int 값을 구조체로 처리하는 것이다. 그다음에는 해당 구조체의 특정 비트를 읽는다.

MSVC

MSVC 2008에서 /Ox 옵션으로 컴파일한 결과는 다음과 같다.

리스트 1.344: 최적화를 수행한 MSVC 2008

```
_b$ = -16 ; 크기 = 16
_main   PROC
    sub     esp, 16
    push    ebx

    xor     ecx, ecx
    mov     eax, 1
    cpuid

    push    esi
    lea     esi, DWORD PTR _b$[esp+24]
    mov     DWORD PTR [esi], eax
    mov     DWORD PTR [esi+4], ebx
    mov     DWORD PTR [esi+8], ecx
    mov     DWORD PTR [esi+12], edx

    mov     esi, DWORD PTR _b$[esp+24]
    mov     eax, esi
    and     eax, 15
    push    eax
```

```
        push    OFFSET $SG15435 ; 'stepping=%d', 0aH, 00H
        call    _printf

        mov     ecx, esi
        shr     ecx, 4
        and     ecx, 15
        push    ecx
        push    OFFSET $SG15436 ; 'model=%d', 0aH, 00H
        call    _printf

        mov     edx, esi
        shr     edx, 8
        and     edx, 15
        push    edx
        push    OFFSET $SG15437 ; 'family_id=%d', 0aH, 00H
        call    _printf

        mov     eax, esi
        shr     eax, 12
        and     eax, 3
        push    eax
        push    OFFSET $SG15438 ; 'processor_type=%d', 0aH, 00H
        call    _printf

        mov     ecx, esi
        shr     ecx, 16
        and     ecx, 15
        push    ecx
        push    OFFSET $SG15439 ; 'extended_model_id=%d', 0aH, 00H
        call    _printf

        shr     esi, 20
        and     esi, 255
        push    esi
        push    OFFSET $SG15440 ; 'extended_family_id=%d', 0aH, 00H
        call    _printf
        add     esp, 48
        pop     esi

        xor     eax, eax
        pop     ebx

        add     esp, 16
        ret     0
_main   ENDP
```

SHR 명령어는 건너뛰어야 할 비트 수만큼(이 예에서는 우측의 일부 비트를 무시한다) EAX 레지스터 값을 시프트한다. AND 명령어는 좌측의 불필요한 비트를 0으로 초기화한다. 다시 말해 EAX 레지스터에서 필요한 비트만을 남기고 나머지는 제거한다.

MSVC + OllyDbg

예제를 OllyDbg에서 로딩한 다음 CPUID를 실행한 후의 EAX/EBX/ECX/EDX 값을 확인해
보자.

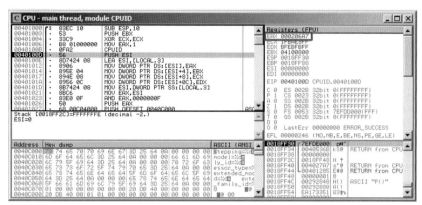

그림 1.108: OllyDbg: CPUID 실행 후

EAX의 값은 0x000206A7이다(여기서 사용한 CPU는 인텔 제논 E3-1220이다). 이를 2진수로
표현하면 0b00000000000000100000011010100111이다. 그리고 각 비트들은 다음과
같은 형태로 각 구조체 필드에 매핑된다.

필드	2진수 표현	10진수 표현
reserved2	0000	0
extended_family_id	00000000	0
extended_model_id	0010	2
reserved1	00	0
processor_id	00	0
family_id	0110	6
model	1010	10
stepping	0111	7

리스트 1.345: 콘솔 출력

```
stepping=7
model=10
family_id=6
processor_type=0
extended_model_id=2
```

```
extended_family_id=0
```

GCC

GCC 4.4.1에 -O3 옵션을 지정하고 컴파일해보자.

리스트 1.346: 최적화를 수행한 GCC 4.4.1

```
main            proc near ; DATA XREF: _start+17
    push    ebp
    mov     ebp, esp
    and     esp, 0FFFFFFF0h
    push    esi
    mov     esi, 1
    push    ebx
    mov     eax, esi
    sub     esp, 18h
    cpuid
    mov     esi, eax
    and     eax, 0Fh
    mov     [esp+8], eax
    mov     dword ptr [esp+4], offset aSteppingD ; "stepping=%d\n"
    mov     dword ptr [esp], 1
    call    ___printf_chk
    mov     eax, esi
    shr     eax, 4
    and     eax, 0Fh
    mov     [esp+8], eax
    mov     dword ptr [esp+4], offset aModelD ; "model=%d\n"
    mov     dword ptr [esp], 1
    call    ___printf_chk
    mov     eax, esi
    shr     eax, 8
    and     eax, 0Fh
    mov     [esp+8], eax
    mov     dword ptr [esp+4], offset aFamily_idD ; "family_id=%d\n"
    mov     dword ptr [esp], 1
    call    ___printf_chk
    mov     eax, esi
    shr     eax, 0Ch
    and     eax, 3
    mov     [esp+8], eax
    mov     dword ptr [esp+4], offset aProcessor_type ; "processor_type=%d\n"
    mov     dword ptr [esp], 1
    call    ___printf_chk
```

```
        mov     eax, esi
        shr     eax, 10h
        shr     esi, 14h
        and     eax, 0Fh
        and     esi, 0FFh
        mov     [esp+8], eax
        mov     dword ptr [esp+4], offset aExtended_model ; "extended_model_id=%d\n"
        mov     dword ptr [esp], 1
        call    ___printf_chk
        mov     [esp+8], esi
        mov     dword ptr [esp+4], offset unk_80486D0
        mov     dword ptr [esp], 1
        call    ___printf_chk
        add     esp, 18h
        xor     eax, eax
        pop     ebx
        pop     esi
        mov     esp, ebp
        pop     ebp
        retn
main    endp
```

이전 예제와 거의 동일하다. 한 가지 주목할 만한 부분은 GCC가 extended_model_id 와 extended_family_id를 따로 계산하지 않고 printf() 호출 이전의 코드 블록에서 한 번에 계산한다는 점이다.

float 데이터 타입을 구조체로 처리

1.19절에서 FPU를 다룰 때 이미 설명했듯이 float과 double 타입은 부호, 가수(또는 분수부), 지수로 구성된다. 그런데 이런 구성 요소 필드를 직접 처리할 수 있을까? float 타입부터 시도해보자.

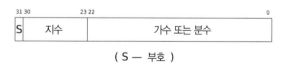

(S — 부호)

```
#include <stdio.h>
#include <assert.h>
#include <stdlib.h>
#include <memory.h>
```

```
struct float_as_struct
{
    unsigned int fraction : 23;    // 분수부
    unsigned int exponent : 8;     // 지수 + 0x3FF
    unsigned int sign : 1;         // 부호 비트
};

float f(float _in)
{
    float f=_in;
    struct float_as_struct t;

    assert (sizeof (struct float_as_struct) == sizeof (float));

    memcpy (&t, &f, sizeof (float));

    t.sign=1;                      // 음수 부호 설정
    t.exponent=t.exponent+2;       // (n here is 2)d에 2n 곱하기(여기서 n은 2)

    memcpy (&f, &t, sizeof (float));

    return f;
};

int main()
{
    printf ("%f\n", f(1.234));
};
```

float_as_struct 구조체는 float만큼의 메모리 공간, 즉 4바이트(32비트)를 차지한다. 입력값을 음수로 만들고 지수에 2를 더해 전체 숫자를 2^2, 즉 4배한다. 최적화 옵션 없이 MSVC 2008로 컴파일한 결과는 다음과 같다.

리스트 1.347: 최적화를 수행하지 않은 MSVC 2008

```
_t$ = -8        ; 크기 = 4
_f$ = -4        ; 크기 = 4
__in$ = 8       ; 크기 = 4
?f@@YAMM@Z PROC ; f
    push    ebp
    mov     ebp, esp
    sub     esp, 8

    fld     DWORD PTR __in$[ebp]
    fstp    DWORD PTR _f$[ebp]

    push    4
    lea     eax, DWORD PTR _f$[ebp]
    push    eax
```

```
        lea     ecx, DWORD PTR _t$[ebp]
        push    ecx
        call    _memcpy
        add     esp, 12

        mov     edx, DWORD PTR _t$[ebp]
        or      edx, -2147483648    ; 80000000H - 음수 부호 설정
        mov     DWORD PTR _t$[ebp], edx

        mov     eax, DWORD PTR _t$[ebp]
        shr     eax, 23             ; 00000017H - 가수 제거
        and     eax, 255            ; 000000ffH - 지수만 남김
        add     eax, 2              ; 지수에 2를 더함
        and     eax, 255            ; 000000ffH
        shl     eax, 23             ; 00000017H - 결과를 30:23 비트 위치로 시프트
        mov     ecx, DWORD PTR _t$[ebp]
        and     ecx, -2139095041    ; 807fffffH - 지수 제거
; 새로 계산된 지수와 지수를 제거한 원본 값 더하기
        or      ecx, eax
        mov     DWORD PTR _t$[ebp], ecx

        push    4
        lea     edx, DWORD PTR _t$[ebp]
        push    edx
        lea     eax, DWORD PTR _f$[ebp]
        push    eax
        call    _memcpy
        add     esp, 12

        fld     DWORD PTR _f$[ebp]

        mov     esp, ebp
        pop     ebp
        ret     0
?f@@YAMM@Z ENDP        ; f
```

약간의 불필요한 코드가 추가됐다. /Ox 플래그로 컴파일했다면 memcpy()를 호출하지 않고 f 변수를 바로 이용했을 것이다. 하지만 최적화되지 않은 코드가 좀 더 이해하기는 쉽다.

GCC 4.4.1에 -03를 지정하고 컴파일하면 어떤 코드가 생성될까?

리스트 1.348: 최적화를 수행한 GCC 4.4.1

```
; f(float)
        public _Z1ff
_Z1ff   proc near
```

```
var_4   = dword ptr -4
arg_0   = dword ptr 8

        push    ebp
        mov     ebp, esp
        sub     esp, 4
        mov     eax, [ebp+arg_0]
        or      eax, 80000000h          ; 음수 부호 설정
        mov     edx, eax
        and     eax, 807FFFFFh          ; EAX에서 부호와 가수만 남긴다.
        shr     edx, 23                 ; 지수 준비
        add     edx, 2                  ; 2를 더한다.
        movzx   edx, dl                 ; EAX에서 비트 위치 7:0를 제외한 모든 비트 제거
        shl     edx, 23                 ; 새로 계산된 지수 시프트
        or      eax, edx                ; 지수를 제거한 원본 값에 새로운 지수 더하기
        mov     [ebp+var_4], eax
        fld     [ebp+var_4]
        leave
        retn
_Z1ff   endp

        public main
main    proc near
        push    ebp
        mov     ebp, esp
        and     esp, 0FFFFFFF0h
        sub     esp, 10h
        fld     ds:dword_8048614                        ; -4.936
        fstp    qword ptr [esp+8]
        mov     dword ptr [esp+4], offset asc_8048610   ; "%f\n"
        mov     dword ptr [esp], 1
        call    ___printf_chk
        xor     eax, eax
        leave
        retn
main    endp
```

f() 함수는 어렵지 않게 이해할 수 있다. 흥미롭게도 GCC는 여러 개의 구조체 필드가 존재함에도 불구하고 f(1.234)의 결과를 컴파일 단계에서 계산한 후 printf()의 인자로 미리 계산한 값을 전달하고 있다.

1.24.7 연습

- http://challenges.re/71

- http://challenges.re/72

1.25 공용체

C/C++의 공용체(Union)은 주로 한 데이터 타입의 변수(또는 메모리 블록)를 다른 데이터 타입의 변수로 해석하는 데 사용한다.

1.25.1 의사 난수 생성기 예제

0과 1 사이의 부동소수점 난수를 얻는 가장 간단한 방법은 메르센 트위스터 같은 의사 난수 생성기PRNG, Pseudo-Random Number Generator를 사용하는 것이다. 메르센 트위스터는 DWORD 형태의 32비트 난수 값을 생성하는데, 이 값을 float 타입으로 변환하고 RAND_MAX(이 경우 0xFFFFFFFF)로 나누면 0과 1 사이의 값을 구할 수 있다.

하지만 모두 알듯이 나눗셈 연산은 느리다. 또 FPU 연산은 적게 사용할수록 좋다. 나눗셈 연산을 제거할 수는 없을까?

부동소수점은 부호 비트, 가수 비트, 지수 비트로 구성된다는 사실을 상기해보자. 모든 가수 비트에 무작위 비트만 채우면 부동소수점 난수를 구할 수 있다.

지수는 0일 수 없으므로(0이면 역정규화라고 한다) 지수에는 0b01111111을 저장한다. 이는 지수가 1이라는 의미다. 그리고 가수를 무작위 비트로 채운 후 부호 비트를 0(양수)으로 설정한다. 그러면 생성된 숫자는 1과 2 사이의 난수며, 여기서 1만 빼면 된다.

다음 예제에서는 매우 간단한 선형 합동 난수 생성기를 사용해 32비트 숫자를 생성한다(https://xor0110.wordpress.com/2010/09/24/how-to-generate-floating-point-random-numbers-efficiently/). PRNG는 유닉스 형식의 현재 시간으로 초기화한다.

그리고 float 타입을 공용체로 나타낸다. C/C++에서는 공용체를 이용해 특정 메모리 영역을 여러 타입으로 해석할 수 있다. 예제에서는 union 타입의 변수를 생성한 다음 float이나 uint32_t로 접근한다. 이는 공용체를 상당히 교묘하게 이용한 기법이라고 할 수 있다.

정수 PRNG는 1.23절에서 이미 살펴본 코드와 동일하다. 따라서 컴파일한 코드는 이번에는 생략할 것이다.

```c
#include <stdio.h>
#include <stdint.h>
#include <time.h>

//정수 PRNG 정의, 데이터와 루틴

// Numerical Recipes 책에서 발췌한 상수 값
const uint32_t RNG_a=1664525;
const uint32_t RNG_c=1013904223;
uint32_t RNG_state;     // 전역 변수

void my_srand(uint32_t i)
{
    RNG_state=i;
};

uint32_t my_rand()
{
    RNG_state=RNG_state*RNG_a+RNG_c;
    return RNG_state;
};

// FPU PRNG 정의와 루틴

union uint32_t_float
{
    uint32_t i;
    float f;
};

float float_rand()
{
    union uint32_t_float tmp;
    tmp.i=my_rand() & 0x007fffff | 0x3F800000;
    return tmp.f-1;
};

// 테스트
int main()
{
    my_srand(time(NULL)); // PRNG 초기화

    for (int i=0; i<100; i++)
        printf ("%f\n", float_rand());

    return 0;
};
```

x86

```
$SG4238 DB    '%f', 0aH, 00H

__real@3ff0000000000000 DQ 03ff0000000000000r ; 1

tv130 = -4
_tmp$ = -4
?float_rand@@YAMXZ PROC
        push    ecx
        call    ?my_rand@@YAIXZ
; EAX=의사 난수 값
        and     eax, 8388607    ; 007fffffH
        or      eax, 1065353216 ; 3f800000H
; EAX=의사 난수 값 & 0x007fffff | 0x3f800000
; 로컬 스택에 저장
        mov     DWORD PTR _tmp$[esp+4], eax
; 부동소수점 포인터로 리로드
        fld     DWORD PTR _tmp$[esp+4]
; 1.0을 뺀다
        fsub    QWORD PTR __real@3ff0000000000000
; 로컬 스택에 넣은 값을 저장하고 그것을 다시 리로드
        fstp    DWORD PTR tv130[esp+4]   ; \ 이 명령어는 불필요하다.
        fld     DWORD PTR tv130[esp+4]   ; /
        pop     ecx
        ret     0
?float_rand@@YAMXZ ENDP

_main   PROC
        push    esi
        xor     eax, eax
        call    _time
        push    eax
        call    ?my_srand@@YAXI@Z
        add     esp, 4
        mov     esi, 100
$LL3@main:
        call    ?float_rand@@YAMXZ
        sub     esp, 8
        fstp    QWORD PTR [esp]
        push    OFFSET $SG4238
        call    _printf
        add     esp, 12
        dec     esi
        jne     SHORT $LL3@main
        xor     eax, eax
        pop     esi
```

```
        ret     0
 _main  ENDP
```

이 예제는 C++로 컴파일됐기 때문에 함수의 이름이 매우 이상하며, C++가 이름을 변경하는 방식이다. 이는 3.18.1절에서 다룬다.

MSVC 2012에서 컴파일한다면, FPU를 위해 SIMD 명령어를 이용한다. 이는 1.30.5절을 참고한다.

ARM(ARM 모드)

리스트 1.350: 최적화를 수행한 GCC 4.6.3(IDA)

```
float_rand
        STMFD   SP!, {R3,LR}
        BL      my_rand
; R0=의사 난수 값
        FLDS    S0, =1.0
; S0=1.0
        BIC     R3, R0, #0xFF000000
        BIC     R3, R3, #0x800000
        ORR     R3, R3, #0x3F800000
; R3=의사 난수 값 & 0x007fffff | 0x3f800000
; R3에서 FPU로 복사(레지스터 S15)
; 변환은 수행되지 않으며, 각각의 비트를 복사하는 방식
        FMSR    S15, R3
; 1.0을 빼고 결과를 S0에 저장
        FSUBS   S0, S15, S0
        LDMFD   SP!, {R3,PC}

flt_5C  DCFS 1.0

main
        STMFD   SP!, {R4,LR}
        MOV     R0, #0
        BL      time
        BL      my_srand
        MOV     R4, #0x64 ; 'd'
loc_78
        BL      float_rand
; S0=의사 난수 값
        LDR     R0, =aF ; "%f"
; float 타입 값을 double 타입 값(printf()를 위해 필요)으로 변환
        FCVTDS  D7, S0
; D7에서 R2/R3 레지스터 쌍으로 각각의 비트를 복사(printf()를 위해)
```

```
        FMRRD   R2, R3, D7
        BL      printf
        SUBS    R4, R4, #1
        BNE     loc_78
        MOV     R0, R4
        LDMFD   SP!, {R4,PC}

aF      DCB "%f",0xA,0
```

objdump에서 덤프를 만들고 FPU 명령어의 이름이 IDA에서의 경우와 다르다는 것을 볼 수 있다. IDA와 binutils 개발자는 서로 다른 매뉴얼을 사용한 것일까? 아마도 두 가지의 명령어 이름 변형을 모두 아는 것이 좋을 것이다.

리스트 1.351: 최적화를 수행한 GCC 4.6.3(objdump)

```
00000038 <float_rand>:
  38:  e92d4008     push    {r3, lr}
  3c:  ebfffffe     bl      10 <my_rand>
  40:  ed9f0a05     vldr    s0, [pc, #20]           ; 5c <float_rand+0x24>
  44:  e3c034ff     bic     r3, r0, #-16777216      ; 0xff000000
  48:  e3c33502     bic     r3, r3, #8388608        ; 0x800000
  4c:  e38335fe     orr     r3, r3, #1065353216     ; 0x3f800000
  50:  ee073a90     vmov    s15, r3
  54:  ee370ac0     vsub.f32    s0, s15, s0
  58:  e8bd8008     pop     {r3, pc}
  5c:  3f800000     svccc   0x00800000

00000000 <main>:
   0:  e92d4010     push    {r4, lr}
   4:  e3a00000     mov     r0, #0
   8:  ebfffffe     bl      0 <time>
   c:  ebfffffe     bl      0 <main>
  10:  e3a04064     mov     r4, #100                ; 0x64
  14:  ebfffffe     bl      38 <main+0x38>
  18:  e59f0018     ldr     r0, [pc, #24]           ; 38 <main+0x38>
  1c:  eeb77ac0     vcvt.f64.   f32 d7, s0
  20:  ec532b17     vmov    r2, r3, d7
  24:  ebfffffe     bl      0 <printf>
  28:  e2544001     subs    r4, r4, #1
  2c:  1afffff8     bne     14 <main+0x14>
  30:  e1a00004     mov     r0, r4
  34:  e8bd8010     pop     {r4, pc}
  38:  00000000     andeq   r0, r0, r0
```

float_rand() 함수의 0x5c 위치에 있는 명령어와 main() 함수의 0x38 위치에 있는 명령어는 (의사) 난수 값이다.

1.25.2 머신 엡실론 계산

머신 엡실론은 FPU로 만들 수 있는 가장 작은 값이다. 부동소수점에 더 많은 비트가 할당될수록 머신 엡실론은 더 작아진다. **float** 타입에서 2^{-23} = 1:19e – 07은 **double** 타입에서 2^{-52} = 2:22e – 16이다. 위키피디아(https://en.wikipedia.org/wiki/Arithmetic_underflow)를 참고하기 바란다.

머신 엡신론 값을 계산하는 것이 매우 쉽다는 것은 흥미로운 부분이다.

```
#include <stdio.h>
#include <stdint.h>

union uint_float
{
    uint32_t i;
    float f;
};

float calculate_machine_epsilon(float start)
{
    union uint_float v;
    v.f=start;
    v.i++;
    return v.f-start;
}
void main()
{
    printf ("%g\n", calculate_machine_epsilon(1.0));
};
```

여기서는 IEEE 754 숫자의 분수 부분을 정수로 취급하고 1을 더한다. 그 결과 만들어지는 부동소수점은 초깃값+머신 엡실론과 동일하다. 따라서 초깃값을 빼면(부동소수점 연산을 이용) 단정밀도(float)에서 1비트가 틀려진다. 공용체를 이용해 IEEE 754 숫자를 일반적인 정수로 취급한다. 1을 더하면 실제로 숫자의 분수 부분에 1이 더해지지만 오버플로우가 발생할 가능성이 있다. 지수 부분에 다른 1을 추가한다.

x86

리스트 1.352: 최적화를 수행한 MSVC 2010

```
tv130 = 8
_v$ = 8
_start$ = 8
_calculate_machine_epsilon PROC
        fld     DWORD PTR _start$[esp-4]
        fst     DWORD PTR _v$[esp-4]       ; 이 명령어는 불필요하다.
        inc     DWORD PTR _v$[esp-4]
        fsubr   DWORD PTR _v$[esp-4]
        fstp    DWORD PTR tv130[esp-4]     ; \ 이 명령어 쌍 또한 불필요하다.
        fld     DWORD PTR tv130[esp-4]     ; /
        ret     0
_calculate_machine_epsilon ENDP
```

두 번째 FST 명령어는 불필요하다. 입력값을 동일한 곳에 저장하는 것은 필요하지 않다(컴파일러는 v 변수를 로컬 스택의 동일한 곳에 입력 인자로 저장하기로 판단한 것이다). 그다음에는 일반적인 정수 변수로 취급해 INC 명령어로 증가를 시킨다. 그리고 32비트 IEEE 754 숫자로, FPU에 로드된다. FSUBR 명령어가 나머지 작업을 수행하고 결과는 ST0에 저장된다. 마지막의 FSTP/FLD 명령어 쌍은 불필요하지만 컴파일러는 그것을 최적화하지는 않았다.

ARM64

예제를 64비트로 확장해보자.

```
#include <stdio.h>
#include <stdint.h>

typedef union
{
    uint64_t i;
    double d;
} uint_double;

double calculate_machine_epsilon(double start)
{
    uint_double v;
    v.d=start;
    v.i++;
```

```
    return v.d-start;
}
void main()
{
    printf ("%g\n", calculate_machine_epsilon(1.0));
};
```

ARM64에는 FPU D- 레지스터에 값을 더하는 명령어가 없다. 따라서 입력값(D0에서 온)을 먼저 **GPR**에 복사하고, 증가시키고, FPU 레지스터 **D1**에 복사한다. 그다음에는 빼기 연산이 수행된다.

리스트 1.353: 최적화를 수행한 GCC 4.9 ARM64

```
calculate_machine_epsilon:
        fmov    x0, d0          ; double 타입의 입력값을 X0에 로드
        add     x0, x0, 1       ; X0++
        fmov    d1, x0          ; FPU 레지스터로 이동
        fsub    d0, d1, d0      ; 빼기
        ret
```

SIMD 명령어를 사용해 x64용으로 컴파일된 예제(1.30.4절)도 참고하기 바란다.

MIPS

여기서 새로운 명령어는 **MTC1**('Move To Coprocessor 1')이며 **GPR**에서 FPU 레지스터로 데이터를 이동시키는 명령어다.

리스트 1.354: 최적화를 수행한 GCC 4.4.5(IDA)

```
calculate_machine_epsilon:
        mfc1    $v0, $f12
        or      $at, $zero      ; NOP
        addiu   $v1, $v0, 1
        mtc1    $v1, $f2
        jr      $ra
        sub.s   $f0, $f2, $f12  ; 브랜치 지연 슬롯
```

결론

실제 코드에서 이 트릭이 필요한지 여부를 말하기는 어렵다. 이 책에서 여러 번 언급

했지만, 이 예제는 IEEE 754 포맷과 C/C++의 공용체를 설명하는 데 유용하다.

1.25.3 FSCALE 명령어 교체

『Optimizing subroutines in assembly language/An optimization guide for x86 platforms』(http://www.agner.org/optimize/optimizing_assembly.pdf)에서 애그너 포그는 FSCALE FPU 명령어는 많은 CPU에서 느릴 수 있기 때문이 대체할 수 있는 방법을 제시했다.

다음은 어셈블리 코드를 C/C++로 변환한 것이다.

```c
#include <stdint.h>
#include <stdio.h>

union uint_float
{
    uint32_t i;
    float f;
};

float flt_2n(int N)
{
    union uint_float tmp;

    tmp.i=(N<<23)+0x3f800000;
    return tmp.f;
};

struct float_as_struct
{
    unsigned int fraction : 23;
    unsigned int exponent : 8;
    unsigned int sign : 1;
};

float flt_2n_v2(int N)
{
    struct float_as_struct tmp;

    tmp.fraction=0;
    tmp.sign=0;
    tmp.exponent=N+0x7f;
    return *(float*)(&tmp);
};

union uint64_double
```

```
{
    uint64_t i;
    double d;
};
double dbl_2n(int N)
{
    union uint64_double tmp;

    tmp.i=((uint64_t)N<<52)+0x3ff0000000000000UL;
    return tmp.d;
};
struct double_as_struct
{
    uint64_t fraction : 52;
    int exponent : 11;
    int sign : 1;
};
double dbl_2n_v2(int N)
{
    struct double_as_struct tmp;

    tmp.fraction=0;
    tmp.sign=0;
    tmp.exponent=N+0x3ff;
    return *(double*)(&tmp);
};
int main()
{
    // 211 = 2048
    printf ("%f\n", flt_2n(11));
    printf ("%f\n", flt_2n_v2(11));
    printf ("%lf\n", dbl_2n(11));
    printf ("%lf\n", dbl_2n_v2(11));
};
```

FSCALE 명령어는 지금의 CPU 환경에서는 좀 더 빠르지만 여전히 만족할 만큼은 아니다. 이는 공용체를 위한 좋은 예며 지수가 2^n 형식으로 저장되므로 입력된 n 값이 IEEE 754로 인코딩된 숫자의 지수로 이동한다. 그다음에 지수는 `0x3f800000` 또는 `0x3ff0000000000000`이 더해져 값이 보정된다.

이와 동일한 연산은 struct를 이용한 시프트 연산 없이 가능하지만 내부적으로는 여전히 시프트 연산이 이뤄진다.

1.25.4 빠른 제곱근 계산

부동소수점을 정수로 해석하는 또 다른 잘 알려진 알고리즘은 제곱근을 빠르게 계산하는 것이다.

리스트 1.355: 위키 피디아에서 가져온 소스코드:

https://en.wikipedia.org/wiki/Methods_of_computing_square_roots

```
/* float가 IEEE 754 단정밀도 부동소수점 포맷이라고 가정
 * int는 32비트라고 가정 */
float sqrt_approx(float z)
{
    int val_int = *(int*)&z; /* int * 타입으로 처리 */
    /*
     * 다음 코드를 정당화시키고자 다음을 증명
     *
     * (((((val_int / 2^m) - b) / 2) + b) * 2^m = ((val_int - 2^m) / 2) + ((b + 1) / 2) * 2^m)
     *
     * b = 지수 편향
     * m = 가수 비트 수
     *
     */

    val_int -= 1 << 23;         /* 2^m 빼기 */
    val_int >>= 1;              /* 2로 나누기 */
    val_int += 1 << 29;         /* ((b + 1) / 2) * 2^m 더하기*/

    return *(float*)&val_int;   /* 다시 float로 해석 */
}
```

연습으로 이 함수를 컴파일하고 작동 방식을 이해하려고 시도할 수 있다. $\frac{1}{\sqrt{x}}$을 빠르게 계산하기 위한 유명한 알고리즘이 또 있다. Quake III Arena에서 사용돼 유명해진 알고리즘이다. 해당 알고리즘은 위키피디아의 https://en.wikipedia.org/wiki/Fast_inverse_square_root를 참고하기 바란다.

1.26 함수 포인터

함수 포인터는 다른 포인터와 마찬가지로 코드 세그먼트에서 해당 함수가 시작하는 주소다. 함수 포인터는 콜백 함수를 호출하는 데 자주 사용된다(https://en.wikipedia.

org/wiki/Callback_(computer_programming)).

잘 알려진 예는 다음과 같다.

- 표준 C 라이브러리의 **qsort()**(https://en.wikipedia.org/wiki/Qsort_(C_standard_library)), **atexit()**(https://pubs.opengroup.org/onlinepubs/009695399/functions/atexit.html)

- *NIX 계열 OS의 시그널(https://en.wikipedia.org/wiki/C_signal_handling)

- 스레드의 시작: **CreateThread()**(win32), **pthread_create()**(POSIX)

- 다양한 win32 함수: **EnumChildWindows()**(https://docs.microsoft.com/ko-kr/windows/win32/api/winuser/nf-winuser-enumchildwindows?redirectedfrom=MSDN)

- 리눅스 커널 코드의 여러 부분, 예를 들면 파일 시스템 드라이버 함수가 콜백으로 호출된다(https://elixir.bootlin.com/source/include/linux/fs.h?v=3.14#L1525).

- GCC 플러그인 함수도 콜백을 통해 호출된다(https://gcc.gnu.org/onlinedocs/gccint/Plugin-API.html#Plugin-API)

- 함수 포인터의 또 다른 예로는 단축키를 정의하는 'dwm' 리눅스 윈도우 관리자에 있는 테이블이다. 각각의 단축키는 해당 키를 눌렀을 때 호출되는 함수를 갖고 있다(https://github.com/cdown/dwm/blob/master/config.def.h#L117). 그런 테이블은 긴 **switch()**문을 이용하는 것보다 처리하기 쉽다.

qsort() 함수는 퀵 정렬을 구현한 C/C++ 표준 라이브러리 함수며, 데이터의 종류에 상관없이 정렬을 수행할 수 있다. 따라서 비교를 할 두 요소가 있다면 **qsort()**를 호출하면 된다.

비교 함수는 다음과 같이 정의할 수 있다.

```
int (*compare)(const void *, const void *)
```

다음 예제를 이용해보자.

```
1   /* ex3 qsort로 int 값을 정렬 */
2
3   #include <stdio.h>
```

```
 4  #include <stdlib.h>
 5
 6  int comp(const void * _a, const void * _b)
 7  {
 8      const int *a=(const int *)_a;
 9      const int *b=(const int *)_b;
10
11      if (*a==*b)
12          return 0;
13      else
14          if (*a < *b)
15              return -1;
16          else
17              return 1;
18  }
19
20  int main(int argc, char* argv[])
21  {
22      int numbers[10]={1892,45,200,-98,4087,5,-12345,1087,88,-100000};
23      int i;
24
25      /* 배열을 정렬 */
26      qsort(numbers,10,sizeof(int),comp);
27      for (i=0;i<9;i++)
28          printf("Number = %d\n",numbers[ i ]);
29      return 0;
30  }
```

1.26.1 MSVC

MSVC 2010에 **/Ox** 옵션을 지정하고 컴파일해보자(일부 코드는 생략하고 간결하게 필요한 부분만 담았다).

리스트 1.356: 최적화를 수행한 MSVC 2010: /GS- /MD

```
__a$ = 8                 ; 크기 = 4
__b$ = 12                ; 크기 = 4
_comp   PROC
        mov     eax, DWORD PTR __a$[esp-4]
        mov     ecx, DWORD PTR __b$[esp-4]
        mov     eax, DWORD PTR [eax]
        mov     ecx, DWORD PTR [ecx]
        cmp     eax, ecx
        jne     SHORT $LN4@comp
```

```
        xor     eax, eax
        ret     0
$LN4@comp:
        xor     edx, edx
        cmp     eax, ecx
        setge   dl
        lea     eax, DWORD PTR [edx+edx-1]
        ret     0
_comp   ENDP

_numbers$ = -40          ; 크기 = 40
_argc$ = 8               ; 크기 = 4
_argv$ = 12              ; 크기 = 4
_main   PROC
        sub     esp, 40                      ; 00000028H
        push    esi
        push    OFFSET _comp
        push    4
        lea     eax, DWORD PTR _numbers$[esp+52]
        push    10                           ; 0000000aH
        push    eax
        mov     DWORD PTR _numbers$[esp+60], 1892      ; 00000764H
        mov     DWORD PTR _numbers$[esp+64], 45        ; 0000002dH
        mov     DWORD PTR _numbers$[esp+68], 200       ; 000000c8H
        mov     DWORD PTR _numbers$[esp+72], -98       ; ffffff9eH
        mov     DWORD PTR _numbers$[esp+76], 4087      ; 00000ff7H
        mov     DWORD PTR _numbers$[esp+80], 5
        mov     DWORD PTR _numbers$[esp+84], -12345    ; ffffcfc7H
        mov     DWORD PTR _numbers$[esp+88], 1087      ; 0000043fH
        mov     DWORD PTR _numbers$[esp+92], 88        ; 00000058H
        mov     DWORD PTR _numbers$[esp+96], -100000   ; fffe7960H
        call    _qsort
        add     esp, 16                               ; 00000010H
...
```

특별한 건 없다. 네 번째 인자로 레이블 _comp의 주소를 전달하는데, 이 주소는 함수 comp()가 위치한 곳, 즉 함수의 첫 번째 명령어가 나오는 주소다.

qsort()는 이 함수를 어떻게 호출할까?

MSVCR80.DLL(C 표준 라이브러리 함수를 구현한 MSVC DLL 모듈)에 위치한 qsort()의 구현 내용을 살펴보자.

```
.text:7816CBF0 ; void __cdecl qsort(void *, unsigned int, unsigned int, int (__cdecl *)
    (const void *, const void *))
.text:7816CBF0                  public _qsort
.text:7816CBF0 _qsort          proc near
.text:7816CBF0
.text:7816CBF0 lo              = dword ptr -104h
.text:7816CBF0 hi              = dword ptr -100h
.text:7816CBF0 var_FC          = dword ptr -0FCh
.text:7816CBF0 stkptr          = dword ptr -0F8h
.text:7816CBF0 lostk           = dword ptr -0F4h
.text:7816CBF0 histk           = dword ptr -7Ch
.text:7816CBF0 base            = dword ptr 4
.text:7816CBF0 num             = dword ptr 8
.text:7816CBF0 width           = dword ptr 0Ch
.text:7816CBF0 comp            = dword ptr 10h
.text:7816CBF0
.text:7816CBF0                  sub     esp, 100h

....

.text:7816CCE0 loc_7816CCE0:                    ; CODE XREF: _qsort+B1
.text:7816CCE0                  shr     eax, 1
.text:7816CCE2                  imul    eax, ebp
.text:7816CCE5                  add     eax, ebx
.text:7816CCE7                  mov     edi, eax
.text:7816CCE9                  push    edi
.text:7816CCEA                  push    ebx
.text:7816CCEB                  call    [esp+118h+comp]
.text:7816CCF2                  add     esp, 8
.text:7816CCF5                  test    eax, eax
.text:7816CCF7                  jle     short loc_7816CD04
```

comp는 네 번째 인자다. 코드를 보면 comp()를 위한 두 개의 인자를 준비한 다음 단순히 comp 인자로 지정된 주소로 제어를 넘긴다. 그리고 실행 결과를 검사한다.

함수 포인터를 사용할 때는 상당한 주의가 필요하다. 우선 qsort()에 잘못된 함수 포인터를 전달하면 qsort()는 잘못된 위치로 제어를 넘기며, 이는 프로세스의 비정상 종료를 야기할 수 있다.

두 번째로 콜백 함수가 처리하는 타입은 반드시 qsort()가 처리하는 타입과 일치해야 한다. 다른 타입의 인자를 취하는 함수를 잘못 호출하면 심각한 문제를 야기할 수 있다. 프로세스의 비정상 종료 자체는 심각한 문제가 아니다. 진짜 큰 문제는 비정상 종료의 원인을 찾아내는 일이다. 컴파일러가 컴파일 시에 이런 잠재적인 문제를 발견하지 못할 수 있기 때문이다.

MSVC + OllyDbg

예제를 OllyDbg에서 로딩하고 comp() 함수에 브레이크포인트를 설정하자. 첫 번째 comp() 호출 부분을 보면 값을 어떻게 비교하는지 알 수 있다.

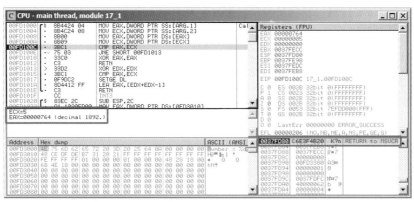

그림 1.109: OllyDbg: 첫 번째 comp() 호출

OllyDbg는 코드 창의 아랫부분에 비교할 값을 보여준다. 또한 SP가 qsort() 함수가 위치하는 RA(MSVCR100.DLL에 위치)를 가리키고 있는 것도 확인할 수 있다.

RETN 명령어까지 실행(F8)을 계속하고 F8을 한 번 더 누르면 qsort() 함수로 리턴된다.

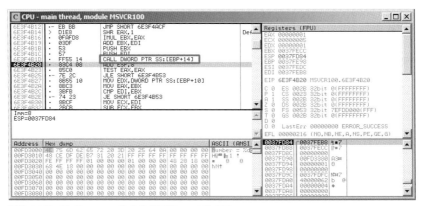

그림 1.110: OllyDbg: comp() 호출 직후의 qsort() 코드

비교 함수 호출이 완료됐다.

다음은 두 번째로 comp()를 호출하는 시점의 화면이다. 이번에는 비교하는 값이 다르다.

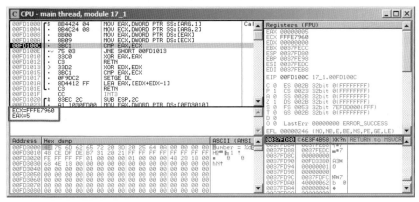

그림 1.111: OllyDbg: 두 번째 comp() 호출

MSVC + tracer

어떤 값을 비교하는지 알아보자. 정렬할 10개의 숫자는 다음과 같다.

1892, 45, 200, −98, 4087, 5, −12345, 1087, 88, −100000

comp() 코드에서 첫 번째로 나오는 CMP 명령어의 주소를 찾아(예제의 경우 0x0040100C)
브레이크포인트를 설정한다.

```
tracer.exe -l:17_1.exe bpx=17_1.exe!0x0040100C
```

브레이크포인트의 레지스터 정보를 확인한다.

```
PID=4336|New process 17_1.exe
(0) 17_1.exe!0x40100c
EAX=0x00000764 EBX=0x0051f7c8 ECX=0x00000005 EDX=0x00000000
ESI=0x0051f7d8 EDI=0x0051f7b4 EBP=0x0051f794 ESP=0x0051f67c
EIP=0x0028100c
FLAGS=IF
(0) 17_1.exe!0x40100c
EAX=0x00000005 EBX=0x0051f7c8 ECX=0xfffe7960 EDX=0x00000000
ESI=0x0051f7d8 EDI=0x0051f7b4 EBP=0x0051f794 ESP=0x0051f67c
EIP=0x0028100c
```

```
FLAGS=PF ZF IF
(0) 17_1.exe!0x40100c
EAX=0x00000764 EBX=0x0051f7c8 ECX=0x00000005 EDX=0x00000000
ESI=0x0051f7d8 EDI=0x0051f7b4 EBP=0x0051f794 ESP=0x0051f67c
EIP=0x0028100c
FLAGS=CF PF ZF IF
...
```

EAX와 ECX 값만 추출하면 다음과 같다.

```
EAX=0x00000764 ECX=0x00000005
EAX=0x00000005 ECX=0xfffe7960
EAX=0x00000764 ECX=0x00000005
EAX=0x0000002d ECX=0x00000005
EAX=0x00000058 ECX=0x00000005
EAX=0x0000043f ECX=0x00000005
EAX=0xffffcfc7 ECX=0x00000005
EAX=0x000000c8 ECX=0x00000005
EAX=0xffffff9e ECX=0x00000005
EAX=0x00000ff7 ECX=0x00000005
EAX=0x00000ff7 ECX=0x00000005
EAX=0xffffff9e ECX=0x00000005
EAX=0xffffff9e ECX=0x00000005
EAX=0xffffcfc7 ECX=0xfffe7960
EAX=0x00000005 ECX=0xffffcfc7
EAX=0xffffff9e ECX=0x00000005
EAX=0xffffcfc7 ECX=0xfffe7960
EAX=0xffffff9e ECX=0xffffcfc7
EAX=0xffffcfc7 ECX=0xfffe7960
EAX=0x000000c8 ECX=0x00000ff7
EAX=0x0000002d ECX=0x00000ff7
EAX=0x0000043f ECX=0x00000ff7
EAX=0x00000058 ECX=0x00000ff7
EAX=0x00000764 ECX=0x00000ff7
EAX=0x000000c8 ECX=0x00000764
EAX=0x0000002d ECX=0x00000764
EAX=0x0000043f ECX=0x00000764
EAX=0x00000058 ECX=0x00000764
EAX=0x000000c8 ECX=0x00000058
EAX=0x0000002d ECX=0x000000c8
EAX=0x0000043f ECX=0x000000c8
EAX=0x000000c8 ECX=0x00000058
EAX=0x0000002d ECX=0x000000c8
EAX=0x0000002d ECX=0x00000058
```

34개의 쌍을 볼 수 있다. 다시 말해 퀵 정렬 알고리즘은 10개의 숫자를 정렬하고자 비교 연산을 34번 수행한다.

MSVC + tracer(코드 커버리지)

tracer를 이용해 가능한 모든 레지스터 값을 수집한 후 IDA에서 볼 수 있다.

comp() 함수의 모든 명령어를 추적해보자.

```
tracer.exe -l:17_1.exe bpf=17_1.exe!0x00401000,trace:cc
```

생성된 .idc-script 파일을 IDA로 열어보자.

```
.text:00401000
.text:00401000 ; int __cdecl PtFuncCompare(const void *, const void *)
.text:00401000 PtFuncCompare   proc near               ; DATA XREF: _main+51o
.text:00401000
.text:00401000 arg_0           = dword ptr  4
.text:00401000 arg_4           = dword ptr  8
.text:00401000
.text:00401000                 mov     eax, [esp+arg_0] ; [ESP+4]=0x45f7ec..0x45f810(step=4), L"?\x04?
.text:00401004                 mov     ecx, [esp+arg_4] ; [ESP+8]=0x45f7ec..0x45f7f4(step=4), 0x45f7fc
.text:00401008                 mov     eax, [eax]      ; [EAX]=5, 0x2d, 0x58, 0xc8, 0x43f, 0x764, 0xff
.text:0040100A                 mov     ecx, [ecx]      ; [ECX]=5, 0x58, 0xc8, 0x764, 0xff7, 0xfffe7960
.text:0040100C                 cmp     eax, ecx        ; EAX=5, 0x2d, 0x58, 0xc8, 0x43f, 0x764, 0xff7,
.text:0040100E                 jnz     short loc_401013 ; ZF=false
.text:00401010                 xor     eax, eax
.text:00401012                 retn
.text:00401013 ;---------------------------------------------------------------
.text:00401013
.text:00401013 loc_401013:                             ; CODE XREF: PtFuncCompare+EÎj
.text:00401013                 xor     edx, edx
.text:00401015                 cmp     eax, ecx        ; EAX=5, 0x2d, 0x58, 0xc8, 0x43f, 0x764, 0xff7,
.text:00401017                 setnl   dl              ; SF=false,true OF=false
.text:0040101A                 lea     eax, [edx+edx-1]
.text:0040101E                 retn                    ; EAX=1, 0xffffffff
.text:0040101E PtFuncCompare   endp
.text:0040101F
```

그림 1.112: tracer와 IDA. 참고: 우측의 일부 값은 잘렸다.

IDA는 PtFuncCompare라는 함수명을 부여했는데, 이 함수의 포인터가 qsort()로 전달된다는 사실을 IDA가 분석했기 때문이다.

a와 b 포인터가 배열의 다양한 위치를 가리키는데, 배열에 32비트 값이 저장되므로 배열 항목 간의 주소 차이는 4다.

0x401010과 x0401012의 명령어는 전혀 실행되지 않았다는 사실을 알 수 있다(이 때문에 흰색으로 표시됐다). 실제로 예제 코드의 배열에서는 동일한 항목이 존재하지 않기 때문에 comp()는 단 한 번도 0을 리턴하지 않는다.

1.26.2 GCC

GCC의 경우도 큰 차이는 없다.

리스트 1.358: GCC

```
        lea     eax, [esp+40h+var_28]
        mov     [esp+40h+var_40], eax
        mov     [esp+40h+var_28], 764h
        mov     [esp+40h+var_24], 2Dh
        mov     [esp+40h+var_20], 0C8h
        mov     [esp+40h+var_1C], 0FFFFFF9Eh
        mov     [esp+40h+var_18], 0FF7h
        mov     [esp+40h+var_14], 5
        mov     [esp+40h+var_10], 0FFFFCFC7h
        mov     [esp+40h+var_C], 43Fh
        mov     [esp+40h+var_8], 58h
        mov     [esp+40h+var_4], 0FFFE7960h
        mov     [esp+40h+var_34], offset comp
        mov     [esp+40h+var_38], 4
        mov     [esp+40h+var_3C], 0Ah
        call    _qsort
```

comp() 함수는 다음과 같다.

```
        public comp
comp p  roc near

arg_0   = dword ptr 8
arg_4   = dword ptr 0Ch

        push    ebp
        mov     ebp, esp
        mov     eax, [ebp+arg_4]
        mov     ecx, [ebp+arg_0]
        mov     edx, [eax]
        xor     eax, eax
        cmp     [ecx], edx
        jnz     short loc_8048458
        pop     ebp
        retn
loc_8048458:
        setnl   al
        movzx   eax, al
        lea     eax, [eax+eax-1]
        pop     ebp
        retn
```

```
comp    endp
```

qsort()는 libc.so.6에 구현돼 있는데 이는 단순히 qsort_r()의 래퍼(thunk 함수)에 불과하다.

이 함수는 다시 quicksort()를 호출하며, 인자로 전달된 포인터를 이용해 우리가 정의한 비교 함수를 호출한다.

리스트 1.359: 파일 libc.so.6, glibc 버전 – 2.10.1

```
...
.text:0002DDF6          mov     edx, [ebp+arg_10]
.text:0002DDF9          mov     [esp+4], esi
.text:0002DDFD          mov     [esp], edi
.text:0002DE00          mov     [esp+8], edx
.text:0002DE04          call    [ebp+arg_C]
...
```

GCC + GDB(소스코드 포함)

C 소스코드(1.26절)가 있으므로 줄 번호에 브레이크포인트(b)를 설정할 수 있다(첫 번째 비교가 수행되는 11번째 줄). 또한 예제 코드를 컴파일할 때 디버깅 정보가 포함되도록 -g 옵션을 지정해야 한다. 이렇게 컴파일된 바이너리에는 주소와 그에 해당하는 줄 번호가 담긴 테이블이 포함된다.

변수의 이름으로 변수의 값도 출력할 수 있다(p). 디버깅 정보에는 레지스터나 로컬 스택에 어떤 변수가 들어 있는지의 정보도 들어있다.

스택을 살펴보면(bt) Glibc가 사용하는 중간 함수인 msort_with_tmp()도 확인할 수 있다.

리스트 1.360: GDB 세션

```
dennis@ubuntuvm:~/polygon$ gcc 17_1.c -g
dennis@ubuntuvm:~/polygon$ gdb ./a.out
GNU gdb (GDB) 7.6.1-ubuntu
Copyright (C) 2013 Free Software Foundation, Inc.
...
Reading symbols from /home/dennis/polygon/a.out...done.
```

```
(gdb) b 17_1.c:11
Breakpoint 1 at 0x804845f: file 17_1.c, line 11.
(gdb) run
Starting program: /home/dennis/polygon/./a.out

Breakpoint 1, comp (_a=0xbffff0f8, _b=_b@entry=0xbffff0fc) at 17_1.c:11
11      if (*a==*b)
(gdb) p *a
$1 = 1892
(gdb) p *b
$2 = 45
(gdb) c
Continuing.

Breakpoint 1, comp (_a=0xbffff104, _b=_b@entry=0xbffff108) at 17_1.c:11
11      if (*a==*b)
(gdb) p *a
$3 = -98
(gdb) p *b
$4 = 4087
(gdb) bt
#0  comp (_a=0xbffff0f8, _b=_b@entry=0xbffff0fc) at 17_1.c:11
#1  0xb7e42872 in msort_with_tmp (p=p@entry=0xbffff07c, b=b@entry=0xbffff0f8, n=n@entry=2)
       at msort.c:65
#2  0xb7e4273e in msort_with_tmp (n=2, b=0xbffff0f8, p=0xbffff07c) at msort.c:45
#3  msort_with_tmp (p=p@entry=0xbffff07c, b=b@entry=0xbffff0f8, n=n@entry=5) at msort.c:53
#4  0xb7e4273e in msort_with_tmp (n=5, b=0xbffff0f8, p=0xbffff07c) at msort.c:45
#5  msort_with_tmp (p=p@entry=0xbffff07c, b=b@entry=0xbffff0f8, n=n@entry=10) at msort.c:53
#6  0xb7e42cef in msort_with_tmp (n=10, b=0xbffff0f8, p=0xbffff07c) at msort.c:45
#7  __GI_qsort_r (b=b@entry=0xbffff0f8, n=n@entry=10, s=s@entry=4, cmp=cmp@entry=0x804844d
       <comp>, arg=arg@entry=0x0) at msort.c:297
#8  0xb7e42dcf in __GI_qsort (b=0xbffff0f8, n=10, s=4, cmp=0x804844d <comp>) at msort.c:307
#9  0x0804850d in main (argc=1, argv=0xbffff1c4) at 17_1.c:26
(gdb)
```

GCC + GDB(소스코드 미포함)

소스코드가 없는 경우에는 comp( ) 함수를 디스어셈블하고(disas) 첫 번째 CMP 명령어
를 찾은 다음 해당 주소에 브레이크포인트(b)를 설정해야 한다.

브레이크포인트에 도달할 때마다 모든 레지스터 값을 출력해보자(info registers). 스
택 정보도 확인할 수 있지만(bt), comp( ) 함수의 줄 번호는 출력되지 않는다.

```
dennis@ubuntuvm:~/polygon$ gcc 17_1.c
dennis@ubuntuvm:~/polygon$ gdb ./a.out
GNU gdb (GDB) 7.6.1-ubuntu
Copyright (C) 2013 Free Software Foundation, Inc.
...
Reading symbols from /home/dennis/polygon/a.out...(no debugging symbols found)...done.
(gdb) set disassembly-flavor intel
(gdb) disas comp
Dump of assembler code for function comp:
   0x0804844d <+0>:    push   ebp
   0x0804844e <+1>:    mov    ebp,esp
   0x08048450 <+3>:    sub    esp,0x10
   0x08048453 <+6>:    mov    eax,DWORD PTR [ebp+0x8]
   0x08048456 <+9>:    mov    DWORD PTR [ebp-0x8],eax
   0x08048459 <+12>:   mov    eax,DWORD PTR [ebp+0xc]
   0x0804845c <+15>:   mov    DWORD PTR [ebp-0x4],eax
   0x0804845f <+18>:   mov    eax,DWORD PTR [ebp-0x8]
   0x08048462 <+21>:   mov    edx,DWORD PTR [eax]
   0x08048464 <+23>:   mov    eax,DWORD PTR [ebp-0x4]
   0x08048467 <+26>:   mov    eax,DWORD PTR [eax]
   0x08048469 <+28>:   cmp    edx,eax
   0x0804846b <+30>:   jne    0x8048474 <comp+39>
   0x0804846d <+32>:   mov    eax,0x0
   0x08048472 <+37>:   jmp    0x804848e <comp+65>
   0x08048474 <+39>:   mov    eax,DWORD PTR [ebp-0x8]
   0x08048477 <+42>:   mov    edx,DWORD PTR [eax]
   0x08048479 <+44>:   mov    eax,DWORD PTR [ebp-0x4]
   0x0804847c <+47>:   mov    eax,DWORD PTR [eax]
   0x0804847e <+49>:   cmp    edx,eax
   0x08048480 <+51>:   jge    0x8048489 <comp+60>
   0x08048482 <+53>:   mov    eax,0xffffffff
   0x08048487 <+58>:   jmp    0x804848e <comp+65>
   0x08048489 <+60>:   mov    eax,0x1
   0x0804848e <+65>:   leave
   0x0804848f <+66>:   ret
End of assembler dump.
(gdb) b *0x08048469
Breakpoint 1 at 0x8048469
(gdb) run
Starting program: /home/dennis/polygon/./a.out

Breakpoint 1, 0x08048469 in comp ()
(gdb) info registers
eax        0x2d    45
ecx        0xbffff0f8  -1073745672
edx        0x764   1892
```

```
ebx            0xb7fc0000   -1208221696
esp            0xbfffeeb8   0xbfffeeb8
ebp            0xbfffeec8   0xbfffeec8
esi            0xbffff0fc   -1073745668
edi            0xbffff010   -1073745904
eip            0x8048469    0x8048469 <comp+28>
eflags         0x286        [ PF SF IF ]
cs             0x73         115
ss             0x7b         123
ds             0x7b         123
es             0x7b         123
fs             0x0          0
gs             0x33         51
(gdb) c
Continuing.

Breakpoint 1, 0x08048469 in comp ()
(gdb) info registers
eax            0xff7        4087
ecx            0xbffff104   -1073745660
edx            0xfffffff9e  -98
ebx            0xb7fc0000   -1208221696
esp            0xbfffee58   0xbfffee58
ebp            0xbfffee68   0xbfffee68
esi            0xbffff108   -1073745656
edi            0xbffff010   -1073745904
eip            0x8048469    0x8048469 <comp+28>
eflags         0x282        [ SF IF ]
cs             0x73         115
ss             0x7b         123
ds             0x7b         123
es             0x7b         123
fs             0x0          0
gs             0x33         51
(gdb) c
Continuing.

Breakpoint 1, 0x08048469 in comp ()
(gdb) info registers
eax            0xfffffff9e  -98
ecx            0xbffff100   -1073745664
edx            0xc8         200
ebx            0xb7fc0000   -1208221696
esp            0xbfffeeb8   0xbfffeeb8
ebp            0xbfffeec8   0xbfffeec8
esi            0xbffff104   -1073745660
edi            0xbffff010   -1073745904
eip            0x8048469    0x8048469 <comp+28>
```

```
eflags      0x286    [ PF SF IF ]
cs          0x73     115
ss          0x7b     123
ds          0x7b     123
es          0x7b     123
fs          0x0      0
gs          0x33     51
(gdb) bt
#0  0x08048469 in comp ()
#1  0xb7e42872 in msort_with_tmp (p=p@entry=0xbffff07c, b=b@entry=0xbffff0f8, n=n@entry=2)
    at msort.c:65
#2  0xb7e4273e in msort_with_tmp (n=2, b=0xbffff0f8, p=0xbffff07c) at msort.c:45
#3  msort_with_tmp (p=p@entry=0xbffff07c, b=b@entry=0xbffff0f8, n=n@entry=5) at msort.c:53
#4  0xb7e4273e in msort_with_tmp (n=5, b=0xbffff0f8, p=0xbffff07c) at msort.c:45
#5  msort_with_tmp (p=p@entry=0xbffff07c, b=b@entry=0xbffff0f8, n=n@entry=10) at msort.c:53
#6  0xb7e42cef in msort_with_tmp (n=10, b=0xbffff0f8, p=0xbffff07c) at msort.c:45
#7  __GI_qsort_r (b=b@entry=0xbffff0f8, n=n@entry=10, s=s@entry=4, cmp=cmp@entry=0x804844d
       <comp>, arg=arg@entry=0x0) at msort.c:297
#8  0xb7e42dcf in __GI_qsort (b=0xbffff0f8, n=10, s=4, cmp=0x804844d <comp>) at msort.c:307
#9  0x0804850d in main ()
```

1.26.3 함수 포인터의 위험성

qsort() 함수는 두 개의 void* 인자를 받아들이고 정수 값을 리턴하는 함수에 대한 포인터를 이용한다. 코드에 여러 개의 비교 함수가 있는 경우(하나는 문자열 비교 다른 하나는 정수 비교 등)에는 혼동해서 사용하기 쉽기 때문에 조심해야 한다. 정수를 비교하는 함수를 이용해 문자열 배열을 정렬하려고 할 수도 있는데, 그런 경우에 컴파일러는 경고를 출력하지 않기 때문이다.

1.27 32비트 환경에서의 64비트 값

32비트 환경에서 GPR은 32비트이므로 64비트 값은 한 쌍의 32비트 값으로 저장된다(마찬가지 원리로 16비트 환경에서는 32비트 값을 한 쌍의 16비트 값을 이용해 전달한다. 3.30.4절 참고).

1.27.1 64비트 값 리턴

```
#include <stdint.h>

uint64_t f ()
{
    return 0x1234567890ABCDEF;
};
```

x86

32비트 환경에서 64비트 값은 **EDX:EAX** 레지스터 쌍으로 함수에서 리턴된다.

리스트 1.362: 최적화를 수행한 MSVC 2010

```
_f PROC
        mov     eax, -1867788817    ; 90abcdefH
        mov     edx, 305419896  ; 12345678H
        ret     0
_f ENDP
```

ARM

ARM에서는 **R0-R1** 레지스터 쌍(R1은 64비트의 상위 부분 R0는 하위 부분)으로 64비트 값이 리턴된다.

리스트 1.363: 최적화를 수행한 Keil 6/2013(ARM 모드)

```
||f|| PROC
        LDR     r0,|L0.12|
        LDR     r1,|L0.16|
        BX      lr
        ENDP
|L0.12|
        DCD     0x90abcdef
|L0.16|
        DCD     0x12345678
```

MIPS

MIPS에서는 **V0-V1**($2-$3) 레지스터 쌍(V0($2)는 64비트의 상위 부분 V1($3)은 하위 부분)으

로 64비트 값이 리턴된다.

리스트 1.364: 최적화를 수행한 GCC 4.4.5(어셈블리 리스트)

```
        li      $3,-1867841536      # 0xffffffff90ab0000
        li      $2,305397760        # 0x12340000
        ori     $3,$3,0xcdef
        j       $31
        ori     $2,$2,0x5678
```

리스트 1.365: 최적화를 수행한 GCC 4.4.5(IDA)

```
        lui     $v1, 0x90AB
        lui     $v0, 0x1234
        li      $v1, 0x90ABCDEF
        jr      $ra
        li      $v0, 0x12345678
```

1.27.2 인자 전달, 덧셈, 뺄셈

```c
#include <stdint.h>

uint64_t f_add (uint64_t a, uint64_t b)
{
    return a+b;
};

void f_add_test ()
{
#ifdef __GNUC__
    printf ("%lld\n", f_add(12345678901234, 23456789012345));
#else
    printf ("%I64d\n", f_add(12345678901234, 23456789012345));
#endif
};

uint64_t f_sub (uint64_t a, uint64_t b)
{
    return a-b;
};
```

x86

리스트 1.366: 최적화를 수행한 MSVC 2012 /Ob1

```
_a$ = 8              ; 크기 = 8
_b$ = 16             ; 크기 = 8
_f_add  PROC
        mov     eax, DWORD PTR _a$[esp-4]
        add     eax, DWORD PTR _b$[esp-4]
        mov     edx, DWORD PTR _a$[esp]
        adc     edx, DWORD PTR _b$[esp]
        ret     0
_f_add  ENDP

_f_add_test PROC
        push    5461            ; 00001555H
        push    1972608889      ; 75939f79H
        push    2874            ; 00000b3aH
        push    1942892530      ; 73ce2ff2H
        call    _f_add
        push    edx
        push    eax
        push    OFFSET $SG1436 ; '%I64d', 0aH, 00H
        call    _printf
        add     esp, 28
        ret     0
_f_add_test ENDP

_f_sub  PROC
        mov     eax, DWORD PTR _a$[esp-4]
        sub     eax, DWORD PTR _b$[esp-4]
        mov     edx, DWORD PTR _a$[esp]
        sbb     edx, DWORD PTR _b$[esp]
        ret     0
_f_sub  ENDP
```

f_add_test() 함수를 보면 두 개의 32비트 값(상위 부분부터 먼저 전달하고 그다음에 하위 부분을 전달)을 이용해 하나의 64비트 값이 전달된다.

덧셈과 뺄셈도 32비트 쌍을 이용해 수행한다.

덧셈 시에는 하위 32비트를 먼저 더한다. 이때 캐리가 발생하면 CF 플래그를 설정한다.

다음의 ADC 명령어가 상위 부분을 더하며, CF=1이면 1을 추가로 더한다.

뺄셈도 32비트 쌍으로 수행하는데, 첫 번째 SUB의 결과로 CF 플래그가 설정될 수 있다.

이 캐리 값은 다음의 SBB 명령어에서 검사한다. 캐리 플래그가 1이면 두 번째 뺄셈 결과에서 1을 추가로 뺀다.

32비트 환경의 함수에서 64비트 값을 리턴할 때는 **EDX:EAX** 레지스터 쌍을 이용한다.

이는 **f_add()**의 결과가 **printf()**에 전달되는 부분에서 쉽게 확인할 수 있다.

리스트 1.367: GCC 4.8.1 -O1 -fno-inline

```
_f_add:
        mov     eax, DWORD PTR [esp+12]
        mov     edx, DWORD PTR [esp+16]
        add     eax, DWORD PTR [esp+4]
        adc     edx, DWORD PTR [esp+8]
        ret

_f_add_test:
        sub     esp, 28
        mov     DWORD PTR [esp+8], 1972608889      ; 75939f79H
        mov     DWORD PTR [esp+12], 5461           ; 00001555H
        mov     DWORD PTR [esp], 1942892530        ; 73ce2ff2H
        mov     DWORD PTR [esp+4], 2874            ; 00000b3aH
        call    _f_add
        mov     DWORD PTR [esp+4], eax
        mov     DWORD PTR [esp+8], edx
        mov     DWORD PTR [esp], OFFSET FLAT:LC0   ; "%lld\n"
        call    _printf
        add     esp, 28
        ret

_f_sub:
        mov     eax, DWORD PTR [esp+4]
        mov     edx, DWORD PTR [esp+8]
        sub     eax, DWORD PTR [esp+12]
        sbb     edx, DWORD PTR [esp+16]
        ret
```

GCC 코드도 동일하다.

ARM

리스트 1.368: 최적화를 수행한 Keil 6/2013(ARM 모드)

```
f_add PROC
        ADDS    r0,r0,r2
        ADC     r1,r1,r3
```

```
        BX      lr
        ENDP

f_sub PROC
        SUBS    r0,r0,r2
        SBC     r1,r1,r3
        BX      lr
        ENDP

f_add_test PROC
        PUSH    {r4,lr}
        LDR     r2,|L0.68|  ; 0x75939f79
        LDR     r3,|L0.72|  ; 0x00001555
        LDR     r0,|L0.76|  ; 0x73ce2ff2
        LDR     r1,|L0.80|  ; 0x00000b3a
        BL      f_add
        POP     {r4,lr}
        MOV     r2,r0
        MOV     r3,r1
        ADR     r0,|L0.84|  ; "%I64d\n"
        B       __2printf
        ENDP

|L0.68|
        DCD     0x75939f79
|L0.72|
        DCD     0x00001555
|L0.76|
        DCD     0x73ce2ff2
|L0.80|
        DCD     0x00000b3a
|L0.84|
        DCB     "%I64d\n",0
```

첫 번째 64비트 값은 R0와 R1 레지스터 쌍으로 전달되며, 두 번째 64비트 값은 R2와 R3 레지스터 쌍으로 전달된다. ARM에도 ADC('ADD with Carry') 명령어와 SBC('Subtract with Carry') 명령어가 있다. 중요한 점은 64비트의 하위 부분을 더하거나 뺄 때는 ADDS와 SUBS 명령어가 이용된다는 것이다. 명령어 이름에서 -S가 의미하는 것은 'set flags'이고, 이후의 ADC/SBC 명령어에서 플래그(캐리 플리그) 값이 이용된다. 캐리 플래그 값이 0이면 ADD 및 SUB 명령어와 동일하게 동작한다.

MIPS

리스트 1.369: 최적화를 수행한 GCC 4.4.5(IDA)

```
f_add:
; $a0 - a의 상위 부분
; $a1 - a의 하위 부분
; $a2 - b의 상위 부분
; $a3 - b의 하위 부분
            addu    $v1, $a3, $a1    ; 하위 부분을 더한다.
            addu    $a0, $a2, $a0    ; 상위 부분을 더한다.
; 하위 부분을 더했을 때 캐리가 발생했는가?
; 그렇다면 $v0은 1이 된다.
            sltu    $v0, $v1, $a3
            jr      $ra
; 캐리가 발생했다면 상위 부분을 더한 결과에 1을 더해준다.
            addu    $v0, $a0           ; 브랜치 지연 슬롯
; $v0 - 결과의 상위 부분
; $v1 - 결과의 하위 부분

f_sub:
; $a0 - a의 상위 부분
; $a1 - a의 하위 부분
; $a2 - b의 상위 부분
; $a3 - b의 하위 부분
            subu    $v1, $a1, $a3    ; 하위 부분을 뺀다.
            subu    $v0, $a0, $a2    ; 상위 부분을 뺀다.
; 하위 부분을 뺄 때 캐리가 발생했는가?
; 그렇다면 $a0는 1이 된다.
            sltu    $a1, $v1
            jr      $ra
; 캐리가 발생했다면 상위 부분을 뺀 결과에서 1을 빼준다.
            subu    $v0, $a1 ; branch delay slot
; $v0 - 결과의 상위 부분
; $v1 - 결과의 하위 부분

f_add_test:
var_10      = -0x10
var_4       = -4

            lui     $gp, (__gnu_local_gp >> 16)
            addiu   $sp, -0x20
            la      $gp, (__gnu_local_gp & 0xFFFF)
            sw      $ra, 0x20+var_4($sp)
            sw      $gp, 0x20+var_10($sp)
            lui     $a1, 0x73CE
            lui     $a3, 0x7593
            li      $a0, 0xB3A
            li      $a3, 0x75939F79
```

```
        li      $a2, 0x1555
        jal     f_add
        li      $a1, 0x73CE2FF2
        lw      $gp, 0x20+var_10($sp)
        lui     $a0, ($LC0 >> 16)        # "%lld\n"
        lw      $t9, (printf & 0xFFFF)($gp)
        lw      $ra, 0x20+var_4($sp)
        la      $a0, ($LC0 & 0xFFFF)     # "%lld\n"
        move    $a3, $v1
        move    $a2, $v0
        jr      $t9
        addiu   $sp, 0x20

$LC0:   .ascii "%lld\n"<0>
```

MIPS에는 플래그 레지스터가 없다. 따라서 산술 연산을 수행한 이후에 플래그 정보를 볼 수 없다. 또한 x86의 ADC와 SBB 같은 명령어가 없다. 캐리 플래그가 설정됐는지 확인하려면 목적 레지스터를 1이나 0으로 설정하는 SLTU 명령어를 이용한 비교 연산을 수행해야 한다. 그리고 SLTU 명령어에 의해 설정된 1이나 0 값을 더하기와 빼기 연산의 결과에 반영해 최종적인 결과를 얻는다.

1.27.3 곱셈, 나눗셈

```c
#include <stdint.h>

uint64_t f_mul (uint64_t a, uint64_t b)
{
    return a*b;
};

uint64_t f_div (uint64_t a, uint64_t b)
{
    return a/b;
};

uint64_t f_rem (uint64_t a, uint64_t b)
{
    return a % b;
};
```

x86

```
_a$ = 8              ; 크기 = 8
_b$ = 16             ; 크기 = 8
_f_mul PROC
        push    ebp
        mov     ebp, esp
        mov     eax, DWORD PTR _b$[ebp+4]
        push    eax
        mov     ecx, DWORD PTR _b$[ebp]
        push    ecx
        mov     edx, DWORD PTR _a$[ebp+4]
        push    edx
        mov     eax, DWORD PTR _a$[ebp]
        push    eax
        call    __allmul    ; long long 타입의 곱하기 연산
        pop     ebp
        ret     0
_f_mul ENDP

_a$ = 8              ; 크기 = 8
_b$ = 16             ; 크기 = 8
_f_div PROC
        push    ebp
        mov     ebp, esp
        mov     eax, DWORD PTR _b$[ebp+4]
        push    eax
        mov     ecx, DWORD PTR _b$[ebp]
        push    ecx
        mov     edx, DWORD PTR _a$[ebp+4]
        push    edx
        mov     eax, DWORD PTR _a$[ebp]
        push    eax
        call    __aulldiv   ; unsigned long long 타입의 나누기 연산
        pop     ebp
        ret     0
_f_div ENDP

_a$ = 8              ; 크기 = 8
_b$ = 16             ; 크기 = 8
_f_rem PROC
        push    ebp
        mov     ebp, esp
        mov     eax, DWORD PTR _b$[ebp+4]
        push    eax
        mov     ecx, DWORD PTR _b$[ebp]
        push    ecx
```

```
        mov     edx, DWORD PTR _a$[ebp+4]
        push    edx
        mov     eax, DWORD PTR _a$[ebp]
        push    eax
        call    __aullrem   ; unsigned long long 타입의 나머지 연산
        pop     ebp
        ret     0
_f_rem  ENDP
```

곱셈과 나눗셈은 좀 더 복잡한 연산이기 때문에 컴파일러는 그에 해당하는 라이브러리 함수를 호출한다.

곱하기와 나머지를 수행하는 함수는 부록을 참고하기 바란다.

리스트 1.371: 최적화를 수행한 GCC 4.8.1 -fno-inline

```
_f_mul:
        push    ebx
        mov     edx, DWORD PTR [esp+8]
        mov     eax, DWORD PTR [esp+16]
        mov     ebx, DWORD PTR [esp+12]
        mov     ecx, DWORD PTR [esp+20]
        imul    ebx, eax
        imul    ecx, edx
        mul     edx
        add     ecx, ebx
        add     edx, ecx
        pop     ebx
        ret

_f_div:
        sub     esp, 28
        mov     eax, DWORD PTR [esp+40]
        mov     edx, DWORD PTR [esp+44]
        mov     DWORD PTR [esp+8], eax
        mov     eax, DWORD PTR [esp+32]
        mov     DWORD PTR [esp+12], edx
        mov     edx, DWORD PTR [esp+36]
        mov     DWORD PTR [esp], eax
        mov     DWORD PTR [esp+4], edx
        call    ___udivdi3 ; unsigned 타입의 나머지 연산
        add     esp, 28
        ret

_f_rem:
        sub     esp, 28
```

```
    mov     eax, DWORD PTR [esp+40]
    mov     edx, DWORD PTR [esp+44]
    mov     DWORD PTR [esp+8], eax
    mov     eax, DWORD PTR [esp+32]
    mov     DWORD PTR [esp+12], edx
    mov     edx, DWORD PTR [esp+36]
    mov     DWORD PTR [esp], eax
    mov     DWORD PTR [esp+4], edx
    call    ___umoddi3 ; unsigned 타입의 나머지 연산
    add     esp, 28
    ret
```

GCC 코드도 거의 동일하지만 좀 더 효율적으로 처리하고자 곱셈 코드를 함수 내에서
바로 인라인 코드로 처리한다. GCC의 라이브러리 함수명은 MSVC와 다르다. 부록을
참고하기 바란다.

ARM

Thumb 모드에서 Keil은 라이브러리 서브루틴 호출을 이용한다.

리스트 1.372: 최적화를 수행한 Keil 6/2013(Thumb 모드)

```
||f_mul|| PROC
    PUSH    {r4,lr}
    BL      __aeabi_lmul
    POP     {r4,pc}
    ENDP

||f_div|| PROC
    PUSH    {r4,lr}
    BL      __aeabi_uldivmod
    POP     {r4,pc}
    ENDP

||f_rem|| PROC
    PUSH    {r4,lr}
    BL      __aeabi_uldivmod
    MOVS    r0,r2
    MOVS    r1,r3
    POP     {r4,pc}
    ENDP
```

반면 ARM 모드에서 Keil은 64비트 곱하기를 수행하는 코드를 만들어낸다.

```
||f_mul|| PROC
        PUSH    {r4,lr}
        UMULL   r12,r4,r0,r2
        MLA     r1,r2,r1,r4
        MLA     r1,r0,r3,r1
        MOV     r0,r12
        POP     {r4,pc}
        ENDP

||f_div|| PROC
        PUSH    {r4,lr}
        BL      __aeabi_uldivmod
        POP     {r4,pc}
        ENDP

||f_rem|| PROC
        PUSH    {r4,lr}
        BL      __aeabi_uldivmod
        MOV     r0,r2
        MOV     r1,r3
        POP     {r4,pc}
        ENDP
```

MIPS

MIPS에서 최적화를 수행한 GCC는 64비트 곱하기 연산용 코드를 만들어내지만 나누기 연산을 하려면 해당 라이브러리 루틴을 호출한다.

리스트 1.374: 최적화를 수행한 GCC 4.4.5(IDA)

```
f_mul:
        mult    $a2, $a1
        mflo    $v0
        or      $at, $zero  ; NOP
        or      $at, $zero  ; NOP
        mult    $a0, $a3
        mflo    $a0
        addu    $v0, $a0
        or      $at, $zero  ; NOP
        multu   $a3, $a1
        mfhi    $a2
        mflo    $v1
        jr      $ra
        addu    $v0, $a2
```

```
    f_div:

var_10 = -0x10
var_4 = -4

        lui     $gp, (__gnu_local_gp >> 16)
        addiu   $sp, -0x20
        la      $gp, (__gnu_local_gp & 0xFFFF)
        sw      $ra, 0x20+var_4($sp)
        sw      $gp, 0x20+var_10($sp)
        lw      $t9, (__udivdi3 & 0xFFFF)($gp)
        or      $at, $zero
        jalr    $t9
        or      $at, $zero
        lw      $ra, 0x20+var_4($sp)
        or      $at, $zero
        jr      $ra
        addiu   $sp, 0x20

    f_rem:

var_10 = -0x10
var_4 = -4

        lui     $gp, (__gnu_local_gp >> 16)
        addiu   $sp, -0x20
        la      $gp, (__gnu_local_gp & 0xFFFF)
        sw      $ra, 0x20+var_4($sp)
        sw      $gp, 0x20+var_10($sp)
        lw      $t9, (__umoddi3 & 0xFFFF)($gp)
        or      $at, $zero
        jalr    $t9
        or      $at, $zero
        lw      $ra, 0x20+var_4($sp)
        or      $at, $zero
        jr      $ra
        addiu   $sp, 0x20
```

많은 NOP 코드를 볼 수 있다. 곱하기 연산 이후에 지연 슬롯을 채운 것으로 판단된다
(결국 이렇게 하면 다른 명령어보다 느려지게 된다).

1.27.4 우측 시프트

```c
#include <stdint.h>

uint64_t f (uint64_t a)
```

```
{
    return a>>7;
};
```

x86

리스트 1.375: 최적화를 수행한 MSVC 2012 /Ob1

```
_a$ = 8 ; 크기 = 8
_f      PROC
        mov     eax, DWORD PTR _a$[esp-4]
        mov     edx, DWORD PTR _a$[esp]
        shrd    eax, edx, 7
        shr     edx, 7
        ret     0
_f      ENDP
```

리스트 1.376: 최적화를 수행한 GCC 4.8.1 -fno-inline

```
_f:
        mov     edx, DWORD PTR [esp+8]
        mov     eax, DWORD PTR [esp+4]
        shrd    eax, edx, 7
        shr     edx, 7
        ret
```

시프트도 두 단계로 이뤄지는데, 우선 하위 부분을 시프트 연산한 후 상위 부분을 시프트 연산한다. 하위 32비트를 시프트 연산할 때는 SHRD 명령어를 사용하는데, 이 명령어는 EAX 값을 7비트 시프트 연산하면서 새로 채울 부분을 EDX, 즉 상위 부분에서 가져온다. 다시 말해 전체적인 64비트 값은 EDX:EAX 레지스터 쌍에 있고 7비트를 시프트 연산한 결과의 하위 32비트 부분은 EAX에 위치한다. 상위 부분의 시프트 연산할 때는 일반적인 SHR 명령어를 사용한다. 그리고 상위 부분이 시프트돼 생긴 빈자리는 0으로 채운다.

ARM

ARM에는 x86의 SHRD와 같은 명령어가 없기 때문에 Keil 컴파일러는 간단한 시프트 연산과 OR 연산을 이용해 작업을 수행한다.

리스트 1.377: 최적화를 수행한 Keil 6/2013(ARM 모드)

```
||f|| PROC
        LSR     r0,r0,#7
        ORR     r0,r0,r1,LSL #25
        LSR     r1,r1,#7
        BX      lr
        ENDP
```

리스트 1.378: 최적화를 수행한 Keil 6/2013(Thumb 모드)

```
||f|| PROC
        LSLS    r2,r1,#25
        LSRS    r0,r0,#7
        ORRS    r0,r0,r2
        LSRS    r1,r1,#7
        BX      lr
        ENDP
```

MIPS

MIPS에서 GCC는 Thumb 모드에서 Keil의 경우와 동일한 알고리즘을 사용한다.

리스트 1.379: 최적화를 수행한 GCC 4.4.5(IDA)

```
f:
        sll     $v0, $a0, 25
        srl     $v1, $a1, 7
        or      $v1, $v0, $v1
        jr      $ra
        srl     $v0, $a0, 7
```

1.27.5 32비트 값을 64비트로 변환

```
#include <stdint.h>

int64_t f (int32_t a)
{
    return a;
};
```

x86

리스트 1.380: 최적화를 수행한 MSVC 2012

```
_a$ = 8
_f  PROC
        mov     eax, DWORD PTR _a$[esp-4]
        cdq
        ret     0
_f  ENDP
```

이번 예제에서는 부호 있는 32비트 값 c를 부호 있는 64비트 값으로 변환해야 한다. 부호 없는 값의 경우에는 상위 부분을 무조건 0으로 설정하는 식으로 쉽게 변환할 수 있다. 하지만 부호 있는 데이터 타입에서는 확장한 값의 상위 비트 부분에 부호 비트를 복사해야 한다.

CDQ 명령어가 바로 이를 수행하는데, EAX에서 입력값을 가져와 64비트로 확장한 다음 결과를 EDX:EAX 레지스터 쌍에 저장한다. 다시 말해 CDQ 명령어는 EAX에서 부호(EAX의 최상위 비트)만 가져와 그 값이 무엇인지에 따라 EDX의 모든 32비트를 0이나 1로 채운다. 이 연산은 MOVSX 명령어와 유사한 부분이 있다.

리스트 1.381: 최적화를 수행한 Keil 6/2013(ARM 모드)

```
||f|| PROC
        ASR     r1,r0,#31
        BX      lr
        ENDP
```

ARM에서 Keil은 다른 방법을 이용한다. 즉, 입력값을 산술적으로 31비트 오른쪽 시프트를 수행한다. 이미 아는 바와 같이 부호 비트는 MSB이고 산술적인 시프트는 부호 비트를 시프트 연산에 따라 새로 '등장'하게 되는 비트들에 복사한다. 따라서 'ASR r1, r0,#31'을 수행하면 R1의 값은 입력값이 음수라면 0xFFFFFFFF가 되고 그렇지 않다면 0이 된다. 결국 R1은 64비트 값의 상위 부분을 포함한다. 다시 말하면 R0의 입력값에서 MSB(부호 비트)를 가져와 64비트 값의 상위 32비트들을 모두 해당 값으로 복사하는 것이다.

MIPS

MIPS에서 GCC가 만들어내는 코드는 ARM 모드를 위해 Keil이 만들어낸 것과 동일하다.

리스트 1.382: 최적화를 수행한 GCC 4.4.5(IDA)

```
f:
        sra     $v0, $a0, 31
        jr      $ra
        move    $v1, $a0
```

1.28 SIMD

SIMD는 단일 명령어$^{Single\ Instruction}$, 복수 데이터$^{Multiple\ Data}$의 약어다.

말 그대로 여러 개의 데이터를 하나의 명령어만으로 처리한다는 의미다.

FPU와 마찬가지로 CPU 서브시스템은 x86 내의 별도 프로세서처럼 보인다.

x86은 MMX라는 기술로 SIMD를 지원하기 시작했으며, 새로운 8개의 64비트 레지스터인 MM0-MM7이 도입됐다.

각 MMX 레지스터는 2개의 32비트 값이나 4개의 16비트 값, 즉 8바이트를 저장할 수 있다. 예를 들면 두 개의 MMX 레지스터의 값을 이용해 8개의 8비트 값(바이트)을 동시에 더할 수 있다.

간단한 예로 이미지를 2차원 배열로 표현하는 그래픽 에디터를 들 수 있다. 사용자가 이미지의 밝기를 조절하면 에디터는 모든 픽셀 값에 적절한 계수를 더하거나 빼야 한다. 예를 간단히 만들고자 이미지가 그레이 스케일이며, 각 픽셀은 8비트로 정의된다고 가정한다면 8픽셀의 밝기를 동시에 변경할 수 있는 것이다.

사용자가 그래픽 에디터에서 이미지의 밝기를 변경했을 때 오버플로우와 언더플로우가 바람직하지 않기 때문에 최댓값에 도달했을 때 어떤 값도 더하지 않는 추가적인 명령어들이 SIMD에 있는 것이다.

MMX가 도입됐을 당시 사실 MMX 레지스터는 FPU 레지스터에 위치했었다. 따라서 FPU나 MMX를 동시에 사용할 수 있었다.

혹자는 인텔이 트랜지스터의 개수를 절약하려 했다고도 생각할 수 있지만, 실제 이유는 더 간단하다. 오래된 운영체제는 추가되는 CPU 레지스터의 존재를 알지 못해 콘텍스트 스위치 시에 이를 저장하지 않을 수도 있지만 FPU 레지스터는 저장하기 때문이다. 그러므로 MMX가 활성화된 CPU + 오래된 OS + MMX 기능을 이용하는 프로세스의 조합인 경우에도 아무런 문제없이 동작하는 것이다.

SSE는 SIMD의 확장으로 레지스터가 128비트로 증가됐고 FPU에서 분리됐다.

AVX는 256비트로 확장한 버전이다.

이제 실제적인 예를 살펴보자.

주로 메모리 복사 루틴(memcpy)이나 메모리 비교 루틴(memcmp) 등에서 사용된다.

한 가지 예를 더 들자면 DES 암호화 알고리즘이 있다. DES는 56비트 키를 이용해 64비트 블록을 64비트 암호화 블록으로 만든다. DES 알고리즘은 AND/OR/NOT 게이트를 연결한 매우 거대한 전자 회로로 생각할 수 있다.

Bitslice DES(http://www.darkside.com.au/bitslice/)는 복수 개의 블록과 키를 묶어 동시에 처리하는 방식이다. 예를 들어 x86에서는 unsigned int 타입의 변수에 32비트까지 저장할 수 있으므로 64 + 56개의 unsigned int 타입 변수를 사용하면 32개의 블록/키 쌍에 대한 중간 결과를 한 번에 저장할 수 있다.

저자는 SSE2와 AVX용 Bitslice DES 알고리즘을 약간 변경해 오라클 DBMS의 암호/해시(DES에 기반)를 무작위 대입 공격하는 유틸리티를 작성했다(http://conus.info/utils/ops_SIMD/)

1.28.1 벡터화

두 개의 배열을 입력으로 취해 하나의 배열을 생성하는 루프를 예로 들어 벡터화(https://en.wikipedia.org/wiki/Vectorization)를 이해해보자. 루프는 입력 배열들의 값을 가져와 작업을 수행한 후 결과를 출력 배열에 저장한다. 벡터화란 여러 개의 항목을 동시에 처리하는 걸 의미한다.

벡터화는 새로운 기술이 아니다. 저자는 적어도 1988년형 Cray Y-MP 슈퍼컴퓨터에서 이미 벡터화를 본 적이 있는데, 당시 이 슈퍼컴퓨터의 '라이트' 버전인 Cray Y-MP EL(슈퍼컴퓨터 박물관에 설치돼 있다. http://www.cray-cyber.org)로 작업하고 있었다.

다음 예를 살펴보자.

```
for (i = 0; i < 1024; i++)
{
    C[i] = A[i]*B[i];
}
```

이 코드는 A와 B의 항목을 곱해 C에 저장한다.

배열 항목은 32비트 int로, 128비트 XMM 레지스터 하나에 배열 A의 값 4개, 다른 XMM 레지스터 하나에 B의 값 4개를 저장하고, PMULLD(패킹된 부호 있는 더블워드 정수 곱셈 후 하위 결과 저장)와 PMULHW(패킹된 부호 있는 더블워드 정수 곱셈 후 상위 결과 저장)를 실행하면 4개의 64비트 곱을 한 번에 얻을 수 있다.

결과적으로 루프 카운트가 1024에서 1024/4, 즉 4분의 1로 줄고 당연히 실행 속도도 빨라진다.

추가적인 예제

인텔 C++(인텔 C++ 자동 벡터화에 대한 내용은 예를 들어 '효과적인 자동 벡터화' http://noggin.intel.com/content/the-software-vectorization-handbook-ch-6에서 찾아볼 수 있다)처럼 간단한 벡터화는 자동으로 수행하는 컴파일러도 있다.

다음의 단순한 함수를 살펴보자.

```
int f (int sz, int *ar1, int *ar2, int *ar3)
{
    for (int i=0; i<sz; i++)
        ar3[i]=ar1[i]+ar2[i];

    return 0;
};
```

Intel C++

인텔 C++ 11.1.051 Win32로 컴파일해보자.

```
icl intel.cpp /QaxSSE2 /Faintel.asm /Ox
```

IDA의 디스어셈블 결과는 다음과 같다.

```
; int __cdecl f(int, int *, int *, int *)
                public ?f@@YAHHPAH00@Z
?f@@YAHHPAH00@Z proc near

var_10  = dword ptr -10h
sz      = dword ptr 4
ar1     = dword ptr 8
ar2     = dword ptr 0Ch
ar3     = dword ptr 10h

        push    edi
        push    esi
        push    ebx
        push    esi
        mov     edx, [esp+10h+sz]
        test    edx, edx
        jle     loc_15B
        mov     eax, [esp+10h+ar3]
        cmp     edx, 6
        jle     loc_143
        cmp     eax, [esp+10h+ar2]
        jbe     short loc_36
        mov     esi, [esp+10h+ar2]
        sub     esi, eax
        lea     ecx, ds:0[edx*4]
        neg     esi
        cmp     ecx, esi
        jbe     short loc_55

loc_36: ; CODE XREF: f(int,int *,int *,int *)+21
        cmp     eax, [esp+10h+ar2]
        jnb     loc_143
        mov     esi, [esp+10h+ar2]
        sub     esi, eax
        lea     ecx, ds:0[edx*4]
        cmp     esi, ecx
        jb      loc_143

loc_55: ; CODE XREF: f(int,int *,int *,int *)+34
```

```
        cmp     eax, [esp+10h+ar1]
        jbe     short loc_67
        mov     esi, [esp+10h+ar1]
        sub     esi, eax
        neg     esi
        cmp     ecx, esi
        jbe     short loc_7F

loc_67: ; CODE XREF: f(int,int *,int *,int *)+59
        cmp     eax, [esp+10h+ar1]
        jnb     loc_143
        mov     esi, [esp+10h+ar1]
        sub     esi, eax
        cmp     esi, ecx
        jb      loc_143

loc_7F: ; CODE XREF: f(int,int *,int *,int *)+65
        mov     edi, eax        ; edi = ar3
        and     edi, 0Fh        ; ar3이 16바이트로 정렬돼 있는가?
        jz      short loc_9A    ; 그렇다.
        test    edi, 3
        jnz     loc_162
        neg     edi
        add     edi, 10h
        shr     edi, 2

loc_9A: ; CODE XREF: f(int,int *,int *,int *)+84
        lea     ecx, [edi+4]
        cmp     edx, ecx
        jl      loc_162
        mov     ecx, edx
        sub     ecx, edi
        and     ecx, 3
        neg     ecx
        add     ecx, edx
        test    edi, edi
        jbe     short loc_D6
        mov     ebx, [esp+10h+ar2]
        mov     [esp+10h+var_10], ecx
        mov     ecx, [esp+10h+ar1]
        xor     esi, esi

loc_C1: ; CODE XREF: f(int,int *,int *,int *)+CD
        mov     edx, [ecx+esi*4]
        add     edx, [ebx+esi*4]
        mov     [eax+esi*4], edx
        inc     esi
        cmp     esi, edi
        jb      short loc_C1
```

```
        mov     ecx, [esp+10h+var_10]
        mov     edx, [esp+10h+sz]

loc_D6: ; CODE XREF: f(int,int *,int *,int *)+B2
        mov     esi, [esp+10h+ar2]
        lea     esi, [esi+edi*4]    ; ar2+i*4이 16바이트로 정렬돼 있는가?
        test    esi, 0Fh
        jz      short loc_109 ; yes!
        mov     ebx, [esp+10h+ar1]
        mov     esi, [esp+10h+ar2]

loc_ED: ; CODE XREF: f(int,int *,int *,int *)+105
        movdqu  xmm1, xmmword ptr [ebx+edi*4]  ; ar1+i*4
        movdqu  xmm0, xmmword ptr [esi+edi*4]  ; ar2+i*4는 16바이트 정렬이 아니어서
                                               ; XMM0에 로드한다.
        paddd   xmm1, xmm0
        movdqa  xmmword ptr [eax+edi*4], xmm1  ; ar3+i*4
        add     edi, 4
        cmp     edi, ecx
        jb      short loc_ED
        jmp     short loc_127

loc_109: ; CODE XREF: f(int,int *,int *,int *)+E3
        mov     ebx, [esp+10h+ar1]
        mov     esi, [esp+10h+ar2]

loc_111: ; CODE XREF: f(int,int *,int *,int *)+125
        movdqu  xmm0, xmmword ptr [ebx+edi*4]
        paddd   xmm0, xmmword ptr [esi+edi*4]
        movdqa  xmmword ptr [eax+edi*4], xmm0
        add     edi, 4
        cmp     edi, ecx
        jb      short loc_111

loc_127: ; CODE XREF: f(int,int *,int *,int *)+107
         ; f(int,int *,int *,int *)+164
        cmp     ecx, edx
        jnb     short loc_15B
        mov     esi, [esp+10h+ar1]
        mov     edi, [esp+10h+ar2]

loc_133: ; CODE XREF: f(int,int *,int *,int *)+13F
        mov     ebx, [esi+ecx*4]
        add     ebx, [edi+ecx*4]
        mov     [eax+ecx*4], ebx
        inc     ecx
        cmp     ecx, edx
        jb      short loc_133
        jmp     short loc_15B

loc_143: ; CODE XREF: f(int,int *,int *,int *)+17
```

```
        ; f(int,int *,int *,int *)+3A ...
        mov     esi, [esp+10h+ar1]
        mov     edi, [esp+10h+ar2]
        xor     ecx, ecx

loc_14D: ; CODE XREF: f(int,int *,int *,int *)+159
        mov     ebx, [esi+ecx*4]
        add     ebx, [edi+ecx*4]
        mov     [eax+ecx*4], ebx
        inc     ecx
        cmp     ecx, edx
        jb      short loc_14D

loc_15B: ; CODE XREF: f(int,int *,int *,int *)+A
        ; f(int,int *,int *,int *)+129 ...
        xor     eax, eax
        pop     ecx
        pop     ebx
        pop     esi
        pop     edi
        retn

loc_162: ; CODE XREF: f(int,int *,int *,int *)+8C
        ; f(int,int *,int *,int *)+9F
        xor     ecx, ecx
        jmp     short loc_127
?f@@YAHHPAH00@Z endp
```

SSE2와 관련된 명령어는 다음과 같다.

- **MOVDQU**('Move Unaligned Double Quadword')는 단순히 메모리의 16바이트를 XMM 레지스터에 로딩한다.

- **PADDD**('Add Packed Integers')는 4쌍의 32비트 숫자를 더해 첫 번째 오퍼랜드에 결과를 저장한다. 오버플로우 시에도 예외를 발생시키지 않고 어떤 플래그 도 설정하지 않으며 단순히 결과의 하위 32비트만 저장한다. **PADDD**의 오퍼랜드로 메모리 주소 값을 사용하는 경우에는 주소가 반드시 16바이트 경계로 정렬돼 있어야 한다. 그렇지 않으면 예외가 발생한다(자세한 내용은 위키피디아 https://en.wikipedia.org/wiki/Data_structure_alignment 참고).

- **MOVDQA**('Move Aligned Double Quadword')는 **MOVDQU**와 동일하지만 메모리 주소 값이 16바이트 경계로 정렬돼 있어야 하며, 그렇지 않으면 예외가 발생한다. 하지만 **MOVDQU**보다 빠르다.

이런 SSE2 명령어들은 4쌍 이상의 값을 처리해야 하며, ar3 포인터가 16바이트 경계로 정렬돼 있을 때만 실행된다.

ar2도 16바이트 경계로 정렬돼 있으면 다음 코드가 실행된다.

```
movdqu  xmm0, xmmword ptr [ebx+edi*4]  ; ar1+i*4
paddd   xmm0, xmmword ptr [esi+edi*4]  ; ar2+i*4
movdqa  xmmword ptr [eax+edi*4], xmm0  ; ar3+i*4
```

그렇지 않은 경우에는 MOVDQU를 사용해 ar2 값을 XMM0에 로딩한다. MOVDQU의 오퍼랜드는 정렬된 포인터가 아니어도 무관하지만 속도는 MOVDQA보다 느릴 수 있다.

```
movdqu  xmm1, xmmword ptr [ebx+edi*4]  ; ar1+i*4
movdqu  xmm0, xmmword ptr [esi+edi*4]  ; ar2+i*4 is not 16-byte aligned, so load it to XMM0
paddd   xmm1, xmm0
movdqa  xmmword ptr [eax+edi*4], xmm1  ; ar3+i*4
```

그 외의 경우에는 비SSE2 코드가 실행된다.

GCC

GCC도 간단한 경우는 벡터화할 수 있다(GCC 벡터화 지원과 관련해서는 http://gcc.gnu.org/projects/tree-ssa/vectorization.html 참고). -O3 옵션과 SSE2 지원 옵션인 -msse2를 지정해 컴파일했다.

GCC 4.4.1로 컴파일한 결과는 다음과 같다.

```
; f(int, int *, int *, int *)
        public _Z1fiPiS_S_
_Z1fiPiS_S_ proc near

var_18  = dword ptr -18h
var_14  = dword ptr -14h
var_10  = dword ptr -10h
arg_0   = dword ptr 8
arg_4   = dword ptr 0Ch
arg_8   = dword ptr 10h
arg_C   = dword ptr 14h

        push    ebp
```

```
            mov      ebp, esp
            push     edi
            push     esi
            push     ebx
            sub      esp, 0Ch
            mov      ecx, [ebp+arg_0]
            mov      esi, [ebp+arg_4]
            mov      edi, [ebp+arg_8]
            mov      ebx, [ebp+arg_C]
            test     ecx, ecx
            jle      short loc_80484D8
            cmp      ecx, 6
            lea      eax, [ebx+10h]
            ja       short loc_80484E8

loc_80484C1: ; CODE XREF: f(int,int *,int *,int *)+4B
             ; f(int,int *,int *,int *)+61 ...
            xor      eax, eax
            nop
            lea      esi, [esi+0]

loc_80484C8: ; CODE XREF: f(int,int *,int *,int *)+36
            mov      edx, [edi+eax*4]
            add      edx, [esi+eax*4]
            mov      [ebx+eax*4], edx
            add      eax, 1
            cmp      eax, ecx
            jnz      short loc_80484C8

loc_80484D8: ; CODE XREF: f(int,int *,int *,int *)+17
             ; f(int,int *,int *,int *)+A5
            add      esp, 0Ch
            xor      eax, eax
            pop      ebx
            pop      esi
            pop      edi
            pop      ebp
            retn

            align 8

loc_80484E8: ; CODE XREF: f(int,int *,int *,int *)+1F
            test     bl, 0Fh
            jnz      short loc_80484C1
            lea      edx, [esi+10h]
            cmp      ebx, edx
            jbe      loc_8048578

loc_80484F8: ; CODE XREF: f(int,int *,int *,int *)+E0
            lea      edx, [edi+10h]
```

```
            cmp     ebx, edx
            ja      short loc_8048503
            cmp     edi, eax
            jbe     short loc_80484C1

loc_8048503: ; CODE XREF: f(int,int *,int *,int *)+5D
            mov     eax, ecx
            shr     eax, 2
            mov     [ebp+var_14], eax
            shl     eax, 2
            test    eax, eax
            mov     [ebp+var_10], eax
            jz      short loc_8048547
            mov     [ebp+var_18], ecx
            mov     ecx, [ebp+var_14]
            xor     eax, eax
            xor     edx, edx
            nop

loc_8048520: ; CODE XREF: f(int,int *,int *,int *)+9B
            movdqu  xmm1, xmmword ptr [edi+eax]
            movdqu  xmm0, xmmword ptr [esi+eax]
            add     edx, 1
            paddd   xmm0, xmm1
            movdqa  xmmword ptr [ebx+eax], xmm0
            add     eax, 10h
            cmp     edx, ecx
            jb      short loc_8048520
            mov     ecx, [ebp+var_18]
            mov     eax, [ebp+var_10]
            cmp     ecx, eax
            jz      short loc_80484D8

loc_8048547: ; CODE XREF: f(int,int *,int *,int *)+73
            lea     edx, ds:0[eax*4]
            add     esi, edx
            add     edi, edx
            add     ebx, edx
            lea     esi, [esi+0]

loc_8048558: ; CODE XREF: f(int,int *,int *,int *)+CC
            mov     edx, [edi]
            add     eax, 1
            add     edi, 4
            add     edx, [esi]
            add     esi, 4
            mov     [ebx], edx
            add     ebx, 4
            cmp     ecx, eax
```

```
            jg      short loc_8048558
            add     esp, 0Ch
            xor     eax, eax
            pop     ebx
            pop     esi
            pop     edi
            pop     ebp
            retn
loc_8048578: ; CODE XREF: f(int,int *,int *,int *)+52
            cmp     eax, esi
            jnb     loc_80484C1
            jmp     loc_80484F8
_Z1fiPiS_S_ endp
```

이전 예제와 거의 동일하지만 인텔 C++만큼 꼼꼼하지는 않다.

메모리 복사 예제

1.16.2절의 간단한 memcpy( ) 예제를 다시 한 번 살펴보자.

```c
#include <stdio.h>

void my_memcpy (unsigned char* dst, unsigned char* src, size_t cnt)
{
    size_t i;
    for (i=0; i<cnt; i++)
        dst[i]=src[i];
};
```

최적화를 수행한 GCC 4.9.1의 결과는 다음과 같다.

리스트 1.383: 최적화를 수행한 GCC 4.9.1 x64

```
my_memcpy:
; RDI = 목적지 주소
; RSI = 출발지 주소
; RDX = 블록 크기
        test    rdx, rdx
        je      .L41
        lea     rax, [rdi+16]
        cmp     rsi, rax
        lea     rax, [rsi+16]
        setae   cl
```

```
cmp     rdi, rax
setae   al
or      cl, al
je      .L13
cmp     rdx, 22
jbe     .L13
mov     rcx, rsi
push    rbp
push    rbx
neg     rcx
and     ecx, 15
cmp     rcx, rdx
cmova   rcx, rdx
xor     eax, eax
test    rcx, rcx
je      .L4
movzx   eax, BYTE PTR [rsi]
cmp     rcx, 1
mov     BYTE PTR [rdi], al
je      .L15
movzx   eax, BYTE PTR [rsi+1]
cmp     rcx, 2
mov     BYTE PTR [rdi+1], al
je      .L16
movzx   eax, BYTE PTR [rsi+2]
cmp     rcx, 3
mov     BYTE PTR [rdi+2], al
je      .L17
movzx   eax, BYTE PTR [rsi+3]
cmp     rcx, 4
mov     BYTE PTR [rdi+3], al
je      .L18
movzx   eax, BYTE PTR [rsi+4]
cmp     rcx, 5
mov     BYTE PTR [rdi+4], al
je      .L19
movzx   eax, BYTE PTR [rsi+5]
cmp     rcx, 6
mov     BYTE PTR [rdi+5], al
je      .L20
movzx   eax, BYTE PTR [rsi+6]
cmp     rcx, 7
mov     BYTE PTR [rdi+6], al
je      .L21
movzx   eax, BYTE PTR [rsi+7]
cmp     rcx, 8
mov     BYTE PTR [rdi+7], al
```

```
        je      .L22
        movzx   eax, BYTE PTR [rsi+8]
        cmp     rcx, 9
        mov     BYTE PTR [rdi+8], al
        je      .L23
        movzx   eax, BYTE PTR [rsi+9]
        cmp     rcx, 10
        mov     BYTE PTR [rdi+9], al
        je      .L24
        movzx   eax, BYTE PTR [rsi+10]
        cmp     rcx, 11
        mov     BYTE PTR [rdi+10], al
        je      .L25
        movzx   eax, BYTE PTR [rsi+11]
        cmp     rcx, 12
        mov     BYTE PTR [rdi+11], al
        je      .L26
        movzx   eax, BYTE PTR [rsi+12]
        cmp     rcx, 13
        mov     BYTE PTR [rdi+12], al
        je      .L27
        movzx   eax, BYTE PTR [rsi+13]
        cmp     rcx, 15
        mov     BYTE PTR [rdi+13], al
        jne     .L28
        movzx   eax, BYTE PTR [rsi+14]
        mov     BYTE PTR [rdi+14], al
        mov     eax, 15
.L4:
        mov     r10, rdx
        lea     r9, [rdx-1]
        sub     r10, rcx
        lea     r8, [r10-16]
        sub     r9, rcx
        shr     r8, 4
        add     r8, 1
        mov     r11, r8
        sal     r11, 4
        cmp     r9, 14
        jbe     .L6
        lea     rbp, [rsi+rcx]
        xor     r9d, r9d
        add     rcx, rdi
        xor     ebx, ebx
.L7:
        movdqa  xmm0, XMMWORD PTR [rbp+0+r9]
        add     rbx, 1
```

```
        movups  XMMWORD PTR [rcx+r9], xmm0
        add     r9, 16
        cmp     rbx, r8
        jb      .L7
        add     rax, r11
        cmp     r10, r11
        je      .L1
.L6:
        movzx   ecx, BYTE PTR [rsi+rax]
        mov     BYTE PTR [rdi+rax], cl
        lea     rcx, [rax+1]
        cmp     rdx, rcx
        jbe     .L1
        movzx   ecx, BYTE PTR [rsi+1+rax]
        mov     BYTE PTR [rdi+1+rax], cl
        lea     rcx, [rax+2]
        cmp     rdx, rcx
        jbe     .L1
        movzx   ecx, BYTE PTR [rsi+2+rax]
        mov     BYTE PTR [rdi+2+rax], cl
        lea     rcx, [rax+3]
        cmp     rdx, rcx
        jbe     .L1
        movzx   ecx, BYTE PTR [rsi+3+rax]
        mov     BYTE PTR [rdi+3+rax], cl
        lea     rcx, [rax+4]
        cmp     rdx, rcx
        jbe     .L1
        movzx   ecx, BYTE PTR [rsi+4+rax]
        mov     BYTE PTR [rdi+4+rax], cl
        lea     rcx, [rax+5]
        cmp     rdx, rcx
        jbe     .L1
        movzx   ecx, BYTE PTR [rsi+5+rax]
        mov     BYTE PTR [rdi+5+rax], cl
        lea     rcx, [rax+6]
        cmp     rdx, rcx
        jbe     .L1
        movzx   ecx, BYTE PTR [rsi+6+rax]
        mov     BYTE PTR [rdi+6+rax], cl
        lea     rcx, [rax+7]
        cmp     rdx, rcx
        jbe     .L1
        movzx   ecx, BYTE PTR [rsi+7+rax]
        mov     BYTE PTR [rdi+7+rax], cl
        lea     rcx, [rax+8]
        cmp     rdx, rcx
```

```
        jbe     .L1
        movzx   ecx, BYTE PTR [rsi+8+rax]
        mov     BYTE PTR [rdi+8+rax], cl
        lea     rcx, [rax+9]
        cmp     rdx, rcx
        jbe     .L1
        movzx   ecx, BYTE PTR [rsi+9+rax]
        mov     BYTE PTR [rdi+9+rax], cl
        lea     rcx, [rax+10]
        cmp     rdx, rcx
        jbe     .L1
        movzx   ecx, BYTE PTR [rsi+10+rax]
        mov     BYTE PTR [rdi+10+rax], cl
        lea     rcx, [rax+11]
        cmp     rdx, rcx
        jbe     .L1
        movzx   ecx, BYTE PTR [rsi+11+rax]
        mov     BYTE PTR [rdi+11+rax], cl
        lea     rcx, [rax+12]
        cmp     rdx, rcx
        jbe     .L1
        movzx   ecx, BYTE PTR [rsi+12+rax]
        mov     BYTE PTR [rdi+12+rax], cl
        lea     rcx, [rax+13]
        cmp     rdx, rcx
        jbe     .L1
        movzx   ecx, BYTE PTR [rsi+13+rax]
        mov     BYTE PTR [rdi+13+rax], cl
        lea     rcx, [rax+14]
        cmp     rdx, rcx
        jbe     .L1
        movzx   edx, BYTE PTR [rsi+14+rax]
        mov     BYTE PTR [rdi+14+rax], dl
.L1:
        pop     rbx
        pop     rbp
.L41:
        rep     ret
.L13:
        xor     eax, eax
.L3:
        movzx   ecx, BYTE PTR [rsi+rax]
        mov     BYTE PTR [rdi+rax], cl
        add     rax, 1
        cmp     rax, rdx
        jne     .L3
        rep     ret
```

```
.L28:
        mov     eax, 14
        jmp     .L4
.L15:
        mov     eax, 1
        jmp     .L4
.L16:
        mov     eax, 2
        jmp     .L4
.L17:
        mov     eax, 3
        jmp     .L4
.L18:
        mov     eax, 4
        jmp     .L4
.L19:
        mov     eax, 5
        jmp     .L4
.L20:
        mov     eax, 6
        jmp     .L4
.L21:
        mov     eax, 7
        jmp     .L4
.L22:
        mov     eax, 8
        jmp     .L4
.L23:
        mov     eax, 9
        jmp     .L4
.L24:
        mov     eax, 10
        jmp     .L4
.L25:
        mov     eax, 11
        jmp     .L4
.L26:
        mov     eax, 12
        jmp     .L4
.L27:
        mov     eax, 13
        jmp     .L4
```

1.28.2 SIMD strlen() 구현

특수 매크로(MSDN: MMX, SSE, SSE2 인트린직Intrinsics을 참고하기 바란다)를 사용해 C/C++

코드에 바로 SIMD 명령어를 삽입할 수 있다는 사실을 알아두자. MSVC의 경우 intrin.h 파일에서 이런 매크로의 일부를 확인할 수 있다.

SIMD 명령어를 사용해 일반적인 구현 방법보다 2~2.5배 정도 빠른 **strlen()** 함수(strlen()은 문자열의 길이를 계산하는 표준 C 라이브러리 함수)를 구현할 수 있다. 즉, 16개의 문자를 **XMM** 레지스터에 로딩해 각각의 값이 0인지 확인하는 방식이다(이 예제는 http://www.strchr.com/sse2_optimised_strlen의 소스코드를 기반으로 작성했다).

```c
size_t strlen_sse2(const char *str)
{
    register size_t len = 0;
    const char *s=str;
    bool str_is_aligned=(((unsigned int)str)&0xFFFFFFF0) == (unsigned int)str;

    if (str_is_aligned==false)
        return strlen (str);

    __m128i xmm0 = _mm_setzero_si128();
    __m128i xmm1;
    int mask = 0;

    for (;;)
    {
        xmm1 = _mm_load_si128((__m128i *)s);
        xmm1 = _mm_cmpeq_epi8(xmm1, xmm0);
        if ((mask = _mm_movemask_epi8(xmm1)) != 0)
        {
            unsigned long pos;
            _BitScanForward(&pos, mask);
            len += (size_t)pos;
            break;
        }
        s += sizeof(__m128i);
        len += sizeof(__m128i);
    };

    return len;
}
```

MSVC 2010에 **/Ox** 옵션을 지정하고 컴파일해보자.

리스트 1.384: 최적화를 수행한 MSVC 2010

```
_pos$75552 = -4          ; 크기 = 4
_str$ = 8                ; 크기 = 4
```

```
?strlen_sse2@@YAIPBD@Z PROC     ; strlen_sse2
        push        ebp
        mov         ebp, esp
        and         esp, -16      ; fffffff0H
        mov         eax, DWORD PTR _str$[ebp]
        sub         esp, 12       ; 0000000cH
        push        esi
        mov         esi, eax
        and         esi, -16      ; fffffff0H
        xor         edx, edx
        mov         ecx, eax
        cmp         esi, eax
        je          SHORT $LN4@strlen_sse
        lea         edx, DWORD PTR [eax+1]
        npad        3             ; 다음 레이블 정렬
$LL11@strlen_sse:
        mov         cl, BYTE PTR [eax]
        inc         eax
        test        cl, cl
        jne         SHORT $LL11@strlen_sse
        sub         eax, edx
        pop         esi
        mov         esp, ebp
        pop         ebp
        ret         0
$LN4@strlen_sse:
        movdqa      xmm1, XMMWORD PTR [eax]
        pxor        xmm0, xmm0
        pcmpeqb     xmm1, xmm0
        pmovmskb    eax, xmm1
        test        eax, eax
        jne         SHORT $LN9@strlen_sse
$LL3@strlen_sse:
        movdqa      xmm1, XMMWORD PTR [ecx+16]
        add         ecx, 16       ; 00000010H
        pcmpeqb     xmm1, xmm0
        add         edx, 16       ; 00000010H
        pmovmskb    eax, xmm1
        test        eax, eax
        je          SHORT $LL3@strlen_sse
$LN9@strlen_sse:
        bsf         eax, eax
        mov         ecx, eax
        mov         DWORD PTR _pos$75552[esp+16], eax
        lea         eax, DWORD PTR [ecx+edx]
        pop         esi
        mov         esp, ebp
```

```
    pop      ebp
    ret      0
?strlen_sse2@@YAIPBD@Z ENDP    ; strlen_sse2
```

먼저 함수의 목적을 이해해야 한다. 그것은 C 문자열의 길이를 계산하는 것이다. 이를 다른 말로 표현하면 값이 0인 바이트를 찾아 위치가 문자열의 시작 부분에서 얼마나 떨어졌는지 계산하는 것이다.

우선 str 포인터가 16바이트 경계로 정렬돼 있는지 확인한다. 그렇지 않으면 일반적인 strlen() 구현을 호출한다.

그다음에는 MOVDQA 명령어를 사용해 다음에 나오는 16바이트를 XMM1에 로딩한다.

주의 깊은 독자라면 포인터 정렬과 관계없이 메모리 데이터를 로딩할 수 있는 MOVDQU를 사용하지 않은 이유가 궁금할 수 있다.

물론 그렇게 할 수도 있다. 즉, 로드할 데이터가 정렬돼 있다면 MOVDQA 명령어를 이용하고 그렇지 않다면 좀 더 느린 명령어인 MOVDQU를 이용할 수 있다.

그러나 그렇게 하면 또 다른 문제에 직면할 수 있다. 윈도우 NT 계열의 운영체제(이 운영체제에만 국한된 건 아니다)에서는 메모리를 4KB(4096바이트) 페이지 단위로 할당한다.

Win32 프로세스는 표면상으로 4GB의 메모리를 갖지만 실제로는 일부 메모리 공간만이 물리 메모리와 연결돼 있다. 프로세스가 실재하지 않는 메모리 블록에 접근하려고 하면 예외가 발생한다.

이것이 VM의 동작 원리다(http://en.wikipedia.org/wiki/Page_(computer_memory) 참고).

그리고 16바이트를 한 번에 로딩하는 함수는 할당된 메모리 블록의 경계를 넘어갈 수도 있다. 예를 들어 운영체제가 0x008c0000에 8192(0x2000)바이트를 할당했다고 가정해보자. 이 블록은 0x008c0000에서 0x008c1fff까지의 주소를 차지한다.

이 블록 이후, 즉 주소 0x008c2000부터의 메모리 공간에는 의미 있는 값이 존재하지 않는다. 즉, OS가 어떤 메모리도 그곳에 할당하지 않았을 수 있다. 따라서 그런 메모리 주소에 접근하려고 하면 예외가 발생한다.

블록의 거의 끝부분에 5개의 문자로 구성된 문자열을 저장한 프로그램이 있다고 하

자. 이는 전혀 이상한 형태가 아니다.

0x008c1ff8	'h'
0x008c1ff9	'e'
0x008c1ffa	'l'
0x008c1ffb	'l'
0x008c1ffc	'o'
0x008c1ffd	'\x00'
0x008c1ffe	임의의 값
0x008c1fff	임의의 값

일반적인 상황에서는 strlen()을 호출하면 문자열 'hello'가 저장된 메모리(주소 0x008c1ff8)를 가리키는 포인터를 인자로 전달한다. strlen()은 0x008c1ffd에 도달할 때까지 한 바이트씩 읽다가 0바이트를 발견하면 동작을 멈춘다.

이제 16바이트를 한 번에 읽는 여러분만의 strlen()을 작성했다고 해보자. 문자열은 어디서든 시작할 수 있으며, 정렬돼 있을 수도 있고 그렇지 않을 수도 있다. 이때 MOVDQU 명령어가 0x008c1ff8에서 0x008c2008까지의 주소에 해당하는 16바이트를 한 번에 로딩하려고 하면 예외가 발생하며, 이런 상황은 당연히 피해야 한다.

이런 이유로 16바이트 경계로 정렬된 주소에 대해서만 동작하는 코드가 필요하며, 운영체제 페이지 크기도 보통 16바이트 경계로 정렬된다는 사실을 고려할 때 예제 함수가 할당되지 않은 메모리에서 값을 읽을 가능성은 매우 낮다.

다시 함수 코드를 살펴보자.

_mm_setzero_si128()은 pxor xmm0, xmm0를 생성하는 매크로로, xmm0을 비우는 명령어다.

_mm_load_si128()은 MOVDQA를 생성하는 매크로로, 메모리의 16바이트를 XMM1 레지스터에 로딩한다.

_mm_cmpeq_epi8()은 PCMPEQB를 생성하는 매크로로, 두 개의 XMM 레지스터를 바이트 단위로 비교하는 명령어다.

바이트가 동일한 경우에는 해당 바이트가 0xff로, 다른 경우에는 0으로 설정된다.

예를 들면 다음과 같다.

XMM1: 0x11223344556677880000000000000000

XMM0: 0x11ab344400787788111111111111111

pcmpeqb xmm1, xmm0를 실행한 후 XMM1 레지스터의 값은 다음과 같다.

XMM1: 0xff0000ff0000ffff0000000000000000

예제 코드에서는 16바이트 블록을 16바이트의 0(pxor xmm0, xmm0를 이용해 설정한 XMM0 레지스터)와 비교한다.

다음 매크로인 _mm_movemask_epi8()은 PMOVMSKB 명령어를 생성한다.

이 명령어는 PCMPEQB와 함께 사용하면 매우 유용하다.

pmovmskb eax, xmm1

PMOVMSKB는 우선 XMM1의 첫 번째 바이트의 최상위 비트가 1이면 EAX의 첫 번째 비트를 1로 설정한다. 다시 말해 XMM1 레지스터의 첫 번째 바이트가 0xff면 EAX의 첫 번째 비트가 1로 설정된다.

XMM1의 두 번째 바이트가 0xff면 EAX의 두 번째 비트도 1로 설정한다. 즉, 이 명령어는 "XMM1의 어느 바이트가 0xff인가?"라는 질문에 대한 답을 EAX 레지스터의 16비트 값으로 답하는 셈이다.

어쨌든 예제 코드 알고리즘의 특별한 점을 잊어서는 안 된다. 입력 16바이트가 다음과 같은 형태일 수도 있다.

15	14	13	12	11	10	9			3	2	1	0
'h'	'e'	'l'	'l'	'o'	0	임의의 값			0	임의의 값		

입력을 보면 'hello' 문자열, 문자열 종료를 나타내는 0바이트, 메모리상의 무작위 노이즈가 있다. 이를 XMM1에 로딩하고 0으로 채운 XMM0과 비교한 결과는 다음과 같다(MSB에서 LSB 순으로 정렬했다).

XMM1: 0x0000ff00000000000000ff0000000000

명령어 실행 결과 두 개의 바이트 모두 0인 것을 발견했고 이는 놀랄 일이 아니다.

이때 PMOVMSKB는 EAX를 다음과 같이 설정한다(이진법 표기).

0b0010000000100000

당연히 함수 코드는 첫 번째 0비트만 취하고 나머지는 무시해야 한다.

다음 명령어인 BSF('Bit Scan Forward')는 1로 설정된 첫 번째 비트를 찾아 위치를 첫 번째 오퍼랜드에 저장한다.

EAX=0b0010000000100000

bsf eax, eax 명령어를 실행한 후에 EAX의 값은 5가 된다. 1이 (0부터 셀 때) 5번째 비트에 위치한다는 의미다.

MSVC는 이 명령어를 생성할 수 있는 _BistScanForward라는 매크로를 제공한다.

나머지는 간단하다. 0을 발견했으니 이제까지 계산한 문자열 길이에 0이 발견된 바이트의 위치를 더하면 리턴 값이 되는 것이다.

거의 다 왔다.

참고로 MSVC 컴파일러는 최적화 측면에서 이웃하는 두 개의 루프 코드를 생성했다.

또 SSE 4.2(인텔 코어 i7부터 도입)는 이런 문자열 처리를 더 쉽게 해주는 추가적인 명령어를 지원한다. http://www.strchr.com/strcmp_and_strlen_using_sse_4.2를 참고하기 바란다.

1.29 64비트

1.29.1 x86-64

x86-64는 x86 아키텍처를 64비트로 확장한 것이다.

리버스 엔지니어 관점에서 가장 중요한 변화는 다음과 같다.

- 거의 모든 레지스터(FPU와 SIMD만 제외)가 64비트로 확장되며, 이름이 R-로

시작한다. 또한 8개의 레지스터가 추가돼 GPR은 총 16개다. 즉, RAX, RBX, RCX, RDX, RBP, RSP, RSI, RDI, R8, R9, R10, R11, R12, R13, R14, R15다.

기존의 레지스터는 전과 동일하게 접근할 수 있다. 예를 들어 EAX 레지스터를 사용하면 RAX 레지스터의 하위 32비트 부분에 접근할 수 있다.

바이트 번호							
7번째	6번째	5번째	4번째	3번째	2번째	1번째	0번째
RAX^{x64}							
				EAX			
						AX	
						AH	AL

새로운 레지스터인 R8-R15에도 하위부가 존재한다. R8D-R15D는 하위 32비트를, R8W-R15W는 하위 16비트를, R8L-R15L은 하위 8비트를 의미한다.

바이트 번호							
7번째	6번째	5번째	4번째	3번째	2번째	1번째	0번째
R8							
				R8D			
						R8W	
							R8L

SIMD 레지스터의 개수도 8개에서 16개로 증가한다. 즉, XMM0-XMM15가 있다.

• Win64의 함수 호출 규약은 Win32와 약간 다른데, fastcall(6.1.3절)과 유사한 면이 있다. 처음 4개의 인자는 RCX, RDX, R8, R9 레지스터로 전달되고, 나머지는 스택을 이용해 전달된다. 호출자 함수는 피호출자가 처음 4개의 인자를 저장한 다음 해당 레지스터를 마음껏 사용할 수 있도록 미리 32바이트를 할당해야 한다. 간단한 함수는 레지스터로 전달된 인자를 그대로 사용할 수도 있겠지만 큰 함수의 경우에는 인자의 값을 스택에 저장해 사용해야 할 것이다.

시스템 V, AMD64, ABI(리눅스, *BSD, 맥OS X)(마이클 매츠, 잔 후비카, 안드레아스 재거, 마크 미쉘의 『System V Application Binary Interface. AMD64 Architecture Processor Supplement』(2013), https://software.intel.com/sites/default/files/article/

402129/mpx-linux64-abi.pdf)도 **fastcall**과 유사하지만 6개의 레지스터 **RDI**, **RSI**, **RDX**, **RCX**, **R8**, **R9**를 사용해 처음 6개의 인자를 전달한다. 나머지는 스택을 통해 전달한다.

6.1절에서 호출 규약의 내용을 찾아볼 수 있다.

- C/C++ **int** 타입은 호환성을 위해 여전히 32비트다.
- 모든 포인터는 64비트다.

64비트에서는 레지스터의 수가 증가됐기 때문에 포인터를 저장할 때 32비트의 두 배에 해당하는 메모리가 필요하지만, 컴파일된 코드에 나오는 지역 변수의 수가 줄어든다는 것도 의미한다.

예를 들어 DES 암호화 알고리즘의 첫 번째 S 박스를 계산하는 함수는 **DES_type** 타입 (uint32, uint64, SSE2, AVX)에 따라 Bitslice DES 방법을 사용해(관련 내용은 1.28절에서 찾아볼 수 있다) 32/64/128/256개의 값을 한 번에 처리한다.

```
/*
 * 생성된 S박스 파일
 *
 * 이 소프트웨어는 출처를 표기하는 한
 * 임의의 용도로 수정, 재배포 및 사용할 수 있다.
 *
 * 작성자. 매튜 콴(Matthew Kwan) - 1998년 3월
 */

#ifdef _WIN64
#define DES_type unsigned __int64
#else
#define DES_type unsigned int
#endif

void
s1 (
    DES_type    a1,
    DES_type    a2,
    DES_type    a3,
    DES_type    a4,
    DES_type    a5,
    DES_type    a6,
    DES_type    *out1,
    DES_type    *out2,
    DES_type    *out3,
```

```
        DES_type    *out4
) {
    DES_type    x1, x2, x3, x4, x5, x6, x7, x8;
    DES_type    x9, x10, x11, x12, x13, x14, x15, x16;
    DES_type    x17, x18, x19, x20, x21, x22, x23, x24;
    DES_type    x25, x26, x27, x28, x29, x30, x31, x32;
    DES_type    x33, x34, x35, x36, x37, x38, x39, x40;
    DES_type    x41, x42, x43, x44, x45, x46, x47, x48;
    DES_type    x49, x50, x51, x52, x53, x54, x55, x56;

    x1 = a3 & ~a5;
    x2 = x1 ^ a4;
    x3 = a3 & ~a4;
    x4 = x3 | a5;
    x5 = a6 & x4;
    x6 = x2 ^ x5;
    x7 = a4 & ~a5;
    x8 = a3 ^ a4;
    x9 = a6 & ~x8;
    x10 = x7 ^ x9;
    x11 = a2 | x10;
    x12 = x6 ^ x11;
    x13 = a5 ^ x5;
    x14 = x13 & x8;
    x15 = a5 & ~a4;
    x16 = x3 ^ x14;
    x17 = a6 | x16;
    x18 = x15 ^ x17;
    x19 = a2 | x18;
    x20 = x14 ^ x19;
    x21 = a1 & x20;
    x22 = x12 ^ ~x21;
    *out2 ^= x22;
    x23 = x1 | x5;
    x24 = x23 ^ x8;
    x25 = x18 & ~x2;
    x26 = a2 & ~x25;
    x27 = x24 ^ x26;
    x28 = x6 | x7;
    x29 = x28 ^ x25;
    x30 = x9 ^ x24;
    x31 = x18 & ~x30;
    x32 = a2 & x31;
    x33 = x29 ^ x32;
    x34 = a1 & x33;
    x35 = x27 ^ x34;
    *out4 ^= x35;
    x36 = a3 & x28;
```

```
    x37 = x18 & ~x36;
    x38 = a2 | x3;
    x39 = x37 ^ x38;
    x40 = a3 | x31;
    x41 = x24 & ~x37;
    x42 = x41 | x3;
    x43 = x42 & ~a2;
    x44 = x40 ^ x43;
    x45 = a1 & ~x44;
    x46 = x39 ^ ~x45;
    *out1 ^= x46;
    x47 = x33 & ~x9;
    x48 = x47 ^ x39;
    x49 = x4 ^ x36;
    x50 = x49 & ~x5;
    x51 = x42 | x18;
    x52 = x51 ^ a5;
    x53 = a2 & ~x52;
    x54 = x50 ^ x53;
    x55 = a1 | x54;
    x56 = x48 ^ ~x55;
    *out3 ^= x56;
}
```

다량의 지역 변수를 확인할 수 있다. 물론 모든 지역 변수가 로컬 스택에 위치하지는 않는다. 이 코드를 MSVC 2008에 /Ox 옵션을 지정하고 컴파일해보자.

리스트 1.385: 최적화를 수행한 MSVC 2008

```
; 함수 컴파일 플래그: /Ogtpy
_TEXT   SEGMENT
_x6$ = -20              ; 크기 = 4
_x3$ = -16              ; 크기 = 4
_x1$ = -12              ; 크기 = 4
_x8$ = -8               ; 크기 = 4
_x4$ = -4               ; 크기 = 4
_a1$ = 8                ; 크기 = 4
_a2$ = 12               ; 크기 = 4
_a3$ = 16               ; 크기 = 4
_x33$ = 20              ; 크기 = 4
_x7$ = 20               ; 크기 = 4
_a4$ = 20               ; 크기 = 4
_a5$ = 24               ; 크기 = 4
tv326 = 28              ; 크기 = 4
_x36$ = 28              ; 크기 = 4
_x28$ = 28              ; 크기 = 4
```

```
_a6$ = 28            ; 크기 = 4
_out1$ = 32          ; 크기 = 4
_x24$ = 36           ; 크기 = 4
_out2$ = 36          ; 크기 = 4
_out3$ = 40          ; 크기 = 4
_out4$ = 44          ; 크기 = 4
_s1     PROC
        sub     esp, 20          ; 00000014H
        mov     edx, DWORD PTR _a5$[esp+16]
        push    ebx
        mov     ebx, DWORD PTR _a4$[esp+20]
        push    ebp
        push    esi
        mov     esi, DWORD PTR _a3$[esp+28]
        push    edi
        mov     edi, ebx
        not     edi
        mov     ebp, edi
        and     edi, DWORD PTR _a5$[esp+32]
        mov     ecx, edx
        not     ecx
        and     ebp, esi
        mov     eax, ecx
        and     eax, esi
        and     ecx, ebx
        mov     DWORD PTR _x1$[esp+36], eax
        xor     eax, ebx
        mov     esi, ebp
        or      esi, edx
        mov     DWORD PTR _x4$[esp+36], esi
        and     esi, DWORD PTR _a6$[esp+32]
        mov     DWORD PTR _x7$[esp+32], ecx
        mov     edx, esi
        xor     edx, eax
        mov     DWORD PTR _x6$[esp+36], edx
        mov     edx, DWORD PTR _a3$[esp+32]
        xor     edx, ebx
        mov     ebx, esi
        xor     ebx, DWORD PTR _a5$[esp+32]
        mov     DWORD PTR _x8$[esp+36], edx
        and     ebx, edx
        mov     ecx, edx
        mov     edx, ebx
        xor     edx, ebp
        or      edx, DWORD PTR _a6$[esp+32]
        not     ecx
        and     ecx, DWORD PTR _a6$[esp+32]
```

```
xor     edx, edi
mov     edi, edx
or      edi, DWORD PTR _a2$[esp+32]
mov     DWORD PTR _x3$[esp+36], ebp
mov     ebp, DWORD PTR _a2$[esp+32]
xor     edi, ebx
and     edi, DWORD PTR _a1$[esp+32]
mov     ebx, ecx
xor     ebx, DWORD PTR _x7$[esp+32]
not     edi
or      ebx, ebp
xor     edi, ebx
mov     ebx, edi
mov     edi, DWORD PTR _out2$[esp+32]
xor     ebx, DWORD PTR [edi]
not     eax
xor     ebx, DWORD PTR _x6$[esp+36]
and     eax, edx
mov     DWORD PTR [edi], ebx
mov     ebx, DWORD PTR _x7$[esp+32]
or      ebx, DWORD PTR _x6$[esp+36]
mov     edi, esi
or      edi, DWORD PTR _x1$[esp+36]
mov     DWORD PTR _x28$[esp+32], ebx
xor     edi, DWORD PTR _x8$[esp+36]
mov     DWORD PTR _x24$[esp+32], edi
xor     edi, ecx
not     edi
and     edi, edx
mov     ebx, edi
and     ebx, ebp
xor     ebx, DWORD PTR _x28$[esp+32]
xor     ebx, eax
not     eax
mov     DWORD PTR _x33$[esp+32], ebx
and     ebx, DWORD PTR _a1$[esp+32]
and     eax, ebp
xor     eax, ebx
mov     ebx, DWORD PTR _out4$[esp+32]
xor     eax, DWORD PTR [ebx]
xor     eax, DWORD PTR _x24$[esp+32]
mov     DWORD PTR [ebx], eax
mov     eax, DWORD PTR _x28$[esp+32]
and     eax, DWORD PTR _a3$[esp+32]
mov     ebx, DWORD PTR _x3$[esp+36]
or      edi, DWORD PTR _a3$[esp+32]
mov     DWORD PTR _x36$[esp+32], eax
```

```
    not     eax
    and     eax, edx
    or      ebx, ebp
    xor     ebx, eax
    not     eax
    and     eax, DWORD PTR _x24$[esp+32]
    not     ebp
    or      eax, DWORD PTR _x3$[esp+36]
    not     esi
    and     ebp, eax
    or      eax, edx
    xor     eax, DWORD PTR _a5$[esp+32]
    mov     edx, DWORD PTR _x36$[esp+32]
    xor     edx, DWORD PTR _x4$[esp+36]
    xor     ebp, edi
    mov     edi, DWORD PTR _out1$[esp+32]
    not     eax
    and     eax, DWORD PTR _a2$[esp+32]
    not     ebp
    and     ebp, DWORD PTR _a1$[esp+32]
    and     edx, esi
    xor     eax, edx
    or      eax, DWORD PTR _a1$[esp+32]
    not     ebp
    xor     ebp, DWORD PTR [edi]
    not     ecx
    and     ecx, DWORD PTR _x33$[esp+32]
    xor     ebp, ebx
    not     eax
    mov     DWORD PTR [edi], ebp
    xor     eax, ecx
    mov     ecx, DWORD PTR _out3$[esp+32]
    xor     eax, DWORD PTR [ecx]
    pop     edi
    pop     esi
    xor     eax, ebx
    pop     ebp
    mov     DWORD PTR [ecx], eax
    pop     ebx
    add     esp, 20
    ret     0
_s1     ENDP
```

컴파일러가 로컬 스택에 5개의 변수를 할당하고 있다.

동일한 코드를 64비트 버전의 MSVC 2008로 컴파일해보자.

```
a1$ = 56
a2$ = 64
a3$ = 72
a4$ = 80
x36$1$ = 88
a5$ = 88
a6$ = 96
out1$ = 104
out2$ = 112
out3$ = 120
out4$ = 128
s1      PROC
$LN3:
    mov     QWORD PTR [rsp+24], rbx
    mov     QWORD PTR [rsp+32], rbp
    mov     QWORD PTR [rsp+16], rdx
    mov     QWORD PTR [rsp+8], rcx
    push    rsi
    push    rdi
    push    r12
    push    r13
    push    r14
    push    r15
    mov     r15, QWORD PTR a5$[rsp]
    mov     rcx, QWORD PTR a6$[rsp]
    mov     rbp, r8
    mov     r10, r9
    mov     rax, r15
    mov     rdx, rbp
    not     rax
    xor     rdx, r9
    not     r10
    mov     r11, rax
    and     rax, r9
    mov     rsi, r10
    mov     QWORD PTR x36$1$[rsp], rax
    and     r11, r8
    and     rsi, r8
    and     r10, r15
    mov     r13, rdx
    mov     rbx, r11
    xor     rbx, r9
    mov     r9, QWORD PTR a2$[rsp]
    mov     r12, rsi
    or      r12, r15
    not     r13
```

```asm
and    r13, rcx
mov    r14, r12
and    r14, rcx
mov    rax, r14
mov    r8, r14
xor    r8, rbx
xor    rax, r15
not    rbx
and    rax, rdx
mov    rdi, rax
xor    rdi, rsi
or     rdi, rcx
xor    rdi, r10
and    rbx, rdi
mov    rcx, rdi
or     rcx, r9
xor    rcx, rax
mov    rax, r13
xor    rax, QWORD PTR x36$1$[rsp]
and    rcx, QWORD PTR a1$[rsp]
or     rax, r9
not    rcx
xor    rcx, rax
mov    rax, QWORD PTR out2$[rsp]
xor    rcx, QWORD PTR [rax]
xor    rcx, r8
mov    QWORD PTR [rax], rcx
mov    rax, QWORD PTR x36$1$[rsp]
mov    rcx, r14
or     rax, r8
or     rcx, r11
mov    r11, r9
xor    rcx, rdx
mov    QWORD PTR x36$1$[rsp], rax
mov    r8, rsi
mov    rdx, rcx
xor    rdx, r13
not    rdx
and    rdx, rdi
mov    r10, rdx
and    r10, r9
xor    r10, rax
xor    r10, rbx
not    rbx
and    rbx, r9
mov    rax, r10
and    rax, QWORD PTR a1$[rsp]
```

```
xor     rbx, rax
mov     rax, QWORD PTR out4$[rsp]
xor     rbx, QWORD PTR [rax]
xor     rbx, rcx
mov     QWORD PTR [rax], rbx
mov     rbx, QWORD PTR x36$1$[rsp]
and     rbx, rbp
mov     r9, rbx
not     r9
and     r9, rdi
or      r8, r11
mov     rax, QWORD PTR out1$[rsp]
xor     r8, r9
not     r9
and     r9, rcx
or      rdx, rbp
mov     rbp, QWORD PTR [rsp+80]
or      r9, rsi
xor     rbx, r12
mov     rcx, r11
not     rcx
not     r14
not     r13
and     rcx, r9
or      r9, rdi
and     rbx, r14
xor     r9, r15
xor     rcx, rdx
mov     rdx, QWORD PTR a1$[rsp]
not     r9
not     rcx
and     r13, r10
and     r9, r11
and     rcx, rdx
xor     r9, rbx
mov     rbx, QWORD PTR [rsp+72]
not     rcx
xor     rcx, QWORD PTR [rax]
or      r9, rdx
not     r9
xor     rcx, r8
mov     QWORD PTR [rax], rcx
mov     rax, QWORD PTR out3$[rsp]
xor     r9, r13
xor     r9, QWORD PTR [rax]
xor     r9, r8
mov     QWORD PTR [rax], r9
```

```
       pop    r15
       pop    r14
       pop    r13
       pop    r12
       pop    rdi
       pop    rsi
       ret    0
s1     ENDP
```

컴파일러는 로컬 스택에 아무것도 할당하지 않았다. x36은 **a5**를 의미한다.

참고로 Itanium(128개의 레지스터) 같이 훨씬 더 많은 수의 **GPR**이 있는 CPU도 있다.

1.29.2 ARM

ARMv8에서 64비트 명령어가 도입됐다.

1.29.3 부동소수점 수

x86-64에서 부동소수점 숫자를 처리하는 방법은 1.30절에서 설명한다.

1.29.4 64비트 아키텍처에 대한 비판

어떤 사람들은 64비트에서 캐시 메모리 주소나 포인터를 저장하고자 두 배의 메모리를 필요로 한다는 사실을 짜증나게 생각하기도 한다. 실제로는 외부 RAM의 주소를 위해 x86 CPU가 단지 48비트만을 사용하는 데도 말이다.

> 내가 갖고 있는 64비트 컴퓨터에는 64비트 레지스터가 있지만 RAM의 크기가 2기가바이트뿐이기 때문에 포인터를 사용하지 않는 것이 좋다. 결국 내 컴퓨터에서 포인터는 32비트 이상의 유효 비트를 갖지 않는다. 하지만 포인터를 쓸 때마다 64비트를 사용하고 그 결과 데이터 구조체의 크기가 두 배가 된다. 더욱이 비싼 캐시에 저장돼 캐시 공간을 두 배로 소비하게 된다.
> 따라서 포인터 대신 배열을 사용해야 한다. 포인터를 사용하는 것처럼 보이는 복잡한 매크로를 만들지만 실제로는 포인터를 사용하지 않는다.

(도널드 커누스의 『Coders at Work: Reflections on the Craft of Programming』)

경우에 따라서는 자기 자신만의 메모리 할당자를 만들어 쓰는 사람도 있다.

CryptoMiniSat(https://github.com/msoos/cryptominisat/)이 그것이다. 이 프로그램은 4 기가 이상의 RAM 영역을 거의 사용하지는 않지만 포인터는 매우 많이 사용한다. 따라서 64비트 아키텍처에서보다 32비트 아키텍처에서 더 적은 메모리를 필요로 한다. 이와 같은 문제를 해결하고자 64비트 포인터 대신 32비트 식별자를 이용해 할당된 메모리에 접근할 수 있게 해주는 자체 메모리 할당기를 만들었다(clauseallocator.(h|cpp) 파일들).

1.30 SIMD를 이용한 부동소수점 수 처리

물론 x86 호환 프로세서에 SIMD 확장이 추가된 후에도 FPU는 그대로 남아 있다.

SIMD 확장(SSE2)은 부동소수점 숫자를 좀 더 쉽게 처리할 수 있는 방법을 제공한다.

숫자 포맷은 이전과 동일한 IEEE 754다.

따라서 최신 컴파일러(x86-64용 코드를 생성하는 컴파일러 포함)는 주로 FPU 대신 SIMD 명령어를 사용한다.

SIMD 명령어가 사용하기 더 쉽기 때문에 좋은 소식이라고 할 수 있다.

여기서는 1.19절에서 다룬 FPU 관련 예제를 그대로 사용할 것이다.

1.30.1 간단한 예제

```c
#include <stdio.h>

double f (double a, double b)
{
    return a/3.14 + b*4.1;
};

int main()
{
    printf ("%f\n", f(1.2, 3.4));
};
```

x64

리스트 1.387: 최적화를 수행한 MSVC 2012 x64

```
__real@4010666666666666 DQ 04010666666666666r      ; 4.1
__real@40091eb851eb851f DQ 040091eb851eb851fr      ; 3.14

a$ = 8
b$ = 16
f       PROC
        divsd   xmm0, QWORD PTR __real@40091eb851eb851f
        mulsd   xmm1, QWORD PTR __real@4010666666666666
        addsd   xmm0, xmm1
        ret     0
f       ENDP
```

입력 부동소수점 값은 XMM0~XMM3 레지스터를 통해 전달되며 나머지는 스택으로 전달된다(MSDN: 매개변수 전달을 참고).

a는 XMM0로 전달되고 b는 XMM1으로 전달된다.

XMM 레지스터는 128비트(1.28절에서 설명했다)지만 double 값은 64비트이므로 레지스터의 하위 부분만을 사용한다.

DIVSD 명령어는 'Divide Scalar Double-Precision Floating-Point Values'라는 SSE 명령어로, 단순히 오퍼랜드의 하위 절반 부분에 저장된 두 개의 double 타입 값을 가져와 나눗셈을 수행한다.

상수는 컴파일러가 IEEE 754 포맷으로 인코딩한다.

MULSD와 ADDSD의 원리도 나눗셈과 동일하지만 각각 곱셈과 덧셈을 수행한다. 연산의 결과인 double 타입의 값은 XMM0 레지스터에 저장된다.

최적화를 수행하지 않은 MSVC의 컴파일 결과는 다음과 같다.

리스트 1.388: MSVC 2012 x64

```
__real@4010666666666666 DQ 04010666666666666r      ; 4.1
__real@40091eb851eb851f DQ 040091eb851eb851fr      ; 3.14

a$ = 8
b$ = 16
f       PROC
```

```
        movsdx  QWORD PTR [rsp+16], xmm1
        movsdx  QWORD PTR [rsp+8], xmm0
        movsdx  xmm0, QWORD PTR a$[rsp]
        divsd   xmm0, QWORD PTR __real@40091eb851eb851f
        movsdx  xmm1, QWORD PTR b$[rsp]
        mulsd   xmm1, QWORD PTR __real@4010666666666666
        addsd   xmm0, xmm1
        ret     0
f       ENDP
```

약간의 불필요한 코드를 볼 수 있다. 입력 인자의 하위 부분, 즉 **double** 타입에 해당하는 64비트만 '숨겨진 공간^{shadow space}(1.10.2절)'에 저장된다. GCC도 동일한 코드를 생성한다.

x86

예제를 x86용으로도 컴파일해보자. MSVC 2012는 이 경우에도 SSE2 명령어를 사용한다.

리스트 1.389: 최적화를 수행하지 않은 MSVC 2012 x86

```
tv70 = -8       ; 크기 = 8
_a$ = 8         ; 크기 = 8
_b$ = 16        ; 크기 = 8
_f      PROC
        push    ebp
        mov     ebp, esp
        sub     esp, 8
        movsd   xmm0, QWORD PTR _a$[ebp]
        divsd   xmm0, QWORD PTR __real@40091eb851eb851f
        movsd   xmm1, QWORD PTR _b$[ebp]
        mulsd   xmm1, QWORD PTR __real@4010666666666666
        addsd   xmm0, xmm1
        movsd   QWORD PTR tv70[ebp], xmm0
        fld     QWORD PTR tv70[ebp]
        mov     esp, ebp
        pop     ebp
        ret     0
_f      ENDP
```

리스트 1.390: 최적화를 수행한 MSVC 2012 x86

```
tv67 = 8        ; 크기 = 8
_a$ = 8         ; 크기 = 8
```

```
_b$ = 16        ; 크기 = 8
_f      PROC
        movsd   xmm1, QWORD PTR _a$[esp-4]
        divsd   xmm1, QWORD PTR __real@40091eb851eb851f
        movsd   xmm0, QWORD PTR _b$[esp-4]
        mulsd   xmm0, QWORD PTR __real@4010666666666666
        addsd   xmm1, xmm0
        movsd   QWORD PTR tv67[esp-4], xmm1
        fld     QWORD PTR tv67[esp-4]
        ret     0
_f      ENDP
```

거의 동일한 코드지만 호출 규약과 관련해 몇 가지 차이점이 있다. 1) FPU 예제(1.19절)처럼 인자 전달 시 **XMM** 레지스터 대신 스택을 사용한다. 2) 함수 결과는 **ST(0)**를 이용해 리턴한다. 이를 위해 지역 변수 **tv**를 이용해 **XMM** 레지스터의 값을 **ST(0)**로 복사한다.

최적화된 코드를 OllyDbg로 분석해보자.

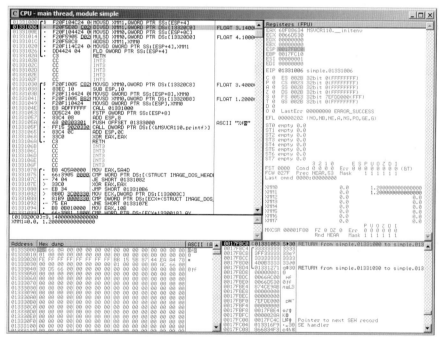

그림 1.113: OllyDbg: MOVSD 명령어가 a 값을 XMM1에 로딩

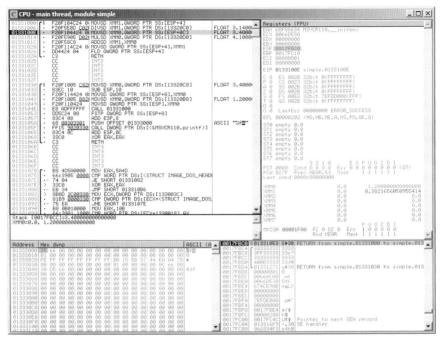

그림 1.114: OllyDbg: DIVSD 명령어가 몫을 계산한 후 XMM1에 저장

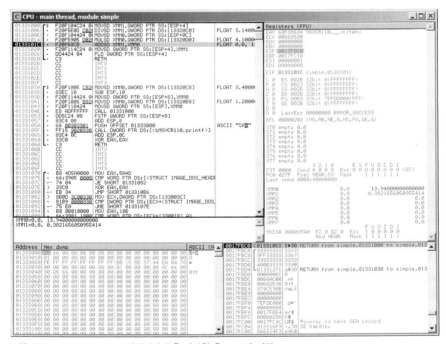

그림 1.115: OllyDbg: MULSD 명령어가 곱을 계산한 후 XMM0에 저장

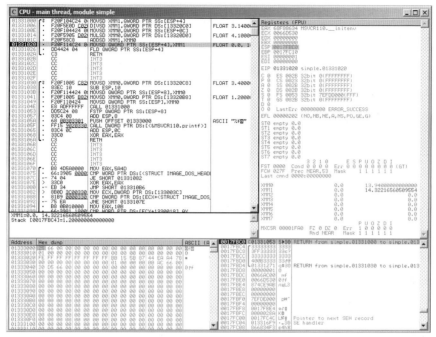

그림 1.116: OllyDbg: ADDSD 명령어가 XMM0의 값과 XMM1의 값을 더한다.

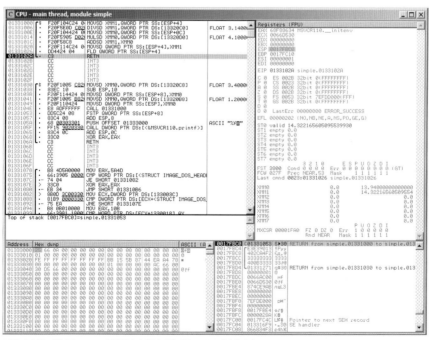

그림 1.117: OllyDbg: FLD 명령어가 함수 결과를 ST(0)에 남긴다.

OllyDbg는 XMM 레지스터의 값을 한 쌍의 **double** 숫자로 출력하는데, 그중 하위 부분만 사용된다.

OllyDbg는 실행할 명령어가 **-SD**로 끝나는 SSE2 명령어라는 사실을 알아낸 후 XMM 레지스터의 값을 이런 형식으로 출력했을 것이다.

물론 레지스터의 값을 출력하는 형식을 변경하면 **float** 숫자 4개나 단순한 16바이트로도 값을 출력할 수 있다.

1.30.2 부동소수점 수를 인자로 전달

```
#include <math.h>
#include <stdio.h>

int main ()
{
    printf ("32.01 ^ 1.54 = %lf\n", pow (32.01,1.54));

    return 0;
}
```

부동소수점 수는 XMM0~XMM3 레지스터의 하위 절반을 이용해 전달된다.

리스트 1.391: 최적화를 수행한 MSVC 2012 x64

```
$SG1354 DB '32.01 ^ 1.54 = %lf', 0aH, 00H

__real@40400147ae147ae1 DQ 040400147ae147ae1r        ; 32.01
__real@3ff8a3d70a3d70a4 DQ 03ff8a3d70a3d70a4r        ; 1.54

main    PROC
        sub    rsp, 40                ; 00000028H
        movsdx xmm1, QWORD PTR __real@3ff8a3d70a3d70a4
        movsdx xmm0, QWORD PTR __real@40400147ae147ae1
        call   pow
        lea    rcx, OFFSET FLAT:$SG1354
        movaps xmm1, xmm0
        movd   rdx, xmm1
        call   printf
        xor    eax, eax
        add    rsp, 40                ; 00000028H
        ret    0
main    ENDP
```

인텔과 AMD 사용설명서(12.1.4절)에서는 MOVSDX 명령어를 MOVSD로 언급한다.

즉, x86에는 동일한 이름의 명령어가 두 개 존재하는 셈이다.

마이크로소프트의 개발자들은 불필요한 혼란을 미리 방지하고자 하나의 명령어 이름을 MOVSDX로 변경했다. MOVSDX는 XMM 레지스터의 하위 절반에 저장된 값을 로딩한다.

pow()는 XMM0와 MM1에서 인자를 취해 XMM0에 결과를 담아 리턴한다. 리턴 값은 printf()가 사용할 수 있도록 RDX로 이동된다. 굳이 RDX로 이동하는 이유는 어쩌면 printf()가 가변 인자를 취하는 함수이기 때문일 수도 있다.

리스트 1.392: 최적화를 수행한 GCC 4.4.6 x64

```
 .LC2:
        .string "32.01 ^ 1.54 = %lf\n"
 main:
        sub     rsp, 8
        movsd   xmm1, QWORD PTR .LC0[rip]
        movsd   xmm0, QWORD PTR .LC1[rip]
        call    pow
        ; 결과는 XMM0에 있음
        mov     edi, OFFSET FLAT:.LC2
        mov     eax, 1  ; 벡터 레지스터의 개수 전달
        call    printf
        xor     eax, eax
        add     rsp, 8
        ret
 .LC0:
        .long   171798692
        .long   1073259479
 .LC1:
        .long   2920577761
        .long   1077936455
```

GCC는 좀 더 명확한 코드를 생성한다. printf()를 위한 인자는 XMM0를 이용해 전달한다. 참고로 printf() 호출 직전에 EAX에 1을 기록하는 코드가 있는데, 이는 벡터 레지스터에 하나의 인자가 전달된다는 의미로 표준의 요구 사항(마이클 매츠, 잔 후비카, 안드레아스 재거, 마크 미셀의 『System V Application Binary Interface. AMD64 Architecture Processor Supplement』(2013), https://software.intel.com/sites/default/files/article/402129/mpx-linux64-abi.pdf)을 구현한 것이다.

1.30.3 비교 예제

```c
#include <stdio.h>

double d_max (double a, double b)
{
    if (a>b)
        return a;

    return b;
};
int main()
{
    printf ("%f\n", d_max (1.2, 3.4));
    printf ("%f\n", d_max (5.6, -4));
};
```

x64

리스트 1.393: 최적화를 수행한 MSVC 2012 x64

```
a$ = 8
b$ = 16
d_max   PROC
        comisd  xmm0, xmm1
        ja      SHORT $LN2@d_max
        movaps  xmm0, xmm1
$LN2@d_max:
        fatret  0
d_max   ENDP
```

최적화를 수행한 MSVC는 매우 이해하기 쉬운 코드를 생성한다.

COMISD는 'Compare Scalar Ordered Double-Precision Floating-Point Values and Set EFLAGS'로, 이름만으로도 동작을 짐작할 수 있다.

최적화를 수행하지 않은 MSVC는 불필요한 코드를 약간 생성하지만 여전히 어렵지 않게 이해할 수 있다.

리스트 1.394: MSVC 2012 x64

```
a$ = 8
b$ = 16
```

```
d_max   PROC
        movsdx  QWORD PTR [rsp+16], xmm1
        movsdx  QWORD PTR [rsp+8], xmm0
        movsdx  xmm0, QWORD PTR a$[rsp]
        comisd  xmm0, QWORD PTR b$[rsp]
        jbe     SHORT $LN1@d_max
        movsdx  xmm0, QWORD PTR a$[rsp]
        jmp     SHORT $LN2@d_max
$LN1@d_max:
        movsdx  xmm0, QWORD PTR b$[rsp]
$LN2@d_max:
        fatret  0
d_max   ENDP
```

하지만 GCC 4.4.6은 최적화를 더 진행해 최댓값을 바로 알아내는 **MAXSD**('Return Maximum Scalar Double-Precision Floating-Point Value') 명령어를 사용한다.

리스트 1.395: 최적화를 수행한 GCC 4.4.6 x64

```
d_max:
        maxsd   xmm0, xmm1
        ret
```

x86

MSVC 2012에 최적화 옵션을 지정하고 예제를 컴파일해보자.

리스트 1.396: 최적화를 수행한 MSVC 2012 x86

```
_a$ = 8         ; 크기 = 8
_b$ = 16        ; 크기 = 8
_d_max  PROC
        movsd   xmm0, QWORD PTR _a$[esp-4]
        comisd  xmm0, QWORD PTR _b$[esp-4]
        jbe     SHORT $LN1@d_max
        fld     QWORD PTR _a$[esp-4]
        ret     0
$LN1@d_max:
        fld     QWORD PTR _b$[esp-4]
        ret     0
_d_max  ENDP
```

거의 동일하지만 a와 b를 스택에서 가져오며 함수 결과는 ST(0)에 저장한다.

이 예제를 OllyDbg로 분석하면 COMISD 명령어가 두 값을 비교하고 CF와 PF 플래그를 설정/해제하는 과정을 확인할 수 있다.

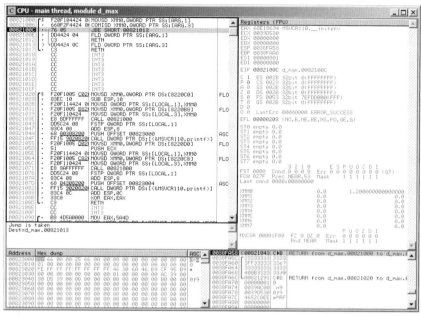

그림 1.118: OllyDbg: COMISD 명령어가 변경한 CF와 PF 플래그

1.30.4 머신 엡실론 계산: x64과 SIMD

double 타입에 대한 '머신 엡실론 계산'을 설명하고자 1.25.2절의 예제를 다시 사용할 것이다. 이번에는 x64에서 컴파일한다.

리스트 1.397: 최적화를 수행한 MSVC 2012 x64

```
v$ = 8
calculate_machine_epsilon PROC
        movsdx  QWORD PTR v$[rsp], xmm0
        movaps  xmm1, xmm0
        inc     QWORD PTR v$[rsp]
        movsdx  xmm0, QWORD PTR v$[rsp]
        subsd   xmm0, xmm1
        ret     0
calculate_machine_epsilon ENDP
```

128비트의 XMM 레지스터에 있는 값에 1을 더하는 방법은 없다. 따라서 값을 메모리로 로드해 더해줘야 한다.

하지만 **ADDSD**('Add Scalar Double-Precision Floating-Point Values') 명령어는 **XMM** 레지스터의 상위 부분은 무시하고 하위 64비트 값에 값을 더할 수 있다. 하지만 MSVC 2012에서는 **ADDSD** 명령어가 그렇게 좋은 방법은 아니다(로컬 스택을 사용하지 않게 수정할 수도 있다).

그럼에도 불구하고 값은 XMM 레지스터로 다시 로드되고 빼기 연산이 수행된다.

SUBSD는 'Subtract Scalar Double-Precision Floating-Point Values'를 의미하며, 128비트 **XMM** 레지스터의 하위 64비트 부분만을 다룬다. 그리고 명령어 수행 결과는 **XMM0** 레지스터로 리턴된다.

1.30.5 의사 난수 생성기 예제 다시 보기

1.25.1절의 '의사 난수 생성기 예제'를 다시 살펴보자.

MSVC 2012로 컴파일하면 FPU를 위해 SIMD 명령어를 이용할 것이다.

리스트 1.398: 최적화를 수행한 MSVC 2012

```
__real@3f800000 DD 03f800000r  ; 1

tv128 = -4
_tmp$ = -4
?float_rand@@YAMXZ PROC
        push    ecx
        call    ?my_rand@@YAIXZ
; EAX=의사 난수 값
        and     eax, 8388607        ; 007fffffH
        or      eax, 1065353216     ; 3f800000H
; EAX=의사 난수 값 & 0x007fffff | 0x3f800000
; 로컬 스택에 저장
        mov     DWORD PTR _tmp$[esp+4], eax
; 부동소수점 수로 다시 로드
        movss   xmm0, DWORD PTR _tmp$[esp+4]
; 1.0을 뺀다.
        subss   xmm0, DWORD PTR __real@3f800000
; 값을 임시 변수에 저장해 ST0로 이동한다.
        movss   DWORD PTR tv128[esp+4], xmm0
; ST0에 다시 로드
        fld     DWORD PTR tv128[esp+4]
```

```
        pop     ecx
        ret     0
?float_rand@@YAMXZ ENDP
```

모든 명령어의 이름이 'Scalar Single'을 의미하는 -SS로 끝난다.

'Scalar'는 레지스터에 하나의 값만이 저장된다는 것을 의미한다.

'Single(단정밀도)'은 부동소수점 데이터 타입이라는 것을 의미한다.

1.30.6 정리

이곳에서 사용한 모든 예제는 IEEE 754 포맷의 수를 저장하고자 XMM 레지스터의 하위 부분만을 사용한다.

기본적으로 -SD('Scalar Double-Precision')로 끝나는 명령어는 모두 XMM 레지스터의 하위 부분에 저장된 IEEE 754 포맷의 부동소수점 수를 처리한다.

또한 -SD 명령어는 FPU보다 이해하기 쉽다. 아마도 SIMD 확장이 FPU보다는 잘 계획되고 순탄하게 발전됐기 때문일 것이다. 스택 레지스터 모델도 사용하지 않는다.

이곳에서 사용한 예제의 타입을 double에서 float으로 변경하려면 MOVSS, COMISS, ADDSS 같이 -SS('Scalar Single-Precision')로 끝나는 명령어를 사용하게 될 것이다.

'Scalar'는 SIMD 레지스터에 단지 하나의 값만 포함된다는 것을 의미한다.

레지스터에 저장된 여러 개의 값을 동시에 처리하는 명령어에서는 'Packed'이라는 단어를 사용한다.

이미 살펴봤듯이 SSE2 명령어는 64비트의 IEEE 754 수(double)를 처리하는 반면 FPU는 부동소수점 수를 처리할 때 내부적으로는 80비트 표현을 사용한다.

그러므로 FPU가 더 작은 에러를 생성하며 좀 더 정확한 결과를 계산할 수 있다.

1.31 ARM 관련 세부 사항

1.31.1 숫자 앞의 # 표시

Keil 컴파일러와 IDA, objdump는 모든 숫자 앞에 '#' 숫자 부호를 붙인다(예, 1.16.1절의 ARM 예제).

하지만 GCC 4.9가 만들어낸 어셈블리어의 경우에는 그렇지 않다(예, 리스트 3.15).

이 책에 포함된 ARM 예제의 경우는 혼합돼 있다.

어떤 방법이 올바른지는 말하기 어렵다. 아마도 자신이 분석하는 환경에서 이용되는 규칙을 따르는 것이 나을 것이다.

1.31.2 주소 지정 모드

ARM64에서는 다음과 같은 명령어가 가능하다.

```
ldr    x0, [x29,24]
```

이 명령어는 X29에 있는 값에 24를 더한 주소에서 값을 로드한다.

24가 괄호 안에 있다는 것에 주목하기 바란다. 숫자가 괄호 밖에 있으면 의미가 달라진다.

```
ldr    w4, [x1],28
```

이 명령어는 X1에 있는 주소에서 값을 로드한 다음 28을 더한다.

ARM에서는 로드를 위한 주소에 상수를 더하거나 빼는 것이 허용된다.

그리고 로그를 하기 전에나 후에도 가능하다.

x86에는 이와 같은 주소 지정 모드가 없다. 하지만 PDP-11과 같은 다른 프로세서에서는 가능하다.

PDP-11에는 사전 증가, 사후 증가, 사전 감소, 사후 감소 모드가 있고 그것은 C 언어

(PDP-11에서 개발 됨)의 *ptr++, *++ptr, *ptr--, *--ptr에 해당된다.

어쨌든 이는 C 기능을 이해하기 어렵게 만드는 요소 중 하나다. 정리하면 다음과 같다.

C 용어	ARM 용어	C 구문	동작 방식
사후 증가	사후 인덱싱된 주소 지정	*ptr++	*ptr 값을 이용한 다음에 ptr 포인터를 증가시킨다.
사후 감소	사후 인덱싱된 주소 지정	*ptr--	*ptr 값을 이용한 다음에 ptr 포인터를 감소시킨다.
사전 증가	사전 인덱싱된 주소 지정	*++ptr	ptr 포인터를 증가시킨 다음에 *ptr 값을 이용한다.
사전 감소	사전 인덱싱된 주소 지정	*--ptr	ptr 포인터를 감소시킨 다음에 *ptr 값을 이용한다.

사전 인덱싱된 주소 지정은 ARM 어셈블리어에서 느낌표로 표시된다(예, 리스트 1.29의 두 번째 줄).

데니스 리치(C 언어의 창시자 중 한 명)는 이와 같은 기능이 PDP-7(https://yurichev. com/mirrors/C/c_dmr_postincrement.txt)에 있었기 때문에 켄 톰슨(또 다른 C 언어 창시자) 이 만들었다고 짐작했다(데니스 M 리치의 『development of the C language』(1993), https:// yurichev.com/mirrors/C/dmr-The%20Development%20of%20the%20C%20Language- 1993.pdf).

따라서 대상 프로세서에서 사전/사후 인덱싱을 지원한다면 C 언어 컴파일러도 사용 할 수 있는 것이다. 사전/사후 인덱싱은 배열을 처리할 때 매우 편리하다.

1.31.3 레지스터에 상수 로드

32비트 ARM

이미 알다시피 ARM 모드에서는 모든 명령어의 길이는 4바이트고 Thumb 모드에서는 2바이트다.

그렇다면 하나의 명령어에 32비트 값을 인코딩할 수 없다면 그것을 레지스터에 로드 하려면 어떻게 해야 할까?

```
unsigned int f()
{
    return 0x12345678;
};
```

리스트 1.399: GCC 4.6.3 -O3 ARM 모드

```
f:
        ldr     r0, .L2
        bx      lr
.L2:
        .word   305419896    ; 0x12345678
```

0x12345678은 필요할 때 메모리에 저장되고 로드된다.

그러나 추가적인 메모리 접근을 제거할 수도 있다.

리스트 1.400: GCC 4.6.3 -O3 -march=armv7-a(ARM 모드)

```
movw    r0, #22136      ; 0x5678
movt    r0, #4660       ; 0x1234
bx      lr
```

값이 레지스터에 부분적으로 로드되는 것을 확인할 수 있다. 즉, 먼저 하위 부분(MOVW 이용)을 로드하고 그다음에는 상위 부분(MOVT 이용)을 로드한다.

이는 ARM 모드에서 32비트 값을 레지스터에 로드하려면 두 개의 명령어가 필요하다는 의미가 된다.

하지만 그렇게 문제는 아니다. 실제 코드에는 (0과 1을 제외하고는) 그렇게 많은 상수가 존재하지 않는다.

그렇다면 두 개의 명령어를 이용하는 것이 하나의 명령어를 이용하는 것보다 느릴까?

최신 ARM 프로세서는 그런 경우를 탐지해 빠르게 실행시킬 수 있다.

반면에 IDA는 코드 내에서 그런 패턴을 찾아내 다음과 같이 디스어셈블한다.

```
MOV     R0, 0x12345678
BX      LR
```

ARM64

```
uint64_t f()
{
```

```
    return 0x12345678ABCDEF01;
};
```

리스트 1.401: GCC 4.9.1 -O3

```
mov     x0, 61185   ; 0xef01
movk    x0, 0xabcd, lsl 16
movk    x0, 0x5678, lsl 32
movk    x0, 0x1234, lsl 48
ret
```

MOVK는 'MOV Keep'을 의미하며 16비트 값을 레지스터에 기록하고 나머지 다른 비트는 건드리지 않는다.

LSL은 왼쪽으로 16비트, 32비트, 48비트 시프트한다는 것을 의미한다. 그리고 시프트 연산은 로드되기 전에 이뤄진다.

이는 64비트 값을 레지스터에 로드하려면 4개의 명령어가 필요하다는 것을 의미한다.

부동소수점 수를 레지스터에 저장

하나의 명령어만으로 D-레지스터에 부동소수점 수를 저장하는 것이 가능하다.

예를 들면 다음과 같다.

```
double a()
{
    return 1.5;
};
```

리스트 1.402: GCC 4.9.1 -O3 + objdump

```
0000000000000000 <a>:
   0:  1e6f1000    fmov    d0, #1.500000000000000000e+000
   4:  d65f03c0    ret
```

1.5가 32비트 명령어에 인코딩됐다.

ARM64에서는 FMOV 명령어의 8비트를 이용해 일부 부동소수점 수를 인코딩한다.

그것을 VFPExpandImm()(『ARM 아키텍처 레퍼런스 매뉴얼, ARMv8, for ARMv8-A architecture profile』(2013), http://yurichev.com/mirrors/ARMv8-A_Architecture_Reference_Manual_ (Issue_A.a).pdf)라고 부른다. 또한 minifloat(https://en.wikipedia.org/wiki/Minifloat)라고도 부른다.

값을 바꿔 컴파일러는 30.0이나 31.0을 인코딩할 수 있지만 32.0의 경우에는 그렇지 않다. IEEE 754 포맷에서 32.0을 위해서는 8바이트가 할당돼야 하기 때문이다.

```
double a()
{
    return 32;
};
```

리스트 1.403: GCC 4.9.1 -O3

```
a:
        ldr     d0, .LC0
        ret
.LC0:
        .word   0
        .word   1077936128
```

1.31.4 ARM64에서의 재배치

알다시피 ARM64에서는 명령어가 4바이트이기 때문에 하나의 명령어로 큰 수를 레지스터에 기록하는 것은 불가능하다.

그럼에도 불구하고 실행 이미지는 메모리상의 임의의 주소에 로드될 수 있다. 이 때문에 재배치가 존재하는 것이다. 좀 더 자세한 사항은 6.5.2절(Win32 PE 관련)을 참고하기 바란다.

ARM64에서는 **ADRP**와 **ADD** 명령어 쌍을 이용해 주소를 형성한다.

첫 번째 명령어는 4KiB 페이지 주소를 로드하고 두 번째 명령어는 나머지 주소를 추가한다.

win32에서 'Hello, world!'(리스트 1.8) 예를 GCC(Linaro) 4.9로 컴파일해보자.

```
...>aarch64-linux-gnu-gcc.exe hw.c ?c

...>aarch64-linux-gnu-objdump.exe -d hw.o

...

0000000000000000 <main>:
    0:    a9bf7bfd    stp     x29, x30, [sp,#-16]!
    4:    910003fd    mov     x29, sp
    8:    90000000    adrp    x0, 0 <main>
    c:    91000000    add     x0, x0, #0x0
   10:    94000000    bl      0 <printf>
   14:    52800000    mov     w0, #0x0              // #0
   18:    a8c17bfd    ldp     x29, x30, [sp],#16
   1c:    d65f03c0    ret

...>aarch64-linux-gnu-objdump.exe -r hw.o

...

RELOCATION RECORDS FOR [.text]:
OFFSET                  TYPE                    VALUE
0000000000000008        R_AARCH64_ADR_PREL_PG_HI21 .rodata
000000000000000c        R_AARCH64_ADD_ABS_LO12_NC .rodata
0000000000000010        R_AARCH64_CALL26         printf
```

오브젝트 파일에는 3개의 재배치가 있다.

- 첫 번째는 하나의 페이지 주소를 취해 하위 12비트를 잘라낸 다음 나머지 상위 21비트를 ADRP 명령어의 비트 필드에 기록한다. 이는 하위 12비트를 인코딩할 필요가 없고 ADRP 명령어는 단지 21비트만을 위한 공간만 갖고 있기 때문이다.

- 두 번째는 페이지 시작 주소에 상대적인 주소의 12비트를 ADD 명령어의 비트 필드에 넣는 것이다.

- 마지막은 printf() 함수로 점프하는 곳인 주소 0x10에 있는 명령어에 26비트를 적용하는 것이다.

모든 ARM64(그리고 ARM 모드의 ARM) 명령어 주소의 가장 하위 두 비트는 0(모든 명령어의 크기가 4바이트이기 때문이다)이다. 따라서 28비트 주소 공간(±128MB)의 최상위 26비트만을 인코딩하면 된다.

하지만 실행 파일에는 이러한 재배치가 없다. "Hello!" 문자열이 있는 위치와 페이지를 알 수 있고 puts()의 주소도 알 수 있기 때문이다.

따라서 ADRP, ADD, BL 명령어에 이미 설정된 값이 있다(링커가 링크를 수행하는 동안 기록한 값이다).

리스트 1.405: 실행 파일의 objdump

```
0000000000400590 <main>:
    400590:    a9bf7bfd    stp     x29, x30, [sp,#-16]!
    400594:    910003fd    mov     x29, sp
    400598:    90000000    adrp    x0, 400000 <_init-0x3b8>
    40059c:    91192000    add     x0, x0, #0x648
    4005a0:    97ffffa0    bl      400420 <puts@plt>
    4005a4:    52800000    mov     w0, #0x0 // #0
    4005a8:    a8c17bfd    ldp     x29, x30, [sp],#16
    4005ac:    d65f03c0    ret

...

Contents of section .rodata:
    400640 01000200 00000000 48656c6c 6f210000  ........Hello!..
```

예를 들어 BL 명령어를 직접 디스어셈블해보자.

0x97ffffa0는 0b10010111111111111111111110100000다. 『ARM 아키텍처 레퍼런스 매뉴얼, ARMv8, for ARMv8-A architecture profile』(2013, C5.6.26)에 따르면 imm26은 마지막 26비트를 의미한다. 따라서 imm26 = 0b11111111111111111110100000다. 0x3FFFFA0의 MSB는 1이므로 음수고 그것을 직접 편한 형태로 변환할 수 있다. 부정 법칙(2.2절)을 이용하면 모든 비트를 거꾸로 바꾸고(0b1011111=0x5F) 1을 더한다(0x5F+1=0x60). 결국 부호 있는 수로 표현하면 -0x60이 된다.

-0x60에 4를 곱해보자(OP 코드에 저장된 주소가 4로 나뉜 값이기 때문). 그 결과 -0x180이 된다. 이제는 목적지 주소(0x4005a0 + (-0x180) = 0x400420)를 계산해보자(참고: PC의 현재 값이 아니라 BL 명령어의 주소를 고려한다).

결국 목적지 주소는 0x400420이 된다.

ARM64와 관련된 재배치에 대해 『ELF for the ARM 64-bit Architecture (AArch64)』(2013, http://infocenter.arm.com/help/topic/com.arm.doc.ihi0056b/IHI0056B_aaelf64.pdf)

를 참고하기 바란다.

1.32 MIPS 관련 세부 사항

1.32.1 32비트 상수를 레지스터에 로드

```
unsigned int f()
{
    return 0x12345678;
};
```

MIPS의 모든 명령어는 ARM처럼 크기가 모두 32비트다. 따라서 하나의 명령어에 32비트 상수를 삽입하는 것은 불가능하다.

따라서 최소한 두 개의 명령어를 사용해야 한다. 첫 번째 명령어는 32비트 수의 상위 부분을 로드하고 두 번째 명령어는 대상 레지스터의 하위 16비트 부분을 효과적으로 채우고자 OR 연산을 적용한다.

리스트 1.406: GCC 4.4.5 -O3(어셈블리 출력)

```
        li      $2,305397760    # 0x12340000
        j       $31
        ori     $2,$2,0x5678    ; 브랜치 지연 슬롯
```

IDA는 자주 발생하는 이러한 코드 패턴을 잘 알고 있기 때문에 편의상 마지막 ORI 명령어를 LI 의사 명령어로 표시한다. 이 명령어는 전체 32비트 숫자를 $V0 레지스터에 로드한다.

리스트 1.407: GCC 4.4.5 -O3(IDA)

```
        lui     $v0, 0x1234
        jr      $ra
        li      $v0, 0x12345678      ; 브랜치 지연 슬롯
```

GCC의 어셈블리 출력에는 LI 의사 명령어가 포함돼 있지만 실제로는 16비트 값을 레지스터의 상위 부분에 저장하는 LUI('Load Upper Immediate') 명령어가 실행된다.

objdump 출력 결과를 보자.

리스트 1.408: objdump

```
00000000 <f>:
   0:   3c021234    lui    v0,0x1234
   4:   03e00008    jr     ra
   8:   34425678    ori    v0,v0,0x5678
```

35비트 전역 변수를 레지스터에 로드

```c
unsigned int global_var=0x12345678;

unsigned int f2()
{
    return global_var;
};
```

LUI는 global_var의 상위 16비트를 $2(또는 $v0)로 로드하고 그다음 LW는 하위 16비트를 로드해 $2의 내용과 합산한다.

리스트 1.409: GCC 4.4.5 -03(어셈블리 출력)

```
f2:
        lui     $2,%hi(global_var)
        lw      $2,%lo(global_var)($2)
        j       $31
        nop     ; 브랜치 지연 슬롯
        ...
global_var:
        .word   305419896
```

IDA는 자주 사용되는 LUI/LW 명령어 쌍을 잘 알고 있으므로 둘을 하나의 LW 명령어로 통합한다.

리스트 1.410: GCC 4.4.5 -03(IDA)

```
_f2:
        lw      $v0, global_var
        jr      $ra
        or      $at, $zero     ; 브랜치 지연 슬롯
        ...
```

```
        .data
        .globl global_var
global_var: .word 0x12345678    # DATA XREF: _f2
```

objdump의 출력은 GCC의 어셈블리 출력과 동일하다. 오브젝트 파일의 재배치 정보도 덤프해보자.

리스트 1.411: objdump

```
objdump -D filename.o

...

0000000c <f2>:
    c:    3c020000    lui    v0,0x0
   10:    8c420000    lw     v0,0(v0)
   14:    03e00008    jr     ra
   18:    00200825    move   at,at       ; 브랜치 지연 슬롯
   1c:    00200825    move   at,at

Disassembly of section .data:

00000000 <global_var>:
    0:    12345678    beq    s1,s4,159e4 <f2+0x159d8>

...

objdump -r filename.o

...

RELOCATION RECORDS FOR [.text]:
OFFSET        TYPE          VALUE
0000000c      R_MIPS_HI16   global_var
00000010      R_MIPS_LO16   global_var
...
```

global_var의 주소가 실행 파일이 로딩되는 중에 LUI 및 LW 명령어에 바로 써지는 것을 볼 수 있다. global_var의 상위 16비트는 먼저 쓰고(LUI), 하위 16비트 부분이 그다음에 써진다(LW).

1.32.2 MIPS에 대한 추가 자료

도미닉 스위츠만의 『MIPS Run』(2010)

02
중요한 기초 내용

2.1 정수형 데이터 타입

정수형 데이터 타입은 숫자로 변환이 가능한 타입이다. 즉, 숫자, 열거, 불리언 타입이 여기에 속한다.

2.1.1 비트

비트^{Bit}의 명백한 사용법은 불리언 값으로 사용하는 것이다. 즉, false는 0, true는 1을 의미한다.

불리언 값은 워드 단위로 패킹될 수 있다. 32비트 워드에는 32개의 불리언 값을 포함할 수 있다. 이와 같은 방법으로 패킹된 값을 비트맵이나 비트 필드라고 부른다.

하지만 비트 값을 그렇게 사용하면 분명한 오버헤드가 발생한다. 예를 들어 불리언 변수를 위해 int 타입의 워드를 사용하는 것은 경제적이라고 할 수는 없지만, 반면 효율적 측면에서는 장점을 가진다.

C/C++ 환경에서 0은 false를 의미하지만 true를 의미하려면 1뿐만 아니라 0 이외의 모든 수가 가능하다.

```
    if (1234)
        printf ("this will always be executed\n");
    else
        printf ("this will never\n");
```

다음은 C 문자열에 포함된 문자를 열거하고자 흔히 사용하는 방식이다.

```
    char *input=...;
    while(*input) // *input 문자가 0이 아니면 계속 수행된다.
    {
        // *input 문자를 이용해 어떤 작업을 처리
        input++;
    };
```

2.1.2 니블

4개의 비트가 모인 니블^{Nibble}은 크기가 바이트의 절반이다.

다음의 용어들은 지금도 여전히 사용되고 있다.

BCD

4비트 니블은 전설적인 4비트 CPU인 인텔 4004(계산기에서 사용됐다)에서 사용됐다.

그때는 4비트를 이용해 10진수를 표현하는 방법인 BCD^{Binary-Coded Decimal}가 있었다. 0b0000은 10진수 0을 의미하고 0b1001은 10진수 9를 의미한다. 4비트로 0에서 9까지의 숫자를 표현한다. 이는 경제적인 방법이 아니다.

그럼에도 불구하고 한 가지 장점이 있다. 그것은 10진수를 BCD 수로 변환하거나 BCD 수를 10진수로 변환하는 것이 매우 쉽다는 것이다. 그리고 BCD 수를 이용한 더하기 연산과 빼기 연산이 가능하지만 추가적인 보정 작업이 필요하다. 또한 x86 CPU에는 BCD를 위한 **AAA/DAA**(더하기 연산 후 조정), **AAS/DAS**(빼기 연산 후 조정), **AAM**(곱하기 연산 후 조정), **AAD**(나누기 연산 후 조정)와 같은 명령어가 거의 없다.

BCD 수를 지원하고자 CPU는 하프 캐리 플래그(8080/Z80, 하위 4비트를 처리한 결과를 캐리 플래그에 반영)와 보조 플래그(x86의 AF)를 제공해야 한다. 명령어 실행 후의 보정 작업에 그와 같은 플래그가 사용된다.

BCD를 쉽게 변환할 수 있다는 사실로 인해 피터 아벨의 『IBM PC assembly language and programming』(1987) 책이 인기를 끌었다. 하지만 저자는 그 책 이외에서는 실제로 BCD 수를 다루는 경우를 보지 못했다. 다만 BCD 수를 이용해 누군가의 생일을 0x19791011처럼 인코딩해 매직 넘버(5.6.1절)로 사용하는 경우는 봤다.

놀랍게도 SAP 소프트웨어(https://yurichev.com/blog/SAP/)에서 BCD로 인코딩된 수가 사용되는 것을 발견했다. 데이터베이스에 가격과 같은 수를 BCD로 인코딩해 저장하고 있었던 것이다. 아마도 그것은 오래된 소프트웨어/하드웨어와의 호환을 위해 그랬을 것이다.

x86에서 BCD 명령어는 주로 다른 용도로 사용됐다. 예를 들면 다음과 같다.

```
cmp      al,10
sbb      al,69h
das
```

이 불분명한 코드는 0..15 범위의 수를 ASCII 문자 '0'..'9', 'A'..'F'로 변환하는 것이다.

Z80

Z80은 인텔 8080 CPU와 동일하며 공간의 제약 때문에 4비트의 ALU를 갖고 있다. 따라서 두 개의 8비트 간 연산이 두 단계로 처리된다. 결국 하프 캐리 플래그가 자연스럽게 필요하게 됐다.

2.1.3 바이트

바이트^{Byte}는 문자를 저장하는 데 가장 많이 사용된다. 8비트 바이트는 예전에는 그렇게 일반적이지 않았다. 텔레타이프용 펀칭 테이프에는 5개나 6개의 구멍이 있어 한 바이트당 5개 또는 6개의 비트가 사용됐다.

바이트가 8비트로 이뤄진다는 사실을 강조하고자 바이트를 옥텟^{octet}이라고도 부른다. fetchmail에서는 이 용어를 사용한다.

36비트 아키텍처에서는 9비트 바이트가 있었으며 4개의 9비트 바이트가 하나의 워드를 형성했다. 아마도 이 때문에 C/C++ 표준에서는 **char**를 위한 공간으로 최소한 8비트의 공간을 가져야 하지만 그 이상의 공간도 허용된다.

예를 들어 초기 C 언어의 매뉴얼(https://yurichev.com/mirrors/C/bwk-tutor.html)에서는 다음과 같은 내용을 발견할 수 있다.

```
char  one byte character (PDP-11, IBM360: 8 bits; H6070: 9 bits)
```

H6070은 아마도 36비트 워드를 가진 Honeywell 6070을 의미했을 것이다.

표준 ASCII 테이블

128개의 문자로만 구성된 7비트 아스키 테이블이 표준이다. 초기의 이메일 전송 소프트웨어는 7비트의 아스키 코드만을 처리했기 때문에 비라틴어 시스템에서는 메시지를 인코딩하고자 MIME^{Multipurpose Internet Mail Extensions} 표준이 필요했다. 7비트 아스키 코드는 패리티 비트에 의해 확장돼 8비트가 됐다.

DES^{Data Encryption Standard}는 56비트의 키를 사용하는데, 8개의 7비트 바이트로 구성되며 각각의 문자를 위한 패리티 비트 공간을 가진다.

아스키 테이블 전체를 기억할 필요는 없지만 [**0..0x1F**]은 (출력할 수 없는) 제어 문자라는 사실은 알아둘 필요가 있다.

[**0x20..0x7E**]은 출력이 가능한 문자다. **0x80**부터 시작하는 코드는 일반적으로 비라틴어 출력 시스템이나 의사 출력 시스템에서 사용된다.

쉽게 기억할 수 있는 코드는 **0**(C 문자열의 끝, C/C++에서는 '**\0**'), **0xA** 또는 **10**(라인 피드, C/C++에서는 '**\n**'), **0xD** 또는 **13**(캐리지리턴, C/C++에서는 '**\r**')이다.

0x20(스페이스) 또한 자주 사용된다.

8비트 CPU

x86은 레지스터 레벨에서 바이트를 처리할 수 있지만(8비트 8080 CPU 계열이기 때문에) ARM 및 MIPS와 같은 RISC CPU는 그렇지 않다.

2.1.4 와이드 문자

바이트를 16비트로 확장해 다국어 환경을 지원하기 위한 것이다. 가장 잘 알려진 예로는 윈도우 NT 커널과 이름이 W로 시작하는 Win32 함수가 있고, 일반적인 영어 텍스트 문자열의 각 라틴 문자에 0바이트를 끼워 넣음으로써 확장을 수행한다. 이와 같은 확장 방식을 UCS-2 또는 UTF-16라고 부르며, 와이드 문자$^{\text{Wide char}}$를 의미하는 wchar_t는 16비트 short 데이터 타입과 동일하다.

2.1.5 부호 있는 정수와 부호 없는 정수

부호 없는 숫자가 부호 있는 숫자로 표현될 수 있기 때문에 초기에는 부호 없는 데이터 타입이 필요하지 않다는 의견도 있었다. 맞다. 하지만 값에 부호 비트가 없으면 범위가 두 배로 확장된다. 따라서 부호 있는 바이트의 범위는 –128..127이고 부호 없는 바이트의 범위는 0..255가 된다. 부호 없는 데이터 타입의 또 다른 이점은 바이트를 구성하는 비트 자체가 그대로 값이 된다는 것이다. 또한 부호 없는 변수에 음수 값을 할당할 수 없다.

자바에는 부호 없는 데이터 타입이 없어 불만이 쏟아지기도 한다. 따라서 자바에서는 부호 있는 데이터 타입에 대한 불리언 연산을 이용해 암호화 알고리즘을 구현하는 것이 어렵다.

0xFFFFFFFF(-1)와 같은 값은 자주 사용되는데, 주로 에러 코드에 많이 사용된다.

2.1.6 워드

워드^{Word}는 다소 모호한 용어며 일반적으로 GPR에 적합한 데이터 타입을 나타낸다. 바이트는 문자를 처리하는 데 실용적이지만 다른 산술 계산에는 실용적이지 않다.

따라서 많은 CPU는 16비트, 32비트, 64비트 길이의 GPR을 갖고 있다. 심지어 8080 및 Z80과 같은 8비트 CPU에서도 8비트 레지스터 두 개로 16비트의 의사 레지스터(BC, DE, HL 등)를 형성해 사용하도록 제안하고 있다. Z80에서는 레지스터 쌍으로 작업할 수 있으며, 이는 일종의 16비트 CPU 에뮬레이션이라고 할 수 있다.

일반적으로 CPU가 'n비트 CPU'로 판매되는 경우에는 n비트의 GPR이 있다는 것을 의미한다.

하드 디스크와 RAM의 용량을 b 킬로바이트/메가바이트로 표시하지 않고 n 킬로워드와 같이 표시해 판매했던 때도 있었다.

예를 들면 아폴로 가이던스 컴퓨터(https://en.wikipedia.org/wiki/Apollo_Guidance_Computer)의 RAM 용량은 2048워드였다. 이는 16비트 컴퓨터로, RAM의 용량이 4096바이트임을 의미한다.

TX-0(https://en.wikipedia.org/wiki/TX-0)는 18비트 워드의 마그네틱 코어 메모리가 64K, 즉 64킬로워드였다.

DECSYSTEM-2060(https://en.wikipedia.org/wiki/DECSYSTEM-20)은 최대 4096킬로워드의 고체 소재 메모리(즉, 하드 디스크, 테이프 등)를 가질 수 있었다. 이는 36비트 컴퓨터로, 18432킬로바이트 또는 18메가바이트를 의미한다.

C/C++에서 int는 거의 항상 워드에 매핑된다(좀 더 나은 이식성을 위해 int 타입이 여전히 32비트인 AMD64 아키텍처에서는 예외).

PDP-11과 MS-DOS 컴파일러에서는 int가 16비트다. 그리고 VAX와 80386 이후의 x86 계열에서는 32비트다.

C/C++ 프로그램에서 배열에 대한 타입 선언이 생략된다면 기본적으로 int 타입으로 처리된다. 이는 아마도 B 프로그래밍 언어의 특성(https://yurichev.com/blog/typeless/)이 그대로 이어진 것일 것이다.

GPR은 일반적으로 패킹된 비트보다 빠르고 경우에 따라서는 바이트보다 빠른(GPR에서 단일 비트/바이트를 분리할 필요가 없기 때문이다) 컨테이너라고 할 수 있다. 심지어는 0..99 사이의 루프 카운터를 위한 컨테이너로 사용하더라도 마찬가지다.

x86용 어셈블리어에서 워드는 여전히 16비트다. 워드는 원래 16비트 8086 CPU를 위한 것이었기 때문이다. 따라서 더블 워드Double Word는 32비트, 쿼드 워드Quad Word는 64비트가 된다. 결국 x86 어셈블리에서 16비트 워드는 DW로 선언하고 32비트 워드는 DD, 64비트 워드는 DQ로 선언한다.

ARM과 MIPS에서 워드는 32비트다. 따라서 16비트 데이터 타입을 하프워드^{Half-Word}라고 부른다. 그리고 32비트 RISC에서 더블 워드는 64비트가 된다.

GDB에서 하프 워프는 16비트, 워드는 32비트, 자이언트 워드는 64비트를 의미한다.

PDP-11과 MS-DOS상의 16비트 C/C++ 환경에는 32비트 길이의 **long** 데이터 타입이 있는데, **long word**나 **long int**를 의미할 것이다.

32비트 C/C++ 환경에는 64비트 길이의 **long long** 데이터 타입이 있다.

이제는 왜 워드라는 용어가 모호한지 이유를 알았을 것이다.

int라는 용어를 써야 할까?

어떤 사람들은 **int**라는 용어가 모호해 버그를 양산하기 때문에 더 이상 사용하면 안 된다고 주장한다. 예를 들면 잘 알려진 **lzhuf** 라이브러리에서 **int**를 사용하면 16비트 아키텍처에서는 문제없이 동작한다. 하지만 32비트 환경으로 라이브러리를 포팅하면 문제가 발생한다(http://yurichev.com/blog/lzhuf/).

상대적으로 모호하지 않은 데이터 타입(uint8_t, uint16_t, uint32_t, uint64_t 등)은 stdint.h 파일에 정의돼 있다.

도널드 커누스와 같은 사람들은 byte/wyde/tetrabyte/octabyte와 같은 용어를 제안 (http://www-cs-faculty.stanford.edu/~uno/news98.html)하기도 했다. 하지만 그런 용어들은 데이터 타입 이름에 u(부호 없는) 문자를 붙이거나 크기를 나타내는 숫자를 붙이는 것보다 명확하지는 않다.

워드 기반 컴퓨터

워드라는 용어가 모호하긴 하지만 최신 컴퓨터에서는 여전히 워드를 기반으로 하고 있다. RAM과 모든 레벨의 캐시 메모리는 여전히 바이트가 아닌 워드를 기반으로 구성된다. 하지만 크기를 나타내는 마케팅 용어로는 바이트가 사용된다.

워드를 기반으로 정렬된 주소를 사용해 RAM/캐시 메모리에 접근하는 것이 좀 더 경제적이다.

좀 더 빠르고 효율적인 데이터 구조를 개발할 때는 CPU에서 실행되는 워드의 길이를 항상 고려해야 한다. 때때로 컴파일러는 프로그래머를 위해 워드를 사용하거나 그렇지 않은 경우가 있다.

2.1.7 주소 레지스터

32비트나 64비트 x86, RAM, MIPS, 파워PC와 같은 90년대의 RISC를 주도 사용한 사람들은 주소 버스의 크기가 CPU 아키텍처에 따라 달라질 수 있음에도 불구하고 주소 버스의 크기가 GPR이나 워드와 같은 것을 당연하게 생각한다.

8비트 Z80은 8비트 레지스터 쌍이나 전용 레지스터(IX, IY)를 이용해 2^{16}바이트의 주소를 지정할 수 있다. SP와 PC 레지스터 또한 16비트다.

Cray-1 슈퍼컴퓨터는 64비트의 GPR을 갖고 있지만 주소 레지스터의 크기는 24바이트다. 따라서 2^{24}(16메가워드 또는 128메가바이트)의 주소를 지정할 수 있다. 1970년대에는 RAM이 상당히 비쌌기 때문에 일반적인 Cray 컴퓨터는 1048576(0x100000) 워드 크기의 RAM(8MB)을 가졌다. 그렇다면 왜 주소나 포인터를 위해 64비트 레지스터가 할당돼야 할까?

8086/8088 CPU는 정말 이상한 주소 지정 체계를 갖고 있다. 즉, 두 개의 16비트 레지스터의 값을 이상한 방법으로 더해 20비트 주소를 만든다. 아마도 이는 매우 간단한 수준의 가상화(11.6절)라고 할 수 있다. 8086은 여러 개의 프로그램을 실행시킬 수는 있지만 동시에 실행시킬 수는 없다.

초기의 ARM1에는 흥미로운 특징이 있었다.

> 레지스터 파일에 대한 또 다른 흥미로운 점은 PC 레지스터에 몇 비트가 없다는 것이다. ARM1은 26비트 주소를 사용하기 때문에 최상위 6비트는 사용하지 않는다. 모든 명령어가 32비트 경계로 정렬되기 때문에 PC 레지스터의 하위 두 주소 비트는 항상 00이다. 결국 8비트가 사용되지 않을 뿐만 아니라 칩에서 전체적으로 생략된다.

(http://www.righto.com/2015/12/reverse-engineering-arm1-ancestor-of.html)

따라서 맨 마지막 비트와 바로 앞 비트가 설정된 값을 PC 레지스터에 기록하는 것은 물리적으로 불가능하다. 또한 PC 레지스터의 상위 6비트 값을 설정하는 것도 불가능하다.

x86-64 아키텍처에서는 가상의 64비트 포인터/주소를 이용한다. 하지만 내부적으로 주소 버스의 크기는 48비트다(256TB의 RAM 주소만으로도 충분하다고 생각해서 일 것이다).

2.1.8 숫자

숫자는 무엇을 위해 사용되는 것일까?

CPU 레지스터상의 숫자가 변경되는 것을 볼 때 숫자가 무엇을 의미하는지 궁금할 것이다. 변경되는 숫자의 데이터 타입을 판단하는 것은 리버스 엔지니어에게 중요한 기술이다.

불리언

숫자가 0과 1 사이에서 변경된다면 그것은 대부분 불리언^{Boolean} 타입의 데이터일 것이다.

루프 카운터, 배열 인덱스

변수의 값이 0에서부터 증가(0, 1, 2, 3...)된다면 그것이 루프 카운터나 배열의 인덱스라고 생각할 수 있다.

부호 있는 수

변수의 값이 0, 1, 2, 3과 같이 매우 작은 수와 가끔 0xFFFFFFFF, 0xFFFFFFFE, 0xFFFFFFFD 처럼 매우 큰 수인 경우에는 2의 보수 형태(2.2절)의 부호 있는 수일 가능성이 크다. 결국 0xFFFFFFFF, 0xFFFFFFFE, 0xFFFFFFFD를 각각 -1, -2, -3으로 해석할 수 있다.

32비트의 수

숫자가 너무 큰(https://en.wikipedia.org/wiki/Large_numbers) 경우에는 그것을 나타내는 특별한 표기법이 있다(커누스의 위쪽 화살표 표기법, https://en.wikipedia.org/wiki/Knuth%27s_up-arrow_notation). 그렇게 큰 수는 너무 커서 엔지니어링이나 과학, 수학에서 실용적이지 않다.

대부분의 엔지니어와 과학자에게는 최댓값이 1.8×10^{308} 정도인 IEEE 754 배정밀도 부동소수점 수만으로 충분하다(비교하자면 우주에 존재하는 원자의 수만큼으로 4×10^{79}과 4×10^{81} 사이의 값이다).

사실 실제로 계산할 수 있는 수의 상한선은 훨씬 낮다. PDP-11(http://minnie.tuhs.org/Archive/PDP-11/Distributions/research/Dennis_v6/)을 위한 유닉스 v6 소스코드를 보면 32비트 long 타입은 사용되지 않고 16비트 int 타입이 사용된다는 것을 알 수 있을 것이다.

MS-DOS에서도 마찬가지다. MS-DOS에서는 32비트 long 타입이 매우 드물게 사용되는 반면 대부분 16비트 int 타입이 사용(배열 인덱스, 루프 카운터 등)된다.

x86-64가 등장했을 때 int를 32비트 정수로 유지하기로 결정됐다. 아마도 64비트 int의 사용이 매우 드물었기 때문일 것이다.

컴퓨터 계산에서는 0..65535 사이의 범위를 갖는 16비트 수가 가장 많이 사용된다.

0x87654321과 같은 32비트 수를 보게 된다면 다음과 같이 생각할 수 있다.

- 0xFFFF8000(-32768)와 0xFFFFFFFF(-1) 사이의 범위를 갖는 16비트의 부호 있는 수일 수 있다.
- 메모리 셀의 주소(이는 디버거의 메모리 맵 기능을 이용해 확인할 수 있다)
- 패킹된 바이트(시각적으로 확인할 수 있다)
- 비트 플래그
- 암호화와 관련된 수
- 매직 넘버(5.6.1절)
- IEEE 754 부동소수점 수(이 경우에도 확인할 수 있다)

64비트의 수인 경우에도 마찬가지다.

그렇다면 대부분의 경우 16비트 int만으로 충분한가?

마이클 애브러시의 『Graphics Programming Black Book』(1997)의 13장을 보면 16비트 변수만으로는 충분하지 않은 경우를 많이 발견할 수 있다. 한편 마이클 애브러시는 80386 및 80486 CPU에 가용한 레지스터가 매우 적다고 생각했다. 그래서 그는 32비트 레지스터에 두 개의 16비트 값을 저장한 다음 ROR reg, 16(또는 ROL reg, 16, 80386 이상에서) 명령이나 BSWAP(80486 이상에서) 명령어를 이용하는 방법을 제안했다.

이는 EXX 명령어를 사용해 CPU가 스위칭할 수 있도록 대체 레지스터 팩(아포스트로피 접미사를 갖는 레지스터)을 갖고 있는 Z80을 연상하게 만든다.

버퍼의 크기

프로그래머가 버퍼의 크기를 선언해야 할 때 2^x 형식의 값(512바이트, 1024바이트 등)이 주로 사용된다. 2^x 형식의 값은 10진수, 16진수, 2진수로 쉽게 인식할 수 있다(1.22.5절).

하지만 말할 것도 없이 프로그래머는 여전히 10진수 문화에 살고 있다. DBMS에서는 데이터베이스 필드의 크기를 나타내는 데 10^x 형식을 주로 사용한다. DBMS 세계에서는 "100이라는 크기가 충분하지 않다면 그래 200으로 늘리지"라고 생각한다. 그렇게 생각하는 것도 물론 틀린 말은 아니다.

오라클 RDBMS에서 VARCHAR2 데이터 타입의 최대 크기는 4096이 아닌 400이다.

이는 문제가 되지 않으며 단지 10^x과 같은 형태를 사용하는 것일 뿐이다.

주소

디버깅하고 있는 프로세스의 대략적인 메모리 맵을 기억하는 것은 좋은 생각이다. 예를 들면 많은 win32 프로세스의 주소는 0x00401000에서 시작한다. 따라서 0x00451230와 같은 주소는 실행 가능한 섹션 내의 주소일 것이다. 그리고 그런 주소는 EIP 레지스터를 통해 보게 될 것이다.

스택은 일반적으로 하위 주소 영역에 위치한다.

대부분의 디버거는 1.9.3절의 경우처럼 디버깅되는 프로세스의 메모리 맵을 제공한다. 값이 32비트 아키텍처에서 4씩 증가하거나 64비트 아키텍처에서 8씩 증가한다면 아마도 배열의 요소를 가리키는 주소일 것이다.

win32에서는 0x10000 아래의 주소는 사용하지 않는다는 것을 알아야 한다. 따라서 0x10000 이하의 값을 본다면 그것은 분명 주소가 아닐 것이다(https://msdn.microsoft.com/en-us/library/ms810627.aspx 참고).

어쨌든 대부분의 디버그는 레지스터 안의 값이 주소인지 여부를 알려준다. OllyDbg
는 레지스터의 값이 주소라면 가리키는 곳의 데이터를 ASCII 문자열로도 보여준다.

비트 필드

때때로 `0xABCD1234 => 0xABCD1434`처럼 하나(또는 그 이상)의 비트가 변경되는 경우에
는 비트 필드(또는 비트맵)일 가능성이 있다.

패킹된 바이트

`strcmp()` 또는 `memcmp()` 함수가 버퍼를 복사할 때는 동시에 4(또는 8)바이트를 로드/
저장한다. 따라서 '4321'을 포함하는 문자열이 있고 그것이 다른 곳으로 복사된다면
레지스터에서 `0x31323334` 값을 보게 될 것이다. 이는 32비트 값으로 패킹된 4바이트
라고 볼 수 있다.

2.2 부호 있는 수의 표현

부호 있는 수를 표현하는 방법(https://en.wikipedia.org/wiki/Signed_number_representations)
은 다양하지만 컴퓨팅 분야에서는 '2의 보수'를 가장 널리 사용한다.

다음은 바이트 값에 대한 의미를 정리한 표다.

2진수	10진수	부호 없는 수	부호 있는 수
01111111	0x7f	127	127
01111110	0x7e	126	126
...			
00000110	0x6	6	6
00000101	0x5	5	5
00000100	0x4	4	4
00000011	0x3	3	3
00000010	0x2	2	2
00000001	0x1	1	1
00000000	0x0	0	0
11111111	0xff	255	-1

11111110	0xfe	254	-2
11111101	0xfd	253	-3
11111100	0xfc	252	-4
11111011	0xfb	251	-5
11111010	0xfa	250	-6
...			
10000010	0x82	130	-126
10000001	0x81	129	-127
10000000	0x80	128	-128

부호 있는 수와 부호 없는 수의 차이를 보면 0xFFFFFFFE와 0x00000002를 부호 없는 수로 해석하면 첫 번째 수(4294967294)가 두 번째(2)보다 크다. 하지만 이를 부호 있는 수로 취급하면 첫 번째 숫자는 -2가 돼 두 번째(2)보다 작아진다. 이 때문에 조건부 점프(1.14절)가 부호 있는 타입(예, JG, JL)과 부호 없는 타입(예, JA, JBE)으로 나뉜다.

간단히 말해 우리가 알고 있어야 할 내용은 다음과 같다.

- 숫자는 부호 있는 수 또는 부호 없는 수가 될 수 있다.
- C/C++의 부호 있는 타입:
  - int64_t(-9,223,372,036,854,775,808..9,223,372,036,854,775,807(-9.2.. 9.2 quintillions) 또는 0x8000000000000000..0x7FFFFFFFFFFFFFFF)
  - int(-2,147,483,648..2,147,483,647(-2.15..2.15Gb) 또는 0x80000000..0x7FFFFFFF)
  - char(-128..127 또는 0x80..0x7F)
  - ssize_t
- C/C++의 부호 없는 타입:
  - uint64_t(0..18,446,744,073,709,551,615(18 퀸틸리언(100경)) 또는 0.. 0xFFFFFFFFFFFFFFFF)
  - unsigned int(0..4,294,967,295(4.3Gb) 또는 0..0xFFFFFFFF)
  - unsigned char(0..255 또는 0..0xFF)
  - size_t
- 부호 있는 타입은 최상위 비트(MSB)가 부호 비트다. 1은 '음수', 0은 '양수'를 의미한다.

- 더 큰 데이터 타입으로 변경하는 것은 간단하다(1.27.5절).

- 부호를 바꾸는 것은 간단하다. 단순히 모든 비트 값을 반대로 바꾸고 1을 더하면 된다.

- 덧셈과 뺄셈 연산은 부호 유무에 상관없이 잘 동작한다. 하지만 x86에서 곱셈과 나눗셈 연산은 부호에 따라 다른 명령어를 사용한다. IDIV/IMUL은 부호 있는 수에, 그리고 DIV/MUL은 부호 없는 수에 사용된다.

- 부호 있는 수를 처리하는 명령어가 추가로 있다. 그것은 CBW/CWD/CWDE/CDQ/CDQE, MOVSX(1.17.1절), SAR이다.

음수와 양수로 구성된 테이블은 마치 섭씨온도를 측정하는 온도계처럼 보인다. 이는 덧셈과 뺄셈은 부호 있는 수와 부호 없는 수 모두에서 동일하게 동작하기 때문이다. 첫 번째 가수가 온도계에 표시된 수로 표현되고 양수인 두 번째 가수를 더해야 한다면 단순히 온도계의 수치를 두 번째 가수만큼 올리면 된다. 두 번째 가수가 음수라면 두 번째 가수만큼 온도계를 수치를 내리면 된다.

예를 들어 16비트 레지스터를 이용해서 –2와 –3과 같은 두 개의 음수를 더한다고 생각해보자. 이때 –2는 0xfffe이고 –3은 0xfffd다. 이 두 수를 부호 없는 수로 더하면 0xfffe + 0xfffd = 0x1fffb가 된다. 하지만 16비트 레지스터를 사용하기 때문에 결괏값은 1이 잘려 0xfffb가 된다. 0xfffb는 –5를 나타낸다. –2(0xfffe)는 '16비트 레지스터나 가질 수 있는 최댓값에서 2가 모자란 값 + 1'이고, –3은 '16비트 레지스터나 가질 수 있는 최댓값에서 3이 모자란 값 + 1'이다. 그리고 16비트 레지스터의 최댓값 + 1은 0x10000이다. 두 수를 더하는 것은 두 수를 더한 결과에 2^{16}으로 나머지 연산을 수행하는 것과 같다.

2.2.1 IMUL과 MUL 명령어

3.21.2절처럼 두 개의 부호 없는 수를 곱하는 것을 컴파일하면 MUL 대신 IMUL이 사용된다. 이는 MUL과 IMUL 명령어의 중요한 속성이다. 우선 두 개의 32비트 값을 곱하면 두 명령어는 64비트의 결괏값을 만들어낸다. 그리고 두 개의 64비트를 곱하면 128비트의 결괏값을 만들어낸다(32비트 환경에서 곱해 나올 수 있는 최댓값은 0xffffffff × 0xffffffff

= 0xfffffffe00000001이다). 하지만 C/C++ 표준에서는 곱하기 결과의 크기가 항상 곱한 수의 크기와 동일해서 곱하기 결괏값의 상위 부분에 접근할 수 있는 방법이 없다. 그리고 MUL과 IMUL 명령어는 상위 부분을 무시한다면 동일하게 동작한다. 즉, 곱한 결과의 하위 부분 값이 동일하다는 것이다. 이는 부호 있는 수를 나타내고자 사용되는 '2의 보수' 방식의 중요한 속성이다.

따라서 C/C++ 컴파일러는 MUL이나 IMUL 명령어 중 어느 것이나 사용해도 된다.

하지만 IMUL 명령어는 모든 레지스터를 소스로 사용할 수 있기 때문에 MUL 명령어보다 다재다능한 반면 MUL 명령어는 AX/EAX/RAX 레지스터를 반드시 하나 사용해야 한다. 더욱 MUL 명령어는 32비트 환경에서 결괏값은 EDX:EAX 레지스터 쌍에 저장하고 64비트 환경에서는 RDX:RAX 레지스터 쌍에 저장하기 때문에 항상 전체 결괏값을 계산한다. 반면 IMUL 명령어는 결괏값을 저장하고자 레지스터 쌍이 아닌 하나의 레지스터만을 지정할 수 있다. 그러면 CPU는 단지 하위 부분만을 계산하게 된다. 결국 그렇게 하면 더 빠른 연산을 수행할 수 있다(토본 그랜룬드의 『Instruction latencies and throughput for AMD and Intel x86 processors』, https://yurichev.com/mirrors/x86-timing .pdf 참고).

따라서 C/C++ 컴파일러는 MUL 명령어보다는 IMUL 명령어를 자주 사용하게 된다.

그럼에도 불구하고 컴파일러 내장 함수를 사용하면 부호 없는 곱셈을 수행해 전체 결과를 얻을 수 있다. 이를 확장된 곱하기 연산이라고 부르기도 한다. MSVC는 __emul (https://msdn.microsoft.com/en-us/library/d2s81xt0(v=vs.80).aspx)과 __umul128(https://msdn. microsoft.com/library/3dayytw9%28v=vs.100%29.aspx)을 제공한다. GCC는 __int128 데이터 타입을 제공하기 때문에 64비트 곱하기 연산이 128비트 결괏값을 만들어내면 __int128에 저장된다. 그리고 64비트로 오른쪽 시프트를 수행하면 곱하기 결괏값의 상위 부분에 접근할 수 있다(예, http://stackoverflow.com/a/13187798).

윈도우의 MulDiv() 함수

윈도우에는 MulDiv()(https://msdn.microsoft.com/en-us/library/windows/desktop/ aa383718(v=vs.85).aspx)가 있다. 이 함수는 두 개의 32비트 정소를 곱해 64비트 값을

만들고 세 번째 32비트 정수로 나누는 연산을 수행한다. 이는 두 개의 컴파일러 내장 함수를 이용하는 것보다 쉽기 때문에 마이크로소프트 개발자들이 이와 같은 특별한 함수를 만든 것이다. 사용성 측면에서 보면 이 함수는 매우 많이 사용되는 것으로 보인다.

2.2.2 2의 보수에 대한 추가적인 내용

연습 2-1. 부호가 있는 경우와 부호가 없는
경우로 나눠 char, short, int, long
변수의 범위를 출력하는 프로그램을 작성하시오.

브라이언 커니건, 데니스 리치
『C Programming Language 2/e』(1988)

워드의 최댓값 구하기

부호 없는 수의 최댓값은 단순히 모든 비트의 값이 1인 수(0xFF..FF, 부호 있는 정수라면 이 값은 -1이 된다)를 의미한다. 따라서 워드 내의 모든 비트의 값을 1로 만들면 된다.

```
#include <stdio.h>

int main()
{
    unsigned int val=~0; // 부호 없는 8비트의 최댓값을 구하려면 "unsigned char"로 변경하면 된다.
    // 0-1 연산을 수행하거나 단순히 -1이라고 해도 된다.

    printf ("%u\n", val); // ;
```

이 코드의 32비트 정수 결괏값은 4294967295가 된다.

부호 있는 워드의 최솟값 구하기

부호 있는 수의 최솟값은 0x80..00와 같은 형태다. 즉, 최상위 비트의 값만 1이고 나머지 비트의 값은 0인 형태다. 부호 있는 수의 최댓값은 부호 있는 수의 최솟값의 각 비트 값을 바꾸면 된다. 즉, 0x7F..FF와 같은 형태가 된다.

```
#include <stdio.h>

int main()
{
    signed int val=1; // 부호 있는 바이트에 대한 값을 구하려면 "signed char"로 변경하면 된다.
    while (val!=0)
    {
        printf ("%d %d\n", val, ~val);
        val=val<<1;
    };
};
```

출력값은 다음과 같다.

```
...
536870912 -536870913
1073741824 -1073741825
-2147483648 2147483647
```

마지막 두 수는 각각 부호 있는 32비트 int의 최솟값과 최댓값이다.

2.3 정수 오버플로우

일부러 부호 있는 수를 설명하는 절 다음에 이 절을 넣었다.

먼저 브라이언 커니건, 데니스 리치의 『C Programming Language 2/e』(1988)에서 itoa()
함수의 구현 부분을 살펴보자.

```
void itoa(int n, char s[])
{
    int i, sign;
    if ((sign = n) < 0)      /* record sign */
        n = -n;              /* make n positive */
    i = 0;
    do { /* generate digits in reverse order */
        s[i++] = n % 10 + '0';     /* get next digit */
    } while ((n /= 10) > 0);       /* delete it */
    if (sign < 0)
        s[i++] = '-';
    s[i] = '\0';
```

```
    strrev(s);
 }
```

코드에는 미묘한 버그가 있다. 한번 찾아보기 바란다. 소스코드를 다운로드하거나 컴파일할 수 있으며, 답은 다음 페이지에서 설명한다.

브라이언 커니건, 데니스 리치의 『C Programming Language 2/e』(1988)에서 다음과 같은 문제를 가져왔다.

> **연습 3-4.** 2의 보수 표현에 있어 itoa 함수는 매우 큰 음수를 처리하지 못한다. 즉, $-(2^{워드의 크기-1})$ 값을 갖는 n 값을 처리하지 못한다. 그 이유를 설명하고 프로그램이 실행되는 환경에 상관없이 값이 올바로 출력되게 수정하시오.

답: 해당 함수는 매우 큰 음수(INT_MIN 또는 0x80000000 또는 -2147483648)를 올바로 처리하지 못한다.

부호는 어떻게 바꿀까? 모든 비트의 값을 반대로 바꾸고 1을 더하면 된다. INT_MIN 값(x80000000)의 모든 비트 값을 반대로 바꾸면 0x7fffffff가 된다. 거기에 1을 더하면 다시 0x80000000이 된다. 따라서 부호를 바꾸는 것은 아무런 영향을 미치지 않는다. 이것이 2의 보수 시스템의 중요한 특징이다.

추가 자료는 다음과 같다.

- 블렉심[blexim]: Basic Integer Overflows(http://phrack.org/issues/60/10.html)
- 야닉 모이, 니콜라지 보너, 데이비드 시라프 – Modular Bug-finding for Integer Overflows in the Large: Sound, Efficient, Bit-precise Static Analysis (https://yurichev.com/mirrors/SMT/z3prefix.pdf)

2.4 AND

2.4.1 값이 2^n 경계에 있는지 확인

2^n 수로 나눠 나머지가 없는 수(1024, 4096처럼)인지 확인해야 한다면 C/C++에서는 % 연산자를 이용하면 된다. 하지만 좀 더 간단한 방법이 있다. 4096은 0x1000이다. 따라서 4096의 하위 비트 중 $4 \times 3 = 12$개는 항상 값이 0이다.

단지 다음만 필요하다.

```
if (value&0xFFF)
{
    printf ("value is not divisible by 0x1000 (or 4096)\n");
    printf ("by the way, remainder is %d\n", value&0xFFF);
}
else
    printf ("value is divisible by 0x1000 (or 4096)\n");
```

다시 말하면 위 코드는 하위 12개의 비트가 0인지 확인하는 코드다. 4096으로 나누면 하위 12비트는 항상 나머지로 남게 된다(2^n으로 나누는 것은 단순히 오른쪽으로 시프트하는 것이고 시프트된 비트들은 나머지가 되기 때문이다).

짝수인지 홀수인지 확인하는 경우에도 마찬가지다.

```
if (value&1)
    // 홀수
else
    // 짝수
```

이는 2로 나눠 나머지가 1인지를 확인하는 것과 같다.

2.4.2 KOI-8R 키릴 문자 인코딩

이메일과 같은 일부 인터넷 서비스가 8비트 ASCII 테이블을 지원하지 않았던 때가 있었다. 당시에는 지원하는 경우도 있었고 그렇지 않은 경우도 있었다.

비라틴어 출력 시스템이 라틴 문자가 아닌 문자를 수용하고자 8비트 ASCII 테이블의 후반부를 사용했던 때도 있었다. 그리고 키릴 문자를 인코딩하는 방식이 여러 개 있었는데, 그중에서도 KOI-8R(안드레이 아체 체르노프에 의해 고안됨)이 상대적으로 고유한 방법을 사용했다.

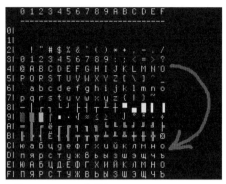

그림 2.1: KOI8-R 테이블

키릴 문자의 배열이 라틴 문자와 거의 동일한 순서로 할당돼 있는 것을 확인할 수 있을 것이다. 이 때문에 KOI8-R로 인코딩된 키릴 문자의 8번째 비트를 0으로 만들면 키릴 문자 대신 라틴 문자로 변환된다. 예를 들어 다음과 같은 러시아 문장이 있다고 하자.

Мой дядя самых честных правил, Когда не в шутку занемог, Он уважать себя
заставил, И лучше выдумать не мог.

KOI8-R로 인코딩됐고 8번째 비트를 0으로 만들면 다음과 같이 변환된다.

---

mOJ DQDQ SAMYH ^ESTNYH PRAWIL, kOGDA NE W [UTKU ZANEMOG, oN UWAVATX SEBQ
ZASTAWIL, i LU^[E WYDUMATX NE MOG.

아마도 이것이 매력적으로 보이지는 않겠지만 변환된 문장도 여전히 러시아어고 원어민이 읽을 수 있는 문장이다.

따라서 KOI8-R로 인코딩된 키릴 문자는 7비트만을 이용해 변환하더라도 여전히 읽을 수 있는 형태로 변환된다.

결국 8비트 ASCII 테이블에서 후반부 문자의 8번째 비트를 0으로 만들면 테이블의 전반부에 위치하는 문자로 변환된다(테이블 오른쪽의 빨간색 화살표를 참고하기 바란다). 그리고 테이블의 전반부에 있는 문자(즉, 7비트 표준 ASCII 테이블의 문자)의 8번째 비트를

0으로 만든 경우에는 변환이 일어나지 않는다.

변환된 문자의 8번째 비트를 1로 만들면 변환되기 전의 원래 문자로 복원시킬 수 있다.

단점은 명확하다. KOI8-R 테이블에서 키릴 문자의 순서는 러시아어/불가리아어/우크라이나어 문자의 순서와 다르다. 그리고 알파벳 순서는 정렬에 적합하지 않다.

2.5 빼기와 더하기를 위한 AND와 OR

2.5.1 ZX Spectrum ROM 문자열

ZX Spectrum ROM 내부를 조사해본 사람은 각 문자열의 마지막 문자가 비어있는 것을 알아차렸을 것이다.

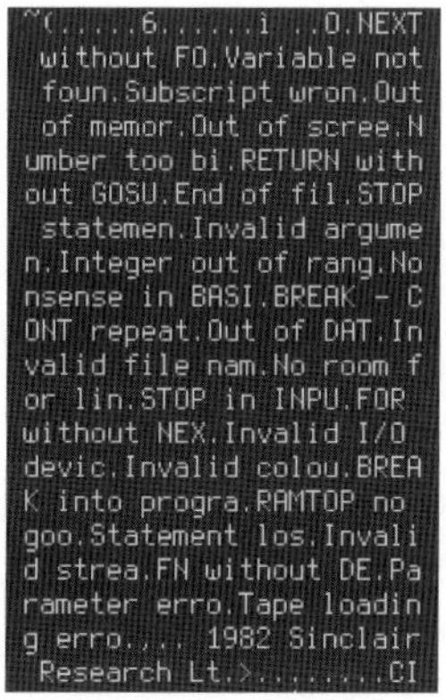

그림 2.2: ZX Spectrum ROM의 문자열

하지만 사실은 마지막 문자가 존재한다.

다음은 ZX Spectrum 128K ROM을 분해해 디스어셈블한 것이다.

```
L048C:  DEFM "MERGE erro"        ; Report 'a'.
        DEFB 'r'+$80
L0497:  DEFM "Wrong file typ"    ; Report 'b'.
        DEFB 'e'+$80
L04A6:  DEFM "CODE erro"         ; Report 'c'.
        DEFB 'r'+$80
L04B0:  DEFM "Too many bracket"  ; Report 'd'.
        DEFB 's'+$80
```

```
L04C1:  DEFM "File already exist"  ; Report 'e'.
        DEFB 's'+$80
```

(http://www.matthew-wilson.net/spectrum/rom/128_ROM0.html)

마지막 문자의 최상위 비트는 1이며, 문자열 끝을 나타낸다. 예전의 8비트 컴퓨터는 매우 제한된 환경이었기 때문에 공간을 절약하기 위한 방법으로 고안됐을 것이다.

ZX Spectrum ROM에서 사용하는 모든 문자는 항상 표준 7비트 ASCII 테이블의 문자고, 따라서 8번째 비트는 항상 사용되지 않는다.

문자를 출력할 때는 항상 각 문자 바이트의 MSB를 체크해 1이면 0으로 만들어 출력해야 한다. 다음은 이를 위한 C 코드다.

```c
unsigned char hw[]=
{
    'H',
    'e',
    'l',
    'l',
    'o'|0x80
};

void print_string()
{
    for (int i=0; ;i++)
    {
        if (hw[i]&0x80)      // MSB 체크
        {
            // MSB를 0으로 만든다.
            // (즉, 하위 7비트는 그대로 두고 MSB만 0으로 만든다)
            printf ("%c", hw[i] & 0x7F);
            // 멈춘다.
            break;
        };
        printf ("%c", hw[i]);
    };
};
```

논리 연산 대신 산술 연산을 이용해 바이트의 최상위 비트인 8번째 비트를 검사하고 그것의 값을 바꿀 수도 있다.

다음은 산술 연산을 이용한 C 코드다.

```
unsigned char hw[]=
{
    'H',
    'e',
    'l',
    'l',
    'o'+0x80
};
void print()
{
    for (int i=0; ;i++)
    {
        // hw[]는 'unsigned char' 타입이어야 한다.
        if (hw[i] >= 0x80) // MSB 체크
        {
            printf ("%c", hw[i]-0x80); // MSB를 0으로 만든다.
            // 멈춘다.
            break;
        };
        printf ("%c", hw[i]);
    };
};
```

C/C++에서 char은 기본적으로 부호 있는 타입이다. 따라서 0x80(부호 있는 값으로 처리한다면 음수(-128)가 된다)과 같은 변수와 비교하려면 각 문자를 부호 없는 값으로 취급해야 한다.

문자의 8번째 비트의 값이 1이면 문자의 값은 항상 0x80보다 크거나 같을 것이다. 반대로 8번째 비트의 값이 0이면 항상 0x80보다 작을 것이다.

문자의 8번째 비트의 값이 1이면 단순히 문자 값에서 0x80을 빼기만 하면 된다. 반대로 8번째 비트의 값이 0인 상태에서 0x80을 빼면 다른 비트의 값들이 변경될 것이다.

8번째 비트의 값이 0일 때는 0x80을 더하면 해당 비트의 값을 1로 바꿀 수 있다. 반대로 8번째 비트의 값이 1인 상태에서 0x80을 더하면 다른 비트의 값들이 변경될 것이다.

사실 이는 어느 위치의 비트에나 적용할 수 있다. 5번째 비트의 값이 0이면 0x10을 더해 해당 비트의 값을 1로 만들 수 있다. 즉, 0x100 + 0x10 = 0x110. 그리고 5번째 비트의 값이 1이면 0x10을 빼서 해당 비트의 값을 0으로 만들 수 있다. 즉, 0x1234 - 0x10 = 0x1224다.

더하기/빼기 연산을 수행하는 동안 캐리가 발생하지 않기 때문에 문제없이 동작한다. 하지만 더하기 전에 해당 비트의 값이 1이거나 빼기 전에 해당 비트의 값이 0이면 캐리가 발생한다.

다음의 두 가지 조건을 만족한다면 더하기/빼기 연산은 OR/AND 연산으로 대체할 수 있다. 1) 2^n 형태의 수를 더하거나 빼는 경우, 2) 더하거나 빼기 연산을 수행할 대상 비트의 값이 각각 0이거나 1인 경우

예를 들면 대상 비트의 값이 0일 때 0x20을 더하는 것은 0x20으로 OR 연산을 수행하는 것과 같다. 즉, 0x1204|0x20 = 0x1204 + 0x20 = 0x1224다.

또한 대상 비트의 값이 1일 때 0x20을 빼는 것은 0x20(0x..FFDF)으로 AND 연산을 수행하는 것과 같다. 즉, 0x1234&(~0x20) = 0x1234&0xFFDF = 0x1234 - 0x20 = 0x1214다.

2^n 형태의 수를 더할 때 대상 비트의 값이 0이면 캐리가 발생하지 않는다.

부울 대수의 이와 같은 속성은 중요하기 때문이 이해하고 기억해 둘 필요가 있다.

이와 같은 다른 예로는 3.16.3절을 참고하기 바란다.

2.6 XOR

XOR(exclusive OR) 연산은 특정 비트의 값을 바꾸고자 할 때 많이 사용된다. 실제로 1을 이용해 XOR 연산을 수행하면 특정 비트의 값을 효과적으로 바꿀 수 있다.

입력값 A	입력값 B	출력값
0	0	0
0	1	1
1	0	1
1	1	0

반대로 0을 이용해 XOR를 수행하면 아무런 변화도 일어나지 않는다. 즉, 아무런 효과가 없는 연산이 되는 것이다. 이는 XOR 연산의 매우 중요한 속성이며 꼭 기억해두기 바란다.

2.6.1 일상에서의 XOR 연산

XOR 연산은 일상적으로 이뤄진다. 예를 들어 누군가 "사과나 바나나를 사주세요"라고 말한다면 그것은 "두 개의 과일 모두가 아닌 첫 번째 과일이나 두 번째 과일 중 하나를 사주세요"라는 의미가 된다. 이는 정확히 XOR(배타적인 OR) 연산과 동일하다. 논리적인 OR 연산은 "두 과일을 모두 사도 상관없다"는 의미가 되기 때문이다.

어떤 사람들은 배타적인 OR 연산 대신 논리적인 OR 연산이 사용되는 경우에는 일상적인 말에서 '그리고/또는'이라고 표현해야 한다고 말하기도 한다(https://en.wikipedia.org/wiki/And/or).

2.6.2 암호화

XOR 연산은 기본적인 암호화(9.1절)와 현실적인 암호화(최소한 파이스텔^{Feistel} 암호화) 모두에서 매우 많이 사용된다.

암호문 = 평문 ⊕ 키가 되고 (평문 ⊕ 키) ⊕ 키 = 평문이기 때문에 XOR는 매우 유용하다.

2.6.3 RAID4

RAID4는 하드 디스크를 보호하기 위한 매우 간단한 방법을 제공한다. 예를 들면 하드 디스크를 보호하고자 여러 개의 디스크(D_1, D_2, D_3 등)와 하나의 패리티 디스크(P)를 제공한다. 패리티 디스크에 기록되는 각각의 비트/바이트는 다음과 같이 계산된다.

$$P = D1 \oplus D2 \oplus D3 \qquad (2.1)$$

그러나 하나의 디스크(D_2)에 에러가 발생하면 다음과 같은 방법으로 복원된다.

$$D_2 = D_1 \oplus P \oplus D_3 \qquad (2.2)$$

패리티 디스크에 에러가 발생하는 경우에는 식 (2.1)의 방법으로 복원할 수 있다. 디스크 중 두 개의 디스크에 문제가 발생하는 경우에는 복원할 수 없다.

좀 더 발전된 RAID5에서도 XOR 연산을 사용한다.

따라서 RAID 컨트롤러에는 많은 양의 기록된 데이터를 빠르게 XOR하고자 하드웨어

'XOR 가속기'가 포함돼 있다.

컴퓨터가 점점 더 빨라지면서 이제는 SIMD를 이용한 소프트웨어 레벨의 XOR 연산도 가능하다.

2.6.4 XOR 스왑 알고리즘

믿기 어렵겠지만 다음은 추가적인 레지스터나 메모리를 사용하지 않고 EAX와 EBX 레지스터의 값을 바꾸는 코드다.

```
xor eax, ebx
xor ebx, eax
xor eax, ebx
```

어떻게 그것이 가능한지 살펴보자. 먼저 x86 어셈블리어를 제외하고 다시 작성해보면 다음과 같다.

```
X = X XOR Y
Y = Y XOR X
X = X XOR Y
```

각각의 단계에서 X와 Y의 값은 무엇일까? X와 Y의 값이 무엇이든 $(X \oplus Y) \oplus Y = X$가 성립한다는 것을 기억하기 바란다.

첫 번째 단계에서 X의 값은 $X \oplus Y$가 되고, 두 번째 단계에서 Y의 값은 $Y \oplus (X \oplus Y) = X$, 결국 Y의 값은 X가 되고, 세 번째 단계에서 X의 값은 $(X \oplus Y) \oplus X = Y$, 결국 X의 값은 Y가 된다.

누구나 이 방법을 사용해야 하는 것은 아니지만 이는 XOR의 특징을 잘 보여준다.

위키피디아(https://en.wikipedia.org/wiki/XOR_swap_algorithm)에는 또 다른 예가 있는데, 그것은 XOR 대신 더하기와 빼기 연산을 이용해 두 수를 바꾸는 방법이다.

```
X = X + Y
Y = X - Y
X = X - Y
```

첫 번째 단계에서 X의 값은 X + Y가 되고, 두 번째 단계에서 Y 값은 X + Y - Y = X, 즉, X가 되고 세 번째 단계에서 X의 값은 X + Y - X = Y, 즉 Y가 된다.

2.6.5 XOR 링크드 리스트

이중 링크드 리스트는 리스트의 각 구성 요소가 바로 전(prev)과 바로 다음(next)의 요소와 연결돼 있다.

따라서 앞으로 탐색하거나 뒤로 탐색하는 것이 매우 쉽다. C++에서 std::list는 이중 링크드 리스트를 구현한 것이다. 이는 3.18.4절에서 다룬다.

리스트의 각 구성 요소는 두 개의 포인터를 가진다. RAM 공간이 작은 환경에서 두 개의 포인터 대신 하나의 포인터로 이중 링크드 리스트의 기능을 그대로 사용할 수 있을까? 'link'라 부르는 메모리에 prev ⊕ next를 메모리에 저장해 사용하면 가능하다.

그러면 바로 전 요소에 대한 주소가 바로 다음 요소의 주소로 '암호화'돼 있다고 말할 수 있으며, 반대로 다음 요소의 주소가 바로 전 요소의 주소로 '암호화'돼 있다고 말할 수 있을 것이다.

리스트를 앞으로 탐색할 때는 바로 앞에 있는 요소의 주소만 알고 있어 그것을 이용해 '복호화'를 하면 다음 요소의 주소를 알아낼 수 있다. 이와 마찬가지로 리스트를 뒤로 탐색할 때도 다음 요소의 주소를 이용해 '복호화'를 수행하면 바로 앞 요소의 주소를 알아낼 수 있다.

하지만 첫 번째 구성 요소의 주소를 모른다면 특정 구성 요소의 바로 앞 구성 요소의 주소나 바로 뒤 구성 요소의 주소는 알 수 없다.

이 문제를 해결하기 위한 두 가지 특징이 있는데, 첫 번째 구성 요소는 XOR 연산을 수행하지 않고도 다음 구성 요소의 주소를 가질 수 있고, 마지막 구성 요소는 XOR 연산을 수행하지 않고도 바로 전 구성 요소의 주소를 가질 수 있다.

5개의 구성 요소가 있는 이중 링크드 리스트의 예를 갖고 요약해보면 다음과 같다. A_x 는 구성 요소의 주소를 의미한다.

주소	link 필드의 값
A_0	A_1
A_1	$A_0 \oplus A_2$
A_2	$A_1 \oplus A_3$
A_3	$A_2 \oplus A_4$
A_4	A_3

이번 경우도, 반드시 이 방법을 사용하라는 것은 아니지만 XOR의 특징을 나타내는 좋은 예라고 할 수 있다. XOR 스왑 알고리즘의 경우와 마찬가지로 XOR 대신 더하기나 빼기 연산을 이용하는 방법을 위키피디아(https://en.wikipedia.org/wiki/XOR_linked_list)에서 확인할 수 있다.

2.6.6 조브리스트 해싱/타뷸레이션 해싱

체스 엔진을 다룬다면 매 초마다 게임 트리를 탐색해야 하고 탐색하는 동안 이미 처리한 위치에 도달하는 경우도 많을 것이다.

따라서 이미 처리된 위치를 저장하는 방법을 이용해야 한다. 하지만 체스의 위치는 많은 메모리를 필요로 하기 때문에 해시 함수가 대신 사용된다.

다음은 조브리스트^{Zobrist} 해싱이라는 것을 이용해 64비트 값의 체스 위치를 압축하는 방법이다.

```
// 8*8 크기의 체스판과 12개의 체스말(6개는 화이트 나머지 6개는 블랙)
uint64_t table[12][8][8];        // 임의의 값으로 채워짐

int position[8][8];// 체스판의 개별 위치. 0 - 아무런 말도 없는 경우. 1..12 - 체스의 말이 있는 경우

uint64_t hash;

for (int row=0; row<8; row++)
    for (int col=0; col<8; col++)
    {
        int piece=position[row][col];

        if (piece!=0)
            hash=hash^table[piece][row][col];
    };

return hash;
```

다음 (수정된) 체스 위치가 하나의 말의 위치(이동된)만 다른 경우에는 전체 위치에 대해 해시를 다시 계산할 필요가 없다. 그런 경우 필요한 것은 단지 다음과 같다.

```
hash=...;        // (이미 계산돼 있다)

// 이동하기 전에 대한 정보를 제거
hash=hash^table[old_piece][old_row][old_col];

// 이동한 이후에 대한 정보를 추가
hash=hash^table[new_piece][new_row][new_col];
```

2.6.7 부연 설명

일반적인 OR를 배타적인 OR와 반대적인 의미로 포괄적인 OR[IOR, Inclusive OR]라고도 부른다. 이렇게 부르는 예를 파이썬 라이브러리(operator.ior)에서 볼 수 있다.

2.6.8 MOV를 위한 AND/OR/XOR

OR reg, 0xFFFFFFFF 명령어는 레지스터의 값이 무엇이든 상관없이 레지스터의 모든 비트의 값을 1로 만든다. 결국 레지스터의 값이 -1이 된다. MOV reg, -1 명령어보다 OR reg, -1 명령어가 더 짧기 때문에 MSVC에서는 OR가 사용된다(예, 3.15.1절).

비슷하게 AND reg, 0 명령어는 모든 비트의 값을 0으로 만든다. 결국 MOV reg, 0와 같은 동작을 한다.

XOR reg, reg 명령어는 레지스터의 값이 무엇이든 상관없이 레지스터에서 모든 비트의 값을 0으로 만든다. 이 또한 MOV reg, 0와 동일한 것이다.

2.7 POPCNT

POPCNT('Population Count') 명령어는 해밍 가중치[Hamming weight]라고도 부르며, 단순히 입력된 값에 비트 값이 1인 것이 몇 개인지를 세는 명령어다.

입력된 값이 2^n 형태의 값인지를 판단하는 데 POPCNT 명령어를 사용할 수 있다.

2^n 형태의 값에는 비트 값이 1인 것이 항상 하나만 존재하기 때문에 POPCNT 명령어의 결과는 항상 1이 된다.

예를 들면 저자는 바이너리 파일(https://github.com/DennisYurichev/base64scanner)에서 흥미로운 것을 찾아내고자 Base64 문자열 스캐너를 만들었다.

그 스캐너로 찾은 것에는 쓰레기 값과 오진이 많았기 때문에 2^n바이트 크기(즉, 256바이트, 512, 1024 등)의 데이터 블록을 필터링하도록 옵션을 추가했다.

```
if (popcnt(size)==1)
    // OK
...
```

POPCNT 명령어를 'NSA('National Security Agency') 명령어'라고도 한다.

> 암호학 분야는 빠르게 발전하고 정치적인 문제와 연관된다. 대부분의 암호 설계는 비밀이다. 오늘날 사용되는 대부분의 군사 암호 시스템은 LFSR를 기반으로 하고 있다. 사실 대부분의 Cray 컴퓨터(Cray 1, Cray X-MP, Cray Y-MP)는 일반적으로 'population count'라고 하는 흥미로운 명령어를 갖고 있다. 레지스터에 비트 값이 1인 것이 몇 개인지를 계산하는 명령어며, 두 바이너리 워드 사이의 해밍 거리(Hamming Distance)를 효과적으로 계산하고 LFSR의 벡터화된 버전을 구현하는 데 사용될 수 있다. 이는 NSA의 모든 컴퓨터 관련 계약에서 필수적으로 요구되는 내용이라고 들었다.
>
> (브루스 슈나이어의 『Applied Cryptography』(John Wiley & Sons, 1994))

2.8 엔디안

엔디안^{Endianness}은 값을 메모리에 표현하는 방식이다.

2.8.1 빅엔디안

0x12345678은 메모리에 다음과 같이 저장된다.

메모리 주소	바이트 값
+0	0x12
+1	0x34

메모리 주소	바이트 값
+2	0x56
+3	0x78

빅엔디안^{Big-endian} CPU로는 모토롤라 68k, IBM 파워 등이 있다.

2.8.2 리틀엔디안

0x12345678은 메모리에 다음과 같이 저장된다.

메모리 주소	바이트 값
+0	0x78
+1	0x56
+2	0x34
+3	0x12

리틀엔디안^{Little-endian} CPU에는 인텔 x86이 있다.

2.8.3 예제

QEMU(https://people.debian.org/~aurel32/qemu/mips/)에 리눅스가 설치된 빅엔디안 MIPS 예를 살펴보자.

다음과 같이 간단한 코드를 컴파일해보자.

```
#include <stdio.h>
int main()
{
    int v;
    v=123;
    printf ("%02X %02X %02X %02X\n",
        *(char*)&v,
        *(((char*)&v)+1),
        *(((char*)&v)+2),
        *(((char*)&v)+3));
};
```

실행 결과는 다음과 같다.

```
root@debian-mips:~# ./a.out
00 00 00 7B
```

0x7B는 10진수로 123이다. 7B는 첫 번째 바이트(x86이나 x86-64에서 확인할 수 있다)지만 리틀엔디안 아키텍처에서는 가장 높은 바이트가 먼저 저장되기 때문에 맨 마지막에 출력된다.

이 때문에 MIPS CPU에 대한 여러 개의 리눅스 배포판이 존재한다('mips'(빅엔디안), 'mipsel'(리틀엔디안)). 특정 엔디안으로 컴파일된 바이너리를 그것과 다른 엔디안을 지원하는 OS에서는 사용할 수 없다.

MIPS 빅엔디안에 대한 다른 예제는 1.24.4절에서 볼 수 있다.

2.8.4 바이엔디안

두 가지 엔디안을 모두 사용할 수 있는 바이엔디안[Bi-endian] CPU로는 ARM, 파워PC, SPARC, MIPS, IA64(Intel Architecture 64 (Itanium)) 등이 있다.

2.8.5 데이터 변환

BSWAP 명령어는 데이터 변환에 사용할 수 있다.

TCP/IP 네트워크 데이터 패킷은 빅엔디안 방식을 사용한다. 따라서 리틀엔디안 아키텍처에서 동작하는 프로그램은 그것을 변환해야 한다. htonl()과 htons()가 일반적으로 그런 용도로 사용되는 함수들이다.

TCP/IP에서는 빅엔디안을 '네트워크 바이트 순서'로, 리틀엔디안을 '호스트 바이트 순서'라고 부르기도 한다. 인텔 x86과 여타 리틀엔디안 아키텍처에서 '호스트 바이트 순서'는 리틀엔디안이지만 IBM POWER에서는 빅엔디안이다. 따라서 빅엔디안에서는 htonl()과 htons() 함수는 어떤 데이터 변환도 수행하지 않는다.

2.9 메모리

세 가지의 주요 메모리 유형을 살펴보자.

- 전역 메모리(정적 메모리 할당)는 명시적으로 할당할 필요가 없다. 변수/배열을 전역으로 선언하면 자동으로 할당된다. 전역 메모리란 데이터 또는 상수 세그먼트에 상주하는 전역 변수를 의미하고, 어디에서나 접근할 수 있다. 고정된 크기를 가져야 하기 때문에 버퍼/배열에는 적합하지 않다. 이 영역에서 발생하는 버퍼 오버플로우는 보통 메모리에서 이웃하고 있는 다른 변수나 버퍼를 덮어쓰는 형태다. 1.9.3절에서 다뤘다.

- 스택(스택 할당) 함수에서 변수/배열을 함수 내의 지역 변수로 선언하면 할당된다. 이 영역은 보통 해당 함수에서만 접근할 수 있지만, 실행할 피호출 함수로 변수 포인터를 전달하는 경우 피호출자 함수에서도 사용할 수 있다. SP만 이동시키면 메모리 할당과 해제가 매우 빠르게 수행된다.

  하지만 alloca()(1.7.2절)(또는 가변 길이 배열)를 사용하지 않는 한 전역 메모리와 마찬가지로 버퍼의 크기가 고정되기 때문에 버퍼/배열에는 적합하지 않다. 버퍼 오버플로우는 보통 중요한 스택 구조를 덮어쓰는 형태로 1.20.2절에서 다뤘다.

- 힙(동적 메모리 할당) malloc()/free()나 C++의 new/delete를 호출함으로써 할당과 해제를 수행한다. 실행 시점에 블록 크기를 설정할 수 있기 때문에 가장 편리하다. 크기 변경도 가능하지만(realloc() 사용) 실행 속도는 느릴 수 있다. 이는 가장 느린 메모리 할당 방법으로, 메모리 할당자는 할당과 해제 시 모든 제어 구조체를 유지하고 관리해야 한다. 버퍼 오버플로우는 보통 구조체를 덮어쓰는 형태가 된다. 힙 할당은 메모리 누수 문제의 원인이기도 하다. 메모리 블록을 명시적으로 해제해야 하는데, 개발자가 이를 깜빡하거나 잘못 해제하면 메모리 누수가 발생한다.

  또 다른 문제점으로는 '해제 후 사용use after free'이 있는데, 이는 이미 free()한 메모리 블록에 다시 접근하는 걸 의미한다. 이는 1.24.2절에서 다뤘다.

2.10 CPU

2.10.1 분기 예측기

최신 컴파일러 중 일부는 조건부 점프 명령어를 최대한 제거한다. 책에서 다룬 예제는 1.14.1절, 1.14.3절, 1.22.5절에서 찾아볼 수 있다.

분기 예측기는 완벽하지 않기 때문에 컴파일러가 최대한 조건부 점프 없이 실행되는 코드를 생성한다.

조건부 명령어에는 ARM의 **ADRcc**와 x86의 **CMOVcc** 명령어 등이 있다.

2.10.2 데이터 의존성

최신 CPU는 여러 명령어를 동시에 실행할 수 있지만(OOE(비순차적 실행out-of-order execution)), 올바른 실행 결과를 보장하려면 동시에 실행되는 명령어들의 실행 결과가 다른 명령어들에 영향을 주면 안 된다. 이 때문에 컴파일러는 CPU 상태를 최소한으로 변경하는 명령어를 선호한다.

예를 들어 **LEA** 명령어는 다른 산술 연산 명령어와 달리 CPU 플래그를 변경하지 않으므로 매우 널리 사용된다.

2.11 해시 함수

가장 간단한 해시 함수는 데이터의 무결성을 확인하는 목적으로 '강력한' 체크섬을 제공하는 알고리즘인 CRC32다. 해시 값에서 원래의 값을 복원하는 것은 불가능하며, 원래 값에 대한 최소한의 정보만을 갖고 있다. 하지만 CRC32는 암호학적으로 안전하지 않다. 특정 CRC32 해시 값을 얻고자 텍스트를 어떻게 수정하면 되는지 그 방법이 알려져 있다. 암호학적인 해시 함수는 이와 같은 약점을 가져서는 안 된다.

MD5, SHA1 같은 함수들은 사용자 비밀번호의 해시 값을 만들어 데이터베이스에 저장하는 데 널리 사용된다. 실제로 인터넷 포럼 데이터베이스는 사용자의 비밀번호를 저장(이렇게 하면 데이터베이스가 침해 당했을 때 모든 사용자의 비밀번호가 유출될 수 있다)하지 않고 그것의 해시 값만을 저장(이렇게 하면 공격자는 비밀번호를 탈취할 수 있다)한다. 더욱이 인터넷 포럼 엔진은 여러분의 비밀번호를 정확히 요구하지 않는다. 단지 여러분이 입력한 데이터의 해시 값이 데이터베이스에 저장된 해시 값과 동일한지만을 검사한다. 비밀번호를 탈취하는 가장 간단한 방법 중 하나는 모든 가능한 비밀번호를 입력해 어느 것이 저장된 해시 값과 일치하는지 시도해보는 것이다. 이외의 다른 방법은 훨씬 복잡하다.

2.11.1 단방향 함수의 동작 방식

단방향 함수는 어떤 값을 또 다른 값으로 변환할 수 있지만 다시 원래 값으로 복원하는 것이 불가능한(또는 매우 어려운) 함수다. 어떤 사람들은 이것이 어떻게 가능한 것인지 이해하는 데 어려움을 겪기도 한다. 다음은 간단한 예다.

0..9 사이의 10개의 값을 가지며 중복된 값이 없는 벡터가 있다고 생각해보자.

```
4 6 0 1 3 5 7 8 9 2
```

단방향 함수를 위한 가장 간단한 알고리즘은 다음과 같다.

- 0번째 위치의 값을 취한다(벡터에서 4).
- 첫 번째 위치의 값을 취한다(벡터에서 6).
- 4번째와 6번째 위치에 있는 값을 서로 바꾼다.

그러면 4번째와 6번째 위치의 값을 표시하자.

```
4 6 0 1 3 5 7 8 9 2
        ^   ^
```

값을 서로 바꾸면 다음과 같이 된다.

```
4 6 0 1 7 5 3 8 9 2
```

결괏값을 갖고 있고 심지어는 결괏값을 도출한 알고리즘을 알고 있더라도 원래의 값을 알아내기는 힘들다. 처음 두 숫자가 0 그리고/또는 1일 수 있고, 그렇다면 그 수 자체가 스와핑 절차에 참여할 수 있기 때문에 초기 상태를 분명하게 알기는 힘들다.

이는 시연을 위해 매우 단순화된 예일 뿐이다. 실제 단방향 함수는 훨씬 더 복잡하다.

03

좀 더 진보된 예제

3.1 이중 부정

0이 아닌 값을 1(true)로 변환하거나 0인 값을 0(false)으로 변환하고자 많이 사용하는 방법[1]은 !!문이다.

```
int convert_to_bool(int a)
{
    return !!a;
};
```

최적화를 수행한 GCC 5.4 x86의 결과는 다음과 같다.

```
convert_to_bool:
        mov     edx, DWORD PTR [esp+4]
        xor     eax, eax
        test    edx, edx
        setne   al
        ret
```

위 코드에서 SETNE가 트리거되지 않더라도 XOR는 EAX의 리턴 값을 지운다. 즉, XOR는

---

1. 이 방법은 읽기 어려운 코드를 만들기 때문에 논쟁의 여지가 있다.

디폴트 리턴 값을 0으로 만든다.

입력값이 0이 아니면(SET 명령어의 -NE 때문에) **AL** 값은 1이 되고 그렇지 않은 경우 **AL**의 값은 변경되지 않는다.

SETNE 연산은 왜 **EAX** 레지스터의 하위 8비트 부분을 처리하는 것일까? XOR에 의해 나머지 비트들은 모두 0이 됐고 가장 마지막 비트의 값(0 또는 1)만 처리하면 되기 때문이다.

따라서 C/C++ 코드를 다음과 같이 다시 작성할 수 있다.

```
int convert_to_bool(int a)
{
    if (a!=0)
        return 1;
    else
        return 0;
};
```

또는 다음과 같다.

```
int convert_to_bool(int a)
{
    if (a)
        return 1;
    else
        return 0;
};
```

SET과 유사한 명령어가 없는 CPU를 대상으로 하는 컴파일러인 경우에는 분기 명령어 등을 생성한다.

3.2 strstr() 예제

GCC는 때때로 문자열의 일부분을 사용할 수 있다는 사실(1.5.3절)로 돌아가보자.

표준 C/C++ 라이브러리 함수인 strstr()은 문자열에서 특정 문자열을 찾는 데 사용된다. 다음 코드를 보자.

```
#include <string.h>
#include <stdio.h>

int main()
{
    char *s="Hello, world!";
    char *w=strstr(s, "world");

    printf ("%p, [%s]\n", s, s);
    printf ("%p, [%s]\n", w, w);
};
```

출력 결과는 다음과 같다.

```
0x8048530, [Hello, world!]
0x8048537, [world!]
```

원래 문자열 주소와 strstr() 함수의 결과로 찾은 문자열 주소의 차이는 7이다. 사실
은 'Hello, ' 문자열의 길이가 7이다.

두 번째 printf() 함수는 자신에게 전달된 문자열 앞에 다른 문자들이 있는지를 알지
못하며, 결국 원래 문자열의 중간 부분부터 해당 문자열의 끝(값이 0인 바이트)까지 출
력한다.

3.3 온도 변환

초급자용 프로그래밍 책에서 자주 등장하는 예제로, 화씨온도를 섭씨로 또는 그 반대
로 변환하는 것이 있다.

$$C = \frac{5 \times (F - 32)}{9}$$

간단한 에러 처리 기능을 추가할 수 있다. 1) 사용자가 올바른 수를 입력했는지 검사해
야 한다. 2) 섭씨온도가 −273 이하인지 확인해야 한다(학교의 물리학 수업을 떠올리면 그
것은 절대 영도 이하다).

exit() 함수는 호출 함수에게 어떤 값도 리턴하지 않고 즉시 프로그램을 종료한다.

3.3.1 정수 값

```c
#include <stdio.h>
#include <stdlib.h>

int main()
{
    int celsius, fahr;
    printf ("Enter temperature in Fahrenheit:\n");
    if (scanf ("%d", &fahr)!=1)
    {
        printf ("Error while parsing your input\n");
        exit(0);
    };

    celsius = 5 * (fahr-32) / 9;

    if (celsius<-273)
    {
        printf ("Error: incorrect temperature!\n");
        exit(0);
    };
    printf ("Celsius: %d\n", celsius);
};
```

최적화를 수행한 MSVC 2012 x86

리스트 3.1: 최적화를 수행한 MSVC 2012 x86

```
$SG4228 DB      'Enter temperature in Fahrenheit:', 0aH, 00H
$SG4230 DB      '%d', 00H
$SG4231 DB      'Error while parsing your input', 0aH, 00H
$SG4233 DB      'Error: incorrect temperature!', 0aH, 00H
$SG4234 DB      'Celsius: %d', 0aH, 00H

_fahr$ = -4     ; 크기 = 4
_main   PROC
        push    ecx
        push    esi
        mov     esi, DWORD PTR __imp__printf
        push    OFFSET $SG4228      ; 'Enter temperature in Fahrenheit:'
        call    esi                 ; printf() 호출
        lea     eax, DWORD PTR _fahr$[esp+12]
        push    eax
        push    OFFSET $SG4230      ; '%d'
        call    DWORD PTR __imp__scanf
        add     esp, 12
```

```
        cmp     eax, 1
        je      SHORT $LN2@main
        push    OFFSET $SG4231      ; 'Error while parsing your input'
        call    esi                 ; printf() 호출
        add     esp, 4
        push    0
        call    DWORD PTR __imp__exit
$LN9@main:
$LN2@main:
        mov     eax, DWORD PTR _fahr$[esp+8]
        add     eax, -32            ; ffffffe0H
        lea     ecx, DWORD PTR [eax+eax*4]
        mov     eax, 954437177      ; 38e38e39H
        imul    ecx
        sar     edx, 1
        mov     eax, edx
        shr     eax, 31             ; 0000001fH
        add     eax, edx
        cmp     eax, -273           ; fffffeefH
        jge     SHORT $LN1@main
        push    OFFSET $SG4233      ; 'Error: incorrect temperature!'
        call    esi                 ; printf() 호출
        add     esp, 4
        push    0
        call    DWORD PTR __imp__exit
$LN10@main:
$LN1@main:
        push    eax
        push    OFFSET $SG4234      ; 'Celsius: %d'
        call    esi                 ; printf() 호출
        add     esp, 8
        ; 0 리턴 - C99 표준
        xor     eax, eax
        pop     esi
        pop     ecx
        ret     0
$LN8@main:
_main   ENDP
```

코드의 내용은 다음과 같다.

- 먼저 ESI 레지스터에 printf()의 주소가 로드된다. 따라서 이후에 printf()를 호출하려면 CALL ESI 명령어만 이용하면 된다. 이는 코드상에 동일한 함수를 여러 번 호출하고 이를 위해 전용으로 사용할 수 있는 레지스터가 있을 때 컴파일러가 많이 사용하는 방법이다.

- 32를 빼는 부분에서 ADD EAX, -32 명령어를 볼 수 있다. EAX = EAX + (-32)는 EAX = EAX - 32와 동일하다. 컴파일러는 SUB 명령어 대신 ADD 명령어를 사용하기로 결정한 것이다. 어떤 장점이 있어 그렇게 판단했는지는 확실하지 않다.

- 5를 곱할 때 LEA 명령어(lea ecx, DWORD PTR [eax+eax*4])가 사용됐다. i + i * 4는 I * 5와 동일하며 IMUL보다 LEA 명령어가 더 빠르다. 어쨌든 이는 SHL EAX, 2/ADD EAX, EAX 명령어 쌍으로 대체할 수 있으며, 이렇게 하는 컴파일러들도 실제로 있다.

- 곱하기를 이용한 나누기 트릭(3.9절) 또한 여기서 사용된다.

- 코드의 끝부분에 return 0가 없으면 main()은 0을 리턴한다. C99 표준(ISO/IEC 9899:TC3 (C C99 standard), (2007) 5.1.2.2.3절)에서는 리턴 문장이 없을 경우에 main()은 0을 리턴하게 정의하고 있다. 이 규칙은 단지 main() 함수에만 적용된다. MSVC가 공식적으로 C99를 지원하지는 않지만 부분적으로 지원할 것이다.

최적화를 수행한 MSVC 2012 x64

다음 코드는 이전과 거의 유사하지만 exit() 호출 바로 다음에 INT 3 명령어를 발견할 수 있다.

```
xor     ecx, ecx
call    QWORD PTR __imp_exit
int     3
```

INT 3은 디버거 브레이크포인트다.

exit()는 값을 리턴할 수 없는 함수(또 다른 예로는 longjmp()가 있다) 중 하나다. 따라서 exit() 함수가 호출되면 실제로 비정상적인 경우이기 때문에 디버거를 로드할 필요가 있다.

3.3.2 부동소수점 수

```c
#include <stdio.h>
#include <stdlib.h>

int main()
{
    double celsius, fahr;
    printf ("Enter temperature in Fahrenheit:\n");
    if (scanf ("%lf", &fahr)!=1)
    {
        printf ("Error while parsing your input\n");
        exit(0);
    };

    celsius = 5 * (fahr-32) / 9;

    if (celsius<-273)
    {
        printf ("Error: incorrect temperature!\n");
        exit(0);
    };
    printf ("Celsius: %lf\n", celsius);
};
```

MSVC 2010 x86에서는 FPU 명령어를 사용한다.

리스트 3.2: 최적화를 수행한 MSVC 2010 x86

```
$SG4038 DB      'Enter temperature in Fahrenheit:', 0aH, 00H
$SG4040 DB      '%lf', 00H
$SG4041 DB      'Error while parsing your input', 0aH, 00H
$SG4043 DB      'Error: incorrect temperature!', 0aH, 00H
$SG4044 DB      'Celsius: %lf', 0aH, 00H

__real@c071100000000000 DQ 0c071100000000000r   ; -273
__real@4022000000000000 DQ 04022000000000000r   ; 9
__real@4014000000000000 DQ 04014000000000000r   ; 5
__real@4040000000000000 DQ 04040000000000000r   ; 32

_fahr$ = -8         ; 크기= 8
_main   PROC
        sub     esp, 8
        push    esi
        mov     esi, DWORD PTR __imp__printf
        push    OFFSET $SG4038          ; 'Enter temperature in Fahrenheit:'
        call    esi                     ; printf() 호출
        lea     eax, DWORD PTR _fahr$[esp+16]
```

```
            push    eax
            push    OFFSET $SG4040          ; '%lf'
            call    DWORD PTR __imp__scanf
            add     esp, 12
            cmp     eax, 1
            je      SHORT $LN2@main
            push    OFFSET $SG4041          ; 'Error while parsing your input'
            call    esi                     ; printf() 호출
            add     esp, 4
            push    0
            call    DWORD PTR __imp__exit
$LN2@main:
            fld     QWORD PTR _fahr$[esp+12]
            fsub    QWORD PTR __real@4040000000000000 ; 32
            fmul    QWORD PTR __real@4014000000000000 ; 5
            fdiv    QWORD PTR __real@4022000000000000 ; 9
            fld     QWORD PTR __real@c071100000000000 ; -273
            fcomp   ST(1)
            fnstsw  ax
            test    ah, 65                  ; 00000041H
            jne     SHORT $LN1@main
            push    OFFSET $SG4043          ; 'Error: incorrect temperature!'
            fstp    ST(0)
            call    esi                     ; printf() 호출
            add     esp, 4
            push    0
            call    DWORD PTR __imp__exit
$LN1@main:
            sub     esp, 8
            fstp    QWORD PTR [esp]
            push    OFFSET $SG4044          ; 'Celsius: %lf'
            call    esi
            add     esp, 12
            ; 0 리턴 - C99 표준
            xor     eax, eax
            pop     esi
            add     esp, 8
            ret     0
$LN10@main:
_main   ENDP
```

MSVC 2012의 경우에는 SIMD 명령어를 사용한다.

리스트 3.3: 최적화를 수행한 MSVC 2010 x86

```
$SG4228 DB      'Enter temperature in Fahrenheit:', 0aH, 00H
```

```
$SG4230 DB        '%lf', 00H
$SG4231 DB        'Error while parsing your input', 0aH, 00H
$SG4233 DB        'Error: incorrect temperature!', 0aH, 00H
$SG4234 DB        'Celsius: %lf', 0aH, 00H
__real@c071100000000000 DQ 0c071100000000000r     ; -273
__real@4040000000000000 DQ 04040000000000000r     ; 32
__real@4022000000000000 DQ 04022000000000000r     ; 9
__real@4014000000000000 DQ 04014000000000000r     ; 5
_fahr$ = -8          ; 크기 = 8
_main    PROC
         sub     esp, 8
         push    esi
         mov     esi, DWORD PTR __imp__printf
         push    OFFSET $SG4228          ; 'Enter temperature in Fahrenheit:'
         call    esi                     ; printf() 호출
         lea     eax, DWORD PTR _fahr$[esp+16]
         push    eax
         push    OFFSET $SG4230          ; '%lf'
         call    DWORD PTR __imp__scanf
         add     esp, 12
         cmp     eax, 1
         je      SHORT $LN2@main
         push    OFFSET $SG4231          ; 'Error while parsing your input'
         call    esi                     ; printf() 호출
         add     esp, 4
         push    0
         call    DWORD PTR __imp__exit
$LN9@main:
$LN2@main:
         movsd   xmm1, QWORD PTR _fahr$[esp+12]
         subsd   xmm1, QWORD PTR __real@4040000000000000   ; 32
         movsd   xmm0, QWORD PTR __real@c071100000000000   ; -273
         mulsd   xmm1, QWORD PTR __real@4014000000000000   ; 5
         divsd   xmm1, QWORD PTR __real@4022000000000000   ; 9
         comisd  xmm0, xmm1
         jbe     SHORT $LN1@main
         push    OFFSET $SG4233          ; 'Error: incorrect temperature!'
         call    esi                     ; printf() 호출
         add     esp, 4
         push    0
         call    DWORD PTR __imp__exit
$LN10@main:
$LN1@main:
         sub     esp, 8
         movsd   QWORD PTR [esp], xmm1
         push    OFFSET $SG4234          ; 'Celsius: %lf'
         call    esi                     ; printf() 호출
```

```
        add     esp, 12
        ; 0 리턴 - C99 표준
        xor     eax, eax
        pop     esi
        add     esp, 8
        ret     0
$LN8@main:
_main    ENDP
```

x86 모드에서는 부동소수점 수를 처리할 수 있는 SIMD 명령어를 사용할 수 있다.

SIMD 명령어를 사용하면 상대적으로 편하기 때문에 마이크로소프트 컴파일러는 그것을 사용하는 것이다.

XMM0 레지스터에 -273 값을 빨리 로드하는 것을 확인할 수 있다. 컴파일러는 소스코드의 순서대로 명령을 수행하지 않아도 되기 때문에 상관이 없다.

3.4 피보나치 수

프로그래밍 책에 예제로 등장하는 또 다른 유명한 예로는 재귀 함수를 이용한 피보나치 수가 있다(http://oeis.org/A000045). 피보나치 수는 매우 간단하다. 즉, 각 연속 숫자는 이전 두 숫자의 합이다. 그리고 첫 번째 두 수는 각각 0과 1이거나 1과 1이다.

피보나치 수를 나열하면 다음과 같다.

0, 1, 1, 2, 3, 5, 8, 13, 21, 34, 55, 89, 144, 233, 377, 610, 987, 1597, 2584, 4181...

3.4.1 예제 #1

구현은 간단하다. 다음 코드는 수의 크기가 21보다 작을 때까지 구한다.

```
#include <stdio.h>

void fib (int a, int b, int limit)
{
    printf ("%d\n", a+b);
    if (a+b > limit)
```

```
        return;
    fib (b, a+b, limit);
};

int main()
{
    printf ("0\n1\n1\n");
    fib (1, 1, 20);
};
```

리스트 3.4: MSVC 2010 x86

```
_a$ = 8          ; 크기 = 4
_b$ = 12         ; 크기 = 4
_limit$ = 16     ; 크기 = 4
_fib    PROC
        push    ebp
        mov     ebp, esp
        mov     eax, DWORD PTR _a$[ebp]
        add     eax, DWORD PTR _b$[ebp]
        push    eax
        push    OFFSET $SG2643
        call    DWORD PTR __imp__printf
        add     esp, 8
        mov     ecx, DWORD PTR _a$[ebp]
        add     ecx, DWORD PTR _b$[ebp]
        cmp     ecx, DWORD PTR _limit$[ebp]
        jle     SHORT $LN1@fib
        jmp     SHORT $LN2@fib
$LN1@fib:
        mov     edx, DWORD PTR _limit$[ebp]
        push    edx
        mov     eax, DWORD PTR _a$[ebp]
        add     eax, DWORD PTR _b$[ebp]
        push    eax
        mov     ecx, DWORD PTR _b$[ebp]
        push    ecx
        call    _fib
        add     esp, 12
$LN2@fib:
        pop     ebp
        ret     0
_fib    ENDP

_main   PROC
        push    ebp
        mov     ebp, esp
```

```
        push    OFFSET $SG2647      ; "0\n1\n1\n"
        call    DWORD PTR __imp__printf
        add     esp, 4
        push    20
        push    1
        push    1
        call    _fib
        add     esp, 12
        xor     eax, eax
        pop     ebp
        ret     0
_main   ENDP
```

이 코드에 대한 스택 프레임을 살펴보자.

OllyDbg로 로드해서 f() 함수가 마지막으로 호출될 때까지 실행시켜보자.

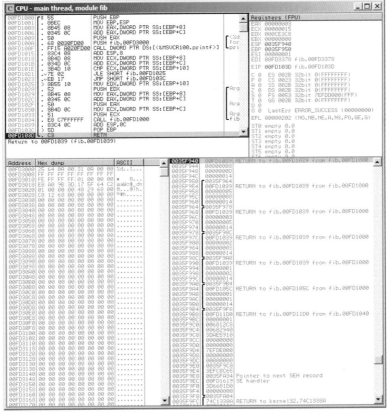

그림 3.1: OllyDbg: 마지막 f() 함수 호출

스택을 좀 더 자세히 살펴보자. 설명은 저자가 추가한 것이다.[2]

```
0035F940   00FD1039    RETURN to fib.00FD1039 from fib.00FD1000
0035F944   00000008    1st argument: a
0035F948   0000000D    2nd argument b
0035F94C   00000014    3rd argument: limit
0035F950  /0035F964    saved EBP register
0035F954  |00FD1039    RETURN to fib.00FD1039 from fib.00FD1000
0035F958  |00000005    1st argument: a
0035F95C  |00000008    2nd argument: b
0035F960  |00000014    3rd argument: limit
0035F964  ]0035F978    saved EBP register
0035F968  |00FD1039    RETURN to fib.00FD1039 from fib.00FD1000
0035F96C  |00000003    1st argument: a
0035F970  |00000005    2nd argument: b
0035F974  |00000014    3rd argument: limit
0035F978  ]0035F98C    saved EBP register
0035F97C  |00FD1039    RETURN to fib.00FD1039 from fib.00FD1000
0035F980  |00000002    1st argument: a
0035F984  |00000003    2nd argument: b
0035F988  |00000014    3rd argument: limit
0035F98C  ]0035F9A0    saved EBP register
0035F990  |00FD1039    RETURN to fib.00FD1039 from fib.00FD1000
0035F994  |00000001    1st argument: a
0035F998  |00000002    2nd argument: b
0035F99C  |00000014    3rd argument: limit
0035F9A0  ]0035F9B4    saved EBP register
0035F9A4  |00FD105C    RETURN to fib.00FD105C from fib.00FD1000
0035F9A8  |00000001    1st argument: a          \
0035F9AC  |00000001    2nd argument: b           | prepared in main() for f1()
0035F9B0  |00000014    3rd argument: limit      /
0035F9B4  ]0035F9F8    saved EBP register
0035F9B8  |00FD11D0    RETURN to fib.00FD11D0 from fib.00FD1040
0035F9BC  |00000001    main() 1st argument: argc  \
0035F9C0  |006812C8    main() 2nd argument: argv   | prepared in CRT for main()
0035F9C4  |00682940    main() 3rd argument: envp  /
```

함수는 재귀 함수[3]이기 때문에 스택이 마치 '샌드위치'처럼 보인다.

limit 인자의 값은 항상 동일하지만(0x14 또는 20) a와 b 인자의 값은 함수가 호출될 때마다 바뀐다.

스택을 보면 저장된 EBP 레지스터의 값을 확인할 수 있다. OllyDbg는 EBP 기반의 스택

---

2. OllyDbg 화면의 내용을 선택해 클립보드에 복사(Ctrl-C)하는 것이 가능하다.
3. 자기 자신을 호출하는 함수

프레임을 해석할 수 있으며, 그것을 괄호로 표시한다. 각 괄호 안의 값이 스택 프레임인 것이다. 다시 말하면 각 함수 호출에서 사용하는 스택 영역이다.

호출되는 각 함수가 수행되는 동안에는 기술적으로 가능하다고 하더라도 자신의 스택 프레임(함수 인지는 제외) 외부의 스택 값에는 접근하면 안 된다.

함수에 버그가 없다면 자신의 스택 프레임 외부에 접근하는 일은 없을 것이다.

각각의 저장된 EBP 값은 이전 스택 프레임의 주소를 나타낸다. 이를 바탕으로 디버거는 스택 프레임을 나누고 각 함수의 인자를 알아낸다.

각 함수 내부에서는 다음에 호출한 함수를 위한 인자를 준비한다.

마지막 부분에서는 main()을 위한 세 개의 인자를 볼 수 있다. argc의 값은 1(프로그램을 인자 없이 실행시켰기 때문)이다.

이 프로그램은 스택 오버플로우를 쉽게 발생시킬 수 있다. limit을 검사하는 부분을 제거(또는 주석 처리)하면 0xC00000FD(스택 오버플로우) 예외가 발생할 것이다.

3.4.2 예제 #2

함수에 다소 중복되는 내용이 포함돼 있어 next라고 하는 새로운 지역 변수를 추가해서 'a+b'를 그것으로 대체하자.

```c
#include <stdio.h>
void fib (int a, int b, int limit)
{
    int next=a+b;
    printf ("%d\n", next);
    if (next > limit)
        return;
    fib (b, next, limit);
};
int main()
{
    printf ("0\n1\n1\n");
    fib (1, 1, 20);
};
```

다음은 최적화를 수행하지 않은 MSVC의 출력 결과다. 실제로 next 변수가 로컬 스택에 할당됐다.

리스트 3.5: MSVC 2010 x86

```
_next$ = -4      ; 크기 = 4
_a$ = 8          ; 크기 = 4
_b$ = 12         ; 크기 = 4
_limit$ = 16     ; 크기 = 4
_fib    PROC
        push    ebp
        mov     ebp, esp
        push    ecx
        mov     eax, DWORD PTR _a$[ebp]
        add     eax, DWORD PTR _b$[ebp]
        mov     DWORD PTR _next$[ebp], eax
        mov     ecx, DWORD PTR _next$[ebp]
        push    ecx
        push    OFFSET $SG2751      ; '%d'
        call    DWORD PTR __imp__printf
        add     esp, 8
        mov     edx, DWORD PTR _next$[ebp]
        cmp     edx, DWORD PTR _limit$[ebp]
        jle     SHORT $LN1@fib
        jmp     SHORT $LN2@fib
$LN1@fib:
        mov     eax, DWORD PTR _limit$[ebp]
        push    eax
        mov     ecx, DWORD PTR _next$[ebp]
        push    ecx
        mov     edx, DWORD PTR _b$[ebp]
        push    edx
        call    _fib
        add     esp, 12
$LN2@fib:
        mov     esp, ebp
        pop     ebp
        ret     0
_fib    ENDP

_main   PROC
        push    ebp
        mov     ebp, esp
        push    OFFSET $SG2753 ; "0\n1\n1\n"
        call    DWORD PTR __imp__printf
        add     esp, 4
        push    20
```

```
        push    1
        push    1
        call    _fib
        add     esp, 12
        xor     eax, eax
        pop     ebp
        ret     0
_main   ENDP
```

다시 한 번 OllyDbg로 로드해보자.

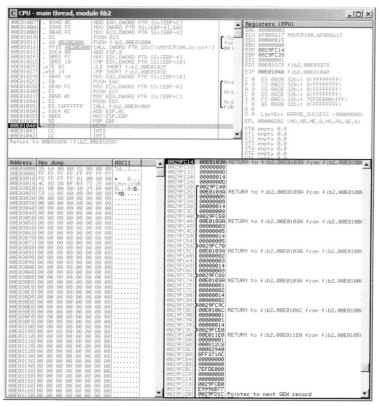

그림 3.2: OllyDbg: 마지막 f() 함수 호출

이제는 next 변수를 각 스택 프레임에서 볼 수 있다.

스택 프레임을 좀 더 자세히 살펴보자. 설명은 저자가 추가한 것이다.

```
0029FC14    00E0103A    RETURN to fib2.00E0103A from fib2.00E01000
```

```
0029FC18    00000008    1st argument: a
0029FC1C    0000000D    2nd argument: b
0029FC20    00000014    3rd argument: limit
0029FC24    0000000D    "next" variable
0029FC28    /0029FC40   saved EBP register
0029FC2C    |00E0103A   RETURN to fib2.00E0103A from fib2.00E01000
0029FC30    |00000005   1st argument: a
0029FC34    |00000008   2nd argument: b
0029FC38    |00000014   3rd argument: limit
0029FC3C    |00000008   "next" variable
0029FC40    ]0029FC58   saved EBP register
0029FC44    |00E0103A   RETURN to fib2.00E0103A from fib2.00E01000
0029FC48    |00000003   1st argument: a
0029FC4C    |00000005   2nd argument: b
0029FC50    |00000014   3rd argument: limit
0029FC54    |00000005   "next" variable
0029FC58    ]0029FC70   saved EBP register
0029FC5C    |00E0103A   RETURN to fib2.00E0103A from fib2.00E01000
0029FC60    |00000002   1st argument: a
0029FC64    |00000003   2nd argument: b
0029FC68    |00000014   3rd argument: limit
0029FC6C    |00000003   "next" variable
0029FC70    ]0029FC88   saved EBP register
0029FC74    |00E0103A   RETURN to fib2.00E0103A from fib2.00E01000
0029FC78    |00000001   1st argument: a        \
0029FC7C    |00000002   2nd argument: b         | prepared in f1() for next f1() call
0029FC80    |00000014   3rd argument: limit    /
0029FC84    |00000002   "next" variable
0029FC88    ]0029FC9C   saved EBP register
0029FC8C    |00E0106C   RETURN to fib2.00E0106C from fib2.00E01000
0029FC90    |00000001   1st argument: a        \
0029FC94    |00000001   2nd argument: b         | prepared in main() for f1()
0029FC98    |00000014   3rd argument: limit    /
0029FC9C    ]0029FCE0   saved EBP register
0029FCA0    |00E011E0   RETURN to fib2.00E011E0 from fib2.00E01050
0029FCA4    |00000001   main() 1st argument: argc    \
0029FCA8    |000812C8   main() 2nd argument: argv     | prepared in CRT for main()
0029FCAC    |00082940   main() 3rd argument: envp    /
```

각 함수가 호출될 때마다 next 변수 값이 계산돼 다음 함수 호출의 인자로 전달된다.

3.4.3 정리

재귀 함수는 미적 관점에서는 보기 좋지만 스택을 많이 사용하기 때문에 기술적으로는 성능을 저하시킬 수 있다. 따라서 성능이 매우 중요한 코드를 작성할 때는 재귀 함수 사용을 자제해야 한다.

예를 들어 저자는 바이너리 트리에서 특정 노드를 검색하는 함수를 작성한 적이 있다. 재귀 함수로 작성하면 코드 스타일이 매우 좋게 보이지만 함수가 호출될 때마다 프롤로그/에필로그 부분이 매번 수행되기 때문에 그것을 위한 추가적인 실행 시간이 소비된다. 결국 재귀 함수가 아닌 방법으로 구현한 것보다 몇 배 더 느리게 동작했다.

이 때문에 일부 함수형 PL(LISP, Python, Lua 등) 컴파일러(재귀 호출이 매우 많이 사용됨)는 함수의 끝부분에서 단 한 번만 자기 자신을 호출하는 방법을 사용한다.

리스트 3.6: 위키피디아에서 발췌한 예제

```
;; factorial : number -> number
;; to calculate the product of all positive
;; integers less than or equal to n.
(define (factorial n)
    (if (= n 1)
        1
            (* n (factorial (- n 1)))))
```

3.5 CRC32 계산 예제

다음은 매우 유명한 테이블 기반의 CRC32 해시 계산 방법이다.[4]

```
/* By Bob Jenkins, (c) 2006, Public Domain */
#include <stdio.h>
#include <stddef.h>
#include <string.h>

typedef unsigned long ub4;
typedef unsigned char ub1;

static const ub4 crctab[256] = {
    0x00000000, 0x77073096, 0xee0e612c, 0x990951ba, 0x076dc419,
    0x706af48f, 0xe963a535, 0x9e6495a3, 0x0edb8832, 0x79dcb8a4,
    0xe0d5e91e, 0x97d2d988, 0x09b64c2b, 0x7eb17cbd, 0xe7b82d07,
    0x90bf1d91, 0x1db71064, 0x6ab020f2, 0xf3b97148, 0x84be41de,
    0x1adad47d, 0x6ddde4eb, 0xf4d4b551, 0x83d385c7, 0x136c9856,
    0x646ba8c0, 0xfd62f97a, 0x8a65c9ec, 0x14015c4f, 0x63066cd9,
```

---

4. 소스코드는 http://burtleburtle.net/bob/c/crc.c에서 가져왔다.

```
    0xfa0f3d63, 0x8d080df5, 0x3b6e20c8, 0x4c69105e, 0xd56041e4,
    0xa2677172, 0x3c03e4d1, 0x4b04d447, 0xd20d85fd, 0xa50ab56b,
    0x35b5a8fa, 0x42b2986c, 0xdbbbc9d6, 0xacbcf940, 0x32d86ce3,
    0x45df5c75, 0xdcd60dcf, 0xabd13d59, 0x26d930ac, 0x51de003a,
    0xc8d75180, 0xbfd06116, 0x21b4f4b5, 0x56b3c423, 0xcfba9599,
    0xb8bda50f, 0x2802b89e, 0x5f058808, 0xc60cd9b2, 0xb10be924,
    0x2f6f7c87, 0x58684c11, 0xc1611dab, 0xb6662d3d, 0x76dc4190,
    0x01db7106, 0x98d220bc, 0xefd5102a, 0x71b18589, 0x06b6b51f,
    0x9fbfe4a5, 0xe8b8d433, 0x7807c9a2, 0x0f00f934, 0x9609a88e,
    0xe10e9818, 0x7f6a0dbb, 0x086d3d2d, 0x91646c97, 0xe6635c01,
    0x6b6b51f4, 0x1c6c6162, 0x856530d8, 0xf262004e, 0x6c0695ed,
    0x1b01a57b, 0x8208f4c1, 0xf50fc457, 0x65b0d9c6, 0x12b7e950,
    0x8bbeb8ea, 0xfcb9887c, 0x62dd1ddf, 0x15da2d49, 0x8cd37cf3,
    0xfbd44c65, 0x4db26158, 0x3ab551ce, 0xa3bc0074, 0xd4bb30e2,
    0x4adfa541, 0x3dd895d7, 0xa4d1c46d, 0xd3d6f4fb, 0x4369e96a,
    0x346ed9fc, 0xad678846, 0xda60b8d0, 0x44042d73, 0x33031de5,
    0xaa0a4c5f, 0xddd0d7cc9, 0x5005713c, 0x270241aa, 0xbe0b1010,
    0xc90c2086, 0x5768b525, 0x206f85b3, 0xb966d409, 0xce61e49f,
    0x5edef90e, 0x29d9c998, 0xb0d09822, 0xc7d7a8b4, 0x59b33d17,
    0x2eb40d81, 0xb7bd5c3b, 0xc0ba6cad, 0xedb88320, 0x9abfb3b6,
    0x03b6e20c, 0x74b1d29a, 0xead54739, 0x9dd277af, 0x04db2615,
    0x73dc1683, 0xe3630b12, 0x94643b84, 0x0d6d6a3e, 0x7a6a5aa8,
    0xe40ecf0b, 0x9309ff9d, 0x0a00ae27, 0x7d079eb1, 0xf00f9344,
    0x8708a3d2, 0x1e01f268, 0x6906c2fe, 0xf762575d, 0x806567cb,
    0x196c3671, 0x6e6b06e7, 0xfed41b76, 0x89d32be0, 0x10da7a5a,
    0x67dd4acc, 0xf9b9df6f, 0x8ebeeff9, 0x17b7be43, 0x60b08ed5,
    0xd6d6a3e8, 0xa1d1937e, 0x38d8c2c4, 0x4fdff252, 0xd1bb67f1,
    0xa6bc5767, 0x3fb506dd, 0x48b2364b, 0xd80d2bda, 0xaf0a1b4c,
    0x36034af6, 0x41047a60, 0xdf60efc3, 0xa867df55, 0x316e8eef,
    0x4669be79, 0xcb61b38c, 0xbc66831a, 0x256fd2a0, 0x5268e236,
    0xcc0c7795, 0xbb0b4703, 0x220216b9, 0x5505262f, 0xc5ba3bbe,
    0xb2bd0b28, 0x2bb45a92, 0x5cb36a04, 0xc2d7ffa7, 0xb5d0cf31,
    0x2cd99e8b, 0x5bdeae1d, 0x9b64c2b0, 0xec63f226, 0x756aa39c,
    0x026d930a, 0x9c0906a9, 0xeb0e363f, 0x72076785, 0x05005713,
    0x95bf4a82, 0xe2b87a14, 0x7bb12bae, 0x0cb61b38, 0x92d28e9b,
    0xe5d5be0d, 0x7cdcefb7, 0x0bdbdf21, 0x86d3d2d4, 0xf1d4e242,
    0x68ddb3f8, 0x1fda836e, 0x81be16cd, 0xf6b9265b, 0x6fb077e1,
    0x18b74777, 0x88085ae6, 0xff0f6a70, 0x66063bca, 0x11010b5c,
    0x8f659eff, 0xf862ae69, 0x616bffd3, 0x166ccf45, 0xa00ae278,
    0xd70dd2ee, 0x4e048354, 0x3903b3c2, 0xa7672661, 0xd06016f7,
    0x4969474d, 0x3e6e77db, 0xaed16a4a, 0xd9d65adc, 0x40df0b66,
    0x37d83bf0, 0xa9bcae53, 0xdebb9ec5, 0x47b2cf7f, 0x30b5ffe9,
    0xbdbdf21c, 0xcabac28a, 0x53b39330, 0x24b4a3a6, 0xbad03605,
    0xcdd70693, 0x54de5729, 0x23d967bf, 0xb3667a2e, 0xc4614ab8,
    0x5d681b02, 0x2a6f2b94, 0xb40bbe37, 0xc30c8ea1, 0x5a05df1b,
    0x2d02ef8d
};
```

```
/* how to derive the values in crctab[] from polynomial 0xedb88320 */
void build_table()
{
    ub4 i, j;
    for (i=0; i<256; ++i) {
        j = i;
        j = (j>>1) ^ ((j&1) ? 0xedb88320 : 0);
        j = (j>>1) ^ ((j&1) ? 0xedb88320 : 0);
        j = (j>>1) ^ ((j&1) ? 0xedb88320 : 0);
        j = (j>>1) ^ ((j&1) ? 0xedb88320 : 0);
        j = (j>>1) ^ ((j&1) ? 0xedb88320 : 0);
        j = (j>>1) ^ ((j&1) ? 0xedb88320 : 0);
        j = (j>>1) ^ ((j&1) ? 0xedb88320 : 0);
        j = (j>>1) ^ ((j&1) ? 0xedb88320 : 0);
        printf("0x%.8lx, ", j);
        if (i%6 == 5) printf("\n");
    }
}

/* the hash function */
ub4 crc(const void *key, ub4 len, ub4 hash)
{
    ub4 i;
    const ub1 *k = key;
    for (hash=len, i=0; i<len; ++i)
        hash = (hash >> 8) ^ crctab[(hash & 0xff) ^ k[i]];
    return hash;
}

/* To use, try "gcc -O crc.c -o crc; crc < crc.c" */
int main()
{
    char s[1000];
    while (gets(s)) printf("%.8lx\n", crc(s, strlen(s), 0));
    return 0;
}
```

crc() 함수만 보면 된다. crc() 함수의 for문에서는 두 개의 값이 초기화된다. 즉, hash=len, i=0. 물론 C/C++ 표준에서는 이를 허용한다. 결국 생성된 코드는 루프 초기화 부분에 하나가 아닌 두 개의 연산을 포함하고 있다.

/Ox 옵션을 이용해 MSVC로 컴파일해보자. 설명을 간단히 하고자 설명을 추가한 crc() 함수만 보자.

```
_key$  = 8       ; 크기 = 4
_len$  = 12      ; 크기 = 4
_hash$ = 16      ; 크기 = 4

_crc    PROC
    mov     edx, DWORD PTR _len$[esp-4]
    xor     ecx, ecx                        ; ECX에 i가 저장될 것이다.
    mov     eax, edx
    test    edx, edx
    jbe     SHORT $LN1@crc
    push    ebx
    push    esi
    mov     esi, DWORD PTR _key$[esp+4]    ; ESI = key
    push    edi
$LL3@crc:

; 32비트 레지스터만을 사용해 바이트를 처리. key+i에서 가져온 바이트는 EDI에 저장한다.

    movzx   edi, BYTE PTR [ecx+esi]
    mov     ebx, eax                ; EBX = (hash = len)
    and     ebx, 255                ; EBX = hash & 0xff

; XOR EDI, EBX (EDI=EDI^EBX) - 이 연산은 레지스터의 32비트를 모두 사용하지만
; (8-31) 비트의 값은 항상 0이 된다.
; 이는 위의 MOVZX 명령에 의해 EDI의 해당 비트 값들이 0이 되기 때문이다.
; 그리고 AND EBX, 255 (255 = 0xff) 명령어에 의해 EBX의 상위 비트들의 값도 0이 된다.

    xor     edi, ebx
; EAX=EAX>>8    ; EAX의 24-31 비트들의 값이 0이 된다.
    shr     eax, 8
; EAX=EAX^crctab[EDI*4] - crctab[] 테이블에서 인덱스가 EDI 값인 것을 선택한다.
    xor     eax, DWORD PTR _crctab[edi*4]
    inc     ecx             ; i++
    cmp     ecx, edx        ; i<len ?
    jb      SHORT $LL3@crc  ; yes
    pop     edi
    pop     esi
    pop     ebx
$LN1@crc:
    ret     0
_crc    ENDP
```

-03 옵션을 사용해서 동일한 코드를 GCC 4.4.1로 컴파일해보자.

```
        public crc
crc        proc near

key        = dword ptr 8
```

```
hash        = dword ptr 0Ch

            push    ebp
            xor     edx, edx
            mov     ebp, esp
            push    esi
            mov     esi, [ebp+key]
            push    ebx
            mov     ebx, [ebp+hash]
            test    ebx, ebx
            mov     eax, ebx
            jz      short loc_80484D3
            nop                             ; 패딩
            lea     esi, [esi+0]            ; 패딩; NOP과 동일(ESI의 값을 변경되지 않는다)
loc_80484B8:
            mov     ecx, eax                ; 해시의 이전 상태를 ECX에 저장한다.
            xor     al, [esi+edx]           ; AL=*(key+i)
            add     edx, 1                  ; i++
            shr     ecx, 8                  ; ECX=hash>>8
            movzx   eax, al                 ; EAX=*(key+i)
            mov     eax, dword ptr ds:crctab[eax*4]    ; EAX=crctab[EAX]
            xor     eax, ecx                ; 해시=EAX^ECX
            cmp     ebx, edx
            ja      short loc_80484B8
loc_80484D3:
            pop     ebx
            pop     esi
            pop     ebp
            retn
crc         endp
```

GCC에서는 NOP 명령어와 lea esi, [esi+0] 명령어(이는 의미 없는 명령어임)를 추가해서 루프의 시작 주소를 8바이트 경계로 정렬시켰다. 좀 더 자세한 정보는 부록의 'npad'절을 참고하기 바란다.

3.6 네트워크 주소 계산 예제

알다시피 TCP/IP 주소(IPv4)는 0..255 사이의 네 개의 수로 구성된다. 즉, 4바이트다.

4바이트는 32비트 변수에 쉽게 저장할 수 있기 때문에 IPv4 호스트 주소와 네트워크 마스크, 네트워크 주소는 모든 32비트 정수로 표현할 수 있다.

사용자 관점에서 네트워크 마스크는 255.255.255.0처럼 네 개의 숫자로 정의되지만 네트워크 엔지니어(sysadmin)는 '/8', '/16'과 같은 좀 더 간단한 방법(CIDR^{Classless Inter-Domain Routing})을 사용한다.

이 표기법은 네트워크 마스크 값을 MSB부터 시작해 1인 비트의 수로 표기하는 것이다.

마스크	호스트	가용한 수	넷마스크	16진수 마스크	
/30	4	2	255.255.255.252	0xfffffffc	
/29	8	6	255.255.255.248	0xfffffff8	
/28	16	14	255.255.255.240	0xfffffff0	
/27	32	30	255.255.255.224	0xffffffe0	
/26	64	62	255.255.255.192	0xffffffc0	
/24	256	254	255.255.255.0	0xffffff00	클래스 C 네트워크
/23	512	510	255.255.254.0	0xfffffe00	
/22	1024	1022	255.255.252.0	0xfffffc00	
/21	2048	2046	255.255.248.0	0xfffff800	
/20	4096	4094	255.255.240.0	0xfffff000	
/19	8192	8190	255.255.224.0	0xffffe000	
/18	16384	16382	255.255.192.0	0xffffc000	
/17	32768	32766	255.255.128.0	0xffff8000	
/16	65536	65534	255.255.0.0	0xffff0000	클래스 B 네트워크
/8	16777216	16777214	255.0.0.0	0xff000000	클래스 A 네트워크

다음은 호스트 주소에 네트워크 마스크를 적용해 네트워크 주소를 계산하는 간단한 예제다.

```c
#include <stdio.h>
#include <stdint.h>
uint32_t form_IP (uint8_t ip1, uint8_t ip2, uint8_t ip3, uint8_t ip4)
{
    return (ip1<<24) | (ip2<<16) | (ip3<<8) | ip4;
};
void print_as_IP (uint32_t a)
{
    printf ("%d.%d.%d.%d\n",
            (a>>24)&0xFF,
            (a>>16)&0xFF,
            (a>>8)&0xFF,
```

```
                (a)&0xFF);
};

// bit=31..0
uint32_t set_bit (uint32_t input, int bit)
{
    return input=input|(1<<bit);
};

uint32_t form_netmask (uint8_t netmask_bits)
{
    uint32_t netmask=0;
    uint8_t i;

    for (i=0; i<netmask_bits; i++)
        netmask=set_bit(netmask, 31-i);
    return netmask;
};

void calc_network_address (uint8_t ip1, uint8_t ip2, uint8_t ip3, uint8_t ip4, uint8_t
    netmask_bits)
{
    uint32_t netmask=form_netmask(netmask_bits);
    uint32_t ip=form_IP(ip1, ip2, ip3, ip4);
    uint32_t netw_adr;

    printf ("netmask=");
    print_as_IP (netmask);

    netw_adr=ip&netmask;

    printf ("network address=");
    print_as_IP (netw_adr);
};

int main()
{
    calc_network_address (10, 1, 2, 4, 24);    // 10.1.2.4, /24
    calc_network_address (10, 1, 2, 4, 8);     // 10.1.2.4, /8
    calc_network_address (10, 1, 2, 4, 25);    // 10.1.2.4, /25
    calc_network_address (10, 1, 2, 64, 26);   // 10.1.2.4, /26
};
```

3.6.1 calc_network_address()

calc_network_address()는 매우 간단한 함수다. 단순히 호스트 주소와 네트워크 마
스크를 AND 연산해 네트워크 주소를 산출하는 기능을 수행한다.

```
 1  _ip1$ = 8                ; 크기 = 1
 2  _ip2$ = 12               ; 크기 = 1
 3  _ip3$ = 16               ; 크기 = 1
 4  _ip4$ = 20               ; 크기 = 1
 5  _netmask_bits$ = 24      ; 크기 = 1
 6  _calc_network_address PROC
 7      push    edi
 8      push    DWORD PTR _netmask_bits$[esp]
 9      call    _form_netmask
10      push    OFFSET $SG3045      ; 'netmask='
11      mov     edi, eax
12      call    DWORD PTR __imp__printf
13      push    edi
14      call    _print_as_IP
15      push    OFFSET $SG3046      ; 'network address='
16      call    DWORD PTR __imp__printf
17      push    DWORD PTR _ip4$[esp+16]
18      push    DWORD PTR _ip3$[esp+20]
19      push    DWORD PTR _ip2$[esp+24]
20      push    DWORD PTR _ip1$[esp+28]
21      call    _form_IP
22      and     eax, edi            ; network address = host address & netmask
23      push    eax
24      call    _print_as_IP
25      add     esp, 36
26      pop     edi
27      ret     0
28  _calc_network_address ENDP
```

22번째 줄이 가장 중요하며 거기서 **AND** 연산을 수행해 네트워크 주소를 계산한다.

3.6.2 form_IP()

form_IP( ) 함수는 단순히 4바이트를 32비트 값으로 만든다.

다음은 form_IP( ) 함수의 수행 과정을 설명한 것이다.

- 리턴 값을 위한 변수를 할당하고 값을 0으로 만든다.
- 변수와 네 번째 바이트를 OR 연산한다. 그러면 변수는 4번째 바이트 값만 포함하게 된다.
- 세 번째 바이트를 왼쪽으로 8비트 시프트시킨다. 세 번째 바이트 값이 0xbb

라면 `0x0000bb00`와 같은 형태가 된다. 그다음에는 변수의 값과 OR 연산을 수행한다. 그러면 기존 `0x000000aa` 형태의 값이 `0x0000bbaa`와 같은 형태의 값이 된다.

- 두 번째 바이트를 왼쪽으로 16비트 시프트시킨다. 두 번째 바이트 값이 `0xcc`라면 `0x00cc0000`와 같은 형태가 된다. 그다음에는 변수의 값과 OR 연산을 수행한다. 그러면 기존 `0x0000bbaa` 형태의 값이 `0x00ccbbaa`와 같은 형태의 값이 된다.

- 첫 번째 바이트를 왼쪽으로 24비트 시프트시킨다. 두 번째 바이트 값이 `0xdd`라면 `0xdd000000`과 같은 형태가 된다. 그다음에는 변수의 값과 OR 연산을 수행한다. 그러면 기존 `0x00ccbbaa` 형태의 값이 `0xddccbbaa`와 같은 형태의 값이 된다.

다음은 최적화를 수행하지 않은 MSVC 2012의 결과다.

리스트 3.8: 최적화를 수행하지 않은 MSVC 2012

```
; ip1을 "dd", ip2를 "cc", ip3을 "bb", ip4를 "aa"로 표기함
_ip1$ = 8      ; 크기 = 1
_ip2$ = 12     ; 크기 = 1
_ip3$ = 16     ; 크기 = 1
_ip4$ = 20     ; 크기 = 1
_form_IP   PROC
       push    ebp
       mov     ebp, esp
       movzx   eax, BYTE PTR _ip1$[ebp]
       ; EAX=000000dd
       shl     eax, 24
       ; EAX=dd000000
       movzx   ecx, BYTE PTR _ip2$[ebp]
       ; ECX=000000cc
       shl     ecx, 16
       ; ECX=00cc0000
       or      eax, ecx
       ; EAX=ddcc0000
       movzx   edx, BYTE PTR _ip3$[ebp]
       ; EDX=000000bb
       shl     edx, 8
       ; EDX=0000bb00
       or      eax, edx
       ; EAX=ddccbb00
```

```
        movzx   ecx, BYTE PTR _ip4$[ebp]
        ; ECX=000000aa
        or      eax, ecx
        ; EAX=ddccbbaa
        pop     ebp
        ret     0
_form_IP    ENDP
```

연산을 수행하는 순서는 다르지만 그것은 문제되지 않는다.

최적화를 수행한 MSVC 2012는 결과가 동일하지만 좀 다른 방법을 사용한다.

리스트 3.9: 최적화를 수행한 MSVC 2012 /Ob0

```
; ip1을 "dd", ip2를 "cc", ip3을 "bb", ip4를 "aa"로 표기함
_ip1$ = 8       ; 크기 = 1
_ip2$ = 12      ; 크기 = 1
_ip3$ = 16      ; 크기 = 1
_ip4$ = 20      ; 크기 = 1
_form_IP    PROC
        movzx   eax, BYTE PTR _ip1$[esp-4]
        ; EAX=000000dd
        movzx   ecx, BYTE PTR _ip2$[esp-4]
        ; ECX=000000cc
        shl     eax, 8
        ; EAX=0000dd00
        or      eax, ecx
        ; EAX=0000ddcc
        movzx   ecx, BYTE PTR _ip3$[esp-4]
        ; ECX=000000bb
        shl     eax, 8
        ; EAX=00ddcc00
        or      eax, ecx
        ; EAX=00ddccbb
        movzx   ecx, BYTE PTR _ip4$[esp-4]
        ; ECX=000000aa
        shl     eax, 8
        ; EAX=ddccbb00
        or      eax, ecx
        ; EAX=ddccbbaa
        ret     0
_form_IP    ENDP
```

각각의 바이트 값을 리턴 값의 하위 8비트에 쓴 다음 왼쪽으로 한 바이트만큼 시프트
시킨다.

이 과정을 네 번 수행한다.

불행하게도 지금까지 설명한 방법 외에는 없다.

우리가 주로 사용하는 CPU나 ISA에는 비트나 바이트 값을 조합하는 명령어가 없기 때문이다.

따라서 일반적으로 비트 시프트와 OR 연산을 이용하는 것이다.

3.6.3 print_as_IP()

print_as_IP() 함수는 반대로 32비트 값을 네 개의 바이트로 나눈다.

이 작업을 상대적으로 간단하다. 단순히 입력값은 24, 16, 8, 0비트만큼 오른쪽으로 시프트시키면 된다.

리스트 3.10: 최적화를 수행하지 않은 MSVC 2012

```
_a$ = 8          ; 크기 = 4
_print_as_IP PROC
        push    ebp
        mov     ebp, esp
        mov     eax, DWORD PTR _a$[ebp]
        ; EAX=ddccbbaa
        and     eax, 255
        ; EAX=000000aa
        push    eax
        mov     ecx, DWORD PTR _a$[ebp]
        ; ECX=ddccbbaa
        shr     ecx, 8
        ; ECX=00ddccbb
        and     ecx, 255
        ; ECX=000000bb
        push    ecx
        mov     edx, DWORD PTR _a$[ebp]
        ; EDX=ddccbbaa
        shr     edx, 16
        ; EDX=0000ddcc
        and     edx, 255
        ; EDX=000000cc
        push    edx
        mov     eax, DWORD PTR _a$[ebp]
        ; EAX=ddccbbaa
        shr     eax, 24
```

```
        ; EAX=000000dd
        and     eax, 255    ; 이는 아마도 의미 없는 명령어
        ; EAX=000000dd
        push    eax
        push    OFFSET $SG2973 ; '%d.%d.%d.%d'
        call    DWORD PTR __imp__printf
        add     esp, 20
        pop     ebp
        ret     0
_print_as_IP ENDP
```

최적화를 수행한 MSVC 2012도 거의 동일하지만 다른 점은 입력값을 불필요하게 다시
로딩하지 않는다.

리스트 3.11: 최적화를 수행한 MSVC 2012 /Ob0

```
_a$ = 8         ; 크기 = 4
_print_as_IP PROC
        mov     ecx, DWORD PTR _a$[esp-4]
        ; ECX=ddccbbaa
        movzx   eax, cl
        ; EAX=000000aa
        push    eax
        mov     eax, ecx
        ; EAX=ddccbbaa
        shr     eax, 8
        ; EAX=00ddccbb
        and     eax, 255
        ; EAX=000000bb
        push    eax
        mov     eax, ecx
        ; EAX=ddccbbaa
        shr     eax, 16
        ; EAX=0000ddcc
        and     eax, 255
        ; EAX=000000cc
        push    eax
        ; ECX=ddccbbaa
        shr     ecx, 24
        ; ECX=000000dd
        push    ecx
        push    OFFSET $SG3020      ; '%d.%d.%d.%d'
        call    DWORD PTR __imp__printf
        add     esp, 20
        ret     0
_print_as_IP ENDP
```

3.6.4 form_netmask(), set_bit()

form_netmask() 함수는 CIDR 표기 형식으로 네트워크 마스크를 만든다. 물론 이미 계산된 테이블과 같은 것을 이용하면 더 효과적이겠지만 여기서는 비트를 시프트시켜서 어떻게 만드는지 보여주고자 그렇게 하지 않았다.

set_bit()라는 별도의 함수도 만들었다. 이렇게 별도의 함수를 만드는 것이 좋은 생각은 아니지만 동작 방식을 이해하는 데는 도움이 될 것이다.

리스트 3.12: 최적화를 수행한 MSVC 2012 /Ob0

```
_input$ = 8         ; 크기 = 4
_bit$ = 12          ; 크기 = 4
_set_bit    PROC
        mov     ecx, DWORD PTR _bit$[esp-4]
        mov     eax, 1
        shl     eax, cl
        or      eax, DWORD PTR _input$[esp-4]
        ret     0
_set_bit    ENDP

_netmask_bits$ = 8  ; 크기 = 1
_form_netmask PROC
        push    ebx
        push    esi
        movzx   esi, BYTE PTR _netmask_bits$[esp+4]
        xor     ecx, ecx
        xor     bl, bl
        test    esi, esi
        jle     SHORT $LN9@form_netma
        xor     edx, edx
$LL3@form_netma:
        mov     eax, 31
        sub     eax, edx
        push    eax
        push    ecx
        call    _set_bit
        inc     bl
        movzx   edx, bl
        add     esp, 8
        mov     ecx, eax
        cmp     edx, esi
        jl      SHORT $LL3@form_netma
$LN9@form_netma:
        pop     esi
        mov     eax, ecx
```

```
        pop     ebx
        ret     0
_form_netmask ENDP
```

set_bit() 함수는 단순히 필요한 비트 수만큼 왼쪽으로 시프트시킨 다음에 input 값과 OR 연산을 수행한다. form_netmask() 함수는 netmask_bits 인자로 들어오는 비트만큼(MSB부터 시작) 루프를 돌면서 작업을 수행한다.

3.6.5 정리

실행시켜보면 다음과 같은 결과를 얻을 수 있다.

```
netmask=255.255.255.0
network address=10.1.2.0
netmask=255.0.0.0
network address=10.0.0.0
netmask=255.255.255.128
network address=10.1.2.0
netmask=255.255.255.192
network address=10.1.2.64
```

3.7 루프: 몇 가지 반복 지시자

대부분의 루프에는 하나의 반복 지시자만 있지만 여러 개가 있을 수도 있다. 다음은 간단한 예제다.

```c
#include <stdio.h>

void f(int *a1, int *a2, size_t cnt)
{
    size_t i;

    // 하나의 배열에서 다른 배열로 복사
    for (i=0; i<cnt; i++)
        a1[i*3]=a2[i*7];
};
```

반복문을 수행할 때마다 두 번의 곱하기 연산을 수행한다. 이는 비용적으로 효과적이지 않은데, 더 좋은 방법이 없을까?

각 배열의 인덱스를 곱하기 연산을 수행하지 않고 계산하면 된다.

3.7.1 세 개의 반복 지시자

리스트 3.13: 최적화를 수행한 MSVC 2013 x64

```
f       PROC
; RCX=a1
; RDX=a2
; R8=cnt
        test    r8, r8              ; cnt==0이면 루프 종료
        je      SHORT $LN1@f
        npad    11
$LL3@f:
        mov     eax, DWORD PTR [rdx]
        lea     rcx, QWORD PTR [rcx+12]
        lea     rdx, QWORD PTR [rdx+28]
        mov     DWORD PTR [rcx-12], eax
        dec     r8
        jne     SHORT $LL3@f
$LN1@f:
        ret     0
f       ENDP
```

3개의 반복 지시자가 있다. 바로 cnt 변수와 두 개의 배열 인덱스다. 배열 인덱스는 매번 12와 28씩 증가한다. 이를 C/C++ 코드로 작성하면 다음과 같다.

```c
#include <stdio.h>
void f(int *a1, int *a2, size_t cnt)
{
    size_t i;
    size_t idx1=0; idx2=0;

    // 하나의 배열에서 다른 배열로 복사
    for (i=0; i<cnt; i++)
    {
        a1[idx1]=a2[idx2];
        idx1+=3;
        idx2+=7;
    };
};
```

매 반복문마다 3개의 반복 지시자를 업데이트함으로써 두 개의 곱하기 연산을 제거했다.

3.7.2 두 개의 반복 지시자

GCC 4.9는 좀 더 나아가 두 개의 반복 지시자만을 사용한다.

리스트 3.14: 최적화를 수행한 GCC 4.9 x64

```
; RDI=a1
; RSI=a2
; RDX=cnt
f:
        test    rdx, rdx    ; cnt==0이면 루프 종료
        je      .L1
; "a2"의 마지막 배열 요소를 계산해서 RDX에 저장
        lea     rax, [0+rdx*4]
; RAX=RDX*4=cnt*4
        sal     rdx, 5
; RDX=RDX<<5=cnt*32
        sub     rdx, rax
; RDX=RDX-RAX=cnt*32-cnt*4=cnt*28
        add     rdx, rsi
; RDX=RDX+RSI=a2+cnt*28
.L3:
        mov     eax, DWORD PTR [rsi]
        add     rsi, 28
        add     rdi, 12
        mov     DWORD PTR [rdi-12], eax
        cmp     rsi, rdx
        jne     .L3
.L1:
        rep     ret
```

더 이상 카운터 변수를 사용하지 않는다. GCC는 카운터 변수가 필요 없다고 판단한 것이다.

루프를 시작하기 전에 **a2** 배열의 마지막 요소(cnt 7)를 먼저 계산해 루프의 종료 시점을 알아낸다. 즉, 두 번째 배열의 인덱스가 계산한 마지막 인덱스 값에 도달하면 루프를 종료하는 것이다.

시프트/더하기/빼기를 이용한 곱하기는 1.18.1절에서 좀 더 많은 내용을 확인할 수 있다.

이를 C/C++ 코드로 다시 작성하면 다음과 같다.

```c
#include <stdio.h>

void f(int *a1, int *a2, size_t cnt)
{
    size_t idx1=0; idx2=0;
    size_t last_idx2=cnt*7;

    // 하나의 배열에서 다른 배열로 복사
    for (;;)
    {
        a1[idx1]=a2[idx2];
        idx1+=3;
        idx2+=7;
        if (idx2==last_idx2)
            break;
    };
};
```

ARM64용 GCC(Linaro) 4.9의 결과도 비슷하지만 **a2** 대신 **a1**의 마지막 인덱스를 먼저 계산해 동일한 용도로 사용한다.

리스트 3.15: 최적화를 수행한 GCC(Linaro) 4.9 ARM64

```asm
; X0=a1
; X1=a2
; X2=cnt
f:
        cbz     x2, .L1         ; cnt==0이면 루프 종료
; "a1" 배열의 마지막 요소를 계산
        add     x2, x2, x2, lsl 1
; X2=X2+X2<<1=X2+X2*2=X2*3
        mov     x3, 0
        lsl     x2, x2, 2
; X2=X2<<2=X2*4=X2*3*4=X2*12
.L3:
        ldr     w4, [x1],28     ; X1에 로드한 다음에 28을 더한다(사후 증가).
        str     w4, [x0,x3]     ; X0+X3=a1+X3
        add     x3, x3, 12      ; X3 시프트
        cmp     x3, x2          ; 종료?
        bne     .L3
.L1:
        ret
```

MIPS를 위한 GCC 4.4.5도 동일하다.

리스트 3.16: MIPS(IDA)를 위해 최적화를 수행한 GCC 4.4.5

```
; $a0=a1
; $a1=a2
; $a2=cnt
f:
; 루프 체크 코드로 점프
        beqz    $a2, locret_24
; 카운터 (i)를 0으로 초기화
        move    $v0, $zero       ; 브랜치 지연 슬롯, NOP
loc_8:
        ; $a1의 32비트 워드를 로드
        lw      $a3, 0($a1)
; 카운터 (i) 증가
        addiu   $v0, 1
; 종료 여부를 검사($v0에 있는 "i" 값과 $a2의 "cnt" 값을 비교
        sltu    $v1, $v0, $a2
; $a0에 32비트 워드 저장
        sw      $a3, 0($a0)
; 반복할 때마다 0x1C(28)을 $a1에 더한다.
        addiu   $a1, 0x1C
; i<cnt이면 루프 시작점으로 점프
        bnez    $v1, loc_8
; 반복할 때마다 0xC(12)를 $a0에 더한다.
        addiu   $a0, 0xC         ; 브랜치 지연 슬롯
locret_24:
        jr      $ra
        or      $at, $zero       ; 브랜치 지연 슬롯, NOP
```

3.7.3 인텔 C++ 2011의 경우

컴파일러의 최적화 결과가 이상하게 보일 수도 있다. 다음은 인텔 C++ 2011의 결과다.

리스트 3.17: 최적화를 수행한 인텔 C++ 2011 x64

```
f       PROC
; 인자 1: rcx = a1
; 인자 2: rdx = a2
; 인자 3: r8 = cnt
.B1.1::
        test    r8, r8
        jbe     exit

.B1.2::
        cmp     r8, 6
        jbe     just_copy
```

```
.B1.3::
        cmp     rcx, rdx
        jbe     .B1.5

.B1.4::
        mov     r10, r8
        mov     r9, rcx
        shl     r10, 5
        lea     rax, QWORD PTR [r8*4]
        sub     r9, rdx
        sub     r10, rax
        cmp     r9, r10
        jge     just_copy2

.B1.5::
        cmp     rdx, rcx
        jbe     just_copy

.B1.6::
        mov     r9, rdx
        lea     rax, QWORD PTR [r8*8]
        sub     r9, rcx
        lea     r10, QWORD PTR [rax+r8*4]
        cmp     r9, r10
        jl      just_copy

just_copy2::
; R8 = cnt
; RDX = a2
; RCX = a1
        xor     r10d, r10d
        xor     r9d, r9d
        xor     eax, eax

.B1.8::
        mov     r11d, DWORD PTR [rax+rdx]
        inc     r10
        mov     DWORD PTR [r9+rcx], r11d
        add     r9, 12
        add     rax, 28
        cmp     r10, r8
        jb      .B1.8
        jmp     exit

just_copy::
; R8 = cnt
; RDX = a2
; RCX = a1
        xor     r10d, r10d
        xor     r9d, r9d
```

```
        xor     eax, eax
.B1.11::
        mov     r11d, DWORD PTR [rax+rdx]
        inc     r10
        mov     DWORD PTR [r9+rcx], r11d
        add     r9, 12
        add     rax, 28
        cmp     r10, r8
        jb      .B1.11

exit::
        ret
```

먼저 몇 가지 결정이 내려지고 루틴 중 하나가 실행된다.

그것은 배열이 교차하는지 확인하는 것처럼 보인다.

이는 매우 잘 알려진 최적화된 메모리 블록 복사 방법이다. 그런데 복사 루틴은 동일한 것일까?

이는 인텔 C++ 최적화기의 에러로 보이지만 그럼에도 불구하고 올바로 동작한다.

컴파일러의 출력 결과가 이상하게 보이지만 정상 동작하는 경우에 독자의 이해를 돕고자 이 예제를 일부러 추가했다.

3.8 더프의 디바이스

더프의 디바이스^{Duff's device}(https://en.wikipedia.org/wiki/Duff's_device)는 펼쳐진 루프라고 할 수 있으며, 루프의 중간으로 점프할 수 있다. 즉, switch()문을 이용해 펼쳐진 루프를 구현한다. 여기서는 톰 더프가 만든 원래의 코드보다 좀 더 단순화된 코드를 살펴볼 것이다. 메모리상의 일정 영역을 초기화하는 함수를 작성해야 한다고 생각해보자. 단순한 루프문을 이용해 한 바이트씩 초기화하는 코드를 작성할 수는 있지만 그렇게 하면 속도가 매우 느리다. 요즘 컴퓨터들은 훨씬 넓은 메모리 버스를 갖고 있기 때문이다. 따라서 더 좋은 방법은 바이트 단위가 아닌 4바이트나 8바이트 블록씩 메모리를 초기화하는 것이다. 여기서는 64비트 예제를 다룰 것이기 때문에 8바이트 블록씩 메모리를 초기화할 것이다. 이는 그럭저럭 괜찮은 방법이지만 초기화할 메모리 블록이 8바이트 블록으로 딱 떨어지지 않는 경우는 어떻게 할 것인가? 초기화할 메모리 영역의 크기가 8의 배수가 아니더라도 초기화를 다음과 같은 알고리즘으로 수행할 수 있다.

- 메모리 영역에서 8바이트 블록의 수를 계산해 그것을 8바이트(64비트)씩 초기화한다.
- 8바이트로 딱 떨어지지 않는 부분의 크기를 계산하고 그 부분은 1바이트씩 초기화를 수행한다.

두 번째 단계는 다음과 같이 펼쳐진 루프 형태로 구현할 수 있다.

```c
#include <stdint.h>
#include <stdio.h>

void bzero(uint8_t* dst, size_t count)
{
    int i;

    if (count&(~7))
        // 8 바이트 블록씩 초기화
        for (i=0; i<count>>3; i++)
        {
            *(uint64_t*)dst=0;
            dst=dst+8;
        };

    // 나머지 부분을 초기화
    switch(count & 7)
    {
        case 7: *dst++ = 0;
        case 6: *dst++ = 0;
        case 5: *dst++ = 0;
        case 4: *dst++ = 0;
        case 3: *dst++ = 0;
        case 2: *dst++ = 0;
        case 1: *dst++ = 0;
        case 0: // 아무것도 안 한다.
            break;
    }
}
```

동작 방식을 이해해보자. 우선 초기화할 메모리 영역의 크기는 64비트 값으로 전달된다. 그리고 메모리 영역의 크기는 다음과 같이 두 부분으로 나눌 수 있다.

(‘B’ 부분은 8바이트 블록의 수를 나타내고 ‘S’ 부분은 나머지 바이트의 길이를 나타낸다)

입력된 메모리 영역의 크기를 8로 나누는 것은 크기를 단순히 오른쪽으로 3비트 시프트시키는 것과 같다. 그리고 나머지의 크기를 나타내고자 하위 3비트를 별도로 분리했다. 8바이트 블록의 수는 count >> 3로 계산하고 나머지는 count&7로 계산한다. 또한 8바이트 프로시저를 실행할 것인지도 알아야 하기 때문에 count 값이 7보다 큰지 확인해야 한다. 이를 위해 하위 3비트를 초기화하고 결괏값을 0과 비교한다. 여기서 필요한 것은 count의 상위 부분이 0이 아닌지 확인하는 것이다. 8은 2^3이기 때문에 2^n으로 나눠보면 쉽게 알 수 있다. 다른 수인 경우에는 불가능하다. 이 방법은 코드의 가독성을 떨어뜨리기 때문에 실제로 가치 있는 방법인지는 논란의 여지가 있을 수 있다. 그럼에도 불구하고 이 방법은 매우 많이 사용되며, 프로그래머라면 사용하지 않더라도 이해해야 한다.

첫 번째 부분은 간단하다. 즉, 8바이트 블록의 수를 구해 해당 영역에 64비트의 0 값을 써넣으면 된다. 두 번째 부분이 switch()문을 이용해 펼쳐진 루프를 구현하는 부분이다. 먼저 무엇을 해야 하는지부터 기술해보자.

count&7 값이 말해주는 만큼 메모리를 0바이트로 초기화해야 한다. count&7 값이 0이라면 더 이상 수행할 것이 없기 때문에 종료한다. 1이라면 switch()문 안으로 점프해 하나의 바이트만을 초기화한다. 2라면 2바이트를 초기화하는 부분으로 점프해 초기화를 수행한다. 7이라면 switch()문의 모든 초기화 연산을 수행(7번 수행)한다. 8인 경우는 없다. 8바이트 영역의 메모리는 함수의 첫 번째 단계에서 처리되기 때문이다. 펼쳐진 루프는 오래된 컴퓨터에서도 상당히 빠르다(최신 CPU는 펼쳐진 루프보다는 짧은 루프에서 더 빠른 성능을 낸다). 이는 비용이 저렴한 임베디드 MCU[Microcontroller Unit]에서는 여전히 유용하다.

최적화를 수행한 MSVC 2012의 결과를 보자.

```
dst$ = 8
```

```
count$ = 16
bzero   PROC
        test    rdx, -8
        je      SHORT $LN11@bzero
; 8바이트 블록을 처리
        xor     r10d, r10d
        mov     r9, rdx
        shr     r9, 3
        mov     r8d, r10d
        test    r9, r9
        je      SHORT $LN11@bzero
        npad    5
$LL19@bzero:
        inc     r8d
        mov     QWORD PTR [rcx], r10
        add     rcx, 8
        movsxd  rax, r8d
        cmp     rax, r9
        jb      SHORT $LL19@bzero
$LN11@bzero:
; 나머지 바이트를 처리
        and     edx, 7
        dec     rdx
        cmp     rdx, 6
        ja      SHORT $LN9@bzero
        lea     r8, OFFSET FLAT:__ImageBase
        mov     eax, DWORD PTR $LN22@bzero[r8+rdx*4]
        add     rax, r8
        jmp     rax
$LN8@bzero:
        mov     BYTE PTR [rcx], 0
        inc     rcx
$LN7@bzero:
        mov     BYTE PTR [rcx], 0
        inc     rcx
$LN6@bzero:
        mov     BYTE PTR [rcx], 0
        inc     rcx
$LN5@bzero:
        mov     BYTE PTR [rcx], 0
        inc     rcx
$LN4@bzero:
        mov     BYTE PTR [rcx], 0
        inc     rcx
$LN3@bzero:
        mov     BYTE PTR [rcx], 0
        inc     rcx
```

```
$LN2@bzero:
        mov     BYTE PTR [rcx], 0
$LN9@bzero:
        fatret  0
        npad    1
$LN22@bzero:
        DD      $LN2@bzero
        DD      $LN3@bzero
        DD      $LN4@bzero
        DD      $LN5@bzero
        DD      $LN6@bzero
        DD      $LN7@bzero
        DD      $LN8@bzero
bzero   ENDP
```

함수의 첫 부분은 예상 가능하다. 두 번째 부분은 펼쳐진 루프 부분으로, 수행할 명령어가 있는 부분으로 점프해 제어 흐름을 넘긴다. MOV/INC 명령어 쌍 사이에는 어떤 명령어도 없기 때문에 자연스럽게 끝까지 실행돼 필요한 만큼 연산이 수행되게 만들었다. 그런데 MOV/INC 명령어 쌍이 고정된 수의 바이트(3+3)를 소비한다는 것을 관찰할 수 있다. 따라서 MOV/INC 명령어 쌍은 6바이트로 이뤄졌다. switch()문의 점프 테이블을 제거할 수 있다. 즉, 입력값에 6을 곱해 current_RIP + input_value * 6으로 이동하면 된다.

이는 점프 테이블에서 값을 가져올 필요가 없기 때문에 실행 속도를 빠르게 만들어준다.

빠른 곱하기를 위해서는 6이 적당한 상수가 아닐 수도 있지만 이를 통해 좀 더 나은 방법[5]을 고민할 수도 있다.

이는 예전 방식의 펼쳐진 루프 예제라고 할 수 있다.

3.8.1 펼쳐진 루프를 사용해야 할까?

RAM과 CPU 사이에 빠른 캐시 메모리가 없어 RAM에서 매번 다음에 실행할 명령어를 가져와야 한다면 펼쳐진 루프를 사용하는 것은 의미가 있다. 최신의 저가형 MCU와 구형 CPU가 그런 경우에 해당된다.

---

5. 명령어 쌍이 4바이트 또는 8바이트로 이뤄지게 하는 방식으로 코드를 다시 작성해 점프 테이블을 제거할 수도 있다. STOSB 명령어를 사용하면 1바이트도 가능하다.

RAM과 CPU 사이에 빠른 캐시 메모리가 있다면 펼쳐진 루프는 짧은 루프보다 느리다. 짧은 루프의 코드가 캐시에 저장될 수 있고 CPU는 RAM이 아닌 캐시에서 명령어를 가져올 것이기 때문이다. 빠른 루프는 자신의 코드가 L1 캐시에 저장할 수 있을 정도의 크기를 갖는 루프며, 그보다 더 빠른 루프는 마이크로 연산 캐시에 저장할 수 있는 크기를 갖는 것이다.

3.9 곱하기를 이용한 나누기

다음은 매우 간단한 함수다.

```
int f(int a)
{
    return a/9;
};
```

3.9.1 x86

x86에서는 예측 가능한 방식으로 컴파일된다.

리스트 3.18: MSVC

```
_a$ = 8             ; 크기= 4
_f      PROC
    push    ebp
    mov     ebp, esp
    mov     eax, DWORD PTR _a$[ebp]
    cdq     ; EAX를 부호 확장해 EDX:EAX
    mov     ecx, 9
    idiv    ecx
    pop     ebp
    ret     0
_f  ENDP
```

IDIV 명령어는 EDX:EAX 레지스터에 있는 64비트 값을 ECX 레지스터에 있는 값으로 나눈다. 나눈 몫은 EAX에 나머지는 EDX 레지스터에 저장된다. f() 함수가 리턴되더라도 나누기 연산의 결괏값은 변경되지 않는다.

값이 나눗셈 연산 후에 이동되지 않도록 그 결과 이미 적절한 장소에 상기 EAX 레지스터의 f() 함수로 리턴한다.

IDIV 명령어는 EDX:EAX 레지스터 쌍에 있는 값을 이용하기 때문에 CDQ 명령어는 IDIV 명령어가 실행되기 전에 MOVSX 명령어처럼 EAX 레지스터 값의 부호를 고려해 64비트 값으로 확장한다.

최적화 옵션(/0x)을 설정하고 컴파일하면 다음과 같은 결과를 얻을 수 있다.

리스트 3.19: 최적화를 수행한 MSVC

```
_a$ = 8 ; 크기 = 4
_f      PROC
    mov    ecx, DWORD PTR _a$[esp-4]
    mov    eax, 954437177  ; 38e38e39H
    imul   ecx
    sar    edx, 1
    mov    eax, edx
    shr    eax, 31          ; 0000001fH
    add    eax, edx
    ret    0
_f      ENDP
```

이는 곱하기를 이용한 나머지 연산이다. 곱하기 연산은 나누기 연산보다 빠르다. 그리고 이 기법[6]을 이용하면 효과적이고 빠른 코드를 생성할 수 있다.

컴파일러 최적화에서는 이를 '강도 감소'라고도 한다.

GCC 4.4.1은 추가적인 최적화 플래그를 사용하지 않더라도 최적화를 수행한 MSVC의 결과와 거의 동일한 코드를 만들어낸다.

리스트 3.20: 최적화를 수행하지 않은 GCC 4.4.1

```
        public f
f       proc near

arg_0   = dword ptr 8

        push   ebp
        mov    ebp, esp
        mov    ecx, [ebp+arg_0]
        mov    edx, 954437177  ; 38E38E39h
```

---

6. 곱하기를 이용한 나누기는 헨리 S. 워렌의 『해커의 기쁨(Hacker's Delight)』(2002, 10-3)을 참고하기 바란다.

```
        mov     eax, ecx
        imul    edx
        sar     edx, 1
        mov     eax, ecx
        sar     eax, 1Fh
        mov     ecx, edx
        sub     ecx, eax
        mov     eax, ecx
        pop     ebp
        retn
f       endp
```

3.9.2 동작 방식

학교에서 배운 수학을 상기해보면 9로 나누는 것은 $\frac{1}{9}$을 곱하는 것으로 바꿀 수 있다. 컴파일러는 때때로 부동소수점 연산에서 이 방법을 사용한다. 예를 들면 x86 코드에서 FDIV 명령어는 FMUL 명령어로 교체될 수 있다. MSVC 6.0은 9로 나누는 것을 0.111111...로 곱하는 연산으로 교체할 것이다. 그러면 원래의 소스코드가 어떤 연산을 수행한 것인지 알아내기 어려워진다.

하지만 정수 연산과 정수 CPU 레지스터를 이용하는 경우에는 분수를 사용할 수 없다. 그럼에도 불구하고 다음과 같은 방식으로 분수를 사용할 수 있다.

$$결과 = \frac{x}{9} = x \cdot \frac{1}{9} = x \cdot \frac{1 \cdot 매직넘버}{9 \cdot 매직넘버}$$

2^n으로 나누는 연산은 매우 빠르다(시프트 연산을 이용)는 사실을 바탕으로 $2^n = 9 \cdot$ 매직넘버가 참이 되게 만들어주는 매직 넘버를 찾으면 된다.

2^{32}로 나누는 경우에는 결괏값의 하위 32비트(EAX 레지스터)는 사용되지 않고 단지 결괏값의 상위 32비트(EDX 레지스터)만 사용되며 추가적으로 1비트가 시프트된다.

다시 말하면 앞서 본 어셈블리 코드는 $\frac{954437177}{2^{32+1}}$로 곱하거나 $\frac{2^{32+1}}{954437177}$로 나누는 것이다. 나누기 연산의 제수를 찾으려면 분자를 분모로 나눠야 한다. Wolfram Alpha를 이용하면 결과로 8.99999999...라는 값(9에 가까운 값)을 얻을 수 있다.

이에 대해서는 헨리 워렌의 『해커의 기쁨(Hacker's Delight)』(2002, 10-3)을 참고하기 바란다.

곱한 값의 하위 32비트 부분(또는 64비트 부분)을 이용하지 않을 때 많은 사람이 2^{32} 또는 2^{64}으로 나누는 것을 까먹는다. 이 때문에 처음에는 곱하기를 이용한 나누기 연산을 이해하기 힘들어 하는 것이다.

Mathematics for Programmers(https://yurichev.com/writings/Math-for-programmers.pdf) 도 참고할 만한 자료다.

3.9.3 ARM

다른 '순수한' RISC 프로세서처럼 ARM 프로세서에는 나누기를 이용한 명령어가 없다. 또한 32비트 상수로 곱하기를 수행하는 단일 명령어도 없다(32비트 상수는 32비트 opcode에 담을 수 없다는 사실을 상기하자).

곱하기를 이용한 나누기 수행 기법을 이용하면 세 개의 명령어만으로 나누기를 수행할 수 있다. 즉, 더하기, 빼기, 비트 시프트 명령어다.

『Advanced RISC Machines Ltd, The ARM Cookbook』(1994) 3.3 Division by a Constant 에서는 10으로 32비트 수를 나누는 예제를 볼 수 있다. 결괏값은 몫과 나머지로 구성된다.

```
; a1에서 인자를 가져온다.
; a1에는 몫을 a2에는 나머지를 반환
; 나누기 또는 나머지만 필요한 경우에는 주기를 저장할 수 있다.
        SUB     a2, a1, #10             ; 나중을 위해 (x-10)을 저장
        SUB     a1, a1, a1, lsr #2
        ADD     a1, a1, a1, lsr #4
        ADD     a1, a1, a1, lsr #8
        ADD     a1, a1, a1, lsr #16
        MOV     a1, a1, lsr #3
        ADD     a3, a1, a1, asl #2
        SUBS    a2, a2, a3, asl #1      ; (x-10) - (x/10)*10 계산
        ADDPL   a1, a1, #1             ; 몫을 수정
        ADDMI   a2, a2, #10           ; 나머지를 수정
        MOV     pc, lr
```

최적화를 수행한 Xcode 4.6.3(LLVM)(ARM 모드)

```
__text:00002C58 39 1E 08 E3 E3 18 43 E3    MOV     R1, 0x38E38E39
__text:00002C60 10 F1 50 E7                SMMUL   R0, R0, R1
__text:00002C64 C0 10 A0 E1                MOV     R1, R0,ASR#1
__text:00002C68 A0 0F 81 E0                ADD     R0, R1, R0,LSR#31
__text:00002C6C 1E FF 2F E1                BX      LR
```

이 코드는 최적화를 수행한 MSVC와 GCC가 만들어낸 것과 거의 동일하다.

분명히 LLVM은 똑같은 알고리즘으로 상수를 만들어낸다.

세심한 독자라면 ARM 모드에서는 MOV 명령어로 32비트 값을 레지스터에 저장할 수 없는데, 어떻게 그것이 가능한지 의문을 가질 것이다. 실제로는 불가능하지만 우리가 보는 바와 같이 표준인 4바이트 명령 대신 8바이트 명령어가 사용됐다. 사실 그것은 두 개의 명령어로 이뤄진 것이다.

첫 번째 명령어는 레지스터의 하위 16비트에 0x8E39를 로드하고 두 번째 명령어는 MOVT로서 레지스터의 상위 16비트에 0x383E를 로드한다. IDA는 이러한 시퀀스를 잘 알고 있기 때문에 하나의 '의사 명령어'를 줄여 간단히 표현한 것이다.

SMMUL('Signed Most Significant Word Multiply') 명령어는 곱하기 연산에 사용되는 두 개의 수를 부호가 있는 수로 취급해 결과의 상위 32비트 부분을 R0 레지스터에 남겨두고 결과의 하위 32비트 부분은 제거한다.

'MOV R1, R0,ASR#1' 명령어는 오른쪽으로 1비트 시프트시키는 연산을 수행한다.

'ADD R0, R1, R0,LSR#31'은 R0 = R1 + R0 >> 31과 같다.

ARM 모드에서는 별도의 시프트 명령어가 없다. 대신 MOV, ADD, SUB, RSB[7]와 같은 명령어에 접미사를 추가해 두 번째 오퍼랜드를 시프트시켜야 하는지, 시프트시켜야 한다면 얼마나 어떻게 시켜야 하는지를 표시할 수 있다. ASR은 'Arithmetic Shift Right'를 LSR은 'Logical Shift Right'를 의미한다.

---

7. 이런 명령어를 데이터 처리 명령어라고 부른다.

최적화를 수행한 Xcode 4.6.3(LLVM)(Thumb-2 모드)

```
MOV        R1, 0x38E38E39
SMMUL.W    R0, R0, R1
ASRS       R1, R0, #1
ADD.W      R0, R1, R0,LSR#31
BX         LR
```

Thumb 모드에서는 시프트를 수행하기 위한 별도의 명령어가 있으며, 그중 하나가 **ASRS**('Arithmetic Shift Right')다.

최적화를 수행하지 않은 Xcode 4.6.3(LLVM)과 Keil 6/2013

최적화를 수행하지 않은 LLVM은 앞에서 본 형태의 코드를 만들어내지는 않는다. 대신 **___divsi3**이라는 라이브러리 함수 호출 부분을 추가한다.

Keil의 경우에는 항상 **__aeabi_idivmod**라는 라이브러리 함수 호출 부분을 추가한다.

3.9.4 MIPS

최적화를 수행한 GCC 4.4.5는 몇 가지 이유 때문에 나누기 명령어를 이용한다.

리스트 3.21: 최적화를 수행한 GCC 4.4.5(IDA)

```
f:
        li      $v0, 9
        bnez    $v0, loc_10
        div     $a0, $v0    ; 브랜치 지연 슬롯
        break   0x1C00        ; 어셈블리 출력과 objdump에서는 "break 7"
loc_10:
        mflo    $v0
        jr      $ra
        or      $at, $zero  ; 브랜치 지연 슬롯, NOP
```

새로운 명령어인 **BREAK**가 나왔다. **BREAK** 명령어는 예외를 발생시킨다.

위 코드에서는 0으로 나누기 연산을 할 때 예외를 발생시킨다(기존의 수학에서는 0으로 나누는 것이 불가능하다).

GCC는 최적화 작업을 제대로 수행하지 못했다. **$V0**의 값이 절대 0이 아니라는 사실을

알지 못했기 때문이다.

그래서 $V0의 값을 체크하는 부분이 필요했고, $V0의 값이 0이라면 BREAK 명령어가 실행돼 OS에게 예외에 대한 것을 알린다.

0이 아니면 MFLO 명령어가 실행돼 나누기 연산의 결과를 LO 레지스터에서 $V0으로 복사한다.

그런데 우리도 알다시피 MUL 명령어는 결괏값의 상위 32비트 부분을 HI에, 그리고 하위 32비트 부분을 LO 레지스터에 저장한다.

DIV 명령어는 나눈 몫을 LO 레지스터에, 그리고 나머지를 HI 레지스터에 저장한다.

소스코드를 'a % 9'로 변경하면 MFHI 명령어 대신 MFLO 명령어가 사용될 것이다.

3.9.5 연습

- http://challenges.re/27

3.10 문자열을 숫자로 변환(atoi())

C 표준 함수인 aoti()를 구현해보자.

3.10.1 간단한 예제

다음은 ASCII로 인코딩된 문자를 숫자로 읽는 가장 간단한 방법이다.

숫자를 나타내는 문자가 아니라면 잘못된 결과가 도출될 것이다.

```c
#include <stdio.h>

int my_atoi (char *s)
{
    int rt=0;

    while (*s)
    {
        rt=rt*10 + (*s-'0');
```

```
        s++;
    };
    return rt;
};
int main()
{
    printf ("%d\n", my_atoi ("1234"));
    printf ("%d\n", my_atoi ("1234567890"));
};
```

사용된 알고리즘은 단순히 문자를 왼쪽부터 오른쪽 방향으로 읽는 것이다.

그리고 각 문자에서 0을 나타내는 ASCII 문자를 뺀다.

ASCII 테이블에서 '0'에서 '9'까지의 숫자는 연속적이므로 '0' 문자의 정확한 값을 알 필요조차 없다.

단지 '0'-'0'의 값은 0이고 '9'-'0'의 값은 9라는 사실만 알면 된다.

각각의 문자에서 '0'을 빼면 0에서 9까지의 숫자가 된다.

물론 숫자가 아닌 다른 문자인 경우에는 잘못된 결과가 나온다.

결과로 도출된 값은 이전 결과에 더해야 하며(변수 rt를 이용), 이전 결과에는 자릿수를 의미하는 0을 곱해줘야 한다.

즉, 반복문을 수행할 때마다 결괏값인 10진수를 왼쪽으로 한 번 시프트시키는 것이다.

그리고 마지막 숫자는 시프트 없이 단순히 더하기만 한다.

최적화를 수행한 MSVC 2013 x64

리스트 3.22: 최적화를 수행한 MSVC 2013 x64

```
s$ = 8
my_atoi    PROC
; 첫 번째 문자 로드
        movzx   r8d, BYTE PTR [rcx]
; "rt" 변수를 위해 EAX 할당
; EAX의 초깃값은 0
        xor     eax, eax
; 첫 번째 문자가 문자열 끝을 나타내는 0인가?
```

```
; 그렇다면 종료
        test    r8b, r8b
        je      SHORT $LN9@my_atoi
$LL2@my_atoi:
        lea     edx, DWORD PTR [rax+rax*4]
; EDX=RAX+RAX*4=rt+rt*4=rt*5
        movsx   eax, r8b
; EAX=입력 문자
; R8D에 다음 문자를 로드
        movzx   r8d, BYTE PTR [rcx+1]
; RCX의 포인터를 다음 문자를 가리키게 시프트
        lea     rcx,QWORD PTR [rcx+1]
        lea     eax, DWORD PTR [rax+rdx*2]
; EAX=RAX+RDX*2=입력 문자 + rt*5*2=입력 문자 + rt*10
; 48 (0x30 or '0')을 뺀다.
        add     eax, -48 ; ffffffffffffffd0H
; 문자열 끝을 나타내는 0인가? test r8b, r8b
; 그렇지 않다면 루프 시작 부분으로 점프
        jne     SHORT $LL2@my_atoi
$LN9@my_atoi:
        ret     0
my_atoi ENDP
```

문자는 두 곳에 로드될 수 있다. 첫 번째 문자가 로드되는 곳과 그 외의 이어지는 문자들이 로드되는 곳이다. 이는 루프를 위해 그룹화한 것이다.

10을 곱하기 위한 명령어는 없기 때문에 두 개의 **LEA** 명령어가 대신 사용됐다.

MSVC는 때때로 **SUB** 명령어 대신 **ADD** 명령어로 음수를 나타내는 상수와의 더하기 연산을 만들어낸다.

이것이 **SUB** 명령어보다 더 좋은 이유를 말하기는 매우 힘들지만 MSVC는 종종 그렇게 한다.

최적화를 수행한 GCC 4.9.1 x64

최적화를 수행한 GCC 4.9.1은 더 간결한 코드를 만들어내지만 중복된 **RET** 명령어를 사용한다.

리스트 3.23: 최적화를 수행한 GCC 4.9.1 x64

```
my_atoi:
```

```
; 입력 문자를 EDX에 로드
        movsx   edx, BYTE PTR [rdi]
; "rt" 변수를 위해 EAX 할당
        xor     eax, eax
; 로드한 문자가 NULL 바이트면 종료
        test    dl, dl
        je      .L4
.L3:
        lea     eax, [rax+rax*4]
; EAX=RAX*5=rt*5
; 다음 문자열을 가리키게 포인터 시프트
        add     rdi, 1
        lea     eax, [rdx-48+rax*2]
; EAX=입력 문자- 48 + RAX*2 = 입력 문자 - '0' + rt*10
; 다음 문자를 로드
        movsx   edx, BYTE PTR [rdi]
; 로드한 문자가 NULL 바이트가 아니라면 루프의 시작 부분으로 점프
        test    dl, dl
        jne     .L3
        rep     ret
.L4:
        rep     ret
```

최적화를 수행한 Keil 6/2013(ARM 모드)

리스트 3.24: 최적화를 수행한 Keil 6/2013(ARM 모드)

```
my_atoi     PROC
; R1은 문자에 대한 포인터
        MOV     r1,r0
; R0는 "rt" 변수
        MOV     r0,#0
        B       |L0.28|
|L0.12|
        ADD     r0,r0,r0,LSL #2
; R0=R0+R0<<2=rt*5
        ADD     r0,r2,r0,LSL #1
; R0=입력 문자 + rt*5<<1 = 입력 문자 + rt*10
; rt에서 '0'을 뺀다.
        SUB     r0,r0,#0x30
; 다음 문자를 가리키게 포인터를 시프트
        ADD     r1,r1,#1
|L0.28|
; R2에 입력 문자 로드
        LDRB    r2,[r1,#0]
```

```
; NULL 바이트인가? 그렇지 않다면 로프를 다시 시작
        CMP     r2,#0
        BNE     |L0.12|
;NULL 바이트이면 종료
; "rt" 변수는 여전히 R0 레지스터에 있으며 호출 함수에서 사용할 준비가 됐다.
        BX      lr
        ENDP
```

최적화를 수행한 Keil 6/2013(Thumb 모드)

리스트 3.25: 최적화를 수행한 Keil 6/2013(Thumb 모드)

```
my_atoi     PROC
; R1은 입력 문제에 대한 포인터
        MOVS    r1,r0
; R0는 "rt" 변수를 위해 할당
        MOVS    r0,#0
        B       |L0.16|
|L0.6|
        MOVS    r3,#0xa
; R3=10
        MULS    r0,r3,r0
; R0=R3*R0=rt*10
; 다음 문자를 가리키게 포인터를 시프트
        ADDS    r1,r1,#1
; '0'을 뺀다.
        SUBS    r0,r0,#0x30
        ADDS    r0,r2,r0
; rt=R2+R0=입력 문자 + (rt*10 - '0')
|L0.16|
; R2에 입력 문자를 로드
        LDRB    r2,[r1,#0]
; 0인가?
        CMP     r2,#0
; 그렇지 않다면 루프를 다시 시작
        BNE     |L0.6|
; "rt" 변수는 여전히 R0 레지스터에 있으며 호출 함수에서 사용할 준비가 됐다.
        BX      lr
        ENDP
```

학교에서는 더하기 연산과 빼기 연산의 실행 순서가 상관이 없다고 배웠다. 여기서도
마찬가지다.

먼저 rt * 10 - '0' 연산이 수행되고 그다음에 입력 문자를 더한다.

순서가 바뀌었어도 결과는 동일하지만 컴파일러는 다시 그룹화를 수행했다.

최적화를 수행한 GCC 4.9.1 ARM64

ARM64 컴파일러는 사전 증분 명령어 접미사를 사용할 수 있다.

리스트 3.26: 최적화를 수행한 GCC 4.9.1 ARM64

```
my_atoi:
; W1에 입력 문자 로드
        ldrb    w1, [x0]
        mov     x2, x0
; X2=입력 문자열의 주소
; 로드된 문자가 0인가?
; 그렇다면 종료
; 이 경우 W1은 0을 갖고 있을 것이다.
; 그리고 L4에서 W0로 다시 로드될 것이다.
        cbz     w1, .L4
; W0은 "rt" 변수
; 초깃값은 0
        mov     w0, 0
.L3:
; 입력 변수에서 48 또는 '0'을 빼서 W3에 저장
        sub     w3, w1, #48
; X2+1 주소에 있는 다음 문자를 사전 증분해서 W1에 로드
        ldrb    w1, [x2,1]!
        add     w0, w0, w0, lsl 2
; W0=W0+W0<<2=W0+W0*4=rt*5
        add     w0, w3, w0, lsl 1
; W0=입력 숫자+ W0<<1 = 입력 숫자 + rt*5*2 = 입력 숫자 + rt*10
; 로드한 문자가 NULL 바이트가 아니면 루프 시작 부분으로 점프
        cbnz    w1, .L3
; 리턴될 변수 (rt)는 W0에 있으며 호출 함수에서 사용할 준비가 됐다.
        ret
.L4:
        mov     w0, w1
        ret
```

3.10.2 좀 더 복잡한 예제

좀 더 복잡한 예제를 살펴보자. 즉, 첫 번째 문자에 '음수' 표시가 돼 있는지 확인하고 입력 문자에 숫자를 나타내는 문자가 있다면 에러를 출력한다.

```
#include <stdio.h>

int my_atoi (char *s)
{
    int negative=0;
    int rt=0;

    if (*s=='-')
    {
        negative=1;
        s++;
    };

    while (*s)
    {
        if (*s<'0' || *s>'9')
        {
            printf ("Error! Unexpected char: '%c'\n", *s);
            exit(0);
        };

        rt=rt*10 + (*s-'0');
        s++;
    };

    if (negative)
        return -rt;
    return rt;
};

int main()
{
    printf ("%d\n", my_atoi ("1234"));
    printf ("%d\n", my_atoi ("1234567890"));
    printf ("%d\n", my_atoi ("-1234"));
    printf ("%d\n", my_atoi ("-1234567890"));
    printf ("%d\n", my_atoi ("-a1234567890")); // error
};
```

최적화를 수행한 GCC 4.9.1 x64

리스트 3.27: 최적화를 수행한 GCC 4.9.1 x64

```
.LC0:
        .string "Error! Unexpected char: '%c'\n"

my_atoi:
        sub     rsp, 8
        movsx   edx, BYTE PTR [rdi]
```

```
; 음수인지 체크
        cmp     dl, 45   ; '-'
        je      .L22
        xor     esi, esi
        test    dl, dl
        je      .L20
.L10:
; 음수가 아니라면 ESI는 0, 음수라면 ESI는 1
        lea     eax, [rdx-48]
; 숫자가 아닌 문자는 빼기 연산을 하면 9보다 큰 양수가 되며 그것은 숫자가 아니므로
; 에러를 출력하는 L4로 점프한다.
        cmp     al, 9
        ja      .L4
        xor     eax, eax
        jmp     .L6
.L7:
        lea     ecx, [rdx-48]
        cmp     cl, 9
        ja      .L4
.L6:
        lea     eax, [rax+rax*4]
        add     rdi, 1
        lea     eax, [rdx-48+rax*2]
        movsx   edx, BYTE PTR [rdi]
        test    dl, dl
        jne     .L7
; 음수가 아니라면 NEG 명령어를 생략
; 음수이면 NEG 명령어 실행
        test    esi, esi
        je      .L18
        neg     eax
.L18:
        add     rsp, 8
        ret
.L22:
        movsx   edx, BYTE PTR [rdi+1]
        lea     rax, [rdi+1]
        test    dl, dl
        je      .L20
        mov     rdi, rax
        mov     esi, 1
        jmp     .L10
.L20:
        xor     eax, eax
        jmp     .L18
.L4:
; EDX에 있는 에러 문자를 출력
```

```
mov     edi, 1
mov     esi, OFFSET FLAT:.LC0   ; "Error! Unexpected char: '%c'\n"
xor     eax, eax
call    __printf_chk
xor     edi, edi
call    exit
```

문자열이 '음수' 기호로 시작하면 마지막에 NEG 명령어가 실행된다. NEG 명령어는 단순히 숫자의 기호를 반대로 만든다.

한 가지 더 언급할 내용이 있다.

문자가 숫자를 나타내는 문자인지 어떻게 판단할까? 소스코드에는 다음과 같은 코드가 있다.

```
if (*s<'0' || *s>'9')
   ...
```

두 개의 비교 연산이 있다.

흥미로운 점은 두 개의 연산을 하나로 바꿀 수 있다는 것이다. 즉, 문자 값에서 '0'을 빼고 그 결과를 부호 없는 수로 취급(이 부분이 중요하다)해서 9보다 큰지 확인하면 된다.

예를 들면 사용자가 입력한 문자열에 '.' 문자(ASCII 코드 값으로 46)가 포함돼 있다고 생각해보자. 빼기 연산의 결괏값을 부호 있는 수로 취급한다면 46 – 48 = –2가 될 것이다.

실제로 '.' 문자는 ASCII 테이블에서 '0' 문자보다 두 칸 앞에 위치한다. 빼기 연산의 결괏값을 부호 없는 수로 취급한다면 0xFFFFFFFE(4294967294)가 되고 9보다 상당히 큰 수가 된다.

컴파일러는 이 방법을 자주 사용하기 때문에 이 방법을 기억하고 있어야 한다.

이에 대한 또 다른 예제는 3.16.1절에서 볼 수 있다.

최적화를 수행하는 MSVC 2013 x64도 이 방법을 사용한다.

최적화를 수행한 Keil 6/2013(ARM 모드)

리스트 3.28: 최적화를 수행한 Keil 6/2013(ARM 모드)

```
1   my_atoi PROC
2           PUSH    {r4-r6,lr}
3           MOV     r4,r0
4           LDRB    r0,[r0,#0]
5           MOV     r6,#0
6           MOV     r5,r6
7           CMP     r0,#0x2d '-'
8   ; 음수 기호를 발견하면 R6의 값은 1이 되고 그렇지 않으면 0이 된다.
9           MOVEQ   r6,#1
10          ADDEQ   r4,r4,#1
11          B       |L0.80|
12  |L0.36|
13          SUB     r0,r1,#0x30
14          CMP     r0,#0xa
15          BCC     |L0.64|
16          ADR     r0,|L0.220|
17          BL      __2printf
18          MOV     r0,#0
19          BL      exit
20  |L0.64|
21          LDRB    r0,[r4],#1
22          ADD     r1,r5,r5,LSL #2
23          ADD     r0,r0,r1,LSL #1
24          SUB     r5,r0,#0x30
25  |L0.80|
26          LDRB    r1,[r4,#0]
27          CMP     r1,#0
28          BNE     |L0.36|
29          CMP     r6,#0
30  ; 결괏값의 부호를 반대로 바꾼다.
31          RSBNE   r0,r5,#0
32          MOVEQ   r0,r5
33          POP     {r4-r6,pc}
34          ENDP
35
36  |L0.220|
37          DCB     "Error! Unexpected char: '%c'\n",0
```

32비트 ARM에는 **NEG** 명령어가 없어 '반대로 빼기' 연산(32번째 줄)이 사용됐다.

이 연산은 **CMP** 명령어의 결과(29번째 줄)가 'Not Equal'(-NE)인 경우에 실행된다.

RSBNE 명령어는 0에서 결괏값을 빼는 연산을 수행한다.

이는 일반적인 빼기 연산처럼 수행되지만 오퍼랜드의 순서가 반대다.

0에서 어떤 수를 빼면 부호가 반대가 된다. 즉, $0 - x = -x$

Thumb 모드의 코드도 거의 동일하다.

ARM64에서는 NEG 명령어를 사용할 수 있기 때문에 ARM64를 위한 GCC 4.9는 NEG 명령어를 사용할 수 있다.

3.10.3 연습

보안 연구원은 프로그램이 잘못된 데이터를 처리하는 동안 예기치 않은 동작을 수행하는 것을 종종 처리한다.

퍼징이 대표적인 예라고 할 수 있다. 연습을 위해 숫자가 아닌 문자를 입력해서 어떤 일이 발생하는지 테스트해볼 수 있다.

왜 그런 일이 발생했고 그 결과 어떤 일이 발생했는지 설명해보기 바란다.

3.11 인라인 함수

인라인 코드는 컴파일이 수행될 때 어떤 함수 호출 부분을 배치하는 대신 본문에 직접 코드를 삽입한 것이다.

리스트 3.29: 간단한 예제

```
#include <stdio.h>

int celsius_to_fahrenheit (int celsius)
{
    return celsius * 9 / 5 + 32;
};

int main(int argc, char *argv[])
{
    int celsius=atol(argv[1]);
    printf ("%d\n", celsius_to_fahrenheit (celsius));
};
```

위 코드는 예상되는 형태로 컴파일되지만 GCC의 최적화 옵션(-O3)을 설정하면 다음과 같은 코드를 만들어낸다.

리스트 3.30: 최적화를 수행한 GCC 4.8.1

```
_main:
        push    ebp
        mov     ebp, esp
        and     esp, -16
        sub     esp, 16
        call    ___main
        mov     eax, DWORD PTR [ebp+12]
        mov     eax, DWORD PTR [eax+4]
        mov     DWORD PTR [esp], eax
        call    _atol
        mov     edx, 1717986919
        mov     DWORD PTR [esp], OFFSET FLAT:LC2    ; "%d\n"
        lea     ecx, [eax+eax*8]
        mov     eax, ecx
        imul    edx
        sar     ecx, 31
        sar     edx
        sub     edx, ecx
        add     edx, 32
        mov     DWORD PTR [esp+4], edx
        call    _printf
        leave
        ret
```

(여기서는 곱하기 연산을 이용해 나누기 연산을 수행한다. 3.9절 참고)

간단한 함수인 celsius_to_fahrenheit()를 호출하는 부분이 없고 함수의 코드 자체가 printf() 함수 호출 전에 위치한다. 왜 그럴까? 함수를 호출하고 리턴하는 것보다 빠르기 때문이다.

최신의 컴파일러는 최적화를 위해 간단한 함수는 자동으로 인라인 함수로 만든다. 또한 함수 선언부에 'inline'이라는 키워드를 사용하면 컴파일러가 해당 함수를 인라인 함수로 처리하게 만들 수도 있다.

3.11.1 문자열과 메모리 함수

매우 일반적인 최적화 전략 중 하나는 strcpy(), strcmp(), strlen(), memset(), memcmp(), memcpy()와 같은 문자열과 메모리 함수를 인라인 처리하는 것이다.

때때로 함수를 별도로 호출하는 것보다 빠르기 때문이다.

이는 매우 빈번하게 이뤄지는 패턴이며 리버스 엔지니어는 이와 같은 컴파일러의 인라인 처리를 빠르게 알아차리는 방법을 배울 필요가 있다.

strcmp()

리스트 3.31: strcmp() 예제

```c
bool is_bool (char *s)
{
    if (strcmp (s, "true")==0)
        return true;
    if (strcmp (s, "false")==0)
        return false;

    assert(0);
};
```

리스트 3.32: 최적화를 수행한 GCC 4.8.1

```asm
.LC0:
        .string "true"
.LC1:
        .string "false"
is_bool:
.LFB0:
        push    edi
        mov     ecx, 5
        push    esi
        mov     edi, OFFSET FLAT:.LC0
        sub     esp, 20
        mov     esi, DWORD PTR [esp+32]
        repz    cmpsb
        je      .L3
        mov     esi, DWORD PTR [esp+32]
        mov     ecx, 6
        mov     edi, OFFSET FLAT:.LC1
        repz    cmpsb
        seta    cl
        setb    dl
        xor     eax, eax
        cmp     cl, dl
        jne     .L8
        add     esp, 20
```

```
            pop     esi
            pop     edi
            ret
    .L8:
            mov     DWORD PTR [esp], 0
            call    assert
            add     esp, 20
            pop     esi
            pop     edi
            ret
    .L3:
            add     esp, 20
            mov     eax, 1
            pop     esi
            pop     edi
            ret
```

리스트 3.33: 최적화를 수행한 MSVC 2010

```
$SG3454 DB      'true', 00H
$SG3456 DB      'false', 00H

_s$ = 8 ; 크기 = 4
?is_bool@@YA_NPAD@Z PROC   ; is_bool
            push    esi
            mov     esi, DWORD PTR _s$[esp]
            mov     ecx, OFFSET $SG3454     ; 'true'
            mov     eax, esi
            npad    4    ; 다음 레이블에 정렬
$LL6@is_bool:
            mov     dl, BYTE PTR [eax]
            cmp     dl, BYTE PTR [ecx]
            jne     SHORT $LN7@is_bool
            test    dl, dl
            je      SHORT $LN8@is_bool
            mov     dl, BYTE PTR [eax+1]
            cmp     dl, BYTE PTR [ecx+1]
            jne     SHORT $LN7@is_bool
            add     eax, 2
            add     ecx, 2
            test    dl, dl
            jne     SHORT $LL6@is_bool
$LN8@is_bool:
            xor     eax, eax
            jmp     SHORT $LN9@is_bool
$LN7@is_bool:
            sbb     eax, eax
```

```
            sbb     eax, -1
$LN9@is_bool:
            test    eax, eax
            jne     SHORT $LN2@is_bool
            mov     al, 1
            pop     esi
            ret     0
$LN2@is_bool:
            mov     ecx, OFFSET $SG3456      ; 'false'
            mov     eax, esi
$LL10@is_bool:
            mov     dl, BYTE PTR [eax]
            cmp     dl, BYTE PTR [ecx]
            jne     SHORT $LN11@is_bool
            test    dl, dl
            je      SHORT $LN12@is_bool
            mov     dl, BYTE PTR [eax+1]
            cmp     dl, BYTE PTR [ecx+1]
            jne     SHORT $LN11@is_bool
            add     eax, 2
            add     ecx, 2
            test    dl, dl
            jne     SHORT $LL10@is_bool
$LN12@is_bool:
            xor     eax, eax
            jmp     SHORT $LN13@is_bool
$LN11@is_bool:
            sbb     eax, eax
            sbb     eax, -1
$LN13@is_bool:
            test    eax, eax
            jne     SHORT $LN1@is_bool

            xor     al, al
            pop     esi

            ret     0
$LN1@is_bool:

            push    11
            push    OFFSET $SG3458
            push    OFFSET $SG3459
            call    DWORD PTR __imp___wassert
            add     esp, 12
            pop     esi

            ret     0
?is_bool@@YA_NPAD@Z ENDP   ; is_bool
```

strlen()

리스트 3.34: strlen() 예제

```
int strlen_test(char *s1)
{
    return strlen(s1);
};
```

리스트 3.35: 최적화를 수행한 MSVC 2010

```
_s1$ = 8          ; 크기 = 4
_strlen_test PROC
        mov     eax, DWORD PTR _s1$[esp-4]
        lea     edx, DWORD PTR [eax+1]
$LL3@strlen_tes:
        mov     cl, BYTE PTR [eax]
        inc     eax
        test    cl, cl
        jne     SHORT $LL3@strlen_tes
        sub     eax, edx
        ret     0
_strlen_test ENDP
```

strcpy()

리스트 3.36: strcpy() 예제

```
void strcpy_test(char *s1, char *outbuf)
{
    strcpy(outbuf, s1);
};
```

리스트 3.37: 최적화를 수행한 MSVC 2010

```
_s1$ = 8           ; 크기 = 4
_outbuf$ = 12      ; 크기 = 4
_strcpy_test PROC
        mov     eax, DWORD PTR _s1$[esp-4]
        mov     edx, DWORD PTR _outbuf$[esp-4]
        sub     edx, eax
        npad    6    ; 다음 레이블에 정렬
$LL3@strcpy_tes:
        mov     cl, BYTE PTR [eax]
```

```
        mov     BYTE PTR [edx+eax], cl
        inc     eax
        test    cl, cl
        jne     SHORT $LL3@strcpy_tes
        ret     0
_strcpy_test ENDP
```

memset()

예제 #1

리스트 3.38: 32바이트

```
#include <stdio.h>

void f(char *out)
{
    memset(out, 0, 32);
};
```

많은 컴파일러는 MOV 명령어를 이용해서 간단한 memset() 함수를 인라인 처리한다.

리스트 3.39: 최적화를 수행한 GCC 4.9.1 x64

```
f:
        mov     QWORD PTR [rdi], 0
        mov     QWORD PTR [rdi+8], 0
        mov     QWORD PTR [rdi+16], 0
        mov     QWORD PTR [rdi+24], 0
        ret
```

1.1.16절의 펼쳐진 루프를 상기해보기 바란다.

예제 #2

리스트 3.40: 67바이트

```
#include <stdio.h>

void f(char *out)
{
    memset(out, 0, 67);
};
```

726
```
```

메모리 블록의 크기가 4나 8의 배수가 아니 경우 컴파일러는 조금 다르게 처리한다. MSVC 2012는 여전히 MOV 명령어를 이용해 인라인 처리한다.

리스트 3.41: 최적화를 수행한 MSVC 2012 x64

```
out$ = 8
f       PROC
        xor     eax, eax
        mov     QWORD PTR [rcx], rax
        mov     QWORD PTR [rcx+8], rax
        mov     QWORD PTR [rcx+16], rax
        mov     QWORD PTR [rcx+24], rax
        mov     QWORD PTR [rcx+32], rax
        mov     QWORD PTR [rcx+40], rax
        mov     QWORD PTR [rcx+48], rax
        mov     QWORD PTR [rcx+56], rax
        mov     WORD PTR [rcx+64], ax
        mov     BYTE PTR [rcx+66], al
        ret     0
f       ENDP
```

GCC는 REP STOSQ 명령어를 사용한다. MOV 명령어를 사용하는 것보다 더 적은 코드를 만들 수 있다고 판단한 것이다.

리스트 3.42: 최적화를 수행한 GCC 4.9.1 x64

```
f:
        mov     QWORD PTR [rdi], 0
        mov     QWORD PTR [rdi+59], 0
        mov     rcx, rdi
        lea     rdi, [rdi+8]
        xor     eax, eax
        and     rdi, -8
        sub     rcx, rdi
        add     ecx, 67
        shr     ecx, 3
        rep     stosq
        ret
```

memcpy()

짧은 블록

짧은 블록은 복사하는 루틴은 주로 MOV 명령어를 이용해 구현된다.

리스트 3.43: memcpy() 예제

```
void memcpy_7(char *inbuf, char *outbuf)
{
    memcpy(outbuf+10, inbuf, 7);
};
```

리스트 3.44: 최적화를 수행한 MSVC 2010

```
_inbuf$ = 8          ; 크기 = 4
_outbuf$ = 12        ; 크기 = 4
_memcpy_7 PROC
        mov     ecx, DWORD PTR _inbuf$[esp-4]
        mov     edx, DWORD PTR [ecx]
        mov     eax, DWORD PTR _outbuf$[esp-4]
        mov     DWORD PTR [eax+10], edx
        mov     dx, WORD PTR [ecx+4]
        mov     WORD PTR [eax+14], dx
        mov     cl, BYTE PTR [ecx+6]
        mov     BYTE PTR [eax+16], cl
        ret     0
_memcpy_7 ENDP
```

리스트 3.45: 최적화를 수행한 GCC 4.8.1

```
memcpy_7:
        push    ebx
        mov     eax, DWORD PTR [esp+8]
        mov     ecx, DWORD PTR [esp+12]
        mov     ebx, DWORD PTR [eax]
        lea     edx, [ecx+10]
        mov     DWORD PTR [ecx+10], ebx
        movzx   ecx, WORD PTR [eax+4]
        mov     WORD PTR [edx+4], cx
        movzx   eax, BYTE PTR [eax+6]
        mov     BYTE PTR [edx+6], al
        pop     ebx
        ret
```

일반적으로 4바이트 블록을 먼저 복사하고 그다음에는 16비트 워드를 복사(필요하다면)하고 마지막으로 남은 바이트를 복사(필요하다면)한다.

구조제의 경우도 MOV 명령어를 사용해 복사한다(1.24.4절).

긴 블록

긴 블록인 경우에는 좀 다르게 처리한다.

리스트 3.46: memcpy() 예제

```
void memcpy_128(char *inbuf, char *outbuf)
{
    memcpy(outbuf+10, inbuf, 128);
};
void memcpy_123(char *inbuf, char *outbuf)
{
    memcpy(outbuf+10, inbuf, 123);
};
```

128바이트를 복사하고자 MSVC는 **MOVSD** 명령어만을 사용한다(128은 4로 나눠지기 때문이다).

리스트 3.47: 최적화를 수행한 MSVC 2010

```
_inbuf$ = 8          ; 크기 = 4
_outbuf$ = 12        ; 크기 = 4
_memcpy_128 PROC
        push    esi
        mov     esi, DWORD PTR _inbuf$[esp]
        push    edi
        mov     edi, DWORD PTR _outbuf$[esp+4]
        add     edi, 10
        mov     ecx, 32
        rep     movsd
        pop     edi
        pop     esi
        ret     0
_memcpy_128 ENDP
```

123바이트를 복사할 때는 먼저 **MOVSD** 명령어로 32비트 워드를 30번 복사(총 120바이트 복사)하고 **MOVSV** 명령어로 2바이트를 복사한 다음 마지막으로 **MOVSB** 명령어로 1바이트를 복사한다.

리스트 3.48: 최적화를 수행한 MSVC 2010

```
_inbuf$ = 8          ; 크기 = 4
_outbuf$ = 12        ; 크기 = 4
```

```
_memcpy_123 PROC
        push    esi
        mov     esi, DWORD PTR _inbuf$[esp]
        push    edi
        mov     edi, DWORD PTR _outbuf$[esp+4]
        add     edi, 10
        mov     ecx, 30
        rep     movsd
        movsw
        movsb
        pop     edi
        pop     esi
        ret     0
_memcpy_123 ENDP
```

GCC는 블록의 크기와 상관없이 사용할 수 있는 하나의 큰 코드 블록을 만들어 처리한다.

리스트 3.49: 최적화를 수행한 GCC 4.8.1

```
memcpy_123:
.LFB3:
        push    edi
        mov     eax, 123
        push    esi
        mov     edx, DWORD PTR [esp+16]
        mov     esi, DWORD PTR [esp+12]
        lea     edi, [edx+10]
        test    edi, 1
        jne     .L24
        test    edi, 2
        jne     .L25
.L7:
        mov     ecx, eax
        xor     edx, edx
        shr     ecx, 2
        test    al, 2
        rep     movsd
        je      .L8
        movzx   edx, WORD PTR [esi]
        mov     WORD PTR [edi], dx
        mov     edx, 2
.L8:
        test    al, 1
        je      .L5
        movzx   eax, BYTE PTR [esi+edx]
        mov     BYTE PTR [edi+edx], al
```

```
    .L5:
            pop     esi
            pop     edi
            ret
    .L24:
            movzx   eax, BYTE PTR [esi]
            lea     edi, [edx+11]
            add     esi, 1
            test    edi, 2
            mov     BYTE PTR [edx+10], al
            mov     eax, 122
            je      .L7
    .L25:
            movzx   edx, WORD PTR [esi]
            add     edi, 2
            add     esi, 2
    sub eax, 2
            mov     WORD PTR [edi-2], dx
            jmp     .L7
    .LFE3:
```

먼저 복사할 블록에서 32비트 워드가 몇 개인지 계산하고 MOVSD 명령어로 32비트 워드를 복사한다. 그다음에 나머지 바이트를 복사한다.

좀 더 진보되고 복잡한 복사 함수는 SIMD 명령어를 이용하며 메모리의 정렬 부분도 고려한다.

1.28.2절에서 SIMD strlen() 예제를 확인할 수 있다.

memcmp()

리스트 3.50: memcmp() 예제

```
int memcmp_1235(char *buf1, char *buf2)
{
    return memcmp(buf1, buf2, 1235);
};
```

MSVC 2013은 블록의 크기와 상관없이 사용할 수 있는 하나의 큰 코드 블록을 만들어 처리한다.

```
_buf1$ = 8              ; 크기 = 4
_buf2$ = 12             ; 크기 = 4
_memcmp_1235 PROC
        mov     ecx, DWORD PTR _buf1$[esp-4]
        mov     edx, DWORD PTR _buf2$[esp-4]
        push    esi
        mov     esi, 1231
        npad    2
$LL5@memcmp_123:
        mov     eax, DWORD PTR [ecx]
        cmp     eax, DWORD PTR [edx]
        jne     SHORT $LN4@memcmp_123
        add     ecx, 4
        add     edx, 4
        sub     esi, 4
        jae     SHORT $LL5@memcmp_123
$LN4@memcmp_123:
        mov     al, BYTE PTR [ecx]
        cmp     al, BYTE PTR [edx]
        jne     SHORT $LN6@memcmp_123
        mov     al, BYTE PTR [ecx+1]
        cmp     al, BYTE PTR [edx+1]
        jne     SHORT $LN6@memcmp_123
        mov     al, BYTE PTR [ecx+2]
        cmp     al, BYTE PTR [edx+2]
        jne     SHORT $LN6@memcmp_123
        cmp     esi, -1
        je      SHORT $LN3@memcmp_123
        mov     al, BYTE PTR [ecx+3]
        cmp     al, BYTE PTR [edx+3]
        jne     SHORT $LN6@memcmp_123
$LN3@memcmp_123:
        xor     eax, eax
        pop     esi
        ret     0
$LN6@memcmp_123:
        sbb     eax, eax
        or      eax, 1
        pop     esi
        ret     0
_memcmp_1235 ENDP
```

strcat()

다음은 MSVC 6.0이 만들어낸 인라인 처리된 **strcat()**다. 인라인 함수 부분은 3 부분

으로 나뉜다. 1) 추가할 문자열의 길이 계산(첫 번째 scasb), 2) 원래 문자열의 길이 예산
(두 번째 scasb), 3) 원래 문자열의 끝에 추가할 문자열을 복사(movsd/movsb)

리스트 3.52: strcat()

```
lea     edi, [src]
or      ecx, 0FFFFFFFFh
repne   scasb
not     ecx
sub     edi, ecx
mov     esi, edi
mov     edi, [dst]
mov     edx, ecx
or      ecx, 0FFFFFFFFh
repne   scasb
mov     ecx, edx
dec     edi
shr     ecx, 2
rep     movsd
mov     ecx, edx
and     ecx, 3
rep     movsb
```

IDA 스크립트

매우 자주 볼 수 있는 인라인 코드를 검색하거나 접을 수 있는 IDA 스크립트도 있다
(https://github.com/yurichev/IDA_scripts).

3.12 C99 restrict

경우에 따라서는 C/C++보다 포트란 프로그램이 더 빠른 이유가 있다.

```
void f1 (int* x, int* y, int* sum, int* product, int* sum_product, int* update_me, size_t s)
{
    for (int i=0; i<s; i++)
    {
        sum[i]=x[i]+y[i];
        product[i]=x[i]*y[i];
        update_me[i]=i*123;    // 의미 없는 값
        sum_product[i]=sum[i]+product[i];
```

```
        };
    };
```

이는 매우 간단한 예다. update_me 배열에 대한 포인터는 sum 배열이나 product 배열 또는 sum_product 배열에 대한 포인터가 될 수 있다.

컴파일러는 이를 잘 알기 때문에 루프문에서 다음과 같은 네 단계의 코드를 만들어낸다.

- 다음 sum[i]를 계산
- 다음 product[i]를 계산
- 다음 update_me[i]를 계산
- 다음 sum_product[i]를 계산한다. 이 단계에서는 이미 계산된 sum[i]와 product[i]를 메모리에서 로드할 필요가 있다.

마지막 단계를 최적화하는 것이 가능할까? sum[i]와 product[i]를 이미 계산했기 때문에 다시 메모리에서 로드할 필요가 없다.

하지만 컴파일러는 세 번째 단계에서 어떤 덮어쓰기도 이뤄지지 않았다고 확신하지 못한다. 이와 같이 포인터가 가리키는 메모리가 변경되지 않았음을 컴파일러가 확신할 수 없는 상황을 '포인터 앨리어싱'이라고 한다.

프로그래머가 C99 표준(ISO/IEC 9899:TC3 (C C99 standard), (2007) 6.7.3/1)의 restrict 키워드를 이용해 함수 인자를 전달하면 그것은 항상 다른 메모리 위치를 가리키며 절대 교차하지 않는다는 것을 컴파일러에게 보장한다.

좀 더 정확하고 공식적으로 설명하면 restrict는 어떤 객체를 가리킬 때 항상 지정된 포인터만 사용되고 다른 포인터로는 해당 객체를 가리키지 않는다는 것을 의미한다.

또한 restrict로 지정하면 특정 객체에 접근할 때 반드시 해당 포인터로만 접근한다고 말할 수 있다.

포인터 인자에 restrict 키워드를 추가해보자.

```
void f2 (int* restrict x, int* restrict y, int* restrict sum, int* restrict product, int*
    restrict sum_product, int* restrict update_me, size_t s)
```

```
{
    for (int i=0; i<s; i++)
    {
        sum[i]=x[i]+y[i];
        product[i]=x[i]*y[i];
        update_me[i]=i*123; // some dummy value
        sum_product[i]=sum[i]+product[i];
    };
};
```

결과는 다음과 같다.

리스트 3.53: GCC x64: f1()

```
f1:
        push    r15 r14 r13 r12 rbp rdi rsi rbx
        mov     r13, QWORD PTR 120[rsp]
        mov     rbp, QWORD PTR 104[rsp]
        mov     r12, QWORD PTR 112[rsp]
        test    r13, r13
je .L1
        add     r13, 1
        xor     ebx, ebx
        mov     edi, 1
        xor     r11d, r11d
        jmp     .L4
.L6:
        mov     r11, rdi
        mov     rdi, rax
.L4:
        lea     rax, 0[0+r11*4]
        lea     r10, [rcx+rax]
        lea     r14, [rdx+rax]
        lea     rsi, [r8+rax]
        add     rax, r9
        mov     r15d, DWORD PTR [r10]
        add     r15d, DWORD PTR [r14]
        mov     DWORD PTR [rsi], r15d        ; sum[]에 저장
        mov     r10d, DWORD PTR [r10]
        imul    r10d, DWORD PTR [r14]
        mov     DWORD PTR [rax], r10d        ; product[]에 저장
        mov     DWORD PTR [r12+r11*4], ebx   ; update_me[]에 저장
        add     ebx, 123
        mov     r10d, DWORD PTR [rsi]        ; sum[i] 다시 로드
        add     r10d, DWORD PTR [rax]        ; product[i] 다시 로드
        lea     rax, 1[rdi]
```

```
        cmp     rax, r13
        mov     DWORD PTR 0[rbp+r11*4], r10d    ; sum_product[]에 저장
        jne     .L6
.L1:
        pop     rbx rsi rdi rbp r12 r13 r14 r15
        ret
```

리스트 3.54: GCC x64: f2()

```
    f2:
        push    r13 r12 rbp rdi rsi rbx
        mov     r13, QWORD PTR 104[rsp]
        mov     rbp, QWORD PTR 88[rsp]
        mov     r12, QWORD PTR 96[rsp]
        test    r13, r13
        je      .L7
        add     r13, 1
        xor     r10d, r10d
        mov     edi, 1
        xor     eax, eax
        jmp     .L10
.L11:
        mov     rax, rdi
        mov     rdi, r11
.L10:
        mov     esi, DWORD PTR [rcx+rax*4]
        mov     r11d, DWORD PTR [rdx+rax*4]
        mov     DWORD PTR [r12+rax*4], r10d      ; update_me[]에 저장
        add     r10d, 123
        lea     ebx, [rsi+r11]
        imul    r11d, esi
        mov     DWORD PTR [r8+rax*4], ebx        ; sum[]에 저장
        mov     DWORD PTR [r9+rax*4], r11d       ; product[]에 저장
        add     r11d, ebx
        mov     DWORD PTR 0[rbp+rax*4], r11d     ; sum_product[]에 저장
        lea     r11, 1[rdi]
        cmp     r11, r13
        jne     .L11
.L7:
        pop     rbx rsi rdi rbp r12 r13
    ret
```

컴파일된 f1() 함수와 f2() 함수의 차이점은 다음과 같다. f1() 함수의 sum[i]와 product[i]는 루프의 중간 부분에서 다시 로드되지만 f()에서는 다시 로드하지 않고 미리 계산된 값을 이용한다. restrict 키워드를 이용해 sum[i]와 product[i]의 값이

루프가 실행되는 동안 절대 변경되지 않을 것이라고 컴파일러에게 '약속'했기 때문에 컴파일러는 메모리에서 다시 로드할 필요 없다고 '확신'하기 때문이다.

두 번째 코드는 실행 속도가 확실히 더 빠르다.

그런데 함수로 전달된 포인터 인자가 어떻게든 교차되면 어떻게 될까?

그것은 프로그래머가 제대로 코딩했는지에 따라 결과가 달라질 수 있다. 제대로 코딩하지 않으면 잘못된 결과가 도출될 것이다.

포트란을 생각해보자.

포트란의 컴파일러는 모든 포인터를 C에서 **restrict**를 선언한 포인터처럼 처리하기 때문에 더 빠른 코드를 만들어낼 수 있다.

그렇다면 그것이 얼마나 실용적일까?

함수가 매우 큰 메모리 블록을 처리할 때 효과적이다.

특히 선형 대수에서 그런 작업이 많이 이뤄진다.

슈퍼컴퓨터/HPC^{High-Performance Computing}는 매우 많은 선형 대수 연산을 수행하기 때문에 포트란을 여전히 사용한다(유진 로의 『Ideal HPC Programming Language』(2010)).

하지만 반복 작업이 그렇게 많지 않다면 속도 향상이 그렇게 크지 않을 수 있다.

3.13 브랜치 없는 abs() 함수

앞서 살펴본 1.14.2절의 예제를 브랜치 없는 버전의 x86 코드로 바꾸는 것이 가능할까?

```
int my_abs (int i)
{
    if (i<0)
        return -i;
    else
        return i;
};
```

가능하다.

3.13.1 최적화를 수행한 GCC 4.9.1 x64

최적화를 수행한 GCC 4.9의 컴파일 결과는 다음과 같다.

리스트 3.55: 최적화를 수행한 GCC 4.9 x64

```
my_abs:
        mov     edx, edi
        mov     eax, edi
        sar     edx, 31
; 입력값의 부호가 음수면 EDX는 0xFFFFFFFF
; 입력값의 부호가 양수(0인 경우 포함)면 EDX는 0
; 다음 두 개의 명령어는 EDX의 값이 0xFFFFFFFF일 때만 영향을 준다.
        xor     eax, edx
        sub     eax, edx
        ret
```

동작 방식은 다음과 같다.

산술적으로 입력값을 오른쪽으로 31비트 시프트시킨다.

산술적인 시프트이기 때문에 MSB가 1이면 모든 32비트의 값이 1이 되고 0이면 모든 비트의 값이 0이 된다.

다시 말하면 SAR REG, 31 명령어는 부호가 음수면 0xFFFFFFFF로 만들고 부호가 양수면 0으로 만드는 것이다.

SAR 명령어 실행 후의 값은 EDX에 저장된다.

그리고 EDX의 값이 0xFFFFFFFF면(즉, 음수면) 입력값의 모든 비트 값을 반대로 바꾼다(XOR REG, 0xFFFFFFFF 명령어를 수행하면 효과적으로 모든 비트의 값을 반대로 바꿀 수 있다).

그다음에는 (EDX의 값이 0xFFFFFFFF인 경우(즉, 음수인 경우)) 1을 더한다(이때는 1을 빼면 1을 더한 것과 같은 효과를 얻는다).

모든 비트의 값을 반대로 바꾸고 1을 더하는 것은 정확히 2의 보수 값을 구하는 것과 동일하다(2.2절).

마지막 두 개의 명령어는 입력값이 음수인 경우에만 영향을 준다.

입력값이 양수인 경우에는 마지막 두 개의 명령어가 입력값에 아무런 영향을 주지 않는다.

앞 코드에 사용된 알고리즘은 헨리 워렌의『Hacker's Delight』(2002) p.2-4의 설명을 참고하기 바란다.

GCC는 어떻게 스스로 위 알고리즘을 추론해 적절한 코드 패턴을 찾았을까?

3.13.2 최적화를 수행한 GCC 4.9 ARM64

ARM64를 위한 GCC 4.9도 거의 동일한 코드를 만들어내지만 64비트 레지스터를 사용한다.

GCC 4.9는 시프트 연산을 위한 별도의 명령어를 사용하지 않고 하나의 명령어 안에 'asr' 명령어를 함께 실행시키기 때문에 더 짧은 코드를 만들어낸다.

```
my_abs:
; 부호 확장된 32비트 입력값을 64비트 X0에 로드
        sxtw    x0, w0
        eor     x1, x0, x0, asr 63
; X1=X0^(X0>>63) (산술 시프트)
        sub     x0, x1, x0, asr 63
; X0=X1-(X0>>63)=X0^(X0>>63)-(X0>>63) (모든 시프트는 산술 시프트 연산임)
        ret
```

3.14 가변 함수

printf()와 scanf() 같은 함수는 인자를 받을 수 있는 수가 가변이다. 그렇다면 가변 인수에는 어떻게 접근하는 것일까?

3.14.1 산술 평균 계산

산술 평균을 계산해야 하고 어떤 이유 때문에 평균을 구할 모든 값을 함수의 인자로 받아야 한다고 가정해보자.

C/C++에서는 가변 함수에 전달되는 인자의 개수를 알아내는 것이 불가능하다. 따라서 인자의 값이 −1이면 그것이 마지막 인자인 것으로 판단하자.

va_arg 매크로 이용

가변 인자를 처리하기 위한 매크로는 표준 stdarg.h 헤더 파일에 정의돼 있다.

printf()와 scanf()는 그 매크로를 이용한다.

```
#include <stdio.h>
#include <stdarg.h>

int arith_mean(int v, ...)
{
    va_list args;
    int sum=v, count=1, i;
    va_start(args, v);

    while(1)
    {
        i=va_arg(args, int);
        if (i==-1)        // 마지막 인자라는 표시
            break;
        sum=sum+i;
        count++;
    }
    va_end(args);
    return sum/count;
};

int main()
{
    printf ("%d\n", arith_mean (1, 2, 7, 10, 15, -1 /* 마지막 인자라는 표시 */));
};
```

첫 번째 인자는 일반적인 인자처럼 처리해야 한다.

그 외의 다른 인자는 모두 **va_arg** 매크로를 이용해 로드하고 그 값을 더한다.

그럼 내부적으로 어떤 작업이 수행된 것일까?

cdecl 호출 규약

리스트 3.56: 최적화를 수행한 MSVC 6.0

```
_v$ = 8
_arith_mean PROC NEAR
        mov     eax, DWORD PTR _v$[esp-4]       ; 첫 번째 인자를 sum에 로드
```

```
        push    esi
        mov     esi, 1                          ; count=1
        lea     edx, DWORD PTR _v$[esp]          ; 첫 번째 인자의 주소
$L838:
        mov     ecx, DWORD PTR [edx+4]           ; 다음 인자를 로드
        add     edx, 4                           ; 다음 인자로 포인터를 시프트
        cmp     ecx, -1                          ; 인자의 값이 -1인가?
        je      SHORT $L856                      ; 그렇다면 종료
        add     eax, ecx                         ; sum = sum + 로드한 인자 값
        inc     esi                              ; count++
        jmp     SHORT $L838
$L856:
; 몫을 계산
        cdq
        idiv    esi
        pop     esi
        ret     0
_arith_mean ENDP

$SG851  DB      '%d', 0aH, 00H

_main PROC NEAR
        push    -1
        push    15
        push    10
        push    7
        push    2
        push    1
        call    _arith_mean
        push    eax
        push    OFFSET FLAT:$SG851 ; '%d'
        call    _printf
        add     esp, 32
        ret     0
_main   ENDP
```

main() 함수에서 보면 인자는 하나씩 차례대로 전달된다.

첫 번째 인자 값은 먼저 로컬 스택에 푸시된다.

그리고 마지막 인자 값(-1)은 맨 나중에 푸시된다.

arith_mean() 함수는 첫 번째 인자를 sum 변수에 저장한다.

그다음에는 EDX 레지스터의 값을 두 번째 인자의 주소로 설정해 두 번째 인자를 가져와 sum 값과 더한다. 이 과정을 인자의 값이 -1인 것을 발견할 때까지 반복 수행한다.

-1 값을 발견하면 -1을 제외한 전체 인자들의 개수로 sum을 나눠 몫을 구한다.

다시 말하면 함수는 스택을 무한 길이의 정수 값 배열로 처리하는 것이다.

이제는 cdecl 호출 규약이 왜 첫 번째 인수를 스택에 마지막으로 푸시하도록 강제하는지 이유를 이해할 수 있다.

그렇지 않다면 스택에서 첫 번째 인자를 찾을 수 없고 printf() 같은 함수에서는 형식 문자열의 주소를 찾지 못할 것이다.

레지스터 기반의 호출 규약

관찰력 있는 독자라면 처음 몇 개의 인자를 레지스터로 전달하는 호출 규약은 어떤지 의문이 생길 것이다. 다음의 코드를 보자.

리스트 3.57: 최적화를 수행한 MSVC 2012 x64

```
$SG3013 DB        '%d', 0aH, 00H

v$ = 8
arith_mean PROC
        mov     DWORD PTR [rsp+8], ecx        ; 첫 번째 인자
        mov     QWORD PTR [rsp+16], rdx       ; 두 번째 인자
        mov     QWORD PTR [rsp+24], r8        ; 세 번째 인자
        mov     eax, ecx                      ; sum = 첫 번째 인자
        lea     rcx, QWORD PTR v$[rsp+8]      ; 두 번째 인자에 대한 포인터
        mov     QWORD PTR [rsp+32], r9        ; 네 번째 인자
        mov     edx, DWORD PTR [rcx]          ; 두 번째 인자를 로드
        mov     r8d, 1                        ; count=1
        cmp     edx, -1                       ; 두 번째 인자의 값이 -1인가?
        je      SHORT $LN8@arith_mean        ; 그렇다면 종료
$LL3@arith_mean:
        add     eax, edx                      ; sum = sum + 로드된 인자
        mov     edx, DWORD PTR [rcx+8]        ; 다음 인자를 로드
        lea     rcx, QWORD PTR [rcx+8]        ; 다음 인자를 가리키게 포인터 시프트
        inc     r8d                           ; count++
        cmp     edx, -1                       ; 로드된 인자의 값이 -1인가?
        jne     SHORT $LL3@arith_mean        ; 그렇지 않다면 루프의 시작 부분으로 점프
$LN8@arith_mean:
; calculate quotient
        cdq
        idiv    r8d
        ret     0
arith_mean ENDP
```

```
main     PROC
         sub     rsp, 56
         mov     edx, 2
         mov     DWORD PTR [rsp+40], -1
         mov     DWORD PTR [rsp+32], 15
         lea     r9d, QWORD PTR [rdx+8]
         lea     r8d, QWORD PTR [rdx+5]
         lea     ecx, QWORD PTR [rdx-1]
         call    arith_mean
         lea     rcx, OFFSET FLAT:$SG3013
         mov     edx, eax
         call    printf
         xor     eax, eax
         add     rsp, 56
         ret     0
main     ENDP
```

4개의 인자는 레지스터를 이용해 전달하고 나머지 2개는 스택을 이용하는 것을 볼 수 있다.

arith_mean() 함수는 먼저 4개의 인자를 소위 말하는 섀도우 영역에 배치한 다음 해당 스택 영역을 하나의 연속된 배열처럼 처리한다.

GCC의 경우는 어떻게 처리할까? 함수는 두 부분으로 나뉘는데, 첫 번째 부분은 레지스터를 '레드 존'에 저장하고 두 번째 부분은 스택을 처리한다. 이처럼 함수가 두 부분으로 나눠지기 때문에 GCC의 경우에는 좀 더 어색한 코드를 만들어낸다.

리스트 3.58: 최적화를 수행한 GCC 4.9.1 x64

```
arith_mean:
         lea     rax, [rsp+8]
         ; 입력된 6개의 레지스터를 스택에 있는 레드 존에 저장한다.
         mov     QWORD PTR [rsp-40], rsi
         mov     QWORD PTR [rsp-32], rdx
         mov     QWORD PTR [rsp-16], r8
         mov     QWORD PTR [rsp-24], rcx
         mov     esi, 8
         mov     QWORD PTR [rsp-64], rax
         lea     rax, [rsp-48]
         mov     QWORD PTR [rsp-8], r9
         mov     DWORD PTR [rsp-72], 8
         lea     rdx, [rsp+8]
         mov     r8d, 1
```

```
        mov     QWORD PTR [rsp-56], rax
        jmp     .L5
.L7:
        ; 저장된 입력 인자를 처리
        lea     rax, [rsp-48]
        mov     ecx, esi
        add     esi, 8
        add     rcx, rax
        mov     ecx, DWORD PTR [rcx]
        cmp     ecx, -1
        je      .L4
.L8:
        add     edi, ecx
        add     r8d, 1
.L5:
        ; 어떤 부분을 처리할지 결정
        ; 현재 인자의 수가 6보다 작거나 같은가?
        cmp     esi, 47
        jbe     .L7             ; 그렇지 않다면 저장된 인자를 처리
        ; 스택에 있는 인자를 처리
        mov     rcx, rdx
        add     rdx, 8
        mov     ecx, DWORD PTR [rcx]
        cmp     ecx, -1
        jne     .L8
.L4:
        mov     eax, edi
        cdq
        idiv    r8d
        ret
.LC1:
        .string "%d\n"
main:
        sub     rsp, 8
        mov     edx, 7
        mov     esi, 2
        mov     edi, 1
        mov     r9d, -1
        mov     r8d, 15
        mov     ecx, 10
        xor     eax, eax
        call    arith_mean
        mov     esi, OFFSET FLAT:.LC1
        mov     edx, eax
        mov     edi, 1
        xor     eax, eax
        add     rsp, 8
```

```
        jmp    __printf_chk
```

이 경우에도 유사한 방법으로 그림자 영역을 이용한다(6.1.8절).

첫 번째 함수 인자에 대한 포인터 이용

va_arg 매크로를 이용해 예제 소스코드를 다시 작성할 수 있다.

```c
#include <stdio.h>

int arith_mean(int v, ...)
{
    int *i=&v;
    int sum=*i, count=1;
    i++;

    while(1)
    {
        if ((*i)==-1)        // 루프 종료 검사
            break;
        sum=sum+(*i);
        count++;
        i++;
    }
    return sum/count;
};

int main()
{
    printf ("%d\n", arith_mean (1, 2, 7, 10, 15, -1 /* 마지막 인자임을 표시*/));
    // 테스트: https://www.wolframalpha.com/input/?i=mean(1,2,7,10,15)
};
```

인자 세트가 워드(32비트 또는 64비트)로 이뤄진 배열이라면 배열의 처음부터 순환해서 처리하면 된다.

3.14.2 vprintf() 함수

많은 프로그래머가 printf와 같은 로깅 함수(형식 문자열 + 인자의 값 형태를 출력)를 자체적으로 정의해 사용한다.

프로그래머들이 많이 사용하는 또 다른 방법으로는 메시지를 출력하고 종료하는

die() 함수를 사용하는 것이다.

수가 가변인 입력 인자를 전달받아 printf() 함수를 이용해 출력하는 방법이 필요하다.

그렇다면 어떻게 하면 될까?

그래서 이름이 'v'로 시작하는 함수들이 있는 것이다.

예를 들어 vprintf() 함수는 형식 문자열과 va_list 타입의 변수 포인터를 인자로 받는다.

```c
#include <stdlib.h>
#include <stdarg.h>

void die (const char * fmt, ...)
{
    va_list va;
    va_start (va, fmt);

    vprintf (fmt, va);
    exit(0);
};
```

자세히 살펴보면 va_list가 배열에 대한 포인터임을 알 수 있다. 컴파일해보면 다음과 같은 결과를 얻을 수 있다.

리스트 3.59: 최적화를 수행한 MSVC 2010

```asm
_fmt$ = 8
_die    PROC
        ; 첫 번째 인자 로드(형식 문자열)
        mov     ecx, DWORD PTR _fmt$[esp-4]
        ; 두 번째 인자에 대한 포인터를 얻는다.
        lea     eax, DWORD PTR _fmt$[esp]
        push    eax     ; 포인터 전달
        push    ecx
        call    _vprintf
        add     esp, 8
        push    0
        call    _exit
$LN3@die:
        int     3
_die    ENDP
```

이 함수가 하는 일은 인자에 대한 포인터를 가져와 **vprintf()** 함수에 전달하는 것뿐이다. 그러면 **vprintf()** 함수는 전달된 인자를 끝이 없는 배열로 처리한다.

리스트 3.60: 최적화를 수행한 MSVC 2012 x64

```
_fmt$ = 48
_die    PROC
        ; 처음 4개의 인자를 그림자 영역에 저장
        mov     QWORD PTR [rsp+8], rcx
        mov     QWORD PTR [rsp+16], rdx
        mov     QWORD PTR [rsp+24], r8
        mov     QWORD PTR [rsp+32], r9
        sub     rsp, 40
        lea     rdx, QWORD PTR fmt$[rsp+8] ; 첫 번째 인자에 포인터를 전달한다.
        ; 여기서 RCX는 여전히 die() 함수의 첫 번째 인자(형식 문자열)를 가리킨다.
        ; 따라서 vprintf()는 RCX에서 인자를 취한다.
        call    vprintf
        xor     ecx, ecx
        call    exit
        int     3
_die    ENDP
```

3.14.3 Pin의 경우

Pin DBI^{Dynamic Binary Instrumentation} 프레임워크의 일부 함수가 여러 개의 인자를 취하는 방법은 흥미롭다.

```
INS_InsertPredicatedCall(
    ins, IPOINT_BEFORE, (AFUNPTR)RecordMemRead,
    IARG_INST_PTR,
    IARG_MEMORYOP_EA, memOp,
    IARG_END);
```

(pinatrace.cpp)

다음은 **INS_InsertPredicatedCall()** 함수의 선언 부분이다.

```
extern VOID INS_InsertPredicatedCall(INS ins, IPOINT ipoint, AFUNPTR funptr, ...);
```

(pin_client.PH)

이름이 IARG_로 시작하는 것은 INS_InsertPredicatedCall() 함수 안에서 처리되는 어떤 종류의 인자다. INS_InsertPredicatedCall() 함수에는 원하는 만큼 인자를 전달할 수 있다. 인자가 무엇이냐에 따라 추가적인 인자가 필요할 수도 있고 그렇지 않을 수도 있다. https://software.intel.com/sites/landingpage/pintool/docs/58423/Pin/html/group__INST__ARGS.html을 참고하기 바란다.

마지막 인자인지를 판단할 수 있어야 하기 때문에 맨 마지막 인자로 IARG_END 상수를 전달해야 한다. 그렇지 않으면 로컬 스택의 쓰레기 값을 인자로 처리하려고 할 것이다.

또한 브라이언 커니건, 롭 파이크의 『Practice of Programming』(1999)에서 파이썬의 pack/unpack(https://docs.python.org/3/library/struct.html)과 유사한 C/C++ 예제를 찾을 수 있다.

3.14.4 형식 문자열 공격

puts(string) 또는 printf("%s", string) 대신 printf(string)을 쓰는 것은 매우 일반적인 실수다. 그런 경우 공격자가 특정 문자열을 인자로 전달되게 만들 수 있다면 프로세스가 종료되거나 로컬 스택에 있는 변수의 내용을 훔쳐볼 수 있다.

다음의 코드를 보자.

```
#include <stdio.h>

int main()
{
    char *s1="hello";
    char *s2="world";
    char buf[128];

    // 여기에는 무언가 일반적인 작업을 수행하는 코드가 위치

    strcpy (buf, s1);
    strcpy (buf, " ");
    strcpy (buf, s2);

    printf ("%s");
};
```

printf() 함수에는 형식 문자열 인자 하나만 전달되고 있는 것에 주목하기 바란다.

그리고 공격자가 printf() 함수에 %s 문자열을 전달할 수 있다고 생각해보자. x86 우분투에서 GCC 5.4.0으로 컴파일해 실행했을 때 정상적으로 실행된다면 "world"를 출력할 것이다.

최적화 옵션을 적용해 컴파일한다면 strcpy() 호출 부분과 지역 변수 처리 부분이 최적화될 것이기 때문에 printf()는 어떤 쓰레기 값을 출력하게 될 것이다. 출력 결과는 컴파일러와 OS에 따라 달라질 수 있다.

이제는 공격자가 printf() 호출에 %x %x %x %x %x 문자열을 전달할 수 있다고 가정해보자. 대부분의 경우 출력은 "80485c6 b7751b48 1 0 80485c0"(이 값은 로컬 스택에 있는 값이다)와 같은 형태가 될 것이다. 즉, 1과 0, 그리고 포인터 값(첫 번째는 아마도 "world" 문자열에 대한 포인터일 것이다)을 보게 될 것이다. 공격자가 %s %s %s %s %s 문자열을 전달한다면 printf()는 1과 0을 문자열에 대한 포인터로 인식해 주소가 1이거나 0인 곳에서 문자열을 읽으려고 시도할 것이기 때문에 프로세스가 종료될 것이다.

코드에 sprintf(buf, string) 함수가 있고 buf는 크기가 1024바이트인 로컬 스택을 의미한다면 공격자는 buf를 오버플로우시킬 수도 있다.

많은 유명한 소프트웨어에 이와 같은 보안 취약점이 있었고 여전히 갖고 있는 것들이 있다.

> 퀘이크월드(QuakeWorld)는 약 4,000명의 사용자를 확보한 후 마스터 서버가 폭발했다. 디스럽터와 코호트는 이제 좀 더 안정적인 코드에서 동작하고 있다. 누군가 의도적으로 공격했다면 우리에게 그 방법을 알려주기 바란다(일부 사용자가 이름으로 %s를 쓰려고 시도했다).

(존 카맥의 .plan 파일, 1996-12-17, https://github.com/ESWAT/john-carmack-plan-archive/blob/33ae52fdba46aa0d1abfed6fc7598233748541c0/by_day/johnc_plan_19961217.txt)

요즘은 거의 대부분의 괜찮은 컴파일러는 미리 경고를 해준다.

또 다른 문제는 printf()의 %n 인자 문제가 그렇게 잘 알려지지 않은 것이다. 형식 문자열에 %n이 있으면 printf()는 지금까지 출력된 문자의 수를 %n에 대응되는 인자에 기록한다(http://stackoverflow.com/questions/3401156/what-is-the-use-of-the-n-format-specifier-in-c). 따라서 공격자가 많은 수의 %n을 형식 문자열로 전달하면 로컬 변수를 조작할 수도 있다.

3.15 문자열 트리밍

흔한 문자열 처리 중 하나는 문자열의 처음과 끝에 있는 특정 문자를 제거^{Trimming}하는 것이다.

이번에는 입력 문자열의 끝에 있는 모든 개행 문자(CR$^{Carriage\ Return}$(C/C++에서 13 또는 \r)/LF$^{Line\ Feed}$(C/C++에서 10 또는 \n))를 제거하는 함수를 다뤄볼 것이다.

```c
#include <stdio.h>
#include <string.h>

char* str_trim (char *s)
{
    char c;
    size_t str_len;

    // 문자열의 끝에 \r이나 \n이 없을 때까지 수행
    // 빈 문자열이거나 다른 문자가 있으면 종료
    for (str_len=strlen(s); str_len>0 && (c=s[str_len-1]); str_len--)
    {
        if (c=='\r' || c=='\n')
            s[str_len-1]=0;
        else
            break;
    };
    return s;
};

int main()
{
    // 테스트

    // 리눅스에서는 데이터를 수정할 수 없는 영역에 텍스트 문자열이 할당되면
    // 크래시가 발생하기 때문에 텍스트 문자열을 데이터 세그먼트에 복사하는 데 strdup()를 사용

    printf ("[%s]\n", str_trim (strdup("")));
    printf ("[%s]\n", str_trim (strdup("\n")));
    printf ("[%s]\n", str_trim (strdup("\r")));
    printf ("[%s]\n", str_trim (strdup("\n\r")));
    printf ("[%s]\n", str_trim (strdup("\r\n")));
    printf ("[%s]\n", str_trim (strdup("test1\r\n")));
    printf ("[%s]\n", str_trim (strdup("test2\n\r")));
    printf ("[%s]\n", str_trim (strdup("test3\n\r\n\r")));
    printf ("[%s]\n", str_trim (strdup("test4\n")));
    printf ("[%s]\n", str_trim (strdup("test5\r")));
    printf ("[%s]\n", str_trim (strdup("test6\r\r\r")));
```

```
};
```

함수가 리턴할 때 입력 인자도 함께 리턴된다. 이렇게 하면 main() 함수의 경우처럼 문자열 처리 함수를 연속적으로 호출할 때 유용하다.

C/C++에서는 for()문의 두 번째 루프 조건(str_len>0 && (c=s[str_len-1]))처럼 간단히 처리할 수 있다(데니스 유리체프의 『C/C++ programming language notes』 1.3.8).

C/C++ 컴파일러는 왼쪽에서 오른쪽으로 조건을 검사하는 것을 보장하기 때문이다.

따라서 첫 번째 조건이 false면 두 번째 조건을 검사하지 않는다.

3.15.1 x64: 최적화를 수행한 MSVC 2013

리스트 3.61: 최적화를 수행한 MSVC 2013 x64

```
s$ = 8
str_trim PROC
; RCX는 첫 번째 함수 인자며 항상 문자열을 가리키는 포인터를 갖고 있다.
        mov     rdx, rcx
; 이는 인라인 처리된 strlen() 함수다.
; RAX의 값을 0xFFFFFFFFFFFFFFFF (-1)으로 설정
        or      rax, -1
$LL14@str_trim:
        inc     rax
        cmp     BYTE PTR [rcx+rax], 0
        jne     SHORT $LL14@str_trim
; 입력 문자열의 길이가 0이면 종료
        test    rax, rax
        je      SHORT $LN15@str_trim
; RAX는 문자열의 길이
        dec     rcx
; RCX = s-1
        mov     r8d, 1
        add     rcx, rax
; RCX = s-1+strlen(s), 즉 문자열의 마지막 문자의 주소
        sub     r8, rdx
; R8 = 1-s
$LL6@str_trim:
; 문자열의 마지막 문자를 로드
; 문자의 값이 13이나 10이면 점프
        movzx   eax, BYTE PTR [rcx]
```

```
        cmp     al, 13
        je      SHORT $LN2@str_trim
        cmp     al, 10
        jne     SHORT $LN15@str_trim
$LN2@str_trim:
; 마지막 문자의 값이 13이거나 10
; 해당 위치에 0을 쓴다.
        mov     BYTE PTR [rcx], 0
; 마지막 문자의 주소를 감소시켜 방금 삭제한 문자의 바로 앞 문자를
; 가리키게 만든다.

        dec     rcx
        lea     rax, QWORD PTR [r8+rcx]
; RAX = 1 - s + 현재 마지막 문자의 주소
; 문자열의 첫 번째 문자에 도달했는지 판단할 수 있고 그렇다면 종료한다.
        test    rax, rax
        jne     SHORT $LL6@str_trim
$LN15@str_trim:
        mov     rax, rdx
        ret     0
str_trim ENDP
```

먼저 MSVC는 strlen() 함수를 인라인 처리했다. strlen() 함수를 호출해 결과를 받는 것보다 인라인 코드가 더 빠르다고 판단했기 때문이다(3.11절).

인라인 strlen() 함수의 첫 번째 명령은 OR RAX, 0xFFFFFFFFFFFFFFFF다.

MSVC는 MOV RAX, 0xFFFFFFFFFFFFFFFF 대신 OR 연산을 수행하면 OP 코드가 더 작아지기 때문에 종종 OR 연산을 대신 사용한다.

물론 연산의 결과는 동일하다. 즉, 모든 비트의 값이 1이 되고 2의 보수 연산에서 그것은 -1을 의미한다(2.2절).

strlen() 함수에서 왜 -1이 사용되는 것인지 의문을 가질 수 있다. 이유는 최적화 때문이다. 다음은 MSVC가 만들어낸 strlen()의 인라인 코드다.

리스트 3.62: strlen()의 인라인 코드(MSVC 2013 x64)

```
; RCX = 입력 문자열에 대한 포인터
; RAX = 현재의 문자열 길이
        or      rax, -1
label:
        inc     rax
```

```
        cmp     BYTE PTR [rcx+rax], 0
        jne     SHORT label
; RAX = 문자열 길이
```

코드를 더 짧게 만들고자 카운터의 값을 0으로 초기화하면 다음과 같이 변경할 수 있다.

리스트 3.63: 새로운 strlen() 인라인 코드

```
; RCX = 입력 문자열에 대한 포인터
; RAX = 현재의 문자열 길이
        xor     rax, rax
 label:
        cmp     byte ptr [rcx+rax], 0
        jz      exit
        inc     rax
        jmp     label
 exit:
; RAX = 문자열 길이
```

추가적으로 JMP 명령어를 더 사용해야 하기 때문에 코드를 더 짧게 만드는 데 실패했다.

MSVC 2013 컴파일러는 실제로 문자를 로딩하기 전에 INC 명령어를 호출했다.

첫 번째 문자가 0이면 RAX 레지스터의 값이 0이 되고 리턴되는 문자열의 길이가 0이 된다.

함수의 나머지 부분은 쉽게 이해할 수 있을 것이다.

3.15.2 x64: 최적화를 수행하지 않은 GCC 4.9.1

```
str_trim:
        push    rbp
        mov     rbp, rsp
        sub     rsp, 32
        mov     QWORD PTR [rbp-24], rdi
; for()문의 첫 번째 부분 시작
        mov     rax, QWORD PTR [rbp-24]
        mov     rdi, rax
        call    strlen
        mov     QWORD PTR [rbp-8], rax       ; str_len
; for()문의 첫 번째 부분 끝
        jmp     .L2
```

```
; for()문의 내부 로직 시작
.L5:
        cmp     BYTE PTR [rbp-9], 13        ; c=='\r'?
        je      .L3
        cmp     BYTE PTR [rbp-9], 10        ; c=='\n'?
        jne     .L4
.L3:
        mov     rax, QWORD PTR [rbp-8]      ; str_len
        lea     rdx, [rax-1]               ; EDX=str_len-1
        mov     rax, QWORD PTR [rbp-24]     ; s
        add     rax, rdx                   ; RAX=s+str_len-1
        mov     BYTE PTR [rax], 0          ; s[str_len-1]=0
; for()문의 내부 로직 끝
; for()문의 세 번째 부분 시작
        sub     QWORD PTR [rbp-8], 1       ; str_len--
; for()문의 세 번째 부분 끝
.L2:
; for()문의 두 번째 부분 시작
        cmp     QWORD PTR [rbp-8], 0       ; str_len==0?
        je      .L4                        ; 0이면 종료
; 두 번째 조건을 확인하고 "c"를 로드
        mov     rax, QWORD PTR [rbp-8]     ; RAX=str_len
        lea     rdx, [rax-1]               ; RDX=str_len-1
        mov     rax, QWORD PTR [rbp-24]    ; RAX=s
        add     rax, rdx                   ; RAX=s+str_len-1
        movzx   eax, BYTE PTR [rax]        ; AL=s[str_len-1]
        mov     BYTE PTR [rbp-9], al       ; 로드된 문자를 "c"에 저장
        cmp     BYTE PTR [rbp-9], 0        ; 0인가?
        jne     .L5                        ; 0이면 종료
; for()문의 두 번째 부분 끝
.L4:
; "s" 리턴
        mov     rax, QWORD PTR [rbp-24]
        leave
        ret
```

코드에 있는 주석은 필자가 추가한 것이다.

strlen() 실행 후에 L2 레이블로 이동한 다음 for문을 위한 두 개의 조건을 차례대로 검사한다.

첫 번째 조건(str_len==0)이 **false**면 두 번째 조건은 검사하지 않는다.

다음은 앞 코드가 수행하는 내용을 정리한 것이다.

* 먼저 **for()**문의 조건 검사(strlen() 호출)

- L2로 이동

- L5: for()문의 내부 로직. 필요하면 종료

- for()문의 세 번째 부분(str_len 감소)

- L2: for()문의 두 번째 부분: 첫 번째 조건을 검사하고 두 번째 조건을 검사해 for() 내부 로직을 수행하거나 종료

- L4: // 종료

- s 리턴

3.15.3 x64: 최적화를 수행한 GCC 4.9.1

```
str_trim:
        push    rbx
        mov     rbx, rdi
; RBX는 항상 "s"
        call    strlen
; str_len==0인지 검사, 0이면 종료
        test    rax, rax
        je      .L9
        lea     rdx, [rax-1]
; RDX는 항상 str_len이 아닌 str_len-1 값을 가진다.
; 따라서 RDX는 마치 버퍼의 인덱스 변수와 같다.
        lea     rsi, [rbx+rdx] ; RSI=s+str_len-1
        movzx   ecx, BYTE PTR [rsi]     ; 문자 로드
        test    cl, cl
        je      .L9                     ; 0이면 종료
        cmp     cl, 10
        je      .L4
        cmp     cl, 13                  ; '\n'과 '\r'이 아니면 종료
        jne     .L9
.L4:
: 이 명령어는 다소 이상하다. 여기서는 RSI=s-1이 필요하다.
; MOV RSI, EBX / DEC RSI 명령어로 구할 수 있지만
; 하나가 아닌 두 개의 명령어가 필요하다.
        sub     rsi, rax
; RSI = s+str_len-1-str_len = s-1
; 메인 로프의 시작
.L12:
        test    rdx, rdx
; s-1+str_len-1+1 = s-1+str_len = s+str_len-1 주소에 0을 저장
        mov     BYTE PTR [rsi+1+rdx], 0
; str_len-1==0인지 검사. 0이면 종료
```

```
        je      .L9
        sub     rdx, 1                  ; str_len--와 동일하다.
; s+str_len-1에서 다음 문자를 로드
        movzx   ecx, BYTE PTR [rbx+rdx]
        test    cl, cl                  ; 0이면 종료
        je      .L9
        cmp     cl, 10                  ; '\n'인가?
        je      .L12
        cmp     cl, 13                  ; '\r'인가?
        je      .L12
.L9:
; "s" 리턴
        mov     rax, rbx
        pop     rbx
        ret
```

이번에는 다소 복잡하다.

루프의 내부 루틴 시작 전에 위치한 코드는 CR/LF 문자인지를 검사하며 한 번만 실행된다.

왜 이후에 동일한 것을 수행하는 중복된 코드가 있는 것일까?

루프를 구현하는 일반적인 방법은 다음과 같을 것이다.

- (루프 시작) CR/LF 문자인지 검사해서 판단
- 해당 위치에 0을 저장

하지만 GCC는 위 두 단계를 거꾸로 수행했다.

물론 첫 번째 단계에서 0을 저장할 수 없기 때문에 추가적인 검사가 필요하게 된다.

- 첫 번째 문자 처리. 문자가 CR/LF인지 검사, CR/LF 문자가 아니면 종료
- (루프 시작) 0 문자를 해당 문자의 위치에 저장
- CR/LF 문자인지 검사

메인 루프의 코드가 매우 짧다. 최신 CPU에서는 루프가 짧은 것이 더 유리하다.

str_len 변수 대신 str_len-1을 이용하며 마치 버퍼의 인덱스와 같다.

분명히 GCC는 str_len-1문이 두 번 사용된다는 것을 알고 있다.

따라서 문자열의 현재 길이보다 항상 1이 작은 값을 변수로 할당해 사용하는 것이 더 좋다고 판단한 것이다.

3.15.4 ARM64: 최적화를 수행하지 않은 GCC(Linaro) 4.9

이 경우에는 구현이 직관적이다.

리스트 3.64: 최적화를 수행하지 않은 GCC(Linaro) 4.9

```
str_trim:
        stp     x29, x30, [sp, -48]!
        add     x29, sp, 0
        str     x0, [x29,24]     ; 입력 인자를 로컬 스택에 복사
        ldr     x0, [x29,24]     ; s
        bl      strlen
        str     x0, [x29,40]     ; 로컬 스택에 있는 str_len 변수
        b       .L2
; 메인 루프 시작
.L5:
        ldrb    w0, [x29,39]
; W0=c
        cmp     w0, 13           ; '\r'인가?
        beq     .L3
        ldrb    w0, [x29,39]
; W0=c
        cmp     w0, 10           ; '\n'인가?
        bne     .L4              ; 그렇지 않다면 종료
.L3:
        ldr     x0, [x29,40]
; X0=str_len
        sub     x0, x0, #1
; X0=str_len-1
        ldr     x1, [x29,24]
; X1=s
        add     x0, x1, x0
        X0=s+str_len-1
        strb    wzr, [x0]        ; s+str_len-1에 바이트 기록
; str_len 값을 감소
        ldr     x0, [x29,40]
; X0=str_len
        sub     x0, x0, #1
; X0=str_len-1
        str     x0, [x29,40]
; X0 (또는 str_len-1)를 로컬 스택에 저장
.L2:
```

```
        ldr     x0, [x29,40]
; str_len==0?
        cmp     x0, xzr
; 0이면 종료
        beq     .L4
        ldr     x0, [x29,40]
; X0=str_len
        sub     x0, x0, #1
; X0=str_len-1
        ldr     x1, [x29,24]
; X1=s
        add     x0, x1, x0
; X0=s+str_len-1
; s+str_len-1 주소에 있는 바이트를 W0로 로드
        ldrb    w0, [x0]
        strb    w0, [x29,39]     ; 로드한 바이트를 "c"에 저장
        ldrb    w0, [x29,39]     ; 다시 로드
; 바이트의 값이 0인가?
        cmp     w0, wzr
; 0이면 종료, 0이 아니면 L5로 이동
        bne     .L5
.L4:
; s 리턴
        ldr     x0, [x29,24]
        ldp     x29, x30, [sp], 48
        ret
```

3.15.5 ARM64: 최적화를 수행한 GCC(Linaro) 4.9

이번에는 좀 더 진보된 최적화가 수행된다.

시작 부분에서 첫 번째 문자가 로드되고 그것의 값이 10(LF 문자)인지 검사한다.

메인 루프에서도 첫 번째 문자 다음 문자가 로드된다.

이는 3.15.3절의 예제와 유사하다.

리스트 3.65: 최적화를 수행한 GCC(Linaro) 4.9

```
str_trim:
        stp     x29, x30, [sp, -32]!
        add     x29, sp, 0
        str     x19, [sp,16]
        mov     x19, x0
```

```
; X19는 항상 "s"의 값을 갖는다.
        bl      strlen
; X0=str_len
        cbz     x0, .L9         ; str_len==0이면 L9(종료)로 이동
        sub     x1, x0, #1
; X1=X0-1=str_len-1
        add     x3, x19, x1
; X3=X19+X1=s+str_len-1
        ldrb    w2, [x19,x1]    ; X19+X1=s+str_len-1에 있는 바이트를 로드
; W2=로드된 문자
        cbz     w2, .L9         ; 0이면 종료
        cmp     w2, 10          ; '\n'인가?
        bne     .L15
.L12:
; 메인 루프. 이때 로드된 바이트는 항상 10이나 13이다.
        sub     x2, x1, x0
; X2=X1-X0=str_len-1-str_len=-1
        add     x2, x3, x2
; X2=X3+X2=s+str_len-1+(-1)=s+str_len-2
        strb    wzr, [x2,1]     ; s+str_len-2+1=s+str_len-1 주소에 0을 저장
        cbz     x1, .L9         ; str_len-1==0이면 종료
        sub     x1, x1, #1  ; str_len--
        ldrb    w2, [x19,x1]    ; X19+X1=s+str_len-1에 있는 다음 문자를 로드
        cmp     w2, 10          ; '\n'인가?
        cbz     w2, .L9         ; 0이면 종료
        beq     .L12            ; '\n'이면 루프의 시작 부분으로 점프
.L15:
        cmp     w2, 13          ; '\r'인가?
        beq     .L12            ; 그렇다면 루프의 시작 부분으로 점프
.L9:
; "s" 리턴
        mov     x0, x19
        ldr     x19, [sp,16]
        ldp     x29, x30, [sp], 32
        ret
```

3.15.6 ARM: 최적화를 수행한 Keil 6/2013(ARM 모드)

컴파일러는 ARM 모드의 조건 명령을 이용해 코드가 매우 간단해졌다.

리스트 3.66: 최적화를 수행한 Keil 6/2013(ARM 모드)

```
str_trim    PROC
        PUSH    {r4,lr}
; R0=s
```

```
        MOV     r4,r0
; R4=s
        BL      strlen      ; R0의 "s" 값을 strlen()에 전달
; R0=str_len
        MOV     r3,#0
; R3는 항상 0
|L0.16|
        CMP     r0,#0       ; str_len==0?
        ADDNE   r2,r4,r0    ; (if str_len!=0) R2=R4+R0=s+str_len
        LDRBNE  r1,[r2,#-1] ; (if str_len!=0) R1= R2-1=s+str_len-1에서 로드한 바이트
        CMPNE   r1,#0       ; (if str_len!=0) 로드한 바이트가 0인지 검사
        BEQ     |L0.56|     ; str_len==0이면 종료 또는 로드된 바이트는 0
        CMP     r1,#0xd     ; 로드한 바이트가 '\r'인가?
        CMPNE   r1,#0xa     ; 로드한 바이트가 '\r'인가?
        SUBEQ   r0,r0,#1    ; (로드한 바이트가 '\r' 또는 '\n'라면) R0-- or str_len--
        STRBEQ  r3,[r2,#-1] ; (로드한 바이트가 '\r' 또는 '\n'라면) R3(0)를
                            ; R2-1=s+str_len-1에 저장
        BEQ     |L0.16|     ; 로드한 바이트가 '\r'이나 '\n'이 아니라면 루프의 시작 부분으로 점프
|L0.56|
; "s" 리턴
        MOV     r0,r4
        POP     {r4,pc}
        ENDP
```

3.15.7 ARM: 최적화를 수행한 Keil 6/2013(Thumb 모드)

Thumb 모드에는 조건 명령어가 적기 때문에 코드가 단순해진다.

하지만 0x20과 0x1F라는 매우 이상한 오프셋(22번째 줄과 23번째 줄)을 사용한다. Keil 컴파일러는 왜 이상한 방법을 사용했을까? 그 답을 찾기는 어렵다.

Keil의 최적화 과정은 매우 이상하다. 그럼에도 불구하고 코드는 올바르게 동작한다.

리스트 3.67: 최적화를 수행한 Keil 6/2013(Thumb 모드)

```
1  str_trim PROC
2          PUSH    {r4,lr}
3          MOVS    r4,r0
4  ; R4=s
5          BL  strlen      ; R0의 "s" 값을 strlen()에 전달
6  ; R0=str_len
7          MOVS    r3,#0
8  ; R3은 항상 0
9          B   |L0.24|
```

```
10  |L0.12|
11          CMP     r1,#0xd         ; 로드된 바이트가 '\r'인가?
12          BEQ     |L0.20|
13          CMP     r1,#0xa         ; 로드된 바이트가 '\n'인가?
14          BNE     |L0.38|         ; 아니면 종료
15  |L0.20|
16          SUBS    r0,r0,#1        ; R0-- 또는 str_len--
17          STRB    r3,[r2,#0x1f]   ; R2+0x1F=s+str_len-0x20+0x1F=s+str_len-1에 0을 저장
18  |L0.24|
19          CMP     r0,#0           ; str_len==0?
20          BEQ     |L0.38|         ; 0이면 종료
21          ADDS    r2,r4,r0        ; R2=R4+R0=s+str_len
22          SUBS    r2,r2,#0x20     ; R2=R2-0x20=s+str_len-0x20
23          LDRB    r1,[r2,#0x1f]   ; R2+0x1F=s+str_len-0x20+0x1F=s+str_len-1에서 R1으로
바이트를 로드
24          CMP     r1,#0           ; 로드한 바이트가 0인가?
25          BNE     |L0.12|         ; 0이 아니면 로프의 시작 부분으로 점프
26  |L0.38|
27  ; "s" 리턴
28          MOVS    r0,r4
29          POP     {r4,pc}
30          ENDP
```

3.15.8 MIPS

리스트 3.68: 최적화를 수행한 GCC 4.4.5(IDA)

```
str_trim:
; IDA는 지역 변수의 이름을 모르기 때문에 필자가 직접 입력했다.
saved_GP        = -0x10
saved_S0        = -8
saved_RA        = -4

            lui     $gp, (__gnu_local_gp >> 16)
            addiu   $sp, -0x20
            la      $gp, (__gnu_local_gp & 0xFFFF)
            sw      $ra, 0x20+saved_RA($sp)
            sw      $s0, 0x20+saved_S0($sp)
            sw      $gp, 0x20+saved_GP($sp)
; strlen() 호출. 입력 문자열의 주소는 여전히 $a0에 있다.
; strlen()에 입력 문자열의 주소가 전달될 것이다.
            lw      $t9, (strlen & 0xFFFF)($gp)
            or      $at, $zero          ; 로드 지연 슬롯, NOP
            jalr    $t9
; 입력 문자열의 주소는 여전히 $a0에 있다.
```

```
            move    $s0, $a0                ; 브랜치 지연 슬롯
; strlen()의 결과(즉, 문자열의 길이)는 이제 $v0에 있다.
; $v0==0(즉, 문자열의 길이가 0이면)이면 종료
            beqz    $v0, exit
            or      $at, $zero              ; 브랜치 지연 슬롯, NOP
            addiu   $a1, $v0, -1
; $a1 = $v0-1 = str_len-1
            addu    $a1, $s0, $a1
; $a1 = 입력 문자열 주소 + $a1 = s+strlen-1
; $a1 주소에 있는 바이트를 로드
            lb      $a0, 0($a1)
            or      $at, $zero              ; 로드 지연 슬롯, NOP
; 로드된 바이트가 0이면 종료
            beqz    $a0, exit
            or      $at, $zero              ; 브랜치 지연 슬롯, NOP
            addiu   $v1, $v0, -2
; $v1 = str_len-2
            addu    $v1, $s0, $v1
; $v1 = $s0+$v1 = s+str_len-2
            li      $a2, 0xD
; 루프 안의 루틴 건너뛰기
            b       loc_6C
            li      $a3, 0xA                ; 브랜치 지연 슬롯
loc_5C:
; $a0 주소에 있는 다음 바이트를 로드
            lb      $a0, 0($v1)
            move    $a1, $v1
; $a1=s+str_len-2
; 로드된 바이트가 0이면 종료
            beqz    $a0, exit
; str_len 감소
            addiu   $v1, -1                 ; 브랜치 지연 슬롯
loc_6C:
; 이때 $a0=로드된 바이트, $a2=0xD(CR) and $a3=0xA(LF)
; 로드된 바이트의 값이 CR이면 loc_7C로 점프
            beq     $a0, $a2, loc_7C
            addiu   $v0, -1                 ; 브랜치 지연 슬롯
; 로드된 바이트의 값이 LF가 아니면 종료
            bne     $a0, $a3, exit
            or      $at, $zero              ; 브랜치 지연 슬롯, NOP
loc_7C:
; 이때 로드된 바이트의 값은 CR이다.
; str_len ($v0에 있는)의 값이 0이 아니면 loc_5c(루프 루틴이 시작하는 곳)으로 점프
            bnez    $v0, loc_5C
; 동시에 메모리의 해당 위치에 0을 저장한다.
            sb      $zero, 0($a1)           ; 브랜치 지연 슬롯
; "exit" 레이블은 필자가 이름을 지정한 것이다.
```

```
exit:
        lw      $ra, 0x20+saved_RA($sp)
        move    $v0, $s0
        lw      $s0, 0x20+saved_S0($sp)
        jr      $ra
        addiu   $sp, 0x20               ; 브랜치 지연 슬롯
```

이름이 S-로 시작하는 레지스터는 소위 '임시 저장' 레지스터라고 부른다. 따라서 $S0 값은 로컬 스택에 저장되고 끝에 다시 복원된다.

3.16 toupper() 함수

많이 사용되는 또 다른 함수로는 대문자로 변환해주는 toupper() 함수가 있다.

```c
char toupper (char c)
{
    if(c>='a' && c<='z')
        return c-'a'+'A';
    else
        return c;
}
```

코드의 가독성을 위해 'a'+'A'로 표현했으며, 물론 컴파일러는 이를 최적화할 것이다 (컴파일러에 따라서는 이 표현을 최적화하지 않고 그대로 처리하는 경우도 있다).

"a"의 ASCII 코드 값은 97(또는 0x61)이고 "A"의 ASCII 코드 값은 65(또는 0x41)다.

ASCII 테이블에서 "a"와 "A" 사이의 차이(간격)는 32(0x20)다.

좀 더 잘 이해하고자 7비트의 표준 ASCII 테이블을 참고하기 바란다.

그림 3.3: Emacs로 본 7비트 ASCII 테이블

3.16.1 x64

두 개의 비교 연산

최적화를 수행하지 않은 MSVC의 코드는 직관적이다. 코드는 입력된 문자가 [97..122] 사이의 값(또는 ['a'..'z'] 사이의 값)인지 검사해서 그렇다면 문자의 값에서 32를 뺀다.

코드에는 사소하게 컴파일러가 자체적으로 추가한 부분도 있다.

리스트 3.69: 최적화를 수행하지 않은 MSVC 2013(x64)

```
 1  c$ = 8
 2  toupper PROC
 3          mov     BYTE PTR [rsp+8], cl
 4          movsx   eax, BYTE PTR c$[rsp]
 5          cmp     eax, 97
 6          jl      SHORT $LN2@toupper
 7          movsx   eax, BYTE PTR c$[rsp]
 8          cmp     eax, 122
 9          jg      SHORT $LN2@toupper
10          movsx   eax, BYTE PTR c$[rsp]
11          sub     eax, 32
12          jmp     SHORT $LN3@toupper
13          jmp     SHORT $LN1@toupper      ; 컴파일러가 자체적으로 추가한 코드
14  $LN2@toupper:
15          movzx   eax, BYTE PTR c$[rsp]   ; 필요 없는 코드
16  $LN1@toupper:
17  $LN3@toupper:                           ; 컴파일러가 자체적으로 추가한 코드
18          ret     0
19  toupper ENDP
```

3번째 줄에서 입력된 바이트가 64비트 로컬 스택에 로드된다는 것에 주목하기 바란다.

32비트 이외의 나머지 비트([8..63])의 값을 갖게 되며(디버거로 확인할 수 있다) 건드리지 않는다.

모든 연산은 바이트 레벨로만 이뤄진다.

15번째 줄의 마지막 **MOVZX** 명령어는 로컬 스택에서 바이트를 가져와 32비트 int 타입으로 확장(0 값으로 확장)한다.

최적화를 수행하지 않은 GCC의 컴파일 결과도 거의 동일하다.

```
toupper:
        push    rbp
        mov     rbp, rsp
        mov     eax, edi
        mov     BYTE PTR [rbp-4], al
        cmp     BYTE PTR [rbp-4], 96
        jle     .L2
        cmp     BYTE PTR [rbp-4], 122
        jg      .L2
        movzx   eax, BYTE PTR [rbp-4]
        sub     eax, 32
        jmp     .L3
.L2:
        movzx   eax, BYTE PTR [rbp-4]
.L3:
        pop     rbp
        ret
```

하나의 비교 연산

최적화를 수행한 MSVC는 하나의 비교 연산만을 이용하는 코드를 만들어낸다.

리스트 3.71: 최적화를 수행한 MSVC 2013(x64)

```
toupper    PROC
        lea     eax, DWORD PTR [rcx-97]
        cmp     al, 25
        ja      SHORT $LN2@toupper
        movsx   eax, cl
        sub     eax, 32
        ret     0
$LN2@toupper:
        movzx   eax, cl
        ret     0
toupper    ENDP
```

두 개의 비교 연산을 하나의 비교 연산으로 바꾸는 방법은 앞에서 이미 설명했다 (3.10.2절).

이제는 C/C++로 코드를 다시 작성해보자.

```
int tmp=c-97;

if (tmp>25)
    return c;
else
    return c-32;
```

tmp 변수는 부호 있는 타입이어야 한다.

하나의 비교 연산으로 바꾸는 경우에는 두 개의 빼기 연산이 필요하다.

반대로 원래의 알고리즘에서는 두 개의 비교 연산과 하나의 빼기 연산을 필요로 한다.

최적화를 수행한 GCC는 좀 더 나은 코드를 만들어낸다. 즉, CMOVcc 명령어를 이용해 점프 명령어를 제거한다.

리스트 3.72: 최적화를 수행한 GCC 4.9(x64)

```
1   toupper:
2           lea     edx, [rdi-97]   ; 0x61
3           lea     eax, [rdi-32]   ; 0x20
4           cmp     dl, 25
5           cmova   eax, edi
6           ret
```

3번째 줄에서는 마치 문자 변환이 항상 필요한 것처럼 빼기를 수행할 값을 미리 준비한다.

5번째 줄에서는 문자 변환이 필요하지 않다면 EAX에서 뺀 값을 변환되지 않은 입력값으로 대체한다.

추가적인 점프를 없애고자 컴파일러는 추가적인 빼기 연산을 수행한다.

3.16.2 ARM

ARM 모드에서 최적화를 수행한 Keil의 경우에도 하나의 비교 연산만을 수행한다.

리스트 3.73: 최적화를 수행한 Keil 6/2013(ARM 모드)

```
toupper PROC
        SUB     r1,r0,#0x61
        CMP     r1,#0x19
```

```
        SUBLS   r0,r0,#0x20
        ANDLS   r0,r0,#0xff
        BX      lr
        ENDP
```

SUBLS 명령어와 ANDLS 명령어는 R1에 있는 값이 0x19보다 작거나 같을 때만 실행되면 실질적인 문자 변환을 수행한다.

Thumb 모드에서 최적화를 수행한 Keil 또한 하나의 비교 연산만을 수행하는 코드를 만들어낸다.

리스트 3.74: 최적화를 수행한 Keil 6/2013(Thumb 모드)

```
toupper PROC
        MOVS    r1,r0
        SUBS    r1,r1,#0x61
        CMP     r1,#0x19
        BHI     |L0.14|
        SUBS    r0,r0,#0x20
        LSLS    r0,r0,#24
        LSRS    r0,r0,#24
|L0.14|
        BX      lr
        ENDP
```

마지막 부분의 LSLS 명령어와 LSRS 명령어는 AND reg, 0xFF 명령어처럼 동작한다. C/C++ 코드로는 (i << 24) >> 24와 같다.

Thumb 모드에서 Keil은 0xFF를 레지스터에 로드해 AND 연산을 수행하는 것보다 두 개의 2바이트 명령어를 사용하는 것이 더 경제적이라고 판단한 것이다.

ARM64를 위한 GCC

리스트 3.75: 최적화를 수행하지 않은 GCC 4.9(ARM64)

```
toupper:
        sub     sp, sp, #16
        strb    w0, [sp,15]
        ldrb    w0, [sp,15]
        cmp     w0, 96
        bls     .L2
```

```
        ldrb    w0, [sp,15]
        cmp     w0, 122
        bhi     .L2
        ldrb    w0, [sp,15]
        sub     w0, w0, #32
        uxtb    w0, w0
        b       .L3
.L2:
        ldrb    w0, [sp,15]
.L3:
        add     sp, sp, 16
        ret
```

리스트 3.76: 최적화를 수행한 GCC 4.9(ARM64)

```
toupper:
        uxtb    w0, w0
        sub     w1, w0, #97
        uxtb    w1, w1
        cmp     w1, 25
        bhi     .L2
        sub     w0, w0, #32
        uxtb    w0, w0
.L2:
        ret
```

3.16.3 비트 연산 이용

검사 이후에 5번째 비트(0번째부터 시작)가 항상 존재한다는 사실을 감안하면 그 비트를 초기화하는 방법은 빼기를 하는 것이지만, **AND** 연산(2.5절)으로도 동일한 효과를 얻을 수 있다.

XOR 연산을 이용하면 좀 더 간단하다.

```
char toupper (char c)
{
    if(c>='a' && c<='z')
        return c^0x20;
    else
        return c;
}
```

최적화를 수행한 GCC가 만들어낸 코드는 앞 예제(3.73절)의 최적화를 수행해 GCC가 만들어낸 것과 비슷하다.

리스트 3.77: 최적화를 수행한 GCC 5.4(x86)

```
toupper:
        mov     edx, DWORD PTR [esp+4]
        lea     ecx, [edx-97]
        mov     eax, edx
        xor     eax, 32
        cmp     cl, 25
        cmova   eax, edx
        ret
```

하지만 이번에는 SUB 명령어 대신 XOR 명령어를 사용한다.

5번째 비트의 값을 뒤집는 것은 ASCII 테이블에서 커서를 두 행씩 위아래로 움직이는 것과 같다.

어떤 사람들은 소문자/대문자를 ASCII 테이블에 의도적으로 그렇게 배치했다고 말하기도 한다.

> 아주 오래된 키보드는 키에 따라 내부적으로 키의 값을 32비트 또는 16비트로 토글하는 것만으로 Shift 키와 같은 효과를 냈다. 이 때문에 ASCII 테이블에서 소문자와 대문자 사이의 관계를 규칙적으로 만들었다. 숫자와 기호, 일부 기호 쌍 사이의 관계도 자세히 들여다보면 어떤 규칙을 갖는다.

(에릭 S. 레이몬드, http://www.catb.org/esr/faqs/things-every-hacker-once-knew/)

따라서 문자의 대소문자 변환을 위한 코드를 다음과 같이 작성할 수 있다.

```
#include <stdio.h>

char flip (char c)
{
    if((c>='a' && c<='z') || (c>='A' && c<='Z'))
        return c^0x20;
    else
        return c;
}

int main()
{
    // "hELLO, WORLD!" 문자열을 만든다.
```

```
    for (char *s="Hello, world!"; *s; s++)
        printf ("%c", flip(*s));
};
```

3.16.4 정리

요즘에는 이와 같은 컴파일러의 최적화는 매우 일반적이며 리버스 엔지니어는 이와
같은 패턴을 코드를 자주 보게 될 것이다.

3.17 난독화

난독화는 리버스 엔지니어로부터 코드(또는 코드의 의미)를 숨기기 위한 작업이다.

3.17.1 텍스트 문자열

앞(5.4절)에서도 봤듯이 텍스트 문자열은 코드를 해석하는 데 많은 도움이 된다.

이 사실을 알고 있는 프로그래머는 IDA나 헥스 에디터로 문자열을 찾지 못하게 만들
려고 노력한다.

다음은 문자열을 숨기기 위한 매우 간단한 방법이다.

```
mov     byte ptr [ebx], 'h'
mov     byte ptr [ebx+1], 'e'
mov     byte ptr [ebx+2], 'l'
mov     byte ptr [ebx+3], 'l'
mov     byte ptr [ebx+4], 'o'
mov     byte ptr [ebx+5], ' '
mov     byte ptr [ebx+6], 'w'
mov     byte ptr [ebx+7], 'o'
mov     byte ptr [ebx+8], 'r'
mov     byte ptr [ebx+9], 'l'
mov     byte ptr [ebx+10], 'd'
```

또는 다음과 같이 문자열을 비교하는 방법을 사용할 수도 있다.

```
mov     ebx, offset username
cmp     byte ptr [ebx], 'j'
jnz     fail
cmp     byte ptr [ebx+1], 'o'
jnz     fail
cmp     byte ptr [ebx+2], 'h'
jnz     fail
cmp     byte ptr [ebx+3], 'n'
jnz     fail
jz      it_is_john
```

위 두 가지 방법 모두 헥스 에디터로 문자열을 바로 찾지 못하게 만든다.

어쨌든 이 방법이 PIC^Position Independent Code나 셸코드의 경우처럼 문자열을 데이터 세그 먼트에 할당할 수 없을 때 사용할 수 있는 방법이다.

또 다른 방법으로는 sprintf() 함수를 사용하는 것이다.

```
sprintf(buf, "%s%c%s%c%s", "hel",'l',"o w",'o',"rld");
```

코드가 이상하게 보이겠지만 안티리버싱을 위해 간단히 수행할 수 있는 방법이다.

텍스트 문자열은 암호화된 형태로 존재할 수도 있다. 그런 경우에는 먼저 복호화를 수 행해 문자열을 이용해야 한다. 예제는 8.5.2절에 있다.

3.17.2 실행 코드

가비지 삽입

실행 코드 난독화는 실제 코드 사이에 실행은 되더라도 의미가 없는 임의의 가비지 코 드를 삽입하는 것을 의미한다.

간단한 예제는 다음과 같다.

리스트 3.78: 원래 코드

```
add     eax, ebx
mul     ecx
```

리스트 3.79: 난독화된 코드

```
xor     esi, 011223344h     ; 가비지
add     esi, eax            ; 가비지
add     eax, ebx
mov     edx, eax            ; 가비지
shl     edx, 4              ; 가비지
mul     ecx
xor     esi, ecx            ; 가비지
```

여기서 가비지 코드는 실제 코드가 사용하지 않는 레지스터(ESI와 EDX)를 이용한다. 하지만 실제 코드가 실행되면서 중간에 만들어낸 결과를 가비지 코드가 사용하게 만들어 좀 더 혼란을 가중시킨다.

동일한 의미의 명령어로 교체

- MOV op1, op2 명령어는 PUSH op2/POP op1 명령어 쌍으로 교체할 수 있다.
- JMP label은 PUSH label/RET 명령어 쌍으로 교체할 수 있다. IDA는 label 정보를 보여주지는 못한다.
- CALL label은 PUSH label_after_CALL_instruction/PUSH label/RET 명령어 쌍으로 교체할 수 있다.
- PUSH op는 SUB ESP, 4(또는 8)/MOV [ESP], op 명령어 쌍으로 교체할 수 있다.

항상 실행되는 코드와 절대 실행되지 않는 코드

개발자가 특정 시점에서 ESI가 항상 0임을 확신하는 경우는 다음과 같다.

```
mov     esi, 1
...         ; ESI를 건드리지 않는 코드
dec     esi
...         ; ESI를 건드리지 않는 코드
cmp     esi, 0
jz      real_code
; 가비지 코드
real_code:
```

이렇게 만들면 리버스 엔지니어는 시간을 내서 코드를 분석해야 한다.

이런 방법을 불투명한 서술이라고 부른다.

개발자가 특정 시점에서 ESI가 항상 0임을 확신하는 또 다른 예는 다음과 같다.

```
add     eax, ebx    ; 실제 코드
mul     ecx         ; 실제 코드
add     eax, esi    ; 불투명한 서술. 여기서 ADD 대신 XOR, AND 또는 SHL 등을 사용할 수 있다.
```

혼란스럽게 만들기

```
instruction 1
instruction 2
instruction 3
```

이 코드는 다음과 같이 교체할 수 있다.

```
begin:  jmp       ins1_label

ins2_label: instruction 2
        jmp       ins3_label

ins3_label: instruction 3
        jmp       exit:

ins1_label: instruction 1
        jmp       ins2_label
exit:
```

간접 포인터 이용

```
dummy_data1     db      100h dup (0)
message1        db      'hello world',0

dummy_data2     db      200h dup (0)
message2        db      'another message',0

func    proc
        ...
        mov     eax, offset dummy_data1     ; PE or ELF reloc here
        add     eax, 100h
        push    eax
        call    dump_string
        ...
```

```
        mov     eax, offset dummy_data2      ; PE or ELF reloc here
        add     eax, 200h
        push    eax
        call    dump_string
        ...
func    endp
```

IDA는 dummy_data1과 dummy_data2 바로 다음에 있는 문자열이 아닌 단지 dummy_data1과 dummy_data2에 대한 참조만을 보여준다.

전역 변수와 심지어는 함수도 이와 같은 방법으로 접근할 수 있다.

3.17.3 가상 머신/의사 코드

프로그래머는 (pre-5.0 비주얼 베이직, .NET 또는 자바 머신과 같은) 자체적인 PL이나 ISA를 구성하고 인터프리터를 만들 수 있다.

그러면 리버스 엔지니어는 모든 ISA 명령어의 자세한 내용을 파악하고 의미를 이해하고자 시간을 투자해야 한다.

또한 디스어셈블러/디컴파일러를 작성해야 한다.

3.17.4 추가 내용

(아직은 부족하지만) 난독화된 코드를 만들어내는 Tiny C 컴파일러를 패치했다(https://yurichev.com/blog/58/).

MOV 명령어를 이용해 정말 복잡한 코드를 만들 수 있다(스테판 돌란의 『mov is Turing-complete』(2013)).

3.17.5 연습

* http://challenges.re/29

3.18 C++

3.18.1 클래스

간단한 예제

C++ 클래스는 내부적으로 구조체와 거의 동일하게 표현된다.

두 개의 변수와 두 개의 생성자, 그리고 하나의 메소드로 예를 들어보자.

```c
#include <stdio.h>

class c
{
private:
    int v1;
    int v2;
public:
    c()      // 디폴트 생성자
    {
        v1=667;
        v2=999;
    };

    c(int a, int b) // 생성자
    {
        v1=a;
        v2=b;
    };

    void dump()
    {
        printf ("%d; %d\n", v1, v2);
    };
};

int main()
{
    class c c1;
    class c c2(5,6);

    c1.dump();
    c2.dump();

    return 0;
};
```

MSVC: x86

어셈블리어로 변환된 main() 함수는 다음과 같다.

리스트 3.80: MSVC

```
_c2$ = -16          ; 크기 = 8
_c1$ = -8           ; 크기 = 8
_main   PROC
        push    ebp
        mov     ebp, esp
        sub     esp, 16
        lea     ecx, DWORD PTR _c1$[ebp]
        call    ??0c@@QAE@XZ            ; c::c
        push    6
        push    5
        lea     ecx, DWORD PTR _c2$[ebp]
        call    ??0c@@QAE@HH@Z          ; c::c
        lea     ecx, DWORD PTR _c1$[ebp]
        call    ?dump@c@@QAEXXZ         ; c::dump
        lea     ecx, DWORD PTR _c2$[ebp]
        call    ?dump@c@@QAEXXZ         ; c::dump
        xor     eax, eax
        mov     esp, ebp
        pop     ebp
        ret     0
_main   ENDP
```

각각의 객체(클래스 c의 인스턴스)를 위해 8바이트가 할당된다. 8바이트는 2개의 변수를 저장할 때 필요한 크기다.

c1을 위해서 인자가 없는 디폴트 생성자인 ??0c@@QAE@XZ가 호출된다. c2를 위해서는 또 다른 생성자인 ??0c@@QAE@HH@Z를 2개의 수를 인자로 전달하면서 호출한다.

객체에 대한 포인터는 ECX 레지스터에 전달된다. 이를 thiscall(객체에 포인터를 전달하기 위한 방법)이라고 부른다.

MSVC는 이를 위해 ECX 레지스터를 이용한다. 말할 필요 없이 표준화된 방법은 아니다. 다른 컴파일러는 다른 방법을 사용할 수 있다. 예를 들면 GCC는 첫 번째 함수 인자를 이용하는 방법을 사용한다.

왜 함수들의 이름이 이상한 것이 있을까? 네임 맹글링Name Mangling 때문이다.

C++ 클래스는 이름은 동일하지만 전달되는 인자는 틀린 메소드를 포함할 수 있다. 이를 다형성이라고 한다. 물론 클래스가 다른 경우에도 동일한 이름의 메소드를 가질 수 있다.

네임 맹글링은 ASCII 문자열로 클래스 이름 + 메소드 이름 + 메소드의 모든 인자 타입을 인코딩해 내부적인 함수명으로 사용하는 것이다. 링커와 OS의 DLL 로더(DLL의 익스포트에도 네임 맹글링이 사용될 수 있다)는 C++나 OOP^Object-Oriented Programming에 대해 어떤 것도 알지 못하기 때문에 네임 맹글링이 사용된다.

dump() 함수는 두 번 호출된다.

이제는 클래스 생성자 코드를 살펴보자.

리스트 3.81: MSVC

```
_this$ = -4              ; 크기 = 4
??0c@@QAE@XZ PROC        ; c::c, COMDAT
; _this$ = ecx
        push    ebp
        mov     ebp, esp
        push    ecx
        mov     DWORD PTR _this$[ebp], ecx
        mov     eax, DWORD PTR _this$[ebp]
        mov     DWORD PTR [eax], 667
        mov     ecx, DWORD PTR _this$[ebp]
        mov     DWORD PTR [ecx+4], 999
        mov     eax, DWORD PTR _this$[ebp]
        mov     esp, ebp
        pop     ebp
        ret     0
??0c@@QAE@XZ ENDP        ; c::c

_this$ = -4              ; 크기 = 4
_a$ = 8                  ; 크기 = 4
_b$ = 12                 ; 크기 = 4
??0c@@QAE@HH@Z PROC      ; c::c, COMDAT
; _this$ = ecx
        push    ebp
        mov     ebp, esp
        push    ecx
        mov     DWORD PTR _this$[ebp], ecx
        mov     eax, DWORD PTR _this$[ebp]
        mov     ecx, DWORD PTR _a$[ebp]
        mov     DWORD PTR [eax], ecx
```

```
        mov     edx, DWORD PTR _this$[ebp]
        mov     eax, DWORD PTR _b$[ebp]
        mov     DWORD PTR [edx+4], eax
        mov     eax, DWORD PTR _this$[ebp]
        mov     esp, ebp
        pop     ebp
        ret     8
 ??0c@@QAE@HH@Z ENDP            ; c::c
```

생성자는 단지 함수며, ECX 레지스터에 있는 구조체에 대한 포인터를 자신의 지역 변수에 복사한다.

C++ 표준(C++11 12.1)에 의하면 생성자는 어떤 값도 리턴할 필요가 없다.

사실 내부적으로 생성자는 새로 생성되는 객체에 대한 포인터, 즉 **this**를 반환한다.

이제는 dump() 메소드를 살펴보자.

리스트 3.82: MSVC

```
_this$ = -4              ; 크기 = 4
 ?dump@c@@QAEXXZ PROC     ; c::dump, COMDAT
; _this$ = ecx
        push    ebp
        mov     ebp, esp
        push    ecx
        mov     DWORD PTR _this$[ebp], ecx
        mov     eax, DWORD PTR _this$[ebp]
        mov     ecx, DWORD PTR [eax+4]
        push    ecx
        mov     edx, DWORD PTR _this$[ebp]
        mov     eax, DWORD PTR [edx]
        push    eax
        push    OFFSET ??_C@_07NJBDCIEC@?$CFd?$DL?5?$CFd?6?$AA@
        call    _printf
        add     esp, 12
        mov     esp, ebp
        pop     ebp
        ret     0
 ?dump@c@@QAEXXZ ENDP ; c::dump
```

ECX 레지스터는 두 개의 int 타입 변수를 포함하는 있는 구조체에 대한 포인터를 갖고 있는 dump() 함수에 그것이 인자로 전달된다.

최적화 옵션(/0x)을 지정하면 컴파일러는 좀 더 간단한 코드를 만들어낸다.

리스트 3.83: MSVC

```
??0c@@QAE@XZ PROC        ; c::c, COMDAT
; _this$ = ecx
        mov     eax, ecx
        mov     DWORD PTR [eax], 667
        mov     DWORD PTR [eax+4], 999
        ret     0
??0c@@QAE@XZ ENDP        ; c::c

_a$ = 8         ; 크기 = 4
_b$ = 12        ; 크기 = 4
??0c@@QAE@HH@Z PROC      ; c::c, COMDAT
; _this$ = ecx
        mov     edx, DWORD PTR _b$[esp-4]
        mov     eax, ecx
        mov     ecx, DWORD PTR _a$[esp-4]
        mov     DWORD PTR [eax], ecx
        mov     DWORD PTR [eax+4], edx
        ret     8
??0c@@QAE@HH@Z ENDP      ; c::c

?dump@c@@QAEXXZ PROC     ; c::dump, COMDAT
; _this$ = ecx
        mov     eax, DWORD PTR [ecx+4]
        mov     ecx, DWORD PTR [ecx]
        push    eax
        push    ecx
        push    OFFSET ??_C@_07NJBDCIEC@?$CFd?$DL?5?$CFd?6?$AA@
        call    _printf
        add     esp, 12
        ret     0
?dump@c@@QAEXXZ ENDP ; c::dump
```

주목할 필요가 있는 것은 생성자가 호출된 이후에 스택 포인터가 add esp, X 명령어로 보정되지 않았다는 것이다. 그래서 생성자는 RET 명령어 대신 ret 8 명령어로 리턴한 것이다.

여기서는 thiscall(3.18.1절) 호출 규약이 사용됐기 때문이다. stdcall(6.1.2절) 호출 규약은 호출자가 아닌 호출된 함수에서 스택을 보정해줘야 한다. ret x 명령어는 ESP에 x 값을 더한 다음에 호출자 함수로 리턴한다.

호출 규약은 6.1절을 참고한다.

또 한 가지 주목할 점은 컴파일러가 생성자와 소멸자를 호출하는 시점이다.

MSVC: x86-64

이미 알다시피 x86-64에서 처음 4개의 함수 인자는 각각 RCX, RDX, R8, R9 레지스터를 이용해 전달되며 그 외의 나머지 인자는 스택으로 전달된다.

그럼에도 불구하고 객체에 대한 포인터인 this 포인터가 RCX 레지스터로 전달되고, 첫 번째 인자는 RDX 레지스터로 전달된다.

c(int a, int b) 메소드의 내부 구현 부분에서 이를 확인할 수 있다.

리스트 3.84: 최적화를 수행한 MSVC 2012 x64

```
; void dump()

?dump@c@@QEAAXXZ PROC  ; c::dump
        mov     r8d, DWORD PTR [rcx+4]
        mov     edx, DWORD PTR [rcx]
        lea     rcx, OFFSET FLAT:??_C@_07NJBDCIEC@?$CFd?$DL?5?$CFd?6?$AA@      ; '%d; %d'
        jmp     printf
?dump@c@@QEAAXXZ ENDP  ; c::dump

; c(int a, int b)

??0c@@QEAA@HH@Z PROC    ; c::c
        mov     DWORD PTR [rcx], edx     ; 첫 번째 인자 a
        mov     DWORD PTR [rcx+4], r8d ; 두 번째 인자 b
        mov     rax, rcx
        ret     0
??0c@@QEAA@HH@Z ENDP    ; c::c

; 디폴트 생성자

??0c@@QEAA@XZ PROC      ; c::c
        mov     DWORD PTR [rcx], 667
        mov     DWORD PTR [rcx+4], 999
        mov     rax, rcx
        ret     0
??0c@@QEAA@XZ ENDP ; c::c
```

x64에서 int 타입의 크기는 여전히 32비트[8]이기 때문에 레지스터의 32비트 부분이 사용되고 있다.

dump() 메소드에서 RET 명령어 대신 JMP printf 명령을 볼 수 있다. 이는 1.15.1절에서 이미 설명했다.

---

8. 따라서 32비트 C/C ++ 코드를 x64로 쉽게 포팅할 수 있다.

GCC: x86

몇 가지만 제외하고는 GCC 4.4.1의 경우와 거의 비슷하다.

리스트 3.85: GCC 4.4.1

```
        public main
main proc near

var_20 = dword ptr -20h
var_1C = dword ptr -1Ch
var_18 = dword ptr -18h
var_10 = dword ptr -10h
var_8  = dword ptr -8

        push    ebp
        mov     ebp, esp
        and     esp, 0FFFFFFF0h
        sub     esp, 20h
        lea     eax, [esp+20h+var_8]
        mov     [esp+20h+var_20], eax
        call    _ZN1cC1Ev
        mov     [esp+20h+var_18], 6
        mov     [esp+20h+var_1C], 5
        lea     eax, [esp+20h+var_10]
        mov     [esp+20h+var_20], eax
        call    _ZN1cC1Eii
        lea     eax, [esp+20h+var_8]
        mov     [esp+20h+var_20], eax
        call    _ZN1c4dumpEv
        lea     eax, [esp+20h+var_10]
        mov     [esp+20h+var_20], eax
        call    _ZN1c4dumpEv
        mov     eax, 0
        leave
        retn
main    endp
```

이번에는 GNU에서 사용하는 또 다른 형태의 네임 맹글링을 볼 수 있다.[9] 이번에도 프로그래머에게는 보이지 않지만 객체에 대한 포인터가 첫 번째 함수 인자로 전달된다. 첫 번째 생성자는 다음과 같다.

---

9. 여러 컴파일러에 대한 다양한 네임 맹글링 방식은 애그너 포그의 『Calling conventions』(2015)를 참고하기 바란다.

장 좀 더 진보된 예제 781

```
        public _ZN1cC1Ev    ; weak
_ZN1cC1Ev proc near         ; CODE XREF: main+10
arg_0   = dword ptr 8

        push    ebp
        mov     ebp, esp
        mov     eax, [ebp+arg_0]
        mov     dword ptr [eax], 667
        mov     eax, [ebp+arg_0]
        mov     dword ptr [eax+4], 999
        pop     ebp
        retn
_ZN1cC1Ev endp
```

단순히 첫 번째 인자(인자가 하나만 전달됨)로 전달된 포인터를 이용해 두 개의 수를 기록한다.

두 번째 생성자는 다음과 같다.

```
        public _ZN1cC1Eii
_ZN1cC1Eii proc near

arg_0   = dword ptr 8
arg_4   = dword ptr 0Ch
arg_8   = dword ptr 10h

        push    ebp
        mov     ebp, esp
        mov     eax, [ebp+arg_0]
        mov     edx, [ebp+arg_4]
        mov     [eax], edx
        mov     eax, [ebp+arg_0]
        mov     edx, [ebp+arg_8]
        mov     [eax+4], edx
        pop     ebp
        retn
_ZN1cC1Eii endp
```

이 함수는 아래 함수와 동일하다고 볼 수 있다.

```
void ZN1cC1Eii (int *obj, int a, int b)
{
    *obj=a;
    *(obj+1)=b;
};
```

```
        public _ZN1c4dumpEv
_ZN1c4dumpEv proc near

var_18 = dword ptr -18h
var_14 = dword ptr -14h
var_10 = dword ptr -10h
arg_0  = dword ptr 8

        push    ebp
        mov     ebp, esp
        sub     esp, 18h
        mov     eax, [ebp+arg_0]
        mov     edx, [eax+4]
        mov     eax, [ebp+arg_0]
        mov     eax, [eax]
        mov     [esp+18h+var_10], edx
        mov     [esp+18h+var_14], eax
        mov     [esp+18h+var_18], offset aDD    ; "%d; %d\n"
        call    _printf
        leave
        retn
_ZN1c4dumpEv endp
```

함수 내부에서는 객체에 대한 포인터(this)로 사용되는 인자 하나만을 사용한다.

이 함수를 C 코드로 다시 작성하면 다음과 같다.

```
void ZN1c4dumpEv (int *obj)
{
    printf ("%d; %d\n", *obj, *(obj+1));
};
```

지금까지의 간단한 예제를 기반으로 판단해보면 MSVC와 GCC는 함수의 이름을 인코딩하는 스타일(네임 맹글링)과 객체에 대한 포인터를 전달하는 방법(ECX 레지스터를 이용해 전달하거나 첫 번째 인자로 전달하거나)이 다르다.

GCC: x86-64

이미 알다시피 처음 6개의 인자는 RDI, RSI, RDX, RCX, R8, R9 레지스터를 이용해 전달하고(마이클 매츠, 잔 후비카, 안드레아스 재거, 마크 미쉘의 『System V Application Binary Interface. AMD64 Architecture Processor Supplement』(2013), https://software.intel.com/

sites/default/files/article/402129/mpx-linux64-abi.pdf), this에 대한 포인터는 첫 번째 인자(RDI)로 전달된다. int 타입 또한 32비트다.

RET 명령어 대신 JMP 명령어를 사용하는 기법도 여기서 사용된다.

리스트 3.86: GCC 4.4.6 x64

```
; 디폴트 생성자

_ZN1cC2Ev:
        mov     DWORD PTR [rdi], 667
        mov     DWORD PTR [rdi+4], 999
        ret

; c(int a, int b)

_ZN1cC2Eii:
        mov     DWORD PTR [rdi], esi
        mov     DWORD PTR [rdi+4], edx
        ret

; dump()

_ZN1c4dumpEv:
        mov     edx, DWORD PTR [rdi+4]
        mov     esi, DWORD PTR [rdi]
        xor     eax, eax
        mov     edi, OFFSET FLAT:.LC0   ; "%d; %d\n"
        jmp     printf
```

클래스 상속

상속된 클래스는 앞에서 설명한 간단한 구조체와 유사하다.

이를 간단한 예제로 살펴보자.

```
#include <stdio.h>

class object
{
    public:
        int color;
        object() { };
        object (int color) { this->color=color; };
        void print_color() { printf ("color=%d\n", color); };
};
```

```
class box : public object
{
    private:
        int width, height, depth;
    public:
        box(int color, int width, int height, int depth)
        {
            this->color=color;
            this->width=width;
            this->height=height;
            this->depth=depth;
        };
        void dump()
        {
            printf ("this is a box. color=%d, width=%d, height=%d, depth=%d\n", color,
width, height, depth);
        };
};

class sphere : public object
{
    private:
        int radius;
    public:
        sphere(int color, int radius)
        {
            this->color=color;
            this->radius=radius;
        };
        void dump()
        {
            printf ("this is sphere. color=%d, radius=%d\n", color, radius);
        };
};

int main()
{
    box b(1, 10, 20, 30);
    sphere s(2, 40);

    b.print_color();
    s.print_color();

    b.dump();
    s.dump();
    return 0;
};
```

dump() 함수/메소드와 object::print_color()의 코드를 조사하고 (32비트 코드를 위한) 구조체 객체용 메모리 레이아웃을 확인해보자.

다음은 /Ox와 /Ob0 옵션을 사용해 MSVC 2008이 만들어낸 dump() 메소드의 코드다.[10]

리스트 3.87: 최적화를 수행한 MSVC 2008 /Ob0

```
??_C@_09GCEDOLPA@color?$DN?$CFd?6?$AA@ DB 'color=%d', 0aH, 00H    ; `string'
?print_color@object@@QAEXXZ PROC  ; object::print_color, COMDAT
; _this$ = ecx
        mov     eax, DWORD PTR [ecx]
        push    eax

; 'color=%d', 0aH, 00H
        push    OFFSET ??_C@_09GCEDOLPA@color?$DN?$CFd?6?$AA@
        call    _printf
        add     esp, 8
        ret     0
?print_color@object@@QAEXXZ ENDP   ; object::print_color

?dump@box@@QAEXXZ PROC ; box::dump, COMDAT
; _this$ = ecx
        mov     eax, DWORD PTR [ecx+12]
        mov     edx, DWORD PTR [ecx+8]
        push    eax
        mov     eax, DWORD PTR [ecx+4]
        mov     ecx, DWORD PTR [ecx]
        push    edx
        push    eax
        push    ecx

; 'this is a box. color=%d, width=%d, height=%d, depth=%d', 0aH, 00H  ; `string'
        push    OFFSET
??_C@_0DG@NCNGAADL@this?5is?5box?4?5color?$DN?$CFd?0?5width?$DN?$CFd?0@@
        call    _printf
        add     esp, 20
        ret     0
?dump@box@@QAEXXZ ENDP ; box::dump
```

리스트 3.88: 최적화를 수행한 MSVC 2008 /Ob0

```
?dump@sphere@@QAEXXZ PROC  ; sphere::dump, COMDAT
; _this$ = ecx
        mov     eax, DWORD PTR [ecx+4]
        mov     ecx, DWORD PTR [ecx]
        push    eax
```

---

10. /Ob0 옵션은 인라인 확장을 비활성화하는 것이다. 함수 인라인으로 인해 분석이 어려워질 수 있기 때문에 여기서는 비활성화했다.

```
        push    ecx
; 'this is sphere. color=%d, radius=%d', 0aH, 00H
        push    OFFSET ??_C@_0CF@EFEDJLDC@this?5is?5sphere?4?5color?$DN?$CFd?0?5radius@
        call    _printf
        add     esp, 12
        ret     0
?dump@sphere@@QAEXXZ ENDP  ; sphere::dump
```

다음은 메모리의 레이아웃이다.

(베이스 클래스 객체)

오프셋	설명
+0x0	int color

(상속된 클래스)

box 클래스는 다음과 같다.

오프셋	설명
+0x0	int color
+0x4	int width
+0x8	int height
+0xC	int depth

sphere 클래스는 다음과 같다.

오프셋	설명
+0x0	int color
+0x4	int radius

main() 함수를 살펴보자.

리스트 3.89: 최적화를 수행한 MSVC 2008 /Ob0

```
PUBLIC _main
_TEXT SEGMENT
_s$ = -24       ; 크기 = 8
_b$ = -16       ; 크기 = 16
_main PROC
        sub     esp, 24
```

```
        push    30
        push    20
        push    10
        push    1
        lea     ecx, DWORD PTR _b$[esp+40]
        call    ??0box@@QAE@HHHH@Z              ; box::box
        push    40
        push    2
        lea     ecx, DWORD PTR _s$[esp+32]
        call    ??0sphere@@QAE@HH@Z             ; sphere::sphere
        lea     ecx, DWORD PTR _b$[esp+24]
        call    ?print_color@object@@QAEXXZ     ; object::print_color
        lea     ecx, DWORD PTR _s$[esp+24]
        call    ?print_color@object@@QAEXXZ     ; object::print_color
        lea     ecx, DWORD PTR _b$[esp+24]
        call    ?dump@box@@QAEXXZ               ; box::dump
        lea     ecx, DWORD PTR _s$[esp+24]
        call    ?dump@sphere@@QAEXXZ            ; sphere::dump
        xor     eax, eax
        add     esp, 24
        ret     0
_main   ENDP
```

상속된 클래스는 항상 베이스 클래스의 필드 뒤에 필드를 추가해 베이스 클래스의 메소드가 해당 필드를 이용할 수 있게 해야 한다.

object::print_color() 메소드가 호출되면 box와 sphere 객체에 대한 포인터가 this로 전달되면 color 필드는 항상 객체의 고정된 주소(오프셋 +0x0)에 있기 때문에 this를 이용해 쉽게 처리할 수 있다.

필드가 동일한 주소에 고정돼 있는 한 object::print_color() 메소드는 입력 객체의 타입과 상관없이 동작할 수 있다.

box 클래스를 상속하는 클래스만 만든다면 컴파일러는 기존 box 클래스의 필드를 고정된 위치에 그대로 두고 depth 필드 다음에 새로운 필드를 추가할 것이다.

따라서 color, width, height, depth 필드의 주소가 항상 고정되기 때문에 box::dump() 메소드는 해당 필드들을 문제없이 처리할 것이다.

GCC가 만들어내는 코드는 this 포인터를 전달(앞에서도 설명했듯이 ECX 레지스터 대신 첫 번째 인자로 전달된다)하는 것을 빼고는 거의 동일하다.

캡슐화

캡슐화는 데이터를 클래스의 private 섹션에 숨기는 것이다. 즉, 해당 클래스의 메소드만 접근을 허용하게 만드는 것이다.

그런데 코드상에서 어떤 필드가 private인지 여부를 나타내는 표시 같은 것이 있을까?

그런 것을 나타내는 표시는 없다.

다음의 간단한 예제를 살펴보자.

```c
#include <stdio.h>

class box
{
    private:
        int color, width, height, depth;
    public:
        box(int color, int width, int height, int depth)
        {
            this->color=color;
            this->width=width;
            this->height=height;
            this->depth=depth;
        };
        void dump()
        {
            printf ("this is a box. color=%d, width=%d, height=%d, depth=%d\n", color,
width, height, depth);
        };
};
```

/Ox와 /Ob0 옵션을 사용해 MSVC 2008로 컴파일해 box::dump() 메소드의 코드를 보자.

```asm
?dump@box@@QAEXXZ PROC ; box::dump, COMDAT
; _this$ = ecx
        mov     eax, DWORD PTR [ecx+12]
        mov     edx, DWORD PTR [ecx+8]
        push    eax
        mov     eax, DWORD PTR [ecx+4]
        mov     ecx, DWORD PTR [ecx]
        push    edx
        push    eax
        push    ecx
; 'this is a box. color=%d, width=%d, height=%d, depth=%d', 0aH, 00H
```

```
        push    OFFSET
??_C@_0DG@NCNGAADL@this?5is?5box?4?5color?$DN?$CFd?0?5width?$DN?$CFd?0@@
        call    _printf
        add     esp, 20
        ret     0
?dump@box@@QAEXXZ ENDP ; box::dump
```

다음은 클래스의 메모리 레이아웃이다.

오프셋	설명
+0x0	int color
+0x4	int width
+0x8	int height
+0xC	int depth

클래스의 모든 필드가 private이고 다른 함수에서는 해당 필드에 접근이 허용되지 않는다. 하지만 메모리의 레이아웃을 알고 있기 때문에 그것을 이용해 해당 필드의 값을 수정하는 코드를 만들 수 있지 않을까?

이를 위해 hack_oop_encapsulation() 함수를 만든 다음 컴파일해보면 다음과 같이 컴파일이 되지 않을 것이다.

```
void hack_oop_encapsulation(class box * o)
{
    o->width=1; // 이 코드는 컴파일되지 않는다.
        // "error C2248: 'box::width' : cannot access private member declared in class 'box'"
};
```

그런데 box의 타입을 int 배열에 대한 포인터로 형 변환한 다음에 int 배열의 값을 수정하는 코드는 컴파일이 가능하다.

```
void hack_oop_encapsulation(class box * o)
{
    unsigned int *ptr_to_object=reinterpret_cast<unsigned int*>(o);
    ptr_to_object[1]=123;
};
```

이 코드는 매우 단순한데, 입력값을 int 배열에 대한 포인터로 바꾼 다음 배열의 두 번째 요소 값을 123으로 변경한 것이다.

```
?hack_oop_encapsulation@@YAXPAVbox@@@Z PROC    ; hack_oop_encapsulation
        mov     eax, DWORD PTR _o$[esp-4]
        mov     DWORD PTR [eax+4], 123
        ret     0
?hack_oop_encapsulation@@YAXPAVbox@@@Z ENDP    ; hack_oop_encapsulation
```

어떻게 동작하는지 확인해보자.

```
int main()
{
    box b(1, 10, 20, 30);

    b.dump();

    hack_oop_encapsulation(&b);

    b.dump();

    return 0;
}
```

실행 결과는 다음과 같다.

```
this is a box. color=1, width=10, height=20, depth=30
this is a box. color=1, width=123, height=20, depth=30
```

이를 통해 캡슐화는 컴파일 단계에서 클래스의 필드를 보호하는 것뿐임을 알 수 있다.

C++ 컴파일러는 보호된 필드를 직접 수정하는 코드는 허용하지 않는다. 하지만 트릭을 이용하면 가능하다.

다중 상속

다중 상속은 두 개 이상의 클래스에서 필드와 메소드를 상속하는 클래스를 만드는 것이다.

이번에도 다음과 같은 간단한 예제로 살펴보자.

```
#include <stdio.h>
```

```
class box
{
    public:
        int width, height, depth;
        box() { };
        box(int width, int height, int depth)
        {
            this->width=width;
            this->height=height;
            this->depth=depth;
        };
        void dump()
        {
            printf ("this is a box. width=%d, height=%d, depth=%d\n", width, height, depth);
        };
        int get_volume()
        {
            return width * height * depth;
        };
};

class solid_object
{
    public:
        int density;
        solid_object() { };
        solid_object(int density)
        {
            this->density=density;
        };
        int get_density()
        {
            return density;
        };
        void dump()
        {
            printf ("this is a solid_object. density=%d\n", density);
        };
};

class solid_box: box, solid_object
{
    public:
        solid_box (int width, int height, int depth, int density)
        {
            this->width=width;
            this->height=height;
            this->depth=depth;
```

```
            this->density=density;
        };
        void dump()
        {
            printf ("this is a solid_box. width=%d, height=%d, depth=%d, density=%d\n",
width, height, depth, density);
        };
        int get_weight() { return get_volume() * get_density(); };
};

int main()
{
    box b(10, 20, 30);
    solid_object so(100);
    solid_box sb(10, 20, 30, 3);

    b.dump();
    so.dump();
    sb.dump();
    printf ("%d\n", sb.get_weight());

    return 0;
};
```

/Ox와 /Ob0 옵션을 사용해 MSVC 2008로 컴파일해 box::dump(), solid_object::dump(),

solid_box::dump()의 코드를 살펴보자.

리스트 3.90: 최적화를 수행한 MSVC 2008 /Ob0

```
?dump@box@@QAEXXZ PROC ; box::dump, COMDAT
; _this$ = ecx
        mov     eax, DWORD PTR [ecx+8]
        mov     edx, DWORD PTR [ecx+4]
        push    eax
        mov     eax, DWORD PTR [ecx]
        push    edx
        push    eax
; 'this is a box. width=%d, height=%d, depth=%d', 0aH, 00H
        push    OFFSET
??_C@_0CM@DIKPHDFI@this?5is?5box?4?5width?$DN?$CFd?0?5height?$DN?$CFd@
        call    _printf
        add     esp, 16
        ret     0
?dump@box@@QAEXXZ ENDP ; box::dump
```

```
?dump@solid_object@@QAEXXZ PROC     ; solid_object::dump, COMDAT
; _this$ = ecx
        mov     eax, DWORD PTR [ecx]
        push    eax
; 'this is a solid_object. density=%d', 0aH
        push    OFFSET ??_C@_0CC@KICFJINL@this?5is?5solid_object?4?5density?$DN?$CFd@
        call    _printf
        add     esp, 8
        ret     0
?dump@solid_object@@QAEXXZ ENDP     ; solid_object::dump
```

```
?dump@solid_box@@QAEXXZ PROC    ; solid_box::dump, COMDAT
; _this$ = ecx
        mov     eax, DWORD PTR [ecx+12]
        mov     edx, DWORD PTR [ecx+8]
        push    eax
        mov     eax, DWORD PTR [ecx+4]
        mov     ecx, DWORD PTR [ecx]
        push    edx
        push    eax
        push    ecx
; 'this is a solid_box. width=%d, height=%d, depth=%d, density=%d', 0aH
        push    OFFSET ??_C@_0DO@HNCNIHNN@this?5is?5solid_box?4?5width?$DN?$CFd?0?5hei@
        call    _printf
        add     esp, 20
        ret     0
?dump@solid_box@@QAEXXZ ENDP    ; solid_box::dump
```

세 클래스의 메모리 레이아웃은 다음과 같다.

box 클래스는 다음과 같다.

오프셋	설명
+0x0	width
+0x4	height
+0x8	depth

solid_object 클래스는 다음과 같다.

오프셋	설명
+0x0	density

solid_box 클래스의 메모리 레이아웃은 통합된 형태라고 말할 수 있다.

solid_box 클래스는 다음과 같다.

오프셋	설명
+0x0	width
+0x4	height
+0x8	depth
+0xC	density

box::get_volume()과 solid_object::get_density() 메소드의 코드는 매우 간단하다.

리스트 3.93: 최적화를 수행한 MSVC 2008 /Ob0

```
?get_volume@box@@QAEHXZ PROC    ; box::get_volume, COMDAT
; _this$ = ecx
        mov     eax, DWORD PTR [ecx+8]
        imul    eax, DWORD PTR [ecx+4]
        imul    eax, DWORD PTR [ecx]
        ret     0
?get_volume@box@@QAEHXZ ENDP    ; box::get_volume
```

리스트 3.94: 최적화를 수행한 MSVC 2008 /Ob0

```
?get_density@solid_object@@QAEHXZ PROC    ; solid_object::get_density, COMDAT
; _this$ = ecx
        mov     eax, DWORD PTR [ecx]
        ret     0
?get_density@solid_object@@QAEHXZ ENDP    ; solid_object::get_density
```

하지만 solid_box::get_weight() 메소드의 코드는 좀 흥미롭다.

리스트 3.95: 최적화를 수행한 MSVC 2008 /Ob0

```
?get_weight@solid_box@@QAEHXZ PROC    ; solid_box::get_weight, COMDAT
; _this$ = ecx
        push    esi
        mov     esi, ecx
        push    edi
        lea     ecx, DWORD PTR [esi+12]
```

```
        call      ?get_density@solid_object@@QAEHXZ ; solid_object::get_density
        mov       ecx, esi
        mov       edi, eax
        call      ?get_volume@box@@QAEHXZ     ; box::get_volume
        imul      eax, edi
        pop       edi
        pop       esi
        ret       0
?get_weight@solid_box@@QAEHXZ ENDP       ; solid_box::get_weight
```

get_weight()는 단순히 두 개의 메소드를 호출하며, get_volume()은 this에 대한 포인터를 전달한다. 그리고 get_density()는 this에 대한 포인터 값에 12(또는 0xC)를 더한 값을 전달하며, 그것은 solid_box 클래스의 메모리 레이아웃에서 solid_object 클래스의 필드가 시작되는 위치다.

따라서 solid_object::get_density() 메소드는 일반적인 solid_object 클래스를 처리한다고 생각할 것이고 box::get_volume() 메소드는 일반적인 box 클래스의 세 필드를 처리한다고 생각할 것이다.

따라서 여러 개의 다른 클래스를 상속하는 클래스의 객체는 모든 상속 필드를 포함하는 하나의 클래스로 메모리에 표현된다고 말할 수 있다. 상속된 각 메소드는 해당 클래스 구조체의 해당 메소드에 대한 포인터로 호출된다.

가상 메소드

또 다른 간단한 예를 살펴보자.

```
#include <stdio.h>
class object
{
    public:
        int color;
        object() { };
        object (int color) { this->color=color; };
        virtual void dump()
        {
            printf ("color=%d\n", color);
        };
};
```

```
class box : public object
{
    private:
        int width, height, depth;
    public:
        box(int color, int width, int height, int depth)
        {
            this->color=color;
            this->width=width;
            this->height=height;
            this->depth=depth;
        };
        void dump()
        {
            printf ("this is a box. color=%d, width=%d, height=%d, depth=%d\n", color,
width, height, depth);
        };
};

class sphere : public object
{
    private:
        int radius;
    public:
        sphere(int color, int radius)
        {
            this->color=color;
            this->radius=radius;
        };
        void dump()
        {
            printf ("this is sphere. color=%d, radius=%d\n", color, radius);
        };
};

int main()
{
    box b(1, 10, 20, 30);
    sphere s(2, 40);

    object *o1=&b;
    object *o2=&s;

    o1->dump();
    o2->dump();
    return 0;
};
```

object 클래스는 dump()라는 가상^{Virtual} 메소드를 갖고 있다. object 클래스를 상속하는 box와 sphere 클래스는 dump() 메소드를 자신의 것으로 교체한다.

main() 함수에서처럼 가상 메소드(dump())를 호출하는 경우에는 그에 관련된 가상 메소드를 찾아 호출할 수 있어야 한다. 하지만 객체의 타입을 알지 못하는 환경이라면 해당 객체의 유형에 대한 정보가 어딘가에 저장돼 있어야 한다.

/Ox와 /Ob0 옵션을 사용해 MSVC 2008로 컴파일해 main() 함수의 코드를 살펴보자.

```
_s$ = -32        ; 크기 = 12
_b$ = -20        ; 크기 = 20
_main   PROC
        sub     esp, 32
        push    30
        push    20
        push    10
        push    1
        lea     ecx, DWORD PTR _b$[esp+48]
        call    ??0box@@QAE@HHHH@Z ; box::box
        push    40
        push    2
        lea     ecx, DWORD PTR _s$[esp+40]
        call    ??0sphere@@QAE@HH@Z      ; sphere::sphere
        mov     eax, DWORD PTR _b$[esp+32]
        mov     edx, DWORD PTR [eax]
        lea     ecx, DWORD PTR _b$[esp+32]
        call    edx
        mov     eax, DWORD PTR _s$[esp+32]
        mov     edx, DWORD PTR [eax]
        lea     ecx, DWORD PTR _s$[esp+32]
        call    edx
        xor     eax, eax
        add     esp, 32
        ret     0
_main   ENDP
```

dump() 함수에 대한 포인터를 객체 어딘가에서 가져온다. 새로운 메소드의 주소를 어디에 저장할 수 있을까? 그럴만한 곳은 생성자 어딘가 뿐이다. main() 함수에서는 그 외의 다른 것을 호출하지 않기 때문에 그럴만한 장소가 없는 것이다.[11]

box 클래스의 생성자 코드를 살펴보자.

---

11. 함수에 대한 포인터는 1.26절을 보면 좀 더 자세히 알 수 있다.

```
??_R0?AVbox@@@8 DD FLAT:??_7type_info@@6B@    ; box `RTTI Type Descriptor'
        DD       00H
        DB       '.?AVbox@@', 00H

??_R1A@?0A@EA@box@@8 DD FLAT:??_R0?AVbox@@@8 ; box::`RTTI Base Class Descriptor at
(0,-1,0,64)'
        DD       01H
        DD       00H
        DD       0ffffffffH
        DD       00H
        DD       040H
        DD       FLAT:??_R3box@@8

??_R2box@@8 DD FLAT:??_R1A@?0A@EA@box@@8   ; box::`RTTI Base Class Array'
        DD       FLAT:??_R1A@?0A@EA@object@@8

??_R3box@@8 DD 00H            ; box::`RTTI Class Hierarchy Descriptor'
        DD       00H
        DD       02H
        DD       FLAT:??_R2box@@8

??_R4box@@6B@ DD 00H          ; box::`RTTI Complete Object Locator'
        DD       00H
        DD       00H
        DD       FLAT:??_R0?AVbox@@@8
        DD       FLAT:??_R3box@@8

??_7box@@6B@ DD FLAT:??_R4box@@6B@      ; box::`vftable'
        DD       FLAT:?dump@box@@UAEXXZ

_color$ = 8     ; 크기 = 4
_width$ = 12    ; 크기 = 4
_height$ = 16   ; 크기 = 4
_depth$ = 20    ; 크기 = 4
??0box@@QAE@HHHH@Z PROC     ; box::box, COMDAT
; _this$ = ecx
        push     esi
        mov      esi, ecx
        call     ??0object@@QAE@XZ   ; object::object
        mov      eax, DWORD PTR _color$[esp]
        mov      ecx, DWORD PTR _width$[esp]
        mov      edx, DWORD PTR _height$[esp]
        mov      DWORD PTR [esi+4], eax
        mov      eax, DWORD PTR _depth$[esp]
        mov      DWORD PTR [esi+16], eax
        mov      DWORD PTR [esi], OFFSET ??_7box@@6B@
        mov      DWORD PTR [esi+8], ecx
        mov      DWORD PTR [esi+12], edx
        mov      eax, esi
        pop      esi
```

```
        ret     16
??0box@@QAE@HHHH@Z ENDP      ; box::box
```

여기서는 약간 다른 메모리 레이아웃을 보게 된다. 첫 번째 필드는 box::`vftable'(이 이름은 MSVC 컴파일러가 지정한 것이다)이라는 테이블에 대한 포인터다.

그 테이블 안에서 box::`RTTI Complete Object Locator'와 box::dump() 메소드에 대한 링크를 볼 수 있다.

이를 가상 메소드 테이블과 RTTI$^{\text{Run-Time Type Information}}$라고 부른다. 가상 메소드 테이블은 메소드들의 주소와 타입에 대한 정보를 담고 있는 RTTI 테이블에 대한 주소를 갖고 있다.

C++에서 RTTI 테이블은 dynamic_cast와 typeid를 호출할 때 사용한다. RTTI 테이블에서는 평문 문자열로 돼 있는 클래스의 이름도 볼 수 있다.

따라서 베이스 객체 클래스의 메소드는 가상 함수인 object::dump()를 호출할 것이고 베이스 클래스를 상속한 클래스는 자신의 dump() 메소드를 호출할 것이다. 객체의 구조체 안에 해당 정보가 들어있기 때문이다.

그러려면 가상 메소드 테이블을 검색해 알맞은 가상 메소드의 주소를 찾아내야 하기 때문에 추가적인 CPU 연산 시간이 필요하다. 따라서 가상 메소드는 일반적인 메소드에 비해서 다소 느리다고 여겨진다.

GCC가 만들어낸 코드에서는 RTTI 테이블이 약간 다르게 만들어진다.

3.18.2 ostream

'hello world' 예제로 다시 돌아가 보자. 하지만 이번에는 ostream을 사용할 것이다.

```
#include <iostream>
int main()
{
    std::cout << "Hello, world!\n";
}
```

거의 대부분의 C++ 교재에 따르면 << 연산은 다른 타입을 위해 정의(오버로드)될 수 있다. ostream에서 수행되는 것이 바로 이것이다. << 연산자가 ostream을 위해 호출되는 것을 볼 수 있다.

리스트 3.96: MSVC 2012(일부 코드 생략)

```
$SG37112 DB 'Hello, world!', 0aH, 00H

_main PROC
    push    OFFSET $SG37112
    push    OFFSET ?cout@std@@3V?$basic_ostream@DU?$char_traits@D@std@@@1@A  ; std::cout
    call    ??$?6U?$char_traits@D@std@@@std@@YAAAV?$basic_ostream@DU?
        $char_traits@D@std@@@0@AAV10@PBD@Z    ; std::operator<<<std::char_traits<char>>
    add     esp, 8
    xor     eax, eax
    ret     0
_main ENDP
```

예제를 수정해보자.

```
#include <iostream>

int main()
{
    std::cout << "Hello, " << "world!\n";
}
```

또한 많은 C++ 교재를 보면 ostream에서 각각의 << 연산자 결과가 다음 연산자로 전달된다는 것을 알 수 있다.

리스트 3.97: MSVC 2012

```
$SG37112 DB 'world!', 0aH, 00H
$SG37113 DB 'Hello, ', 00H

_main PROC
    push    OFFSET $SG37113 ; 'Hello, '
    push    OFFSET ?cout@std@@3V?$basic_ostream@DU?$char_traits@D@std@@@1@A ; std::cout
    call    ??$?6U?$char_traits@D@std@@@std@@YAAAV?$basic_ostream@DU?
        $char_traits@D@std@@@0@AAV10@PBD@Z    ; std::operator<<<std::char_traits<char>>
    add     esp, 8

    push    OFFSET $SG37112    ; 'world!'
    push    eax       ; 이전 함수의 실행 결과
    call    ??$?6U?$char_traits@D@std@@@std@@YAAAV?$basic_ostream@DU?
```

```
            $char_traits@D@std@@@@@@AAV10@PBD@Z       ; std::operator<<<std::char_traits<char>>
        add     esp, 8

        xor     eax, eax
        ret     0
_main ENDP
```

연산자 <<의 메소드 이름을 f()로 바꾸면 코드는 다음과 같이 될 것이다.

```
f(f(std::cout, "Hello, "), "world!");
```

GCC는 MSVC와 거의 동일한 코드를 만들어낸다.

3.18.3 참조

C++에서 참조[References]는 포인터(3.21절)이기도 하지만 그것을 처리하는 동안 실수하기 쉽지 않기 때문에 안전하다고(C++11 8.3.2절) 말한다.

예를 들면 참조는 항상 해당 타입의 객체를 가리켜야 하며 NULL이 될 수 없다(마샬 클린의 『C++ FAQ』 8.6).

또한 참조는 변경될 수 없으며 다른 객체를 가리키는 것이 불가능하다(마샬 클린의 『C++ FAQ』 8.5).

참조를 사용하게 포인터 예제(3.21절)를 바꾼다면 다음과 같이 될 것이다.

```
void f2 (int x, int y, int & sum, int & product)
{
    sum=x+y;
    product=x*y;
};
```

그렇게 변경하더라도 컴파일을 사용하는 예제(3.21절)의 코드와 동일하게 컴파일된다.

리스트 3.98: 최적화를 수행한 MSVC 2010

```
_x$ = 8          ; 크기= 4
_y$ = 12         ; 크기 = 4
```

```
_sum$ = 16          ; 크기 = 4
_product$ = 20      ; 크기 = 4
?f2@@YAXHHAAH0@Z PROC   ; f2
        mov     ecx, DWORD PTR _y$[esp-4]
        mov     eax, DWORD PTR _x$[esp-4]
        lea     edx, DWORD PTR [eax+ecx]
        imul    eax, ecx
        mov     ecx, DWORD PTR _product$[esp-4]
        push    esi
        mov     esi, DWORD PTR _sum$[esp]
        mov     DWORD PTR [esi], edx
        mov     DWORD PTR [ecx], eax
        pop     esi
        ret     0
?f2@@YAXHHAAH0@Z ENDP   ; f2
```

(C++ 함수의 이름이 이상한 이유는 3.18.1절에서 설명했다)

따라서 C++의 참조는 일반적인 포인터처럼 효율적이라고 할 수 있다.

3.18.4 STL

주의: 이번 절에서 사용하는 모든 예제는 x64 환경이 아닌 32비트 환경에서만 검증됐다.

std::string

내부 설명

많은 문자열 라이브러리(데니스 유리체프의 『C/C++ programming language notes』 2.2)는 문자열 버퍼에 대한 포인터와 항상 현재 문자열의 길이를 나타내는 변수(이를 통해 많은 함수가 편리해진다)(데니스 유리체프의 『C/C++ programming language notes』 2.2.1), 그리고 현재 버퍼의 크기를 나타내는 변수를 포함하는 구조체를 구현한다.

버퍼에서 문자열의 끝은 0으로 끝난다. 이는 일반적인 C ASCIIZ 문자열을 인자로 받아들이는 함수로 버퍼에 대한 포인터를 전달할 수 있게 만들기 위함이다.

C++ 표준에서는 어떻게 std::string을 구현해야 하는지 명시하고 있지 않지만 일반적으로는 이렇게 구현한다.

C++ 문자열은 클래스(예를 들면 Qt의 QString처럼)가 아니라 템플릿(basic_string)이며, 다양한 문자 유형(적어도 char 및 wchar_t 타입)을 지원하고자 만들어졌다.

따라서 std::string은 char를 기본 타입으로 사용하는 클래스다.

그리고 std::wstring은 wchar_t를 기본 타입으로 사용하는 클래스다.

MSVC

MSVC에서는 버퍼에 대한 포인터를 사용하는 대신 (문자열의 길이가 16보다 작다면) 버퍼를 그 자리에 저장하는 방법을 이용한다.

이는 32비트 환경에서 작은 문자열은 최소한 16 + 4 + 4 = 24바이트를 차지하며, 64비트 환경에서는 최소한 16 + 8 + 8 = 32바이트를 차지한다는 의미가 된다. 문자열의 길이가 16보다 크다면 해당 문자열의 길이도 추가해야 한다.

리스트 3.99: MSVC를 위한 예제

```
#include <string>
#include <stdio.h>
struct std_string
{
    union
    {
        char buf[16];
        char* ptr;
    } u;
    size_t size;        // MSVC에서는 'Mysize'
    size_t capacity;    // MSVC에서는 'Myres'
};
void dump_std_string(std::string s)
{
    struct std_string *p=(struct std_string*)&s;
    printf ("[%s] size:%d capacity:%d\n", p->size>16 ? p->u.ptr : p->u.buf, p->size,
p->capacity);
};

int main()
{
    std::string s1="a short string";
    std::string s2="a string longer than 16 bytes";

    dump_std_string(s1);
```

```
    dump_std_string(s2);

    // c_str()을 사용하지 않고 동작
    printf ("%s\n", &s1);
    printf ("%s\n", s2);
};
```

소스코드를 통해 모든 것을 명확히 알 수 있다.

몇 가지 언급하자면 문자열의 길이가 16보다 작으면 문자열을 위한 버퍼는 힙에 할당되지 않는다. 실제로 짧은 문자열이 많기 때문에 이는 효과적이라고 할 수 있다.

마이크로소프트의 개발자는 문자열 길이 16이 적절한 크기라고 판단한 것으로 보인다.

main() 함수의 끝부분에 한 가지 중요한 점을 볼 수 있다. 그것은 c_str() 메소드를 사용하지 않는다는 것이다. 위 코드를 컴파일해 실행시켜보면 두 개의 문자열이 콘솔에 출력될 것이다.

정상적으로 출력되는 이유는 무엇일까?

첫 번째 문자열의 길이는 16보다 작기 때문에 문자열에 대한 버퍼는 std::string 객체(이를 구조체로 취급할 수도 있다)의 시작 부분에 할당된다. printf() 함수는 자신에게 전달된 포인터를 NULL로 끝나는 문자 배열에 대한 포인터로 취급하기 때문에 문자열이 정상적으로 출력되는 것이다.

두 번째 문자열(길이가 16보다 큰)을 출력하는 것은 좀 더 위험하다. 이 경우 c_str()을 사용하지 않는 것은 프로그래머의 전형적인 실수라고 할 수 있다.

그럼에도 불구하고 정상적으로 출력되는 이유는 버퍼에 대한 포인터가 구조체의 시작 부분에 위치하기 때문이다.

이와 같은 에러는 더 긴 문자열이 나타날 때까지 오랫동안 발견되지 않을 수 있으며 결국에는 프로세스가 에러로 인해 중단될 것이다.

GCC

GCC가 구현하는 코드에는 변수 참조 카운터 변수 하나가 더 구조체에 포함돼 있다.

한 가지 흥미로운 사실은 GCC에서 std::string 인스턴스 포인터는 구조체의 시작 부분을 가리키지 않고 버퍼 포인터를 가리킨다. libstdc++-v3\include\bits\basic_string.h 파일을 보면 그것은 좀 더 편리한 디버깅을 위한 것임을 알 수 있다.

```
* _M_data가 _Rep가 아닌 문자 %array를 가리키게 하는 이유는
* 디버거가 문자열 내용을 볼 수 있게 하기 위한 것이다.
* 아마도 _Rep를 디버거가 사용할 수 있게 가져오려면
* 비인라인 멤버를 추가해야 하며, 그러면 사용자는 실제 문자열의
* 길이를 확인할 수 있다.
```

(basic_string.h 소스코드, https://gcc.gnu.org/onlinedocs/libstdc++/libstdc++-html-USERS-4.4/ a01068.html)

이 사실을 예제에서 고려해보자.

리스트 3.100: GCC를 위한 예제

```
#include <string>
#include <stdio.h>

struct std_string
{
    size_t length;
    size_t capacity;
    size_t refcount;
};

void dump_std_string(std::string s)
{
    char *p1=*(char**)&s;   // GCC의 타입 체크 우회
    struct std_string *p2=(struct std_string*)(p1-sizeof(struct std_string));
    printf ("[%s] size:%d capacity:%d\n", p1, p2->length, p2->capacity);
};

int main()
{
    std::string s1="a short string";
    std::string s2="a string longer than 16 bytes";

    dump_std_string(s1);
    dump_std_string(s2);

    // GCC의 타입 체크 우회
    printf ("%s\n", *(char**)&s1);
    printf ("%s\n", *(char**)&s2);
};
```

GCC는 강력한 타입 체크를 수행하기 때문에 그것을 우회하려면 앞서 본 트릭과 유사

한 방법을 사용한다. 그래서 c_str()을 사용하지 않았음에도 불구하고 printf() 함
수가 정상적으로 동작한다.

좀 더 진보된 예제

```
#include <string>
#include <stdio.h>

int main()
{
    std::string s1="Hello, ";
    std::string s2="world!\n";
    std::string s3=s1+s2;

    printf ("%s\n", s3.c_str());
}
```

리스트 3.101: MSVC 2012

```
$SG39512 DB 'Hello, ', 00H
$SG39514 DB 'world!', 0aH, 00H
$SG39581 DB '%s', 0aH, 00H

_s2$ = -72  ; 크기 = 24
_s3$ = -48  ; 크기 = 24
_s1$ = -24  ; 크기 = 24
_main PROC
    sub     esp, 72

    push    7
    push    OFFSET $SG39512
    lea     ecx, DWORD PTR _s1$[esp+80]
    mov     DWORD PTR _s1$[esp+100], 15
    mov     DWORD PTR _s1$[esp+96], 0
    mov     BYTE PTR _s1$[esp+80], 0
    call    ?assign@?$basic_string@DU?$char_traits@D@std@@V?
        $allocator@D@2@@std@@QAEAAV12@PBDI@Z
        ;std::basic_string<char,std::char_traits<char>,std::allocator<char> >::assign

    push    7
    push    OFFSET $SG39514
    lea     ecx, DWORD PTR _s2$[esp+80]
    mov     DWORD PTR _s2$[esp+100], 15
    mov     DWORD PTR _s2$[esp+96], 0
    mov     BYTE PTR _s2$[esp+80], 0
    call    ?assign@?$basic_string@DU?$char_traits@D@std@@V?
        $allocator@D@2@@std@@QAEAAV12@PBDI@Z
```

```
            ;std::basic_string<char,std::char_traits<char>,std::allocator<char> >::assign
    lea     eax, DWORD PTR _s2$[esp+72]
    push    eax
    lea     eax, DWORD PTR _s1$[esp+76]
    push    eax
    lea     eax, DWORD PTR _s3$[esp+80]
    push    eax
    call    ??$?HDU?$char_traits@D@std@@V?$allocator@D@1@@std@@YA?AV?
        $basic_string@DU??$char_traits@D@std@@V?$allocator@D@2@@@@ABV10@@@Z
            ;std::operator+<char,std::char_traits<char>,std::allocator<char> >

    ; 인라인된 c_str() 메소드
    cmp     DWORD PTR _s3$[esp+104], 16
    lea     eax, DWORD PTR _s3$[esp+84]
    cmovae  eax, DWORD PTR _s3$[esp+84]

    push    eax
    push    OFFSET $SG39581
    call    _printf
    add     esp, 20

    cmp     DWORD PTR _s3$[esp+92], 16
    jb      SHORT $LN119@main
    push    DWORD PTR _s3$[esp+72]
    call    ??3@YAXPAX@Z        ; operator delete
    add     esp, 4
$LN119@main:
    cmp     DWORD PTR _s2$[esp+92], 16
    mov     DWORD PTR _s3$[esp+92], 15
    mov     DWORD PTR _s3$[esp+88], 0
    mov     BYTE PTR _s3$[esp+72], 0
    jb      SHORT $LN151@main
    push    DWORD PTR _s2$[esp+72]
    call    ??3@YAXPAX@Z        ; operator delete
    add     esp, 4
$LN151@main:
    cmp     DWORD PTR _s1$[esp+92], 16
    mov     DWORD PTR _s2$[esp+92], 15
    mov     DWORD PTR _s2$[esp+88], 0
    mov     BYTE PTR _s2$[esp+72], 0
    jb      SHORT $LN195@main
    push    DWORD PTR _s1$[esp+72]
    call    ??3@YAXPAX@Z        ; operator delete
    add     esp, 4
$LN195@main:
    xor     eax, eax
    add     esp, 72
    ret     0
```

컴파일러는 문자열을 정적으로 구성하지 않는다. 버퍼가 힙에 위치해야 한다면 정적 구성은 불가능하다.

대신 ASCIIZ 문자열이 데이터 세그먼트에 저장돼 이후 런타임 시 assign 메소드에 의해 s1과 s2 문자열이 구성된다. 그리고 + 연산자에 의해 s3 문자열이 구성된다.

c_str() 메소드를 호출하는 부분이 없다는 것에 주목하기 바란다. c_str() 메소드의 코드가 매우 간단하기 때문에 컴파일러는 바로 인라인 코드 처리했다. 문자열의 길이가 16보다 작으면 EAX에서 버퍼에 대한 포인터를 가져오고, 16보다 크면 문자열 버퍼의 주소를 힙에서 가져온다.

다음으로 3개의 소멸자를 볼 수 있다. 문자열의 길이가 16보다 크면 힙에 있는 버퍼의 메모리가 해제돼야 하기 때문에 소멸자가 호출된다. 반면 16보다 작으면 세 개의 std::string 객체가 모두 스택에 저장되기 때문에 함수가 종료되면 자동으로 해제된다.

결과적으로 짧은 문자열을 사용하면 힙에 대한 접근 횟수가 적어지기 때문에 문자열 처리가 더 빠르다.

GCC 코드는 좀 더 간단하다(앞에서도 봤듯이 GCC는 짧은 문자열을 구조체 안에 저장하지 않기 때문이다).

리스트 3.102: GCC 4.8.1

```
.LC0:.
        string "Hello, "
.LC1:.
        string "world!\n"
main:
        push    ebp
        mov     ebp, esp
        push    edi
        push    esi
        push    ebx
        and     esp, -16
        sub     esp, 32
        lea     ebx, [esp+28]
        lea     edi, [esp+20]
```

```
mov       DWORD PTR [esp+8], ebx
lea       esi, [esp+24]
mov       DWORD PTR [esp+4], OFFSET FLAT:.LC0
mov       DWORD PTR [esp], edi

call      _ZNSsC1EPKcRKSaIcE

mov       DWORD PTR [esp+8], ebx
mov       DWORD PTR [esp+4], OFFSET FLAT:.LC1
mov       DWORD PTR [esp], esi

call      _ZNSsC1EPKcRKSaIcE

mov       DWORD PTR [esp+4], edi
mov       DWORD PTR [esp], ebx

call      _ZNSsC1ERKSs

mov       DWORD PTR [esp+4], esi
mov       DWORD PTR [esp], ebx

call      _ZNSs6appendERKSs

; 인라인 처리된 c_str():
mov       eax, DWORD PTR [esp+28]
mov       DWORD PTR [esp], eax

call puts

mov       eax, DWORD PTR [esp+28]
lea       ebx, [esp+19]
mov       DWORD PTR [esp+4], ebx
sub       eax, 12
mov       DWORD PTR [esp], eax
call      _ZNSs4_Rep10_M_disposeERKSaIcE
mov       eax, DWORD PTR [esp+24]
mov       DWORD PTR [esp+4], ebx
sub       eax, 12
mov       DWORD PTR [esp], eax
call      _ZNSs4_Rep10_M_disposeERKSaIcE
mov       eax, DWORD PTR [esp+20]
mov       DWORD PTR [esp+4], ebx
sub       eax, 12
mov       DWORD PTR [esp], eax
call      _ZNSs4_Rep10_M_disposeERKSaIcE
lea       esp, [ebp-12]
xor       eax, eax
pop       ebx
pop       esi
pop       edi
pop       ebp
ret
```

소멸자에 전달되는 것은 객체에 대한 포인터가 아니라 12바이트(3워드) 앞의 주소(구조체의 실제 시작 주소)가 전달된다는 것을 볼 수 있다.

전역 변수로서의 std::string

경험이 많은 C++ 프로그래머라면 STL^{Standard Template Library} 타입의 전역 변수를 정의할 수 있다는 것을 알고 있을 것이다.

```
#include <stdio.h>
#include <string>

std::string s="a string";

int main()
{
    printf ("%s\n", s.c_str());
};
```

그렇다면 `std::string`의 생성자는 어디에서 어떻게 호출되는 것일까?

사실 해당 변수는 `main()` 함수가 시작되기 전에 초기화된다.

리스트 3.103: MSVC 2012: 전역 변수의 생성자와 소멸자가 등록되는 방법

```
??__Es@@YAXXZ PROC
        push    8
        push    OFFSET $SG39512     ; 'a string'
        mov     ecx, OFFSET
?s@@3V?$basic_string@DU?$char_traits@D@std@@V?$allocator@D@2@@std@@A      ; s
        call    ?assign@?$basic_string@DU?$char_traits@D@std@@V?
            $allocator@D@2@@std@@QAEAAV12@PBDI@Z  ; std::basic_string<char,
            std::char_traits<char>, std::allocator<char> >::assign
        push    OFFSET ??__Fs@@YAXXZ   ; `'s'를 위한 동적 atexit 소멸자
        call    _atexit
        pop     ecx
        ret     0
??__Es@@YAXXZ ENDP
```

리스트 3.104: MSVC 2012: main()에서 사용되는 전역 변수

```
$SG39512 DB 'a string', 00H
$SG39519 DB '%s', 0aH, 00H

_main PROC
```

```
        cmp      DWORD PTR ?s@@3V?$basic_string@DU?$char_traits@D@std@@V?
            $allocator@D@2@@std@@A+20, 16
        mov      eax, OFFSET ?s@@3V?$basic_string@DU?$char_traits@D@std@@V?
            $allocator@D@2@@std@@A        ; s
        cmovae   eax, DWORD PTR ?s@@3V?$basic_string@DU?$char_traits@D@std@@V?
            $allocator@D@2@@std@@A
        push     eax
        push     OFFSET $SG39519          ; '%s'
        call     _printf
        add      esp, 8
        xor      eax, eax
        ret      0
_main ENDP
```

리스트 3.105: MSVC 2012: 종료되기 전에 호출되는 소멸자 함수

```
??__Fs@@YAXXZ PROC
    push ecx
    cmp   DWORD PTR ?s@@3V?$basic_string@DU?$char_traits@D@std@@V?$allocator@D@2@@std@@A+20, 16
    jb    SHORT $LN23@dynamic
    push esi
    mov   esi, DWORD PTR ?s@@3V?$basic_string@DU?$char_traits@D@std@@V?$allocator@D@2@@std@@A
    lea   ecx, DWORD PTR $T2[esp+8]
    call  ??0?$_Wrap_alloc@V?$allocator@D@std@@@std@@QAE@XZ
    push OFFSET ?s@@3V?$basic_string@DU?$char_traits@D@std@@V?$allocator@D@2@@std@@A ; s
    lea   ecx, DWORD PTR $T2[esp+12]
    call  ??$destroy@PAD@?$_Wrap_alloc@V?$allocator@D@std@@@std@@QAEXPAPAD@Z
    lea   ecx, DWORD PTR $T1[esp+8]
    call  ??0?$_Wrap_alloc@V?$allocator@D@std@@@std@@QAE@XZ
    push esi
    call  ??3@YAXPAX@Z    ; operator delete
    add   esp, 4
    pop   esi
$LN23@dynamic:
    mov   DWORD PTR ?s@@3V?$basic_string@DU?$char_traits@D@std@@V?$allocator@D@2@@std@@A+20, 15
    mov   DWORD PTR ?s@@3V?$basic_string@DU?$char_traits@D@std@@V?$allocator@D@2@@std@@A+16, 0
    mov   BYTE PTR ?s@@3V?$basic_string@DU?$char_traits@D@std@@V?$allocator@D@2@@std@@A, 0
    pop   ecx
    ret   0
??__Fs@@YAXXZ ENDP
```

사실은 전역 변수의 모든 생성자를 가진 특수 함수가 main() 전에 CRT에서 호출된다.
또한 atexit()의 도움으로 그런 전역 변수의 모든 소멸자를 호출해 주는 또 다른 함수
가 등록된다.

GCC도 이와 비슷하게 동작한다.

리스트 3.106: GCC 4.8.1

```
  main:
          push    ebp
          mov     ebp, esp
          and     esp, -16
          sub     esp, 16
          mov     eax, DWORD PTR s
          mov     DWORD PTR [esp], eax
          call    puts
          xor     eax, eax
          leave
          ret
  .LC0:.
          string "a string"
  _GLOBAL__sub_I_s:
          sub     esp, 44
          lea     eax, [esp+31]
          mov     DWORD PTR [esp+8], eax
          mov     DWORD PTR [esp+4], OFFSET FLAT:.LC0
          mov     DWORD PTR [esp], OFFSET FLAT:s
          call    _ZNSsC1EPKcRKSaIcE
          mov     DWORD PTR [esp+8], OFFSET FLAT:__dso_handle
          mov     DWORD PTR [esp+4], OFFSET FLAT:s
          mov     DWORD PTR [esp], OFFSET FLAT:_ZNSsD1Ev
          call    __cxa_atexit
          add     esp, 44
          ret
  .LFE645:
          .size   _GLOBAL__sub_I_s, .-_GLOBAL__sub_I_s
          .section .init_array,"aw"
          .align  4
          .long   _GLOBAL__sub_I_s
          .globl  s
          .bss
          .align  4
          .type   s, @object
          .size   s, 4
  s:
          .zero   4
          .hidden __dso_handle
```

하지만 소멸자 호출을 위한 별도의 함수를 만들지 않는 경우에는 atexit()에 소멸자
가 하나씩 전달된다.

std::list

이는 유명한 이중 링크드 리스트다. 이중 링크드 리스트의 각 요소는 두 개의 포인터를 갖고 있으며, 각각 이전 요소와 다음 요소를 가리킨다.

이는 링크드 리스트에서 각 요소의 메모리 공간이 2워드로 증가함을 의미한다(32비트 환경에서는 8바이트, 64비트 환경에서는 16바이트).

C++ STL은 단순히 리스트로 묶고자 하는 구조체에 next와 previous 포인터를 추가한다.

두 개의 변수로 구성된 구조체를 리스트에 저장하는 간단한 예제를 살펴보자.

C++ 표준에서는 링크드 리스트의 구현 방법을 정의하고 있지 않지만, MSVC와 GCC는 직관적이고 서로 유사한 방법으로 구현한다.

```c
#include <stdio.h>
#include <list>
#include <iostream>
struct a
{
    int x;
    int y;
};
struct List_node
{
    struct List_node* _Next;
    struct List_node* _Prev;
    int x;
    int y;
};
void dump_List_node (struct List_node *n)
{
    printf ("ptr=0x%p _Next=0x%p _Prev=0x%p x=%d y=%d\n", n, n->_Next, n->_Prev, n->x, n->y);
};
void dump_List_vals (struct List_node* n)
{
    struct List_node* current=n;

    for (;;)
    {
        dump_List_node (current);
```

```
            current=current->_Next;
            if (current==n)     // 종료
                break;
        };
    };

    void dump_List_val (unsigned int *a)
    {
    #ifdef _MSC_VER
        // GCC 구현에는 "size" 필드가 없다.
        printf ("_Myhead=0x%p, _Mysize=%d\n", a[0], a[1]);
    #endif
        dump_List_vals ((struct List_node*)a[0]);
    };

    int main()
    {
        std::list<struct a> l;

        printf ("* empty list:\n");
        dump_List_val((unsigned int*)(void*)&l);

        struct a t1;
        t1.x=1;
        t1.y=2;
        l.push_front (t1);
        t1.x=3;
        t1.y=4;
        l.push_front (t1);
        t1.x=5;
        t1.y=6;
        l.push_back (t1);

        printf ("* 3-elements list:\n");
        dump_List_val((unsigned int*)(void*)&l);

        std::list<struct a>::iterator tmp;
        printf ("node at .begin:\n");
        tmp=l.begin();
        dump_List_node ((struct List_node *)*(void**)&tmp);
        printf ("node at .end:\n");
        tmp=l.end();
        dump_List_node ((struct List_node *)*(void**)&tmp);

        printf ("* let's count from the beginning:\n");
        std::list<struct a>::iterator it=l.begin();
        printf ("1st element: %d %d\n", (*it).x, (*it).y);
        it++;
        printf ("2nd element: %d %d\n", (*it).x, (*it).y);
        it++;
        printf ("3rd element: %d %d\n", (*it).x, (*it).y);
```

```
    it++;
    printf ("element at .end(): %d %d\n", (*it).x, (*it).y);

    printf ("* let's count from the end:\n");
    std::list<struct a>::iterator it2=l.end();
    printf ("element at .end(): %d %d\n", (*it2).x, (*it2).y);
    it2--;
    printf ("3rd element: %d %d\n", (*it2).x, (*it2).y);
    it2--;
    printf ("2nd element: %d %d\n", (*it2).x, (*it2).y);
    it2--;
    printf ("1st element: %d %d\n", (*it2).x, (*it2).y);

    printf ("removing last element...\n");
    l.pop_back();
    dump_List_val((unsigned int*)(void*)&l);
};
```

GCC

GCC 먼저 살펴보자.

앞의 예제를 실행시켜보면 많은 출력 결과를 보게 될 것이다. 출력 결과를 조금씩 나
눠 살펴보자.

```
* empty list:
ptr=0x0028fe90 _Next=0x0028fe90 _Prev=0x0028fe90 x=3 y=0
```

먼저 내용이 빈 리스트를 보게 된다.

리스트의 내용이 비어있음에도 불구하고 x와 y에 쓰레기 데이터가 있는 것을 볼 수 있
다. 그리고 next와 prev 포인터는 자기 자신을 가리키고 있는 것을 볼 수 있다.

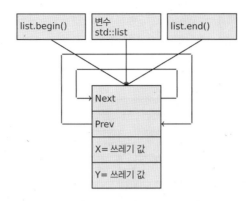

이때 `.begin`과 `.end`는 동일한 값을 갖게 된다.

3개의 요소를 푸시하면 리스트는 다음과 같이 변경될 것이다.

```
* 3-elements list:
ptr=0x000349a0 _Next=0x00034988 _Prev=0x0028fe90 x=3 y=4
ptr=0x00034988 _Next=0x00034b40 _Prev=0x000349a0 x=1 y=2
ptr=0x00034b40 _Next=0x0028fe90 _Prev=0x00034988 x=5 y=6
ptr=0x0028fe90 _Next=0x000349a0 _Prev=0x00034b40 x=5 y=6
```

리스트의 마지막 요소는 여전히 **0x0028fe90**이며, 리스트가 제거되기 전까지는 변경되지 않을 것이다.

그것의 x와 y에는 여전히 5와 6이라는 쓰레기 값이 저장돼 있는데, 바로 앞 요소의 값과 동일하다. 하지만 우연히 값이 동일한 것이고 의미가 있는 것은 아니다.

다음은 메모리상에 리스트의 세 요소가 어떻게 저장되는지를 보여준다.

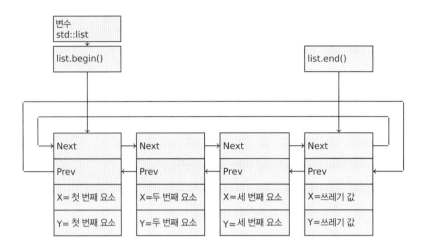

1 변수는 항상 리스트의 첫 번째 노드를 가리킨다.

.begin()과 .end()는 변수가 아니라 함수로, 호출되면 그에 대응되는 노드를 리턴
한다.

리스트에 더미 노드(보초 노드라고도 함)를 유지하는 것은 이중 링크드 리스트를 구현할
때 널리 사용되는 방법이다.

더미 노드가 없으면 리스트에 대한 여러 가지 연산이 좀 더 복잡해지고 결국 느려진다.

.begin()과 .end()는 사실 노드에 대한 포인터다. 따라서 list.begin()과 list.end()
는 단순히 포인터를 리턴한다.

```
node at .begin:
ptr=0x000349a0 _Next=0x00034988 _Prev=0x0028fe90 x=3 y=4
node at .end:
ptr=0x0028fe90 _Next=0x000349a0 _Prev=0x00034b40 x=5 y=6
```

리스트의 마지막 요소가 첫 번째 요소에 대한 포인터를 갖고 있고, 첫 번째 요소는 마지
막 요소에 대한 포인터를 갖고 있다는 사실은 원형 링크드 리스트를 연상하게 만든다.

첫 번째 요소에 대한 포인터를 1 변수에 저장하고 있으면 리스트 전체를 탐색하지 않
아도 쉽고 빠르게 마지막 요소에 대한 포인터를 얻을 수 있다.

또한 리스트의 끝에 새로운 요소를 추가하는 것도 빠르게 수행할 수 있다.

-- 연산자와 ++ 연산자는 단순히 현재 노드를 current_node->prev로 변경하거나 current_node->next로 변경한다.

반대로 노드를 탐색(.rbegin, .rend)하는 방법도 동일하다.

* 연산자는 사용자의 구조체가 시작하는 노드 구조체에 대한 포인터를 리턴한다. 즉, 구조체(x)의 첫 번째 요소에 대한 포인터를 반환하는 것이다.

리스트에 노드를 추가하거나 삭제하는 것은 매우 간단하다. 단순히 새로운 노드를 메모리 할당(또는 메모리 해제)하고 관련된 포인터 값들을 업데이트하면 된다.

리스트에서 요소가 삭제되면 해당 요소에 대한 메모리가 해제되기 때문에 그것을 가리키는 포인터는 댕글링 포인터[Dangling Pointer]가 된다.

물론 삭제된 노드에서 가져오는 정보는 더 이상 쓸모없게 된다.

GCC는 리스트의 현재 길이를 저장하지 않게 구현(4.8.1절)한다. 이는 .size() 메소드가 상대적으로 느리게 동작하게 된다는 것을 의미한다. 전체 요소의 수를 구하려면 리스트 전체를 탐색해야 하기 때문이다.

결국 시간 복잡도가 O(n)이 돼 리스트의 길이가 커질수록 그에 비례해 느려지게 된다.

리스트 3.107: 최적화를 수행한 GCC 4.8.1 -fno-inline-small-functions

```
main proc near
    push    ebp
    mov     ebp, esp
    push    esi
    push    ebx
    and     esp, 0FFFFFFF0h
    sub     esp, 20h
    lea     ebx, [esp+10h]
    mov     dword ptr [esp], offset s   ; "* empty list:"
    mov     [esp+10h], ebx
    mov     [esp+14h], ebx
    call    puts
    mov     [esp], ebx
    call    _Z13dump_List_valPj    ; dump_List_val(uint *)
    lea     esi, [esp+18h]
    mov     [esp+4], esi
    mov     [esp], ebx
    mov     dword ptr [esp+18h], 1 ; 새로운 리스트 요소를 위한 X
    mov     dword ptr [esp+1Ch], 2 ; 새로운 리스트 요소를 위한 Y
```

```
        call    _ZNSt4listI1aSaIS0_EE10push_frontERKS0_
;std::list<a,std::allocator<a>>::push_front(a const&)
    mov     [esp+4], esi
    mov     [esp], ebx
    mov     dword ptr [esp+18h], 3 ; 새로운 리스트 요소를 위한 X
    mov     dword ptr [esp+1Ch], 4 ; 새로운 리스트 요소를 위한 Y
        call    _ZNSt4listI1aSaIS0_EE10push_frontERKS0_
;std::list<a,std::allocator<a>>::push_front(a const&)
    mov     dword ptr [esp], 10h
    mov     dword ptr [esp+18h], 5 ; 새로운 리스트 요소를 위한 X
    mov     dword ptr [esp+1Ch], 6 ; 새로운 리스트 요소를 위한 Y
    call    _Znwj           ; new(uint) 연산자
    cmp     eax, 0FFFFFFF8h
    jz      short loc_80002A6
    mov     ecx, [esp+1Ch]
    mov     edx, [esp+18h]
    mov     [eax+0Ch], ecx
    mov     [eax+8], edx

loc_80002A6:    ; CODE XREF: main+86
    mov     [esp+4], ebx
    mov     [esp], eax
    call    _ZNSt8__detail15_List_node_base7_M_hookEPS0_
;std::__detail::_List_node_base::_M_hook(std::__detail::_List_node_base*)
    mov     dword ptr [esp], offset a3ElementsList      ; "* 3-elements list:"
    call    puts
    mov     [esp], ebx
    call    _Z13dump_List_valPj         ; dump_List_val(uint *)
    mov     dword ptr [esp], offset aNodeAt_begin  ; "node at .begin:"
    call    puts
    mov     eax, [esp+10h]
    mov     [esp], eax
    call    _Z14dump_List_nodeP9List_node ; dump_List_node(List_node *)
    mov     dword ptr [esp], offset aNodeAt_end     ; "node at .end:"
    call    puts
    mov     [esp], ebx
    call    _Z14dump_List_nodeP9List_node ; dump_List_node(List_node *)
    mov     dword ptr [esp], offset aLetSCountFromT ; "* let's count from the beginning:"
    call    puts
    mov     esi, [esp+10h]
    mov     eax, [esi+0Ch]
    mov     [esp+0Ch], eax
    mov     eax, [esi+8]
    mov     dword ptr [esp+4], offset a1stElementDD     ; "1st element: %d %d\n"
    mov     dword ptr [esp], 1
    mov     [esp+8], eax
    call    __printf_chk
    mov     esi, [esi]                  ; ++ 연산자: ->next 포인터를 구한다.
```

820

```
mov      eax, [esi+0Ch]
mov      [esp+0Ch], eax
mov      eax, [esi+8]
mov      dword ptr [esp+4], offset a2ndElementDD    ; "2nd element: %d %d\n"
mov      dword ptr [esp], 1
mov      [esp+8], eax
call     __printf_chk
mov      esi, [esi]               ; ++ 연산자: ->next 포인터를 구한다.
mov      eax, [esi+0Ch]
mov      [esp+0Ch], eax
mov      eax, [esi+8]
mov      dword ptr [esp+4], offset a3rdElementDD    ; "3rd element: %d %d\n"
mov      dword ptr [esp], 1
mov      [esp+8], eax
call     __printf_chk
mov      eax, [esi]               ; ++ 연산자: ->next 포인터를 구한다.
mov      edx, [eax+0Ch]
mov      [esp+0Ch], edx
mov      eax, [eax+8]
mov      dword ptr [esp+4], offset aElementAt_endD ; " .end()가 가리키는 요소: %d %d\n"
mov      dword ptr [esp], 1
mov      [esp+8], eax
call     __printf_chk
mov      dword ptr [esp], offset aLetSCountFro_0    ; "* 끝에서부터 카운팅:"
call     puts
mov      eax, [esp+1Ch]
mov      dword ptr [esp+4], offset aElementAt_endD ; "element at .end(): %d %d\n"
mov      dword ptr [esp], 1
mov      [esp+0Ch], eax
mov      eax, [esp+18h]
mov      [esp+8], eax
call     __printf_chk
mov      esi, [esp+14h]
mov      eax, [esi+0Ch]
mov      [esp+0Ch], eax
mov      eax, [esi+8]
mov      dword ptr [esp+4], offset a3rdElementDD    ; "3rd element: %d %d\n"
mov      dword ptr [esp], 1
mov      [esp+8], eax
call     __printf_chk
mov      esi, [esi+4]               ; -- 연산자: ->prev 포인터를 구한다.
mov      eax, [esi+0Ch]
mov      [esp+0Ch], eax
mov      eax, [esi+8]
mov      dword ptr [esp+4], offset a2ndElementDD            ; "2nd element: %d %d\n"
mov      dword ptr [esp], 1
mov      [esp+8], eax
```

```
        call    __printf_chk
        mov     eax, [esi+4]                    ; -- 연산자: ->prev 포인터를 구한다.
        mov     edx, [eax+0Ch]
        mov     [esp+0Ch], edx
        mov     eax, [eax+8]
        mov     dword ptr [esp+4], offset a1stElementDD       ; "1st element: %d %d\n"
        mov     dword ptr [esp], 1
        mov     [esp+8], eax
        call    __printf_chk
        mov     dword ptr [esp], offset aRemovingLastEl       ; "removing last element..."
        call    puts
        mov     esi, [esp+14h]
        mov     [esp], esi
        call    _ZNSt8__detail15_List_node_base9_M_unhookEv
;std::__detail::_List_node_base::_M_unhook(void)
        mov     [esp], esi                      ; void *
        call    _ZdlPv                          ; delete(void *) 연산자
        mov     [esp], ebx
        call    _Z13dump_List_valPj             ; dump_List_val(uint *)
        mov     [esp], ebx
        call    _ZNSt10_List_baseI1aSaIS0_EE8_M_clearEv
;std::_List_base<a,std::allocator<a>>::_M_clear(void)
        lea     esp, [ebp-8]
        xor     eax, eax
        pop     ebx
        pop     esi
        pop     ebp
        retn
main endp
```

리스트 3.108: 전체적인 출력 내용

```
* empty list:
ptr=0x0028fe90 _Next=0x0028fe90 _Prev=0x0028fe90 x=3 y=0
* 3-elements list:
ptr=0x000349a0 _Next=0x00034988 _Prev=0x0028fe90 x=3 y=4
ptr=0x00034988 _Next=0x00034b40 _Prev=0x000349a0 x=1 y=2
ptr=0x00034b40 _Next=0x0028fe90 _Prev=0x00034988 x=5 y=6
ptr=0x0028fe90 _Next=0x000349a0 _Prev=0x00034b40 x=5 y=6
node at .begin:
ptr=0x000349a0 _Next=0x00034988 _Prev=0x0028fe90 x=3 y=4
node at .end:
ptr=0x0028fe90 _Next=0x000349a0 _Prev=0x00034b40 x=5 y=6
* let's count from the beginning:
1st element: 3 4
2nd element: 1 2
3rd element: 5 6
```

```
element at .end(): 5 6
* let's count from the end:
element at .end(): 5 6
3rd element: 5 6
2nd element: 1 2
1st element: 3 4
removing last element...
ptr=0x000349a0 _Next=0x00034988 _Prev=0x0028fe90 x=3 y=4
ptr=0x00034988 _Next=0x0028fe90 _Prev=0x000349a0 x=1 y=2
ptr=0x0028fe90 _Next=0x000349a0 _Prev=0x00034988 x=5 y=6
```

MSVC

MSVC(2012)는 리스트의 현재 길이를 저장한다는 점을 빼고는 컴파일 결과가 거의 동일하다.

이는 .size() 메소드가 매우 빠르게(시간 복잡도가 O(1)) 수행될 수 있다는 것을 의미한다. 메모리상의 값을 읽기만 하면 되기 때문이다.

반면 리스트 길이를 저장하는 변수는 노드가 추가되거나 삭제될 때마다 업데이트돼야 한다.

MSVC는 리스트의 노드를 배치하는 방법이 다소 다르다.

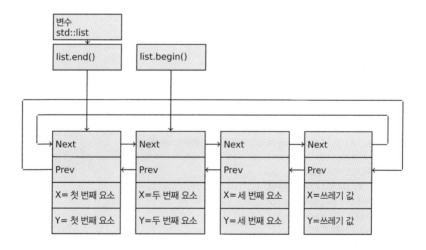

GCC는 리스트의 끝에 더미 노드를 만들어 이용하지만 MSVC는 리스트의 시작 부분에 더미 노드를 만든다.

```
_l$ = -16       ; 크기 = 8
_t1$ = -8       ; 크기 = 8
_main   PROC
        sub     esp, 16
        push    ebx
        push    esi
        push    edi
        push    0
        push    0
        lea     ecx, DWORD PTR _l$[esp+36]
        mov     DWORD PTR _l$[esp+40], 0
        ; 처음으로 가비지 요소를 할당한다.
        call    ?_Buynode0@@?$_List_alloc@$0A@U?$_List_base_types@Ua@@V?
$allocator@Ua@@@std@@@std@@@std@@QAEPAU?$_List_node@Ua@@PAX@2@PAU32@0@@Z
        ; std::_List_alloc<0,std::_List_base_types<a,std::allocator<a> > >::_Buynode0
        mov     edi, DWORD PTR __imp__printf
        mov     ebx, eax
        push    OFFSET $SG40685            ; '* empty list:'
        mov     DWORD PTR _l$[esp+32], ebx
        call    edi                       ; printf
        lea     eax, DWORD PTR _l$[esp+32]
        push    eax
        call    ?dump_List_val@@YAXPAI@Z  ; dump_List_val
        mov     esi, DWORD PTR [ebx]
        add     esp, 8
        lea     eax, DWORD PTR _t1$[esp+28]
        push    eax
        push    DWORD PTR [esi+4]
        lea     ecx, DWORD PTR _l$[esp+36]
        push    esi
        mov     DWORD PTR _t1$[esp+40], 1   ; 새로운 노드를 위한 데이터
        mov     DWORD PTR _t1$[esp+44], 2   ; 새로운 노드를 위한 데이터
        ; 새로운 노드 할당
        call    ??$_Buynode@ABUa@@@?$_List_buy@Ua@@V?$allocator@Ua@@@
std@@@std@@QAEPAU?$_List_node@Ua@@PAX@1@PAU21@0ABUa@@@Z
        ; std::_List_buy<a,std::allocator<a> >::_Buynode<a const &>
        mov     DWORD PTR [esi+4], eax
        mov     ecx, DWORD PTR [eax+4]
        mov     DWORD PTR _t1$[esp+28], 3   ; 새로운 노드를 위한 데이터
        mov     DWORD PTR [ecx], eax
        mov     esi, DWORD PTR [ebx]
        lea     eax, DWORD PTR _t1$[esp+28]
        push    eax
        push    DWORD PTR [esi+4]
        lea     ecx, DWORD PTR _l$[esp+36]
        push    esi
```

```
    mov     DWORD PTR _t1$[esp+44], 4          ; 새로운 노드를 위한 데이터
    ; 새로운 노드 할당
    call    ??$_Buynode@ABUa@@@?$_List_buy@Ua@@V?$allocator@Ua@@@std@@@
std@@@QAEPAU?$_List_node@Ua@@PAX@1@PAU21@ABUa@@@Z
;std::_List_buy<a,std::allocator<a> >::_Buynode<a const &>
    mov     DWORD PTR [esi+4], eax
    mov     ecx, DWORD PTR [eax+4]
    mov     DWORD PTR _t1$[esp+28], 5          ; 새로운 노드를 위한 데이터
    mov     DWORD PTR [ecx], eax
    lea     eax, DWORD PTR _t1$[esp+28]
    push    eax
    push    DWORD PTR [ebx+4]
    lea     ecx, DWORD PTR _l$[esp+36]
    push    ebx
    mov     DWORD PTR _t1$[esp+44], 6          ; 새로운 노드를 위한 데이터
    ; 새로운 노드 할당
    call    ??$_Buynode@ABUa@@@?$_List_buy@Ua@@V?$allocator@Ua@@@std@@@
std@@@QAEPAU?$_List_node@Ua@@PAX@1@PAU21@ABUa@@@Z
; std::_List_buy<a,std::allocator<a> >::_Buynode<a const &>
    mov     DWORD PTR [ebx+4], eax
    mov     ecx, DWORD PTR [eax+4]
    push    OFFSET $SG40689                     ; '* 3-elements list:'
    mov     DWORD PTR _l$[esp+36], 3
    mov     DWORD PTR [ecx], eax
    call    edi                                 ; printf
    lea     eax, DWORD PTR _l$[esp+32]
    push    eax
    call    ?dump_List_val@@YAXPAI@Z            ; dump_List_val
    push    OFFSET $SG40831                     ; 'node at .begin:'
    call    edi                                 ; printf
    push    DWORD PTR [ebx]                      ; "l" 변수가 가리키는 노드의 다음 필드
    call    ?dump_List_node@@YAXPAUList_node@@@Z ; dump_List_node
    push    OFFSET $SG40835                     ; 'node at .end:'
    call    edi                                 ; printf
    push    ebx                                 ; "l" 변수가 가리키는 노드에 대한 포인터
    call    ?dump_List_node@@YAXPAUList_node@@@Z ; dump_List_node
    push    OFFSET $SG40839                     ; '* let''s count from the begin:'
    call    edi                                 ; printf
    mov     esi, DWORD PTR [ebx]                 ; ++ 연산자: ->next 포인터를 얻는다.
    push    DWORD PTR [esi+12]
    push    DWORD PTR [esi+8]
    push    OFFSET $SG40846                     ; '1st element: %d %d'
    call    edi                                 ; printf
    mov     esi, DWORD PTR [esi]                 ; ++ 연산자: ->next 포인터를 얻는다.
    push    DWORD PTR [esi+12]
    push    DWORD PTR [esi+8]
    push    OFFSET $SG40848                     ; '2nd element: %d %d'
```

```
call    edi                              ; printf
mov     esi, DWORD PTR [esi]             ; ++ 연산자: ->next 포인터를 얻는다.
push    DWORD PTR [esi+12]
push    DWORD PTR [esi+8]
push    OFFSET $SG40850                  ; '3rd element: %d %d'
call    edi                              ; printf
mov     eax, DWORD PTR [esi]             ; ++ 연산자: ->next 포인터를 얻는다.
add     esp, 64
push    DWORD PTR [eax+12]
push    DWORD PTR [eax+8]
push    OFFSET $SG40852                  ; 'element at .end(): %d %d'
call    edi                              ; printf
push    OFFSET $SG40853                  ; '* let''s count from the end:'
call    edi                              ; printf
push    DWORD PTR [ebx+12]               ; "l" 변수가 가리키는 노드의 x와 y 필드를 이용
push    DWORD PTR [ebx+8]
push    OFFSET $SG40860                  ; 'element at .end(): %d %d'
call    edi                              ; printf
mov     esi, DWORD PTR [ebx+4]           ; -- 연산자: ->prev 포인터를 얻는다.
push    DWORD PTR [esi+12]
push    DWORD PTR [esi+8]
push    OFFSET $SG40862                  ; '3rd element: %d %d'
call    edi                              ; printf
mov     esi, DWORD PTR [esi+4]           ; -- 연산자: ->prev 포인터를 얻는다.
push    DWORD PTR [esi+12]
push    DWORD PTR [esi+8]
push    OFFSET $SG40864                  ; '2nd element: %d %d'
call    edi                              ; printf
mov     eax, DWORD PTR [esi+4]           ; -- 연산자: ->prev 포인터를 얻는다.
push    DWORD PTR [eax+12]
push    DWORD PTR [eax+8]
push    OFFSET $SG40866                  ; '1st element: %d %d'
call    edi                              ; printf
add     esp, 64
push    OFFSET $SG40867                  ; 'removing last element...'
call    edi                              ; printf
mov     edx, DWORD PTR [ebx+4]
add     esp, 4

; prev=next?
; 하나의 요소(가비지 요소)만 있는가?
; 그렇다면 삭제하지 않는다.
cmp     edx, ebx
je      SHORT $LN349@main
mov     ecx, DWORD PTR [edx+4]
mov     eax, DWORD PTR [edx]
mov     DWORD PTR [ecx], eax
mov     ecx, DWORD PTR [edx]
```

```
    mov     eax, DWORD PTR [edx+4]
    push    edx
    mov     DWORD PTR [ecx+4], eax
    call    ??3@YAXPAX@Z                ; delete 연산자
    add     esp, 4
    mov     DWORD PTR _l$[esp+32], 2
$LN349@main:
    lea     eax, DWORD PTR _l$[esp+28]
    push    eax
    call    ?dump_List_val@@YAXPAI@Z    ; dump_List_val
    mov     eax, DWORD PTR [ebx]
    add     esp, 4
    mov     DWORD PTR [ebx], ebx
    mov     DWORD PTR [ebx+4], ebx
    cmp     eax, ebx
    je      SHORT $LN412@main
$LL414@main:
    mov     esi, DWORD PTR [eax]
    push    eax
    call    ??3@YAXPAX@Z                ; delete 연산자
    add     esp, 4
    mov     eax, esi
    cmp     esi, ebx
    jne     SHORT $LL414@main
$LN412@main:
    push    ebx
    call    ??3@YAXPAX@Z                ; delete 연산자
    add     esp, 4
    xor     eax, eax
    pop     edi
    pop     esi
    pop     ebx
    add     esp, 16
    ret     0
_main   ENDP
```

GCC와 달리 MSVC의 코드는 'Buynode' 함수를 이용해 더미 요소를 먼저 할당한다. 다른 노드를 할당할 때도 'Buynode' 함수를 이용한다(GCC는 첫 번째 요소를 로컬 스택에 할당한다).

리스트 3.110: 전체 출력 결과

```
 * empty list:
 _Myhead=0x003CC258, _Mysize=0
 ptr=0x003CC258 _Next=0x003CC258 _Prev=0x003CC258 x=6226002 y=4522072
```

```
* 3-elements list:
_Myhead=0x003CC258, _Mysize=3
ptr=0x003CC258 _Next=0x003CC288 _Prev=0x003CC2A0 x=6226002 y=4522072
ptr=0x003CC288 _Next=0x003CC270 _Prev=0x003CC258 x=3 y=4
ptr=0x003CC270 _Next=0x003CC2A0 _Prev=0x003CC288 x=1 y=2
ptr=0x003CC2A0 _Next=0x003CC258 _Prev=0x003CC270 x=5 y=6
node at .begin:
ptr=0x003CC288 _Next=0x003CC270 _Prev=0x003CC258 x=3 y=4
node at .end:
ptr=0x003CC258 _Next=0x003CC288 _Prev=0x003CC2A0 x=6226002 y=4522072
* let's count from the beginning:
1st element: 3 4
2nd element: 1 2
3rd element: 5 6
element at .end(): 6226002 4522072
* let's count from the end:
element at .end(): 6226002 4522072
3rd element: 5 6
2nd element: 1 2
1st element: 3 4
removing last element...
_Myhead=0x003CC258, _Mysize=2
ptr=0x003CC258 _Next=0x003CC288 _Prev=0x003CC270 x=6226002 y=4522072
ptr=0x003CC288 _Next=0x003CC270 _Prev=0x003CC258 x=3 y=4
ptr=0x003CC270 _Next=0x003CC258 _Prev=0x003CC288 x=1 y=2
```

C++11 std::forward_list

std:forward_list는 std::list와 동일한 종류지만 단일 링크드 리스트다. 즉, 노드에 next 필드만 존재한다.

더 적은 메모리를 사용하지만 리스트를 뒤에서부터 앞으로 탐색하는 것은 제공하지 않는다.

std::vector

std::vector는 PODT^Plain Old Data Type(C++) C 배열의 안전한 버전이다. 내부적으로는 std::string(3.18.4절)과 유사하다. 즉, 할당된 버퍼에 대한 포인터와 배열의 끝을 가리키는 포인터, 할당된 버퍼의 끝을 가리키는 포인터를 갖고 있다.

배열의 요소는 일반적인 배열의 경우처럼 서로 인접한 메모리 위치에 존재한다(1.20절).

C++ 11에는 std::string의 .c_str()처럼 버퍼에 대한 포인터를 리턴하는 .data()라는 새로운 메소드가 있다.

힙에 할당된 버퍼는 배열 자체의 크기보다 클 수 있다.

MSVC와 GCC가 만들어내는 코드는 유사하다. 단지 구조체 필드의 이름이 약간 다를 뿐이다(GCC internals: http://go.yurichev.com/17086). 다음의 소스코드는 두 컴파일러를 위한 것이다. 이번에도 std::vector의 구조체 내용을 출력하는 C 함수가 포함돼 있다.

```c
#include <stdio.h>
#include <vector>
#include <algorithm>
#include <functional>
struct vector_of_ints
{
    // MSVC 이름:
    int *Myfirst;
    int *Mylast;
    int *Myend;

    // GCC에서의 구조체도 동일하지만 이름은 다르다: _M_start, _M_finish, _M_end_of_storage
};
void dump(struct vector_of_ints *in)
{
    printf ("_Myfirst=%p, _Mylast=%p, _Myend=%p\n", in->Myfirst, in->Mylast, in->Myend);
    size_t size=(in->Mylast-in->Myfirst);
    size_t capacity=(in->Myend-in->Myfirst);
    printf ("size=%d, capacity=%d\n", size, capacity);
    for (size_t i=0; i<size; i++)
        printf ("element %d: %d\n", i, in->Myfirst[i]);
};
int main()
{
    std::vector<int> c;
    dump ((struct vector_of_ints*)(void*)&c);
    c.push_back(1);
    dump ((struct vector_of_ints*)(void*)&c);
    c.push_back(2);
    dump ((struct vector_of_ints*)(void*)&c);
    c.push_back(3);
    dump ((struct vector_of_ints*)(void*)&c);
    c.push_back(4);
```

```
    dump ((struct vector_of_ints*)(void*)&c);
    c.reserve (6);
    dump ((struct vector_of_ints*)(void*)&c);
    c.push_back(5);
    dump ((struct vector_of_ints*)(void*)&c);
    c.push_back(6);
    dump ((struct vector_of_ints*)(void*)&c);
    printf ("%d\n", c.at(5));  // 경계 체크
    printf ("%d\n", c[8]);     // 경계 체크 없는 operator[]
};
```

다음은 MSVC로 컴파일했을 때의 출력 결과다.

```
_Myfirst=00000000, _Mylast=00000000, _Myend=00000000
size=0, capacity=0
_Myfirst=0051CF48, _Mylast=0051CF4C, _Myend=0051CF4C
size=1, capacity=1
element 0: 1
_Myfirst=0051CF58, _Mylast=0051CF60, _Myend=0051CF60
size=2, capacity=2
element 0: 1
element 1: 2
_Myfirst=0051C278, _Mylast=0051C284, _Myend=0051C284
size=3, capacity=3
element 0: 1
element 1: 2
element 2: 3
_Myfirst=0051C290, _Mylast=0051C2A0, _Myend=0051C2A0
size=4, capacity=4
element 0: 1
element 1: 2
element 2: 3
element 3: 4
_Myfirst=0051B180, _Mylast=0051B190, _Myend=0051B198
size=4, capacity=6
element 0: 1
element 1: 2
element 2: 3
element 3: 4
_Myfirst=0051B180, _Mylast=0051B194, _Myend=0051B198
size=5, capacity=6
element 0: 1
element 1: 2
element 2: 3
element 3: 4
element 4: 5
```

```
_Myfirst=0051B180, _Mylast=0051B198, _Myend=0051B198
size=6, capacity=6
element 0: 1
element 1: 2
element 2: 3
element 3: 4
element 4: 5
element 5: 6
6
6619158
```

main() 함수가 시작될 때는 어떤 버퍼도 할당되지 않는다. 첫 번째 push_back() 호출이 된 이후에 버퍼가 할당된다. 그 이후에는 push_back()이 호출될 때마다 배열의 크기와 버퍼의 크기(용량)가 증가된다. push_back()은 매번 버퍼를 힙에 재할당하기 때문에 버퍼의 주소도 변경된다. 이는 비용이 많이 드는 연산이기 때문에 앞으로 사용될 배열의 크기를 예상하는 것이 매우 중요하며 .reserve() 메소드로 충분한 공간을 미리 잡아놔야 한다.

출력 내용 중에서 마지막 숫자는 쓰레기 값이다. 마지막 숫자를 출력한 배열의 인덱스에는 아무것도 저장돼 있지 않기 때문에 임의의 수가 출력된 것이다. 이는 std::vector의 [] 연산자는 배열의 경계를 체크하지 않는다는 것을 보여준다.

다소 느린 .at() 메소드는 경계 체크를 해서 에러가 있으면 std::out_of_range 예외를 발생시킨다.

다음 코드를 보자.

리스트 3.111: MSVC 2012 /GS- /Ob1

```
$SG52650 DB '%d', 0aH, 00H
$SG52651 DB '%d', 0aH, 00H

_this$ = -4 ; 크기 = 4
__Pos$ = 8  ; 크기 = 4
?at@?$vector@HV?$allocator@H@std@@@std@@QAEAAHI@Z PROC    ;std::vector<int,
        std::allocator<int> >::at, COMDAT
; _this$ = ecx
    push    ebp
    mov     ebp, esp
    push    ecx
    mov     DWORD PTR _this$[ebp], ecx
```

```
        mov     eax, DWORD PTR _this$[ebp]
        mov     ecx, DWORD PTR _this$[ebp]
        mov     edx, DWORD PTR [eax+4]
        sub     edx, DWORD PTR [ecx]
        sar     edx, 2
        cmp     edx, DWORD PTR __Pos$[ebp]
        ja      SHORT $LN1@at
        push    OFFSET ??_C@_0BM@NMJKDPPO@invalid?5vector?$DMT?$DO?5subscript?$AA@
        call    DWORD PTR __imp_?_Xout_of_range@std@@YAXPBD@Z
$LN1@at:
        mov     eax, DWORD PTR _this$[ebp]
        mov     ecx, DWORD PTR [eax]
        mov     edx, DWORD PTR __Pos$[ebp]
        lea     eax, DWORD PTR [ecx+edx*4]
$LN3@at:
        mov     esp, ebp
        pop     ebp
        ret     4
?at@?$vector@HV?$allocator@H@std@@@std@@QAEAAHI@Z ENDP ; std::vector<int,
        std::allocator<int>>::at

_c$ = -36       ; 크기 = 12
$T1 = -24       ; 크기 = 4
$T2 = -20       ; 크기 = 4
$T3 = -16       ; 크기 = 4
$T4 = -12       ; 크기 = 4
$T5 = -8        ; 크기 = 4
$T6 = -4        ; 크기 = 4
_main PROC
        push    ebp
        mov     ebp, esp
        sub     esp, 36
        mov     DWORD PTR _c$[ebp], 0       ; Myfirst
        mov     DWORD PTR _c$[ebp+4], 0     ; Mylast
        mov     DWORD PTR _c$[ebp+8], 0     ; Myend
        lea     eax, DWORD PTR _c$[ebp]
        push    eax
        call    ?dump@@YAXPAUvector_of_ints@@@Z    ; dump
        add     esp, 4
        mov     DWORD PTR $T6[ebp], 1
        lea     ecx, DWORD PTR $T6[ebp]
        push    ecx
        lea     ecx, DWORD PTR _c$[ebp]
        call    ?push_back@?$vector@HV?$allocator@H@std@@@std@@QAEX$$QAH@Z
            ;std::vector<int,std::allocator<int> >::push_back
        lea     edx, DWORD PTR _c$[ebp]
        push    edx
        call    ?dump@@YAXPAUvector_of_ints@@@Z    ; dump
```

```
add     esp, 4
mov     DWORD PTR $T5[ebp], 2
lea     eax, DWORD PTR $T5[ebp]
push    eax
lea     ecx, DWORD PTR _c$[ebp]
call    ?push_back@?$vector@HV?$allocator@H@std@@@std@@QAEX$$QAH@Z
   ;std::vector<int,std::allocator<int> >::push_back
lea     ecx, DWORD PTR _c$[ebp]
push    ecx
call    ?dump@@YAXPAUvector_of_ints@@@Z    ; dump
add     esp, 4
mov     DWORD PTR $T4[ebp], 3
lea     edx, DWORD PTR $T4[ebp]
push    edx
lea     ecx, DWORD PTR _c$[ebp]
call    ?push_back@?$vector@HV?$allocator@H@std@@@std@@QAEX$$QAH@Z
   ;std::vector<int,std::allocator<int> >::push_back
lea     eax, DWORD PTR _c$[ebp]
push    eax
call    ?dump@@YAXPAUvector_of_ints@@@Z    ; dump
add     esp, 4
mov     DWORD PTR $T3[ebp], 4
lea     ecx, DWORD PTR $T3[ebp]
push    ecx
lea     ecx, DWORD PTR _c$[ebp]
call    ?push_back@?$vector@HV?$allocator@H@std@@@std@@QAEX$$QAH@Z
   ;std::vector<int,std::allocator<int> >::push_back
lea     edx, DWORD PTR _c$[ebp]
push    edx
call    ?dump@@YAXPAUvector_of_ints@@@Z    ; dump
add     esp, 4
push    6
lea     ecx, DWORD PTR _c$[ebp]
call    ?reserve@?$vector@HV?$allocator@H@std@@@std@@QAEXI@Z
   ;std::vector<int,std::allocator<int> >::reserve
lea     eax, DWORD PTR _c$[ebp]
push    eax
call    ?dump@@YAXPAUvector_of_ints@@@Z    ; dump
add     esp, 4
mov     DWORD PTR $T2[ebp], 5
lea     ecx, DWORD PTR $T2[ebp]
push    ecx
lea     ecx, DWORD PTR _c$[ebp]
call    ?push_back@?$vector@HV?$allocator@H@std@@@std@@QAEX$$QAH@Z
   ;std::vector<int,std::allocator<int> >::push_back
lea     edx, DWORD PTR _c$[ebp]
push    edx
```

```
    call    ?dump@@YAXPAUvector_of_ints@@@Z     ; dump
    add     esp, 4
    mov     DWORD PTR $T1[ebp], 6
    lea     eax, DWORD PTR $T1[ebp]
    push    eax
    lea     ecx, DWORD PTR _c$[ebp]
    call    ?push_back@?$vector@HV?$allocator@H@std@@@std@@QAEX$$QAH@Z
        ;std::vector<int,std::allocator<int> >::push_back
    lea     ecx, DWORD PTR _c$[ebp]
    push    ecx
    call    ?dump@@YAXPAUvector_of_ints@@@Z     ; dump
    add     esp, 4
    push    5
    lea     ecx, DWORD PTR _c$[ebp]
    call    ?at@?$vector@HV?$allocator@H@std@@@std@@QAEAAHI@Z
        ;std::vector<int,std::allocator<int>>::at
    mov     edx, DWORD PTR [eax]
    push    edx
    push    OFFSET $SG52650 ; '%d'
    call    DWORD PTR __imp__printf
    add     esp, 8
    mov     eax, 8
    shl     eax, 2
    mov     ecx, DWORD PTR _c$[ebp]
    mov     edx, DWORD PTR [ecx+eax]
    push    edx
    push    OFFSET $SG52651                 ; '%d'
    call    DWORD PTR __imp__printf
    add     esp, 8
    lea     ecx, DWORD PTR _c$[ebp]
    call    ?_Tidy@?$vector@HV?$allocator@H@std@@@std@@IAEXXZ
        ;std::vector<int,std::allocator<int> >::_Tidy
    xor     eax, eax
    mov     esp, ebp
    pop     ebp
    ret     0
_main ENDP
```

.at() 메소드가 경계를 체크하는 방법과 경계를 벗어났을 때 예외를 발생시키는 방법을 볼 수 있다. 마지막에 호출되는 printf()는 어떤 경계 체크도 없이 메모리에서 값을 읽어 출력한다.

그렇다면 왜 'size'나 'capacity'와 같은 변수를 사용하지 않는지 의문을 가질 것이다. 그것은 아마도 더 빠른 경계 체크를 하기 위해서일 것이다.

GCC가 만들어내는 코드도 거의 동일하며, .at() 메소드가 인라인 처리되는 정도가
다르다.

리스트 3.112: GCC 4.8.1 -fno-inline-small-functions -O1

```
main proc near
    push    ebp
    mov     ebp, esp
    push    edi
    push    esi
    push    ebx
    and     esp, 0FFFFFFF0h
    sub     esp, 20h
    mov     dword ptr [esp+14h], 0
    mov     dword ptr [esp+18h], 0
    mov     dword ptr [esp+1Ch], 0
    lea     eax, [esp+14h]
    mov     [esp], eax
    call    _Z4dumpP14vector_of_ints    ; dump(vector_of_ints *)
    mov     dword ptr [esp+10h], 1
    lea     eax, [esp+10h]
    mov     [esp+4], eax
    lea     eax, [esp+14h]
    mov     [esp], eax
    call    _ZNSt6vectorIiSaIiEE9push_backERKi
        ;std::vector<int,std::allocator<int>>::push_back(int const&)
    lea     eax, [esp+14h]
    mov     [esp], eax
    call    _Z4dumpP14vector_of_ints    ; dump(vector_of_ints *)
    mov     dword ptr [esp+10h], 2
    lea     eax, [esp+10h]
    mov     [esp+4], eax
    lea     eax, [esp+14h]
    mov     [esp], eax
    call    _ZNSt6vectorIiSaIiEE9push_backERKi
        ;std::vector<int,std::allocator<int>>::push_back(int const&)
    lea     eax, [esp+14h]
    mov     [esp], eax
    call    _Z4dumpP14vector_of_ints    ; dump(vector_of_ints *)
    mov     dword ptr [esp+10h], 3
    lea     eax, [esp+10h]
    mov     [esp+4], eax
    lea     eax, [esp+14h]
    mov     [esp], eax
    call    _ZNSt6vectorIiSaIiEE9push_backERKi
        ;std::vector<int,std::allocator<int>>::push_back(int const&)
    lea     eax, [esp+14h]
```

```
        mov     [esp], eax
        call    _Z4dumpP14vector_of_ints   ; dump(vector_of_ints *)
        mov     dword ptr [esp+10h], 4
        lea     eax, [esp+10h]
        mov     [esp+4], eax
        lea     eax, [esp+14h]
        mov     [esp], eax
        call    _ZNSt6vectorIiSaIiEE9push_backERKi
                ;std::vector<int,std::allocator<int>>::push_back(int const&)
        lea     eax, [esp+14h]
        mov     [esp], eax
        call    _Z4dumpP14vector_of_ints   ; dump(vector_of_ints *)
        mov     ebx, [esp+14h]
        mov     eax, [esp+1Ch]
        sub     eax, ebx
        cmp     eax, 17h
        ja      short loc_80001CF
        mov     edi, [esp+18h]
        sub     edi, ebx
        sar     edi, 2
        mov     dword ptr [esp], 18h
        call    _Znwj   ; operator new(uint)
        mov     esi, eax
        test    edi, edi
        jz      short loc_80001AD
        lea     eax, ds:0[edi*4]
        mov     [esp+8], eax   ; n
        mov     [esp+4], ebx   ; src
        mov     [esp], esi     ; dest
        call    memmove

loc_80001AD:    ; CODE XREF: main+F8
        mov     eax, [esp+14h]
        test    eax, eax
        jz      short loc_80001BD
        mov     [esp], eax  ; void *
        call    _ZdlPv  ; operator delete(void *)

loc_80001BD:    ; CODE XREF: main+117
        mov     [esp+14h], esi
        lea     eax, [esi+edi*4]
        mov     [esp+18h], eax
        add     esi, 18h
        mov     [esp+1Ch], esi

loc_80001CF:    ; CODE XREF: main+DD
        lea     eax, [esp+14h]
        mov     [esp], eax
        call    _Z4dumpP14vector_of_ints   ; dump(vector_of_ints *)
```

```
    mov     dword ptr [esp+10h], 5
    lea     eax, [esp+10h]
    mov     [esp+4], eax
    lea     eax, [esp+14h]
    mov     [esp], eax
    call    _ZNSt6vectorIiSaIiEE9push_backERKi
        ;std::vector<int,std::allocator<int>>::push_back(int const&)
    lea     eax, [esp+14h]
    mov     [esp], eax
    call    _Z4dumpP14vector_of_ints   ; dump(vector_of_ints *)
    mov     dword ptr [esp+10h], 6
    lea     eax, [esp+10h]
    mov     [esp+4], eax
    lea     eax, [esp+14h]
    mov     [esp], eax
    call    _ZNSt6vectorIiSaIiEE9push_backERKi
        ;std::vector<int,std::allocator<int>>::push_back(int const&)
    lea     eax, [esp+14h]
    mov     [esp], eax
    call    _Z4dumpP14vector_of_ints   ; dump(vector_of_ints *)
    mov     eax, [esp+14h]
    mov     edx, [esp+18h]
    sub     edx, eax
    cmp     edx, 17h
    ja      short loc_8000246
    mov     dword ptr [esp], offset aVector_m_range   ; "vector::_M_range_check"
    call    _ZSt20__throw_out_of_rangePKc ; std::__throw_out_of_range(char const*)

loc_8000246:    ; CODE XREF: main+19C
    mov     eax, [eax+14h]
    mov     [esp+8], eax
    mov     dword ptr [esp+4], offset aD   ; "%d\n"
    mov     dword ptr [esp], 1
    call    __printf_chk
    mov     eax, [esp+14h]
    mov     eax, [eax+20h]
    mov     [esp+8], eax
    mov     dword ptr [esp+4], offset aD   ; "%d\n"
    mov     dword ptr [esp], 1
    call    __printf_chk
    mov     eax, [esp+14h]
    test    eax, eax
    jz      short loc_80002AC
    mov     [esp], eax      ; void *
    call    _ZdlPv          ; operator delete(void *)
    jmp     short loc_80002AC

    mov     ebx, eax
```

```
        mov     edx, [esp+14h]
        test    edx, edx
        jz      short loc_80002A4
        mov     [esp], edx  ; void *
        call    _ZdlPv  ; operator delete(void *)

loc_80002A4:    ; CODE XREF: main+1FE
        mov     [esp], ebx
        call    _Unwind_Resume

loc_80002AC:    ; CODE XREF: main+1EA
    ; main+1F4
        mov     eax, 0
        lea     esp, [ebp-0Ch]
        pop     ebx
        pop     esi
        pop     edi
        pop     ebp

locret_80002B8:     ; DATA XREF: .eh_frame:08000510
    ; .eh_frame:080005BC
        retn
main endp
```

.reserve()는 인라인 코드 처리됐으며, 버퍼가 너무 작다면 new()를 호출해 버퍼의 내용을 새로 할당한 버퍼로 memmove()를 호출해 복사한다. 그리고 이전 버퍼는 delete()로 메모리를 해제한다.

GCC로 컴파일했을 때의 출력 결과를 살펴보자.

```
_Myfirst=0x(nil), _Mylast=0x(nil), _Myend=0x(nil)
size=0, capacity=0
_Myfirst=0x8257008, _Mylast=0x825700c, _Myend=0x825700c
size=1, capacity=1
element 0: 1
_Myfirst=0x8257018, _Mylast=0x8257020, _Myend=0x8257020
size=2, capacity=2
element 0: 1
element 1: 2
_Myfirst=0x8257028, _Mylast=0x8257034, _Myend=0x8257038
size=3, capacity=4
element 0: 1
element 1: 2
element 2: 3
_Myfirst=0x8257028, _Mylast=0x8257038, _Myend=0x8257038
```

```
size=4, capacity=4
element 0: 1
element 1: 2
element 2: 3
element 3: 4
_Myfirst=0x8257040, _Mylast=0x8257050, _Myend=0x8257058
size=4, capacity=6
element 0: 1
element 1: 2
element 2: 3
element 3: 4
_Myfirst=0x8257040, _Mylast=0x8257054, _Myend=0x8257058
size=5, capacity=6
element 0: 1
element 1: 2
element 2: 3
element 3: 4
element 4: 5
_Myfirst=0x8257040, _Mylast=0x8257058, _Myend=0x8257058
size=6, capacity=6
element 0: 1
element 1: 2
element 2: 3
element 3: 4
element 4: 5
element 5: 6
6
0
```

MSVC의 경우와 다른 방식으로 버퍼의 크기가 증가한다는 것을 알 수 있을 것이다.

간단히 실험해보면 MSVC의 경우에는 버퍼를 늘려야 할 때마다 ~50% 씩 증가하는 반면 GCC의 경우에는 매번 100%씩 증가한다. 즉, 두 배로 증가한다.

std::map과 std::set

이진트리는 또 다른 기본 데이터 구조다.

이름이 말하는 바와 같이 이진트리는 각 노드당 최대 2개의 하위 노드를 갖는다. 그리고 각 노드는 키 그리고/또는 값을 갖는다. std::set는 각 노드에 키만 존재하고 std::map은 각 노드에 키와 값이 모두 존재한다.

이진트리는 일반적으로 키-값의 '사전'을 구현하는 데 사용되는 구조다(일명 '연관 배열').

이진트리는 최소한 3개의 중요한 속성을 갖고 있다.

- 모든 키는 항상 정렬된 형태로 저장된다.
- 어떤 형태의 키도 쉽게 저장할 수 있다. 이진트리 알고리즘은 키의 타입이 아닌 키를 비교하는 함수만을 필요로 한다.
- 특정 키를 찾는 것이 리스트나 배열에 비해 상대적으로 빠르다.

간단한 예로 살펴보자. 이진트리에 0, 1, 2, 3, 5, 6, 9, 10, 11, 12, 20, 99, 100, 101, 107, 1001, 1010을 저장해보자.

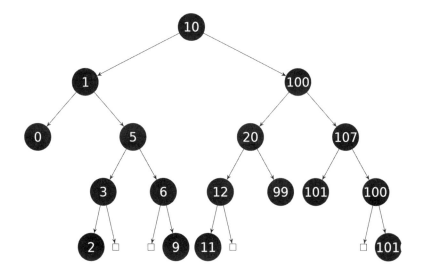

노드가 갖고 있는 키의 값보다 작은 키는 해당 노드의 왼쪽에 저장된다.

그리고 노드가 갖고 있는 키의 값보다 큰 키는 해당 노드의 오른쪽에 저장된다.

따라서 검색 알고리즘은 명확하다. 즉, 찾고자 하는 키의 값이 현재 노드의 키 값보다 작으면 왼쪽으로 이동하고, 크다면 오른쪽으로 이동한다. 그리고 찾고자 하는 키의 값을 갖고 있는 노드를 발견하면 검색을 멈춘다.

키의 값을 비교하는 함수가 제공되기만 한다면 숫자나 문자열 등을 모두 검색할 수 있다.

모든 키는 고유한 값을 갖는다.

n개의 키를 갖고 있는 이진트리에서 특정 키를 찾으려면 $\approx \log_2 n$번 검색을 수행하면 된

다. 이는 이진트리에 ≈1,000개의 키가 있다면 ≈10번의 검색이 필요하고, ≈10,000개의 키가 있다면 ≈13번의 검색이 필요하다는 의미가 된다.

이를 위해서는 이진트리가 항상 균형을 유지해야 한다. 즉, 키가 모든 레벨에 균등하게 분포돼 있어야 한다는 것이다. 이진트리의 균형을 유지시키고자 삽입과 제거 작업이 수행된다.

AVL 트리와 레드-블랙 트리 같은 여러 가지 알고리즘이 이진트리의 균형을 위해 사용된다.

레드-블랙 트리 알고리즘은 트리의 균형을 위해 각 노드를 '색깔' 값으로 확장한다. 따라서 모든 노드가 '붉은색'이거나 '검은색'이 된다.

GCC와 MSVC의 `std::map`과 `std::set` 템플릿 구현에서는 레드-블랙 트리 알고리즘이 사용된다.

`std::set`은 키만 갖고 있으며, `std::map`은 각 노드에 값도 갖고 있기 때문에 `std::set`의 '확장' 버전이라고 할 수 있다.

MSVC

```
#include <map>
#include <set>
#include <string>
#include <iostream>
// 패킹되지 않은 구조체이기 때문에 각 필드의 크기는 4바이트가 된다.
struct tree_node
{
    struct tree_node *Left;
    struct tree_node *Parent;
    struct tree_node *Right;
    char Color;           // 0 - Red, 1 - Black
    char Isnil;
    //std::pair Myval;
    unsigned int first;   // std::set에서 Myval
    const char *second;   // std::set에는 없다.
};

struct tree_struct
{
```

```
        struct tree_node *Myhead;
        size_t Mysize;
};

void dump_tree_node (struct tree_node *n, bool is_set, bool traverse)
{
        printf ("ptr=0x%p Left=0x%p Parent=0x%p Right=0x%p Color=%d Isnil=%d\n",n, n->Left,
n->Parent, n->Right, n->Color, n->Isnil);
        if (n->Isnil==0)
        {
            if (is_set)
                printf ("first=%d\n", n->first);
            else
                printf ("first=%d second=[%s]\n", n->first, n->second);
        }
        if (traverse)
        {
            if (n->Isnil==1)
                dump_tree_node (n->Parent, is_set, true);
            else
            {
                if (n->Left->Isnil==0)
                    dump_tree_node (n->Left, is_set, true);
                if (n->Right->Isnil==0)
                    dump_tree_node (n->Right, is_set, true);
            };
        };
};

const char* ALOT_OF_TABS="\t\t\t\t\t\t\t\t\t\t";

void dump_as_tree (int tabs, struct tree_node *n, bool is_set)
{
        if (is_set)
            printf ("%d\n", n->first);
        else
            printf ("%d [%s]\n", n->first, n->second);
        if (n->Left->Isnil==0)
        {
            printf ("%.*sL-------", tabs, ALOT_OF_TABS);
            dump_as_tree (tabs+1, n->Left, is_set);
        };
        if (n->Right->Isnil==0)
        {
            printf ("%.*sR-------", tabs, ALOT_OF_TABS);
            dump_as_tree (tabs+1, n->Right, is_set);
        };
};
```

```
void dump_map_and_set(struct tree_struct *m, bool is_set)
{
    printf ("ptr=0x%p, Myhead=0x%p, Mysize=%d\n", m, m->Myhead, m->Mysize);
    dump_tree_node (m->Myhead, is_set, true);
    printf ("As a tree:\n");
    printf ("root----");
    dump_as_tree (1, m->Myhead->Parent, is_set);
};

int main()
{
    // map
    std::map<int, const char*> m;

    m[10]="ten";
    m[20]="twenty";
    m[3]="three";
    m[101]="one hundred one";
    m[100]="one hundred";
    m[12]="twelve";
    m[107]="one hundred seven";
    m[0]="zero";
    m[1]="one";
    m[6]="six";
    m[99]="ninety-nine";
    m[5]="five";
    m[11]="eleven";
    m[1001]="one thousand one";
    m[1010]="one thousand ten";
    m[2]="two";
    m[9]="nine";
    printf ("dumping m as map:\n");
    dump_map_and_set ((struct tree_struct *)(void*)&m, false);

    std::map<int, const char*>::iterator it1=m.begin();
    printf ("m.begin():\n");
    dump_tree_node ((struct tree_node *)*(void**)&it1, false, false);
    it1=m.end();
    printf ("m.end():\n");
    dump_tree_node ((struct tree_node *)*(void**)&it1, false, false);

    // set
    std::set<int> s;
    s.insert(123);
    s.insert(456);
    s.insert(11);
    s.insert(12);
    s.insert(100);
```

```
        s.insert(1001);
        printf ("dumping s as set:\n");
        dump_map_and_set ((struct tree_struct *)(void*)&s, true);
        std::set<int>::iterator it2=s.begin();
        printf ("s.begin():\n");
        dump_tree_node ((struct tree_node *)*(void**)&it2, true, false);
        it2=s.end();
        printf ("s.end():\n");
        dump_tree_node ((struct tree_node *)*(void**)&it2, true, false);
};
```

리스트 3.113: MSVC 2012

```
dumping m as map:
ptr=0x0020FE04, Myhead=0x005BB3A0, Mysize=17
ptr=0x005BB3A0 Left=0x005BB4A0 Parent=0x005BB3C0 Right=0x005BB580 Color=1 Isnil=1
ptr=0x005BB3C0 Left=0x005BB4C0 Parent=0x005BB3A0 Right=0x005BB440 Color=1 Isnil=0
first=10 second=[ten]
ptr=0x005BB4C0 Left=0x005BB4A0 Parent=0x005BB3C0 Right=0x005BB520 Color=1 Isnil=0
first=1 second=[one]
ptr=0x005BB4A0 Left=0x005BB3A0 Parent=0x005BB4C0 Right=0x005BB3A0 Color=1 Isnil=0
first=0 second=[zero]
ptr=0x005BB520 Left=0x005BB400 Parent=0x005BB4C0 Right=0x005BB4E0 Color=0 Isnil=0
first=5 second=[five]
ptr=0x005BB400 Left=0x005BB5A0 Parent=0x005BB520 Right=0x005BB3A0 Color=1 Isnil=0
first=3 second=[three]
ptr=0x005BB5A0 Left=0x005BB3A0 Parent=0x005BB400 Right=0x005BB3A0 Color=0 Isnil=0
first=2 second=[two]
ptr=0x005BB4E0 Left=0x005BB3A0 Parent=0x005BB520 Right=0x005BB5C0 Color=1 Isnil=0
first=6 second=[six]
ptr=0x005BB5C0 Left=0x005BB3A0 Parent=0x005BB4E0 Right=0x005BB3A0 Color=0 Isnil=0
first=9 second=[nine]
ptr=0x005BB440 Left=0x005BB3E0 Parent=0x005BB3C0 Right=0x005BB480 Color=1 Isnil=0
first=100 second=[one hundred]
ptr=0x005BB3E0 Left=0x005BB460 Parent=0x005BB440 Right=0x005BB500 Color=0 Isnil=0
first=20 second=[twenty]
ptr=0x005BB460 Left=0x005BB540 Parent=0x005BB3E0 Right=0x005BB3A0 Color=1 Isnil=0
first=12 second=[twelve]
ptr=0x005BB540 Left=0x005BB3A0 Parent=0x005BB460 Right=0x005BB3A0 Color=0 Isnil=0
first=11 second=[eleven]
ptr=0x005BB500 Left=0x005BB3A0 Parent=0x005BB3E0 Right=0x005BB3A0 Color=1 Isnil=0
first=99 second=[ninety-nine]
ptr=0x005BB480 Left=0x005BB420 Parent=0x005BB440 Right=0x005BB560 Color=0 Isnil=0
first=107 second=[one hundred seven]
ptr=0x005BB420 Left=0x005BB3A0 Parent=0x005BB480 Right=0x005BB3A0 Color=1 Isnil=0
first=101 second=[one hundred one]
ptr=0x005BB560 Left=0x005BB3A0 Parent=0x005BB480 Right=0x005BB580 Color=1 Isnil=0
```

```
first=1001 second=[one thousand one]
ptr=0x005BB580 Left=0x005BB3A0 Parent=0x005BB560 Right=0x005BB3A0 Color=0 Isnil=0
first=1010 second=[one thousand ten]
As a tree:
root----10 [ten]
        L-------1 [one]
                L-------0 [zero]
                R-------5 [five]
                        L-------3 [three]
                                L-------2 [two]
                        R-------6 [six]
                                R-------9 [nine]
        R-------100 [one hundred]
                L-------20 [twenty]
                        L-------12 [twelve]
                                L-------11 [eleven]
                        R-------99 [ninety-nine]
                R-------107 [one hundred seven]
                        L-------101 [one hundred one]
                        R-------1001 [one thousand one]
                                R-------1010 [one thousand ten]
m.begin():
ptr=0x005BB4A0 Left=0x005BB3A0 Parent=0x005BB4C0 Right=0x005BB3A0 Color=1 Isnil=0
first=0 second=[zero]
m.end():
ptr=0x005BB3A0 Left=0x005BB4A0 Parent=0x005BB3C0 Right=0x005BB580 Color=1 Isnil=1

dumping s as set:
ptr=0x0020FDFC, Myhead=0x005BB5E0, Mysize=6
ptr=0x005BB5E0 Left=0x005BB640 Parent=0x005BB600 Right=0x005BB6A0 Color=1 Isnil=1
ptr=0x005BB600 Left=0x005BB660 Parent=0x005BB5E0 Right=0x005BB620 Color=1 Isnil=0
first=123
ptr=0x005BB660 Left=0x005BB640 Parent=0x005BB600 Right=0x005BB680 Color=1 Isnil=0
first=12
ptr=0x005BB640 Left=0x005BB5E0 Parent=0x005BB660 Right=0x005BB5E0 Color=0 Isnil=0
first=11
ptr=0x005BB680 Left=0x005BB5E0 Parent=0x005BB660 Right=0x005BB5E0 Color=0 Isnil=0
first=100
ptr=0x005BB620 Left=0x005BB5E0 Parent=0x005BB600 Right=0x005BB6A0 Color=1 Isnil=0
first=456
ptr=0x005BB6A0 Left=0x005BB5E0 Parent=0x005BB620 Right=0x005BB5E0 Color=0 Isnil=0
first=1001
As a tree:
root----123
        L-------12
                L-------11
                R-------100
        R-------456
```

```
            R-------1001
s.begin():
ptr=0x005BB640 Left=0x005BB5E0 Parent=0x005BB660 Right=0x005BB5E0 Color=0 Isnil=0
first=11
s.end():
ptr=0x005BB5E0 Left=0x005BB640 Parent=0x005BB600 Right=0x005BB6A0 Color=1 Isnil=1
```

구조체는 패킹돼 있지 않기 때문에 char 타입 필드도 4바이트를 차지하게 된다.

std::map의 경우 첫 번째와 두 번째는 std::pair 타입의 단일 값으로 볼 수 있다. std::set은 구조체에서 주소 값 하나만을 갖는다.

MSVC의 std:list 구현(3.18.4절)의 경우처럼 트리의 현재 크기를 관리한다.

std::list의 경우처럼 반복자는 노드들을 가리킨다. 즉, .begin() 반복자는 가장 작은 키를 가리킨다.

그리고 노드를 가리키는 포인터는 어디에도 저장되지 않기 때문에 매번 가장 작은 키의 노드를 찾는다.

-- 연산자와 ++ 연산자는 각각 노드 포인터를 현재 노드의 앞이나 뒤로 이동시킨다. 즉, 앞에 있는 키를 갖고 있는 노드나 뒤에 있는 키를 갖고 있는 노드를 가리키게 한다.

위 코드에서 사용된 연산을 위한 알고리즘은 코멘, 토마스 라이저슨, 찰리 리베스트, 로날드 스타인, 클리포드의 『Introduction to Algorithms, Third Edition』(2009)에서 설명하고 있다.

.end() 반복자는 더미 노드를 가리킨다. 즉, 노드에는 키나 값이 없다는 것을 의미하는 Isnil의 값이 1이다. 이는 HDD^{Hard Disk Drive}에서 '랜딩 존'이라고 볼 수 있으며 센티넬 sentinel 노드라고도 한다(위스의 『Algorithms and Data Structures』(1985)를 참고한다. http://www.ethoberon.ethz.ch/WirthPubl/AD.pdf).

더미 노드의 'parent' 필드는 루트 노드를 가리키며, 루트 노드는 트리의 정점 역할을 하며 트리 정보를 포함한다.

```c
#include <stdio.h>
#include <map>
#include <set>
#include <string>
#include <iostream>

struct map_pair
{
    int key;
    const char *value;
};

struct tree_node
{
    int M_color;     // 0 - Red, 1 - Black
    struct tree_node *M_parent;
    struct tree_node *M_left;
    struct tree_node *M_right;
};

struct tree_struct
{
    int M_key_compare;
    struct tree_node M_header;
    size_t M_node_count;
};

void dump_tree_node (struct tree_node *n, bool is_set, bool traverse, bool
dump_keys_and_values)
{
    printf ("ptr=0x%p M_left=0x%p M_parent=0x%p M_right=0x%p M_color=%d\n",n, n->M_left,
n->M_parent, n->M_right, n->M_color);

    void *point_after_struct=((char*)n)+sizeof(struct tree_node);

    if (dump_keys_and_values)
    {
        if (is_set)
            printf ("key=%d\n", *(int*)point_after_struct);
        else
        {
            struct map_pair *p=(struct map_pair *)point_after_struct;
            printf ("key=%d value=[%s]\n", p->key, p->value);
        };
    };

    if (traverse==false)
        return;
```

```
        if (n->M_left)
            dump_tree_node (n->M_left, is_set, traverse, dump_keys_and_values);

        if (n->M_right)
            dump_tree_node (n->M_right, is_set, traverse, dump_keys_and_values);
};
const char* ALOT_OF_TABS="\t\t\t\t\t\t\t\t\t\t";

void dump_as_tree (int tabs, struct tree_node *n, bool is_set)
{
    void *point_after_struct=((char*)n)+sizeof(struct tree_node);

    if (is_set)
        printf ("%d\n", *(int*)point_after_struct);
    else
    {
        struct map_pair *p=(struct map_pair *)point_after_struct;
        printf ("%d [%s]\n", p->key, p->value);
    }

    if (n->M_left)
    {
        printf ("%.*sL-------", tabs, ALOT_OF_TABS);
        dump_as_tree (tabs+1, n->M_left, is_set);
    };

    if (n->M_right)
    {
        printf ("%.*sR-------", tabs, ALOT_OF_TABS);
        dump_as_tree (tabs+1, n->M_right, is_set);
    };
};

void dump_map_and_set(struct tree_struct *m, bool is_set)
{
    printf ("ptr=0x%p, M_key_compare=0x%x, M_header=0x%p, M_node_count=%d\n",m,
m->M_key_compare, &m->M_header, m->M_node_count);
    dump_tree_node (m->M_header.M_parent, is_set, true, true);
    printf ("As a tree:\n");
    printf ("root----");
    dump_as_tree (1, m->M_header.M_parent, is_set);
};

int main()
{

    // map

    std::map<int, const char*> m;

    m[10]="ten";
```

```
m[20]="twenty";
m[3]="three";
m[101]="one hundred one";
m[100]="one hundred";
m[12]="twelve";
m[107]="one hundred seven";
m[0]="zero";
m[1]="one";
m[6]="six";
m[99]="ninety-nine";
m[5]="five";
m[11]="eleven";
m[1001]="one thousand one";
m[1010]="one thousand ten";
m[2]="two";
m[9]="nine";

printf ("dumping m as map:\n");
dump_map_and_set ((struct tree_struct *)(void*)&m, false);

std::map<int, const char*>::iterator it1=m.begin();
printf ("m.begin():\n");
dump_tree_node ((struct tree_node *)*(void**)&it1, false, false, true);
it1=m.end();
printf ("m.end():\n");
dump_tree_node ((struct tree_node *)*(void**)&it1, false, false, false);

// set

std::set<int> s;
s.insert(123);
s.insert(456);
s.insert(11);
s.insert(12);
s.insert(100);
s.insert(1001);
printf ("dumping s as set:\n");
dump_map_and_set ((struct tree_struct *)(void*)&s, true);
std::set<int>::iterator it2=s.begin();
printf ("s.begin():\n");
dump_tree_node ((struct tree_node *)*(void**)&it2, true, false, true);
it2=s.end();
printf ("s.end():\n");
dump_tree_node ((struct tree_node *)*(void**)&it2, true, false, false);
};
```

```
dumping m as map:
ptr=0x0028FE3C, M_key_compare=0x402b70, M_header=0x0028FE40, M_node_count=17
ptr=0x007A4988 M_left=0x007A4C00 M_parent=0x0028FE40 M_right=0x007A4B80 M_color=1
key=10 value=[ten]
ptr=0x007A4C00 M_left=0x007A4BE0 M_parent=0x007A4988 M_right=0x007A4C60 M_color=1
key=1 value=[one]
ptr=0x007A4BE0 M_left=0x00000000 M_parent=0x007A4C00 M_right=0x00000000 M_color=1
key=0 value=[zero]
ptr=0x007A4C60 M_left=0x007A4B40 M_parent=0x007A4C00 M_right=0x007A4C20 M_color=0
key=5 value=[five]
ptr=0x007A4B40 M_left=0x007A4CE0 M_parent=0x007A4C60 M_right=0x00000000 M_color=1
key=3 value=[three]
ptr=0x007A4CE0 M_left=0x00000000 M_parent=0x007A4B40 M_right=0x00000000 M_color=0
key=2 value=[two]
ptr=0x007A4C20 M_left=0x00000000 M_parent=0x007A4C60 M_right=0x007A4D00 M_color=1
key=6 value=[six]
ptr=0x007A4D00 M_left=0x00000000 M_parent=0x007A4C20 M_right=0x00000000 M_color=0
key=9 value=[nine]
ptr=0x007A4B80 M_left=0x007A49A8 M_parent=0x007A4988 M_right=0x007A4BC0 M_color=1
key=100 value=[one hundred]
ptr=0x007A49A8 M_left=0x007A4BA0 M_parent=0x007A4B80 M_right=0x007A4C40 M_color=0
key=20 value=[twenty]
ptr=0x007A4BA0 M_left=0x007A4C80 M_parent=0x007A49A8 M_right=0x00000000 M_color=1
key=12 value=[twelve]
ptr=0x007A4C80 M_left=0x00000000 M_parent=0x007A4BA0 M_right=0x00000000 M_color=0
key=11 value=[eleven]
ptr=0x007A4C40 M_left=0x00000000 M_parent=0x007A49A8 M_right=0x00000000 M_color=1
key=99 value=[ninety-nine]
ptr=0x007A4BC0 M_left=0x007A4B60 M_parent=0x007A4B80 M_right=0x007A4CA0 M_color=0
key=107 value=[one hundred seven]
ptr=0x007A4B60 M_left=0x00000000 M_parent=0x007A4BC0 M_right=0x00000000 M_color=1
key=101 value=[one hundred one]
ptr=0x007A4CA0 M_left=0x00000000 M_parent=0x007A4BC0 M_right=0x007A4CC0 M_color=1
key=1001 value=[one thousand one]
ptr=0x007A4CC0 M_left=0x00000000 M_parent=0x007A4CA0 M_right=0x00000000 M_color=0
key=1010 value=[one thousand ten]
As a tree:
root----10 [ten]
        L-------1 [one]
                L-------0 [zero]
                R-------5 [five]
                        L-------3 [three]
                                L-------2 [two]
                        R-------6 [six]
                                R-------9 [nine]
        R-------100 [one hundred]
```

```
                    L-------20 [twenty]
                         L-------12 [twelve]
                              L-------11 [eleven]
                         R-------99 [ninety-nine]
               R-------107 [one hundred seven]
                    L-------101 [one hundred one]
                    R-------1001 [one thousand one]
                              R-------1010 [one thousand ten]
m.begin():
ptr=0x007A4BE0 M_left=0x00000000 M_parent=0x007A4C00 M_right=0x00000000 M_color=1
key=0 value=[zero]
m.end():
ptr=0x0028FE40 M_left=0x007A4BE0 M_parent=0x007A4988 M_right=0x007A4CC0 M_color=0
dumping s as set:
ptr=0x0028FE20, M_key_compare=0x8, M_header=0x0028FE24, M_node_count=6
ptr=0x007A1E80 M_left=0x01D5D890 M_parent=0x0028FE24 M_right=0x01D5D850 M_color=1
key=123
ptr=0x01D5D890 M_left=0x01D5D870 M_parent=0x007A1E80 M_right=0x01D5D8B0 M_color=1
key=12
ptr=0x01D5D870 M_left=0x00000000 M_parent=0x01D5D890 M_right=0x00000000 M_color=0
key=11
ptr=0x01D5D8B0 M_left=0x00000000 M_parent=0x01D5D890 M_right=0x00000000 M_color=0
key=100
ptr=0x01D5D850 M_left=0x00000000 M_parent=0x007A1E80 M_right=0x01D5D8D0 M_color=1
key=456
ptr=0x01D5D8D0 M_left=0x00000000 M_parent=0x01D5D850 M_right=0x00000000 M_color=0
key=1001
As a tree:
root----123
        L-------12
                L-------11
                R-------100
        R-------456
                R-------1001
s.begin():
ptr=0x01D5D870 M_left=0x00000000 M_parent=0x01D5D890 M_right=0x00000000 M_color=0
key=11
s.end():
ptr=0x0028FE24 M_left=0x01D5D870 M_parent=0x007A1E80 M_right=0x01D5D8D0 M_color=0
```

GCC의 구현도 매우 유사하다(http://go.yurichev.com/17084). 한 가지 다른 점이라면 Isnil 필드가 없다는 것이다. 따라서 MSVC의 경우보다 메모리를 약간 덜 차지하게 된다.

이 경우에도 .end()는 노드에 키나 값이 없는 더미 노드를 가리킨다.

트리 재균형 맞추기(GCC)

이번에는 몇 개의 노드가 추가됐을 때 트리를 어떻게 균형을 맞추는지 알아보자.

리스트 3.115: GCC

```c
#include <stdio.h>
#include <map>
#include <set>
#include <string>
#include <iostream>

struct map_pair
{
    int key;
    const char *value;
};

struct tree_node
{
    int M_color;    // 0 - Red, 1 - Black
    struct tree_node *M_parent;
    struct tree_node *M_left;
    struct tree_node *M_right;
};

struct tree_struct
{
    int M_key_compare;
    struct tree_node M_header;
    size_t M_node_count;
};

const char* ALOT_OF_TABS="\t\t\t\t\t\t\t\t\t\t\t";

void dump_as_tree (int tabs, struct tree_node *n)
{
    void *point_after_struct=((char*)n)+sizeof(struct tree_node);

    printf ("%d\n", *(int*)point_after_struct);

    if (n->M_left)
    {
        printf ("%.*sL-------", tabs, ALOT_OF_TABS);
        dump_as_tree (tabs+1, n->M_left);
    };
    if (n->M_right)
    {
        printf ("%.*sR-------", tabs, ALOT_OF_TABS);
        dump_as_tree (tabs+1, n->M_right);
    };
```

```
};

void dump_map_and_set(struct tree_struct *m)
{
    printf ("root----");
    dump_as_tree (1, m->M_header.M_parent);
};

int main()
{
    std::set<int> s;
    s.insert(123);
    s.insert(456);
    printf ("123, 456 has been inserted\n");
    dump_map_and_set ((struct tree_struct *)(void*)&s);
    s.insert(11);
    s.insert(12);
    printf ("\n");
    printf ("11, 12 has been inserted\n");
    dump_map_and_set ((struct tree_struct *)(void*)&s);
    s.insert(100);
    s.insert(1001);
    printf ("\n");
    printf ("100, 1001 has been inserted\n");
    dump_map_and_set ((struct tree_struct *)(void*)&s);
    s.insert(667);
    s.insert(1);
    s.insert(4);
    s.insert(7);
    printf ("\n");
    printf ("667, 1, 4, 7 has been inserted\n");
    dump_map_and_set ((struct tree_struct *)(void*)&s);
    printf ("\n");
};
```

리스트 3.116: GCC 4.8.1

```
123, 456 has been inserted
root----123
        R-------456

11, 12 has been inserted
root----123
        L-------11
                R-------12
        R-------456

100, 1001 has been inserted
```

```
root----123
        L-------12
                L-------11
                R-------100
        R-------456
                R-------1001

667, 1, 4, 7 has been inserted
root----12
        L-------4
                L-------1
                R-------11
                        L-------7
        R-------123
                L-------100
                R-------667
                        L-------456
                        R-------1001
```

3.18.5 메모리

때때로 C++ 프로그래머로부터 '스택에 메모리 할당'이나 '힙에 메모리 할당'과 같은 것을 들어봤을 것이다.

스택에 객체를 할당하는 경우는 다음과 같다.

```
void f()
{
    ...
    Class o=Class(...);
    ...
};
```

스택에 객체(또는 구조체)를 할당하는 것은 SP('Stack Pointer')의 시프트 연산에 의해 수행된다. 메모리는 함수 종료 시 또는 더 정확하게는 해당 객체의 유효한 범위를 벗어날 때 해제된다. SP는 이전 상태(함수가 시작될 때의 상태)로 돌아가고 해당 클래스의 소멸자가 호출된다. 동일한 방법으로 C에서도 스택에 할당된 구조체의 메모리는 함수가 종료될 때 해제된다.

힙에 객체를 할당하는 경우는 다음과 같다.

```
void f1()
{
    ...
    Class *o=new Class(...);
    ...
};
void f2()
{
    ...
    delete o;
    ...
};
```

이는 malloc()을 호출해 구조체를 위한 메모리를 할당하는 것과 동일하다. 사실 C++
에서 new는 malloc() 함수의 래퍼며 delete는 free() 함수의 래퍼다. 메모리가 힙에
할당됐기 때문에 delete를 이용해 해당 메모리를 명시적으로 해제해줘야 한다. 이때
클래스의 소멸자가 먼저 자동으로 호출될 것이다.

어떤 메모리 할당 방법이 더 좋은 것일까? 스택에 할당하는 것은 매우 빠르며 작은 메
모리를 할당하는 경우이거나 현재 함수에서만 유효한, 즉 생명 주기가 짧은 객체를 이
용할 때 좋다.

힙에 메모리를 할당하는 것은 상대적으로 느리다. 여러 함수에서 사용되는, 즉 생명
주기가 긴 객체를 이용할 때 좋다.

또한 힙에 객체를 할당하게 되면 메모리 누수에 주의해야 한다. 메모리를 명시적으로
직접 해제를 해줘야 하고 개발자들은 종종 까먹기 때문이다.

어찌됐든 어느 방법을 사용하느냐는 취향 차이일 것이다.

3.19 음수 배열 인덱스

음수 인덱스(예, array[-1])를 사용해 배열 앞의 공간을 처리하는 것도 가능할 것이다.

3.19.1 끝에서부터 문자열 주소 지정

파이썬 언어는 끝에서부터 배열이나 문자열의 주소를 지정하는 것을 허용한다. 예를 들면 string[-1]은 마지막 문자를 리턴하고 string[-2]는 끝에서 두 번째 문자를 리턴한다. 믿기 어렵겠지만 이는 C/C++에서도 가능하다.

```c
#include <string.h>
#include <stdio.h>

int main()
{
    char *s="Hello, world!";
    char *s_end=s+strlen(s);

    printf ("last character: %c\n", s_end[-1]);
    printf ("penultimate character: %c\n", s_end[-2]);
};
```

제대로 동작하려면 s_end는 항상 문자열 끝의 0이 존재하는 위치를 가리켜야 한다. s 문자열의 길이가 변경된다면 s_end도 변경돼야 한다.

이 트릭은 모호하지만 음수의 배열 인덱스 사용을 다시 한 번 보여준다.

3.19.2 끝에서부터 메모리 블록의 주소 지정

먼저 스택이 거꾸로 자라는 이유(1.7.1절)를 상기해보자. 메모리상에 어떤 종류의 메모리 블록이 있고 스택과 힙을 그곳에 저장하고 싶다고 생각해보자. 그런데 실행 중에 힙과 스택이 얼마만큼 커질지는 모른다고 가정해보자.

힙 포인터를 메모리 블록의 시작 부분으로 설정한 다음 스택 포인터를 메모리 블록의 끝(heap + size_of_block)으로 설정할 수 있다. 그러면 스택의 n번째 요소를 stack[-n]으로 주소 지정할 수 있다. 예를 들면 스택의 첫 번째 요소는 stack[-1], 두 번째 요소는 stack[-2] 등으로 표현할 수 있다.

이는 문자열의 끝에서부터 주소를 지정하는 것과 동일한 방식이다.

힙과 스택이 서로 겹쳤는지는 쉽게 확인할 수 있다. 즉, 힙에서 마지막 요소의 주소가 스택에서 마지막 요소의 주소보다 작은지 확인하기만 하면 된다.

불행하게도 인덱스로 -0는 사용할 수 없다. 2의 보수(2.2절)에서는 -0를 허용하지 않으며 +0과 구별을 할 수 없기 때문이다.

이 방법을 '트랜잭션 프로세싱'이라고도 한다(짐 그레이의 『Tuple-Oriented File System』(1993) p.755).

3.19.3 인덱스가 1부터 시작하는 배열

포트란과 매스매티카Mathematica는 배열에서 첫 번째 요소의 인덱스를 1로 정의한다. 이는 전통적인 수학의 표현을 따랐기 때문일 것이다.

C/C++와 같은 프로그래밍 언어의 경우 배열의 인덱스는 0부터 시작한다. 어느 방법이 더 좋은 것일까? 애드거 다익스트라는 후자가 더 나은 방법이라고 주장했다(https://www.cs.utexas.edu/users/EWD/transcriptions/EWD08xx/EWD831.html).

하지만 포트란을 사용해온 프로그래머는 그렇지 않을 것이다. 따라서 다음과 같은 방법을 이용하면 C/C++에서 인덱스가 1부터 시작하는 배열을 사용하는 것이 가능하다.

```c
#include <stdio.h>

int main()
{
    int random_value=0x11223344;
    unsigned char array[10];
    int i;
    unsigned char *fakearray=&array[-1];

    for (i=0; i<10; i++)
        array[i]=i;

    printf ("first element %d\n", fakearray[1]);
    printf ("second element %d\n", fakearray[2]);
    printf ("last element %d\n", fakearray[10]);

    printf ("array[-1]=%02X, array[-2]=%02X, array[-3]=%02X, array[-4]=%02X\n",
        array[-1],
        array[-2],
        array[-3],
        array[-4]);
};
```

```
 1  $SG2751 DB      'first element %d', 0aH, 00H
 2  $SG2752 DB      'second element %d', 0aH, 00H
 3  $SG2753 DB      'last element %d', 0aH, 00H
 4  $SG2754 DB      'array[-1]=%02X, array[-2]=%02X, array[-3]=%02X, array[-4'
 5          DB      ']=%02X', 0aH, 00H
 6
 7  _fakearray$ = -24          ; 크기 = 4
 8  _random_value$ = -20       ; 크기 = 4
 9  _array$ = -16              ; 크기 = 10
10  _i$ = -4                   ; 크기 = 4
11  _main   PROC
12          push    ebp
13          mov     ebp, esp
14          sub     esp, 24
15          mov     DWORD PTR _random_value$[ebp], 287454020 ; 11223344H
16          ; fakearray[]의 주소를 array[]보다 한 바이트 앞의 주소로 설정
17          lea     eax, DWORD PTR _array$[ebp]
18          add     eax, -1      ; eax=eax-1
19          mov     DWORD PTR _fakearray$[ebp], eax
20          mov     DWORD PTR _i$[ebp], 0
21          jmp     SHORT $LN3@main
22          ; array[]를 0..9로 채운다.
23  $LN2@main:
24          mov     ecx, DWORD PTR _i$[ebp]
25          add     ecx, 1
26          mov     DWORD PTR _i$[ebp], ecx
27  $LN3@main:
28          cmp     DWORD PTR _i$[ebp], 10
29          jge     SHORT $LN1@main
30          mov     edx, DWORD PTR _i$[ebp]
31          mov     al, BYTE PTR _i$[ebp]
32          mov     BYTE PTR _array$[ebp+edx], al
33          jmp     SHORT $LN2@main
34  $LN1@main:
35          mov     ecx, DWORD PTR _fakearray$[ebp]
36          ; ecx= fakearray[0]의 주소, ecx+1은 fakearray[1] 또는 array[0]
37          movzx   edx, BYTE PTR [ecx+1]
38          push    edx
39          push    OFFSET $SG2751 ; 'first element %d'
40          call    _printf
41          add     esp, 8
42          mov     eax, DWORD PTR _fakearray$[ebp]
43          ; eax= fakearray[0]의 주소, eax+2는 fakearray[2] 또는 array[1]
44          movzx   ecx, BYTE PTR [eax+2]
45          push    ecx
46          push    OFFSET $SG2752 ; 'second element %d'
```

```
47          call    _printf
48          add     esp, 8
49          mov     edx, DWORD PTR _fakearray$[ebp]
50          ; edx= fakearray[0]의 주소, edx+10은 fakearray[10] 또는 array[9]
51          movzx   eax, BYTE PTR [edx+10]
52          push    eax
53          push    OFFSET $SG2753 ; 'last element %d'
54          call    _printf
55          add     esp, 8
56          ; array[]보다 앞에 있는 값을 찾기 위해 array[0]에 대한 포인터에서 4, 3, 2, 1을 뺀다.
57          lea     ecx, DWORD PTR _array$[ebp]
58          movzx   edx, BYTE PTR [ecx-4]
59          push    edx
60          lea     eax, DWORD PTR _array$[ebp]
61          movzx   ecx, BYTE PTR [eax-3]
62          push    ecx
63          lea     edx, DWORD PTR _array$[ebp]
64          movzx   eax, BYTE PTR [edx-2]
65          push    eax
66          lea     ecx, DWORD PTR _array$[ebp]
67          movzx   edx, BYTE PTR [ecx-1]
68          push    edx
69          push    OFFSET $SG2754  ;'array[-1]=%02X, array[-2]=%02X, array[-3]=%02X,
array[-4]=%02X'
70          call    _printf
71          add     esp, 20
72          xor     eax, eax
73          mov     esp, ebp
74          pop     ebp
75          ret     0
76  _main   ENDP
```

array[]는 크기가 10이며 0~9 값으로 채워진다.

그리고 fakearray[] 포인터는 array[]보다 1바이트 앞의 주소를 가리킨다.

fakearray[1]은 정확하게 array[0]을 가리킨다. 그렇다면 array[] 앞에는 무엇이 있을까? array[] 앞에 값이 0x11223344인 random_value를 위치시켰다. 최적화를 수행하지 않은 컴파일러는 변수가 선언된 순서대로 메모리를 할당한다. 따라서 array[] 앞에 32비트 random_value가 있는 것이다.

실행 결과는 다음과 같다.

```
first element 0
second element 1
last element 9
array[-1]=11, array[-2]=22, array[-3]=33, array[-4]=44
```

다음은 OllyDbg의 스택 윈도우에서 복사한 스택 프레임의 내용이다.

리스트 3.118: 최적화를 수행하지 않은 MSVC 2010

```
CPU Stack
Address    Value
001DFBCC   /001DFBD3   ; fakearray 포인터
001DFBD0   |11223344   ; random_value
001DFBD4   |03020100   ; 4바이트의 array[]
001DFBD8   |07060504   ; 4바이트의 array[]
001DFBDC   |00CB0908   ; 임의의 쓰레기 값 + array[]의 마지막 2바이트
001DFBE0   |0000000A   ; 루프가 종료된 이후의 마지막 i 값
001DFBE4   |001DFC2C   ; 저장된 EBP 값
001DFBE8   \00CB129D   ; 리턴 주소
```

fakearray[](0x001DFBD3)의 포인터는 실제로 스택에 있는 array[] 주소(0x001DFBD4)에 1을 뺀 값이다.

여전히 매우 트릭스럽고 모호하다. 누군가는 이런 식으로 코드를 만들 수도 있겠지만 데모 용도로는 완벽하다.

3.20 비트 연산을 이용해 12비트를 배열에 패킹(x64, ARM/ARM64, MIPS)

(이 부분은 저자의 블로그(2015년 9월 4일)에서 처음 소개했다)

3.20.1 소개

FAT[File Allocation Table]는 매우 널리 사용된 파일 시스템이다. 믿기 어렵겠지만 FAT는 단순하고 호환성이 높아 플래시 드라이브에서 여전히 사용되고 있다. FAT 테이블 자체는 배열이며, 각 배열 요소는 파일의 다음 클러스터 번호를 가리킨다(FAT는 전체 디스크

에 흩어져 저장돼 있는 파일을 지원한다).

따라서 배열 요소의 최댓값은 디스크의 최대 클러스터 번호가 된다. MS-DOS에서 대부분의 하드 디스크는 클러스터의 번호가 16비트 값으로 패킹된 FAT16 파일 시스템을 사용했다. 하드 디스크의 가격이 떨어지자 32비트의 클러스터 번호를 사용하는 FAT32 파일 시스템이 나왔다.

하지만 플로피 디스켓의 가격이 비쌌고 저장 공간도 많지 않은 시절이 있었다. 따라서 플로피 디스켓에서는 파일 시스템의 구조체를 최대한 절약하고자 FAT12 파일 시스템이 사용됐다.

FAT12 파일 시스템에서 FAT 테이블은 3바이트에 두 개의 12비트 요소를 저장하는 배열이었다. 따라서 6개의 12비트 값(AAA, BBB, CCC, DDD, EEE, FFF)이 9개의 바이트에 패킹됐다.

```
+0 +1 +2 +3 +4 +5 +6 +7 +8
|AA|AB|BB|CC|CD|DD|EE|EF|FF|...
```

값을 배열에 집어넣고 다시 꺼내는 것은 (C/C++와 로우레벨의 기계 코드에서) 비트 트위들링Twiddling 연산의 좋은 예가 될 수 있다. 따라서 이를 설명하고자 여기서는 FAT12를 예로 들 것이다.

3.20.2 데이터 구조체

세 개의 바이트 쌍이 2개의 12비트 값을 저장하는 것을 확인할 수 있다. 첫 번째 12비트는 왼쪽에, 그리고 나머지는 오른쪽에 저장된다.

```
+0 +1 +2
|11|12|22|...
```

니블(4비트)은 다음과 같은 방법으로 패킹된다(1 - 최상위 니블, 3 - 최하위 니블).

(짝수)

```
 +0 +1 +2
|12|3.|..|...
```

(홀수)

```
 +0 +1 +2
|..|.1|23|...
```

3.20.3 알고리즘

알고리즘은 다음과 같다. 저장할 요소의 인덱스가 짝수면 왼쪽에 넣고, 홀수면 오른쪽에 위치시킨다. **가운데 바이트:** 인덱스가 짝수면 상위 4비트에 위치시키고, 홀수면 하위 4비트에 위치시킨다. 하지만 먼저 가장 오른쪽 바이트를 찾는다. 그것은 쉽다. 인덱스가 index/2인 바이트를 찾으면 된다. 바이트 배열에서 오른쪽 바이트를 찾는 것도 쉽다. index/2*3인 인덱스를 찾거나 index*3/2을 찾으면 된다. 또는 단순히 index * 1.5를 하면 된다.

배열에서 값을 꺼내기: 인덱스가 짝수면 가장 왼쪽과 가운데 바이트에서 값을 꺼내 결합하면 된다. 인덱스가 홀수면 가운데와 가장 오른쪽 바이트에서 값을 꺼내 결합하면 된다. 그리고 가운데 바이트에서 불필요한 비트를 제거하는 것을 잊으면 안된다.

값을 넣는 것도 거의 동일하다. 하지만 가운데 바이트에 있는 비트의 값이 덮어써지지 않도록 주의해야 한다.

3.20.4 C/C++ 코드

```c
#include <stdio.h>
#include <stdint.h>
#include <assert.h>

#define ARRAY_SIZE (0x1000/2*3)
uint8_t array[ARRAY_SIZE];      // 충분히 큰 트리플 배열

unsigned int get_from_array (unsigned int idx)
```

```
{
    // 배열에서 올바른 트리플을 찾는다.
    int triple=(idx>>1);
    int array_idx=triple*3;
    // assert (array_idx<ARRAY_SIZE);

    if (idx&1)
    {
        // 홀수 요소

        // 가운데와 가장 오른쪽 바이트를 이용해 값을 구성한다.
        return ((array[array_idx+1]&0xF) << 8)|array[array_idx+2];
    }
    else
    {
        // 짝수 요소

        // 가장 왼쪽과 가운데 바이트를 이용해 값을 구성한다.
        return array[array_idx]<<4 | ((array[array_idx+1]>>4)&0xF);
    };
};

void put_to_array (unsigned int idx, unsigned int val)
{
    //assert (val<=0xFFF);

    // 배열에서 올바른 트리플을 찾는다.
    int triple=(idx>>1);
    int array_idx=triple*3;
    // assert (array_idx<ARRAY_SIZE);

    if (idx&1)
    {
        // 홀수 요소
        // 가운데와 가장 오른쪽 바이트에 값을 넣는다.

        // 저장할 값을 분해한다.
        uint8_t val_lowest_byte=val&0xFF; // 최하위 8비트를 분리
        uint8_t val_highest_nibble=val>>8; // val<=0xFFF이기 때문에 &0xF를 적용할 필요가 없다.

        // 가운데 바이트의 하위 4비트를 초기화시킨다.
        array[array_idx+1]=array[array_idx+1]&0xF0;
        array[array_idx+1]=array[array_idx+1]|val_highest_nibble;
        array[array_idx+2]=val_lowest_byte;
    }
    else
    {
        // 짝수 요소
        // 가장 왼쪽 바이트와 가운데 바이트에 값을 넣는다.

        // 저장할 값을 분해한다.
```

```
        uint8_t val_highest_byte=val>>4;
        uint8_t val_lowest_nibble=val&0xF;

        array[array_idx]=val_highest_byte;

        // 가운데 바이트의 상위 4비트를 초기화시킨다.
        array[array_idx+1]=array[array_idx+1]&0xF;
        array[array_idx+1]=array[array_idx+1]|val_lowest_nibble<<4;
    };
};
int main()
{
    int i;

    // 테스트
    for (i=0; i<0x1000; i++)
    {
        put_to_array(i, i);
    };

    for (i=0; i<0x1000; i++)
    {
        assert(get_from_array(i)==i);
    };
    // put_to_array(0x1000, 1);    // assert()으로 인해 실패할 것이다.

    // 트리플 출력
    for (int i=0;i<0x1000/2;i++)
        printf ("0x%02X%02X%02X\n",array[i*3],array[i*3+1],array[i*3+2]);
};
```

테스트가 수행되는 동안 모든 12비트 요소는 `0..0xFFF` 사이의 값으로 채워진다. 다음은 모든 3바이트 트리플의 출력 결과다.

```
0x000001
0x002003
0x004005
0x006007
0x008009
0x00A00B
0x00C00D
0x00E00F
0x010011
0x012013
0x014015
...
0xFECFED
```

```
0xFEEFEF
0xFF0FF1
0xFF2FF3
0xFF4FF5
0xFF6FF7
0xFF8FF9
0xFFAFFB
0xFFCFFD
0xFFEFFF
```

다음은 **512/2*3**(512(0x200)번째 요소)부터 시작해 100개의 트리플 바이트(300바이트)를
GDB에서 바이트 레벨로 출력한 결과다. 그리고 트리플 바이트를 명시적으로 표시하
고자 대괄호를 직접 추가했다.

마지막 요소가 종료되고 다음 요소가 시작되는 가운데 바이트를 주목해 보기 바란다.
다시 말하면 각각의 가운데 바이트는 짝수 요소의 하위 4비트와 홀수 요소의 상위 4비
트로 이뤄진다.

```
(gdb) x/300xb array+512/2*3
0x601380 <array+768>: [ 0x20    0x02    0x01 ][ 0x20    0x22    0x03 ][ 0x20    0x42
0x601388 <array+776>:   0x05 ][ 0x20    0x62    0x07 ][ 0x20    0x82    0x09 ][ 0x20
0x601390 <array+784>:   0xa2    0x0b ][ 0x20    0xc2    0x0d ][ 0x20    0xe2    0x0f ]
0x601398 <array+792>: [ 0x21    0x02    0x11 ][ 0x21    0x22    0x13 ][ 0x21    0x42
0x6013a0 <array+800>:   0x15 ][ 0x21    0x62    0x17 ][ 0x21    0x82    0x19 ][ 0x21
0x6013a8 <array+808>:   0xa2    0x1b ][ 0x21    0xc2    0x1d ][ 0x21    0xe2    0x1f ]
0x6013b0 <array+816>: [ 0x22    0x02    0x21 ][ 0x22    0x22    0x23 ][ 0x22    0x42
0x6013b8 <array+824>:   0x25 ][ 0x22    0x62    0x27 ][ 0x22    0x82    0x29 ][ 0x22
0x6013c0 <array+832>:   0xa2    0x2b ][ 0x22    0xc2    0x2d ][ 0x22    0xe2    0x2f ]
0x6013c8 <array+840>: [ 0x23    0x02    0x31 ][ 0x23    0x22    0x33 ][ 0x23    0x42
0x6013d0 <array+848>:   0x35 ][ 0x23    0x62    0x37 ][ 0x23    0x82    0x39 ][ 0x23
0x6013d8 <array+856>:   0xa2    0x3b ][ 0x23    0xc2    0x3d ][ 0x23    0xe2    0x3f ]
0x6013e0 <array+864>: [ 0x24    0x02    0x41 ][ 0x24    0x22    0x43 ][ 0x24    0x42
0x6013e8 <array+872>:   0x45 ][ 0x24    0x62    0x47 ][ 0x24    0x82    0x49 ][ 0x24
0x6013f0 <array+880>:   0xa2    0x4b ][ 0x24    0xc2    0x4d ][ 0x24    0xe2    0x4f ]
0x6013f8 <array+888>: [ 0x25    0x02    0x51 ][ 0x25    0x22    0x53 ][ 0x25    0x42
0x601400 <array+896>:   0x55 ][ 0x25    0x62    0x57 ][ 0x25    0x82    0x59 ][ 0x25
0x601408 <array+904>:   0xa2    0x5b ][ 0x25    0xc2    0x5d ][ 0x25    0xe2    0x5f ]
0x601410 <array+912>: [ 0x26    0x02    0x61 ][ 0x26    0x22    0x63 ][ 0x26    0x42
0x601418 <array+920>:   0x65 ][ 0x26    0x62    0x67 ][ 0x26    0x82    0x69 ][ 0x26
0x601420 <array+928>:   0xa2    0x6b ][ 0x26    0xc2    0x6d ][ 0x26    0xe2    0x6f ]
0x601428 <array+936>: [ 0x27    0x02    0x71 ][ 0x27    0x22    0x73 ][ 0x27    0x42
0x601430 <array+944>:   0x75 ][ 0x27    0x62    0x77 ][ 0x27    0x82    0x79 ][ 0x27
0x601438 <array+952>:   0xa2    0x7b ][ 0x27    0xc2    0x7d ][ 0x27    0xe2    0x7f ]
```

```
0x601440 <array+960>: [ 0x28    0x02    0x81 ][ 0x28    0x22    0x83 ][ 0x28    0x42
0x601448 <array+968>:    0x85 ][ 0x28    0x62    0x87 ][ 0x28    0x82    0x89 ][ 0x28
0x601450 <array+976>:    0xa2    0x8b ][ 0x28    0xc2    0x8d ][ 0x28    0xe2    0x8f ]
0x601458 <array+984>: [ 0x29    0x02    0x91 ][ 0x29    0x22    0x93 ][ 0x29    0x42
0x601460 <array+992>:    0x95 ][ 0x29    0x62    0x97 ][ 0x29    0x82    0x99 ][ 0x29
0x601468 <array+1000>:   0xa2    0x9b ][ 0x29    0xc2    0x9d ][ 0x29    0xe2    0x9f ]
0x601470 <array+1008>:[ 0x2a    0x02    0xa1 ][ 0x2a    0x22    0xa3 ][ 0x2a    0x42
0x601478 <array+1016>:   0xa5 ][ 0x2a    0x62    0xa7 ][ 0x2a    0x82    0xa9 ][ 0x2a
0x601480 <array+1024>:   0xa2    0xab ][ 0x2a    0xc2    0xad ][ 0x2a    0xe2    0xaf ]
0x601488 <array+1032>:[ 0x2b    0x02    0xb1 ][ 0x2b    0x22    0xb3 ][ 0x2b    0x42
0x601490 <array+1040>:   0xb5 ][ 0x2b    0x62    0xb7 ][ 0x2b    0x82    0xb9 ][ 0x2b
0x601498 <array+1048>:   0xa2    0xbb ][ 0x2b    0xc2    0xbd ][ 0x2b    0xe2    0xbf ]
0x6014a0 <array+1056>:[ 0x2c    0x02    0xc1 ][ 0x2c    0x22    0xc3 ][ 0x2c    0x42
0x6014a8 <array+1064>:   0xc5 ][ 0x2c    0x62    0xc7 ]
```

3.20.5 동작 방식

배열에 좀 더 간단히 접근할 수 있도록 배열을 전역 버퍼로 만들어보자.

Getter

배열에서 값을 가져오는 부분이 더 간단하기 때문에 그 부분부터 살펴보자.

트리플 바이트의 번호를 찾는 방법은 입력된 인덱스를 2로 나누는 것이다. 이를 위해 오른쪽으로 1비트 시프트시키면 된다. 이는 2^n 형식의 수를 곱하거나 나눌 때 매우 흔하게 사용하는 방법이다.

설명을 위해 123을 10으로 나누고 싶다고 생각해보자. 마지막 숫자(3, 나누기 연산의 나머지 부분)를 제거하면 12가 남는다. 2로 나누는 것은 단순히 마지막 비트를 제거하기만 하면 되고, 비트를 제거하는 것은 오른쪽 시프트 연산으로 구현될 수 있다.

다음에 함수는 입력된 인덱스가 짝수(짝수면 12비트 값이 왼쪽에 위치하게 된다)인지 홀수(홀수면 12비트 값이 오른쪽에 위치하게 된다)인지 판단해야 한다. 판단하기 위한 가장 간단한 방법은 최하위 비트를 분리(x&1)하는 연산을 수행하는 것이다. 연산 결과가 0이면 짝수고 그렇지 않으면 홀수가 된다.

최하위 비트의 값을 기준으로 표현하면 다음과 같다.

```
decimal binary even/odd
0 0000 even
1 0001 odd
2 0010 even
3 0011 odd
4 0100 even
5 0101 odd
6 0110 even
7 0111 odd
8 1000 even
9 1001 odd
10 1010 even
11 1011 odd
12 1100 even
13 1101 odd
14 1110 even
15 1111 odd
...
```

2의 보수 시스템에서 0은 짝수며 두 홀수(-1과 1) 사이에 위치한다.

수학 괴짜들을 위해 짝수 또는 홀수 부호도 2로 나눈 나머지라고 말할 수도 있다. 숫자를 2로 나누는 것은 나누기의 나머지를 의미하는 마지막 비트를 단순히 제거하는 것이다. 여기서는 시프트 연산을 사용할 필요는 없으며, 단순히 최하위 비트를 분리하면 된다.

홀수면 가운데와 오른쪽 바이트(array[array_idx+1]과 array[array_idx+2])를 이용한다. 가운데 바이트의 하위 4비트를 분리하고 오른쪽 바이트는 전체를 사용해 12비트 값을 OR 연산으로 구성한다.

짝수면 12비트 값의 상위 8비트는 왼쪽에 위치하고 하위 4비트는 가운데 바이트의 상위 4비트에 위치하게 된다. 가운데 바이트의 상위 4비트는 오른쪽으로 4비트 시프트해 분리하고 AND 연산을 수행한다. 그리고 최종적으로 OR 연산을 수행해 12비트 값을 구성한다.

Setter

Setter도 동일한 방법으로 트리플 바이트의 주소를 계산한다. 또한 왼쪽/오른쪽 바이트 연산도 동일한 방법으로 수행한다.

하지만 가운데 바이트에 바로 값을 쓰면 다른 요소와 관련된 정보가 파괴되기 때문에 먼저 바이트를 로드해 값을 기록할 비트들의 값을 제거한 다음 그곳에 값을 기록한다. AND 연산(C/C++에서는 &)을 이용해 불필요한 부분을 제거한다.

그리고 OR 연산(C/C++에서는 |)을 이용해 가운데 바이트를 업데이트한다.

3.20.6 x86-64에서 최적화를 수행한 GCC 4.8.2

리눅스 x64에서 최적화를 수행한 GCC 4.8.2가 만들어낸 코드를 살펴보자. 명령어의 순서가 논리적이지 않기 때문에 경우에 따라서는 혼동될 것이다. 최적화를 수행하는 컴파일러는 CPU의 비순차적 실행 메커니즘을 고려해 때로는 명령어의 순서를 바꿔서 성능을 향상시키기도 한다.

Getter

```
get_from_array:
; EDI=idx
; 복사본을 만든다.
        mov     eax, edi
; idx>>1 계산
        shr     eax
; 최하위 비트를 분리해 짝수인지 홀수인지 판단한다.
        and     edi, 1
; (idx>>1)*3을 계산
; 일반적으로 곱하기 연산은 느리기 때문에 시프트 연산과 더하기 연산으로 대체할 수 있으며,
; LEA를 이용하면 두 연산을 동시에 할 수 있다.
        lea     edx, [rax+rax*2]
; 이제 EDX는 (idx>>1)*3
; EAX는 가운데 바이트를 가리킨다.
        lea     eax, [rdx+1]
; 부호 확장된 EAX 값을 RDX에 저장
        cdqe
; 가운데 바이트를 EAX에 로드
        movzx   eax, BYTE PTR array[rax]
; 인덱스의 최하위 비트의 값을 확인해
; 홀수면(NE는 NZ(Not Zero)와 동일) 점프
        jne     .L9

; 짝수인 경우
; 부호 확장된 EDX 값을 RDX에 저장
        movsx   rdx, edx
```

```
; 가운데 바이트 값을 오른쪽으로 4비트 시프트
        shr     al, 4
; 이제 AL의 값은 가운데 바이트의 최상위 4비트가 된다.
; 왼쪽 바이트를 EDX에 로드
        movzx   edx, BYTE PTR array[rdx]
; 부호 확장된 AL(가운데 바이트의 상위 4비트)
        movzx   eax, al
; EAX는 가운데 바이트의 상위 4비트 값을 가진다.
; 이제 EDX는 왼쪽 바이트 값을 가진다.
; 왼쪽 바이트 값을 왼쪽으로 4비트 시프트
        sal     edx, 4
; 시프트 연산이후에 EDX의 하위 4비트는 0이 된다.
; 마지막으로 값을 병합한다.
        or      eax, edx
        ret
.L9:
; 홀수인 경우
; 오른쪽 바이트의 주소를 계산
        add     edx, 2
; 가운데 바이트에 있는 하위 4비트를 분리
        and     eax, 15     ; 15=0xF
; 부호 확장된 EDX(오른쪽 바이트의 주소)를 RDX에 저장
        movsx   rdx, edx
; 가운데 바이트에서 가져온 값을 왼쪽으로 8비트 시프트
        sal     eax, 8
; 오른쪽 바이트를 로드
        movzx   edx, BYTE PTR array[rdx]
; 값을 병합
        or      eax, edx
        ret
```

Setter

```
put_to_array:
; EDI=idx
; ESI=val
; idx를 EAX에 복사
        mov     eax, edi
; idx>>1을 계산에서 EAX에 저장
        shr     eax
; idx의 최하위 비트를 분리
        and     edi, 1
; (idx>>2)*3을 계산해서 EAX에 저장
        lea     eax, [rax+rax*2]
; 홀수면(NE는 NZ(Not Zero)와 동일) 점프
```

```
        jne     .L5
; 짝수인 경우
; EAX에 있는 트리플 바이트의 부호 확장된 주소를 RDX에 저장
        movsx   rdx, eax
; val 값을 ECX에 복사
        mov     ecx, esi
; 가운데 바이트의 주소를 계산
        add     eax, 1
; EAX에 있는 부호 확장된 주소를 RDX에 저장
        cdqe
; ECX에 있는 왼쪽 바이트를 시프트
        shr     ecx, 4
; 가운데 바이트를 4비트 시프트
        sal     esi, 4
; 왼쪽 바이트를 저장
        mov     BYTE PTR array[rdx], cl
; 가운데 바이트의 주소는 여전히 RAX에 있으며, 가운데 바이트를 로드
        movzx   edx, BYTE PTR array[rax]
; 상위 4비트를 제거
        and     edx, 15     ; 15=0xF
; 하위 4비트와 값을 병합
        or      esi, edx
; 가운데 바이트를 다시 저장
        mov     BYTE PTR array[rax], sil
        ret
.L5:
; 홀수인 경우
; 가운데 바이트의 주소를 계산해서 ECX에 저장
        lea     ecx, [rax+1]
; ESI에 있는 val 값을 EDI에 복사
        mov     edi, esi
; 오른쪽 바이트의 주소를 계산
        add     eax, 2
; 오른쪽으로 8비트 시프트해 입력값의 상위 4비트를 가져온다.
        shr     edi, 8
; EAX에 있는 부호 확장된 주소를 RAX에 저장
        cdqe
; ECX에 있는 가운데 바이트의 부호 확장된 주소를 RCX에 저장
        movsx   rcx, ecx
; 가운데 바이트를 EDX에 로드
        movzx   edx, BYTE PTR array[rcx]
; 가운데 바이트의 하위 4비트를 제거
        and     edx, -16    ; -16=0xF0
; 입력된 val 값의 데이터와 가운데 바이트의 값을 병합
        or      edx, edi
; 가운데 바이트 값을 저장
        mov     BYTE PTR array[rcx], dl
```

```
; 오른쪽 바이트 값을 저장. val은 여전히 ESI에 있으며, SIL은 ESI 레지스터의 일부분이며
; 하위 8비트를 갖고 있다.
        mov     BYTE PTR array[rax], sil
        ret
```

추가 설명

리눅스 x64에서 모든 주소는 64비트이기 때문에 포인터 연산을 수행하는 동안 사용되는 값은 모두 64비트여야 한다.

배열 내부의 오프셋을 계산하는 코드는 32비트 값(입력되는 idx 인자의 타입은 32비트 int다)을 다루기 때문에 메모리에서 값을 로드하거나 저장하기 전에 64비트 주소로 변경해야만 한다. 그 이유 때문에 많은 부호 확장 명령어(CDQE, MOVSX 등)가 사용됐다.

그렇다면 왜 부호 확장을 해야 할까? C/C++ 표준에서는 포인터에 대한 산술 연산은 음수 값(array[-123]처럼 음수의 인덱스로 배열에 접근하는 것이 가능하다. 3.19절 참고)으로 수행할 수 있다. 따라서 GCC 컴파일러는 모든 인덱스가 항상 양수라는 것을 확신할 수 없기 때문에 부호 확장 명령어가 사용된 것이다.

3.20.7 최적화를 수행한 Keil 5.05(Thumb 모드)

Getter

다음 코드는 함수의 끝부분에서 최종적으로 OR 연산을 수행한다. 그렇게 하면 분기돼 실행되더라도 최종적인 연산을 공통적으로 수행하기 때문에 공간을 절약하는 것이 가능하다.

```
get_from_array PROC
; R0 = idx
        PUSH    {r4,r5,lr}
        LSRS    r1,r0,#1
; R1 = R0>>1 = idx>>1
; R1은 트리플 바이스의 번호
        LSLS    r2,r1,#1
; R2 = R1<<1 = (R0>>1)<<1 = R0&(~1) = idx&(~1)
; (x>>1)<<1 연산은 의미가 없어 보이지만 x(또는 idx)의 최하위 비트를 제거하기 위한 용도다.
```

```
            LSLS     r5,r0,#31
; R5 = R0<<31 = idx<<31
; idx가 짝수면 R5는 0x80000000이 되고 홀수면 0이 된다.
            ADDS     r4,r1,r2
; R4 = R1+R2 = idx>>1 + idx&(~1) = 트리플 바이트 시작의 오프셋(또는 왼쪽 바이트의 오프셋)
; 트릭처럼 보이지만, 1.5를 곱하는 것과 동일
            LSRS     r0,r0,#1
; R0 = R0>>1 = idx>>1
; 배열에 대한 포인터를 로드
            LDR      r3,|array|
; R3 = 배열 테이블의 오프셋
            LSLS     r1,r0,#1
; R1 = R0<<1 = (idx>>1)<<1 = idx&(~1)
            ADDS     r0,r0,r1
; R0 = idx>>1 + idx&(~1) = idx*1.5 = 트리플 바이트 시작의 오프셋
            ADDS     r1,r3,r0
; R1 = R3+R0 = 배열의 오프셋 + idx*1.5
; R1은 이제 트리플 바이트의 절대 주소
; (R1+1 주소에서) 가운데 바이트를 로드
            LDRB     r2,[r1,#1]
; R2 = 가운데 바이트
; idx가 짝수인지 홀수인지 체크
            CMP      r5,#0
; 짝수면 점프
            BEQ      |L0.92|
; idx가 홀수인 경우
            LSLS     r0,r2,#28
; R0 = R2<<28 = middle_byte<<28
; R1+2에 오른쪽 바이트를 로드
            LDRB     r1,[r1,#2]
; R1 = 오른쪽 바이트
            LSRS     r0,r0,#20
; R0 = R0>>20 = (R2<<28)>>20
; R2<<8을 수행한 것과 동일하지만 Keil 컴파일러는 하위 4비트의 값을 제거하고자
; 좀 더 복잡한 코드를 만들어낸다.
            B        |L0.98|
|L0.92|
; idx가 짝수인 경우
; 왼쪽 바이트를 로드. R3=배열, R4=배열의 주소
            LDRB     r0,[r3,r4]
; R0 = 왼쪽 바이트
            LSLS     r0,r0,#4
; R0 = left_byte<<4
; R2에 있는 middle_byte를 오른쪽으로 4비트 시프트
            LSRS     r1,r2,#4
; R1=middle_byte>>4
|L0.98|
```

```
        ; 함수 에필로그
        ; 현재의 R0 값은 시프트된 왼쪽 바이트이거나 가운데 바이트의 일부분이다.
        ; R1의 값은 가운데 바이트의 시프트된 부분이거나 오른쪽 바이트다.
        ; 이제 값을 병합하고 그 결과를 R0에 저장
                ORRS    r0,r0,r1
        ; R0 = R0|R1
                POP     {r4,r5,pc}
                ENDP
```

중복된 코드가 존재한다. 즉, `idx*1.5`가 두 번 수행된다. 연습을 위해 중복된 코드를 제거해볼 수도 있을 것이다. 그렇게 했다면 반드시 테스트해봐야 한다.

추가적으로 언급해야 할 것이 있다면 16비트 Thumb 명령어에서는 큰 상수를 생성하기 어렵다는 것이다. 이를 위해 Keil 컴파일러는 종종 시프트 명령을 이용한다. 예를 들면 Keil 컴파일러는 Thumb 모드에서는 `AND Rdest, Rsrc, 1` 또는 `TST Rsrc, 1`과 같은 코드를 이용하며, 입력된 `idx`를 왼쪽으로 31비트 시프트시켜 결과가 0인지 여부를 체크한다.

Setter

Setter 코드의 처음 부분은 Getter 코드와 매우 유사하다. 먼저 트리플 바이트의 주소를 계산하고 짝수인지 홀수인지에 따라 분기해 코드를 수행한다.

```
put_to_array PROC
                PUSH    {r4,r5,lr}
        ; R0 = idx
        ; R1 = val
                LSRS    r2,r0,#1
        ; R2 = R0>>1 = idx>>1
                LSLS    r3,r2,#1
        ; R3 = R2<<1 = (idx>>1)<<1 = idx&(~1)
                LSLS    r4,r0,#31
        ; R4 = R0<<31 = idx<<31
                ADDS    r3,r2,r3
        ; R3 = R2+R3 = idx>>1 + idx&(~1) = idx*1.5
                LSRS    r0,r0,#1
        ; R0 = R0>>1 = idx>>1
                LDR     r2,|array|
        ; R2 = 배열의 주소
                LSLS    r5,r0,#1
```

```
; R5 = R0<<1 = (idx>>1)<<1 = idx&(~1)
        ADDS    r0,r0,r5
; R0 = R0+R5 = idx>>1 + idx&(~1) = idx*1.5
        ADDS    r0,r2,r0
; R0 = R2+R0 = 배열 + idx*1.5, 즉, 트리플 바이트의 주소
; 시프트된 idex의 최하위 비트를 검사
        CMP     r4,#0
; 짝수면 점프
        BEQ     |L0.40|
; idx가 홀수인 경우
; R0+1에 가운데 바이트를 로드
        LDRB    r3,[r0,#1]
; R3 = middle_byte
        LSRS    r2,r1,#8
; R2 = R1>>8 = val>>8
        LSRS    r3,r3,#4
; R3 = R3>>4 middle_byte>>4
        LSLS    r3,r3,#4
; R3 = R3<<4 = (middle_byte>>4)<<4
; 이 두 개의 시프트 연산은 가운데 바이트의 하위 4비트를 제거하고자 수행된다.
; R3에 있는 가운데 바이트의 상위 4비트와 val>>8 (in R2)를 병합
        ORRS    r3,r3,r2
; R3 = 업데이트된 가운데 바이트
; R0+1에 저장
        STRB    r3,[r0,#1]
; R0+2에 있는 val의 하위 8비트(val&0xFF)를 저장
        STRB    r1,[r0,#2]
        POP     {r4,r5,pc}
|L0.40|
; idx가 짝수인 경우
        LSRS    r4,r1,#4
; R4 = R1>>4 = val>>4
; R2+R3(왼쪽 바이트의 주소 또는 트리플 바이트의 시작 주소)에 val>>4를 저장
        STRB    r4,[r2,r3]
; R0+1에 가운데 바이트를 로드
        LDRB    r3,[r0,#1]
; R3 = 가운데 바이트
        LSLS    r2,r1,#4
; R2 = R1<<4 = val<<4
        LSLS    r1,r3,#28
; R1 = R3<<28 = middle_byte<<28
        LSRS    r1,r1,#28
; R1 = R1>>28 = (middle_byte<<28)>>28
; 이 두 시프트 연산은 레지스터의 하위 4비트를 제외한 모든 비트를 제거하고자 수행됐다.
; R1에 있는 하위 4비트와 val<<4 (in R2)를 병합
        ORRS    r1,r1,r2
; R0+1에 저장
```

```
        STRB    r1,[r0,#1]
        POP     {r4,r5,pc}
        ENDP
```

3.20.8 최적화를 수행한 Keil 5.05(ARM 모드)

Getter

ARM 모드에서 Getter 함수는 조건 분기를 수행하지 않는다. ARM 모드에서는 명령어의 이름에 -EQ와 -NE를 붙여 해당 플래그를 만족시키는 경우에만 실행되게 만들 수 있기 때문이다.

또한 ARM 모드에서는 많은 산술 명령어에 LSL #1(마지막 오퍼랜드를 왼쪽으로 1비트 시프트시키라는 의미)와 같은 것을 붙여 시프트 연산을 수행할 수 있다.

```
get_from_array PROC
; R0 = idx
        LSR     r1,r0,#1
; R1 = R0>>1 = idx>>1
; idx의 최하위 비트를 검사해 플래그를 설정한다.
        TST     r0,#1
        ADD     r2,r1,r1,LSL #1
; R2 = R1+R1<<1 = R1+R1*2 = R1*3
; ARM 모드에서는 명령어에 시프트 접미사를 붙여 하나의 명령어로 3을 곱하는 연산을 수행할 수 있다.
        LDR     r1,|array|
; R1 = 배열의 주소
        LSR     r0,r0,#1
; R0 = R0>>1 = idx>>1
        ADD     r0,r0,r0,LSL #1
; R0 = R0+R0<<1 = R0+R0*2 = R0*3 = (idx>>1)*3 = idx*1.5
        ADD     r0,r0,r1
; R0 = R0+R1 = 배열 + idx*1.5, 이는 트리플 바이트의 절대 주소다.
; 가운데 바이트를 R0+1에 로드
        LDRB    r3,[r0,#1]
; R3 = 가운데 바이트
; 인덱스가 홀수라면 아래의 세 명령어가 실행된다.
; R0+2에 오른쪽 바이트를 로드
        LDRBNE  r0,[r0,#2]
; R0 = 오른쪽 바이트
        ANDNE   r1,r3,#0xf
; R1 = R3&0xF = middle_byte&0xF
```

```
        ORRNE   r0,r0,r1,LSL #8
; R0 = R0|(R1<<8) = right_byte | (middle_byte&0xF)<<8
; 리턴되는 결과
; 인덱스가 짝수라면 아래의 세 명령어가 실행된다.
; array + (idx>>1)*3 = 배열 + idx*1.5를 R1+R2에 로드
        LDRBEQ  r0,[r1,r2]
; R0 = 왼쪽 바이트
        LSLEQ   r0,r0,#4
; R0 = R0<<4 = left_byte << 4
        ORREQ   r0,r0,r3,LSR #4
; R0 = R0 | R3>>4 = left_byte << 4 | middle_byte >> 4
; 리턴되는 결과
        BX      lr
        ENDP
```

Setter

```
put_to_array PROC
; R0 = idx
; R1 = val
        LSR     r2,r0,#1
; R2 = R0>>1 = idx>>1
; idx의 최하위 비트를 검사해 플래그를 설정한다.
        TST     r0,#1
        LDR     r12,|array|
; R12 = 배열의 주소
        LSR     r0,r0,#1
; R0 = R0>>1 = idx>>1
        ADD     r0,r0,r0,LSL #1
; R0 = R0+R0<<1 = R0+R0*2 = R0*3 = (idx>>1)*3 = idx/2*3 = idx*1.5
        ADD     r3,r2,r2,LSL #1
; R3 = R2+R2<<1 = R2+R2*2 = R2*3 = (idx>>1)*3 = idx/2*3 = idx*1.5
        ADD     r0,r0,r12
; R0 = R0+R12 = idx*1.5 + 배열
; idx가 짝수면 점프
        BEQ     |L0.56|
; idx가 홀수인 경우
; R0+1에 가운데 바이트를 로드
        LDRB    r3,[r0,#1]
; R3 = 가운데 바이트
        AND     r3,r3,#0xf0
; R3 = R3&0xF0 = middle_byte&0xF0
        ORR     r2,r3,r1,LSR #8
; R2 = R3 | R1>>8 = middle_byte&0xF0 | val>>8
; R0+1(가운데 바이트의 위치)에 middle_byte&0xF0 val>>8
```

```
        STRB    r2,[r0,#1]
; R0+2(오른쪽 바이트의 위치)에 val의 하위 8비트(val&0xFF)를 저장
        STRB    r1,[r0,#2]
        BX      lr
|L0.56|
; idx가 짝수인 경우
        LSR     r2,r1,#4
; R2 = R1>>4 = val>>4
; val>>4를 R12+R3 또는 배열 + idx*1.5(왼쪽 바이트의 위치)에 저장
        STRB    r2,[r12,r3]
; R0+1(가운데 바이트)에 바이트를 로드:
        LDRB    r2,[r0,#1]
; R2 = middle_byte
; 가운데 바이트의 상위 4비트를 제거
        AND     r2,r2,#0xf
; R2 = R2&0xF = middle_byte&0xF
; 가운데 바이트를 업데이트
        ORR     r1,r2,r1,LSL #4
; R1 = R2 | R1<<4 = middle_byte&0xF | val<<4
; R0+1에 업데이트된 가운데 바이트를 저장
        STRB    r1,[r0,#1]
        BX      lr
        ENDP
```

idx*1.5가 두 번 계산된다. Keil 컴파일러가 만들어낸 이와 같은 중복된 코드는 어셈블리 함수를 수정해 제거할 수도 있다. 하지만 언제나 수정된 코드에 대한 테스트를 잊어서는 안 된다.

3.20.9 (32비트 ARM) Thumb과 ARM 모드의 코드 밀도 비교

ARM CPU의 Thumb 모드에는 ARM 모드의 32비트 명령어보다 더 짧은 16비트 명령어가 도입됐다. 하지만 그것이 얼마나 가치가 있는지는 말하기 힘들다. ARM 모드의 명령어는 더 길긴 하지만 코드는 상대적으로 더 짧기 때문이다.

3.20.10 ARM64에서 최적화를 수행한 GCC 4.9.3

Getter

```
<get_from_array>:
```

```
    ; W0 = idx
          0:      lsr       w2, w0, #1
    ; W2 = W0>>1 = idx>>1
          4:      lsl       w1, w2, #2
    ; W1 = W2<<2 = (W0>>1)<<2 = (idx&(~1))<<1
          8:      sub       w1, w1, w2
    ; W1 = W1-W2 = (idx&(~1))<<1 - idx>>1 = idx*1.5
    ; idx의 최하위 비트를 검사해 점프를 수행한다.
    ; (ARM64에서는 이 연산을 하나의 명령어(TBNZ(Test and Branch Not Zero))만으로 수행할 수 있다)
          c:      tbnz      w0, #0, 30 <get_from_array+0x30>
    ; idx가 짝수인 경우
         10:      adrp      x2, page of array
         14:      add       w3, w1, #0x1
    ; W3 = W1+1 = idx*1.5 + 1, 즉 가운데 바이트의 오프셋
         18:      add       x2, x2, offset of array within page
    ; 왼쪽 바이트를 X2+W1(배열 + idx*1.5(부호 확장(sxtw)))에 로드
         1c:      ldrb      w0, [x2,w1,sxtw]
    ; 가운데 바이트를 X2+W3(배열+ idx*1.5 + 1 (부호 확장("sxtw")))에 로드
         20:      ldrb      w1, [x2,w3,sxtw]
    ; W0 = 왼쪽 바이트
    ; W1 = 가운데 바이트
         24:      lsl       w0, w0, #4
    ; W0 = W0<<4 = left_byte << 4
    ; 값을 병합
         28:      orr       w0, w0, w1, lsr #4
    ; W0 = W0 | W1>>4 = left_byte << 4 | middle_byte >> 4
    ; W0의 값이 리턴
         2c:      ret
    ; idx가 홀수인 경우
         30:      adrp      x2, page of array
         34:      add       w0, w1, #0x1
    ; W0 = W1+1 = idx*1.5+1, 즉 가운데 바이트의 오프셋
         38:      add       x2, x2, address of array within page
         3c:      add       w1, w1, #0x2
    ; W1 = W1+2 = idx*1.5+2, 즉 오른쪽 바이트의 오프셋
    ; 가운데 바이트를 X2+W0(배열+idx*1.5+1(부호 확장("sxtw")))에 로드
         40:      ldrb      w0, [x2,w0,sxtw]
    ; 오른쪽 바이트를 X2+W1(배열+idx*1.5+2(부호 확장("sxtw")))에 로드
         44:      ldrb      w1, [x2,w1,sxtw]
    ; W0 = 가운데 바이트
    ; W1 = 오른쪽 바이트
         48:      ubfiz     w0, w0, #8, #4
    ; W0 = middle_byte<<8
    ; 값을 병합
         4c:      orr       w0, w0, w1
    ; W0 = W0 | W1 = middle_byte<<8 | right_byte
    ; W0의 값을 리턴
```

```
  50:    ret
```

ARM64에는 UBFIZ('Unsigned BitField Insert in Zero', 왼쪽과 오른쪽에 0)라는 새로운 명령어가 있는데, 레지스터의 지정된 비트들을 다른 레지스터로 배치할 수 있는 명령어며, UBFM('Unsigned BitField Move', 왼쪽과 오른쪽에 0)와 동일한 명령어다. UBFM은 ARM64 내부적으로 LSL/LSR(비트 시프트) 명령어 대신 사용되는 명령어다.

Setter

```
<put_to_array>:
W0 = idx
W1 = val
    54:    lsr    w3, w0, #1
; W3 = W0>>1 = idx>>1
    58:    lsl    w2, w3, #2
; W2 = W3<<2 = (W0>>1)<<2 = (idx&(~1))<<1
    5c:    sub    w2, w2, w3
; W2 = W2-W3 = (idx&(~1))<<1 - idx>>1 = idx*1.5
; idx의 최하위 비트의 값이 1이면 점프
    60:    tbnz   w0, #0, 94 <put_to_array+0x40>
; idx가 짝수인 경우
    64:    adrp   x0, page of array
    68:    add    w3, w2, #0x1
; W3 = W2+1 = idx*1.5+1, 즉 가운데 바이트의 오프셋
    6c:    add    x0, x0, offset of array within page
; X0 = 배열의 주소
    70:    lsr    w4, w1, #4
; W4 = W1>>4 = val>>4
    74:    sxtw   x3, w3
; X3 = 부호 확장된 32비트 W3(idx*1.5+1)를 64비트로 확장
; 배열 내의 오프셋으로 사용될 것이고 C/C++ 표준에서는 음수의 오프셋이 가능하므로
; 부호 확장이 필요하다.
    78:    ubfiz  w1, w1, #4, #4
; W1 = W1<<4 = val<<4
; X0+W2(배열 + idx*1.5, 즉 왼쪽 바이트의 주소)에 W4 (val>>4)를 저장
    7c:    strb   w4, [x0,w2,sxtw]
;; X0+X3(배열+idx*1.5+1)에 가운데 바이트를 로드
    80:    ldrb   w2, [x0,x3]
; W2 = 가운데 바이트
    84:    and    w2, w2, #0xf
; W2 = W2&0xF = middle_byte&0xF(가운데 바이트의 상위 4비트를 제거)
; 업데이트된 가운데 바이트 부분을 병합
    88:    orr    w1, w2, w1
```

```
; W1 = W2|W1 = middle_byte&0xF | val<<4
; X0+X3(배열+idx*1.5+1)에 W2(새로운 가운데 바이트)를 저장
    8c:     strb    w1, [x0,x3]
    90:     ret
; idx가 홀수인 경우
    94:     add     w4, w2, #0x1
; W4 = W2+1 = idx*1.5+1, 즉 가운데 바이트의 오프셋
    98:     adrp    x0, page of array
    9c:     add     x0, x0, offset of array within page
; X0 = 배열의 주소
    a0:     add     w2, w2, #0x2
; W2 = W2+2 = idx*1.5+2, 즉 오른쪽 바이트의 오프셋
    a4:     sxtw    x4, w4
; X4 = 32비트 W4의 부호 확장된 64비트 버전
; X0+X4(배열+idx*1.5+1)에 로드
    a8:     ldrb    w3, [x0,x4]
; W3 = 가운데 바이트
    ac:     and     w3, w3, #0xfffffff0
; W3 = W3&0xFFFFFFF0 = middle_byte&0xFFFFFFF0, 즉 하위 4비트 제거
    b0:     orr     w3, w3, w1, lsr #8
; W3 = W3|W1>>8 = middle_byte&0xFFFFFFF0 | val>>8
; X0+X4(배열+idx*1.5+1)에 새로운 가운데 바이트를 저장
    b4:     strb    w3, [x0,x4]
; X0+W2(배열+idx*1.5+2, 즉 오른쪽 바이트의 위치)에 W1에 있는 val의 하위 8비트를 저장
; SXTW는 W2를 부호 확장된 64비트로 만들어 X0와 더한다는 것을 의미한다.
    b8:     strb    w1, [x0,w2,sxtw]
    bc:     ret
```

3.20.11 MIPS에서 최적화를 수행한 GCC 4.4.5

점프/분기 명령어 다음에 위치하고 있는 명령어가 먼저 실행된다는 것을 명심해야 한다. 이를 RISC CPU 용어로 브랜치 지연 슬롯이라고 한다. 분기나 점프 명령어로 시작되는 명령어 쌍이 있다면 두 명령어의 순서를 바꿔 생각하면 간단하다.

MIPS에는 플래그가 없기(데이터 의존성을 단순화시키고자) 때문에 분기 명령어(BNE와 같은)는 비교 연산과 분기를 모두 수행한다.

또한 함수 프롤로그 부분에는 GP('Global Pointer')를 설정하는 코드가 위치한다. 하지만 일단 지금은 그것을 무시하자.

Getter

```
get_from_array:
; $4 = idx
        srl     $2,$4,1
; $2 = $4>>1 = idx>>1
        lui     $28,%hi(__gnu_local_gp)
        sll     $3,$2,1
; $3 = $2<<1 = (idx>>1)<<1 = idx&(~1)
        andi    $4,$4,0x1
; $4 = $4&1 = idx&1
        addiu   $28,$28,%lo(__gnu_local_gp)
; $4 (idx&1)가 0이 아니면(idx가 홀수면) 점프
        bne     $4,$0,$L6
; $2 = $3+$2 = idx>>1 + idx&(~1) = idx*1.5
        addu    $2,$3,$2    ; 브랜치 지연 슬롯 - 이 명령어는 BNE 명령어보다 먼저 실행된다.
; idx가 짝수인 경우
        lw      $3,%got(array)($28)
; $3 = 배열
        nop
        addu    $2,$3,$2
; $2 = $3+$2 = array + idx*1.5
; $2+0(배열 + idx*1.5(left byte))에 바이트를 로드
        lbu     $3,0($2)
; $3 = 왼쪽 바이트
; $2+1(배열 + idx*1.5+1)에 바이트를 로드(가운데 바이트)
        lbu     $2,1($2)
; $2 = 가운데 바이트
        sll     $3,$3,4
; $3 = $3<<4 = left_byte<<4
        srl     $2,$2,4
; $2 = $2>>4 = middle_byte>>4
        j       $31
        or      $2,$2,$3    ; 브랜치 지연 슬롯 - 이 명령어는 J 명령어보다 먼저 실행된다.
; $2 = $2|$3 = middle_byte>>4 | left_byte<<4
; $2=리턴되는 결과
$L6:
; idx가 홀수인 경우
        lw      $3,%got(array)($28)
; $3 = 배열
        nop
        addu    $2,$3,$2
; $2 = $3+$2 = 배열 + idx*1.5
; $2+1(배열 + idx*1.5 + 1)에 바이트를 로드(가운데 바이트)
        lbu     $4,1($2)
; $4 = 가운데 바이트
; $2+1(배열= + idx*1.5 + 2)에 바이트를 로드(오른쪽 바이트)
```

```
        lbu     $3,2($2)
; $3 = 오른쪽 바이트
        andi    $2,$4,0xf
; $2 = $4&0xF = middle_byte&0xF
        sll     $2,$2,8
; $2 = $2<<8 = middle_byte&0xF << 8
        j       $31
        or      $2,$2,$3    ; 브랜치 지연 슬롯 - 이 명령어는 J 명령어보다 먼저 실행된다.
; $2 = $2|$3 = middle_byte&0xF << 8 | 오른쪽 바이트
; $2 = 리턴되는 결과
```

Setter

```
put_to_array:
; $4=idx
; $5=val
        srl     $2,$4,1
; $2 = $4>>1 = idx>>1
        lui     $28,%hi(__gnu_local_gp)
        sll     $3,$2,1
; $3 = $2<<1 = (idx>>1)<<1 = idx&(~1)
        andi    $4,$4,0x1
; $4 = $4&1 = idx&1
        addiu   $28,$28,%lo(__gnu_local_gp)
; $4 = idx&1이 0이 아니면 점프(즉, idx가 홀수면):
        bne     $4,$0,$L11
        addu    $2,$3,$2    ; 브랜치 지연 슬롯, 이 명령어는 BNE 명령어보다 먼저 실행된다.
; $2 = $3+$2 = idx&(~1) + idx>>1 = idx*1.5
; idx가 짝수인 경우
        lw      $3,%got(array)($28)
; $3 = 배열
        addiu   $4,$2,1
; $4 = $2+1 = idx*1.5+1, 즉 배열에서 가운데 바이트의 오프셋
        srl     $6,$5,4
; $6 = $5>>4 = val>>4
        addu    $2,$3,$2
; $2 = $3+$2 =배열 + idx*1.5(왼쪽 바이트의 오프셋)
; $6(val>>4)을 왼쪽 바이트로 저장
        sb      $6,0($2)
        addu    $2,$3,$4
; $2 = $3+$4 = 배열 + idx*1.5 + 1(가운데 바이트의 절대 주소)
; $2+0(배열 + idx*1.5 + 1)에 가운데 바이트를 로드
        lbu     $3,0($2)
; $3 = 가운데 바이트
        andi    $5,$5,0xf
```

```
      ; $5 = $5&0xF = val&0xF
            andi    $3,$3,0xf
      ; $3 = $3&0xF = middle_byte&0xF
            sll     $5,$5,4
      ; $5 = $5<<4 = (val&0xF)<<4
            or      $5,$3,$5
      ; $5 = $3|$5 = middle_byte&0xF | (val&0xF)<<4(새로운 버전의 가운데 바이트)
            j       $31
      ; $2 (array + idx*1.5 + 1)에 $5(새로운 가운데 바이트)를 저장
            sb      $5,0($2)    ; 브랜치 지연 슬롯, 이 명령어는 J 명령어보다 먼저 실행된다.
      $L11:
      ; idx가 홀수인 경우
            lw      $4,%got(array)($28)
      ; $4 = 배열
            addiu   $3,$2,1
      ; $3 = $2+1 = idx*1.5+1(가운데 바이트의 오프셋)
            addu    $3,$4,$3
      ; $3 = $4+$3 = 배열 + idx*1.5+1
      ; $3(배열 + idx*1.5+1)에 가운데 바이트 로드
            lbu     $6,0($3)
      ; $6 = 가운데 바이트
            srl     $7,$5,8
      ; $7 = $5>>8 = val>>8
            andi    $6,$6,0xf0
      ; $6 = $6&0xF0 = middle_byte&0xF0
            or      $6,$6,$7
      ; $6 = $6|$7 = middle_byte&0xF0 | val>>8
            addu    $2,$4,$2
      ; $3(배열+ idx*1.5+1)에 업데이트된 가운데 바이트를 저장
            sb      $6,0($3)
            j       $31
      ; $2+2(idx*1.5+2)에 val의 하위 8비트를 저장(오른쪽 바이트의 위치)
            sb      $5,2($2)    ; 브랜치 지연 슬롯, 이 명령어는 J 명령어보다 먼저 실행된다.
```

3.20.12 실제 FAT12와의 차이점

실제 FAT12 테이블은 약간 다르다(https://en.wikipedia.org/wiki/Design_of_the_FAT_ file_ system#Cluster_map).

짝수 요소는 다음과 같다.

```
+0 +1 +2
|23|.1|..|..
```

홀수 요소는 다음과 같다.

```
 +0 +1 +2
|..|3.|12|..
```

리눅스 커널에는 FAT12와 관련된 다음과 같은 함수가 있다.

fat12_ent_get(), fat12_ent_put()

바이트 레벨의 GDB 덤프에서는 설명을 위해서 좀 더 가시적이고 인지하기 쉬운 형태로 변경했다.

3.20.13 연습

아마도 이와 같은 방식으로 데이터를 저장하는 경우가 있을 수 있고 그런 경우 Getter/Setter가 좀 더 빠르게 실행될 것이다. 다음과 같은 방식으로 값을 저장한다고 가정해보자.

(짝수 요소)

```
 +0 +1 +2
|23|1.|..|..
```

(홀수 요소)

```
 +0 +1 +2
|..|.1|23|..
```

이런 데이터 저장 방식에서는 적어도 하나의 시프트 연산을 제거할 수 있게 된다. 앞의 C/C++ 코드를 이와 같은 방식을 사용하도록 변경해보고 그에 따른 컴파일러의 결과도 함께 살펴보기 바란다.

3.20.14 정리

비트 시프트 연산(C/C++에서 <<와 >>, x86에서 SHL/SHR/SAL/SAR, ARM에서 LSL/LSR, MIPS에서 SLL/SRL)은 비트를 특정 위치에 위치시키고자 사용한다.

AND 연산(C/C++에서 &, x86/ARM에서 AND)은 필요 없는 비트를 제거하거나 분리할 때 사용한다.

OR 연산(C/C++에서 |, x86/ARM에서 OR)은 몇 개의 값을 하나로 병합하거나 조합할 때 사용한다. 어느 한 값에 정보를 전달하는 비트가 있다면 그 위치에 대응되는 다른 값의 비트 값은 0이어야 한다.

ARM64에는 특정 비트들을 레지스터 간에 이동시킬 수 있는 새로운 명령어인 UBFM, UFBIZ가 있다.

3.20.15 결론

FAT12는 오늘날 거의 사용되고 있지 않지만 공간적인 제약이 있고 12비트로 제한된 값을 저장해야 하는 경우에는 FAT12 테이블에서 수행하는 방식으로 배열을 패킹해 사용하는 것도 고려해볼 만하다.

3.21 포인터에 대한 추가 내용

> 예를 들어 C가 포인터를 처리하는 방식은 대단한
> 혁신이었다. 데이터 구조화에서 이전에 겪었던 많은 문제를
> 해결했고 프로그램을 더 보기 좋게 만들었다.
>
> 도널드 커누스의 인터뷰(1993)

여전히 C/C++ 포인터를 이해하는 데 어려움을 겪고 있는 사람들을 위해 더 많은 예제를 다룰 것이다. 예제 중에는 이상해 보이는 것이 있을 수 있지만 단지 설명을 위한 것이며, 예제 코드를 실제 사용하려고 한다면 동작 방식을 정확히 이해한 후에 사용해야 한다.

3.21.1 포인터 대신 주소를 사용

포인터는 메모리상의 주소일 뿐이다. 그렇다면 왜 문자열의 주소 대신 char * 문자열을 사용하는 것일까? 포인터 변수는 포인터가 가리키는 값의 타입을 제공한다. 그래서

컴파일러는 컴파일하는 동일 데이터의 타입과 관련된 버그를 잡아낼 수 있다.

의미를 부여하자면 프로그래밍 언어에서 데이터의 타입을 이용하는 것은 버그를 방지하고 그 자체로 해석을 제공하기 위한 것이다.

어셈블리어의 프로그래머는 int(또는 int64_t)와 **byte** 같은 두 가지 데이터 타입을 사용할 수 있다. 그러나 버그가 없는 크고 실용적인 어셈블리 프로그램을 작성하는 것은 매우 어려운 작업이다. 어떤 사소한 오타가 매우 찾기 어려운 버그로 이어질 수도 있다.

컴파일된 코드에는 데이터 타입 정보가 포함돼 있지 않으며(이는 디컴파일러의 주요 문제 중 하나) 이를 보여줄 수도 있다.

다음은 일반적인 C/C++ 프로그래밍 코드다.

```c
#include <stdio.h>
#include <stdint.h>

void print_string (char *s)
{
    printf ("(address: 0x%llx)\n", s);
    printf ("%s\n", s);
};

int main()
{
    char *s="Hello, world!";

    print_string (s);
};
```

다음과 같이 작성할 수도 있다.

```c
#include <stdio.h>
#include <stdint.h>

void print_string (uint64_t address)
{
    printf ("(address: 0x%llx)\n", address);
    puts ((char*)address);
};

int main()
{
    char *s="Hello, world!";
```

```
      print_string ((uint64_t)s);
};
```

리눅스 x64에서 실행시킬 것이기 때문에 uint64_t를 사용했다. int는 32비트 OS에서 제대로 동작할 것이다. 먼저 문자("Hello, world!" 문자열의 첫 번째 문제)에 대한 포인터를 uint64_t로 형 변환한 다음 그것을 print_string() 함수의 인자로 전달한다. print_string() 함수는 전달된 uint64_t 인자를 다시 문자에 대한 포인터로 형 변환한다.

흥미로운 점은 GCC 4.8.4가 위 두 가지 버전의 코드에 대해 동일한 어셈블리 코드를 생성한다는 것이다.

```
gcc 1.c -S -masm=intel -O3 -fno-inline
```

```
.LC0:
        .string "(address: 0x%llx)\n"
print_string:
        push    rbx
        mov     rdx, rdi
        mov     rbx, rdi
        mov     esi, OFFSET FLAT:.LC0
        mov     edi, 1
        xor     eax, eax
        call    __printf_chk
        mov     rdi, rbx
        pop     rbx
        jmp     puts
.LC1:
        .string "Hello, world!"
main:
        sub     rsp, 8
        mov     edi, OFFSET FLAT:.LC1
        call    print_string
        add     rsp, 8
        ret
```

(중요하지 않은 모든 GCC 지시자는 제거했다)

유닉스의 diff 유틸리티를 이용해 비교해봤지만 차이점이 없었다.

누군가는 C/C++ 프로그램을 다음과 같이 작성할 수도 있다.

```c
#include <stdio.h>
#include <stdint.h>

uint8_t load_byte_at_address (uint8_t* address)
{
    return *address;
    // return address[0]라고 작성하는 것도 가능하다.
};

void print_string (char *s)
{
    char* current_address=s;
    while (1)
    {
        char current_char=load_byte_at_address(current_address);
        if (current_char==0)
            break;
        printf ("%c", current_char);
        current_address++;
    };
};

int main()
{
    char *s="Hello, world!";

    print_string (s);
};
```

위 코드를 다음과 같이 작성할 수도 있다.

```c
#include <stdio.h>
#include <stdint.h>

uint8_t load_byte_at_address (uint64_t address)
{
    return *(uint8_t*)address;
};

void print_string (uint64_t address)
{
    uint64_t current_address=address;
    while (1)
    {
        char current_char=load_byte_at_address(current_address);
        if (current_char==0)
            break;
        printf ("%c", current_char);
```

```
        current_address++;
    };
};
int main()
{
    char *s="Hello, world!";

    print_string ((uint64_t)s);
};
```

이 경우에도 두 소스코드의 컴파일 결과는 동일하다.

```
gcc 1.c -S -masm=intel -O3 -fno-inline
```

```
load_byte_at_address:
        movzx   eax, BYTE PTR [rdi]
        ret
print_string:
.LFB15:
        push    rbx
        mov     rbx, rdi
        jmp     .L4
.L7:
        movsx   edi, al
        add     rbx, 1
        call    putchar
.L4:
        mov     rdi, rbx
        call    load_byte_at_address
        test    al, al
        jne     .L7
        pop     rbx
        ret
.LC0:
        .string "Hello, world!"
main:
        sub     rsp, 8
        mov     edi, OFFSET FLAT:.LC0
        call    print_string
        add     rsp, 8
        ret
```

(중요하지 않은 모든 GCC 지시자는 제거했다)

C/C++ 포인터는 본질적으로 주소지만 컴파일 시 발생할 수 있는 실수를 방지하고자 타입 정보를 제공한다.

프로그램이 실행될 때는 타입 체크가 이뤄지지 않는다. 그렇다면 불필요한 매우 큰 오버헤드가 발생할 수 있다.

3.21.2 포인터로 값을 전달

다음은 포인터로 값을 전달하는 방법의 예제다.

```
#include <stdio.h>
#include <stdint.h>

uint64_t multiply1 (uint64_t a, uint64_t b)
{
    return a*b;
};

uint64_t* multiply2 (uint64_t *a, uint64_t *b)
{
    return (uint64_t*)((uint64_t)a*(uint64_t)b);
};

int main()
{
    printf ("%d\n", multiply1(123, 456));
    printf ("%d\n", (uint64_t)multiply2((uint64_t*)123, (uint64_t*)456));
};
```

문제없이 동작하며 GCC 4.8.4는 multiply1()과 multiply2() 함수를 동일하게 컴파일한다.

```
multiply1:
        mov     rax, rdi
        imul    rax, rsi
        ret
multiply2:
        mov     rax, rdi
        imul    rax, rsi
        ret
```

포인터를 역참조하지 않는 한(즉, 포인터에 저장된 주소에서 데이터를 읽지 않는 한) 모든 것이 잘 작동한다. 포인터는 일반적인 변수와 같이 무엇이든 저장할 수 있는 변수다.

여기서는 부호 없는 곱하기 명령어(MUL) 대신 부호 있는 곱하기 명령어(IMUL)가 사용됐다(2.2.1절).

그런데 포인터를 어뷰징^{abuse}하는 방법 중에 태그된 포인터^{Tagged Pointer}라고 불리는 잘 알려진 방법이 있다. 즉, 모든 포인터가 16바이트 크기의 메모리 블록을 가리키는 경우(16바이트 경계로 항상 정렬됨) 포인터의 하위 4비트 값은 항상 0이기 때문에 이 공간은 어떤 식으로든 사용할 수 있다. 이는 LISP 컴파일러와 인터프리터에서 매우 많이 사용되는 방법이다. 즉, 셀/객체의 타입을 그 공간에 저장해 메모리를 절약한다. 또한 추가적인 메모리 액세스 없이 포인터만 사용해 셀/객체 타입을 판단할 수 있다. 이에 대해서는 데니스 유리체프의 『C/C++ programming language notes』의 1.3절을 참고하기 바란다.

3.21.3 윈도우 커널에서의 포인터 어뷰징

윈도우 OS에서 PE 실행 파일의 리소스 섹션에는 그림이나 아이콘, 문자열 등이 포함된다. 초기의 윈도우 버전에서는 ID를 이용해서만 리소스를 처리할 수 있었지만 이후에 마이크로소프트는 문자열을 이용해 리소스를 처리하는 방법을 추가했다.

따라서 FindResource() 함수에 ID나 문자열을 전달하는 것이 가능하다. 다음은 FindResource() 함수의 정의다.

```
HRSRC WINAPI FindResource(
    _In_opt_    HMODULE hModule,
    _In_        LPCTSTR lpName,
    _In_        LPCTSTR lpType
);
```

lpName과 lpType은 char* 또는 wchar* 타입이고, ID를 전달하려면 MAKEINTRESOURCE 매크로를 사용해야 한다.

```
result = FindResource(..., MAKEINTRESOURCE(1234), ...);
```

MAKEINTRESOURCE 매크로는 정수를 포인터로 형 변환할 뿐이다. MSVC 2013의 Microsoft SDKs\Windows\v7.1A\Include\Ks.h 파일을 보면 다음과 같은 내용을 발견할 수 있다.

```
...
#if (!defined( MAKEINTRESOURCE ))
#define MAKEINTRESOURCE( res ) ((ULONG_PTR) (USHORT) res)
#endif
...
```

유출된 초기의 윈도우 NT4 소스코드를 살펴보자. private/windows/base/client/module.c 파일에서 FindResource() 함수의 소스코드를 찾을 수 있다.

```
HRSRC
FindResourceA(
    HMODULE hModule,
    LPCSTR lpName,
    LPCSTR lpType
)
...
{
    NTSTATUS Status;
    ULONG IdPath[ 3 ];
    PVOID p;

    IdPath[ 0 ] = 0;
    IdPath[ 1 ] = 0;
    try {
        if ((IdPath[ 0 ] = BaseDllMapResourceIdA( lpType )) == -1) {
            Status = STATUS_INVALID_PARAMETER;
        }
        else
        if ((IdPath[ 1 ] = BaseDllMapResourceIdA( lpName )) == -1) {
            Status = STATUS_INVALID_PARAMETER;
...
```

동일한 소스 파일에서 BaseDllMapResourceIdA() 함수를 살펴보자.

```
ULONG
BaseDllMapResourceIdA(
    LPCSTR lpId
)
{
    NTSTATUS Status;
```

```
        ULONG Id;
        UNICODE_STRING UnicodeString;
        ANSI_STRING AnsiString;
        PWSTR s;

        try {
            if ((ULONG)lpId & LDR_RESOURCE_ID_NAME_MASK) {
                if (*lpId == '#') {
                    Status = RtlCharToInteger( lpId+1, 10, &Id );
                    if (!NT_SUCCESS( Status ) || Id & LDR_RESOURCE_ID_NAME_MASK) {
                        if (NT_SUCCESS( Status )) {
                            Status = STATUS_INVALID_PARAMETER;
                        }
                        BaseSetLastNTError( Status );
                        Id = (ULONG)-1;
                    }
                }
                else {
                    RtlInitAnsiString( &AnsiString, lpId );
                    Status = RtlAnsiStringToUnicodeString( &UnicodeString,&AnsiString,TRUE);
                    if (!NT_SUCCESS( Status )){
                        BaseSetLastNTError( Status );
                        Id = (ULONG)-1;
                    }
                    else {
                        s = UnicodeString.Buffer;
                        while (*s != UNICODE_NULL) {
                            *s = RtlUpcaseUnicodeChar( *s );
                            s++;
                        }
                        Id = (ULONG)UnicodeString.Buffer;
                    }
                }
            }
            else {
                Id = (ULONG)lpId;
            }
        }
        except (EXCEPTION_EXECUTE_HANDLER) {
            BaseSetLastNTError( GetExceptionCode() );
            Id = (ULONG)-1;
        }
        return Id;
    }
```

lpId는 LDR_RESOURCE_ID_NAME_MASK와 AND 연산 처리되고 LDR_RESOURCE_ID_NAME_
MASK는 public/sdk/inc/ntldr.h 파일에서 찾을 수 있다.

```
...
#define LDR_RESOURCE_ID_NAME_MASK 0xFFFF0000
...
```

따라서 lpId는 0xFFFF0000와 AND 연산을 수행하며, 그 결과 상위 16비트 부분에 함께 존재한다면 함수의 앞부분이 실행(lpId는 문자열에 대한 주소로 처리된다)되고, 그렇지 않으면 함수의 뒷부분이 실행(lpId는 16비트 숫자로 처리된다)된다.

이 코드는 윈도우 7의 kernel32.dll 파일에서 여전히 발견할 수 있다.

```
....
.text:0000000078D24510 ; __int64 __fastcall BaseDllMapResourceIdA(PCSZ SourceString)
.text:0000000078D24510 BaseDllMapResourceIdA proc near    ; CODE XREF: FindResourceExA+34
.text:0000000078D24510                                    ; FindResourceExA+4B
.text:0000000078D24510
.text:0000000078D24510 var_38              = qword ptr -38h
.text:0000000078D24510 var_30              = qword ptr -30h
.text:0000000078D24510 var_28              = _UNICODE_STRING ptr -28h
.text:0000000078D24510 DestinationString   = _STRING ptr -18h
.text:0000000078D24510 arg_8               = dword ptr 10h
.text:0000000078D24510
.text:0000000078D24510 ; FUNCTION CHUNK AT .text:0000000078D42FB4 SIZE 000000D5 BYTES
.text:0000000078D24510
.text:0000000078D24510                     push    rbx
.text:0000000078D24512                     sub     rsp, 50h
.text:0000000078D24516                     cmp     rcx, 10000h
.text:0000000078D2451D                     jnb     loc_78D42FB4
.text:0000000078D24523                     mov     [rsp+58h+var_38], rcx
.text:0000000078D24528                     jmp     short $+2
.text:0000000078D2452A ;-------------------------------------------------------
.text:0000000078D2452A
.text:0000000078D2452A loc_78D2452A:            ; CODE XREF:BaseDllMapResourceIdA+18
.text:0000000078D2452A                          ; BaseDllMapResourceIdA+1EAD0
.text:0000000078D2452A                     jmp     short $+2
.text:0000000078D2452C ;-------------------------------------------------------
.text:0000000078D2452C
.text:0000000078D2452C loc_78D2452C:            ;CODE XREF:
BaseDllMapResourceIdA:loc_78D2452A
.text:0000000078D2452C                          ; BaseDllMapResourceIdA+1EB74
.text:0000000078D2452C                     mov     rax, rcx
.text:0000000078D2452F                     add     rsp, 50h
.text:0000000078D24533                     pop     rbx
.text:0000000078D24534                     retn
.text:0000000078D24534 ;-------------------------------------------------------
```

```
.text:0000000078D24535                              align   20h
.text:0000000078D24535 BaseDllMapResourceIdA endp
....
.text:0000000078D42FB4 loc_78D42FB4:                     ; CODE XREF:BaseDllMapResourceIdA+D
.text:0000000078D42FB4                              cmp     byte ptr [rcx], '#'
.text:0000000078D42FB7                              jnz     short loc_78D43005
.text:0000000078D42FB9                              inc     rcx
.text:0000000078D42FBC                              lea     r8, [rsp+58h+arg_8]
.text:0000000078D42FC1                              mov     edx, 0Ah
.text:0000000078D42FC6                              call    cs:__imp_RtlCharToInteger
.text:0000000078D42FCC                              mov     ecx, [rsp+58h+arg_8]
.text:0000000078D42FD0                              mov     [rsp+58h+var_38], rcx
.text:0000000078D42FD5                              test    eax, eax
.text:0000000078D42FD7                              js      short loc_78D42FE6
.text:0000000078D42FD9                              test    rcx, 0FFFFFFFFFFFF0000h
.text:0000000078D42FE0                              jz      loc_78D2452A
....
```

입력된 포인터에 있는 값이 0x10000보다 크면 문자열 처리 부분으로 점프하고, 그렇지 않으면 입력된 lpId 값이 그대로 리턴된다. 64비트 코드이기 때문에 0xFFFF0000이 아닌 0xFFFFFFFFFFFF0000으로 마스킹 처리를 한다.

0x10000보다 작은 문자열 주소가 입력되는 경우에는 어떻게 되는지 의문을 가질 수 있다. 위 코드는 윈도우의 Win32 영역에서는 0x10000보다 작은 주소에 아무것도 없다는 전제를 바탕으로 작성됐다.

레이몬트 첸은 이에 대해 다음과 같이 말했다.

> MAKEINTRESOURCE는 어떻게 동작할까? 그것은 단순히 포인터의 하위 16비트 부분에 정수를 넣고 그 상위 부분에 있는 비트 값을 0으로 만드는 것이다. 이는 윈도우 7부터 주소 공간의 첫 번째 64KB 영역이 유효한 메모리 영역으로 매핑되지 않는 사실을 기반으로 하고 있다.

간단히 말해 실제로 필요한 경우에만 적용해야 하는 트릭이다. 이전의 FindResource() 함수는 아마도 SHORT 타입의 인자를 가졌으며 마이크로소프트는 기존 코드를 그대로 유지하면서 문자열을 인자로 전달하는 방법을 추가해야 했기 때문에 이와 같은 트릭을 사용했을 것이다.

다음의 간단한 예제로 확인해보기 바란다.

```
#include <stdio.h>
#include <stdint.h>

void f(char* a)
{
    if (((uint64_t)a)>0x10000)
        printf ("Pointer to string has been passed: %s\n", a);
    else
        printf ("16-bit value has been passed: %d\n", (uint64_t)a);
};

int main()
{
    f("Hello!");          // 문자열 전달
    f((char*)1234);       // 16비트 값 전달
};
```

리눅스 커널에서 포인터 어뷰징

\<Hacker News\>(https://news.ycombinator.com/item?id=11823647)에 언급됐듯이 리눅스 커널도 비슷한 트릭을 사용한다.

예를 들면 다음 코드는 에러 코드와 포인터를 함께 리턴할 수 있다.

```
struct kernfs_node *kernfs_create_link(struct kernfs_node *parent,
                                       const char *name,
                                       struct kernfs_node *target)
{
    struct kernfs_node *kn;
    int error;

    kn = kernfs_new_node(parent, name, S_IFLNK|S_IRWXUGO, KERNFS_LINK);
    if (!kn)
        return ERR_PTR(-ENOMEM);

    if (kernfs_ns_enabled(parent))
        kn->ns = target->ns;
    kn->symlink.target_kn = target;
    kernfs_get(target); /* ref owned by symlink */

    error = kernfs_add_one(kn);
    if (!error)
        return kn;
    kernfs_put(kn);
    return ERR_PTR(error);
}
```

(https://github.com/torvalds/linux/blob/fceef393a538134f03b778c5d2519e670269342f/fs/kernfs/symlink.c#L25)

ERR_PTR은 정수를 포인터로 형 변환하는 매크로다.

```
static inline void * __must_check ERR_PTR(long error)
{
    return (void *) error;
}
```

(https://github.com/torvalds/linux/blob/61d0b5a4b2777dcf5daef245e212b3c1fa8091ca/tools/virtio/linux/err.h)

또한 이 헤더 파일에는 포인터에서 에러 코드를 구별할 수 있게 도움을 주는 매크로도 포함돼 있다.

```
#define IS_ERR_VALUE(x) unlikely((x) >= (unsigned long)-MAX_ERRNO)
```

에러 코드는 -1에 매우 가까운 '포인터'고 커널 메모리상의 0xFFFFFFFFFFFFFFFF, 0xFFFFFFFFFFFFFFFE, 0xFFFFFFFFFFFFFFFD 등과 같은 주소에는 아무런 데이터도 저장되지 않는다.

좀 더 일반적인 방법은 에러가 발생한 경우에는 NULL을 리턴하고 동시에 추가적인 인자를 통해 발생한 에러 코드를 전달하는 것이다.

하지만 리눅스 커널 작성자는 그런 방법을 사용하지 않았다. 리턴되는 포인터에 에러 코드를 반환하는 함수를 사용할 때는 해당 포인터를 역참조하기 전에 항상 IS_ERR_VALUE로 체크를 해야 한다는 사실을 잊어서는 안 된다.

예를 들면 다음과 같다.

```
        fman->cam_offset = fman_muram_alloc(fman->muram, fman->cam_size);
        if (IS_ERR_VALUE(fman->cam_offset)) {
            dev_err(fman->dev, "%s: MURAM alloc for DMA CAM failed\n",__func__);
            return -ENOMEM;
        }
```

(https://github.com/torvalds/linux/blob/aa00edc1287a693eadc7bc67a3d73555d969b35d/drivers/net/ethernet/freescale/fman/fman.c#L826)

유닉스 사용자 영역에서 포인터 어뷰징

mmap() 함수는 에러가 발생한 경우에는 -1(-1은 MAP_FAILED를 의미)을 리턴한다.

어떤 사람들은 mmap()이 드문 상황에서 메모리 주소가 0인 곳에 매핑할 수 있기 때문에 에러 코드로 0이나 NULL을 사용할 수 없다고 말한다.

3.21.4 Null 포인터

MS-DOS 시절의 'Null pointer assignment' 에러

독자 중에는 MS-DOS 시절에 있었던 'Null pointer assignment'라는 이상한 에러 메시지를 기억하는 분도 있을 것이다.

*NIX와 윈도우 OS에서는 메모리 주소가 0인 곳에 데이터를 기록하는 것이 불가능하지만 MS-DOS에는 어떤 메모리 보호 메커니즘도 없었기 때문에 가능했다.

그래서 1990년대 초에 사용했던 오래된 Turbo C++ 3.0(나중에 볼랜드^{Borland} C++로 이름이 바뀌었다)을 꺼내 컴파일을 시도해봤다.

```
#include <stdio.h>

int main()
{
    int *ptr=NULL;
    *ptr=1234;
    printf ("Now let's read at NULL\n");
printf ("%d\n", *ptr);
};
```

믿기 어렵겠지만 종료될 때 에러가 발생하긴 하지만 동작은 된다.

리스트 3.119: 오래된 Turbo C 3.0

```
C:\TC30\BIN\1
Now let's read at NULL
1234
Null pointer assignment
C:\TC30\BIN>_
```

볼랜드 C++ 3.1의 CRT('C Runtime library') 소스코드인 c0.asm 파일을 자세히 살펴보자.

```
; _checknull() check for null pointer zapping copyright message

...

; Check for null pointers before exit

__checknull     PROC    DIST
                PUBLIC  __checknull

IF      LDATA EQ    false
    IFNDEF  __TINY__
                push    si
                push    di
                mov     es, cs:DGROUP@@
                xor     ax, ax
                mov     si, ax
                mov     cx, lgth_CopyRight
ComputeChecksum label   near
                add     al, es:[si]
                adc     ah, 0
                inc     si
                loop    ComputeChecksum
                sub     ax, CheckSum
                jz      @@SumOK
                mov     cx, lgth_NullCheck
                mov     dx, offset DGROUP: NullCheck
                call    ErrorDisplay
@@SumOK:        pop     di
                pop     si
    ENDIF
ENDIF

_DATA SEGMENT

; Magic symbol used by the debug info to locate the data segment
                public  DATASEG@
DATASEG@        label   byte

; The CopyRight string must NOT be moved or changed without
; changing the null pointer check logic

CopyRight       db      4 dup(0)
                db      'Borland C++ - Copyright 1991 Borland Intl.',0
lgth_CopyRight equ $ - CopyRight

IF      LDATA EQ    false
IFNDEF __TINY__
CheckSum        equ     00D5Ch
NullCheck       db      'Null pointer assignment', 13, 10
lgth_NullCheck equ     $ - NullCheck
ENDIF
```

```
    ENDIF
    ...
```

MS-DOS의 메모리 모델은 정말 이상하고(11.6절), 레트로 컴퓨터나 레트로 게임을 좋아하지 않는 한 살펴보는 것은 가치가 있어 보이지 않는다. 그렇지만 기억해야 할 것은, MS-DOS에서는 메모리 세그먼트(데이터 세그먼트도 포함해서)에 코드나 데이터가 저장되며 다른 OS와는 달리 주소가 0부터 시작한다는 것이다.

볼랜드 C++ CRT에서 데이터 세그먼트는 값이 0인 4개의 바이트로 시작하고 이어서 저작권을 나타내는 문자열인 "Borland C++ – Copyright 1991 Borland Intl."이 뒤따른다. 그리고 종료 시 4바이트와 텍스트 문자열의 무결성을 검사해 손상됐다고 판단되는 경우에는 에러 메시지가 출력된다.

C/C++에서 NULL 포인터에 값을 쓰는 것은 흔한 실수며 *NIX나 윈도우에서 그런 일이 발생하면 애플리케이션은 실행이 중단된다. MS-DOS는 어떤 메모리 보호 메커니즘도 갖고 있지 않다. 따라서 MS-DOS의 CRT는 이후에 그것을 체크해 종료 시 경고 메시지를 출력한다. 그런 메시지가 출력됐다면 프로그램 어딘가에서 주소가 0인 곳에 값이 기록됐다는 의미가 된다.

그래서 앞 프로그램의 실행 결과에 에러 메시지가 출력된 것이다. 즉, 프로그램 종료 시 검사한 체크섬이 올바르지 않아 에러 메시지가 출력됐다. 그리고 0번지에 있는 4개의 바이트에 1234가 기록됐기 때문에 그것이 제대로 출력됐다.

이 가정을 확인하고자 프로그램을 다음과 같이 다시 작성해봤다.

```
#include <stdio.h>

int main()
{
    int *ptr=NULL;
    *ptr=1234;
    printf ("Now let's read at NULL\n");
    printf ("%d\n", *ptr);
    *ptr=0;     // 에러 메시지 우회
};
```

실행을 하면 에러 메시지 없이 정상적으로 종료된다.

NULL 포인터 할당에 대해 경고하는 방법은 MS-DOS와 관련이 있지만 메모리 보호 또는 MMU^{Memory Management Unit}가 없는 저비용의 MCU에서는 오늘날에도 여전히 사용될 수 있다.

왜 주소가 0인 곳에 값을 쓸까?

그렇다면 왜 프로그래머는 주소가 0인 곳에 무언가를 기록하는 코드를 작성하는 것일까? 실수로 그런 코드를 작성할 수도 있다. 예를 들면 포인터는 새로 할당된 메모리 블록을 가리키게 초기화돼야 한다. 그런데 포인터를 새로운 메모리 블록을 가리키게 초기화하지 않은 상태에서 어떤 함수에 인자로 전달했을 때 해당 함수가 포인터를 통해 어떤 값을 반환하는 경우라면 그런 일이 발생할 수 있다.

```
int *ptr=NULL;
... 메모리를 할당해 ptr을 초기화하는 것을 잊은 경우
strcpy (ptr, buf); // MS-DOS에는 메모리 보호 메커니즘이 없기 때문에 strcpy()가 수행된다.
```

심지어 다음과 같은 경우가 있을 수 있다.

```
int *ptr=malloc(1000);
... 메모리가 실제로 정상적으로 할당됐는지 확인하는 것을 잊은 경우: MS-DOS를 사용하는 컴퓨터는
... RAM의 용량이 매우 작은 경우가 많으며,
... malloc()이 NULL을 리턴하면 ptr의 값은 NULL이 된다.
strcpy (ptr, buf); // MS-DOS에는 메모리 보호 메커니즘이 없기 때문에 strcpy()가 수행된다.
```

C/C++에서의 NULL

C/C++에서 NULL은 단지 다음과 같이 정의되는 매크로라고 할 수 있다.

```
#define NULL ((void*)0)
```
(libio.h 파일)

void*는 포인터라는 사실을 반영하는 데이터 타입이며, 알 수 없는 데이터 유형(void)의 값을 나타낸다.

NULL은 일반적으로 어떤 객체가 없다는 것을 나타내는 데 사용된다. 예를 들면 단일 링크드 리스트에서 각각의 노드는 값(또는 값에 대한 포인터)과 다음 노드를 가리키는 next 포인터를 갖는다. 다음 노드가 없다면 next 필드의 값을 0으로 만든다. 그런데 주소가 0인 메모리 블록을 할당해야 하는 열악한 환경에 놓일 수도 있다. 이런 경우에는 다음 노드가 없다는 것을 표시할 때 어떤 방법을 사용해야 할까?

어떤 매직 넘버나 -1 값을 이용하거나 추가적인 비트를 이용하는 것을 생각해볼 수 있다. 위키피디아에서 다음과 같은 내용을 발견할 수 있을 것이다.

> 사실 0 페이지의 원래 용도와는 달리 FreeBSD나 리눅스, 마이크로소프트 윈도우[2]와 같은 일부 최신 운영체제에서는 NULL 포인터의 사용을 방지하고자 0 페이지에 대한 접근을 차단한다.

(https://en.wikipedia.org/wiki/Zero_page)

함수에 대한 NULL 포인터

함수의 주소를 이용해 함수를 호출할 수 있다. 예를 들면 아래 코드를 MSVC 2010으로 컴파일해서 윈도우 7에서 실행시켜봤다.

```
#include <windows.h>
#include <stdio.h>

int main()
{
    printf ("0x%x\n", &MessageBoxA);
};
```

실행 결과 0x7578feae가 출력됐고 이후에 여러 번 다시 실행시켜도 결과는 동일했다. 그것은 user32.dll(MessageBoxA 함수가 있는 모듈)이 항상 동일한 주소에 로드되며 ASLR^{Address Space Layout Randomization}이 활성화(모듈이 로드되는 위치가 매번 변경된다)돼 있지 않기 때문이다.

MessageBoxA()의 주소를 이용해 호출해보자.

```
#include <windows.h>
#include <stdio.h>
```

```
typedef int (*msgboxtype)(HWND hWnd, LPCTSTR lpText, LPCTSTR lpCaption, UINT uType);

int main()
{
    msgboxtype msgboxaddr=0x7578feae;

    // user32.dll이 임포트돼 있지 않고
    // user32.dll의 다른 함수를 사용하고 있지 않기 때문에
    // user32.dll을 프로세스 메모리에 강제로 로드
    LoadLibrary ("user32.dll");

    msgboxaddr(NULL, "Hello, world!", "hello", MB_OK);
};
```

x88의 윈도우 7에서 정상 동작한다.

셸코드에서는 DLL 함수의 이름을 이용해 호출하는 것이 어렵기 때문에 이 방법이 일반적으로 사용된다. 물론 이와 같은 방법을 차단하려면 ASLR을 활성화하면 된다.

정말 이상한 점은 일부 임베디드 C 프로그래머는 다음과 같은 코드에 익숙할 수 있다는 것이다.

```
int reset()
{
    void (*foo)(void) = 0;
    foo();
};
```

함수의 주소가 0인 함수를 왜 호출하는 것일까? 이는 주소가 0인 곳으로 점프하는 간단한 방법이다. 저가의 저렴한 마이크로 컨트롤러에는 메모리 보호 메커니즘이나 MMU가 없는 경우가 많으며 초기화 코드를 주로 0번지에 저장한다. 따라서 이는 주소가 0인 곳에 있는 코드를 실행하기 위함이다. 물론 인라인 어셈블리를 이용할 수도 있지만 그것이 불가능한 경우에는 이와 같은 방법이 사용된다.

심지어는 리눅스 x64에서 GCC 4.8.4로 다음과 같이 정상적으로 컴파일된다.

```
reset:
        sub     rsp, 8
        xor     eax, eax
        call    rax
        add     rsp, 8
```

```
        ret
```

스택 포인터가 이동하는 것은 문제되지 않는다. 마이크로 컨트롤러에 있는 초기화 코드는 일반적으로 레지스터와 RAM의 상태를 완전히 무시하고 실행된다.

물론 이 코드는 *NIX나 윈도우에서는 정상적으로 실행되지 않는다. 해당 운영체제는 메모리 보호 메커니즘을 갖고 있으며, 메모리 보호가 이뤄지지 않더라도 주소가 0인 곳에는 어떤 코드도 없기 때문이다.

GCC에는 비표준 확장 기능이 있어 함수를 호출하지 않고 특정 주소로 이동할 수 있다 (http://gcc.gnu.org/onlinedocs/gcc/Labels-as-Values.html).

3.21.5 함수 인자로서의 배열

함수의 인자 타입이 배열인 경우와 포인터인 경우의 차이점이 무엇인지 궁금할 수도 있을 것이다.

둘 사이에는 아무런 차이가 없다.

```c
void write_something1(int a[16])
{
    a[5]=0;
};
void write_something2(int *a)
{
    a[5]=0;
};
int f()
{
    int a[16];
    write_something1(a);
    write_something2(a);
};
```

최적화를 수행한 GCC 4.8.4의 컴파일 결과는 다음과 같다.

```
write_something1:
```

```
        mov     DWORD PTR [rdi+20], 0
        ret
write_something2:
        mov     DWORD PTR [rdi+20], 0
        ret
```

배열의 크기가 고정된 경우라면 코드의 가독성을 위해 포인터 대신 배열을 선언할 수 있다. 그런 경우 일부 정적 분석 도구는 잠재적인 버퍼 오버플로우 가능성을 경고할 수도 있다.

리누스 토발즈를 비롯한 일부 사람들은 이와 같은 C/C++ 특성을 비판한다(https://lkml.org/lkml/2015/9/3/428).

C99 표준에는 **static** 키워드가 포함돼 있다(『ISO/IEC 9899:TC3 (C C99 standard)』(2007) 6.7.5.3절).

함수가 호출될 때 해당 함수의 인자로 사용되는 배열의 [와] 사이에 **static** 키워드가 사용된다면 인자로 전달된 배열의 첫 번째 요소에 대한 접근이 제공돼야 하며 해당 배열은 최소한 [와] 사이에 선언된 배열의 크기를 보장한다.

3.21.6 함수에 대한 포인터

C/C++에서 **printf**처럼 대괄호가 없는 함수명은 **void (*)()** 타입의 함수에 대한 포인터다. 다음 코드 예제를 살펴보자.

```
#include <memory.h>
#include <stdio.h>
void print_something ()
{
    printf ("we are in %s()\n", __FUNCTION__);
};

int main()
{
    print_something();
    printf ("first 3 bytes: %x %x %x...\n",
        *(unsigned char*)print_something,
        *((unsigned char*)print_something+1),
```

```
    *((unsigned char*)print_something+2));

  *(unsigned char*)print_something=0xC3; // RET의 OP 코드
  printf ("going to call patched print_something():\n");
  print_something();
  printf ("it must exit at this point\n");
};
```

실행해보면 함수의 처음 세 바이트가 55 89 e5(x86 OP 코드)임을 알 수 있다. 실제로 함수의 시작 부분에는 PUSH EBP와 MOV EBP, ESP 명령어의 OP 코드가 있다. 그런데 프로그램의 실행은 중단된다. text 섹션이 읽기 전용인데, 그곳에 데이터를 쓰려고 했기 때문이다.

text 섹션을 쓰기 가능하게 설정해 다시 컴파일해보자(http://stackoverflow.com/questions/27581279/make-text-segment-writable-elf).

```
gcc --static -g -Wl,--omagic -o example example.c
```

그러면 프로그램은 정상적으로 동작한다.

```
we are in print_something()
first 3 bytes: 55 89 e5...
going to call patched print_something():
it must exit at this point
```

3.21.7 객체 식별자로서의 포인터

어셈블리어와 C 언어는 OOP^Object-Oriented Programming 언어가 아니지만 OOP 스타일로 코드를 작성(구조체를 객체로 처리해)할 수 있다.

때때로 객체(또는 객체의 주소)를 가리키는 포인터를 ID(데이터 은닉이나 캡슐화를 위해)라고 부르기도 한다.

예를 들면 MSDN^Microsoft Developer Network에 의하면 LoadLibrary()는 '모듈에 대한 핸들'(https://msdn.microsoft.com/ru-ru/library/windows/desktop/ms684175(v=vs.85).aspx)을 리턴한다. 그리고 그렇게 얻은 '핸들'을 이용해 GetProcAddress()와 같은 함수를

호출할 때 인자로 전달한다. 하지만 사실 LoadLibrary()는 메모리상에 매핑된 DLL 파일에 대한 포인터를 반환하는 것이다(https://blogs.msdn.microsoft.com/oldnewthing/20041025-00/?p=37483). LoadLibrary()가 리턴하는 주소에서 두 개의 바이트를 읽어 보면 그것이 'MZ'(윈도우에서 .EXE/.DLL 파일들은 이 두 바이트로 시작한다)임을 알 수 있을 것이다.

마이크로소프트는 앞으로의 좀 더 나은 호환성을 제공하고자 이와 같은 사실을 '은닉'한 것이다.

이 때문에 printf() 함수가 포인터(32비트 아키텍처에서는 32비트 정수, 64비트 아키텍처에서는 64비트)를 16진수 형태로 출력하는 데 사용되는 '%p'를 제공하는 것으로 생각된다. 디버그 로그에 덤프된 구조체의 주소를 보면 로그상에서 어느 부분을 봐야 하는지 판단하는 데 도움이 된다.

다음은 SQLite의 소스코드다.

```
...
struct Pager {
    sqlite3_vfs *pVfs;       /* OS functions to use for IO */
    u8 exclusiveMode;        /* Boolean. True if locking_mode==EXCLUSIVE */
    u8 journalMode;          /* One of the PAGER_JOURNALMODE_* values */
    u8 useJournal;           /* Use a rollback journal on this file */
    u8 noSync;               /* Do not sync the journal if true */
....
static int pagerLockDb(Pager *pPager, int eLock){
    int rc = SQLITE_OK;

    assert( eLock==SHARED_LOCK || eLock==RESERVED_LOCK || eLock==EXCLUSIVE_LOCK );
    if( pPager->eLock<eLock || pPager->eLock==UNKNOWN_LOCK ){
        rc = sqlite3OsLock(pPager->fd, eLock);
        if( rc==SQLITE_OK && (pPager->eLock!=UNKNOWN_LOCK||eLock==EXCLUSIVE_LOCK) ){
            pPager->eLock = (u8)eLock;
            IOTRACE(("LOCK %p %d\n", pPager, eLock))
        }
    }
    return rc;
}
...
    PAGER_INCR(sqlite3_pager_readdb_count);
    PAGER_INCR(pPager->nRead);
    IOTRACE(("PGIN %p %d\n", pPager, pgno));
```

```
PAGERTRACE(("FETCH %d page %d hash(%08x)\n",
    PAGERID(pPager), pgno, pager_pagehash(pPg)));
...
```

3.21.8 오라클 RDBMS와 C/C++를 위한 간단한 가비지 컬렉터

필자는 오라클 RDBMS의 취약점을 찾아내려고 노력한 적이 있었다. 오라클 RDBMS는 매우 큰 소프트웨어고, 일반적으로 매우 큰 중첩된 객체를 함수의 인자로 사용한다. 그래서 그런 객체들을 트리(또는 그래프) 구조로 덤프해보고 싶었다.

또한 메모리 할당/해제 함수들을 가로채 모든 메모리 할당/해제를 추적했다.

그리고 메모리 블록에 대한 포인터가 함수에 전달되면 메모리 할당된 블록들의 리스트에서 해당 블록을 찾아 **크기 + 블록의 이름** 형식으로 표시(윈도우 OS 커널의 '태깅'처럼) 했다.[12]

결국 어느 한 블록이 주어지면 32비트 워드(32비트 OS) 또는 64비트 워드(64비트 OS)를 스캔할 수 있고 각 워드는 또 다른 블록에 대한 포인터일 수 있다. 그렇다면 (메모리 블록 리스트에서 해당 블록을 찾아) 재귀적으로 처리한다.

GraphViz를 이용해서 다음과 같이 메모리 블록들을 그릴 수 있다.

---

12. 메모리 할당된 블록에 대한 추가적인 내용은 C/C++ programming language notes(http://yurichev.com/C-book.html)를 참고하기 바란다.

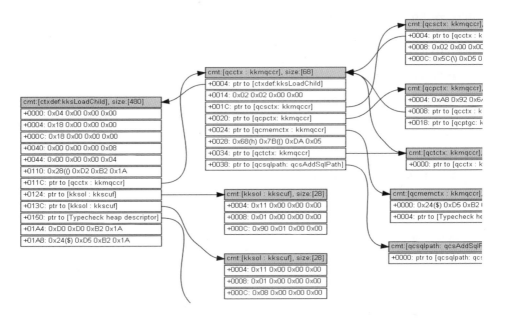

모든 구조체의 데이터 타입을 모르는 상황에서 이는 매우 인상적이라고 할 수 있고, 그래프를 통해 몇 가지 정보를 얻을 수 있다.

C/C++를 위한 가비지 컬렉터: Boehm GC

메모리상에 할당된 블록을 이용한다면 그것의 주소는 어딘가에 존재해야 한다. 예를 들면 메모리 할당된 또 다른 블록 안의 어떤 구조체/배열에서 포인터로 사용되거나, 메모리 할당된 전역 구조체 또는 스택상의 로컬 변수에 사용된다. 메모리 할당된 블록에 대한 포인터가 없으면 '고아'라고 할 수 있으며 메모리 누수의 원인이 된다.

이 때문에 GC$^{Garbage Collector}$가 필요한 것이다. GC는 포인터에 대한 모든 블록을 스캔(할당된 모든 블록에 탭을 유지하기 때문에)한다. GC의 메모리 블록 안에 있는 모든 구조체 필드의 데이터 타입을 알지 못한다는 점을 이해하는 것이 중요하다. 즉, GC는 데이터 타입의 정보를 갖고 있지 않다. 단순히 메모리 블록을 스캔해 또 다른 블록에 대한 포인터가 될 수 있는지 확인한다. 그리고 스택도 스캔한다. 메모리 할당된 블록과 스택을 워드의 배열로 취급하며 그중 일부는 포인터일 수 있다. 그리고 '고아가 된' 블록, 즉 다른 블록이나 스택에 해당 블록에 대한 포인터가 없는 블록을 발견하게 되면 해당 블록을 더 이상 필요 없는 것으로 간주해 메모리 해제해 버린다. 메모리 블록을 스캔하는 작업은 시간이 걸리며, 이런 점 때문에 GC가 비판을 받는다.

Boehm GC(https://www.hboehm.info/gc/)에는 `GC_malloc_atomic()`과 같은 함수들이 있다. `GC_malloc_atomic()` 함수를 이용해 메모리를 할당하면 할당한 메모리 블록은 다른 블록에 대한 어떤 포인터도 포함하지 않는다는 것을 선언하게 된다. 메모리 할당은 텍스트 문자열이나 여타 유형의 데이터가 될 수 있다(사실 `GC_strdup()`은 내부적으로 `GC_malloc_atomic()`을 호출한다). 그리고 GC는 그렇게 할당된 메모리 블록을 스캔하지 않아도 돼 스캔 시간을 줄일 수 있다.

3.22 루프 최적화

3.22.1 이상한 루프 최적화

다음은 가장 간단한 `memcpy()` 함수의 구현이다.

```
void memcpy (unsigned char* dst, unsigned char* src, size_t cnt)
{
    size_t i;
    for (i=0; i<cnt; i++)
        dst[i]=src[i];
};
```

1990년대 말의 MSVC 6.0부터 MSVC 2013까지는 정말 이상한 코드를 만들 수 있었다 (다음은 x86에서 MSVC 2013이 만들어낸 결과다).

```
_dst$ = 8       ; 크기 = 4
_src$ = 12      ; 크기 = 4
_cnt$ = 16      ; 크기 = 4
_memcpy PROC
        mov     edx, DWORD PTR _cnt$[esp-4]
        test    edx, edx
        je      SHORT $LN1@f
        mov     eax, DWORD PTR _dst$[esp-4]
        push    esi
        mov     esi, DWORD PTR _src$[esp]
        sub     esi, eax
; ESI=src-dst, 즉 포인터 간의 거리
```

```
$LL8@f:
        mov     cl, BYTE PTR [esi+eax]  ; "esi+dst" 또는 "src-dst+dst"에 있는 바이트를 로드
        lea     eax, DWORD PTR [eax+1]   ; dst++
        mov     BYTE PTR [eax-1], cl     ; "(dst++)--" 또는 "dst"에 바이트를 저장
        dec     edx                      ; 종료될 때까지 카운터 감소
        jne     SHORT $LL8@f
        pop     esi
$LN1@f:
        ret     0
_memcpy ENDP
```

사람이 두 개의 포인터를 이용해 작업한다면 두 개의 레지스터나 두 개의 메모리 공간에 두 개의 주소를 저장할 것이다. 하지만 이 경우 MSVC 컴파일러는 두 개의 포인터를 저장하지 않고 하나의 포인터(EAX에 sliding dst 저장)와 src와 dst 포인터 간의 차이(ESI, 루프가 실행되는 동안에 변경되지 않는다)를 저장한다(어쨌든 ptrdiff_t 타입을 사용할 수 있는 경우는 매우 드물다). src에서 바이트를 로드할 때는 diff + sliding dst에서 로드하고, 바이트를 저장할 때는 sliding dst에 저장한다.

이는 일종의 최적화 트릭이며, 다음과 같이 함수를 수정해봤다.

```
_f2     PROC
        mov     edx, DWORD PTR _cnt$[esp-4]
        test    edx, edx
        je      SHORT $LN1@f
        mov     eax, DWORD PTR _dst$[esp-4]
        push    esi
        mov     esi, DWORD PTR _src$[esp]
        ; eax=dst; esi=src
$LL8@f:
        mov     cl, BYTE PTR [esi+edx]
        mov     BYTE PTR [eax+edx], cl
        dec     edx
        jne     SHORT $LL8@f
        pop     esi
$LN1@f:
        ret     0
_f2     ENDP
```

이 코드는 인텔 Xeon E31220 @ 3.10GHz에서 수정하기 전의 최적화된 코드만큼 효율적으로 실행됐다. 아마도 앞서 사용된 최적화 방법은 MSVC 6.0에서 사용됐기 때문에 1990년대 이전의 일부 오래된 x86 CPU를 대상으로 적용됐을 것이다.

Hex-Rays 2.2는 이와 같은 최적화 패턴을 인식하는 데 어려움을 겪었다.

```
void __cdecl f1(char *dst, char *src, size_t size)
{
    size_t counter;     // edx@1
    char *sliding_dst;  // eax@2
    char tmp;           // cl@3

    counter = size;
    if ( size )
    {
        sliding_dst = dst;
        do
        {
            tmp = (sliding_dst++)[src - dst]; // (src-dst)의 차이는 시작 부분에서 한번 계산된다.
            *(sliding_dst - 1) = tmp;
            --counter;
        }
        while ( counter );
    }
}
```

그럼에도 불구하고 이와 같은 최적화 트릭은 MSVC에서 자주 사용됐다(직접 작성한 memcpy() 루틴에는 적용되지 않았지만 두 개 이상의 배열을 사용하는 루프에는 많이 적용됐다). 따라서 리버스 엔지니어라면 이 최적화 방법을 기억해 둘 필요가 있다.

3.22.2 또 다른 루프 최적화

전역 메모리에 있는 배열의 모든 요소를 처리한다면 컴파일러는 최적화할 수 있다. 예를 들면 128개의 int 값으로 이뤄진 배열의 모든 요소의 합을 구해보자.

```
#include <stdio.h>

int a[128];

int sum_of_a()
{
    int rt=0;

    for (int i=0; i<128; i++)
        rt=rt+a[i];
    return rt;
};
```

```
int main()
{
    // 초기화
    for (int i=0; i<128; i++)
        a[i]=i;

    // 합을 계산
    printf ("%d\n", sum_of_a());
};
```

최적화를 수행한 GCC 5.3.1(x86)의 결과는 다음과 같다(IDA).

```
.text:080484B0 sum_of_a       proc near
.text:080484B0                mov    edx, offset a
.text:080484B5                xor    eax, eax
.text:080484B7                mov    esi, esi
.text:080484B9                lea    edi, [edi+0]
.text:080484C0
.text:080484C0 loc_80484C0:    ; CODE XREF: sum_of_a+1B
.text:080484C0                add    eax, [edx]
.text:080484C2                add    edx, 4
.text:080484C5                cmp    edx, offset __libc_start_main@@GLIBC_2_0
.text:080484CB                jnz    short loc_80484C0
.text:080484CD                rep    retn
.text:080484CD sum_of_a endp
.text:080484CD
...
.bss:0804A040                 public a
.bss:0804A040 a               dd 80h dup(?)   ; DATA XREF: main:loc_8048338
.bss:0804A040                                 ; main+19
.bss:0804A040 _bss            ends
.bss:0804A040
extern:0804A240 ; ======================================================================
extern:0804A240
extern:0804A240 ; Segment type: Externs
extern:0804A240 ; extern
extern:0804A240                extrn  __libc_start_main@@GLIBC_2_0:near
extern:0804A240                       ; DATA XREF: main+25
extern:0804A240                       ; main+5D
extern:0804A244                extrn  __printf_chk@@GLIBC_2_3_4:near
extern:0804A248                extrn  __libc_start_main:near
extern:0804A248                       ; CODE XREF: ___libc_start_main
extern:0804A248                       ; DATA XREF: .got.plt:off_804A00C
```

0x080484C5에 있는 __libc_start_main@@GLIBC_2_0은 도대체 무엇일까? a[] 배열 끝

에 있는 레이블이다. 함수를 다음과 같이 다시 작성할 수 있다.

```c
int sum_of_a_v2()
{
    int *tmp=a;
    int rt=0;

    do
    {
        rt=rt+(*tmp);
        tmp++;
    }
    while (tmp<(a+128));

    return rt;
};
```

첫 번째 버전의 코드에는 i 카운터가 있고 루프를 돌 때마다 매번 배열에 있는 각 요소의 주소를 계산한다. 두 번째 버전의 코드는 좀 더 최적화된 것이다. 루프를 돌 때마다 포인터를 앞으로 4바이트 이동시켜 배열의 각 요소에 대한 포인터를 계산한다. 그렇다면 루프를 종료해야 하는지 여부는 어떻게 알 수 있을까? 단순히 포인터와 배열의 끝 다음에 있는 주소를 비교하는 방법을 사용한다. 위 경우 Glibc 2.0에서 임포트된 __libc_start_main() 함수의 주소가 배열의 끝 바로 다음 주소가 된다. 이와 같은 코드를 해석하는 것이 어려운 경우가 있으며, 이 최적화 트릭은 매우 많이 사용되는 방법이기 때문에 예제로 설명한 것이다.

두 번째 버전의 경우도 GCC는 매우 유사한 코드를 만들어낸다. 단지 처음 나오는 두 명령어의 순서만 바뀔 뿐이다.

```
.text:080484D0                 public sum_of_a_v2
.text:080484D0 sum_of_a_v2     proc near
.text:080484D0                 xor     eax, eax
.text:080484D2                 mov     edx, offset a
.text:080484D7                 mov     esi, esi
.text:080484D9                 lea     edi, [edi+0]
.text:080484E0
.text:080484E0 loc_80484E0:                    ; CODE XREF: sum_of_a_v2+1B
.text:080484E0                 add     eax, [edx]
.text:080484E2                 add     edx, 4
.text:080484E5                 cmp     edx, offset __libc_start_main@@GLIBC_2_0
```

```
.text:080484EB                    jnz       short loc_80484E0
.text:080484ED                    rep       retn
.text:080484ED sum_of_a_v2        endp
```

말할 필요도 없이 컴파일러가 컴파일을 수행하는 동안 배열 끝의 주소를 계산할 수 있다면 이 최적화가 가능하다. 즉, 배열이 전역이고 크기가 고정이어야 한다.

하지만 배열의 크기가 고정이고 컴파일을 수행하는 동안 배열의 주소를 알지 못하는 경우에는 루프의 시작 부분에서 배열의 끝 뒤에 위치하는 레이블의 주소를 계산할 수 있다.

3.23 구조체에 대한 추가 내용

3.23.1 가끔 C 구조체를 배열 대신 사용할 수 있다

산술 평균

```c
#include <stdio.h>

int mean(int *a, int len)
{
    int sum=0;
    for (int i=0; i<len; i++)
        sum=sum+a[i];
    return sum/len;
};

struct five_ints
{
    int a0;
    int a1;
    int a2;
    int a3;
    int a4;
};

int main()
{
    struct five_ints a;
    a.a0=123;
    a.a1=456;
```

```
        a.a2=789;
        a.a3=10;
        a.a4=100;
        printf ("%d\n", mean(&a, 5));
        // test: https://www.wolframalpha.com/input/?i=mean(123,456,789,10,100)
    };
```

mean() 함수에는 5개의 정수에만 접근할 것이라는 의미의 인자 값인 5가 전달되기 때문에 절대로 five_ints 구조체의 범위를 벗어나는 곳에는 접근하지 않는다.

구조체에 문자열 저장

```
#include <stdio.h>
struct five_chars
{
    char a0;
    char a1;
    char a2;
    char a3;
    char a4;
} __attribute__ ((aligned (1),packed));

int main()
{
    struct five_chars a;
    a.a0='h';
    a.a1='i';
    a.a2='!';
    a.a3='\n';
    a.a4=0;
    printf (&a);    // prints "hi!"
};
```

((aligned(1), packed)) 속성이 사용돼야 한다. 그렇지 않으면 구조체의 각 필드는 4바이트나 8바이트 공간을 차지하게 된다.

정리

이는 구조체와 배열이 메모리상에 어떻게 저장되는지를 보여주는 또 다른 예일 뿐이다. 정상적인 프로그래머라면 소스코드를 난독화와 같은 특별한 목적이 없는 한 이와 같이 코드를 작성하지는 않을 것이다.

3.23.2 C 구조체에서 크기가 지정되지 않은 배열

win32 구조체 중에는 마지막 필드가 크기가 1인 배열로 정의되는 것도 있다.

```
typedef struct _SYMBOL_INFO {
    ULONG SizeOfStruct;
    ULONG TypeIndex;
    ...
    ULONG MaxNameLen;
    TCHAR Name[1];
} SYMBOL_INFO, *PSYMBOL_INFO;
```

(https://msdn.microsoft.com/en-us/library/windows/desktop/ms680686(v=vs.85).aspx)

이는 마지막 필드인 배열의 크기가 정해지지 않았음을 의미하며 실제로 해당 구조체가 메모리 할당될 때 배열의 크기가 계산된다.

이유: Name 필드의 크기가 작을 수 있으므로 128이나 256을 의미하는 MAX_NAME과 같은 상수로 배열의 크기를 정의하지 않은 것이다.

그렇다면 포인터를 대신 사용하지 않은 이유는 무엇일까? 그렇게 하려면 두 개의 메모리 블록을 할당해야 한다. 하나는 구조체를 위해, 또 하나는 문자열을 위해 메모리를 할당해야 한다. 이렇게 하면 속도가 느려지고 더 많은 메모리를 사용하게 된다. 또한 역참조 포인터(즉, 구조체에서 문자열의 주소를 읽기 위한)가 필요하다. 그것은 큰 문제가 되지 않을지라도 여전히 추가적인 비용이 들어간다고 볼 수 있다.

좀 더 자세한 내용은 http://c-faq.com/struct/structhack.html을 참고하기 바란다.

예를 들면 다음과 같다.

```
#include <stdio.h>

struct st
{
    int a;
    int b;
    char s[];
};
```

```
void f (struct st *s)
{
    printf ("%d %d %s\n", s->a, s->b, s->s);
    // 이 시점에는 할당된 블록의 크기를 알지 못하기 때문에 f()는 s[]을 긴 문자열로 대체할 수 없다.
};

int main()
{
#define STRING "Hello!"
    struct st *s=malloc(sizeof(struct st)+strlen(STRING)+1);  // +1: 문자열의 끝을 나타내는
                                                              //     값인 0이 추가되므로

    s->a=1;
    s->b=2;
    strcpy (s->s, STRING);
    f(s);
};
```

C에는 배열의 경계를 검사하는 기능이 없기 때문에 배열의 크기가 정의됐음에도 불구하고 올바로 실행된다. C에서는 배열의 크기를 무한대로 취급한다.

문제: 구조체에 대한 메모리 할당이 이뤄진 이후에는 전체 크기를 알 수 없다(단지 메모리 관리자만 알 수 있다). 따라서 문자열을 단순히 긴 문자열로 대체할 수는 없다. 문자열 필드가 s[MAX_NAME]처럼 선언된다면 긴 문자열로의 대체가 가능할 수 있을 것이다.

다시 말하면 하나의 할당된 메모리 블록에 구조체와 배열(또는 문자열)이 연속적으로 이어진 형태가 만들어지게 된다. 이와 같은 형태의 메모리 구조의 또 다른 문제는 두 개의 배열을 선언하거나 배열 뒤에 다른 필드를 선언할 수 없다는 것이다.

예전의 컴파일러에서는 배열의 크기가 최소한 1 이상으로 선언(s[1])돼야 했지만 최신 컴파일러는 배열의 크기를 가변으로 선언(s[])하는 것을 허용한다. C99 표준에서는 이를 flexible array member(https://en.wikipedia.org/wiki/Flexible_array_member)라고 한다.

좀 더 자세한 정보는 GCC의 문서(https://gcc.gnu.org/onlinedocs/gcc/Zero-Length.html)와 MSDN 문서(https://msdn.microsoft.com/en-us/library/b6fae073.aspx)를 참고하기 바란다.

데니스 리치(C를 만든 사람 중 한 사람)는 이를 '불필요할 정도로 너무 친절하게 구현된 C'라고 불렀다.

이 방법이 좋거나 싫든 또는 사용하든 사용하지 않든 메모리상에 저장되는 구조체의

또 다른 형태를 보여주기 위한 목적으로 설명했다.

3.23.3 C 구조체의 버전

윈도우 프로그래머라면 MSDN에서 다음과 같은 내용을 봤을 것이다.

SizeOfStruct
    The size of the structure, in bytes. This member must be set to sizeof(SYMBOL_INFO).

(https://msdn.microsoft.com/en-us/library/windows/desktop/ms680686(v=vs.85).aspx)

SYMBOL_INFO와 같은 구조체는 실제로 SizeOfStruct 필드로 시작한다. 왜일까? 이는 일종의 구조체 버전을 나타내기 위한 용도라고 할 수 있다.

원을 그리는 함수가 있다고 상상해보자. 그 함수에는 하나의 인자가 전달되는데, 그것 은 X, Y, radius라는 세 개의 필드로 이뤄진 구조체의 포인터다. 1980년에는 컬러 디스 플레이가 주류가 됐다. 그래서 함수에 color 인자를 추가하고 싶어졌다. 그러나 이미 많은 소프트웨어가 해당 API^{Application Programming Interface}를 사용하고 있어 인자를 추가해 다시 컴파일할 수는 없는 상황이다. 그리고 기존 소프트웨어가 컬러 디스플레이상에 서 실행된다면 검은색(디폴트)과 흰색으로 원이 그려진다.

이후에는 원을 그리는 브러시의 유형을 선택할 수 있는 기능을 추가해야 한다.

이를 해결하기 위한 방법은 다음과 같다.

```
#include <stdio.h>
struct ver1
{
    size_t SizeOfStruct;
    int coord_X;
    int coord_Y;
    int radius;
};
struct ver2
{
    size_t SizeOfStruct;
    int coord_X;
    int coord_Y;
    int radius;
```

```
        int color;
};

struct ver3
{
        size_t SizeOfStruct;
        int coord_X;
        int coord_Y;
        int radius;
        int color;
        int fill_brush_type;    // 0: 원을 채우지 않는다.
};

void draw_circle(struct ver3 *s) // 여기서는 최신의 구조체 버전이 사용된다.
{
        // SizeOfStruct, coord_X, coord_Y 필드는 항상 존재한다고 가정한다.
        printf ("We are going to draw a circle at %d:%d\n", s->coord_X, s->coord_Y);

        if (s->SizeOfStruct>=sizeof(int)*5)
        {
                // color 필드가 존재하기 때문에 최소한 ver2
                printf ("We are going to set color %d\n", s->color);
        }

        if (s->SizeOfStruct>=sizeof(int)*6)
        {
                // fill_brush_type 필드가 존재하기 때문에 최소한 ver3
                printf ("We are going to fill it using brush type %d\n", s->fill_brush_type);
        }
};

// 소프트웨어 초기 버전
void call_as_ver1()
{
        struct ver1 s;
        s.SizeOfStruct=sizeof(s);
        s.coord_X=123;
        s.coord_Y=456;
        s.radius=10;
        printf ("** %s()\n", __FUNCTION__);
        draw_circle(&s);
};

// 그다음 버전의 소프트웨어
void call_as_ver2()
{
        struct ver2 s;
        s.SizeOfStruct=sizeof(s);
        s.coord_X=123;
        s.coord_Y=456;
```

```
    s.radius=10;
    s.color=1;
    printf ("** %s()\n", __FUNCTION__);
    draw_circle(&s);
};

// 최신 버전의 소프트웨어
void call_as_ver3()
{
    struct ver3 s;
    s.SizeOfStruct=sizeof(s);
    s.coord_X=123;
    s.coord_Y=456;
    s.radius=10;
    s.color=1;
    s.fill_brush_type=3;
    printf ("** %s()\n", __FUNCTION__);
    draw_circle(&s);
};

int main()
{
    call_as_ver1();
    call_as_ver2();
    call_as_ver3();
};
```

즉, SizeOfStruct 필드는 구조체의 버전을 나타내는 역할을 한다. 버전을 열거형(1, 2, 3 등)으로 나타낼 수는 있지만 SizeOfStruct 필드를 sizeof(struct ...)로 설정하면 실수/버그를 줄일 수 있다. 단순히 s.SizeOfStruct=sizeof(...) 형태로 코드를 작성하면 된다.

C++에서는 상속(3.18.1절)을 이용해 문제를 해결한다. 단순히 베이스 클래스(Circle이라고 하자)를 확장해 ColoredCircle로 만들고 그것을 또 확장해 FilledColoredCircle로 만들면 된다. 객체의 현재 버전(좀 더 정확히 말하면 객체의 현재 타입)은 C++ RTTI Run-Time Type Information를 이용해 판단할 수 있다.

MSDN의 어딘가에서 SizeOfStruct를 봤다면 해당 구조체는 과거에 최소한 한 번 이상 확장된 것이다.

3.23.4 'Block out' 게임의 하이 스코어 파일과 직렬화

많은 비디오 게임에는 하이 스코어 파일이 있다. 경우에 따라 그것을 'Hall of fame'이라 고도 부른다. 오래된 게임이 'Block out'(http://www.bestoldgames.net/eng/old-games/ blockout.php) 게임(1989년에 만들어진 3D 테트리스)도 예외는 아니다. 다음은 게임이 종 료됐을 때 볼 수 있는 화면이다.

그림 3.4: 하이 스코어 테이블

이름을 입력한 이후에 변경된 하이 스코어 파일(BLSCORE.DAT)을 보면 다음과 같다.

```
% xxd -g 1 BLSCORE.DAT
00000000: 0a 00 58 65 6e 69 61 2e 2e 2e 2e 2e 00 df 01 00   ..Xenia.........
00000010: 00 30 33 2d 32 37 2d 32 30 31 38 00 50 61 75 6c   .03-27-2018.Paul
00000020: 2e 2e 2e 2e 2e 2e 00 61 01 00 00 30 33 2d 32 37   .......a...03-27
00000030: 2d 32 30 31 38 00 4a 6f 68 6e 2e 2e 2e 2e 2e 2e   -2018.John......
00000040: 00 46 01 00 00 30 33 2d 32 37 2d 32 30 31 38 00   .F...03-27-2018.
00000050: 4a 61 6d 65 73 2e 2e 2e 2e 2e 00 44 01 00 00 30   James......D...0
00000060: 33 2d 32 37 2d 32 30 31 38 00 43 68 61 72 6c 69   3-27-2018.Charli
00000070: 65 2e 2e 2e 00 ea 00 00 00 30 33 2d 32 37 2d 32   e.......03-27-2
00000080: 30 31 38 00 4d 69 6b 65 2e 2e 2e 2e 2e 2e 00 b5   018.Mike........
00000090: 00 00 00 30 33 2d 32 37 2d 32 30 31 38 00 50 68   ...03-27-2018.Ph
000000a0: 69 6c 2e 2e 2e 2e 2e 2e 00 ac 00 00 00 30 33 2d   il..........03-
000000b0: 32 37 2d 32 30 31 38 00 4d 61 72 79 2e 2e 2e 2e   27-2018.Mary....
000000c0: 2e 2e 00 7b 00 00 00 30 33 2d 32 37 2d 32 30 31   ...{...03-27-201
000000d0: 38 00 54 6f 6d 2e 2e 2e 2e 2e 2e 2e 00 77 00 00   8.Tom........w..
000000e0: 00 30 33 2d 32 37 2d 32 30 31 38 00 42 6f 62 2e   .03-27-2018.Bob.
000000f0: 2e 2e 2e 2e 2e 2e 00 77 00 00 00 30 33 2d 32 37   .......w...03-27
00000100: 2d 32 30 31 38 00                                  -2018.
```

모든 고득점자의 정보를 볼 수 있다. 첫 번째 바이트 값은 고득점자들의 수일 것이다.

두 번째 바이트 값은 0이다. 사실 고득점자들의 수는 16비트 값이기 때문에 2바이트를 차지한다.

'Xenia'라는 이름 이후에 0xDF와 0x01을 볼 수 있다. Xenia의 점수는 479점이고 이를 16진수로 표현하면 정확히 0x1DF가 된다. 따라서 점수 값은 16비트 정수이거나 32비트 정수일 것이다. 0x1DF 뒤에 값이 0인 바이트가 두 개 존재한다.

이제 배열의 각 요소와 구조체의 각 요소는 항상 서로 인접한 메모리에 위치한다는 사실을 상기해보자. 이 때문에 우리는 배열/구조체의 전체 내용을 write()나 fwrite()와 같은 함수를 이용해 파일에 쓸 수 있으며, read()나 fread()와 같은 함수로 다시 파일의 내용을 읽어 아주 간단히 배열/구조체를 메모리상에 로드할 수 있다. 이를 직렬화라고 부른다.

Read

이제 하이 스코어 파일을 읽는 C 프로그램을 작성해보자.

```
#include <assert.h>
#include <stdio.h>
#include <stdint.h>
#include <string.h>
struct entry
{
    char name[11];      // 문자열의 끝을 나타내는 문자 추가
    uint32_t score;
    char date[11];       // 문자열의 끝을 나타내는 문자 추가
} __attribute__ ((aligned (1),packed));

struct highscore_file
{
    uint8_t count;
    uint8_t unknown;
    struct entry entries[10];
} __attribute__ ((aligned (1), packed));

struct highscore_file file;

int main(int argc, char* argv[])
{
    FILE* f=fopen(argv[1], "rb");
    assert (f!=NULL);
```

```
        size_t got=fread(&file, 1, sizeof(struct highscore_file), f);
        assert (got==sizeof(struct highscore_file));
        fclose(f);
        for (int i=0; i<file.count; i++)
        {
            printf ("name=%s score=%d date=%s\n",
                file.entries[i].name,
                file.entries[i].score,
                file.entries[i].date);
        };
    };
```

GCC 속성((aligned(1), packed))을 이용해 구조체의 모든 필드가 1바이트로 패킹되게
만들어야 한다.

실행 결과는 다음과 같다.

```
name=Xenia..... score=479 date=03-27-2018
name=Paul...... score=353 date=03-27-2018
name=John...... score=326 date=03-27-2018
name=James..... score=324 date=03-27-2018
name=Charlie... score=234 date=03-27-2018
name=Mike...... score=181 date=03-27-2018
name=Phil...... score=172 date=03-27-2018
name=Mary...... score=123 date=03-27-2018
name=Tom....... score=119 date=03-27-2018
name=Bob....... score=119 date=03-27-2018
```

(말할 필요도 없이 각 이름 필드의 남는 부분은 어떤 이유 때문에 화면과 파일 모두에서 점으로
채워져 있다)

Write

점수를 나타내는 필드의 길이가 올바른지 확인해보자. 실제로 32비트가 맞을까?

```
int main(int argc, char* argv[])
{
    FILE* f=fopen(argv[1], "rb");
    assert (f!=NULL);
    size_t got=fread(&file, 1, sizeof(struct highscore_file), f);
    assert (got==sizeof(struct highscore_file));
```

```
        fclose(f);

        strcpy (file.entries[1].name, "Mallory...");
        file.entries[1].score=12345678;
        strcpy (file.entries[1].date, "08-12-2016");

        f=fopen(argv[1], "wb");
        assert (f!=NULL);
        got=fwrite(&file, 1, sizeof(struct highscore_file), f);
        assert (got==sizeof(struct highscore_file));
        fclose(f);
};
```

Blockout 게임을 실행해보면 다음과 같이 보일 것이다.

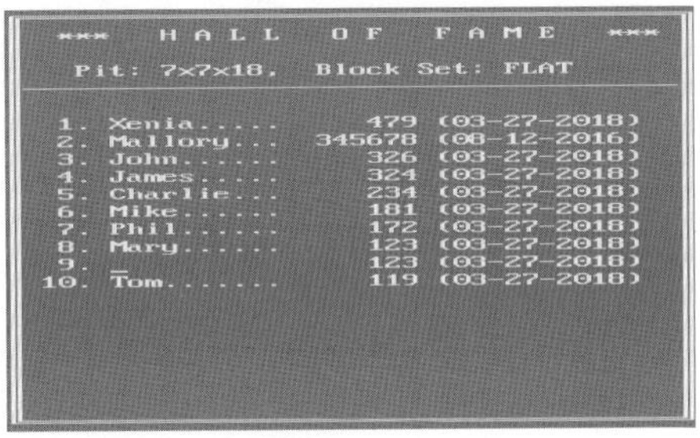

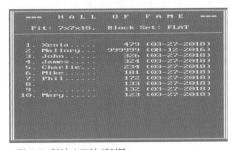

그림 3.5: 하이 스코어 테이블

12345678에서 앞의 두 숫자(1과 2)가 잘려 345678이 됐다. 이는 화면에 표시하는 포맷 문제일 것이다. 결국 수정한 점수가 올바로 반영됐다고 볼 수 있다. 이제는 점수를 999999로 바꿔 다시 실행해보자.

그림 3.6: 하이 스코어 테이블

이번에는 올바로 표시된다. 이로써 점수 값이 32비트임을 알 수 있다.

직렬화

이와 같은 직렬화는 XML^{Extensible Markup Language}이나 JSON^{JavaScript Object Notation} 포맷을 사용하는 것보다 효율성과 속도가 더 중요하게 여겨지는 과학과 공학 소프트웨어에서 널리 사용된다.

한 가지 중요한 점은 파일을 메모리에 로드할 때마다 로드되는 메모리 위치가 변경되기 때문에 포인터는 직렬화할 수 없다는 것이다.

하지만 간단한 OS를 탑재한 저비용의 MCU와 같은 환경에서는 구조체가 항상 동일한 메모리 위치에 할당되기 때문에 포인터도 함께 저장해 사용할 수 있을 것이다.

랜덤 노이즈

필자는 직렬화 예제를 준비하는 동안 임의의 이름으로 하이 스코어 테이블을 채우기 위해 'Block out' 게임을 많이 해야 했다.

다음은 3명의 정보만 포함된 하이 스코어 파일이다.

```
00000000: 03 00 54 6f 6d 61 73 2e 2e 2e 2e 2e 00 da 2a 00   ..Tomas.......*.
00000010: 00 30 38 2d 31 32 2d 32 30 31 36 00 43 68 61 72   .08-12-2016.Char
00000020: 6c 69 65 2e 2e 2e 00 8b 1e 00 00 30 38 2d 31 32   lie........08-12
00000030: 2d 32 30 31 36 00 4a 6f 68 6e 2e 2e 2e 2e 2e 2e   -2016.John......
00000040: 00 80 00 00 00 30 38 2d 31 32 2d 32 30 31 36 00   .....08-12-2016.
00000050: 00 00 57 c8 a2 01 06 01 ba f9 47 c7 05 00 f8 4f   ..W.......G....O
00000060: 06 01 06 01 a6 32 00 00 00 00 00 00 00 00 00 00   .....2..........
00000070: 00 00 00 00 00 00 00 00 00 00 00 00 00 00 00 00   ................
00000080: 00 00 00 00 00 00 00 00 00 00 00 00 00 00 00 00   ................
00000090: 00 00 00 00 00 00 00 00 00 00 00 00 00 00 00 00   ................
000000a0: 00 00 00 00 00 00 00 00 00 00 93 c6 a2 01 46 72   ..............Fr
000000b0: 8c f9 f6 c5 05 00 f8 4f 00 02 06 01 a6 32 06 01   .......O.....2..
000000c0: 00 00 98 f9 f2 c0 05 00 f8 4f 00 02 a6 32 a2 f9   .........O...2..
000000d0: 80 c1 a6 32 a6 32 f4 4f aa f9 39 c1 a6 32 06 01   ...2.2.O..9..2..
000000e0: b4 f9 2b c5 a6 32 e1 4f c7 c8 a2 01 82 72 c6 f9   ..+..2.O.....r..
000000f0: 30 c0 05 00 00 00 00 00 00 00 a6 32 d4 f9 76 2d   0..........2..v-
00000100: a6 32 00 00 00 00                                 .2....
```

첫 번째 바이트는 3명에 대한 정보가 포함돼 있다는 의미의 3이다. 그리고 3명의 고득점자 정보가 이어진다. 그리고 파일의 후반부에는 임의의 노이즈 데이터가 있음을 볼 수 있다.

그 노이즈 값은 초기화되지 않은 데이터 값일 것이다. 'Block out'은 힙 어딘가에 10명에 대한 정보를 메모리 할당했고 그 안에는 임의의 노이즈 값이 포함돼 있었을 것이다. 메모리를 할당한 이후에는 첫 번째/두 번째 바이트 값을 설정하고 3명에 대한 정보를 기록했을 것이다. 나머지 7명에 대한 영역은 건드리지 않고 그대로 뒀기 때문에 파일에 저장할 때 노이즈가 포함돼 있는 메모리 내용이 그대로 저장된 것이다.

'Block out'이 실행되면서 하이 스코어 파일을 로드하면 먼저 첫 번째/두 번째 바이트 값(3)을 읽어 처리할 정보의 수를 알아낸 다음 그 수만큼의 정보만 읽는다. 나머지 부분은 상관하지 않는다.

엄밀히 말해 이는 문제가 되지는 않지만 정보가 외부에 노출될 수 있다.

1990년대의 마이크로소프트 워드 버전은 종종 이전에 편집된 텍스트를 *.doc* 파일에 남겨뒀다. 그 당시에는 누군가에게서 .doc 파일을 받아 16진수 편집기로 열어 이전에 편집된 내용이 남아있는 것을 읽어보는 것이 일종의 재미였다.

이와 같은 형태의 문제는 OpenSSL의 Heartbleed 버그에서 훨씬 더 심각한 문제를 만들어냈다.

과제

'Block out' 게임에는 여러 개의 입체 큐브(평면/기본/확장)가 있으며 큐브를 껴넣는 골의 깊이 등을 설정할 수 있다. 그리고 각 설정에 대해 고유한 하이 스코어 테이블이 있는 것으로 보인다. 일부 정보는 BLSCORE.IDX 파일에 저장된다는 것을 알아냈다. 열성적인 'Block out' 팬이라면 이 파일의 구조를 이해하는 것이 가치가 있을 것이다.

'Block out' 파일은 http://beginners.re/examples/blockout.zip(이 책에서 사용한 바이너리 하이 스코어 파일도 포함)에서 다운로드할 수 있으며 DosBox를 이용해 게임을 실행시키면 된다.

3.24 memmove()와 memcpy()

이 두 표준 함수의 차이점은 memcpy()가 블록을 다른 위치로 무조건 복사하는 반면 memmove()는 겹치는 블록을 올바르게 처리한다는 점이다. 예를 들어 문자열을 2바이트 앞으로 잡아당기길 원한다고 가정해보자.

`|.|.|h|e|l|l|o|...` -> `|h|e|l|l|o|...`

이 경우 32비트나 64비트 워드를 한 번에 복사하는 memcpy()나 SIMD 명령어를 사용해서는 안 된다. 바이트 단위의 복사 루틴이 사용돼야 한다.

좀 더 복잡한 예로, 문자열의 앞에 두 바이트를 삽입하는 경우를 생각해보자.

`|h|e|l|l|o|...` -> `|.|.|h|e|l|l|o|...`

이 경우에는 바이트 단위의 메모리 복사 루틴으로도 안 된다. 문자열의 끝에서부터 복사를 수행해야 한다.

REP MOVSB 명령어를 실행하기 전에 DF x86 플래그를 설정하는 경우는 매우 드물다. DF는 방향을 정의하는 플래그며 이 경우에는 메모리 복사가 뒤로 수행돼야 한다.

일반적인 memmove() 루틴은 다음과 같이 동작한다. 1) 출발지 주소가 목적지 주소보다 작으면 앞으로 복사가 수행된다. 2) 출발지 주소가 목적지 주소보다 크면 뒤로 복사가 수행된다.

다음은 uClibc의 memmove() 함수 코드다.

```
void *memmove(void *dest, const void *src, size_t n)
{
    int eax, ecx, esi, edi;
    __asm__ __volatile__(
        "       movl    %%eax, %%edi\n"
        "       cmpl    %%esi, %%eax\n"
        "       je      2f\n" /* (optional) src == dest -> NOP */
        "       jb      1f\n" /* src > dest -> simple copy */
        "       leal    -1(%%esi,%%ecx), %%esi\n"
        "       leal    -1(%%eax,%%ecx), %%edi\n"
        "       std\n"
        "1:     rep; movsb\n"
        "       cld\n"
        "2:\n"
        : "=&c" (ecx), "=&S" (esi), "=&a" (eax), "=&D" (edi)
        : "0" (n), "1" (src), "2" (dest)
        : "memory"
```

```
    );
    return (void*)eax;
}
```

첫 번째 문자열 이동 예에서는 DF 플래그의 값이 설정되지 않은 채 REP MOVSB가 호출된다. 두 번째 문자열 이동 예에서는 DF 플래그의 값이 설정된 상태에서 REP MOVSB가 호출된다.

좀 더 복잡한 알고리즘에는 다음과 같은 내용이 포함돼 있다.

"출발지 주소와 목적지 주소 사이의 차이가 워드의 길이보다 크면 바이트 대신 워드 단위로 복사를 수행하고, 워드 단위로 정렬되지 않는 부분은 바이트 단위로 복사를 수행한다."

이것이 Glibc 2.24에서 최적화를 수행하지 않은 C 코드 부분의 수행 방식이다.

모든 면을 감안해보면 memmove()가 memcpy()보다 느릴 수 있다. 하지만 리누스 토발즈를 비롯한 일부 사람은 memcpy()와 memmove()가 동일해야 하며, memmove() 함수는 시작 시점에 버퍼가 겹쳐지는지 여부를 체크해 결과에 따라 memcpy()나 memmove()로 동작해야 한다고 주장한다(https://bugzilla.redhat.com/show_bug.cgi?id=638477#c132).

요즘에는 버퍼가 겹치는지 여부를 검사하는 연산의 오버로드가 크지 않다.

3.24.1 안티디버깅 트릭

DF를 설정하기만 하면 디버깅 시 프로세스가 중단되는 안티디버깅 기술에 대한 것을 들었다. memcpy() 루틴이 메모리를 뒤로 복사하기 때문에 충돌이 발생하는 것이다. 하지만 이를 확인할 수는 없었다. 모든 메모리 복사 루틴은 상황에 따라 DF를 설정/해제해 수행한다. 반면 여기에서 다룬 uClibc의 memmove()에서는 명시적으로 DF를 해제하는 코드가 없다(DF의 값이 항상 0이라고 가정하는 것일까?). 따라서 이 경우에는 실제로 충돌이 발생할 수 있다.

3.25 setjmp/longjmp

C의 **setjmp/longjmp**는 C++나 다른 하이 레벨 언어의 **throw/catch** 메커니즘과 매우 유사한 메커니즘이다. 다음은 zlib의 소스코드에서 발췌한 것이다.

```
...
    /* return if bits() or decode() tries to read past available input */
    if (setjmp(s.env) != 0)     /* if came back here via longjmp(), */
        err = 2;                /* then skip decomp(), return error */
    else
        err = decomp(&s);       /* decompress */
...
    /* load at least need bits into val */
    val = s->bitbuf;
    while (s->bitcnt < need) {
        if (s->left == 0) {
            s->left = s->infun(s->inhow, &(s->in));
            if (s->left == 0) longjmp(s->env, 1);       /* out of input */
...
        if (s->left == 0) {
            s->left = s->infun(s->inhow, &(s->in));
            if (s->left == 0) longjmp(s->env, 1);  /* out of input */
```

(zlib/contrib/blast/blast.c)

setjmp()를 호출하면 현재의 PC('Program Count')와 SP('Stack Pointer'), 그리고 다른 레지스터의 값들을 **env** 구조체에 저장하고 **0**을 리턴한다.

에러가 발생한다면 **setjmp()** 호출이 NULL이 아닌 값을 리턴(**longjmp()**로 제어 흐림이 넘어간다)한 것처럼 **longjmp()**가 **setjmp()** 호출 바로 다음 지점으로 순간적으로 이동시킨다. 이는 유닉스의 **fork()** syscall의 동작 방식과 유사하다.

이제는 좀 더 정제된 예제 코드를 살펴보자.

```c
#include <stdio.h>
#include <setjmp.h>

jmp_buf env;

void f2()
{
    printf ("%s() begin\n", __FUNCTION__);
    // 여기에서 어떤 작업이 수행된다.
```

```
        longjmp (env, 1234);
        printf ("%s() end\n", __FUNCTION__);
};

void f1()
{
        printf ("%s() begin\n", __FUNCTION__);
        f2();
        printf ("%s() end\n", __FUNCTION__);
};

int main()
{
        int err=setjmp(env);
        if (err==0)
        {
            f1();
        }
        else
        {
            printf ("Error %d\n", err);
        };
};
```

실행 결과는 다음과 같다.

```
f1() begin
f2() begin
Error 1234
```

jmp_buf 구조체는 호환성 유지를 위해 일반적으로 문서화되지 않는다.

x64의 MSVC 2013에서 setjmp()가 어떻게 구현되는지 살펴보자.

```
        ...
        ; RCX = jmp_buf의 주소
        mov     [rcx], rax
        mov     [rcx+8], rbx
        mov     [rcx+18h], rbp
        mov     [rcx+20h], rsi
        mov     [rcx+28h], rdi
        mov     [rcx+30h], r12
        mov     [rcx+38h], r13
        mov     [rcx+40h], r14
        mov     [rcx+48h], r15
```

```
lea         r8, [rsp+arg_0]
mov         [rcx+10h], r8
mov         r8, [rsp+0] ; 스택에서 저장된 RA를 가져온다.
mov         [rcx+50h], r8    ; 저장
stmxcsr     dword ptr [rcx+58h]
fnstcw      word ptr [rcx+5Ch]
movdqa      xmmword ptr [rcx+60h], xmm6
movdqa      xmmword ptr [rcx+70h], xmm7
movdqa      xmmword ptr [rcx+80h], xmm8
movdqa      xmmword ptr [rcx+90h], xmm9
movdqa      xmmword ptr [rcx+0A0h], xmm10
movdqa      xmmword ptr [rcx+0B0h], xmm11
movdqa      xmmword ptr [rcx+0C0h], xmm12
movdqa      xmmword ptr [rcx+0D0h], xmm13
movdqa      xmmword ptr [rcx+0E0h], xmm14
movdqa      xmmword ptr [rcx+0F0h], xmm15
retn
```

거의 모든 레지스터의 현재 값으로 jmp_buf 구조체를 채운다. 또한 스택에서 RA
('Return Address')의 현재 값을 가져와 그것을 jmp_buf에 저장한다. 그것은 이후에 새
로운 PC 값으로 사용된다.

다음은 longjmp()의 구현 코드다.

```
...
; RCX = jmp_buf의 주소
mov         rax, rdx
mov         rbx, [rcx+8]
mov         rsi, [rcx+20h]
mov         rdi, [rcx+28h]
mov         r12, [rcx+30h]
mov         r13, [rcx+38h]
mov         r14, [rcx+40h]
mov         r15, [rcx+48h]
ldmxcsr     dword ptr [rcx+58h]
fnclex
fldcw       word ptr [rcx+5Ch]
movdqa      xmm6, xmmword ptr [rcx+60h]
movdqa      xmm7, xmmword ptr [rcx+70h]
movdqa      xmm8, xmmword ptr [rcx+80h]
movdqa      xmm9, xmmword ptr [rcx+90h]
movdqa      xmm10, xmmword ptr [rcx+0A0h]
movdqa      xmm11, xmmword ptr [rcx+0B0h]
movdqa      xmm12, xmmword ptr [rcx+0C0h]
```

```
movdqa      xmm13, xmmword ptr [rcx+0D0h]
movdqa      xmm14, xmmword ptr [rcx+0E0h]
movdqa      xmm15, xmmword ptr [rcx+0F0h]
mov         rdx, [rcx+50h]    ; PC (RIP) 값을 가져온다.
mov         rbp, [rcx+18h]
mov         rsp, [rcx+10h]
jmp         rdx               ; 저장된 PC로 점프
...
```

(거의) 모든 레지스터 값을 복원한다. jmp_buf 구조체에서 RA를 가져와 그곳으로 점프한다. 이는 마치 setjmp()가 호출자로 리턴하는 것처럼 동작하는 것이다. 또한 RAX는 longjmp()의 두 번째 인자 값과 동일하게 설정된다. 이는 마치 setjmp()가 처음에 0이 아닌 값을 반환하는 것처럼 동작하는 것이다.

SP가 복원됨에 따라 setjmp()와 longjmp() 호출 사이에 설정되고 사용된 스택 안의 모든 값이 제거된다. 그 값들은 더 이상 사용되지 않기 때문이다. 따라서 longjmp()는 일반적으로 뒤로 점프한다고 할 수 있다.[13]

이는 C++의 throw/catch 메커니즘과 달리 어떤 메모리 해제나 소멸자 호출 등이 필요 없다. 따라서 이 기술은 경우에 따라 위험할 수도 있다. 그럼에도 불구하고 여전히 매우 많이 사용되는 기술이다. 예를 들면 오라클 RDBMS에서도 여전히 사용되고 있다.

예상치 못한 부작용이 있을 수 있는데, 일부 버퍼가 함수 내에서 오버플로우(원격 공격으로 인해 발생할 수 있음)된 상태에서 함수가 에러를 리포트하길 원할 때 longjmp()를 호출하면 오버플로우로 인해 덮어써진 스택 부분을 사용할 수 없게 된다는 것이다.

좀 더 정확한 이해를 위해 왜 모든 레지스터가 저장되지 않는지 생각해보기 바란다. 왜 XMM0~XMM5와 다른 레지스터들은 저장하지 않는 것일까?

---

13. 훨씬 더 복잡한 작업이나 동시 실행 루틴을 만들고자 setjmp와 longjmp를 사용하는 사람들도 있다.
https://www.embeddedrelated.com/showarticle/455.php, http://fanf.livejournal.com/105413.html

3.26 또 다른 스택 트릭

3.26.1 호출자의 인자/로컬 변수에 접근하기

C/C++에서는 함수 내에서 호출자 함수의 인자나 지역 변수에 접근할 수 없다는 것을 알고 있다.

그럼에도 불구하고 그것을 가능하게 만들어주는 트릭이 있다.

```c
#include <stdio.h>

void f(char *text)
{
    // 스택 출력
    int *tmp=&text;
    for (int i=0; i<20; i++)
    {
        printf ("0x%x\n", *tmp);
        tmp++;
    };
};

void draw_text(int X, int Y, char* text)
{
    f(text);
    printf ("We are going to draw [%s] at %d:%d\n", text, X, Y);
};

int main()
{
    printf ("address of main()=0x%x\n", &main);
    printf ("address of draw_text()=0x%x\n", &draw_text);
    draw_text(100, 200, "Hello!");
};
```

32비트 우분투 16.04에서 GCC 5.4.0으로 컴파일한 결과는 다음과 같다.

```
address of main()=0x80484f8
address of draw_text()=0x80484cb
0x8048645        first argument to f()
0x8048628
0xbfd8ab98
0xb7634590
0xb779eddc
```

```
0xb77e4918
0xbfd8aba8
0x8048547      return address into the middle of main()
0x64 first     argument to draw_text()
0xc8 second    argument to draw_text()
0x8048645      third argument to draw_text()
0x8048581
0xb779d3dc
0xbfd8abc0
0x0
0xb7603637
0xb779d000
0xb779d000
0x0
0xb7603637
```

f() 함수는 스택의 첫 번째 인자인 "Hello!" 문자열에 대한 포인터부터 시작해 스택의 내용을 출력한다. 그리고 f() 함수의 첫 번째 인자는 draw_text() 함수에도 세 번째 인자로 사용된다.

f() 함수에서는 스택의 레이아웃을 정확히 알고만 있으면 함수의 모든 인자와 지역 변수를 읽을 수 있지만 컴파일러마다 다르다. 다양한 최적화 레벨이 스택의 레이아웃에 영향을 주기 때문이다.

그러나 필요한 정보를 어떻게든 알아낼 수 있다면 이용하거나 수정하는 것이 가능하다. 예를 들어 f() 함수를 다음과 같이 바꿀 수 있다.

```c
void f(char *text)
{
    ...
    // 값이 100과 200인 쌍을 찾아 두 번째 값을 변경한다.
    tmp=&text;
    for (int i=0; i<20; i++)
    {
        if (*tmp==100 && *(tmp+1)==200)
        {
            printf ("found\n");
            *(tmp+1)=210;   // 200을 210으로 변경
            break;
        };
        tmp++;
    };
```

```
};
```

코드를 바꿔도 제대로 동작한다.

```
found
We are going to draw [Hello!] at 100:210
```

정리

스택 내부를 보여주기 위한 특이한 트릭이다. 실제 코드에서 이런 방법을 사용하는 경우를 보거나 들은 적이 없다. 하지만 설명을 목적으로는 제대로 된 예제다.

연습

예제는 32비트 우분투에서 최적화 옵션 없이 GCC 5.4.0로 컴파일한 것이며 정상적으로 동작한다. 하지만 최적화 옵션을 -O3으로 해 컴파일하면 실행되지 않는다. 그 이유를 찾아보기 바란다.

주로 사용하는 OS와 컴파일러, 그리고 다양한 최적화 옵션을 이용해 정상적으로 실행되는 경우와 그렇지 않은 경우를 찾아보고 왜 그런지 알아보기 바란다.

3.26.2 문자열 리턴

다음은 브라이언 커니건, 롭 파이크의 『Practice of Programming』(1999)에서 설명한 고전적인 버그다.

```
#include <stdio.h>
char* amsg(int n, char* s)
{
    char buf[100];
    sprintf (buf, "error %d: %s\n", n, s) ;
    return buf;
};
int main()
```

```
{
    printf ("%s\n", amsg (1234, "something wrong!"));
};
```

실행이 정상적으로 되지 않는다. 우선 이유를 생각해보자.

amsg()가 리턴하기 전의 스택 상태다.

```
(낮은 주소)
...
[amsg(): 100 바이트]
[RA] <- 현재의 SP
[두 개의 amsg에 대한 인자]
[기타 값]
[main()의 지역 변수]
...
(높은 주소)
```

amsg() 함수가 main() 함수로 제어 흐름을 넘길 때까지는 문제가 발생하지 않는다. 하지만 그다음에 main()에서 호출되는 printf() 함수는 스택을 자신의 목적대로 이용하기 때문에 최상의 경우라고 하더라도 쓰레기 값이 출력될 것이다.

믿기 힘들겠지만 문제 해결 방법은 다음과 같다.

```
#include <stdio.h>
char* amsg(int n, char* s)
{
    char buf[100];
    sprintf (buf, "error %d: %s\n", n, s) ;
    return buf;
};
char* interim (int n, char* s)
{
    char large_buf[8000];
    // 지역 변수 배열을 이용
    // 그렇지 않으면 최적화돼 쓸모없어지게 된다.
    large_buf[0]=0;
    return amsg (n, s);
};

int main()
```

```
{
    printf ("%s\n", interim (1234, "something wrong!"));
};
```

최적화 옵션을 사용하지 않고 /GS- 옵션(버퍼 보안 체크 비활성화)을 사용해 MSVC 2013
으로 컴파일하면 정상적으로 실행된다.

MSVC는 "warning C4172: returning address of local variable or temporary"라는 경고를
출력하지만 실행은 정상적으로 된다. amsg() 함수가 interim() 함수로 제어 흐름을
넘길 때의 스택 상태를 살펴보자.

```
(낮은 주소)
...
[amsg(): 100 바이트]
[RA] <- 현재의 SP
[두 개의 amsg에 대한 인자]
[interim()을 위한 영역, 8000 바이트]
[기타 값]
[main()의 지역 변수]
...
(높은 주소)
```

다음은 interim() 함수에서 main() 함수로 제어 흐름을 넘길 때의 스택 상태다.

```
(낮은 주소)
...
[amsg(): 100 바이트]
[RA]
[두 개의 amsg에 대한 인자]
[interim()을 위한 영역, 8000 바이트]
[기타 값] <- 현재의 SP
[main()의 지역 변수]
...
(높은 주소)
```

main()에서 printf() 함수를 호출하면 interim()의 버퍼가 할당됐던 스택 영역(8000
바이트)을 사용한다. 8000바이트는 printf() 함수나 그 뒤에 이어지는 함수에서 사용
하기에 충분한 공간이며, printf() 함수가 출력할 에러 메시지가 정상적으로 저장돼
출력될 수 있다.

main()과 amsg() 사이에 많은 함수가 실행(예, main() → f1() → f2() →f3() ... → amsg())되더라도 상관없이 정상적으로 실행된다. amsg() 함수의 결과를 main()에서 정상적으로 사용할 수 있기 때문이다. 따라서 main()의 SP와 buf[]의 주소 사이 간격이 충분히 길어야 한다.

이와 같은 버그는 어떤 경우에는 정상적으로 실행되고 어떤 경우에는 그렇지 않기 때문에 위험한 버그라고 할 수 있다. 이와 같은 형태의 버그를 하이젠버그[heisenbug](https://en.wikipedia.org/wiki/Heisenbug) 또는 슈뢰딘버그[schrödinbug]라고 한다.

3.27 OpenMP

OpenMP는 간단한 알고리즘을 병렬화하는 가장 간단한 방법 중 하나다.

예를 들어 암호화 넌스[nonce] 값을 계산하는 프로그램을 만든다고 생각해보자.

기본적으로 넌스는 어떤 특정 목적의 해시 값을 만들고자 암호화되지 않은 텍스트에 추가되는 숫자다.

예를 들어 비트코인 프로토콜에서는 특정 수의 연속적인 0을 포함하는 해시 값이 만들어지게 하는 넌스 값을 찾아야 한다. 이 과정을 '작업 증명[Proof of Work]'(https://en.wikipedia.org/wiki/Proof_of_work)이라고 한다(즉, 시스템이 넌스 값을 찾기 위한 집중적인 계산과 시간을 소비했다는 것을 증명하는 것).

여기서 설명하는 예제는 비트코인과는 관련이 없으며, 'hello, world!_' 문자열에 어떤 숫자를 추가('hello, world!_<number>')하면 최소한 3개의 0바이트를 포함하는 SHA512 해시 값을 만들어내는지 알아내는 것이다.

문자열에 추가하는 값은 0..INT32_MAX-1(즉, 0x7FFFFFFE 또는 2147483646) 사이의 값으로 제한하자.

이를 위한 알고리즘은 매우 간단하다.

```
#include <stdio.h>
#include <string.h>
```

```
#include <stdlib.h>
#include <time.h>
#include "sha512.h"

int found=0;
int32_t checked=0;

int32_t* __min;
int32_t* __max;

time_t start;

#ifdef __GNUC__
#define min(X,Y) ((X) < (Y) ? (X) : (Y))
#define max(X,Y) ((X) > (Y) ? (X) : (Y))
#endif

void check_nonce (int32_t nonce)
{
    uint8_t buf[32];
    struct sha512_ctx ctx;
    uint8_t res[64];

    // 스레드 번호 갱신
    int t=omp_get_thread_num();

    if (__min[t]==-1)
        __min[t]=nonce;
    if (__max[t]==-1)
        __max[t]=nonce;

    __min[t]=min(__min[t], nonce);
    __max[t]=max(__max[t], nonce);

    // 원하는 nonce를 찾으면 리턴
    if (found)
        return;

    memset (buf, 0, sizeof(buf));
    sprintf (buf, "hello, world!_%d", nonce);

    sha512_init_ctx (&ctx);
    sha512_process_bytes (buf, strlen(buf), &ctx);
    sha512_finish_ctx (&ctx, &res);
    if (res[0]==0 && res[1]==0 && res[2]==0)
    {
        printf ("found (thread %d): [%s]. seconds spent=%d\n", t, buf, time(NULL)-start );
        found=1;
    };
#pragma omp atomic
    checked++;

#pragma omp critical
```

```
        if ((checked % 100000)==0)
            printf ("checked=%d\n", checked);
};

int main()
{
    int32_t i;
    int threads=omp_get_max_threads();
    printf ("threads=%d\n", threads);

    __min=(int32_t*)malloc(threads*sizeof(int32_t));
    __max=(int32_t*)malloc(threads*sizeof(int32_t));
    for (i=0; i<threads; i++)
        __min[i]=__max[i]=-1;

    start=time(NULL);

    #pragma omp parallel for
    for (i=0; i<INT32_MAX; i++)
        check_nonce (i);

    for (i=0; i<threads; i++)
        printf ("__min[%d]=0x%08x __max[%d]=0x%08x\n", i, __min[i], i, __max[i]);

    free(__min); free(__max);
};
```

check_nonce() 함수는 단순히 문자열에 숫자를 더해 SHA512 알고리즘으로 해시 값을 구하고 3개의 0바이트를 포함하는지 검사한다.

예제에서 가장 중요한 코드 부분은 다음과 같다.

```
    #pragma omp parallel for
    for (i=0; i<INT32_MAX; i++)
        check_nonce (i);
```

#pragma가 없다면 단순히 0에서 INT32_MAX(0x7FFFFFFF 또는 2147483647)만큼 check_nonce()를 호출하는 것이다. #pragma 때문에 컴파일러는 루프의 코드를 작게 나눠 그것을 모든 가능한 CPU 코드에서 실행되게 만드는 코드를 추가한다.[14]

다음 명령어를 이용해 MSVC 2012로 컴파일[15]할 수 있다.

---

14. 이는 의도적으로 매우 간단하게 만든 예제며, 실제로 OpenMP 사용법은 더 어렵고 복잡할 수 있다.

15. sha512.c, sha512.h, 그리고 u64.h 파일은 OpenSSL library: http://go.yurichev.com/17324에서 얻을 수 있다

```
cl openmp_example.c sha512.obj /openmp /O1 /Zi /Faopenmp_example.asm
```

GCC로 컴파일하려면 다음 명령어를 사용하면 된다.

```
gcc -fopenmp 2.c sha512.c -S -masm=intel
```

3.27.1 MSVC

다음은 MSVC 2012가 만들어낸 main 루프의 코드다.

리스트 3.120: MSVC 2012

```
        push    OFFSET _main$omp$1
        push    0
        push    1
        call    __vcomp_fork
        add     esp, 16
```

vcomp로 시작하는 함수는 OpenMP와 관련된 함수며 vcomp*.dll 파일에서 제공된다. 따라서 위 코드는 스레드들을 실행시키는 코드다.

_mainomp1을 살펴보자.

리스트 3.121: MSVC 2012

```
$T1 = -8        ; 크기= 4
$T2 = -4        ; 크기 = 4
_main$omp$1 PROC
        push    ebp
        mov     ebp, esp
        push    ecx
        push    ecx
        push    esi
        lea     eax, DWORD PTR $T2[ebp]
        push    eax
        lea     eax, DWORD PTR $T1[ebp]
        push    eax
        push    1
        push    1
        push    2147483646  ; 7ffffffeH
        push    0
```

```
        call    __vcomp_for_static_simple_init
        mov     esi, DWORD PTR $T1[ebp]
        add     esp, 24
        jmp     SHORT $LN6@main$omp$1
$LL2@main$omp$1:
        push    esi
        call    _check_nonce
        pop     ecx
        inc     esi
$LN6@main$omp$1:
        cmp     esi, DWORD PTR $T2[ebp]
        jle     SHORT $LL2@main$omp$1
        call    __vcomp_for_static_end
        pop     esi
        leave
        ret     0
_main$omp$1 ENDP
```

위 함수는 병렬로 n번(n은 CPU 코어의 수) 실행된다. vcomp_for_static_simple_init() 은 현재 스레드의 번호를 기반으로 현재 스레드에 대한 for() 구문의 구간을 계산한다.

루프의 시작과 종료 값은 $T1과 $T2 지역 변수에 저장된다. vcomp_for_static_simple_init()에 대한 인자로 7fffffeh(또는 2147483646)가 전달된다는 것을 알 수 있을 것이다. 이는 전체 루프의 반복 횟수를 의미하며 스레드의 개수만큼 균등하게 나뉜다.

그리고 루프 내에서는 필요한 모든 작업을 수행하는 check_nonce() 함수가 호출된다.

check_nonce() 함수의 시작 부분에는 함수가 호출되면서 전달된 인자에 대한 정보를 수집하기 위한 코드가 추가됐다.

다음은 실행 결과다.

```
threads=4
...
checked=2800000
checked=3000000
checked=3200000
checked=3300000
found (thread 3): [hello, world!_1611446522]. seconds spent=3
__min[0]=0x00000000 __max[0]=0x1fffffff
__min[1]=0x20000000 __max[1]=0x3fffffff
__min[2]=0x40000000 __max[2]=0x5fffffff
```

```
__min[3]=0x60000000 __max[3]=0x7ffffffe
```

결과는 정확하게 처음 3바이트가 0인 것을 찾아냈다.

```
C:\...\sha512sum test
000000f4a8fac5a4ed38794da4c1e39f54279ad5d9bb3c5465cdf57adaf60403
df6e3fe6019f5764fc9975e505a7395fed780fee50eb38dd4c0279cb114672e2 *test
```

4 코어의 인텔 Xeon E3-1220 3.10GHz에서 실행시켰을 때 ≈2..3초가 걸렸다. 작업 관리자를 보면 5개의 스레드(하나는 메인 스레드고 나머지 네 개의 스레드)를 볼 수 있다. 이 예제를 가능한 작고 명확하게 유지하고자 더 이상의 최적화가 수행되지 않는다. 하지만 추가적인 최적화를 수행하면 훨씬 더 빨라질 수는 있을 것이다. 4 코어의 CPU를 사용했기 때문에 OpenMP는 정확히 4개의 스레드를 실행시켰다.

출력 결과를 보면 루프가 어떻게 4 부분으로 나뉘어졌는지 알 수 있다. 마지막 비트 값을 고려하지 않는다면 4개는 거의 동일하다.

atomic 연산을 수행하고자 pragma를 이용했다.

pragma를 이용한 부분이 어떻게 컴파일되는지 살펴보자.

```
#pragma omp atomic
checked++;

#pragma omp critical
if ((checked % 100000)==0)
    printf ("checked=%d\n", checked);
```

리스트 3.122: MSVC 2012

```
        push    edi
        push    OFFSET _checked
        call    __vcomp_atomic_add_i4
; Line 55
        push    OFFSET _$vcomp$critsect$
        call    __vcomp_enter_critsect
        add     esp, 12
; Line 56
        mov     ecx, DWORD PTR _checked
        mov     eax, ecx
```

```
        cdq
        mov     esi, 100000      ; 000186a0H
        idiv    esi
        test    edx, edx
        jne     SHORT $LN1@check_nonc
; Line 57
        push    ecx
        push    OFFSET ??_C@_0M@NPNHLIOO@checked?$DN?$CFd?6?$AA@
        call    _printf
        pop     ecx
        pop     ecx
$LN1@check_nonc:
        push    DWORD PTR __$vcomp$critsect$
        call    __vcomp_leave_critsect
        pop     ecx
```

vcomp*.dll에 있는 **vcomp_atomic_add_i4()** 함수는 LOCK XADD 명령어를 갖고 있는 간단한 함수다.

vcomp_enter_critsect() 함수는 최종적으로 win32 API인 **EnterCriticalSection()** (6.5.4절 참고)을 호출한다.

3.27.2 GCC

GCC 4.8.1로 컴파일해 실행한 결과도 동일하다. 따라서 GCC도 스레드를 동일한 방식으로 나눠서 실행시킨다.

리스트 3.123: GCC 4.8.1

```
        mov     edi, OFFSET FLAT:main._omp_fn.0
        call    GOMP_parallel_start
        mov     edi, 0
        call    main._omp_fn.0
        call    GOMP_parallel_end
```

MSVC와 다른 점은, GCC는 3개의 스레드를 생성해 실행시키고 4번째는 현재 스레드를 이용한다는 것이다. 따라서 MSVC에서는 총 5개의 스레드가 사용됐는데, GCC에서는 4개의 스레드가 사용된다.

다음은 **main._omp_fn.0** 함수다.

```
main._omp_fn.0:
        push    rbp
        mov     rbp, rsp
        push    rbx
        sub     rsp, 40
        mov     QWORD PTR [rbp-40], rdi
        call    omp_get_num_threads
        mov     ebx, eax
        call    omp_get_thread_num
        mov     esi, eax
        mov     eax, 2147483647     ; 0x7FFFFFFF
        cdq
        idiv    ebx
        mov     ecx, eax
        mov     eax, 2147483647     ; 0x7FFFFFFF
        cdq
        idiv    ebx
        mov     eax, edx
        cmp     esi, eax
        jl      .L15
 .L18:
        imul    esi, ecx
        mov     edx, esi
        add     eax, edx
        lea     ebx, [rax+rcx]
        cmp     eax, ebx
        jge     .L14
        mov     DWORD PTR [rbp-20], eax
 .L17:
        mov     eax, DWORD PTR [rbp-20]
        mov     edi, eax
        call    check_nonce
        add     DWORD PTR [rbp-20], 1
        cmp     DWORD PTR [rbp-20], ebx
        jl      .L17
        jmp     .L14
 .L15:
        mov     eax, 0
        add     ecx, 1
        jmp     .L18
 .L14:
        add     rsp, 40
        pop     rbx
        pop     rbp
        ret
```

omp_get_num_threads()를 호출해 실행 중인 스레드의 수를 구하고 omp_get_thread_num()을 호출해 현재 스레드의 번호를 구한다. 그리고 그것을 바탕으로 루프의 구간을 결정한다. 그다음에는 check_nonce()를 호출한다.

GCC 또한 **LOCK ADD** 명령어를 이용한다. MSVC의 경우에는 별도의 DLL 함수를 호출하는 방식을 사용했지만 GCC는 코드에 삽입하는 방식을 사용한다.

리스트 3.125: GCC 4.8.1

```
        lock    add DWORD PTR checked[rip], 1
        call    GOMP_critical_start
        mov     ecx, DWORD PTR checked[rip]
        mov     edx, 351843721
        mov     eax, ecx
        imul    edx
        sar     edx, 13
        mov     eax, ecx
        sar     eax, 31
        sub     edx, eax
        mov     eax, edx
        imul    eax, eax, 100000
        sub     ecx, eax
        mov     eax, ecx
        test    eax, eax
        jne     .L7
        mov     eax, DWORD PTR checked[rip]
        mov     esi, eax
        mov     edi, OFFSET FLAT:.LC2   ; "checked=%d\n"
        mov     eax, 0
        call    printf
.L7:
        call    GOMP_critical_end
```

이름이 **GOMP**로 시작하는 함수는 GNU OpenMP 라이브러리 함수다. vcomp*.dll과는 달리 OpenMP 라이브러리는 오픈소스로 공개(https://github.com/gcc-mirror/gcc/tree/master/libgomp)돼 있다.

3.28 또 다른 하이젠버그

때때로 배열(또는 버퍼)는 펜스포스트^{Fencepost} 에러 때문에 오버플로우될 수 있다.

```
#include <stdio.h>

int array1[128];
int important_var1;
int important_var2;
int important_var3;
int important_var4;
int important_var5;

int main()
{
    important_var1=1;
    important_var2=2;
    important_var3=3;
    important_var4=4;
    important_var5=5;

    array1[0]=123;
    array1[128]=456;    // 버그

    printf ("important_var1=%d\n", important_var1);
    printf ("important_var2=%d\n", important_var2);
    printf ("important_var3=%d\n", important_var3);
    printf ("important_var4=%d\n", important_var4);
    printf ("important_var5=%d\n", important_var5);
};
```

다음은 x86 리눅스에서 GCC 5.4로 최적화를 수행하지 않고 컴파일해 실행한 결과다.

```
important_var1=1
important_var2=456
important_var3=3
important_var4=4
important_var5=5
```

공교롭게도 컴파일러는 important_var2를 array1[] 바로 다음 위치에 배치했다.

리스트 3.126: objdump -x

```
0804a040 g     O .bss   00000200         array1
...
0804a240 g     O .bss   00000004         important_var2
0804a244 g     O .bss   00000004         important_var4
...
0804a248 g     O .bss   00000004         important_var1
0804a24c g     O .bss   00000004         important_var3
0804a250 g     O .bss   00000004         important_var5
```

다른 컴파일러는 앞과 다르게 변수를 배치할 것이며 그에 따른 출력 결과도 달라질 것이다. 이는 또 다른 형태의 하이젠버그(3.26.2절 참고)며 컴파일러의 버전이나 최적화 옵션에 따라 이 버그를 발견할 수도 있고 발견하지 못할 수도 있다.

모든 변수와 배열이 로컬 스택에 할당되는 경우에는 스택 보호 메커니즘이 작동할 수도 있고 그렇지 않을 수도 있다. 하지만 Valgrind를 이용하면 이와 같은 버그를 잡아낼 수 있다.

이 책의 Angband 게임 예제(1.21절)에서 이와 관련된 예제를 볼 수 있다.

3.29 잊혀진 리턴

'1.11.1 void를 리턴하는 함수의 결과 사용' 절을 상기해보자.

이는 한 번 언급한 버그다.

그리고 이는 C/C++가 반환값을 위해 어떻게 **EAX/RAX** 레지스터를 이용하는지를 보여주는 또 다른 예라고 할 수 있다.

다음 코드 예처럼 리턴을 잊어버리는 경우가 있다.

```c
#include <stdio.h>
#include <stdlib.h>
struct color
{
    int R;
    int G;
    int B;
};
struct color* create_color (int R, int G, int B)
{
    struct color* rt=(struct color*)malloc(sizeof(struct color));

    rt->R=R;
    rt->G=G;
    rt->B=B;
    // 이 부분에 "return rt;"가 있어야 한다.
};
```

```
int main()
{
    struct color* a=create_color(1,2,3);
    printf ("%d %d %d\n", a->R, a->G, a->B);
};
```

최적화를 수행하지 않은 GCC 5.4는 아무런 경고 없이 컴파일을 수행하며 코드는 정상
적으로 동작한다. 그 이유는 무엇일까?

리스트 3.127: 최적화를 수행하지 않은 GCC 5.4

```
create_color:
        push    rbp
        mov     rbp, rsp
        sub     rsp, 32
        mov     DWORD PTR [rbp-20], edi
        mov     DWORD PTR [rbp-24], esi
        mov     DWORD PTR [rbp-28], edx
        mov     edi, 12
        call    malloc
; RAX는 새롭게 할당된 버퍼에 대한 포인터
; R/G/B를 채운다.
        mov     QWORD PTR [rbp-8], rax
        mov     rax, QWORD PTR [rbp-8]
        mov     edx, DWORD PTR [rbp-20]
        mov     DWORD PTR [rax], edx
        mov     rax, QWORD PTR [rbp-8]
        mov     edx, DWORD PTR [rbp-24]
        mov     DWORD PTR [rax+4], edx
        mov     rax, QWORD PTR [rbp-8]
        mov     edx, DWORD PTR [rbp-28]
        mov     DWORD PTR [rax+8], edx
        nop
        leave
; RAX는 변경되지 않았다.
        ret
```

return rt;를 추가하면 하나의 명령어만 함수의 끝에 추가되며, 이 경우에는 굳이 필
요하지 않다.

리스트 3.128: 최적화를 수행하지 않은 GCC 5.4

```
create_color:
        push    rbp
```

```
        mov     rbp, rsp
        sub     rsp, 32
        mov     DWORD PTR [rbp-20], edi
        mov     DWORD PTR [rbp-24], esi
        mov     DWORD PTR [rbp-28], edx
        mov     edi, 12
        call    malloc
; RAX는 버퍼에 대한 포인터
        mov     QWORD PTR [rbp-8], rax
        mov     rax, QWORD PTR [rbp-8]
        mov     edx, DWORD PTR [rbp-20]
        mov     DWORD PTR [rax], edx
        mov     rax, QWORD PTR [rbp-8]
        mov     edx, DWORD PTR [rbp-24]
        mov     DWORD PTR [rax+4], edx
        mov     rax, QWORD PTR [rbp-8]
        mov     edx, DWORD PTR [rbp-28]
        mov     DWORD PTR [rax+8], edx
; RAX에 포인터를 다시 리로드한다. 이는 굳이 수행할 필요가 없다.
        mov     rax, QWORD PTR [rbp-8] ; 새로운 명령어
        leave
        ret
```

이와 같은 버그는 매우 위험한 것이다. 경우에 따라 발견할 수도 또는 발견하지 못할 수도 있기 때문이다. 따라서 하이젠버그와 유사하다.

GCC로 최적적화를 수행해 컴파일해보자.

리스트 3.129: 최적화를 수행한 GCC 5.4

```
create_color:
        rep     ret
main:
        xor     eax, eax
; 마치 create_color ()가 호출돼 0을 리턴하는 것과 같다.
        sub     rsp, 8
        mov     r8d, DWORD PTR ds:8
        mov     ecx, DWORD PTR [rax+4]
        mov     edx, DWORD PTR [rax]
        mov     esi, OFFSET FLAT:.LC1
        mov     edi, 1
        call    __printf_chk
        xor     eax, eax
        add     rsp, 8
        ret
```

컴파일러는 함수에서 아무것도 반환하지 않는다고 추론해 최적화를 수행한다. 따라서 디폴트로 0을 반환하게 만든다. 그리고 main()에서는 반환된 값(0)을 구조체에 대한 주소로 사용한다. 결국 프로그램이 종료된다.

이번에는 x86에서 MSVC로 최적화 수행 없이 컴파일해보자. 그러면 다음과 같은 경고를 출력한다.

```
c:\tmp\3.c(19) : warning C4716: 'create_color': must return a value
```

그리고 충돌이 발생하는 코드를 만들어낸다.

리스트 3.130: 최적화를 수행하지 않은 MSVC 2015 x86

```
_rt$ = -4
_R$ = 8
_G$ = 12
_B$ = 16
_create_color PROC
        push    ebp
        mov     ebp, esp
        push    ecx
        push    12
        call    _malloc
; EAX -> 버퍼에 대한 포인터
        add     esp, 4
        mov     DWORD PTR _rt$[ebp], eax
        mov     eax, DWORD PTR _rt$[ebp]
        mov     ecx, DWORD PTR _R$[ebp]
        mov     DWORD PTR [eax], ecx
        mov     edx, DWORD PTR _rt$[ebp]
        mov     eax, DWORD PTR _G$[ebp]
; EAX는 G 인자로 설정된다.
        mov     DWORD PTR [edx+4], eax
        mov     ecx, DWORD PTR _rt$[ebp]
        mov     edx, DWORD PTR _B$[ebp]
        mov     DWORD PTR [ecx+8], edx
        mov     esp, ebp
        pop     ebp
; EAX = G
        ret     0
_create_color ENDP
```

x86에서 MSVC로 최적화를 수행해 컴파일해도 충돌이 발생하는 코드를 만들어낸다.

하지만 충돌이 발생하는 이유는 달라진다.

리스트 3.131: 최적화를 수행한 MSVC 2015 x86

```
_a$ = -4
_main   PROC
; 이는 create_color()의 인라인 코딩으로 최적화된 버전이다.
        push    ecx
        push    12
        call    _malloc
        mov     DWORD PTR [eax], 1
        mov     DWORD PTR [eax+4], 2
        mov     DWORD PTR [eax+8], 3
; EAX ->할당된 버퍼에 대한 포인터. 버퍼에 값을 채운다.
; 버퍼에 대한 포인터를 리로드해 "a" 변수에 있다고 생각한다.
; 하지만 인라인된 함수는 "a" 변수에 대한 포인터를 저장하지 않았다.
        mov     eax, DWORD PTR _a$[esp+8]
; EAX = 이 시점에서는 임의의 쓰레기 값
        push    DWORD PTR [eax+8]
        push    DWORD PTR [eax+4]
        push    DWORD PTR [eax]
        push    OFFSET $SG6074
        call    _printf
        xor     eax, eax
        add     esp, 24
        ret     0
_main   ENDP

_R$ = 8
_G$ = 12
_B$ = 16
_create_color PROC
        push    12
        call    _malloc
        mov     ecx, DWORD PTR _R$[esp]
        add     esp, 4
        mov     DWORD PTR [eax], ecx
        mov     ecx, DWORD PTR _G$[esp-4]
        mov     DWORD PTR [eax+4], ecx
        mov     ecx, DWORD PTR _B$[esp-4]
        mov     DWORD PTR [eax+8], ecx
; EAX -> 할당된 버퍼에 대한 포인터
        ret     0
_create_color   ENDP
```

x64에서 최적화를 수행하지 않은 MSVC 2015가 만들어낸 코드는 정상적으로 동작한다.

리스트 3.132: 최적화를 수행하지 않은 MSVC 2015 x64

```
rt$ = 32
R$ = 64
G$ = 72
B$ = 80
create_color    PROC
        mov     DWORD PTR [rsp+24], r8d
        mov     DWORD PTR [rsp+16], edx
        mov     DWORD PTR [rsp+8], ecx
        sub     rsp, 56
        mov     ecx, 12
        call    malloc
; RAX = 할당된 버퍼
        mov     QWORD PTR rt$[rsp], rax
        mov     rax, QWORD PTR rt$[rsp]
        mov     ecx, DWORD PTR R$[rsp]
        mov     DWORD PTR [rax], ecx
        mov     rax, QWORD PTR rt$[rsp]
        mov     ecx, DWORD PTR G$[rsp]
        mov     DWORD PTR [rax+4], ecx
        mov     rax, QWORD PTR rt$[rsp]
        mov     ecx, DWORD PTR B$[rsp]
        mov     DWORD PTR [rax+8], ecx
        add     rsp, 56
; RAX는 이 시점까지 변경되지 않는다.
        ret     0
create_color    ENDP
```

x64에서 최적화를 수행한 MSVC도 x86에서처럼 함수를 인라인 처리하며, 만들어진 코드 또한 정상적으로 실행되지 않는다. **교훈:** 컴파일러의 경고는 매우 중요하다. 따라서 -Wall 옵션을 사용해야 한다. 함수의 결과를 리턴하는 코드가 없을 때 컴파일러는 그것을 위해 아무것도 자동으로 처리해주지 않는다.

눈에 띄지 않는 버그는 모든 것을 망쳐버릴 수도 있다.

샷건 디버깅(https://en.wikipedia.org/wiki/Shotgun_debugging)은 좋지 않다. 이와 같은 버그를 찾아내지 못할 수 있기 때문이다.

3.30 윈도우 16비트

요즘에는 16비트 윈도우 프로그램은 매우 드물지만 오래된 컴퓨터나 동글(8.5절) 같은 경우에는 사용될 수도 있다.

16비트 윈도우 버전의 가장 최신 버전은 3.11이다. 95/98/ME와 32비트 버전의 윈도우 NT도 16비트 코드를 지원한다. 64비트 버전의 윈도우 NT는 16비트 실행 코드를 지원하지 않는다.

16비트 코드는 MS-DOS의 코드와 유사하며, 실행 파일의 타입은 NE[New Executable]다.

이 절에서 다루는 모든 코드는 OpenWatcom 1.9 컴파일러로 컴파일됐으며, 컴파일 시 사용된 옵션은 다음과 같다.

```
wcl.exe -i=C:/WATCOM/h/win/ -s -os -bt=windows -bcl=windows example.c
```

3.30.1 예제 #1

```c
#include <windows.h>

int PASCAL WinMain( HINSTANCE hInstance,
                    HINSTANCE hPrevInstance,
                    LPSTR lpCmdLine,
                    int nCmdShow )
{
    MessageBeep(MB_ICONEXCLAMATION);
    return 0;
};
```

```asm
WinMain      proc near
             push    bp
             mov     bp, sp
             mov     ax, 30h    ; '0' ; MB_ICONEXCLAMATION constant
             push    ax
             call    MESSAGEBEEP
             xor     ax, ax  ; return 0
             pop     bp
             retn    0Ah
```

```
WinMain     endp
```

지금까지는 쉬워 보인다.

3.30.2 예제 #2

```
#include <windows.h>

int PASCAL WinMain( HINSTANCE hInstance,
                    HINSTANCE hPrevInstance,
                    LPSTR lpCmdLine,
                    int nCmdShow )
{
    MessageBox (NULL, "hello, world", "caption", MB_YESNOCANCEL);
    return 0;
};
```

```
WinMain     proc near
            push    bp
            mov     bp, sp
            xor     ax, ax  ; NULL
            push    ax
            push    ds
            mov     ax, offset aHelloWorld ;    0x18. "hello, world"
            push    ax
            push    ds
            mov     ax, offset aCaption         ; 0x10. "caption"
            push    ax
            mov     ax, 3                       ; MB_YESNOCANCEL
            push    ax
            call    MESSAGEBOX
            xor     ax, ax  ; return 0
            pop     bp
            retn    0Ah
WinMain     endp

dseg02:0010 aCaption         db 'caption',0
dseg02:0018 aHelloWorld      db 'hello, world',0
```

두 가지 중요한 점이 있다. PASCAL 호출 규약은 첫 번째 인자(MB_YESNOCANCEL)를 가장 먼저 전달하고 마지막 인자(NULL)를 마지막에 전달한다. 또한 피호출 함수는 스택 포인터를 저장해야 한다. 따라서 RETN 명령어는 함수가 종료될 때 스택 포인터를 10바이트 증가시키고자 **0Ah** 인자를 갖게 된다. 이는 stdcall(6.1.2절)과 유사하지만 인자는 원래 순서대로 전달된다.

포인터는 쌍으로 전달된다. 첫 번째는 데이터 세그먼트고 두 번째는 해당 세그먼트 내의 포인터다. 예제에서는 하나의 세그먼트만 존재하기 때문에 **DS**는 항상 실행 파일의 데이터 세그먼트를 가리킨다.

3.30.3 예제 #3

```c
#include <windows.h>

int PASCAL WinMain( HINSTANCE hInstance,
                    HINSTANCE hPrevInstance,
                    LPSTR lpCmdLine,
                    int nCmdShow )
{
    int result=MessageBox (NULL, "hello, world", "caption", MB_YESNOCANCEL);

    if (result==IDCANCEL)
        MessageBox (NULL, "you pressed cancel", "caption", MB_OK);
    else if (result==IDYES)
        MessageBox (NULL, "you pressed yes", "caption", MB_OK);
    else if (result==IDNO)
        MessageBox (NULL, "you pressed no", "caption", MB_OK);

    return 0;
};
```

```asm
WinMain     proc near
            push    bp
            mov     bp, sp
            xor     ax, ax  ; NULL
            push    ax
            push    ds
            mov     ax, offset aHelloWorld ; "hello, world"
            push    ax
            push    ds
            mov     ax, offset aCaption         ; "caption"
            push    ax
            mov     ax, 3   ; MB_YESNOCANCEL
            push    ax
            call    MESSAGEBOX
            cmp     ax, 2   ; IDCANCEL
```

```
        jnz     short loc_2F
        xor     ax, ax
        push    ax
        push    ds
        mov     ax, offset aYouPressedCanc      ; "you pressed cancel"
        jmp     short loc_49
loc_2F:
        cmp     ax, 6    ; IDYES
        jnz     short loc_3D
        xor     ax, ax
        push    ax
        push    ds
        mov     ax, offset aYouPressedYes  ; "you pressed yes"
        jmp     short loc_49
loc_3D:
        cmp     ax, 7    ; IDNO
        jnz     short loc_57
        xor     ax, ax
        push    ax
        push    ds
        mov     ax, offset aYouPressedNo   ; "you pressed no"
loc_49:
        push    ax
        push    ds
        mov     ax, offset aCaption        ; "caption"
        push    ax
        xor     ax, ax
        push    ax
        call    MESSAGEBOX
loc_57:
        xor     ax, ax
        pop     bp
        retn    0Ah
WinMain endp
```

이전보다 좀 더 확장된 예제다.

3.30.4 예제 #4

```
#include <windows.h>

int PASCAL func1 (int a, int b, int c)
{
    return a*b+c;
};
```

958

```c
long PASCAL func2 (long a, long b, long c)
{
    return a*b+c;
};

long PASCAL func3 (long a, long b, long c, int d)
{
    return a*b+c-d;
};

int PASCAL WinMain( HINSTANCE hInstance,
                    HINSTANCE hPrevInstance,
                    LPSTR lpCmdLine,
                    int nCmdShow )
{
    func1 (123, 456, 789);
    func2 (600000, 700000, 800000);
    func3 (600000, 700000, 800000, 123);
    return 0;
};
```

```asm
func1       proc near

c           = word ptr 4
b           = word ptr 6
a           = word ptr 8

            push    bp
            mov     bp, sp
            mov     ax, [bp+a]
            imul    [bp+b]
            add     ax, [bp+c]
            pop     bp
            retn    6
func1       endp

func2       proc near

arg_0       = word ptr 4
arg_2       = word ptr 6
arg_4       = word ptr 8
arg_6       = word ptr 0Ah
arg_8       = word ptr 0Ch
arg_A       = word ptr 0Eh

            push    bp
            mov     bp, sp
            mov     ax, [bp+arg_8]
            mov     dx, [bp+arg_A]
```

```
                mov     bx, [bp+arg_4]
                mov     cx, [bp+arg_6]
                call    sub_B2        ; long 32비트 곱하기
                add     ax, [bp+arg_0]
                adc     dx, [bp+arg_2]
                pop     bp
                retn    12
func2           endp

func3           proc near

arg_0           = word ptr 4
arg_2           = word ptr 6
arg_4              = word ptr 8
arg_6           = word ptr 0Ah
arg_8           = word ptr 0Ch
arg_A           = word ptr 0Eh
arg_C           = word ptr 10h

                push    bp
                mov     bp, sp
                mov     ax, [bp+arg_A]
                mov     dx, [bp+arg_C]
                mov     bx, [bp+arg_6]
                mov     cx, [bp+arg_8]
                call    sub_B2        ; long 32비트 곱하기
                mov     cx, [bp+arg_2]
                add     cx, ax
                mov     bx, [bp+arg_4]
                adc     bx, dx        ; BX=상위 부분, CX=하위 부분
                mov     ax, [bp+arg_0]
                cwd                   ; AX=하위 부분 d, DX=상위 부분 d
                sub     cx, ax
                mov     ax, cx
                sbb     bx, dx
                mov     dx, bx
                pop     bp
                retn    14
func3           endp

WinMain         proc near
                push    bp
                mov     bp, sp
                mov     ax, 123
                push    ax
                mov     ax, 456
                push    ax
                mov     ax, 789
                push    ax
```

```
            call    func1
            mov     ax, 9       ; 600000의 상위 부분
            push    ax
            mov     ax, 27C0h   ; 600000의 하위 부분
            push    ax
            mov     ax, 0Ah     ; 700000의 상위 부분
            push    ax
            mov     ax, 0AE60h  ; 700000의 하위 부분
            push    ax
            mov     ax, 0Ch     ; 800000의 상위 부분
            push    ax
            mov     ax, 3500h   ; 800000의 하위 부분
            push    ax
            call    func2
            mov     ax, 9       ; 600000의 상위 부분
            push    ax
            mov     ax, 27C0h   ; 600000의 하위 부분
            push    ax
            mov     ax, 0Ah     ; 700000의 상위 부분
            push    ax
            mov     ax, 0AE60h  ; 700000의 하위 부분
            push    ax
            mov     ax, 0Ch     ; 800000의 상위 부분
            push    ax
            mov     ax, 3500h   ; 800000의 하위 부분
            push    ax
            mov     ax, 7Bh     ; 123
            push    ax
            call    func3
            xor     ax, ax      ; return 0
            pop     bp
            retn    0Ah
WinMain     endp
```

16비트 코드(MS-DOS와 Win16)에서 32비트 값(long 데이터 타입은 35비트를 의미하고 int 는 16비트를 의미한다)은 쌍으로 전달된다. 이는 32비트 환경에서 64비트 값이 사용되는 것과 같다(1.27절).

sub_B2는 컴파일러 개발자가 작성한 라이브러리 함수면 'long 타입의 곱하기'를 수행 한다. 즉, 32비트 값에 대한 곱하기 연산을 수행한다. 동일한 작업을 수행하는 다른 컴 파일러 함수는 부록을 참고하기 바란다.

ADD/ADC 명령어 쌍은 복합적인 값을 더하는 데 사용된다. 즉, ADD 명령어에 의해 CF 플

래그가 설정/해제되면 ADC 명령어는 해당 CF 플래그를 이용한다.

SUB/SBB 명령어 쌍은 빼기 연산에 사용된다. SUB 명령어에 의해 CF 플래그가 설정/해제되면 SBB 명령어는 해당 CF 플래그를 이용한다.

함수에서 32비트 값은 DX:AX 레지스터 쌍을 이용해 리턴된다.

상수 또한 WinMain() 함수에 쌍으로 전달된다.

int 타입의 상수 값 123은 부호에 따라 CWD 명령어를 이용해 32비트 값으로 변환된다.

3.30.5 예제 #5

```c
#include <windows.h>

int PASCAL string_compare (char *s1, char *s2)
{
    while (1)
    {
        if (*s1!=*s2)
            return 0;
        if (*s1==0 || *s2==0)
            return 1;    // 문자열의 끝
        s1++;
        s2++;
    };
};

int PASCAL string_compare_far (char far *s1, char far *s2)
{
    while (1)
    {
        if (*s1!=*s2)
            return 0;
        if (*s1==0 || *s2==0)
            return 1;    // 문자열의 끝
        s1++;
        s2++;
    };
};

void PASCAL remove_digits (char *s)
{
    while (*s)
    {
        if (*s>='0' && *s<='9')
```

```c
            *s='-';
        s++;
    };
};

char str[]="hello 1234 world";

int PASCAL WinMain( HINSTANCE hInstance,
                    HINSTANCE hPrevInstance,
                    LPSTR lpCmdLine,
                    int nCmdShow )
{
    string_compare ("asd", "def");
    string_compare_far ("asd", "def");
    remove_digits (str);
    MessageBox (NULL, str, "caption", MB_YESNOCANCEL);
    return 0;
};
```

```asm
string_compare proc near

arg_0 = word ptr 4
arg_2 = word ptr 6

        push    bp
        mov     bp, sp
        push    si
        mov     si, [bp+arg_0]
        mov     bx, [bp+arg_2]

loc_12: ; CODE XREF: string_compare+21j
        mov     al, [bx]
        cmp     al, [si]
        jz      short loc_1C
        xor     ax, ax
        jmp     short loc_2B

loc_1C:     ; CODE XREF: string_compare+Ej
        test    al, al
        jz      short loc_22
        jnz     short loc_27

loc_22:     ; CODE XREF: string_compare+16j
        mov     ax, 1
        jmp     short loc_2B

loc_27:     ; CODE XREF: string_compare+18j
        inc     bx
        inc     si
        jmp     short loc_12
```

```
loc_2B:       ; CODE XREF: string_compare+12j
            ; string_compare+1Dj
            pop     si
            pop     bp
            retn    4
string_compare endp

string_compare_far proc near ; CODE XREF: WinMain+18p

arg_0 = word ptr 4
arg_2 = word ptr 6
arg_4 = word ptr 8
arg_6 = word ptr 0Ah

            push    bp
            mov     bp, sp
            push    si
            mov     si, [bp+arg_0]
            mov     bx, [bp+arg_4]

loc_3A:       ; CODE XREF: string_compare_far+35j
            mov     es, [bp+arg_6]
            mov     al, es:[bx]
            mov     es, [bp+arg_2]
            cmp     al, es:[si]
            jz      short loc_4C
            xor     ax, ax
            jmp     short loc_67

loc_4C:       ; CODE XREF: string_compare_far+16j
            mov     es, [bp+arg_6]
            cmp     byte ptr es:[bx], 0
            jz      short loc_5E
            mov     es, [bp+arg_2]
            cmp     byte ptr es:[si], 0
            jnz     short loc_63

loc_5E:       ; CODE XREF: string_compare_far+23j
            mov     ax, 1
            jmp     short loc_67

loc_63:       ; CODE XREF: string_compare_far+2Cj
            inc     bx
            inc     si
            jmp     short loc_3A

loc_67:       ; CODE XREF: string_compare_far+1Aj
            ; string_compare_far+31j
            pop     si
            pop     bp
            retn    8
```

```
string_compare_far endp

remove_digits proc near     ; CODE XREF: WinMain+1Fp

arg_0 = word ptr 4

        push    bp
        mov     bp, sp
        mov     bx, [bp+arg_0]

loc_72:     ; CODE XREF: remove_digits+18j
        mov     al, [bx]
        test    al, al
        jz      short loc_86
        cmp     al, 30h ; '0'
        jb      short loc_83
        cmp     al, 39h ; '9'
        ja      short loc_83
        mov     byte ptr [bx], 2Dh ; '-'

loc_83:     ; CODE XREF: remove_digits+Ej
        ; remove_digits+12j
        inc     bx
        jmp     short loc_72

loc_86: ; CODE XREF: remove_digits+Aj
        pop     bp
        retn    2
remove_digits endp

WinMain proc near   ; CODE XREF: start+EDp
        push    bp
        mov     bp, sp
        mov     ax, offset aAsd     ; "asd"
        push    ax
        mov     ax, offset aDef     ; "def"
        push    ax
        call    string_compare
        push    ds
        mov     ax, offset aAsd     ; "asd"
        push    ax
        push    ds
        mov     ax, offset aDef     ; "def"
        push    ax
        call    string_compare_far
        mov     ax, offset aHello1234World     ; "hello 1234 world"
        push    ax
        call    remove_digits
        xor     ax, ax
        push    ax
        push    ds
```

```
            mov     ax, offset aHello1234World      ; "hello 1234 world"
            push    ax
            push    ds
            mov     ax, offset aCaption       ; "caption"
            push    ax
            mov     ax, 3                     ; MB_YESNOCANCEL
            push    ax
            call    MESSAGEBOX
            xor     ax, ax
            pop     bp
            retn    0Ah
WinMain endp
```

소위 'near' 포인터와 'far' 포인터의 차이점을 볼 수 있다. 이는 16비트 8086의 세그먼트 메모리라는 또 다른 이상한 특징 때문이다.

이에 대해서는 11.6절을 참고하기 바란다.

'near' 포인터는 현재의 데이터 포인터 내의 위치를 가리킨다. 따라서 string_compare() 함수에는 두 개의 16비트 포인터만 전달돼 DS가 가리키는 세그먼트 내의 데이터에 접근해 비교 작업을 수행한다(mov al, [bx] 명령어는 실제로 mov al, ds:[bx]처럼 동작한다).

'far' 포인터는 다른 메모리 세그먼트에 있는 데이터를 가리킨다. 따라서 string_compare_far() 함수에는 16비트 포인터 쌍이 전달되고 ES 세그먼트 레지스터에는 주소의 상위 부분이 로드돼 그것을 통해 데이터에 접근한다(mov al, es:[bx]). 'far' 포인터는 3.30.2절의 16비트 MessageBox() 예제에서도 사용된다. 실제로 윈도우 커널은 텍스트 문자열에 접근할 때 사용할 데이터 세그먼트를 알지 못하기 때문에 완전한 정보가 필요한 것이다.

간단한 16비트 프로그램은 64KB 크기의 데이터 세그먼트 하나만을 사용하기 때문에 항상 동일한 세그먼트만을 사용하게 된다. 따라서 주소의 상위 부분을 전달할 필요가 없는 것이다. 반면 좀 더 큰 프로그램은 여러 개의 64KB 데이터 세그먼트를 사용할 수 있어 데이터에 접근할 때마다 매번 어떤 세그먼트의 데이터인지를 지정할 필요가 있다.

코드 세그먼트의 경우도 마찬가지다. 간단한 프로그램은 64KB 크기의 세그먼트 안에 모든 실행 코드를 넣을 수 있어 함수에 대한 모든 호출이 CALL NEAR 명령어로 수행될 수 있고 RETN 명령어로 함수의 리턴이 이뤄질 수 있다. 하지만 여러 개의 코드 세그먼트를 사용하는 프로그램인 경우에는 두 개의 포인터로 함수의 주소를 지정해야 하며, **CALL FAR** 명령어로 함수를 호출해야 하고 **RETF** 명령어로 함수에서 리턴해야 한다.

이것이 '메모리 모델'을 지정함으로써 컴파일러에 설정되는 것이다.

MS-DOS와 Win16을 대상으로 하는 컴파일러는 각각의 메모리 모델에 대한 특정 라이브러리들이 있으며, 코드와 데이터의 포인터 타입에 따라 구분된다.

3.30.6 예제 #6

```c
#include <windows.h>
#include <time.h>
#include <stdio.h>

char strbuf[256];

int PASCAL WinMain( HINSTANCE hInstance,
                    HINSTANCE hPrevInstance,
                    LPSTR lpCmdLine,
                    int nCmdShow )
{
    struct tm *t;
    time_t unix_time;

    unix_time=time(NULL);
    t=localtime (&unix_time);

    sprintf (strbuf, "%04d-%02d-%02d %02d:%02d:%02d", t->tm_year+1900, t->tm_mon,
        t->tm_mday,t->tm_hour, t->tm_min, t->tm_sec);
    MessageBox (NULL, strbuf, "caption", MB_OK);
    return 0;
};
```

```asm
WinMain     proc near

var_4       = word ptr -4
var_2       = word ptr -2

            push    bp
            mov     bp, sp
            push    ax
            push    ax
            xor     ax, ax
            call    time_
            mov     [bp+var_4], ax  ; UNIX time의 하위 부분
```

```
                mov     [bp+var_2], dx  ; UNIX time의 상위 부분
                lea     ax, [bp+var_4]  ; 상위 부분의 포인터
                call    localtime_
                mov     bx, ax ; t
                push    word ptr [bx]       ; second
                push    word ptr [bx+2]     ; minute
                push    word ptr [bx+4]     ; hour
                push    word ptr [bx+6]     ; day
                push    word ptr [bx+8]     ; month
                mov     ax, [bx+0Ah]        ; year
                add     ax, 1900
                push    ax
                mov     ax, offset a04d02d02d02d02      ; "%04d-%02d-%02d %02d:%02d:%02d"
                push    ax
                mov     ax, offset strbuf
                push    ax
                call    sprintf_
                add     sp, 10h
                xor     ax, ax      ; NULL
                push    ax
                push    ds
                mov     ax, offset strbuf
                push    ax
                push    ds
                mov     ax, offset aCaption     ; "caption"
                push    ax
                xor     ax, ax      ; MB_OK
                push    ax
        call    MESSAGEBOX
                xor     ax, ax
                mov     sp, bp
                pop     bp
                retn    0Ah
WinMain         endp
```

유닉스 시간은 32비트 값이어서 **DX:AX** 레지스터 쌍으로 값이 반환돼 두 개의 16비트 지역
변수에 저장된다. 따라서 두 개의 포인터가 localtime() 함수에 전달된다. localtime()
함수는 C 라이브러리 어딘가에서 할당된 **tm** 구조체를 이용하기 때문에 해당 구조체에
대한 포인터만을 반환한다.

그런데 이는 localtime() 함수의 결과가 사용될 때까지는 그 함수를 다시 호출할 수
없다는 것을 의미한다.

time()과 localtime() 함수를 위해 Watcom의 호출 규약이 사용됐다. 즉, 앞의 4개 인

자는 **AX**, **DX**, **BX**, **CX** 레지스터로 전달되고 나머지 인자는 스택으로 전달된다.

이 호출 규약을 사용하는 함수는 이름의 끝에 밑줄 문자가 추가된다.

sprintf()는 PASCAL 호출 규약이나 Watcom의 호출 규약을 사용하지 않으므로 인자는 일반적인 cdecl 호출 규약(6.1.1절)으로 전달된다.

전역 변수

이번에는 변수가 전역 변수인 경우를 살펴보자.

```c
#include <windows.h>
#include <time.h>
#include <stdio.h>

char strbuf[256];
struct tm *t;
time_t unix_time;

int PASCAL WinMain( HINSTANCE hInstance,
                    HINSTANCE hPrevInstance,
                    LPSTR lpCmdLine,
                    int nCmdShow )
{
    unix_time=time(NULL);

    t=localtime (&unix_time);

    sprintf (strbuf, "%04d-%02d-%02d %02d:%02d:%02d", t->tm_year+1900, t->tm_mon,
          t->tm_mday,t->tm_hour, t->tm_min, t->tm_sec);

    MessageBox (NULL, strbuf, "caption", MB_OK);
    return 0;
};
```

```asm
unix_time_low   dw 0
unix_time_high  dw 0
t               dw 0

WinMain         proc near
                push    bp
                mov     bp, sp
                xor     ax, ax
                call    time_
                mov     unix_time_low, ax
                mov     unix_time_high, dx
```

```
                mov     ax, offset unix_time_low
                call    localtime_
                mov     bx, ax
                mov     t, ax                   ; 이후에는 사용되지 않을 것이다.
                push    word ptr [bx]           ; seconds
                push    word ptr [bx+2]         ; minutes
                push    word ptr [bx+4]         ; hour
                push    word ptr [bx+6]         ; day
                push    word ptr [bx+8]         ; month
                mov     ax, [bx+0Ah]            ; year
                add     ax, 1900
                push    ax
                mov     ax, offset a04d02d02d02d02    ; "%04d-%02d-%02d %02d:%02d:%02d"
                push    ax
                mov     ax, offset strbuf
                push    ax
                call    sprintf_
                add     sp, 10h
                xor     ax, ax                  ; NULL
                push    ax
                push    ds
                mov     ax, offset strbuf
                push    ax
                push    ds
                mov     ax, offset aCaption     ; "caption"
                push    ax
                xor     ax, ax                  ; MB_OK
                push    ax
                call    MESSAGEBOX
                xor     ax, ax                  ; return 0
                pop     bp
                retn    0Ah
WinMain         endp
```

t는 사용되지 않지만 컴파일러는 그것의 값을 저장하는 코드를 만들어냈다.

그 값이 다른 모듈의 어딘가에서 사용될 수도 있기 때문이다.

04

자바

4.1 자바

4.1.1 소개

자바(또는 일반적으로 JVM 바이트 코드) 디컴파일러의 경우 몇 가지 유명한 것이 있다(예를 들면 JAD: http://varaneckas.com/jad/).

그 이유로는 JVM^{Java Virtual Machine} 바이트 코드를 디컴파일하는 것이 로우레벨의 x86 코드의 경우보다 다소 쉽기 때문이다.

- JVM 바이트 코드에는 데이터 타입에 대한 정보가 더 많이 포함돼 있다.
- JVM 메모리 모델은 훨씬 더 엄격하고 명확하다.
- 자바 컴파일러는 최적화(JVM JIT^{Just-In-Time}가 런타임에 최적화를 수행한다)를 수행하지 않아 클래스 파일의 바이트 코드는 가독성이 좋다.

JVM에 대한 지식은 언제 유용할까?

- 디컴파일러의 결과를 다시 컴파일할 필요 없이 클래스 파일을 빠르게 패치할 때
- 난독화된 코드를 분석할 때

- 자체적인 난독화를 수행할 때
- JVM(스칼라나 클로저와 같은 JVM 언어, http://en.wikipedia.org/wiki/List_of_JVM_languages)을 대상으로 하는 컴파일러 코드 생성기(백엔드)를 만들고자 할 때

간단한 코드 예제로 시작해보자. 특별한 언급이 없다면 JDK 1.7이 사용된 것이다. 다음은 클래스 파일을 디컴파일하고자 사용되는 명령어다.

```
javap -c -verbose
```

이 장의 모든 예제는 팀 린드홀, 프랭크 옐린, 길라드 브라차, 알렉스 버클리의 『Java(R) Virtual Machine Specification/Java SE 7 Edition』(https://docs.oracle.com/javase/specs/jvms/se7/jvms7.pdf; http://docs.oracle.com/javase/specs/jvms/se7/html/)에서 참고한 것이다.

4.1.2 값을 리턴

가장 간단한 자바 함수는 어떤 값을 리턴만 하는 것일 것이다.

자바에는 'free' 함수가 없으며, 함수를 '메소드'라고 부른다.

각각의 메소드는 어떤 클래스와 관련이 있으며, 클래스 밖에서 메소드를 정의하는 것은 불가능하다.

하지만 설명의 편의를 위해 어쨌든 '함수'라고 부를 것이다.

```
public class ret
{
    public static int main(String[] args)
    {
        return 0;
    }
}
```

컴파일해보자.

```
javac ret.java
```

그리고 표준 자바 유틸리티를 이용해 디컴파일해보자.

```
javap -c -verbose ret.class
```

디컴파일 결과는 다음과 같다.

리스트 4.1: JDK 1.7(발췌한 것임)

```
public static int main(java.lang.String[]);
    flags: ACC_PUBLIC, ACC_STATIC
    Code:
        stack=1, locals=1, args_size=1
            0: iconst_0
            1: ireturn
```

자바 개발자는 프로그램에서 0이 가장 많이 사용되는 상수 중 하나라고 판단해 0을 푸시[Push]하는 1바이트 명령어인 iconst_0을 별도로 만들었다.[1] 또한 iconst_1(1을 푸시), iconst_2도 있다. 그리고 -1을 푸시하는 iconst_m1도 있다.

JVM에서는 함수에 데이터를 전달하거나 함수에서 값을 리턴할 때 스택을 사용한다. 따라서 iconst_0은 스택에 0을 푸시한다. ireturn은 TOS('Top of Stack')에서 정수 값(이름에 i가 있다면 그것은 정수를 의미)을 리턴한다.

예제를 살짝 고쳐 1234를 리턴하게 만들어보자.

```
public class ret
{
    public static int main(String[] args)
    {
        return 1234;
    }
}
```

디컴파일 결과는 다음과 같다.

---

1. MIPS에 상수 0을 위한 별도의 레지스터가 있는 것과 비슷하다(1.5.5절).

```
public static int main(java.lang.String[]);
    flags: ACC_PUBLIC, ACC_STATIC
    Code:
        stack=1, locals=1, args_size=1
        0: sipush 1234
        3: ireturn
```

sipush('short integer')는 1234를 스택에 푸시한다. 이름에 short가 있으면 16비트 값을 푸시한다는 의미가 된다. 실제로 1234는 16비트 값이다.

그렇다면 큰 수를 리턴하는 경우는 어떻게 될까?

```
public class ret
{
    public static int main(String[] args)
    {
        return 12345678;
    }
}
```

리스트 4.3: Constant pool

```
...
    #2 = Integer 12345678
...
```

```
public static int main(java.lang.String[]);
    flags: ACC_PUBLIC, ACC_STATIC
    Code:
        stack=1, locals=1, args_size=1
            0: ldc  #2  // int 12345678
            2: ireturn
```

JVM 명령어 OP 코드에 32비트 수를 인코딩하는 것은 불가능하다.

따라서 32비트 값인 12345678은 소위 'constant pool'이라는 곳에 저장된다. 이는 가장 많이 사용되는 상수(문자열, 객체 등도 포함)가 저장되는 곳이다.

이런 식으로 상수 값을 전달하는 것은 JVM에만 해당되는 것은 아니다.

MIPS와 ARM, 그리고 다른 RISC CPU에서도 32비트 OP 코드에 32비트 값을 인코딩할 수 없다. 따라서 RISC CPU 코드(MIPS와 ARM)는 몇 개의 단계로 32비트 값을 구성하거나 데이터 세그먼트에 그 값을 저장해야 한다(1.31.3절).

MIPS 코드에는 'literal pool'이라는 것이 있어 32비트 단정밀도 부동소수점 상수를 위한 세그먼트를 '.lit4'라고 부르고, 64비트 배정밀도 부동소수점 상수를 위한 세그먼트를 '.lit8'이라고 부른다.

다른 데이터 타입도 살펴보자.

불리언은 다음과 같다.

```
public class ret
{
    public static boolean main(String[] args)
    {
        return true;
    }
}
```

```
public static boolean main(java.lang.String[]);
    flags: ACC_PUBLIC, ACC_STATIC
    Code:
        stack=1, locals=1, args_size=1
            0: iconst_1
            1: ireturn
```

이 JVM 바이트 코드는 정수 1을 리턴하는 바이트 코드와 다르지 않다.

불리언boolean 값을 위해서 이 경우에도 C/C++처럼 스택에 있는 32비트 데이터 슬롯이 사용됐다.

하지만 리턴된 불리언 값을 정수로 사용하거나 정수를 불리언 값으로 사용할 수는 없다. 클래스 파일에 타입 정보가 저장돼 있어 실행 시에 타입을 검사하기 때문이다.

16비트 short 타입의 경우도 마찬가지다.

```
public class ret
{
```

```
    public static short main(String[] args)
    {
        return 1234;
    }
}
```

```
public static short main(java.lang.String[]);
    flags: ACC_PUBLIC, ACC_STATIC
    Code:
        stack=1, locals=1, args_size=1
            0: sipush 1234
            3: ireturn
```

char 타입의 경우는 다음과 같다.

```
public class ret
{
    public static char main(String[] args)
    {
        return 'A';
    }
}
```

```
public static char main(java.lang.String[]);
    flags: ACC_PUBLIC, ACC_STATIC
    Code:
        stack=1, locals=1, args_size=1
            0: bipush   65
            2: ireturn
```

bipush는 'push byte'를 의미한다. 자바에서 char 타입은 16비트 UTF-16 문자로, short 타입과 같다. 하지만 'A' 문자의 ASCII 코드는 65로, 스택에 한 바이트를 푸시하는 명령어를 사용할 수 있다.

byte 타입도 살펴보자.

```
public class retc
{
    public static byte main(String[] args)
    {
```

```
        return 123;
    }
}
```

```
public static byte main(java.lang.String[]);
    flags: ACC_PUBLIC, ACC_STATIC
    Code:
        stack=1, locals=1, args_size=1
            0: bipush 123
            2: ireturn
```

내부적으로는 32비트 정수로 동작하는 16비트 short 데이터 타입을 사용하는 이유가 무엇일까?

char 데이터 타입이 short 데이터 타입과 동일하다면 왜 char 타입을 사용하는 것일까?

답은 간단하다. 데이터 타입을 통제하고 소스코드의 가독성을 높이기 위해서다.

char 타입은 short 타입과 기본적으로 동일하다. UTF-16 문자를 저장하기 때문이란 것을 쉽게 이해할 수 있고 다른 정수 값과는 다르다는 것을 알 수 있다.

short 타입을 사용하면 변수의 범위가 16비트로 제한된다는 것을 보여줄 수 있다.

필요한 경우에는 C 스타일의 int 타입 대신 불리언 타입을 사용하는 것이 좋다.

자바에는 64비트 정수 데이터 타입도 있다.

```
public class ret3
{
    public static long main(String[] args)
    {
        return 1234567890123456789L;
    }
}
```

리스트 4.4: Constant pool

```
...
    #2 = Long 1234567890123456791
...
```

```
public static long main(java.lang.String[]);
    flags: ACC_PUBLIC, ACC_STATIC
    Code:
        stack=2, locals=1, args_size=1
            0: ldc2_w   #2  // long 12345678901234567891
            3: lreturn
```

64비트 수 또한 constant pool에 저장된다. ldc2_w는 64비트를 로드하고 lreturn('long return')은 그것을 리턴한다.

ldc2_w 명령어는 constant pool에서 배정밀도 부동소수점 수(64비트임)를 로드할 때도 사용된다.

```
public class ret
{
    public static double main(String[] args)
    {
        return 123.456d;
    }
}
```

리스트 4.5: Constant pool

```
...
    #2 = Double 123.456d
...
```

```
public static double main(java.lang.String[]);
    flags: ACC_PUBLIC, ACC_STATIC
    Code:
        stack=2, locals=1, args_size=1
            0: ldc2_w   #2 // double 123.456d
            3: dreturn
```

dreturn은 'return double'을 의미한다.

이제 단정밀도 부동소수점 수를 살펴보자.

```
public class ret
{
```

```
    public static float main(String[] args)
    {
        return 123.456f;
    }
}
```

리스트 4.6: Constant pool

```
...
    #2 = Float 123.456f
...
```

```
public static float main(java.lang.String[]);
    flags: ACC_PUBLIC, ACC_STATIC
    Code:
        stack=1, locals=1, args_size=1
            0: ldc  #2  // float 123.456f
            2: freturn
```

여기서 사용된 **ldc** 명령어는 constant pool에서 32비트 정수를 로딩하는 것과 동일한 작업을 수행한다.

freturn은 'return float'을 의미한다.

이제 아무것도 리턴하지 않는 함수의 경우를 살펴보자.

```
public class ret
{
    public static void main(String[] args)
    {
        return;
    }
}
```

```
public static void main(java.lang.String[]);
    flags: ACC_PUBLIC, ACC_STATIC
    Code:
        stack=0, locals=1, args_size=1
            0: return
```

return 명령어는 아무런 값을 리턴하지 않고 제어 흐름을 넘긴다.

마지막에 사용된 return 명령어만 봐도 함수(또는 메소드)가 어떤 타입의 값을 리턴하는지 유추할 수 있다.

4.1.3 간단한 계산 함수

간단한 계산을 수행하는 함수를 살펴보자.

```
public class calc
{
    public static int half(int a)
    {
        return a/2;
    }
}
```

여기서는 iconst_2 명령어가 사용된다.

```
public static int half(int);
    flags: ACC_PUBLIC, ACC_STATIC
    Code:
        stack=2, locals=1, args_size=1
            0: iload_0
            1: iconst_2
            2: idiv
            3: ireturn
```

iload_0 명령어는 함수의 0번째 인자를 가져와 스택에 푸시한다.

iconst_2 명령어는 2를 스택에 푸시한다. 이 두 명령어가 실행된 이후의 스택 상태는 다음과 같다.

```
        +---+
TOS ->| 2 |
        +---+
        | a |
        +---+
```

idiv 명령어는 TOS('Top of Stack')에서 두 개의 값을 가져와 그중 하나로 다른 하나를 나눈 다음 결과를 TOS에 저장한다.

```
        +--------+
TOS ->| result |
        +--------+
```

ireturn 명령어는 나누기 연산한 결과를 가져와 리턴한다.

배정밀도 부동소수점 수를 나누기 연산하는 예제를 보자.

```
public class calc
{
    public static double half_double(double a)
    {
        return a/2.0;
    }
}
```

리스트 4.7: Constant pool

```
...
    #2 = Double 2.0d
...
```

```
public static double half_double(double);
    flags: ACC_PUBLIC, ACC_STATIC
    Code:
        stack=4, locals=2, args_size=1
            0: dload_0
            1: ldc2_w #2 // double 2.0d
            4: ddiv
            5: dreturn
```

이번에는 상수 값 2.0을 constant pool에서 로드하고자 ldc2_w 명령어가 사용됐다. 그리고 사용된 다른 세 개의 명령어의 이름이 d로 시작하는데, 그것은 double 데이터 타입을 다루는 명령어라는 것을 의미한다. 이제는 함수에 두 개의 인자가 전달되는 경우를 살펴보자.

```
public class calc
{
    public static int sum(int a, int b)
    {
```

```
        return a+b;
    }
}
```

```
public static int sum(int, int);
    flags: ACC_PUBLIC, ACC_STATIC
    Code:
        stack=2, locals=2, args_size=2
            0: iload_0
            1: iload_1
            2: iadd
            3: ireturn
```

iload_0는 함수의 첫 번째 인자(a)를 로드하는 명령어고 iload_1은 두 번째 인자(b)를 로드하는 명령어다.

다음은 두 개의 명령어가 실행된 이후의 스택 상태다.

```
        +---+
TOS ->| b |
        +---+
        | a |
        +---+
```

iadd 명령어는 두 값을 더해 그 값을 TOS에 저장한다.

```
        +--------+
TOS ->| result |
        +--------+
```

이 예제를 long 데이터 타입으로 확장해보자.

```
public static long lsum(long a, long b)
{
    return a+b;
}
```

```
public static long lsum(long, long);
    flags: ACC_PUBLIC, ACC_STATIC
```

```
Code:
    stack=4, locals=4, args_size=2
        0: lload_0
        1: lload_2
        2: ladd
        3: lreturn
```

두 번째의 lload 명령어는 두 번째 슬롯에서 두 번째 인자를 로드한다.

64비트 long 값은 정확히 두 개의 32비트 슬롯을 차지하기 때문이다.

예제를 좀 더 바꿔보면 다음과 같다.

```
public class calc
{
    public static int mult_add(int a, int b, int c)
    {
        return a*b+c;
    }
}
```

```
public static int mult_add(int, int, int);
    flags: ACC_PUBLIC, ACC_STATIC
    Code:
        stack=2, locals=3, args_size=3
            0: iload_0
            1: iload_1
            2: imul
            3: iload_2
            4: iadd
            5: ireturn
```

첫 번째 단계는 곱하기 연산을 수행하는 것이다. 곱하기 연산의 결과는 TOS에 저장된다.

```
        +---------+
TOS ->| product |
        +---------+
```

iload_2 명령어는 세 번째 인자(c)를 스택에 로드한다.

```
        +---------+
```

```
TOS ->| c |
      +---------+
      | product |
      +---------+
```

이제는 iadd 명령어로 두 개의 값을 더할 수 있다.

4.1.4 JVM 메모리 모델

x86과 그 외의 저수준 환경에서는 함수에 대한 인자 전달과 지역 변수 저장소로 스택을 사용한다.

JVM의 경우에는 약간 다르다.

- 함수에 전달되는 인자와 지역 변수 저장을 위해 지역 변수 배열(LVA^2)이 사용된다.

  그리고 그곳에 저장된 값은 iload_0와 같은 명령어로 로드한다.

  값을 저장할 때는 istore 명령어가 사용된다. 처음에는 함수에 전달된 인자가 저장된다. 함수 인자는 0 또는 1번(0번째 인자가 LVA 포인터로 사용된 경우)으로 매핑된다.

  그다음에는 지역 변수가 할당된다.

  LVA의 각 슬롯 크기는 32비트다.

  따라서 long과 double 타입의 데이터는 두 개의 슬롯을 차지한다.

- 어떤 계산을 수행하거나 다른 함수를 호출하고자 인자를 전달할 때는 스택이 사용된다.

  x86과 같은 저수준 환경의 경우와는 달리 스택에 값을 명시적으로 푸시하거나 팝[Pop]하는 명령어를 사용하지 않는다면 스택에 접근할 수 없다.

- 객체와 배열을 저장하는 데에는 힙[Heap]이 사용된다.

이 세 영역은 서로 분리돼 있다.

---

2. (자바) Local Variable Array

4.1.5 간단한 함수 호출

Math.random()은 [0.0...1.0) 사이의 임의의 값을 리턴하는데, 어떤 이유 때문에 [0.0 ...0.5) 사이의 값을 리턴하는 함수를 만들어야 한다고 가정해보자.

```
public class HalfRandom
{
    public static double f()
    {
        return Math.random()/2;
    }
}
```

리스트 4.8: Constant pool

```
...
#2 = Methodref          #18.#19    // java/lang/Math.random:()D
#3 = Double             2.0d
...
#12 = Utf8              ()D
...
#18 = Class             #22        // java/lang/Math
#19 = NameAndType       #23:#12    // random:()D
#22 = Utf8              java/lang/Math
#23 = Utf8              random
```

```
public static double f();
    flags: ACC_PUBLIC, ACC_STATIC
    Code:
        stack=4, locals=0, args_size=0
            0: invokestatic    #2     // Method java/lang/Math.random:()D
            3: ldc2_w          #3     // double 2.0d
            6: ddiv
            7: dreturn
```

invokestatic은 Math.random() 함수를 호출하고 결과를 TOS에 저장한다.

그리고 결과를 2.0으로 나눠서 리턴한다.

그런데 함수의 이름은 어떻게 인코딩되는 것일까?

함수의 이름은 Methodref 표현식을 이용해 constant pool에 인코딩된다.

Methodref 표현식은 클래스와 메소드 이름을 정의한다.

Methodref의 첫 번째 필드는 일반적인 테스트 문자열('java/lang/Math')을 가리키는 Class 표현식을 가리킨다.

Methodref의 두 번째 필드는 문자열에 대한 두 개의 링크가 있는 NameAndType 표현식을 가리킨다.

첫 번째 문자열은 메소드의 이름인 'random'이다.

두 번째 문자열은 함수의 타입을 인코딩한 '()D'다. 그리고 그것은 double 값(D가 double을 의미)을 리턴한다는 의미를 갖고 있다.

이렇게 함으로써 1) JVM은 데이터의 타입을 체크할 수 있고, 2) 자바 디컴파일러는 컴파일된 클래스 파일에서 데이터의 타입을 복원할 수 있다.

이제는 'Hello, world!' 예제를 살펴보자.

```
public class HelloWorld
{
    public static void main(String[] args)
    {
        System.out.println("Hello, World");
    }
}
```

리스트 4.9: Constant pool

```
...
#2 = Fieldref        #16.#17      // java/lang/System.out:Ljava/io/PrintStream;
#3 = String          #18          // Hello, World
#4 = Methodref       #19.#20      // java/io/PrintStream.println:(Ljava/lang/String;)V
...
#16 = Class          #23          // java/lang/System
#17 = NameAndType    #24:#25      // out:Ljava/io/PrintStream;
#18 = Utf8           Hello, World
#19 = Class          #26          // java/io/PrintStream
#20 = NameAndType    #27:#28      // println:(Ljava/lang/String;)V
...
#23 = Utf8           java/lang/System
#24 = Utf8           out
#25 = Utf8           Ljava/io/PrintStream;
#26 = Utf8           java/io/PrintStream
```

```
#27 = Utf8              println
#28 = Utf8              (Ljava/lang/String;)V
...
```

```
public static void main(java.lang.String[]);
    flags: ACC_PUBLIC, ACC_STATIC
    Code:
        stack=2, locals=1, args_size=1
            0: getstatic #2     // Field java/lang/System.out:Ljava/io/PrintStream;
            3: ldc #3           // String Hello, World
            5: invokevirtual #4 // Method java/io/PrintStream.println:(Ljava/lang/String;)V
            8: return
```

오프셋 2에 있는 ldc 명령어는 constant pool에서 'Hello, World' 문자열에 대한 포인터를 가져와 스택에 푸시한다.

자바에서는 이를 참조라고 부르지만 일종의 포인터나 주소라고 할 수 있다.[3]

invokevirtual 명령어는 constant pool에서 println() 함수(또는 메소드)에 대한 정보를 가져와 println 함수를 호출한다.

잘 알겠지만, 각각의 데이터 유형별로 println 메소드가 있다.

예제에서 사용된 println은 String 데이터 타입을 위한 것이다.

첫 번째 명령어인 getstatic은 어떤 명령어일까?

getstatic은 System.out 객체의 필드에 대한 참조(또는 주소)를 가져와 스택에 푸시한다.

그 값은 println 메소드의 this 포인터와 같은 역할을 한다.

따라서 내부적으로 println 메소드에는 두 개의 인자가 전달된다. 하나는 this, 즉 객체 자체에 대한 포인터고 다른 하나는 'Hello, World' 문자열의 주소다.

실제로 println()은 초기화된 System.out 객체 내의 메소드로 호출된다.

분석을 편하게 할 수 있게 javap 유틸리티는 이와 같은 모든 정보를 주석으로 추가해준다.

---

3. C++에서 포인터와 참조의 차이점은 3.18.3절 참고

4.1.6 beep() 호출

다음은 인자 없이 두 개의 함수를 호출하는 간단한 예제다.

```
public static void main(String[] args)
{
    java.awt.Toolkit.getDefaultToolkit().beep();
};
```

```
public static void main(java.lang.String[]);
    flags: ACC_PUBLIC, ACC_STATIC
    Code:
        stack=1, locals=1, args_size=1
            0: invokestatic    #2  // Method java/awt/Toolkit.getDefaultToolkit:
()Ljava/awt/Toolkit;
            3: invokevirtual   #3  // Method java/awt/Toolkit.beep:()V
            6: return
```

오프셋 0에 있는 invokestatic은 Toolkit 클래스 객체에 대한 참조를 리턴하는 java.
awt.Toolkit.getDefaultToolkit()을 호출한다.

오프셋 3에 있는 invokevirtual 명령어는 해당 클래스의 beep() 메소드를 호출한다.

4.1.7 선형 합동 의사 난수 생성기

이미 이 책의 1.23절에서 다뤄 본 간단한 의사 난수 생성기 예제를 살펴보자.

```
public class LCG
{
    public static int rand_state;

    public void my_srand (int init)
    {
        rand_state=init;
    }

    public static int RNG_a=1664525;
    public static int RNG_c=1013904223;

    public int my_rand ()
    {
        rand_state=rand_state*RNG_a;
```

```
        rand_state=rand_state+RNG_c;
        return rand_state & 0x7fff;
    }
}
```

시작 시점에 여러 개의 클래스 필드가 초기화되고 있다.

javap의 출력을 보면 클래스 생성자에서 어떻게 초기화하는지 알 수 있다.

```
static {};
    flags: ACC_STATIC
    Code:
        stack=1, locals=0, args_size=0
            0: ldc           #5          // int 1664525
            2: putstatic     #3          // Field RNG_a:I
            5: ldc           #6          // int 1013904223
            7: putstatic     #4          // Field RNG_c:I
           10: return
```

변수가 초기화되는 방법을 볼 수 있다.

RNG_a는 클래스에서 세 번째 슬롯을 차지하고 RNG_c는 네 번째 슬롯을 차지한다. putstatic은 상수 값을 설정한다.

my_srand() 함수는 rand_state에 있는 입력값을 단순히 저장한다.

```
public void my_srand(int);
    flags: ACC_PUBLIC
    Code:
        stack=1, locals=2, args_size=2
            0: iload_1
            1: putstatic     #2  // Field rand_state:I
            4: return
```

iload_1은 입력값을 스택에 푸시한다. 그런데 왜 iload_0이 사용되지 않았을까?

이 함수는 클래스의 필드를 사용하고 그것이 함수에 0번째 인자로 전달됐기 때문이다.

rand_state는 클래스에서 두 번째 슬롯을 차지하기 때문에 putstatic은 TOS에서 그 값을 복사해 두 번째 슬롯에 넣는다.

다음은 my_rand() 함수다.

```
public int my_rand();
    flags: ACC_PUBLIC
    Code:
        stack=2, locals=1, args_size=1
         0: getstatic   #2          // Field rand_state:I
         3: getstatic   #3          // Field RNG_a:I
         6: imul
         7: putstatic   #2          // Field rand_state:I
        10: getstatic   #2          // Field rand_state:I
        13: getstatic   #4          // Field RNG_c:I
        16: iadd
        17: putstatic   #2          // Field rand_state:I
        20: getstatic   #2          // Field rand_state:I
        23: sipush      32767
        26: iand
        27: ireturn
```

객체의 필드에서 모든 값을 로드해 연산을 수행하고 putstatic 명령어로 rand_state 의 값을 업데이트한다.

오프셋 20에서 **rand_state**는 다시 로드된다(putstatic에 의해 이전에 스택에서 삭제됐기 때문이다).

이는 비효율적인 코드처럼 보이지만 일반적으로 JVM은 그런 것들을 실제로 잘 최적화한다.

4.1.8 조건 점프

이제는 조건 점프문을 살펴보자.

```
public class abs
{
    public static int abs(int a)
    {
        if (a<0)
            return -a;
        return a;
    }
}
```

```
public static int abs(int);
    flags: ACC_PUBLIC, ACC_STATIC
    Code:
        stack=1, locals=1, args_size=1
            0: iload_0
            1: ifge        7
            4: iload_0
            5: ineg
            6: ireturn
            7: iload_0
            8: ireturn
```

ifge 명령어는 TOS의 값이 0보다 크거나 같으면 오프셋 7로 점프한다.

ifXX 명령어는 스택에서 값을 팝시킨다는 것을 잊으면 안 된다.

ineg 명령어는 TOS에 있는 값을 단순히 반대로 만든다.

또 다른 예제를 살펴보자.

```
public static int min (int a, int b)
{
    if (a>b)
        return b;
    return a;
}
```

```
public static int min(int, int);
    flags: ACC_PUBLIC, ACC_STATIC
    Code:
        stack=2, locals=2, args_size=2
            0: iload_0
            1: iload_1
            2: if_icmple       7
            5: iload_1
            6: ireturn
            7: iload_0
            8: ireturn
```

if_icmple 명령어는 두 개의 값을 팝해 비교한다. 두 번째 값이 첫 번째 값보다 작거나
같으면 오프셋 7로 점프한다.

max() 함수를 정의하면 다음과 같을 것이다.

```
public static int max (int a, int b)
{
    if (a>b)
        return a;
    return b;
}
```

디컴파일된 코드는 거의 동일하지만 마지막 두 개의 **iload** 명령어(오프셋 5와 7)의 순서가 바뀌었다.

```
public static int max(int, int);
    flags: ACC_PUBLIC, ACC_STATIC
    Code:
        stack=2, locals=2, args_size=2
            0: iload_0
            1: iload_1
            2: if_icmple          7
            5: iload_0
            6: ireturn
            7: iload_1
            8: ireturn
```

함수를 좀 더 복잡하게 만들어보자.

```
public class cond
{
    public static void f(int i)
    {
        if (i<100)
            System.out.print("<100");
        if (i==100)
            System.out.print("==100");
        if (i>100)
            System.out.print(">100");
        if (i==0)
            System.out.print("==0");
    }
}
```

```
public static void f(int);
    flags: ACC_PUBLIC, ACC_STATIC
    Code:
```

```
        stack=2, locals=1, args_size=1
            0: iload_0
            1: bipush          100
            3: if_icmpge        14
            6: getstatic        #2  // Field java/lang/System.out:Ljava/io/PrintStream;
            9: ldc              #3  // String <100
           11: invokevirtual   #4  // Method java/io/PrintStream.print:
  (Ljava/lang/String;)V
           14: iload_0
           15: bipush          100
           17: if_icmpne        28
           20: getstatic        #2  // Field java/lang/System.out:Ljava/io/PrintStream;
           23: ldc              #5  // String ==100
           25: invokevirtual   #4  // Method java/io/PrintStream.print:
  (Ljava/lang/String;)V
           28: iload_0
           29: bipush          100
           31: if_icmple        42
           34: getstatic        #2  // Field java/lang/System.out:Ljava/io/PrintStream;
           37: ldc              #6  // String >100
           39: invokevirtual   #4  // Method java/io/PrintStream.print:
  (Ljava/lang/String;)V
           42: iload_0
           43: ifne             54
           46: getstatic        #2  // Field java/lang/System.out:Ljava/io/PrintStream;
           49: ldc              #7  // String ==0
           51: invokevirtual   #4  // Method java/io/PrintStream.print:
  (Ljava/lang/String;)V
           54: return
```

if_icmpge 명령어는 두 개의 값을 팝해 비교한다. 두 번째 값이 첫 번째 값보다 크면 오프셋 14로 점프한다.

if_icmpne와 if_icmple은 동일한 작업을 수행하지만 수행하는 조건이 다르다.

오프셋 43에는 ifne 명령어도 있다.

ifne라는 이름보다는 ifnz이 더 정확할 것이다(TOS의 값이 0이 아닌 경우 점프).

즉, 입력값이 0이 아닌 경우 오프셋 54로 점프한다.

입력값이 0이면 '==0' 문자열이 출력되는 오프셋 46까지 실행된다.

참고: JVM에는 부호 없는 데이터 타입이 없기 때문에 비교 명령어는 부호 있는 정수 값을 비교하는 연산을 수행한다.

4.1.9 인자 전달

min()/max() 예제를 좀 더 확장시켜보자.

```
public class minmax
{
    public static int min (int a, int b)
    {
        if (a>b)
            return b;
        return a;
    }

    public static int max (int a, int b)
    {
        if (a>b)
            return a;
        return b;
    }

    public static void main(String[] args)
    {
        int a=123, b=456;
        int max_value=max(a, b);
        int min_value=min(a, b);
        System.out.println(min_value);
        System.out.println(max_value);
    }
}
```

다음은 main() 함수의 디컴파일된 코드다.

```
public static void main(java.lang.String[]);
    flags: ACC_PUBLIC, ACC_STATIC
    Code:
        stack=2, locals=5, args_size=1
            0: bipush          123
            2: istore_1
            3: sipush          456
            6: istore_2
            7: iload_1
            8: iload_2
            9: invokestatic    #2  // Method max:(II)I
            12: istore_3
            13: iload_1
            14: iload_2
```

```
15: invokestatic    #3  // Method min:(II)I
18: istore          4
20: getstatic       #4  // Field java/lang/System.out:Ljava/io/PrintStream;
23: iload           4
25: invokevirtual   #5  // Method java/io/PrintStream.println:(I)V
28: getstatic       #4  // Field java/lang/System.out:Ljava/io/PrintStream;
31: iload_3
32: invokevirtual   #5  // Method java/io/PrintStream.println:(I)V
35: return
```

다른 함수에 대한 인자는 스택으로 전달되고 리턴 값은 TOS에 남는다.

4.1.10 비트필드

모든 비트 연산은 다른 ISA^{Instruction Set Architecture}와 동일하게 동작한다.

```
public static int set (int a, int b)
{
    return a | 1<<b;
}

public static int clear (int a, int b)
{
    return a & (~(1<<b));
}
```

```
public static int set(int, int);
    flags: ACC_PUBLIC, ACC_STATIC
    Code:
        stack=3, locals=2, args_size=2
            0: iload_0
            1: iconst_1
            2: iload_1
            3: ishl
            4: ior
            5: ireturn
public static int clear(int, int);
    flags: ACC_PUBLIC, ACC_STATIC
    Code:
        stack=3, locals=2, args_size=2
            0: iload_0
            1: iconst_1
            2: iload_1
```

```
        3: ishl
        4: iconst_m1
        5: ixor
        6: iand
        7: ireturn
```

iconst_m1 명령어는 스택에서 -1을 로드하며 그 값은 0xFFFFFFFF와 같다.

0xFFFFFFFF와 XOR 연산을 하면 모든 비트의 값을 바꾸는 것과 동일한 효과를 얻을 수 있다(2.6절).

모든 데이터 타입은 64비트 long 타입으로 확장해보자.

```
public static long lset (long a, int b)
{
    return a | 1<<b;
}
public static long lclear (long a, int b)
{
    return a & (~(1<<b));
}
```

```
public static long lset(long, int);
    flags: ACC_PUBLIC, ACC_STATIC
    Code:
        stack=4, locals=3, args_size=2
            0: lload_0
            1: iconst_1
            2: iload_2
            3: ishl
            4: i2l
            5: lor
            6: lreturn
public static long lclear(long, int);
    flags: ACC_PUBLIC, ACC_STATIC
    Code:
        stack=4, locals=3, args_size=2
            0: lload_0
            1: iconst_1
            2: iload_2
            3: ishl
            4: iconst_m1
```

```
5: ixor
6: i2l
7: land
8: lreturn
```

코드는 거의 동일하지만 이름이 l로 끝나는 64비트 값을 처리하는 명령어가 사용됐다.

또한 함수의 두 번째 인자는 여전히 int 타입이며, 32비트 값을 64비트 값으로 확장해야 할 때는 i2l 명령어를 사용해 정수 값을 long 타입으로 확장한다.

4.1.11 루프

```java
public class Loop
{
    public static void main(String[] args)
    {
        for (int i = 1; i <= 10; i++)
        {
            System.out.println(i);
        }
    }
}
```

```
public static void main(java.lang.String[]);
    flags: ACC_PUBLIC, ACC_STATIC
    Code:
        stack=2, locals=2, args_size=1
            0: iconst_1
            1: istore_1
            2: iload_1
            3: bipush        10
            5: if_icmpgt     21
            8: getstatic     #2  // Field java/lang/System.out:Ljava/io/PrintStream;
            11: iload_1
            12: invokevirtual #3  // Method java/io/PrintStream.println:(I)V
            15: iinc          1, 1
            18: goto          2
            21: return
```

iconst_1 명령어는 1을 TOS로 로드하고 istore_1 명령어는 LVA의 1번 슬롯에 저장한다.

왜 0번이 아니고 1번 슬롯일까? main() 함수에 하나의 인자(String 배열)가 전달되고 그에 대한 포인터(또는 참조)가 0번 슬롯에 저장되기 때문이다.

따라서 지역 변수 i는 항상 첫 번째 슬롯에 위치한다.

오프셋 3과 5에 있는 명령어는 i 값과 10을 비교한다.

i가 더 크다면 함수의 끝인 오프셋 21까지 계속 실행된다.

i가 더 크지 않은 경우에는 println이 호출된다.

오프셋 11에서 i 값은 println을 위해 다시 로드된다.

println 메소드에 대한 주석(`(I)V`)에서 I는 정수를 의미하고 V는 리턴 타입이 void라는 것을 의미한다.

println이 실행되면 오프셋 15에서 i 값이 증가된다.

명령어의 첫 번째 오퍼랜드는 1번 슬롯의 값이고 두 번째 오퍼랜드는 변수에 더해질 값(1)이다.

goto는 단순히 GOTO를 의미하며 오프셋 2에 있는 루프의 시작 시점으로 점프한다.

좀 더 복잡한 예제를 살펴보자.

```java
public class Fibonacci
{
    public static void main(String[] args)
    {
        int limit = 20, f = 0, g = 1;

        for (int i = 1; i <= limit; i++)
        {
            f = f + g;
            g = f - g;
            System.out.println(f);
        }
    }
}
```

```
public static void main(java.lang.String[]);
    flags: ACC_PUBLIC, ACC_STATIC
    Code:
```

```
stack=2, locals=5, args_size=1
   0: bipush        20
   2: istore_1
   3: iconst_0
   4: istore_2
   5: iconst_1
   6: istore_3
   7: iconst_1
   8: istore        4
  10: iload         4
  12: iload_1
  13: if_icmpgt     37
  16: iload_2
  17: iload_3
  18: iadd
  19: istore_2
  20: iload_2
  21: iload_3
  22: isub
  23: istore_3
  24: getstatic     #2  // Field java/lang/System.out:Ljava/io/PrintStream;
  27: iload_2
  28: invokevirtual #3  // Method java/io/PrintStream.println:(I)V
  31: iinc          4, 1
  34: goto          10
  37: return
```

다음은 LVA 슬롯의 상태를 보여준다.

- **0** – main()의 유일한 인자
- **1** – limit, 항상 20
- **2** – f
- **3** – g
- **4** – i

자바 컴파일러가 소스코드상에 선언된 순서대로 변수를 LVA 슬롯에 할당하는 것을 볼 수 있다.

별도의 istore 명령어로 LVA 슬롯 0, 1, 2, 3에 접근한다. 그런데 4번 이상의 슬롯에 접근할 때는 접근하려는 슬롯의 번호를 나타내는 오퍼랜드를 istore 명령어에 추가(오프셋 8)한다.

iload 명령어의 경우도 마찬가지다(오프셋 10).

하지만 항상 값이 20(본질적으로 상수)인 limit 변수를 또 다른 슬롯에 할당한 다음 그 값을 다시 로드해 사용하는 것은 조금 이상한 것 아닐까?

JVM JIT 컴파일러는 그런 부분을 충분히 최적화해준다.

직접 코드를 수정하는 것보다는 JIT 컴파일러의 최적화가 더 효율적이다.

4.1.12 switch()

switch()문은 tableswitch 명령어로 구현된다.

```java
public static void f(int a)
{
    switch (a)
    {
        case 0: System.out.println("zero"); break;
        case 1: System.out.println("one\n"); break;
        case 2: System.out.println("two\n"); break;
        case 3: System.out.println("three\n"); break;
        case 4: System.out.println("four\n"); break;
        default: System.out.println("something unknown\n"); break;
    };
}
```

```
public static void f(int);
    flags: ACC_PUBLIC, ACC_STATIC
    Code:
        stack=2, locals=1, args_size=1
            0: iload_0
            1: tableswitch { // 0 to 4
                0: 36
                1: 47
                2: 58
                3: 69
                4: 80
                default: 91
            }
            36: getstatic     #2  // Field java/lang/System.out:Ljava/io/PrintStream;
            39: ldc           #3  // String zero
            41: invokevirtual #4  // Method java/io/PrintStream.println:
(Ljava/lang/String;)V
```

```
        44: goto           99
        47: getstatic      #2   // Field java/lang/System.out:Ljava/io/PrintStream;
        50: ldc            #5   // String one\n
        52: invokevirtual  #4   // Method java/io/PrintStream.println:
(Ljava/lang/String;)V
        55: goto           99
        58: getstatic      #2   // Field java/lang/System.out:Ljava/io/PrintStream;
        61: ldc            #6   // String two\n
        63: invokevirtual  #4   // Method java/io/PrintStream.println:
(Ljava/lang/String;)V
        66: goto           99
        69: getstatic      #2   // Field java/lang/System.out:Ljava/io/PrintStream;
        72: ldc            #7   // String three\n
        74: invokevirtual  #4   // Method java/io/PrintStream.println:
(Ljava/lang/String;)V
        77: goto           99
        80: getstatic      #2   // Field java/lang/System.out:Ljava/io/PrintStream;
        83: ldc            #8   // String four\n
        85: invokevirtual  #4   // Method java/io/PrintStream.println:
(Ljava/lang/String;)V
        88: goto           99
        91: getstatic      #2   // Field java/lang/System.out:Ljava/io/PrintStream;
        94: ldc            #9   // String something unknown\n
        96: invokevirtual  #4   // Method java/io/PrintStream.println:
(Ljava/lang/String;)V
        99: return
```

4.1.13 배열

간단한 예제

크기가 10인 정수형 배열을 만들고 그 안에 값을 넣어보자.

```java
public static void main(String[] args)
{
    int a[]=new int[10];
    for (int i=0; i<10; i++)
        a[i]=i;
    dump (a);
}
```

```java
public static void main(java.lang.String[]);
```

```
flags: ACC_PUBLIC, ACC_STATIC
Code:
    stack=3, locals=3, args_size=1
        0: bipush          10
        2: newarray         int
        4: astore_1
        5: iconst_0
        6: istore_2
        7: iload_2
        8: bipush          10
       10: if_icmpge        23
       13: aload_1
       14: iload_2
       15: iload_2
       16: iastore
       17: iinc            2, 1
       20: goto            7
       23: aload_1
       24: invokestatic     #4  // Method dump:([I)V
       27: return
```

newarray 명령어는 크기가 10인 int 배열 객체를 만든다.

배열의 크기는 bipush 명령어로 설정하고 값은 TOS에 저장된다.

배열의 타입은 newarray 명령어의 오퍼랜드로 지정된다.

newarray 명령어가 실행된 이후에는 힙에 새로 만들어진 배열에 대한 참조(또는 포인터)가 TOS에 저장된다.

astore_1 명령어는 LVA에 있는 첫 번째 슬롯에 대한 참조를 저장한다.

main() 함수의 두 번째 부분은 i 값을 배열에 저장하는 루프문이다.

aload_1 명령어는 배열의 참조를 가져와 그것을 스택에 넣는다.

그다음 iastore 명령어는 스택의 정수 값을 배열에 저장하며 현재의 참조 값은 TOS에 있다.

main() 함수의 세 번째 부분은 dump() 함수를 호출한다.

aload_1 명령어(오프셋 23)를 이용해 dump() 함수를 위한 인자를 준비한다.

이제는 dump() 함수를 살펴보자.

```
public static void dump(int a[])
{
    for (int i=0; i<a.length; i++)
        System.out.println(a[i]);
}
```

```
public static void dump(int[]);
    flags: ACC_PUBLIC, ACC_STATIC
    Code:
        stack=3, locals=2, args_size=1
            0: iconst_0
            1: istore_1
            2: iload_1
            3: aload_0
            4: arraylength
            5: if_icmpge      23
            8: getstatic      #2  // Field java/lang/System.out:Ljava/io/PrintStream;
            11: aload_0
            12: iload_1
            13: iaload
            14: invokevirtual  #3  // Method java/io/PrintStream.println:(I)V
            17: iinc           1, 1
            20: goto           2
            23: return
```

인자로 전달되는 배열에 대한 참조는 0번째 슬롯에 있다.

소스코드상의 **a.length** 표현은 **arraylength** 명령어로 변환된다. **arraylength** 명령어는 배열에 대한 참조를 가져와 배열의 크기를 TOS에 저장한다.

오프셋 13의 **iaload** 명령어는 배열의 요소를 로드하는 데 사용된다. 그러려면 스택에 있는 배열에 대한 참조(오프셋 11에 있는 **aload_0** 명령어로 준비)와 로드할 배열 요소의 인덱스(오프셋 12에 있는 **iload_1** 명령어로 준비)가 필요하다.

말할 필요도 없겠지만 명령어 이름이 **a**로 시작하는 명령어를 array 명령어로 잘못 이해하면 안 된다.

배열 관련 명령어는 배열 객체에 대한 참조를 이용해 동작한다.

배열과 문자열은 당연히 객체다.

배열 요소를 더하기

또 다른 예제는 다음과 같다.

```java
public class ArraySum
{
    public static int f (int[] a)
    {
        int sum=0;
        for (int i=0; i<a.length; i++)
            sum=sum+a[i];
        return sum;
    }
}
```

```
public static int f(int[]);
    flags: ACC_PUBLIC, ACC_STATIC
    Code:
        stack=3, locals=3, args_size=1
            0: iconst_0
            1: istore_1
            2: iconst_0
            3: istore_2
            4: iload_2
            5: aload_0
            6: arraylength
            7: if_icmpge       22
           10: iload_1
           11: aload_0
           12: iload_2
           13: iaload
           14: iadd
           15: istore_1
           16: iinc            2, 1
           19: goto            4
           22: iload_1
           23: ireturn
```

LVA 슬롯 0은 입력 배열에 대한 참조를 갖고 있다.

LVA 슬롯 1은 지역 변수인 sum을 갖고 있다.

main() 함수의 유일한 인자 또한 배열이다.

main() 함수에 대한 유일한 인자로 문자열 배열을 이용할 것이다.

```
public class UseArgument
{
    public static void main(String[] args)
    {
        System.out.print("Hi, ");
        System.out.print(args[1]);
        System.out.println(". How are you?");
    }
}
```

0번째 인자는 프로그램의 이름(C/C++처럼)이기 때문에 1번째 인자는 사용자에 의해
제공된다.

```
public static void main(java.lang.String[]);
    flags: ACC_PUBLIC, ACC_STATIC
    Code:
        stack=3, locals=1, args_size=1
            0: getstatic      #2  // Field java/lang/System.out:Ljava/io/PrintStream;
            3: ldc            #3  // String Hi,
            5: invokevirtual  #4  // Method java/io/PrintStream.print:
(Ljava/lang/String;)V
            8: getstatic      #2  // Field java/lang/System.out:Ljava/io/PrintStream;
           11: aload_0
           12: iconst_1
           13: aaload
           14: invokevirtual  #4  // Method java/io/PrintStream.print:
(Ljava/lang/String;)V
           17: getstatic      #2  // Field java/lang/System.out:Ljava/io/PrintStream;
           20: ldc            #5  // String . How are you?
           22: invokevirtual  #6  // Method java/io/PrintStream.println:
(Ljava/lang/String;)V
           25: return
```

오프셋 11의 **aload_0** 명령어는 0번째 LVA 슬롯(main() 함수의 첫 번째 인자이자 유일한 인
자)에 대한 참조를 로드한다.

오프셋 12와 13의 `iconst_1`과 `aaload` 명령어는 배열의 첫 번째 요소에 대한 참조를
가져온다.

오프셋 14에서 문자열 객체에 대한 참조는 TOS에 있고 `println` 메소드에 의해 사용
된다.

사전에 초기화된 문자열 배열

```
class Month
{
    public static String[] months =
    {
        "January",
        "February",
        "March",
        "April",
        "May",
        "June",
        "July",
        "August",
        "September",
        "October",
        "November",
        "December"
    };

    public String get_month (int i)
    {
        return months[i];
    };
}
```

get_month() 함수는 간단하다.

```
public java.lang.String get_month(int);
    flags: ACC_PUBLIC
    Code:
        stack=2, locals=2, args_size=2
            0: getstatic    #2  // Field months:[Ljava/lang/String;
            3: iload_1
            4: aaload
            5: areturn
```

aaload 명령어는 참조 배열에 대한 연산을 수행한다.

자바 String은 객체이기 때문에 a로 시작하는 명령어는 그것을 처리할 수 있다.

areturn 명령어는 String 객체에 대한 참조를 리턴한다.

months[] 배열은 어떻게 초기화될까?

```
static {};
    flags: ACC_STATIC
    Code:
        stack=4, locals=0, args_size=0
            0: bipush          12
            2: anewarray       #3   // class java/lang/String
            5: dup
            6: iconst_0
            7: ldc             #4   // String January
            9: aastore
           10: dup
           11: iconst_1
           12: ldc             #5   // String February
           14: aastore
           15: dup
           16: iconst_2
           17: ldc             #6   // String March
           19: aastore
           20: dup
           21: iconst_3
           22: ldc             #7   // String April
           24: aastore
           25: dup
           26: iconst_4
           27: ldc             #8   // String May
           29: aastore
           30: dup
           31: iconst_5
           32: ldc             #9   // String June
           34: aastore
           35: dup
           36: bipush          6
           38: ldc             #10     // String July
           40: aastore
           41: dup
           42: bipush          7
           44: ldc             #11     // String August
           46: aastore
           47: dup
           48: bipush          8
           50: ldc             #12     // String September
           52: aastore
           53: dup
           54: bipush          9
           56: ldc             #13     // String October
           58: aastore
           59: dup
```

```
60: bipush        10
62: ldc           #14      // String November
64: aastore
65: dup
66: bipush        11
68: ldc           #15      // String December
70: aastore
71: putstatic     #2  // Field months:[Ljava/lang/String;
74: return
```

anewarray 명령어는 새로운 참조 배열을 만든다(따라서 이름이 a로 시작한다).

객체의 타입은 anewarray 명령어의 오퍼랜드로 정의되고 그것은 'java/lang/String' 문자열이다.

anewarray 명령어 앞에 있는 bipush 12 명령어는 배열의 크기를 지정한다.

여기서는 새로운 명령어인 dup를 볼 수 있다.

dup 명령어는 TOS에 있는 값을 복제하는 스택 컴퓨터(4세대 프로그래밍 언어도 포함)의 표준 명령어다.

어쨌든 FPU 80x87 또한 스택 컴퓨터이기 때문에 비슷한 명령어인 FDUP를 갖고 있다.

여기서 dup 명령어는 배열에 대한 참조를 복제하고자 사용된다. aastore 명령어가 스택에서 배열에 대한 참조를 팝하는데, 이후에 aastore 명령어가 그것을 다시 필요로 하기 때문이다.

자바 컴파일러는 각각의 배열 저장소 연산(11번 수행)을 수행하기 전에 getstatic 명령어를 사용하기보다는 dup 명령어를 사용하는 것이 더 낫다고 판단한 것이다.

aastore 명령어는 문자열에 대한 참조를 TOS에서 가져온 인덱스를 이용해 배열에 저장한다.

마지막으로 putstatic 명령어는 새로 만들 배열에 대한 참조를 객체의 두 번째 필드(즉, months 필드)에 저장한다.

가변 인자 함수

가변 인자 함수는 실제로 배열을 이용한다.

```
public static void f(int... values)
{
    for (int i=0; i<values.length; i++)
        System.out.println(values[i]);
}

public static void main(String[] args)
{
    f (1,2,3,4,5);
}
```

```
public static void f(int...);
    flags: ACC_PUBLIC, ACC_STATIC, ACC_VARARGS
    Code:
        stack=3, locals=2, args_size=1
            0: iconst_0
            1: istore_1
            2: iload_1
            3: aload_0
            4: arraylength
            5: if_icmpge       23
            8: getstatic       #2  // Field java/lang/S.out:Ljava/io/PrintStream;
           11: aload_0
           12: iload_1
           13: iaload
           14: invokevirtual   #3  // Method java/io/PrintStream.println:(I)V
           17: iinc            1, 1
           20: goto            2
           23: return
```

f() 함수는 오프셋 3에서 **aload_0** 명령어로 정수 배열을 인자로 받는다.

그다음에는 배열의 크기를 구한다.

```
public static void main(java.lang.String[]);
    flags: ACC_PUBLIC, ACC_STATIC
    Code:
        stack=4, locals=1, args_size=1
            0: iconst_5
            1: newarray        int
            3: dup
            4: iconst_0
            5: iconst_1
            6: iastore
            7: dup
```

```
 8: iconst_1
 9: iconst_2
10: iastore
11: dup
12: iconst_2
13: iconst_3
14: iastore
15: dup
16: iconst_3
17: iconst_4
18: iastore
19: dup
20: iconst_4
21: iconst_5
22: iastore
23: invokestatic    #4  // Method f:([I)V
26: return
```

main() 함수에서는 newarray 명령어를 이용해 배열을 구성하고 값을 채운 다음에 f() 함수를 호출한다.

그런데 배열 객체가 main() 함수의 끝에서 해제되지 않는다.

JVM은 메모리를 자동으로 해제해주는 가비지 컬렉터를 갖고 있기 때문에 자바에는 소멸자가 없다.

format() 메소드의 경우는 어떨까?

format() 메소드는 두 개의 인자(문자열과 객체 배열)를 받아들인다.

```
public PrintStream format(String format, Object... args)
```

(http://docs.oracle.com/javase/tutorial/java/data/numberformat.html)

```
public static void main(String[] args)
{
    int i=123;
    double d=123.456;
    System.out.format("int: %d double: %f.%n", i, d);
}
```

```
public static void main(java.lang.String[]);
```

```
        flags: ACC_PUBLIC, ACC_STATIC
        Code:
            stack=7, locals=4, args_size=1
                0: bipush          123
                2: istore_1
                3: ldc2_w          #2  // double 123.456d
                6: dstore_2
                7: getstatic       #4  // Field java/lang/System.out:Ljava/io/PrintStream;
               10: ldc             #5  // String int: %d double: %f.%n
               12: iconst_2
               13: anewarray       #6  // class java/lang/Object
               16: dup
               17: iconst_0
               18: iload_1
               19: invokestatic    #7  // Method java/lang/Integer.valueOf:
    (I)Ljava/lang/Integer;
               22: aastore
               23: dup
               24: iconst_1
               25: dload_2
               26: invokestatic    #8  // Method java/lang/Double.valueOf:
    (D)Ljava/lang/Double;
               29: aastore
               30: invokevirtual   #9  // Method java/io/PrintStream.format:
    (Ljava/lang/String;[Ljava/lang/Object;)Ljava/io/PrintStream;
               33: pop
               34: return
```

int 및 double 타입의 값은 valueOf 메소드를 이용해 먼저 Integer 및 Double 객체로 만든다.

format() 메소드는 입력값으로 Object 타입의 객체들을 필요로 하며, Integer와 Double 클래스는 Object 클래스에서 파생되기 때문에 입력 배열의 요소도 적합하다.

반면 배열에서 요소들의 타입은 항상 동일해야 한다. 즉, 서로 다른 타입의 배열에 저장할 수 있다. 따라서 int와 double 값을 배열에 저장하는 것이 불가능하다.

오프셋 13에서 Object 객체의 배열이 만들어지고 Integer 객체는 오프셋 22에서 배열에 추가된다. 오프셋 29에서는 Double 객체가 배열에 추가된다.

두 번째 팝 명령어는 TOS에 있는 값을 제거하므로 리턴이 실행되면 스택은 비게 된다.

2차원 배열

자바에서 2차원 배열은 다른 1차원 배열에 대한 1차원 참조 배열이다.

2차원 배열을 만들어보자.

```
public static void main(String[] args)
{
    int[][] a = new int[5][10];
    a[1][2]=3;
}
```

```
public static void main(java.lang.String[]);
    flags: ACC_PUBLIC, ACC_STATIC
    Code:
        stack=3, locals=2, args_size=1
            0: iconst_5
            1: bipush          10
            3: multianewarray   #2, 2   // class "[[I"
            7: astore_1
            8: aload_1
            9: iconst_1
           10: aaload
           11: iconst_2
           12: iconst_3
           13: iastore
           14: return
```

2차원 배열은 **multianewarray** 명령어로 만든다. 객체의 타입과 차원은 오퍼랜드로 전달된다.

배열의 크기(10 × 5)는 스택에 있다(iconst_5와 bipush 명령어를 이용).

오프셋 10에서 배열의 첫 번째 행에 대한 참조가 로드된다(iconst_1과 aaload).

오프셋 11에서는 **iconst_2** 명령어로 배열의 열을 선택한다.

오프셋 12에서는 배열에 써넣을 값을 설정한다.

오프셋 13의 **iastore** 명령어는 배열의 요소에 값을 기록한다.

그렇다면 배열의 요소에는 어떻게 접근할까?

```
public static int get12 (int[][] in)
{
    return in[1][2];
}
```

```
public static int get12(int[][]);
    flags: ACC_PUBLIC, ACC_STATIC
    Code:
        stack=2, locals=1, args_size=1
            0: aload_0
            1: iconst_1
            2: aaload
            3: iconst_2
            4: iaload
            5: ireturn
```

오프셋 2에서 배열의 행에 대한 참조가 로드되고 오프셋 3에서는 배열의 열을 선택한 다음 **iaload** 명령어로 해당 배열의 요소를 로드한다.

3차원 배열

3차원 배열은 1차원 참조 배열에 대한 1차원 참조 배열이다.

```
public static void main(String[] args)
{
    int[][][] a = new int[5][10][15];

    a[1][2][3]=4;

    get_elem(a);
}
```

```
public static void main(java.lang.String[]);
    flags: ACC_PUBLIC, ACC_STATIC
    Code:
        stack=3, locals=2, args_size=1
            0: iconst_5
            1: bipush          10
            3: bipush          15
            5: multianewarray  #2, 3  // class "[[[I"
            9: astore_1
            10: aload_1
```

```
        11: iconst_1
        12: aaload
        13: iconst_2
        14: aaload
        15: iconst_3
        16: iconst_4
        17: iastore
        18: aload_1
        19: invokestatic        #3  // Method get_elem:([[[I)I
        22: pop
        23: return
```

올바른 참조를 찾고자 두 개의 aaload 명령어를 사용한다.

```
public static int get_elem (int[][][] a)
{
    return a[1][2][3];
}
```

```
public static int get_elem(int[][][]);
    flags: ACC_PUBLIC, ACC_STATIC
    Code:
        stack=2, locals=1, args_size=1
            0: aload_0
            1: iconst_1
            2: aaload
            3: iconst_2
            4: aaload
            5: iconst_3
            6: iaload
            7: ireturn
```

요약

자바에서 버퍼 오버플로우가 가능할까?

가능하지 않다. 배열의 길이가 항상 배열 객체에 존재하기 때문에 배열의 경계가 통제되며, 배열의 경계를 넘어선 접근이 이뤄지면 예외가 발생한다.

자바에는 C/C++에서 의미하는 다차원 배열은 없다. 따라서 자바는 빠른 과학적인 계산에는 적합하지 않다.

4.1.14 문자열

첫 번째 예제

문자열은 객체고 다른 객체들(배열 포함)과 같은 방법으로 구성된다.

```
public static void main(String[] args)
{
    System.out.println("What is your name?");
    String input = System.console().readLine();
    System.out.println("Hello, "+input);
}
```

```
public static void main(java.lang.String[]);
    flags: ACC_PUBLIC, ACC_STATIC
    Code:
        stack=3, locals=2, args_size=1
            0: getstatic       #2  // Field java/lang/System.out:Ljava/io/PrintStream;
            3: ldc             #3  // String What is your name?
            5: invokevirtual   #4  // Method java/io/PrintStream.println:
(Ljava/lang/String;)V
            8: invokestatic    #5  // Method java/lang/System.console:
()Ljava/io/Console;
           11: invokevirtual   #6  // Method java/io/Console.readLine:()Ljava/lang/String;
           14: astore_1
           15: getstatic       #2  // Field java/lang/System.out:Ljava/io/PrintStream;
           18: new             #7  // class java/lang/StringBuilder
           21: dup
           22: invokespecial   #8  // Method java/lang/StringBuilder."<init>":()V
           25: ldc             #9  // String Hello,
           27: invokevirtual   #10 // Method java/lang/StringBuilder.append:
(Ljava/lang/String;)Ljava/lang/StringBuilder;
           30: aload_1
           31: invokevirtual   #10 // Method java/lang/StringBuilder.append:
(Ljava/lang/String;)Ljava/lang/StringBuilder;
           34: invokevirtual   #11 // Method java/lang/StringBuilder.toString:
()Ljava/lang/String;
           37: invokevirtual   #4  // Method java/io/PrintStream.println:
(Ljava/lang/String;)V
           40: return
```

오프셋 11에서 readLine() 메소드가 호출되고 그다음에 문자열(사용자가 제공하는 문자열)에 대한 참조가 TOS에 저장된다.

오프셋 14에서는 문자열에 대한 참조가 LAV의 슬롯 1에 저장된다.

오프셋 30에서는 사용자가 입력한 문자열을 다시 로드해 **StringBuilder** 클래스를 이용해 "Hello, " 문자열과 연결한다.

그다음에는 오프셋 37에서 `println`을 이용해 연결한 문자열을 출력한다.

두 번째 예제

또 다른 예제를 살펴보자.

```
public class strings
{
    public static char test (String a)
    {
        return a.charAt(3);
    };
    public static String concat (String a, String b)
    {
        return a+b;
    }
}
```

```
public static char test(java.lang.String);
    flags: ACC_PUBLIC, ACC_STATIC
    Code:
        stack=2, locals=1, args_size=1
            0: aload_0
            1: iconst_3
            2: invokevirtual   #2  // Method java/lang/String.charAt:(I)C
            5: ireturn
```

문자열 연결은 **StringBuilder**를 이용해 수행한다.

```
public static java.lang.String concat(java.lang.String, java.lang.String);
    flags: ACC_PUBLIC, ACC_STATIC
    Code:
        stack=2, locals=2, args_size=2
            0: new             #3  // class java/lang/StringBuilder
            3: dup
            4: invokespecial   #4  // Method java/lang/StringBuilder."<init>":()V
```

```
        7: aload_0
        8: invokevirtual  #5  // Method java/lang/StringBuilder.append:
(Ljava/lang/String;)Ljava/lang/StringBuilder;
       11: aload_1
       12: invokevirtual  #5  // Method java/lang/StringBuilder.append:
(Ljava/lang/String;)Ljava/lang/StringBuilder;
       15: invokevirtual  #6  // Method java/lang/StringBuilder.toString:
()Ljava/lang/String;
       18: areturn
```

또 다른 예제

```java
public static void main(String[] args)
{
    String s="Hello!";
    int n=123;
    System.out.println("s=" + s + " n=" + n);
}
```

이번에도 **StringBuilder** 클래스와 그것의 **append** 메소드를 이용해 문자열을 구성하고, 그렇게 만든 문자열을 **println**에 전달한다.

```
public static void main(java.lang.String[]);
    flags: ACC_PUBLIC, ACC_STATIC
    Code:
        stack=3, locals=3, args_size=1
        0: ldc            #2  // String Hello!
        2: astore_1
        3: bipush         123
        5: istore_2
        6: getstatic      #3  // Field java/lang/System.out:Ljava/io/PrintStream;
        9: new            #4  // class java/lang/StringBuilder
       12: dup
       13: invokespecial  #5  // Method java/lang/StringBuilder."<init>":()V
       16: ldc            #6  // String s=
       18: invokevirtual  #7  // Method java/lang/StringBuilder.append:
(Ljava/lang/String;)Ljava/lang/StringBuilder;
       21: aload_1
       22: invokevirtual  #7  // Method java/lang/StringBuilder.append:
(Ljava/lang/String;)Ljava/lang/StringBuilder;
       25: ldc            #8  // String n=
       27: invokevirtual  #7  // Method java/lang/StringBuilder.append:
(Ljava/lang/String;)Ljava/lang/StringBuilder;
```

```
        30: iload_2
        31: invokevirtual  #9  // Method java/lang/StringBuilder.append:
(I)Ljava/lang/StringBuilder;
        34: invokevirtual  #10 // Method java/lang/StringBuilder.toString:
()Ljava/lang/String;
        37: invokevirtual  #11 // Method java/io/PrintStream.println:
(Ljava/lang/String;)V
        40: return
```

4.1.15 예외

앞의 Month 예제(4.1.13절)를 약간 변경시켜보자.

리스트 4.10: IncorrectMonthException.java

```java
public class IncorrectMonthException extends Exception
{
    private int index;

    public IncorrectMonthException(int index)
    {
        this.index = index;
    }

    public int getIndex()
    {
        return index;
    }
}
```

리스트 4.11: Month2.java

```java
class Month2
{
    public static String[] months =
    {
        "January",
        "February",
        "March",
        "April",
        "May",
        "June",
        "July",
        "August",
        "September",
```

```
        "October",
        "November",
        "December"
    };
    public static String get_month (int i) throws IncorrectMonthException
    {
        if (i<0 || i>11)
            throw new IncorrectMonthException(i);
        return months[i];
    };
    public static void main (String[] args)
    {
        try
        {
            System.out.println(get_month(100));
        }
        catch(IncorrectMonthException e)
        {
            System.out.println("incorrect month index: "+ e.getIndex());
            e.printStackTrace();
        }
    };
}
```

본질적으로 IncorrectMonthException.class에는 객체 생성자와 Getter 메소드가 있다.

IncorrectMonthException 클래스는 Exception 클래스에서 파생된 것이기 때문에 IncorrectMonthException 클래스의 생성자는 먼저 Exception 클래스의 생성자를 호출한다. 그리고 입력된 정수 값을 IncorrectMonthException 클래스의 유일한 필드 값으로 설정한다.

```
public IncorrectMonthException(int);
    flags: ACC_PUBLIC
    Code:
        stack=2, locals=2, args_size=2
            0: aload_0
            1: invokespecial    #1  // Method java/lang/Exception."<init>":()V
            4: aload_0
            5: iload_1
            6: putfield         #2  // Field index:I
            9: return
```

getIndex()는 단순한 Getter다. IncorrectMonthException에 대한 참조는 0번째 LVA 슬롯(this)에 전달되며 aload_0 명령어는 그것을 로드한다. getfield는 객체에서 정수 값을 로드하며 ireturn은 그것을 리턴한다.

```
public int getIndex();
    flags: ACC_PUBLIC
    Code:
        stack=1, locals=1, args_size=1
            0: aload_0
            1: getfield        #2  // Field index:I
            4: ireturn
```

이제는 Month2.class의 get_month()를 살펴보자.

리스트 4.12: Month2.class

```
public static java.lang.String get_month(int) throws IncorrectMonthException;
    flags: ACC_PUBLIC, ACC_STATIC
    Code:
        stack=3, locals=1, args_size=1
            0: iload_0
            1: iflt            10
            4: iload_0
            5: bipush          11
            7: if_icmple       19
           10: new             #2  // class IncorrectMonthException
           13: dup
           14: iload_0
           15: invokespecial   #3  // Method IncorrectMoception."<init>":(I)V
           18: athrow
           19: getstatic       #4  // Field months:[Ljava/lang/String;
           22: iload_0
           23: aaload
           24: areturn
```

오프셋 1의 iflt 명령어는 if less than을 의미한다.

잘못된 인덱스인 경우에는 오프셋 10에 있는 new 명령어로 새로운 객체를 만든다.

객체의 타입은 IncorrectMonthException 명령어에 오퍼랜드로 전달된다.

그다음에는 생성자가 호출되는데, 인덱스는 TOS로 전달된다(오프셋 15).

오프셋 18의 명령어가 실행된다면 객체가 이미 생성된 것이기 때문에 athrow 명령어는 새로 만들어진 객체에 대한 참조를 가져와 적절한 예외 핸들러를 찾도록 JVM에 신호를 보낸다.

athrow 명령어는 제어 흐름을 리턴하지 않기 때문에 오프셋 19에는 예외 처리와 관련이 없는 또 다른 명령어가 존재한다. 오프셋 19로는 오프셋 7에서 이동할 수 있다.

예외 핸들러는 어떻게 동작할까?

Month2.class의 main() 함수를 보자.

리스트 4.13: Month2.class

```
public static void main(java.lang.String[]);
    flags: ACC_PUBLIC, ACC_STATIC
    Code:
        stack=3, locals=2, args_size=1
         0: getstatic     #5  // Field java/lang/System.out:Ljava/io/PrintStream;
         3: bipush        100
         5: invokestatic  #6  // Method get_month:(I)Ljava/lang/String;
         8: invokevirtual #7  // Method java   /io/PrintStream.pri(Ljava/lang/String;)V
        11: goto          47
        14: astore_1
        15: getstatic     #5  // Field java/lang/S.out:Ljava/io/PrintStream;
        18: new           #8  // class java/lang/StringBuilder
        21: dup
        22: invokespecial #9  // Method java/lang/SBuilder."<init>":()V
        25: ldc           #10 // String incorrect month index:
        27: invokevirtual #11 // Method java/lang/StringBuilder.append:
(Ljava/lang/String;)Ljava/lang/StringBuilder;
        30: aload_1
        31: invokevirtual #12 // Method IncorrectMonthException.getIndex:()I
        34: invokevirtual #13 // Method java/lang/StringBuilder.append:
(I)Ljava/lang/StringBuilder;
        37: invokevirtual #14 // Method java/lang/StringBuilder.toString:
()Ljava/lang/String;
        40: invokevirtual #7  // Method java/io/PrintStream.println:
(Ljava/lang/String;)V
        43: aload_1
        44: invokevirtual #15 // Method IncorrectMonthException.printStackTrace:()V
        47: return
    Exception table:
        from    to  target  type
            0   11  14      Class IncorrectMonthException
```

오프셋 0에서 11(포함) 사이에서 IncorrectMonthException 예외가 발생할 수 있음을 정의하고 있는 Exception 테이블을 볼 수 있다. 예외가 발생하면 제어 흐름이 오프셋 14로 이동한다.

실제로 main() 프로그램은 오프셋 11에서 끝난다.

오프셋 14부터는 예외 핸들러다. 그런데 어떤 조건 점프나 무조건 점프 명령어가 없기 때문에 오프셋 14로 이동하는 것은 불가능하다.

예외가 발생했을 때 JVM에 의해 이곳으로 이동하게 되는 것이다.

오프셋 14의 astore_1 명령어는 예외 객체의 참조를 LVA 슬롯 1에 저장한다.

그리고 오프셋 31에서는 (예외 객체의) getIndex() 메소드가 호출된다.

바로 전인 오프셋 30에서는 현재의 예외 객체에 대한 참조가 전달된다.

나머지 코드는 문자열을 처리하는 코드다. getIndex()가 리턴한 정수 값을 toString() 메소드를 이용해 문자열로 변환한 다음 그것을 "incorrect month index: "와 연결(앞에서 본 것처럼)한다. 그리고 println()과 printStackTrace()를 호출한다.

printStackTrace()가 실행되면 예외 처리가 완료된 것이고 이후부터는 정상적인 실행을 계속할 수 있다.

오프셋 47에서는 main() 함수를 종료하기 위한 return 명령어가 있다. 하지만 예외가 발생하지 않는다면 그곳에 다른 작업을 수행하는 코드가 위치할 수도 있다.

다음을 보면 예외 구간을 IDA가 어떻게 보여주는지 알 수 있다.

리스트 4.14: 필자의 컴퓨터에서 발견한 임의의 .class 파일

```
.catch java/io/FileNotFoundException from met001_335 to met001_360\using met001_360
.catch java/io/FileNotFoundException from met001_185 to met001_214\using met001_214
.catch java/io/FileNotFoundException from met001_181 to met001_192\using met001_195
.catch java/io/FileNotFoundException from met001_155 to met001_176\using met001_176
.catch java/io/FileNotFoundException from met001_83 to met001_129 using \met001_129
.catch java/io/FileNotFoundException from met001_42 to met001_66 using \met001_69
.catch java/io/FileNotFoundException from met001_begin to met001_37\using met001_37
```

4.1.16 클래스

간단한 클래스는 다음과 같다.

리스트 4.15: test.java

```
public class test
{
    public static int a;
    private static int b;

    public test()
    {
        a=0;
        b=0;
    }
    public static void set_a (int input)
    {
        a=input;
    }
    public static int get_a ()
    {
        return a;
    }
    public static void set_b (int input)
    {
        b=input;
    }
    public static int get_b ()
    {
        return b;
    }
}
```

생성자는 단지 두 개의 필드 값을 0으로 설정한다.

```
public test();
    flags: ACC_PUBLIC
    Code:
        stack=1, locals=1, args_size=1
            0: aload_0
            1: invokespecial  #1  // Method java/lang/Object."<init>":()V
            4: iconst_0
            5: putstatic      #2  // Field a:I
            8: iconst_0
            9: putstatic      #3  // Field b:I
```

```
        12: return
```

a의 Setter는 다음과 같다.

```
public static void set_a(int);
    flags: ACC_PUBLIC, ACC_STATIC
    Code:
        stack=1, locals=1, args_size=1
            0: iload_0
            1: putstatic      #2  // Field a:I
            4: return
```

a의 Getter는 다음과 같다.

```
public static int get_a();
    flags: ACC_PUBLIC, ACC_STATIC
    Code:
        stack=1, locals=0, args_size=0
            0: getstatic      #2  // Field a:I
            3: ireturn
```

b의 Setter는 다음과 같다.

```
public static void set_b(int);
    flags: ACC_PUBLIC, ACC_STATIC
    Code:
        stack=1, locals=1, args_size=1
            0: iload_0
            1: putstatic      #3  // Field b:I
            4: return
```

b의 Getter는 다음과 같다.

```
public static int get_b();
    flags: ACC_PUBLIC, ACC_STATIC
    Code:
        stack=1, locals=0, args_size=0
            0: getstatic      #3  // Field b:I
            3: ireturn
```

public과 private 필드에 대해 수행하는 코드에는 차이점이 없다.

하지만 타입 정보가 .class 파일에 존재하기 때문에 아무데서나 private 필드에 접근할 수는 없다.

객체를 생성하고 메소드를 호출해보자.

리스트 4.16: ex1.java

```java
public class ex1
{
    public static void main(String[] args)
    {
        test obj=new test();
        obj.set_a (1234);
        System.out.println(obj.a);
    }
}
```

```
public static void main(java.lang.String[]);
    flags: ACC_PUBLIC, ACC_STATIC
    Code:
        stack=2, locals=2, args_size=1
            0: new             #2  // class test
            3: dup
            4: invokespecial   #3  // Method test."<init>":()V
            7: astore_1
            8: aload_1
            9: pop
           10: sipush          1234
           13: invokestatic    #4  // Method test.set_a:(I)V
           16: getstatic       #5  // Field java/lang/S.out:Ljava/io/PrintStream;
           19: aload_1
           20: pop
           21: getstatic       #6  // Field test.a:I
           24: invokevirtual   #7  // Method java/io/PrintStream.println:(I)V
           27: return
```

new 명령어는 객체를 생성한다. 하지만 생성자를 호출하지는 않는다(생성자는 오프셋 4에서 호출된다).

오프셋 16에서는 set_a() 메소드가 호출된다.

오프셋 21에서 **getstatic** 명령어를 이용해 a 필드에 접근한다.

4.1.17 간단한 패치

첫 번째 예제

간단한 코드 패치 작업을 해보자.

```
public class nag
{
    public static void nag_screen()
    {
        System.out.println("This program is not registered");
    };
    public static void main(String[] args)
    {
        System.out.println("Greetings from the mega-software");
        nag_screen();
    }
}
```

'This program is not registered'라는 문자열이 출력되지 않게 만들려면 어떻게 해야 할까?

IDA로 .class 파일을 로드해보자.

```
                    ; Segment type: Pure code
                    .method public static nag_screen()V
                    .limit stack 2
                    .line 4
178 000 002 |           getstatic java/lang/System.out Ljava/io/PrintStream;   ; CODE XREF: main+8↓P
018 003                 ldc "This program is not registered"
182 000 004             invokevirtual java/io/PrintStream.println(Ljava/lang/String;)V
                    .line 5
177                     return
??? ??? ???+        .end method
??? ??? ???+
???                 ; ----------------------------------------------------

                    ; Segment type: Pure code
                    .method public static main([Ljava/lang/String;)V
                    .limit stack 2
                    .limit locals 1
                    .line 8
178 000 002             getstatic java/lang/System.out Ljava/io/PrintStream;
018 005                 ldc "Greetings from the mega-software"
182 000 004             invokevirtual java/io/PrintStream.println(Ljava/lang/String;)V
                    .line 9
184 000 006             invokestatic nag.nag_screen()V
                    .line 10
177                     return
```

그림 4.1: IDA

함수의 첫 번째 바이트를 177(return 명령어의 op 코드)로 변경시켜보자.

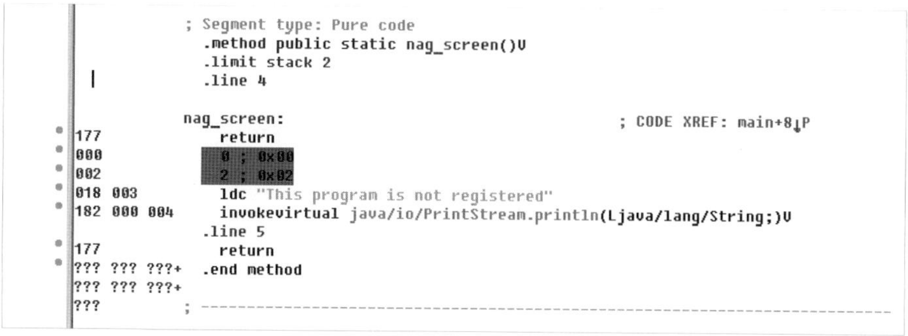

그림 4.2: IDA

하지만 제대로 동작하지 않는다(JRE 1.7).

```
Exception in thread "main" java.lang.VerifyError: Expecting a stack map frame
Exception Details:
    Location:
        nag.nag_screen()V @1: nop
    Reason:
        Error exists in the bytecode
    Bytecode:
        0000000: b100 0212 03b6 0004 b1

        at java.lang.Class.getDeclaredMethods0(Native Method)
        at java.lang.Class.privateGetDeclaredMethods(Class.java:2615)
        at java.lang.Class.getMethod0(Class.java:2856)
        at java.lang.Class.getMethod(Class.java:1668)
        at sun.launcher.LauncherHelper.getMainMethod(LauncherHelper.java:494)
        at sun.launcher.LauncherHelper.checkAndLoadMain(LauncherHelper.java:486)
```

아마도 JVM은 스택과 관련된 추가적인 검사를 수행하는 것으로 보인다.

그렇다면 nag() 호출 부분을 제거하는 방식으로 패치해보자.

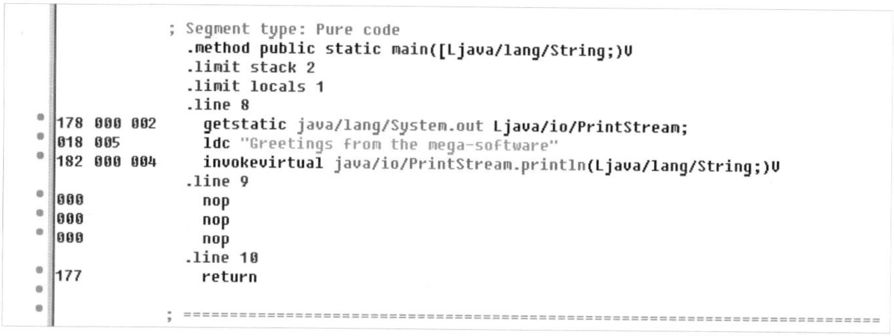

그림 4.3: IDA

0은 NOP의 op 코드다.

이제는 정상적으로 동작한다.

두 번째 예제

또 다른 간단한 crackme 예제는 다음과 같다.

```
public class password
{
    public static void main(String[] args)
    {
        System.out.println("Please enter the password");
        String input = System.console().readLine();
        if (input.equals("secret"))
            System.out.println("password is correct");
        else
            System.out.println("password is not correct");
    }
}
```

IDA로 로드해보자.

```
                        ; Segment type: Pure code
                        .method public static main([Ljava/lang/String;)V
                        .limit stack 2
                        .limit locals 2
                        .line 3
  178 000 002              getstatic java/lang/System.out Ljava/io/PrintStream;
  018 003                  ldc "Please enter the password"
  182 000 004              invokevirtual java/io/PrintStream.println(Ljava/lang/String;)V
                        .line 4
  184 000 005              invokestatic java/lang/System.console()Ljava/io/Console;
  182 000 006              invokevirtual java/io/Console.readLine()Ljava/lang/String;
  076                      astore_1 ; met002_slot001
                        .line 5
  043                      aload_1 ; met002_slot001
  018 007                  ldc "secret"
  182 000 008              invokevirtual java/lang/String.equals(Ljava/lang/Object;)Z
  153 000 014              ifeq met002_35
                        .line 6
  178 000 002              getstatic java/lang/System.out Ljava/io/PrintStream;
  018 009                  ldc "password is correct"
  182 000 004              invokevirtual java/io/PrintStream.println(Ljava/lang/String;)V
  167 000 011              goto met002_43
                        .line 8

                     met002_35:                              ; CODE XREF: main+21↑j
  178 000 002           .stack use locals
                            locals Object java/lang/String
                        .end stack
                        getstatic java/lang/System.out Ljava/io/PrintStream;
  018 010                  ldc "password is not correct"
  182 000 004              invokevirtual java/io/PrintStream.println(Ljava/lang/String;)V
                        .line 9
```

그림 4.4: IDA

ifeq 명령어를 볼 수 있다.

ifeq는 if equal을 의미하며 더 정확한 이름으로는 ifz(if zero)가 맞을 것이다. TOS 에 있는 값이 0이면 점프를 수행하는 명령어다. 사용자가 입력한 비밀번호가 틀리면 False(0)를 반환한다.

가장 먼저 생각해볼 수 있는 것은 이 명령어를 패치하는 것이다.

ifeq 명령어의 op 코드에는 점프를 수행한 오프셋을 나타내는 2바이트가 있다.

ifeq 명령어를 NOP 명령어로 바꾸려면 세 번째 바이트의 값을 3(ifeq 명령어의 길이가 3바이트이기 때문에 현재 주소에 3을 더하면 항상 바로 다음 명령어로 점프하게 된다)으로 바꿔야 한다.

```
                    ; Segment type: Pure code
                    .method public static main([Ljava/lang/String;)V
                    .limit stack 2
                    .limit locals 2
                    .line 3
178 000 002         getstatic java/lang/System.out Ljava/io/PrintStream;
018 003             ldc "Please enter the password"
182 000 004         invokevirtual java/io/PrintStream.println(Ljava/lang/String;)V
                    .line 4
184 000 005         invokestatic java/lang/System.console()Ljava/io/Console;
182 000 006         invokevirtual java/io/Console.readLine()Ljava/lang/String;
076                 astore_1 ; met002_slot001
                    .line 5
043                 aload_1 ; met002_slot001
018 007             ldc "secret"
182 000 008         invokevirtual java/lang/String.equals(Ljava/lang/Object;)Z
153 000 003         ifeq met002_24
                    .line 6

met002_24:                                              ; CODE XREF: main+21↑j
178 000 002         getstatic java/lang/System.out Ljava/io/PrintStream;
018 009             ldc "password is correct".
182 000 004         invokevirtual java/io/PrintStream.println(Ljava/lang/String;)V
167 000 011         goto met002_43
                    .line 8
178 000 002         .stack use locals
                       locals Object java/lang/String
                    .end stack
                    getstatic java/lang/System.out Ljava/io/PrintStream;
018 010             ldc "password is not correct"
182 000 004         invokevirtual java/io/PrintStream.println(Ljava/lang/String;)V
                    .line 9
```

그림 4.5: IDA

제대로 동작하지 않는다(JRE 1.7).

```
Exception in thread "main" java.lang.VerifyError: Expecting a stackmap frame at branch
target 24
Exception Details:
    Location:
        password.main([Ljava/lang/String;)V @21: ifeq
    Reason:
```

```
        Expected stackmap frame at this location.
    Bytecode:
          0000000: b200 0212 03b6 0004 b800 05b6 0006 4c2b
          0000010: 1207 b600 0899 0003 b200 0212 09b6 0004
          0000020: a700 0bb2 0002 120a b600 04b1
    Stackmap Table:
        append_frame(@35,Object[#20])
        same_frame(@43)

            at java.lang.Class.getDeclaredMethods0(Native Method)
            at java.lang.Class.privateGetDeclaredMethods(Class.java:2615)
            at java.lang.Class.getMethod0(Class.java:2856)
            at java.lang.Class.getMethod(Class.java:1668)
            at sun.launcher.LauncherHelper.getMainMethod(LauncherHelper.java:494)
            at sun.launcher.LauncherHelper.checkAndLoadMain(LauncherHelper.java:486)
```

하지만 JRE 1.6에서는 정상적으로 동작한다.

모든 **ifeq** op 코드 바이트를 **0**(NOP)으로 변경하는 것도 시도해볼 수 있다. 하지만 그렇게 해도 여전히 동작하지 않는다.

아마도 JRE 1.7에서는 추가적인 스택 검사가 있는 것으로 보인다.

이번에는 **equals** 메소드를 호출하는 부분을 **iconst_1** 명령어와 **NOP**으로 교체해보자.

```
                    ; Segment type: Pure code
                    .method public static main([Ljava/lang/String;)V
                    .limit stack 2
                    .limit locals 2
                    .line 3
  178 000 002         getstatic java/lang/System.out Ljava/io/PrintStream;
  018 003             ldc "Please enter the password"
  182 000 004         invokevirtual java/io/PrintStream.println(Ljava/lang/String;)V
                    .line 4
  184 000 005         invokestatic java/lang/System.console()Ljava/io/Console;
  182 000 006         invokevirtual java/io/Console.readLine()Ljava/lang/String;
  076                 astore_1 ; met002_slot001
                    .line 5
  004                 iconst_1
  000                 nop
  000                 nop
  000                 nop
  000                 nop
  000                 nop
  153 000 014         ifeq met002_35
                    .line 6
  178 000 002         getstatic java/lang/System.out Ljava/io/PrintStream;
  018 009             ldc "password is correct"
  182 000 004         invokevirtual java/io/PrintStream.println(Ljava/lang/String;)V
  167 000 011         goto met002_43
                    .line 8

                    met002_35:                        ; CODE XREF: main+21↑j
  178 000 002         .stack use locals
                        locals Object java/lang/String
                      .end stack
```

그림 4.6: IDA

`ifeq` 명령어가 실행될 때 TOS에 1이 있으면 점프가 절대 수행되지 않을 것이다. 따라서 정상적으로 동작한다.

4.1.18 요약

C/C++와 비교해 자바에는 없는 것은 다음과 같다.

- **구조체:** 클래스를 사용한다.
- **공용체:** 클래스 계층을 사용한다.
- **부호 없는 데이터 타입:** 이 때문에 자바로 암호화 알고리즘을 구현하는 것이 어려워진다.
- **함수 포인터**

05

코드에서 중요하고 흥미로운 부분 찾아내기

요즘 소프트웨어에서는 미니멀리즘을 찾아보기 어렵다.

이는 프로그래머가 다량의 코드를 작성하기 때문이 아니라 실행 파일에 많은 라이브러리가 정적으로 링크되기 때문이다. 사용하는 외부 라이브러리를 모두 외부 DLL 파일로 이동시킨다면 결과는 달라질 것이다(C++의 경우에는 STL과 기타 템플릿 라이브러리들 때문에 크기가 큰 코드가 생성되기도 한다).

따라서 함수의 출처를 알아내는 작업은 매우 중요하다. 어떤 함수가 표준 라이브러리나 잘 알려진 라이브러리(예: Boost1, libpng, http://www.libpng.org/pub/png/libpng.html)의 것인지 또는 리버스 엔지니어가 코드에서 찾고자 하는 내용과 관련된 함수인지 등을 잘 판단해야 한다.

모든 어셈블리 코드를 다시 C/C++로 작성해 원하는 부분을 찾는 건 바보 같은 짓이다.

리버스 엔지니어의 중요한 작업 중 하나는 필요한 코드를 재빨리 찾아내는 것이다.

IDA 디스어셈블러를 사용하면 텍스트 문자열, 바이트 시퀀스, 상수 등을 검색할 수 있다. 그리고 코드를 .lst나 .asm 텍스트 파일로 저장한 후 grep, awk 등으로 필요한 부분만 추출할 수도 있다.

코드를 분석하다 보면 libpng와 같은 오픈소스 라이브러리를 쉽게 접하게 된다. 따라서 익숙해 보이는 텍스트 문자열이나 상수를 보면 무조건 구글에서 검색해보는 것이 좋다. 사용된 오픈소스 프로젝트를 찾아냈다면 소스코드와 어셈블리 코드의 함수들을 비교하면 된다. 이를 통해 문제의 일부를 쉽게 해결할 수도 있다.

예를 들면 XML 파일을 사용하는 프로그램을 분석할 때는 우선 어떤 XML 라이브러리를 사용해 데이터를 처리하는지 알아내는 게 좋다. 대개 직접 개발한 코드보다는 표준 (또는 잘 알려진) 라이브러리를 사용하기 때문이다.

또 다른 예를 들어보자. 예전에 저자는 SAP 6.0의 네트워크 패킷 압축/압축 해제 루틴을 파악하던 중이었다. SAP는 대규모 소프트웨어긴 하지만 디버깅 정보가 담긴 .PDB 파일이 존재했기 때문에 많은 수고를 덜 수 있었다. 마침내 CsDecomprLZC()라는 함수가 네트워크 패킷의 압축 해제를 수행한다는 사실을 알아냈고, 바로 그 이름을 검색했다. 그리고 그것이 MaxDB(SAP의 오픈소스 프로젝트)의 함수명과 동일하다는 걸 알 수 있었다(좀 더 자세한 내용은 8.9.1절 참고).

http://www.google.com/search?q=CsDecomprLZC

놀랍게도 MaxDB와 SAP 6.0 소프트웨어의 네트워크 패킷 압축/해제 코드는 상당히 유사했다.

5.1 실행 파일 식별

5.1.1 마이크로소프트 비주얼 C++

MSVC 버전에 따라 임포트되는 DLL은 다음과 같다.

공식 버전	내부 버전	CL.EXE 버전	임포트되는 DLL	출시일
6	6.0	12,00	msvcrt.dll, msvcp60.dll	1998년 6월
.NET (2002)	7.0	13,00	msvcr70.dll, msvcp70.dll	2022년 2월 13일
.NET 2003	7.1	13,00	msvcr71.dll, msvcp71.dll	2003년 4월 24일
2005	8.0	14,00	msvcr80.dll, msvcp80.dll	2005년 11얼 7일
2008	9.0	15,00	msvcr90.dll, msvcp90.dll	2007년 11월 19일

2010	10.0	16.00	msvcr100.dll, msvcp100.dll	2010년 4월 12일
2012	11.0	17.00	msvcr110.dll, msvcp110.dll	2012년 9월 12일
2013	12.0	18.00	msvcr120.dll, msvcp120.dll	2013년 10월 17일

msvcp*.dll에는 C++ 관련 함수가 들어있으므로 이 파일이 임포트됐다면 C++ 프로그램일 가능성이 높다.

이름 맹글링

이름은 주로 ? 기호로 시작한다.

MSVC 이름 맹글링은 3.18.1절에서 다뤘다.

5.1.2 GCC

*NIX용 GCC 외에도 Cygwin과 MinGW 같은 Win32 환경용 GCC도 존재한다.

이름 맹글링

이름은 보통 _Z 기호로 시작한다.

GCC 이름 맹글링은 3.18.1절을 참고하기 바란다.

Cygwin

종종 cygwin1.dll이 임포트된다.

MinGW

msvcrt.dll이 임포트될 수 있다.

5.1.3 인텔 포트란

libifcoremd.dll, libifportmd.dll, libiomp5md.dll(OpenMP 지원)이 임포트될 수 있다.

libifcoremd.dll에는 포트란을 의미하는 **for_**로 시작하는 함수가 많다.

5.1.4 와콤, 오픈와콤

이름 맹글링

와콤^{Watcom}과 오픈와콤^{OpenWatcom}에서 이름은 보통 W 문자로 시작한다.

예를 들어 아무런 인자도 취하지 않고 void를 리턴하는 클래스^{class}의 메소드^{method}는 다음과 같이 인코딩된다.

```
W?method$_class$n__v
```

5.1.5 볼랜드

다음은 볼랜드 델파이^{Borland Delphi}와 C++ 빌더의 이름 맹글링 예다.

```
@TApplication@IdleAction$qv
@TApplication@ProcessMDIAccels$qp6tagMSG
@TModule@$bctr$qpcpvt1
@TModule@$bdtr$qv
@TModule@ValidWindow$qp14TWindowsObject
@TrueColorTo8BitN$qpviiiiiiit1iiiiii
@TrueColorTo16BitN$qpviiiiiiit1iiiiii
@DIB24BitTo8BitBitmap$qpviiiiiiit1iiiii
@TrueBitmap@$bctr$qpcl
@TrueBitmap@$bctr$qpvl
@TrueBitmap@$bctr$qiilll
```

이름은 항상 @ 기호로 시작하며 그 뒤로 클래스명, 메소드명, 인코딩된 메소드 인자 타입이 따라온다.

.exe 파일의 imports, .dll 파일의 exports, 디버그 파일의 데이터 등에서 이런 형태의 이름을 볼 수 있다.

볼랜드 비주얼 컴포넌트 라이브러리^{VCL, Visual Component Library}는 .dll 대신 vcl50.bpl, rtl60.bpl과 같은 .bpl 파일에 저장된다.

BORLNDMM.DLL과 같은 DLL도 임포트될 수 있다.

델파이

거의 모든 델파이 실행 파일의 **CODE** 세그먼트 시작 부분에서는 'Boolean'이라는 텍스트 문자열과 기타 타입명을 확인할 수 있다.

다음은 델파이 프로그램의 전형적인 **CODE** 세그먼트의 시작 부분이며, 이 블록은 Win32 PE 헤더 바로 다음에 위치한다.

```
00000400    04 10 40 00 03 07 42 6f 6f 6c 65 61 6e 01 00 00    |..@...Boolean...|
00000410    00 00 01 00 00 00 00 00 10 40 00 05 46 61 6c 73 65    |........@..False|
00000420    04 54 72 75 65 8d 40 00 2c 10 40 00 09 08 57 69    |.True.@.,.@...Wi|
00000430    64 65 43 68 61 72 03 00 00 00 00 00 ff ff 00 00 90    |deChar..........|
00000440    44 10 40 00 02 04 43 68 61 72 01 00 00 00 00 00 ff    |D.@...Char......|
00000450    00 00 00 00 90 58 10 40 00 01 08 53 6d 61 6c 6c 69    |....X.@...Smalli|
00000460    6e 74 02 00 80 ff ff ff 7f 00 00 90 70 10 40 00    |nt.........p.@.|
00000470    01 07 49 6e 74 65 67 65 72 04 00 00 00 80 ff ff    |..Integer.......|
00000480    ff 7f 8b c0 88 10 40 00 01 04 42 79 74 65 01 00    |......@...Byte..|
00000490    00 00 00 ff 00 00 00 90 9c 10 40 00 01 04 57 6f    |.........@...Wo|
000004a0    72 64 03 00 00 00 00 00 ff ff 00 00 90 b0 10 40 00    |rd..........@.|
000004b0    01 08 43 61 72 64 69 6e 61 6c 05 00 00 00 00 00 ff    |..Cardinal......|
000004c0    ff ff ff 90 c8 10 40 00 10 05 49 6e 74 36 34 00    |......@...Int64.|
000004d0    00 00 00 00 00 80 ff ff ff ff ff ff ff 7f 90    |...............|
000004e0    e4 10 40 00 04 08 45 78 74 65 6e 64 65 64 02 90    |..@...Extended..|
000004f0    f4 10 40 00 04 06 44 6f 75 62 6c 65 01 8d 40 00    |..@...Double..@.|
00000500    04 11 40 00 04 08 43 75 72 72 65 6e 63 79 04 90    |..@...Currency..|
00000510    14 11 40 00 0a 06 73 74 72 69 6e 67 20 11 40 00    |..@...string .@.|
00000520    0b 0a 57 69 64 65 53 74 72 69 6e 67 30 11 40 00    |..WideString0.@.|
00000530    0c 07 56 61 72 69 61 6e 74 8d 40 00 40 11 40 00    |..Variant.@.@.@.|
00000540    0c 0a 4f 6c 65 56 61 72 69 61 6e 74 98 11 40 00    |..OleVariant..@.|
00000550    00 00 00 00 00 00 00 00 00 00 00 00 00 00 00 00    |................|
00000560    00 00 00 00 00 00 00 00 00 00 00 98 11 40 00    |.............@.|
00000570    04 00 00 00 00 00 00 00 18 4d 40 00 24 4d 40 00    |.........M@.$M@.|
00000580    28 4d 40 00 2c 4d 40 00 20 4d 40 00 68 4a 40 00    |(M@.,M@. M@.hJ@.|
00000590    84 4a 40 00 c0 4a 40 00 07 54 4f 62 6a 65 63 74    |.J@..J@..TObject|
000005a0    a4 11 40 00 07 07 54 4f 62 6a 65 63 74 98 11 40    |..@...TObject..@|
000005b0    00 00 00 00 00 00 00 00 06 53 79 73 74 65 6d 00 00    |........System..|
000005c0    c4 11 40 00 0f 0a 49 49 6e 74 65 72 66 61 63 65    |..@...IInterface|
000005d0    00 00 00 00 01 00 00 00 00 00 00 00 c0 00 00    |................|
000005e0    00 00 00 00 46 06 53 79 73 74 65 6d 03 00 ff ff    |....F.System....|
000005f0    f4 11 40 00 0f 09 49 44 69 73 70 61 74 63 68 c0    |..@...IDispatch.|
00000600    11 40 00 01 00 04 02 00 00 00 00 00 c0 00 00 00    |.@..............|
00000610    00 00 00 46 06 53 79 73 74 65 6d 04 00 ff ff 90    |...F.System.....|
00000620    cc 83 44 24 04 f8 e9 51 6c 00 00 83 44 24 04 f8    |..D$...Ql...D$..|
00000630    e9 6f 6c 00 00 83 44 24 04 f8 e9 79 6c 00 00 cc    |.ol...D$...yl...|
00000640    cc 21 12 40 00 2b 12 40 00 35 12 40 00 01 00 00    |.!.@.+.@.5.@....|
```

```
00000650  00 00 00 00 00 00 00 00 00 c0 00 00 00 00 00 00   |................|
00000660  46 41 12 40 00 08 00 00 00 00 00 00 00 8d 40 00   |FA.@.........@.|
00000670  bc 12 40 00 4d 12 40 00 00 00 00 00 00 00 00 00   |..@.M.@.........|
00000680  00 00 00 00 00 00 00 00 00 00 00 00 00 00 00 00   |................|
00000690  bc 12 40 00 0c 00 00 00 4c 11 40 00 18 4d 40 00   |..@.....L.@..M@.|
000006a0  50 7e 40 00 5c 7e 40 00 2c 4d 40 00 20 4d 40 00   |P~@.\~@.,M@. M@.|
000006b0  6c 7e 40 00 84 4a 40 00 c0 4a 40 00 11 54 49 6e   |l~@..J@..J@..TIn|
000006c0  74 65 72 66 61 63 65 64 4f 62 6a 65 63 74 8b c0   |terfacedObject..|
000006d0  d4 12 40 00 07 11 54 49 6e 74 65 72 66 61 63 65   |..@...TInterface|
000006e0  64 4f 62 6a 65 63 74 bc 12 40 00 a0 11 40 00 00   |dObject..@...@..|
000006f0  00 06 53 79 73 74 65 6d 00 00 8b c0 00 13 40 00   |..System......@.|
00000700  11 0b 54 42 6f 75 6e 64 41 72 72 61 79 04 00 00   |..TBoundArray...|
00000710  00 00 00 00 00 00 03 00 00 00 6c 10 40 00 06 53 79   |.........l.@..Sy|
00000720  73 74 65 6d 28 13 40 00 04 09 54 44 61 74 65 54   |stem(.@...TDateT|
00000730  69 6d 65 01 ff 25 48 e0 c4 00 8b c0 ff 25 44 e0   |ime..%H......%D.|
```

데이터 세그먼트(DATA)의 처음 네 바이트는 00 00 00 00, 32 13 8B C0 또는 FF FF FF FF가 된다.

이 정보는 패킹된 델파이 실행 파일을 다룰 때 유용하게 사용할 수 있다.

5.1.6 기타 DLL

- vcomp*.dll은 OpenMP를 마이크로소프트에서 구현한 라이브러리다.

5.2 외부와의 통신(함수 레벨)

종종 디버거나 DBI에서 함수에 전달되는 인자와 반환되는 값을 추적해보는 것이 좋다. 예를 들면 잘못 구현(정상적으로 동작하지만 속도가 느린)된 버블 소트(https://yurichev.com/blog/weird_sort/) 함수를 분석한 적이 있는데, 해당 함수에 전달되는 입력과 함수의 출력 결과를 보고 그것이 어떤 함수인지 바로 이해할 수 있었다.

그리고 곱하기를 이용한 나누기 연산(3.9절)을 종종 볼 수 있는데, 그것의 자세한 메커니즘을 모두 잊어먹었더라도 입력값과 출력값을 보면 그것이 나누기 연산이라는 것을 빠르게 알아낼 수 있다.

5.3 외부와의 통신(Win32)

경우에 따라서는 입력과 출력만 보고도 함수의 동작을 이해할 수 있다. 그러면 시간을 상당히 절약할 수 있다.

파일과 레지스트리 접근에 관한 매우 기초적인 분석에서는 시스인터널스^SysInternals의 프로세스 모니터^Process Monitor(https://docs.microsoft.com/ko-kr/sysinternals/downloads/procmon) 유틸리티가 유용하다.

기초적인 네트워크 접근 분석에는 와이어샤크(https://www.wireshark.org/)가 유용하다.

하지만 결국에는 함수 내부를 살펴봐야 한다.

우선 어떤 OS API나 표준 라이브러리 함수를 사용하고 있는지 살펴봐야 한다.

프로그램이 메인 실행 파일과 다수의 DLL 파일로 구성된 경우에는 DLL 내부의 함수명이 유용할 수 있다.

특정 텍스트를 출력하는 MessageBox()를 호출하는 부분을 정확히 찾아내고 싶을 때는 데이터 세그먼트에서 해당 텍스트를 검색하고, 이를 참조하는 부분을 알아낸 다음 찾고자 하는 MessageBox() 호출로 제어 흐름을 전달하는 지점을 찾아내야 한다.

비디오 게임을 분석하는 도중 어떤 이벤트의 무작위 정도를 알아보고 싶다면 rand() 함수나 그와 유사한 함수(메르센 트위스터 알고리즘과 같은)를 찾고, 그런 함수가 호출되는 위치를 분석한 다음 함수의 결괏값을 어떻게 사용하는지 알아내면 된다(이 부분이 가장 중요하다)(8.2절의 예제 참고).

하지만 게임 이외의 프로그램에서 rand()를 사용하는 경우에는 이를 사용하는 이유를 밝히는 것도 흥미로운 작업이다. 뜻밖에도 데이터 압축 알고리즘에서 rand()를 사용하는 경우도 있다(암호화를 흉내 내는 차원)(https://yurichev.com/blog/44/ 참고).

5.3.1 윈도우 API에서 자주 사용되는 함수

임포트될 수 있는 함수는 매우 다양하지만 자주 등장하는 함수들은 다음과 같다. 모든 함수를 개발자가 작성한 코드에서 사용하는 건 아니라는 점에 유의하자. 라이브러리 함수나 CRT 코드에서도 다수의 함수를 호출한다.

함수의 이름이 -A로 끝나는 것은 ASCII 버전이고 -W로 끝나는 것은 유니코드 버전이다.

- 레지스트리 접근(advapi32.dll): RegEnumKeyEx, RegEnumValue, RegGetValue, RegOpenKeyEx, RegQueryValueEx
- 텍스트 .ini 파일 접근(kernel32.dll): GetPrivateProfileString
- 대화상자(user32.dll): MessageBox, MessageBoxEx, CreateDialog, SetDlgItemText, GetDlgItemText
- 리소스 접근(6.5.2절)(user32.dll): LoadMenu
- TCP/IP 네트워크(ws2_32.dll): WSARecv, WSASend
- 파일 접근(kernel32.dll): CreateFile, ReadFile, ReadFileEx, WriteFile, WriteFileEx
- 하이레벨 인터넷 접근(wininet.dll): WinHttpOpen
- 실행 파일의 디지털 서명 검사(wintrust.dll): WinVerifyTrust
- 표준 MSVC 라이브러리(동적 링킹의 경우)(msvcr*.dll): assert, itoa, ltoa, open, printf, read, strcmp, atol, atoi, fopen, fread, fwrite, memcmp, rand, strlen, strstr, strchr

5.3.2 트라이얼 기간 연장

설치된 시점을 레지스트리에 저장하는 방식으로 트라이얼 버전의 사용을 지원하는 소프트웨어를 크랙하려고 할 때는 레지스트리에 접근하는 함수가 주 타깃이 된다.

트라이얼 버전의 소프트웨어는 실행 시점을 어떤 식으로든 체크하기 때문에 GetLocal Time()과 GetSystemTime() 함수가 또 다른 타깃이 되기도 한다.

5.3.3 성가신 대화상자 제거

사용자를 성가시게 하는 대화상자를 없애려고 할 때는 MessageBox(), CreateDialog(), CreateWindow() 함수를 가로채는 방법이 많이 사용된다.

5.3.4 tracer: 특정 모듈의 모든 함수 인터셉트

tracer는 INT3 브레이크포인트를 지원한다. 함수별로 한 번만 실행되긴 하지만 특정 DLL의 모든 함수에 설정할 수 있다.

```
--one-time-INT3-bp:somedll.dll!.*
```

또는 이름이 xml로 시작하는 함수에만 INT3 브레이크포인트를 설정할 수도 있다.

```
--one-time-INT3-bp:somedll.dll!xml.*
```

아쉽지만 이런 브레이크포인트는 단 한 번만 실행된다. tracer는 함수가 처음으로 호출될 때 이를 출력한다. 또 한 가지 단점은 함수 인자를 볼 수 없다는 점이다.

그러나 분석 중인 프로그램이 특정 DLL을 사용한다는 사실은 알지만 실제로 어떤 함수를 사용하는지는 모를 때 이 기능을 매우 유용하게 사용할 수 있다. DLL에 다수의 함수가 존재한다면 활용도는 더 높아진다.

예를 들어 cygwin 유틸리티인 uptime이 어떤 함수를 호출하는지 살펴보자.

```
tracer -l:uptime.exe --one-time-INT3-bp:cygwin1.dll!.*
```

적어도 한 번은 호출되는 cygwin1.dll 라이브러리 함수의 목록과 호출 위치를 확인할 수 있다.

```
One-time INT3 breakpoint: cygwin1.dll!__main (called from uptime.exe!OEP+0x6d (0x40106d))
One-time INT3 breakpoint: cygwin1.dll!_geteuid32 (called from uptime.exe!OEP+0xba3 (0x401ba3))
One-time INT3 breakpoint: cygwin1.dll!_getuid32 (called from uptime.exe!OEP+0xbaa (0x401baa))
One-time INT3 breakpoint: cygwin1.dll!_getegid32 (called from uptime.exe!OEP+0xcb7 (0x401cb7))
One-time INT3 breakpoint: cygwin1.dll!_getgid32 (called from uptime.exe!OEP+0xcbe (0x401cbe))
One-time INT3 breakpoint: cygwin1.dll!sysconf (called from uptime.exe!OEP+0x735 (0x401735))
One-time INT3 breakpoint: cygwin1.dll!setlocale (called from uptime.exe!OEP+0x7b2 (0x4017b2))
One-time INT3 breakpoint: cygwin1.dll!_open64 (called from uptime.exe!OEP+0x994 (0x401994))
One-time INT3 breakpoint: cygwin1.dll!_lseek64 (called from uptime.exe!OEP+0x7ea (0x4017ea))
One-time INT3 breakpoint: cygwin1.dll!read (called from uptime.exe!OEP+0x809 (0x401809))
One-time INT3 breakpoint: cygwin1.dll!sscanf (called from uptime.exe!OEP+0x839 (0x401839))
One-time INT3 breakpoint: cygwin1.dll!uname (called from uptime.exe!OEP+0x139 (0x401139))
One-time INT3 breakpoint: cygwin1.dll!time (called from uptime.exe!OEP+0x22e (0x40122e))
```

```
One-time INT3 breakpoint: cygwin1.dll!localtime (called from uptime.exe!OEP+0x236 (0x401236))
One-time INT3 breakpoint: cygwin1.dll!sprintf (called from uptime.exe!OEP+0x25a (0x40125a))
One-time INT3 breakpoint: cygwin1.dll!setutent (called from uptime.exe!OEP+0x3b1 (0x4013b1))
One-time INT3 breakpoint: cygwin1.dll!getutent (called from uptime.exe!OEP+0x3c5 (0x4013c5))
One-time INT3 breakpoint: cygwin1.dll!endutent (called from uptime.exe!OEP+0x3e6 (0x4013e6))
One-time INT3 breakpoint: cygwin1.dll!puts (called from uptime.exe!OEP+0x4c3 (0x4014c3))
```

5.4 문자열

5.4.1 텍스트 문자열

C/C++

C 문자열은 보통 0(NULL) 바이트로 끝난다(ASCIIZ 문자열).

C 문자열이 0으로 끝나는 형태를 취하게 된 데는 역사적 이유가 있다. 데니스 리치의
『Evolution of the Unix Time-sharing System』(1979)에서 다음을 찾아볼 수 있다.

> PDP-7은 워드 주소 지정 머신이었기 때문에 I/O 단위는 바이트가 아니라 워드라는 작은 차이점이
> 있었다. 이는 문자 스트림을 처리하는 프로그램은 무조건 널 문자를 무시한다는 의미였다. NULL은
> 파일의 문자 개수를 짝수로 맞출 때 사용하는 패딩 문자로 사용됐기 때문이다.

Hiew나 FAR Manager로 보면 문자열은 다음과 같이 보인다.

```
int main()
{
    printf ("Hello, world!\n");
};
```

그림 5.1: Hiew

볼랜드 델파이

파스칼과 볼랜드 델파이의 문자열 앞에는 8비트나 32비트의 문자열 길이 값이 온다.
예를 들면 다음과 같다.

리스트 5.1: 델파이

```
CODE:00518AC8                    dd   19h
CODE:00518ACC aLoading___Plea db  'Loading... , please wait.',0
...
CODE:00518AFC dd 10h
CODE:00518B00 aPreparingRun__ db  'Preparing run...',0
```

유니코드

유니코드는 한 문자가 2바이트, 즉 16비트를 차지하는 문자열 인코딩 방법으로 불린
다. 이는 흔한 용어적 실수며, 유니코드는 전 세계 다양한 언어의 문자에 숫자를 지정
하는 표준이지 인코딩 방식이 아니다. 가장 널리 쓰이는 인코딩 방법은 UTF-8(인터넷
과 *NIX 시스템에서 주로 사용)과 UTF-16LE(윈도우에서 사용)다.

UTF-8

UTF-8은 가장 성공한 문자 인코딩 방식 중 하나다. 모든 라틴 기호를 아스키 테이블에
있는 것과 동일하게 인코딩하며, 아스키 테이블 이외의 기호는 여러 개의 바이트로 인
코딩한다. 0을 아스키 테이블과 동일하게 인코딩하기 때문에 표준 C 문자열 함수는
다른 문자열처럼 UTF-8 문자열도 제대로 처리할 수 있다.

UTF-8로 다양한 언어의 기호를 어떻게 인코딩하는지, 그리고 그것이 437 코드페이지
를 이용한 FAR에서 어떻게 보이는지 살펴보자.[1]

---

1. 인코딩 예제와 그것이 어떻게 변환되는지는 http://www.columbia.edu/~fdc/utf8/ 참고

그림 5.2: FAR: UTF-8

영어 문자열은 아스키 코드와 동일해 보인다는 것을 알 수 있다.

형가리어는 라틴 문자와 발음 부호가 붙은 문자를 사용하며, 여러 바이트로 인코딩된다. 그림에서 붉은색 밑줄로 표시된 부분이다. 아이슬란드어와 폴란드어의 경우도 마찬가지다.

그림의 시작 부분에 나오는 '유로' 통화 기호가 나오는데, 그것의 바이트 값이 3으로 인코딩된다.

나머지 언어는 라틴어와 관계도 없다.

러시아어, 아랍어, 히브리어, 힌디어에서는 반복되는 바이트를 볼 수 있는데, 동일한 유니코드 테이블에 위치하기 때문에 같은 숫자로 시작하는 것이다.

시작 부분의 'How much?' 문자열 이전에 나오는 3바이트는 BOM[Byte Order Mark]이다. BOM은 어떤 인코딩 시스템이 사용됐는지를 정의한다.

UTF-16LE

윈도우에서 Win32 함수의 이름이 -A나 -W로 끝나는 것이 많다. 첫 번째는 일반적인 문자열을 처리하는 함수를 의미하고 두 번째는 UTF-16LE 문자열(와이드 문자열)을 처리하다는 것을 의미한다.

두 번째 부류의 경우 문자는 보통 short 타입의 16비트 값으로 저장된다.

UTF-16 문자열로 인코딩된 라틴 문자를 Hiew나 FAR로 보면 문자 사이에서 0바이트가 있는 것을 볼 수 있다.

```
int wmain()
{
    wprintf (L"Hello, world!\n");
};
```

그림 5.3: Hiew

윈도우 NT 시스템의 파일에서도 이런 문자열을 확인할 수 있다.

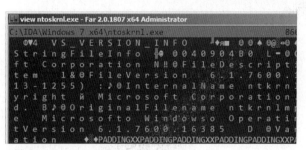

그림 5.4: Hiew

IDA에서는 각 문자가 정확히 2바이트를 차지하는 문자열을 'Unicode'로 표기한다.

```
.data:0040E000 aHelloWorld:
.data:0040E000                 unicode 0, <Hello, world!>
.data:0040E000                 dw 0Ah, 0
```

UTF-16LE로 인코딩한 러시아어를 Hiew로 보면 다음과 같다.

그림 5.5: Hiew: UTF-16LE

문자 사이사이에 다이아몬드 문자(아스키 코드 값이 4인 문자)를 쉽게 확인할 수 있다. 키릴 문자는 네 번째 유니코드 페이지에 위치한다(https://en.wikipedia.org/wiki/Cyrillic_(Unicode_block)). 그래서 UTF-16LE로 인코딩된 모든 키릴 문자는 0x400-0x4FF 사이에 존재한다.

여러 언어로 작성한 앞의 문자열 예를 다시 살펴보자. UTF-16LE로 인코딩하면 다음과 같이 보인다.

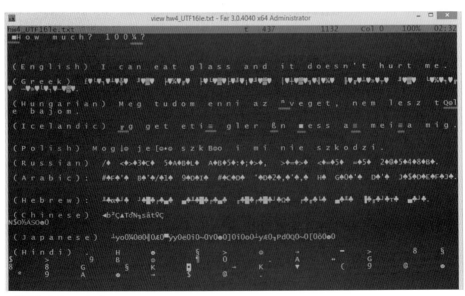

그림 5.6: FAR: UTF-16LE

이번에도 시작 부분에서 BOM을 확인할 수 있다. 모든 라틴 문자 사이에서도 0바이트를 볼 수 있다.

발음 부호가 붙은 문자는 이번에도 붉은색의 밑줄로 표시했다(헝가리어와 아이슬란드어).

Base64

Base64 인코딩은 바이너리 데이터를 텍스트 문자열로 변환할 때 널리 사용되는 인코딩 방식이다.

Base64 인코딩은 3개의 바이너리 바이트를 4개의 출력 가능한 문자(26개의 모든 라틴 문자(대문자, 소문자 포함), 숫자, 플러스 기호(+), 슬래시 문자(/), 총 64개의 문자)로 인코딩한다.

Base64 인코딩의 한 가지 독특한 특징은 자주(항상은 아님) 하나나 두 개의 '=' 문자로 패딩된다는 것이다.

AVjbbVSVfcUMu1xvjaMgjNtueRwBbxnyJw8dpGnLW8ZW8aKG3v4Y0icuQT+qEJAp9lAOuWs=

WVjbbVSVfcUMu1xvjaMgjNtueRwBbxnyJw8dpGnLW8ZW8aKG3v4Y0icuQT+qEJAp9lAOuQ==

'=' 문자는 Base64로 인코딩된 문자열 중간에는 위치하지 않는다.

직접 0x00, 0x11, 0x22, 0x33 바이트를 Base64로 문자열로 인코딩해보자.

```
$ echo -n "\x00\x11\x22\x33" | base64
ABEiMw==
```

이번에는 4개의 바이트를 바이너리 포맷으로 바꿔서 6개의 그룹으로 나눠보자.

```
| 00   || 11   || 22   || 33 ||        ||      |
00000000000010001001000100011001??????????????????
| A   || B || E || i || M || w   || = || = |
```

처음 3바이트(0x00, 0x11, 0x22)는 4개의 Base64 문자('ABEi')로 인코딩될 수 있지만 마지막 1바이트(0x33)는 그렇지 않다. 따라서 2개의 문자('Mw')로 인코딩되고 마지막 그룹의 문자 개수를 4로 맞추고자 '=' 문자 2개가 패딩됐다. 따라서 Base64로 인코딩된 모든 문자열의 길이는 항상 4로 나눠떨어진다.

Base64는 바이너리 데이터를 XML에 저장할 필요가 있을 때 자주 사용된다. 'Armored'

(즉, 문자열 형태의) PGP 키와 서명 또한 Base64로 인코딩된다.

문자열을 난독화하고자 Base64를 사용하는 경우도 있다. http://blog.sec-consult.com/2016/01/deliberately-html(http://archive.is/nDCas).

바이너리 파일에서 Base64 문자열을 찾아주는 유틸리티도 있다. 그중 하나가 base64scanner(https://github.com/DennisYurichev/base64scanner)다.

UseNet과 FidoNet에서 가장 널리 사용되는 인코딩 시스템은 Uuencoding이다. <Phrack 매거진>에서는 바이너리 파일을 여전히 Uuencode 포맷으로 인코딩한다. 기본적으로는 Base64와 거의 같지만 헤더에 파일의 이름이 저장된다는 점이 다르다.

Base64와 비슷한 것이 또 있는데, Base32다. Base32는 10개의 알파벳 숫자와 26개의 라틴 문자를 이용한다. Base32의 잘 알려진 사용처는 http://3g2upl4pq6kufc4m.onion/와 같은 Onion 주소(https://trac.torproject.org/projects/tor/wiki/doc/HiddenServiceNames)다. URL에 사용할 수 있는 문자는 제한적이기 때문에 Tor 개발자는 Base32를 사용한 것이다.

5.4.2 바이너리에서 문자열 찾기

> 실제로 유닉스 문서의 가장 좋은 형태는 프로그램의
> 객체 코드에 대해 strings 명령을 실행하는 것이다.
> strings 명령을 사용하면 프로그램의 하드 코딩된
> 파일명, 환경 변수, 문서화되지 않은 옵션, 모호한
> 에러 메시지 등의 전체 목록을 얻을 수 있습니다.
>
> The Unix-Haters Handbook

표준 유닉스 **strings** 유틸리티를 사용하면 파일 안의 문자열들을 빠르게 볼 수 있다. 예를 들어 다음은 OpenSSH 7.2 sshd 실행 파일에 있는 문자열들의 일부다.

```
...
0123
0123456789
0123456789abcdefABCDEF.:/
```

```
%02x
...
%.100s, line %lu: Bad permitopen specification <%.100s>
%.100s, line %lu: invalid criteria
%.100s, line %lu: invalid tun device
...
%.200s/.ssh/environment
...
2886173b9c9b6fdbdeda7a247cd636db38deaa.debug
$2a$06$r3.juUaHZDlIbQaO2dS9FuYxL1W9M81R1Tc92PoSNmzvpEqLkLGrK
...
3des-cbc
...
Bind to port %s on %s.
Bind to port %s on %s failed: %.200s.
/bin/login
/bin/sh
/bin/sh /etc/ssh/sshrc
...
D$4PQWR1
D$4PUj
D$4PV
D$4PVj
D$4PW
D$4PWj
D$4X
D$4XZj
D$4Y
...
diffie-hellman-group-exchange-sha1
diffie-hellman-group-exchange-sha256
digests
D$iPV
direct-streamlocal
direct-streamlocal@openssh.com
...
FFFFFFFFFFFFFFFFC90FDAA22168C234C4C6628B80DC1CD129024E088A6...
...
```

OpenSSH 7.2 sshd 실행 파일 안에는 옵션과 에러 메시지, 파일 경로, 임포트된 동적 모듈과 함수, 그리고 몇 가지 이상한 문자열들(키 값?)이 있다는 것을 알 수 있다. 또한 읽을 수 없는 문자열들도 있는데, x86 코드에는 때때로 출력이 가능한 형태의 ASCII 문자(최대 8자)로 구성된 문자열도 있다.

물론 OpenSSH는 오픈소스 프로그램이다. 하지만 알지 못하는 바이너리 파일 안에 어떤 읽을 수 있는 문자열이 있는지 살펴보는 것은 분석의 첫 번째 단계라고 할 수 있다. grep 명령어도 사용할 수 있다.

Hiew(Alt-F6)와 시스인터널즈의 ProcessMonitor도 동일한 기능을 제공한다.

5.4.3 에러/디버그 메시지

디버깅 메시지가 있다면 매우 요긴하게 활용할 수 있다. 디버깅 메시지를 보면 현재 프로그램에서 수행 중인 작업이 무엇인지를 알아낼 수 있다. printf() 유형의 함수를 사용해 디버깅 메시지를 로그 파일에 기록하기도 하며, 릴리스 버전에서 함수는 호출하지만 아무것도 기록하지 않는 경우도 있다.

지역 변수나 전역 변수가 디버깅 메시지에 출력되면 적어도 변수명은 알 수 있기 때문에 유용할 수 있다. 예를 들어 오라클 RDBMS의 함수인 ksdwrt()가 그런 함수다.

의미 있는 텍스트 문자열도 도움이 된다. IDA 디스어셈블러는 어떤 함수의 어느 지점에서 해당 문자열을 사용하는지 보여주기도 한다. 그리고 때로는 재미있는 것을 볼 수도 있다(https://yurichev.com/blog/32/).

에러 메시지도 유용하다. 오라클 RDBMS에서는 특정 그룹의 함수를 사용해 에러를 출력한다. 자세한 내용은 https://yurichev.com/blog/43/에서 찾아볼 수 있다.

어떤 함수가 어떤 상황에서 에러를 출력하는지 빠르게 알아낼 수 있다.

이 때문에 소프트웨어의 복사 방지를 위해 알 수 없는 이상한 에러 메시지나 에러 번호만 출력하기도 한다. 소프트웨어 크래커가 에러 메시지만 보고 복사 방지가 왜 실행됐는지 재빨리 눈치 채길 원하는 개발자는 없기 때문이다.

암호화된 에러 메시지의 예제는 8.5.2절을 참고하기 바란다.

5.4.4 의심스러운 매직 문자열

백도어에서 일반적으로 사용되는 매직 문자열은 매우 의심스러워 보일 수 있다.

예를 들면 TP-Link WR740 홈 라우터(http://sekurak.pl/tp-link-httptftp-backdoor/)의 백도어 중 하나는 다음의 URL을 이용해 활성화된다.

http://192.168.0.1/userRpmNatDebugRpm26525557/start_art.html.

해당 라우터의 펌웨어에서 'userRpmNatDebugRpm26525557' 문자열을 볼 수 있다.

이 문자열은 백도어에 대한 정보가 널리 공개될 때까지 구글로 검색해도 어떤 정보도 찾을 수 없었다.

어떤 RFC^{Request For Comments} 문서에서도 찾을 수 없었다.

또한 어떤 컴퓨터 과학 알고리즘에서도 그렇게 이상한 바이트 문자열을 사용하는 경우를 찾지 못했다.

그리고 에러나 디버깅 메시지처럼 보이지도 않았다.

따라서 어떤 경우에 그 문자열을 사용하는지 조사해야 했다.

때때로 그런 문자열은 Base64로 인코딩되는 경우가 있다.

그래서 문자열을 디코딩해 확인해보는 방법도 좋은 방법이다.

정확하게 말하면 이와 같은 방법으로 백도어를 숨기는 방법을 '불명확함을 이용한 보안'이라고 한다.

5.5 assert() 호출

경우에 따라 assert() 매크로의 존재도 리버싱에 도움이 될 수 있다. 보통 이 매크로는 소스 파일명, 줄 번호, 코드상의 조건을 그대로 담고 있기 때문이다.

가장 유용한 정보는 assert 조건 안에 있다. 그것으로부터 변수명이나 구조체 필드명 등을 유추할 수 있다. 또 다른 유용한 정보로는 파일명을 들 수 있다. 파일명을 통해 어떤 유형의 코드로 작성됐는지 알아낼 수 있다. 또한 파일명을 보면 잘 알려진 오픈소스 라이브러리의 파일인지도 판단할 수 있다.

리스트 5.2: 다양한 정보를 얻을 수 있는 assert() 호출의 예

```
.text:107D4B29 mov     dx, [ecx+42h]
.text:107D4B2D cmp     edx, 1
.text:107D4B30 jz      short loc_107D4B4A
```

```
.text:107D4B32 push     1ECh
.text:107D4B37 push     offset aWrite_c ; "write.c"
.text:107D4B3C push     offset aTdTd_planarcon ; "td->td_planarconfig == PLANARCONFIG_CON"...
.text:107D4B41 call     ds:_assert
...
.text:107D52CA mov      edx, [ebp-4]
.text:107D52CD and      edx, 3
.text:107D52D0 test     edx, edx
.text:107D52D2 jz       short loc_107D52E9
.text:107D52D4 push     58h
.text:107D52D6 push     offset aDumpmode_c ; "dumpmode.c"
.text:107D52DB push     offset aN30 ; "(n & 3) == 0"
.text:107D52E0 call     ds:_assert
...
.text:107D6759 mov      cx, [eax+6]
.text:107D675D cmp      ecx, 0Ch
.text:107D6760 jle      short loc_107D677A
.text:107D6762 push     2D8h
.text:107D6767 push     offset aLzw_c ; "lzw.c"
.text:107D676C push     offset aSpLzw_nbitsBit ; "sp->lzw_nbits <= BITS_MAX"
.text:107D6771 call     ds:_assert
```

파일명과 조건 모두 '구글'에서 검색해보길 권장한다. 오픈소스 라이브러리를 찾아낼 수도 있기 때문이다.

예를 들어 'sp->lzw_nbits <= BITS_MAX'를 '구글'에서 검색하면 LZW 압축과 관련된 오픈소스 코드라는 것을 확인할 수 있다.

5.6 상수

프로그래머도 사람인지라 종종 10, 100, 1000 같은 간단한 숫자를 코드에서 사용한다.

꾸준히 연습하는 리버스 엔지니어라면 10=0xA, 100=0x64, 1000=0x3E8, 10000=0x2710 과 같이 16진수 표현을 잘 알고 있을 것이다.

비트 0과 1이 번갈아 나오는 상수 0xAAAAAAAA(10101010101010101010101010101010)와 0x55555555(01010101010101010101010101010101)도 자주 사용된다.

모든 비트가 켜져 있거나(0b1111...) 꺼져있는(0b0000...) 신호에서 어떤 신호를 구별 하는 데 도움이 될 수 있다. 예를 들면 상수 0x55AA는 부트 섹터, MBR^Master Boot Record,

IBM 호환 확장 카드의 ROM 등에서 사용된다.

특히 암호화 관련 알고리즘에서는 특정 상수를 사용하는데, 이는 IDA에서 쉽게 찾아 낼 수 있다.

예를 들어 MD5(https://en.wikipedia.org/wiki/MD5) 알고리즘은 내부 변수를 다음과 같 이 초기화한다.

```
var int h0 := 0x67452301
var int h1 := 0xEFCDAB89
var int h2 := 0x98BADCFE
var int h3 := 0x10325476
```

이 네 개의 상수가 코드에서 연달아 사용된다면 해당 함수는 MD5와 관련된 함수일 가 능성이 매우 높다.

또 다른 예로는 CRC16/CRC32 알고리즘이 있다. CRC16/CRC32 알고리즘은 다음과 같 은 미리 계산된 테이블을 이용한다.

리스트 5.3: linux/lib/crc16.c

```
/** CRC table for the CRC-16. The poly is 0x8005 (x^16 + x^15 + x^2 + 1) */
u16 const crc16_table[256] = {
        0x0000, 0xC0C1, 0xC181, 0x0140, 0xC301, 0x03C0, 0x0280, 0xC241,
        0xC601, 0x06C0, 0x0780, 0xC741, 0x0500, 0xC5C1, 0xC481, 0x0440,
        0xCC01, 0x0CC0, 0x0D80, 0xCD41, 0x0F00, 0xCFC1, 0xCE81, 0x0E40,
...
```

CRC32용 테이블은 3.5절에서 살펴봤다.

미리 계산된 테이블을 이용하지 않는 CRC 알고리즘에서는 잘 알려진 다항식이 사용 된다(예, CRC32의 경우 0xEDB88320).

5.6.1 매직 넘버

대부분의 파일 포맷은 하나 또는 여러 개의 매직 넘버(https://en.wikipedia.org/wiki/ Magic_number_(programming))를 사용해 표준 파일 헤더를 정의한다.

예를 들면 모든 Win32와 MS-DOS 실행 파일은 'MZ'(https://en.wikipedia.org/wiki/DOS_

MZ_executable)라는 두 개의 문자로 시작한다.

미디 파일의 시작 부분에는 반드시 'MThd' 시그니처가 있다. 미디 파일을 사용하는 프로그램이라면 미디 파일의 유효성을 검사할 목적으로 처음 4바이트를 확인할 가능성이 매우 높다.

유효성 검사 코드는 다음처럼 수행할 수 있다(buf는 메모리에 로딩된 파일의 시작 부분을 가리킴).

```
cmp     [buf], 0x6468544D  ; "MThd"
jnz _    error_not_a_MIDI_file
```

또는 메모리 블록을 비교하는 memcmp()를 호출하거나 CMPSB 명령어처럼 memcmp()와 동일한 작업을 수행하는 코드를 사용할 수도 있다.

코드에서 이런 부분을 찾았다면 이미 미디 파일이 로딩되는 지점을 알아낸 것이며, 미디 파일이 로딩된 버퍼의 위치와 버퍼에서 어떤 내용이 어떻게 사용되는지도 분석할 수 있다.

날짜

날짜로 보이는 0x19870116(1987년 1월 16일)과 같은 숫자를 보게 될 수도 있다. 이는 누군가(프로그래머, 프로그래머의 친척 또는 아이)의 생일이거나 다른 중요할 날짜일 수 있다. 날짜는 0x16011987처럼 순서가 다른 방식으로 사용할 수도 있다. 0x01161987과 같은 미국 날짜도 많이 사용된다.

잘 알려진 예로는 0x19540119(UFS2 슈퍼블록 구조체에 사용된 매직 넘버)가 있다. 이는 FreeBSD를 만든 중요한 사람 중 한 명인 마샬 커크 맥쿠식의 생일이다.

스턱스넷은 '19790509'(32비트 숫자가 아닌 문자열임)를 사용했는데, 이는 해당 악성 코드가 이스라엘과 연결돼 있다고 추측하게 만들었다.[2]

또한 날짜는 아마추어 레벨의 암호화에도 많이 사용된다. 다음은 HASP3 동글(https://web.archive.org/web/20160311231616/, http://www.woodmann.com/fravia/bayu3.htm)

---

2. 페르시아의 유대인 하비브 엘가니안의 처형 날짜

의 내부 함수를 발췌한 것이다.

```
void xor_pwd(void)
{
    int i;

    pwd^=0x09071966;
    for(i=0;i<8;i++)
    {
        al_buf[i]= pwd & 7; pwd = pwd >> 3;
    }
};
void emulate_func2(unsigned short seed)
{
    int i, j;
    for(i=0;i<8;i++)
    {
        ch[i] = 0;
        for(j=0;j<8;j++)
        {
            seed *= 0x1989;
            seed += 5;
            ch[i] |= (tab[(seed>>9)&0x3f]) << (7-j);
        }
    }
}
```

DHCP

네트워크 프로토콜의 경우도 마찬가지다. 예를 들어 DHCP 프로토콜의 네트워크 패킷에는 소위 매직 쿠키라는 0x63538263이 포함된다. DHCP 프로토콜 패킷을 생성하는 코드는 어떻게든 이 상수를 패킷에 포함시켜야 한다. 코드에서 이 상수를 발견했다면 어디에서 DHCP 패킷을 생성하는지 알아낼 수 있다. DHCP 패킷을 수신하는 프로그램이라면 반드시 매직 쿠키를 검사해야 하는데, 이때 이 상수를 이용한다.

윈도우 7 x64의 dhcpcore.dll 파일에서 매직 쿠키를 검색해보자. 그러면 두 개를 찾을 수 있는데, 이름만으로 역할을 쉽게 유추할 수 있는 두 개의 함수인 DhcpExtractOptionsForValidation()과 DhcpExtractFullOptions()에서 매직 쿠키를 사용한다는 것을 알 수 있다.

리스트 5.4: dhcpcore.dll(윈도우 7 x64)

```
.rdata:000007FF6483CBE8 dword_7FF6483CBE8 dd 63538263h ; DATA XREF:
    DhcpExtractOptionsForValidation+79
.rdata:000007FF6483CBEC dword_7FF6483CBEC dd 63538263h ; DATA XREF:
    DhcpExtractFullOptions+97
```

상수에 접근하는 곳은 다음과 같다.

리스트 5.5: dhcpcore.dll(윈도우 7 x64)

```
.text:000007FF6480875F    mov    eax, [rsi]
.text:000007FF64808761    cmp    eax, cs:dword_7FF6483CBE8
.text:000007FF64808767    jnz    loc_7FF64817179
```

리스트 5.6: dhcpcore.dll(윈도우 7 x64)

```
.text:000007FF648082C7    mov    eax, [r12]
.text:000007FF648082CB    cmp    eax, cs:dword_7FF6483CBEC
.text:000007FF648082D1    jnz    loc_7FF648173AF
```

5.6.2 특정 상수

때로는 코드상에 어떤 특정 상수가 사용되는 경우도 있다. 예를 들어 필자가 코드를 분석했을 때 12라는 의심스러운 숫자를 자주 보게 됐다. 그리고 많은 배열의 크기가 12거나 그 배수(24 등)였다. 결과적으로 그것을 사용하는 코드는 12 채널의 오디오 파일을 입력으로 받아 처리하는 코드였다.

반대로 120바이트 크기의 텍스트 필드를 처리하는 프로그램이라면 어딘가에 120이나 119라는 상수 값이 있을 것이다. UTF-16을 사용하는 프로그램이라면 2*120에 해당하는 상수 값이 있을 것이다. 그리고 고정된 크기의 네트워크 패킷을 처리하는 코드라면 코드상에서 해당 패킷의 크기를 나타내는 상수 값을 찾아보는 것도 좋은 생각이다.

아마추어 레벨의 암호화(라이선스 키 암호화 등) 코드에서도 마찬가지다. 암호화된 블록의 크기가 n 바이트라면 코드상에서 그것을 찾아보려고 시도할 것이다. 그리고 실행 중에 루프상에서 n번 반복되는 코드를 본다면 아마도 암호화/복호화를 수행하는 루틴일 것이다.

5.6.3 상수 검색

IDA에서는 쉽게 상수 값을 검색할 수 있다. 또는 간단한 유틸리티 바이너리 **grep**을 이용하면 여러 개의 파일, 심지어 실행 파일 이외의 파일에서도 특정 상수 값을 검색할 수 있다.

5.7 특정 명령어 찾기

분석 중인 프로그램이 FPU 명령어를 사용한다면 횟수가 많지 않은 경우에는 디버거를 이용해 직접 하나씩 체크해볼 수도 있다.

예를 들어 마이크로소프트 엑셀이 사용자가 입력한 수식을 어떻게 계산하는지 알고 싶다고 하자. 특히 나눗셈 연산을 어떻게 하는지 알고 싶다.

excel.exe(오피스 2010) 버전 14.0.4756.1000을 IDA로 열고 **FDIV** 명령어를 검색한다(두 번째 오퍼랜드로 상수를 취하는 명령어는 우리의 관심사가 아니므로 제외한다).

```
cat EXCEL.lst | grep fdiv | grep -v dbl_ > EXCEL.fdiv
```

검색 결과가 144개임을 알 수 있다.

엑셀에 =(1/3) 같은 문자열을 입력하고 각 명령어를 확인할 수 있다.

디버거나 tracer(한 번에 4개의 명령어를 확인할 수 있음)로 명령어를 하나씩 살펴보다 보면 운 좋게도 14번째 시도에서 성공하게 된다.

```
.text:3011E919 DC 33          fdiv qword ptr [ebx]
```

```
PID=13944|TID=28744|(0) 0x2f64e919 (Excel.exe!BASE+0x11e919)
EAX=0x02088006 EBX=0x02088018 ECX=0x00000001 EDX=0x00000001
ESI=0x02088000 EDI=0x00544804 EBP=0x0274FA3C ESP=0x0274F9F8
EIP=0x2F64E919
FLAGS=PF IF
FPU ControlWord=IC RC=NEAR PC=64bits PM UM OM ZM DM IM
FPU StatusWord=
FPU ST(0): 1.000000
```

ST(0)에는 첫 번째 인자(1), [EBX]에는 두 번째 인자가 들어있다.

FDIV 다음에 나오는 명령어(FSTP)는 결과를 메모리에 기록한다.

```
.text:3011E91B DD 1E fstp qword ptr [esi]
```

여기에 브레이크포인트를 설정하면 결과를 확인할 수 있다.

```
PID=32852|TID=36488|(0) 0x2f40e91b (Excel.exe!BASE+0x11e91b)
EAX=0x00598006 EBX=0x00598018 ECX=0x00000001 EDX=0x00000001
ESI=0x00598000 EDI=0x00294804 EBP=0x026CF93C ESP=0x026CF8F8
EIP=0x2F40E91B
FLAGS=PF IF
FPU ControlWord=IC RC=NEAR PC=64bits PM UM OM ZM DM IM
FPU StatusWord=C1 P
FPU ST(0): 0.333333
```

재미 삼아 해당 값을 바로 수정할 수도 있다.

```
tracer -l:excel.exe bpx=excel.exe!BASE+0x11E91B,set(st0,666)
```

```
PID=36540|TID=24056|(0) 0x2f40e91b (Excel.exe!BASE+0x11e91b)
EAX=0x00680006 EBX=0x00680018 ECX=0x00000001 EDX=0x00000001
ESI=0x00680000 EDI=0x00395404 EBP=0x0290FD9C ESP=0x0290FD58
EIP=0x2F40E91B
FLAGS=PF IF
FPU ControlWord=IC RC=NEAR PC=64bits PM UM OM ZM DM IM
FPU StatusWord=C1 P
FPU ST(0): 0.333333
Set ST0 register to 666.000000
```

엑셀이 666을 출력하는 걸 보고 명령어를 제대로 찾았다는 사실을 최종적으로 확인할
수 있다.

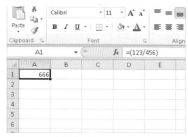

그림 5.7: 값 수정 성공

x64에서 동일한 버전의 엑셀은 12개의 FDIV 명령어만 사용하며, 세 번째 명령어가 찾고자 하는 것이다.

```
tracer.exe -l:excel.exe bpx=excel.exe!BASE+0x1B7FCC,set(st0,666)
```

원인은 컴파일러가 다수의 float과 double 타입 나눗셈 연산을 DIVSD와 같은 SSE 명령어로 대체한 것으로 보인다(DIVSD는 총 268번 나온다).

5.8 의심스러운 코드 패턴

5.8.1 XOR 명령어

XOR op, op(예를 들어 XOR EAX, EAX) 같은 명령어는 보통 레지스터 값을 0으로 설정할 때 사용하지만 오퍼랜드가 서로 다른 경우에는 '배타적 OR' 연산이 실행된다.

이 연산은 일상적인 프로그래밍에서는 찾아보기 어렵지만 암호화 관련 코드(초보 수준 포함)에서는 종종 사용된다.

두 번째 오퍼랜드가 큰 숫자라면 특히 의심해볼 만하다.

그런 코드는 암호화/복호화, 체크섬 계산 등을 수행하는 코드의 일부분일 수 있다.

한 가지 예외가 바로 'canary'다. canary를 생성하고 검사할 때 종종 XOR 명령어를 사용한다.

다음의 AWK 스크립트를 사용하면 IDA 리스트 파일(.lst)을 처리할 수 있다.

```
gawk -e '$2=="xor" { tmp=substr($3, 0, length($3)-1); if (tmp!=$4) if($4!="esp") if
($4!="ebp"){ print $1, $2, tmp, ",", $4 } }' filename.lst
```

이와 같은 스크립트를 사용하면 잘못 디스어셈블된 코드(30장)도 찾아낼 수 있다는 장점이 있다는 것도 알아두자(5.11.1절).

5.8.2 사람이 직접 작성한 어셈블리 코드

최신 컴파일러는 LOOP나 RCL 명령어를 사용하지 않는다. 반면 어셈블리어로 직접 코딩하길 좋아하는 프로그래머에게는 매우 잘 알려진 명령어다. 이런 명령어가 나오면 해당 코드는 사람이 직접 작성한 것이라고 가정해도 좋다. 이렇게 최신 컴파일러에서 사용하지 않는 명령어는 부록에서 (M)으로 표시했다.

또한 사람이 직접 작성한 어셈블리 코드에는 보통 함수 프롤로그/에필로그도 존재하지 않는다.

그리고 사람이 작성한 어셈블리 코드에서는 대개 함수에 인자를 전달할 때 한 가지 방식만 사용하지 않고 여러 가지 방식을 혼용한다.

윈도우 2003 커널(ntoskrnl.exe 파일)의 예를 살펴보자.

```
MultiplyTest    proc near           ; CODE XREF: Get386Stepping
                xor     cx, cx
loc_620555:                         ; CODE XREF: MultiplyTest+E
                push    cx
                call    Multiply
                pop     cx
                jb      short locret_620563
                loop    loc_620555
                clc
locret_620563:                      ; CODE XREF: MultiplyTest+C
                retn
MultiplyTest    endp

Multiply        proc near           ; CODE XREF: MultiplyTest+5
                mov     ecx, 81h
                mov     eax, 417A000h
                mul     ecx
                cmp     edx, 2
                stc
```

```
        jnz      short locret_62057F
        cmp      eax, 0FE7A000h
        stc
        jnz      short locret_62057F
        clc
locret_62057F:                        ; CODE XREF: Multiply+10
                                      ; Multiply+18
        retn
Multiply endp
```

실제로 WRK^{Windows Research Kernel} v1.2 소스코드를 보면 WRK-v1.2\base\ntos\ke\
i386\cpu.asm에서 그런 코드를 쉽게 찾아볼 수 있다.

5.9 트레이싱 중에 매직 넘버 사용

종종 특정 값을 어떻게 파일에서 읽거나 네트워크를 통해 받는지, 또는 값을 어떻게
사용하는지 알아내는 것이 리버스 엔지니어링의 주요 목적인 경우가 있다. 값을 직접
추적하는 것은 매우 고단한 작업이다. 가장 간단한 방법(100% 통하진 않지만) 중 하나가
바로 여러분만의 매직 넘버를 사용하는 것이다.

이는 어떤 면에서 X선 단층 촬영법과 비슷하다. X선 단층 촬영 시에는 방사선 조영제
를 환자의 피에 삽입해 X선으로 볼 수 있는 내부 구조의 가시성을 향상시킨다. 건강한
사람의 피가 신장에서 어떻게 걸러지는지는 잘 알려져 있다. 혈액에 방사선 조영제를
삽입하면 단층 촬영을 이용해 피가 어떻게 걸러지는지 쉽게 확인하고 담석이나 종양
을 용이하게 발견할 수 있다.

0x0badf00d나 0x11101979와 같은 누군가의 생일을 나타내는 32비트 숫자 4바이트를
분석 중인 프로그램이 사용하는 파일 어딘가에 기록한다.

그리고 tracer를 코드 커버리지 모드로 실행해 프로그램을 추적한 다음 결과를 **grep**
또는 간단한 텍스트 파일 검색으로 매직 넘버를 검색하면 해당 값이 어디서 어떻게 사
용되는지 쉽게 파악할 수 있다.

cc 모드로 실행한 tracer의 실행 결과는 다음과 같으며 **grep**으로 검색할 수 있다.

```
0x150bf66 (_kziaia+0x14), e=        1 [MOV EBX, [EBP+8]] [EBP+8]=0xf59c934
0x150bf69 (_kziaia+0x17), e=        1 [MOV EDX, [69AEB08h]] [69AEB08h]=0
0x150bf6f (_kziaia+0x1d), e=        1 [FS: MOV EAX, [2Ch]]
0x150bf75 (_kziaia+0x23), e=        1 [MOV ECX, [EAX+EDX*4]] [EAX+EDX*4]=0xf1ac360
0x150bf78 (_kziaia+0x26), e=        1 [MOV [EBP-4], ECX] ECX=0xf1ac360
```

이 방법은 네트워크 패킷에도 적용할 수 있다. 반드시 프로그램의 코드에 나오지 않는 고유한 매직 넘버를 선택해야 한다.

tracer 외에도 DosBox(MS-DOS 에뮬레이터)를 **heavydebug** 모드로 실행시키면 프로그램에서 실행되는 모든 명령어에 대한 레지스터의 상태 정보를 플레인 텍스트 파일 (https://yurichev.com/blog/55/ 참고)에 기록할 수 있기 때문에 매직 넘버를 이용한 트레이싱 방법을 DosBox에도 적용할 수 있다.

5.10 루프

프로그램이 파일이나 버퍼를 다룰 때에는 파일이나 버퍼의 내용을 처리하거나 복호화하기 위한 루프 코드가 있을 것이다.

다음은 tracer 툴의 실제 출력 내용이다. 258바이트 크기의 암호화된 파일을 로드하는 코드가 있었으며, 각 명령어가 실행되는 횟수를 알아보고자 tarcer를 이용했다(요즘에는 DBI^Dynamic Binary Instrumentation 툴을 이용하는 것이 더 편하다). 그리고 259/258번 반복해서 실행되는 코드를 빠르게 찾아냈다.

```
...
0x45a6b5 e=    1 [FS: MOV [0], EAX] EAX=0x218fb08
0x45a6bb e=    1 [MOV [EBP-254h], ECX] ECX=0x218fbd8
0x45a6c1 e=    1 [MOV EAX, [EBP-254h]] [EBP-254h]=0x218fbd8
0x45a6c7 e=    1 [CMP [EAX+14h], 0] [EAX+14h]=0x102
0x45a6cb e=    1 [JZ 45A9F2h] ZF=false
0x45a6d1 e=    1 [MOV [EBP-0Dh], 1]
0x45a6d5 e=    1 [XOR ECX, ECX] ECX=0x218fbd8
0x45a6d7 e=    1 [MOV [EBP-14h], CX] CX=0
0x45a6db e=    1 [MOV [EBP-18h], 0]
0x45a6e2 e=    1 [JMP 45A6EDh]
0x45a6e4 e= 258 [MOV EDX, [EBP-18h]] [EBP-18h]=0..5 (248 items skipped) 0xfd..0x101
```

```
0x45a6e7 e= 258 [ADD EDX, 1] EDX=0..5 (248 items skipped) 0xfd..0x101
0x45a6ea e= 258 [MOV [EBP-18h], EDX] EDX=1..6 (248 items skipped) 0xfe..0x102
0x45a6ed e= 259 [MOV EAX, [EBP-254h]] [EBP-254h]=0x218fbd8
0x45a6f3 e= 259 [MOV ECX, [EBP-18h]] [EBP-18h]=0..5 (249 items skipped) 0xfe..0x102
0x45a6f6 e= 259 [CMP ECX, [EAX+14h]] ECX=0..5 (249 items skipped) 0xfe..0x102 [EAX+14h]=0x102
0x45a6f9 e= 259 [JNB 45A727h] CF=false,true
0x45a6fb e= 258 [MOV EDX, [EBP-254h]] [EBP-254h]=0x218fbd8
0x45a701 e= 258 [MOV EAX, [EDX+10h]] [EDX+10h]=0x21ee4c8
0x45a704 e= 258 [MOV ECX, [EBP-18h]] [EBP-18h]=0..5 (248 items skipped) 0xfd..0x101
0x45a707 e= 258 [ADD ECX, 1] ECX=0..5 (248 items skipped) 0xfd..0x101
0x45a70a e= 258 [IMUL ECX, ECX, 1Fh] ECX=1..6 (248 items skipped) 0xfe..0x102
0x45a70d e= 258 [MOV EDX, [EBP-18h]] [EBP-18h]=0..5 (248 items skipped) 0xfd..0x101
0x45a710 e= 258 [MOVZX EAX, [EAX+EDX]] [EAX+EDX]=1..6 (156 items skipped) 0xf3, 0xf8, 0xf9, 0xfc, 0xfd
0x45a714 e= 258 [XOR EAX, ECX] EAX=1..6 (156 items skipped) 0xf3, 0xf8, 0xf9, 0xfc, 0xfd
ECX=0x1f, 0x3e, 0x5d, 0x7c, 0x9b (248 items skipped) 0x1ec2, 0x1ee1, 0x1f00, 0x1f1f, 0x1f3e
0x45a716 e= 258 [MOV ECX, [EBP-254h]] [EBP-254h]=0x218fbd8
0x45a71c e= 258 [MOV EDX, [ECX+10h]] [ECX+10h]=0x21ee4c8
0x45a71f e= 258 [MOV ECX, [EBP-18h]] [EBP-18h]=0..5 (248 items skipped) 0xfd..0x101
0x45a722 e= 258 [MOV [EDX+ECX], AL] AL=0..5 (77 items skipped) 0xe2, 0xee, 0xef, 0xf7, 0xfc
0x45a725 e= 258 [JMP 45A6E4h]
0x45a727 e=   1 [PUSH 5]
0x45a729 e=   1 [MOV ECX, [EBP-254h]] [EBP-254h]=0x218fbd8
0x45a72f e=   1 [CALL 45B500h]
0x45a734 e=   1 [MOV ECX, EAX] EAX=0x218fbd8
0x45a736 e=   1 [CALL 45B710h]
0x45a73b e=   1 [CMP EAX, 5] EAX=5
...
```

결국 위 코드는 복호화를 수행하는 루프로 판단됐다.

5.10.1 몇 가지 바이너리 파일 패턴

여기의 모든 예제는 콘솔의 코드 페이지가 437(https://en.wikipedia.org/wiki/Code_page_437)인 상태의 윈도우에서 본 것이다. 코드 페이지가 달라지면 바이너리 파일이 다르게 보일 수 있다.

배열

때로는 헥스 에디터에서 16/32/64비트 값의 배열을 시각적으로 명확하게 확인할 수 있는 경우가 있다.

다음은 16비트 배열의 예를 보여준다. 배열의 각 16비트 값들의 첫 번째 바이트가 7이나 8로 시작하는 것을 알 수 있다. 두 번째 바이트는 랜덤 값으로 보인다.

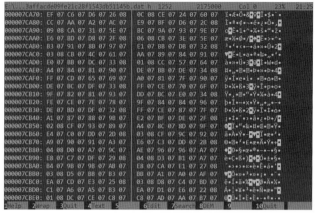

그림 5.8: FAR: 16비트 값으로 이뤄진 배열

16비트 ADC$^{\text{Analog-to-Digital Converter}}$로 디지털화된 12 채널 신호가 포함된 파일이다.

그리고 다음은 전형적인 MIPS 코드의 예다.

알다시피 모든 MIPS(ARM에서의 ARM 모드나 ARM64도 마찬가지) 명령어의 크기는 32비트(또는 4바이트)이기 때문에 코드를 32비트 값의 배열이라고 볼 수도 있다.

아래의 스크린샷을 보면 어떤 패턴을 볼 수 있다.

좀 더 명확히 볼 수 있게 붉은색의 세로줄을 추가했다.

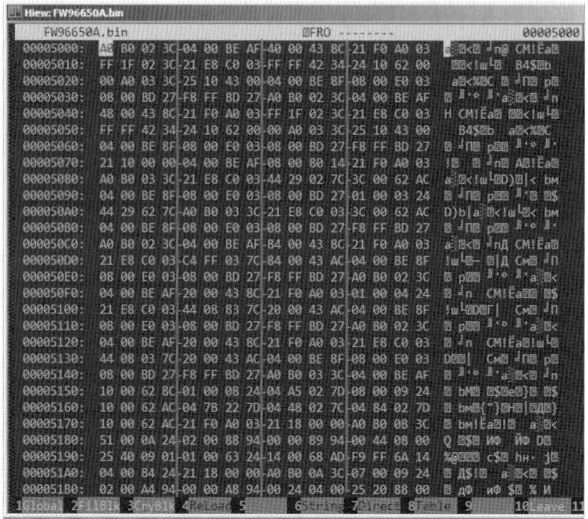

그림 5.9: Hiew: 전형적인 MIPS 코드

파일상에서 어떤 패턴을 볼 수 있는 또 다른 예를 9.5절에서 볼 수 있다.

스파스 파일

다음은 내용이 거의 없는 파일에 데이터가 흩어져 존재하는 스파스^{Sparse} 파일이다. 빈 공간으로 보이는 곳의 값은 실제로는 0이다. 그림은 FPGA(Altera Stratix GX 기기)를 프로그래밍하기 위한 파일이다. 물론 이와 같은 파일은 쉽게 압축할 수 있지만, 파일의 크기보다는 파일 내 데이터로의 효율적인 접근이 중요한 과학이나 엔지니어링 소프트웨어에서 매우 많이 사용된다.

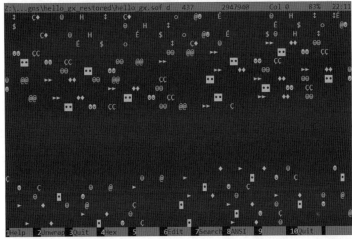

그림 5.10: FAR: 스파스 파일

압축 파일

다음은 압축된 파일이며, 엔트로피가 비교적 높고 시각적으로 혼란스러워 보인다.

다음은 압축 파일이나 암호화된 파일이 어떻게 보이는지 보여준다.

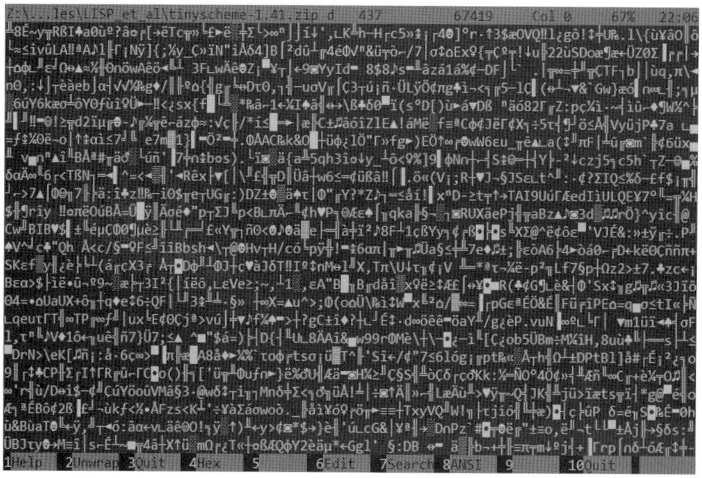

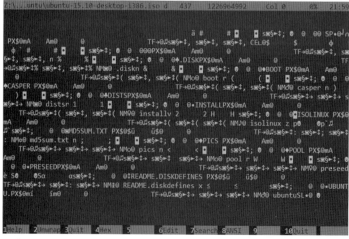

그림 5.11: FAR: 압축 파일

CDFS

OS 설치본은 보통 CD/DVD 디스크에 ISO 파일 형태로 배포된다. 이때 사용되는 파일 시스템이 CDFS^{Compact Disc File System, 콤팩트 디스크 파일 시스템}다. CDFS 파일 시스템 파일에서는 파일명뿐만 아니라 파일의 크기나 다른 디렉터리로의 포인터, 파일 속성 등을 볼 수 있다. 다음은 전형적인 CDFS 파일 시스템 파일을 보여준다.

그림 5.12: FAR: ISO 파일: 우분투 15 설치 CD

32비트 x86 실행 코드

32비트 x86 실행 코드는 다음과 같이 보인다. 일부 바이트 값들이 다른 것에 비해 자주 발견되기 때문에 그렇게 엔트로피가 높지는 않다.

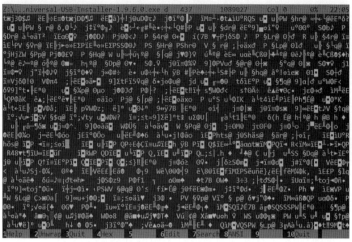

그림 5.13: FAR: 32비트 x86 실행 코드

BMP 그래픽 파일

BMP 파일은 압축된 파일이 아니기 때문에 하나의 바이트(또는 바이트 그룹)가 하나의 픽셀을 나타낸다. 다음 그림은 윈도우 8.1이 설치된 컴퓨터 어딘가에서 찾아낸 것이다.

그림 5.14: BMP 파일

이 그림은 가운데 주변에는 압축하기 쉽지 않으며, 위쪽과 아래쪽에는 단색의 긴 선이 있다. 이와 같은 선은 파일의 내용에서도 실제로 선처럼 보인다.

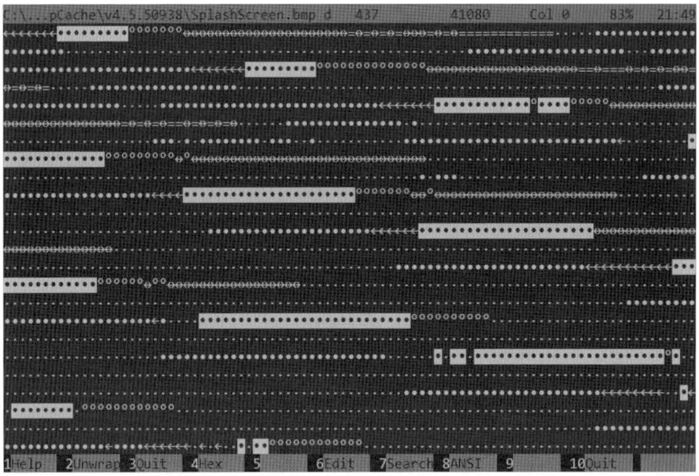

그림 5.15: BMP 파일의 일부 내용

5.10.2 메모리 스냅샷 비교

메모리 내용 중에서 어떤 것이 변경됐는지 확인하고자 두 메모리 스냅샷을 직접 비교하는 기술은 8비트 컴퓨터 게임의 '고득점' 파일을 해킹하기 위해 종종 사용됐다.

예를 들어 8비트 컴퓨터에 게임을 로드했을 때 현재의 총알 개수가 100개라고 가정한다면 그 상태의 모든 메모리 '스냅샷'을 만들어 어딘가에 백업할 수 있다. 그다음에는 총을 한 번 쏴서 총알의 개수를 99로 만들어 그 상태의 메모리 '스냅샷'을 다시 한 번 만들어 두 개를 비교한다. 처음에는 값이 100이었다가 이제는 99가 된 바이트가 스냅샷 어딘가에 있을 것이다.

8비트 게임은 주로 어셈블리어로 작성됐고 그런 변수가 전역 변수라는 사실을 고려한다면 메모리상의 어떤 주소의 값이 총알의 개수를 보유하고 있는지 말할 수 있다. 디스어셈블된 게임 코드에서 해당 주소를 참조하는 코드를 검색해보면 총알의 개수를 감소시키는 코드를 찾는 것은 그렇게 어렵지 않다. 원하는 코드를 찾았다면 그것을 NOP 명령어(또는 여러 개의 NOP 명령어)로 덮어쓰면 영원히 총알의 개수는 100개로 유지될 것이다. 열정적인 게이머라면 해킹을 하려면 어떤 주소의 어떤 바이트를 덮어 써야 하는지(BASIC의 POKE 명령어를 사용해) 알고 있었다. 이로 인해 8비트 게임 관련 잡지에는 POKE 명령어를 이용하는 '치트' 목록이 실리곤 했다. https://en.wikipedia.org/wiki/PEEK_and_POKE를 참고하기 바란다.

'고득점' 파일을 수정하기는 쉽지만 그것이 8비트 게임에서는 작동하지 않는다. 자신의 점수를 확인하고 해당 파일을 어딘가에 백업한다. '고득점'이 변경되면 DOS 유틸리티인 FC[3]를 이용해 두 파일을 비교할 수 있다('고득점' 파일은 종종 이진 파일임).

비교 결과 몇 바이트가 다른 곳이 있을 것이며 그중 어느 것이 점수에 해당하는 바이트인지를 쉽게 알아낼 수 있다. 하지만 게임 개발자는 이런 트릭을 잘 알고 있어 충분히 방어할 수 있을 것이다.

9.3절에서 이와 유사한 예를 볼 수 있다.

윈도우 레지스트리

프로그램 설치 전후에 윈도우 레지스트리를 비교할 수도 있다. 이는 프로그램이 사용하는 레지스트리 항목이 무엇인지 알아내기 위한 유명한 방법이다. 아마도 이 때문에 '윈도우 레지스트리 클리너' 셰어웨어가 인기를 얻는 이유일 것이다.

블링크 콤퍼레이터

파일이나 메모리의 스냅샷을 비교하는 것은 블링크 콤퍼레이터[Blink-comparator][4]를 떠올리게 한다.

블링크 콤퍼레이터를 사용하면 각기 다른 시간에 촬영한 두 사진을 빠르게 전환시켜볼 수 있어서 천문학자들이 두 사진 간의 차이를 시각적으로 확인할 수 있다.

어쨌든, 명왕성은 1930년에 블링크 콤퍼레이터로 발견됐다.

5.11 ISA 판단

알지 못하는 ISA[Instruction Set Architecture]의 바이너리 파일을 처리해야 하는 경우가 종종 있다. 아마도 어떤 ISA인지 판단하는 가장 쉬운 방법은 IDA나 objdump 또는 다른 디스어셈블러로 열어보는 것이다.

---

3. 바이너리 파일을 비교하기 위한 DOS의 유틸리티
4. https://en.wikipedia.org/wiki/Blink_comparator, 과거 천문학자들이 천체의 움직임을 알아보기 위해서 사용했던 장치

이를 위해서는 제대로 디스어셈블된 것인지 그렇지 않은 것인지 판단할 수 있어야한다.

5.11.1 올바로 디스어셈블되지 않은 코드

리버스 엔지니어는 종종 잘못 디스어셈블된 코드를 처리해야 하는 경우가 있다.

시작 지점이 잘못된 디스어셈블(x86)

ARM과 MIPS와 달리 x86 명령어의 크기는 다양하기 때문에 x86 명령어 중간부터 디스어셈블을 수행하면 결과가 잘못될 수 있다.

예를 들면 다음과 같다.

```
add     [ebp-31F7Bh], cl
dec     dword ptr [ecx-3277Bh]
dec     dword ptr [ebp-2CF7Bh]
inc     dword ptr [ebx-7A76F33Ch]
fdiv    st(4), st
db 0FFh
dec     dword ptr [ecx-21F7Bh]
dec     dword ptr [ecx-22373h]
dec     dword ptr [ecx-2276Bh]
dec     dword ptr [ecx-22B63h]
dec     dword ptr [ecx-22F4Bh]
dec     dword ptr [ecx-23343h]
jmp     dword ptr [esi-74h]
xchg    eax, ebp
clc
std
db 0FFh
db 0FFh
mov     word ptr [ebp-214h], cs ; <- 이 부분부터 디스어셈블러는 올바로 디스어셈블을 수행한다.
mov     word ptr [ebp-238h], ds
mov     word ptr [ebp-23Ch], es
mov     word ptr [ebp-240h], fs
mov     word ptr [ebp-244h], gs
pushf
pop     dword ptr [ebp-210h]
mov     eax, [ebp+4]
mov     [ebp-218h], eax
lea     eax, [ebp+4]
```

```
mov      [ebp-20Ch], eax
mov      dword ptr [ebp-2D0h], 10001h
mov      eax, [eax-4]
mov      [ebp-21Ch], eax
mov      eax, [ebp+0Ch]
mov      [ebp-320h], eax
mov      eax, [ebp+10h]
mov      [ebp-31Ch], eax
mov      eax, [ebp+4]
mov      [ebp-314h], eax
call     ds:IsDebuggerPresent
mov      edi, eax
lea      eax, [ebp-328h]
push     eax
call     sub_407663
pop      ecx
test     eax, eax
jnz      short loc_402D7B
```

시작 부분에는 올바로 디스어셈블되지 않은 명령어들이 있지만 그 이후에는 디스어셈블러가 올바로 디스어셈블을 수행하고 있다.

랜덤 노이즈는 어떻게 디스어셈블될까?

쉽게 발견할 수 있는 일반적인 속성은 다음과 같다.

- 비정상적으로 큰 명령어는 매우 다양한 명령어로 해석된다. 가장 자주 사용되는 x86 명령어는 PUSH, MOV, CALL이지만 이 경우 다양한 명령어 그룹(FPU 명령어, IN/OUT 명령어, 거의 사용되지 않는 명령어 또는 시스템 명령어)의 명령어들이 혼합돼 표시된다.
- 큰 임의의 값이나 오프셋을 볼 수 있다.
- 명령어 중간으로 점프하는 것과 같은 잘못된 오프셋을 갖는 점프 명령어를 볼 수 있다.

리스트 5.7: 랜덤 노이즈(x86)

```
mov      bl, 0Ch
mov      ecx, 0D38558Dh
mov      eax, ds:2C869A86h
db       67h
```

```
                mov     dl, 0CCh
                insb
                movsb
                push    eax
                xor     [edx-53h], ah
                fcom    qword ptr [edi-45A0EF72h]
                pop     esp
                pop     ss
                in      eax, dx
                dec     ebx
                push    esp
                lds     esp, [esi-41h]
                retf
                rcl     dword ptr [eax], cl
                mov     cl, 9Ch
                mov     ch, 0DFh
                push    cs
                insb
                mov     esi, 0D9C65E4Dh
                imul    ebp, [ecx], 66h
                pushf
                sal     dword ptr [ebp-64h], cl
                sub     eax, 0AC433D64h
                out     8Ch, eax
                pop     ss
                sbb     [eax], ebx
                aas
                xchg    cl, [ebx+ebx*4+14B31Eh]
                jecxz   short near ptr loc_58+1
                xor     al, 0C6h
                inc     edx
                db      36h
                pusha
                stosb
                test    [ebx], ebx
                sub     al, 0D3h ; 'L'
                pop     eax
                stosb

loc_58:         ; CODE XREF: seg000:0000004A
                test    [esi], eax
                inc     ebp
                das
                db      64h
                pop     ecx
                das
                hlt
```

```
        pop     edx
        out     0B0h, al
        lodsb
        push    ebx
        cdq
        out     dx, al
        sub     al, 0Ah
        sti
        outsd
        add     dword ptr [edx], 96FCBE4Bh
        and     eax, 0E537EE4Fh
        inc     esp
        stosd
        cdq
        push    ecx
        in      al, 0CBh
        mov     ds:0D114C45Ch, al
        mov     esi, 659D1985h
```

리스트 5.8: 랜덤 노이즈(x86-64)

```
        lea     esi, [rax+rdx*4+43558D29h]

loc_AF3:    ; CODE XREF: seg000:0000000000000B46
        rcl     byte ptr [rsi+rax*8+29BB423Ah], 1
        lea     ecx, cs:0FFFFFFFFB2A6780Fh
        mov     al, 96h
        mov     ah, 0CEh
        push    rsp
        lods    byte ptr [esi]

        db      2Fh ; /

        pop     rsp
        db      64h
        retf    0E993h

        cmp     ah, [rax+4Ah]
        movzx   rsi, dword ptr [rbp-25h]
        push    4Ah
        movzx   rdi, dword ptr [rdi+rdx*8]

        db      9Ah

        rcr     byte ptr [rax+1Dh], cl
        lodsd
        xor     [rbp+6CF20173h], edx
        xor     [rbp+66F8B593h], edx
        push    rbx
```

```
        sbb     ch, [rbx-0Fh]
        stosd
        int     87h
        db      46h, 4Ch
        out     33h, rax
        xchg    eax, ebp
        test    ecx, ebp
        movsd
        leave
        push    rsp

        db      16h

        xchg    eax, esi
        pop     rdi

loc_B3D:    ; CODE XREF: seg000:0000000000000B5F
        mov     ds:93CA685DF98A90F9h, eax
        jnz     short near ptr loc_AF3+6
        out     dx, eax
        cwde
        mov     bh, 5Dh ; ']'
        mov     sb
        pop     rbp
```

리스트 5.9: 랜덤 노이즈(ARM(ARM 모드))

```
BLNE        0xFE16A9D8
BGE         0x1634D0C
SVCCS       0x450685
STRNVT      R5, [PC],#-0x964
LDCGE       p6, c14, [R0],#0x168
STCCSL      p9, c9, [LR],#0x14C
CMNHIP      PC, R10,LSL#22
FLDMIADNV   LR!, {D4}
MCR         p5, 2, R2,c15,c6, 4
BLGE        0x1139558
BLGT        0xFF9146E4
STRNEB      R5, [R4],#0xCA2
STMNEIB     R5, {R0,R4,R6,R7,R9-SP,PC}
STMIA       R8, {R0,R2-R4,R7,R8,R10,SP,LR}^
STRB        SP, [R8],PC,ROR#18
LDCCS       p9, c13, [R6,#0x1BC]
LDRGE       R8, [R9,#0x66E]
STRNEB      R5, [R8],#-0x8C3
STCCSL      p15, c9, [R7,#-0x84]
RSBLS       LR, R2, R11,ASR LR
SVCGT       0x9B0362
```

```
SVCGT      0xA73173
STMNEDB    R11!, {R0,R1,R4-R6,R8,R10,R11,SP}
STR        R0, [R3],#-0xCE4
LDCGT      p15, c8, [R1,#0x2CC]
LDRCCB     R1, [R11],-R7,ROR#30
BLLT       0xFED9D58C
BL         0x13E60F4
LDMVSIB    R3!, {R1,R4-R7}^
USATNE     R10, #7, SP,LSL#11
LDRGEB     LR, [R1],#0xE56
STRPLT     R9, [LR],#0x567
LDRLT      R11, [R1],#-0x29B
SVCNV      0x12DB29
MVNNVS     R5, SP,LSL#25
LDCL       p8, c14, [R12,#-0x288]
STCNEL     p2, c6, [R6,#-0xBC]!
SVCNV      0x2E5A2F
BLX        0x1A8C97E
TEQGE      R3, #0x1100000
STMLSIA    R6, {R3,R6,R10,R11,SP}
BICPLS     R12, R2, #0x5800
BNE        0x7CC408
TEQGE      R2, R4,LSL#20
SUBS       R1, R11, #0x28C
BICVS      R3, R12, R7,ASR R0
LDRMI      R7, [LR],R3,LSL#21
BLMI       0x1A79234
STMVCDB    R6, {R0-R3,R6,R7,R10,R11}
EORMI      R12, R6, #0xC5
MCRRCS     p1, 0xF, R1,R3,c2
```

리스트 5.10: 랜덤 노이즈(ARM(Thumb 모드))

```
LSRS    R3, R6, #0x12
LDRH    R1, [R7,#0x2C]
SUBS    R0, #0x55 ; 'U'
ADR     R1, loc_3C
LDR     R2, [SP,#0x218]
CMP     R4, #0x86
SXTB    R7, R4
LDR     R4, [R1,#0x4C]
STR     R4, [R4,R2]
STR     R0, [R6,#0x20]
BGT     0xFFFFFF72
LDRH    R7, [R2,#0x34]
LDRSH   R0, [R2,R4]
LDRB    R2, [R7,R2]
```

```
        DCB  0x17
        DCB  0xED

        STRB    R3, [R1,R1]
        STR     R5, [R0,#0x6C]
        LDMIA   R3, {R0-R5,R7}
        ASRS    R3, R2, #3
        LDR     R4, [SP,#0x2C4]
        SVC     0xB5
        LDR     R6, [R1,#0x40]
        LDR     R5, =0xB2C5CA32
        STMIA   R6, {R1-R4,R6}
        LDR     R1, [R3,#0x3C]
        STR     R1, [R5,#0x60]
        BCC     0xFFFFFF70
        LDR     R4, [SP,#0x1D4]
        STR     R5, [R5,#0x40]
        ORRS    R5, R7

loc_3C  ; DATA XREF: ROM:00000006
        B       0xFFFFFF98
```

리스트 5.11: 랜덤 노이즈(MIPS 리틀엔디안)

```
    lw      $t9, 0xCB3($t5)
    sb      $t5, 0x3855($t0)
    sltiu   $a2, $a0, -0x657A
    ldr     $t4, -0x4D99($a2)
    daddi   $s0, $s1, 0x50A4
    lw      $s7, -0x2353($s4)
    bgtzl   $a1, 0x17C5C

    .byte 0x17
    .byte 0xED
    .byte 0x4B  # K
    .byte 0x54  # T

    lwc2    $31, 0x66C5($sp)
    lwu     $s1, 0x10D3($a1)
    ldr     $t6, -0x204B($zero)
    lwc1    $f30, 0x4DBE($s2)
    daddiu  $t1, $s1, 0x6BD9
    lwu     $s5, -0x2C64($v1)
    cop0    0x13D642D
    bne     $gp, $t4, 0xFFFF9EF0
    lh      $ra, 0x1819($s1)
    sdl     $fp, -0x6474($t8)
    jal     0x78C0050
```

```
ori     $v0, $s2, 0xC634
blez    $gp, 0xFFFEA9D4
swl     $t8, -0x2CD4($s2)
sltiu   $a1, $k0, 0x685
sdc1    $f15, 0x5964($at)
sw      $s0, -0x19A6($a1)
sltiu   $t6, $a3, -0x66AD
lb      $t7, -0x4F6($t3)
sd      $fp, 0x4B02($a1)
```

제대로 구성된 언패킹 및 복호화 코드(자체 수정 포함)도 노이즈처럼 보일 수 있지만 여전히 올바르게 실행된다는 점도 명심해야 한다.

5.11.2 올바로 디스어셈블된 코드

각 ISA에는 가장 많이 사용되는 수십 개의 명령어가 있으며 그 외의 명령어들은 자주 사용되지 않는다.

x86에서는 함수 호출(PUSH/CALL/ADD)과 MOV 명령어는 우리가 사용하는 거의 대부분의 프로그램에서 가장 자주 실행되는 코드다. ISA의 타입과 상관없이 CPU는 추상화 레벨 사이에서 정보를 전달하거나 레벨 사이를 전환하는 데 비용을 많이 들인다. 이는 문제를 여러 수준의 추상화로 나누는 데 드는 비용이다(따라서 그런 작업은 인간이 더 쉽게 할 수 있다).

5.12 기타 내용

5.12.1 일반적인 팁

리버스 엔지니어는 프로그래머 입장에서 최대한 생각해봐야 한다. 특정한 문제를 해결하고자 프로그래머의 관점에서 바라보고 스스로 질문을 던져야 한다.

5.12.2 바이너리 코드에서의 함수 순서

동일한 .c 또는 .cpp 파일에 있는 모든 함수는 해당 파일에 대한 오브젝트 파일(.o)로 컴파일된다. 이후에 링커^{linker}는 함수의 순서나 기능을 바꾸지 않고 모든 오브젝트 파일을 하나로 모은다.

결과적으로 두 개 이상의 연속 함수를 보게 된다면(그것이 두 소스 파일의 경계에 있지 않는 한) 그것은 하나의 소스코드 파일에 있다는 의미가 있다. 즉, 해당 함수들은 동일한 API 수준, 동일한 라이브러리에서 왔다고 볼 수 있다.

5.12.3 간단한 함수

내용이 없는 함수(1.3절)나 단지 'true'(1)/'false'(0) 값만을 리턴하는 함수(1.4절)처럼 간단한 함수들을 흔히 볼 수 있으며, 대부분의 컴파일러는 소스코드상에 그런 유사한 함수가 여러 개 있더라도 하나의 함수만을 실행 코드로 만드는 경향이 있다. 즉, 단지 mov eax, 1/ret만으로 구성된 작은 함수가 있고 그것이 여러 곳에서 참조되고 호출된다면 하나의 함수만을 만드는 최적화를 수행한다.

5.12.4 C++

RTTI$^{Run\text{-}Time\ Type\ Information}$(3.18.1절) 데이터는 C++ 클래스를 식별하는 데 유용하게 사용될 수 있다.

06

운영체제 관련

6.1 인자 전달 방법(호출 규약)

6.1.1 cdecl

cdecl은 C/C++ 언어에서 함수로 인자를 전달할 때 가장 널리 사용되는 방법이다.

호출자는 피호출자 함수가 종료된 후 스택 포인터(ESP) 값을 초기 상태로 되돌려야

한다.

리스트 6.1: cdecl

```
push    arg3
push    arg2
push    arg1
call    function
add     esp, 12    ; ESP 리턴
```

6.1.2 stdcall

stdcall은 cdecl과 거의 동일하지만 피호출자가 RET 대신 RET x 명령어를 사용해 ESP를

초기 상태로 복구한다. 여기서 x = 인자 개수 * sizeof(int)(int 타입 변수의 크기는 x86

시스템에서는 4, x64 시스템에서는 8이다)다. 호출자는 add esp, x 명령어로 스택 포인터를 조정하지 않는다.

리스트 6.2: stdcall

```
push    arg3
push    arg2
push    arg1
call    function

function:
... do something ...
ret     12
```

이 방법은 모든 Win32 표준 라이브러리가 사용하지만 Win64의 경우는 그렇지 않다 (Win64는 뒤에서 다룬다).

예를 들어 1.86절의 함수에 __stdcall 수정자를 추가해보자.

```
int __stdcall f2 (int a, int b, int c)
{
    return a*b+c;
};
```

이는 1.87절의 함수와 거의 동일하게 컴파일되지만, RET 대신 RET 12 명령어를 볼 수 있다.

호출자는 SP('Stack Pointer')를 변경하지 않는다.

리버스 엔지니어 입장에서는 RETN n 명령어에서 n을 4로 나누면 함수 인자 개수를 쉽게 알아낼 수 있다.

리스트 6.3: MSVC 2010

```
_a$ = 8     ; 크기 = 4
_b$ = 12    ; 크기 = 4
_c$ = 16    ; 크기 = 4
_f2@12  PROC
        push    ebp
        mov     ebp, esp
        mov     eax, DWORD PTR _a$[ebp]
        imul    eax, DWORD PTR _b$[ebp]
```

```
        add     eax, DWORD PTR _c$[ebp]
        pop     ebp
        ret     12
_f2@12 ENDP

; ...
        push    3
        push    2
        push    1
        call    _f2@12
        push    eax
        push    OFFSET $SG81369
        call    _printf
        add     esp, 8
```

가변 인자를 받는 함수

C/C++에서는 printf() 부류의 함수가 거의 유일한 가변 인자 함수지만, 그것을 살펴
보면 cdecl과 stdcall의 중요한 차이를 쉽게 이해할 수 있다. 컴파일러가 printf() 함수
에 전달되는 인자의 개수를 알고 있다는 데서 출발하자. 하지만 호출되는 printf()는
이미 컴파일돼 MSVCRT.DLL(윈도우라고 가정하자)에 위치하고 있으며, 컴파일된 코드
에는 몇 개의 인자가 전달되는지에 대한 정보가 포함돼 있지 않다. 전달되는 인자의
개수는 형식 문자열을 보고 판단할 수 있다.

printf()가 stdcall 함수고 형식 문자열을 통해 인자 개수를 세어 스택 포인터를 초기
상태로 복구한다면 위험한 상황에 놓일 수 있다. 프로그래머의 단순한 오타로 인해 프
로그램이 비정상 종료가 될 수 있기 때문이다. 결과적으로 printf()와 같은 함수에는
stdcall보다는 cdecl을 사용하는 편이 좋다.

6.1.3 fastcall

fastcall은 일반적으로 일부 인자는 레지스터로, 나머지는 스택으로 전달하는 방법을
말한다. 예전 CPU에서는 cdecl/stdcall보다 fastcall이 빨랐다(스택을 적게 사용하기 때
문). 하지만 고도로 복잡화된 요즘 CPU에서는 성능 향상에 도움이 되지 않는다.

또한 fastcall은 표준화된 방법이 아니기 때문에 컴파일러마다 다르게 처리할 수 있다.

잘 알려진 문제로 어떤 DLL이 다른 DLL을 사용할 때 두 파일이 서로 다른 컴파일러로 만들어졌다면 fastcall 호출 규약이 서로 다르게 적용되는 경우가 있다.

MSVC와 GCC 모두 첫 번째와 두 번째 인자는 **ECX**와 **EDX**를 이용해 전달하며, 나머지 인자는 스택을 이용한다.

스택 포인터는 stdcall처럼 피호출자가 초기 상태로 복구해야 한다.

리스트 6.4: fastcall

```
push    arg3
mov     edx, arg2
mov     ecx, arg1
call    function

function:
.. do something ..
ret     4
```

예를 들어 1.86절의 함수에 **__fastcall** 수정자를 추가해보자.

```
int __fastcall f3 (int a, int b, int c)
{
    return a*b+c;
};
```

그러면 다음과 같이 컴파일된다.

리스트 6.5: Optimizing MSVC 2010 /Ob0

```
_c$ = 8         ; 크기 = 4
@f3@12 PROC
; _a$ = ecx
; _b$ = edx
        mov     eax, ecx
        imul    eax, edx
        add     eax, DWORD PTR _c$[esp-4]
        ret     4
@f3@12 ENDP

; ...
        mov     edx, 2
        push    3
        lea     ecx, DWORD PTR [edx-1]
```

```
call    @f3@12
push    eax
push    OFFSET $SG81390
call    _printf
add     esp, 8
```

피호출자가 RETN 명령어를 이용해 SP를 복구하는 것을 확인할 수 있다. 마찬가지로 이를 통해 인자의 개수를 쉽게 추측할 수 있다.

GCC regparm

이 옵션은 어떤 면에서 fastcall의 진보된 형태(https://www.ohse.de/uwe/articles/gcc-attributes.html#func-regparm)라고 볼 수 있다. -mregparm 옵션을 사용하면 몇 개의 인자를 레지스터로 전달할지 정의할 수 있다. 최대 3까지 지정할 수 있으며 EAX, EDX, ECX 레지스터를 사용한다.

물론 인자가 3개보다 적으면 필요한 레지스터만 사용한다.

이 경우에는 호출자가 스택 포인터를 초기 상태로 복구한다.

예는 1.22.1절에서 참고하기 바란다.

Watcom/OpenWatcom

Watcom/OpenWatcom에서는 '레지스터 호출 규약'이라고 부른다. 처음 네 개의 인자를 EAX, EDX, EBX, ECX 레지스터로 전달한다. 나머지는 스택을 이용한다.

함수명에 밑줄 문자를 추가해 다른 호출 규약을 사용하는 함수와 구별한다.

6.1.4 thiscall

C++에서는 thiscall을 사용해 함수에 객체의 포인터를 전달한다.

MSVC에서는 주로 ECX 레지스터를 이용해 this 포인터를 전달한다.

GCC에서는 첫 번째 함수/메소드 인자로 this를 전달한다. 그러므로 소스코드와는 달리 어셈블리 코드 내부적으로는 모든 함수/메소드에 인자가 하나 추가되는 셈이다.

예는 3.18.1절을 참고하기 바란다.

6.1.5 x86-64

윈도우 x64

Win64에서 인자를 전달하는 방법은 fastcall과 유사하다. 처음 네 개의 인자는 RCX, RDX, R8, R9 레지스터를 이용해 전달하며 나머지는 스택을 통해 전달한다. 호출자가 32바이트, 즉 4개의 64비트 값을 저장할 공간을 준비해야 한다. 그래서 피호출자는 이 공간에 처음 네 개의 인자를 저장한다. 간단한 함수는 레지스터에 있는 인자를 이용하지만 큰 함수의 경우에는 인자를 이후에도 사용할 수 있기 때문에 따로 저장하는 것이 보통이다.

호출자가 스택 포인터를 초기 상태로 복구해야 한다.

(Win32가 stdcall을 이용하는 것과 달리) 윈도우 x86-64 시스템 DLL에서도 이 호출 규약을 따른다.

예제는 다음과 같다.

```c
#include <stdio.h>

void f1(int a, int b, int c, int d, int e, int f, int g)
{
    printf ("%d %d %d %d %d %d %d\n", a, b, c, d, e, f, g);
};

int main()
{
    f1(1,2,3,4,5,6,7);
};
```

리스트 6.6: MSVC 2012 /Ob

```
$SG2937 DB        '%d %d %d %d %d %d %d', 0aH, 00H

main    PROC
        sub     rsp, 72

        mov     DWORD PTR [rsp+48], 7
        mov     DWORD PTR [rsp+40], 6
```

```
        mov     DWORD PTR [rsp+32], 5
        mov     r9d, 4
        mov     r8d, 3
        mov     edx, 2
        mov     ecx, 1
        call    f1

        xor     eax, eax
        add     rsp, 72
        ret     0
main    ENDP

a$ = 80
b$ = 88
c$ = 96
d$ = 104
e$ = 112
f$ = 120
g$ = 128
f1 PROC
$LN3:
        mov     DWORD PTR [rsp+32], r9d
        mov     DWORD PTR [rsp+24], r8d
        mov     DWORD PTR [rsp+16], edx
        mov     DWORD PTR [rsp+8], ecx
        sub     rsp, 72

        mov     eax, DWORD PTR g$[rsp]
        mov     DWORD PTR [rsp+56], eax
        mov     eax, DWORD PTR f$[rsp]
        mov     DWORD PTR [rsp+48], eax
        mov     eax, DWORD PTR e$[rsp]
        mov     DWORD PTR [rsp+40], eax
        mov     eax, DWORD PTR d$[rsp]
        mov     DWORD PTR [rsp+32], eax
        mov     r9d, DWORD PTR c$[rsp]
        mov     r8d, DWORD PTR b$[rsp]
        mov     edx, DWORD PTR a$[rsp]
        lea     rcx, OFFSET FLAT:$SG2937
        call    printf

        add     rsp, 72
        ret     0
f1      ENDP
```

이 예제에서 7개의 인자가 어떻게 전달되는지 분명히 확인할 수 있다. 처음 네 개는 레지스터, 나머지 3개는 스택을 통해 전달된다. f1() 함수의 프롤로그 코드에서는 '스크래치 공간scratch space'에 인자들을 저장한다. 스택의 스크래치 공간은 바로 이런 목적으로 사용되는 공간이다.

인자를 저장하는 이유는 이렇게 하지 않을 경우 함수 종료 시점까지 해당 레지스터 네 개에 인자를 유지해야 하는데, 컴파일러는 이 네 개를 제외한 나머지 레지스터만으로 함수를 수행할 수 있는지 확신할 수 없기 때문이다.

'스크래치 공간'을 스택에 할당하는 작업은 호출자의 의무다.

리스트 6.7: 최적화를 수행한 MSVC 2012 /0b

```
$SG2777 DB        '%d %d %d %d %d %d %d', 0aH, 00H

a$ = 80
b$ = 88
c$ = 96
d$ = 104
e$ = 112
f$ = 120
g$ = 128
f1      PROC
$LN3:
        sub     rsp, 72

        mov     eax, DWORD PTR g$[rsp]
        mov     DWORD PTR [rsp+56], eax
        mov     eax, DWORD PTR f$[rsp]
        mov     DWORD PTR [rsp+48], eax
        mov     eax, DWORD PTR e$[rsp]
        mov     DWORD PTR [rsp+40], eax
        mov     DWORD PTR [rsp+32], r9d
        mov     r9d, r8d
        mov     r8d, edx
        mov     edx, ecx
        lea     rcx, OFFSET FLAT:$SG2777
        call    printf

        add     rsp, 72
        ret     0
f1      ENDP

main    PROC
        sub     rsp, 72

        mov     edx, 2
        mov     DWORD PTR [rsp+48], 7
        mov     DWORD PTR [rsp+40], 6
        lea     r9d, QWORD PTR [rdx+2]
        lea     r8d, QWORD PTR [rdx+1]
```

```
        lea     ecx, QWORD PTR [rdx-1]
        mov     DWORD PTR [rsp+32], 5
        call    f1

        xor     eax, eax
        add     rsp, 72
        ret     0
main    ENDP
```

최적화 옵션을 지정하고 예제를 컴파일하면 거의 동일하지만 '스크래치 공간'를 사용하지 않는 코드가 생성된다. 실제로 이 공간이 필요하지 않기 때문에 최적화 과정에서 빠진 것이다.

또 MSVC 2012가 LEA 명령어를 사용해 원시 값을 레지스터에 어떻게 로딩했는지 주목하자. LEA 명령어(4바이트)은 MOV 명령어(5바이트)보다 1바이트 작다.

다른 예로는 8.1.1절을 참고하기 바란다.

윈도우 x64: this 포인터 전달(C/C++)

this 포인터는 RCX를 이용해 전달되며, 첫 번째 메소드 인자는 RDX로 전달된다. 3.18.1절에서 관련 예제를 참고하기 바란다.

리눅스 x64

리눅스 x86-64에서 인자를 전달하는 방식은 윈도우와 거의 비슷하지만 4개 대신 6개의 레지스터(RDI, RSI, RDX, RCX, R8, R9)를 사용하며 '스크래치 공간'을 이용하지 않는다. 물론 피호출자는 필요에 따라 레지스터 값을 스택에 저장할 수 있다.

리스트 6.8: 최적화를 수행한 GCC 4.7.3

```
.LC0:
        .string "%d %d %d %d %d %d %d\n"
f1:
        sub     rsp, 40
        mov     eax, DWORD PTR [rsp+48]
        mov     DWORD PTR [rsp+8], r9d
        mov     r9d, ecx
        mov     DWORD PTR [rsp], r8d
        mov     ecx, esi
```

```
        mov     r8d, edx
        mov     esi, OFFSET FLAT:.LC0
        mov     edx, edi
        mov     edi, 1
        mov     DWORD PTR [rsp+16], eax
        xor     eax, eax
        call    __printf_chk
        add     rsp, 40
        ret
main:
        sub     rsp, 24
        mov     r9d, 6
        mov     r8d, 5
        mov     DWORD PTR [rsp], 7
        mov     ecx, 4
        mov     edx, 3
        mov     esi, 2
        mov     edi, 1
        call    f1
        add     rsp, 24
        ret
```

참고: 이 예제에서는 값들을 64비트 레지스터 전체(예, RAX)가 아닌 64비트 레지스터의 32비트 부분(예, EAX)에 기록했다. 이는 레지스터의 하위 32비트 부분에 값을 기록할 때 자동으로 상위 32비트가 0으로 채워지기 때문이다. 아마도 x86-64 코드 포팅을 단순화하려는 노력의 일환으로 보인다.

6.1.6 float과 double 타입 값 리턴

Win64를 제외한 모든 호출 규약에서는 float이나 double 타입의 값은 FPU 레지스터 ST(0)을 통해 리턴한다.

Win64에서는 float이나 double 타입은 XMM0 레지스터의 하위 32비트 또는 64비트를 이용해 리턴한다.

6.1.7 인자 수정

인자를 수정하면 어떻게 되는지 묻는 C/C++(물론 이 언어에 국한된 건 아니다) 프로그래머가 있을 수 있다.

답은 간단하다. 인자는 스택에 저장되므로 인자 값 수정은 스택에서 수행된다.

호출 함수는 피호출 함수가 종료된 후에는 이 값들을 사용하지 않는다(필자는 실제로 이에 반대되는 경우를 단 한 번도 보지 못했다).

```
#include <stdio.h>

void f(int a, int b)
{
    a=a+b;
    printf ("%d\n", a);
};
```

리스트 6.9: MSVC 2012

```
_a$ = 8      ; 크기 = 4
_b$ = 12     ; 크기 = 4
_f      PROC
        push    ebp
        mov     ebp, esp
        mov     eax, DWORD PTR _a$[ebp]
        add     eax, DWORD PTR _b$[ebp]
        mov     DWORD PTR _a$[ebp], eax
        mov     ecx, DWORD PTR _a$[ebp]
        push    ecx
        push    OFFSET $SG2938 ; '%d', 0aH
        call    _printf
        add     esp, 8
        pop     ebp
        ret     0
_f      ENDP
```

예제에서 볼 수 있듯이 인자 값은 누구나 쉽게 수정할 수 있다. 물론 이는 C++의 참조(3.18.3절)도 아니고 포인터가 가리키는 데이터를 수정한 것도 아니다. 따라서 함수 외부에는 수정한 내용이 어떤 영향도 미치지 않는다.

이론적으로는 피호출 함수가 리턴된 후에 호출 함수는 변경된 해당 인자에 접근에서 어떤 식으로든 이용하는 것은 가능하다.

그렇게 하려면 아마도 어셈블리어를 직접 사용해야 할 것이다.

예를 들어 일반적인 C/C++ 컴파일러가 다음과 같은 코드를 만들어낼 수도 있다.

```
    push    456     ; b의 값
    push    123     ; a의 값
    call    f       ; f() 함수는 첫 번째 인자를 수정
    add     esp, 2*4
```

위 코드를 다음과 같이 변경할 수 있다.

```
    push    456     ; b의 값
    push    123     ; a의 값
    call    f       ; f() 함수는 첫 번째 인자를 수정
    pop     eax
    add     esp, 4
    ; EAX=f() 함수에서 수정된 첫 번째 인자
```

상상하기도 어렵고 왜 이런 것이 필요한지 모르겠지만 실제로 가능하다. 그럼에도 불구하고 C/C++ 언어 표준에서는 이와 같이 할 수 있는 방법을 제공하지는 않는다.

6.1.8 함수 인자에 대한 포인터 가져오기

좀 더 나아가서 함수의 인자에 대한 포인터를 가져와 다른 함수에 전달하는 것도 가능하다.

```
#include <stdio.h>

// 다른 파일에 있는 함수
void modify_a (int *a);

void f (int a)
{
    modify_a (&a);
    printf ("%d\n", a);
};
```

실제로 코드를 보기 전까지는 어떻게 작동하는지 이해하기 어렵다.

리스트 6.10: 최적화를 수행한 MSVC 2010

```
$SG2796 DB      '%d', 0aH, 00H

_a$ = 8
_f      PROC
        lea     eax, DWORD PTR _a$[esp-4]  ; 로컬 스택에서 값의 주소를 가져온다.
        push    eax                         ; 그리고 그것을 modify_a() 함수에 전달한다.
```

```
        call    _modify_a
        mov     ecx, DWORD PTR _a$[esp]      ; 로컬 스택에서 값을 다시 로드한다.
        push    ecx                          ; 그리고 그것을 printf() 함수에 전달한다.
        push    OFFSET $SG2796               ; '%d'
        call    _printf
        add     esp, 12
        ret     0
_f      ENDP
```

로컬 스택에 있는 공간의 주소가 다른 함수에 전달됐다. 그리고 그 함수는 포인터가 가리키는 주소의 값을 변경하고 printf() 함수는 변경된 값을 출력한다.

관찰력이 좋은 독자라면 함수의 인자가 레지스터로 전달되는 호출 규약에서는 어떻게 되는지 궁금할 것이다.

그런 경우에는 셰도우 공간이 이용된다.

함수에 전달된 입력값이 레지스터에서 로컬 스택에 있는 셰도우 공간으로 복사되고 복사된 위치의 주소가 다른 함수에 전달되는 것이다.

리스트 6.11: 최적화를 수행한 MSVC 2012 x64

```
$SG2994 DB '%d', 0aH, 00H

a$ = 48
f       PROC
        mov     DWORD PTR [rsp+8], ecx  ; 셰도우 공간에 입력값 저장
        sub     rsp, 40
        lea     rcx, QWORD PTR a$[rsp]  ; 입력값이 저장된 공간의 주소를 modify_a() 함수에 전달
        call    modify_a
        mov     edx, DWORD PTR a$[rsp]  ; 셰도우 공간에서 값을 다시 로드해서 printf() 함수에 전달
        lea     rcx, OFFSET FLAT:$SG2994    ; '%d'
        call    printf
        add     rsp, 40
        ret     0
f       ENDP
```

GCC도 입력된 값을 로컬 스택에 저장한다.

리스트 6.12: 최적화를 수행한 GCC 4.9.1 x64

```
.LC0:
        .string "%d\n"
```

```
f:
        sub     rsp, 24
        mov     DWORD PTR [rsp+12], edi ; 로컬 스택에 입력값 저장
        lea     rdi, [rsp+12]            ; 입력값이 저장된 공간의 주소를 modify_a() 함수에 전달
        call    modify_a
        mov     edx, DWORD PTR [rsp+12] ; 로컬 스택에서 값을 다시 로드해 printf() 함수에 전달
        mov     esi, OFFSET FLAT:.LC0   ; '%d'
        mov     edi, 1
        xor     eax, eax
        call    __printf_chk
        add     rsp, 24
        ret
```

ARM64용 GCC도 마찬가지며, 이때 저장하는 공간을 레지스터 저장 영역^{Register Save Area}

이라고 부른다.

리스트 6.13: 최적화를 수행한 GCC 4.9.1 ARM64

```
f:
        stp     x29, x30, [sp, -32]!
        add     x29, sp, 0       ; FP 설정
        add     x1, x29, 32      ; 레지스터 저장 영역에 있는 변수의 주소를 계산한다.
        str     w0, [x1,-4]!     ; 입력값을 레지스터 저장 영역에 저장한다.
        mov     x0, x1           ; 해당 입력값이 저장된 주소를 modify_a() 함수에 전달한다.
        bl      modify_a
        ldr     w1, [x29,28]     ; 입력값을 다시 로드해 printf() 함수에 전달한다.
        adrp    x0, .LC0         ; '%d'
        add     x0, x0, :lo12:.LC0
        bl      printf           ; printf() 호출
        ldp     x29, x30, [sp], 32
        ret
.LC0:
        .string "%d\n"
```

셰도우 공간에 대한 비슷한 사용 예를 3.14.1절에서 볼 수도 있다.

6.2 스레드 지역 저장소

TLS^{Thread Local Storage, 스레드 지역 저장소}는 각 스레드가 갖는 고유의 데이터 영역이다. 모든 스레드는 이곳에 필요한 내용을 저장할 수 있다. 대표적인 예로는 C 표준의 전역 변수인 errno를 저장하는 것이다.

여러 스레드가 동시에 한 함수를 호출할 때 이 함수는 errno에 에러 코드를 담아 리턴한다. 멀티스레드 프로그램에서는 전역 변수를 사용하면 문제가 되기 때문에 errno를 TLS에 저장해야 한다.

C++11 표준에서는 thread_local이라는 새로운 수정자가 도입됐다. 이를 지정하면 스레드마다 해당 변수의 고유한 버전을 가질 수 있고 그것을 초기화할 수도 있다. 그리고 TLS에 위치하게 된다.[1]

리스트 6.14: C++11

```
#include <iostream>
#include <thread>

thread_local int tmp=3;

int main()
{
    std::cout << tmp << std::endl;
};
```

이 코드는 MinGW GCC 4.8.1로는 컴파일할 수 있지만, MSVC 2012에서는 컴파일되지 않는다.

컴파일 결과로 생성되는 윈도우 PE 파일에서 tmp 변수는 TLS 전용 섹션에 할당된다.

6.2.1 선형 합동 생성기 재검토

1.23절에서 다룬 의사 난수 생성기는 단점이 있다. 다른 스레드에서 동시에 읽고 수정할 수 있는 내부 상태 변수가 있기 때문에 멀티스레드에서는 안전하지 않다.

Win32

초기화되지 않은 TLS 데이터

해결책은 전역 변수에 __declspec(thread) 수정자를 추가하는 것이다. 그러면 그것이 TLS에 할당된다(9번째 줄).

---

1. C11도 선택적으로 스레드를 지원한다.

```
1  #include <stdint.h>
2  #include <windows.h>
3  #include <winnt.h>
4
5  // Numerical Recipes 책에서 발췌:
6  #define RNG_a 1664525
7  #define RNG_c 1013904223
8
9  __declspec( thread ) uint32_t rand_state;
10
11 void my_srand (uint32_t init)
12 {
13     rand_state=init;
14 }
15
16 int my_rand ()
17 {
18     rand_state=rand_state*RNG_a;
19     rand_state=rand_state+RNG_c;
20     return rand_state & 0x7fff;
21 }
22
23 int main()
24 {
25     my_srand(0x12345678);
26     printf ("%d\n", my_rand());
27 };
```

Hiew로 보면 실행 파일에 새로운 PE 섹션인 .tls가 있는 것을 확인할 수 있다.

리스트 6.15: 최적화를 수행한 MSVC 2013 x86

```
_TLS SEGMENT
_rand_state DD 01H DUP (?)
_TLS ENDS

_DATA SEGMENT
$SG84851 DB '%d', 0aH, 00H
_DATA ENDS
_TEXT SEGMENT

_init$ = 8          ; 크기 = 4
_my_srand PROC
; FS:0= TIB의 주소
        mov     eax, DWORD PTR fs:__tls_array  ; IDA에서는 FS:2Ch로 출력됨
; EAX= 프로세스의 TLS 주소
        mov     ecx, DWORD PTR __tls_index
```

```
        move    cx, DWORD PTR [eax+ecx*4]
; ECX=현재 TLS 세그먼트
        mov     eax, DWORD PTR _init$[esp-4]
        mov     DWORD PTR _rand_state[ecx], eax
        ret     0
_my_srand ENDP

_my_rand PROC
; FS:0= TIB의 주소
        mov     eax, DWORD PTR fs:__tls_array  ; IDA에서는 FS:2Ch로 출력됨
; EAX= 프로세스의 TLS 주소
        mov     ecx, DWORD PTR __tls_index
        mov     ecx, DWORD PTR [eax+ecx*4]
; ECX= 현재 TLS 세그먼트
        imul    eax, DWORD PTR _rand_state[ecx], 1664525
        add     eax, 1013904223              ; 3c6ef35fH
        mov     DWORD PTR _rand_state[ecx], eax
        and     eax, 32767                   ; 00007fffH
        ret     0
_my_rand ENDP

_TEXT ENDS
```

이제 rand_state는 TLS 세그먼트에 위치하게 되고, 각각의 스레드는 자기 자신의 개별적인 rand_state 변수를 갖게 된다.

FS:2Ch에서 TIB^Thread Information Block의 주소를 로드하고 (필요하다면) 추가적인 인덱스를 더해 TLS 세그먼트의 주소를 계산한다.

그렇게 각 스레드의 고유한 영역인 TLS의 주소(ECX 레지스터에 있음)를 구해 rand_state 변수에 접근할 수 있다.

FS: 셀렉터^selector는 리버스 엔지니어에게는 친숙한 것이며, 그것을 이용해 TIB에 접근해 빠르게 각 스레드의 고유한 데이터에 접근할 수 있다.

Win64에서는 GS: 셀렉터가 사용되며 TLS의 주소는 0x58이다.

리스트 6.16: 최적화를 수행한 MSVC 2013 x64

```
_TLS    SEGMENT
rand_state DD 01H DUP (?)
_TLS    ENDS

_DATA   SEGMENT
```

```
$SG85451 DB      '%d', 0aH, 00H
_DATA    ENDS

_TEXT    SEGMENT


init$ = 8
my_srand PROC
        mov     edx, DWORD PTR _tls_index
        mov     rax, QWORD PTR gs:88   ; 58h
        mov     r8d, OFFSET FLAT:rand_state
        mov     rax, QWORD PTR [rax+rdx*8]
        mov     DWORD PTR [r8+rax], ecx
        ret     0
my_srand ENDP

my_rand PROC
        mov     rax, QWORD PTR gs:88         ; 58h
        mov     ecx, DWORD PTR _tls_index
        mov     edx, OFFSET FLAT:rand_state
        mov     rcx, QWORD PTR [rax+rcx*8]
        imul    eax, DWORD PTR [rcx+rdx], 1664525  ; 0019660dH
        add     eax, 1013904223             ; 3c6ef35fH
        mov     DWORD PTR [rcx+rdx], eax
        and     eax, 32767          ; 00007fffH
        ret     0
my_rand ENDP

_TEXT    ENDS
```

초기화된 TLS data

rand_state에 어떤 고정된 값을 저장해야 하는데, 그것을 프로그래머가 까먹었다고 생각해보자. 그러면 rand_state 변수의 값은 미리 정의된 상수 값으로 초기화될 것이다(9번째 줄).

```
1  #include <stdint.h>
2  #include <windows.h>
3  #include <winnt.h>
4
5  // Numerical Recipes 책에서 발췌
6  #define RNG_a 1664525
7  #define RNG_c 1013904223
8
9  __declspec( thread ) uint32_t rand_state=1234;
```

```
10
11   void my_srand (uint32_t init)
12   {
13        rand_state=init;
14   }
15
16   int my_rand ()
17   {
18        rand_state=rand_state*RNG_a;
19        rand_state=rand_state+RNG_c;
20        return rand_state & 0x7fff;
21   }
22
23   int main()
24   {
25        printf ("%d\n", my_rand());
26   };
```

앞에서 본 코드와 그렇게 많이 다르지 않으며 IDA로 보면 다음과 같다.

```
.tls:00404000 ; Segment type: Pure data
.tls:00404000 ; Segment permissions: Read/Write
.tls:00404000 _tls            segment para public 'DATA' use32
.tls:00404000                 assume cs:_tls
.tls:00404000                 ;org 404000h
.tls:00404000 TlsStart        db      0        ; DATA XREF: .rdata:TlsDirectory
.tls:00404001                 db      0
.tls:00404002                 db      0
.tls:00404003                 db      0
.tls:00404004                 dd      1234
.tls:00404008 TlsEnd          db      0        ; DATA XREF: .rdata:TlsEnd_ptr
```

1234가 보일 것이다. 모든 스레드는 시작할 때마다 자기 자신의 TLS를 할당받는데, 그 때 1234가 포함된 TLS를 할당받게 된다.

다음과 같은 시나리오를 생각해볼 수 있다.

- 스레드 A가 시작된다. 스레드 A를 위한 TLS가 만들어진다. TLS의 rand_state 에 1234가 복사된다.
- 스레드 A에서 my_rand() 함수가 여러 번 호출된다. 그러면 rand_state 값이 변경된다.

- 스레드 B가 시작된다. 스레드 B를 위한 TLS가 만들어진다. TLS의 rand_state 에 1234가 복사된다. 이때 스레드 A의 rand_state 값은 스레드 B의 rand_state 값과 다르다.

TLS 콜백

TLS에 있는 변수의 값을 어떤 일반적이지 않은 방법으로 채워야 하는 경우에는 어떻게 해야 할까?

다음과 같은 작업을 수행해야 한다고 가정해보자. 즉, 프로그래머가 PRNG^{Pseudorandom Number Generator} 관련 코드를 작성할 때 PRNG를 초기화하기 위한 **my_srand()** 함수 호출을 잊었다고 생각해보자. 그런데 PRNG는 초기에 1234가 아닌 어떤 임의의 값으로 초기화돼야만 한다. 이 경우에 TLS 콜백이 사용될 수 있다.

다음의 코드는 일반적이지는 않지만 TLS 콜백을 이해하는 데 도움이 될 것이다.

프로세스나 스레드가 시작하기 전에 호출되는 **tls_callback()**이라는 함수를 정의한다.

tls_callback() 함수는 **GetTickCount()** 함수가 리턴한 값으로 PRNG를 초기화한다.

```
#include <stdint.h>
#include <windows.h>
#include <winnt.h>

// Numerical Recipes 책에서 발췌
#define RNG_a 1664525
#define RNG_c 1013904223

__declspec( thread ) uint32_t rand_state;

void my_srand (uint32_t init)
{
    rand_state=init;
}

void NTAPI tls_callback(PVOID a, DWORD dwReason, PVOID b)
{
    my_srand (GetTickCount());
}

#pragma data_seg(".CRT$XLB")
```

```
PIMAGE_TLS_CALLBACK p_thread_callback = tls_callback;
#pragma data_seg()

int my_rand ()
{
    rand_state=rand_state*RNG_a;
    rand_state=rand_state+RNG_c;
    return rand_state & 0x7fff;
}

int main()
{
    // rand_state는 GetTickCount()를 이용해 이미 초기화돼 있다.
    printf ("%d\n", my_rand());
};
```

IDA로 보면 다음과 같다.

리스트 6.17: 최적화를 수행한 MSVC 2013

```
.text:00401020 TlsCallback_0    proc near      ; DATA XREF: .rdata:TlsCallbacks
.text:00401020                  call    ds:GetTickCount
.text:00401026                  push    eax
.text:00401027                  call    my_srand
.text:0040102C                  pop     ecx
.text:0040102D                  retn    0Ch
.text:0040102D TlsCallback_0    endp
...
.rdata:004020C0 TlsCallbacks    dd offset TlsCallback_0 ; DATA XREF: .rdata:TlsCallbacks_ptr
...
.rdata:00402118 TlsDirectory    dd offset TlsStart
.rdata:0040211C TlsEnd_ptr      dd offset TlsEnd
.rdata:00402120 TlsIndex_ptr    dd offset TlsIndex
.rdata:00402124 TlsCallbacks_ptr dd offset TlsCallbacks
.rdata:00402128 TlsSizeOfZeroFill dd 0
.rdata:0040212C TlsCharacteristics dd 300000h
```

TLS 콜백 함수는 종종 내부 동작을 숨기기 위한 언패킹 루틴에서 사용된다.

어떤 사람들은 OEP^{Original Entry Point} 직전에 코드가 실행되는 것에 대해 혼란스러워하고 이해하지 못할 수도 있다.

리눅스

다음은 GCC에서 TLS 변수를 선언하는 방법이다.

```
__thread uint32_t rand_state=1234;
```

표준 C/C++ 수정자는 아니고 GCC에 특화된 것이다(https://gcc.gnu.org/onlinedocs/
gcc-3.3/gcc/C99-Thread-Local-Edits.html).

TLS에 접근하고자 **GS:** 셀렉터가 사용됐지만 방법은 약간 다르다.

리스트 6.18: 최적화를 수행한 GCC 4.8.1 x86

```
.text:08048460 my_srand     proc near
.text:08048460
.text:08048460 arg_0        = dword ptr  4
.text:08048460
.text:08048460              mov     eax, [esp+arg_0]
.text:08048464              mov     gs:0FFFFFFFCh, eax
.text:0804846A              retn
.text:0804846A my_srand     endp

.text:08048470 my_rand proc near
.text:08048470              imul    eax, gs:0FFFFFFFCh, 19660Dh
.text:0804847B              add     eax, 3C6EF35Fh
.text:08048480              mov     gs:0FFFFFFFCh, eax
.text:08048486              and     eax, 7FFFh
.text:0804848B              retn
.text:0804848B my_rand      endp
```

좀 더 자세한 것은 율리히 드레퍼의 『ELF Handling For Thread-Local Storage』(2013)
(https://akkadia.org/drepper/tls.pdf)를 참고하기 바란다.

6.3 시스템 콜(syscall-s)

운영체제에서 실행 중인 프로세스는 두 종류로 나뉜다. 즉, 하드웨어에 자유롭게 접근
할 수 있는 것(커널 공간)과 그렇지 않은 것(사용자 공간 또는 유저 공간)으로 나뉜다.

OS 커널과 대부분의 드라이버가 첫 번째 부류에 속한다.

일반적인 애플리케이션은 보통 두 번째 부류에 속한다.

예를 들면 리눅스 커널은 커널 공간에 접근할 수 있고 Glibc는 유저 공간에만 접근할
수 있다.

이와 같은 구분은 운영체제의 안전 측면에서 매우 중요하다. 임의의 프로세스가 다른 프로세스 또는 심지어 OS 커널의 일부를 망쳐버릴 수도 있는 권한을 갖게 되면 안 되기 때문이다. 오동작한 드라이버나 OS 커널 내부의 에러로 인해 커널 패닉이나 BSOD^Blue Screen Of Death가 발생하는 걸 보면 이런 구분이 필요한 이유를 쉽게 이해할 수 있을 것이다.

x86 프로세서는 네 단계의 보호 링^ring을 제공하지만 리눅스와 윈도우 모두 링0(커널 공간)와 링3(사용자 공간) 두 개만 사용한다. 시스템 콜^syscall은 두 영역이 연결되는 지점으로, 애플리케이션 소프트웨어에 제공되는 가장 근본적인 API라고 할 수 있다.

윈도우 NT의 경우 시스템 콜 테이블은 SSDT^System Service Dispatch Table에 존재한다.

시스템 라이브러리에서 필요한 함수의 주소를 알아내는 건 어려운 반면 시스템 콜을 사용하는 것은 쉽기 때문에 셸코드나 컴퓨터 바이러스 제작자도 시스템 콜을 아주 광범위하게 사용한다. 반면 API의 추상화 수준이 매우 낮기 때문에 시스템 콜을 사용하려면 훨씬 더 많은 코드를 작성해야 한다.

운영체제 버전에 따라 시스템 콜의 번호가 다를 수도 있다는 점도 유의해야 한다.

6.3.1 리눅스

리눅스에서는 일반적으로 `int 0x80`으로 syscall을 호출한다. EAX 레지스터로 시스템 콜 번호를 전달하고 다른 레지스터로 그 밖의 인자를 전달한다.

리스트 6.19: 두 개의 syscall을 이용하는 간단한 예제

```
section .text
global _start

_start:
        mov     edx,len     ; 버퍼의 크기
        mov     ecx,msg     ; 버퍼
        mov     ebx,1       ; stdout의 file descriptor
        mov     eax,4       ; syscall 번호. sys_write는 4번이다.
        int     0x80
        mov     eax,1       ; syscall 번호. sys_exit는 1번이다.
        int     0x80

section .data
```

```
msg      db 'Hello, world!',0xa
len      equ $ - msg
```

컴파일해보자.

```
nasm -f elf32 1.s
ld 1.o
```

리눅스 syscall의 전체 리스트는 http://syscalls.kernelgrok.com/에서 확인할 수 있다.

strace(7.2.3절)를 이용하면 리눅스에서 시스템 콜을 가로채거나 트레이싱할 수 있다.

6.3.2 윈도우

윈도우에서는 int 0x2e 또는 특별한 x86 명령어인 SYSENTER를 이용해 시스템 콜을 호출할 수 있다.

윈도우 syscall의 전체 목록은 https://j00ru.vexillium.org/syscalls/nt/32/에서 확인할 수 있다.

좀 더 자세한 내용은 'Windows Syscall Shellcode'(https://www.symantec.com/connect/articles/windows-syscall-shellcode)를 참고하기 바란다.

6.4 리눅스

6.4.1 위치 독립적 코드

리눅스 공유 라이브러리(.so)를 분석하다 보면 다음과 같은 코드 패턴을 자주 접할 수 있다.

리스트 6.20: libc-2.17.so x86

```
.text:0012D5E3 __x86_get_pc_thunk_bx proc near    ; CODE XREF: sub_17350+3
.text:0012D5E3                                     ; sub_173CC+4 ...
.text:0012D5E3        mov     ebx, [esp+0]
.text:0012D5E6        retn
```

```
.text:0012D5E6 __x86_get_pc_thunk_bx endp
...
.text:000576C0 sub_576C0   proc near        ; CODE XREF: tmpfile+73
...
.text:000576C0       push    ebp
.text:000576C1       mov     ecx, large gs:0
.text:000576C8       push    edi
.text:000576C9       push    esi
.text:000576CA       push    ebx
.text:000576CB       call    __x86_get_pc_thunk_bx
.text:000576D0       add     ebx, 157930h
.text:000576D6       sub     esp, 9Ch
...
.text:000579F0       lea     eax, (a__gen_tempname - 1AF000h)[ebx] ; "__gen_tempname"
.text:000579F6       mov     [esp+0ACh+var_A0], eax
.text:000579FA       lea     eax, (a__SysdepsPosix - 1AF000h)[ebx]
;"../sysdeps/posix/tempname.c"
.text:00057A00       mov     [esp+0ACh+var_A8], eax
.text:00057A04       lea     eax, (aInvalidKindIn_ - 1AF000h)[ebx] ;"! \"invalid KIND in
__gen_tempname\""
.text:00057A0A       mov     [esp+0ACh+var_A4], 14Ah
.text:00057A12       mov     [esp+0ACh+var_AC], eax
.text:00057A15       call    __assert_fail
```

문자열을 가리키는 모든 포인터를 EBX에 저장된 특정 상수를 이용해 바로 잡고 있다. 이 값은 각 함수의 도입부에서 계산한다.

이를 소위 PIC^{Position-Independent Code, 위치 독립적 코드}라고 하며, 이 덕분에 실행 코드를 임의의 메모리 주소에 위치시킬 수 있지만 이로 인해 문자열 포인터에 절대 메모리 주소 값을 지정할 수 없다.

PIC는 초기 컴퓨터 시스템에서 매우 중요했으며, 가상 메모리를 지원하지 않는 임베디드 시스템(모든 프로세스가 하나의 연속적인 메모리 블록에 상주)에서는 여전히 중요하다.

공유 라이브러리는 메모리에 한 번만 로딩되지만 여러 프로세스가 공유해야 하기 때문에 *NIX 시스템의 공유 라이브러리에서도 여전히 PIC를 사용한다. 하나의 공유 라이브러리를 사용하는 프로세스들이 서로 다른 주소에 해당 라이브러리를 매핑할 수 있으며, 이 경우에도 공유 라이브러리는 절대 주소에 매핑되지 않고 올바로 동작한다.

간단한 실험을 해보자.

```
#include <stdio.h>

int global_variable=123;

int f1(int var)
{
    int rt=global_variable+var;
    printf ("returning %d\n", rt);
    return rt;
};
```

GCC 4.7.3로 컴파일해 그 결과 만들어지는 .so 파일을 IDA로 열어보자.

```
gcc -fPIC -shared -O3 -o 1.so 1.c
```

리스트 6.21: GCC 4.7.3

```
.text:00000440                 public __x86_get_pc_thunk_bx
.text:00000440 __x86_get_pc_thunk_bx proc near     ; CODE XREF: _init_proc+4
.text:00000440                                     ; deregister_tm_clones+4 ...
.text:00000440                 mov     ebx, [esp+0]
.text:00000443                 retn
.text:00000443 __x86_get_pc_thunk_bx endp

.text:00000570                 public f1
.text:00000570 f1             proc near
.text:00000570
.text:00000570 var_1C          = dword ptr -1Ch
.text:00000570 var_18          = dword ptr -18h
.text:00000570 var_14          = dword ptr -14h
.text:00000570 var_8           = dword ptr -8
.text:00000570 var_4           = dword ptr -4
.text:00000570 arg_0           = dword ptr 4
.text:00000570
.text:00000570                 sub     esp, 1Ch
.text:00000573                 mov     [esp+1Ch+var_8], ebx
.text:00000577                 call    __x86_get_pc_thunk_bx
.text:0000057C                 add     ebx, 1A84h
.text:00000582                 mov     [esp+1Ch+var_4], esi
.text:00000586                 mov     eax, ds:(global_variable_ptr - 2000h)[ebx]
.text:0000058C                 mov     esi, [eax]
.text:0000058E                 lea     eax, (aReturningD - 2000h)[ebx] ; "returning %d\n"
.text:00000594                 add     esi, [esp+1Ch+arg_0]
.text:00000598                 mov     [esp+1Ch+var_18], eax
.text:0000059C                 mov     [esp+1Ch+var_1C], 1
.text:000005A3                 mov     [esp+1Ch+var_14], esi
```

```
.text:000005A7                 call    ___printf_chk
.text:000005AC                 mov     eax, esi
.text:000005AE                 mov     ebx, [esp+1Ch+var_8]
.text:000005B2                 mov     esi, [esp+1Ch+var_4]
.text:000005B6                 add     esp, 1Ch
.text:000005B9                 retn
.text:000005B9 f1              endp
```

문자열 "returning %d\n"과 global_variable을 가리키는 포인터는 함수 실행 시마다 보정된다. __x86_get_pc_thunk_bx() 함수는 자기 자신을 호출한 위치의 다음 주소(0x57C)를 EBX에 담아 리턴한다.

이는 특정 지점의 프로그램 카운터(EIP) 값을 구하는 간단한 방법이다. 상수 0x1A84는 이 함수의 시작 지점과 global_variable의 포인터가 존재하는 GOT^Global Offset Table 바로 다음 섹션인 소위 GOT PLT 간의 거리를 나타낸다.

IDA는 이 오프셋을 처리해 이해하기 쉽게 보여주지만 사실 실제 코드는 다음과 같다.

```
.text:00000577                 call    __x86_get_pc_thunk_bx
.text:0000057C                 add     ebx, 1A84h
.text:00000582                 mov     [esp+1Ch+var_4], esi
.text:00000586                 mov     eax, [ebx-0Ch]
.text:0000058C                 mov     esi, [eax]
.text:0000058E                 lea     eax, [ebx-1A30h]
```

EBX 레지스터는 GOT PLT 섹션을 가리키며 global_variable(GOT에 저장된)의 포인터를 계산하고자 0xC를 뺀다.

"returning %d\n" 문자열에 대한 포인터를 계산할 때는 0x1A30을 빼야 한다.

이 때문에 AMD64 명령어 세트에서는 PIC 코드를 단순화시키고자 RIP(AMD64의 프로그램 카운터) 상대 주소를 지원한다.

동일한 C 코드를 동일한 버전의 x64용 GCC로 컴파일해보자.

IDA는 RIP 상대 주소 지정과 관련된 세부 사항을 생략해 간단한 코드를 출력하며, 모든 내용을 보고자 IDA 대신 objdump를 사용할 것이다.

```
0000000000000720 <f1>:
 720:    48 8b 05 b9 08 20 00    mov    rax,QWORD PTR [rip+0x2008b9]   ;200fe0
<_DYNAMIC+0x1d0>
 727:    53                      push   rbx
 728:    89 fb                   mov    ebx,edi
 72a:    48 8d 35 20 00 00 00    lea    rsi,[rip+0x20]         ; 751 <_fini+0x9>
 731:    bf 01 00 00 00          mov    edi,0x1
 736:    03 18                   add    ebx,DWORD PTR [rax]
 738:    31 c0                   xor    eax,eax
 73a:    89 da                   mov    edx,ebx
 73c:    e8 df fe ff ff          call   620 <__printf_chk@plt>
 741:    89 d8                   mov    eax,ebx
 743:    5b                      pop    rbx
 744:    c3                      ret
```

0x2008b9는 0x720에 위치한 명령어의 주소와 global_variable의 차이며, 0x20은 0x72A에 위치한 명령어의 주소와 "returning %d\n" 문자열의 차이다.

짐작했겠지만 PIC 코드는 주소 재계산을 자주 실행해야 하기 때문에 실행 속도가 느리다(x64에서는 좀 더 빠르긴 하다). 그러므로 성능을 고려한다면 정적으로 링크하는 편이 나을 수 있다(애그너 포그의 『Optimizing software in C++』(2015) 참고).

윈도우

윈도우 DLL에서는 PIC 기법을 사용하지 않는다. 윈도우 로더는 DLL을 다른 베이스 주소에 로딩해야 하는 경우 메모리(FIXUP 공간)상에서 DLL을 '패치'해 모든 주소를 수정한다.

다시 말해 윈도우 프로세스들은 이미 다른 프로세스 메모리 블록의 다른 주소에 로딩된 DLL을 공유할 수 없다는 의미가 된다. 서로 다른 메모리에 로딩된 DLL 인스턴스는 해당 주소에서만 동작하도록 수정/고정됐기 때문이다.

6.4.2 리눅스에서의 LD_PRELOAD 트릭

LD_PRELOAD를 사용하면 특정 동적 라이브러리를 다른 라이브러리, 심지어 libc.so.6와 같은 시스템 라이브러리보다도 먼저 로딩할 수 있다.

따라서 시스템 라이브러리의 원본 함수를 특정 함수로 '대체'하는 것이 가능하다.

예를 들어 time(), read(), write() 등의 호출을 쉽게 인터셉트할 수 있다.

그러면 uptime 유틸리티를 속일 수 있는지 시험해보자. 이 유틸리티는 컴퓨터가 동작한 시간을 알려준다. strace(7.2.3절)를 사용하면 uptime이 해당 정보를 /proc/uptime 파일에서 가져온다는 사실을 알아낼 수 있다.

```
$ strace uptime
...
open("/proc/uptime", O_RDONLY)      = 3
lseek(3, 0, SEEK_SET)       = 0
read(3, "416166.86 414629.38\n", 2047)     = 20
...
```

이 파일은 디스크에 실제로 존재하지 않는 가상 파일로, 리눅스 커널에서 즉석으로 내용을 생성한다. 해당 파일에는 숫자 두 개만 기록돼 있다.

```
$ cat /proc/uptime
416690.91 415152.03
```

이는 위키피디아를 참고하기 바란다(https://en.wikipedia.org/wiki/Uptime).

첫 번째 숫자는 시스템이 동작한 전체 시간을 초로 나타낸 값이다. 두 번째 숫자는 시스템이 대기idle 상태로 보낸 시간을 초로 나타낸 값이다.

그러면 우리가 원하는 작업을 수행하는 open(), read(), close() 함수를 포함하는 동적 라이브러리를 작성해보자.

첫 번째로 open() 함수는 오픈하려는 파일명을 비교해 원하는 파일을 오픈하는 경우에는 해당 파일의 디스크립터를 기록하도록 작성한다.

두 번째로 read()에서는 앞서 기록한 파일 디스크립터가 인자로 들어와 호출되는 경우에는 원하는 내용을 출력하게 만들고 그렇지 않은 경우에는 libc.so.6의 read()를 호출하게 작성한다. 끝으로 close()는 현재 추적 중인 파일이 닫힐 거라는 사실을 기록하도록 작성한다.

dlopen()과 dlsym() 함수를 사용해 libc.so.6에 있는 원래 함수의 주소를 알아낼 것이다.

이 주소는 '실제' 함수로 제어를 넘길 때 필요하다.

참고로 strcmp() 같은 함수를 인터셉트해 프로그램의 모든 문자열 비교를 직접 처리하면 원본 함수를 사용하지 않고도 자신만의 strcmp()를 쉽게 구현할 수도 있다.[2]

```c
#include <stdio.h>
#include <stdarg.h>
#include <stdlib.h>
#include <stdbool.h>
#include <unistd.h>
#include <dlfcn.h>
#include <string.h>

void *libc_handle = NULL;
int (*open_ptr)(const char *, int) = NULL;
int (*close_ptr)(int) = NULL;
ssize_t (*read_ptr)(int, void*, size_t) = NULL;

bool inited = false;

_Noreturn void die (const char * fmt, ...)
{
    va_list va;
    va_start (va, fmt);
    vprintf (fmt, va);
    exit(0);
};

static void find_original_functions ()
{
    if (inited)
        return;

    libc_handle = dlopen ("libc.so.6", RTLD_LAZY);
    if (libc_handle==NULL)
        die ("can't open libc.so.6\n");

    open_ptr = dlsym (libc_handle, "open");
    if (open_ptr==NULL)
        die ("can't find open()\n");

    close_ptr = dlsym (libc_handle, "close");
    if (close_ptr==NULL)
        die ("can't find close()\n");

    read_ptr = dlsym (libc_handle, "read");
    if (read_ptr==NULL)
```

---

2. 용 황의 글(http://yurichev.com/mirrors/LD_PRELOAD/Yong%20Huang%20LD_PRELOAD.txt)을 보면 간단한 strcmp() 인터셉트가 어떻게 동작하는지 알 수 있다.

```
        die ("can't find read()\n");

    inited = true;
}

static int opened_fd=0;

int open(const char *pathname, int flags)
{
    find_original_functions();

    int fd=(*open_ptr)(pathname, flags);
    if (strcmp(pathname, "/proc/uptime")==0)
        opened_fd=fd;       // 모니터링 대상 파일이다. 파일 디스크립트를 기록한다.
    else
        opened_fd=0;

    return fd;
};

int close(int fd)
{
    find_original_functions();

    if (fd==opened_fd)
        opened_fd=0;        // 모니터링 대상 파일이 close됐다.

    return (*close_ptr)(fd);
};

ssize_t read(int fd, void *buf, size_t count)
{
    find_original_functions();

    if (opened_fd!=0 && fd==opened_fd)
    {
        // 모니터링 대상 파일이다.
        return snprintf (buf, count, "%d %d", 0x7fffffff, 0x7fffffff)+1;
    };
    // 모니터링 대상 파일이 아니면 실제 read() 함수를 호출한다.
    return (*read_ptr)(fd, buf, count);
};
```

(소스코드는 https://github.com/DennisYurichev/RE-for-beginners/blob/master/OS/LD_PRELOAD/fool_uptime.c)

이 코드를 평범한 동적 라이브러리로 컴파일하자.

```
gcc -fpic -shared -Wall -o fool_uptime.so fool_uptime.c -ldl
```

이 라이브러리를 먼저 로딩하는 방식으로 uptime을 실행해보자.

```
LD_PRELOAD=`pwd`/fool_uptime.so uptime
```

결과는 다음과 같다.

```
01:23:02 up 24855 days, 3:14, 3 users, load average: 0.00, 0.01, 0.05
```

LD_PRELOAD 환경 변수가 항상 이 라이브러리의 파일명과 경로를 가리킨다면 시스템에서 실행되는 모든 프로그램이 이 파일을 로딩할 것이다.

추가 예제는 다음과 같다.

* 매우 간단한 strcmp() 함수 인터셉트(용 황, https://yurichev.com/mirrors/LD_PRELOAD/Yong%20Huang%20LD_PRELOAD.txt)
* 케빈 폴로의 『Fun with LD_PRELOAD』에서 풍부한 예제와 다양한 아이디어를 볼 수 있다(https://yurichev.com/mirrors/LD_PRELOAD/lca2009.pdf).
* 파일 압축/압축 해제를 즉석으로 수행하도록 파일 함수 인터셉트하기(zlibc) (ftp://metalab.unc.edu/pub/Linux/libs/compression)

6.5 윈도우 NT

6.5.1 CRT(win32)

프로그램은 main() 함수에서 시작할까? 아니다.

임의의 실행 파일을 IDA나 Hiew로 열어 확인해보면 OEP[Original Entry Point]가 다른 코드를 가리키고 있는 것을 볼 수 있다. 해당 코드는 제어 흐름을 프로그램의 코드로 넘기기 전에 유지 관리와 준비 작업을 수행하며 시작 코드(startup) 또는 CRT 코드(C RunTime)라고 부른다.

main() 함수는 커맨드라인에서 전달된 인자 배열과 환경 변수를 이용한다. 사실 프로그램에는 일반적인 문자열이 전달되며 CRT 코드가 이 문자열을 공백 문자 기준으로 쪼개는 것이다. CRT 코드는 환경 변수 배열인 envp도 준비한다. GUI[Graphical User Interface]

Win32 애플리케이션의 경우 main() 대신 **WinMain**을 사용하며 전달되는 인자도 다르다.

```
int CALLBACK WinMain(
    _In_ HINSTANCE hInstance,
    _In_ HINSTANCE hPrevInstance,
    _In_ LPSTR lpCmdLine,
    _In_ int nCmdShow
);
```

main() 함수가 리턴하는 숫자는 종료 코드인데, CRT에서 이를 **ExitProcess()** 함수의 인자로 전달한다.

일반적으로 각 컴파일러는 자기 자신의 CRT 코드를 갖고 있다.

다음은 MSVC 2008의 일반적인 CRT 코드다.

```
 1   ___tmainCRTStartup proc near
 2
 3   var_24 = dword ptr -24h
 4   var_20 = dword ptr -20h
 5   var_1C = dword ptr -1Ch
 6   ms_exc = CPPEH_RECORD ptr -18h
 7
 8       push    14h
 9       push    offset stru_4092D0
10       call    __SEH_prolog4
11       mov     eax, 5A4Dh
12       cmp     ds:400000h, ax
13       jnz     short loc_401096
14       mov     eax, ds:40003Ch
15       cmp     dword ptr [eax+400000h], 4550h
16       jnz     short loc_401096
17       mov     ecx, 10Bh
18       cmp     [eax+400018h], cx
19       jnz     short loc_401096
20       cmp     dword ptr [eax+400074h], 0Eh
21       jbe     short loc_401096
22       xor     ecx, ecx
23       cmp     [eax+4000E8h], ecx
24       setnz   cl
25       mov     [ebp+var_1C], ecx
26       jmp     short loc_40109A
27
28
```

```
29  loc_401096:      ; CODE XREF: ___tmainCRTStartup+18
30                   ; ___tmainCRTStartup+29 ...
31      and     [ebp+var_1C], 0
32
33  loc_40109A:      ; CODE XREF: ___tmainCRTStartup+50
34      push    1
35      call    __heap_init
36      pop     ecx
37      test    eax, eax
38      jnz     short loc_4010AE
39      push    1Ch
40      call    _fast_error_exit
41      pop     ecx
42
43  loc_4010AE:      ; CODE XREF: ___tmainCRTStartup+60
44      call    __mtinit
45      test    eax, eax
46      jnz     short loc_4010BF
47      push    10h
48      call    _fast_error_exit
49      pop     ecx
50
51  loc_4010BF:      ; CODE XREF: ___tmainCRTStartup+71
52      call    sub_401F2B
53      and     [ebp+ms_exc.disabled], 0
54      call    __ioinit
55      test    eax, eax
56      jge     short loc_4010D9
57      push    1Bh
58      call    __amsg_exit
59      pop     ecx
60
61  loc_4010D9:      ; CODE XREF: ___tmainCRTStartup+8B
62      call    ds:GetCommandLineA
63      mov     dword_40B7F8, eax
64      call    ___crtGetEnvironmentStringsA
65      mov     dword_40AC60, eax
66      call    __setargv
67      test    eax, eax
68      jge     short loc_4010FF
69      push    8
70      call    __amsg_exit
71      pop     ecx
72
73  loc_4010FF:      ; CODE XREF: ___tmainCRTStartup+B1
74      call    __setenvp
75      test    eax, eax
```

```
76      jge     short loc_401110
77      push    9
78      call    __amsg_exit
79      pop     ecx
80
81  loc_401110:       ; CODE XREF: ___tmainCRTStartup+C2
82      push    1
83      call    __cinit
84      pop     ecx
85      test    eax, eax
86      jz      short loc_401123
87      push    eax
88      call    __amsg_exit
89      pop     ecx
90
91  loc_401123:       ; CODE XREF: ___tmainCRTStartup+D6
92      mov     eax, envp
93      mov     dword_40AC80, eax
94      push    eax ; envp
95      push    argv ; argv
96      push    argc ; argc
97      call    _main
98      add     esp, 0Ch
99      mov     [ebp+var_20], eax
100     cmp     [ebp+var_1C], 0
101     jnz     short $LN28
102     push    eax     ; uExitCode
103     call    $LN32
104
105 $LN28:            ; CODE XREF: ___tmainCRTStartup+105
106     call    __cexit
107     jmp     short loc_401186
108
109
110 $LN27:            ; DATA XREF: .rdata:stru_4092D0
111     mov     eax, [ebp+ms_exc.exc_ptr] ; Exception filter 0 for function 401044
112     mov     ecx, [eax]
113     mov     ecx, [ecx]
114     mov     [ebp+var_24], ecx
115     push    eax
116     push    ecx
117     call    __XcptFilter
118     pop     ecx
119     pop     ecx
120
121 $LN24:
122     retn
```

```
123
124
125 $LN14:           ; DATA XREF: .rdata:stru_4092D0
126     mov     esp, [ebp+ms_exc.old_esp]  ; Exception handler 0 for function 401044
127     mov     eax, [ebp+var_24]
128     mov     [ebp+var_20], eax
129     cmp     [ebp+var_1C], 0
130     jnz     short $LN29
131     push    eax ; int
132     call    __exit
133
134
135 $LN29:           ; CODE XREF: ___tmainCRTStartup+135
136     call    __c_exit
137
138 loc_401186:      ; CODE XREF: ___tmainCRTStartup+112
139     mov     [ebp+ms_exc.disabled], 0FFFFFFFEh
140     mov     eax, [ebp+var_20]
141     call    __SEH_epilog4
142     retn
```

이 코드에서는 GetCommandLineA()(62번째 줄)를 호출하고 setargv()(66번째 줄)와 setenvp()(74번째 줄)를 호출하고 있다. 세 함수는 전역 변수 argc, argv, envp를 준비하는 함수다.

끝으로 97번째 줄에서 준비한 인자와 함께 main()을 호출한다.

이 밖에도 이름만 보면 역할을 쉽게 알 수 있는 heap_init()(35번째 줄), ioinit()(54번째 줄) 등의 함수도 호출한다.

힙heap은 실제로 CRT에서 초기화된다. 따라서 CRT 없이 malloc()을 사용하면 프로그램이 다음과 같은 에러를 발생하며 비정상 종료될 것이다.

```
runtime error R6030
- CRT not initialized
```

C++의 전역 객체 초기화도 main() 실행 이전에 CRT에서 수행된다(3.18.4절).

main()이 리턴하는 값은 cexit()나 doexit()를 호출하는 $LN32로 전달된다.

CRT를 제거할 수 있을까? 원한다면 할 수 있다.

MSVC의 링커는 실행 시작 지점을 지정하는 **/ENTRY** 옵션을 지원한다.

```
#include <windows.h>
int main()
{
    MessageBox (NULL, "hello, world", "caption", MB_OK);
};
```

MSVC 2008로 컴파일해보자.

```
cl no_crt.c user32.lib /link /entry:main
```

실행할 수 있는 2560바이트 크기의 .exe 파일이 생성된다. 이 파일에는 PE^{Portable} ^{Executable} 헤더도 있고 **MessageBox**를 호출하는 명령어도 존재한다. 또한 데이터 세그먼트에는 두 개의 문자열이 들어있고, **MessageBox** 함수는 user32.dll에서 임포트한다. 이게 전부다.

이 프로그램은 제대로 동작하지만 이 코드에서 **main()** 대신 네 개의 인자를 취하는 **WinMain**을 사용할 수는 없다.

정확히 말하자면 그런 코드를 작성할 수는 있지만 실행 시점에 **WinMain**에 전달되는 인자가 준비되지 않는다.

참고로 기본값인 4096바이트보다 작은 값으로 PE 섹션들을 정렬하면 용량이 더 작은 .exe도 생성할 수 있다.

```
cl no_crt.c user32.lib /link /entry:main /align:16
```

링커는 다음과 같은 경고를 출력한다.

```
LINK : warning LNK4108: /ALIGN specified without /DRIVER; image may not run
```

720바이트 크기의 .exe 파일을 얻을 수 있다. 윈도우 7 x86에서는 제대로 동작하지만 x64에서는 실행되지 않는다(실행하면 에러 메시지가 출력된다).

심지어 더 작은 크기의 실행 파일도 만들 수 있지만 여기서 확인할 수 있듯이 호환성

문제가 발생할 수 있다.

6.5.2 Win32 PE

PE는 윈도우에서 사용하는 실행 파일 포맷이다. .exe, .dll, .sys의 차이점을 알아보자.
우선 .exe과 .sys은 주로 익스포트 없이 임포트만 수행한다.

DLL^{Dynamic-Link Library}에도 PE 파일처럼 실행 시작점(OEP)(이 위치에 DllMain() 함수가 존재)
이 있지만 보통 이 함수는 아무것도 수행하지 않는다. .sys는 보통 장치 드라이버다.
윈도우 드라이버의 경우 PE 파일에 체크섬이 존재해야 하며, 이는 올바른 값이어야
한다.[3]

윈도우 비스타부터는 드라이버 파일에 디지털 서명도 포함시켜야 한다. 서명되지 않
은 드라이버는 로딩되지 않는다.

모든 PE 파일은 "This program cannot be run in DOS mode."라는 메시지를 출력하는
작은 도스 프로그램으로 시작한다. 이 프로그램을 도스나 윈도우 3.1(PE 포맷을 인식하
지 못하는 운영체제)에서 실행하면 이 메시지가 출력된다.

용어

- **모듈**: .exe나 .dll 등과 같은 개별 파일
- **프로세스**: 메모리에 로딩돼 실행 중인 프로그램. 보통 하나의 .exe 파일과 다
  수의 .dll 파일로 구성된다.
- **프로세스 메모리**: 프로세스가 사용하는 메모리. 프로세스마다 자신만의 고유
  한 메모리를 가진다. 프로세스 메모리에는 로딩된 모듈, 스택, 힙 등의 메모
  리 공간이 존재한다.
- **가상 주소**^{VA, Virtual Address}: 프로그램에서 실행 중에 사용하는 주소
- **베이스 주소**: 모듈을 로딩되는 프로세스 메모리 내의 주소. 모듈을 로드하려
  는 주소에 이미 다른 모듈이 로드돼 있다면 OS 로더는 다른 주소에 모듈을
  로드한다.

---

3. Hiew(7.1절)로 체크섬을 계산할 수 있다.

- 상대 가상 주소[RVA, Relative Virtual Address]: VA 주소에서 베이스 주소를 뺀 값. PE 파일 테이블의 주소 중 다수가 RVA 주소를 사용한다.
- 임포트 주소 테이블[IAT, Import Address Table]: 임포트한 심볼의 주소 배열.[4] IMAGE_DIRECTORY_ENTRY_IAT 데이터 디렉터리가 IAT를 직접 가리키는 경우도 있다. 흥미롭게도 IDA(6.1 버전 기준)는 IAT가 다른 섹션의 일부라 하더라도 IAT를 위한 가상 섹션 .idata를 할당하기도 한다.
- 임포트 네임 테이블[INT, Import Name Table]: 임포트한 심볼 이름을 담고 있는 배열[5]

베이스 주소

다수의 모듈 개발자가 다양한 목적의 DLL 파일을 만드는데, 이들이 모두 어떤 모듈을 어느 주소에 할당할지 합의하는 건 절대로 불가능하다.

프로세스가 반드시 로딩해야 하는 두 개의 DLL이 동일한 베이스 주소를 가진다면 하나는 해당 베이스 주소에 그대로 로딩되지만, 나머지는 프로세스 메모리의 다른 여유 공간에 로딩된다. 이때 두 번째 DLL의 가상 주소는 모두 수정된다.

MSVC 링커는 주로 베이스 주소가 0x400000이며 코드 섹션의 주소가 0x401000[6]인 .exe 파일을 생성한다. 이는 코드 섹션의 RVA가 0x1000에서 시작한다는 의미다. MSVC의 링커가 만드는 DLL은 주로 0x10000000을 베이스 주소로 가진다.[7]

모듈을 로드하는 주소가 변경되는 또 다른 이유로는 ASLR이 있다.[8]

공격 대상 시스템에서 실행되는 셸코드의 경우에는 시스템 함수를 호출해야 하기 때문에 베이스 주소를 알아야 한다.

예전 운영체제(윈도우 NT 계열에서 윈도우 비스타 이전)에서는 시스템 DLL(kernel32.dll, user32.dll 등)이 항상 동일한 주소에 로딩됐으며, 운영체제 버전이 거의 바뀌지 않았기 때문에 함수 주소가 고정돼 셸코드가 이를 바로 호출할 수 있었다.

---

4. 맷 패트릭의 『An In-Depth Look into the Win32 Portable Executable File Format』(2002)
5. 맷 패트릭의 『An In-Depth Look into the Win32 Portable Executable File Format』(2002)
6. 베이스 주소 선택은 https://docs.microsoft.com/ko-kr/archive/blogs/에서 확인할 수 있다.
7. 맷 패트릭의 『An In-Depth Look into the Win32 Portable Executable File Format』(2002)
8. /BASE 링커 옵션으로 변경할 수 있다.

이를 방지하는 차원에서 ASLR이 도입됐고 ASLR이 적용되면 프로그램과 그것이 필요로 하는 모든 모듈은 무작위 베이스 주소에 로딩되며, 프로그램이 실행될 때마다 변경된다.

ASLR 지원 여부는 PE 파일의 플래그 `IMAGE_DLL_CHARACTERISTICS_DYNAMIC_BASE`를 보고 판단할 수 있다(마크 러시노비치의 『Microsoft Windows Internals』를 참고).

서브시스템

서브시스템[Subsystem] 필드는 주로 다음 중 하나를 의미한다.

- 네이티브(.sys 드라이버)[9]
- 콘솔(콘솔 애플리케이션)
- GUI(비콘솔)

OS 버전

PE 파일은 자신을 로딩할 수 있는 최소 윈도우 버전도 명시한다.

PE 파일에 저장된 버전 번호와 그에 해당하는 윈도우 코드명을 담은 테이블은 https://en.wikipedia.org/wiki/Windows_NT#Releases에서 찾아볼 수 있다.

예를 들어 MSVC 2005는 윈도우 NT4(버전 4.00)에서 실행되는 .exe 파일을 컴파일하지만 MSVC 2008은 버전 5.00(최소 윈도우 2000이 필요)의 .exe 파일을 생성한다.

MSVC 2012는 기본적으로 버전 6.00의 .exe 파일을 생성하며, 최소한 윈도우 비스타를 요구한다. 하지만 컴파일러 옵션(http://blogs.msdn.com/b/vcblog/archive/2012/10/08/10357555.aspx를 참고)을 변경하면 윈도우 XP용 파일을 생성할 수도 있다.

섹션

PE 파일은 여러 개의 섹션으로 구성된다. 즉, 코드와 데이터, 데이터와 상수 데이터를 섹션으로 구분한다.

---

9. Win32 대신 네이티브 API를 이용하는 모듈을 의미

- 코드 섹션에 IMAGE_SCN_CNT_CODE 또는 IMAGE_SCN_MEM_EXECUTE 플래그가 있으면 실행 코드다.
- 데이터 섹션에는 IMAGE_SCN_CNT_INITIALIZED_DATA, IMAGE_SCN_MEM_READ, IMAGE_SCN_MEM_WRITE 플래그가 설정된다.
- 초기화되지 않은 데이터가 위치하는 빈 섹션에는 IMAGE_SCN_CNT_UNINITIALIZED_DATA, IMAGE_SCN_MEM_READ, IMAGE_SCN_MEM_WRITE 플래그가 설정된다.
- 상수 데이터 섹션, 다시 말해 쓰기가 금지된 데이터 섹션에는 IMAGE_SCN_CNT_INITIALIZED_DATA와 IMAGE_SCN_MEM_READ 플래그가 설정될 수 있다. IMAGE_SCN_MEM_WRITE 플래그는 없으며, 이 섹션에 쓰기를 시도하는 프로세스는 비정상 종료된다.

PE 파일의 섹션은 이름을 가질 수 있지만 이름이 그다지 중요하진 않다. 주로(항상 그런 것은 아니다) 코드 섹션은 **.text**, 데이터 섹션은 **.data**, 상수 데이터 섹션은 **.rdata**(읽기 가능 데이터)라는 이름을 가진다. 이 밖에 자주 쓰이는 섹션 이름은 다음과 같다.

- **.idata**: 임포트 섹션. IDA가 이 이름의 의사^{pseudo} 섹션을 생성할 수도 있다 (6.5.2절).
- **.edata**: 익스포트 섹션(드물다)
- **.pdata**: MIPS, IA64, x64용 윈도우 NT의 예외 정보를 모두 담고 있는 섹션 (6.5.3절)
- **.reloc**: 재배치 섹션
- **.bss**: 초기화되지 않은 데이터(BSS)
- **.tls**: 스레드 지역 스토리지(TLS)
- **.rsrc**: 리소스
- **.CRT**: 오래된 MSVC 버전으로 컴파일한 바이너리 파일에 존재할 수 있는 섹션. PE 파일 패커/암호화 툴은 경우에 따라 섹션명을 알아볼 수 없게 변경하거나 자신만의 이름으로 대체한다.

MSVC에서는 임의로 명명한 섹션에 데이터를 저장할 수 있다(https://docs.microsoft.

com/en-us/previous-versions/windows/desktop/cc307397(v=msdn.10)?redirectedfrom=
MSDN).

일부 컴파일러와 링커(예, MinGW)는 디버깅 심볼 등의 디버깅 정보를 담은 섹션을 추
가하기도 한다. 하지만 최신 버전의 MSVC에서는 별도의 PDB 파일을 사용한다.

PE 파일에 있는 PE 섹션은 다음과 같이 정의된다.

```c
typedef struct _IMAGE_SECTION_HEADER {
    BYTE Name[IMAGE_SIZEOF_SHORT_NAME];
    union {
        DWORD PhysicalAddress;
        DWORD VirtualSize;
    } Misc;
    DWORD VirtualAddress;
    DWORD SizeOfRawData;
    DWORD PointerToRawData;
    DWORD PointerToRelocations;
    DWORD PointerToLinenumbers;
    WORD NumberOfRelocations;
    WORD NumberOfLinenumbers;
    DWORD Characteristics;
} IMAGE_SECTION_HEADER, *PIMAGE_SECTION_HEADER;
```

(https://docs.microsoft.com/ko-kr/windows/win32/api/winnt/ns-winnt-image_section_
header?redirectedfrom=MSDN)

용어 설명: Hiew에서는 PointerToRawData를 '오프셋', VirtualAddress를 'RVA'로 표
기한다.

데이터 섹션

파일에 있는 데이터 섹션은 메모리에서 좀 더 작을 수 있다. 예를 들면 어떤 변수는 초
기화될 수 있고, 어떤 변수는 그렇지 않다. 그리고 컴파일러와 링커는 그것들을 모두
하나의 섹션으로 모으며, 초기화된 것을 앞부분에 위치시킨다. 그런데 초기화되지 않
는 것은 파일에 할당하지 않는다. 물론 이는 파일의 크기를 작게 만들기 위한 것이다.
VirtualSize는 메모리상에 있는 섹션의 크기를 나타내지만 SizeOfRawData는 파일에
있는 섹션의 크기를 나타낸다.

IDA는 초기화된 것과 그렇지 않은 것을 다음과 같이 구분해 보여준다.

```
...
.data:10017FFA                db       0
.data:10017FFB                db       0
.data:10017FFC                db       0
.data:10017FFD                db       0
.data:10017FFE                db       0
.data:10017FFF                db       0
.data:10018000                db       ? ;
.data:10018001                db       ? ;
.data:10018002                db       ? ;
.data:10018003                db       ? ;
.data:10018004                db       ? ;
.data:10018005                db       ? ;
...
```

재배치(relocs)

FIXUP이라고도 한다(최소한 Hiew에서는 이 용어를 사용한다). 이 역시 거의 모든 실행 파일 포맷에 존재한다(심지어 MS-DOS의 .exe 파일에도 있다).

재배치 섹션은 왜 있는 것일까?

모듈은 당연히 다양한 베이스 주소에 로딩될 수 있어야 하지만, 이 경우 전역 변수 같은 건 어떻게 처리해야 할까? 전역 변수는 주소를 이용해 접근해야 한다. 위치 독립적 코드^{PIC}(6.4.1절)가 그 해결책이 될 수 있지만 항상 좋은 방법은 아니다.

이 때문에 재배치 테이블이 존재하는 것이다. 재배치 테이블에는 다른 베이스 주소에 로딩될 때 수정해야 할 것들의 주소가 저장된다.

예를 들어 주소 0x410000에 전역 변수가 있고 다음과 같은 코드가 이에 접근한다고 가정해보자.

```
A1 00 00 41 00       mov       eax,[000410000]
```

모듈의 베이스 주소는 0x400000이므로 전역 변수의 RVA는 0x10000이다.

모듈이 베이스 주소 0x500000에 로딩되면 전역 변수의 실제 주소는 0x510000이 된다.

코드에서 볼 수 있듯이 변수의 주소는 MOV 명령어의 0xA1 바이트 다음에 인코딩돼 있다.

결과적으로 0xA1 이후의 4바이트 주소 값이 재배치 테이블에 기록된다.

모듈이 다른 베이스 주소에 로딩되면 OS 로더는 재배치 테이블에 저장된 모든 32비트 주소 값에서 원본 베이스 주소를 빼고(여기서 RVA가 나옴) 새로운 베이스 주소를 더한다.

모듈이 원본 베이스 주소에 로딩될 때는 어떤 재배치도 수행되지 않는다.

모든 전역 변수는 이렇게 처리한다.

다양한 재배치 타입이 존재하지만 x86 프로세서용 윈도우에서는 보통 IMAGE_REL_BASED_HIGHLOW 타입이 이용된다.

참고로 Hiew에서는 재배치 주소를 어둡게 표시한다(그림 1.21).

OllyDbg는 재배치가 적용될 위치의 메모리를 밑줄로 표시한다(그림 1.52).

익스포트와 임포트

알다시피 모든 실행 가능 프로그램은 어떤 형태로든 OS 서비스와 기타 DLL 라이브러리를 이용해야 한다.

사용되는 모듈(보통 DLL)의 함수는 다른 모듈(.exe 파일 또는 DLL)에서 자신을 호출하는 지점과 어떻게든 연결돼 있어야 한다.

DLL의 '익스포트^{export}'가 이런 목적의 테이블이다. 익스포트 섹션에는 모듈 내 함수와 그 주소가 저장된다.

모든 .exe 파일이나 DLL은 '임포트^{import}' 테이블을 갖고 있으며, 실행 시 필요한 함수와 DLL 파일명으로 구성된다.

OS 로더는 .exe 파일을 로딩한 다음 임포트 테이블을 처리한다. 추가로 DLL 파일을 로딩하고 DLL 익스포트에서 함수명을 찾은 후 해당 주소를 주 .exe 모듈의 IAT에 기록한다.

로더는 프로그램을 로딩하는 동안 수많은 함수명을 비교해야 하는데, 문자열 비교는 그다지 빠른 연산이 아니기 때문에 익스포트 테이블에는 함수명 대신 테이블에 저장된 함수의 번호인 '오디널^{ordinal}('힌트'라고 이해할 수 있음)'을 저장한다.

이 번호를 이용하면 DLL 로딩 시 익스포트 함수를 좀 더 빠르게 찾을 수 있다. 오디널은 항상 '익스포트' 테이블에 존재한다.

예를 들어 MFC^{Microsoft Foundation Classes} 라이브러리를 사용하는 프로그램은 보통 mfc*.dll 파일을 로딩하며, 그런 프로그램의 INT^{Import Name Table}에는 MFC 함수명이 존재하지 않는다.

따라서 IDA에서 그런 프로그램을 로딩할 때는 함수명을 알아내고자 mfc*.dll 파일의 경로를 묻는다.

해당 DLL의 경로를 지정하지 않으면 mfc80_123 같은 이름으로 실제 함수명을 대체한다.

임포트 섹션

종종 임포트 테이블과 이에 관련된 정보를 모두 (.idata 같은 이름을 사용하는) 별도의 섹션에 할당하기도 하지만 반드시 따라야 하는 규칙은 아니다.

임포트 역시 용어적 혼란 때문에 상당히 다루기 까다로운 주제다. 모든 정보를 한곳에 모아 살펴보자.

메인 구조체는 IMAGE_IMPORT_DESCRIPTOR 배열이며, 배열의 각 항목에는 임포트할 DLL 관련 정보가 들어있다. 즉, 텍스트 문자열(DLL 이름)(Name)의 RVA 주소가 저장된다.

OriginalFirstThunk는 INT 테이블의 RVA 주소다. INT는 RVA 주소 배열로, 각 항목은 함수명에 해당하는 텍스트 문자열을 가리킨다. 이 문자열 앞에는 16비트 정수('힌트'), 즉 함수의 '오디날'이 위치한다.

DLL 로딩 중 오디날로 함수를 찾을 수 있으면 문자열 비교는 수행하지 않는다. 배열의 마지막 항목은 0이다. FirstThunk라는 이름의 IAT 테이블을 가리키는 포인터도 존재하는데, 이는 로더가 리졸빙^{resolve}된 함수의 주소를 기록하는 위치의 RVA 주소다.

이렇게 로더가 기록하는 주소 지점을 IDA는 __imp_CreateFileA 등으로 나타낸다.

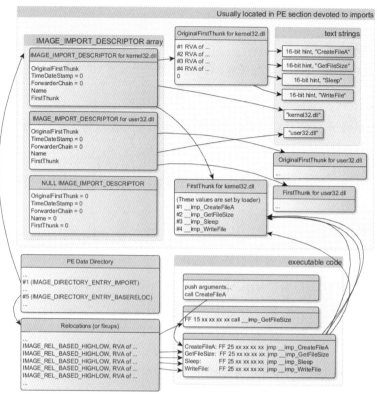

그림 6.1: 임포트와 관련된 모든 PE 파일 구조체를 표현한 그림

최소한 다음과 같은 두 가지 방법으로 로더가 기록한 주소를 사용할 수 있다.

- 코드에서 call __imp_CreateFileA 같은 명령어를 사용한다. 임포트한 함수의 주소가 담긴 필드는 일종의 전역 변수이기 때문에 모듈이 다른 베이스 주소에 로딩될 때를 대비해 call 명령어의 주소(call 명령어의 주소+1, 또는 2)가 재배치 테이블에 추가된다.

  하지만 이 방법을 사용하면 재배치 테이블의 크기가 매우 커진다. 모듈에서 임포트 함수를 굉장히 많이 호출할 수 있기 때문이다. 더욱이 재배치 테이블의 크기가 커지면 모듈 로딩 속도가 느려진다.

- 임포트하는 함수마다 JMP 명령어와 해당 명령어로의 재배치를 결합한 형태의 하나의 점프만 할당할 수도 있다. 그런 위치를 '썽크thunk'라고 부른다. 임포트한 함수를 호출하는 것을 단순히 해당 '썽크'에 대한 CALL 명령어로 구

현한다. 이런 CALL 명령어는 상대 주소를 사용하기 때문에 수정할 필요가 없고 결과적으로 추가적인 재배치가 필요치 않다.

두 가지 방법을 함께 사용할 수도 있다.

링커는 기본적으로는 '썽크'를 생성하지 않으며, 특정 함수가 지나치게 많이 호출될 때만 개별적인 '썽크'를 생성한다.

그런데 FirstThunk가 가리키는 함수 주소의 배열은 IAT 섹션에 위치하지 않아도 된다. 예를 들어 필자는 기존 .exe 파일에 임포트를 추가하는 유틸리티인 PE_add_import(https://yurichev.com/PE_add_imports.html)를 작성한 적이 있다. 이 유틸리티의 초기 버전에서는 다른 DLL로의 호출로 대치하고자 하는 함수의 위치에 다음 코드를 기록했다.

```
MOV     EAX, [yourdll.dll!function]
JMP     EAX
```

FirstThunk는 첫 번째 명령어를 가리킨다. 다시 말해 로더는 yourdll.dll을 로딩할 때 function 함수의 주소를 코드에 바로 기록한다.

코드 섹션은 보통 쓰기 보호 영역이므로 이 유틸리티는 코드 섹션에 IMAGE_SCN_MEM_WRITE 플래그도 추가한다. 그렇지 않으면 프로그램은 로딩 시 에러 코드 5(접근 금지)로 비정상 종료된다.

변경될 리 없는 DLL 파일의 목록(모든 DLL 함수의 주소도 포함해서)을 프로그램에 지정하면 로딩 속도를 향상시킬 수 있지 않느냐고 물을 수도 있다.

맞는 말이다. 임포트할 함수의 주소를 FirstThunk 배열에 미리 기록할 수도 있다. Timestamp 필드가 IMAGE_IMPORT_DESCRIPTOR 구조체에 있다.

Timestamp 값이 존재하면 로더는 DLL 파일의 날짜-시간과 Timestamp 값을 비교한다. 두 값이 일치하면 로더는 아무 작업도 수행하지 않으며 로딩 과정은 빨라질 수 있다. 이를 '구식 바인딩'[10]이라고 하며, 윈도우 SDK는 이를 위한 BIND.EXE 유틸리티를 제공한다. 매트 피트렉(『An In-Depth Look into the Win32 Portable Executable File Format』

---

10. http://blogs.msdn.com/b/oldnewthing/archive/2010/03/18/9980802.aspx. '신식 바인딩'도 있다.

(2002), https://docs.microsoft.com/en-us/previous-versions/bb985992(v=msdn.10)?redirectedfrom
=MSDN)은 사용자 컴퓨터에서 프로그램 설치 직후에 바인딩을 수행하면 프로그램 로
딩 속도를 향상시킬 수 있다고 제안한다.

PE 파일 패커/암호화 툴은 임포트 테이블을 압축/암호화하기도 한다.

이 경우 윈도우 로더는 필요한 DLL을 모두 로딩하지 않는다.

따라서 패커/암호화 툴은 LoadLibrary()와 GetProcAddress() 함수를 이용해 직접 필
요한 DLL을 로딩해야 한다.

이 때문에 패킹된 파일의 IAT에는 두 함수가 존재하게 된다.

윈도우 설치 시 제공되는 표준 DLL에서는 종종 PE 파일의 시작 부분에 IAT가 위치한
다. 최적화 기법의 하나로 보인다.

로더는 .exe 파일을 로딩할 때 파일을 한 번에 메모리에 로딩하지 않고(말도 안 되게 빨
리 시작되는 대용량 설치 프로그램을 떠올려 보자) '매핑'한다. 그리고 접근할 때마다 필요
한 부분을 메모리에 로딩한다. 마이크로소프트 개발자들은 이런 방법이 더 빠르다고
판단한 것으로 보인다.

리소스

PE 파일의 리소스는 아이콘, 그림, 텍스트 문자열, 대화상자 설명 등을 모아 놓은 섹션
이다.

리소스를 주 코드와 분리함으로써 다국어를 쉽게 지원할 수 있다. 현재 운영체제의 언
어에 해당하는 텍스트나 그림을 좀 더 간단한 방법으로 선택할 수 있기 때문이다.

하지만 리소스를 쉽게 수정한 후 실행 파일에 다시 저장할 수 있다는 부작용도 있다.
특별한 지식 없이도 ResHack 에디터(6.5.2절)와 같은 툴을 이용하면 리소스 섹션을 쉽
게 수정할 수 있다.

.NET

.NET 프로그램은 기계 코드가 아니라 특수한 바이트코드로 컴파일된다. 엄격히 말해

.exe 파일에 일반적인 x86 코드 대신 바이트코드가 위치하지만 실행 시작점(OEP)은
다음과 같은 매우 간단한 x86 코드를 가리킨다.

```
jmp          mscoree.dll!_CorExeMain
```

윈도우 XP 이전의 운영체제에서는 mscoree.dll에 위치한 .NET 로더가 PE 파일을 처리
했지만, XP부터는 OS 로더가 .NET 파일을 인식해 JMP 명령어를 실행하지 않고 .NET
파일을 실행한다(https://docs.microsoft.com/en-us/dotnet/framework/unmanaged-api/
hosting/corexemain-function?redirectedfrom=MSDN).

TLS

(필요하다면) TLS 섹션에는 초기화된 데이터가 저장된다(6.2절). 새로운 스레드가 생성
되면 이 섹션의 데이터를 이용해 스레드의 TLS 데이터가 초기화된다.

이와는 별개지만 PE 파일 명세에는 TLS 섹션 초기화, 즉 TLS 콜백에 관한 내용도 있다.

TLS 콜백이 있으면 실행 시작점(OEP)으로 제어를 전달하기 전에 TLS 콜백이 먼저 호
출되기 때문에 PE 파일 패커/암호화 툴에서 자주 사용한다.

도구

- **objdump(cygwin을 통해 설치 가능)**: 모든 PE 파일 구조를 덤프할 수 있다.
- **Hiew(7.1절)**: 에디터로 활용 가능
- **pefile**: PE 파일 처리용 파이썬 라이브러리(https://github.com/erocarrera/pefile)
- **ResHack(Resource Hacker라고도 함)**: 리소스 에디터(https://github.com/
  erocarrera/pefile)
- **PE_add_import**: PE 실행 파일의 임포트 테이블에 심볼을 추가할 수 있는 간
  단한 도구(https://yurichev.com/PE_add_imports.html)
- **PE_patcher**: PE 실행 파일을 패치할 수 있는 간단한 도구(https://yurichev.com/
  PE_patcher.html)
- **PE_search_str_refs**: PE 실행 파일에서 특정 텍스트 문자열을 사용하는 함수

를 검색할 수 있는 간단한 도구(https://yurichev.com/PE_search_str_refs.html)

추가 자료

- 다니엘 피스텔리의 『NET File Format』(http://www.codeproject.com/Articles/12585/The-NET-File-Format)

6.5.3 윈도우 SEH

MSVS는 잠시 잊자.

윈도우의 SEH^{Structured Exception Handling}는 예외 처리를 목적으로 도입됐으며, 프로그래밍 언어와 무관한 기능으로 C++나 OOP와는 전혀 관계가 없다.

여기서는 SEH를 (C++와 MSVC 확장과는 다른) 개별적인 형태로 다룰 것이다.

실행 중인 프로세스는 SEH 핸들러 체인을 가지며, 프로세스의 TIB는 가장 최근에 정의된 SEH 핸들러의 주소를 갖고 있다.

운영체제는 예외가 발생하면(0으로 나누기, 잘못된 주소 접근, RaiseException() 함수의 호출로 인한 사용자 예외 등) TIB에서 마지막 핸들러를 찾아 발생한 예외의 종류와 예외 발생 시점의 모든 CPU 상태 정보(레지스터 값 등)와 함께 SEH 핸들러를 호출한다. 그러면 예외 핸들러는 자신이 처리해야 하는 예외인지 판단한 다음, 맞으면 예외를 처리한다.

자신이 처리해야 하는 예외가 아니라고 판단된 경우에는 해당 예외를 처리할 수 없다는 신호를 운영체제에 전달하며, 운영체제는 해당 예외를 처리할 수 있는 핸들러가 나올 때까지 예외 핸들러 체인에 있는 다음 예외 핸들러를 호출한다.

예외 핸들러 체인의 마지막에는 표준 핸들러가 위치하는데, 그것은 예외가 발생했을 때 우리가 자주 보게 되는 대화상자, 즉 프로세스 크래시 정보와 예외 발생 시점의 CPU 상태에 대한 기술적인 정보를 보여주며 마이크로소프트 개발자에게 해당 정보를 전송할 것인지를 묻는 대화상자를 출력한다.

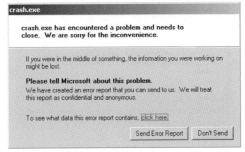

그림 6.2: 윈도우 XP

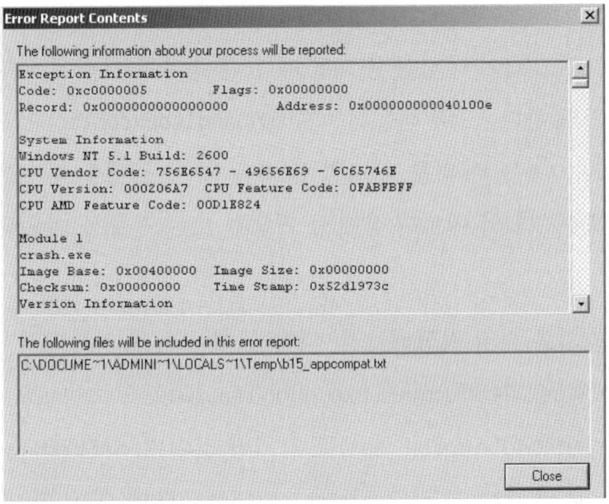

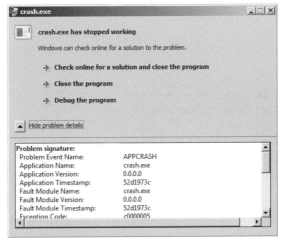

그림 6.3: 윈도우 XP

그림 6.4: 윈도우 7

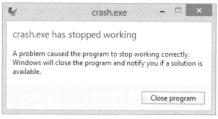

그림 6.5: 윈도우 8.1

예전에는 이런 핸들러를 닥터 왓슨^{Dr. Watson}이라고 불렀다(https://en.wikipedia.org/wiki/Dr._Watson_(debugger)).

일부 개발자는 프로그램이 비정상 종료될 때 관련 정보를 자신에게 전송하는 핸들러를 직접 구현하기도 한다. 그런 핸들러는 SetUnhandledExceptionFilter()를 이용해 등록할 수 있으며, OS가 예외를 처리할 방법을 찾지 못했을 때 호출된다. 오라클 RDBMS의 경우에는 CPU와 메모리 상태 등 가능한 모든 정보를 대용량의 덤프 파일로 저장한다.

간단한 예외 처리기를 직접 작성해보자. 다음 예제는 매트 피트렉의 『A Crash Course on the Depths of Win32TM Structured Exception Handling』(1997)(https://www.microsoft.com/msj/0197/Exception/Exception.aspx)를 참고한 것이며, SAFESEH 옵션을 이용해 컴파일해야 한다(cl seh1.cpp /link /safeseh:no). SAFESEH에 대한 좀 더 자세한 정보는 MSDN을 참고하기 바란다.

```c
#include <windows.h>
#include <stdio.h>

DWORD new_value=1234;

EXCEPTION_DISPOSITION __cdecl except_handler(
    struct _EXCEPTION_RECORD *ExceptionRecord,
    void * EstablisherFrame,
    struct _CONTEXT *ContextRecord,
    void * DispatcherContext )
{
    unsigned i;

    printf ("%s\n", __FUNCTION__);
    printf ("ExceptionRecord->ExceptionCode=0x%p\n", ExceptionRecord->ExceptionCode);
    printf ("ExceptionRecord->ExceptionFlags=0x%p\n", ExceptionRecord->ExceptionFlags);
```

```c
    printf ("ExceptionRecord->ExceptionAddress=0x%p\n", ExceptionRecord->ExceptionAddress);

    if (ExceptionRecord->ExceptionCode==0xE1223344)
    {
        printf ("That's for us\n");
        // 예외를 처리했다.
        return ExceptionContinueExecution;
    }
    else if (ExceptionRecord->ExceptionCode==EXCEPTION_ACCESS_VIOLATION)
    {
        printf ("ContextRecord->Eax=0x%08X\n", ContextRecord->Eax);
        // 예외를 수정할 수 있는가?
        printf ("Trying to fix wrong pointer address\n");
        ContextRecord->Eax=(DWORD)&new_value;
        // 예외를 처리했다.
        return ExceptionContinueExecution;
    }
    else
    {
        printf ("We do not handle this\n");
        // 다른 문제
        return ExceptionContinueSearch;
    };
}

int main()
{
    DWORD handler = (DWORD)except_handler; // 핸들러에 대한 포인터를 가져온다.

    // 예외 핸들러 설치
    __asm
    {                        // EXCEPTION_REGISTRATION 레코드 생성
        push handler    // 핸들러 함수의 주소
        push FS:[0]     // 이전 핸들러의 주소
        mov FS:[0],ESP // 새로운 EXECEPTION_REGISTRATION 추가
    }

    RaiseException (0xE1223344, 0, 0, NULL);

    // 잘못된 연산을 수행해보자.
    int* ptr=NULL;
    int val=0;
    val=*ptr;
    printf ("val=%d\n", val);

    // 예외 핸들러 제거
    __asm
    {                        // EXECEPTION_REGISTRATION 레코드 제거
        mov eax,[ESP]   // 이전 레코드의 포인터
        mov FS:[0], EAX // 이전 레코드를 설치
```

```
        add esp, 8  // 스택에서 EXCEPTION_REGISTRATION 제거
    }

    return 0;
}
```

Win32에서 FS: 세그먼트 레지스터는 TIB를 가리킨다.

TIB의 첫 번째 항목은 체인의 마지막에 위치한 핸들러의 포인터다. 예제 코드에서는
이를 스택에 저장한 다음 설치할 핸들러의 주소를 해당 위치에 저장한다. 코드에서 사
용하는 구조체의 이름은 _EXCEPTION_REGISTRATION으로 매우 간단한 단일 링크드 리
스트다. 리스트의 항목은 스택에 저장된다.

리스트 6.22: MSVC/VC/crt/src/exsup.inc

```
_EXCEPTION_REGISTRATION struc
    prev        dd      ?
    handler     dd      ?
_EXCEPTION_REGISTRATION ends
```

handler 필드는 핸들러를 가리키며, prev 필드는 예외 핸들러 체인에 있는 이전 레코
드를 가리킨다. 마지막 레코드의 prev 필드 값은 0xFFFFFFFF(-1)다.

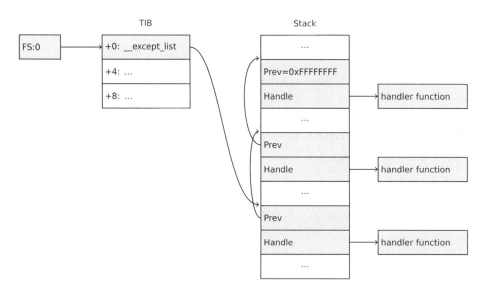

핸들러를 설치한 다음 RaiseException()(https://docs.microsoft.com/ko-kr/windows/win32/api/errhandlingapi/nf-errhandlingapi-raiseexception?redirectedfrom=MSDN)을 호출한다. 이는 사용자 예외로서 핸들러는 예외 코드를 확인한다. 예외 코드가 0xE1223344면 ExceptionContinueExecution을 리턴한다. 이는 처리기가 CPU 상태를 수정(보통 EIP/ESP 레지스터를 수정)했으므로 운영체제가 스레드 실행을 재개할 수 있다는 의미다. 예외 코드를 변경해 핸들러가 ExceptionContinueSearch를 리턴하게 하면 운영체제는 다른 처리기를 호출하지만 이 사용자 예외에 대한 정보(더 정확히는 예외 코드)를 갖고 있는 처리기가 없기 때문에 이를 처리할 수 있는 처리기를 찾을 확률은 매우 낮다. 결과적으로 프로세스 비정상 종료를 알리는 윈도우 표준 대화상자를 보게 된다.

시스템 예외와 사용자 예외의 차이를 알아보자. 우선 시스템 예외는 다음과 같다.

WinBase.h의 정의	ntstatus.h의 정의	값
XCEPTION_ACCESS_VIOLATION	STATUS_ACCESS_VIOLATION	0xC0000005
EXCEPTION_DATATYPE_MISALIGNMENT	STATUS_DATATYPE_MISALIGNMENT	0x80000002
EXCEPTION_BREAKPOINT	STATUS_BREAKPOINT	0x80000003
EXCEPTION_SINGLE_STEP	STATUS_SINGLE_STEP	0x80000004
EXCEPTION_ARRAY_BOUNDS_EXCEEDED	STATUS_ARRAY_BOUNDS_EXCEEDED	0xC000008C
EXCEPTION_FLT_DENORMAL_OPERAND	STATUS_FLOAT_DENORMAL_OPERAND	0xC000008D
EXCEPTION_FLT_DIVIDE_BY_ZERO	STATUS_FLOAT_DIVIDE_BY_ZERO	0xC000008E
EXCEPTION_FLT_INEXACT_RESULT	STATUS_FLOAT_INEXACT_RESULT	0xC000008F
EXCEPTION_FLT_INVALID_OPERATION	STATUS_FLOAT_INVALID_OPERATION	0xC0000090
EXCEPTION_FLT_OVERFLOW	STATUS_FLOAT_OVERFLOW	0xC0000091
EXCEPTION_FLT_STACK_CHECK	STATUS_FLOAT_STACK_CHECK	0xC0000092
EXCEPTION_FLT_UNDERFLOW	STATUS_FLOAT_UNDERFLOW	0xC0000093
EXCEPTION_INT_DIVIDE_BY_ZERO	STATUS_INTEGER_DIVIDE_BY_ZERO	0xC0000094
EXCEPTION_INT_OVERFLOW	STATUS_INTEGER_OVERFLOW	0xC0000095
EXCEPTION_PRIV_INSTRUCTION	STATUS_PRIVILEGED_INSTRUCTION	0xC0000096
EXCEPTION_IN_PAGE_ERROR	STATUS_IN_PAGE_ERROR	0xC0000006
EXCEPTION_ILLEGAL_INSTRUCTION	STATUS_ILLEGAL_INSTRUCTION	0xC000001D
EXCEPTION_NONCONTINUABLE_EXCEPTION	STATUS_NONCONTINUABLE_EXCEPTION	0xC0000025
EXCEPTION_STACK_OVERFLOW	STATUS_STACK_OVERFLOW	0xC00000FD
EXCEPTION_INVALID_DISPOSITION	STATUS_INVALID_DISPOSITION	0xC0000026
EXCEPTION_GUARD_PAGE	STATUS_GUARD_PAGE_VIOLATION	0x80000001
EXCEPTION_INVALID_HANDLE	STATUS_INVALID_HANDLE	0xC0000008

EXCEPTION_POSSIBLE_DEADLOCK	STATUS_POSSIBLE_DEADLOCK	0xC0000194
CONTROL_C_EXIT	STATUS_CONTROL_C_EXIT	0xC000013A

코드 번호는 다음과 같이 정의된다.

31	29	28	27		16	15		0
S	U	0		Facility code			Error code	

S는 기본 상태 코드로 11은 에러, 10은 경고, 01은 정보 제공, 00은 성공을 의미한다.

U는 에러 코드가 사용자 코드인지 여부를 나타낸다.

이게 바로 내가 0xE1223344를 선택한 이유다. 0xE(1110b)는 해당 예외가 1) 사용자 예외며, 2) 에러라는 것을 의미한다.

하지만 솔직히 말해 이 상위 비트를 사용하지 않아도 예제는 제대로 동작한다.

이제 코드는 0번 주소의 메모리 값을 읽는다.

물론 Win32에서는 이 주소에 어떤 값도 존재하지 않으므로 예외가 발생하며 첫 번째 핸들러, 즉 직접 구현한 핸들러가 우선 호출된다. 핸들러는 예외 코드가 EXCEPTION_ACCESS_VIOLATION과 동일한지 검사한다.

0번 주소의 메모리 값을 읽는 코드는 다음과 같다.

리스트 6.23: MSVC 2010

```
...
xor     eax, eax
mov     eax, DWORD PTR [eax]     ; 예외가 여기서 발생한다.
push    eax
push    OFFSET msg
call    _printf
add     esp, 8
...
```

에러를 '즉석'에서 수정하고 프로그램 실행이 계속 실행되게 만들 수 있을까?

가능하다. 예제의 예외 핸들러는 EAX 값을 수정해 운영체제가 해당 명령어를 다시 한 번 실행하게 할 수 있으며, 예제 코드가 바로 이 작업을 수행한다. 핸들러 실행 후 EAX 의 값은 0이 아닌 전역 변수인 new_value의 주소가 되기 때문에 printf()는 1234를 출력한다. 따라서 문제없이 실행이 재개된다.

예외 처리 시 수행되는 작업은 다음과 같다. CPU의 메모리 관리자가 에러를 알리면 CPU가 스레드를 일시 정지시키고 윈도우 커널에서 예외 핸들러를 찾는다. 커널의 예외 핸들러는 SEH 체인의 모든 핸들러를 하나씩 호출한다.

여기서는 MSVC 2010을 사용했지만 당연히 포인터를 저장하는 데 **EAX** 레지스터가 사용된다는 보장은 없다.

예제 코드의 주소 교체 트릭은 단지 SEH의 내부 구조를 설명하고자 사용한 것에 불과하다.

실제로 이 방법을 사용해 '즉석에서' 에러를 수정하는 경우를 보지 못했다.

SEH 관련 레코드를 다른 곳이 아닌 스택에 저장하는 이유는 무엇일까?

스택에 위치한 레코드는 함수 실행 종료 시 자동으로 제거되며 운영체제가 추후에 해당 정보의 메모리를 직접 해제하지 않아도 되기 때문으로 보인다.

이런 방식의 스택 사용은 alloca()(1.7.2절)와 유사하다.

MSVC의 예외 처리

추측하건대 마이크로소프트 프로그래머들은 C++가 아닌 C로 작성된 윈도우 NT 커널의 예외 핸들러를 필요로 했기 때문에 MSVC에 비표준 C 확장을 추가한 것으로 보인다 (https://docs.microsoft.com/en-us/cpp/cpp/structured-exception-handling-c-cpp? redirectedfrom=MSDN&view=vs-2019). 그것은 C++ 언어의 예외와 관련이 없다.

```
__try
{
    ...
}
__except(filter code)
{
    handler code
}
```

핸들러 코드 대신 Finally 블록을 사용할 수도 있다.

```
__try
{
    ...
}
__finally
{
    ...
}
```

필터 코드는 핸들러 코드와 발생한 예외의 대응 여부를 알 수 있는 표현식이다. 워낙 대규모의 코드라서 하나의 표현식에 담을 수 없다면 별도의 필터 함수를 정의해도 된다.

윈도우 커널에는 이런 형태의 코드가 굉장히 많다. WRK^Windows Research Kernel에서 발췌한 예를 몇 가지 살펴보자.

리스트 6.24: WRK-v1.2/base/ntos/ob/obwait.c

```
try {

    KeReleaseMutant( (PKMUTANT)SignalObject,
        MUTANT_INCREMENT,
        FALSE,
        TRUE );

} except((GetExceptionCode () == STATUS_ABANDONED ||
    GetExceptionCode () == STATUS_MUTANT_NOT_OWNED)?
    EXCEPTION_EXECUTE_HANDLER :
    EXCEPTION_CONTINUE_SEARCH) {
        Status = GetExceptionCode();

        goto WaitExit;
}
```

리스트 6.25: WRK-v1.2/base/ntos/cache/cachesub.c

```
try {

    RtlCopyBytes( (PVOID)((PCHAR)CacheBuffer + PageOffset),
        UserBuffer,
        MorePages ?
            (PAGE_SIZE - PageOffset) :
            (ReceivedLength - PageOffset) );

} except( CcCopyReadExceptionFilter( GetExceptionInformation(), &Status ) ) {
```

필터 코드의 예도 찾아볼 수 있다.

리스트 6.26: WRK-v1.2/base/ntos/cache/copysup.c

```
LONG
CcCopyReadExceptionFilter(
    IN PEXCEPTION_POINTERS ExceptionPointer,
    IN PNTSTATUS ExceptionCode
    )

/*++

Routine Description:

    This routine serves as an exception filter and has the special job of
    extracting the "real" I/O error when Mm raises STATUS_IN_PAGE_ERROR
    beneath us.

Arguments:

    ExceptionPointer - A pointer to the exception record that contains
                        the real Io Status.

    ExceptionCode - A pointer to an NTSTATUS that is to receive the real
                    status.

Return Value:

    EXCEPTION_EXECUTE_HANDLER

--*/
{
    *ExceptionCode = ExceptionPointer->ExceptionRecord->ExceptionCode;

    if ( (*ExceptionCode == STATUS_IN_PAGE_ERROR) &&
            (ExceptionPointer->ExceptionRecord->NumberParameters >= 3) ) {
        *ExceptionCode = (NTSTATUS) ExceptionPointer->ExceptionRecord->ExceptionInformation[2];
    }

    ASSERT( !NT_SUCCESS(*ExceptionCode) );

    return EXCEPTION_EXECUTE_HANDLER;
}
```

SEH는 내부적으로 운영체제가 지원하는 예외의 확장이다. 핸들러 함수가 _except_handler3(SEH3의 경우) 또는 _except_handler4(SEH4의 경우)다.

이 핸들러 코드는 MSVC와 관련된 것으로, msvcr*.dll 라이브러리에 위치한다. SEH는 MSVC에 국한된 것이라는 사실을 꼭 기억하자.

다른 Win32 컴파일러는 완전히 다른 방식의 예외 처리를 제공할 수 있다.

SEH3

SEH3의 핸들러 함수는 _except_handler3이며, _EXCEPTION_REGISTRATION 테이블에 스코프 테이블^{scope table}과 previous try level 변수에 대한 포인터를 추가해 확장한다. SEH4는 버퍼 오버플로우를 방지하기 위한 4개의 값을 추가하는 방식으로 스코프 테이블을 확장한다.

스코프 테이블은 try/except 단계별로 정의된 필터와 핸들러 코드 블록에 대한 포인터로 구성된다.

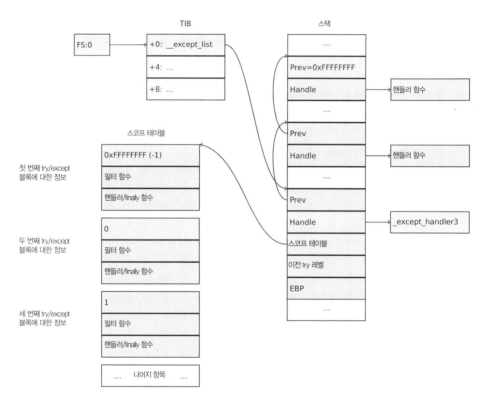

다시 한 번 강조하지만, 운영체제는 prev/handle 필드만 처리한다.

나머지 필드와 스코프 테이블을 읽고 어떤 핸들러를 언제 실행할지 판단하는 것은 _except_handler3 함수의 역할이다.

_except_handler3 함수의 소스코드는 공개돼 있지 않다.

하지만 Win32 호환성을 제공하는 Sanos OS(https://code.google.com/archive/p/sanos/source)에 동일한 함수가 구현 돼 있으며, 이는 윈도우에 있는 것과 어느 정도 동일하다.

또 다른 구현으로는 Wine(https://github.com/wine-mirror/wine/blob/master/dlls/msvcrt/except_i386.c)과 ReactOS(https://doxygen.reactos.org/d4/df2/lib_2sdk_2crt_2except_2except_8c_source.html)가 있다.

필터 포인터가 NULL인 경우에는 핸들러 포인터가 **finally** 코드 블록을 가리킨다.

실행 중에는 스택에 위치하는 이전 **try** 레벨의 값이 변경되므로 _except_handler3는 어떤 스코프 테이블을 사용할 것인지 알기 위해 현재의 상태 정보를 구한다.

SEH3: 단일 try/except 블록 예제

```c
#include <stdio.h>
#include <windows.h>
#include <excpt.h>

int main()
{
    int* p = NULL;

    __try
    {
        printf("hello #1!\n");
        *p = 13;    // 접근 위반(Access Violation) 예외를 발생시킨다.
        printf("hello #2!\n");
    }
    __except(GetExceptionCode()==EXCEPTION_ACCESS_VIOLATION ?
            EXCEPTION_EXECUTE_HANDLER : EXCEPTION_CONTINUE_SEARCH)
    {
        printf("access violation, can't recover\n");
    }
}
```

리스트 6.27: MSVC 2003

```asm
$SG74605 DB    'hello #1!', 0aH, 00H
$SG74606 DB    'hello #2!', 0aH, 00H
$SG74608 DB    'access violation, can''t recover', 0aH, 00H
_DATA ENDS

; 스코프 테이블
```

```
CONST        SEGMENT
$T74622      DD      0ffffffffH       ; previous try level
             DD      FLAT:$L74617     ; filter
             DD      FLAT:$L74618     ; handler

CONST        ENDS
_TEXT        SEGMENT
$T74621 = -32    ; 크기 = 4
_p$ = -28        ; 크기 = 4
__$SEHRec$ = -24    ; 크기 = 24
_main    PROC NEAR
    push    ebp
    mov     ebp, esp
    push    -1                               ; 이전 try 레벨
    push    OFFSET FLAT:$T74622              ; 스코프 테이블
    push    OFFSET FLAT:__except_handler3 ; 핸들러
    mov     eax, DWORD PTR fs:__except_list
    push    eax ; prev
    mov     DWORD PTR fs:__except_list, esp
    add     esp, -16
; 3개 레지스터 저장
    push    ebx
    push    esi
    push    edi
    mov     DWORD PTR __$SEHRec$[ebp], esp
    mov     DWORD PTR _p$[ebp], 0
    mov     DWORD PTR __$SEHRec$[ebp+20], 0    ; 이전 try 레벨
    push    OFFSET FLAT:$SG74605                ; 'hello #1!'
    call    _printf
    add     esp, 4
    mov     eax, DWORD PTR _p$[ebp]
    mov     DWORD PTR [eax], 13
    push    OFFSET FLAT:$SG74606                ; 'hello #2!'
    call    _printf
    add     esp, 4
    mov     DWORD PTR __$SEHRec$[ebp+20], -1   ; previous try level
    jmp     SHORT $L74616

    ; 필터 코드
$L74617:
$L74627:
    mov     ecx, DWORD PTR __$SEHRec$[ebp+4]
    mov     edx, DWORD PTR [ecx]
    mov     eax, DWORD PTR [edx]
    mov     DWORD PTR $T74621[ebp], eax
    mov     eax, DWORD PTR $T74621[ebp]
    sub     eax, -1073741819         ; c0000005H
    neg     eax
```

```
        sbb     eax, eax
        inc     eax
$L74619:
$L74626:
        ret 0

        ; 핸들러 코드
$L74618:
        mov     esp, DWORD PTR __$SEHRec$[ebp]
        push    OFFSET FLAT:$SG74608                ; 'access violation, can''t recover'
        call    _printf
        add     esp, 4
        mov     DWORD PTR __$SEHRec$[ebp+20], -1   ; 이전 try 레벨을 다시 -1로 설정
$L74616:
        xor     eax, eax
        mov     ecx, DWORD PTR __$SEHRec$[ebp+8]
        mov     DWORD PTR fs:__except_list, ecx
        pop     edi
        pop     esi
        pop     ebx
        mov     esp, ebp
        pop     ebp
        ret     0
_main   ENDP
_TEXT   ENDS
        END
```

이 코드를 보면 스택에 SEH 프레임이 생성되는 과정을 확인할 수 있다. 스코프 테이블은 CONST 세그먼트에 위치한다. 실제로 스코프 테이블의 필드는 변경되지 않는다. 흥미로운 점은 이전 try 레벨 변수가 변경되는 방식이다. 초깃값은 0xFFFFFFFF(-1)며, try문의 코드가 열리는 시점에 특정 명령어가 변수 값을 0으로 변경하고 try문이 닫힐 때 값이 다시 -1로 바꾼다.

필터와 핸들러 코드의 주소도 볼 수 있다.

결과적으로 함수 내의 try/except 블록의 구조를 쉽게 파악할 수 있다.

함수 프롤로그에서 SEH를 설정하는 코드는 다수의 함수가 공유할 수 있기 때문에 컴파일러는 경우에 따라 이를 수행하는 SEH_prolog() 함수 호출을 프롤로그에 추가하기도 한다. 그리고 SEH 해제 코드는 SEH_epilog() 함수에 구현하기도 한다.

tracer에서 예제 프로그램을 실행해보자.

```
tracer.exe -l:2.exe --dump-seh
```

리스트 6.28: tracer.exe 출력 내용

```
EXCEPTION_ACCESS_VIOLATION at 2.exe!main+0x44 (0x401054) ExceptionInformation[0]=1
EAX=0x00000000 EBX=0x7efde000 ECX=0x0040cbc8 EDX=0x0008e3c8
ESI=0x00001db1 EDI=0x00000000 EBP=0x0018feac ESP=0x0018fe80
EIP=0x00401054
FLAGS=AF IF RF
* SEH frame at 0x18fe9c prev=0x18ff78 handler=0x401204 (2.exe!_except_handler3)
SEH3 frame. previous trylevel=0
scopetable entry[0]. previous try level=-1, filter=0x401070 (2.exe!main+0x60)
handler=0x401088 (2.exe!main+0x78)
* SEH frame at 0x18ff78 prev=0x18ffc4 handler=0x401204 (2.exe!_except_handler3)
SEH3 frame. previous trylevel=0
scopetable entry[0]. previous try level=-1, filter=0x401531 (2.exe!mainCRTStartup+0x18d)
handler=0x401545 (2.exe!mainCRTStartup+0x1a1)
* SEH frame at 0x18ffc4 prev=0x18ffe4 handler=0x771f71f5 (ntdll.dll!__except_handler4)
SEH4 frame. previous trylevel=0
SEH4 header:    GSCookieOffset=0xfffffffe GSCookieXOROffset=0x0
                EHCookieOffset=0xffffffcc EHCookieXOROffset=0x0
scopetable entry[0]. previous try level=-2, filter=0x771f74d0
(ntdll.dll!___safe_se_handler_table+0x20) handler=0x771f90eb
(ntdll.dll!_TppTerminateProcess@4+0x43)
* SEH frame at 0x18ffe4 prev=0xffffffff handler=0x77247428
(ntdll.dll!_FinalExceptionHandler@16)
```

SEH 체인이 4개의 핸들러로 구성된 것을 확인할 수 있다.

처음 두 개가 예제 프로그램에 위치한다. 두 개라고? 하나만 구현하지 않았던가? 그렇다. 다른 하나는 CRT 함수 **_mainCRTStartup()**에서 설정된 것으로 FPU 예외를 처리하는 것으로 보인다. 해당 소스코드는 MSVC 설치 경로의 crt/src/winxfltr.c에서 찾아볼수 있다.

세 번째 처리기는 ntdll.dll에 존재하는 SEH4며, 네 번째 역시 ntdll.dll에 존재하지만 MSVC와는 무관한 핸들러이고 이름을 보면 그 역할을 쉽게 알아챌 수 있을 것이다.

하나의 체인에 세 가지 유형의 핸들러가 존재한다. MSVC와 아무런 관련이 없는 것 하나(마지막)와 MSVC에 관련된 두 개의 핸들러(SEH3와 SEH4)가 있다.

SEH3: 이중 try/except 블록 예제

```c
#include <stdio.h>
#include <windows.h>
#include <excpt.h>

int filter_user_exceptions (unsigned int code, struct _EXCEPTION_POINTERS *ep)
{
    printf("in filter. code=0x%08X\n", code);
    if (code == 0x112233)
    {
        printf("yes, that is our exception\n");
        return EXCEPTION_EXECUTE_HANDLER;
    }
    else
    {
        printf("not our exception\n");
        return EXCEPTION_CONTINUE_SEARCH;
    };
}
int main()
{
    int* p = NULL;
    __try
    {
        __try
        {
            printf ("hello!\n");
            RaiseException (0x112233, 0, 0, NULL);
            printf ("0x112233 raised. now let's crash\n");
            *p = 13;     // 접근(액세스) 위반 예외를 만들어낸다.
        }
        __except(GetExceptionCode()==EXCEPTION_ACCESS_VIOLATION ?
                EXCEPTION_EXECUTE_HANDLER : EXCEPTION_CONTINUE_SEARCH)
        {
            printf("access violation, can't recover\n");
        }
    }
    __except(filter_user_exceptions(GetExceptionCode(), GetExceptionInformation()))
    {
        // filter_user_exceptions() 함수가 다음의 질문에 답한다.
        // "이 예외를 현재 블록에서 처리해야 하는가?"
        // 처리해야 한다면 다음을 수행한다.
        printf("user exception caught\n");
    }
}
```

두 개의 try 블록이 존재하므로 스코프 테이블에 두 개의 항목(블록당 한 항목)이 저장된다. 이전 try 레벨은 예외 흐름이 try 블록에 진입하거나 블록에서 나갈 때마다 변경된다.

리스트 6.29: MSVC 2003

```
$SG74606 DB      'in filter. code=0x%08X', 0aH, 00H
$SG74608 DB      'yes, that is our exception', 0aH, 00H
$SG74610 DB      'not our exception', 0aH, 00H
$SG74617 DB      'hello!', 0aH, 00H
$SG74619 DB      '0x112233 raised. now let''s crash', 0aH, 00H
$SG74621 DB      'access violation, can''t recover', 0aH, 00H
$SG74623 DB      'user exception caught', 0aH, 00H

_code$ = 8   ; 크기 = 4
_ep$ = 12    ; 크기 = 4
_filter_user_exceptions PROC NEAR
    push    ebp
    mov     ebp, esp
    mov     eax, DWORD PTR _code$[ebp]
    push    eax
    push    OFFSET FLAT:$SG74606            ; 'in filter. code=0x%08X'
    call    _printf
    add     esp, 8
    cmp     DWORD PTR _code$[ebp], 1122867 ; 00112233H
    jne     SHORT $L74607
    push    OFFSET FLAT:$SG74608           ; 'yes, that is our exception'
    call    _printf
    add     esp, 4
    mov     eax, 1
    jmp     SHORT $L74605
$L74607:
    push    OFFSET FLAT:$SG74610           ; 'not our exception'
    call    _printf
    add     esp, 4
    xor     eax, eax
$L74605:
    pop     ebp
    ret     0
_filter_user_exceptions ENDP

; 스코프 테이블
CONST   SEGMENT
$T74644 DD      0ffffffffH          ; 바깥쪽 블록을 위한 이전 try 레벨
        DD      FLAT:$L74634        ; 바깥쪽 블록의 필터
        DD      FLAT:$L74635        ; 바깥쪽 블록의 핸들러
        DD      00H                 ; 안쪽 블록을 위한 이전 try 레벨
```

```
            DD      FLAT:$L74638        ; 안쪽 블록의 필터
            DD      FLAT:$L74639        ; 안쪽 블록의 핸들러
CONST ENDS

$T74643 = -36       ; 크기 = 4
$T74642 = -32       ; 크기 = 4
_p$ = -28           ; 크기 = 4
__$SEHRec$ = -24    ; 크기 = 24
_main   PROC NEAR
    push    ebp
    mov     ebp, esp
    push    -1      ; 이전 try 레벨
    push    OFFSET FLAT:$T74644
    push    OFFSET FLAT:__except_handler3
    mov     eax, DWORD PTR fs:__except_list
    push    eax
    mov     DWORD PTR fs:__except_list, esp
    add     esp, -20
    push    ebx
    push    esi
    push    edi
    mov     DWORD PTR __$SEHRec$[ebp], esp
    mov     DWORD PTR _p$[ebp], 0
    mov     DWORD PTR __$SEHRec$[ebp+20], 0 ; 바깥쪽 try 블록에 진입. 이전 try 레벨을 0으로 설정
    mov     DWORD PTR __$SEHRec$[ebp+20], 1 ; 안쪽 try 블록에 진입. 이전 try 레벨을 1로 설정
    push    OFFSET FLAT:$SG74617        ; 'hello!'
    call    _printf
    add     esp, 4
    push    0
    push    0
    push    0
    push    1122867                     ; 00112233H
    call    DWORD PTR __imp__RaiseException@16
    push    OFFSET FLAT:$SG74619        ; '0x112233 예외 발생
    call    _printf
    add     esp, 4
    mov     eax, DWORD PTR _p$[ebp]
    mov     DWORD PTR [eax], 13
    mov     DWORD PTR __$SEHRec$[ebp+20], 0 ; 안쪽 try 블록에서 나옴. 이전 try 레벨을 다시 0으로 설정
    jmp     SHORT $L74615
; 안쪽 블록 필터
$L74638:
$L74650:
    mov     ecx, DWORD PTR __$SEHRec$[ebp+4]
    mov     edx, DWORD PTR [ecx]
    mov     eax, DWORD PTR [edx]
    mov     DWORD PTR $T74643[ebp], eax
```

```
        mov     eax, DWORD PTR $T74643[ebp]
        sub     eax, -1073741819; c0000005H
        neg     eax
        sbb     eax, eax
        inc     eax
$L74640:
$L74648:
        ret     0
```

; 안쪽 블록 핸들러
```
$L74639:
        mov     esp, DWORD PTR __$SEHRec$[ebp]
        push    OFFSET FLAT:$SG74621        ; 'access violation, can''t recover'
        call    _printf
        add     esp, 4
        mov     DWORD PTR __$SEHRec$[ebp+20], 0 ; 안쪽 try 블록에서 나옴. 이전 try 레벨을 다시 0으로 설정
$L74615:
        mov     DWORD PTR __$SEHRec$[ebp+20], -1 ; 바깥쪽 try 블록에서 나옴. 이전 try 레벨을 -1로 설정
        jmp     SHORT $L74633
```

; 바깥쪽 블록 필터
```
$L74634:
$L74651:
        mov     ecx, DWORD PTR __$SEHRec$[ebp+4]
        mov     edx, DWORD PTR [ecx]
        mov     eax, DWORD PTR [edx]
        mov     DWORD PTR $T74642[ebp], eax
        mov     ecx, DWORD PTR __$SEHRec$[ebp+4]
        push    ecx
        mov     edx, DWORD PTR $T74642[ebp]
        push    edx
        call    _filter_user_exceptions
        add     esp, 8
$L74636:
$L74649:
        ret     0
```

; 바깥쪽 블록 핸들러
```
$L74635:
        mov     esp, DWORD PTR __$SEHRec$[ebp]
        push    OFFSET FLAT:$SG74623               ; 'user exception caught'
        call    _printf
        add     esp, 4
        mov     DWORD PTR __$SEHRec$[ebp+20], -1   ; 두 try 블록에서 나옴. 이전 try 레벨을 -1로 설정
$L74633:
        xor     eax, eax
        mov     ecx, DWORD PTR __$SEHRec$[ebp+8]
        mov     DWORD PTR fs:__except_list, ecx
        pop     edi
```

```
      pop     esi
      pop     ebx
      mov     esp, ebp
      pop     ebp
      ret     0
_main    ENDP
```

핸들러에서 호출되는 printf() 함수에 브레이크포인트를 설정하면 또 하나의 SEH 핸들러가 추가되는 것을 확인할 수 있다.

아마도 SEH 처리 과정의 내부 구현에 따른 것으로 보인다. 스코프 테이블이 두 개의 항목으로 구성되는 것도 볼 수 있다.

```
tracer.exe -l:3.exe bpx=3.exe!printf --dump-seh
```

리스트 6.30: tracer.exe 출력 내용

```
(0) 3.exe!printf
EAX=0x0000001b EBX=0x00000000 ECX=0x0040cc58 EDX=0x0008e3c8
ESI=0x00000000 EDI=0x00000000 EBP=0x0018f840 ESP=0x0018f838
EIP=0x004011b6
FLAGS=PF ZF IF
* SEH frame at 0x18f88c prev=0x18fe9c handler=0x771db4ad
(ntdll.dll!ExecuteHandler2@20+0x3a)
* SEH frame at 0x18fe9c prev=0x18ff78 handler=0x4012e0 (3.exe!_except_handler3)
SEH3 frame. previous trylevel=1
scopetable entry[0]. previous try level=-1, filter=0x401120 (3.exe!main+0xb0)
handler=0x40113b (3.exe!main+0xcb)
scopetable entry[1]. previous try level=0, filter=0x4010e8 (3.exe!main+0x78)
handler=0x401100 (3.exe!main+0x90)
* SEH frame at 0x18ff78 prev=0x18ffc4 handler=0x4012e0 (3.exe!_except_handler3)
SEH3 frame. previous trylevel=0
scopetable entry[0]. previous try level=-1, filter=0x40160d (3.exe!mainCRTStartup+0x18d)
handler=0x401621 (3.exe!mainCRTStartup+0x1a1)
* SEH frame at 0x18ffc4 prev=0x18ffe4 handler=0x771f71f5 (ntdll.dll!__except_handler4)
SEH4 frame. previous trylevel=0
SEH4 header:   GSCookieOffset=0xfffffffe GSCookieXOROffset=0x0
               EHCookieOffset=0xffffffcc EHCookieXOROffset=0x0
scopetable entry[0]. previous try level=-2, filter=0x771f74d0
(ntdll.dll!___safe_se_handler_table+0x20) handler=0x771f90eb
(ntdll.dll!_TppTerminateProcess@4+0x43)
* SEH frame at 0x18ffe4 prev=0xffffffff handler=0x77247428
(ntdll.dll!_FinalExceptionHandler@16)
```

SEH4

버퍼 오버플로우 공격(1.20.2절)을 이용하면 스코프 테이블의 주소를 덮어쓸 수 있다. 이를 방지할 목적으로 MSVC 2005부터는 SEH3가 SEH4로 업그레이드됐다. SEH4에서는 스코프 테이블의 포인터를 보안 쿠키$^{security\ cookie}$ 값과 XOR한다. 스코프 테이블은 보안 쿠키를 가리키는 두 개의 포인터로 구성된 헤더가 추가됐으며, 각 항목은 다른 값의 스택 내에서의 오프셋 값을 가진다. 그것은 스택 프레임(EBP)과 보안 쿠키 값을 XOR한 값의 주소(스택에 위치)에 대한 오프셋 값이다.

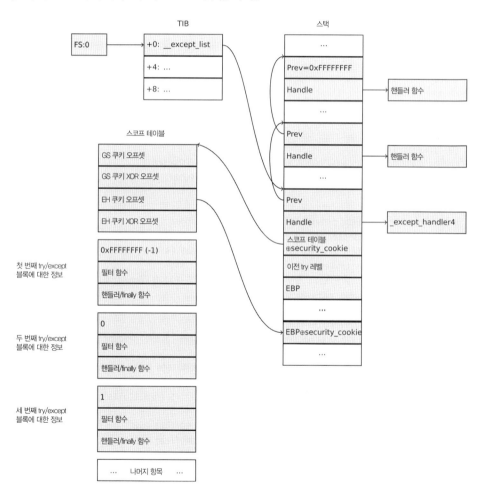

예외를 처리할 때는 이 값의 변경 여부도 함께 검사한다. 스택의 보안 쿠키 값은 매번

변경되는 무작위 값이기 때문에 원격 공격자는 이를 예측하기 힘들다.

SEH4에서는 이전 **try** 레벨의 초깃값이 -1이 아닌 -2다.

앞서 살펴본 두 예제를 SEH4가 설정된 MSVC 2012로 컴파일해보자.

리스트 6.31: MSVC 2012: 단일 try 블록 예제

```
$SG85485 DB        'hello #1!', 0aH, 00H
$SG85486 DB        'hello #2!', 0aH, 00H
$SG85488 DB        'access violation, can''t recover', 0aH, 00H

; 스코프 테이블
xdata$x            SEGMENT
__sehtable$_main   DD 0ffffffeH          ; GS 쿠키 오프셋
    DD             00H                    ; GS 쿠키 XOR 오프셋
    DD             0fffffccH              ; EH 쿠키 오프셋
    DD             00H                    ; EH 쿠키 XOR 오프셋
    DD             0ffffffeH              ; 이전 try 레벨
    DD             FLAT:$LN12@main        ; 필터
    DD             FLAT:$LN8@main         ; 핸들러
xdata$x            ENDS

$T2 = -36          ; 크기 = 4
_p$ = -32          ; 크기 = 4
tv68 = -28         ; 크기 = 4
__$SEHRec$ = -24   ; 크기 = 24
_main    PROC
    push    ebp
    mov     ebp, esp
    push    -2
    push    OFFSET __sehtable$_main
    push    OFFSET __except_handler4
    mov     eax, DWORD PTR fs:0
    push    eax
    add     esp, -20
    push    ebx
    push    esi
    push    edi
    mov     eax, DWORD PTR ___security_cookie
    xor     DWORD PTR __$SEHRec$[ebp+16], eax ; XOR한 스코프 테이블 포인터
    xor     eax, ebp
    push    eax                                ; ebp ^ security_cookie
    lea     eax, DWORD PTR __$SEHRec$[ebp+8] ; VC_EXCEPTION_REGISTRATION_RECORD에 대한 포인터
    mov     DWORD PTR fs:0, eax
    mov     DWORD PTR __$SEHRec$[ebp], esp
    mov     DWORD PTR _p$[ebp], 0
    mov     DWORD PTR __$SEHRec$[ebp+20], 0   ; 이전 try 레벨
```

```
    push    OFFSET $SG85485                         ; 'hello #1!'
    call    _printf
    add     esp, 4
    mov     eax, DWORD PTR _p$[ebp]
    mov     DWORD PTR [eax], 13
    push    OFFSET $SG85486                         ; 'hello #2!'
    call    _printf
    add     esp, 4
    mov     DWORD PTR __$SEHRec$[ebp+20], -2   ; 이전 try 레벨
    jmp     SHORT $LN6@main

; 필터
$LN7@main:
$LN12@main:
    mov     ecx, DWORD PTR __$SEHRec$[ebp+4]
    mov     edx, DWORD PTR [ecx]
    mov     eax, DWORD PTR [edx]
    mov     DWORD PTR $T2[ebp], eax
    cmp     DWORD PTR $T2[ebp], -1073741819    ; c0000005H
    jne     SHORT $LN4@main
    mov     DWORD PTR tv68[ebp], 1
    jmp     SHORT $LN5@main
$LN4@main:
    mov     DWORD PTR tv68[ebp], 0
$LN5@main:
    mov     eax, DWORD PTR tv68[ebp]
$LN9@main:
$LN11@main:
    ret     0

; 핸들러
$LN8@main:
    mov     esp, DWORD PTR __$SEHRec$[ebp]
    push    OFFSET $SG85488                         ; 'access violation, can''t recover'
    call    printf
    add     esp, 4
    mov     DWORD PTR __$SEHRec$[ebp+20], -2   ; 이전 try 레벨
$LN6@main:
    xor     eax, eax
    mov     ecx, DWORD PTR __$SEHRec$[ebp+8]
    mov     DWORD PTR fs:0, ecx
    pop     ecx
    pop     edi
    pop     esi
    pop     ebx
    mov     esp, ebp
    pop     ebp
    ret     0
```

```
    _main    ENDP
```

리스트 6.32: MSVC 2012: 이중 try 블록 예제

```
$SG85486 DB        'in filter. code=0x%08X', 0aH, 00H
$SG85488 DB        'yes, that is our exception', 0aH, 00H
$SG85490 DB        'not our exception', 0aH, 00H
$SG85497 DB        'hello!', 0aH, 00H
$SG85499 DB        '0x112233 raised. now let''s crash', 0aH, 00H
$SG85501 DB        'access violation, can''t recover', 0aH, 00H
$SG85503 DB        'user exception caught', 0aH, 00H

xdata$x    SEGMENT
__sehtable$_main   DD  0ffffffeH           ; GS 쿠키 오프셋
                   DD  00H                 ; GS 쿠키 XOR 오프셋
                   DD  0ffffffc8H          ; EH 쿠키 오프셋
                   DD  00H                 ; EH 쿠키 오프셋
                   DD  0ffffffeH           ; 바깥쪽 블록을 위한 이전 try 레벨
                   DD  FLAT:$LN19@main     ; 바깥쪽 블록 필터
                   DD  FLAT:$LN9@main      ; 바깥쪽 블록 핸들러
                   DD  00H                 ; 안쪽 블록을 위한 이전 try 레벨
                   DD  FLAT:$LN18@main     ; 안쪽 블록 필터
                   DD  FLAT:$LN13@main     ; 안쪽 블록 핸들러
xdata$x    ENDS

$T2 = -40          ; 크기 = 4
$T3 = -36          ; 크기 = 4
_p$ = -32          ; 크기 = 4
tv72 = -28         ; 크기 = 4
__$SEHRec$ = -24   ; 크기 = 24
_main    PROC
    push   ebp
    mov    ebp, esp
    push   -2                      ; 이전 try 레벨의 초깃값
    push   OFFSET __sehtable$_main
    push   OFFSET __except_handler4
    mov    eax, DWORD PTR fs:0
    push   eax                     ; prev
    add    esp, -24
    push   ebx
    push   esi
    push   edi
    mov    eax, DWORD PTR ___security_cookie
    xor    DWORD PTR __$SEHRec$[ebp+16], eax ; XOR된 스코프 테이블 포인터
    xor    eax, ebp                          ; ebp ^ security_cookie
    push   eax
    lea    eax, DWORD PTR __$SEHRec$[ebp+8] ; VC_EXCEPTION_REGISTRATION_RECORD에 대한 포인터
```

```
        mov     DWORD PTR fs:0, eax
        mov     DWORD PTR __$SEHRec$[ebp], esp
        mov     DWORD PTR _p$[ebp], 0
        mov     DWORD PTR __$SEHRec$[ebp+20], 0 ; 바깥쪽 try 블록 진입. 이전 try 레벨을 0으로 설정
        mov     DWORD PTR __$SEHRec$[ebp+20], 1 ; 안쪽 try 블록 진입. 이전 try 레벨을 1로 설정
        push    OFFSET $SG85497                   ; 'hello!'
        call    _printf
        add     esp, 4
        push    0
        push    0
        push    0
        push    1122867                           ; 00112233H
        call    DWORD PTR __imp__RaiseException@16
        push    OFFSET $SG85499                   ; '0x112233 raised. now let''s crash'
        call    _printf
        add     esp, 4
        mov     eax, DWORD PTR _p$[ebp]
        mov     DWORD PTR [eax], 13
        mov     DWORD PTR __$SEHRec$[ebp+20], 0 ; 안쪽 try 블록에서 나옴. 이전 try 레벨을 다시 0으로 설정
        jmp     SHORT $LN2@main

; 안쪽 블록 필터
$LN12@main:
$LN18@main:
        mov     ecx, DWORD PTR __$SEHRec$[ebp+4]
        mov     edx, DWORD PTR [ecx]
        mov     eax, DWORD PTR [edx]
        mov     DWORD PTR $T3[ebp], eax
        cmp     DWORD PTR $T3[ebp], -1073741819   ; c0000005H
        jne     SHORT $LN5@main
        mov     DWORD PTR tv72[ebp], 1
        jmp     SHORT $LN6@main
$LN5@main:
        mov     DWORD PTR tv72[ebp], 0
$LN6@main:
        mov     eax, DWORD PTR tv72[ebp]
$LN14@main:
$LN16@main:
        ret     0

; 안쪽 블록 핸들러
$LN13@main:
        mov     esp, DWORD PTR __$SEHRec$[ebp]
        push    OFFSET $SG85501                   ; 'access violation, can''t recover'
        call    _printf
        add     esp, 4
        mov     DWORD PTR __$SEHRec$[ebp+20], 0 ; 안쪽 try 블록에서 나옴. 이전 try 레벨을 다시 0으로 설정
$LN2@main:
```

```asm
        mov     DWORD PTR __$SEHRec$[ebp+20], -2 ; 두 블록 모두에서 나옴. 이전 try 레벨을 다시 -2로 설정
        jmp     SHORT $LN7@main
```

; 바깥쪽 블록 필터
```asm
$LN8@main:
$LN19@main:
        mov     ecx, DWORD PTR __$SEHRec$[ebp+4]
        mov     edx, DWORD PTR [ecx]
        mov     eax, DWORD PTR [edx]
        mov     DWORD PTR $T2[ebp], eax
        mov     ecx, DWORD PTR __$SEHRec$[ebp+4]
        push    ecx
        mov     edx, DWORD PTR $T2[ebp]
        push    edx
        call    _filter_user_exceptions
        add     esp, 8
$LN10@main:
$LN17@main:
        ret     0
```

; 바깥쪽 블록 핸들러
```asm
$LN9@main:
        mov     esp, DWORD PTR __$SEHRec$[ebp]
        push    OFFSET $SG85503          ; 'user exception caught'
        call    _printf
        add     esp, 4
        mov     DWORD PTR __$SEHRec$[ebp+20], -2 ; 두 블록 모두에서 나옴. 이전 try 레벨을 다시 -2로 설정
$LN7@main:
        xor     eax, eax
        mov     ecx, DWORD PTR __$SEHRec$[ebp+8]
        mov     DWORD PTR fs:0, ecx
        pop     ecx
        pop     edi
        pop     esi
        pop     ebx
        mov     esp, ebp
        pop     ebp
        ret     0
_main   ENDP

_code$ = 8          ; 크기 = 4
_ep$ = 12           ; 크기 = 4
_filter_user_exceptions PROC
        push    ebp
        mov     ebp, esp
        mov     eax, DWORD PTR _code$[ebp]
        push    eax
        push    OFFSET $SG85486          ; 'in filter. code=0x%08X'
        call    _printf
```

```
        add     esp, 8
        cmp     DWORD PTR _code$[ebp], 1122867      ; 00112233H
        jne     SHORT $LN2@filter_use
        push    OFFSET $SG85488                    ; 'yes, that is our exception'
        call    _printf
        add     esp, 4
        mov     eax, 1
        jmp     SHORT $LN3@filter_use
        jmp     SHORT $LN3@filter_use
$LN2@filter_use:
        push    OFFSET $SG85490                    ; 'not our exception'
        call    _printf
        add     esp, 4
        xor     eax, eax
$LN3@filter_use:
        pop     ebp
        ret     0
_filter_user_exceptions ENDP
```

쿠키의 의미는 다음과 같다. Cookie Offset은 스택에 위치하는 두 값, 즉 스택에 저장된 EBP 값의 주소와 EBP ⊕ security_cookie의 차이다. Cookie XOR Offset은 EBP ⊕ security_ cookie와 스택에 저장된 값 사이의 차이다.

다음 방정식이 참이 아니면 스택이 오염됐다고 판단해 처리를 중단한다.

security_cookie ⊕ (Cookie XOR Offset + 저장된 EBP 주소) == 스택(저장된 EBP 주소 + Cookie Offset)

Cookie Offset의 값이 -2라는 건 Cookie Offset이 존재하지 않는다는 의미다.

쿠키를 검사하는 로직은 필자가 만든 tracer에도 구현돼 있다. 자세한 내용은 https://github.com/dennis714/tracer/blob/master/SEH.c에서 확인할 수 있다.

/GS- 옵션을 설정하면 MSVC 2005와 그 이후 버전의 컴파일러에서도 SEH3를 사용할 수는 있지만 CRT 코드는 이런 설정과 무관하게 SEH4를 사용한다.

윈도우 x64

함수 프롤로그마다 SEH 프레임을 설정하는 건 실행 속도에 도움이 되지 않는다. 그리고 함수 실행 중에 이전 try 레벨의 값을 여러 번 수정하는 것도 실행 속도에 도움이 되지 않는다.

그래서 x64에서는 완전히 새로운 방식이 도입됐다. **try** 블록, 필터, 핸들러 함수를 가리키는 모든 포인터가 PE 세그먼트 **.pdata**에 저장되며, OS는 거기에서 OS의 예외 핸들러 관련 정보를 모두 가져온다.

앞서 살펴본 예제 두 개를 x64용으로 컴파일해보자.

리스트 6.33: MSVC 2012

```
$SG86276 DB          'hello #1!', 0aH, 00H
$SG86277 DB          'hello #2!', 0aH, 00H
$SG86279 DB          'access violation, can''t recover', 0aH, 00H

pdata SEGMENT
$pdata$main DD       imagerel $LN9
          DD         imagerel $LN9+61
          DD         imagerel $unwind$main
pdata     ENDS
pdata     SEGMENT
$pdata$main$filt$0 DD imagerel main$filt$0
          DD         imagerel main$filt$0+32
          DD         imagerel $unwind$main$filt$0
pdata     ENDS
xdata     SEGMENT
$unwind$main DD 020609H
          DD         030023206H
          DD         imagerel __C_specific_handler
          DD         01H
          DD         imagerel $LN9+8
          DD         imagerel $LN9+40
          DD         imagerel main$filt$0
          DD         imagerel $LN9+40
$unwind$main$filt$0 DD 020601H
          DD         050023206H
xdata     ENDS

_TEXT     SEGMENT
main      PROC
$LN9:
          push       rbx
          sub        rsp, 32
          xor        ebx, ebx
          lea        rcx, OFFSET FLAT:$SG86276  ; 'hello #1!'
          call       printf
          mov        DWORD PTR [rbx], 13
          lea        rcx, OFFSET FLAT:$SG86277  ; 'hello #2!'
```

```
        call     printf
        jmp      SHORT $LN8@main
$LN6@main:
        lea      rcx, OFFSET FLAT:$SG86279   ; 'access violation, can''t recover'
        call     printf
        npad     1               ; 다음 레이블 정렬
$LN8@main:
        xor      eax, eax
        add      rsp, 32
        pop      rbx
        ret      0
main    ENDP
_TEXT   ENDS

text$x SEGMENT
main$filt$0 PROC
        push     rbp
        sub      rsp, 32
        mov      rbp, rdx
$LN5@main$filt$:
        mov      rax, QWORD PTR [rcx]
        xor      ecx, ecx
        cmp      DWORD PTR [rax], -1073741819; c0000005H
        sete     cl
        mov      eax, ecx
$LN7@main$filt$:
        add      rsp, 32
        pop      rbp
        ret      0
        int      3
main$filt$0 ENDP
text$x  ENDS
```

리스트 6.34: MSVC 2012

```
$SG86277   DB      'in filter. code=0x%08X', 0aH, 00H
$SG86279   DB      'yes, that is our exception', 0aH, 00H
$SG86281   DB      'not our exception', 0aH, 00H
$SG86288   DB      'hello!', 0aH, 00H
$SG86290   DB      '0x112233 raised. now let''s crash', 0aH, 00H
$SG86292   DB      'access violation, can''t recover', 0aH, 00H
$SG86294   DB      'user exception caught', 0aH, 00H

pdata SEGMENT
$pdata$filter_user_exceptions DD imagerel $LN6
           DD      imagerel $LN6+73
           DD      imagerel $unwind$filter_user_exceptions
```

```
$pdata$main DD imagerel $LN14
        DD        imagerel $LN14+95
        DD        imagerel $unwind$main
pdata   ENDS
pdata SEGMENT $pdata$main$filt$0 DD imagerel main$filt$0
        DD        imagerel main$filt$0+32
        DD        imagerel $unwind$main$filt$0
$pdata$main$filt$1 DD imagerel main$filt$1
        DD        imagerel main$filt$1+30
        DD        imagerel $unwind$main$filt$1
pdata   ENDS

xdata     SEGMENT
$unwind$filter_user_exceptions DD 020601H
        DD        030023206H
$unwind$main DD 020609H
        DD        030023206H
        DD        imagerel __C_specific_handler
        DD        02H
        DD        imagerel $LN14+8
        DD        imagerel $LN14+59
        DD        imagerel main$filt$0
        DD        imagerel $LN14+59
        DD        imagerel $LN14+8
        DD        imagerel $LN14+74
        DD        imagerel main$filt$1
        DD        imagerel $LN14+74
$unwind$main$filt$0 DD 020601H
        DD        050023206H
$unwind$main$filt$1 DD 020601H
        DD        050023206H
xdata     ENDS


_TEXT     SEGMENT
main      PROC
$LN14:
        push    rbx
        sub     rsp, 32
        xor     ebx, ebx
        lea     rcx, OFFSET FLAT:$SG86288      ; 'hello!'
        call    printf
        xor     r9d, r9d
        xor     r8d, r8d
        xor     edx, edx
        mov     ecx, 1122867                   ; 00112233H
        call    QWORD PTR __imp_RaiseException
        lea     rcx, OFFSET FLAT:$SG86290       ; '0x112233 raised. now let''s crash'
        call    printf
```

```
        mov     DWORD PTR [rbx], 13
        jmp     SHORT $LN13@main
$LN11@main:
        lea     rcx, OFFSET FLAT:$SG86292    ; 'access violation, can''t recover'
        call    printf
        npad    1                           ; 다음 레이블 정렬
$LN13@main:
        jmp     SHORT $LN9@main
$LN7@main:
        lea     rcx, OFFSET FLAT:$SG86294    ; 'user exception caught'
        call    printf
        npad    1                           ; 다음 레이블 정렬
$LN9@main:
        xor     eax, eax
        add     rsp, 32
        pop     rbx
        ret     0
main    ENDP

text$x  SEGMENT
main$filt$0 PROC
        push    rbp
        sub     rsp, 32
        mov     rbp, rdx
$LN10@main$filt$:
        mov     rax, QWORD PTR [rcx]
        xor     ecx, ecx
        cmp     DWORD PTR [rax], -1073741819  ; c0000005H
        sete    cl
        mov     eax, ecx
$LN12@main$filt$:
        add     rsp, 32
        pop     rbp
        ret     0
        int     3
main$filt$0 ENDP

main$filt$1 PROC
        push    rbp
        sub     rsp, 32
        mov     rbp, rdx
$LN6@main$filt$:
        mov     rax, QWORD PTR [rcx]
        mov     rdx, rcx
        mov     ecx, DWORD PTR [rax]
        call    filter_user_exceptions
        npad    1               ; 다음 레이블 정렬
$LN8@main$filt$:
```

```
        add      rsp, 32
        pop      rbp
        ret      0
        int      3
main$filt$1 ENDP
text$x  ENDS

_TEXT   SEGMENT
code$   = 48
ep$     = 56
filter_user_exceptions PROC
$LN6:
        push     rbx
        sub      rsp, 32
        mov      ebx, ecx
        mov      edx, ecx
        lea      rcx, OFFSET FLAT:$SG86277      ; 'in filter. code=0x%08X'
        call     printf
        cmp      ebx, 1122867                  ; 00112233H
        jne      SHORT $LN2@filter_use
        lea      rcx, OFFSET FLAT:$SG86279      ; 'yes, that is our exception'
        call     printf
        mov      eax, 1
        add      rsp, 32
        pop      rbx
        ret      0
$LN2@filter_use:
        lea      rcx, OFFSET FLAT:$SG86281      ; 'not our exception'
        call     printf
        xor      eax, eax
        add      rsp, 32
        pop      rbx
        ret      0
filter_user_exceptions ENDP
_TEXT   ENDS
```

이고르 스코친스키의 『Compiler Internals: Exceptions and RTTI』(2012)(https://yurichev.
com/mirrors/RE/Recon-2012-Skochinsky-Compiler-Internals.pdf)에서 x64에 관한 좀 더
자세한 정보를 찾아볼 수 있다.

.pdata 섹션에는 예외 정보 외에도 거의 모든 함수의 시작과 끝 주소가 포함돼 있어
자동 분석 도구가 유용하게 활용할 수 있다.

SEH에 대한 추가 자료

매트 피에트릭의 『A Crash Course on the Depths of Win32™ Structured Exception Handling』(1997), 이고르 스코친스키의 『Compiler Internals: Exceptions and RTTI』(2012)를 통해 SEH에 대한 더 많은 정보를 얻을 수 있을 것이다.

6.5.4 윈도우 NT: 크리티컬 섹션

운영체제의 종류를 막론하고 크리티컬 섹션^{Critical section}은 멀티스레드 환경에서 매우 중요한 요소로, 하나의 스레드만 데이터에 배타적(나머지 스레드와 인터럽트는 차단)으로 접근할 수 있게 보장하고자 할 때 사용한다.

윈도우 NT 계열의 운영체제에서 **CRITICAL_SECTION** 구조체는 다음과 같이 선언된다.

리스트 6.35: (윈도우 Research Kernel v1.2) public/sdk/inc/nturtl.h

```
typedef struct _RTL_CRITICAL_SECTION {
    PRTL_CRITICAL_SECTION_DEBUG DebugInfo;
    //
    // 다음 세 개 필드를 사용해 리소스에 대한 크리티컬 섹션으로의
    // 진입과 나감을 제어한다.
    //
    LONG LockCount;
    LONG RecursionCount;
    HANDLE OwningThread;        // 스레드의 ClientId->UniqueThread에서 가져옴
    HANDLE LockSemaphore;
    ULONG_PTR SpinCount;        // 패킹 시 64비트 시스템에서 크기 지정
} RTL_CRITICAL_SECTION, *PRTL_CRITICAL_SECTION;
```

EnterCriticalSection() 함수의 동작을 살펴보자.

리스트 6.36: 윈도우 2008/ntdll.dll/x86(도입부)

```
_RtlEnterCriticalSection@4

var_C       = dword ptr -0Ch
var_8       = dword ptr -8
var_4       = dword ptr -4
arg_0       = dword ptr 8

        mov     edi, edi
        push    ebp
        mov     ebp, esp
```

```
        sub     esp, 0Ch
        push    esi
        push    edi
        mov     edi, [ebp+arg_0]
        lea     esi, [edi+4]     ; LockCount
        mov     eax, esi
        lock    btr dword ptr [eax], 0
        jnb     wait             ; CF=0이면 점프
loc_7DE922DD:
        mov     eax, large fs:18h
        mov     ecx, [eax+24h]
        mov     [edi+0Ch], ecx
        mov     dword ptr [edi+8], 1
        pop     edi
        xor     eax, eax
        pop     esi
        mov     esp, ebp
        pop     ebp
        retn    4

... 생략
```

이 코드에서 가장 중요한 명령어는 BTR(앞에 LOCK이 붙었다)이다. 0번째 비트를 CF 플래그에 저장하고 메모리에서는 그 값을 0으로 만든다. 이 명령어는 단위 연산으로, 이 명령어를 실행할 때는 다른 CPU가 해당 메모리에 접근할 수 없게 차단한다(BTR 명령어 앞에 붙은 LOCK에 주목하자).

LockCount가 1이라면 값을 초기화하고 함수에서 복귀한다. 이제 크리티컬 섹션에 들어온 것이다. 그렇지 않는 경우에는 이미 다른 스레드가 크리티컬 섹션을 점유하고 있으므로 대기한다.

대기는 WaitForSingleObject()를 이용해 수행한다.

LeaveCriticalSection() 함수의 동작은 다음과 같다.

리스트 6.37: 윈도우 2008/ntdll.dll/x86(도입부)

```
_RtlLeaveCriticalSection@4 proc near

arg_0   = dword ptr 8

        mov     edi, edi
        push    ebp
        mov     ebp, esp
```

```
        push    esi
        mov     esi, [ebp+arg_0]
        add     dword ptr [esi+8], 0FFFFFFFFh  ; RecursionCount
        jnz     short loc_7DE922B2
        push    ebx
        push    edi
        lea     edi, [esi+4]                    ; LockCount
        mov     dword ptr [esi+0Ch], 0
        mov     ebx, 1
        mov     eax, edi
        lock    xadd [eax], ebx
        inc     ebx
        cmp     ebx, 0FFFFFFFFh
        jnz     loc_7DEA8EB7
loc_7DE922B0:
        pop     edi
        pop     ebx
loc_7DE922B2:
        xor     eax, eax
        pop     esi
        pop     ebp
        retn    4
... 생략
```

XADD는 '교환 및 더하기'를 의미한다.

이 코드에서는 LockCount에 1을 더하는 한편 EBX 레지스터에 LockCount의 초깃값을 저장한다.

그러나 EBX의 값은 이어지는 **INC EBX** 명령어의 도움을 받아 증가되며 LockCount의 업데이트된 값과 동일하다.

앞에 LOCK이 붙었으므로 이 연산도 단위 연산이며, 이 명령어를 실행하는 도중에는 시스템의 다른 CPU가 해당 메모리에 접근할 수 없다.

명령어 앞에 붙이는 LOCK은 매우 중요하다. 별도의 CPU나 CPU 코어에서 실행 중인 두 개의 스레드가 크리티컬 섹션에 진입해 메모리 값을 동시에 수정하려고 할 수 있으며, 이는 예측할 수 없는 동작을 야기하기 때문이다.

07

도구

데니스 유리체프는 무료로 지식과 교육이 이뤄지도록
공헌하고자 이 책을 무료로 만들었다. 하지만 이 책에서
설명하는 도구들은 무료가 아닌 것이 있기 때문에 그것을
대체하기 위한 무료 리버스 엔지니어링 도구가 필요하다.

리차드 소톨만

7.1 바이너리 분석

프로그램을 실행시키지 않고 분석할 때 사용할 수 있는 도구는 다음과 같다.

- (무료, 오픈소스) ent(http://www.fourmilab.ch/random/): 엔트로피 분석 도구. 자
  세한 것은 9.2절을 참고하기 바란다.
- Hiew(hiew.ru): 바이너리 파일의 코드를 일부 변경하고자 사용하는 도구. 어
  셈블러와 디스어셈블러를 내장하고 있다.
- (무료, 오픈소스) GHex(https://wiki.gnome.org/Apps/Ghex): 간단한 리눅스용 헥
  사 에디터
- (무료, 오픈소스) xxd와 od: 덤프를 위한 표준 유닉스 유틸리티

- (무료, 오픈소스) strings: 실행 파일 등 바이너리 파일에서 아스키 문자열을 검색하기 위한 *NIX 도구. Sysinternals는 와이드 문자열(UTF-16, 윈도우에서 널리 사용되는 문자열)을 지원하는 도구(https://technet.microsoft.com/en-us/sysinternals/strings)를 제공한다.
- (무료, 오픈소스) Binwalk(http://binwalk.org/): 펌웨어 이미지를 분석하는 데 사용하는 도구
- (무료, 오픈소스) binary grep(https://github.com/yurichev/bgrep): 큰 파일에서 특정 바이트 시퀀스를 검색하고자 사용하는 유틸리티. 비실행 파일에 대한 검색도 지원한다. rada.re에서도 rafind2라는 동일한 기능의 도구를 제공한다.

7.1.1 디스어셈블러

- IDA: 이전 버전은 hex-rays.com/products/ida/support/download_freeware.shtml에서 다운로드할 수 있다. IDA의 핫키 치트시트는 부록을 참고하기 바란다.
- Binary Ninja(http://binary.ninja/)
- (무료, 오픈소스) zynamics BinNavi(https://www.zynamics.com/binnavi.html)
- (무료, 오픈소스) objdump: 메모리를 덤프하고 디스어셈블하기 위한 간단한 커맨드라인 유틸리티
- (무료, 오픈소스) readelf(https://sourceware.org/binutils/docs/binutils/readelf.html): ELF 파일에 대한 덤프 정보를 제공

7.1.2 디컴파일러

공개된 디컴파일러 중 C 코드를 생성하는 고품질의 디컴파일러는 하나뿐이다. Hex-Rays(hex-rays.com/products/decompiler/)다.

좀 더 자세한 내용은 11.8절을 참고하기 바란다.

7.1.3 패치 비교

무엇이 패치됐고 왜 패치됐는지 알아내고자 실행 파일의 원본과 패치된 것을 비교할 때 사용할 수 있는 다음과 같은 도구가 있다.

- (무료) zynamics BinDiff(https://www.zynamics.com/software.html)
- (무료, 오픈소스) Diaphora(https://github.com/joxeankoret/diaphora)

7.2 라이브 분석

동작 중인 시스템이나 실행 중인 프로세스를 분석할 때 사용하는 도구가 있다.

7.2.1 디버거

- (무료) OllyDbg(ollydbg.de): 매우 유명한 사용자 모드 Win32 디버거. OllyDbg 의 핫키 치트시트는 부록을 참고하기 바란다.
- (무료, 오픈소스) GDB: 프로그래머를 위한 것이기 때문에 리버스 엔지니어들이 많이 사용하지는 않는다. 주요 명령어는 부록을 참고하기 바란다. 비주얼 인터페이스를 제공하는 'GDB dashboard'(https://github.com/cyrus-and/gdb-dashboard)도 있다.
- (무료, 오픈소스) LLDB(http://lldb.llvm.org/)
- WinDbg(https://developer.microsoft.com/en-us/windows/hardware/windows-driver-kit): 윈도우용 커널 디버거
- IDA는 디버거를 내장하고 있다.
- (무료, 오픈소스) Radare(rada.re 또는 r2)(http://rada.re/r/): GUI 버전인 ragui(http://radare.org/ragui/)도 있다.
- (무료, 오픈소스) tracer: 필자는 디버거 대신 tracer(https://yurichev.com/tracer-en.html)를 자주 사용한다. 디버거 사용을 중단하게 된 이유는 실행 중인 함수의 인자 값이나 특정 시점의 레지스터 상태를 알아내는 것뿐이었기 때문이다. 이런 정보만을 얻고자 매번 디버거를 실행하는 것은 필요 이상의 작업

이기에 직접 간단한 유틸리티인 tracer를 개발했다. tracer는 커맨드라인 도구로, 함수 실행을 인터셉트하거나 임의의 위치에 브레이크포인트를 설정할 수도 있고 레지스터의 상태를 알아내거나 수정하는 등의 작업도 수행할 수 있다. **참고:** trace는 이 책의 내용을 설명하고자 개발한 것이기 때문에 더 이상 추가 개발은 되지 않은 것이다.

7.2.2 라이브러리 호출 추적

ltrace(http://www.ltrace.org/)

7.2.3 시스템 콜 추적

strace/dtruss

프로세스가 어떤 시스템 콜을 호출했는지 바로 알 수 있다.

예를 들면 다음과 같다.

```
# strace df -h

...

access("/etc/ld.so.nohwcap", F_OK)    = -1 ENOENT (No such file or directory)
open("/lib/i386-linux-gnu/libc.so.6", O_RDONLY|O_CLOEXEC) = 3
read(3, "\177ELF\1\1\1\0\0\0\0\0\0\0\0\0\3\0\3\0\1\0\0\0\220\232\1\0004\0\0\0"..., 512) = 512
fstat64(3, {st_mode=S_IFREG|0755, st_size=1770984, ...}) = 0
mmap2(NULL, 1780508, PROT_READ|PROT_EXEC, MAP_PRIVATE|MAP_DENYWRITE, 3, 0) = 0xb75b3000
```

맥OS X는 동일한 목적으로 사용할 수 있는 dtruss를 제공한다.

Cygwin에도 strace가 있지만 cygwin 환경 자체를 위해 컴파일된 .exe 파일에 대해서만 동작한다.

7.2.4 네트워크 스니핑

스니핑은 어떤 관심이 가는 정보를 가로채서 보는 것이다.

(무료, 오픈소스) Wireshark(https://www.wireshark.org/): 네트워크 스니핑뿐만 아니라

USB 스니핑도 가능하다(https://wiki.wireshark.org/CaptureSetup/USB). Wireshark와 이전 버전인 tcpdump(http://www.tcpdump.org/)는 커맨드라인 도구다.

7.2.5 Sysinternals

(무료) Sysinternals (마크 러시노비치가 개발, https://technet.microsoft.com/en-us/sysinternals/bb842062): 최소한 Sysinternals의 도구들은 학습을 위해 매우 중요하고 가치가 있다. Sysinternals 도구로는 Process Explorer, Handle, VMMap, TCPView, Process Monitor가 있다.

7.2.6 Valgrind

(무료, 오픈소스) 메모리 릭을 탐지하기 위한 강력한 도구(http://valgrind.org/)다. 강력한 JIT 메커니즘을 제공하기 때문에 오래된 도구들에서 프레임워크로 사용됐다.

7.2.7 에뮬레이터

- (무료, 오픈소스) QEMU(http://qemu.org): 다양한 CPU와 아키텍처를 지원하는 에뮬레이터
- (무료, 오픈소스) DosBox(https://www.dosbox.com/): 대부분의 레트로 게임에서 사용되는 MS-DOS 에뮬레이터
- (무료, 오픈소스) SimH(http://simh.trailing-edge.com/): 오래된 컴퓨터나 메인 프레임 등을 위한 에뮬레이터

7.3 기타 도구

마이크로소프트 비주얼 스튜디오 Express(visualstudio.com/en-US/products/visual-studio-express-vs): 간단한 실험에 편리한 도구로, 비주얼 스튜디오에서는 제거됐다. 몇 가지 유용한 옵션은 부록을 참고하기 바란다.

'Compiler Explorer'라는 이름의 웹 사이트(http://godbolt.org/)가 있는데, 그 곳에서는

간단한 코드를 컴파일해 결과를 다양한 GCC 버전과 아키텍처(최소한 x86, ARM, MIPS) 버전으로 볼 수 있다. 미리 알았다면 이 책의 내용을 위해 이 사이트를 이용했을 것이다.

7.3.1 계산기

리버스 엔지니어에게 필요한 계산기는 10진수, 16진수, 2진수를 모두 지원해야 하며 XOR와 시프트 연산 등을 지원해야 한다.

- IDA는 계산기를 내장하고 있다.
- rada.re는 rax2를 갖고 있다.
- https://github.com/DennisYurichev/progcalc
- 최후의 수단으로, 윈도우의 표준 계산기에는 프로그래머 모드가 있다.

7.4 그 외에 빠진 도구가 있을까?

이 장에서 설명하지 않은 좋은 도구가 있다면 알려주기 바란다(dennis@yurichev.com).

08

실전 예제

세이벨: 소스코드는 어떻게 읽어야 할까요? 이미 알고 있는 프로그래밍 언어로 작성된 것을 읽는 것도 쉽지는 않습니다.

커누스: 그러더라도 소스코드를 읽고자 당신의 뇌를 쓰는 것 자체만으로 가치는 있습니다. Bunker Ramo 300이라는 기계가 있었는데, 누군가 이 기계의 포트란 컴파일러가 정말 빠르다고 말했지만 이유는 아무도 모릅니다. 그 기계를 위한 소스코드 사본을 구했지만, 기계에 대한 매뉴얼이 없어 해당 기계 언어가 무엇인지조차 확인하지 못했습니다.

하지만 나는 그것을 흥미로운 도전으로 생각했습니다. 그리고 BEGIN을 찾아 낸 다음 디코딩을 시작했습니다. 연산 코드에 두 글자의 니모닉이 있는 경우에는 "이것은 아마도 로드 명령 일 것이고, 이것은 아마도 분기일 것이다."라고 추론하기 시작했습니다. 그래서 나는 그것이 포트란 컴파일러라는 것을 알았습니다. 그리고 어느 시점에 카드의 7번째 열을 참고하는 것을 보았는데, 그것은 주석인지 여부를 알려주는 곳이었습니다.

3시간 후 나는 기계에 대해 좀 더 알아냈습니다. 그리고 큰 분기 테이블을 발견했습니다. 마치 퍼즐을 푸는 것처럼 비밀 코드를 해독하려고 노력했고, 보안 기관에서 일하는 것처럼 작은 차트를 계속해서 만들어갔습니다. 그 방법이 효과가 있다는 것을 알게 됐고, 자체적으로 코드가 모호하기 때문에 암호화는 돼 있지 않았습니다. 해당 기계에 대한 매뉴얼이 없었기 때문에 코드만을 살펴볼 수밖에 없었습니다.

결국에는 컴파일러가 왜 그렇게 빠른지를 알아낼 수 있었습니다. 불행히도 알고리즘이 훌륭했기 때문은 아니었습니다. 구조화되지 않은 프로그래밍과 직접 코드를 최대한 최적화했기 때문이었습니다. 이는 기본적으로 알려지지 않은 퍼즐을 해결하는 방법입니다. 표와 차트를 만들고 더 많은 정보를 얻어 가설을 세우십시오. 일반적으로 기술 논문을 읽을 때도 마찬가지 입니다. 개념이 무엇인지 알아내기 위해 저자의 마음이 돼 보려고 노력합니다. 다른 사람들의 글을 읽는 법을 더 많이 배울수록 미래에 더 많은 것을 만들어낼 수 있다고 생각합니다.

(피터 세이벨 – Coders at Work: Reflections on the Craft of Programming)

8.1 작업 관리자 속이기(윈도우 비스타)

더 많은 CPU 코어를 보여주도록 작업 관리자^{Task Manager}를 속이는 것이 가능한지 살펴보자.

먼저 작업 관리자는 어떻게 CPU 코어의 수를 알아낼까?

win32 사용자 모드에서 `GetSystemInfo()`라는 win32 함수를 사용하면 코어의 개수를 알 수 있지만 taskmgr.exe는 그 함수를 임포트하지 않는다.

NTAPI에 또 하나의 함수 `NtQuerySystemInformation()`이 있는데, taskmgr.exe는 이 함수를 여러 번 사용한다.

코어의 개수를 구할 때는 SystemBasicInformation 상수(값은 0이다(https://docs.microsoft.com/ko-kr/windows/win32/api/winternl/nf-winternl-ntquerysysteminformation?redirectedfrom=MSDN)를 첫 번째 인자로 전달해 NTAPI 함수를 호출해야 한다.

두 번째 인자는 모든 정보를 저장할 버퍼의 포인터다.

결국 `NtQuerySystemInformation(0, ?, ?, ?)` 함수 호출을 모두 찾아야 한다. IDA에서 taskmgr.exe를 열어보자.

마이크로소프트 실행 파일을 분석할 때 IDA가 좋은 점은 대응되는 PDB 파일을 다운로드해 모든 함수명을 추가할 수 있다는 사실이다.

작업 관리자는 C++로 작성한 것으로 보이며, 일부 함수와 클래스는 이름만으로도 동작을 충분히 짐작할 수 있다. 예를 들어 `CAdapter`, `CNetPage`, `CPerfPage`, `CProcInfo`, `PRocPage`, `CSvcPage`, `CTaskPage`, `CUserPage` 등의 클래스가 존재하는데, 이들은 작업 관리자의 각 탭에 해당하는 클래스임에 분명하다.

`NtQuerySystemInformation()` 함수를 호출하는 부분을 모두 살펴보면서 첫 번째 함

수 인자로 어떤 값이 전달되는지 주석으로 달아보자. 'not zero(0이 아님)'라고 기록한 부분은 인자가 분명히 0은 아니지만 뭔가 완전히 다른 값(이에 대해서는 이후에 설명한다)을 사용하는 경우다. 현재 관심 있는 것은 인자 값이 0인 경우다.

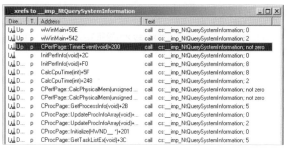

그림 8.1: IDA: NtQuerySystemInformation() 함수에 대한 상호 참조

그림을 보면 알겠지만 정말로 이름만 보면 그 역할을 알 수 있다.

NtQuerySystemInformation(0, ?, ?, ?)가 호출되는 부분을 자세히 살펴보면 InitPerfInfo() 함수를 조정하면 될 것이라는 것을 빠르게 알 수 있다.

리스트 8.1: taskmgr.exe(윈도우 비스타)

```
.text:10000B4B3        xor      r9d, r9d
.text:10000B4B6        lea      rdx, [rsp+0C78h+var_C58]    ; buffer
.text:10000B4BB        xor      ecx, ecx
.text:10000B4BD        lea      ebp, [r9+40h]
.text:10000B4C1        mov      r8d, ebp
.text:10000B4C4        call     cs:__imp_NtQuerySystemInformation ; 0
.text:10000B4CA        xor      ebx, ebx
.text:10000B4CC        cmp      eax, ebx
.text:10000B4CE        jge      short loc_10000B4D7
.text:10000B4D0
.text:10000B4D0 loc_10000B4D0:                  ; CODE XREF: InitPerfInfo(void)+97
.text:10000B4D0                                 ; InitPerfInfo(void)+AF
.text:10000B4D0        xor      al, al
.text:10000B4D2        jmp      loc_10000B5EA
.text:10000B4D7 ; --------------------------------------------------------------------
.text:10000B4D7
.text:10000B4D7 loc_10000B4D7:                  ; CODE XREF: InitPerfInfo(void)+36
.text:10000B4D7        mov      eax, [rsp+0C78h+var_C50]
.text:10000B4DB        mov      esi, ebx
.text:10000B4DD        mov      r12d, 3E80h
.text:10000B4E3        mov      cs:?g_PageSize@@3KA, eax    ; ulong g_PageSize
.text:10000B4E9        shr      eax, 0Ah
```

```
.text:10000B4EC        lea      r13, __ImageBase
.text:10000B4F3        imul     eax, [rsp+0C78h+var_C4C]
.text:10000B4F8        cmp      [rsp+0C78h+var_C20], bpl
.text:10000B4FD        mov      cs:?g_MEMMax@@3_JA, rax        ; __int64 g_MEMMax
.text:10000B504        movzx    eax, [rsp+0C78h+var_C20]       ; number of CPUs
.text:10000B509        cmova    eax, ebp
.text:10000B50C        cmp      al, bl
.text:10000B50E        mov      cs:?g_cProcessors@@3EA, al     ; uchar g_cProcessors
```

g_cProcessors는 전역 변수로, 이름은 IDA가 마이크로소프트 심볼 서버에서 받은
PDB를 기반으로 지정한 것이다.

var_C20에서 바이트를 가져온다. var_C58은 NtQuerySystemInformation()에 결과를
수신할 버퍼의 포인터로 전달된다. 0xC20과 0xC58의 차이는 0x38(56)이다.

MSDN을 참고해 함수가 리턴하는 구조체의 형식을 알아보자.

```
typedef struct _SYSTEM_BASIC_INFORMATION {
    BYTE Reserved1[24];
    PVOID Reserved2[4];
    CCHAR NumberOfProcessors;
} SYSTEM_BASIC_INFORMATION;
```

x64 시스템이므로 PVOID의 크기는 8바이트다.

그러므로 구조체의 reserved 필드는 (24 + 4) * 8 = 56바이트를 차지한다.

var_C20은 로컬 스택에서 SYSTEM_BASIC_INFORMATION 구조체의 NumberOfProcessors
필드가 위치하는 곳이다.

정확한 분석인지 확인해보자. (윈도우 Resource Protection이 패치한 taskmgr.exe을 복구하
지 않게) C:\Windows\System32에 있는 taskmgr.exe를 다른 폴더로 복사하자.

Hiew로 열어 해당 위치를 찾아보자.

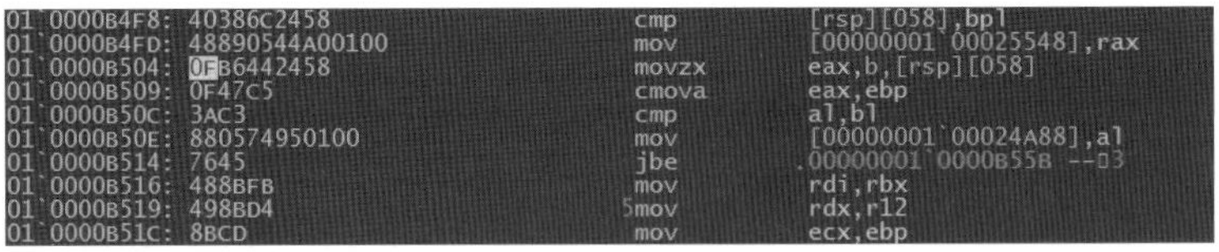

그림 8.2: Hiew: 패치할 위치 찾기

MOVZX 명령어를 변경해 64개의 CPU 코어가 있는 것처럼 만들어보자.

(새로운 명령어가 원래 명령어보다 짧기 때문에) NOP을 하나 추가했다.

```
00`0000A8F8: 40386C2458          cmp     [rsp][058],bpl
00`0000A8FD: 48890544A00100      mov     [000024948],rax
00`0000A904: 66B84000            mov     ax,00040 ;' @'
00`0000A908: 90                  nop
00`0000A909: 0F47C5              cmova   eax,ebp
00`0000A90C: 3AC3                cmp     al,bl
00`0000A90E: 880574950100        mov     [000023E88],al
00`0000A914: 7645                jbe     00000A95B
00`0000A916: 488BFB              mov     rdi,rbx
00`0000A919: 498BD4              mov     rdx,r12
00`0000A91C: 8BCD                mov     ecx,ebp
```

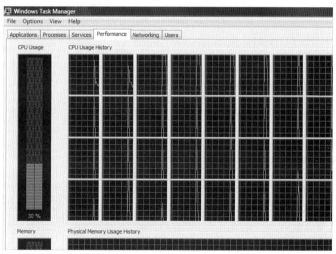

그림 8.3: Hiew: 패치

올바로 동작한다. 물론 그래프의 데이터는 정확한 것이 아니다. 작업 관리자는 경우에 따라 100% 이상의 전체 CPU 로드를 보여주기도 한다.

그림 8.4: 윈도우 작업 관리자 속이기

64보다 큰 값을 지정하면 작업 관리자가 비정상 종료되기 때문에 64라는 값을 사용했다. 개발자가 굉장히 많은 수의 코어가 설치된 컴퓨터에서 윈도우 비스타의 작업 관리자를 테스트하지 않았음에 틀림없다. 작업 관리자 내부의 정적 자료 구조 어딘가에 코어의 개수를 64개로 제한하는 부분이 존재할 수 있다.

8.1.1 LEA를 사용한 값 로딩

taskmgr.exe는 MOV 대신 LEA를 사용해 NtQuerySystemInformation()의 첫 번째 인자를 설정하는 경우도 있다.

```
        xor     r9d, r9d
        div     dword ptr [rsp+4C8h+WndClass.lpfnWndProc]
        lea     rdx, [rsp+4C8h+VersionInformation]
        lea     ecx, [r9+2]      ; ECX에 2 저장
        mov     r8d, 138h
        mov     ebx, eax
; ECX=SystemPerformanceInformation
        call    cs:__imp_NtQuerySystemInformation ; 2
        ...
        mov     r8d, 30h
        lea     r9, [rsp+298h+var_268]
        lea     rdx, [rsp+298h+var_258]
        lea     ecx, [r8-2Dh]    ; ECX에 3 저장
; ECX=SystemTimeOfDayInformation
        call    cs:__imp_NtQuerySystemInformation ; not zero
        ...
        mov     rbp, [rsi+8]
        mov     r8d, 20h
        lea     r9, [rsp+98h+arg_0]
        lea     rdx, [rsp+98h+var_78]
        lea     ecx, [r8+2Fh]    ; ECX에 0x4F 저장
        mov     [rsp+98h+var_60], ebx
        mov     [rsp+98h+var_68], rbp
; ECX=SystemSuperfetchInformation
        call    cs:__imp_NtQuerySystemInformation ; 0이 아님
```

MOV REG, 5(5바이트)보다 LEA 명령어의 코드(4바이트)가 더 작기 때문에 MSVC는 종종 이런 코드를 생성한다.

LEA 명령어에 사용되는 오프셋의 범위가 **-128::127**이기 때문에 1바이트만으로 설정할 수 있기 때문이다.

LEA를 사용해 값을 로딩하는 예제는 6.1.5절에서도 볼 수 있다.

8.2 Color Lines 게임 속이기

Color Lines는 매우 인기 있는 게임으로 다양한 구현이 있다. 여기서는 1997년에 출시된 BallTrix를 분석할 것이다. 이 게임은 https://web.archive.org/web/2014111005 3442/http://www.download-central.ws/Win32/Games/B/BallTriX/ 또는 http://www.

benya.com/balltrix/에서 무료로 받을 수 있다. 게임 실행 화면은 다음과 같다.

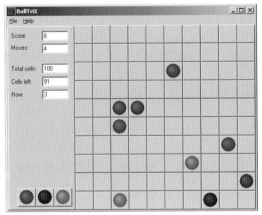

그림 8.5: 게임 실행 화면

이 게임의 난수 발생기를 찾아 변경할 수 있는지 살펴보자. IDA는 balltrix.exe의
0x00403DA0에서 사용하는 표준 _rand 함수를 재빨리 인식할 뿐만 아니라 이 함수를
호출하는 곳이 한 곳뿐이라는 사실도 알려준다.

```
.text:00402C9C sub_402C9C        proc near            ; CODE XREF: sub_402ACA+52
.text:00402C9C                                        ; sub_402ACA+64 ...
.text:00402C9C
.text:00402C9C arg_0             = dword ptr 8
.text:00402C9C
.text:00402C9C                   push    ebp
.text:00402C9D                   mov     ebp, esp
.text:00402C9F                   push    ebx
.text:00402CA0                   push    esi
.text:00402CA1                   push    edi
.text:00402CA2                   mov     eax, dword_40D430
.text:00402CA7                   imul    eax, dword_40D440
.text:00402CAE                   add     eax, dword_40D5C8
.text:00402CB4                   mov     ecx, 32000
.text:00402CB9                   cdq
.text:00402CBA                   idiv    ecx
.text:00402CBC                   mov     dword_40D440, edx
.text:00402CC2                   call    _rand
.text:00402CC7                   cdq
.text:00402CC8                   idiv    [ebp+arg_0]
.text:00402CCB                   mov     dword_40D430, edx
.text:00402CD1                   mov     eax, dword_40D430
.text:00402CD6                   jmp     $+5
```

```
.text:00402CDB                  pop       edi
.text:00402CDC                  pop       esi
.text:00402CDD                  pop       ebx
.text:00402CDE                  leave
.text:00402CDF                  retn
.text:00402CDF sub_402C9C       endp
```

그 함수를 "random"이라고 하자. 함수 코드 분석은 일단 미뤄두고 해당 함수를 참조하는 세 부분 중에서 먼저 두 부분을 분석해보자.

```
.text:00402B16                  mov       eax, dword_40C03C ; 10 here
.text:00402B1B                  push      eax
.text:00402B1C                  call      random
.text:00402B21                  add       esp, 4
.text:00402B24                  inc       eax
.text:00402B25                  mov       [ebp+var_C], eax
.text:00402B28                  mov       eax, dword_40C040  ; 10
.text:00402B2D                  push      eax
.text:00402B2E                  call      random
.text:00402B33                  add       esp, 4
```

마지막 세 번째 부분은 다음과 같다.

```
.text:00402BBB                  mov       eax, dword_40C058 ; 5 here
.text:00402BC0                  push      eax
.text:00402BC1                  call      random
.text:00402BC6                  add       esp, 4
.text:00402BC9                  inc       eax
```

함수의 인자는 하나뿐이다. 처음 두 경우에는 10을, 마지막에는 5를 인자로 전달한다. 우리는 게임 보드의 크기가 10*10이며 5개의 색상이 존재한다는 사실을 알고 있다. 바로 그거다. 표준 rand() 함수는 0..0x7FFF 사이의 숫자를 리턴하는데, 그 값이 범위에 포함되지 않은 경우가 많다. 그래서 많은 프로그래머는 특정 범위의 난수를 리턴하는 자신만의 난수 함수를 구현한다. 이 게임의 경우 0..n-1 사이의 난수가 필요하며 n을 유일한 인자로 하는 함수를 전달한다. 디버거로 이 사실을 쉽게 확인할 수 있다.

세 번째 함수가 항상 0을 리턴하도록 수정해보자. 우선 명령어 세 개(PUSH/CALL/ADD)를 NOP으로 대체하고 XOR EAX, EAX 명령어를 추가해 EAX 레지스터 값을 0으로 만들 것이다.

```
.00402BB8: 83C410          add     esp,010
.00402BBB: A158C04000      mov     eax,[00040C058]
.00402BC0: 31C0            xor     eax,eax
.00402BC2: 90              nop
.00402BC3: 90              nop
.00402BC4: 90              nop
.00402BC5: 90              nop
.00402BC6: 90              nop
.00402BC7: 90              nop
.00402BC8: 90              nop
.00402BC9: 40              inc     eax
.00402BCA: 8B4DF8          mov     ecx,[ebp][-8]
.00402BCD: 8D0C49          lea     ecx,[ecx][ecx]*2
.00402BD0: 8B15F4D54000    mov     edx,[00040D5F4]
```

다시 말해 random() 함수를 호출하는 코드를 항상 0을 리턴하는 코드로 바꾼 것이다. 수정한 것을 실행해보자.

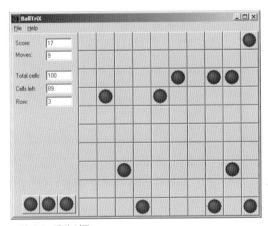

그림 8.6: 해킹 성공

성공이다(필자는 직장 동료들이 이 게임을 그만했으면 하는 바람에서 재미 삼아 해킹했지만 동료들은 멈추지 않았다).

random() 함수의 인자가 전역 변수인 이유는 뭘까? 게임 설정에서 보드 크기를 변경할 수 있으므로 10이라는 값을 하드 코딩할 수 없기 때문이다. 10과 5는 기본값에 불과하다.

8.3 지뢰 찾기(윈도우 XP)

지뢰 찾기 게임을 잘하지 못하는 사람들을 위해 디버거로 숨겨진 지뢰를 찾아보자.

모두 알다시피 지뢰 찾기는 무작위로 지뢰를 배치하므로 일종의 난수 발생기를 사용하거나 표준 rand() C 함수를 호출할 것이다.

마이크로소프트 제품을 리버싱할 때 정말 편리한 점은 심볼(함수명 등)이 담긴 PDB 파일이 존재한다는 사실이다. winmine.exe를 IDA에서 열면 IDA는 이 실행 파일용 PDB 파일을 다운로드하고 모든 이름을 추가해준다.

디스어셈블된 코드를 분석해보자. rand()를 호출하는 유일한 함수는 다음과 같다.

```
.text:01003940 ; __stdcall Rnd(x)
.text:01003940 _Rnd@4          proc near               ; CODE XREF: StartGame()+53
.text:01003940                                         ; StartGame()+61
.text:01003940
.text:01003940 arg_0           = dword ptr 4
.text:01003940
.text:01003940                 call    ds:__imp__rand
.text:01003946                 cdq
.text:01003947                 idiv    [esp+arg_0]
.text:0100394B                 mov     eax, edx
.text:0100394D                 retn    4
.text:0100394D _Rnd@4          endp
```

IDA가 지정한 이름은 지뢰 찾기 개발자들이 사용한 이름이다. 함수는 매우 간단하다.

```
int Rnd(int limit)
{
    return rand() % limit;
};
```

(PDB 파일에 limit라는 이름은 없다. 필자기 인자 이름을 정한 것이다)

이 함수는 0에서 인자로 들어온 limit 값 사이의 난수를 리턴한다.

그리고 Rnd() 함수는 StartGame()이라는 함수에서만 호출한다. 해당 함수의 코드를 보면 지뢰를 배치하는 코드를 정확히 확인할 수 있다.

```
.text:010036C7                push    _xBoxMac
.text:010036CD                call    _Rnd@4              ; Rnd(x)
.text:010036D2                push    _yBoxMac
.text:010036D8                mov     esi, eax
.text:010036DA                inc     esi
.text:010036DB                call    _Rnd@4              ; Rnd(x)
.text:010036E0                inc     eax
.text:010036E1                mov     ecx, eax
.text:010036E3                shl     ecx, 5             ; ECX=ECX*32
.text:010036E6                test    _rgBlk[ecx+esi], 80h
.text:010036EE                jnz     short loc_10036C7
.text:010036F0                shl     eax, 5             ; EAX=EAX*32
.text:010036F3                lea     eax, _rgBlk[eax+esi]
.text:010036FA                or  byte ptr [eax], 80h
.text:010036FD                dec     _cBombStart
.text:01003703                jnz     short loc_10036C7
```

지뢰 찾기에서는 보드의 크기를 변경할 수 있으므로 보드의 X(xBoxMac)와 Y(yBoxMac)를 전역 변수로 선언했다. 이 두 값을 Rnd()로 전달해 지뢰의 무작위 좌표를 생성한다. 지뢰의 위치는 0x010036FA의 OR 명령어에 의해 결정된다. 해당 좌표에 이미 지뢰가 존재하면(두 번의 Rnd() 호출로 생성한 좌표가 이전에 생성한 좌표와 동일할 수 있다) 0x010036E6의 TEST와 JNZ 명령어를 통해 좌표 생성 루틴으로 다시 점프한다.

cBombStart는 전체 지뢰 개수를 담고 있는 전역 변수다. 결과적으로 이 코드는 루프다.

그리고 배열의 길이는 32다(좌표 값에 32를 곱하는 SHL 명령어를 보면 이 사실을 알아낼 수 있다).

전역 배열 rgBlk의 크기는 데이터 세그먼트에서 rgBlk 레이블과 다음 레이블의 차이만 계산하면 쉽게 알 수 있는데, 값은 0x360(864)이다.

```
.data:01005340 _rgBlk    db 360h dup(?)        ; DATA XREF: MainWndProc(x,x,x,x)+574
.data:01005340                                 ; DisplayBlk(x,x)+23
.data:010056A0 _Preferences    dd ?            ; DATA XREF: FixMenus()+2
...
```

864/32 = 27이다.

그래서 배열의 크기가 27*32일까? 이는 지뢰 찾기 설정에서 알아낼 수 있는 값과 가깝다. 게임 설정에서 보드 크기를 100*100으로 설정하면 실제 크기는 24*30으로 변경된다. 따라서 24*30이 최대 보드 크기인 것이다. 그리고 배열의 크기는 임의의 보드 크기를 지원하는 최댓값으로 고정된 셈이다.

이 모든 걸 OllyDbg에서 확인해보자. 지뢰 찾기를 실행하고 OllyDbg를 붙인 후 rgBlk 배열의 주소(0x01005340)에 해당하는 메모리 덤프를 살펴보자.[1]

배열의 메모리 덤프는 다음과 같다.

```
주소        16진수 덤프
01005340    10 10 10 10|10 10 10 10|10 10 10 0F|0F 0F 0F 0F|
01005350    0F 0F 0F 0F|0F 0F 0F 0F|0F 0F 0F 0F|0F 0F 0F 0F|
01005360    10 0F 0F 0F|0F 0F 0F 0F|0F 0F 10 0F|0F 0F 0F 0F|
01005370    0F 0F 0F 0F|0F 0F 0F 0F|0F 0F 0F 0F|0F 0F 0F 0F|
01005380    10 0F 0F 0F|0F 0F 0F 0F|0F 0F 10 0F|0F 0F 0F 0F|
01005390    0F 0F 0F 0F|0F 0F 0F 0F|0F 0F 0F 0F|0F 0F 0F 0F|
010053A0    10 0F 0F 0F|0F 0F 0F 8F|0F 10 0F 0F|0F 0F 0F 0F|
010053B0    0F 0F 0F 0F|0F 0F 0F 0F|0F 0F 0F 0F|0F 0F 0F 0F|
010053C0    10 0F 0F 0F|0F 0F 0F 0F|0F 0F 10 0F|0F 0F 0F 0F|
010053D0    0F 0F 0F 0F|0F 0F 0F 0F|0F 0F 0F 0F|0F 0F 0F 0F|
010053E0    10 0F 0F 0F|0F 0F 0F 0F|0F 0F 10 0F|0F 0F 0F 0F|
010053F0    0F 0F 0F 0F|0F 0F 0F 0F|0F 0F 0F 0F|0F 0F 0F 0F|
01005400    10 0F 0F 8F|0F 0F 8F 0F|0F 0F 10 0F|0F 0F 0F 0F|
01005410    0F 0F 0F 0F|0F 0F 0F 0F|0F 0F 0F 0F|0F 0F 0F 0F|
01005420    10 8F 0F 0F|8F 0F 0F 0F|0F 0F 10 0F|0F 0F 0F 0F|
01005430    0F 0F 0F 0F|0F 0F 0F 0F|0F 0F 0F 0F|0F 0F 0F 0F|
01005440    10 8F 0F 0F|0F 0F 8F 0F|0F 8F 10 0F|0F 0F 0F 0F|
01005450    0F 0F 0F 0F|0F 0F 0F 0F|0F 0F 0F 0F|0F 0F 0F 0F|
01005460    10 0F 0F 0F|0F 8F 0F 0F|0F 8F 10 0F|0F 0F 0F 0F|
01005470    0F 0F 0F 0F|0F 0F 0F 0F|0F 0F 0F 0F|0F 0F 0F 0F|
01005480    10 10 10 10|10 10 10 10|10 10 10 0F|0F 0F 0F 0F|
01005490    0F 0F 0F 0F|0F 0F 0F 0F|0F 0F 0F 0F|0F 0F 0F 0F|
010054A0    0F 0F 0F 0F|0F 0F 0F 0F|0F 0F 0F 0F|0F 0F 0F 0F|
010054B0    0F 0F 0F 0F|0F 0F 0F 0F|0F 0F 0F 0F|0F 0F 0F 0F|
010054C0    0F 0F 0F 0F|0F 0F 0F 0F|0F 0F 0F 0F|0F 0F 0F 0F|
```

다른 16진수 에디터와 마찬가지로 OllyDbg는 한 줄에 16바이트씩 출력한다. 따라서 배열의 32바이트 행은 정확히 2줄을 차지한다.

이 덤프는 초급(9*9 보드)으로 설정한 경우다. 시각적으로도 정방형의 구조를 확인할 수 있다(0x10바이트).

OllyDbg에서 Run을 클릭해 지뢰 찾기 프로세스의 실행을 재개한 후 지뢰 찾기 창에서

---

1. 다음의 모든 주소는 윈도우 XP SP3 영문판에 포함된 지뢰 찾기의 값이다. 서비스 팩에 따라 주소 값이 달라질 수 있다.

임의의 위치를 클릭해보자. 지뢰를 클릭했지만 모든 지뢰의 위치도 볼 수 있다.

그림 8.7: 지뢰

메모리 덤프와 지뢰의 위치를 비교하면 0x10이 경계, 0x0F는 빈 블록, 0x8F는 지뢰를
의미한다는 사실을 알 수 있다.

메모리 덤프에 주석을 추가하고 0x8F바이트를 대괄호로 표시해보자.

```
경계:
01005340   10 10 10 10 10 10 10 10 10 10 10 0F 0F 0F 0F 0F
01005350   0F 0F 0F 0F 0F 0F 0F 0F 0F 0F 0F 0F 0F 0F 0F 0F
라인 #1:
01005360   10 0F 0F 0F 0F 0F 0F 0F 0F 0F 10 0F 0F 0F 0F 0F
01005370   0F 0F 0F 0F 0F 0F 0F 0F 0F 0F 0F 0F 0F 0F 0F 0F
라인 #2:
01005380   10 0F 0F 0F 0F 0F 0F 0F 0F 0F 10 0F 0F 0F 0F 0F
01005390   0F 0F 0F 0F 0F 0F 0F 0F 0F 0F 0F 0F 0F 0F 0F 0F
라인 #3:
010053A0   10 0F 0F 0F 0F 0F 0F 0F[8F]0F 10 0F 0F 0F 0F 0F
010053B0   0F 0F 0F 0F 0F 0F 0F 0F 0F 0F 0F 0F 0F 0F 0F 0F
라인 #4:
010053C0   10 0F 0F 0F 0F 0F 0F 0F 0F 0F 10 0F 0F 0F 0F 0F
010053D0   0F 0F 0F 0F 0F 0F 0F 0F 0F 0F 0F 0F 0F 0F 0F 0F
라인 #5:
010053E0   10 0F 0F 0F 0F 0F 0F 0F 0F 0F 10 0F 0F 0F 0F 0F
010053F0   0F 0F 0F 0F 0F 0F 0F 0F 0F 0F 0F 0F 0F 0F 0F 0F
라인 #6:
01005400   10 0F 0F[8F]0F 0F[8F]0F 0F 0F 10 0F 0F 0F 0F 0F
01005410   0F 0F 0F 0F 0F 0F 0F 0F 0F 0F 0F 0F 0F 0F 0F 0F
라인 #7:
01005420   10[8F]0F 0F[8F]0F 0F 0F 0F 0F 10 0F 0F 0F 0F 0F
01005430   0F 0F 0F 0F 0F 0F 0F 0F 0F 0F 0F 0F 0F 0F 0F 0F
라인 #8:
```

```
01005440    10[8F]0F 0F 0F 0F[8F]0F 0F[8F]10 0F 0F 0F 0F 0F
01005450    0F 0F 0F 0F 0F 0F 0F 0F 0F 0F 0F 0F 0F 0F 0F 0F
라인 #9:
01005460    10 0F 0F 0F 0F[8F]0F 0F 0F[8F]10 0F 0F 0F 0F 0F
01005470    0F 0F 0F 0F 0F 0F 0F 0F 0F 0F 0F 0F 0F 0F 0F 0F
경계:
01005480    10 10 10 10 10 10 10 10 10 10 10 0F 0F 0F 0F 0F
01005490    0F 0F 0F 0F 0F 0F 0F 0F 0F 0F 0F 0F 0F 0F 0F 0F
```

이제 모든 경계 바이트(0x10)를 제거하면 다음과 같이 된다.

```
0F 0F 0F 0F 0F 0F 0F 0F 0F
0F 0F 0F 0F 0F 0F 0F 0F 0F
0F 0F 0F 0F 0F 0F 0F[8F]0F
0F 0F 0F 0F 0F 0F 0F 0F 0F
0F 0F 0F 0F 0F 0F 0F 0F 0F
0F 0F[8F]0F 0F[8F]0F 0F 0F
[8F]0F 0F[8F]0F 0F 0F 0F 0F
[8F]0F 0F 0F 0F[8F]0F 0F[8F]
0F 0F 0F 0F[8F]0F 0F 0F[8F]
```

이제 지뢰의 위치를 스크린샷과 쉽게 비교할 수 있다.

흥미로운 점은 OllyDbg를 이용하면 이 배열을 바로 수정할 수 있다는 것이다. 즉, 모든 0x8F바이트를 0x0F로 수정하는 방법으로 모든 지뢰를 제거할 수 있다. 결과는 다음과 같다.

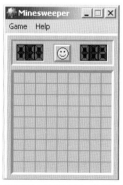

그림 8.8: 디버거를 이용해 모든 지뢰를 제거한 모습

지뢰를 모두 제거한 다음 첫 번째 줄에만 지뢰를 추가할 수도 있다.

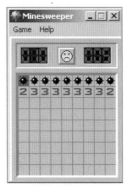

그림 8.9: 디버거를 이용해 지뢰를 추가한 모습

디버거는 특정 자료 구조를 모니터링하는 작업에는(지뢰의 위치를 알아내고자 하는 목적) 적합하지 않다. 따라서 지뢰 찾기 보드의 내용을 덤프하는 간단한 유틸리티를 직접 작성했다.

```
// 윈도우 XP 지뢰 찾기 치팅 도구
// 작성자: dennis(a)yurichev.com(http://beginners.re/ 예제용)
#include <windows.h>
#include <assert.h>
#include <stdio.h>

int main (int argc, char * argv[])
{
    int i, j;
    HANDLE h;
    DWORD PID, address, rd;
    BYTE board[27][32];

    if (argc!=3)
    {
        printf ("Usage: %s <PID> <address>\n", argv[0]);
        return 0;
    };

    assert (argv[1]!=NULL);
    assert (argv[2]!=NULL);

    assert (sscanf (argv[1], "%d", &PID)==1);
    assert (sscanf (argv[2], "%x", &address)==1);

    h=OpenProcess (PROCESS_VM_OPERATION | PROCESS_VM_READ | PROCESS_VM_WRITE, FALSE, PID);

    if (h==NULL)
    {
        DWORD e=GetLastError();
```

```
        printf ("OpenProcess error: %08X\n", e);
        return 0;
    };

    if (ReadProcessMemory (h, (LPVOID)address, board, sizeof(board), &rd)!=TRUE)
    {
        printf ("ReadProcessMemory() failed\n");
        return 0;
    };

    for (i=1; i<26; i++)
    {
        if (board[i][0]==0x10 && board[i][1]==0x10)
            break;  // 보드의 끝
        for (j=1; j<31; j++)
        {
            if (board[i][j]==0x10)
                break;  // 보드 경계
            if (board[i][j]==0x8F)
                printf ("*");
            else
                printf (" ");
        };
        printf ("\n");
    };

    CloseHandle (h);
};
```

PID$^{Program/process\ ID}$(PID는 작업 관리자에서 확인할 수 있다(보기 ❭ 열 선택))와 배열의 주소(윈도우 XP SP3 영문판의 경우 `0x01005340`)만 설정하면 지뢰 배열이 출력 된다.[2]

이 프로그램은 PID를 이용해 Win32 프로세스에 접근한 후 해당 주소의 프로세스 메모리를 읽는다.

8.3.1 자동으로 배열의 주소 찾기

유틸리티를 실행할 때마다 주소를 설정하는 것은 귀찮은 일이다. 또한 지뢰 찾기 게임 버전마다 배열의 주소는 달라질 수 있다.

하지만 항상 경계(`0x10`바이트)가 있다는 사실을 알고 있으면 메모리에서 배열의 주소

---

2. 컴파일한 실행 파일은 http://beginners.re/examples/minesweeper_WinXP/minesweeper_cheater.exe에서 받을 수 있다.

```
// 주소를 결정하기 위한 프레임 찾기
process_mem=(BYTE*)malloc(process_mem_size);
assert (process_mem!=NULL);

if (ReadProcessMemory (h, (LPVOID)start_addr, process_mem, process_mem_size, &rd)!=TRUE)
{
    printf ("ReadProcessMemory() failed\n");
    return 0;
};

// 크기가 9*9인 경우
// 좀 더 빠르게 검색하는 방법으로 개선이 필요함
for (i=0; i<process_mem_size; i++)
{
    if (memcmp(process_mem+i,
"\x10\x10\x10\x10\x10\x10\x10\x10\x10\x10\x10\x0F\x0F\x0F\x0F\x0F\x0F\x0F\x0F\x0F\
\x0F\x0F\x0F\x0F\x0F\x0F\x0F\x0F\x0F\x0F\x0F\x10", 32) ==0)
    {
        // 찾았다.
        address=start_addr+i;
        break;
    };
};

if (address==0)
{
    printf ("Can't determine address of frame (and grid)\n");
    return 0;
}
else
{
    printf ("Found frame and grid at 0x%x\n", address);
};
```

소스코드: https://github.com/DennisYurichev/RE-for-beginners/blob/master/examples/

minesweeper/minesweeper_cheater2.c

8.3.2 연습

- 배열에 경계 바이트(0x10)가 포함된 이유는 무엇일까? 지뢰 찾기 인터페이스
  에서는 보이지 않는 이 값의 목적은 무엇일까? 경계 바이트 구현하려면 어떻
  게 해야 할까?

- 지금까지 살펴본 값 외에도 배열에 설정할 수 있는 값이 있다(열린 블록, 사용자가 플래그를 설정한 블록 등). 어떤 값이 어떤 의미인지 알아내보자.
- 지뢰의 위치를 찾아주는 유틸리티를 수정해 현재 실행 중인 지뢰 찾기 프로세스의 지뢰를 모두 제거하거나 미리 정한 고정 패턴대로 지뢰가 위치하게 만들어보자.

8.4 윈도우 시계 해킹

때때로 필자는 동료들을 위해 일종의 장난을 치기도 한다.

윈도우 시계를 이용해 어떤 재미있는 것을 할 수 있는지 찾아보자. 시계 바늘이 거꾸로 보이게 만들 수 있을까?

상태 표시줄에서 시간을 클릭하면 일반적인 PE 파일인 C:\WINDOWS\SYSTEM32\TIMEDATE.CPL 모듈이 실행된다.

Resource Hacker로 해당 파일(윈도우 7)을 열어보면 시계 바늘이 아닌 시계의 몸통 이미지를 찾을 수 있다.

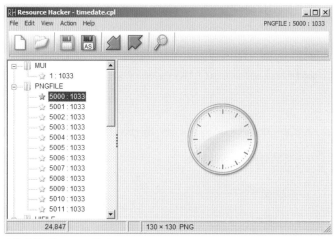

그림 8.10: Resource Hacker

그렇다면 시계 바늘은 어떻게 그리는 것일까? 시계 이미지 원의 가운데에서 시작해 시계 이미지의 경계까지 그릴 것이다. 따라서 원의 경계에 있는 점의 좌표를 계산해야 한다. 학교에서 배운 수학을 상기해보면 사인이나 코사인 함수와 제곱근을 이용해 그려야 한다는 것을 알 수 있다. 언뜻 보기에 TIMEDATE.CPL에는 그런 것이 없는 것처럼 보인다. 하지만 마이크로소프트의 PDB 파일 덕분에 Gdiplus::Graphics::DrawLine() 함수를 최소한 두 번 호출하는 CAnalogClock::DrawHand()라는 이름의 함수가 있는 것을 알 수 있다. 다음은 그 코드다.

```
.text:6EB9DBC7 ; private: enum Gdiplus::Status __thiscall CAnalogClock::_DrawHand(class
    Gdiplus::Graphics *, int, struct ClockHand const &, class Gdiplus::Pen *)
.text:6EB9DBC7 ?_DrawHand@CAnalogClock@@AAE?AW4Status@Gdiplus@@PAVGraphics@3
    @HABUClockHand@@PAVPen@3@@Z proc near
.text:6EB9DBC7         ; CODE XREF: CAnalogClock::_ClockPaint(HDC__ *)+163
.text:6EB9DBC7         ; CAnalogClock::_ClockPaint(HDC__ *)+18B
.text:6EB9DBC7
.text:6EB9DBC7 var_10         = dword ptr -10h
.text:6EB9DBC7 var_C          = dword ptr -0Ch
.text:6EB9DBC7 var_8          = dword ptr -8
.text:6EB9DBC7 var_4          = dword ptr -4
.text:6EB9DBC7 arg_0          = dword ptr 8
.text:6EB9DBC7 arg_4          = dword ptr 0Ch
.text:6EB9DBC7 arg_8          = dword ptr 10h
.text:6EB9DBC7 arg_C          = dword ptr 14h
.text:6EB9DBC7
.text:6EB9DBC7         mov     edi, edi
.text:6EB9DBC9         push    ebp
.text:6EB9DBCA         mov     ebp, esp
.text:6EB9DBCC         sub     esp, 10h
.text:6EB9DBCF         mov     eax, [ebp+arg_4]
.text:6EB9DBD2         push    ebx
.text:6EB9DBD3         push    esi
.text:6EB9DBD4         push    edi
.text:6EB9DBD5         cdq
.text:6EB9DBD6         push    3Ch
.text:6EB9DBD8         mov     esi, ecx
.text:6EB9DBDA         pop     ecx
.text:6EB9DBDB         idiv    ecx
.text:6EB9DBDD         push    2
.text:6EB9DBDF         lea     ebx, table[edx*8]
.text:6EB9DBE6         lea     eax, [edx+1Eh]
.text:6EB9DBE9         cdq
.text:6EB9DBEA         idiv    ecx
.text:6EB9DBEC         mov     ecx, [ebp+arg_0]
.text:6EB9DBEF         mov     [ebp+var_4], ebx
.text:6EB9DBF2         lea     eax, table[edx*8]
.text:6EB9DBF9         mov     [ebp+arg_4], eax
```

```
.text:6EB9DBFC                 call    ?SetInterpolationMode@Graphics@Gdiplus@@QAE?
        AW4Status@2@W4InterpolationMode@2@@Z ; Gdiplus::Graphics::SetInterpolationMode
        (Gdiplus::InterpolationMode)
.text:6EB9DC01                 mov     eax, [esi+70h]
.text:6EB9DC04                 mov     edi, [ebp+arg_8]
.text:6EB9DC07                 mov     [ebp+var_10], eax
.text:6EB9DC0A                 mov     eax, [esi+74h]
.text:6EB9DC0D                 mov     [ebp+var_C], eax
.text:6EB9DC10                 mov     eax, [edi]
.text:6EB9DC12                 sub     eax, [edi+8]
.text:6EB9DC15                 push    8000                ; nDenominator
.text:6EB9DC1A                 push    eax                 ; nNumerator
.text:6EB9DC1B                 push    dword ptr [ebx+4]   ; nNumber
.text:6EB9DC1E                 mov     ebx, ds:__imp__MulDiv@12 ; MulDiv(x,x,x)
.text:6EB9DC24                 call    ebx                 ; MulDiv(x,x,x) ; MulDiv(x,x,x)
.text:6EB9DC26                 add     eax, [esi+74h]
.text:6EB9DC29                 push    8000                ; nDenominator
.text:6EB9DC2E                 mov     [ebp+arg_8], eax
.text:6EB9DC31                 mov     eax, [edi]
.text:6EB9DC33                 sub     eax, [edi+8]
.text:6EB9DC36                 push    eax                 ; nNumerator
.text:6EB9DC37                 mov     eax, [ebp+var_4]
.text:6EB9DC3A                 push    dword ptr [eax]     ; nNumber
.text:6EB9DC3C                 call    ebx                 ; MulDiv(x,x,x) ; MulDiv(x,x,x)
.text:6EB9DC3E                 add     eax, [esi+70h]
.text:6EB9DC41                 mov     ecx, [ebp+arg_0]
.text:6EB9DC44                 mov     [ebp+var_8], eax
.text:6EB9DC47                 mov     eax, [ebp+arg_8]
.text:6EB9DC4A                 mov     [ebp+var_4], eax
.text:6EB9DC4D                 lea     eax, [ebp+var_8]
.text:6EB9DC50                 push    eax
.text:6EB9DC51                 lea     eax, [ebp+var_10]
.text:6EB9DC54                 push    eax
.text:6EB9DC55                 push    [ebp+arg_C]
.text:6EB9DC58                 call    ?DrawLine@Graphics@Gdiplus@@QAE?
        AW4Status@2@PBVPen@2@ABVPoint@2@1@Z ; Gdiplus::Graphics::DrawLine(Gdiplus::Pen
        const*,Gdiplus::Point const &,Gdiplus::Point const &)
.text:6EB9DC5D                 mov     ecx, [edi+8]
.text:6EB9DC60                 test    ecx, ecx
.text:6EB9DC62                 jbe     short loc_6EB9DCAA
.text:6EB9DC64                 test    eax, eax
.text:6EB9DC66                 jnz     short loc_6EB9DCAA
.text:6EB9DC68                 mov     eax, [ebp+arg_4]
.text:6EB9DC6B                 push    8000                ; nDenominator
.text:6EB9DC70                 push    ecx                 ; nNumerator
.text:6EB9DC71                 push    dword ptr [eax+4]   ; nNumber
.text:6EB9DC74                 call    ebx                 ; MulDiv(x,x,x) ; MulDiv(x,x,x)
```

```
.text:6EB9DC76                      add       eax, [esi+74h]
.text:6EB9DC79                      push      8000                      ; nDenominator
.text:6EB9DC7E                      push      dword ptr [edi+8]         ; nNumerator
.text:6EB9DC81                      mov       [ebp+arg_8], eax
.text:6EB9DC84                      mov       eax, [ebp+arg_4]
.text:6EB9DC87                      push      dword ptr [eax]           ; nNumber
.text:6EB9DC89                      call      ebx                       ; MulDiv(x,x,x) ; MulDiv(x,x,x)
.text:6EB9DC8B                      add       eax, [esi+70h]
.text:6EB9DC8E                      mov       ecx, [ebp+arg_0]
.text:6EB9DC91                      mov       [ebp+var_8], eax
.text:6EB9DC94                      mov       eax, [ebp+arg_8]
.text:6EB9DC97                      mov       [ebp+var_4], eax
.text:6EB9DC9A                      lea       eax, [ebp+var_8]
.text:6EB9DC9D                      push      eax
.text:6EB9DC9E                      lea       eax, [ebp+var_10]
.text:6EB9DCA1                      push      eax
.text:6EB9DCA2                      push      [ebp+arg_C]
.text:6EB9DCA5                      call      ?DrawLine@Graphics@Gdiplus@@QAE?
    AW4Status@2@PBVPen@2@ABVPoint@2@1@Z ; Gdiplus::Graphics::DrawLine(Gdiplus::Pen
    const*,Gdiplus::Point const &,Gdiplus::Point const &)
.text:6EB9DCAA
.text:6EB9DCAA loc_6EB9DCAA:    ; CODE XREF: CAnalogClock::_DrawHand(Gdiplus::Graphics*,
    int,ClockHand const &,Gdiplus::Pen *)+9B
.text:6EB9DCAA                              ; CAnalogClock::_DrawHand(Gdiplus::Graphics
    *,int,ClockHand const &,Gdiplus::Pen *)+9F
.text:6EB9DCAA                      pop       edi
.text:6EB9DCAB                      pop       esi
.text:6EB9DCAC                      pop       ebx
.text:6EB9DCAD                      leave
.text:6EB9DCAE                      retn      10h
.text:6EB9DCAE ?_DrawHand@CAnalogClock@@AAE?AW4Status@Gdiplus@@PAVGraphics@
    3@HABUClockHand@@PAVPen@3@@Z endp
.text:6EB9DCAE
```

DrawLine()에 전달되는 인자는 MulDiv() 함수의 결과와 table[](필자기 지정한 이름,
배열 요소의 크기 8바이트. LEA 명령의 두 번째 오퍼랜드 참고)에 의해 결정된다는 것을 알
수 있다.

그렇다면 table[]의 내용은 무엇일까?

```
.text:6EB87890 ; int table[]
.text:6EB87890 table          dd 0
.text:6EB87894                 dd 0FFFFE0C1h
.text:6EB87898                 dd 344h
```

```
.text:6EB8789C        dd 0FFFFE0ECh
.text:6EB878A0        dd 67Fh
.text:6EB878A4        dd 0FFFFE16Fh
.text:6EB878A8        dd 9A8h
.text:6EB878AC        dd 0FFFFE248h
.text:6EB878B0        dd 0CB5h
.text:6EB878B4        dd 0FFFFE374h
.text:6EB878B8        dd 0F9Fh
.text:6EB878BC        dd 0FFFFE4F0h
.text:6EB878C0        dd 125Eh
.text:6EB878C4        dd 0FFFFE6B8h
.text:6EB878C8        dd 14E9h
...
```

table[]은 DrawHand() 함수에서만 참조된다. 그리고 120개의 32비트 워드 또는 60개의 32비트 워드로 구성된다.

먼저 6쌍 또는 12개의 32비트 단어를 0으로 패치한 다음, 패치된 TIMEDATE.CPL을 C:\WINDOWS\SYSTEM32에 넣을 것이다(TIMEDATE.CPL 파일의 소유자를 TrustedInstaller 대신 기본 사용자 계정으로 설정하고 커맨드 프롬프트를 이용해 안전 보드로 부팅해 패치한 파일을 복사해 넣어야 한다).

그림 8.11: 실행 시도

실행시켜보면 시계 바늘이 0에서 5초/분에 도달하면 보이지 않게 된다. 하지만 초침의 반대(짧은) 부분은 보이고 움직인다. 그리고 시계 바늘이 0에서 5초/분 영역을 벗어나면 정상적으로 시계 바늘들이 보이게 된다.

이제는 Mathematica로 좀 더 깊이 테이블을 조사해보자. TIMEDATE.CPL의 테이블을

tbl 파일(480바이트)에 복사해 붙여 넣었다. 테이블 요소의 값들 중에서 절반이 0보다 작기 때문에(0FFFFE0C1h 등) 그것이 부호 있는 값이라는 사실을 자연히 알 수 있다. 부호 없는 값이라면 너무 큰 값일 것이다.

```
In[]:= tbl = BinaryReadList["~/.../tbl", "Integer32"]

Out[]= {0, -7999, 836, -7956, 1663, -7825, 2472, -7608, 3253, -7308, 3999, \
-6928, 4702, -6472, 5353, -5945, 5945, -5353, 6472, -4702, 6928, \
-4000, 7308, -3253, 7608, -2472, 7825, -1663, 7956, -836, 8000, 0, \
7956, 836, 7825, 1663, 7608, 2472, 7308, 3253, 6928, 4000, 6472, \
4702, 5945, 5353, 5353, 5945, 4702, 6472, 3999, 6928, 3253, 7308, \
2472, 7608, 1663, 7825, 836, 7956, 0, 7999, -836, 7956, -1663, 7825, \
-2472, 7608, -3253, 7308, -4000, 6928, -4702, 6472, -5353, 5945, \
-5945, 5353, -6472, 4702, -6928, 3999, -7308, 3253, -7608, 2472, \
-7825, 1663, -7956, 836, -7999, 0, -7956, -836, -7825, -1663, -7608, \
-2472, -7308, -3253, -6928, -4000, -6472, -4702, -5945, -5353, -5353, \
-5945, -4702, -6472, -3999, -6928, -3253, -7308, -2472, -7608, -1663, \
-7825, -836, -7956}

In[]:= Length[tbl]
Out[]= 120
```

두 개의 연속적인 32비트 값을 하나의 쌍으로 취급해보자.

```
In[]:= pairs = Partition[tbl, 2]
Out[]= {{0, -7999}, {836, -7956}, {1663, -7825}, {2472, -7608}, \
{3253, -7308}, {3999, -6928}, {4702, -6472}, {5353, -5945}, {5945, \
-5353}, {6472, -4702}, {6928, -4000}, {7308, -3253}, {7608, -2472}, \
{7825, -1663}, {7956, -836}, {8000, 0}, {7956, 836}, {7825, \
1663}, {7608, 2472}, {7308, 3253}, {6928, 4000}, {6472, \
4702}, {5945, 5353}, {5353, 5945}, {4702, 6472}, {3999, \
6928}, {3253, 7308}, {2472, 7608}, {1663, 7825}, {836, 7956}, {0, \
7999}, {-836, 7956}, {-1663, 7825}, {-2472, 7608}, {-3253, \
7308}, {-4000, 6928}, {-4702, 6472}, {-5353, 5945}, {-5945, \
5353}, {-6472, 4702}, {-6928, 3999}, {-7308, 3253}, {-7608, \
2472}, {-7825, 1663}, {-7956, 836}, {-7999, \
0}, {-7956, -836}, {-7825, -1663}, {-7608, -2472}, {-7308, -3253}, \
{-6928, -4000}, {-6472, -4702}, {-5945, -5353}, {-5353, -5945}, \
{-4702, -6472}, {-3999, -6928}, {-3253, -7308}, {-2472, -7608}, \
{-1663, -7825}, {-836, -7956}}

In[]:= Length[pairs]
Out[]= 60
```

그리고 각 쌍은 X/Y 좌표라고 가정해 60개의 쌍과 처음 15개의 쌍을 그려보자.

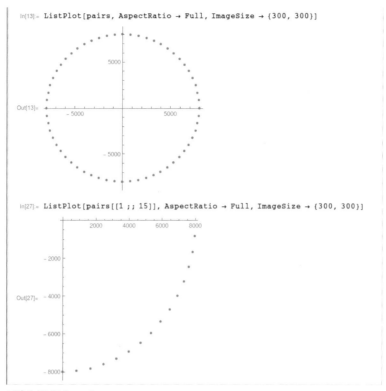

In[13]:= `ListPlot[pairs, AspectRatio → Full, ImageSize → {300, 300}]`

In[27]:= `ListPlot[pairs[[1 ;; 15]], AspectRatio → Full, ImageSize → {300, 300}]`

그림 8.12: Mathematica

무언가 알아낸 것 같다. 각각의 쌍은 좌표가 맞다. 처음 15개의 쌍은 원의 1/4에 대한 좌표인 것이다.

아마도 마이크로소프트 개발자는 모든 좌표를 미리 계산해 테이블 안에 저장해 놓은 것으로 보인다.

이제는 처음 6개의 쌍을 0으로 만들었을 때 해당 영역에서 시계 바늘이 보이지 않은 이유를 이해할 수 있게 됐다. 사실 시계 바늘들은 좌표가 0:0인 곳에서 테이블 안에 있는 좌표까지 그려지는 방식이었던 것이다.

장난

지금까지 알아낸 것을 바탕으로 시계 바늘이 거꾸로 보이게 만들려면 어떻게 해야 할까? 사실 그것은 간단하다. 단순히 테이블의 값을 회전시키기만 하면 된다. 즉, 0번째 좌표 대신 59번째 좌표에 그려지게 만들면 된다.

윈도우 2000용 시계 프로그램에 대한 패치를 오래전인 2000년 초에 만들었다. 그럼에 도 불구하고 윈도우 7에서도 정상적으로 동작한다. 아마도 시계 프로그램 안의 테이 블이 이후에 변경되지 않은 것으로 보인다.

패치를 수행하는 소스코드는 https://github.com/DennisYurichev/random_notes/blob/ master/timedate/time_pt.c에서 확인할 수 있다.

이제 시계의 모든 바늘이 거꾸로 보이는 것을 확인할 수 있다.

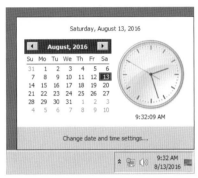

그림 8.13: 이제는 시계 바늘이 거꾸로 보임

책을 통해서는 시계가 움직이는 것을 보여줄 수 없지만 그림을 자세히 보면 시계 바늘 이 좌우로 반전돼 보이는 것을 확인할 수 있다.

윈도우 2000의 유출된 소스코드

윈도우 시계 프로그램을 패치한 이후에 윈도우 2000 소스코드가 유출됐다. 유출된 시 계 프로그램의 소스코드 파일은 win2k/private/shell/cpls/utc/clock.c다.

```
//
// Array containing the sine and cosine values for hand positions.
//
POINT rCircleTable[] =
{
    { 0, -7999},
    { 836, -7956},
    { 1663, -7825},
    { 2472, -7608},
```

```
    { 3253, -7308},
...
    { -4702, -6472},
    { -3999, -6928},
    { -3253, -7308},
    { -2472, -7608},
    { -1663, -7825},
    { -836 , -7956},
};
/////////////////////////////////////////////////////////////////////
//
// DrawHand
//
// Draws the hands of the clock.
//
/////////////////////////////////////////////////////////////////////
void DrawHand(
    HDC hDC,
    int pos,
    HPEN hPen,
    int scale,
    int patMode,
    PCLOCKSTR np)
{
    LPPOINT lppt;
    int radius;

    MoveTo(hDC, np->clockCenter.x, np->clockCenter.y);
    radius = MulDiv(np->clockRadius, scale, 100);
    lppt = rCircleTable + pos;
    SetROP2(hDC, patMode);
    SelectObject(hDC, hPen);

    LineTo( hDC,
        np->clockCenter.x + MulDiv(lppt->x, radius, 8000),
        np->clockCenter.y + MulDiv(lppt->y, radius, 8000) );
}
```

소스코드를 보면 시계에 사용되는 좌표가 미리 계산돼 있고, **MulDiv()** 함수를 사용해 현재 시계면의 반경으로 다시 조정된다는 것을 알 수 있다.

POINT(https://docs.microsoft.com/en-us/previous-versions//dd162805(v=vs.85)? redirectedfrom=MSDN)는 두 개의 32비트 값(첫 번째는 x, 두 번째는 y)으로 구성되는 구조체다.

8.5 동글

필자는 가끔 복사 방지를 위한 동글^{Dongles}을 대체하기 위한 소프트웨어나 '동글 에뮬레이터'를 작성한다. 여기서는 그런 예를 몇 가지 살펴볼 것이다.

이곳에서 다루지 않는 Rocket과 Z3는 https://yurichev.com/writings/SAT_SMT_by_example.pdf를 참고하기 바란다.

8.5.1 예제 #1: 맥OS Classic과 파워PC

이는 파워PC용 맥OS Classic(유닉스 이전의 맥OS)용 프로그램 예제다.

소프트웨어 제품을 개발한 회사가 오래 전에 문을 닫았기 때문에 (합법적인) 고객들은 물리적 동글이 손상될까 걱정해야 했다.

동글을 연결하지 않고 프로그램을 실행하면 'Invalid Security Device'라는 메시지 박스가 떴다. 다행히도 실행 바이너리 파일에서 해당 에러 메시지의 텍스트 문자열을 쉽게 찾을 수 있었다.

맥OS Classic과 파워PC를 잘 알지 못했지만 어쨌든 시도했다.

IDA로 실행 파일을 열면 'PEF (Mac OS or Be OS executable)'라는 메시지가 떠서 파일 포맷을 알 수 있다(실제로 해당 파일은 표준 맥OS Classic 파일 포맷이다).

에러 메시지에 해당하는 텍스트 문자열을 검색하다가 다음과 같은 코드에 도달했다.

```
...
seg000:000C87FC 38 60 00 01    li    %r3, 1
seg000:000C8800 48 03 93 41    bl    check1
seg000:000C8804 60 00 00 00    nop
seg000:000C8808 54 60 06 3F    clrlwi. %r0, %r3, 24
seg000:000C880C 40 82 00 40    bne   OK
seg000:000C8810 80 62 9F D8    lwz   %r3, TC_aInvalidSecurityDevice
...
```

이 코드는 파워PC용 코드다.

CPU는 1990년대의 전형적인 32비트 RISC 아키텍처고 모든 명령어의 길이가 (MIPS나

ARM처럼) 4바이트며, 명령어 이름은 어느 정도 MIPS와 유사하다.

check1()이라는 함수명은 내가 추후에 지정한 것이다. BL('Branch Link')은 분기 명령어로, 서브루틴 호출 등에 사용한다. 여기서 중요한 부분은 BNE 명령어로 동글 보호 검사를 통과하면 점프를 수행하지만, 그렇지 않으면 에러를 발생시킨다. 그리고 r3 레지스터에 텍스트 문자열의 주소를 로딩하고 메시지 박스 루틴으로 제어 흐름을 전달한다.

스티브 주커의 『SunSoft and Kari Karhi, IBM, SYSTEM V APPLICATION BINARY INTERFACE: PowerPC Processor Supplement』(1995)(http://yurichev.com/mirrors/PowerPC/elfspec_ppc.pdf)를 참고한 후 r3 레지스터를 사용해 값을 리턴한다는 사실을 알아냈다 (64비트 값의 경우에는 r4도 사용).

또 하나의 미지의 명령어는 CLRLWI다. 『PowerPC(tm) Microprocessor Family: The Programming Environments for 32-Bit Microprocessors』(2000)(http://yurichev.com/mirrors/PowerPC/6xx_pem.pdf)를 보고 이 명령어가 해제와 로딩을 모두 수행한다는 사실을 알게 됐다. 위 코드에서는 r3 값의 상위 24비트를 비우고 그것을 r0에 저장한다. x86의 MOVZX 명령어와 유사하지만(1.17.1절), 이 명령어는 플래그도 설정하기 때문에 BNE가 플래그를 기반으로 분기 여부를 판단할 수 있다.

check1() 함수를 살펴보자.

```
seg000:00101B40              check1: # CODE XREF: seg000:00063E7Cp
seg000:00101B40                      # sub_64070+160p ...
seg000:00101B40
seg000:00101B40              .set arg_8, 8
seg000:00101B40
seg000:00101B40 7C 08 02 A6      mflr    %r0
seg000:00101B44 90 01 00 08      stw     %r0, arg_8(%sp)
seg000:00101B48 94 21 FF C0      stwu    %sp, -0x40(%sp)
seg000:00101B4C 48 01 6B 39      bl      check2
seg000:00101B50 60 00 00 00      nop
seg000:00101B54 80 01 00 48      lwz     %r0, 0x40+arg_8(%sp)
seg000:00101B58 38 21 00 40      addi    %sp, %sp, 0x40
seg000:00101B5C 7C 08 03 A6      mtlr    %r0
seg000:00101B60 4E 80 00 20      blr
seg000:00101B60              # End of function check1
```

IDA에서 확인할 수 있듯이 프로그램 코드의 여러 부분에서 check1() 함수를 호출하지만 호출 직후에는 r3 레지스터 값만 검사한다.

이 함수는 사실 다른 함수를 호출해주는 thunk 함수다. check1() 함수에는 함수 프롤로그와 에필로그가 있지만 r3 레지스터를 건드리지 않기 때문에 check1() 함수는 check2() 함수가 리턴하는 값을 그대로 리턴한다.

BLR('(PowerPC) Branch to Link Register')은 함수에서의 복귀로 보이지만 IDA가 함수 레이아웃을 수행했기 때문에 이 명령어에 관심을 가질 필요는 없다.

실행 파일이 전형적인 RISC라서 ARM처럼 링크 레지스터를 사용해 서브루틴을 호출하는 것으로 보인다.

check2() 함수는 좀 더 복잡하다.

```
seg000:00118684                    check2:       # CODE XREF: check1+Cp
seg000:00118684
seg000:00118684                    .set var_18, -0x18
seg000:00118684                    .set var_C, -0xC
seg000:00118684                    .set var_8, -8
seg000:00118684                    .set var_4, -4
seg000:00118684                    .set arg_8, 8
seg000:00118684
seg000:00118684 93 E1 FF FC        stw     %r31, var_4(%sp)
seg000:00118688 7C 08 02 A6        mflr    %r0
seg000:0011868C 83 E2 95 A8        lwz     %r31, off_1485E8    # dword_24B704
seg000:00118690                    .using dword_24B704, %r31
seg000:00118690 93 C1 FF F8        stw     %r30, var_8(%sp)
seg000:00118694 93 A1 FF F4        stw     %r29, var_C(%sp)
seg000:00118698 7C 7D 1B 78        mr      %r29, %r3
seg000:0011869C 90 01 00 08        stw     %r0, arg_8(%sp)
seg000:001186A0 54 60 06 3E        clrlwi  %r0, %r3, 24
seg000:001186A4 28 00 00 01        cmplwi  %r0, 1
seg000:001186A8 94 21 FF B0        stwu    %sp, -0x50(%sp)
seg000:001186AC 40 82 00 0C        bne     loc_1186B8
seg000:001186B0 38 60 00 01        li      %r3, 1
seg000:001186B4 48 00 00 6C        b       exit
seg000:001186B8
seg000:001186B8                        loc_1186B8:   # CODE XREF: check2+28j
seg000:001186B8 48 00 03 D5        bl      sub_118A8C
seg000:001186BC 60 00 00 00        nop
seg000:001186C0 3B C0 00 00        li      %r30, 0
seg000:001186C4
```

```
seg000:001186C4                skip:           # CODE XREF: check2+94j
seg000:001186C4 57 C0 06 3F     clrlwi. %r0, %r30, 24
seg000:001186C8 41 82 00 18     beq     loc_1186E0
seg000:001186CC 38 61 00 38     addi    %r3, %sp, 0x50+var_18
seg000:001186D0 80 9F 00 00     lwz     %r4, dword_24B704
seg000:001186D4 48 00 C0 55     bl      .RBEFINDNEXT
seg000:001186D8 60 00 00 00     nop
seg000:001186DC 48 00 00 1C     b       loc_1186F8
seg000:001186E0
seg000:001186E0                loc_1186E0:      # CODE XREF: check2+44j
seg000:001186E0 80 BF 00 00     lwz     %r5, dword_24B704
seg000:001186E4 38 81 00 38     addi    %r4, %sp, 0x50+var_18
seg000:001186E8 38 60 08 C2     li      %r3, 0x1234
seg000:001186EC 48 00 BF 99     bl      .RBEFINDFIRST
seg000:001186F0 60 00 00 00     nop
seg000:001186F4 3B C0 00 01     li      %r30, 1
seg000:001186F8
seg000:001186F8                loc_1186F8:      # CODE XREF: check2+58j
seg000:001186F8 54 60 04 3F     clrlwi. %r0, %r3, 16
seg000:001186FC 41 82 00 0C     beq     must_jump
seg000:00118700 38 60 00 00     li      %r3, 0 # error
seg000:00118704 48 00 00 1C     b       exit
seg000:00118708
seg000:00118708                must_jump:       # CODE XREF: check2+78j
seg000:00118708 7F A3 EB 78     mr      %r3, %r29
seg000:0011870C 48 00 00 31     bl      check3
seg000:00118710 60 00 00 00     nop
seg000:00118714 54 60 06 3F     clrlwi. %r0, %r3, 24
seg000:00118718 41 82 FF AC     beq     skip
seg000:0011871C 38 60 00 01     li      %r3, 1
seg000:00118720
seg000:00118720                exit:            # CODE XREF: check2+30j
seg000:00118720                                 # check2+80j
seg000:00118720 80 01 00 58     lwz     %r0, 0x50+arg_8(%sp)
seg000:00118724 38 21 00 50     addi    %sp, %sp, 0x50
seg000:00118728 83 E1 FF FC     lwz     %r31, var_4(%sp)
seg000:0011872C 7C 08 03 A6     mtlr    %r0
seg000:00118730 83 C1 FF F8     lwz     %r30, var_8(%sp)
seg000:00118734 83 A1 FF F4     lwz     %r29, var_C(%sp)
seg000:00118738 4E 80 00 20     blr
seg000:00118738                # End of function check2
```

운이 좋게도 실행 파일(디버그 심볼 섹션? 이 파일 포맷을 잘 알지 못하기 때문에 아마도 PE의
export 섹션과 같은 것으로 보인다(6.5.2절))에 .RBEFINDNEXT()와 .RBEFINDFIRST() 같은
일부 함수의 이름이 남아있다.

이 함수들이 .GetNextDeviceViaUSB(), .USBSendPKT() 등의 함수들을 호출하는 것으로 볼 때 USB 장치를 처리하는 함수임에 틀림없다.

심지어 .GetNextEve3Device()라는 함수도 존재한다. 이는 익숙한 이름으로 1990년대 맥에 탑재된 ADB 포트용 동글 중에 Sentinel Eve3라는 것이 있었다.

일단 다른 건 다 무시하고 리턴 이전에 r3 레지스터를 어떻게 설정하는지만 알아보자.

r3 값 0이면 에러 메시지를 출력하는 메시지 박스 루틴이 실행된다는 사실은 이미 알고 있기 때문에 r3에 0이 아닌 값으로 설정되면 될 것이다.

함수를 보면 두 개의 명령어 li %r3, 1 명령어와 하나의 li %r3, 0 명령어가 있다는 것을 알 수 있다(Load Immediate, 즉 레지스터로 즉시 값을 로딩하는 명령어). 솔직히 말해 0x001186B0에 위치한 첫 번째 LI 명령어의 의미는 도저히 모르겠다.

하지만 다음 LI 명령어는 좀 더 쉽게 이해할 수 있다. .RBEFINDFIRST() 함수를 호출해 결과가 실패면 r3에 0을 기록하고 exit로 점프한다. 그렇지 않으면 check3()라는 또 다른 함수를 호출한다. 이 함수 또한 실패하면 .RBEFINDNEXT()를 호출해 (아마도) 다음 USB 장치를 찾는다.

참고: clrlwi. %r0, %r3, 16 명령어는 앞서 살펴본 것과 유사하지만 16비트를 비운다. 다시 말해 .RBEFINDFIRST()가 16비트 값을 리턴한다고 추측할 수 있다.

B(분기)는 무조건적 점프 명령어다.

BEQ는 BNE와 반대되는 명령어다.

check3() 함수를 확인해보자.

```
seg000:0011873C                    check3:      # CODE XREF: check2+88p
seg000:0011873C
seg000:0011873C                    .set var_18, -0x18
seg000:0011873C                    .set var_C, -0xC
seg000:0011873C                    .set var_8, -8
seg000:0011873C                    .set var_4, -4
seg000:0011873C                    .set arg_8, 8
seg000:0011873C
seg000:0011873C 93 E1 FF FC    stw      %r31, var_4(%sp)
seg000:00118740 7C 08 02 A6    mflr     %r0
```

```
seg000:00118744 38 A0 00 00      li       %r5, 0
seg000:00118748 93 C1 FF F8      stw      %r30, var_8(%sp)
seg000:0011874C 83 C2 95 A8      lwz      %r30, off_1485E8    # dword_24B704
seg000:00118750                  .using dword_24B704, %r30
seg000:00118750 93 A1 FF F4      stw      %r29, var_C(%sp)
seg000:00118754 3B A3 00 00      addi     %r29, %r3, 0
seg000:00118758 38 60 00 00      li       %r3, 0
seg000:0011875C 90 01 00 08      stw      %r0, arg_8(%sp)
seg000:00118760 94 21 FF B0      stwu     %sp, -0x50(%sp)
seg000:00118764 80 DE 00 00      lwz      %r6, dword_24B704
seg000:00118768 38 81 00 38      addi     %r4, %sp, 0x50+var_18
seg000:0011876C 48 00 C0 5D      bl       .RBEREAD
seg000:00118770 60 00 00 00      nop
seg000:00118774 54 60 04 3F      clrlwi.  %r0, %r3, 16
seg000:00118778 41 82 00 0C      beq      loc_118784
seg000:0011877C 38 60 00 00      li       %r3, 0
seg000:00118780 48 00 02 F0      b        exit
seg000:00118784
seg000:00118784            loc_118784:          # CODE XREF: check3+3Cj
seg000:00118784 A0 01 00 38      lhz      %r0, 0x50+var_18(%sp)
seg000:00118788 28 00 04 B2      cmplwi   %r0, 0x1100
seg000:0011878C 41 82 00 0C      beq      loc_118798
seg000:00118790 38 60 00 00      li       %r3, 0
seg000:00118794 48 00 02 DC      b        exit
seg000:001187D8 60 00 00 00      nop
seg000:001187DC 54 60 06 3E      clrlwi   %r0, %r3, 24
seg000:001187E0 2C 00 00 05      cmpwi    %r0, 5
seg000:001187E4 41 82 01 00      beq      loc_1188E4
seg000:001187E8 40 80 00 10      bge      loc_1187F8
seg000:001187EC 2C 00 00 04      cmpwi    %r0, 4
seg000:001187F0 40 80 00 58      bge      loc_118848
seg000:001187F4 48 00 01 8C      b        loc_118980
seg000:001187F8
seg000:001187F8            loc_1187F8:          # CODE XREF: check3+ACj
seg000:001187F8 2C 00 00 0B      cmpwi    %r0, 0xB
seg000:001187FC 41 82 00 08      beq      loc_118804
seg000:00118800 48 00 01 80      b        loc_118980
seg000:00118804
seg000:00118804            loc_118804:          # CODE XREF: check3+C0j
seg000:00118804 80 DE 00 00      lwz      %r6, dword_24B704
seg000:00118808 38 81 00 38      addi     %r4, %sp, 0x50+var_18
seg000:0011880C 38 60 00 08      li       %r3, 8
seg000:00118810 38 A0 00 00      li       %r5, 0
seg000:00118814 48 00 BF B5      bl       .RBEREAD
seg000:00118818 60 00 00 00      nop
seg000:0011881C 54 60 04 3F      clrlwi.  %r0, %r3, 16
seg000:00118820 41 82 00 0C      beq      loc_11882C
```

```
seg000:00118824 38 60 00 00     li      %r3, 0
seg000:00118828 48 00 02 48     b       exit
seg000:0011882C
seg000:0011882C                 loc_11882C:        # CODE XREF: check3+E4j
seg000:0011882C A0 01 00 38     lhz     %r0, 0x50+var_18(%sp)
seg000:00118830 28 00 11 30     cmplwi  %r0, 0xFEA0
seg000:00118834 41 82 00 0C     beq     loc_118840
seg000:00118838 38 60 00 00     li      %r3, 0
seg000:0011883C 48 00 02 34     b       exit
seg000:00118840
seg000:00118840                 loc_118840:        # CODE XREF: check3+F8j
seg000:00118840 38 60 00 01     li      %r3, 1
seg000:00118844 48 00 02 2C     b       exit
seg000:00118848
seg000:00118848                 loc_118848:        # CODE XREF: check3+B4j
seg000:00118848 80 DE 00 00     lwz     %r6, dword_24B704
seg000:0011884C 38 81 00 38     addi    %r4, %sp, 0x50+var_18
seg000:00118850 38 60 00 0A     li      %r3, 0xA
seg000:00118854 38 A0 00 00     li      %r5, 0
seg000:00118858 48 00 BF 71     bl      .RBEREAD
seg000:0011885C 60 00 00 00     nop
seg000:00118860 54 60 04 3F     clrlwi. %r0, %r3, 16
seg000:00118864 41 82 00 0C     beq     loc_118870
seg000:00118868 38 60 00 00     li      %r3, 0
seg000:0011886C 48 00 02 04     b       exit
seg000:00118870
seg000:00118870                 loc_118870:        # CODE XREF: check3+128j
seg000:00118870 A0 01 00 38     lhz     %r0, 0x50+var_18(%sp)
seg000:00118874 28 00 03 F3     cmplwi  %r0, 0xA6E1
seg000:00118878 41 82 00 0C     beq     loc_118884
seg000:0011887C 38 60 00 00     li      %r3, 0
seg000:00118880 48 00 01 F0     b       exit
seg000:00118884
seg000:00118884                 loc_118884:        # CODE XREF: check3+13Cj
seg000:00118884 57 BF 06 3E     clrlwi  %r31, %r29, 24
seg000:00118888 28 1F 00 02     cmplwi  %r31, 2
seg000:0011888C 40 82 00 0C     bne     loc_118898
seg000:00118890 38 60 00 01     li      %r3, 1
seg000:00118894 48 00 01 DC     b       exit
seg000:00118898
seg000:00118898                 loc_118898:        # CODE XREF: check3+150j
seg000:00118898 80 DE 00 00     lwz     %r6, dword_24B704
seg000:0011889C 38 81 00 38     addi    %r4, %sp, 0x50+var_18
seg000:001188A0 38 60 00 0B     li      %r3, 0xB
seg000:001188A4 38 A0 00 00     li      %r5, 0
seg000:001188A8 48 00 BF 21     bl      .RBEREAD
seg000:001188AC 60 00 00 00     nop
```

```
seg000:00118798
seg000:00118798                    loc_118798:          # CODE XREF: check3+50j
seg000:00118798 80 DE 00 00    lwz      %r6, dword_24B704
seg000:0011879C 38 81 00 38    addi     %r4, %sp, 0x50+var_18
seg000:001187A0 38 60 00 01    li       %r3, 1
seg000:001187A4 38 A0 00 00    li       %r5, 0
seg000:001187A8 48 00 C0 21    bl       .RBEREAD
seg000:001187AC 60 00 00 00    nop
seg000:001187B0 54 60 04 3F    clrlwi.  %r0, %r3, 16
seg000:001187B4 41 82 00 0C    beq      loc_1187C0
seg000:001187B8 38 60 00 00    li       %r3, 0
seg000:001187BC 48 00 02 B4    b        exit
seg000:001187C0
seg000:001187C0                    loc_1187C0:          # CODE XREF: check3+78j
seg000:001187C0 A0 01 00 38    lhz      %r0, 0x50+var_18(%sp)
seg000:001187C4 28 00 06 4B    cmplwi   %r0, 0x09AB
seg000:001187C8 41 82 00 0C    beq      loc_1187D4
seg000:001187CC 38 60 00 00    li       %r3, 0
seg000:001187D0 48 00 02 A0    b        exit
seg000:001187D4
seg000:001187D4                    loc_1187D4:          # CODE XREF: check3+8Cj
seg000:001187D4 4B F9 F3 D9 bl sub_B7BAC
seg000:001188B0 54 60 04 3F    clrlwi.  %r0, %r3, 16
seg000:001188B4 41 82 00 0C    beq      loc_1188C0
seg000:001188B8 38 60 00 00    li       %r3, 0
seg000:001188BC 48 00 01 B4    b        exit
seg000:001188C0
seg000:001188C0                    loc_1188C0:          # CODE XREF: check3+178j
seg000:001188C0 A0 01 00 38    lhz      %r0, 0x50+var_18(%sp)
seg000:001188C4 28 00 23 1C    cmplwi   %r0, 0x1C20
seg000:001188C8 41 82 00 0C    beq      loc_1188D4
seg000:001188CC 38 60 00 00    li       %r3, 0
seg000:001188D0 48 00 01 A0    b        exit
seg000:001188D4
seg000:001188D4                    loc_1188D4:          # CODE XREF: check3+18Cj
seg000:001188D4 28 1F 00 03    cmplwi   %r31, 3
seg000:001188D8 40 82 01 94    bne      error
seg000:001188DC 38 60 00 01    li       %r3, 1
seg000:001188E0 48 00 01 90    b    exit
seg000:001188E4
seg000:001188E4                    loc_1188E4:          # CODE XREF: check3+A8j
seg000:001188E4 80 DE 00 00    lwz      %r6, dword_24B704
seg000:001188E8 38 81 00 38    addi     %r4, %sp, 0x50+var_18
seg000:001188EC 38 60 00 0C    li       %r3, 0xC
seg000:001188F0 38 A0 00 00    li       %r5, 0
seg000:001188F4 48 00 BE D5    bl       .RBEREAD
seg000:001188F8 60 00 00 00    nop
```

```
seg000:001188FC 54 60 04 3F    clrlwi. %r0, %r3, 16
seg000:00118900 41 82 00 0C    beq     loc_11890C
seg000:00118904 38 60 00 00    li      %r3, 0
seg000:00118908 48 00 01 68    b       exit
seg000:0011890C
seg000:0011890C                 loc_11890C:         # CODE XREF: check3+1C4j
seg000:0011890C A0 01 00 38    lhz     %r0, 0x50+var_18(%sp)
seg000:00118910 28 00 1F 40    cmplwi  %r0, 0x40FF
seg000:00118914 41 82 00 0C    beq     loc_118920
seg000:00118918 38 60 00 00    li      %r3, 0
seg000:0011891C 48 00 01 54    b       exit
seg000:00118920
seg000:00118920                 loc_118920:         # CODE XREF: check3+1D8j
seg000:00118920 57 BF 06 3E    clrlwi  %r31, %r29, 24
seg000:00118924 28 1F 00 02    cmplwi  %r31, 2
seg000:00118928 40 82 00 0C    bne     loc_118934
seg000:0011892C 38 60 00 01    li      %r3, 1
seg000:00118930 48 00 01 40    b       exit
seg000:00118934
seg000:00118934                 loc_118934:         # CODE XREF: check3+1ECj
seg000:00118934 80 DE 00 00    lwz     %r6, dword_24B704
seg000:00118938 38 81 00 38    addi    %r4, %sp, 0x50+var_18
seg000:0011893C 38 60 00 0D    li      %r3, 0xD
seg000:00118940 38 A0 00 00    li      %r5, 0
seg000:00118944 48 00 BE 85    bl      .RBEREAD
seg000:00118948 60 00 00 00    nop
seg000:0011894C 54 60 04 3F    clrlwi. %r0, %r3, 16
seg000:00118950 41 82 00 0C    beq     loc_11895C
seg000:00118954 38 60 00 00    li      %r3, 0
seg000:00118958 48 00 01 18    b       exit
seg000:0011895C
seg000:0011895C                 loc_11895C:         # CODE XREF: check3+214j
seg000:0011895C A0 01 00 38    lhz     %r0, 0x50+var_18(%sp)
seg000:00118960 28 00 07 CF    cmplwi  %r0, 0xFC7
seg000:00118964 41 82 00 0C    beq     loc_118970
seg000:00118968 38 60 00 00    li      %r3, 0
seg000:0011896C 48 00 01 04    b       exit
seg000:00118970
seg000:00118970                 loc_118970:         # CODE XREF: check3+228j
seg000:00118970 28 1F 00 03    cmplwi  %r31, 3
seg000:00118974 40 82 00 F8    bne     error
seg000:00118978 38 60 00 01    li      %r3, 1
seg000:0011897C 48 00 00 F4    b       exit
seg000:00118980
seg000:00118980                 loc_118980:         # CODE XREF: check3+B8j
seg000:00118980                                     # check3+C4j
seg000:00118980 80 DE 00 00    lwz     %r6, dword_24B704
```

```
seg000:00118984 38 81 00 38    addi    %r4, %sp, 0x50+var_18
seg000:00118988 3B E0 00 00    li      %r31, 0
seg000:0011898C 38 60 00 04    li      %r3, 4
seg000:00118990 38 A0 00 00    li      %r5, 0
seg000:00118994 48 00 BE 35    bl      .RBEREAD
seg000:00118998 60 00 00 00    nop
seg000:0011899C 54 60 04 3F    clrlwi. %r0, %r3, 16
seg000:001189A0 41 82 00 0C    beq     loc_1189AC
seg000:001189A4 38 60 00 00    li      %r3, 0
seg000:001189A8 48 00 00 C8    b       exit
seg000:001189AC
seg000:001189AC                loc_1189AC:        # CODE XREF: check3+264j
seg000:001189AC A0 01 00 38    lhz     %r0, 0x50+var_18(%sp)
seg000:001189B0 28 00 1D 6A    cmplwi  %r0, 0xAED0
seg000:001189B4 40 82 00 0C    bne     loc_1189C0
seg000:001189B8 3B E0 00 01    li      %r31, 1
seg000:001189BC 48 00 00 14    b       loc_1189D0
seg000:001189C0
seg000:001189C0                loc_1189C0:        # CODE XREF: check3+278j
seg000:001189C0 28 00 18 28    cmplwi  %r0, 0x2818
seg000:001189C4 41 82 00 0C    beq     loc_1189D0
seg000:001189C8 38 60 00 00    li      %r3, 0
seg000:001189CC 48 00 00 A4    b       exit
seg000:001189D0
seg000:001189D0                loc_1189D0:        # CODE XREF: check3+280j
seg000:001189D0                                   # check3+288j
seg000:001189D0 57 A0 06 3E    clrlwi  %r0, %r29, 24
seg000:001189D4 28 00 00 02    cmplwi  %r0, 2
seg000:001189D8 40 82 00 20    bne     loc_1189F8
seg000:001189DC 57 E0 06 3F    clrlwi. %r0, %r31, 24
seg000:001189E0 41 82 00 10    beq     good2
seg000:001189E4 48 00 4C 69    bl      sub_11D64C
seg000:001189E8 60 00 00 00    nop
seg000:001189EC 48 00 00 84    b       exit
seg000:001189F0
seg000:001189F0                good2:             # CODE XREF: check3+2A4j
seg000:001189F0 38 60 00 01    li      %r3, 1
seg000:001189F4 48 00 00 7C    b       exit
seg000:001189F8
seg000:001189F8                loc_1189F8:        # CODE XREF: check3+29Cj
seg000:001189F8 80 DE 00 00    lwz     %r6, dword_24B704
seg000:001189FC 38 81 00 38    addi    %r4, %sp, 0x50+var_18
seg000:00118A00 38 60 00 05    li      %r3, 5
seg000:00118A04 38 A0 00 00    li      %r5, 0
seg000:00118A08 48 00 BD C1    bl      .RBEREAD
seg000:00118A0C 60 00 00 00    nop
seg000:00118A10 54 60 04 3F    clrlwi. %r0, %r3, 16
```

```
seg000:00118A14 41 82 00 0C    beq     loc_118A20
seg000:00118A18 38 60 00 00    li      %r3, 0
seg000:00118A1C 48 00 00 54    b       exit
seg000:00118A20
seg000:00118A20               loc_118A20:       # CODE XREF: check3+2D8j
seg000:00118A20 A0 01 00 38    lhz     %r0, 0x50+var_18(%sp)
seg000:00118A24 28 00 11 D3    cmplwi  %r0, 0xD300
seg000:00118A28 40 82 00 0C    bne     loc_118A34
seg000:00118A2C 3B E0 00 01    li      %r31, 1
seg000:00118A30 48 00 00 14    b       good1
seg000:00118A34
seg000:00118A34               loc_118A34:       # CODE XREF: check3+2ECj
seg000:00118A34 28 00 1A EB    cmplwi  %r0, 0xEBA1
seg000:00118A38 41 82 00 0C    beq     good1
seg000:00118A3C 38 60 00 00    li      %r3, 0
seg000:00118A40 48 00 00 30    b       exit
seg000:00118A44
seg000:00118A44               good1:            # CODE XREF: check3+2F4j
seg000:00118A44                                 # check3+2FCj
seg000:00118A44 57 A0 06 3E    clrlwi  %r0, %r29, 24
seg000:00118A48 28 00 00 03    cmplwi  %r0, 3
seg000:00118A4C 40 82 00 20    bne     error
seg000:00118A50 57 E0 06 3F    clrlwi. %r0, %r31, 24
seg000:00118A54 41 82 00 10    beq     good
seg000:00118A58 48 00 4B F5    bl      sub_11D64C
seg000:00118A5C 60 00 00 00    nop
seg000:00118A60 48 00 00 10    b       exit
seg000:00118A64
seg000:00118A64               good:             # CODE XREF: check3+318j
seg000:00118A64 38 60 00 01    li      %r3, 1
seg000:00118A68 48 00 00 08    b       exit
seg000:00118A6C
seg000:00118A6C               error:            # CODE XREF: check3+19Cj
seg000:00118A6C                                 # check3+238j ...
seg000:00118A6C 38 60 00 00    li      %r3, 0
seg000:00118A70
seg000:00118A70               exit:             # CODE XREF: check3+44j
seg000:00118A70                                 # check3+58j ...
seg000:00118A70 80 01 00 58    lwz     %r0, 0x50+arg_8(%sp)
seg000:00118A74 38 21 00 50    addi    %sp, %sp, 0x50
seg000:00118A78 83 E1 FF FC    lwz     %r31, var_4(%sp)
seg000:00118A7C 7C 08 03 A6    mtlr    %r0
seg000:00118A80 83 C1 FF F8    lwz     %r30, var_8(%sp)
seg000:00118A84 83 A1 FF F4    lwz     %r29, var_C(%sp)
seg000:00118A88 4E 80 00 20    blr
seg000:00118A88               # End of function check3
```

.RBEREAD()를 호출하는 부분이 많다. 이 함수는 동글에서 어떤 값을 읽고, CMPLWI를 이용해 하드 코딩된 변수와 비교한다.

.RBEREAD()를 호출하기 전에 r3 레지스터를 0, 1, 8, 0xA, 0xB, 0xC, 0xD, 4, 5 중 하나의 값으로 채운다는 것도 확인할 수 있다. 그것은 메모리 주소 같은 것이 아닐까?

실제로 함수명을 구글에서 검색해보면 Sentinel Eve3 동글의 사용 설명서를 쉽게 찾을 수 있었다.

나머지 파워PC 명령어는 공부할 필요도 없을 것 같다. 이 함수는 단순히 .RBEREAD()를 호출하고 결과를 상수와 비교한 다음 비교 결과가 올바르면 1, 그렇지 않으면 0을 리턴할 뿐이다.

현재 알고 있는 것은 check1()이 항상 1 또는 0이 아닌 어떤 값을 리턴해야 한다는 사실이다.

하지만 우리는 파워PC 명령어에 그다지 자신이 없기 때문에 주의 깊게 패치하고자 한다. check2()에서 0x001186FC와 0x00118718에서 이뤄지는 점프를 패치할 것이다.

0x001186FC에서는 바이트 값 0x48과 0을 기록해 BEQ 명령어를 B(무조건 점프) 명령어로 변경시켰다. 『PowerPC(tm) Microprocessor Family:The Programming Environments for 32-Bit Microprocessors』(2000)(https://yurichev.com/mirrors/PowerPC/6xx_pem.pdf) 를 참고하지 않고 코드에서 해당 OP 코드를 바로 찾았다.

0x00118718에는 바이트 값 0x60과 3개의 0바이트를 기록해 점프를 NOP 명령어로 바꿨다. 이 OP 코드 역시 코드에서 바로 찾아 사용했다.

이제 동글을 연결하지 않고도 프로그램을 실행시킬 수 있게 됐다.

정리하자면 최소한의 어셈블리어 지식만 있으면 이 정도의 작은 수정은 IDA만을 이용해서도 수행할 수 있다.

8.5.2 예제 #2: SCO OpenServer

1997년에 출시된 오래된 SCO OpenServer용 소프트웨어가 있다. 이 프로그램의 개발사 역시 오래 전에 문을 닫았다.

시스템에 이 프로그램을 설치하면 특별한 동글 드라이버가 하나 설치되는데, 그곳에는 'Copyright 1989, Rainbow Technologies, Inc., Irvine, CA'와 'Sentinel Integrated Driver Ver. 3.0'이라는 텍스트 문자열이 들어있다.

드라이버 설치 후 SCO OpenServer의 /dev 파일 시스템에서 해당 장치 파일을 찾을 수 있다.

```
/dev/rbsl8
/dev/rbsl9
/dev/rbsl10
```

동글을 연결하지 않고 프로그램을 실행하면 에러가 발생하지만 실행 파일에서는 이 에러 문자열을 찾을 수 없다.

고맙게도 IDA는 SCO OpenServer에서 사용하는 COFF 실행 파일을 쉽게 로드해준다.

"rbsl" 문자열을 검색했고 실제로 다음과 같은 코드를 찾을 수 있었다.

```
.text:00022AB8            public SSQC
.text:00022AB8 SSQC       proc near   ; CODE XREF: SSQ+7p
.text:00022AB8
.text:00022AB8 var_44   = byte ptr -44h
.text:00022AB8 var_29   = byte ptr -29h
.text:00022AB8 arg_0    = dword ptr 8
.text:00022AB8
.text:00022AB8            push    ebp
.text:00022AB9            mov     ebp, esp
.text:00022ABB            sub     esp, 44h
.text:00022ABE            push    edi
.text:00022ABF            mov     edi, offset unk_4035D0
.text:00022AC4            push    esi
.text:00022AC5            mov     esi, [ebp+arg_0]
.text:00022AC8            push    ebx
.text:00022AC9            push    esi
.text:00022ACA            call    strlen
.text:00022ACF            add     esp, 4
.text:00022AD2            cmp     eax, 2
.text:00022AD7            jnz     loc_22BA4
.text:00022ADD            inc     esi
.text:00022ADE            mov     al, [esi-1]
.text:00022AE1            movsx   eax, al
.text:00022AE4            cmp     eax, '3'
```

```
.text:00022AE9          jz      loc_22B84
.text:00022AEF          cmp     eax, '4'
.text:00022AF4          jz      loc_22B94
.text:00022AFA          cmp     eax, '5'
.text:00022AFF          jnz     short loc_22B6B
.text:00022B01          movsx   ebx, byte ptr [esi]
.text:00022B04          sub     ebx, '0'
.text:00022B07          mov     eax, 7
.text:00022B0C          add     eax, ebx
.text:00022B0E          push    eax
.text:00022B0F          lea     eax, [ebp+var_44]
.text:00022B12          push    offset aDevSlD  ; "/dev/sl%d"
.text:00022B17          push    eax
.text:00022B18          call    nl_sprintf
.text:00022B1D          push    0 ; int
.text:00022B1F          push    offset aDevRbsl8    ; char *
.text:00022B24          call    _access
.text:00022B29          add     esp, 14h
.text:00022B2C          cmp     eax, 0FFFFFFFFh
.text:00022B31          jz      short loc_22B48
.text:00022B33          lea     eax, [ebx+7]
.text:00022B36          push    eax
.text:00022B37          lea     eax, [ebp+var_44]
.text:00022B3A          push    offset aDevRbslD    ; "/dev/rbsl%d"
.text:00022B3F          push    eax
.text:00022B40          call    nl_sprintf
.text:00022B45          add     esp, 0Ch
.text:00022B48
.text:00022B48 loc_22B48:  ; CODE XREF: SSQC+79j
.text:00022B48          mov     edx, [edi]
.text:00022B4A          test    edx, edx
.text:00022B4C          jle     short loc_22B57
.text:00022B4E          push    edx ; int
.text:00022B4F          call    _close
.text:00022B54          add     esp, 4
.text:00022B57
.text:00022B57 loc_22B57:  ; CODE XREF: SSQC+94j
.text:00022B57          push    2  ; int
.text:00022B59          lea     eax, [ebp+var_44]
.text:00022B5C          push    eax      ; char *
.text:00022B5D          call    _open
.text:00022B62          add     esp, 8
.text:00022B65          test    eax, eax
.text:00022B67          mov     [edi], eax
.text:00022B69          jge     short loc_22B78
.text:00022B6B
.text:00022B6B loc_22B6B:  ; CODE XREF: SSQC+47j
```

```
.text:00022B6B          mov     eax, 0FFFFFFFFh
.text:00022B70          pop     ebx
.text:00022B71          pop     esi
.text:00022B72          pop     edi
.text:00022B73          mov     esp, ebp
.text:00022B75          pop     ebp
.text:00022B76          retn
.text:00022B78
.text:00022B78 loc_22B78:  ; CODE XREF: SSQC+B1j
.text:00022B78          pop     ebx
.text:00022B79          pop     esi
.text:00022B7A          pop     edi
.text:00022B7B          xor     eax, eax
.text:00022B7D          mov     esp, ebp
.text:00022B7F          pop     ebp
.text:00022B80          retn
.text:00022B84
.text:00022B84 loc_22B84:  ; CODE XREF: SSQC+31j
.text:00022B84          mov     al, [esi]
.text:00022B86          pop     ebx
.text:00022B87          pop     esi
.text:00022B88          pop     edi
.text:00022B89          mov     ds:byte_407224, al
.text:00022B8E          mov     esp, ebp
.text:00022B90          xor     eax, eax
.text:00022B92          pop     ebp
.text:00022B93          retn
.text:00022B94
.text:00022B94 loc_22B94:  ; CODE XREF: SSQC+3Cj
.text:00022B94          mov     al, [esi]
.text:00022B96          pop     ebx
.text:00022B97          pop     esi
.text:00022B98          pop     edi
.text:00022B99          mov     ds:byte_407225, al
.text:00022B9E          mov     esp, ebp
.text:00022BA0          xor     eax, eax
.text:00022BA2          pop     ebp
.text:00022BA3          retn
.text:00022BA4
.text:00022BA4 loc_22BA4:  ; CODE XREF: SSQC+1Fj
.text:00022BA4          movsx   eax, ds:byte_407225
.text:00022BAB          push    esi
.text:00022BAC          push    eax
.text:00022BAD          movsx   eax, ds:byte_407224
.text:00022BB4          push    eax
.text:00022BB5          lea     eax, [ebp+var_44]
.text:00022BB8          push    offset a46CCS   ; "46%c%c%s"
```

```
.text:00022BBD          push    eax
.text:00022BBE          call    nl_sprintf
.text:00022BC3          lea     eax, [ebp+var_44]
.text:00022BC6          push    eax
.text:00022BC7          call    strlen
.text:00022BCC          add     esp, 18h
.text:00022BCF          cmp     eax, 1Bh
.text:00022BD4          jle     short loc_22BDA
.text:00022BD6          mov     [ebp+var_29], 0
.text:00022BDA
.text:00022BDA loc_22BDA:  ; CODE XREF: SSQC+11Cj
.text:00022BDA          lea     eax, [ebp+var_44]
.text:00022BDD          push    eax
.text:00022BDE          call    strlen
.text:00022BE3          push    eax       ; unsigned int
.text:00022BE4          lea     eax, [ebp+var_44]
.text:00022BE7          push    eax       ; void *
.text:00022BE8          mov     eax, [edi]
.text:00022BEA          push    eax       ; int
.text:00022BEB          call    _write
.text:00022BF0          add     esp, 10h
.text:00022BF3          pop     ebx
.text:00022BF4          pop     esi
.text:00022BF5          pop     edi
.text:00022BF6          mov     esp, ebp
.text:00022BF8          pop     ebp
.text:00022BF9          retn
.text:00022BFA          db 0Eh dup(90h)
.text:00022BFA SSQC endp
```

실제로 프로그램은 드라이버와 어떻게든 통신해야 하는데, 이 코드가 그 방법을 보여 준다.

함수 SSQC()를 호출하는 유일한 위치는 thunk 함수다.

```
.text:0000DBE8          public SSQ
.text:0000DBE8 SSQ      proc near    ; CODE XREF: sys_info+A9p
.text:0000DBE8                       ; sys_info+CBp ...
.text:0000DBE8
.text:0000DBE8 arg_0    = dword ptr 8
.text:0000DBE8
.text:0000DBE8          push    ebp
.text:0000DBE9          mov     ebp, esp
.text:0000DBEB          mov     edx, [ebp+arg_0]
.text:0000DBEE          push    edx
```

```
.text:0000DBEF          call    SSQC
.text:0000DBF4          add     esp, 4
.text:0000DBF7          mov     esp, ebp
.text:0000DBF9          pop     ebp
.text:0000DBFA          retn
.text:0000DBFB SSQ      endp
```

SSQ()는 최소한 두 개의 함수에서 호출된다. 그중 하나는 다음과 같다.

```
.data:0040169C _51_52_53       dd offset aPressAnyKeyT_0  ; DATA XREF: init_sys+392r
.data:0040169C                                            ; sys_info+A1r
.data:0040169C                                            ; "PRESS ANY KEY TO CONTINUE: "
.data:004016A0                 dd offset a51     ; "51"
.data:004016A4                 dd offset a52     ; "52"
.data:004016A8                 dd offset a53     ; "53"
...
.data:004016B8 _3C_or_3E       dd offset a3c     ; DATA XREF: sys_info:loc_D67Br
.data:004016B8                                   ; "3C"
.data:004016BC                 dd offset a3e     ; "3E"
; 레이블에 부여된 이름들
.data:004016C0 answers1        dd 6B05h          ; DATA XREF: sys_info+E7r
.data:004016C4                 dd 3D87h
.data:004016C8 answers2        dd 3Ch            ; DATA XREF: sys_info+F2r
.data:004016CC                 dd 832h
.data:004016D0 _C_and_B        db 0Ch            ; DATA XREF: sys_info+BAr
.data:004016D0                                   ; sys_info:OKr
.data:004016D1 byte_4016D1     db 0Bh            ; DATA XREF: sys_info+FDr
.data:004016D2                 db 0
...
.text:0000D652                 xor     eax, eax
.text:0000D654                 mov     al, ds:ctl_port
.text:0000D659                 mov     ecx, _51_52_53[eax*4]
.text:0000D660                 push    ecx
.text:0000D661                 call    SSQ
.text:0000D666                 add     esp, 4
.text:0000D669                 cmp     eax, 0FFFFFFFFh
.text:0000D66E                 jz      short loc_D6D1
.text:0000D670                 xor     ebx, ebx
.text:0000D672                 mov     al, _C_and_B
.text:0000D677                 test    al, al
.text:0000D679                 jz      short loc_D6C0
.text:0000D67B
.text:0000D67B loc_D67B:                         ; CODE XREF: sys_info+106j
.text:0000D67B                 mov     eax, _3C_or_3E[ebx*4]
.text:0000D682                 push    eax
.text:0000D683                 call    SSQ
```

```
.text:0000D688                push    offset a4g  ; "4G"
.text:0000D68D                call    SSQ
.text:0000D692                push    offset a0123456789 ; "0123456789"
.text:0000D697                call    SSQ
.text:0000D69C                add     esp, 0Ch
.text:0000D69F                mov     edx, answers1[ebx*4]
.text:0000D6A6                cmp     eax, edx
.text:0000D6A8                jz      short OK
.text:0000D6AA                mov     ecx, answers2[ebx*4]
.text:0000D6B1                cmp     eax, ecx
.text:0000D6B3                jz      short OK
.text:0000D6B5                mov     al, byte_4016D1[ebx]
.text:0000D6BB                inc     ebx
.text:0000D6BC                test    al, al
.text:0000D6BE                jnz     short loc_D67B
.text:0000D6C0
.text:0000D6C0 loc_D6C0:                      ; CODE XREF: sys_info+C1j
.text:0000D6C0                inc     ds:ctl_port
.text:0000D6C6                xor     eax, eax
.text:0000D6C8                mov     al, ds:ctl_port
.text:0000D6CD                cmp     eax, edi
.text:0000D6CF                jle     short loc_D652
.text:0000D6D1
.text:0000D6D1 loc_D6D1:                      ; CODE XREF: sys_info+98j
.text:0000D6D1                               ; sys_info+B6j
.text:0000D6D1                mov     edx, [ebp+var_8]
.text:0000D6D4                inc     edx
.text:0000D6D5                mov     [ebp+var_8], edx
.text:0000D6D8                cmp     edx, 3
.text:0000D6DB                jle     loc_D641
.text:0000D6E1
.text:0000D6E1 loc_D6E1:                      ; CODE XREF: sys_info+16j
.text:0000D6E1                               ; sys_info+51j ...
.text:0000D6E1                pop     ebx
.text:0000D6E2                pop     edi
.text:0000D6E3                mov     esp, ebp
.text:0000D6E5                pop     ebp
.text:0000D6E6                retn
.text:0000D6E8 OK:                            ; CODE XREF: sys_info+F0j
.text:0000D6E8                               ; sys_info+FBj
.text:0000D6E8                mov     al, _C_and_B[ebx]
.text:0000D6EE                pop     ebx
.text:0000D6EF                pop     edi
.text:0000D6F0                mov     ds:ctl_model, al
.text:0000D6F5                mov     esp, ebp
.text:0000D6F7                pop     ebp
.text:0000D6F8                retn
```

```
.text:0000D6F8 sys_info          endp
```

"3C"와 "3E"는 익숙하다. Rainbow사가 출시한 Sentinel Pro 동글에는 메모리가 없고 하나의 암호 해시 함수만 제공된다.

해시 함수에 대한 설명은 2.11절을 참고하기 바란다.

다시 프로그램 분석으로 돌아가 프로그램은 동글의 연결 여부만을 검사할 수 있다.

동글에는 메모리가 없기 때문에 어떤 정보도 기록할 수 없다. 두 문자의 코드는 명령어며(SSQC() 함수에서 명령을 어떻게 처리하는지 확인할 수 있다), 나머지 문자열은 모두 동글 안에서 16비트 숫자로 해시돼 변환된다. 해시 알고리즘이 비공개였기 때문에 가짜 드라이버를 작성하거나 해시 함수를 완벽히 에뮬레이션하는 하드웨어 동글을 다시 제작하는 것은 불가능했다.

하지만 동글로 접근하는 것을 모두 인터셉트해 해시 함수 결과와 비교하는 상수가 무엇인지 알아보는 작업은 언제든 가능했다.

당연한 얘기지만 소프트웨어가 처리하는 데이터 파일을 암호화/복호화하는 비공개 해시 함수를 기반으로 강력한 소프트웨어 복사 방지 기법을 구현하는 것은 가능하다.

코드를 다시 살펴보자.

코드 51/52/53은 LPT 프린터 포트를 선택할 때 사용한다. 3x/4x는 '계열'을 선택할 때 사용한다(이 방식으로 Sentinel Pro 동글 제품군을 구별한다. LTP 포트에는 하나 이상의 동글이 연결될 수 있다).

해시 함수로 전달하는 여러 문자열 중 두 개의 문자로 구성되지 않은 유일한 문자열은 "0123456789"이다.

그리고 결괏값을 유효한 결과 집합과 비교한다. 올바른 값이면 전역 변수 ctl_model 에 0xC나 0xB를 기록한다.

텍스트 문자열 "PRESS ANY KEY TO CONTINUE: "도 함수로 전달되지만, 이 문자열의 결과는 검사하지 않는다. 그 이유는 잘 모르겠지만 아마도 개발자의 실수인 것 같다.[3]

---

3. 이렇게 오래된 소프트웨어의 버그를 찾아내는 기분은 참 묘하다.

전역 변수 ctl_mode의 값을 이용하는 위치를 살펴보자. 다음 코드를 보자.

```
.text:0000D708 prep_sys proc near  ; CODE XREF: init_sys+46Ap
.text:0000D708
.text:0000D708 var_14  = dword ptr -14h
.text:0000D708 var_10  = byte ptr -10h
.text:0000D708 var_8   = dword ptr -8
.text:0000D708 var_2   = word ptr -2
.text:0000D708
.text:0000D708          push    ebp
.text:0000D709          mov     eax, ds:net_env
.text:0000D70E          mov     ebp, esp
.text:0000D710          sub     esp, 1Ch
.text:0000D713          test    eax, eax
.text:0000D715          jnz     short loc_D734
.text:0000D717          mov     al, ds:ctl_model
.text:0000D71C          test    al, al
.text:0000D71E          jnz     short loc_D77E
.text:0000D720          mov     [ebp+var_8], offset aIeCvulnvvOkgT_ ; "Ie-cvulnvV\\\bOKG]T_"
.text:0000D727          mov     edx, 7
.text:0000D72C          jmp     loc_D7E7
...
.text:0000D7E7 loc_D7E7:          ; CODE XREF: prep_sys+24j
.text:0000D7E7                    ; prep_sys+33j
.text:0000D7E7          push    edx
.text:0000D7E8          mov     edx, [ebp+var_8]
.text:0000D7EB          push    20h
.text:0000D7ED          push    edx
.text:0000D7EE          push    16h
.text:0000D7F0          call    err_warn
.text:0000D7F5          push    offset station_sem
.text:0000D7FA          call    ClosSem
.text:0000D7FF          call    startup_err
```

변수 값이 0이면 암호화된 에러 메시지가 복호화 루틴에 전달한 후 복호화된 메시지를 출력한다.

에러 문자열을 복호화하는 루틴은 간단한 XOR로 보인다.

```
.text:0000A43C err_warn    proc near        ; CODE XREF: prep_sys+E8p
.text:0000A43C                              ; prep_sys2+2Fp ...
.text:0000A43C
.text:0000A43C var_55   = byte ptr -55h
.text:0000A43C var_54   = byte ptr -54h
.text:0000A43C arg_0    = dword ptr 8
```

```
.text:0000A43C arg_4           = dword ptr 0Ch
.text:0000A43C arg_8           = dword ptr 10h
.text:0000A43C arg_C           = dword ptr 14h
.text:0000A43C
.text:0000A43C                 push    ebp
.text:0000A43D                 mov     ebp, esp
.text:0000A43F                 sub     esp, 54h
.text:0000A442                 push    edi
.text:0000A443                 mov     ecx, [ebp+arg_8]
.text:0000A446                 xor     edi, edi
.text:0000A448                 test    ecx, ecx
.text:0000A44A                 push    esi
.text:0000A44B                 jle     short loc_A466
.text:0000A44D                 mov     esi, [ebp+arg_C] ; key
.text:0000A450                 mov     edx, [ebp+arg_4] ; string
.text:0000A453
.text:0000A453 loc_A453:                       ; CODE XREF: err_warn+28j
.text:0000A453                 xor     eax, eax
.text:0000A455                 mov     al, [edx+edi]
.text:0000A458                 xor     eax, esi
.text:0000A45A                 add     esi, 3
.text:0000A45D                 inc     edi
.text:0000A45E                 cmp     edi, ecx
.text:0000A460                 mov     [ebp+edi+var_55], al
.text:0000A464                 jl      short loc_A453
.text:0000A466
.text:0000A466 loc_A466:                       ; CODE XREF: err_warn+Fj
.text:0000A466                 mov     [ebp+edi+var_54], 0
.text:0000A46B                 mov     eax, [ebp+arg_0]
.text:0000A46E                 cmp     eax, 18h
.text:0000A473                 jnz     short loc_A49C
.text:0000A475                 lea     eax, [ebp+var_54]
.text:0000A478                 push    eax
.text:0000A479                 call    status_line
.text:0000A47E                 add     esp, 4
.text:0000A481
.text:0000A481 loc_A481:                       ; CODE XREF: err_warn+72j
.text:0000A481                 push    50h
.text:0000A483                 push    0
.text:0000A485                 lea     eax, [ebp+var_54]
.text:0000A488                 push    eax
.text:0000A489                 call    memset
.text:0000A48E                 call    pcv_refresh
.text:0000A493                 add     esp, 0Ch
.text:0000A496                 pop     esi
.text:0000A497                 pop     edi
.text:0000A498                 mov     esp, ebp
```

```
.text:0000A49A                  pop     ebp
.text:0000A49B                  retn
.text:0000A49C
.text:0000A49C loc_A49C:                                ; CODE XREF: err_warn+37j
.text:0000A49C                  push    0
.text:0000A49E                  lea     eax, [ebp+var_54]
.text:0000A4A1                  mov     edx, [ebp+arg_0]
.text:0000A4A4                  push    edx
.text:0000A4A5                  push    eax
.text:0000A4A6                  call    pcv_lputs
.text:0000A4AB                  add     esp, 0Ch
.text:0000A4AE                  jmp     short loc_A481
.text:0000A4AE err_warn         endp
```

에러 메시지가 암호화돼 있기 때문에 실행 파일에서 에러 메시지를 찾을 수 없었던 것
이다(이는 많이 사용되는 방식이다).

SSQ() 해시 함수를 호출하는 또 다른 위치에서는 문자열 "offln"을 전달한 후 결과를
0xFE81 및 0x12A9와 비교한다.

동일하지 않으면 timer() 함수를 호출했다가(아마도 잘못 연결된 동글이 다시 연결되길 기
다렸다가 다시 검사하는 목적일 것이다) 출력할 또 다른 에러 메시지를 복호화한다.

```
.text:0000DA55 loc_DA55:                                ; CODE XREF: sync_sys+24Cj
.text:0000DA55                  push    offset aOffln   ; "offln"
.text:0000DA5A                  call    SSQ
.text:0000DA5F                  add     esp, 4
.text:0000DA62                  mov     dl, [ebx]
.text:0000DA64                  mov     esi, eax
.text:0000DA66                  cmp     dl, 0Bh
.text:0000DA69                  jnz     short loc_DA83
.text:0000DA6B                  cmp     esi, 0FE81h
.text:0000DA71                  jz      OK
.text:0000DA77                  cmp     esi, 0FFFFF8EFh
.text:0000DA7D                  jz      OK
.text:0000DA83
.text:0000DA83 loc_DA83:                                ; CODE XREF: sync_sys+201j
.text:0000DA83                  mov     cl, [ebx]
.text:0000DA85                  cmp     cl, 0Ch
.text:0000DA88                  jnz     short loc_DA9F
.text:0000DA8A                  cmp     esi, 12A9h
.text:0000DA90                  jz      OK
.text:0000DA96                  cmp     esi, 0FFFFFFF5h
```

```
.text:0000DA99                    jz       OK
.text:0000DA9F
.text:0000DA9F loc_DA9F:                                     ; CODE XREF: sync_sys+220j
.text:0000DA9F                    mov      eax, [ebp+var_18]
.text:0000DAA2                    test     eax, eax
.text:0000DAA4                    jz       short loc_DAB0
.text:0000DAA6                    push     24h
.text:0000DAA8                    call     timer
.text:0000DAAD                    add      esp, 4
.text:0000DAB0
.text:0000DAB0 loc_DAB0:                                     ; CODE XREF: sync_sys+23Cj
.text:0000DAB0                    inc      edi
.text:0000DAB1                    cmp      edi, 3
.text:0000DAB4                    jle      short loc_DA55
.text:0000DAB6                    mov      eax, ds:net_env
.text:0000DABB                    test     eax, eax
.text:0000DABD                    jz       short error
...
.text:0000DAF7 error:                                        ; CODE XREF: sync_sys+255j
.text:0000DAF7                                               ; sync_sys+274j ...
.text:0000DAF7                    mov      [ebp+var_8], offset encrypted_error_message2
.text:0000DAFE                    mov      [ebp+var_C], 17h  ; 복호화 키
.text:0000DB05                    jmp      decrypt_end_print_message
...
; 직접 지정한 이름:
.text:0000D9B6 decrypt_end_print_message:                    ; CODE XREF: sync_sys+29Dj
.text:0000D9B6                                               ; sync_sys+2ABj
.text:0000D9B6                    mov      eax, [ebp+var_18]
.text:0000D9B9                    test     eax, eax
.text:0000D9BB                    jnz      short loc_D9FB
.text:0000D9BD                    mov      edx, [ebp+var_C]  ; 키
.text:0000D9C0                    mov      ecx, [ebp+var_8]  ; 문자열
.text:0000D9C3                    push     edx
.text:0000D9C4                    push     20h
.text:0000D9C6                    push     ecx
.text:0000D9C7                    push     18h
.text:0000D9C9                    call     err_warn
.text:0000D9CE                    push     0Fh
.text:0000D9D0                    push     190h
.text:0000D9D5                    call     sound
.text:0000D9DA                    mov      [ebp+var_18], 1
.text:0000D9E1                    add      esp, 18h
.text:0000D9E4                    call     pcv_kbhit
.text:0000D9E9                    test     eax, eax
.text:0000D9EB                    jz       short loc_D9FB
...
; 직접 지정한 이름:
```

```
.data:00401736 encrypted_error_message2 db 74h, 72h, 78h, 43h, 48h, 6, 5Ah, 49h, 4Ch, 2 dup(47h)
.data:00401736 db 51h, 4Fh, 47h, 61h, 20h, 22h, 3Ch, 24h, 33h, 36h, 76h
.data:00401736 db 3Ah, 33h, 31h, 0Ch, 0, 0Bh, 1Fh, 7, 1Eh, 1Ah
```

동글을 우회하는 것은 매우 간단하다. CMP 명령어 다음에 나오는 점프를 모두 적절한 명령어로 패치하면 그만이다. 또는 SCO OpenServer 드라이버를 직접 작성하는 것도 한 방법이다.

에러 메시지 복호화

모든 에러 메시지를 복호화해볼 수도 있다. 실제로 err_warn() 함수에 존재하는 알고리즘은 매우 간단하다.

리스트 8.3: 복호화 함수

```
.text:0000A44D          mov     esi, [ebp+arg_C]    ; 키
.text:0000A450          mov     edx, [ebp+arg_4]    ; 문자열
.text:0000A453 loc_A453:
.text:0000A453          xor     eax, eax
.text:0000A455          mov     al, [edx+edi]   ; 암호화된 바이트 로드
.text:0000A458          xor     eax, esi        ; 복호화 수행
.text:0000A45A          add     esi, 3          ; 다음 바이트를 복호화하기 위해 키 변경
.text:0000A45D          inc     edi
.text:0000A45E          cmp     edi, ecx
.text:0000A460          mov     [ebp+edi+var_55], al
.text:0000A464          jl      short loc_A453
```

코드에서 볼 수 있듯이 문자열뿐만 아니라 키까지 복호화 함수에서 제공된다.

```
.text:0000DAF7 error:                          ; CODE XREF: sync_sys+255j
.text:0000DAF7                                 ; sync_sys+274j ...
.text:0000DAF7          mov     [ebp+var_8], offset encrypted_error_message2
.text:0000DAFE          mov     [ebp+var_C], 17h    ; 복호화 키
.text:0000DB05          jmp     decrypt_end_print_message
...
; 직접 지정한 레이블명:
.text:0000D9B6 decrypt_end_print_message:      ; CODE XREF: sync_sys+29Dj
.text:0000D9B6                                 ; sync_sys+2ABj
.text:0000D9B6          mov     eax, [ebp+var_18]
.text:0000D9B9          test    eax, eax
.text:0000D9BB          jnz     short loc_D9FB
```

```
.text:0000D9BD          mov       edx, [ebp+var_C]   ; key
.text:0000D9C0          mov       ecx, [ebp+var_8]   ; 문자열
.text:0000D9C3          push      edx
.text:0000D9C4          push      20h
.text:0000D9C6          push      ecx
.text:0000D9C7          push      18h
.text:0000D9C9          call      err_warn
```

알고리즘은 단순한 XOR 연산을 수행하는 것이다. 각 바이트를 키와 XOR하는데, 키 값은 바이트를 처리할 때마다 3씩 증가시킨다.

이 분석이 맞는지 확인할 수 있는 간단한 파이썬 스크립트를 작성할 수 있다.

리스트 8.4: 파이썬 3.x

```
#!/usr/bin/python
import sys

msg=[0x74, 0x72, 0x78, 0x43, 0x48, 0x6, 0x5A, 0x49, 0x4C, 0x47, 0x47,
0x51, 0x4F, 0x47, 0x61, 0x20, 0x22, 0x3C, 0x24, 0x33, 0x36, 0x76,
0x3A, 0x33, 0x31, 0x0C, 0x0, 0x0B, 0x1F, 0x7, 0x1E, 0x1A]

key=0x17
tmp=key
for i in msg:
    sys.stdout.write ("%c" % (i^tmp))
    tmp=tmp+3
sys.stdout.flush()
```

실행해보면 "check security device connection"이 출력됐다.

메시지가 제대로 복호화된 것을 알 수 있다. 프로그램에는 암호화된 메시지와 이에 대응되는 키가 더 존재한다. 하지만 당연히 키 없이 암호화된 문자열을 복호화할 수도 있다. 먼저 키가 사실은 바이트라는 것을 알 수 있다. 핵심 복호화 명령어(XOR)가 바이트 수준에서 동작하기 때문이다. 키는 ESI 레지스터에 위치하지만 ESI의 한 바이트 부분만 사용한다. 그러므로 키가 255보다 클 수는 있어도 그 값은 항상 255까지의 값으로 조정된다. 결과적으로 0..255 사이의 가능한 모든 키 값을 무작위로 대입해 복호화를 시도할 수 있다. 복호화를 시도할 때 출력할 수 없는 문자가 만들어지면 그 키 값은 건너뛰면 된다.

```python
#!/usr/bin/python
import sys, curses.ascii

msgs=[
[0x74, 0x72, 0x78, 0x43, 0x48, 0x6, 0x5A, 0x49, 0x4C, 0x47, 0x47,
0x51, 0x4F, 0x47, 0x61, 0x20, 0x22, 0x3C, 0x24, 0x33, 0x36, 0x76,
0x3A, 0x33, 0x31, 0x0C, 0x0, 0x0B, 0x1F, 0x7, 0x1E, 0x1A],

[0x49, 0x65, 0x2D, 0x63, 0x76, 0x75, 0x6C, 0x6E, 0x76, 0x56, 0x5C,
8, 0x4F, 0x4B, 0x47, 0x5D, 0x54, 0x5F, 0x1D, 0x26, 0x2C, 0x33,
0x27, 0x28, 0x6F, 0x72, 0x75, 0x78, 0x7B, 0x7E, 0x41, 0x44],

[0x45, 0x61, 0x31, 0x67, 0x72, 0x79, 0x68, 0x52, 0x4A, 0x52, 0x50,
0x0C, 0x4B, 0x57, 0x43, 0x51, 0x58, 0x5B, 0x61, 0x37, 0x33, 0x2B,
0x39, 0x39, 0x3C, 0x38, 0x79, 0x3A, 0x30, 0x17, 0x0B, 0x0C],

[0x40, 0x64, 0x79, 0x75, 0x7F, 0x6F, 0x0, 0x4C, 0x40, 0x9, 0x4D, 0x5A,
0x46, 0x5D, 0x57, 0x49, 0x57, 0x3B, 0x21, 0x23, 0x6A, 0x38, 0x23,
0x36, 0x24, 0x2A, 0x7C, 0x3A, 0x1A, 0x6, 0x0D, 0x0E, 0x0A, 0x14,
0x10],

[0x72, 0x7C, 0x72, 0x79, 0x76, 0x0,
0x50, 0x43, 0x4A, 0x59, 0x5D, 0x5B, 0x41, 0x41, 0x1B, 0x5A,
0x24, 0x32, 0x2E, 0x29, 0x28, 0x70, 0x20, 0x22, 0x38, 0x28, 0x36,
0x0D, 0x0B, 0x48, 0x4B, 0x4E]]

def is_string_printable(s):
    return all(list(map(lambda x: curses.ascii.isprint(x), s)))

cnt=1
for msg in msgs:
    print ("message #%d" % cnt)
    for key in range(0,256):
        result=[]
        tmp=key
        for i in msg:
            result.append (i^tmp)
            tmp=tmp+3
        if is_string_printable (result):
            print ("key=", key, "value=", "".join(list(map(chr, result))))
    cnt=cnt+1
```

실행 결과는 다음과 같다.

```
message #1
key= 20 value= `eb^h%|``hudw|_af{n~f%ljmSbnwlpk
```

```
key= 21 value= ajc]i"}cawtgv{^bgto}g"millcmvkqh
key= 22 value= bkd\j#rbbvsfuz!cduh|d#bhomdlujni
key= 23 value= check security device connection
key= 24 value= lifbl!pd|tqhsx#ejwjbb!`nQofbshlo
message #2
key= 7 value= No security device found
key= 8 value= An#rbbvsVuz!cduhld#ghtme?!#!'!#!
message #3
key= 7 value= Bk<waoqNUpu$`yreoa\wpmpusj,bkIjh
key= 8 value= Mj?vfnrOjqv%gxqd``_vwlstlk/clHii
key= 9 value= Lm>ugasLkvw&fgpgag^uvcrwml.`mwhj
key= 10 value= Ol!td`tMhwx'efwfbf!tubuvnm!anvok
key= 11 value= No security device station found
key= 12 value= In#rjbvsnuz!{duhdd#r{`whho#gPtme
message #4
key= 14 value= Number of authorized users exceeded
key= 15 value= Ovlmdq!hg#`juknuhydk!vrbsp!Zy`dbefe
message #5
key= 17 value= check security device station
key= 18 value= `ijbh!td`tmhwx'efwfbf!tubuVnm!'!
```

무의미한 가비지 값이 있긴 하지만 영어 메시지를 손쉽게 찾을 수 있다.

참고로 알고리즘이 간단한 XOR 암호화이기 때문에 동일한 함수를 사용해 메시지를 암호화할 수도 있다. 필요하다면 여러분만의 메시지를 암호화한 후 추가하는 형태로 프로그램을 패치할 수도 있다.

8.5.3 예제 #3: MS-DOS

또 하나의 매우 오래된 소프트웨어를 살펴보자. 1995년에 출시된 MS-DOS용 프로그램으로, 이를 개발한 회사 역시 오래 전에 문을 닫았다.

DOS 시대에는 거의 모든 MS-DOS 소프트웨어가 16비트 8086이나 80286 CPU용이었으므로 코드 역시 16비트였다.

16비트 코드는 책에서 이미 다룬 코드와 유사하지만 모든 레지스터가 16비트며, 사용할 수 있는 명령어의 수가 적다.

MS-DOS 환경은 시스템 드라이버를 지원하지 않기 때문에 프로그램은 포트를 이용해 하드웨어를 직접 처리해야 했다. 이 때문에 도스용 프로그램에서는 요즘 드라이버에서 흔히 볼 수 있는 **OUT/IN** 명령어를 볼 수 있다(요즘 운영체제에서는 사용자 모드에서 바로 포트에 접근하는 것은 불가능하다).

결국 동글을 이용하는 MS-DOS 프로그램은 LPT 프린터 포트에 직접 접근해야 한다. 이에 해당하는 명령어를 검색하면 다음과 같은 코드를 찾을 수 있다.

```
seg030:0034                 out_port    proc far    ; CODE XREF: sent_pro+22p
seg030:0034                                         ; sent_pro+2Ap ...
seg030:0034
seg030:0034                 arg_0       = byte ptr 6
seg030:0034
seg030:0034 55                          push    bp
seg030:0035 8B EC                       mov     bp, sp
seg030:0037 8B 16 7E E7                 mov     dx, _out_port   ; 0x378
seg030:003B 8A 46 06                    mov     al, [bp+arg_0]
seg030:003E EE                          out     dx, al
seg030:003F 5D                          pop     bp
seg030:0040 CB                          retf
seg030:0040                 out_port    endp
```

(이 예제에 나오는 레이블명은 모두 직접 지정한 것이다)

out_port() 는 하나의 함수에서만 참조한다.

```
seg030:0041                 sent_pro proc far   ; CODE XREF: check_dongle+34p
seg030:0041
seg030:0041                 var_3   = byte ptr -3
seg030:0041                 var_2   = word ptr -2
seg030:0041                 arg_0   = dword ptr 6
seg030:0041
seg030:0041 C8 04 00 00     enter   4, 0
seg030:0045 56              push    si
seg030:0046 57              push    di
seg030:0047 8B 16 82 E7     mov     dx, _in_port_1 ; 0x37A
seg030:004B EC              in      al, dx
seg030:004C 8A D8           mov     bl, al
seg030:004E 80 E3 FE        and     bl, 0FEh
seg030:0051 80 CB 04        or      bl, 4
seg030:0054 8A C3           mov     al, bl
seg030:0056 88 46 FD        mov     [bp+var_3], al
seg030:0059 80 E3 1F        and     bl, 1Fh
seg030:005C 8A C3           mov     al, bl
seg030:005E EE              out     dx, al
```

```
seg030:005F 68 FF 00        push    0FFh
seg030:0062 0E              push    cs
seg030:0063 E8 CE FF        call    near ptr out_port
seg030:0066 59              pop     cx
seg030:0067 68 D3 00        push    0D3h
seg030:006A 0E              push    cs
seg030:006B E8 C6 FF        call    near ptr out_port
seg030:006E 59              pop     cx
seg030:006F 33 F6           xor     si, si
seg030:0071 EB 01           jmp     short loc_359D4
seg030:0073
seg030:0073 loc_359D3:              ; CODE XREF: sent_pro+37j
seg030:0073 46              inc     si
seg030:0074
seg030:0074 loc_359D4:              ; CODE XREF: sent_pro+30j
seg030:0074 81 FE 96 00     cmp     si, 96h
seg030:0078 7C F9           jl      short loc_359D3
seg030:007A 68 C3 00        push    0C3h
seg030:007D 0E              push    cs
seg030:007E E8 B3 FF        call    near ptr out_port
seg030:0081 59              pop     cx
seg030:0082 68 C7 00        push    0C7h
seg030:0085 0E              push    cs
seg030:0086 E8 AB FF        call    near ptr out_port
seg030:0089 59              pop     cx
seg030:008A 68 D3 00        push    0D3h
seg030:008D 0E              push    cs
seg030:008E E8 A3 FF        call    near ptr out_port
seg030:0091 59              pop     cx
seg030:0092 68 C3 00        push    0C3h
seg030:0095 0E              push    cs
seg030:0096 E8 9B FF        call    near ptr out_port
seg030:0099 59              pop     cx
seg030:009A 68 C7 00        push    0C7h
seg030:009D 0E              push    cs
seg030:009E E8 93 FF        call    near ptr out_port
seg030:00A1 59              pop     cx
seg030:00A2 68 D3 00        push    0D3h
seg030:00A5 0E              push    cs
seg030:00A6 E8 8B FF        call    near ptr out_port
seg030:00A9 59              pop     cx
seg030:00AA BF FF FF        mov     di, 0FFFFh
seg030:00AD EB 40           jmp     short loc_35A4F
seg030:00AF
seg030:00AF loc_35A0F:              ; CODE XREF: sent_pro+BDj
seg030:00AF BE 04 00        mov     si, 4
seg030:00B2
```

```
seg030:00B2 loc_35A12:                ; CODE XREF: sent_pro+ACj
seg030:00B2 D1 E7         shl     di, 1
seg030:00B4 8B 16 80 E7   mov     dx, _in_port_2  ; 0x379
seg030:00B8 EC            in      al, dx
seg030:00B9 A8 80         test    al, 80h
seg030:00BB 75 03         jnz     short loc_35A20
seg030:00BD 83 CF 01      or      di, 1
seg030:00C0
seg030:00C0 loc_35A20:                ; CODE XREF: sent_pro+7Aj
seg030:00C0 F7 46 FE 08+  test    [bp+var_2], 8
seg030:00C5 74 05         jz      short loc_35A2C
seg030:00C7 68 D7 00      push    0D7h    ; '+'
seg030:00CA EB 0B         jmp     short loc_35A37
seg030:00CC
seg030:00CC loc_35A2C:                ; CODE XREF: sent_pro+84j
seg030:00CC 68 C3 00      push    0C3h
seg030:00CF 0E            push    cs
seg030:00D0 E8 61 FF      call    near ptr out_port
seg030:00D3 59            pop     cx
seg030:00D4 68 C7 00      push    0C7h
seg030:00D7
seg030:00D7 loc_35A37:                ; CODE XREF: sent_pro+89j
seg030:00D7 0E            push    cs
seg030:00D8 E8 59 FF      call    near ptr out_port
seg030:00DB 59            pop     cx
seg030:00DC 68 D3 00      push    0D3h
seg030:00DF 0E            push    cs
seg030:00E0 E8 51 FF      call    near ptr out_port
seg030:00E3 59            pop     cx
seg030:00E4 8B 46 FE      mov     ax, [bp+var_2]
seg030:00E7 D1 E0         shl     ax, 1
seg030:00E9 89 46 FE      mov     [bp+var_2], ax
seg030:00EC 4E            dec     si
seg030:00ED 75 C3         jnz     short loc_35A12
seg030:00EF
seg030:00EF loc_35A4F:                ; CODE XREF: sent_pro+6Cj
seg030:00EF C4 5E 06      les     bx, [bp+arg_0]
seg030:00F2 FF 46 06      inc     word ptr [bp+arg_0]
seg030:00F5 26 8A 07      mov     al, es:[bx]
seg030:00F8 98            cbw
seg030:00F9 89 46 FE      mov     [bp+var_2], ax
seg030:00FC 0B C0         or      ax, ax
seg030:00FE 75 AF         jnz     short loc_35A0F
seg030:0100 68 FF 00      push    0FFh
seg030:0103 0E            push    cs
seg030:0104 E8 2D FF      call    near ptr out_port
seg030:0107 59            pop     cx
```

```
seg030:0108 8B 16 82 E7    mov     dx, _in_port_1 ; 0x37A
seg030:010C EC             in      al, dx
seg030:010D 8A C8          mov     cl, al
seg030:010F 80 E1 5F       and     cl, 5Fh
seg030:0112 8A C1          mov     al, cl
seg030:0114 EE             out     dx, al
seg030:0115 EC             in      al, dx
seg030:0116 8A C8          mov     cl, al
seg030:0118 F6 C1 20       test    cl, 20h
seg030:011B 74 08          jz      short loc_35A85
seg030:011D 8A 5E FD       mov     bl, [bp+var_3]
seg030:0120 80 E3 DF       and     bl, 0DFh
seg030:0123 EB 03          jmp     short loc_35A88
seg030:0125
seg030:0125 loc_35A85:             ; CODE XREF: sent_pro+DAj
seg030:0125 8A 5E FD       mov     bl, [bp+var_3]
seg030:0128
seg030:0128 loc_35A88:             ; CODE XREF: sent_pro+E2j
seg030:0128 F6 C1 80       test    cl, 80h
seg030:012B 74 03          jz      short loc_35A90
seg030:012D 80 E3 7F       and     bl, 7Fh
seg030:0130
seg030:0130 loc_35A90:             ; CODE XREF: sent_pro+EAj
seg030:0130 8B 16 82 E7    mov     dx, _in_port_1 ; 0x37A
seg030:0134 8A C3          mov     al, bl
seg030:0136 EE             out     dx, al
seg030:0137 8B C7          mov     ax, di
seg030:0139 5F             pop     di
seg030:013A 5E             pop     si
seg030:013B C9             leave
seg030:013C CB             retf
seg030:013C    sent_pro    endp
```

이번에도 이전 예와 같이 Sentinel Pro '해시' 동글을 사용한다. 이 코드에서도 텍스트 문자열을 전달한 후 리턴되는 16비트 값을 다른 값과 비교하는 과정을 수행한다.

이것이 포트를 통해 Sentinel Pro에 접근하는 방법이다.

출력 포트 주소는 보통 0x378, 즉 프린터 포트로 USB 이전 시대의 오래된 프린터에 데이터를 전달하던 포트다.

이 포트를 개발하던 당시에는 프린터에서 정보를 수신할 필요가 있을 것이라고 상상도 하지 못했기 때문에 이 포트는 단방향이다(센트로닉스^{Centronics}만 고려했을 때의 얘기다. IEEE 1284 표준에서는 프린터에서 정보를 전송받을 수 있다).

프린터에서 정보를 수신하는 유일한 방법은 'paper out', 'ack', 'busy' 등의 비트를 표현하는 포트 0x379의 상태 레지스터를 이용하는 방법뿐이다. 프린터는 이 포트를 이용해 프린트 준비 여부나 종이 공급 상태 등을 호스트 컴퓨터에 알릴 수 있다.

동글은 이런 비트 중 하나를 이용해 한 번에 한 비트씩 정보를 리턴한다.

_in_port_2에는 상태 워드의 주소(0x379)가 들어있고, _in_port_1에는 제어 레지스터의 주소(0x37A)가 들어있다.

동글이 seg030:00B9의 'busy' 플래그를 통해 정보를 리턴하는 것으로 보인다. 그리고 전달된 각 비트를 DI 레지스터에 저장한 후 함수 종료 시점에 리턴한다.

출력 포트로 전송하는 온갖 바이트의 의미는 무엇일까? 아마도 동글로 전송하는 명령어일 것이다.

하지만 보통 이를 모르더라도 우리의 목적을 쉽게 달성할 수는 있기 때문에 이런 부분까지 분석할 필요는 없다.

동글을 확인하는 루틴은 다음과 같다.

```
00000000 struct_0       struc   ; (sizeof=0x1B)
00000000 field_0        db 25 dup(?)   ; string(C)
00000019 _A             dw ?
0000001B struct_0       ends

dseg:3CBC 61 63 72 75+_Q    struct_0 <'hello', 01122h>
dseg:3CBC 6E 00 00 00+         ; DATA XREF: check_dongle+2Eo

... skipped ...

dseg:3E00 63 6F 66 66+      struct_0 <'coffee', 7EB7h>
dseg:3E1B 64 6F 67 00+      struct_0 <'dog', 0FFADh>
dseg:3E36 63 61 74 00+      struct_0 <'cat', 0FF5Fh>
dseg:3E51 70 61 70 65+      struct_0 <'paper', 0FFDFh>
dseg:3E6C 63 6F 6B 65+      struct_0 <'coke', 0F568h>
dseg:3E87 63 6C 6F 63+      struct_0 <'clock', 55EAh>
dseg:3EA2 64 69 72 00+      struct_0 <'dir', 0FFAEh>
dseg:3EBD 63 6F 70 79+      struct_0 <'copy', 0F557h>

seg030:0145                 check_dongle proc far   ; CODE XREF: sub_3771D+3EP
seg030:0145
seg030:0145                 var_6 = dword ptr -6
seg030:0145                 var_2 = word ptr -2
seg030:0145
```

```
seg030:0145 C8 06 00 00      enter    6, 0
seg030:0149 56               push     si
seg030:014A 66 6A 00         push     large 0      ; newtime
seg030:014D 6A 00            push     0   ; cmd
seg030:014F 9A C1 18 00+     call     _biostime
seg030:0154 52               push     dx
seg030:0155 50               push     ax
seg030:0156 66 58            pop      eax
seg030:0158 83 C4 06         add      sp, 6
seg030:015B 66 89 46 FA      mov      [bp+var_6], eax
seg030:015F 66 3B 06 D8+     cmp      eax, _expiration
seg030:0164 7E 44            jle      short loc_35B0A
seg030:0166 6A 14            push     14h
seg030:0168 90               nop
seg030:0169 0E               push     cs
seg030:016A E8 52 00         call     near ptr get_rand
seg030:016D 59               pop      cx
seg030:016E 8B F0            mov      si, ax
seg030:0170 6B C0 1B         imul     ax, 1Bh
seg030:0173 05 BC 3C         add      ax, offset _Q
seg030:0176 1E               push     ds
seg030:0177 50               push     ax
seg030:0178 0E               push     cs
seg030:0179 E8 C5 FE         call     near ptr sent_pro
seg030:017C 83 C4 04         add      sp, 4
seg030:017F 89 46 FE         mov      [bp+var_2], ax
seg030:0182 8B C6            mov      ax, si
seg030:0184 6B C0 12         imul     ax, 18
seg030:0187 66 0F BF C0      movsx    eax, ax
seg030:018B 66 8B 56 FA      mov      edx, [bp+var_6]
seg030:018F 66 03 D0         add      edx, eax
seg030:0192 66 89 16 D8+     mov      _expiration, edx
seg030:0197 8B DE            mov      bx, si
seg030:0199 6B DB 1B         imul     bx, 27
seg030:019C 8B 87 D5 3C      mov      ax, _Q._A[bx]
seg030:01A0 3B 46 FE         cmp      ax, [bp+var_2]
seg030:01A3 74 05            jz       short loc_35B0A
seg030:01A5 B8 01 00         mov      ax, 1
seg030:01A8 EB 02            jmp      short loc_35B0C
seg030:01AA
seg030:01AA            loc_35B0A:  ; CODE XREF: check_dongle+1Fj
seg030:01AA                        ; check_dongle+5Ej
seg030:01AA 33 C0            xor      ax, ax
seg030:01AC
seg030:01AC            loc_35B0C:        ; CODE XREF: check_dongle+63j
seg030:01AC 5E               pop      si
seg030:01AD C9               leave
```

```
seg030:01AE CB                  retf
seg030:01AE                     check_dongle endp
```

프로그램이 이 루틴을 매우 자주 호출할 수 있는 반면(예를 들면 중요한 소프트웨어 기능을 실행하기 전에 호출), 동글 접근은 일반적으로 느리기 때문에(저속의 프린터 포트와 동글의 느린 MCU^Microcontroller Unit 때문), 개발자는 biostime() 함수를 이용해 현재 시간을 확인하는 방식으로 동글 검사가 지나치게 자주 수행되는 걸 방지한 것으로 보인다.

get_rand() 함수는 표준 C 함수를 사용한다.

```
seg030:01BF              get_rand proc far   ; CODE XREF: check_dongle+25p
seg030:01BF
seg030:01BF              arg_0  = word ptr 6
seg030:01BF
seg030:01BF 55                  push    bp
seg030:01C0 8B EC               mov     bp, sp
seg030:01C2 9A 3D 21 00+        call    _rand
seg030:01C7 66 0F BF C0         movsx   eax, ax
seg030:01CB 66 0F BF 56+        movsx   edx, [bp+arg_0]
seg030:01D0 66 0F AF C2         imul    eax, edx
seg030:01D4 66 BB 00 80+        mov     ebx, 8000h
seg030:01DA 66 99               cdq
seg030:01DC 66 F7 FB            idiv    ebx
seg030:01DF 5D                  pop     bp
seg030:01E0 CB                  retf
seg030:01E0              get_rand endp
```

텍스트 문자열을 임의로 선택해 동글로 전달한 다음 리턴된 해시 결과를 올바른 값과 비교한다.

텍스트 문자열 자체도 소프트웨어 개발 시 무작위로 선정한 것으로 보인다.

동글 검사 함수를 호출하는 과정은 다음과 같다.

```
seg033:087B 9A 45 01 96+        call    check_dongle
seg033:0880 0B C0               or      ax, ax
seg033:0882 74 62               jz      short OK
seg033:0884 83 3E 60 42+        cmp     word_620E0, 0
seg033:0889 75 5B               jnz     short OK
seg033:088B FF 06 60 42         inc     word_620E0
seg033:088F 1E                  push    ds
```

```
seg033:0890 68 22 44        push    offset aTrupcRequiresA ;
    "This Software Requires a Software Lock\n"
seg033:0893 1E              push    ds
seg033:0894 68 60 E9        push    offset byte_6C7E0 ; dest
seg033:0897 9A 79 65 00+    call    _strcpy
seg033:089C 83 C4 08        add     sp, 8
seg033:089F 1E              push    ds
seg033:08A0 68 42 44        push    offset aPleaseContactA ; "Please Contact ..."
seg033:08A3 1E              push    ds
seg033:08A4 68 60 E9        push    offset byte_6C7E0 ; dest
seg033:08A7 9A CD 64 00+    call    _strcat
```

동글을 우회하는 것은 간단하다. 단순히 check_dongle() 함수가 무조건 0을 리턴하도록 패치하면 된다.

예를 들어 다음과 같은 코드를 함수 도입부에 추가할 수 있다.

```
mov     ax,0
retf
```

주의 깊은 독자라면 strcpy() C 함수에는 보통 두 개의 포인터를 전달한다는 사실을 기억할 것이다. 하지만 여기서는 4개의 값을 전달한다.

```
seg033:088F 1E              push    ds
seg033:0890 68 22 44        push    offset aTrupcRequiresA ;"This Software Requires a
    Software Lock\n"
seg033:0893 1E push         ds
seg033:0894 68 60 E9        push    offset byte_6C7E0 ; dest
seg033:0897 9A 79 65 00+    call    _strcpy
seg033:089C 83 C4 08        add     sp, 8
```

이는 MS-DOS의 메모리 모델 때문이다. 자세한 내용은 11.6절을 참고하기 바란다.

결과적으로 strcpy()와 같이 포인터를 인자로 취하는 함수는 한 쌍의 16비트 값을 이용해 주소를 계산한다.

예제 코드로 다시 돌아가 DS에는 실행 파일의 데이터 세그먼트가 설정돼 있고 데이터 세그먼트 안에는 문자열이 저장돼 있다.

sent_pro() 함수에서는 문자열의 각 바이트를 seg030:00EF에 로딩한다. LES 명령어는 전달된 인자에서 ES:BX 쌍을 동시에 로딩한다.

seg030:00F5의 MOV 명령어는 메모리에서 ES:BX 쌍이 가리키는 바이트를 로딩한다.

8.6 암호화된 데이터베이스 케이스 #1

(이 절의 내용은 2015년 8월 26일 필자의 블로그에 올린 글을 기반으로 하고 있다. https://news. ycombinator.com/item?id=10128684)

8.6.1 Base64와 엔트로피

필자는 내용이 암호화된 XML 파일을 갖고 있었는데, 주문 정보나 고객 정보와 관련된 파일이었다.

```
<?xml version = "1.0" encoding = "UTF-8"?>
<Orders>
    <Order>
        <OrderID>1</OrderID>
        <Data>yjmxhXUbhB/5MV45chPsXZWAJwIh1S0aD9lFn3XuJMSxJ3/E+UE3hsnH</Data>
    </Order>
    <Order>
        <OrderID>2</OrderID>
        <Data>0KGe/wnypFBjsy+U0C2P9fC5nDZP3XDZLMPCRaiBw9OjIk6Tu5U=</Data>
    </Order>
    <Order>
        <OrderID>3</OrderID>
        <Data>mqkXfdzvQKvEArdzh+zD9oETVGBFvcTBLs2ph1b5bYddExzp</Data>
    </Order>
    <Order>
        <OrderID>4</OrderID>
        <Data>FCx6JhIDqnESyT3HAepyE1BJ3cJd7wCk+APCRUeuNtZdpCvQ2MR/7kLXtfUHuA==</Data>
    </Order>
 ...
```

이 파일은 https://raw.githubusercontent.com/DennisYurichev/RE-for-beginners/master/ examples/encrypted_DB1/encrypted.xml에서 다운로드할 수 있다.

라틴 문자와 숫자, 더하기(+) 및 슬래시(/) 기호로 구성된 문자열이기 때문에 분명히 base64로 인코딩된 데이터일 것이다.

1개 또는 2개의 패딩 기호(=)가 있으며 문자열 중간에는 그것이 나타나지 않는다. 이러한 base64 속성을 기억하면 쉽게 판단할 수 있을 것이다.

인코딩된 것을 디코딩하고 그것의 엔트로피(9.2절)를 Wolfram Mathematica에서 계산해보자.

```
In[]:= ListOfBase64Strings =
    Map[First[#[[3]]] &, Cases[Import["encrypted.xml"], XMLElement["Data", _, _], Infinity]];

In[]:= BinaryStrings =
    Map[ImportString[#, {"Base64", "String"}] &, ListOfBase64Strings];

In[]:= Entropies = Map[N[Entropy[2, #]] &, BinaryStrings];

In[]:= Variance[Entropies]
Out[]= 0.0238614
```

편차가 적다. 이는 엔트로피 값이 서로 크게 다르지 않다는 것을 의미한다. 그래프로 보면 다음과 같다.

```
In[]:= ListPlot[Entropies]
```

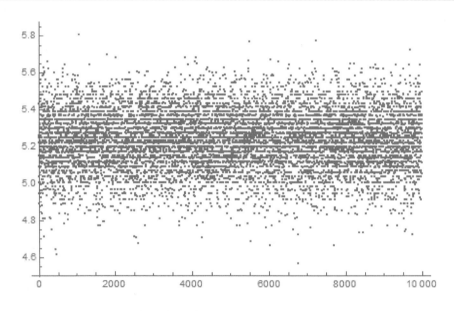

대부분의 값이 5.0과 5.4에 밀집돼 있다. 이는 데이터가 압축이나 암호화돼 있다는 표시가 된다.

편차를 이해하고자 코난 도일의 『Hound of the Baskervilles』 책에서 모든 문자의 엔트로피를 계산해보자.

```
In[]:= BaskervillesLines = Import["http://www.gutenberg.org/cache/epub/2852/pg2852.
    txt", "List"];

In[]:= EntropiesT = Map[N[Entropy[2, #]] &, BaskervillesLines];

In[]:= Variance[EntropiesT]
Out[]= 2.73883

In[]:= ListPlot[EntropiesT]
```

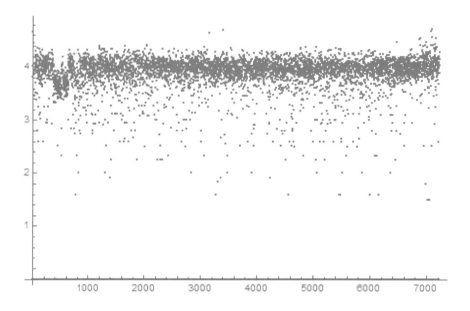

대부분의 값이 4 근처에 위치하지만 그보다 더 작은 값들도 있어 최종 분산 값에 영향을 준다.

아마도 짧은 문장은 작은 엔트로피를 갖는 것으로 보인다. 그러면 코난 도일의 책에서 짧은 문장의 엔트로피를 계산해보자.

```
In[]:= Entropy[2, "Yes, sir."] // N
Out[]= 2.9477
```

좀 더 짧은 문장에 대해 계산해보면 다음과 같다.

```
In[]:= Entropy[2, "Yes"] // N
Out[]= 1.58496

In[]:= Entropy[2, "No"] // N
Out[]= 1.
```

8.6.2 데이터 압축 여부 판단

데이터가 압축 또는 암호화돼 있다는 것을 알았다. 그러면 암축된 데이터일까? 대부분의 압축 프로그램은 파일의 시작 부분에 헤더나 시그니처와 같은 것을 추가한다. 그런데 데이터를 보면 각 데이터 블록의 시작 부분에는 일관된 데이터가 없다. 직접 만든 데이터 압축 프로그램은 그럴 수 있겠지만 그런 경우는 매우 드물 것이다. 반면 직접 만든 암호화 알고리즘은 쉽게 만들 수 있기 때문에 그것이 많이 사용된다. 심지어 **memfrob( )**(https://linux.die.net/man/3/memfrob)과 ROT13 같은 키를 이용하지 않는 암호 시스템도 에러 없이 잘 동작한다. 상상력만으로 데이터 압축 알고리즘을 처음부터 버그 없이 만드는 것은 쉽지 않다. 일부 프로그래머는 책을 읽고 데이터 압축 함수를 구현하기도 하지만 그것 또한 매우 드문 일이다. 가장 흔한 방법으로는 두 가지가 있을 수 있다. 1) zlib와 같은 오픈소스 라이브러리를 이용하는 방법, 2) 관련 코드를 어딘가에서 복사해 붙여넣기 하는 방법. 오픈소스 데이터 압축 알고리즘은 일반적으로 일종의 헤더를 사용한다. http://www.codeproject.com/과 같은 사이트에서 볼 수 있는 알고리즘도 마찬가지다.

8.6.3 데이터 암호화 여부 판단

대부분의 데이터 암호화 알고리즘은 데이터를 블록 단위로 처리한다. DES는 8바이트 블록, AES는 16바이트 블록 단위로 암호화를 수행한다. 입력 버퍼의 크기가 처리하는 블록의 크기로 딱 나눠떨어지지 않으면 뒤에 0(또는 다른 값)을 추가한다. 따라서 암호화된 데이터는 암호화 알고리즘의 블록 크기로 정렬된다. 우리가 분석할 데이터는 이 경우에도 해당되지 않는다.

Wolfram Mathematica를 이용해 블록의 길이를 분석해보자.

```
In[]:= Counts[Map[StringLength[#] &, BinaryStrings]]
Out[]= <|42 -> 1858, 38 -> 1235, 36 -> 699, 46 -> 1151, 40 -> 1784,
44 -> 1558, 50 -> 366, 34 -> 291, 32 -> 74, 56 -> 15, 48 -> 716,
30 -> 13, 52 -> 156, 54 -> 71, 60 -> 3, 58 -> 6, 28 -> 4|>
```

1858개의 블록은 크기가 42바이트고, 1235개의 블록은 크기가 38바이트다.

그래프로 보면 다음과 같다.

```
ListPlot[Counts[Map[StringLength[#] &, BinaryStrings]]]
```

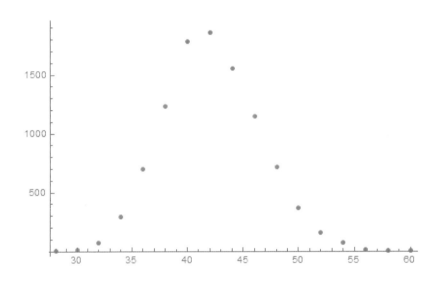

따라서 대부분의 블록 크기는 36에서 48 사이다. 또 한 가지 특징은 모든 블록의 크기
가 짝수라는 것이다. 크기가 홀수인 것이 하나도 없다.

하지만 바이트 단위나 비트 단위로 암호화를 수행하는 스트림 암호도 있다.

8.6.4 CryptoPP

앞서 살펴본 암호화된 데이터를 이용하는 프로그램은 C#으로 작성됐으며 해당 .NET
코드는 매우 난독화돼 있다.

그럼에도 불구하고 간단히 조사해보면 x86 코드로 된 DLL 파일이 있는 것을 알 수 있
다. 해당 DLL은 유명한 CryptoPP 오픈소스 라이브러리다(DLL 파일에서 'CryptoPP' 문자

열을 발견했다). CryptoPP 라이브러리는 오픈소스이기 때문에 그것의 모든 함수명을 쉽게 알 수 있다.

CryptoPP 라이브러리는 AES(Rijndael이라고도 함)를 포함해 매우 많은 암호화 함수를 갖고 있다. 최신 x86 CPU는 **AESENC**, **AESDEC**, **AESKEYGENASSIST**(https://en.wikipedia. org/wiki/AES_instruction_set)와 같은 AES 전용 명령어를 제공한다. 해당 명령어들은 암호화/복호화를 안전히 수행하는 것은 아니지만 그것을 위한 많은 작업을 수행한다. 그리고 최신 버전 CryptoPP는 그런 명령어들을 사용한다. 예를 들면 https://github. com/mmoss/cryptopp/blob/2772f7b57182b31a41659b48d5f35a7b6cedd34d/src/ rijndael.cpp#L1034와 https://github.com/mmoss/cryptopp/blob/2772f7b57182b31a 41659b48d5f35a7b6cedd34d/src/rijndael.cpp#L1000에서 해당 명령어를 사용한다. 그런데 놀랍게도 복호화를 수행하는 동안 **AESDEC**가 아니라 **AESENC**가 사용된다(tracer 유틸리티를 사용해 알아냈으면 디버거를 이용해도 된다). 필자가 사용하는 컴퓨터의 CPU가 **AES** 명령어를 실제로 지원하는지 확인해봤다. 일부 인텔 i3 CPU는 **AES** 명령어를 지원하지 않는다. CPU가 **AES** 명령어를 지원하지 않으면 CryptoPP 라이브러리는 원래 방식대로 구현된 **AES**를 수행한다(https://github.com/mmoss/cryptopp/blob/2772f7b57182 b31a41659b48d5f35a7b6cedd34d/src/rijndael.cpp#L355). 하지만 필자의 컴퓨터는 **AES** 명령어를 지원하는 것을 확인했다. 그렇다면 왜 **AESDEC**가 사용됐을까? 왜 프로그램은 데이터를 복호화하고자 AES 암호화를 수행했을까?

데이터 블록을 암호화하는 함수를 찾는 것은 어렵지 않다. 즉, 그것은 `CryptoPP:: Rijndael::Enc::ProcessAndXorBlock`(https://github.com/mmoss/cryptopp/blob/2772f 7b57182b31a41659b48d5f35a7b6cedd34d/src/rijndael.cpp#L349)이며, 다른 함수에서 이를 호출할 수도 있다. `Rijndael::Enc::AdvancedProcessBlocks()`(https://github.com/ mmoss/cryptopp/blob/2772f7b57182b31a41659b48d5f35a7b6cedd34d/src/rijndael.cpp#L1179) 에서는 **AESENC** 명령어를 포함하고 있는 두 함수 `AESNI_Enc_Block`(https://github.com/ mmoss/cryptopp/blob/2772f7b57182b31a41659b48d5f35a7b6cedd34d/src/rijndael.cpp#L1000), `AESNI_Enc_4_Blocks`(https://github.com/mmoss/cryptopp/blob/2772f7b57182b31a41659 b48d5f35a7b6cedd34d/src/rijndael.cpp#L1012)를 호출한다.

CryptoPP 내부적인 판단에 의해 CryptoPP::Rijndael::Enc::ProcessAndXorBlock()은 16바이트 블록을 암호화한다. 브레이크포인트를 걸고 복호화가 수행되는 동안 무슨 일이 일어나는지 살펴보자. 이번에도 tracer 툴을 다시 사용했다. 살펴보니 첫 번째로 복호화되는 데이터 블록은 base64 인코딩에서 16진수 데이터로 변환된 첫 번째 데이터 블록이다.

```
00000000: CA 39 B1 85 75 1B 84 1F F9 31 5E 39 72 13 EC 5D   .9..u....1^9r..]
00000010: 95 80 27 02 21 D5 2D 1A 0F D9 45 9F 75 EE 24 C4   ..'.!.-...E.u.$.
00000020: B1 27 7F 84 FE 41 37 86 C9 C0   .'...A7...
```

CryptoPP 소스코드를 보면 함수에 전달되는 인자는 다음과 같다.

```
size_t Rijndael::Enc::AdvancedProcessBlocks(const byte *inBlocks, const byte *xorBlocks,
    byte *outBlocks, size_t length, word32 flags);
```

5개의 인자가 전달되며, 인자로 사용할 수 있는 플래그는 다음과 같다.

```
enum {BT_InBlockIsCounter=1, BT_DontIncrementInOutPointers=2, BT_XorInput=4,
    BT_ReverseDirection=8, BT_AllowParallel=16} FlagsForAdvancedProcessBlocks;
```

ProcessAndXorBlock()에서 tracer를 실행시켜보자.

```
... tracer.exe -l:filename.exe bpf=filename.exe!0x4339a0,args:5,dump_args:0x10

Warning: no tracer.cfg file.
PID=1984|New process software.exe
no module registered with image base 0x77320000
no module registered with image base 0x76e20000
no module registered with image base 0x77320000
no module registered with image base 0x77220000
Warning: unknown (to us) INT3 breakpoint at ntdll.dll!LdrVerifyImageMatchesChecksum+0x96c
    (0x776c103b)
(0) software.exe!0x4339a0(0x38b920, 0x0, 0x38b978, 0x10, 0x0) (called from
    software.exe!.text+0x33c0d (0x13e4c0d))
Argument 1/5
0038B920: 01 00 00 00 FF FF FF FF-79 C1 69 0B 67 C1 04 7D   "........y.i.g..}"
Argument 3/5
0038B978: CD CD CD CD CD CD CD CD-CD CD CD CD CD CD CD CD   "................"
(0) software.exe!0x4339a0() -> 0x0
Argument 3/5 difference
```

```
00000000: C7 39 4E 7B 33 1B D6 1F-B8 31 10 39 39 13 A5 5D   ".9N{3....1.99..]"
(0) software.exe!0x4339a0(0x38a828, 0x38a838, 0x38bb40, 0x0, 0x8) (called from
    software.exe!.text+0x3a407 (0x13eb407))
Argument 1/5
0038A828: 95 80 27 02 21 D5 2D 1A-0F D9 45 9F 75 EE 24 C4   "..'.!.-...E.u.$."
Argument 2/5
0038A838: B1 27 7F 84 FE 41 37 86-C9 C0 00 CD CD CD CD CD   ".'...A7........."
Argument 3/5
0038BB40: CD CD CD CD CD CD CD CD-CD CD CD CD CD CD CD CD   "................"
(0) software.exe!0x4339a0() -> 0x0
(0) software.exe!0x4339a0(0x38b920, 0x38a828, 0x38bb30, 0x10, 0x0) (called from
    software.exe!.text+0x33c0d (0x13e4c0d))
Argument 1/5
0038B920: CA 39 B1 85 75 1B 84 1F-F9 31 5E 39 72 13 EC 5D   ".9..u....1^9r..]"
Argument 2/5
0038A828: 95 80 27 02 21 D5 2D 1A-0F D9 45 9F 75 EE 24 C4   "..'.!.-...E.u.$."
Argument 3/5
0038BB30: CD CD CD CD CD CD CD CD-CD CD CD CD CD CD CD CD   "................"
(0) software.exe!0x4339a0() -> 0x0
Argument 3/5 difference
00000000: 45 00 20 00 4A 00 4F 00-48 00 4E 00 53 00 00 00   "E. .J.O.H.N.S..."
(0) software.exe!0x4339a0(0x38b920, 0x0, 0x38b978, 0x10, 0x0) (called from \
    software.exe!.text+0x33c0d (0x13e4c0d))
Argument 1/5
0038B920: 95 80 27 02 21 D5 2D 1A-0F D9 45 9F 75 EE 24 C4   "..'.!.-...E.u.$."
Argument 3/5
0038B978: 95 80 27 02 21 D5 2D 1A-0F D9 45 9F 75 EE 24 C4   "..'.!.-...E.u.$."
(0) software.exe!0x4339a0() -> 0x0
Argument 3/5 difference
00000000: B1 27 7F E4 9F 01 E3 81-CF C6 12 FB B9 7C F1 BC   ".'...........|.."
PID=1984|Process software.exe exited. ExitCode=0 (0x0)
```

ProcessAndXorBlock() 함수에 전달되는 입력값과 출력값을 볼 수 있다.

다음은 첫 번째 호출됐을 때의 함수 출력 내용이다.

```
00000000: C7 39 4E 7B 33 1B D6 1F-B8 31 10 39 39 13 A5 5D   ".9N{3....1.99..]"
```

그다음에는 길이가 0인 블록과 플래그 8(BT_ReverseDirection)을 이용해 ProcessAnd
XorBlock()을 호출한다.

두 번째 호출 결과는 다음과 같다.

```
00000000: 45 00 20 00 4A 00 4F 00-48 00 4E 00 53 00 00 00   "E. .J.O.H.N.S..."
```

우리에게 익숙한 문자열이 보인다.

다음은 세 번째 호출 결과다.

```
00000000: B1 27 7F E4 9F 01 E3 81-CF C6 12 FB B9 7C F1 BC   ".'...........|.."
```

첫 번째 호출의 출력 결과는 암호화된 버퍼의 처음 16바이트와 매우 유사하다.
ProcessAndXorBlock()을 처음 호출했을 때의 결과는 다음과 같다.

```
00000000: C7 39 4E 7B 33 1B D6 1F-B8 31 10 39 39 13 A5 5D   ".9N{3....1.99..]"
```

암호화된 버퍼의 처음 16바이트는 다음과 같다.

```
00000000: CA 39 B1 85 75 1B 84 1F F9 31 5E 39 72 13 EC 5D   .9..u....1^9r..]
```

값이 같은 바이트가 여러 개 있다. AES 암호화의 결과가 암호화된 버퍼의 내용과 매우
비슷한데, 사실 이것은 암호화가 아니라 복호화한 것이다.

8.6.5 CFB 모드

답은 AES 알고리즘이 CFB^{Cipher Feedback} 모드로 동작하기 때문이다. 여기서 CFB 모드의
AES 알고리즘은 암호화 알고리즘이라기보다는 암호적으로 안전한 임의의 데이터를
생성하는 장치로 사용됐다. 실제 암호화는 간단한 XOR로 수행한다.

다음은 CFB 모드의 AES 암호화 알고리즘을 그림으로 표현한 것이다(출처: 위키피디아).

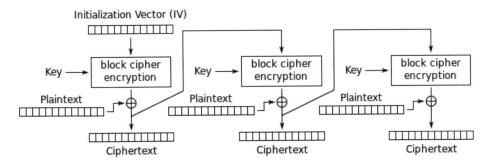

Cipher Feedback (CFB) mode encryption

복호화 과정은 다음과 같다.

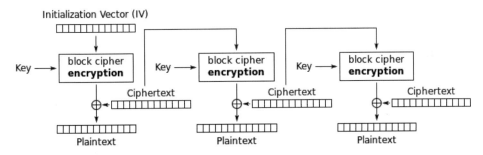

Cipher Feedback (CFB) mode decryption

AES 암호화 작업은 **XOR** 연산에 사용되는 16바이트(또는 128비트)의 임의의 데이터를 만든다. 마지막 데이터 블록에 1바이트의 데이터만 있는 경우에는 생성한 임의의 데이터 중 1바이트의 데이터로 **XOR** 연산을 수행한다. 이는 CFB 모드의 중요한 속성이다. 즉, 데이터 패팅을 수행하지 않으며, 임의의 크기의 데이터를 암호화 및 복호화할 수 있다.

이 때문에 모든 암호화된 블록이 패딩되지 않는다. 따라서 **AESDEC** 명령어가 호출되지 않는 것이다.

파이썬으로 첫 번째 블록을 직접 복호화해보자. CFB 모드도 **IV**('Initialization Vector')를 CSPRNG^Cryptographically Secure Pseudorandom Number Generator 를 위한 시드^Seed 로 사용한다. 예제의 경우 **IV**는 첫 번째 반복에서 암호화되는 블록이다.

```
0038B920: 01 00 00 00 FF FF FF FF-79 C1 69 0B 67 C1 04 7D   "........y.i.g..}"
```

그리고 암호화 키도 복구해야 한다. DLL에는 AESKEYGENASSIST가 있고 Rijndael::
Base::UncheckedSetKey() 함수에서 호출된다(https://github.com/mmoss/cryptopp/blob/
2772f7b57182b31a41659b48d5f35a7b6cedd34d/src/rijndael.cpp#L198). 이 부분은 IDA에
서 쉽게 찾을 수 있으며, 브레이크포인트를 걸어보자.

```
... tracer.exe -l:filename.exe bpf=filename.exe!0x435c30,args:3,dump_args:0x10

Warning: no tracer.cfg file.
PID=2068|New process software.exe
no module registered with image base 0x77320000
no module registered with image base 0x76e20000
no module registered with image base 0x77320000
no module registered with image base 0x77220000
Warning: unknown (to us) INT3 breakpoint at ntdll.dll!LdrVerifyImageMatchesChecksum+0x96c
    (0x776c103b)
(0) software.exe!0x435c30(0x15e8000, 0x10, 0x14f808) (called from
    software.exe!.text+0x22fa1 (0x13d3fa1))
Argument 1/3
015E8000: CD C5 7E AD 28 5F 6D E1-CE 8F CC 29 B1 21 88 8E   "..~.(_m....).!.."
Argument 3/3
0014F808: 38 82 58 01 C8 B9 46 00-01 D1 3C 01 00 F8 14 00   "8.X...F...<....."
Argument 3/3 +0x0: software.exe!.rdata+0x5238
Argument 3/3 +0x8: software.exe!.text+0x1c101
(0) software.exe!0x435c30() -> 0x13c2801
PID=2068|Process software.exe exited. ExitCode=0 (0x0)
```

키 값은 CD C5 7E AD 28 5F 6D E1-CE 8F CC 29 B1 21 88 8E라는 것을 알 수 있다.
직접 복호화를 수행하는 동안 다음을 얻을 수 있다.

```
00000000: 0D 00 FF FE 46 00 52 00 41 00 4E 00 4B 00 49 00   ....F.R.A.N.K.I.
00000010: 45 00 20 00 4A 00 4F 00 48 00 4E 00 53 00 66 66   E. .J.O.H.N.S.ff
00000020: 66 66 66 9E 61 40 D4 07 06 01                     fff.a@....
```

이는 읽을 수 있는 문자열이다. 그리고 이제 우리는 첫 번째 복호화를 수행할 때 일치
하는 바이트가 왜 그렇게 많았는지 알 수 있다. 평문에는 값이 0인 바이트가 너무 많았
기 때문이다.

두 번째 블록을 복호화해보자.

```
00000000: 17 98 D0 84 3A E9 72 4F DB 82 3F AD E9 3E 2A A8   ....:.rO..?..>*.
00000010: 41 00 52 00 52 00 4F 00 4E 00 CD CC CC CC CC CC   A.R.R.O.N.......
00000020: 1B 40 D4 07 06 01
```

세 번째, 네 번째, 다섯 번째 블록의 복호화 결과는 다음과 같다.

```
00000000: 5D 90 59 06 EF F4 96 B4 7C 33 A7 4A BE FF 66 AB   ].Y.....|3.J..f.
00000010: 49 00 47 00 47 00 53 00 00 00 00 00 00 00 C0 65 40   I.G.G.S.......e@
00000020: D4 07 06 01                                       ....
```

```
00000000: D3 15 34 5D 21 18 7C 6E AA F8 2D FE 38 F9 D7 4E   ..4]!.|n..-.8..N
00000010: 41 00 20 00 44 00 4F 00 48 00 45 00 52 00 54 00   A. .D.O.H.E.R.T.
00000020: 59 00 48 E1 7A 14 AE FF 68 40 D4 07 06 02         Y.H.z...h@....
```

```
00000000: 1E 8B 90 0A 17 7B C5 52 31 6C 4E 2F DE 1B 27 19   .....{.R1lN...'.
00000010: 41 00 52 00 43 00 55 00 53 00 00 00 00 00 00 60   A.R.C.U.S.......
00000020: 66 40 D4 07 06 03                                 f@....
```

처음 16바이트 부분을 제외하고는 복호화된 모든 블록이 올바른 것으로 보인다.

8.6.6 초기화 벡터

처음 16바이트에 영향을 줄 수 있는 것은 무엇일까?

8.6.5절의 CFB 복호화 알고리즘을 다시 한 번 살펴보자.

IV^Initializing Vector가 첫 번째 블록을 복호화하는 과정에 적용되지만 두 번째부터는 적용되지 않는다. 두 번째에는 첫 번째 과정에 만들어지는 암호화된 데이터가 사용되기 때문이다. 이는 복호화 과정의 경우도 마찬가지다.

따라서 IV는 매 단계마다 다르게 사용된다고 할 수 있다. tracer를 이용해 XML 파일의 두 번째 블록을 복호화할 때 입력되는 값을 살펴봤다.

```
0038B920: 02 00 00 00 FE FF FF FF-79 C1 69 0B 67 C1 04 7D   "........y.i.g..}"
```

다음은 세 번째 블록을 복호화할 때 입력되는 값이다.

```
0038B920: 03 00 00 00 FD FF FF FF-79 C1 69 0B 67 C1 04 7D   "........y.i.g..}"
```

첫 번째와 다섯 번째 바이트가 매번 변경되는 것으로 보인다. 따라서 XML 파일에서 첫 번째 32비트 정수는 OrderID이고 두 번째 32비트 정수 또한 OrderID다. 하지만 두 번째 정수는 무시된다. 나머지 8바이트는 매번 동일하다. 전체 내용을 복호화한 것은 https://raw.githubusercontent.com/DennisYurichev/RE-for-beginners/master/examples/encrypted_DB1/decrypted.full.txt에서 확인할 수 있다.

복호화를 위해 사용된 파이썬 스크립트는 https://github.com/DennisYurichev/RE-for-beginners/blob/master/examples/encrypted_DB1/decrypt_blocks.py다.

아마도 해당 데이터에 대한 암호화를 구현한 제작자는 매번 암호화가 다르게 수행되게 만들기 위한 것으로 보인다. 그것을 위해 OrderID가 키의 일부로 사용됐다. IV 대신 AES 키를 다르게 사용하는 방법도 가능하다.

IV가 CFB 모드에서는 복호화하는 동안 첫 번째 블록에만 영향을 미친다는 것을 알고 있고 그것이 CFB 모드의 특징이다. 즉, 첫 번째 블록이 아닌 모든 블록을 복호화할 때는 IV가 아닌 키가 사용된다.

그렇다면 왜 CFB 모드일까? CryptoPP 위키에서 제공하는 첫 번째 AES 예제가 CFB 모드이기 때문이다(http://www.cryptopp.com/wiki/Advanced_Encryption_Standard#Encrypting_and_Decrypting_Using_AES). 그 예제는 패딩 없이 임의의 길이로 텍스트 문자열을 암호화/복호화할 수 있기 때문에 개발자는 단순함을 위해 그것을 선택했을 것이다.

프로그램 작성자는 CryptoPP 위키 페이지에서 예제를 복사해 붙여 넣었을 가능성이 크다. 많은 프로그래머가 그렇게 한다.

IV가 무작위로 선택되는 CryptoPP 위키 예제와의 유일한 차이점은, 위키 예제처럼 무작위 값을 사용할 수 없기 때문에 대신 OrderID를 이용해 IV를 만드는 방법을 선택한 것으로 판단된다.

이제는 복호화된 블록의 각 바이트들을 분석할 수 있게 됐다.

8.6.7 버퍼의 구조

복호화된 처음 네 개의 블록을 살펴보자.

```
00000000: 0D 00 FF FE 46 00 52 00 41 00 4E 00 4B 00 49 00   ....F.R.A.N.K.I.
00000010: 45 00 20 00 4A 00 4F 00 48 00 4E 00 53 00 66 66   E. .J.O.H.N.S.ff
00000020: 66 66 66 9E 61 40 D4 07 06 01                     fff.a@....

00000000: 0B 00 FF FE 4C 00 4F 00 52 00 49 00 20 00 42 00   ....L.O.R.I. .B.
00000010: 41 00 52 00 52 00 4F 00 4E 00 CD CC CC CC CC CC   A.R.R.O.N.......
00000020: 1B 40 D4 07 06 01                                 .@....

00000000: 0A 00 FF FE 47 00 41 00 52 00 59 00 20 00 42 00   ....G.A.R.Y. .B.
00000010: 49 00 47 00 47 00 53 00 00 00 00 00 00 00 C0 65 40   I.G.G.S.......e@
00000020: D4 07 06 01                                       ....

00000000: 0F 00 FF FE 4D 00 45 00 4C 00 49 00 4E 00 44 00   ....M.E.L.I.N.D.
00000010: 41 00 20 00 44 00 4F 00 48 00 45 00 52 00 54 00   A. .D.O.H.E.R.T.
00000020: 59 00 48 E1 7A 14 AE FF 68 40 D4 07 06 02         Y.H.z...h@....
```

UTF-16으로 인코딩된 텍스트 문자열이며 이름과 성을 명확하게 볼 수 있다. 첫 번째 바이트(또는 16비트 워크)는 문자열의 길이로 판단된다.

그리고 FF FE는 유니코드 BOM[Byte Order Mark]일 것이다.

문자열 이후에는 12개의 바이트가 더 있다.

스크립트(https://github.com/DennisYurichev/RE-for-beginners/blob/master/examples/encrypted_DB1/dump_buffer_rest.py)를 이용해 블록에서 12바이트를 뽑아봤다.

```
dennis@...:$ python decrypt.py encrypted.xml | shuf | head -20
00000000: 48 E1 7A 14 AE 5F 62 40 DD 07 05 08     H.z.._b@....
00000000: 00 00 00 00 00 40 5A 40 DC 07 08 18     .....@Z@....
00000000: 00 00 00 00 00 80 56 40 D7 07 0B 04     ......V@....
00000000: 00 00 00 00 00 60 61 40 D7 07 0C 1C     ......a@....
00000000: 00 00 00 00 00 20 63 40 D9 07 05 18     ..... c@....
00000000: 3D 0A D7 A3 70 FD 34 40 D7 07 07 11     =...p.4@....
00000000: 00 00 00 00 00 A0 63 40 D5 07 05 19     ......c@....
00000000: CD CC CC CC CC 3C 5C 40 D7 07 08 11     .......@....
00000000: 66 66 66 66 66 FE 62 40 D4 07 06 05     fffff.b@....
00000000: 1F 85 EB 51 B8 FE 40 40 D6 07 09 1E     ...Q..@@....
00000000: 00 00 00 00 00 40 5F 40 DC 07 02 18     .....@_@....
00000000: 48 E1 7A 14 AE 9F 67 40 D8 07 05 12     H.z...g@....
00000000: CD CC CC CC CC 3C 5E 40 DC 07 01 07     ......^@....
00000000: 00 00 00 00 00 00 67 40 D4 07 0B 0E     ......g@....
```

```
00000000: 00 00 00 00 00 40 51 40 DC 07 04 0B        .....@Q@....
00000000: 00 00 00 00 00 40 56 40 D7 07 07 0A        .....@V@....
00000000: 8F C2 F5 28 5C 7F 55 40 DB 07 01 16        ...(\.U@....
00000000: 00 00 00 00 00 00 32 40 DB 07 06 09        ......2@....
00000000: 66 66 66 66 66 7E 66 40 D9 07 0A 06        fffff~f@....
00000000: 48 E1 7A 14 AE DF 68 40 D5 07 07 16        H.z...h@....
```

년도는 16비트 값으로 표현될 수 있으므로 마지막 4바이트가 날짜(년: 16비트, 월: 8비트,
일: 8비트)를 나타내는 값이 아닐까?

따라서 0x7DD는 2013년, 0x7D5는 2005년을 나타낼 것이다. 이제 tail(나머지 8바이트)
부분을 해석하면 된다. 이는 orders가 데이터베이스라는 사실에 근거해 판단해보면
어떤 합을 나타내는 값이 아닐까? tail 부분이 배정밀도 IEEE 754 부동소수점이라고
가정해 값을 표현해보면 다음과 같다.

```
71.0
134.0
51.95
53.0
121.99
96.95
98.95
15.95
85.95
184.99
94.95
29.95
85.0
36.0
130.99
115.95
87.99
127.95
114.0
150.95
```

예상한 것이 맞는 것 같다.

이제는 이름과 합, 날짜를 함께 표시해보자.

```
plain:
```

```
00000000: 0D 00 FF FE 46 00 52 00 41 00 4E 00 4B 00 49 00   ....F.R.A.N.K.I.
00000010: 45 00 20 00 4A 00 4F 00 48 00 4E 00 53 00 66 66   E. .J.O.H.N.S.ff
00000020: 66 66 66 9E 61 40 D4 07 06 01                     fff.a@....
OrderID= 1 name= FRANKIE JOHNS sum= 140.95 date= 2004 / 6 / 1

plain:
00000000: 0B 00 FF FE 4C 00 4F 00 52 00 49 00 20 00 42 00   ....L.O.R.I. .B.
00000010: 41 00 52 00 52 00 4F 00 4E 00 CD CC CC CC CC CC   A.R.R.O.N......
00000020: 1B 40 D4 07 06 01                                 .@....
OrderID= 2 name= LORI BARRON sum= 6.95 date= 2004 / 6 / 1

plain:
00000000: 0A 00 FF FE 47 00 41 00 52 00 59 00 20 00 42 00   ....G.A.R.Y. .B.
00000010: 49 00 47 00 47 00 53 00 00 00 00 00 00 00 C0 65 40   I.G.G.S.......e@
00000020: D4 07 06 01                                       ....
OrderID= 3 name= GARY BIGGS sum= 174.0 date= 2004 / 6 / 1

plain:
00000000: 0F 00 FF FE 4D 00 45 00 4C 00 49 00 4E 00 44 00   ....M.E.L.I.N.D.
00000010: 41 00 20 00 44 00 4F 00 48 00 45 00 52 00 54 00   A. .D.O.H.E.R.T.
00000020: 59 00 48 E1 7A 14 AE FF 68 40 D4 07 06 02         Y.H.z...h@....
OrderID= 4 name= MELINDA DOHERTY sum= 199.99 date= 2004 / 6 / 2

plain:
00000000: 0B 00 FF FE 4C 00 45 00 4E 00 41 00 20 00 4D 00   ....L.E.N.A. .M.
00000010: 41 00 52 00 43 00 55 00 53 00 00 00 00 00 00 60   A.R.C.U.S......
00000020: 66 40 D4 07 06 03                                 f@....
OrderID= 5 name= LENA MARCUS sum= 179.0 date= 2004 / 6 / 3
```

전체 리스트는 https://raw.githubusercontent.com/DennisYurichev/RE-for-beginners/master/examples/encrypted_DB1/decrypted.full.with_data.txt 또는 https://github.com/DennisYurichev/RE-for-beginners/blob/master/examples/encrypted_DB1/decrypted.short.txt에서 확인할 수 있다.

따라서 각 블록의 데이터는 일종의 OOP^{Object-Oriented Programming} 직렬화 데이터로 보이며, 저장 및 전송을 위해 바이너리 버퍼 형태로 데이터를 패킹한 것이다.

8.6.8 끝부분의 노이즈

이제 유일하게 남은 의문점은 tail 부분이 경우에 따라 큰 경우가 있다는 것이다.

```
00000000: 0E 00 FF FE 54 00 48 00 45 00 52 00 45 00 53 00   ....T.H.E.R.E.S.
00000010: 45 00 20 00 54 00 55 00 54 00 54 00 4C 00 45 00   E. .T.U.T.T.L.E.
```

```
00000020: 66 66 66 66 66 1E 63 40 D4 07 07 1A 00 07 07 19   fffff.c@.......
OrderID= 172 name= THERESE TUTTLE sum= 152.95 date= 2004 / 7 / 26
```

(00 07 07 19 바이트는 사용되지 않는 부분이다)

```
00000000: 0C 00 FF FE 4D 00 45 00 4C 00 41 00 4E 00 49 00   ....M.E.L.A.N.I.
00000010: 45 00 20 00 4B 00 49 00 52 00 4B 00 00 00 00 00   E. .K.I.R.K.....
00000020: 00 20 64 40 D4 07 09 02 00 02                     . d@......
OrderID= 286 name= MELANIE KIRK sum= 161.0 date= 2004 / 9 / 2
```

(00 02 바이트는 사용되지 않는 부분이다)

좀 더 자세히 살펴보면 tail의 노이즈 부분은 이전의 암호화 과정에서 남겨진 것이다.

다음은 연속된 두 버퍼의 내용이다.

```
00000000: 10 00 FF FE 42 00 4F 00 4E 00 4E 00 49 00 45 00   ....B.O.N.N.I.E.
00000010: 20 00 47 00 4F 00 4C 00 44 00 53 00 54 00 45 00   .G.O.L.D.S.T.E.
00000020: 49 00 4E 00 9A 99 99 99 99 79 46 40 D4 07 07 19   I.N......yF@....
OrderID= 171 name= BONNIE GOLDSTEIN sum= 44.95 date= 2004 / 7 / 25

00000000: 0E 00 FF FE 54 00 48 00 45 00 52 00 45 00 53 00   ....T.H.E.R.E.S.
00000010: 45 00 20 00 54 00 55 00 54 00 54 00 4C 00 45 00   E. .T.U.T.T.L.E.
00000020: 66 66 66 66 66 1E 63 40 D4 07 07 1A 00 07 07 19   fffff.c@........
OrderID= 172 name= THERESE TUTTLE sum= 152.95 date= 2004 / 7 / 26
```

(마지막 07 07 19 바이트는 이전의 평문 버퍼에서 복사된다)

또 다른 연속된 두 버퍼를 보자.

```
00000000: 0D 00 FF FE 4C 00 4F 00 52 00 45 00 4E 00 45 00   ....L.O.R.E.N.E.
00000010: 20 00 4F 00 54 00 4F 00 4F 00 4C 00 45 00 CD CC   .O.T.O.O.L.E...
00000020: CC CC CC 3C 5E 40 D4 07 09 02                     ...<^@....
OrderID= 285 name= LORENE OTOOLE sum= 120.95 date= 2004 / 9 / 2

00000000: 0C 00 FF FE 4D 00 45 00 4C 00 41 00 4E 00 49 00   ....M.E.L.A.N.I.
00000010: 45 00 20 00 4B 00 49 00 52 00 4B 00 00 00 00 00   E. .K.I.R.K.....
00000020: 00 20 64 40 D4 07 09 02 00 02                     . d@......
OrderID= 286 name= MELANIE KIRK sum= 161.0 date= 2004 / 9 / 2
```

마지막에 있는 바이트 값 02는 앞에 있는 평문 버퍼에서 복사됐다.

암호화하는 동안 사용된 버퍼가 전역으로 사용돼 다음 암호화 작업 전에 지워지지 않았을 수 있다. 그래서 최종 버퍼의 크기가 이상해졌을 것이고, 복호화하는 과정에는 영향을 미치지 않기 때문에 이 버그가 미처 발견되지 않았을 것이다. 이와 같은 형태의 버그는 일반적이어서 OpenSSL에서도 발견됐다(Heartbleed 버그).

8.6.9 결론

요약: 모든 리버스 엔지니어는 암호화 알고리즘과 주요 암호화 모드에 익숙해야 한다. 이와 관련된 책은 12.1.10절을 참고하기 바란다.

예제에서 사용한 암호화된 데이터베이스의 내용은 설명을 위해 필자가 인위적으로 구성한 것이다. http://stackoverflow.com/questions/1803628/raw-list-of-person-names 를 참고해 가장 흔한 미국인 이름과 성을 이용했다. 날짜와 합도 임의로 만들어낸 것이다. 예제에서 사용한 모든 파일은 https://github.com/DennisYurichev/RE-for-beginners/tree/master/examples/encrypted_DB1에서 확인할 수 있다.

하지만 실제로 사용되는 소프트웨어 애플리케이션에서는 여기에서 설명한 것과 비슷한 것들을 많이 봤다. 따라서 여기에 설명한 내용들도 그런 소프트웨어를 바탕으로 한 것이다.

8.6.10 추가 내용: IV에 대한 무작위 대입 공격

지금까지 살펴본 예제는 인위적으로 구성한 것이지만 필자가 리버싱해본 실제 애플리케이션을 기반으로 만든 것이다. 해당 애플리케이션은 32비트 수를 이용해 IV를 만들었고, IV를 만들고자 사용된 32비트 값과 OrderID와의 연관성은 찾을 수 없었다. 따라서 무작위 대입 공격을 하기로 마음먹었다.

모든 가능한 32비트 값을 이용해 만든 IV 값을 만드는 것은 문제가 되지 않는다. 그런 다음 첫 번째 16바이트 블록을 복호화해 항상 고정된 위치에 0바이트 값들이 있는지 확인해보면 된다.

8.7 Cointerra 비트코인 채굴기 오버클로킹

다음 그림과 같은 Cointerra 비트코인 채굴기가 있다.

그림 8.14: 보드

Cointerra 비트코인 채굴기의 클록 속도를 설정할 수 있는 유틸리티(https://github.
com/DennisYurichev/RE-for-beginners/raw/master/examples/bitcoin_miner/files/cointool
-overclock에서 다운로드 가능)가 있다. 그리고 추가적인 BeagleBone 리눅스 ARM 보드
(그림 하단의 작은 보드)에서 실행된다.

필자는 클록 속도 조정을 위해 설정할 수 있는 주파수와 설정할 수 없는 주파수를 알고
싶었고 실제로 주파수 설정 부분을 조작할 수 있는지 확인하고 싶었다.

해당 유틸리티는 ./cointool-overclock 0 0 900과 같은 형태로 실행시키며 900은 주
파수(MHz)를 나타낸다.

입력된 주파수가 너무 높으면 "Error with arguments"와 같은 에러 메시지를 출력하고
종료된다.

다음은 "Error with arguments" 문자열을 참조하는 부분의 코드다.

```
...
.text:0000ABC4    STR    R3, [R11,#var_28]
.text:0000ABC8    MOV    R3, #optind
.text:0000ABD0    LDR    R3, [R3]
.text:0000ABD4    ADD    R3, R3, #1
.text:0000ABD8    MOV    R3, R3,LSL#2
.text:0000ABDC    LDR    R2, [R11,#argv]
.text:0000ABE0    ADD    R3, R2, R3
.text:0000ABE4    LDR    R3, [R3]
.text:0000ABE8    MOV    R0, R3   ; nptr
.text:0000ABEC    MOV    R1, #0   ; endptr
.text:0000ABF0    MOV    R2, #0   ; base
.text:0000ABF4    BL     strtoll
.text:0000ABF8    MOV    R2, R0
.text:0000ABFC    MOV    R3, R1
.text:0000AC00    MOV    R3, R2
.text:0000AC04    STR    R3, [R11,#var_2C]
.text:0000AC08    MOV    R3, #optind
.text:0000AC10    LDR    R3, [R3]
.text:0000AC14    ADD    R3, R3, #2
.text:0000AC18    MOV    R3, R3,LSL#2
.text:0000AC1C    LDR    R2, [R11,#argv]
.text:0000AC20    ADD    R3, R2, R3
.text:0000AC24    LDR    R3, [R3]
.text:0000AC28    MOV    R0, R3   ; nptr
.text:0000AC2C    MOV    R1, #0   ; endptr
.text:0000AC30    MOV    R2, #0   ; base
.text:0000AC34    BL     strtoll
.text:0000AC38    MOV    R2, R0
.text:0000AC3C    MOV    R3, R1
.text:0000AC40    MOV    R3, R2
.text:0000AC44    STR    R3, [R11,#third_argument]
.text:0000AC48    LDR    R3, [R11,#var_28]
.text:0000AC4C    CMP    R3, #0
.text:0000AC50    BLT    errors_with_arguments
.text:0000AC54    LDR    R3, [R11,#var_28]
.text:0000AC58    CMP    R3, #1
.text:0000AC5C    BGT    errors_with_arguments
.text:0000AC60    LDR    R3, [R11,#var_2C]
.text:0000AC64    CMP    R3, #0
.text:0000AC68    BLT    errors_with_arguments
.text:0000AC6C    LDR    R3, [R11,#var_2C]
.text:0000AC70    CMP    R3, #3
.text:0000AC74    BGT    errors_with_arguments
.text:0000AC78    LDR    R3, [R11,#third_argument]
```

```
.text:0000AC7C          CMP     R3, #0x31
.text:0000AC80          BLE     errors_with_arguments
.text:0000AC84          LDR     R2, [R11,#third_argument]
.text:0000AC88          MOV     R3, #950
.text:0000AC8C          CMP     R2, R3
.text:0000AC90          BGT     errors_with_arguments
.text:0000AC94          LDR     R2, [R11,#third_argument]
.text:0000AC98          MOV     R3, #0x51EB851F
.text:0000ACA0          SMULL   R1, R3, R3, R2
.text:0000ACA4          MOV     R1, R3,ASR#4
.text:0000ACA8          MOV     R3, R2,ASR#31
.text:0000ACAC          RSB     R3, R3, R1
.text:0000ACB0          MOV     R1, #50
.text:0000ACB4          MUL     R3, R1, R3
.text:0000ACB8          RSB     R3, R3, R2
.text:0000ACBC          CMP     R3, #0
.text:0000ACC0          BEQ     loc_ACEC
.text:0000ACC4
.text:0000ACC4 errors_with_arguments
.text:0000ACC4
.text:0000ACC4          LDR     R3, [R11,#argv]
.text:0000ACC8          LDR     R3, [R3]
.text:0000ACCC          MOV     R0, R3  ; path
.text:0000ACD0          BL      __xpg_basename
.text:0000ACD4          MOV     R3, R0
.text:0000ACD8          MOV     R0, #aSErrorWithArgu   ; format
.text:0000ACE0          MOV     R1, R3
.text:0000ACE4          BL  printf
.text:0000ACE8          B   loc_ADD4
.text:0000ACEC ; --------------------------------------------------------------
.text:0000ACEC
.text:0000ACEC loc_ACEC              ; CODE XREF: main+66C
.text:0000ACEC          LDR     R2, [R11,#third_argument]
.text:0000ACF0          MOV     R3, #499
.text:0000ACF4          CMP     R2, R3
.text:0000ACF8          BGT     loc_AD08
.text:0000ACFC          MOV     R3, #0x64
.text:0000AD00          STR     R3, [R11,#unk_constant]
.text:0000AD04          B       jump_to_write_power
.text:0000AD08 ; --------------------------------------------------------------
.text:0000AD08
.text:0000AD08 loc_AD08              ; CODE XREF: main+6A4
.text:0000AD08          LDR     R2, [R11,#third_argument]
.text:0000AD0C          MOV     R3, #799
.text:0000AD10          CMP     R2, R3
.text:0000AD14          BGT     loc_AD24
.text:0000AD18          MOV     R3, #0x5F
```

```
.text:0000AD1C          STR     R3, [R11,#unk_constant]
.text:0000AD20          B       jump_to_write_power
.text:0000AD24 ; ------------------------------------------------------------
.text:0000AD24
.text:0000AD24 loc_AD24                ; CODE XREF: main+6C0
.text:0000AD24          LDR     R2, [R11,#third_argument]
.text:0000AD28          MOV     R3, #899
.text:0000AD2C          CMP     R2, R3
.text:0000AD30          BGT     loc_AD40
.text:0000AD34          MOV     R3, #0x5A
.text:0000AD38          STR     R3, [R11,#unk_constant]
.text:0000AD3C          B       jump_to_write_power
.text:0000AD40 ; ------------------------------------------------------------
.text:0000AD40
.text:0000AD40 loc_AD40                ; CODE XREF: main+6DC
.text:0000AD40          LDR     R2, [R11,#third_argument]
.text:0000AD44          MOV     R3, #999
.text:0000AD48          CMP     R2, R3
.text:0000AD4C          BGT     loc_AD5C
.text:0000AD50          MOV     R3, #0x55
.text:0000AD54          STR     R3, [R11,#unk_constant]
.text:0000AD58          B       jump_to_write_power
.text:0000AD5C ; ------------------------------------------------------------
.text:0000AD5C
.text:0000AD5C loc_AD5C                ; CODE XREF: main+6F8
.text:0000AD5C          LDR     R2, [R11,#third_argument]
.text:0000AD60          MOV     R3, #1099
.text:0000AD64          CMP     R2, R3
.text:0000AD68          BGT     jump_to_write_power
.text:0000AD6C          MOV     R3, #0x50
.text:0000AD70          STR     R3, [R11,#unk_constant]
.text:0000AD74
.text:0000AD74 jump_to_write_power             ; CODE XREF: main+6B0
.text:0000AD74                                 ; main+6CC ...
.text:0000AD74          LDR     R3, [R11,#var_28]
.text:0000AD78          UXTB    R1, R3
.text:0000AD7C          LDR     R3, [R11,#var_2C]
.text:0000AD80          UXTB    R2, R3
.text:0000AD84          LDR     R3, [R11,#unk_constant]
.text:0000AD88          UXTB    R3, R3
.text:0000AD8C          LDR     R0, [R11,#third_argument]
.text:0000AD90          UXTH    R0, R0
.text:0000AD94          STR     R0, [SP,#0x44+var_44]
.text:0000AD98          LDR     R0, [R11,#var_24]
.text:0000AD9C          BL      write_power
.text:0000ADA0          LDR     R0, [R11,#var_24]
.text:0000ADA4          MOV     R1, #0x5A
```

```
.text:0000ADA8          BL      read_loop
.text:0000ADAC          B       loc_ADD4
...
.rodata:0000B378 aSErrorWithArgu DCB "%s: Error with arguments",0xA,0 ; DATA XREF: main+684
...
```

write_power, read_loop와 같은 함수명은 유틸리티 바이너리의 디버깅 정보에 있는 것이다. 하지만 함수 안의 레이블 이름은 직접 명명한 것이다.

optind는 익숙해 보이는 이름이다. 커맨드라인을 파싱하기 위한 *NIX 바이너리인 getopt에서 볼 수 있다. 따라서 코드상에서 어떤 작업이 이뤄지는지 알 수 있다. 그리고 세 번째 인자(주파수 값으로 전달되는 인자)는 strtoll() 함수를 이용해 문자열에서 숫자로 변환된다.

입력된 주파수 값은 다양한 상수 값과 비교한다. 0xACEC에서는 입력된 주파수 값이 499보다 작거나 같은지 체크한다. 그렇다면 write_power()(send_msg()를 이용해 USB에 명령을 전달) 함수에 0x64가 전달된다. 499보다 크면 0xAD08로 점프한다.

0xAD08에서는 입력된 주파수 값이 799보다 작거나 같은지 체크한다. 그렇다면 write_power() 함수에 0x5F가 전달된다.

추가적으로 0xAD24에서는 899와 비교하고 0xAD40에서는 0x999와 비교한다. 마지막으로 0xAD5C에서는 1099와 비교한다. 입력된 주파수 값이 1099보다 작거나 같으면 write_power() 함수에 0x50이 전달된다(0xAD6C).

코드에는 버그가 있는 것처럼 보인다. 즉, 입력된 주파수 값이 1099보다 크다면 주파수 값이 그대로 write_power() 함수에 전달된다. 하지만 이는 버그가 아니다. 0xAC88에서 950보다 큰지를 확인해 크다면 에러 메시지를 출력하고 종료되기 때문이다.

다음은 입력된 주파수 값(MHz)과 그에 따라 write_power() 함수에 전달되는 값을 표로 나타낸 것이다.

MHz	16진수	10진수
499MHz	0x64	100
799MHz	0x5f	95
899MHz	0x5a	90

999MHz	0x55	85
1099MHz	0x50	80

주파수 값이 증가하면 보드로 전달되는 값은 작아진다.

최대로 입력할 수 있는 주파수 값인 950MHz는 하드 코딩돼 있다는 것을 볼 수 있다.
이것을 조작할 수 있을까?

코드로 다시 돌아가 보자.

```
.text:0000AC84    LDR    R2, [R11,#third_argument]
.text:0000AC88    MOV    R3, #950
.text:0000AC8C    CMP    R2, R3
.text:0000AC90    BGT    errors_with_arguments  ; 이곳을 00 00 00 00으로 패치
```

0xAC90에 있는 BGT 분기 명령어를 수정해 분기가 되지 않게 만들어야 한다. 코드는
ARM 모드의 코드이기 때문에 모든 주소는 4씩 증가한다. 즉, 각 명령어의 크기가 4인
것이다. ARM 모드에서 NOP('No Operation') 명령어는 00 00 00 00이다. 따라서 0xAC90(또
는 파일에서 봤을 때 오프셋이 0x2C90인 곳)에 값이 0인 네 개의 바이트를 써 넣으면 된다.

이제는 1050MHz까지 주파수 값을 설정할 수 있게 됐다. 더 큰 주파수 값도 가능하지만
1099보다 큰 값이 입력되면 버그 때문에 입력된 주파수 값이 그대로 보드에 전달돼 버린다.

더 이상은 진행하지 않겠지만 더 높은 주파수 값을 설정할 수 있게 만들려면 write_
power() 함수에 전달되는 값이 더 작아지게 만들어야만 한다.

이제는 처음에 건너뛴 코드를 살펴보자.

```
.text:0000AC94    LDR    R2, [R11,#third_argument]
.text:0000AC98    MOV    R3, #0x51EB851F
.text:0000ACA0    SMULL  R1, R3, R3, R2  ; R3=3rg_arg/3.125
.text:0000ACA4    MOV    R1, R3,ASR#4    ; R1=R3/16=3rg_arg/50
.text:0000ACA8    MOV    R3, R2,ASR#31   ; R3=MSB(3rg_arg)
.text:0000ACAC    RSB    R3, R3, R1      ; R3=3rd_arg/50
.text:0000ACB0    MOV    R1, #50
.text:0000ACB4    MUL    R3, R1, R3      ; R3=50*(3rd_arg/50)
.text:0000ACB8    RSB    R3, R3, R2
.text:0000ACBC    CMP    R3, #0
.text:0000ACC0    BEQ    loc_ACEC
```

```
.text:0000ACC4
.text:0000ACC4 errors_with_arguments
```

곱하기를 이용해 나누기 연산을 수행하는 방법이 사용됐다. 그리고 상수 값은 0x51EB851F다. 필자는 프로그래머를 위한 계산기(https://github.com/DennisYurichev/progcalc)를 만들었는데, 그것은 모듈러 역수^Modulo Inverse^를 계산하는 기능을 제공한다.

```
modinv32(0x51EB851F)
Warning, result is not integer: 3.125000
(unsigned) dec: 3 hex: 0x3 bin: 11
```

0xACA0에 있는 SMULL 명령어는 기본적으로 세 번째 인자를 3.125로 나눈다. 사실 필자가 만들 계산기에서 모든 modinv32() 함수는 다음과 같은 작업을 수행한다.

$$\frac{1}{\frac{input}{2^{32}}} = \frac{2^{32}}{input}$$

그다음에는 추가적인 시프트 연산을 수행한다. 따라서 세 번째 인자가 50으로 나눠지게 된다. 그리고 다시 50으로 곱한다. 왜 이렇게 하는 것일까? 이는 입력값이 50으로 나눠떨어지는지 확인하는 가장 간단한 방법이다. 아래 수식의 결괏값이 0이 아니라면 x는 50으로 나눠지는 값이 아니라는 의미가 된다.

$$x - ((\frac{x}{50}) \cdot 50)$$

이는 사실 나누기 연산의 나머지를 계산하는 간단한 방법이다.

나머지가 0이 아니라면 에러 메시지가 출력된다. 결국 이 프로그램은 입력되는 주파수 값이 855나 911이 아닌 850, 900, 950, 1000과 같은 형태가 돼야 한다.

CPU나 GPU^Graphics Processing Unit^ 등과 같은 장치를 오버클로킹하는 경우 주파수 값을 잘못 입력하면 보드가 손상될 수 있다. 따라서 Cointerra에 대한 오버클로킹을 할 때는 그런 위험성이 있다는 것을 알아야 한다.

8.8 암호화된 간단한 실행 파일 분석

필자는 상대적으로 간단한 암호 알고리즘으로 암호화된 실행 파일이 있었다. 실행 가능한 섹션만을 갖고 있는 해당 파일은 https://github.com/DennisYurichev/RE-for-beginners/blob/master/examples/simple_exec_crypto/files/cipher.bin에서 다운로드할 수 있다.

암호화 함수가 수행하는 것은 단지 바이트 값에 버퍼상의 위치 값을 더하는 것이 전부였다. 다음은 해당 로직을 파이썬으로 작성한 것이다.

리스트 8.7: 파이썬 스크립트

```
#!/usr/bin/env python
def e(i, k):
    return chr ((ord(i)+k) % 256)

def encrypt(buf):
    return e(buf[0], 0)+ e(buf[1], 1)+ e(buf[2], 2) + e(buf[3], 3)+ e(buf[4], 4)+ e(buf[5],
5)+e(buf[6], 6)+ e(buf[7], 7)+e(buf[8], 8)+ e(buf[9], 9)+ e(buf[10], 10)+ e(buf[11], 11)+
e(buf[12], 12)+ e(buf[13], 13)+ e(buf[14], 14)+ e(buf[15], 15)
```

따라서 값이 모두 0인 16바이트 크기의 버퍼를 암호화하면 내용은 0, 1, 2, 3 ... 12, 13, 14, 15가 될 것이다.

PCBC^{Propagating Cipher Block Chaining} 또한 사용됐다. 다음은 PCBC의 동작 방식이다.

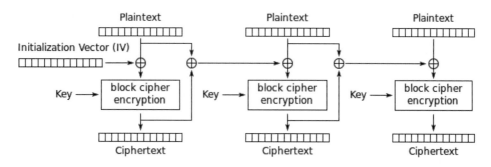

Propagating Cipher Block Chaining (PCBC) mode encryption

그림 8.15: PCBC(Propagating Cipher Block Chaining) 암호화(이미지 출처: 위키피디아)

문제는 매번 IV$^{Initialization Vector}$를 복구하는 것이 너무 지루하다는 것이다. IV의 길이가 너무 길어(16바이트) 무작위 대입 공격도 해결책이 되지 않는다. 임의의 암호화된 실행 파일에 대해 IV를 복구하는 것이 가능한지 살펴보자.

32비트 x86 실행 코드며, 가장 자주 사용되는 바이트와 OP 코드를 파악해 간단한 통계 분석을 해보자. 윈도우 x86용이고 버전이 11.2인 오라클 RDBMS에서 oracle.exe 파일을 갖고 분석해봤다. 가장 자주 등장하는 바이트는 (놀랍지도 않다) 0이었다. 그다음으로 자주 등장하는 것은 (이 역시 놀랍지 않다) 0xFF(5%)이고 그다음은 0x8B(5%)였다.

0x8B는 MOV 명령어의 OP 코드며 MOV는 x86 명령어 중에서 가장 많이 사용되는 명령어 중 하나다. 값이 0인 바이트의 경우는 왜 그럴까? 컴파일러는 127보다 큰 수를 명령어에 인코딩할 때 8비트로는 안 되고 32비트 변위를 사용해야 한다. 그런데 값이 큰 경우는 드물기 때문에 나머지 공간에 0이 채워지게 되는 것이다. 최소한 LEA, MOV, PUSH, CALL과 같은 명령어에서는 그런 일이 발생하게 된다.

예를 들어보자.

```
8D B0 28 01 00 00          lea     esi, [eax+128h]
8D BF 40 38 00 00          lea     edi, [edi+3840h]
```

127보다 큰 변위는 매우 흔하지만 0x10000보다 큰 경우는 흔하지 않다(실제로 그렇게 큰 메모리 버퍼/구조체도 거의 없음).

MOV 명령어의 경우도 마찬가지다. 매우 큰 상수 값이 사용되는 경우는 드물고, 0, 1, 10, 100, 2^n과 같은 값들이 주로 사용된다.

따라서 컴파일러는 32비트 값으로 나타내고자 나머지 공간을 0으로 채운다.

```
BF 02 00 00 00          mov     edi, 2
BF 01 00 00 00          mov     edi, 1
```

00과 FF의 경우를 살펴보자. 점프 명령어(조건 점프 명령어 포함)와 CALL 명령어는 실행 권한을 앞이나 뒤에 있는 코드로 전달한다. 하지만 전달되는 범위는 현재 실행 모듈로 제한된다. 앞으로 실행 권한을 전달하는 경우에 전달되는 곳의 변위가 대부분 크지 않기 때문에 명령어에 0이 추가된다. 뒤로 실행 권한을 전달하는 경우에는 음수 값이 사용되기 때문에 FF 값이 추가된다. 앞으로 실행 권한을 전달하는 경우는 다음과 같다.

```
E8 43 0C 00 00          call    _function1
E8 5C 00 00 00          call    _function2
0F 84 F0 0A 00 00       jz      loc_4F09A0
0F 84 EB 00 00 00       jz      loc_4EFBB8
```

뒤로 실행 권한을 전달하는 경우는 다음과 같다.

```
E8 79 0C FE FF          call    _function1
E8 F4 16 FF FF          call    _function2
0F 84 F8 FB FF FF       jz      loc_8212BC
0F 84 06 FD FF FF       jz      loc_FF1E7D
```

FF 바이트는 또한 다음과 같은 음수 변위를 나타낼 때 자주 사용된다.

```
8D 85 1E FF FF FF       lea     eax, [ebp-0E2h]
8D 95 F8 5C FF FF       lea     edx, [ebp-0A308h]
```

이제는 다양한 16바이트 키로 실행 섹션을 복호화하는 것을 시도해봐야 한다. 그리고 그 과정에 얼마나 많은 00, FF, 8F 바이트가 만들어지는지 확인해볼 것이다. PCBC 복호화 과정은 다음 그림과 같은 형태로 이뤄진다.

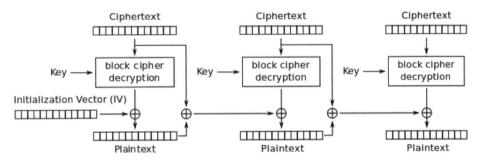

Propagating Cipher Block Chaining (PCBC) mode decryption

그림 8.16: PCBC(Propagating Cipher Block Chaining) 복호화(이미지 출처: 위키피디아)

다행스러운 것은 전체 데이터를 복호화할 필요가 없다는 것이다. 하지만 블록 단위로는 복호화를 해봐야 한다. 9.1.5절에서는 이 방법을 사용했다.

이제는 0과 255 사이의 모든 가능한 값을 키의 각 바이트 값으로 설정하고, 복호화된 블록에 00/FF/8B 바이트가 가장 많이 나오는 경우가 무엇인지 판단할 것이다.

```python
#!/usr/bin/env python
import sys, hexdump, array, string, operator

KEY_LEN=16

def chunks(l, n):
    # n을 1바이트 단위로 나눈다.
    # https://stackoverflow.com/q/312443
    n = max(1, n)
    return [l[i:i + n] for i in range(0, len(l), n)]

def read_file(fname):
    file=open(fname, mode='rb')
    content=file.read()
    file.close()
    return content

def decrypt_byte (c, key):
    return chr((ord(c)-key) % 256)

def XOR_PCBC_step (IV, buf, k):
    prev=IV
    rt=""
    for c in buf:
        new_c=decrypt_byte(c, k)
        plain=chr(ord(new_c)^ord(prev))
        prev=chr(ord(c)^ord(plain))
        rt=rt+plain
    return rt

each_Nth_byte=[""]*KEY_LEN

content=read_file(sys.argv[1])
# 입력을 16바이트 단위로 나눈다.
all_chunks=chunks(content, KEY_LEN)
for c in all_chunks:
    for i in range(KEY_LEN):
        each_Nth_byte[i]=each_Nth_byte[i] + c[i]

# 키의 각 바이트별로 시도
for N in range(KEY_LEN):
    print "N=", N
    stat={}
    for i in range(256):
        tmp_key=chr(i)
        tmp=XOR_PCBC_step(tmp_key,each_Nth_byte[N], N)
        # 복호화된 버퍼에 있는 0, FF, 8B의 개수를 센다.
```

```
    important_bytes=tmp.count('\x00')+tmp.count('\xFF')+tmp.count('\x8B')
    stat[i]=important_bytes
  sorted_stat = sorted(stat.iteritems(), key=operator.itemgetter(1), reverse=True)
  print sorted_stat[0]
```

(소스코드: https://github.com/DennisYurichev/RE-for-beginners/blob/master/examples/simple_exec_crypto/files/decrypt.py)

다음은 파이썬 스크립트를 실행해 복호화된 버퍼에 00/FF/8B 바이트의 수가 최대가 되는 키 값이다.

```
N= 0
(147, 1224)
N= 1
(94, 1327)
N= 2
(252, 1223)
N= 3
(218, 1266)
N= 4
(38, 1209)
N= 5
(192, 1378)
N= 6
(199, 1204)
N= 7
(213, 1332)
N= 8
(225, 1251)
N= 9
(112, 1223)
N= 10
(143, 1177)
N= 11
(108, 1286)
N= 12
(10, 1164)
N= 13
(3, 1271)
N= 14
(128, 1253)
N= 15
(232, 1330)
```

이렇게 얻은 키를 이용해 복호화를 수행하는 유틸리티를 작성해보자.

```python
#!/usr/bin/env python
import sys, hexdump, array

def xor_strings(s,t):
    # https://en.wikipedia.org/wiki/XOR_cipher#Example_implementation
    """xor two strings together"""
    return "".join(chr(ord(a)^ord(b)) for a,b in zip(s,t))

IV=array.array('B', [147, 94, 252, 218, 38, 192, 199, 213, 225, 112, 143, 108, 10, 3, 128, 232]).tostring()

def chunks(l, n):
    n = max(1, n)
    return [l[i:i + n] for i in range(0, len(l), n)]

def read_file(fname):
    file=open(fname, mode='rb')
    content=file.read()
    file.close()
    return content

def decrypt_byte(i, k):
    return chr ((ord(i)-k) % 256)

def decrypt(buf):
    return "".join(decrypt_byte(buf[i], i) for i in range(16))

fout=open(sys.argv[2], mode='wb')

prev=IV
content=read_file(sys.argv[1])
tmp=chunks(content, 16)
for c in tmp:
    new_c=decrypt(c)
    p=xor_strings (new_c, prev)
    prev=xor_strings(c, p)
    fout.write(p)
fout.close()
```

(소스코드: https://github.com/DennisYurichev/RE-for-beginners/blob/master/examples/simple_exec_crypto/files/decrypt2.py)

복호화된 파일을 살펴보자.

```
$ objdump -b binary -m i386 -D decrypted.bin
...
      5:        8b ff              mov    %edi,%edi
```

```
7:          55                  push    %ebp
8:          8b ec               mov     %esp,%ebp
a:          51                  push    %ecx
b:          53                  push    %ebx
c:          33 db               xor     %ebx,%ebx
e:          43                  inc     %ebx
f:          84 1d a0 e2 05 01   test    %bl,0x105e2a0
15:         75 09               jne     0x20
17:         ff 75 08            pushl   0x8(%ebp)
1a:         ff 15 b0 13 00 01   call    *0x10013b0
20:         6a 6c               push    $0x6c
22:         ff 35 54 d0 01 01   pushl   0x101d054
28:         ff 15 b4 13 00 01   call    *0x10013b4
2e:         89 45 fc            mov     %eax,-0x4(%ebp)
31:         85 c0               test    %eax,%eax
33:         0f 84 d9 00 00 00   je      0x112
39:         56                  push    %esi
3a:         57                  push    %edi
3b:         6a 00               push    $0x0
3d:         50                  push    %eax
3e:         ff 15 b8 13 00 01   call    *0x10013b8
44:         8b 35 bc 13 00 01   mov     0x10013bc,%esi
4a:         8b f8               mov     %eax,%edi
4c:         a1 e0 e2 05 01      mov     0x105e2e0,%eax
51:         3b 05 e4 e2 05 01   cmp     0x105e2e4,%eax
57:         75 12               jne     0x6b
59:         53                  push    %ebx
5a:         6a 03               push    $0x3
5c:         57                  push    %edi
5d:         ff d6               call    *%esi
...
```

올바로 디스어셈블된 x86 코드처럼 보인다. 복호화된 파일은 https://github.com/ DennisYurichev/RE-for-beginners/blob/master/examples/simple_exec_crypto/files/ decrypted.bin에서 다운로드할 수 있다.

사실 이 파일은 윈도우 7 regedit.exe의 텍스트 섹션이다. 하지만 실제 필자가 수행한 경험을 바탕으로 내용을 작성한 것이다. 따라서 실행 파일(그리고 키)이 다르더라도 적용되는 알고리즘은 동일하다.

8.8.1 추가로 고려할 수 있는 또 다른 아이디어

간단한 바이트 값 빈도 분석을 이용하는 방법이 실패하는 경우에는 어떻게 해야 할까? x86 코드에 대한 복호화나 암축 해제의 정확성을 측정하는 또 다른 아이디어로는 다음과 같은 것들이 있을 수 있다.

- 요즘 대부분의 컴파일러들은 0x10을 경계로 함수를 정렬시킨다. 따라서 경계를 채우지 못하는 나머지 부분을 NOP(0x90) 명령어나 NOP 명령어와 동일한 기능을 수행하는 명령어로 채우게 된다.
- 아마도 어셈블리어에서 가장 자주 사용되는 코드 패턴은 함수 호출(연속된 PUSH 명령/CALL/ADD ESP, X)일 것이다. 이와 같은 코드 패턴의 빈도를 측정할 수도 있다. 필자는 함수의 평균적인 인자의 개수에 대한 통계도 수집해봤다 (11.2절, 따라서 함수의 평균적인 인자의 개수는 연속된 PUSH 명령어 개수의 평균이 된다).

추가로 5.11절의 비정상적인 디스어셈블리 코드와 정상적인 어셈블리 코드 부분을 참고하기 바란다.

8.9 SAP

8.9.1 SAP 클라이언트 네트워크 트래픽 압축

(TDW_NOCOMPRESS SAPGUI(SAP GUI 클라이언트) 환경 변수와 성가신 팝업 창, 그리고 실제 데이터를 압축하는 루틴 간의 연결을 추적해보자)

SAPGUI와 SAP 간의 네트워크 트래픽은 기본적으로 암호화돼 있지는 않지만 전달되는 데이터는 압축돼 있다(https://yurichev.com/blog/44/와 blog.yurichev.com 참고).

그리고 환경 변수 TDW_NOCOMPRESS를 1로 설정하면 네트워크 패킷 압축을 비활성화시킬 수 있다.

하지만 그렇게 하면 닫을 수 없는 성가신 팝업 창을 보게 될 것이다.

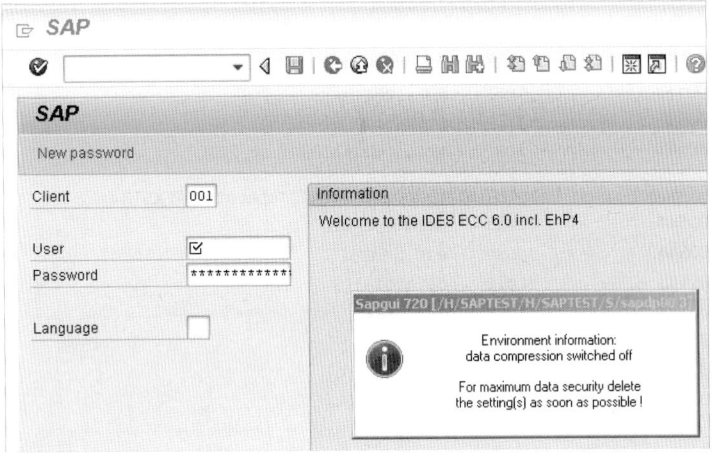

그림 8.17: 스크린샷

팝업 창을 어떻게든 제거할 수 있는지 알아보자.

그 전에, 우리가 이미 알고 있는 것을 말해보자.

첫째: SAPGUI 클라이언트 내부 어딘가에서 환경 변수 **TDW_NOCOMPRESS**의 값을 체크한다.

둘째: "data compression switched off"와 같은 문자열들은 SAPGUI 클라이언트 내부 어딘가에 있어야 한다. FAR 파일 매니저(https://www.farmanager.com/)를 이용하면 SAPguilib.dll 파일에 저장된 문자열들을 찾을 수 있다.

IDA로 SAPguilib.dll을 열고 **TDW_NOCOMPRESS** 문자열을 찾아보자. 그러면 해당 문자열을 한 곳에서만 참조한다는 것을 알 수 있을 것이다.

다음의 코드를 보자(모든 파일 오프셋은 SAPguilib.dll(win32 SAPGUI 720, 버전 7200.1.0.9009) 파일 내의 오프셋이다).

```
.text:6440D51B          lea     eax, [ebp+2108h+var_211C]
.text:6440D51E          push    eax                 ; int
.text:6440D51F          push    offset aTdw_nocompress ; "TDW_NOCOMPRESS"
.text:6440D524          mov     byte ptr [edi+15h], 0
.text:6440D528          call    chk_env
.text:6440D52D          pop     ecx
.text:6440D52E          pop     ecx
.text:6440D52F          push    offset byte_64443AF8
.text:6440D534          lea     ecx, [ebp+2108h+var_211C]
```

```
; demangled name: int ATL::CStringT::Compare(char const *)const
.text:6440D537             call    ds:mfc90_1603
.text:6440D53D             test    eax, eax
.text:6440D53F             jz      short loc_6440D55A
.text:6440D541             lea     ecx, [ebp+2108h+var_211C]

; demangled name: const char* ATL::CSimpleStringT::operator PCXSTR
.text:6440D544             call    ds:mfc90_910
.text:6440D54A             push    eax ; Str
.text:6440D54B             call    ds:atoi
.text:6440D551             test    eax, eax
.text:6440D553             setnz   al
.text:6440D556             pop     ecx
.text:6440D557             mov     [edi+15h], al
```

두 번째 인자를 통해 chk_env()에 의해 반환된 문자열은 MFC 문자열 함수에 의해 처리된 다음 atoi()[4] 함수가 호출된다. 그리고 변환된 정수는 edi+15h에 저장된다.

chk_env() 함수를 살펴보자(함수명은 임의로 지정한 것이다).

```
.text:64413F20 ; int __cdecl chk_env(char *VarName, int)
.text:64413F20 chk_env         proc near
.text:64413F20
.text:64413F20 DstSize     = dword ptr -0Ch
.text:64413F20 var_8       = dword ptr -8
.text:64413F20 DstBuf      = dword ptr -4
.text:64413F20 VarName     = dword ptr 8
.text:64413F20 arg_4       = dword ptr 0Ch
.text:64413F20
.text:64413F20             push    ebp
.text:64413F21             mov     ebp, esp
.text:64413F23             sub     esp, 0Ch
.text:64413F26             mov     [ebp+DstSize], 0
.text:64413F2D             mov     [ebp+DstBuf], 0
.text:64413F34             push    offset unk_6444C88C
.text:64413F39             mov     ecx, [ebp+arg_4]

; (demangled name) ATL::CStringT::operator=(char const *)
.text:64413F3C             call    ds:mfc90_820
.text:64413F42             mov     eax, [ebp+VarName]
.text:64413F45             push    eax         ; VarName
.text:64413F46             mov     ecx, [ebp+DstSize]
.text:64413F49             push    ecx         ; DstSize
.text:64413F4A             mov     edx, [ebp+DstBuf]
```

---

4. 문자열 형태의 숫자를 정수로 변환해주는 표준 C 라이브러리 함수

```
.text:64413F4D                 push    edx             ; DstBuf
.text:64413F4E                 lea     eax, [ebp+DstSize]
.text:64413F51                 push    eax             ; ReturnSize
.text:64413F52                 call    ds:getenv_s
.text:64413F58                 add     esp, 10h
.text:64413F5B                 mov     [ebp+var_8], eax
.text:64413F5E                 cmp     [ebp+var_8], 0
.text:64413F62                 jz      short loc_64413F68
.text:64413F64                 xor     eax, eax
.text:64413F66                 jmp     short loc_64413FBC
.text:64413F68
.text:64413F68 loc_64413F68:
.text:64413F68                 cmp     [ebp+DstSize], 0
.text:64413F6C                 jnz     short loc_64413F72
.text:64413F6E                 xor     eax, eax
.text:64413F70                 jmp     short loc_64413FBC
.text:64413F72
.text:64413F72 loc_64413F72:
.text:64413F72                 mov     ecx, [ebp+DstSize]
.text:64413F75                 push    ecx
.text:64413F76                 mov     ecx, [ebp+arg_4]
; demangled name: ATL::CSimpleStringT<char, 1>::Preallocate(int)
.text:64413F79                 call    ds:mfc90_2691
.text:64413F7F                 mov     [ebp+DstBuf], eax
.text:64413F82                 mov     edx, [ebp+VarName]
.text:64413F85                 push    edx             ; VarName
.text:64413F86                 mov     eax, [ebp+DstSize]
.text:64413F89                 push    eax             ; DstSize
.text:64413F8A                 mov     ecx, [ebp+DstBuf]
.text:64413F8D                 push    ecx             ; DstBuf
.text:64413F8E                 lea     edx, [ebp+DstSize]
.text:64413F91                 push    edx             ; ReturnSize
.text:64413F92                 call    ds:getenv_s
.text:64413F98                 add     esp, 10h
.text:64413F9B                 mov     [ebp+var_8], eax
.text:64413F9E                 push    0FFFFFFFFh
.text:64413FA0                 mov     ecx, [ebp+arg_4]
; demangled name: ATL::CSimpleStringT::ReleaseBuffer(int)
.text:64413FA3                 call    ds:mfc90_5835
.text:64413FA9                 cmp     [ebp+var_8], 0
.text:64413FAD                 jz      short loc_64413FB3
.text:64413FAF                 xor     eax, eax
.text:64413FB1                 jmp     short loc_64413FBC
.text:64413FB3
.text:64413FB3 loc_64413FB3:
.text:64413FB3                 mov     ecx, [ebp+arg_4]
```

```
; demangled name: const char* ATL::CSimpleStringT::operator PCXSTR
.text:64413FB6              call      ds:mfc90_910
.text:64413FBC
.text:64413FBC loc_64413FBC:
.text:64413FBC
.text:64413FBC              mov       esp, ebp
.text:64413FBE              pop       ebp
.text:64413FBF              retn
.text:64413FBF chk_env      endp
```

getenv_s()(http://msdn.microsoft.com/en-us/library/tb2sfw2z(VS.80).aspx) 함수는 getenv()[5]
의 보안이 강화된 버전이다.

코드에서는 MFC 문자열 처리 루틴도 볼 수 있다.

TDW_NOCOMPRESS 외에도 다양한 환경 변수를 검사한다. 로깅이 활성화됐을 때 SAPGUI
가 추적 로그에 남길 수 있는 변수를 모두 정리하면 다음과 같다.

```
DPTRACE                      "GUI-OPTION: Trace set to %d"
TDW_HEXDUMP                  "GUI-OPTION: Hexdump enabled"
TDW_WORKDIR                  "GUI-OPTION: working directory '%s'"
TDW_SPLASHSRCEENOFF          "GUI-OPTION: Splash Screen Off"
                             "GUI-OPTION: Splash Screen On"
TDW_REPLYTIMEOUT             "GUI-OPTION: reply timeout %d milliseconds"
TDW_PLAYBACKTIMEOUT          "GUI-OPTION: PlaybackTimeout set to %d milliseconds"
TDW_NOCOMPRESS               "GUI-OPTION: no compression read"
TDW_EXPERT                   "GUI-OPTION: expert mode"
TDW_PLAYBACKPROGRESS         "GUI-OPTION: PlaybackProgress"
TDW_PLAYBACKNETTRAFFIC       "GUI-OPTION: PlaybackNetTraffic"
TDW_PLAYLOG                  "GUI-OPTION: /PlayLog is YES, file %s"
TDW_PLAYTIME                 "GUI-OPTION: /PlayTime set to %d milliseconds"
TDW_LOGFILE                  "GUI-OPTION: TDW_LOGFILE '%s'"
TDW_WAN                      "GUI-OPTION: WAN - low speed connection enabled"
TDW_FULLMENU                 "GUI-OPTION: FullMenu enabled"
SAP_CP / SAP_CODEPAGE        "GUI-OPTION: SAP_CODEPAGE '%d'"
UPDOWNLOAD_CP                "GUI-OPTION: UPDOWNLOAD_CP '%d'"
SNC_PARTNERNAME              "GUI-OPTION: SNC name '%s'"
SNC_QOP                      "GUI-OPTION: SNC_QOP '%s'"
SNC_LIB                      "GUI-OPTION: SNC is set to: %s"
SAPGUI_INPLACE               "GUI-OPTION: environment variable SAPGUI_INPLACE is on"
```

각 변수의 설정 값은 EDI 레지스터에 저장된 배열 포인터를 이용해 기록한다. EDI는

---

5. 환경 변수를 리턴하는 표준 C 라이브러리 함수

함수 호출 전에 설정된다.

```
.text:6440EE00        lea      edi, [ebp+2884h+var_2884] ; options here like +0x15...
.text:6440EE03        lea      ecx, [esi+24h]
.text:6440EE06        call     load_command_line
.text:6440EE0B        mov      edi, eax
.text:6440EE0D        xor      ebx, ebx
.text:6440EE0F        cmp      edi, ebx
.text:6440EE11        jz       short loc_6440EE42
.text:6440EE13        push     edi
.text:6440EE14        push     offset aSapguiStoppedA ; "Sapgui stopped after
    commandline interp"...
.text:6440EE19        push     dword_644F93E8
.text:6440EE1F        call     FEWTraceError
```

이제는 "data record mode switched on" 문자열을 찾을 수 있다. 이 문자열은 CDwsGui::
PrepareInfoWindow()라는 함수에서만 참조한다.

클래스와 메소드 이름을 어떻게 알아냈는지 궁금할 수 있다. SAPGUI은 다음 코드처
럼 로그 파일에 정보를 기록하는 특별한 디버깅 루틴을 자주 호출한다.

```
.text:64405160        push     dword ptr [esi+2854h]
.text:64405166        push     offset aCdwsguiPrepare ;"\nCDwsGui::PrepareInfoWindow:
    sapgui env"...
.text:6440516B        push     dword ptr [esi+2848h]
.text:64405171        call     dbg
.text:64405176        add      esp, 0Ch
```

또는 다음과 같다.

```
.text:6440237A        push     eax
.text:6440237B        push     offset aCclientStart_6 ; "CClient::Start: set shortcut
    user to '%"...
.text:64402380        push     dword ptr [edi+4]
.text:64402383        call     dbg
.text:64402388        add      esp, 0Ch
```

이런 정보는 매우 유용하다.

이제는 성가신 팝업 창 함수의 내용을 살펴보자.

```
.text:64404F4F CDwsGui__PrepareInfoWindow proc near
.text:64404F4F
.text:64404F4F pvParam       = byte ptr -3Ch
.text:64404F4F var_38        = dword ptr -38h
.text:64404F4F var_34        = dword ptr -34h
.text:64404F4F rc            = tagRECT ptr -2Ch
.text:64404F4F cy            = dword ptr -1Ch
.text:64404F4F h             = dword ptr -18h
.text:64404F4F var_14        = dword ptr -14h
.text:64404F4F var_10        = dword ptr -10h
.text:64404F4F var_4         = dword ptr -4
.text:64404F4F
.text:64404F4F              push    30h
.text:64404F51              mov     eax, offset loc_64438E00
.text:64404F56              call    __EH_prolog3
.text:64404F5B              mov     esi, ecx        ; ECX is pointer to object
.text:64404F5D              xor     ebx, ebx
.text:64404F5F              lea     ecx, [ebp+var_14]
.text:64404F62              mov     [ebp+var_10], ebx

; demangled name: ATL::CStringT(void)
.text:64404F65              call    ds:mfc90_316
.text:64404F6B              mov     [ebp+var_4], ebx
.text:64404F6E              lea     edi, [esi+2854h]
.text:64404F74              push    offset aEnvironmentInf ; "Environment information:\n"
.text:64404F79              mov     ecx, edi

; demangled name: ATL::CStringT::operator=(char const *)
.text:64404F7B              call    ds:mfc90_820
.text:64404F81              cmp     [esi+38h], ebx
.text:64404F84              mov     ebx, ds:mfc90_2539
.text:64404F8A              jbe     short loc_64404FA9
.text:64404F8C              push    dword ptr [esi+34h]
.text:64404F8F              lea     eax, [ebp+var_14]
.text:64404F92              push    offset aWorkingDirecto ; "working directory: '%s'\n"
.text:64404F97              push    eax

; demangled name: ATL::CStringT::Format(char const *,...)
.text:64404F98              call    ebx        ; mfc90_2539
.text:64404F9A              add     esp, 0Ch
.text:64404F9D              lea     eax, [ebp+var_14]
.text:64404FA0              push    eax
.text:64404FA1              mov     ecx, edi

; demangled name: ATL::CStringT::operator+=(class ATL::CSimpleStringT<char, 1> const &)
.text:64404FA3              call ds:mfc90_941
.text:64404FA9
.text:64404FA9 loc_64404FA9:
.text:64404FA9              mov     eax, [esi+38h]
```

```
.text:64404FAC                test    eax, eax
.text:64404FAE                jbe     short loc_64404FD3
.text:64404FB0                push    eax
.text:64404FB1                lea     eax, [ebp+var_14]
.text:64404FB4                push    offset aTraceLevelDAct ; "trace level %d activated\n"
.text:64404FB9                push    eax

; demangled name: ATL::CStringT::Format(char const *,...)
.text:64404FBA                call    ebx ; mfc90_2539
.text:64404FBC                add     esp, 0Ch
.text:64404FBF                lea     eax, [ebp+var_14]
.text:64404FC2                push    eax
.text:64404FC3                mov     ecx, edi

; demangled name: ATL::CStringT::operator+=(class ATL::CSimpleStringT<char, 1> const &)
.text:64404FC5                call    ds:mfc90_941
.text:64404FCB                xor     ebx, ebx
.text:64404FCD                inc     ebx
.text:64404FCE                mov     [ebp+var_10], ebx
.text:64404FD1                jmp     short loc_64404FD6
.text:64404FD3
.text:64404FD3 loc_64404FD3:
.text:64404FD3                xor     ebx, ebx
.text:64404FD5                inc     ebx
.text:64404FD6
.text:64404FD6 loc_64404FD6:
.text:64404FD6                cmp     [esi+38h], ebx
.text:64404FD9                jbe     short loc_64404FF1
.text:64404FDB                cmp     dword ptr [esi+2978h], 0
.text:64404FE2                jz      short loc_64404FF1
.text:64404FE4                push    offset aHexdumpInTrace ; "hexdump in trace activated\n"
.text:64404FE9                mov     ecx, edi

; demangled name: ATL::CStringT::operator+=(char const *)
.text:64404FEB                call    ds:mfc90_945
.text:64404FF1
.text:64404FF1 loc_64404FF1:
.text:64404FF1
.text:64404FF1                cmp     byte ptr [esi+78h], 0
.text:64404FF5                jz      short loc_64405007
.text:64404FF7                push    offset aLoggingActivat ; "logging activated\n"
.text:64404FFC                mov     ecx, edi

; demangled name: ATL::CStringT::operator+=(char const *)
.text:64404FFE                call    ds:mfc90_945
.text:64405004                mov     [ebp+var_10], ebx
.text:64405007
.text:64405007 loc_64405007:
.text:64405007                cmp     byte ptr [esi+3Dh], 0
```

```
.text:6440500B              jz      short bypass
.text:6440500D              push    offset aDataCompressio ;"data compression switched off\n"
.text:64405012              mov     ecx, edi

; demangled name: ATL::CStringT::operator+=(char const *)
.text:64405014              call    ds:mfc90_945
.text:6440501A              mov     [ebp+var_10], ebx
.text:6440501D
.text:6440501D bypass:
.text:6440501D              mov     eax, [esi+20h]
.text:64405020              test    eax, eax
.text:64405022              jz      short loc_6440503A
.text:64405024              cmp     dword ptr [eax+28h], 0
.text:64405028              jz      short loc_6440503A
.text:6440502A              push    offset aDataRecordMode ; "data record mode switched on\n"
.text:6440502F              mov     ecx, edi

; demangled name: ATL::CStringT::operator+=(char const *)
.text:64405031              call    ds:mfc90_945
.text:64405037              mov     [ebp+var_10], ebx
.text:6440503A
.text:6440503A loc_6440503A:
.text:6440503A
.text:6440503A              mov     ecx, edi
.text:6440503C              cmp     [ebp+var_10], ebx
.text:6440503F              jnz     loc_64405142
.text:64405045              push    offset aForMaximumData ;"\nFor maximum data security
    delete\nthe s"...

; demangled name: ATL::CStringT::operator+=(char const *)
.text:6440504A              call    ds:mfc90_945
.text:64405050              xor     edi, edi
.text:64405052              push    edi         ; fWinIni
.text:64405053              lea     eax, [ebp+pvParam]
.text:64405056              push    eax         ; pvParam
.text:64405057              push    edi         ; uiParam
.text:64405058              push    30h         ; uiAction
.text:6440505A              call    ds:SystemParametersInfoA
.text:64405060              mov     eax, [ebp+var_34]
.text:64405063              cmp     eax, 1600
.text:64405068              jle     short loc_64405072
.text:6440506A              cdq
.text:6440506B              sub     eax, edx
.text:6440506D              sar     eax, 1
.text:6440506F              mov     [ebp+var_34], eax
.text:64405072
.text:64405072 loc_64405072:
.text:64405072              push    edi         ; hWnd
.text:64405073              mov     [ebp+cy], 0A0h
```

```
.text:6440507A          call    ds:GetDC
.text:64405080          mov     [ebp+var_10], eax
.text:64405083          mov     ebx, 12Ch
.text:64405088          cmp     eax, edi
.text:6440508A          jz      loc_64405113
.text:64405090          push    11h             ; i
.text:64405092          call    ds:GetStockObject
.text:64405098          mov     edi, ds:SelectObject
.text:6440509E          push    eax             ; h
.text:6440509F          push    [ebp+var_10]    ; hdc
.text:644050A2          call    edi             ; SelectObject
.text:644050A4          and     [ebp+rc.left], 0
.text:644050A8          and     [ebp+rc.top], 0
.text:644050AC          mov     [ebp+h], eax
.text:644050AF          push    401h            ; format
.text:644050B4          lea     eax, [ebp+rc]
.text:644050B7          push    eax             ; lprc
.text:644050B8          lea     ecx, [esi+2854h]
.text:644050BE          mov     [ebp+rc.right], ebx
.text:644050C1          mov     [ebp+rc.bottom], 0B4h

; demangled name: ATL::CSimpleStringT::GetLength(void)
.text:644050C8          call    ds:mfc90_3178
.text:644050CE          push    eax             ; cchText
.text:644050CF          lea     ecx, [esi+2854h]

; demangled name: const char* ATL::CSimpleStringT::operator PCXSTR
.text:644050D5          call    ds:mfc90_910
.text:644050DB          push    eax             ; lpchText
.text:644050DC          push    [ebp+var_10]    ; hdc
.text:644050DF          call    ds:DrawTextA
.text:644050E5          push    4               ; nIndex
.text:644050E7          call    ds:GetSystemMetrics
.text:644050ED          mov     ecx, [ebp+rc.bottom]
.text:644050F0          sub     ecx, [ebp+rc.top]
.text:644050F3          cmp     [ebp+h], 0
.text:644050F7          lea     eax, [eax+ecx+28h]
.text:644050FB          mov     [ebp+cy], eax
.text:644050FE          jz      short loc_64405108
.text:64405100          push    [ebp+h]         ; h
.text:64405103          push    [ebp+var_10]    ; hdc
.text:64405106          call    edi             ; SelectObject
.text:64405108
.text:64405108 loc_64405108:
.text:64405108          push    [ebp+var_10]    ; hDC
.text:6440510B          push    0               ; hWnd
.text:6440510D          call    ds:ReleaseDC
.text:64405113
```

```
.text:64405113 loc_64405113:
.text:64405113              mov      eax, [ebp+var_38]
.text:64405116              push     80h                ; uFlags
.text:6440511B              push     [ebp+cy]           ; cy
.text:6440511E              inc      eax
.text:6440511F              push     ebx                ; cx
.text:64405120              push     eax                ; Y
.text:64405121              mov      eax, [ebp+var_34]
.text:64405124              add      eax, 0FFFFFED4h
.text:64405129              cdq
.text:6440512A              sub      eax, edx
.text:6440512C              sar      eax, 1
.text:6440512E              push     eax                ; X
.text:6440512F              push     0                  ; hWndInsertAfter
.text:64405131              push     dword ptr [esi+285Ch] ; hWnd
.text:64405137              call     ds:SetWindowPos
.text:6440513D              xor      ebx, ebx
.text:6440513F              inc      ebx
.text:64405140              jmp      short loc_6440514D
.text:64405142
.text:64405142 loc_64405142:
.text:64405142              push     offset byte_64443AF8

; demangled name: ATL::CStringT::operator=(char const *)
.text:64405147              call     ds:mfc90_820
.text:6440514D
.text:6440514D loc_6440514D:
.text:6440514D              cmp      dword_6450B970, ebx
.text:64405153              jl       short loc_64405188
.text:64405155              call     sub_6441C910
.text:6440515A              mov      dword_644F858C, ebx
.text:64405160              push     dword ptr [esi+2854h]
.text:64405166              push     offset aCdwsguiPrepare
   ;"\nCDwsGui::PrepareInfoWindow: sapgui env"...
.text:6440516B              push     dword ptr [esi+2848h]
.text:64405171              call     dbg
.text:64405176              add      esp, 0Ch
.text:64405179              mov      dword_644F858C, 2
.text:64405183              call     sub_6441C920
.text:64405188
.text:64405188 loc_64405188:
.text:64405188              or       [ebp+var_4], 0FFFFFFFFh
.text:6440518C              lea      ecx, [ebp+var_14]

; demangled name: ATL::CStringT:: CStringT()
.text:6440518F              call     ds:mfc90_601
.text:64405195              call     __EH_epilog3
.text:6440519A              retn
```

```
.text:6440519A CDwsGui__PrepareInfoWindow endp
```

함수 도입부에서 ECX는 객체에 대한 포인터다(이 함수는 thiscall(3.18.1절) 형식의 함수이기 때문). 객체 타입은 의심할 여지도 없이 CDwsGui다. 객체에서 활성화된 옵션에 따라 특정 메시지를 조합해 최종 메시지를 생성한다.

주소 this+0x3D의 값이 0이 아니면 압축이 비활성화된 것이다.

```
.text:64405007 loc_64405007:
.text:64405007          cmp     byte ptr [esi+3Dh], 0
.text:6440500B          jz      short bypass
.text:6440500D          push    offset aDataCompressio ;"data compression switched off\n"
.text:64405012          mov     ecx, edi
; demangled name: ATL::CStringT::operator+=(char const *)
.text:64405014          call    ds:mfc90_945
.text:6440501A          mov     [ebp+var_10], ebx
.text:6440501D
.text:6440501D bypass:
```

흥미롭게도 변수 var_10의 상태에 따라 메시지 출력 여부를 최종 결정한다.

```
.text:6440503C          cmp     [ebp+var_10], ebx
.text:6440503F          jnz     exit            ; drawing 레이블 우회
; 문자열 "For maximum data security delete" / "the setting(s) as soon as possible !" 추가
.text:64405045          push    offset aForMaximumData ;"\nFor maximum data security
    delete\nthe s"...
.text:6440504A          call    ds:mfc90_945    ; ATL::CStringT::operator+=(char const *)
.text:64405050          xor     edi, edi
.text:64405052          push    edi             ; fWinIni
.text:64405053          lea     eax, [ebp+pvParam]
.text:64405056          push    eax             ; pvParam
.text:64405057          push    edi             ; uiParam
.text:64405058          push    30h             ; uiAction
.text:6440505A          call    ds:SystemParametersInfoA
.text:64405060          mov     eax, [ebp+var_34]
.text:64405063          cmp     eax, 1600
.text:64405068          jle     short loc_64405072
.text:6440506A          cdq
.text:6440506B          sub     eax, edx
.text:6440506D          sar     eax, 1
.text:6440506F          mov     [ebp+var_34], eax
```

```
.text:64405072
.text:64405072 loc_64405072:
start drawing:
.text:64405072          push    edi                 ; hWnd
.text:64405073          mov     [ebp+cy], 0A0h
.text:6440507A          call    ds:GetDC
```

분석 내용을 실제로 확인해보자.

다음 줄의 JNZ를 JMP로 대체하면 SAPGUI 실행 시 성가신 팝업 창이 나타나지 않는다!

```
.text:6440503F          jnz     exit    ; drawing 레이블 우회
```

이제 load_command_line()(필자가 지정한 함수명) 함수의 오프셋 0x15와 CDwsGui::PrepareInfoWindow의 변수 this+0x3D 사이의 관계를 자세히 분석해보자. 두 값이 동일하다고 확신할 수 있을까?

코드에서 값 0x15를 모두 찾아보자. SAPGUI가 비교적 작은 프로그램이기에 가능한 작업이다. 첫 번째로 등장하는 위치는 다음과 같다.

```
.text:64404C19 sub_64404C19     proc near
.text:64404C19
.text:64404C19 arg_0            = dword ptr 4
.text:64404C19
.text:64404C19          push    ebx
.text:64404C1A          push    ebp
.text:64404C1B          push    esi
.text:64404C1C          push    edi
.text:64404C1D          mov     edi, [esp+10h+arg_0]
.text:64404C21          mov     eax, [edi]
.text:64404C23          mov     esi, ecx            ; ESI/ECX가 어떤 객체를 가리킨다.
.text:64404C25          mov     [esi], eax
.text:64404C27          mov     eax, [edi+4]
.text:64404C2A          mov     [esi+4], eax
.text:64404C2D          mov     eax, [edi+8]
.text:64404C30          mov     [esi+8], eax
.text:64404C33          lea     eax, [edi+0Ch]
.text:64404C36          push    eax
.text:64404C37          lea     ecx, [esi+0Ch]

; demangled name: ATL::CStringT::operator=(class ATL::CStringT ... &)
.text:64404C3A          call    ds:mfc90_817
```

```
.text:64404C40          mov     eax, [edi+10h]
.text:64404C43          mov     [esi+10h], eax
.text:64404C46          mov     al, [edi+14h]
.text:64404C49          mov     [esi+14h], al
.text:64404C4C          mov     al, [edi+15h]   ; 오프셋 0x15의 바이트를
.text:64404C4F          mov     [esi+15h], al   ; CDwsGui 객체의 오프셋 0x15로 복사
```

이 함수는 CDwsGui::CopyOptions 함수에서 호출된다. 디버깅 정보 덕분에 이런 정보
를 확인할 수 있다.

하지만 진짜 정답은 CDwsGui::Init()에서 찾을 수 있다.

```
.text:6440B0BF loc_6440B0BF:
.text:6440B0BF          mov     eax, [ebp+arg_0]
.text:6440B0C2          push    [ebp+arg_4]
.text:6440B0C5          mov     [esi+2844h], eax
.text:6440B0CB          lea     eax, [esi+28h] ; ESI는 CDwsGui 객체에 대한 포인터
.text:6440B0CE          push    eax
.text:6440B0CF          call    CDwsGui__CopyOptions
```

이제까지 분석한 내용을 정리해보자. load_command_line() 함수에서 채운 배열은 사
실 CDwsGui 클래스에 위치(this+0x28)한다. 0x15+0x28은 정확히 0x3D다. 이제 값을 복
사하는 위치를 알아냈다.

오프셋 0x3D를 사용하는 다른 위치를 찾아보자. CDwsGui::SapguiRun 함수(역시 디버
깅 정보 덕분에 이름을 알 수 있다)도 그중 하나다.

```
.text:64409D58          cmp     [esi+3Dh], bl   ; ESI는 CDwsGui 객체에 대한 포인터
.text:64409D5B          lea     ecx, [esi+2B8h]
.text:64409D61          setz    al
.text:64409D64          push    eax             ; CConnectionContext::CreateNetwork의 arg_10
.text:64409D65          push    dword ptr [esi+64h]

; demangled name: const char* ATL::CSimpleStringT::operator PCXSTR
.text:64409D68          call    ds:mfc90_910
.text:64409D68                          ; 인자 없음
.text:64409D6E          push    eax
.text:64409D6F          lea     ecx, [esi+2BCh]

; demangled name: const char* ATL::CSimpleStringT::operator PCXSTR
.text:64409D75          call    ds:mfc90_910
.text:64409D75                          ; 인자 없음
```

```
.text:64409D7B          push    eax
.text:64409D7C          push    esi
.text:64409D7D          lea     ecx, [esi+8]
.text:64409D80          call    CConnectionContext__CreateNetwork
```

지금까지 알아낸 것을 확인해보자.

위 코드의 setz al 명령어를 xor eax, eax/nop 명령어로 대체해 TDW_NOCOMPRESS 환경 변수를 초기화하고 SAPGUI를 실행하자. 와! 더 이상 성가신 팝업 창이 뜨지 않는다(변수를 설정하지 않았으므로 기대했던 대로다). 하지만 와이어샤크로 네트워크 패킷을 보면 패킷이 더 이상 압축되지 않는다는 것을 확인할 수 있다. 이 위치에서 CConnectionContext 객체의 압축 플래그를 설정하는 것이 틀림없다.

압축 플래그는 CConnectionContext::CreateNetwork 함수에 다섯 번째 인자로 전달된다. 그리고 이 함수에서는 또 다른 함수를 호출한다.

```
...
.text:64403476          push    [ebp+compression]
.text:64403479          push    [ebp+arg_C]
.text:6440347C          push    [ebp+arg_8]
.text:6440347F          push    [ebp+arg_4]
.text:64403482          push    [ebp+arg_0]
.text:64403485          call    CNetwork__CNetwork
```

함수에 전달된 압축 플래그는 CNetwork::CNetwork 생성자의 다섯 번째 인자로 전달된다.

다음 코드를 보면 CNetwork 생성자는 다섯 번째 인자뿐만 아니라 네트워크 패킷 압축 여부에 영향을 미칠 수 있는 또 다른 변수도 함께 고려해 플래그를 설정한다.

```
.text:64411DF1          cmp     [ebp+compression], esi
.text:64411DF7          jz      short set_EAX_to_0
.text:64411DF9          mov     al, [ebx+78h]    ; 네트워크 패킷의 압축에 영향을 주는 또 다른 값?
.text:64411DFC          cmp     al, '3'
.text:64411DFE          jz      short set_EAX_to_1
.text:64411E00          cmp     al, '4'
.text:64411E02          jnz     short set_EAX_to_0
.text:64411E04
.text:64411E04 set_EAX_to_1:
```

```
.text:64411E04              xor     eax, eax
.text:64411E06              inc     eax             ; EAX -> 1
.text:64411E07              jmp     short loc_64411E0B
.text:64411E09
.text:64411E09 set_EAX_to_0:
.text:64411E09
.text:64411E09              xor     eax, eax            ; EAX -> 0
.text:64411E0B
.text:64411E0B loc_64411E0B:
.text:64411E0B              mov     [ebx+3A4h], eax      ; EBX는 CNetwork 객체에 대한 포인터
```

압축 플래그는 CNetwork 클래스의 this+0x3A4에 저장된다는 사실을 알 수 있다.

SAPguilib.dll에서 0x3A4 값을 찾아보자. CDwsGui::OnClientMessageWrite(디버깅 정보에 무한한 감사를 표한다)에서 두 번째로 등장한다.

```
.text:64406F76 loc_64406F76:
.text:64406F76              mov     ecx, [ebp+7728h+var_7794]
.text:64406F79              cmp     dword ptr [ecx+3A4h], 1
.text:64406F80              jnz     compression_flag_is_zero
.text:64406F86              mov     byte ptr [ebx+7], 1
.text:64406F8A              mov     eax, [esi+18h]
.text:64406F8D              mov     ecx, eax
.text:64406F8F              test    eax, eax
.text:64406F91              ja      short loc_64406FFF
.text:64406F93              mov     ecx, [esi+14h]
.text:64406F96              mov     eax, [esi+20h]
.text:64406F99
.text:64406F99 loc_64406F99:
.text:64406F99              push    dword ptr [edi+2868h]  ; int
.text:64406F9F              lea     edx, [ebp+7728h+var_77A4]
.text:64406FA2              push    edx                  ; int
.text:64406FA3              push    30000                ; int
.text:64406FA8              lea     edx, [ebp+7728h+Dst]
.text:64406FAB              push    edx                  ; Dst
.text:64406FAC              push    ecx                  ; int
.text:64406FAD              push    eax                  ; Src
.text:64406FAE              push    dword ptr [edi+28C0h]  ; int
.text:64406FB4              call    sub_644055C5             ; 실제 압축 리틴
.text:64406FB9              add     esp, 1Ch
.text:64406FBC              cmp     eax, 0FFFFFFF6h
.text:64406FBF              jz      short loc_64407004
.text:64406FC1              cmp     eax, 1
.text:64406FC4              jz      loc_6440708C
.text:64406FCA              cmp     eax, 2
```

```
.text:64406FCD          jz      short loc_64407004
.text:64406FCF          push    eax
.text:64406FD0          push    offset aCompressionErr ;"compression error [rc = %d]-
    program wi"...
.text:64406FD5          push    offset aGui_err_compre ; "GUI_ERR_COMPRESS"
.text:64406FDA          push    dword ptr [edi+28D0h]
.text:64406FE0          call    SapPcTxtRead
```

sub_644055C5를 살펴보면 memcpy()와 (IDA가 명명) sub_64417440이라는 함수를 호출
한다.

sub_64417440 내부의 코드를 살펴보자.

```
.text:6441747C          push    offset aErrorCsrcompre ;"\nERROR: CsRCompress: \
    invalid handle"
.text:64417481          call    eax                   ; dword_644F94C8
.text:64417483          add     esp, 4
```

됐다. 이제는 실제로 데이터를 압축하는 함수를 찾았다. 필자가 이미 공개했듯이
(http://conus.info/utils/SAP_pkt_decompr.txt) 이 함수는 SAP뿐만 아니라 오픈소스 프로
젝트인 MaxDB에서도 사용되기 때문에 함수의 소스코드를 볼 수 있다.

다음 코드에서 마지막 검사를 수행한다.

```
.text:64406F79          cmp     dword ptr [ecx+3A4h], 1
.text:64406F80          jnz     compression_flag_is_zero
```

JNZ를 무조건 점프 명령어인 JMP로 대체하고 RDW_NOCOMPRESS 환경 변수를 제거하자.
와이어샤크로 압축되지 않은 클라이언트 메시지를 확인할 수 있다. 하지만 서버 응답
은 압축돼 있다.

지금까지 환경 변수와 데이터 압축 루틴을 호출하거나 건너뛰는 위치 사이의 정확한
관계를 분석해봤다.

8.9.2 SAP 6.0 비밀번호 체크 함수

VMware 머신에 설치된 SAP 6.0 IDES를 다시 이용하려고 했을 때 SAP* 계정의 암호를

까먹었다는 사실을 알았다. 기억을 더듬어 여러 개의 암호를 시도했지만 결국 허용된 시도 횟수를 넘겼고 "Password logon no longer possible – too many failed attempts"라는 에러 메시지가 뜨고 말았다.

우선 매우 좋은 소식은 SAP 설치 시 완전한 disp+work.pdb PDB 파일도 설치되는데, 이 파일에는 함수명, 구조체, 타입, 지역 변수, 인자명 등 거의 모든 정보가 들어있다. 이 얼마나 인심 좋은 선물인가!

TYPEINFODUMP(http://www.debuginfo.com/tools/typeinfodump.html) 유틸리티를 이용해 PDB 파일을 읽기 좋고 검색할 수 있는 형태로 변환했다.

다음은 함수, 함수의 인자, 지역 변수 정보를 나열한 것이다.

```
FUNCTION ThVmcSysEvent
    Address:    10143190 Size:      675 bytes Index:    60483 TypeIndex:    60484
    Type: int NEAR_C ThVmcSysEvent (unsigned int, unsigned char, unsigned short*)
Flags: 0
PARAMETER events
    Address: Reg335+288 Size:  4 bytes Index: 60488   TypeIndex:     60489
    Type: unsigned int
Flags: d0
PARAMETER opcode
    Address: Reg335+296 Size:  1 bytes Index: 60490   TypeIndex:     60491
    Type: unsigned char
Flags: d0
PARAMETER serverName
    Address: Reg335+304 Size:  8 bytes Index: 60492   TypeIndex:     60493
    Type: unsigned short*
Flags: d0
STATIC_LOCAL_VAR func
    Address: 12274af0 Size:   8 bytes Index: 60495   TypeIndex:     60496
    Type: wchar_t*
Flags: 80
LOCAL_VAR admhead
    Address: Reg335+304 Size:  8 bytes Index: 60498   TypeIndex:     60499
    Type: unsigned char*
Flags: 90
LOCAL_VAR record
    Address: Reg335+64 Size: 204 bytes Index: 60501   TypeIndex:     60502
    Type: AD_RECORD
Flags: 90
LOCAL_VAR adlen
    Address: Reg335+296 Size: 4 bytes Index:   60508   TypeIndex:     60509
```

```
      Type: int
  Flags: 90
```

다음은 몇 가지 구조체의 예다.

```
STRUCT DBSL_STMTID
Size: 120 Variables: 4 Functions: 0   Base classes: 0
MEMBER moduletype
  Type: DBSL_MODULETYPE
  Offset:        0 Index:       3   TypeIndex:      38653
MEMBER module
  Type: wchar_t module[40]
  Offset:        4 Index:       3   TypeIndex:       831
MEMBER stmtnum
  Type: long
  Offset:       84 Index:       3   TypeIndex:       440
MEMBER timestamp
  Type: wchar_t timestamp[15]
  Offset:       88 Index:       3   TypeIndex:      6612
```

와! 또 한 가지 좋은 소식은 디버깅 호출(굉장히 많다) 역시 매우 유용하다는 점이다.

로그 파일을 보면 현재의 트레이스 레벨을 반영하는 **ct_level** 전역 변수[6]도 확인할 수 있다.

disp+work.exe 파일을 보면 이런 디버깅 코드가 무수히 많다.

```
cmp     cs:ct_level, 1
jl      short loc_1400375DA
call    DpLock
lea     rcx, aDpxxtool4_c   ; "dpxxtool4.c"
mov     edx, 4Eh        ; line
call    CTrcSaveLocation
mov     r8, cs:func_48
mov     rcx, cs:hdl     ; hdl
lea     rdx, aSDpreadmemvalu ; "%s: DpReadMemValue (%d)"
mov     r9d, ebx
call    DpTrcErr
call    DpUnlock
```

---

6. 추가적인 트레이스 레벨에 대해서는 https://help.sap.com/saphelp_nwpi71/helpdata/en/46/962416a5a613e8e
   10000000a155369/content.htm?no_cache=true를 참고

현재의 트레이스 레벨이 코드에 정의된 값보다 크거나 같으면 dev_w0, dev_disp, 또는 dev* 파일 등의 로그 파일에 디버깅 메시지를 기록한다.

TYPEINFODUMP 유틸리티와 grep을 이용해 특정 문자열을 검색해보자.

```
cat "disp+work.pdb.d" | grep FUNCTION | grep -i password
```

검색 결과는 다음과 같다.

```
FUNCTION rcui::AgiPassword::DiagISelection
FUNCTION ssf_password_encrypt
FUNCTION ssf_password_decrypt
FUNCTION password_logon_disabled
FUNCTION dySignSkipUserPassword
FUNCTION migrate_password_history
FUNCTION password_is_initial
FUNCTION rcui::AgiPassword::IsVisible
FUNCTION password_distance_ok
FUNCTION get_password_downwards_compatibility
FUNCTION dySignUnSkipUserPassword
FUNCTION rcui::AgiPassword::GetTypeName
FUNCTION `rcui::AgiPassword::AgiPassword'::`1'::dtor$2
FUNCTION `rcui::AgiPassword::AgiPassword'::`1'::dtor$0
FUNCTION `rcui::AgiPassword::AgiPassword'::`1'::dtor$1
FUNCTION usm_set_password
FUNCTION rcui::AgiPassword::TraceTo
FUNCTION days_since_last_password_change
FUNCTION rsecgrp_generate_random_password
FUNCTION rcui::AgiPassword::`scalar deleting destructor'
FUNCTION password_attempt_limit_exceeded
FUNCTION handle_incorrect_password
FUNCTION `rcui::AgiPassword::`scalar deleting destructor''::`1'::dtor$1
FUNCTION calculate_new_password_hash
FUNCTION shift_password_to_history
FUNCTION rcui::AgiPassword::GetType
FUNCTION found_password_in_history
FUNCTION `rcui::AgiPassword::`scalar deleting destructor''::`1'::dtor$0
FUNCTION rcui::AgiObj::IsaPassword
FUNCTION password_idle_check
FUNCTION SlicHwPasswordForDay
FUNCTION rcui::AgiPassword::IsaPassword
FUNCTION rcui::AgiPassword::AgiPassword
FUNCTION delete_user_password
FUNCTION usm_set_user_password
FUNCTION Password_API
```

```
FUNCTION get_password_change_for_SSO
FUNCTION password_in_USR40
FUNCTION rsec_agrp_abap_generate_random_password
```

"password"나 "locked"를 포함하는 디버그 메시지를 검색하면 함수 **password_ attemp_limit_exceeded()**에서 "user was locked by subsequently failed password logon attempts"라는 문자열을 참조하는 걸 알아낼 수 있다.

이 함수에서 사용하는 또 다른 문자열로는 "password logon attempt will be rejected immediately(preventing dictionary attacks)", "failed-logon lock: expired (but not removed due to 'read-only' operation)", "failed-logon lock: expired =>removed"가 있다.

이 함수를 좀 더 살펴보면 우리는 문제가 바로 이 함수에 있다는 사실을 재빨리 알 수 있다. 이 함수는 비밀번호를 체크하는 함수 중 하나인 **chckpass()**에서 호출된다.

우선 tracer를 실행해 지금까지의 분석이 맞는지 확인해보자.

```
tracer64.exe -a:disp+work.exe bpf=disp+work.exe!chckpass,args:3,unicode
```

```
PID=2236|TID=2248|(0) disp+work.exe!chckpass (0x202c770, L"Brewered1", 0x41) (called from
0x1402f1060 (disp+work.exe!usrexist+0x3c0))
PID=2236|TID=2248|(0) disp+work.exe!chckpass -> 0x35
```

호출 경로는 다음과 같다.

```
syssigni() → DyISigni() → dychkusr() → usrexist() → chckpass()
```

숫자 0x35는 chckpass()가 허용된 로그온 시도를 넘겼을 때 리턴하는 에러다.

```
.text:00000001402ED567 loc_1402ED567:          ; CODE XREF: chckpass+B4
.text:00000001402ED567                 mov     rcx, rbx          ; usr02
.text:00000001402ED56A                 call    password_idle_check
.text:00000001402ED56F                 cmp     eax, 33h
.text:00000001402ED572                 jz      loc_1402EDB4E
.text:00000001402ED578                 cmp     eax, 36h
.text:00000001402ED57B                 jz      loc_1402EDB3D
.text:00000001402ED581                 xor     edx, edx          ; usr02_readonly
```

```
.text:00000001402ED583                    mov       rcx, rbx          ; usr02
.text:00000001402ED586                    call      password_attempt_limit_exceeded
.text:00000001402ED58B                    test      al, al
.text:00000001402ED58D                    jz        short loc_1402ED5A0
.text:00000001402ED58F                    mov       eax, 35h
.text:00000001402ED594                    add       rsp, 60h
.text:00000001402ED598                    pop       r14
.text:00000001402ED59A                    pop       r12
.text:00000001402ED59C                    pop       rdi
.text:00000001402ED59D                    pop       rsi
.text:00000001402ED59E                    pop       rbx
.text:00000001402ED59F                    retn
```

한 번 확인해보자.

```
tracer64.exe -a:disp+work.exe bpf=disp+work.exe!password_attempt_limit_exceeded,args:4,
    unicode,rt:0
```

```
PID=2744|TID=360|(0) disp+work.exe!password_attempt_limit_exceeded (0x202c770, 0,
    0x257758, 0) (called from 0x1402ed58b (disp+work.exe!chckpass+0xeb))
PID=2744|TID=360|(0) disp+work.exe!password_attempt_limit_exceeded -> 1
PID=2744|TID=360|We modify return value (EAX/RAX) of this function to 0
PID=2744|TID=360|(0) disp+work.exe!password_attempt_limit_exceeded (0x202c770, 0, 0, 0)
    (called from 0x1402e9794 (disp+work.exe!chngpass+0xe4))
PID=2744|TID=360|(0) disp+work.exe!password_attempt_limit_exceeded -> 1
PID=2744|TID=360|We modify return value (EAX/RAX) of this function to 0
```

이제는 성공적으로 로그인할 수 있다.

참고로 비밀번호를 까먹었더라도 chckpass() 함수의 리턴 값을 0으로 고정하면 비밀
번호 검사를 우회할 수 있다.

```
tracer64.exe -a:disp+work.exe bpf=disp+work.exe!chckpass,args:3,unicode,rt:0
```

```
PID=2744|TID=360|(0) disp+work.exe!chckpass (0x202c770, L"bogus ", 0x41) (called from
    0x1402f1060 (disp+work.exe!usrexist+0x3c0))
PID=2744|TID=360|(0) disp+work.exe!chckpass -> 0x35
PID=2744|TID=360|We modify return value (EAX/RAX) of this function to 0
```

password_attempt_limit_exceeded() 함수를 분석하는 도중 함수 도입부에서 다음

의 함수 호출을 확인할 수 있었다.

```
lea     rcx, aLoginFailed_us    ; "login/failed_user_auto_unlock"
call    sapgparam
test    rax, rax
jz      short loc_1402E19DE
movzx   eax, word ptr [rax]
cmp     ax, 'N'
jz      short loc_1402E19D4
cmp     ax, 'n'
jz      short loc_1402E19D4
cmp     ax, '0'
jnz     short loc_1402E19DE
```

sapgparam() 함수를 이용해 특정 설정 파라미터의 값을 질의한다. 이 함수는 1768개의 위치에서 호출하는데, 이 정보를 이용하면 특정 설정 파라미터가 어떤 위치의 제어 흐름에 영향을 미치는지 쉽게 찾아낼 수 있을 것으로 보인다.

SAP은 매우 쉬운 분석 대상이다. 함수명이 매우 명확하다(오라클 RDBMS보다 훨씬 더 명확하다). disp+work 프로세스는 C++로 작성한 것 같은데, 꽤 얼마 전에 다시 작성한 것으로 예상된다.

8.10 오라클 RDBMS

8.10.1 오라클 RDBMS의 V$VERSION 테이블

오라클 RDBMS 11.2는 대규모 프로그램으로, 메인 모듈인 oracle.exe는 약 124,000개의 함수를 포함한다. 윈도우 7 x86 커널(ntoskrnl.exe)이 약 11,000개, 리눅스 3.9.8 커널(컴파일된 기본 드라이버)이 31,000개의 함수를 포함하는 것과 비교하면 얼마나 큰 프로그램인지 가늠할 수 있다.

쉬운 질문으로 시작해보자. 사용자가 SQL*Plus에서 간단한 질의문을 실행하면 오라클 RDBMS는 어디서 필요한 정보를 모두 가져올까?

```
SQL> select * from V$VERSION;
```

실행 결과는 다음과 같다.

```
BANNER
--------------------------------------------------------
Oracle Database 11g Enterprise Edition Release 11.2.0.1.0 - Production
PL/SQL Release 11.2.0.1.0 - Production
CORE    11.2.0.1.0      Production
TNS for 32-bit Windows: Version 11.2.0.1.0 - Production
NLSRTL Version 11.2.0.1.0 - Production
```

분석을 시작하자. 오라클 RDBMS의 어느 부분에서 **V$VERSION** 문자열을 찾을 수 있을까?

Win32 버전의 oracle.exe 파일은 이 문자열을 포함하고 있으며 쉽게 찾을 수 있다. 하지만 Win32 버전 oracle.exe와 달리 함수명(과 전역 변수)을 그대로 유지하고 있는 리눅스 버전의 오라클 RDBMS에 포함된 오브젝트 파일(.o)을 활용할 수도 있다.

kqf.o 파일에 **V$VERSION** 문자열이 들어있다. 이 오브젝트 파일은 메인 오라클 라이브러리 libserver11.a에 위치한다.

이 텍스트 문자열을 참조하는 **kqfviw** 테이블 역시 kqf.o 파일에 저장돼 있다.

리스트 8.8: kqf.o

```
.rodata:0800C4A0 kqfviw dd 0Bh       ; DATA XREF: kqfchk:loc_8003A6D
.rodata:0800C4A0                     ; kqfgbn+34
.rodata:0800C4A4        dd offset _2__STRING_10102_0 ; "GV$WAITSTAT"
.rodata:0800C4A8        dd 4
.rodata:0800C4AC        dd offset _2__STRING_10103_0 ; "NULL"
.rodata:0800C4B0        dd 3
.rodata:0800C4B4        dd 0
.rodata:0800C4B8        dd 195h
.rodata:0800C4BC        dd 4
.rodata:0800C4C0        dd 0
.rodata:0800C4C4        dd 0FFFFC1CBh
.rodata:0800C4C8        dd 3
.rodata:0800C4CC        dd 0
.rodata:0800C4D0        dd 0Ah
.rodata:0800C4D4        dd offset _2__STRING_10104_0 ; "V$WAITSTAT"
.rodata:0800C4D8        dd 4
.rodata:0800C4DC        dd offset _2__STRING_10103_0 ; "NULL"
.rodata:0800C4E0        dd 3
.rodata:0800C4E4        dd 0
.rodata:0800C4E8        dd 4Eh
```

```
.rodata:0800C4EC          dd 3
.rodata:0800C4F0          dd 0
.rodata:0800C4F4          dd 0FFFFC003h
.rodata:0800C4F8          dd 4
.rodata:0800C4FC          dd 0
.rodata:0800C500          dd 5
.rodata:0800C504          dd offset _2__STRING_10105_0    ; "GV$BH"
.rodata:0800C508          dd 4
.rodata:0800C50C          dd offset _2__STRING_10103_0    ; "NULL"
.rodata:0800C510          dd 3
.rodata:0800C514          dd 0
.rodata:0800C518          dd 269h
.rodata:0800C51C          dd 15h
.rodata:0800C520          dd 0
.rodata:0800C524          dd 0FFFFC1EDh
.rodata:0800C528          dd 8
.rodata:0800C52C          dd 0
.rodata:0800C530          dd 4
.rodata:0800C534          dd offset _2__STRING_10106_0    ; "V$BH"
.rodata:0800C538          dd 4
.rodata:0800C53C          dd offset _2__STRING_10103_0    ; "NULL"
.rodata:0800C540          dd 3
.rodata:0800C544          dd 0
.rodata:0800C548          dd 0F5h
.rodata:0800C54C          dd 14h
.rodata:0800C550          dd 0
.rodata:0800C554          dd 0FFFFC1EEh
.rodata:0800C558          dd 5
.rodata:0800C55C          dd 0
```

오라클 RDBMS 내부를 분석하다 보면 함수와 전역 변수의 이름이 왜 그리도 이상한지 궁금해질 수 있다.

오라클 RDBMS는 매우 오래된 제품이고, 1980년대에 C로 개발됐을 것이다.

당시에는 C 표준에서 보장하는 함수와 변수 이름의 최대 길이가 6이었다. "외부 식별자의 경우 처음 6 문자가 유효하다".[7]

아마도 테이블 kqfviw는 V$로 시작하는 대부분의 뷰를 포함하고 있을 것이다. 이는 고정된 것으로, 언제나 이용할 수 있다. 데이터의 순환 반복되는 부분을 보면 kqfviw

---

7. ANSI C 표준 초안(Draft ANSI C Standard)(ANSI X3J11/88−090)(1988년 5월 13일)
   https://yurichev.com/ref/Draft%20ANSI%20C%20Standard%20(ANSI%20X3J11−88−090)%20(May%2013,%
   201988).txt

테이블의 각 요소에는 12개의 32비트 필드가 있다는 것을 쉽게 알 수 있다.

IDA에서는 12개의 요소로 구성된 구조체를 아주 간단히 생성해 모든 테이블의 요소에 적용할 수 있다. 오라클 RDBMS 버전 11.2의 경우 1,023개의 테이블 요소가 존재한다. 즉, 가능한 고정된 뷰가 총 1,023개가 된다.

이 숫자는 나중에 다시 다룰 것이다.

필드의 숫자만 갖고는 그다지 많은 정보를 얻을 수 없다. 첫 번째 숫자는 항상 뷰 이름의 길이와 동일하지만(종료 0바이트는 제외), 그다지 유용한 정보가 아니다.

이 밖에 V$FIXED_VIEW_DEFINITION이라는 고정 뷰에서 모든 고정 뷰에 관한 정보를 얻을 수 있다는 사실도 알고 있다(참고로 이 뷰에 대한 정보 역시 kqfviw와 kqfvip 테이블에서 가져온다). 그런데 이 뷰에도 1,023개의 요소가 존재한다. 우연의 일치일까? 아니다.

```
SQL> select * from V$FIXED_VIEW_DEFINITION where view_name='V$VERSION';

VIEW_NAME
------------------------------
VIEW_DEFINITION
------------------------------

V$VERSION
select  BANNER from GV$VERSION where inst_id = USERENV('Instance')
```

그러므로 V$VERSION은 GV$VERSION이라는 또 다른 뷰로 연결되는 일종의 thunk 뷰라고 할 수 있다.

```
SQL> select * from V$FIXED_VIEW_DEFINITION where view_name='GV$VERSION';

VIEW_NAME
------------------------------
VIEW_DEFINITION
------------------------------

GV$VERSION
select inst_id, banner from x$version
```

오라클 RDBMS에서 X$로 시작하는 테이블은 비공개 서비스 테이블로, 사용자가 변경할 수 없고 동적으로 갱신된다.

텍스트를 검색해보면 다음과 같다.

```
select BANNER from GV$VERSION where inst_id =
USERENV('Instance')
```

kqf.o 파일에서 **kqfvip** 테이블을 찾을 수 있다.

리스트 8.9: kqf.o

```
.rodata:080185A0 kqfvip dd offset _2__STRING_11126_0  ; DATA XREF: kqfgvcn+18
.rodata:080185A0                          ; kqfgvt+F
.rodata:080185A0                          ; "select inst_id,decode(indx,1,'data bloc"...
.rodata:080185A4        dd offset kqfv459_c_0
.rodata:080185A8        dd 0
.rodata:080185AC        dd 0
...
.rodata:08019570        dd offset _2__STRING_11378_0  ;"select BANNER from GV$VERSION
where in"...
.rodata:08019574        dd offset kqfv133_c_0
.rodata:08019578        dd 0
.rodata:0801957C        dd 0
.rodata:08019580        dd offset _2__STRING_11379_0  ;"select
    inst_id,decode(bitand(cfflg,1),0"...
.rodata:08019584        dd offset kqfv403_c_0
.rodata:08019588        dd 0
.rodata:0801958C        dd 0
.rodata:08019590        dd offset _2__STRING_11380_0  ;"select STATUS , NAME,
    IS_RECOVERY_DEST"...
.rodata:08019594        dd offset kqfv199_c_0
```

테이블의 요소마다 4개의 필드가 존재하는 것으로 보인다. 요소의 개수는 역시 1,023개다.

두 번째 필드는 이 고정 뷰를 위한 테이블 필드를 포함하는 또 다른 테이블을 가리킨다.

V$VERSION의 경우 테이블에 두 개의 요소만 존재하는데, 첫 번째는 6이고 두 번째는 BANNER 문자열이다(숫자 6은 이 문자열의 길이다). 두 번째 요소에는 0이나 NULL로 끝나는 C 문자열이 들어있다.

리스트 8.10: kqf.o

```
.rodata:080BBAC4 kqfv133_c_0 dd 6        ; DATA XREF: .rodata:08019574
.rodata:080BBAC8        dd offset _2__STRING_5017_0  ; "BANNER"
.rodata:080BBACC        dd 0
```

```
.rodata:080BBAD0        dd offset _2__STRING_0_0
```

kqfviw와 kqfvip 테이블의 데이터를 조인하면 사용자가 특정 고정 뷰의 정보를 질의할 때 실행할 SQL문을 생성할 수 있다.

그래서 oracle tables(https://yurichev.com/oracle_tables.html)라는 프로그램을 작성했다. 그것은 리눅스용 오라클 RDBMS의 오브젝트 파일에서 정보를 수집하는 프로그램이다. V$VERSION의 예를 보자.

리스트 8.11: oracle tables의 실행 결과

```
kqfviw_element.viewname: [V$VERSION] ?: 0x3 0x43 0x1 0xffffc085 0x4
kqfvip_element.statement: [select BANNER from GV$VERSION where inst_id = USERENV('Instance')]
kqfvip_element.params:
[BANNER]
```

GV$VERSION의 예는 다음과 같다.

리스트 8.12: oracle tables의 실행 결과

```
kqfviw_element.viewname: [GV$VERSION] ?: 0x3 0x26 0x2 0xffffc192 0x1
kqfvip_element.statement: [select inst_id, banner from x$version]
kqfvip_element.params:
[INST_ID] [BANNER]
```

GV$VERSION 고정 뷰는 식별자 인스턴스가 있는 필드가 하나 더 있다는 점을 제외하고는 V$VERSION과 동일하다.

아무튼 X$VERSION 테이블을 살펴볼 것이다. 그 테이블도 다른 X$ 테이블처럼 비공개이긴 하지만 테이블에 대한 질의는 할 수 있다.

```
SQL> select * from x$version;

ADDR            INDX    INST_ID
-------- ---------- ----------
BANNER
-------------------------------

0DBAF574 0 1
Oracle Database 11g Enterprise Edition Release 11.2.0.1.0 ? Production
...
```

이 테이블에는 ADDR과 INDX 같은 필드가 추가로 존재한다.

IDA에서 kqf.o를 살펴보면 X$VERSION 문자열에 대한 포인터를 포함하는 또 하나의 테이블인 kqftab을 찾을 수 있다.

리스트 8.13: kqf.o

```
.rodata:0803CAC0    dd 9                              ; 요소의 번호: 0x1f6
.rodata:0803CAC4    dd offset _2__STRING_13113_0    ; "X$VERSION"
.rodata:0803CAC8    dd 4
.rodata:0803CACC    dd offset _2__STRING_13114_0    ; "kqvt"
.rodata:0803CAD0    dd 4
.rodata:0803CAD4    dd 4
.rodata:0803CAD8    dd 0
.rodata:0803CADC    dd 4
.rodata:0803CAE0    dd 0Ch
.rodata:0803CAE4    dd 0FFFFC075h
.rodata:0803CAE8    dd 3
.rodata:0803CAEC    dd 0
.rodata:0803CAF0    dd 7
.rodata:0803CAF4    dd offset _2__STRING_13115_0    ; "X$KQFSZ"
.rodata:0803CAF8    dd 5
.rodata:0803CAFC    dd offset _2__STRING_13116_0    ; "kqfsz"
.rodata:0803CB00    dd 1
.rodata:0803CB04    dd 38h
.rodata:0803CB08    dd 0
.rodata:0803CB0C    dd 7
.rodata:0803CB10    dd 0
.rodata:0803CB14    dd 0FFFFC09Dh
.rodata:0803CB18    dd 2
.rodata:0803CB1C    dd 0
```

X$ 테이블 이름을 참조하는 곳이 매우 많다. 그것은 모든 오라클 RDBMS 11.2의 X$ 테이블에 대한 참조일 것이다. 하지만 여전히 정보가 충분하지 않다.

kqvt 문자열의 의미를 정확히 알 수 없다.

kq로 시작하는 것은 커널이나 질의를 의미할지도 모른다.

v는 버전임에 틀림없고, t는 타입일지도 모른다.

kqf.o에는 유사한 이름의 테이블이 또 있다.

```
.rodata:0808C360 kqvt_c_0  kqftap_param <4, offset _2__STRING_19_0, 917h, 0, 0, 0, 4, 0, 0>
.rodata:0808C360                              ; DATA XREF: .rodata:08042680
.rodata:0808C360                              ; "ADDR"
.rodata:0808C384          kqftap_param <4, offset _2__STRING_20_0, 0B02h, 0, 0, 0, 4, 0, 0>
   ;"INDX"
.rodata:0808C3A8          kqftap_param <7, offset _2__STRING_21_0, 0B02h, 0, 0, 0, 4, 0, 0>
   ;"INST_ID"
.rodata:0808C3CC          kqftap_param <6, offset _2__STRING_5017_0, 601h, 0, 0, 0, 50h, 0, 0>
   ;"BANNER"
.rodata:0808C3F0          kqftap_param <0, offset _2__STRING_0_0, 0, 0, 0, 0, 0, 0, 0>
```

X$VERSION 테이블에 있는 모든 필드에 관한 정보를 볼 수 있다. kqftap 테이블에서만
이 테이블을 참조한다.

리스트 8.15: kqf.o

```
.rodata:08042680   kqftap_element <0, offset kqvt_c_0, offset kqvrow, 0> ; element 0x1f6
```

흥미롭게도 이 요소는 kqftab 테이블의 X$VERSION 문자열에 대한 포인터처럼 0x1f6번
째(502번째) 요소다.

아마도 kqftap과 kqftab 테이블은 kqfvip와 kqfviw처럼 상호 보완적인 것 같다.

kqvrow() 함수에 대한 포인터도 볼 수 있다. 마침내 뭔가 유용한 정보를 발견했다.

따라서 이 테이블들을 oracle tables(https://yurichev.com/oracle_tables.html) 유틸리티
에 추가한 후 X$VERSION의 정보를 추출하면 다음과 같다.

리스트 8.16: oracle tables의 실행 결과

```
kqftab_element.name: [X$VERSION] ?: [kqvt] 0x4 0x4 0x4 0xc 0xffffc075 0x3
kqftap_param.name=[ADDR] ?: 0x917 0x0 0x0 0x0 0x4 0x0 0x0
kqftap_param.name=[INDX] ?: 0xb02 0x0 0x0 0x0 0x4 0x0 0x0
kqftap_param.name=[INST_ID] ?: 0xb02 0x0 0x0 0x0 0x4 0x0 0x0
kqftap_param.name=[BANNER] ?: 0x601 0x0 0x0 0x0 0x50 0x0 0x0
kqftap_element.fn1=kqvrow
kqftap_element.fn2=NULL
```

tracer를 이용하면 X$VERSION 테이블을 질의하는 동안 이 함수가 (qerfxFetch() 함수에
서) 연이어 6번 호출된다는 사실을 쉽게 확인할 수 있다.

tracer를 cc 모드로 실행해보자(실행되는 명령어에 주석을 추가한다).

---

tracer -a:oracle.exe bpf=oracle.exe!_kqvrow,trace:cc

```
_kqvrow_       proc near
var_7C       = byte ptr -7Ch
var_18       = dword ptr -18h
var_14       = dword ptr -14h
Dest         = dword ptr -10h
var_C        = dword ptr -0Ch
var_8        = dword ptr -8
var_4        = dword ptr -4
arg_8        = dword ptr 10h
arg_C        = dword ptr 14h
arg_14       = dword ptr 1Ch
arg_18       = dword ptr 20h

; FUNCTION CHUNK AT .text1:056C11A0 SIZE 00000049 BYTES

            push    ebp
            mov     ebp, esp
            sub     esp, 7Ch
            mov     eax, [ebp+arg_14]   ; [EBP+1Ch]=1
            mov     ecx, TlsIndex       ; [69AEB08h]=0
            mov     edx, large fs:2Ch
            mov     edx, [edx+ecx*4]    ; [EDX+ECX*4]=0xc98c938
            cmp     eax, 2              ; EAX=1
            mov     eax, [ebp+arg_8]    ; [EBP+10h]=0xcdfe554
            jz      loc_2CE1288
            mov     ecx, [eax]          ; [EAX]=0..5
            mov     [ebp+var_4], edi    ; EDI=0xc98c938
loc_2CE10F6:    ; CODE XREF: _kqvrow_+10A
                ; _kqvrow_+1A9
            cmp     ecx, 5              ; ECX=0..5
            ja      loc_56C11C7
            mov     edi, [ebp+arg_18]   ; [EBP+20h]=0
            mov     [ebp+var_14], edx   ; EDX=0xc98c938
            mov     [ebp+var_8], ebx    ; EBX=0
            mov     ebx, eax            ; EAX=0xcdfe554
            mov     [ebp+var_C], esi    ; ESI=0xcdfe248
loc_2CE110D:    ; CODE XREF: _kqvrow_+29E00E6
            mov     edx, ds:off_628B09C[ecx*4] ; [ECX*4+628B09Ch]=0x2ce1116, 0x2ce11ac,
    0x2ce11db, 0x2ce11f6, 0x2ce1236, 0x2ce127a
            jmp     edx                 ; EDX=0x2ce1116, 0x2ce11ac, 0x2ce11db, 0x2ce11f6,
    0x2ce1236, 0x2ce127a
loc_2CE1116:    ; DATA XREF: .rdata:off_628B09C
            push    offset aXKqvvsnBuffer ; "x$kqvvsn buffer"
```

```
            mov     ecx, [ebp+arg_C]    ; [EBP+14h]=0x8a172b4
            xor     edx, edx
            mov     esi, [ebp+var_14]   ; [EBP-14h]=0xc98c938
            push    edx         ; EDX=0
            push    edx         ; EDX=0
            push    50h
            push    ecx             ; ECX=0x8a172b4
            push    dword ptr [esi+10494h] ; [ESI+10494h]=0xc98cd58
            call    _kghalf     ; tracing nested maximum level (1) reached, skipping this CALL
            mov     esi, ds:__imp__vsnnum ; [59771A8h]=0x61bc49e0
            mov     [ebp+Dest], eax     ; EAX=0xce2ffb0
            mov     [ebx+8], eax    ; EAX=0xce2ffb0
            mov     [ebx+4], eax    ; EAX=0xce2ffb0
            mov     edi, [esi]      ; [ESI]=0xb200100
            mov     esi, ds:__imp__vsnstr ; [597D6D4h]=0x65852148, "- Production"
            push    esi         ; ESI=0x65852148, "- Production"
            mov     ebx, edi        ; EDI=0xb200100
            shr     ebx, 18h        ; EBX=0xb200100
            mov     ecx, edi        ; EDI=0xb200100
            shr     ecx, 14h        ; ECX=0xb200100
            and     ecx, 0Fh        ; ECX=0xb2
            mov     edx, edi        ; EDI=0xb200100
            shr     edx, 0Ch        ; EDX=0xb200100
            movzx   edx, dl         ; DL=0
            mov     eax, edi        ; EDI=0xb200100
            shr     eax, 8      ; EAX=0xb200100
            and     eax, 0Fh        ; EAX=0xb2001
            and     edi, 0FFh       ; EDI=0xb200100
            push    edi         ; EDI=0
            mov     edi, [ebp+arg_18]   ; [EBP+20h]=0
            push    eax         ; EAX=1
            mov     eax, ds:__imp__vsnban ; [597D6D8h]=0x65852100, "Oracle Database 11g
    Enterprise Edition Release %d.%d.%d.%d.%d %s"
            push    edx             ; EDX=0
            push    ecx             ; ECX=2
            push    ebx             ; EBX=0xb
            mov     ebx, [ebp+arg_8]    ; [EBP+10h]=0xcdfe554
            push    eax         ;EAX=0x65852100, "Oracle Database 11g Enterprise Edition
    Release %d.%d.%d.%d.%d %s"
            mov     eax, [ebp+Dest]     ; [EBP-10h]=0xce2ffb0
            push    eax         ; EAX=0xce2ffb0
            call    ds:__imp__sprintf ; op1=MSVCR80.dll!sprintf tracing nested maximum level
    (1) reached, skipping this CALL
            add     esp, 38h
            mov dword ptr [ebx], 1
loc_2CE1192:    ; CODE XREF: _kqvrow_+FB
                ; _kqvrow_+128 ...
```

```
        test    edi, edi        ; EDI=0
        jnz     __VInfreq__kqvrow
        mov     esi, [ebp+var_C]    ; [EBP-0Ch]=0xcdfe248
        mov     edi, [ebp+var_4]    ; [EBP-4]=0xc98c938
        mov     eax, ebx        ; EBX=0xcdfe554
        mov     ebx, [ebp+var_8]    ; [EBP-8]=0
        lea     eax, [eax+4]    ; [EAX+4]=0xce2ffb0, "NLSRTL Version 11.2.0.1.0 -
    Production", "Oracle Database 11g Enterprise Edition Release 11.2.0.1.0 - Production",
    "PL/SQL Release 11.2.0.1.0 - Production", "TNS for 32-bit Windows: Version 11.2.0.1.0
    - Production"
loc_2CE11A8:    ; CODE XREF: _kqvrow_+29E00F6
        mov     esp, ebp
        pop     ebp
        retn            ; EAX=0xcdfe558
loc_2CE11AC:    ; DATA XREF: .rdata:0628B0A0
        mov     edx, [ebx+8]    ; [EBX+8]=0xce2ffb0, "Oracle Database 11g Enterprise
    Edition Release 11.2.0.1.0 - Production"
        mov     dword ptr [ebx], 2
        mov     [ebx+4], edx    ; EDX=0xce2ffb0, "Oracle Database 11g Enterprise Edition
    Release 11.2.0.1.0 - Production"
        push    edx             ; EDX=0xce2ffb0, "Oracle Database 11g Enterprise
    Release 11.2.0.1.0 - Production"
        call    _kkxvsn     ; tracing nested maximum level (1) reached, skipping this CALL
        pop     ecx
        mov     edx, [ebx+4] ; [EBX+4]=0xce2ffb0, "PL/SQL Release 11.2.0.1.0 - Production"
        movzx   ecx, byte ptr [edx] ; [EDX]=0x50
        test    ecx, ecx        ; ECX=0x50
        jnz     short loc_2CE1192
        mov     edx, [ebp+var_14]
        mov     esi, [ebp+var_C]
        mov     eax, ebx
        mov     ebx, [ebp+var_8]
        mov     ecx, [eax]
        jmp     loc_2CE10F6
loc_2CE11DB:    ; DATA XREF: .rdata:0628B0A4
        push    0
        push    50h
        mov     edx, [ebx+8] ; [EBX+8]=0xce2ffb0, "PL/SQL Release 11.2.0.1.0 - Production"
        mov     [ebx+4], edx ; EDX=0xce2ffb0, "PL/SQL Release 11.2.0.1.0 - Production"
        push    edx             ; EDX=0xce2ffb0, "PL/SQL Release 11.2.0.1.0 - Production"
        call    _lmxver     ; tracing nested maximum level (1) reached, skipping this CALL
        add     esp, 0Ch
        mov     dword ptr [ebx], 3
        jmp     short loc_2CE1192
loc_2CE11F6:    ; DATA XREF: .rdata:0628B0A8
        mov     edx, [ebx+8]    ; [EBX+8]=0xce2ffb0
        mov     [ebp+var_18], 50h
```

```
        mov     [ebx+4], edx    ; EDX=0xce2ffb0
        push    0
        call    _npinli    ; tracing nested maximum level (1) reached, skipping this CALL
        pop     ecx
        test    eax, eax          ; EAX=0
        jnz     loc_56C11DA
        mov     ecx, [ebp+var_14] ; [EBP-14h]=0xc98c938
        lea     edx, [ebp+var_18] ; [EBP-18h]=0x50
        push    edx                      ; EDX=0xd76c93c
        push    dword ptr [ebx+8] ; [EBX+8]=0xce2ffb0
        push    dword ptr [ecx+13278h] ; [ECX+13278h]=0xacce190
        call    _nrtnsvrs   ; tracing nested maximum level (1) reached, skipping this CALL
        add     esp, 0Ch
loc_2CE122B:    ; CODE XREF: _kqvrow_+29E0118
        mov     dword ptr [ebx], 4
        jmp     loc_2CE1192
loc_2CE1236:    ; DATA XREF: .rdata:0628B0AC
        lea     edx, [ebp+var_7C]  ; [EBP-7Ch]=1
        push    edx          ; EDX=0xd76c8d8
        push    0
        mov     esi, [ebx+8]      ; [EBX+8]=0xce2ffb0, "TNS for 32-bit Windows: Version
    11.2.0.1.0 - Production"
        mov     [ebx+4], esi     ; ESI=0xce2ffb0, "TNS for 32-bit Windows: Version
    11.2.0.1.0 - Production"
        mov     ecx, 50h
        mov     [ebp+var_18], ecx  ; ECX=0x50
        push    ecx          ; ECX=0x50
        push    esi             ; ESI=0xce2ffb0, "TNS for 32-bit Windows: Version 11.2.0.1.0 -
    Production"
        call    _lxvers      ; tracing nested maximum level (1) reached, skipping this CALL
        add     esp, 10h
        mov     edx, [ebp+var_18]  ; [EBP-18h]=0x50
        mov     dword ptr [ebx], 5
        test    edx, edx          ; EDX=0x50
        jnz     loc_2CE1192
        mov     edx, [ebp+var_14]
        mov     esi, [ebp+var_C]
        mov     eax, ebx
        mov     ebx, [ebp+var_8]
        mov     ecx, 5
        jmp     loc_2CE10F6
loc_2CE127A:    ; DATA XREF: .rdata:0628B0B0
        mov     edx, [ebp+var_14]  ; [EBP-14h]=0xc98c938
        mov     esi, [ebp+var_C]   ; [EBP-0Ch]=0xcdfe248
        mov     edi, [ebp+var_4]   ; [EBP-4]=0xc98c938
        mov     eax, ebx          ; EBX=0xcdfe554
        mov     ebx, [ebp+var_8]   ; [EBP-8]=0
```

```
loc_2CE1288:    ; CODE XREF: _kqvrow_+1F
        mov     eax, [eax+8] ; [EAX+8]=0xce2ffb0, "NLSRTL Version 11.2.0.1.0 - Production"
        test    eax, eax      ; EAX=0xce2ffb0, "NLSRTL Version 11.2.0.1.0 - Production"
        jz      short loc_2CE12A7
        push    offset aXKqvvsnBuffer ; "x$kqvvsn buffer"
        push    eax             ; EAX=0xce2ffb0, "NLSRTL Version 11.2.0.1.0 - Production"
        mov     eax, [ebp+arg_C]   ; [EBP+14h]=0x8a172b4
        push    eax         ; EAX=0x8a172b4
        push    dword ptr [edx+10494h] ; [EDX+10494h]=0xc98cd58
        call    _kghfrf     ; tracing nested maximum level (1) reached, skipping this CALL
        add     esp, 10h
loc_2CE12A7:    ; CODE XREF: _kqvrow_+1C1
        xor     eax, eax
        mov     esp, ebp
        pop     ebp
        retn                ; EAX=0
_kqvrow_    endp
```

행 개수가 함수 외부에서 전달되는 걸 쉽게 확인할 수 있다. 함수는 다음과 같이 생성된 문자열을 리턴한다.

문자열 1	전역 변수 vsnstr, vsnnum, vsnban 사용. sprintf() 호출
문자열 2	kkxvsn() 호출
문자열 3	lmxver() 호출
문자열 4	npinli(), nrtnsvrs() 호출
문자열 5	lxvers() 호출

이렇게 각각 대응되는 함수를 호출해 모듈의 버전을 결정한다.

8.10.2 오라클 RDBMS의 X$KSMLRU 테이블

"Diagnosing and Resolving Error ORA-04031 on the Shared Pool or Other Memory Pools(공유 풀 또는 기타 메모리 풀에서 발생한 에러 ERA-04031 진단 및 해결하기)"[Video] [ID 146599.1] 문서에서는 특별한 테이블을 하나 언급하고 있다.

> X$KSMLRU라는 고정 테이블은 공유 풀에 할당된 객체를 추적해 객체의 해제 여부를 판단하고자 사용된다. 이 고정 테이블을 이용하면 무엇이 대규모 할당을 유발하는지 알아낼 수 있다.
> 공유 풀에서 많은 객체가 주기적으로 해제된다면 해제된 객체가 공유 풀로 다시 로딩될 때 응답 시간

문제가 발생하거나 라이브러리 캐시 래치 경합 문제가 발생할 수 있다.

X$KSMLRU 고정 테이블의 특이한 점은 누군가 고정 테이블의 요소를 선택할 때마다 고정 테이블의 내용이 지워진다는 사실이다. 이 고정 테이블은 가장 큰 할당만을 저장하기 때문이다. 이후에 이뤄지는 할당이 이전에 발생한 다른 할당량만큼 크지 않더라도 그것을 알 수 있게 값이 선택된 이후에는 초기화가 된다. 결국 초기화 때문에 질의 실행 후에는 해당 값을 다시 가져올 수 없으므로 이 테이블의 select 출력 결과는 주의 깊게 유지해야 한다.

위 설명에서 쉽게 알 수 있듯이 이 테이블의 내용은 테이블 질의 시마다 지워진다. 이 이유를 찾을 수 있을까? 이미 알고 있는 테이블로 돌아가 보자. oracle tables을 이용해 생성한 kqftab과 kqftap에는 X$ 테이블의 모든 정보가 들어있다. 다음 출력에서 확인할 수 있듯이 ksmlrs() 함수를 호출해 이 테이블의 요소들을 준비한다.

리스트 8.17: oracle tables의 실행 결과

```
kqftab_element.name: [X$KSMLRU] ?: [ksmlr] 0x4 0x64 0x11 0xc 0xffffc0bb 0x5
kqftap_param.name=[ADDR] ?: 0x917 0x0 0x0 0x0 0x4 0x0 0x0
kqftap_param.name=[INDX] ?: 0xb02 0x0 0x0 0x0 0x4 0x0 0x0
kqftap_param.name=[INST_ID] ?: 0xb02 0x0 0x0 0x0 0x4 0x0 0x0
kqftap_param.name=[KSMLRIDX] ?: 0xb02 0x0 0x0 0x0 0x4 0x0 0x0
kqftap_param.name=[KSMLRDUR] ?: 0xb02 0x0 0x0 0x0 0x4 0x4 0x0
kqftap_param.name=[KSMLRSHRPOOL] ?: 0xb02 0x0 0x0 0x0 0x4 0x8 0x0
kqftap_param.name=[KSMLRCOM] ?: 0x501 0x0 0x0 0x0 0x14 0xc 0x0
kqftap_param.name=[KSMLRSIZ] ?: 0x2 0x0 0x0 0x0 0x4 0x20 0x0
kqftap_param.name=[KSMLRNUM] ?: 0x2 0x0 0x0 0x0 0x4 0x24 0x0
kqftap_param.name=[KSMLRHON] ?: 0x501 0x0 0x0 0x0 0x20 0x28 0x0
kqftap_param.name=[KSMLROHV] ?: 0xb02 0x0 0x0 0x0 0x4 0x48 0x0
kqftap_param.name=[KSMLRSES] ?: 0x17 0x0 0x0 0x0 0x4 0x4c 0x0
kqftap_param.name=[KSMLRADU] ?: 0x2 0x0 0x0 0x0 0x4 0x50 0x0
kqftap_param.name=[KSMLRNID] ?: 0x2 0x0 0x0 0x0 0x4 0x54 0x0
kqftap_param.name=[KSMLRNSD] ?: 0x2 0x0 0x0 0x0 0x4 0x58 0x0
kqftap_param.name=[KSMLRNCD] ?: 0x2 0x0 0x0 0x0 0x4 0x5c 0x0
kqftap_param.name=[KSMLRNED] ?: 0x2 0x0 0x0 0x0 0x4 0x60 0x0
kqftap_element.fn1=ksmlrs
kqftap_element.fn2=NULL
```

실제로 tracer를 사용하면 X$KSMLRU 테이블에 질의할 때마다 이 함수가 호출되는 것을 알 수 있다.

ksmsplu_sp()와 ksmsplu_jp() 함수의 참조도 볼 수 있는데, 두 함수 모두 ksmsplu()를 호출한다. 그리고 ksmsplu() 함수는 끝부분에서 memset()을 호출한다.

```
...
.text:00434C50 loc_434C50:        ; DATA XREF: .rdata:off_5E50EA8
.text:00434C50        mov    edx, [ebp-4]
.text:00434C53        mov    [eax], esi
.text:00434C55        mov    esi, [edi]
.text:00434C57        mov    [eax+4], esi
.text:00434C5A        mov    [edi], eax
.text:00434C5C        add    edx, 1
.text:00434C5F        mov    [ebp-4], edx
.text:00434C62        jnz    loc_434B7D
.text:00434C68        mov    ecx, [ebp+14h]
.text:00434C6B        mov    ebx, [ebp-10h]
.text:00434C6E        mov    esi, [ebp-0Ch]
.text:00434C71        mov    edi, [ebp-8]
.text:00434C74        lea    eax, [ecx+8Ch]
.text:00434C7A        push   370h ; Size
.text:00434C7F        push   0   ; Val
.text:00434C81        push   eax      ; Dst
.text:00434C82        call   __intel_fast_memset
.text:00434C87        add    esp, 0Ch
.text:00434C8A        mov    esp, ebp
.text:00434C8C        pop    ebp
.text:00434C8D        retn
.text:00434C8D _ksmsplu endp
```

memset(block, 0, size) 같은 형태의 코드는 종종 메모리 블록을 0으로 채울 때 사용한다. 위험을 무릅쓰고 memset() 호출을 차단하면 어떤 일이 일어날까?

tracer를 다음 옵션으로 실행하자. 0x434C7A(memset()에 인자를 전달하는 지점)에 브레이크포인트를 설정하고 memset()으로 전달된 인자를 해제하는 지점(0x434C8A)으로 tracer가 EIP를 설정하게 한다. 이는 주소 0x434C7A에서 0x434C8A로 점프하게 만든다고 생각하면 된다.

```
tracer -a:oracle.exe bpx=oracle.exe!0x00434C7A,set(eip,0x00434C8A)
```

(중요: 여기서 사용한 주소는 모두 Win32의 오라클 RDBMS 11.2 버전에서만 유효한 값이다)

이제 X$KSMLRU 테이블은 더 이상 초기화되지 않기 때문에 테이블을 원하는 횟수만큼 질의할 수 있다!

실제로 사용하는 제품의 서버에 시도하면 안 된다.

이는 매우 유용하거나 바람직한 시스템 동작은 아닐 수 있지만 특정 코드를 찾아내는 예제로서는 완벽하다.

8.10.3 오라클 RDBMS의 V$TIMER 테이블

V$TIMER는 빠르게 변경되는 값을 반영하는 고정 뷰다.

> V$TIMER는 경과 시간을 백분의 일초 단위로 출력한다. 시간은 운영체제가 시작된 이후 측정되며(이는 운영체제마다 다르다) 값이 4바이트보다 커지면(약 497일) 다시 0으로 초기화된다.

(오라클 RDBMS 문서(https://docs.oracle.com/cd/B28359_01/server.111/b28320/dynviews_3104.htm#REFRN30289)에서 발췌)

흥미롭게도 Win32와 리눅스용 오라클을 위한 기간은 서로 다르다. 이 값을 생성하는 함수를 찾을 수 있을까?

이 값은 최종적으로 X$KSUTM 테이블에서 가져온다.

```
SQL> select * from V$FIXED_VIEW_DEFINITION where view_name='V$TIMER';

VIEW_NAME
------------------------------
VIEW_DEFINITION
------------------------------

V$TIMER
select HSECS from GV$TIMER where inst_id = USERENV('Instance')

SQL> select * from V$FIXED_VIEW_DEFINITION where view_name='GV$TIMER';

VIEW_NAME
------------------------------
VIEW_DEFINITION
------------------------------

GV$TIMER
select inst_id,ksutmtim from x$ksutm
```

작은 문제에 직면했다. kqftab/kqftap 테이블에는 값을 생성하는 함수에 대한 참조가 없다.

```
kqftab_element.name: [X$KSUTM] ?: [ksutm] 0x1 0x4 0x4 0x0 0xffffc09b 0x3
kqftap_param.name=[ADDR] ?: 0x10917 0x0 0x0 0x0 0x4 0x0 0x0
kqftap_param.name=[INDX] ?: 0x20b02 0x0 0x0 0x0 0x4 0x0 0x0
kqftap_param.name=[INST_ID] ?: 0xb02 0x0 0x0 0x0 0x4 0x0 0x0
kqftap_param.name=[KSUTMTIM] ?: 0x1302 0x0 0x0 0x0 0x4 0x0 0x1e
kqftap_element.fn1=NULL
kqftap_element.fn2=NULL
```

문자열 KSUTMTIM을 검색하면 다음 함수를 찾을 수 있다.

```
kqfd_DRN_ksutm_c proc near        ; DATA XREF: .rodata:0805B4E8

arg_0   = dword ptr 8
arg_8   = dword ptr 10h
arg_C   = dword ptr 14h
        push    ebp
        mov     ebp, esp
        push    [ebp+arg_C]
        push    offset ksugtm
        push    offset _2__STRING_1263_0   ; "KSUTMTIM"
        push    [ebp+arg_8]
        push    [ebp+arg_0]
        call    kqfd_cfui_drain
        add     esp, 14h
        mov     esp, ebp
        pop     ebp
        retn
kqfd_DRN_ksutm_c endp
```

kqfd_DRM_ksutm_c() 함수는 kqfd_tab_registry_0 테이블에서 찾을 수 있다.

```
dd offset _2__STRING_62_0 ; "X$KSUTM"
dd offset kqfd_OPN_ksutm_c
dd offset kqfd_tabl_fetch
dd 0
dd 0
dd offset kqfd_DRN_ksutm_c
```

ksugtm() 함수에 대한 참조도 확인할 수 있는데, 이 함수의 구현은 다음과 같다(리눅스 x86).

리스트 8.20: ksu.o

```
ksugtm  proc near

var_1C  = byte ptr -1Ch
arg_4   = dword ptr 0Ch

        push    ebp
        mov     ebp, esp
        sub     esp, 1Ch
        lea     eax, [ebp+var_1C]
        push    eax
        call    slgcs
        pop     ecx
        mov     edx, [ebp+arg_4]
        mov     [edx], eax
        mov     eax, 4
        mov     esp, ebp
        pop     ebp
        retn
ksugtm  endp
```

Win32 버전의 코드도 거의 동일하다.

우리가 찾고 있는 함수가 이 함수일까? 알아보자.

```
tracer -a:oracle.exe bpf=oracle.exe!_ksugtm,args:2,dump_args:0x4
```

다시 시도해보자.

```
SQL> select * from V$TIMER;

HSECS
----------
27294929

SQL> select * from V$TIMER;

HSECS
----------
27295006

SQL> select * from V$TIMER;

HSECS
----------
27295167
```

```
    TID=2428|(0) oracle.exe!_ksugtm (0x0, 0xd76c5f0) (called from oracle.exe!__VInfreq__
        qerfxFetch+0xfad (0x56bb6d5))
    Argument 2/2
    0D76C5F0: 38 C9                              "8.            "
    TID=2428|(0) oracle.exe!_ksugtm () -> 0x4 (0x4)
    Argument 2/2 difference
    00000000: D1 7C A0 01                        ".|..          "
    TID=2428|(0) oracle.exe!_ksugtm (0x0, 0xd76c5f0) (called from oracle.exe!__VInfreq__
        qerfxFetch+0xfad (0x56bb6d5))
    Argument 2/2
    0D76C5F0: 38 C9                              "8.            "
    TID=2428|(0) oracle.exe!_ksugtm () -> 0x4 (0x4)
    Argument 2/2 difference
    00000000: 1E 7D A0 01                        ".}..          "
    TID=2428|(0) oracle.exe!_ksugtm (0x0, 0xd76c5f0) (called from oracle.exe!__VInfreq__
        qerfxFetch+0xfad (0x56bb6d5))
    Argument 2/2
    0D76C5F0: 38 C9                              "8.            "
    TID=2428|(0) oracle.exe!_ksugtm () -> 0x4 (0x4)
    Argument 2/2 difference
    00000000: BF 7D A0 01                        ".}..          "
```

실제로 tracer의 출력값은 SQL*Plus 결과와 동일하다. 값은 두 번째 인자를 이용해 리턴한다.

slgcs()의 구현도 살펴보자(리눅스 x86).

```
slgcs   proc near

var_4   = dword ptr -4
arg_0   = dword ptr 8

        push    ebp
        mov     ebp, esp
        push    esi
        mov     [ebp+var_4], ebx
        mov     eax, [ebp+arg_0]
        call    $+5
        pop     ebx
        nop                     ; PIC mode
        mov     ebx, offset _GLOBAL_OFFSET_TABLE_
        mov     dword ptr [eax], 0
        call    sltrgatime64    ; PIC mode
        push    0
```

```
        push    0Ah
        push    edx
        push    eax
        call    __udivdi3  ; PIC mode
        mov     ebx, [ebp+var_4]
        add     esp, 10h
        mov     esp, ebp
        pop     ebp
        retn
slgcs   endp
```

이 코드는 단순히 **sltrgatime64()** 를 호출한 다음 결과를 10으로 나눈다(3.9절).

Win32 버전은 다음과 같다.

```
_slgcs  proc near   ; CODE XREF: _dbgefgHtElResetCount+15
                    ; _dbgerRunActions+1528
        db      66h
        nop
        push    ebp
        mov     ebp, esp
        mov     eax, [ebp+8]
        mov     dword ptr [eax], 0
        call    ds:__imp__GetTickCount@0  ; GetTickCount()
        mov     edx, eax
        mov     eax, 0CCCCCCCDh
        mul     edx
        shr     edx, 3
        mov     eax, edx
        mov     esp, ebp
        pop     ebp
        retn
_slgcs  endp
```

이 코드는 단순히 **GetTickCount()**(https://docs.microsoft.com/ko-kr/windows/win32/api/sysinfoapi/nf-sysinfoapi-gettickcount?redirectedfrom=MSDN)의 결과를 10으로 나눈다 (3.9절).

Win32 버전과 리눅스 x86 버전은 서로 다른 OS 함수를 이용해 값을 생성하기 때문에 결과가 다른 것이다.

Drain은 테이블의 특정 열을 특정 함수에 연결한다는 의미임에 틀림없다.

kqfd_tab_registry_0 테이블에 대한 지원을 oracle tables(https://yurichev.com/oracle_tables.html)에 추가하면 테이블 열의 변수가 특정 함수와 어떻게 연결되는지 확인할 수 있다.

```
[X$KSUTM] [kqfd_OPN_ksutm_c] [kqfd_tabl_fetch] [NULL] [NULL] [kqfd_DRN_ksutm_c]
[X$KSUSGIF] [kqfd_OPN_ksusg_c] [kqfd_tabl_fetch] [NULL] [NULL] [kqfd_DRN_ksusg_c]
```

OPN은 open, DRN은 drain을 의미하는 것이다.

8.11 손으로 작성한 어셈블리 코드

8.11.1 EICAR 테스트 파일

여기서 다룰 .COM 파일은 안티바이러스를 테스팅할 목적으로 생성한 것으로 MS-DOS에서도 실행할 수 있으며, 문자열 "EICAR-STANDARD-ANTIVIRUS-TEST-FILE!"을 출력한다(https://en.wikipedia.org/wiki/EICAR_test_file).

이 파일의 중요한 특징은 파일 전체가 출력 가능한 아스키 기호로 구성돼 있기 때문에 임의의 텍스트 편집기로 만들 수 있다는 점이다.

```
X50!P%@AP[4\PZX54(P^)7CC)7}$EICAR-STANDARD-ANTIVIRUS-TEST-FILE!$H+H*
```

디컴파일해보자.

```
; 초기 조건: SP=0FFFEh, SS:[SP]=0
0100 58              pop      ax
; AX=0, SP=0
0101 35 4F 21        xor      ax, 214Fh
; AX = 214Fh, SP = 0
0104 50              push     ax
; AX = 214Fh, SP = FFFEh, SS:[FFFE] = 214Fh
0105 25 40 41        and      ax, 4140h
; AX = 140h, SP = FFFEh, SS:[FFFE] = 214Fh
0108 50              push     ax
; AX = 140h, SP = FFFCh, SS:[FFFC] = 140h, SS:[FFFE] = 214Fh
0109 5B              pop      bx
```

```
; AX = 140h, BX = 140h, SP = FFFEh, SS:[FFFE] = 214Fh
010A 34 5C        xor     al, 5Ch
; AX = 11Ch, BX = 140h, SP = FFFEh, SS:[FFFE] = 214Fh
010C 50           push    ax
010D 5A           pop     dx
; AX = 11Ch, BX = 140h, DX = 11Ch, SP = FFFEh, SS:[FFFE] = 214Fh
010E 58           pop     ax
; AX = 214Fh, BX = 140h, DX = 11Ch, SP = 0
010F 35 34 28     xor     ax, 2834h
; AX = 97Bh, BX = 140h, DX = 11Ch, SP = 0
0112 50           push    ax
0113 5E           pop     si
; AX = 97Bh, BX = 140h, DX = 11Ch, SI = 97Bh, SP = 0
0114 29 37  sub       [bx], si
0116 43           inc     bx
0117 43           inc     bx
0118 29 37        sub     [bx], si
011A 7D 24        jge     short near ptr word_10140
011C 45 49 43 ... db      'EICAR-STANDARD-ANTIVIRUS-TEST-FILE!$'
0140 48 2B word_10140  dw  2B48h   ; CD 21 (INT 21) will be here
0142 48 2A        dw      2A48h    ; CD 20 (INT 20) will be here
0144 0D           db      0Dh
0145 0A           db      0Ah
```

명령어 실행 이후의 레지스터와 스택 상태 정보는 필자가 추가한 것이다.

본질적으로 이 명령어들의 목적은 다음 코드를 실행하는 것이다.

```
B4 09        MOV AH, 9
BA 1C 01     MOV DX, 11Ch
CD 21        INT 21h
CD 20        INT 20h
```

INT 21h의 9번째 함수(AH로 전달)는 DS:DX로 전달된 주소에 있는 문자열을 출력한다. 참고로 문자열은 $ 기호로 끝나야 한다. 이는 분명 CP/M의 유산으로 도스에서는 호환성을 위해 남겨둔 것임에 틀림없다. INT 20h는 프로그램을 종료하고 도스로 돌아가는 명령어다.

하지만 코드를 보면 알 수 있듯이 이 명령어들의 OP 코드는 출력 가능한 문자가 아니다. 결국 EICAR 파일이 주로 수행하는 작업은 다음과 같다.

- 필요한 레지스터(AH와 DX) 값 준비

- 메모리에 INT 21과 INT 20 OP 코드 준비
- INT 21과 INT 20 실행

참고로 이 기술은 셸코드에서 문자열 형태로 x86 코드를 전달해야 할 때 널리 사용한다.

출력 가능한 OP 코드를 갖는 x86 명령어의 전체 목록은 부록에서 확인할 수 있다.

8.12 데모

데모(또는 데모 메이킹)는 수학, 컴퓨터 그래픽 프로그래밍, 손으로 작성하는 x86 코딩을 위한 훌륭한 연습문제다.

8.12.1 10 PRINT CHR$(205.5+RND(1)); : GOTO 10

여기서 설명하는 모든 예제는 MS-DOS.COM 파일이다.

Nick Montfort와 동료의 『10 PRINT CHR $ (205.5 + RND (1))]; : GOTO 10』(MIT Press, 2012)(http://trope-tank.mit.edu/10_PRINT_121114.pdf)을 보면 가장 간단한 랜덤 미로 생성기에 대한 설명을 볼 수 있다.

해당 미로 생성기는 끝없이 슬래시와 백슬래시 문자를 무작위로 출력해 다음과 같은 미로를 만든다.

이를 구현한 16비트 x86 데모가 몇 개 있다.

트릭스터(Trixter)의 42바이트 버전

다음 코드는 개발자의 웹 사이트(https://trixter.oldskool.org/2012/12/17/maze-generation-in-thirteen-bytes/)에서 가져왔지만 주석은 필자가 추가한 것이다.

```
00000000: B001          mov     al,1            ; 40x25 비디오 모드(video mode) 설정
00000002: CD10          int     010
00000004: 30FF          xor     bh,bh   ; int 10h 호출을 위한 비디오 페이지(video page) 설정
00000006: B9D007        mov     cx,007D0    ; 문자 2000개 출력
00000009: 31C0          xor     ax,ax
0000000B: 9C            pushf                   ; 플래그 푸시
; 타이머 칩을 이용해서 무작위 값 구하기
0000000C: FA            cli                     ; 인터럽트 비활성화
0000000D: E643          out     043,al      ; 포트 43h에 0을 기록
; 포트 40h에서 16 비트 값 읽기
0000000F: E440          in      al,040
00000011: 88C4          mov     ah,al
00000013: E440          in      al,040
00000015: 9D            popf                    ; IF 플래그를 복구해 인터럽트를 활성화
00000016: 86C4          xchg    ah,al
; 16비트의 의사 난수 값
00000018: D1E8          shr     ax,1
0000001A: D1E8          shr     ax,1
; CF에는 의사 난수 값의 두 번째 비트가 들어있음
0000001C: B05C          mov     al,05C      ;'?
; CF=1이면 다음 명령어 건너뜀
0000001E: 7202          jc      000000022
; CF=0이면 AL 레지스터에 다른 문자를 로딩
00000020: B02F          mov     al,02F      ;'/'
; 문자 출력
00000022: B40E          mov     ah,00E
00000024: CD10          int     010
00000026: E2E1          loop    000000009   ; 2000번 반복
00000028: CD20          int     020         ; DOS로 나가기
```

이 코드의 의사 난수 값은 사실 시스템 부팅 후 흐른 시간을 8253 타이머 칩에서 가져온 것에 불과하다. 타이머 칩의 값은 1씩 커지는데, 초당 18.2번 증가한다.

43h에 0을 기록하는 코드는 '카운터 0 선택', '카운터 래치', '바이너리 카운터'(BCD Binary-Coded Decimal 값이 아님) 명령을 의미한다.

인터럽트는 POPF 명령어를 이용해 다시 활성화되며, 이때 IF 플래그도 복구된다.

IN 명령어에는 AL 레지스터만 사용할 수 있기 때문에 코드가 다소 길어지게 된다.

트릭스터 버전을 27바이트로 개선

정확한 시간이 아니라 의사 난수 값을 구하려고 타이머를 이용하고 있으므로 인터럽트를 비활성화하는 시간(과 코드)은 불필요하다.

또 하위 8비트 부분의 한 비트만 필요하므로 이 부분만 읽어도 무방하다.

따라서 트릭스터의 코드를 좀 더 작게 만들어 27바이트 길이의 코드로 만들 수 있다.

```
00000000: B9D007    mov    cx,007D0   ; 출력할 문자는 2000개로 제한
00000003: 31C0      xor    ax,ax      ; 타이머 칩에 전달할 명령
00000005: E643      out    043,al
00000007: E440      in     al,040     ; 타이머의 8비트 읽기
00000009: D1E8      shr    ax,1       ; CF 플래그의 두 번째 비트 가져오기
0000000B: D1E8      shr    ax,1
0000000D: B05C      mov    al,05C     ; '\' 준비
0000000F: 7202      jc     000000013
00000011: B02F      mov    al,02F     ; '/' 준비
; 화면에 문자 출력
00000013: B40E      mov    ah,00E
00000015: CD10      int    010
00000017: E2EA      loop   000000003
; DOS로 나가기
00000019: CD20      int    020
```

메모리의 무작위 위치에서 무작위 값 가져오기

MS-DOS에는 메모리 보호가 존재하지 않기 때문에 임의의 주소를 읽을 수 있다.

심지어 간단한 LODSB 명령어를 사용해 DS:SI 주소에 있는 바이트를 읽을 수도 있다. 레지스터의 값이 설정되지 않았어도 문제될 건 없다. 그냥 메모리의 무작위 주소에서 무작위 바이트를 읽으면 된다.

트릭스터 웹 페이지(https://trixter.oldskool.org/2012/12/17/maze-generation-in-thirteen-bytes/)에서는 아무것도 설정하지 않고 LODSB를 사용하라고 제안한다.

SCASB는 읽어 들이는 바이트에 따라 플래그를 설정하기 때문에 LODSB 대신 SCASB 명령어를 사용할 수도 있다.

코드를 최소화할 수 있는 또 다른 아이디어로는 AL 레지스터에 저장된 문자를 출력하

는 INT 29h DOS 시스템 콜을 사용하는 것도 가능하다.

피터 페리가 이 방법을 이용했다(http://pferrie.host22.com/misc/10print.htm).

리스트 8.22: 피터 페리: 10바이트

```
; 이 시점에서 AL은 무작위 값
00000000: AE        scasb
; AL에서 무작위 메모리 바이트를 뺀 결과에 따라 CF가 설정됨
; 그러므로 이 시점에서 CF는 어느 정도 무작위 값이라고 볼 수 있음
00000001: D6        setalc
; CF=1이면 AL을 0xFF로, 아니면 0으로 설정
00000002: 242D      and    al,02D      ;'-'
; AL은 0x2D 또는 0
00000004: 042F      add    al,02F      ;'/'
; AL는 0x5C 또는 0x2F
00000006: CD29      int    029         ; 화면에 AL 출력
00000008: EBF6      jmps   000000000   ; 무한 루프
```

조건부 점프를 제거할 수도 있다. 백슬래시(\)와 슬래시(/)의 아스키 코드는 각각 0x5C
와 0x2F이므로 CF 플래그의 (의사 무작위) 비트를 0x5C나 0x2F로 변환해야 한다.

이는 쉽게 해결할 수 있다. (8비트가 모두 설정됐거나 해제된) AL의 모든 비트를 0x2D와
AND 연산을 하면 0이나 0x2D가 된다. 여기에 0x2F를 더하면 0x5C나 0x2F가 되며, 이 문
자를 화면에 출력하면 된다.

결론

DOSBox, 윈도우 NT, MS-DOS에서의 실행 결과가 다를 수 있다는 점을 알아두자.

그것은 환경마다 상이한 조건 때문이다. 예를 들어 타이머 칩이 서로 다른 방식으로
에뮬레이션될 수도 있고 레지스터의 초깃값이 다를 수도 있다.

8.12.2 망델브로 집합

> 해안선을 확대하더라도 여전히 해안선처럼 보이듯이 다른 것들도
> 이와 같은 속성을 갖고 있다. 자연계에는 구름을 만들거나
> 스위스 치즈와 같은 것들을 만들 때 사용하는 재귀 알고리즘이 있다.
>
> 도널드 커누스의 인터뷰(1993)

망델브로^{Mandelbrot} 집합은 자기와 유사한 것을 계속해서 나타내는 프랙탈이다. 스케일을 늘리면 특정 패턴이 무한대로 반복되는 것을 볼 수 있다.

2009년에 'Sir_Lagsalot'는 실행 파일의 크기가 64바이트에 불과한 x86 프로그램으로 화면에 망델브로 집합을 그리는 프로그램(onnect.navercorp.com에서 다운로드할 수 있다)을 만들었다.

해당 코드는 30개의 16비트 x86 명령어만으로 구성돼 있다. 다음은 'Sir_Lagsalot'이 만든 프로그램의 출력 내용이다.

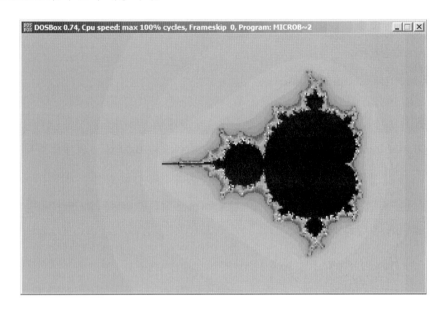

어떻게 동작하는지 살펴보자.

이론

복소수에 대한 간단한 소개

복소수란 실수부(Re)와 허수부(Im)로 구성된 숫자다.

복소평면이란 임의의 복소수를 나타낼 수 있는 2차원 평면이다. 좌표 중 하나는 실수부, 다른 하나는 허수부를 나타낸다.

복소수에 대해서 기억해야 할 기본 규칙은 다음과 같다.

- **덧셈:** $(a + bi) + (c + di) = (a + c) + (b + d)i$

  즉, $\text{Re}(\text{합}) = \text{Re}(a) + \text{Re}(b)$

  $\text{Im}(\text{합}) = \text{Im}(a) + \text{Im}(b)$

- **곱셈:** $(a + bi)(c + di) = (ac - bd) + (bc + ad)i$

  즉, $\text{Re}(\text{곱}) = \text{Re}(a) \cdot \text{Re}(c) - \text{Re}(b) \cdot \text{Re}(d)$

  $\text{Im}(\text{곱}) = \text{Im}(b) \cdot \text{Im}(c) + \text{Im}(a) \cdot \text{Im}(d)$

- **제곱:** $(a + bi)^2 = (a + bi)(a + bi) = (a^2 - b^2) + (2ab)i$

  즉, $\text{Re}(\text{제곱}) = \text{Re}(a)^2 - \text{Im}(a)^2$

  $\text{Im}(\text{제곱}) = 2 \cdot \text{Re}(a) \cdot \text{Im}(a)$

망델브로 집합을 그리는 방법

망델브로 집합은 점화식 $z_{n+1} = z_n^2 + c$(z와 c는 복소수며, c는 시작 값)로 정의된 수열이 발산하지 않는 성질을 갖게 하는 점들의 집합이다.

쉽게 설명하면 다음과 같다.

- 화면상의 모든 좌표를 나열한다.
- 특정 좌표가 망델브로 집합에 속하는지 검사한다.
- 검사 방법은 다음과 같다.
  - 좌표를 복소수로 나타낸다.
  - 제곱수를 계산한다.
  - 시작 값을 더한다.
  - 한계를 넘는가? 그렇다면 중단한다.
  - 방금 계산한 좌표로 이동한다.
  - 위 과정을 적당한 횟수만큼 반복한다.
- 이동 좌표가 여전히 한계 내에 존재하는가? 그러면 해당 좌표를 그린다.
- 이동 좌표가 결국 한계를 넘는가?
  - (흑백 이미지) 어떤 것도 그리지 않는다.
  - (컬러 이미지) 한계를 벗어나는 반복들을 특정 색으로 변환한다. 색은 해

당 좌표가 한계를 벗어나는 속도를 보여준다.

다음 코드는 내가 복소수와 정수 표현용으로 작성한 파이썬스러운 알고리즘이다.

리스트 8.23: 복소수용 알고리즘

```
def check_if_is_in_set(P):
    P_start=P
    iterations=0

    while True:
        if (P>bounds):
            break
        P=P^2+P_start
        if iterations > max_iterations:
            break
        iterations++

    return iterations

# 흑백
for each point on screen P:
    if check_if_is_in_set (P) < max_iterations:
        draw point

# 컬러
for each point on screen P:
    iterations = if check_if_is_in_set (P)
    map iterations to color
    draw color point
```

정수 버전은 앞서 기술한 설명에 따라 복소수 계산을 정수 계산으로 대치한 것이다.

리스트 8.24: 정수용 알고리즘

```
def check_if_is_in_set(X, Y):
    X_start=X
    Y_start=Y
    iterations=0

    while True:
        if (X^2 + Y^2 > bounds):
            break
        new_X=X^2 - Y^2 + X_start
        new_Y=2*X*Y + Y_start
        if iterations > max_iterations:
            break
        iterations++
```

```
    return iterations

# 흑백
for X = min_X to max_X:
    for Y = min_Y to max_Y:
        if check_if_is_in_set (X,Y) < max_iterations:
            draw point at X, Y

# 컬러
for X = min_X to max_X:
    for Y = min_Y to max_Y:
        iterations = if check_if_is_in_set (X,Y)
        map iterations to color
        draw color point at X,Y
```

다음은 위키피디아에서 가져온 C# 소스코드(http://goo.gl/KJ9g)로, 기호 대신 반복 횟수를 출력하게 수정한 것이다.[8]

```
using System;
using System.Collections.Generic;
using System.Linq;
using System.Text;

namespace Mnoj
{
    class Program
    {
        static void Main(string[] args)
        {
            double realCoord, imagCoord;
            double realTemp, imagTemp, realTemp2, arg;
            int iterations;
            for (imagCoord = 1.2; imagCoord >= -1.2; imagCoord -= 0.05)
            {
                for (realCoord = -0.6; realCoord <= 1.77; realCoord += 0.03)
                {
                    iterations = 0;
                    realTemp = realCoord;
                    imagTemp = imagCoord;
                    arg = (realCoord * realCoord) + (imagCoord * imagCoord);
                    while ((arg < 2*2) && (iterations < 40))
                    {
                        realTemp2 = (realTemp * realTemp) - (imagTemp * imagTemp) - realCoord;
                        imagTemp = (2 * realTemp * imagTemp) - imagCoord;
```

---

8. 실행 파일은 http://beginners.re/examples/mandelbrot/dump_iterations.exe에서 다운로드할 수 있다.

```
                realTemp = realTemp2;
                arg = (realTemp * realTemp) + (imagTemp * imagTemp);
                iterations += 1;
            }
            Console.Write("{0,2:D} ", iterations);
        }
        Console.Write("\n");
    }
    Console.ReadKey();
}
}
}
```

생성되는 파일은 http://beginners.re/examples/mandelbrot/result.txt에서 다운로드할 수 있다. 책에 담기엔 폭이 너무 넓은 텍스트 파일이다.

최대 반복 횟수가 40이므로 텍스트 파일에 나온 40은 해당 좌표가 40번의 반복 동안 한계를 넘지 않았다는 의미다.

40보다 작은 숫자 n은 해당 좌표가 n번의 반복 동안 한계 내에 머무른 다음 넘어갔다는 의미다.

http://demonstrations.wolfram.com/MandelbrotSetDoodle/에서 멋진 데모를 볼 수 있다. 이 데모는 특정 좌표가 반복 시마다 평면에서 어떻게 이동하는지를 시각적으로 보여준다.

두 개의 스크린샷을 담았다.

이어지는 첫 번째 스크린샷은 노란 영역 내부를 클릭해 소용돌이 모양의 궤도(녹색 선)가 결국 내부의 어떤 지점에서 끝나는지를 보여준다.

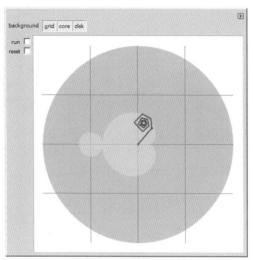

그림 8.18: 노란 영역 내부를 클릭했을 때

이는 클릭한 좌표가 망델브로 집합에 속한다는 것을 의미한다.

두 번째 스크린샷은 노란 영역 외부를 클릭한 것이다. 훨씬 더 무질서한 좌표 이동을 확인할 수 있으며 궤도가 한계를 매우 빠르게 넘어버린다.

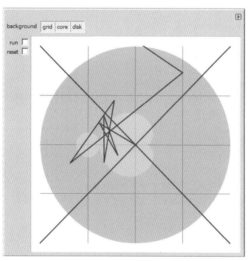

그림 8.19: 노란 영역 외부를 클릭했을 때

이는 클릭한 좌표가 망델브로 집합에 속하지 않는다는 것을 의미한다. 또 다른 망델브로 데모로는 http://demonstrations.wolfram.com/IteratesForTheMandelbrotSet/가 있다.

데모 프로그램 분석

데모는 크기가 매우 작지만(64바이트며 30개의 명령어만 사용) 몇 가지 코딩 트릭을 사용해서 알고리즘을 구현하고 있다.

소스코드는 쉽게 다운로드할 수 있지만 주석은 필자가 직접 추가한 것이다.

리스트 8.25: 주석을 추가한 소스코드

```
 1  ; X는 화면의 열
 2  ; Y는 화면의 행
 3
 4
 5  ; X=0, Y=0 X=319, Y=0
 6  ; +----------------------------->
 7  ; |
 8  ; |
 9  ; |
10  ; |
11  ; |
12  ; |
13  ; v
14  ; X=0, Y=199 X=319, Y=199
15
16
17  ; VGA 320*200*256 그래픽 모드로 전환
18  mov al,13h
19  int 10h
20  ; BX의 초깃값은 0
21  ; DI의 초깃값은 0xFFFE
22  ; 이 시점에서 DS:BX (또는 DS:0)는 프로그램 세그먼트 프리픽스를 가리킴
23  ; ... 처음 4바이트 CD 20 FF 9F
24  les ax,[bx]
25  ; ES:AX=9FFF:20CD
26
27  FillLoop:
28  ; DX를 0으로 설정. CWD 동작: DX:AX = 부호_확장(AX)
29  ; AX는 0x20CD (시작 시) 또는 320보다 작은 값(루프 내 코드 실행 후)
30  ; 따라서 DX는 항상 0
31  cwd
32  mov ax,di
33  ; AX는 VGA 버퍼 내의 현재 좌표
34  ; 현재 좌표를 320으로 나눔
35  mov cx,320
36  div cx
37  ; DX (start_X) - 나머지(열: 0..319); AX - 결과(행: 0..199)
38  sub ax,100
```

```
39  ; AX=AX-100, 따라서 AX (start_Y)는 이제 범위 -100..99 내의 값
40  ; DX는 범위 0..319, 즉 0x0000..0x013F 내의 값
41  dec dh
42  ; DX는 범위 0xFF00..0x003F (-256..63) 내의 값
43
44  xor bx,bx
45  xor si,si
46  ; BX (temp_X)=0; SI (temp_Y)=0
47
48  ; 반복 회수 구하기
49  ; CX는 여전히 320이며, 이 값이 최대 반복수
50  MandelLoop:
51  mov bp,si       ; BP = temp_Y
52  imul si,bx      ; SI = temp_X*temp_Y
53  add si,si       ; SI = SI*2 = (temp_X*temp_Y)*2
54  imul bx,bx      ; BX = BX^2 = temp_X^2
55  jo MandelBreak  ; 오버플로우?
56  imul bp,bp      ; BP = BP^2 = temp_Y^2
57  jo MandelBreak  ; 오버플로우?
58  add bx,bp       ; BX = BX+BP = temp_X^2 + temp_Y^2
59  jo MandelBreak  ; 오버플로우?
60  sub bx,bp       ; BX = BX-BP = temp_X^2 + temp_Y^2 - temp_Y^2 = temp_X^2
61  sub bx,bp       ; BX = BX-BP = temp_X^2 - temp_Y^2
62
63  ; 스케일 교정:
64  sar bx,6        ; BX=BX/64
65  add bx,dx       ; BX=BX+start_X
66  ; 이제 temp_X = temp_X^2 - temp_Y^2 + start_X
67  sar si,6        ; SI=SI/64
68  add si,ax       ; SI=SI+start_Y
69  ; 이제 temp_Y = (temp_X*temp_Y)*2 + start_Y
70
71  loop MandelLoop
72
73  MandelBreak:
74  ; CX= 반복 카운터
75  xchg ax,cx
76  ; AX=반복 카운터. AL을 ES:[DI]의 VGA 버퍼에 저장
77  stosb
78  ; stosb도 DI를 1만큼 증가시키므로 DI는 이제 VGA 버퍼의 다음 좌표를 가리킴
79  ; 무조건 점프하므로 무한 루프임
80  jmp FillLoop
```

알고리즘은 다음과 같다.

- 0*200 VGA, 256색 비디오 모드로 전환한다. 320*200=64000(0xFA00).

한 픽셀을 1바이트로 인코딩하므로 버퍼 크기는 0xFA00바이트다. 이는 ES:DI 레지스터 쌍으로 주소를 지정한다.

ES는 VGA 비디오 버퍼의 세그먼트 주소이므로 0xA000이어야 하지만, 0xA000을 ES에 저장하려면 최소한 4바이트(PUSH 0A000h/POP ES)가 필요하다. 16비트 MS-DOS 메모리 모델에 대한 내용은 11.6절을 참고하기 바란다.

BX가 0이고 프로그램 세그먼트 프리픽스가 0번째 주소에 있다고 가정할 때 2바이트 크기의 LES AX, [BX] 명령어는 0x20CD를 AX에, 0x9FFF를 ES에 저장한다.

그러므로 프로그램은 실제 비디오 버퍼 이전에 16픽셀(또는 바이트)을 그리면서 시작한다. 하지만 MS-DOS이기 때문에 메모리 보호가 존재하지 않아 프로그램이 비정상 종료되지는 않는다. 결과적으로 우측에 16픽셀 폭의 빨간 띠를 볼 수 있다.

또 그림 전체가 왼쪽으로 16픽셀만큼 이동되는데, 이는 모두 2바이트를 절약한 대가다.

• 무한 루프 내에서 각 픽셀을 처리한다.

화면상의 모든 픽셀을 처리하는 가장 흔한 방식은 루프 두 개를 이용하는 것이다. 루프 하나는 X 좌표를, 나머지 하나는 Y 좌표를 처리하는 방식이다. 하지만 그렇게 하면 VGA 비디오 버퍼에서 한 바이트를 찾을 때마다 좌표를 곱해야 한다.

이 데모를 작성한 사람은 다른 방식을 택했다. 비디오 버퍼의 모든 바이트를 (둘 대신) 하나의 루프로 돌면서 나눗셈을 이용해 현재 지점의 좌표를 구한다. 그렇게 구한 좌표는 X가 -256..64 사이, Y가 -100::99 사이의 값을 가진다. 스크린샷을 보면 그림이 화면 우측으로 다소 쏠린 것을 확인할 수 있다.

이는 가장 큰 하트 모양의 검정색 부분이 보통 좌표 0,0에 그려지는데, 이 알고리즘에서는 좌표가 우측으로 이동되기 때문이다. 개발자가 X 값에서 160을 빼 -160..159 사이에 위치하게 할 수는 없었을까? 물론 그렇게 할 수는 있지만 명령어 SUB DX, 160의 길이는 4바이트인 반면 DEC DH는 2바이트(DX에서 0x100(256)을 빼는 명령어)다. 결과적으로 2바이트를 추가로 절약하는 대가로

그림 전체가 우측으로 쏠린 것이다.

- 현재 좌표가 망델브로 집합 내에 위치하는지 검사한다. 검사하는 알고리
  즘은 이미 설명한 것과 동일하다.

- 루프는 CX 레지스터를 카운터로 사용하는 LOOP 명령어를 사용해 구현된
  다. 개발자는 반복 횟수를 특정 숫자로 설정할 수도 있었지만 그렇게 하
  지 않았다. CX의 값이 이미 320이며(35번째 줄에서 설정) 이는 합당한 최대
  반복 횟수다. CX 레지스터에 다른 값을 로딩하지 않음으로써 공간을 절
  약한 셈이다.

- 부호가 있는 값을 처리하므로 MUL 대신 IMUL을 사용한다. 좌표 0,0이 화
  면 중앙 근처에 있어야 한다는 사실을 기억하자. SAR(부호 있는 수를 위한
  산술 우측 시프트)의 경우도 마찬가지다. SHR 대신 SAR을 사용한다.

- 경계 검사도 단순화하고 있다. 좌표 쌍, 즉 두 개의 변수를 검사해야 한
  다. 하지만 개발자는 제곱 연산 두 번과 덧셈 한 번으로 오버플로우 여부
  만 세 번 검사한다. 실제로 -32768..32767 사이의 부호 있는 값을 저장하
  는 16비트 레지스터를 사용하기 때문에 곱셈 중 어떤 좌표가 32767보다
  커졌다는 것은 경계를 명백히 넘어갔다는 의미가 된다. 경계를 넘어가면
  MadelBreak 레이블로 점프한다.

- 64로 나누는 명령어도 있다(SAR 명령어). 이는 스케일을 조정하는 코드로
  값을 키우면 좀 더 확대된 결과를, 줄이면 원거리에서 보는 듯한 결과를
  얻을 수 있다.

- MadelBreak 레이블에 도달하는 경로는 두 개다. CX=0(좌표가 망델브로 집합에
  속함)으로 루프가 종료됐거나, 오버플로우가 발생한 경우다(CX에는 여전히 어
  떤 값이 들어있다). CX의 하위 8비트(CL)를 비디오 버퍼에 기록한다.
  기본 팔레트는 그다지 세련되지 않지만 어쨌든 0은 검정색이다. 그래서 망
  델브로 집합에 속하는 좌표 부분은 검정색으로 출력된다. 프로그램 시작 시
  팔레트를 초기화할 수도 있지만 크기가 64바이트에 불과한 프로그램이라는
  사실을 기억하자.

- 프로그램은 무한 루프를 계속 수행한다. 루프 중단 검사나 사용자 인터페이

스를 구현하려면 명령어가 추가로 필요하기 때문에 구현하지 않았다.

최적화를 위해 사용된 트릭은 다음과 같다.

- 2바이트 길이의 XOR DX, DX나 3바이트 길이의 MOV DX, 0 대신 1바이트의 CWD 를 사용해 DX를 비운다.
- 2바이트 길이의 MOV AX, CX 대신 1바이트의 XCHG AX, CX를 사용한다. 코드에 서 현재 AX의 값은 필요치 않다.
- DI(비디오 버퍼에서의 위치)를 초기화하지 않으며 프로그램 시작 시 이 값은 0xFFFE다.[9]

  프로그램이 무한 루프를 돌면서 0..0xFFFF 사이의 모든 DI 값을 처리하며, 사용자는 좌표가 화면 밖에서 시작됐다는 사실을 알 수 없기 때문에(320*200 비디오 버퍼의 마지막 픽셀은 주소 0xF9FF에 위치한다) 문제될 건 없다. 실제로 일부 작업은 화면 경계 밖에서 수행된다. 이를 방지하려면 DI를 0으로 설정하고 비디오 버퍼의 경계를 확인하는 명령어를 추가해야 한다.

수정 버전

리스트 8.26: 수정 버전

```
1   org 100h
2   mov al,13h
3   int 10h
4
5   ; 팔레트 설정
6   mov dx, 3c8h
7   mov al, 0
8   out dx, al
9   mov cx, 100h
10  inc dx
11  l00:
12  mov al, cl
13  shl ax, 2
14  out dx, al ; 빨강
15  out dx, al ; 초록
```

---

9. 레지스터의 초깃값에 대한 좀 더 자세한 정보는 https://code.google.com/p/corkami/wiki/InitialValues#DOS에서 확인할 수 있다.

```asm
16  out dx, al ; 파랑
17  loop 100
18
19  push 0a000h
20  pop es
21
22  xor di, di
23
24  FillLoop:
25  cwd
26  mov ax,di
27  mov cx,320
28  div cx
29  sub ax,100
30  sub dx,160
31
32  xor bx,bx
33  xor si,si
34
35  MandelLoop:
36  mov bp,si
37  imul si,bx
38  add si,si
39  imul bx,bx
40  jo MandelBreak
41  imul bp,bp
42  jo MandelBreak
43  add bx,bp
44  jo MandelBreak
45  sub bx,bp
46  sub bx,bp
47
48  sar bx,6
49  add bx,dx
50  sar si,6
51  add si,ax
52
53  loop MandelLoop
54
55  MandelBreak:
56  xchg ax,cx
57  stosb
58  cmp di, 0FA00h
59  jb FillLoop
60
61  ; 키 입력 대기
62  xor ax,ax
```

```
63  int 16h
64  ; 텍스트 비디오 모드 설정
65  mov ax, 3
66  int 10h
67  ; 종료
68  int 20h
```

데모 프로그램의 문제를 모두 수정한 버전이다. 팔레트는 이제 자연스러운 그레이스케일이며, 비디오 버퍼는 올바른 곳에 위치한다(19..20번째 줄). 또한 그림은 화면 중앙에 출력되며(30번째 줄), 프로그램은 결국 종료되고 사용자의 키 입력을 기다린다(58..68번째 줄).

하지만 프로그램의 크기는 훨씬 더 커져 105바이트(또는 명령어 54개)가 됐다.[10]

그림 8.20: 수정 버전

추가적으로, 아스키 문자로 망델브로 집합을 그리는 간단한 C 프로그램으로는 다음과 같은 것이 있다.

- https://people.sc.fsu.edu/~jburkardt/c_src/mandelbrot_ascii/mandelbrot_ascii.html

- https://miyuki.github.io/2017/10/04/gcc-archaeology-1.html

---

10. 여러분도 직접 해보기 바란다. DosBox와 NASM을 이용해 nasm fiole.asm -fbin -o file.com 명령어로 컴파일하면 된다.

8.13 기타 예제

Z3와 직접 디컴파일을 수행하는 예제로는 https://yurichev.com/writings/SAT_SMT_
by_example.pdf를 참고하기 바란다.

09

비공개 파일 포맷 리버싱

9.1 XOR 암호화

9.1.1 가장 간단한 XOR 암호화

모든 디버깅 메시지를 3으로 XOR 연산해 암호화한 소프트웨어를 본 적이 있다. 즉, 모든 문자의 최하위 2비트를 뒤집은 것이다.

예를 들어 'Hello, world'를 암호화하면 'Kfool/#tlqog'가 되는 것이다.

```
#!/usr/bin/python
msg="Hello, world!"
print "".join(map(lambda x: chr(ord(x)^3), msg))
```

이는 두 가지 중요한 특징이 있기 때문에 매우 흥미로운 암호화(또는 난독화) 방법이라고 할 수 있다. 첫째는 하나의 함수만으로 암호화, 복호화를 수행할 수 있다는 것이고, 둘째는 암호화된 문자 또한 출력 가능한 형태이기 때문에 소스코드에 암호화된 문자열을 그대로 사용할 수 있다는 것이다.

두 번째 특징은, 모든 출력 가능한 문자는 0x2x ~ 0x7x 사이의 값이고 문자의 마지막 두 비트를 뒤집더라도 원래 문자의 위치에서 왼쪽이나 오른쪽으로 1이나 3칸 이동할 뿐 출력할 수 없는 문자로 변환되지는 않는다는 것을 이용한 것이다.

그림 9.1: Emacs에서의 7비트 아스키 테이블

유일한 예외는 0x7F다. A–Z 범위에 있는 문자들을 암호화해보자.

```
#!/usr/bin/python
msg="@ABCDEFGHIJKLMNO"
print "".join(map(lambda x: chr(ord(x)^3), msg))
```

실행 결과는 다음과 같다.

```
CBA@GFEDKJIHONML
```

'@' 문자와 'C' 문자가 서로 교체됐고 'B' 문자와 'A' 문자가 서로 교체된 것처럼 보인다. 이는 XOR 연산의 특성을 이용하는 흥미로운 예제다. 문자의 최하위 4비트를 임의의 조합으로 뒤집어도 문자의 출력 가능성이라는 속성은 그대로 유지시킬 수 있다.

9.1.2 노턴 가이드: 가장 간단한 1바이트 XOR 암호화

노턴 가이드^{Norton Guide}(https://en.wikipedia.org/wiki/Norton_Guides)는 MS–DOS 시대에 널리 사용됐으며 하이퍼텍스트 참조 매뉴얼로 동작하는 메모리 상주 프로그램이었다. 노턴 가이드의 데이터베이스는 .ng 확장자를 갖는 파일로 구성됐고 파일 안의 내용은 암호화돼 있다.

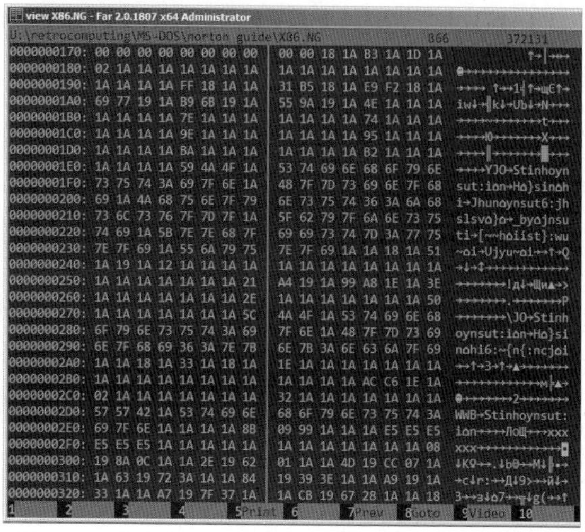

그림 9.2: 노턴 가이드 데이터베이스 파일의 내용

그런데 압축이 아니라 암호화됐다고 생각한 이유는 무엇이었을까? 0x1A 바이트('→'로 보이는)를 자주 볼 수 있는데, 압축 파일의 경우에는 그렇지 않다. 또한 라틴 문자로만 구성되는 긴 부분을 볼 수 있는데, 마치 알지 못하는 언어의 문자열처럼 보인다.

0x1A 바이트가 자주 발견되기 때문에 간단한 XOR 연산으로 암호화됐다고 가정해 복호화를 시도해볼 수 있다. Hiew로 본 각 바이트 값들을 0x1A로 XOR 연산하면 다음과 같이 익숙한 영문 문자열을 볼 수 있다.

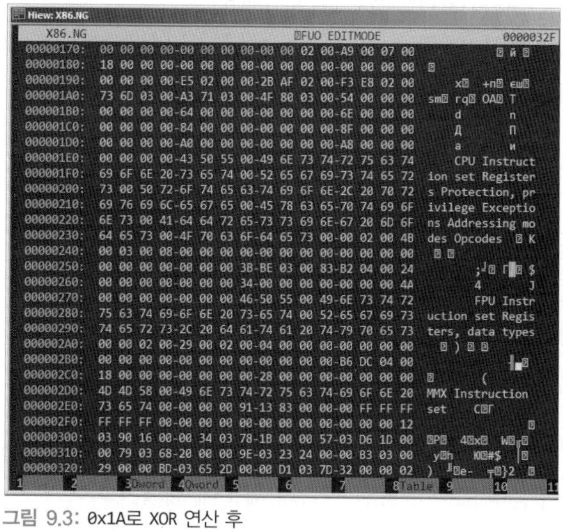

그림 9.3: 0x1A로 XOR 연산 후

1바이트 상수 값을 이용한 XOR 암호화는 가장 간단한 암호화 방법이며 종종 사용되는 방법이다. 따라서 0x1A 바이트를 자주 보게 된 이유를 이해하게 됐다. 데이터베이스 파일 내에는 값이 0인 바이트가 많고 암호화를 위해 0과 0x1A를 XOR 연산하면 결과가 0x1A이기 때문이다.

다른 상수 값을 이용해 암호화를 수행해도 된다. 그런 경우에는 0..255 범위의 모든 상수 값을 이용해 복호화를 시도하고 결과가 익숙한 내용인지 확인해보면 된다. 노턴 가이드의 파일 포맷에 대한 추가 내용은 http://www.davep.org/norton-guides/file-format/을 참고하기 바란다.

엔트로피

이와 같이 간단한 암호화 시스템의 중요한 특징은 암호화된 블록과 복호화된 블록의 엔트로피 정보가 동일하다는 것이다.

다음은 Wolfram Mathematica 10으로 분석한 결과다.

리스트 9.1: Wolfram Mathematica 10

```
In[1]:= input = BinaryReadList["X86.NG"];

In[2]:= Entropy[2, input] // N
Out[2]= 5.62724

In[3]:= decrypted = Map[BitXor[#, 16^^1A] &, input];

In[4]:= Export["X86_decrypted.NG", decrypted, "Binary"];

In[5]:= Entropy[2, decrypted] // N
Out[5]= 5.62724

In[6]:= Entropy[2, ExampleData[{"Text", "ShakespearesSonnets"}]] // N
Out[6]= 4.42366
```

암호화된 파일을 로드해 엔트로피를 계산하고, 복호화된 파일을 저장 후 그 파일에 대한 엔트로피를 다시 계산한다(엔트로피 값은 동일).

Mathematica는 분석을 위한 잘 알려진 영어 텍스트도 제공한다. 또한 셰익스피어의 짧은 시에 대한 엔트로피도 구해봤으며 결과는 분석 파일의 엔트로피와 가깝다. 분석 파일의 내용이 영어 문장으로 구성된 것이기 때문에 셰익스피어가 작성한 문장의 엔트로피와 가까운 것이다. 비트 단위로 XOR 연산한 영어 텍스트는 동일한 엔트로피를 갖는다. 하지만 1바이트 이상으로 XOR 연산한 경우에는 엔트로피 값이 동일하지 않다.

분석에 사용된 파일은 http://go.yurichev.com/17350에서 다운로드할 수 있다.

엔트로피의 기초에 관한 내용

Wolfram Mathematica는 밑이 e(자연 로그의 밑)인 로그를 사용해 엔트로피를 계산하고 유닉스 ent(http://www.fourmilab.ch/random/) 유틸리티는 밑이 2인 로그를 사용한다. 따라서 Entropy 명령어에 2를 지정해 엔트로피를 계산하면 Mathematica의 결과는 ent 유틸리티의 결과와 같게 된다.

9.1.3 간단한 4바이트 XOR 암호화

예를 들면 4바이트 패턴처럼 좀 더 긴 패턴을 이용해 XOR 암호화를 수행해도 그것을 쉽게 파악할 수 있다. 다음은 kernel32.dll 파일(32비트 윈도우 서버 2008)의 시작 부분이다.

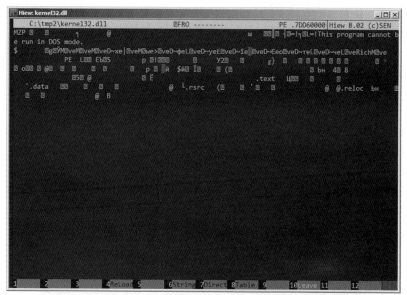

그림 9.4: 원래 파일

다음은 4바이트 키로 암호화한 후의 내용이다.

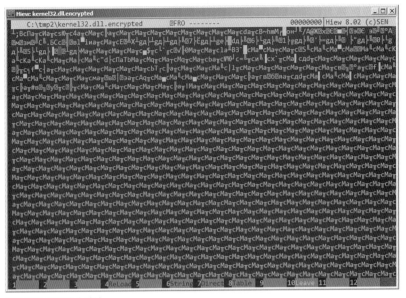

그림 9.5: 암호화된 파일

아주 쉽게 반복되는 4개의 기호를 찾을 수 있다. 사실 PE 파일의 헤더에는 값이 0인 바이트가 많다. 이 때문에 암호화에 사용된 키가 잘 보이는 것이다.

다음은 PE 파일의 헤더 부분을 16진수 형태로 본 것이다.

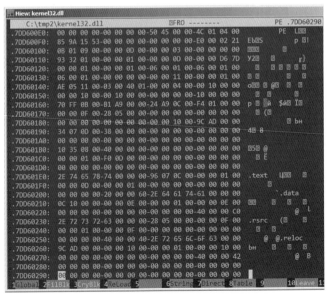

그림 9.6: PE 헤더

다음은 암호화된 PE 헤더 부분이다.

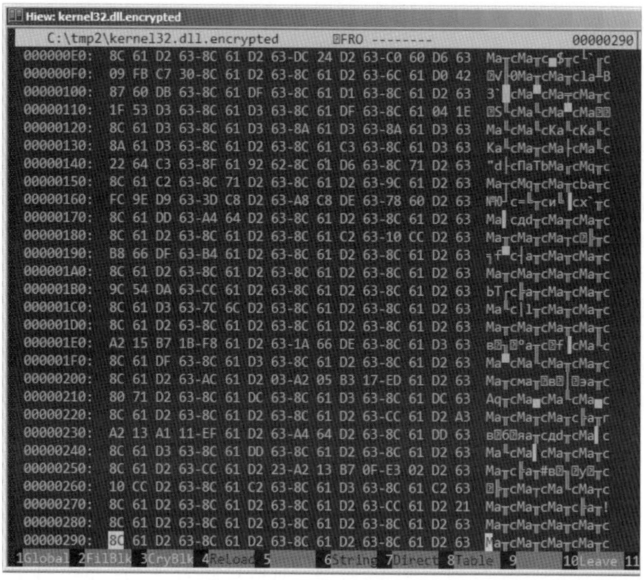

그림 9.7: 암호화된 PE 헤더

암호화에 사용된 키가 **8C 61 D2 63**이라는 것을 쉽게 알 수 있다. 이 정보를 이용해 쉽게 파일을 복호화할 수 있다. 따라서 PE 파일인 경우에는 다음과 같은 특징이 있다는 것을 기억하는 것이 중요하다. 1) PE 헤더에는 값이 **0**인 바이트가 많다. 2) 모든 PE 섹션은 페이지 경계(4096바이트)를 맞추고자 **0**이 패딩된다. 따라서 값이 **0**인 구간은 일반적으로 각 섹션의 끝부분에 위치한다. 다른 포맷의 파일에도 값이 **0**으로 채워진 큰 영역이 있을 것이다.

과학과 공학 소프트웨어에서 사용되는 파일들이 전형적으로 그런 특징을 갖는다.

예제에 사용된 파일은 https://beginners.re/examples/XOR_4byte/에서 다운로드할 수 있다.

연습

- http://challenges.re/50

9.1.4 XOR 마스크를 이용한 간단한 암호화

if-archive(http://www.ifarchive.org/)를 조사하면서 오래된 대화형 소설 게임을 발견했다.

New Castle v3.5 - 텍스트/어드벤처 게임
오리지널 Infocom (tm) 유형의 게임, Zork, Colossal Cave(어드벤처) 등
버려진 성의 비밀을 풀어 보세요.
Software Customization의 셰어웨어
Software Customization [ASP] Version 3.5 2000년 2월

게임은 https://github.com/DennisYurichev/RE-for-beginners/blob/master/ff/XOR/mask_1/files/newcastle.tgz에서 다운로드할 수 있다.

다운로드한 파일 안에는 castle.dbf라는 이름의 암호화된 파일이 있는데, 실제 암호화 알고리즘으로 암호화되거나 압축된 것은 아니다. 간단한 방법으로 암호화됐을 뿐이다.

파일의 엔트로피(9.2절)는 측정하지 않았다. 엔트로피가 낮을 것이라고 확신했기 때문이다. 다음은 암호화된 파일의 내용이다.

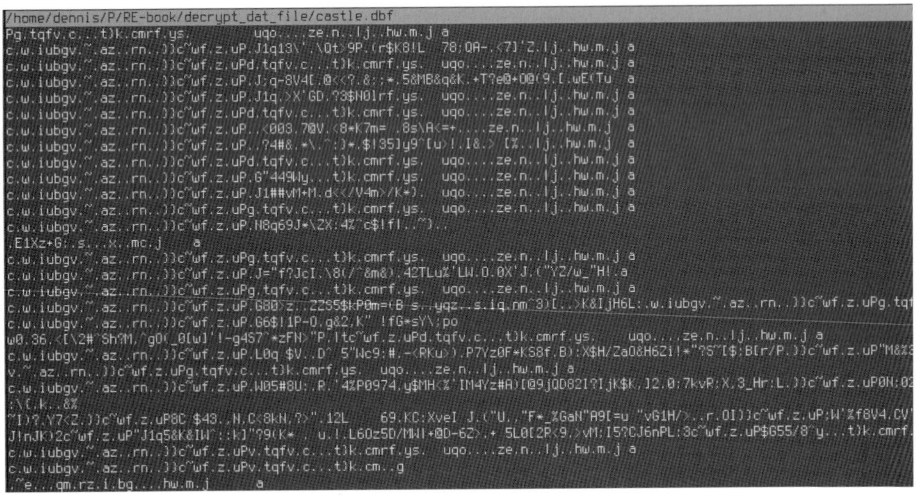

그림 9.8: 암호화된 파일

암호화된 파일은 https://github.com/DennisYurichev/RE-for-beginners/blob/master/ff/XOR/mask_1/files/castle.dbf.bz2에서 다운로드할 수 있다.

해당 프로그램에 접근하지 않고 파일만을 이용해 복호화를 수행할 수 있을까? 반복되는 문자열 패턴을 확실히 볼 수 있다. XOR 마스크를 이용해 간단히 암호화했다면 반복되는 문자열이 중요한 단서가 될 것이다. 값이 0인 큰 크기의 lacuna(https://en.wikipedia.org/wiki/Lacuna_(manuscripts))가 있을 것이기 때문이다. 실제로 많은 실행 파일과 바이너리 데이터 파일에서 자주 발견할 수 있다.

다음은 xxd 유닉스 유틸리티를 이용해 파일의 시작 부분을 덤프한 것이다.

```
...
0000030: 09 61 0d 63 0f 77 14 69 75 62 67 76 01 7e 1d 61   .a.c.w.iubgv.~.a
0000040: 7a 11 0f 72 6e 03 05 7d 7d 63 7e 77 66 1e 7a 02   z..rn..}}c~wf.z.
0000050: 75 50 02 4a 31 71 31 33 5c 27 08 5c 51 74 3e 39   uP.J1q13\'.\Qt>9
0000060: 50 2e 28 72 24 4b 38 21 4c 09 37 38 3b 51 41 2d   P.(r$K8!L.78;QA-
0000070: 1c 3c 37 5d 27 5a 1c 7c 6a 10 14 68 77 08 6d 1a   .<7]'Z.|j..hw.m.

0000080: 6a 09 61 0d 63 0f 77 14 69 75 62 67 76 01 7e 1d   j.a.c.w.iubgv.~.
0000090: 61 7a 11 0f 72 6e 03 05 7d 7d 63 7e 77 66 1e 7a   az..rn..}}c~wf.z
00000a0: 02 75 50 64 02 74 71 66 76 19 63 08 13 17 74 7d   .uPd.tqfv.c...t}
00000b0: 6b 19 63 6d 72 66 0e 79 73 1f 09 75 71 6f 05 04   k.cmrf.ys..uqo..
00000c0: 7f 1c 7a 65 08 6e 0e 12 7c 6a 10 14 68 77 08 6d   ..ze.n..|j..hw.m

00000d0: 1a 6a 09 61 0d 63 0f 77 14 69 75 62 67 76 01 7e   .j.a.c.w.iubgv.~
00000e0: 1d 61 7a 11 0f 72 6e 03 05 7d 7d 63 7e 77 66 1e   .az..rn..}}c~wf.
00000f0: 7a 02 75 50 01 4a 3b 71 2d 38 56 34 5b 13 40 3c   z.uP.J;q-8V4[.@<
0000100: 3c 3f 19 26 3b 3b 2a 0e 35 26 4d 42 26 71 26 4b   <?.&;;*.5&MB&q&K
0000110: 04 2b 54 3f 65 40 2b 4f 40 28 39 10 5b 2e 77 45   .+T?e@+O@(9.[.wE

0000120: 28 54 75 09 61 0d 63 0f 77 14 69 75 62 67 76 01   (Tu.a.c.w.iubgv.
0000130: 7e 1d 61 7a 11 0f 72 6e 03 05 7d 7d 63 7e 77 66   ~.az..rn..}}c~wf
0000140: 1e 7a 02 75 50 02 4a 31 71 15 3e 58 27 47 44 17   .z.uP.J1q.>X'GD.
0000150: 3f 33 24 4e 30 6c 72 66 0e 79 73 1f 09 75 71 6f   ?3$N0lrf.ys..uqo
0000160: 05 04 7f 1c 7a 65 08 6e 0e 12 7c 6a 10 14 68 77   ....ze.n..|j..hw
...
```

계속해서 반복적으로 보이는 iubgv 문자열에 주목해보자. 덤프된 데이터를 보면 iubgv 문자열이 0x51(81) 바이트 간격으로 등장하는 것을 확인할 수 있다. 아마도 81이 데이터 블록의 크기로 유추된다. 파일의 크기는 1,658,961이고 그것은 81로 정확히 나눠떨어진다(따라서 파일은 20,481개의 데이터 블록으로 이뤄짐).

Mathematica를 이용해 분석할 것이다. 파일 안의 내용을 81바이트 블록으로 나누고 Tally[ ](https://reference.wolfram.com/language/ref/Tally.html) 함수를 이용해 블록 안

에서 각각 몇 번씩 등장하는지 확인할 것이다. Tally[] 함수의 결과는 정렬된 상태가 아니기 때문에 Sort[] 함수를 이용해 발견된 수를 내림차순으로 정렬한다.

```
input = BinaryReadList["/home/dennis/.../castle.dbf"];
blocks = Partition[input, 81];
stat = Sort[Tally[blocks], #1[[2]] > #2[[2]] &]
```

결과는 다음과 같다.

```
{{{80, 103, 2, 116, 113, 102, 118, 25, 99, 8, 19, 23, 116, 125, 107,
   25, 99, 109, 114, 102, 14, 121, 115, 31, 9, 117, 113, 111, 5, 4,
   127, 28, 122, 101, 8, 110, 14, 18, 124, 106, 16, 20, 104, 119, 8,
   109, 26, 106, 9, 97, 13, 99, 15, 119, 20, 105, 117, 98, 103, 118,
   1, 126, 29, 97, 122, 17, 15, 114, 110, 3, 5, 125, 125, 99, 126,
   119, 102, 30, 122, 2, 117}, 1739},
 {{80, 100, 2, 116, 113, 102, 118, 25, 99, 8, 19, 23, 116,
   125, 107, 25, 99, 109, 114, 102, 14, 121, 115, 31, 9, 117, 113,
   111, 5, 4, 127, 28, 122, 101, 8, 110, 14, 18, 124, 106, 16, 20,
   104, 119, 8, 109, 26, 106, 9, 97, 13, 99, 15, 119, 20, 105, 117,
   98, 103, 118, 1, 126, 29, 97, 122, 17, 15, 114, 110, 3, 5, 125,
   125, 99, 126, 119, 102, 30, 122, 2, 117}, 1422},
 {{80, 101, 2, 116, 113, 102, 118, 25, 99, 8, 19, 23, 116,
   125, 107, 25, 99, 109, 114, 102, 14, 121, 115, 31, 9, 117, 113,
   111, 5, 4, 127, 28, 122, 101, 8, 110, 14, 18, 124, 106, 16, 20,
   104, 119, 8, 109, 26, 106, 9, 97, 13, 99, 15, 119, 20, 105, 117,
   98, 103, 118, 1, 126, 29, 97, 122, 17, 15, 114, 110, 3, 5, 125,
   125, 99, 126, 119, 102, 30, 122, 2, 117}, 1012},
 {{80, 120, 2, 116, 113, 102, 118, 25, 99, 8, 19, 23, 116,
   125, 107, 25, 99, 109, 114, 102, 14, 121, 115, 31, 9, 117, 113,
   111, 5, 4, 127, 28, 122, 101, 8, 110, 14, 18, 124, 106, 16, 20,
   104, 119, 8, 109, 26, 106, 9, 97, 13, 99, 15, 119, 20, 105, 117,
   98, 103, 118, 1, 126, 29, 97, 122, 17, 15, 114, 110, 3, 5, 125,
   125, 99, 126, 119, 102, 30, 122, 2, 117}, 377},
 ...
 {{80, 2, 74, 49, 113, 21, 62, 88, 39, 71, 68, 23, 63, 51, 36, 78, 48,
   108, 114, 102, 14, 121, 115, 31, 9, 117, 113, 111, 5, 4, 127, 28,
   122, 101, 8, 110, 14, 18, 124, 106, 16, 20, 104, 119, 8, 109, 26,
   106, 9, 97, 13, 99, 15, 119, 20, 105, 117, 98, 103, 118, 1, 126,
   29, 97, 122, 17, 15, 114, 110, 3, 5, 125, 125, 99, 126, 119, 102,
   30, 122, 2, 117}, 1},
 {{80, 1, 74, 59, 113, 45, 56, 86, 52, 91, 19, 64, 60, 60, 63,
   25, 38, 59, 59, 42, 14, 53, 38, 77, 66, 38, 113, 38, 75, 4, 43, 84,
   63, 101, 64, 43, 79, 64, 40, 57, 16, 91, 46, 119, 69, 40, 84, 117,
   9, 97, 13, 99, 15, 119, 20, 105, 117, 98, 103, 118, 1, 126, 29,
```

```
     97, 122, 17, 15, 114, 110, 3, 5, 125, 125, 99, 126, 119, 102, 30,
     122, 2, 117}, 1},
{{80, 2, 74, 49, 113, 49, 51, 92, 39, 8, 92, 81, 116, 62, 57,
     80, 46, 40, 114, 36, 75, 56, 33, 76, 9, 55, 56, 59, 81, 65, 45, 28,
     60, 55, 93, 39, 90, 28, 124, 106, 16, 20, 104, 119, 8, 109, 26,
     106, 9, 97, 13, 99, 15, 119, 20, 105, 117, 98, 103, 118, 1, 126,
     29, 97, 122, 17, 15, 114, 110, 3, 5, 125, 125, 99, 126, 119, 102,
     30, 122, 2, 117}, 1}}
```

Tally 함수의 출력 결과는 데이터 쌍의 목록이며, 각 쌍은 81바이트 블록과 파일에서 발견된 횟수로 이뤄진다. 가장 빈번한 블록이 첫 번째 블록이라는 것을 알 수 있으며 1,739번 발견됐다. 두 번째는 1,422번 발견된 것이고 다음으로는 1,012번, 377번 등이다. 단 한 번만 발견된 블록은 출력 결과의 맨 끝에 있다.

각 블록들을 비교해보자. Mathematica에는 리스트/배열을 비교하는 함수가 있을까? 분명히 있을 것이다. 하지만 여기서는 설명을 위해 XOR 연산을 이용해 비교해볼 것이다. 입력되는 두 개의 배열이 동일하다면 XOR 연산의 결과는 0이 될 것이다. 같지 않다면 결과는 0이 아닐 것이다.

먼저 첫 번째 블록(1,739번 발견)과 두 번째 블록(1,422번 발견)을 비교해보자.

```
In[]:= BitXor[stat[[1]][[1]], stat[[2]][[1]]]
Out[]= {0, 3, 0, 0, 0, 0, 0, 0, 0, 0, 0, 0, 0, 0, 0, 0, 0, 0, 0, 0, \
0, 0, 0, 0, 0, 0, 0, 0, 0, 0, 0, 0, 0, 0, 0, 0, 0, 0, 0, 0, 0, 0, 0, \
0, 0, 0, 0, 0, 0, 0, 0, 0, 0, 0, 0, 0, 0, 0, 0, 0, 0, 0, 0, 0, 0, 0, \
0, 0, 0, 0, 0, 0, 0, 0, 0, 0, 0, 0, 0, 0, 0}
```

두 번째 바이트 값만 다르다.

이번에는 두 번째 블록(1,422번 발견)과 세 번째 블록(1,012번 발견)을 비교해보자.

```
In[]:= BitXor[stat[[2]][[1]], stat[[3]][[1]]]
Out[]= {0, 1, 0, 0, 0, 0, 0, 0, 0, 0, 0, 0, 0, 0, 0, 0, 0, 0, 0, 0, \
0, 0, 0, 0, 0, 0, 0, 0, 0, 0, 0, 0, 0, 0, 0, 0, 0, 0, 0, 0, 0, 0, 0, \
0, 0, 0, 0, 0, 0, 0, 0, 0, 0, 0, 0, 0, 0, 0, 0, 0, 0, 0, 0, 0, 0, 0, \
0, 0, 0, 0, 0, 0, 0, 0, 0, 0, 0, 0, 0, 0, 0}
```

이번에도 두 번째 바이트 값만 다르다.

어쨌든 가장 많이 발견된 블록을 XOR 키로 사용하고 파일의 처음 4개의 81바이트 블록을 해독해보자.

```
In[]:= key = stat[[1]][[1]]
Out[]= {80, 103, 2, 116, 113, 102, 118, 25, 99, 8, 19, 23, 116, \
125, 107, 25, 99, 109, 114, 102, 14, 121, 115, 31, 9, 117, 113, 111, \
5, 4, 127, 28, 122, 101, 8, 110, 14, 18, 124, 106, 16, 20, 104, 119, \
8, 109, 26, 106, 9, 97, 13, 99, 15, 119, 20, 105, 117, 98, 103, 118, \
1, 126, 29, 97, 122, 17, 15, 114, 110, 3, 5, 125, 125, 99, 126, 119, \
102, 30, 122, 2, 117}

In[]:= ToASCII[val_] := If[val == 0, " ", FromCharacterCode[val, "PrintableASCII"]]

In[]:= DecryptBlockASCII[blk_] := Map[ToASCII[#] &, BitXor[key, blk]]

In[]:= DecryptBlockASCII[blocks[[1]]]
Out[]= {" ", " ", " ", " ", " ", " ", " ", " ", " ", " ", " ", " \
", " ", " ", " ", " ", " ", " ", " ", " ", " ", " ", " ", " ", " ", " \
", " ", " ", " ", " ", " ", " ", " ", " ", " ", " ", " ", " ", " ", " \
", " ", " ", " ", " ", " ", " ", " ", " ", " ", " ", " ", " ", " ", " \
", " ", " ", " ", " ", " ", " ", " ", " ", " ", " ", " ", " ", " ", " \
", " ", " ", " ", " ", " ", " ", " ", " ", " ", " ", " ", " ", " "}

In[]:= DecryptBlockASCII[blocks[[2]]]
Out[]= {" ", "e", "H", "E", " ", "W", "E", "E", "D", " ", "O", \
"F", " ", "C", "R", "I", "M", "E", " ", "B", "E", "A", "R", "S", " ", \
"B", "I", "T", "T", "E", "R", " ", "F", "R", "U", "I", "T", "?", \
" ", " ", " ", " ", " ", " ", " ", " ", " ", " ", " ", " ", " ", " ", \
" ", " ", " ", " ", " ", " ", " ", " ", " ", " ", " ", " ", " ", " ", \
" ", " ", " ", " ", " ", " ", " ", " ", " ", " ", " ", " ", " ", \
" "}

In[]:= DecryptBlockASCII[blocks[[3]]]
Out[]= {" ", "?", " ", " ", " ", " ", " ", " ", " ", " ", " \
", " ", " ", " ", " ", " ", " ", " ", " ", " ", " ", " ", " ", " ", " \
", " ", " ", " ", " ", " ", " ", " ", " ", " ", " ", " ", " ", " ", " \
", " ", " ", " ", " ", " ", " ", " ", " ", " ", " ", " ", " ", " ", " \
", " ", " ", " ", " ", " ", " ", " ", " ", " ", " ", " ", " ", " ", " \
", " ", " ", " ", " ", " ", " ", " ", " ", " ", " ", " ", " ", " ", " \
"}

In[]:= DecryptBlockASCII[blocks[[4]]]
Out[]= {" ", "f", "H", "O", " ", "K", "N", "O", "W", "S", " ", \
"W", "H", "A", "T", " ", "E", "V", "I", "L", " ", "L", "U", "R", "K", \
"S", " ", "I", "N", " ", "T", "H", "E", " ", "H", "E", "A", "R", "T", \
"S", " ", "O", "F", " ", "M", "E", "N", "?", " ", " ", " ", " ", " ", \
" ", " ", " ", " ", " ", " ", " ", " ", " ", " ", " ", " ", " ", " ", \
" ", " ", " ", " ", " ", " ", " ", " ", " ", " ", " ", " ", " ", \
" "}
```

(화면에 출력할 수 없는 문자는 "?"로 대체했다)

첫 번째 블록과 세 번째 블록은 거의 내용이 빈 것으로 보이고, 두 번째와 네 번째 블록은 확실한 영문 단어/구를 볼 수 있다. 이를 통해 우리가 예상한 키가 맞았다(최소한 부분적으로는)는 것을 알 수 있다. 이는 파일에서 가장 많이 발견되는 81바이트 블록이 0바이트의 lacuna 또는 그와 유사한 위치에서 발견될 수 있음을 의미한다.

이제는 전체 파일을 복호화해보자.

```
DecryptBlock[blk_] := BitXor[key, blk]

decrypted = Map[DecryptBlock[#] &, blocks];

BinaryWrite["/home/dennis/.../tmp", Flatten[decrypted]]

Close["/home/dennis/.../tmp"]
```

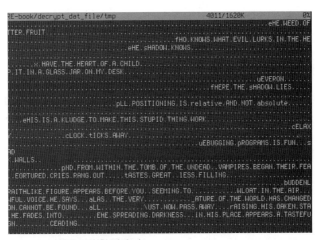

그림 9.9: 파일 복호화 첫 번째 시도

복호화 결과 어떤 게임에서 나오는 일종의 영어 문구처럼 보이지만 잘못된 것이다. 우선 대소문자가 반전돼 있다. 즉, 일부 단어가 소문자로 시작하고 이어지는 나머지 문자는 대문자가 됐다. 또한 어떤 문구는 잘못된 문자로 시작하고 있다. 첫 번째 문장("eHE WEED OF CRIME BEARS BITTER FRUIT")을 보면 잘 알 수 있다. 그리고 "eHE"는 "tHE"가 돼야 하지 않을까? 아마도 복호화에 사용된 키에 잘못된 바이트가 있는 것 같다.

복호화된 파일의 두 번째 블록을 보자.

```
In[]:= blocks[[2]]
Out[]= {80, 2, 74, 49, 113, 49, 51, 92, 39, 8, 92, 81, 116, 62, \
57, 80, 46, 40, 114, 36, 75, 56, 33, 76, 9, 55, 56, 59, 81, 65, 45, \
28, 60, 55, 93, 39, 90, 28, 124, 106, 16, 20, 104, 119, 8, 109, 26, \
106, 9, 97, 13, 99, 15, 119, 20, 105, 117, 98, 103, 118, 1, 126, 29, \
97, 122, 17, 15, 114, 110, 3, 5, 125, 125, 99, 126, 119, 102, 30, \
122, 2, 117}

In[]:= key
Out[]= {80, 103, 2, 116, 113, 102, 118, 25, 99, 8, 19, 23, 116, \
125, 107, 25, 99, 109, 114, 102, 14, 121, 115, 31, 9, 117, 113, 111, \
5, 4, 127, 28, 122, 101, 8, 110, 14, 18, 124, 106, 16, 20, 104, 119, \
8, 109, 26, 106, 9, 97, 13, 99, 15, 119, 20, 105, 117, 98, 103, 118, \
1, 126, 29, 97, 122, 17, 15, 114, 110, 3, 5, 125, 125, 99, 126, 119, \
102, 30, 122, 2, 117}

In[]:= BitXor[key, blocks[[2]]]
Out[]= {0, 101, 72, 69, 0, 87, 69, 69, 68, 0, 79, 70, 0, 67, 82, \
73, 77, 69, 0, 66, 69, 65, 82, 83, 0, 66, 73, 84, 84, 69, 82, 0, 70, \
82, 85, 73, 84, 14, 0, 0, 0, 0, 0, 0, 0, 0, 0, 0, 0, 0, 0, 0, 0, 0, \
0, 0, 0, 0, 0, 0, 0, 0, 0, 0, 0, 0, 0, 0, 0, 0, 0, 0, 0, 0, 0, 0, \
0, 0, 0, 0}
```

암호화된 바이트가 2일 때 사용된 키 값은 103이다. 따라서 복호화(2 xor 103)를 하면 101이 된다. 101은 아스키 코드로 "e" 문자가 된다. 복호화된 결과가 116("t")이 되려면 키 값은 118(2 xor 116 = 118)이 돼야 한다.

그러면 복호화 키의 두 번째 바이트를 118로 바꾸고 다시 복호화해보자.

```
key = {80, 118, 2, 116, 113, 102, 118, 25, 99, 8, 19, 23, 116, 125,
107, 25, 99, 109, 114, 102, 14, 121, 115, 31, 9, 117, 113, 111, 5,
4, 127, 28, 122, 101, 8, 110, 14, 18, 124, 106, 16, 20, 104, 119, 8,
109, 26, 106, 9, 97, 13, 99, 15, 119, 20, 105, 117, 98, 103, 118,
1, 126, 29, 97, 122, 17, 15, 114, 110, 3, 5, 125, 125, 99, 126, 119,
102, 30, 122, 2, 117}
```

복호화 결과는 다음과 같다.

그림 9.10: 파일 복호화 두 번째 시도

이제는 모든 문구의 문자는 올바르게 보인다. 하지만 여전히 대소문자는 반전돼 보인다. 게임 개발자는 왜 문자열을 그렇게 만들었을까? 아마도 우리의 복호화 키가 여전히 문제인 것 같다. 아스키 테이블을 보면 대문자와 소문자의 코드 값은 하나의 비트만 차이(1부터 시작해 6번째 비트, 0b100000)가 난다는 것을 알 수 있다.

```
Characters in the coded character set ascii.
-----------------------------------------------------------
    0   1   2   3   4   5   6   7   8   9   A   B   C   D   E   F
0x C-@ C-a C-b C-c C-d C-e C-f C-g C-h TAB C-j C-k C-l RET C-n C-o
1x C-p C-q C-r C-s C-t C-u C-v C-w C-x C-y C-z ESC C-\ C-] C-^ C-_
2x     !   "   #   $   %   &   '   (   )   *   +   ,   -   .   /
3x 0   1   2   3   4   5   6   7   8   9   :   ;   <   =   >   ?
4x @   A   B   C   D   E   F   G   H   I   J   K   L   M   N   O
5x P   Q   R   S   T   U   V   W   X   Y   Z   [   \   ]   ^   _
6x `   a   b   c   d   e   f   g   h   i   j   k   l   m   n   o
7x p   q   r   s   t   u   v   w   x   y   z   {   |   }   ~   DEL
```

그림 9.11: Emacs로 본 7비트 ASCII 테이블

6번째 비트가 1인 것은 10진수로 32다. 그리고 32는 아스키 코드로 공백 문자다. 사실 아스키 문자와 32를 XOR 연산하면 대소문자를 바꿀 수 있다(자세한 내용은 3.16.3절 참고). 이제는 키의 각 바이트를 32로 XOR 연산한 후 그것을 이용해 복호화해보자.

```
(* "32"는 스칼라 값이고 "key"는 벡터이지만 상관없다. *)

In[]:= key3 = BitXor[32, key]
Out[]= {112, 86, 34, 84, 81, 70, 86, 57, 67, 40, 51, 55, 84, 93, 75, \
57, 67, 77, 82, 70, 46, 89, 83, 63, 41, 85, 81, 79, 37, 36, 95, 60, \
90, 69, 40, 78, 46, 50, 92, 74, 48, 52, 72, 87, 40, 77, 58, 74, 41, \
65, 45, 67, 47, 87, 52, 73, 85, 66, 71, 86, 33, 94, 61, 65, 90, 49, \
47, 82, 78, 35, 37, 93, 93, 67, 94, 87, 70, 62, 90, 34, 85}
```

```
In[]:= DecryptBlock[blk_] := BitXor[key3, blk]
```

복호화한 결과는 다음과 같다.

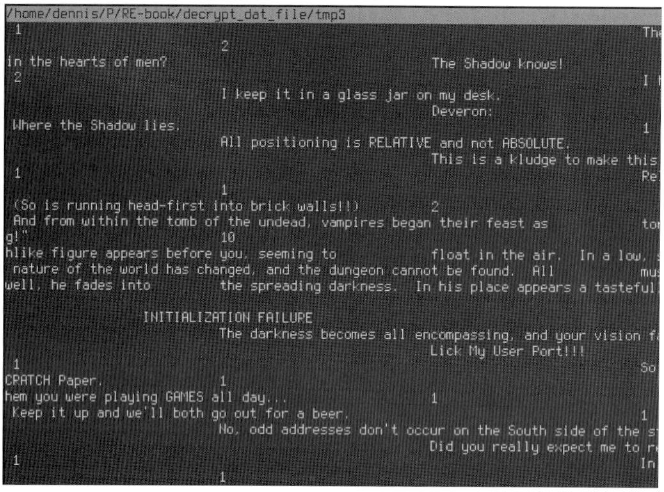

그림 9.12: 파일 복호화 마지막 시도

(복호화된 파일은 https://github.com/DennisYurichev/RE-for-beginners/blob/master/ff/XOR/
mask_1/files/decrypted.dat.bz2에서 다운로드할 수 있다)

이제는 제대로 복호화됐다. 이제는 블록의 시작 부분에서 숫자를 볼 수 있다. 파일에서 가장 많이 발견되는 81바이트 블록은 공백으로 채워지고 두 번째 바이트 자리에 문자 "1"을 포함하는 블록이 됐다. 실제로 블록 사이에 한 바이트가 끼어들어가 있다. 그것은 아마도 문구나 메시지를 위한 패딩일 수 있다. 자주 보이는 또 다른 81바이트 블록은 공백 문자로 채워진 블록이다. 하지만 블록의 두 번째 바이트 값만은 다르다. 이제는 파일의 내용을 수정해 다시 암호화하는 유틸리티를 만들 수 있게 됐다.

Mathematica 노트북 파일은 https://github.com/DennisYurichev/RE-for-beginners/
blob/master/ff/XOR/mask_1/files/XOR_mask_1.nb에서 다운로드할 수 있다.

요약: XOR 암호화는 그렇게 강력하지 않다. 아마도 게임 개발자는 게이머가 게임 내부를 들여다보지 못하게 하고 싶었을 뿐이었을 것이다. 그럼에도 불구하고 XOR를 이용한 암호화는 간단하기 때문에 매우 많이 사용되며 많은 리버스 엔지니어 또한 잘 알고 있다.

9.1.5 XOR 마스크를 이용한 간단한 암호화(두 번째 예제)

XOR로 간단히 암호화된 또 다른 파일이 있다.

그림 9.13: 암호화된 파일

암호화된 파일은 https://github.com/DennisYurichev/RE-for-beginners/blob/master/ff/XOR/mask_2/files/cipher.txt에서 다운로드할 수 있다.

리눅스의 ent 유틸리티를 이용해 엔트로피를 계산하면 바이트당 약 7.5로 계산되고, 이는 높은 수준의 엔트로피(9.2절)이며, 압축됐거나 적절히 암호화된 경우와 비슷하다. 하지만 파일의 내용을 보면 여전히 어떤 패턴을 볼 수 있다. 크기가 17바이트의 데이터 블록이 명확히 보인다. 그리고 복호화된 내용이 일반적인 영어 텍스트라는 것도 알고 있다.

일단 이 암호화된 파일이 간단한 17바이트의 XOR 키로 암호화돼 있다고 가정해보자.

Mathematica를 이용해 앞의 예제(9.1.4절)처럼 연속으로 발견되는 17바이트 블록을 찾아봤다.

리스트 9.2: Mathematica

```
In[]:=input = BinaryReadList["/home/dennis/tmp/cipher.txt"];
```

```
In[]:=blocks = Partition[input, 17];

In[]:=Sort[Tally[blocks], #1[[2]] > #2[[2]] &]

Out[]:={{{248,128,88,63,58,175,159,154,232,226,161,50,97,127,3,217,80},1},
{{226,207,67,60,42,226,219,150,246,163,166,56,97,101,18,144,82},1},
{{228,128,79,49,59,250,137,154,165,236,169,118,53,122,31,217,65},1},
{{252,217,1,39,39,238,143,223,241,235,170,91,75,119,2,152,82},1},
{{244,204,88,112,59,234,151,147,165,238,170,118,49,126,27,144,95},1},
{{241,196,78,112,54,224,142,223,242,236,186,58,37,50,17,144,95},1},
{{176,201,71,112,56,230,143,151,234,246,187,118,44,125,8,156,17},1},
...
{{255,206,82,112,56,231,158,145,165,235,170,118,54,115,9,217,68},1},
{{249,206,71,34,42,254,142,154,235,247,239,57,34,113,27,138,88},1},
{{157,170,84,32,32,225,219,139,237,236,188,51,97,124,21,141,17},1},
{{248,197,1,61,32,253,149,150,235,228,188,122,97,97,27,143,84},1},
{{252,217,1,38,42,253,130,223,233,226,187,51,97,123,20,217,69},1},
{{245,211,13,112,56,231,148,223,242,226,188,118,52,97,15,152,93},1},
{{221,210,15,112,28,231,158,141,233,236,172,61,97,90,21,149,92},1}}
```

불행하게도 모든 17바이트 블록이 고유해서 단 한 번씩만 발견된다. 아마도 값이 0인 17바이트 블록이 없거나 패딩이 없는 것으로 보인다.

생각해볼 수 있는 첫 번째 아이디어는 가능한 모든 17바이트 키를 시도해 복호화해본 다음 읽을 수 있는 텍스트인지 보는 것이다. 이와 같은 무작위 대입은 적절하지 않다. 25,617개의 키 조합이 필요하고 너무 많다.

하지만 17바이트 키 전체를 적용하지 않고 각 바이트를 개별적으로 테스트하는 방법이 있다. 이 방법은 실제로 유효하다.

알고리즘은 다음과 같다.

- 키의 첫 번째 바이트를 위한 256개의 값을 시도한다.
- 각각의 17바이트 블록의 첫 번째 바이트를 키의 첫 번째 바이트로 복호화한다.
- 복호화한 결과가 출력 가능한 문자인지 확인한다.
- 17바이트 키의 나머지 바이트들에 대해서도 위 과정을 반복한다.

이를 위해 다음과 같은 파이썬 스크립트를 작성했다.

리스트 9.3: 파이썬 스크립트

```
each_Nth_byte=[""]*KEY_LEN

content=read_file(sys.argv[1])
# 파일의 내용을 17바이트 단위로 나눈다.
all_chunks=chunks(content, KEY_LEN)
for c in all_chunks:
    for i in range(KEY_LEN):
        each_Nth_byte[i]=each_Nth_byte[i] + c[i]

# 각각의 바이트별로 복호화를 시도한다.
for N in range(KEY_LEN):
    print "N=", N
    possible_keys=[]
    for i in range(256):
        tmp_key=chr(i)*len(each_Nth_byte[N])
        tmp=xor_strings(tmp_key,each_Nth_byte[N])
        # tmp[] 안의 모든 문자가 출력 가능한 문자인가?
        if is_string_printable(tmp)==False:
            continue
        possible_keys.append(i)
    print possible_keys, "len=", len(possible_keys)
```

(전체 소스코드는 https://github.com/DennisYurichev/RE-for-beginners/blob/master/ff/XOR/mask_2/files/decrypt2.py에서 다운로드할 수 있다)

실행 결과는 다음과 같다.

```
N= 0
[144, 145, 151] len= 3
N= 1
[160, 161] len= 2
N= 2
[32, 33, 38] len= 3
N= 3
[80, 81, 87] len= 3
N= 4
[78, 79] len= 2
N= 5
[142, 143] len= 2
N= 6
[250, 251] len= 2
N= 7
[254, 255] len= 2
N= 8
```

```
[130, 132, 133] len= 3
N= 9
[130, 131] len= 2
N= 10
[206, 207] len= 2
N= 11
[81, 86, 87] len= 3
N= 12
[64, 65] len= 2
N= 13
[18, 19] len= 2
N= 14
[122, 123] len= 2
N= 15
[248, 249] len= 2
N= 16
[48, 49] len= 2
```

17바이트 키의 각 바이트마다 2개 또는 3개의 가능한 바이트 조합을 이용할 수 있다. 이는 키의 각 바이트에 대해 256개의 서로 다른 바이트를 적용하는 경우보다는 경우의 수가 적지만 여전히 백만 개 가까운 키 값의 조합이 필요하다.

리스트 9.4: Mathematica

```
In[]:= 3*2*3*3*2*2*2*3*2*2*3*2*2*2*2
Out[]= 995328
```

가능한 조합을 모두 확인할 수는 있지만 복호화된 텍스트가 영어 텍스트처럼 보이는지 시각적으로 확인해야 한다.

또한 우리가 1) 자연어를 다룬다는 사실과, 2) 영어 텍스트를 다룬다는 사실을 고려해야 한다.

자연어에는 몇 가지 두드러진 통계적인 특징이 있다. 우선 단어의 길이와 문장 부호다.

영어 단어의 평균 길이는 얼마나 될까? Mathematica를 이용해 잘 알려진 영어 텍스트에서 공백 문자를 세어보자.

다음은 구텐베르크 도서관에서 가져온 "The Complete Works of William Shakespeare" (http://www.gutenberg.org/cache/epub/100/pg100.txt) 텍스트 파일로 실험한 것이다.

```
In[]:= input = BinaryReadList["/home/dennis/tmp/pg100.txt"];

In[]:= Tally[input]
Out[]= {{239, 1}, {187, 1}, {191, 1}, {84, 39878}, {104,
    218875}, {101, 406157}, {32, 1285884}, {80, 12038}, {114,
    209907}, {111, 282560}, {106, 2788}, {99, 67194}, {116,
    291243}, {71, 11261}, {117, 115225}, {110, 216805}, {98,
    46768}, {103, 57328}, {69, 42703}, {66, 15450}, {107, 29345}, {102,
    69103}, {67, 21526}, {109, 95890}, {112, 46849}, {108, 146532}, {87,
    16508}, {115, 215605}, {105, 199130}, {97, 245509}, {83,
    34082}, {44, 83315}, {121, 85549}, {13, 124787}, {10, 124787}, {119,
    73155}, {100, 134216}, {118, 34077}, {46, 78216}, {89, 9128}, {45,
    8150}, {76, 23919}, {42, 73}, {79, 33268}, {82, 29040}, {73,
    55893}, {72, 18486}, {68, 15726}, {58, 1843}, {65, 44560}, {49,
    982}, {50, 373}, {48, 325}, {91, 2076}, {35, 3}, {93, 2068}, {74,
    2071}, {57, 966}, {52, 107}, {70, 11770}, {85, 14169}, {78,
    27393}, {75, 6206}, {77, 15887}, {120, 4681}, {33, 8840}, {60,
    468}, {86, 3587}, {51, 343}, {88, 608}, {40, 643}, {41, 644}, {62,
    440}, {39, 31077}, {34, 488}, {59, 17199}, {126, 1}, {95, 71}, {113,
    2414}, {81, 1179}, {63, 10476}, {47, 48}, {55, 45}, {54, 73}, {64,
    3}, {53, 94}, {56, 47}, {122, 1098}, {90, 532}, {124, 33}, {38,
    21}, {96, 1}, {125, 2}, {37, 1}, {36, 2}}

In[]:= Length[input]/1285884 // N
Out[]= 4.34712
```

해당 파일에는 1,285,884개의 공백 문자가 발견됐고, 4.3개의 문자마다 한 번 발견된 것이다.

다음은 똑같이 구텐베르크 도서관에서 가져온 루이스 캐롤의 "Alice's Adventures in Wonderland"(http://www.gutenberg.org/ebooks/11) 파일로 테스트해본 것이다.

```
In[]:= input = BinaryReadList["/home/dennis/tmp/pg11.txt"];
In[]:= Tally[input]

Out[]= {{239, 1}, {187, 1}, {191, 1}, {80, 172}, {114, 6398}, {111,
    9243}, {106, 222}, {101, 15082}, {99, 2815}, {116, 11629}, {32,
    27964}, {71, 193}, {117, 3867}, {110, 7869}, {98, 1621}, {103,
    2750}, {39, 2885}, {115, 6980}, {65, 721}, {108, 5053}, {105,
    7802}, {100, 5227}, {118, 911}, {87, 256}, {97, 9081}, {44,
    2566}, {121, 2442}, {76, 158}, {119, 2696}, {67, 185}, {13,
    3735}, {10, 3735}, {84, 571}, {104, 7580}, {66, 125}, {107,
    1202}, {102, 2248}, {109, 2245}, {46, 1206}, {89, 142}, {112,
```

```
1796}, {45, 744}, {58, 255}, {68, 242}, {74, 13}, {50, 12}, {53,
13}, {48, 22}, {56, 10}, {91, 4}, {69, 313}, {35, 1}, {49, 68}, {93,
4}, {82, 212}, {77, 222}, {57, 11}, {52, 10}, {42, 88}, {83,
288}, {79, 234}, {70, 134}, {72, 309}, {73, 831}, {85, 111}, {78,
182}, {75, 88}, {86, 52}, {51, 13}, {63, 202}, {40, 76}, {41,
76}, {59, 194}, {33, 451}, {113, 135}, {120, 170}, {90, 1}, {122,
79}, {34, 135}, {95, 4}, {81, 85}, {88, 6}, {47, 24}, {55, 6}, {54,
7}, {37, 1}, {64, 2}, {36, 2}}

In[]:= Length[input]/27964 // N
Out[]= 5.99049
```

텍스트 파일의 포맷이 달라서(아마도 들여쓰기나 패딩 등) 결과가 약간 다르다. 따라서 영어에서 공백 문자는 평균적으로 4~7문자마다 한 번씩 나온다고 생각할 수 있다. 다행스러운 것은 파일을 점차적으로 복호화하면서 공백 문자의 빈도를 측정할 수 있다는 것이다.

이제 각 슬라이스에서 공백 문자를 센 다음 너무 적거나 많은 공백 문자가 있다면 해당 바이트 키를 버리는 식으로 결과를 도출한다.

리스트 9.7: 파이썬 스크립트

```python
each_Nth_byte=[""]*KEY_LEN

content=read_file(sys.argv[1])
# 파일의 내용을 17바이트 단위로 나눈다.
all_chunks=chunks(content, KEY_LEN)
for c in all_chunks:
    for i in range(KEY_LEN):
        each_Nth_byte[i]=each_Nth_byte[i] + c[i]

# 각각의 바이트별로 복호화를 시도한다.
for N in range(KEY_LEN):
    print "N=", N
    possible_keys=[]
    for i in range(256):
        tmp_key=chr(i)*len(each_Nth_byte[N])
        tmp=xor_strings(tmp_key,each_Nth_byte[N])
        # tmp[] 안의 모든 문자가 출력 가능한 문자인가?
        if is_string_printable(tmp)==False:
            continue
        # count spaces in decrypted buffer:
        spaces=tmp.count(' ')
        if spaces==0:
            continue
```

```
        spaces_ratio=len(tmp)/spaces
        if spaces_ratio<4:
            continue
        if spaces_ratio>7:
            continue
        possible_keys.append(i)
    print possible_keys, "len=", len(possible_keys)
```

(전체 소스코드는 https://github.com/DennisYurichev/RE-for-beginners/blob/master/ff/XOR/mask_2/files/decrypt3.py에서 다운로드할 수 있다)

실행 결과를 보면 각 키별로 하나의 바이트 값만 도출됐다.

```
N= 0
[144] len= 1
N= 1
[160] len= 1
N= 2
[33] len= 1
N= 3
[80] len= 1
N= 4
[79] len= 1
N= 5
[143] len= 1
N= 6
[251] len= 1
N= 7
[255] len= 1
N= 8
[133] len= 1
N= 9
[131] len= 1
N= 10
[207] len= 1
N= 11
[86] len= 1
N= 12
[65] len= 1
N= 13
[18] len= 1
N= 14
[122] len= 1
N= 15
[249] len= 1
```

```
N= 16
[49] len= 1
```

키 값을 Mathematica로 체크해보자.

리스트 9.8: Mathematica

```
In[]:= input = BinaryReadList["/home/dennis/tmp/cipher.txt"];

In[]:= blocks = Partition[input, 17];

In[]:= key = {144, 160, 33, 80, 79, 143, 251, 255, 133, 131, 207, 86, 65, 18, 122, 249, 49};

In[]:= EncryptBlock[blk_] := BitXor[key, blk]

In[]:= encrypted = Map[EncryptBlock[#] &, blocks];

In[]:= BinaryWrite["/home/dennis/tmp/plain2.txt", Flatten[encrypted]]

In[]:= Close["/home/dennis/tmp/plain2.txt"]
```

복호화된 평문은 다음과 같다.

```
Mr. Sherlock Holmes, who was usually very late in the mornings, save
upon those not infrequent occasions when he was up all night, was seated
at the breakfast table. I stood upon the hearth-rug and picked up the
stick which our visitor had left behind him the night before. It was a
fine, thick piece of wood, bulbous-headed, of the sort which is known as
a "Penang lawyer." Just under the head was a broad silver band nearly
an inch across. "To James Mortimer, M.R.C.S., from his friends of the
C.C.H.," was engraved upon it, with the date "1884." It was just such a
stick as the old-fashioned family practitioner used to carry--dignified,
solid, and reassuring.

"Well, Watson, what do you make of it?"

Holmes was sitting with his back to me, and I had given him no sign of
my occupation.

...
```

(전체 파일 내용은 https://github.com/DennisYurichev/RE-for-beginners/blob/master/ff/ XOR/mask_2/files/plain.txt에서 다운로드할 수 있다)

복화화된 것을 보면 제대로 복호화된 것으로 보인다. 유명한 코난 도일의 텍스트를 이용해 예제를 만들었으며, 이는 이전에 연습한 예제와 유사하다고 할 수 있다.

고려할 만한 또 다른 아이디어

공백 문자를 이용하는 방법이 실패했다면 다음과 같은 아이디어를 시도해볼 수도 있다.

- 소문자가 대분자보다 많을 것이라는 사실을 이용
- 빈도 분석
- trigram을 이용하면 어떤 언어인지 판단할 수 있다. 즉, 언어마다 매우 자주 사용되는 연속된 세 문자들이 있다. 영어의 경우에는 **"the"**와 **"tha"**가 그것이다. NGram 기반의 텍스트 분류는 http://code.activestate.com/recipes/326576/을 참고하기 바란다. 흥미로운 점은 이 예제처럼 암호화된 문서를 점진적으로 복호화할 때 trigram이 사용될 수 있다는 것이다(복호화된 문서에서 인접한 3개의 문자를 확인하면 된다).

UTF-8로 인코딩된 비라틴 문자의 경우에는 문제가 좀 더 간단해질 수 있다. 예를 들면 UTF-8로 인코딩된 러시아 텍스트의 각 바이트에는 `0xD0/0xD1`이 삽입된다. 키릴 문자는 유니코드 테이블의 네 번째 블록에 배치되기 때문이다. 다른 비라틴 문자의 경우도 마찬가지다.

9.2 정보 엔트로피

간단히 말하면 정보 엔트로피는 데이터 조각이 얼마나 촘촘하게 압축될 수 있는지를 나타내는 척도다. 예를 들면 일반적으로 이미 압축된 파일은 엔트로피가 높기 때문에 다시 압축하는 것이 쉽지 않다. 반면에 1MB의 0바이트는 작은 파일로 압축할 수 있다. 일반적으로 압축된 파일은 다음과 같은 압축 관련 명령어들로 이뤄진 리스트라고 할 수 있다. 즉, "1000개의 0바이트를 넣어라. 그다음에는 `0x23`과 `0x45`를 넣어라. 그리고 이전에 본 500바이트를 나타내는 10바이트 크기의 블록을 넣어라." 자연어로 작성된 텍스트는 높은 비율로 압축을 할 수 있다. 자연어에는 중복되는 단어가 많기 때문이다. 일상적으로 하는 말에서 단어의 수를 반으로 줄여도 여전히 무슨 말인지 알 수 있다.

CPU를 위한 코드 또한 압축될 수 있다. ISA^{Instruction Set Architecture} 명령어 중에서 다른 것보다 자주 사용되는 것들이 있기 때문이다. x86에서 가장 자주 사용되는 명령어는

MOV/PUSH/CALL 명령어다(5.11.2절).

데이터 압축이나 암호화된 결과는 엔트로피가 매우 높은 경향이 있다. 훌륭한 PRNG
_{Pseudorandom Number Generator} 또한 압축될 수 없는 데이터를 만들어낸다(이를 기준으로
PRNG의 품질을 평가할 수 있다).

다시 말해 엔트로피는 알지 못하는 데이터 블록의 내용을 조사하는 데 도움이 되는 측
정 방법이라고 할 수 있다.

9.2.1 Mathematica에서 엔트로피 분석

(이 부분은 필자의 2015년 5월 13일 블로그(https://news.ycombinator.com/item?id=9545276)
에서 먼저 소개했다)

파일을 여러 개의 블록으로 나눠 각각의 엔트로피를 계산해 그래프로 그릴 수 있다.
이를 위해 Mathematica를 이용했으며, 소스코드(Mathematica 10)는 다음과 같다.

```
(* 파일 로드 *)
input=BinaryReadList["file.bin"];

(* 블록의 크기를 설정 *)
BlockSize=4096;BlockSizeToShow=256;

(* 4k 크기의 블록으로 나눈다*)
blocks=Partition[input,BlockSize];

(* 나눈 블록의 개수 *)
Length[blocks]

(* 각 블록의 엔트로피를 계산. Entropy[] 함수의 결과가 리눅스의 ent 유틸리티의 결과와 동일하게 나오도록
2를 설정 *)
entropies=Map[N[Entropy[2,#]]&,blocks];

(* 헬퍼 함수 *)
fBlockToShow[input_,offset_]:=Take[input,{1+offset,1+offset+BlockSizeToShow}]
fToASCII[val_]:=FromCharacterCode[val,"PrintableASCII"]
fToHex[val_]:=IntegerString[val,16]
fPutASCIIWindow[data_]:=Framed[Grid[Partition[Map[fToASCII,data]],16]]]
fPutHexWindow[data_]:=Framed[Grid[Partition[Map[fToHex,data],16],Alignment->Right]]

(* 메인 로직 *)
{Slider[Dynamic[offset],{0,Length[input]-BlockSize,BlockSize}],Dynamic[BaseForm[offset,16]]}

(* 메인 UI 부분 *)
```

```
Dynamic[{ListLinePlot[entropies,GridLines->{{-1,offset/BlockSize,1}},Filling->Axis,Axe
    sLabel->{"offset","entropy"}],
CurrentBlock=fBlockToShow[input,offset];
fPutHexWindow[CurrentBlock],
fPutASCIIWindow[CurrentBlock]}]
```

GeoIP ISP 데이터베이스

이번에는 GeoIP(IP 주소가 어느 ISP/지역에 해당되는지 알려준다. https://www.maxmind.com/en/geoip-demo) 파일을 이용해보자. 분석에 사용할 바이너리 파일은 GeoIPISP.dat며, 파일에는 IP 주소 테이블이 포함돼 있고 파일의 끝부분에는 ISP 이름을 포함하는 정보가 들어있다.

다음은 Mathematica가 해당 파일을 로드한 것을 보여준다.

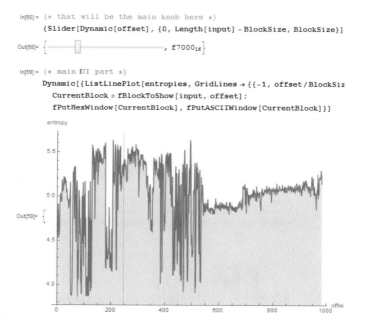

```
 1 ee  1 0 76 eb  5 0 17 c0  5 0 f3 de  5 0
76 eb  5 0  3 ee  1 0  4 ee  1 0  5 ee  1 0
76 eb  5 0 aa 6c  6 0 fd 2c  4 0 64 59 14 0
 7 ee  1 0  a ee  1 0 64 59 14 0  8 ee  1 0
64 59 14 0  9 ee  1 0 f0 3d  6 0 4c d3  6 0
 b ee  1 0  e ee  1 0  c ee  1 0  d ee  1 0
4e bc  6 0 17 45  6 0 fd 2c  4 0 b6 ed  6 0
 f ee  1 0 10 ee  1 0 fd 2c  4 0 f3 a3  5 0
8d df  5 0  2 dc  6 0 12 ee  1 0 2c ee  1 0
13 ee  1 0 1d ee  1 0 40 14  6 0 14 ee  1 0
15 ee  1 0 19 ee  1 0 40 14  6 0 16 ee  1 0
17 ee  1 0 18 ee  1 0  6 45  6 0 30 35  6 0
 c 2f  6 0  d 44  6 0 1a ee  1 0 54 52 14 0
1b ee  1 0 1c ee  1 0 e2 f8  6 0 fd 2c  4 0
28 c4  6 0 ee e0  5 0 1e ee  1 0 6b dc  e 0
1f ee  1 0 25 ee  1 0 20 ee  1 0 22 ee  1 0
```

그래프는 두 부분으로 나뉜다. 첫 번째는 다소 복잡해 보이지만 두 번째는 그렇게 보이지는 않는다. 그래프에서 가로축의 0은 가장 낮은 엔트로피(매우 엄격하게 압축해서 순서대로 정렬시킬 수 있는 데이터)를 의미하고 8은 가장 높은 엔트로피(더 이상 압축할 수 없는 데이터)를 나타낸다. 왜 엔트로피 범위가 0에서 8일까?

0은 바이트당 값이 있는 비트의 개수가 0개(값이 없는 바이트)라는 것을 의미하고, 8은 바이트당 값이 채워진 비트가 8개(바이트의 모든 비트에 값이 있는 경우)라는 것을 의미한다. 따라서 슬라이더를 첫 번째 블록의 중간에 위치시켰고 그 결과 32비트 정수 배열을 볼 수 있다. 이번에는 슬라이더를 두 번째 블록의 중간에 위치시켜보자. 그러면 영문 텍스트를 볼 수 있다.

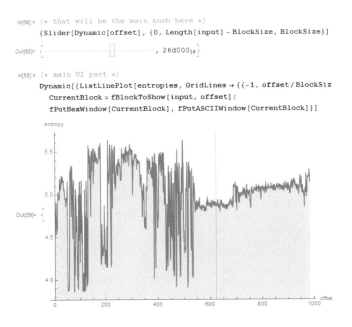

```
6c 69 73 68 69 6e 67 20 43 6f 6d 70 61 6e 79  0    l i s h i n g   C o m p a n y □
43 61 6e 76 61 73 20 54 65 63 68 6e 6f 6c 6f 67    C a n v a s   T e c h n o l o g
79  0 43 6f 6c 75 6d 62 75 73 20 4d 69 64 64 6c    y □ C o l u m b u s   M i d d l
65 20 53 63 68 6f 6f 6c  0 43 6f 61 73 74 61 6c    e   S c h o o l □ C o a s t a l
20 57 69 72 65 20 26 20 43 61 62 6c 65  0 43 75      W i r e   &   C a b l e □ C u
72 72 65 6e 65 78  0 41 75 67 75 73 74 20 53 6f    r r e n e x □ A u g u s t   S o
66 74 77 61 72 65 20 43 6f 72 70 6f 72 61 74 69    f t w a r e   C o r p o r a t i
6f 6e  0 41 6d 65 72 69 63 61 6e 20 41 75 74 6f    o n □ A m e r i c a n   A u t o
6d 6f 62 69 6c 65 20 41 73 73 6f 63 69 61 74 69    m o b i l e   A s s o c i a t i
6f 6e 20 4e 61 74 6f 69 6e 61 6c 20 4f 66 66 69    o n   N a t o i n a l   O f f i
63 65  0 41 63 75 72 65 78 20 45 6e 76 69 72 6f    c e □ A c u r e x   E n v i r o
6e 6d 65 6e 74 61 6c 20 43 6f 72 70 2e 20 50 72    n m e n t a l   C o r p . □ P r
69 6e 63 65 20 43 6f 72 70 6f 72 61 74 69 6f 6e    i n c e   C o r p o r a t i o n
 0 47 6f 32 74 65 6c 2e 63 6f 6d  0 45 6d 70 6c    □ G o 2 t e l . c o m □ E m p l
6f 79 6d 65 6e 74 20 53 65 63 75 72 69 74 79 20    o y m e n t   S e c u r i t y
43 6f 6d 6d 69 73 73 69 6f 6e  0 47 6c 6f 62 61    C o m m i s s i o n □ G l o b a
```

영문 텍스트는 ISP의 이름이다. 그렇다면 일반적으로 영문 텍스트의 엔트로피는 바이트당 4.5-5.5일까? 그렇다. Mathematica에는 유명한 영어 문학 텍스트가 포함돼 있어 세익스피어의 시에 대한 엔트로피를 확인할 수 있다.

```
In[]:= Entropy[2,ExampleData[{"Text","ShakespearesSonnets"}]]//N
Out[]= 4.42366
```

4.4는 우리가 얻은 엔트리피인 4.7-5.3와 가깝다. 물론 고전적인 영문학 텍스트는 ISP 이름이나 바이너리 파일(디버깅/로깅/에러 메시지 등)에서 발견할 수 있는 영문 텍스트와는 다소 다르다. 하지만 그런 경우 엔트로피는 비슷하다.

TP-Link WR941 펌웨어

이번에는 TP-Link WR941 라우터의 펌웨어를 분석해보자.

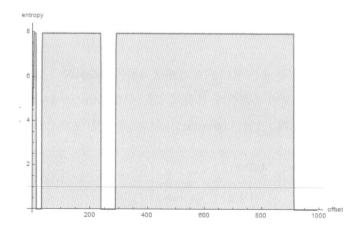

엔트로피가 0인 구간이 3개 있다. 첫 번째 블록(주소 0에서 시작)은 엔트로피가 높고 짧다. 두 번째 블록(주소 0x22000에서 시작)은 좀 더 엔트로피가 높고 세 번째 블록(주소 0x123000에서 시작)은 엔트로피가 가장 높다. 첫 번째 블록의 엔트로피 값을 정확히 알 수는 없지만 두 번째와 세 번째 블록의 엔트로피는 매우 높다. 이는 해당 블록이 압축됐거나 암호화돼 있다는 것을 의미한다.

펌웨어 파일을 binwalk(http://binwalk.org/)로 살펴봤다.

```
DECIMAL       HEXADECIMAL    DESCRIPTION
--------------------------------------------------------------------------------
0             0x0            TP-Link firmware header, firmware version: 0.-15221.3, image
    version: "", product ID: 0x0, product version: 155254789, kernel load address: 0x0,
    kernel entry point: 0x-7FFFE000, kernel offset: 4063744, kernel length: 512, rootfs
    offset: 837431, rootfs length: 1048576, bootloader offset: 2883584, bootloader length: 0
14832         0x39F0         U-Boot version string, "U-Boot 1.1.4 (Jun 27 2014 - 14:56:49)"
14880         0x3A20         CRC32 polynomial table, big endian
16176         0x3F30         uImage header, header size: 64 bytes, header CRC: 0x3AC66E95,
    created: 2014-06-27 06:56:50, image size: 34587 bytes, Data Address: 0x80010000, Entry
    Point: 0x80010000, data CRC: 0xDF2DBA0B, OS: Linux, CPU: MIPS, image type: Firmware
    Image, compression type: lzma, image name: "u-boot image"
16240         0x3F70         LZMA compressed data, properties: 0x5D, dictionary size:
    33554432 bytes, uncompressed size: 90000 bytes
131584        0x20200        TP-Link firmware header, firmware version: 0.0.3, image
    version: "", product ID: 0x0, product version: 155254789, kernel load address: 0x0,
    kernel entry point: 0x-7FFFE000, kernel offset: 3932160, kernel length: 512, rootfs
    offset: 837431, rootfs length: 1048576, bootloader offset: 2883584, bootloader length: 0
132096        0x20400        LZMA compressed data, properties: 0x5D, dictionary size:
    33554432 bytes, uncompressed size: 2388212 bytes
1180160       0x120200       Squashfs filesystem, little endian, version 4.0,
    compression:lzma, size: 2548511 bytes, 536 inodes, blocksize: 131072 bytes, created:
    2014-06-27 07:06:52
```

실제로 파일의 시작 부분에는 어떤 데이터가 존재하며, 0x20400과 0x120200에는 두 개의 큰 LZMA 압축 블록이 존재한다. 블록의 주소는 Mathematica에서 보이는 대로 대략적으로 선택한 것이다. 어쨌든 binwalk도 엔트로피 정보(-E 옵션)를 제공해준다.

```
DECIMAL       HEXADECIMAL    ENTROPY
--------------------------------------------------------------------------------
0             0x0            Falling entropy edge (0.419187)
16384         0x4000         Rising entropy edge (0.988639)
51200         0xC800         Falling entropy edge (0.000000)
```

```
133120      0x20800      Rising entropy edge (0.987596)
968704      0xEC800      Falling entropy edge (0.508720)
1181696     0x120800     Rising entropy edge (0.989615)
3727360     0x38E000     Falling entropy edge (0.732390)
```

상승 엔트로피 에지는 그래프에서 블록의 상승 엔트로피 에지에 해당한다. 하강 엔트로피 에지는 빈 공간이 시작되는 지점이다.

binwalk로 PNG 그래프를 볼 수도 있다(-E -J 옵션).

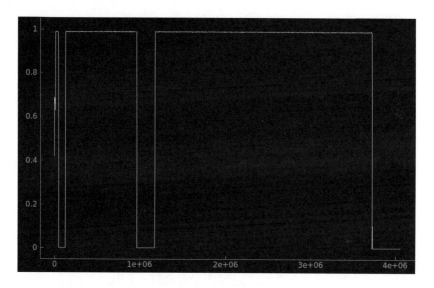

빈 공간이 무엇을 뜻하는 것일까? 헥스 에디터로 파일을 보면 그 부분이 0xFF 바이트로 채워져 있다는 것을 볼 수 있다.

개발자는 왜 그런 부분을 만들 것일까? 아마도 압축된 블록의 정확한 크기를 계산할 수 없기 때문에 여유 공간으로 할당한 것으로 보인다.

노트패드

윈도우 8.1의 notepad.exe 파일을 살펴보자.

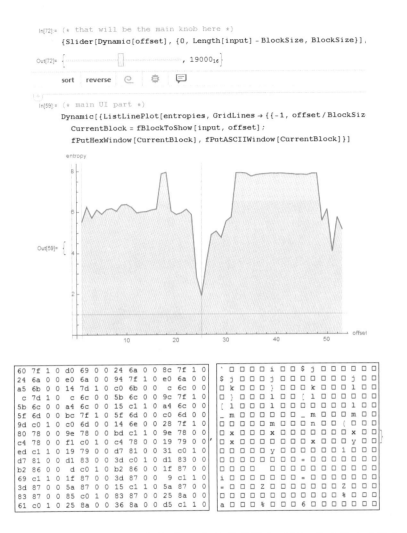

0x19000(파일에서의 오프셋 값) 근처에 빈 공간이 존재한다. 헥스 에디터로 파일을 열어 보면 그 위치(그래프 전반부의 x86-64 코드보다 엔트로피가 낮음)에서 임포트 테이블이 있 다는 것을 알 수 있다. 0x20000 근처에는 엔트로피가 높은 블록이 있다.

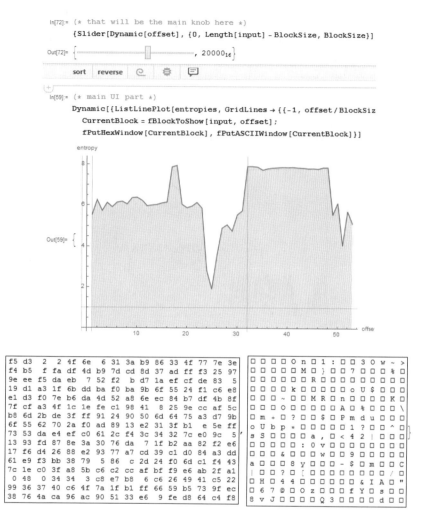

헥스 에디터로 파일을 열어보면 PE 파일의 리소스 섹션에 PNG 파일(노트패드의 큰 아이콘 이미지)이 포함돼 있는 것을 볼 수 있다. 그리고 PNG 파일은 압축돼 있다.

이름 없는 대시캠 펌웨어

필자는 친구에게서 이름 없는 대시캠의 펌웨어 파일을 받았는데, 가장 진보된 형태의 펌웨어 파일이었다.

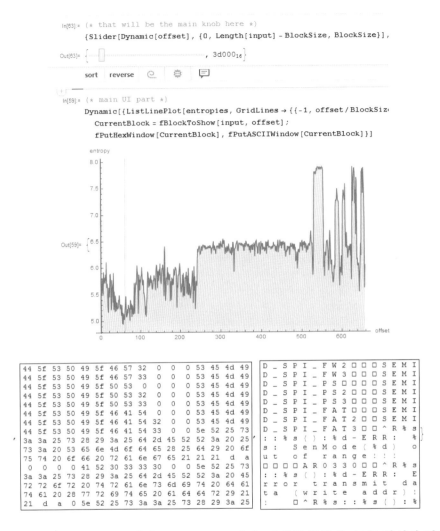

시작 부분은 영문 텍스트 영역(디버깅 메시지)이다. 다양한 종류의 ISA를 확인한 결과 파일의 첫 번째 1/3(텍스트 세그먼트가 포함 된) 영역이 실제로 MIPS(리틀엔디안) 코드라는 것을 알아냈다.

예를 들면 다음은 확실히 구별되는 MIPS 함수의 에필로그다.

```
ROM:000013B0        move     $sp, $fp
ROM:000013B4        lw       $ra, 0x1C($sp)
ROM:000013B8        lw       $fp, 0x18($sp)
ROM:000013BC        lw       $s1, 0x14($sp)
```

```
ROM:000013C0          lw      $s0, 0x10($sp)
ROM:000013C4          jr      $ra
ROM:000013C8          addiu   $sp, 0x20
```

그래프를 보면 MIPS 코드의 엔트로피가 바이트당 5~6비트 정도라는 것을 알 수 있다. 실제로 필자는 다양한 종류의 ISA에 대한 엔트로피를 측정해봤으며 결과는 다음과 같다.

- **x86:** 윈도우 2003 ntoskrnl.exe 파일의 .text 섹션의 엔트로피는 6.6
- **x64:** 윈도우 7 ntoskrnl.exe 파일의 .text 섹션의 엔트로피는 6.5
- **ARM(thumb 모드):** 앵그리버드 클래식의 엔트로피는 7.05
- **ARM(ARM 모드):** 리눅스 커널 3.8.0의 엔트로피는 6.03
- **MIPS(리틀엔디안):** 윈도우 NT 4 user32.dll 파일의 .text 섹션의 엔트로피는 6.09

따라서 실행 코드의 엔트로피는 영문 텍스트보다 높다. 그렇더라도 여전히 압축은 가능하다.

두 번째 영역은 0xF5000에서 시작한다. 그 부분이 무엇인지 알아내고자 다양한 ISA를 검토했지만 알아내지 못했다. 그 부분의 엔트로피는 실행 코드보다는 좀 더 안정적으로 보인다. 아마도 어떤 종류의 데이터일 것이다.

0x213000 부분에서 엔트로피가 급상승하는 것을 볼 수 있다. 헥스 에디터로 그 부분을 확인해보니 JPEG 파일(이것도 압축돼 있다)이라는 것을 알아냈다. 파일의 끝부분이 무엇인지는 알아내지 못했다. 이제는 binwalk로 파일을 살펴보자.

```
% binwalk FW96650A.bin

DECIMAL       HEXADECIMAL     DESCRIPTION
--------------------------------------------------------------------------------
167698        0x28F12         Unix path: /15/20/24/25/30/60/120/240fps can be served..
280286        0x446DE         Copyright string: "Copyright (c) 2012 Novatek Microelectronic
Corp."
2169199       0x21196F        JPEG image data, JFIF standard 1.01
2300847       0x231BAF        MySQL MISAM compressed data file Version 3

% binwalk -E FW96650A.bin

DECIMAL       HEXADECIMAL     ENTROPY
```

```
--------------------------------------------------------------------------------
0              0x0           Falling entropy edge (0.579792)
2170880        0x212000      Rising entropy edge (0.967373)
2267136        0x229800      Falling entropy edge (0.802974)
2426880        0x250800      Falling entropy edge (0.846639)
2490368        0x260000      Falling entropy edge (0.849804)
2560000        0x271000      Rising entropy edge (0.974340)
2574336        0x274800      Rising entropy edge (0.970958)
2588672        0x278000      Falling entropy edge (0.763507)
2592768        0x279000      Rising entropy edge (0.951883)
2596864        0x27A000      Falling entropy edge (0.712814)
2600960        0x27B000      Rising entropy edge (0.968167)
2607104        0x27C800      Rising entropy edge (0.958582)
2609152        0x27D000      Falling entropy edge (0.760989)
2654208        0x288000      Rising entropy edge (0.954127)
2670592        0x28C000      Rising entropy edge (0.967883)
2676736        0x28D800      Rising entropy edge (0.975779)
2684928        0x28F800      Falling entropy edge (0.744369)
```

JPEG 파일과 MySQL 데이터를 발견했다. 하지만 아직은 확인하지 않았기 때문에 그것이 맞는지는 확실하지 않다. Mathematica에서 클러스터링을 시도해보는 것도 흥미롭다.

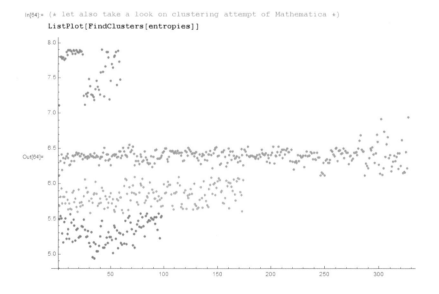

다음은 Mathematica가 어떻게 다양한 엔트로피 값들을 그룹화하는지 보여준다. 엔트로피가 5.0~5.5 범위인 파란색 점들은 영문 텍스트와 관련이 있다고 볼 수 있다. 엔트

로피가 5.5~6 범위인 노란색 점들은 MIPS 코드다. 엔트로피가 6.0~6.5 범위인 녹색 점들은 알아내지 못한 부분이다. 엔트로피가 8.0에 가까운 오렌지색 점들은 압축된 JPEG 파일과 관련이 있다. 그 외의 다른 오렌지색 점들은 펌웨어의 끝부분(알려지지 않은 데이터 부분)과 관련된 것이다.

관련 링크

사용된 바이너리 파일:

https://github.com/DennisYurichev/RE-for-beginners/tree/master/ff/entropy/files.

Mathematica 노트북 파일:

https://github.com/DennisYurichev/RE-for-beginners/blob/master/ff/entropy/files/binary_file_entropy.nb

9.2.2 결론

정보 엔트로피는 알 수 없는 바이너리 파일을 분석하기 위한 방법으로 사용할 수 있다. 특히 압축되거나 암호화된 데이터를 빠르게 찾는 데 도움이 된다. 정보 엔트로피를 이용하면 실행 코드에서 RSA^{Rivest Shamir Adleman}(비대칭키 암호화 알고리즘 중 하나)의 공개/비밀키를 찾을 수 있다(키 데이터의 엔트로피가 높다는 점을 이용)고 말하는 사람도 있지만 필자는 그것을 시도해보지는 않았다.

9.2.3 도구

리눅스의 ent 유틸리티: 파일의 엔트로피를 측정할 수 있는 도구(http://www.fourmilab.ch/random/)

알도 콜테시의 온라인 엔트로피 시각화 도구: http://binvis.io

엔트로피 시각화와 관련해서 참고할 만한 글:

http://corte.si/posts/visualisation/entropy/index.html,

http://corte.si/posts/visualisation/malware/index.html,

http://corte.si/posts/visualisation/binvis/index.html.

radare2 프레임워크: radare2 프레임워크는 엔트로피를 위한 **#entropy** 명령을 지원한다.

IDA: IDAtropy(https://github.com/danigargu/IDAtropy)

9.2.4 XOR를 이용한 원시적인 암호화 관련 용어

흥미로운 점은 간단한 XOR 암호화는 데이터의 엔트로피에 영향을 주지 않는다는 것이다. 노턴 가이드 예제(9.1.2절)에서 이를 확인할 수 있었다.

일반화: 데이터를 대체하는 방식의 암호화는 데이터의 엔트로피에 영향을 주지 않는다(XOR 암호화는 데이터를 대체하는 암호화 방식으로 볼 수 있다).

그 이유는 엔트로피 계산 알고리즘은 바이트 단위로 데이터를 처리하기 때문이다. 반면 2바이트나 4바이트 단위로 XOR를 수행하면 엔트로피에 영향을 줄 수 있다. 일반적으로 엔트로피가 낮다는 것은 사용된 암호화 알고리즘의 수준이 상대적으로 낮다는 것을 의미한다.

9.2.5 실행 코드의 엔트로피에 관한 추가 내용

실행 코드에서 아마도 가장 큰 엔트로피를 갖는 것은 OP 코드로 인코딩된 상대 오프셋 값일 것이다. 예를 들면 다음 두 명령어들은 동일한 함수를 가리키지만 OP 코드는 서로 다른 상대 오프셋 값이 포함된다.

```
function proc
...
function endp

...
CALL function
...
CALL function
```

이상적인 실행 코드 압축기라면 다음과 같은 정보를 인코딩할 것이다. 즉, 주소 X에 있는 **function**을 CALL하는 명령, 해당 함수의 주소를 다시 인코딩하지 않고 주소 Y를 이용해 해당 함수를 CALL하는 명령이다.

이를 위해 실행 코드 압축기는 때때로 엔트로피를 줄일 수도 있다. 이에 대한 예로는 UPX가 있다(http://sourceforge.net/p/upx/code/ci/default/tree/doc/filter.txt).

9.2.6 PRNG

새로운 개인(비밀)키를 만들고자 GnuPG를 실행할 때 엔트로피와 관련해 다음과 같은 내용을 보는 경우가 있다.

```
We need to generate a lot of random bytes. It is a good idea to perform
some other action (type on the keyboard, move the mouse, utilize the
disks) during the prime generation; this gives the random number
generator a better chance to gain enough entropy.

Not enough random bytes available. Please do some other work to give
the OS a chance to collect more entropy! (Need 169 more bytes)
```

이는 좋은 PRNG^{Pseudorandom Number Generator}라면 높은 엔트로피를 갖는 결과를 만들어낸다는 의미며, 그를 위해서는 비대칭 비밀키가 필요하다는 말이다. 하지만 컴퓨터는 자체가 매우 결정론적인 장치이기 때문에 CPRNG^{Cryptographically secure PseudoRandom Number Generator}는 그렇지 않다. 따라서 GnuPG는 좀 더 확실한 랜덤 값을 만들어내고자 사용자에게 추가적인 데이터를 요구한다.

9.2.7 다른 예제

8.6절에서 알 수 없는 내용을 가진 어떤 블록의 엔트로피를 계산하는 예를 볼 수 있다.

9.2.8 다양한 파일들의 엔트로피

랜덤 데이터의 엔트로피는 8에 가깝다.

```
% dd bs=1M count=1 if=/dev/urandom | ent
Entropy = 7.999803 bits per byte.
```

이는 바이트 내의 거의 대부분 공간이 정보로 채워져 있다는 것을 의미한다. 0..255 범위의 256바이트 데이터의 엔트로피는 정확히 8이다.

```
#!/usr/bin/env python
import sys

for i in range(256):
    sys.stdout.write(chr(i))

% python 1.py | ent
Entropy = 8.000000 bits per byte.
```

바이트의 순서는 중요하지 않다. 바이트 내의 모든 공간이 정보로 채워졌느냐가 중요하다. 0으로 채워진 블록의 엔트로피는 0이다.

```
% dd bs=1M count=1 if=/dev/zero | ent
Entropy = 0.000000 bits per byte.
```

동일한 바이트 값으로 이뤄진 문자열의 엔트로피는 0이다.

```
% echo -n "aaaaaaaaaaaaaaaaaaa" | ent
Entropy = 0.000000 bits per byte.
```

Base64로 인코딩된 문자열의 엔트로피는 Base64로 인코딩되기 전 데이터의 엔트로피 값의 3/4이다.

Base64 인코딩은 256개가 아닌 64개의 심볼을 이용하기 때문이다.

```
% dd bs=1M count=1 if=/dev/urandom | base64 | ent
Entropy = 6.022068 bits per byte.
```

패딩 심볼(=) 때문에 6이 아닌 6.02가 된다. Uuencode 또한 64개의 심볼을 이용한다.

```
% dd bs=1M count=1 if=/dev/urandom | uuencode - | ent
Entropy = 6.013162 bits per byte.
```

이는 Base43나 Uuencode로 인코딩된 문자열은 6비트의 바이트나 6비트의 문자로 전송될 수 있다는 것을 의미한다. 16진수 형태를 갖는 랜덤 정보의 엔트로피는 바이트가 4비트 정도의 값을 갖는다.

```
% openssl rand -hex $\$$(( 2**16 )) | ent
Entropy = 4.000013 bits per byte.
```

구텐베르크 도서관에서 임의로 선택한 영문 텍스트의 엔트로피는 약 4.5 정도다. 영문 텍스트는 주로 26개의 심볼을 사용하기 때문이다. 즉, $\log_2(26) = \approx 4.7$이며 압축되지 않은 영문 텍스트를 전송하려면 5비트의 바이트면 충분하다는 의미가 된다(실제로 텔레타이프 통신에 적용됐다).

http://lib.ru 도서관에서 임의로 선택한 러시아어 텍스트인 도스토예프스키의 『백치』(http://az.lib.ru/d/dostoewskij_f_m/text_0070.shtml)는 내부적으로 CP1251로 인코딩돼 있으며, 엔트로피는 약 4.98이다.

러시아어는 33개의 문자를 갖고 있기 때문에 $\log_2(33) = \approx 5.04$다. 하지만 'ё' 문자처럼 거의 사용되지 않는 문자가 있어 $\log_2(32) = 5$가 된다. 이는 도스토예프스키 작품의 엔트로피와 비슷하다.

CP1251에서 UTF-8로 변환된 동일한 파일의 엔트로피는 약 4.23이다. UTF-8로 인코딩된 각 키릴 문자는 일반적으로 쌍으로 인코딩되며, 첫 번째 바이트는 항상 `0xD0` 또는 `0xD1` 중 하나다. 이 때문에 엔트로피 값의 차이가 생겼을 것이다.

랜덤 비트를 만들고 비트 값에 따라서 각각 'T'와 'F' 문자로 표현해보자.

```
#!/usr/bin/env python
import random, sys

rt=""
for i in range(102400):
    if random.randint(0,1)==1:
        rt=rt+"T"
    else:
        rt=rt+"F"
print rt
```

샘플: `...TTTFTFTTTFFFTTTFTTTTTTFTTFFTTTFTFTTFTTFFFFF....`

엔트로피는 1에 매우 가깝다(즉, 바이트당 1비트).

이번에는 랜덤한 10진수를 만들어보자.

```
#!/usr/bin/env python
import random, sys

rt=""
for i in range(102400):
    rt=rt+"%d" % random.randint(0,9)
print rt
```

샘플: ...5220346611939032880755258236703196388032....

엔트로피는 3.32에 가깝다. 즉, $\log_2(10)$다.

9.2.9 엔트로피 낮추기

암호화된 데이터의 각 바이트를 3바이트에 저장하는 소프트웨어를 본 적이 있다. 즉, $\approx \frac{byte}{3}$가 되고, 다시 되돌리려면 3연속 바이트를 합산해 암호화된 하나의 바이트로 다시 재구성해야 한다. 이는 매우 불합리한 방법처럼 보인다.

하지만 데이터가 내부에 암호화된 것을 포함하고 있다는 사실을 감추고자 이와 같은 방법을 사용한다고 말하기도 한다. 이렇게 하면 데이터 블록의 엔트로피 값이 원래보다 낮게 나오기 때문이다.

9.3 밀레니엄 게임 저장 파일

'Millennium Return to Earth'는 오래된 도스 게임(1991)으로, 자원을 캐고 우주선과 장비를 만들어 우주선을 다른 행성에 보내는 등의 작업을 수행하는 게임이다(https://thehouseofgames.org/?t=10&id=110에서 다운로드할 수 있다).

다른 게임들과 마찬가지로 모든 게임 상태 데이터를 파일에 저장할 수 있다. 게임의 저장 파일에서 무엇인가 찾아낼 수 있는지 알아보자.

게임에는 광산이 있다. 행성에 따라 광산의 채굴 속도와 자원의 총량이 다르다. 다음 그림을 보면 특정 시점에 어떤 자원을 채굴 중인지 알 수 있다.

그림 9.14: 광산: 상태 1

게임의 상태를 저장해보자. 저장된 파일의 크기는 9,538바이트다. 게임에서 '며칠'이 지나길 기다렸더니 광산에서 좀 더 많은 자원을 채굴했다.

그림 9.15: 광산: 상태 2

다시 게임의 상태를 저장하자. 이제는 간단한 도스/윈도우 FC 유틸리티를 이용해 두 개의 저장 파일을 바이너리 수준에서 비교해보자.

```
...> FC /b 2200save.i.v1 2200SAVE.I.V2

Comparing files 2200save.i.v1 and 2200SAVE.I.V2
```

```
00000016: 0D 04
00000017: 03 04
0000001C: 1F 1E
00000146: 27 3B
00000BDA: 0E 16
00000BDC: 66 9B
00000BDE: 0E 16
00000BE0: 0E 16
00000BE6: DB 4C
00000BE7: 00 01
00000BE8: 99 E8
00000BEC: A1 F3
00000BEE: 83 C7
00000BFB: A8 28
00000BFD: 98 18
00000BFF: A8 28
00000C01: A8 28
00000C07: D8 58
00000C09: E4 A4
00000C0D: 38 B8
00000C0F: E8 68
...
```

이 외에 다른 부분이 더 있지만 전체 비교 결과에서 가장 흥미로운 부분만을 담았다.

첫 번째 상태에서는 14 '유닛'의 수소와 102 '유닛'의 산소를 갖고 있었고, 두 번째 상태에서는 각각 22와 155 '유닛'을 보유하고 있었다. 이 값들이 저장 파일에 저장된다면 비교 결과에서 이를 확인할 수 있어야 하며 실제로 확인할 수 있다. 실제로 위치 0xBDE의 값이 0x0E(14)였는데, 새로운 버전의 저장 파일에서는 0x16(22)이 됐다. 이 위치는 수소를 저장하는 곳일 것이다. 0xBDC의 값은 첫 번째 버전에서 0x66(102)이었다가 두 번째 파일에서는 0x9B(155)로 변했다. 이는 산소를 저장하는 위치일 것이다.

두 개의 상태 저장 파일을 누구나 직접 살펴볼 수 있도록 웹 사이트(http://beginners.re/examples/millenium_DOS_game/)에 올려놨다.

다음은 새로운 버전의 상태 저장 파일을 Hiew로 열어본 화면이다. 게임에서 채굴한 자원과 관련된 값은 별도로 표시해놨다.

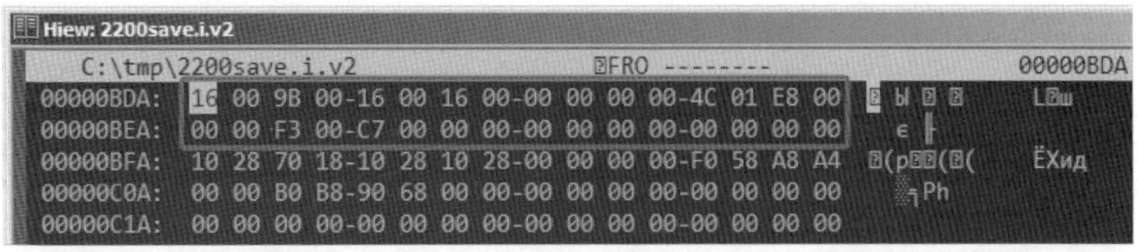

그림 9.16: Hiew: 상태 1

각각의 값들을 확인해보자. 16 비트 도스에서는 int 타입이 16비트이기 때문에 각 값들이 16비트임을 한눈에 확인할 수 있다.

앞서 예상한 내용을 확인해보자. 값 1234(0x4D2)를 첫 번째 위치(수소 값일 것이다)에 기록해보자.

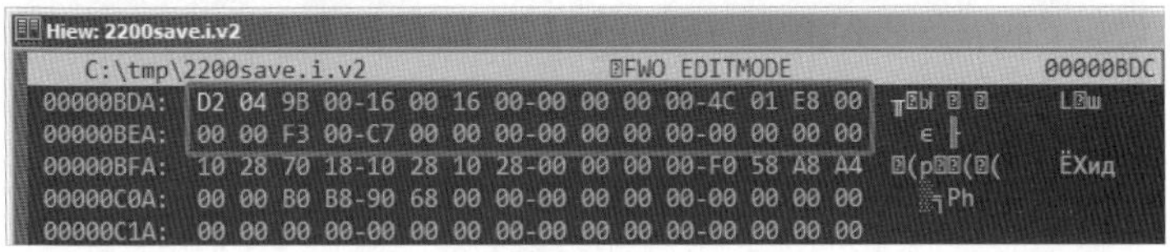

그림 9.17: Hiew: 1234(0x4D2) 값을 쓰기

그리고 변경된 파일을 게임에서 열고 자원 현황을 확인한다.

그림 9.18: 수소의 양 확인

예상이 맞아 떨어졌다.

이제 최대한 빨리 게임을 종료한 후 모든 값을 최대치로 설정해보자.

그림 9.19: Hiew: 모든 자원을 최대치로 설정

0xFFFF은 65535며, 이제 엄청난 양의 자원을 보유하게 됐다

그림 9.20: 모든 자원의 양이 실제로 65535(0xFFFF)가 된 화면

게임상에서 '며칠'이 지났고 아뿔싸, 사고가 났다. 일부 자원의 양이 줄어들었다.

그림 9.21: 자원 변수 오버플로우

이는 단순한 오버플로우가 발생했기 때문이다. 아마도 게임 개발자가 이렇게 많은 양의 자원은 고려하지 못해 오버플로우 검사를 구현하지 않은 것 같다. 자원의 양이 최대치인 상태에서 자원을 계속 '채굴'함으로써 오버플로우가 발생한 것이다 욕심이 과했나 보다.

이 밖에도 상태 저장 파일에는 다양한 값이 저장될 것이다.

여기서 다룬 내용은 매우 간단한 게임 치팅 방법이다. 최고 점수 파일도 이런 방식으로 패치할 수 있는 경우가 종종 있다.

파일과 메모리의 비교에 대한 추가적인 내용은 5.10.2 절에서 확인하기 바란다.

9.4 fortune 프로그램 인덱싱 파일

(여기서 다루는 내용은 2015년 4월 25일 필자의 블로그에 처음으로 소개됐다)

fortune은 이미 갖고 있는 문장 집합에서 임의의 것을 선택해 보여주는 잘 알려진 유닉스 프로그램이다. 어떤 괴짜들은 종종 로그온 후에 fortune이 실행되도록 설정해 놓기도 한다. fortune은 /usr/share/games/fortunes(우분투 리눅스)에 있는 텍스트 파일에서 보여줄 구문을 가져온다. 다음은 'fortunes' 텍스트 파일의 내용이다.

```
A day for firm decisions!!!!! Or is it?
%
A few hours grace before the madness begins again.
%
A gift of a flower will soon be made to you.
%
A long-forgotten loved one will appear soon.

Buy the negatives at any price.
%
A tall, dark stranger will have more fun than you.
%
...
```

파일의 내용은 단지 문구나 여러 줄로 된 문장으로 구성되면 % 기호로 구분된다. fortune 프로그램이 하는 일은 단순히 임의로 문구를 선택해 출력하는 것이다. 이를 위해서는 텍스트 파일 전체를 스캔해서 구문의 개수를 세고 무작위로 구문을 선택해서 출력해야 한다. 하지만 텍스트 파일이 커질 수 있고 이와 같은 단순한 알고리즘은 컴퓨터 리소스를 비효율적으로 사용하게 만들 수 있다. 간단한 방법은 텍스트 파일에 있는 각 구문의 오프셋을 갖고 있는 인덱스 파일을 이용하는 것이다. 인덱스 파일을 이용하면 fortune은 더 빠르게 동작할 수 있다. 단순히 임의의 인덱스를 선택하고 해당 인덱스에 해당하는 오프셋으로 텍스트 파일의 구문을 읽기만 하면 된다. 이것이 실제로 fortune 프로그램이 동작하는 방식이다. 헥스 에디터로 인덱스 파일(동일한 디렉터리에 있는 .dat 파일)에 실제로 어떤 내용이 있는지 확인해보자. 물론 fortune은 오픈소스 프로그램이지만 소스코드를 참고하지는 않을 것이다.

```
% od -t x1 --address-radix=x fortunes.dat
000000 00 00 00 02 00 00 00 01 af 00 00 00 bb 00 00 00 0f
000010 00 00 00 00 25 00 00 00 00 00 00 00 00 00 00 2b
000020 00 00 00 60 00 00 00 8f 00 00 00 df 00 00 01 14
000030 00 00 01 48 00 00 01 7c 00 00 01 ab 00 00 01 e6
000040 00 00 02 20 00 00 02 3b 00 00 02 7a 00 00 02 c5
000050 00 00 03 04 00 00 03 3d 00 00 03 68 00 00 03 a7
000060 00 00 03 e1 00 00 04 19 00 00 04 2d 00 00 04 7f
000070 00 00 04 ad 00 00 04 d5 00 00 05 05 00 00 05 3b
000080 00 00 05 64 00 00 05 82 00 00 05 ad 00 00 05 ce
000090 00 00 05 f7 00 00 06 1c 00 00 06 61 00 00 06 7a
0000a0 00 00 06 d1 00 00 07 0a 00 00 07 53 00 00 07 9a
0000b0 00 00 07 f8 00 00 08 27 00 00 08 59 00 00 08 8b
0000c0 00 00 08 a0 00 00 08 c4 00 00 08 e1 00 00 08 f9
0000d0 00 00 09 27 00 00 09 43 00 00 09 79 00 00 09 a3
0000e0 00 00 09 e3 00 00 0a 15 00 00 0a 4d 00 00 0a 5e
0000f0 00 00 0a 8a 00 00 0a a6 00 00 0a bf 00 00 0a ef
000100 00 00 0b 18 00 00 0b 43 00 00 0b 61 00 00 0b 8e
000110 00 00 0b cf 00 00 0b fa 00 00 0c 3b 00 00 0c 66
000120 00 00 0c 85 00 00 0c b9 00 00 0c d2 00 00 0d 02
000130 00 00 0d 3b 00 00 0d 67 00 00 0d ac 00 00 0d e0
000140 00 00 0e 1e 00 00 0e 67 00 00 0e a5 00 00 0e da
000150 00 00 0e ff 00 00 0f 43 00 00 0f 8a 00 00 0f bc
000160 00 00 0f e5 00 00 10 1e 00 00 10 63 00 00 10 9d
000170 00 00 10 e3 00 00 11 10 00 00 11 46 00 00 11 6c
000180 00 00 11 99 00 00 11 cb 00 00 11 f5 00 00 12 32
000190 00 00 12 61 00 00 12 8c 00 00 12 ca 00 00 13 87
0001a0 00 00 13 c4 00 00 13 fc 00 00 14 1a 00 00 14 6f
0001b0 00 00 14 ae 00 00 14 de 00 00 15 1b 00 00 15 55
0001c0 00 00 15 a6 00 00 15 d8 00 00 16 0f 00 00 16 4e
...
```

특별한 도움 없이도 16바이트 줄마다 4개의 4바이트 요소가 있음을 쉽게 알 수 있다.

아마도 인덱스 배열로 보인다. Mathematica에서 인덱스 파일을 32비트 정수 배열로 로드해보자.

```
In[]:= BinaryReadList["c:/tmp1/fortunes.dat", "UnsignedInteger32"]

Out[]= {33554432, 2936078336, 3137339392, 251658240, 0, 37, 0, \
721420288, 1610612736, 2399141888, 3741319168, 335609856, 1208025088, \
2080440320, 2868969472, 3858825216, 537001984, 989986816, 2046951424, \
3305242624, 67305472, 1023606784, 1745027072, 2801991680, 3775070208, \
419692544, 755236864, 2130968576, 2902720512, 3573809152, 84213760, \
990183424, 1678049280, 2181365760, 2902786048, 3456434176, \
4144300032, 470155264, 1627783168, 2047213568, 3506831360, 168230912, \
1392967680, 2584150016, 4161208320, 654835712, 1493696512, \
2332557312, 2684878848, 3288858624, 3775397888, 4178051072, \
...
```

무언가 잘못된 것 같다. 숫자가 너무 크다. 각 배열 요소의 두 바이트는 0이고 나머지 두 바이트는 0이 아니다. 따라서 오프셋 값(파일의 시작부터 해당 구문이 위치하는 곳의 거리)의 최댓값은 16비트여야 한다. 인덱스 파일에 사용된 엔디안이 다른 것 같다. Mathematica에서 사용하는 디폴트 엔디안은 인텔 CPU에서 사용하는 리틀엔디안이다. 이번에는 빅엔디안으로 바꿔서 해보자.

```
In[]:= BinaryReadList["c:/tmp1/fortunes.dat", "UnsignedInteger32", ByteOrdering -> 1]

Out[]= {2, 431, 187, 15, 0, 620756992, 0, 43, 96, 143, 223, 276, \
328, 380, 427, 486, 544, 571, 634, 709, 772, 829, 872, 935, 993, \
1049, 1069, 1151, 1197, 1237, 1285, 1339, 1380, 1410, 1453, 1486, \
1527, 1564, 1633, 1658, 1745, 1802, 1875, 1946, 2040, 2087, 2137, \
2187, 2208, 2244, 2273, 2297, 2343, 2371, 2425, 2467, 2531, 2581, \
2637, 2654, 2698, 2726, 2751, 2799, 2840, 2883, 2913, 2958, 3023, \
3066, 3131, 3174, 3205, 3257, 3282, 3330, 3387, 3431, 3500, 3552, \
...
```

이제는 올바로 된 것 같다. 임의의 요소를 선택(3066, 0xBFA)한 다음, 헥스 에디터로 'fortunes' 텍스트 파일의 **0xBFA** 오프셋에 있는 내용을 보면 다음과 같다.

```
% od -t x1 -c --skip-bytes=0xbfa --address-radix=x fortunes
000bfa 44 6f 20 77 68 61 74 20 63 6f 6d 65 73 20 6e 61
        D  o     w  h  a  t     c  o  m  e  s     n  a
000c0a 74 75 72 61 6c 6c 79 2e 20 20 53 65 65 74 68 65
```

```
        t u r a l l y .        S e e t h e
000c1a 20 61 6e 64 20 66 75 6d 65 20 61 6e 64 20 74 68
        a n d   f u m e   a n d   t h
....
```

또는 다음과 같다.

```
Do what comes naturally. Seethe and fume and throw a tantrum.
%
```

다른 오프셋도 체크해보면 인덱스 파일에 있는 값이 오프셋이라는 것을 확인할 수 있다. Mathematica로 보면 각 요소의 값이 점점 커진다는 것을 확인할 수 있다. 즉, 배열이 오름차순으로 정렬된 것이다. 수학 용어에서는 이를 단조 증가 함수라고 부른다.

```
In[]:= Differences[input]

Out[]= {429, -244, -172, -15, 620756992, -620756992, 43, 53, 47, \
80, 53, 52, 52, 47, 59, 58, 27, 63, 75, 63, 57, 43, 63, 58, 56, 20, \
82, 46, 40, 48, 54, 41, 30, 43, 33, 41, 37, 69, 25, 87, 57, 73, 71, \
94, 47, 50, 50, 21, 36, 29, 24, 46, 28, 54, 42, 64, 50, 56, 17, 44, \
28, 25, 48, 41, 43, 30, 45, 65, 43, 65, 43, 31, 52, 25, 48, 57, 44, \
69, 52, 62, 73, 62, 53, 37, 68, 71, 50, 41, 57, 69, 58, 70, 45, 54, \
38, 45, 50, 42, 61, 47, 43, 62, 189, 61, 56, 30, 85, 63, 48, 61, 58, \
81, 50, 55, 63, 83, 80, 49, 42, 94, 54, 67, 81, 52, 57, 68, 43, 28, \
120, 64, 53, 81, 33, 82, 88, 29, 61, 32, 75, 63, 70, 47, 101, 60, 79, \
33, 48, 65, 35, 59, 47, 55, 22, 43, 35, 102, 53, 80, 65, 45, 31, 29, \
69, 32, 25, 38, 34, 35, 49, 59, 39, 41, 18, 43, 41, 83, 37, 31, 34, \
59, 72, 72, 81, 77, 53, 53, 50, 51, 45, 53, 39, 70, 54, 103, 33, 70, \
51, 95, 67, 54, 55, 65, 61, 54, 54, 53, 45, 100, 63, 48, 65, 71, 23, \
28, 43, 51, 61, 101, 65, 39, 78, 66, 43, 36, 56, 40, 67, 92, 65, 61, \
31, 45, 52, 94, 82, 82, 91, 46, 76, 55, 19, 58, 68, 41, 75, 30, 67, \
92, 54, 52, 108, 60, 56, 76, 41, 79, 54, 65, 74, 112, 76, 47, 53, 61, \
66, 53, 28, 41, 81, 75, 69, 89, 63, 60, 18, 18, 50, 79, 92, 37, 63, \
88, 52, 81, 60, 80, 26, 46, 80, 64, 78, 70, 75, 46, 91, 22, 63, 46, \
34, 81, 75, 59, 62, 66, 74, 76, 111, 55, 73, 40, 61, 55, 38, 56, 47, \
78, 81, 62, 37, 41, 60, 68, 40, 33, 54, 34, 41, 36, 49, 44, 68, 51, \
50, 52, 36, 53, 66, 46, 41, 45, 51, 44, 44, 33, 72, 40, 71, 57, 55, \
39, 66, 40, 56, 68, 43, 88, 78, 30, 54, 64, 36, 55, 35, 88, 45, 56, \
76, 61, 66, 29, 76, 53, 96, 36, 46, 54, 28, 51, 82, 53, 60, 77, 21, \
84, 53, 43, 104, 85, 50, 47, 39, 66, 78, 81, 94, 70, 49, 67, 61, 37, \
51, 91, 99, 58, 51, 49, 46, 68, 72, 40, 56, 63, 65, 41, 62, 47, 41, \
43, 30, 43, 67, 78, 80, 101, 61, 73, 70, 41, 82, 69, 45, 65, 38, 41, \
57, 82, 66}
```

처음 6개의 값(이는 아마도 인덱스 파일 헤더일 것이다)을 제외하면 모든 값은 각 텍스트 구문의 길이를 나타낸다(현재 구문의 길이 = 다음 구문의 오프셋 − 현재 구문의 오프셋).

비트 엔디안은 잘못된 배열 시작과 혼동될 수 있다는 점을 명심해야 한다. 실제로 출력 내용을 보면 각 요소는 두 개의 0으로 시작하는 것을 볼 수 있다. 하지만 어느 방향으로든 2바이트씩 이동시키면 리틀엔디안으로 해석할 수도 있다.

```
% od -t x1 --address-radix=x --skip-bytes=0x32 fortunes.dat
000032 01 48 00 00 01 7c 00 00 01 ab 00 00 01 e6 00 00
000042 02 20 00 00 02 3b 00 00 02 7a 00 00 02 c5 00 00
000052 03 04 00 00 03 3d 00 00 03 68 00 00 03 a7 00 00
000062 03 e1 00 00 04 19 00 00 04 2d 00 00 04 7f 00 00
000072 04 ad 00 00 04 d5 00 00 05 05 00 00 05 3b 00 00
000082 05 64 00 00 05 82 00 00 05 ad 00 00 05 ce 00 00
000092 05 f7 00 00 06 1c 00 00 06 61 00 00 06 7a 00 00
0000a2 06 d1 00 00 07 0a 00 00 07 53 00 00 07 9a 00 00
0000b2 07 f8 00 00 08 27 00 00 08 59 00 00 08 8b 00 00
0000c2 08 a0 00 00 08 c4 00 00 08 e1 00 00 08 f9 00 00
0000d2 09 27 00 00 09 43 00 00 09 79 00 00 09 a3 00 00
0000e2 09 e3 00 00 0a 15 00 00 0a 4d 00 00 0a 5e 00 00
...
```

인덱스 파일을 리틀엔디안으로 해석한다면 첫 번째 요소는 0x4801이고 두 번째는 0x7C01이 된다. 16비트 값의 상위 8비트는 랜덤 값처럼 보이고 하위 8비트는 오름차순으로 정렬된 것처럼 보인다. 하지만 맨 마지막 32비트 값(00 00 5f c4)을 보면 빅엔디안이라는 것을 알 수 있기 때문에 인덱스 파일은 빅엔디안 배열이라는 것을 확신할 수 있다.

```
% od -t x1 --address-radix=x fortunes.dat
...
000660 00 00 59 0d 00 00 59 55 00 00 59 7d 00 00 59 b5
000670 00 00 59 f4 00 00 5a 35 00 00 5a 5e 00 00 5a 9c
000680 00 00 5a cb 00 00 5a f4 00 00 5b 1f 00 00 5b 3d
000690 00 00 5b 68 00 00 5b ab 00 00 5b f9 00 00 5c 49
0006a0 00 00 5c ae 00 00 5c eb 00 00 5d 34 00 00 5d 7a
0006b0 00 00 5d a3 00 00 5d f5 00 00 5e 3a 00 00 5e 67
0006c0 00 00 5e a8 00 00 5e ce 00 00 5e f7 00 00 5f 30
0006d0 00 00 5f 82 00 00 5f c4
0006d8
```

아마도 furtune 프로그램 개발자는 빅엔디안 컴퓨터를 사용했거나 그와 유사한 시스템의 것을 포팅했을 것이다. 어쨌든 배열이 빅엔디안이므로 상식적으로 생각해보면 텍스트 파일에서 첫 번째 구문은 오프셋 0에서 시작해야 할 것이다. 따라서 파일의 시작 부분 어딘가에는 값이 0인 배열 요소가 있어야 한다. 실제로 시작 부분에는 값이 0인 것이 여러 개 있다. 하지만 두 번째 것이 가장 적당해 보인다. 바로 다음 값이 43이고 43은 영문 텍스트 파일에서 유효한 오프셋 값으로 보이기 때문이다.

맨 마지막 배열 요소 값은 0x5FC4인데, 텍스트 파일의 해당 오프셋에는 바이트가 없다. 즉, 마지막 배열 요소 값은 파일의 크기보다 큰 곳을 가리키고 있다. 맨 마지막 배열 요소는 바로 앞 구문의 길이를 계산하기 위한 용도 때문에 존재하는 것이다. 구문의 길이 계산은 현재 구문에 대한 오프셋과 다음 구문에 대한 오프셋의 차이로 계산하기 때문이다. 이는 구문 문자열을 읽어 길이를 계산하는 것도 빠르기 때문이다.

처음 6개의 32비트 정수 값은 일종의 헤더로 예상된다. 이번에는 텍스트 파일에 있는 구문의 수를 계산해보자.

```
% cat fortunes | grep % | wc -l
    432
```

구문의 수가 인덱스에 존재할 수도 있고 그렇지 않을 수도 있다. 매우 간단한 인덱스 파일이라면 인덱스 파일의 크기를 이용해 구성 요소의 수를 쉽게 추론할 수 있다. 어쨌든 텍스트 파일에는 432개의 구문이 있다. 파일 헤더 부분의 두 번째 요소(431)가 구문의 수를 나타낸다. 다른 파일(우분투 리눅스의 literature.dat와 riddles.dat)도 조사해봤는데, 두 번째 32비트 요소의 값은 파일 내 구문의 수 – 1의 값을 나타냈다. 그런데 왜 –1일까? 정확히 말하면 구문의 개수가 아니라 (첫 번째 구문의 인덱스를 0으로 시작한) 마지막 구문의 인덱스를 나타내는 것이다.

헤더에는 그 외의 어떤 내용이 포함돼 있을까? Mathematica에서 세 파일을 로드해 헤더 부분을 살펴봤다.

```
In[14]:= input = BinaryReadList["c:/tmp1/fortunes.dat", "UnsignedInteger32",
         ByteOrdering → 1];

In[18]:= BaseForm[Take[input, {1, 6}], 16]
Out[18]//BaseForm=
         {$2_{16}$, $1af_{16}$, $bb_{16}$, $f_{16}$, $0_{16}$, $25000000_{16}$}

In[19]:= input = BinaryReadList["c:/tmp1/literature.dat", "UnsignedInteger32",
         ByteOrdering → 1];

In[20]:= BaseForm[Take[input, {1, 6}], 16]
Out[20]//BaseForm=
         {$2_{16}$, $106_{16}$, $983_{16}$, $1a_{16}$, $0_{16}$, $25000000_{16}$}

In[21]:= input = BinaryReadList["c:/tmp1/riddles.dat", "UnsignedInteger32", ByteOrdering → 1];

In[22]:= BaseForm[Take[input, {1, 6}], 16]
Out[22]//BaseForm=
         {$2_{16}$, $80_{16}$, $7f2_{16}$, $24_{16}$, $0_{16}$, $25000000_{16}$}
```

인덱스 파일의 크기를 제외하고는 다른 값의 의미를 모르겠다. 어떤 필드는 세 파일 모두에 동일한 값이지만 그렇지 않은 것도 있다. 경험상 다음 중 하나일 가능성이 크다.

- 파일 서명
- 파일 버전
- 체크섬
- 플래그
- 텍스트 언어 식별자
- 텍스트 파일 타임스탬프. 사용자가 텍스트 파일을 수정하면 fortune 프로그램은 인덱스 파일을 재생성한다.

예를 들면 오라클의 .SYM 파일(9.5절)은 DLL 파일을 위한 심볼 테이블과 DLL 파일의 타임스탬프를 포함하고 있어 해당 파일들의 유효성을 확인한다. 반면 텍스트 파일과 인덱스 파일의 타임스탬프는 아카이브되거나 설치, 배포 등이 된 이후에는 동기화되지 않을 수 있다.

개인적인 의견으로는 인덱스 파일에 타임스탬프는 없을 것이다. 날짜와 시간을 표현하는 가장 간단한 방법은 32비트 값인 유닉스 시간을 이용하는 것이다. 하지만 헤더에는 32비트 값을 볼 수 없다. 또한 다른 시간 표현 방법은 간단하지 않다.

다음은 fortune 프로그램이 동작하는 알고리즘이다.

- 헤더의 두 번째 요소를 이용해 마지막 구문의 번호를 가져온다.
- `0..number_of_last_phrase` 사이의 랜덤 값을 만든다.
- 오프셋 배열에서 랜덤 인덱스의 값을 가져온다.
- 텍스트 파일의 해당 오프셋부터 다음 오프셋 − 2(구문의 끝을 나타내는 % 문자가 출력되지 않게)가 될 때까지 문자를 화면에 출력한다.

9.4.1 해킹

몇 가지 가정을 확인해보자. 다음과 같은 내용으로 /usr/share/games/fortunes/ fortunes 경로에 fortunes.dat 파일을 만든다.

```
Phrase one.
%
Phrase two.
%
```

원래의 fortunes.dat 파일의 헤더 값을 새로 만든 파일의 헤더 값으로 복사한다. 그리고 두 번째 필드(구문의 수) 값을 0으로 만들고, 0과 0x1c(새로 만든 파일의 크기가 28(0x1c)이므로)로 오프셋 배열을 만든다.

```
% od -t x1 --address-radix=x fortunes.dat
000000 00 00 00 02 00 00 00 00 00 00 00 bb 00 00 00 0f
000010 00 00 00 00 25 00 00 00 00 00 00 00 00 00 00 1c
```

fortune 프로그램을 실행시킨다.

```
% /usr/games/fortune
fortune: no fortune found
```

문제가 발생한다. 이번에는 두 번째 필드 값을 1로 바꿔보자.

```
% od -t x1 --address-radix=x fortunes.dat
000000 00 00 00 02 00 00 00 01 00 00 00 bb 00 00 00 0f
000010 00 00 00 00 25 00 00 00 00 00 00 00 00 00 00 1c
```

이제 정상 동작한다. 하지만 항상 첫 번째 구문만을 보여준다.

```
% /usr/games/fortune
Phrase one.
```

이번에는 배열의 마지막 요소를 제거하고 하나(0)만을 남겨두자.

```
% od -t x1 --address-radix=x fortunes.dat
000000 00 00 00 02 00 00 00 01 00 00 00 bb 00 00 00 0f
000010 00 00 00 00 25 00 00 00 00 00 00 00
```

fortune 프로그램은 항상 첫 번째 구문만을 보여준다.

지금까지의 실험을 통해 앞서 예상했던 구문의 길이 계산 방법이 아닌 텍스트 파일의 % 문자를 파싱해 계산한다는 것을 알 수 있다. 심지어는 배열의 마지막 요소가 사용되지도 않는다. 과거의 버전에서는 사용이 됐을 것이다.

9.4.2 파일

필자는 설명을 위해 fortune 프로그램의 소스코드를 참조하지 않았다. 따라서 인덱스 파일 헤더의 그 밖의 다른 값들의 의미를 파악하고 싶다면 여러분도 소스코드 참조 없이 시도해볼 수 있다. 우분투 리눅스 14.04의 fortune 파일과 관련 해킹 파일들은 http://beginners.re/examples/fortune/에서 다운로드할 수 있다.

x64 우분투에 있는 인덱스 파일도 조사해봤으나 여전히 배열 요소의 크기는 32비트였다. 그것은 fortune 텍스트 파일의 크기가 4GB보다 커질 일이 없다고 판단했기 때문일 것이다. 하지만 4GB보다 파일의 크기가 크다면 배열 요소의 크기는 64비트가 돼야 한다. fortune 프로그램의 소스코드는 https://launchpad.net/ubuntu/+source/fortune-mod/1:1.99.1-3.1ubuntu4에서 다운로드할 수 있다.

9.5 오라클 RDBMS: .SYM 파일

오라클 RDBMS 프로세스는 어떤 이유에서든 비정상적으로 종료될 때면 다음과 같은 스택 트레이스를 포함한 다량의 정보를 로그 파일에 기록한다.

```
----- Call Stack Trace -----
calling              call      entry                argument values in hex
location             type      point                (? means dubious value)
-------------------  --------  -------------------  -----------------------------
_kqvrow()                                00000000
_opifch2()+2729      CALLptr            00000000     23D4B914 E47F264 1F19AE2
                                                     EB1C8A8 1
_kpoal8()+2832       CALLrel   _opifch2()            89 5 EB1CC74
_opiodr()+1248       CALLreg            00000000     5E 1C EB1F0A0
_ttcpip()+1051       CALLreg            00000000     5E 1C EB1F0A0 0
_opitsk()+1404       CALL???            00000000     C96C040 5E EB1F0A0 0 EB1ED30
                                                     EB1F1CC 53E52E 0 EB1F1F8
_opiino()+980        CALLrel   _opitsk()             0 0
_opiodr()+1248       CALLreg            00000000     3C 4 EB1FBF4
_opidrv()+1201       CALLrel   _opiodr()             3C 4 EB1FBF4 0
_sou2o()+55          CALLrel   _opidrv()             3C 4 EB1FBF4
_opimai_real()+124   CALLrel   _sou2o()              EB1FC04 3C 4 EB1FBF4
_opimai()+125        CALLrel   _opimai_real()        2 EB1FC2C
_OracleThreadStart@  CALLrel   _opimai()             2 EB1FF6C 7C88A7F4 EB1FC34 0
4()+830                                              EB1FD04
77E6481C             CALLreg            00000000     E41FF9C 0 0 E41FF9C 0 EB1FFC4
00000000             CALL???            00000000
```

물론 오라클 RDBMS 실행 파일에는 디버깅 정보나 심볼 정보가 포함된 매핑 파일 또는 이와 유사한 정보가 존재해야 한다. 윈도우 NT 오라클 RDBMS의 심볼 정보는 확장자가 .SYM인 파일에 들어있지만 파일 포맷은 공개돼 있지 않다(평문 텍스트 파일이 좋긴 하지만 추가적인 파싱이 필요해 접근 속도가 느려진다).

그러면 .SYM 파일 포맷의 구조를 알아내보자.

오라클 8.1.7(일부러 모듈이 크기가 작은 오래된 오라클 RDBMS 버전을 선택했다)의 orawtc8. dll 파일에 대응되며 크기가 가장 작은 파일인 orawtc8.sym을 분석 대상으로 선정했다.

다음은 Hiew로 해당 파일을 열어본 모습이다.

그림 9.22: Hiew로 열어본 모습

다른 .SYM 파일과 함께 살펴보면 금세 OSYM이 헤더라는 사실을 알 수 있다. 그러므로
"OSYM"은 파일 시그니처가 된다. 또한 파일 포맷이 기본적으로 OSYM + 바이너리 데이터
+ 0으로 구분되는 텍스트 문자열들 + OSYM이라는 점도 파악할 수 있다. 문자열은 함수와
전역 변수의 이름일 것이다. OSYM 시그니처와 문자열을 표시해보면 다음과 같다.

그림 9.23: OSYM 시그니처와 텍스트 문자열

한 번 자세히 살펴보자. Hiew에서 문자열 블록(끝에 나오는 OSYM 시그니처는 제외)을 선택한 후 별도의 파일로 저장한다. 그리고 유닉스 유틸리티인 strings와 wc를 사용해서 문자열의 개수를 구한다.

```
strings strings_block | wc -l
66
```

66개의 텍스트 문자열이 존재한다. 이 숫자를 잘 기억해두자.

일반적으로 바이너리 파일에서는 무엇인가의 개수를 별도로 저장하는 경우가 많다. .SYM 파일의 경우도 마찬가지며, 파일 시작 부분의 **OSYM** 시그니처 바로 다음에 66 (0x42)을 발견할 수 있다.

```
$ hexdump -C orawtc8.sym
00000000 4f 53 59 4d 42 00 00 00 00 10 00 10 80 10 00 10  |OSYMB...........|
00000010 f0 10 00 10 50 11 00 10 60 11 00 10 c0 11 00 10  |....P...`.......|
00000020 d0 11 00 10 70 13 00 10 40 15 00 10 50 15 00 10  |....p...@...P...|
00000030 60 15 00 10 80 15 00 10 a0 15 00 10 a6 15 00 10  |`...............|
....
```

물론 **0x42**는 1바이트가 아니라 리틀엔디안으로 표현한 32비트 값일 가능성이 매우 높다. 그래서 **0x42** 다음에 최소한 3개의 0바이트가 나온다. 32비트라고 생각한 이유는, 오라클 RDBMS의 심볼 파일이 매우 클 수 있기 때문이다.

주 실행 파일 oracle.exe(버전 10.2.0.4)의 심볼 파일인 oracle.sym에는 **0x3A38E** (238478)개의 심볼이 들어있다. 이는 16비트 값으로 표현할 수 없다.

다른 .SYM 파일을 확인하면 이제까지의 추측이 옳다는 것을 알 수 있다. 32비트 **OSYM** 시그니처 다음에 나오는 값은 항상 파일 내 텍스트 문자열의 개수와 일치한다. 이는 거의 모든 바이너리 파일에서 찾아볼 수 있는 일반적인 기능이다. 즉, 시그니처가 포함된 헤더+파일이 대한 정보로 구성된다.

이제 바이너리 블록을 좀 더 자세히 분석해보자.

다시 한 번 Hiew를 사용해 주소 8(즉, 32비트의 문자열 개수 값 바로 다음)부터 문자열 블록 이전까지를 별도의 바이너리 파일로 저장한다.

바이너리 블록을 Hiew로 보면 다음과 같다.

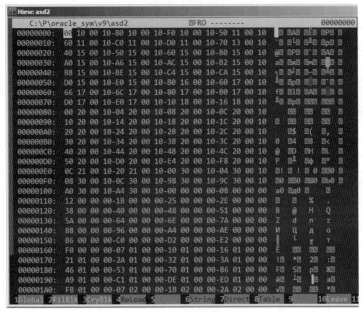

그림 9.24: 바이너리 블록

명백한 패턴이 눈에 들어온다. 패턴 블록을 빨간 줄로 나누면 다음과 같다.

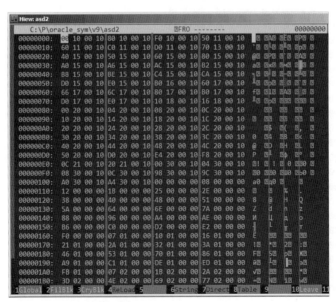

그림 9.25: 바이너리 블록 패턴

다른 헥스 에디터처럼 Hiew는 한 줄에 16바이트를 출력한다. 그래서 패턴을 뚜렷하게 확인할 수 있다. 줄마다 4개의 32비트 값이 존재한다. (주소 0x104까지의) 일부 값이 항상 0x1000xxxx의 형태로 0x10과 0바이트로 시작하기 때문에 패턴을 시각적으로 인식할 수 있다.

나머지 값(0x108 이후)은 0x0000xxxx의 형태며, 항상 두 개의 0바이트로 시작한다. 블록을 32비트 값 배열로 덤프해보자.

리스트 9.9: 첫 번째 열은 주소

```
$ od -v -t x4 binary_block
0000000 10001000 10001080 100010f0 10001150
0000020 10001160 100011c0 100011d0 10001370
0000040 10001540 10001550 10001560 10001580
0000060 100015a0 100015a6 100015ac 100015b2
0000100 100015b8 100015be 100015c4 100015ca
0000120 100015d0 100015e0 100016b0 10001760
0000140 10001766 1000176c 10001780 100017b0
0000160 100017d0 100017e0 10001810 10001816
0000200 10002000 10002004 10002008 1000200c
0000220 10002010 10002014 10002018 1000201c
0000240 10002020 10002024 10002028 1000202c
0000260 10002030 10002034 10002038 1000203c
0000300 10002040 10002044 10002048 1000204c
0000320 10002050 100020d0 100020e4 100020f8
0000340 1000210c 10002120 10003000 10003004
0000360 10003008 1000300c 10003098 1000309c
0000400 100030a0 100030a4 00000000 00000008
0000420 00000012 0000001b 00000025 0000002e
0000440 00000038 00000040 00000048 00000051
0000460 0000005a 00000064 0000006e 0000007a
0000500 00000088 00000096 000000a4 000000ae
0000520 000000b6 000000c0 000000d2 000000e2
0000540 000000f0 00000107 00000110 00000116
0000560 00000121 0000012a 00000132 0000013a
0000600 00000146 00000153 00000170 00000186
0000620 000001a9 000001c1 000001de 000001ed
0000640 000001fb 00000207 0000021b 0000022a
0000660 0000023d 0000024e 00000269 00000277
0000700 00000287 00000297 000002b6 000002ca
0000720 000002dc 000002f0 00000304 00000321
0000740 0000033e 0000035d 0000037a 00000395
0000760 000003ae 000003b6 000003be 000003c6
0001000 000003ce 000003dc 000003e9 000003f8
0001020
```

총 132개의 값이 있는데, 이는 66*2다. 아마도 심볼당 두 개의 32비트 값이 존재하는 것 같다. 어쩌면 두 개의 배열일 수도 있지 않을까? 알아보자.

0x1000으로 시작하는 값은 주소 값일 수 있다. 이 파일은 결국 DLL용 .SYM 파일이며, Win32 DLL의 기본 베이스 주소는 0x10000000이고, 코드는 보통 0x10001000에서 시작한다.

IDA로 orawtc8.dll을 열어보면 베이스 주소는 다르다. 하지만 첫 번째 함수는 다음과 같다.

```
.text:60351000 sub_60351000 proc near
.text:60351000
.text:60351000 arg_0         = dword ptr 8
.text:60351000 arg_4         = dword ptr 0Ch
.text:60351000 arg_8         = dword ptr 10h
.text:60351000
.text:60351000              push     ebp
.text:60351001              mov      ebp, esp
.text:60351003              mov      eax, dword_60353014
.text:60351008              cmp      eax, 0FFFFFFFFh
.text:6035100B              jnz      short loc_6035104F
.text:6035100D              mov      ecx, hModule
.text:60351013              xor      eax, eax
.text:60351015              cmp      ecx, 0FFFFFFFFh
.text:60351018              mov      dword_60353014, eax
.text:6035101D              jnz      short loc_60351031
.text:6035101F              call     sub_603510F0
.text:60351024              mov      ecx, eax
.text:60351026              mov      eax, dword_60353014
.text:6035102B              mov      hModule, ecx
.text:60351031
.text:60351031 loc_60351031:          ; CODE XREF: sub_60351000+1D
.text:60351031              test     ecx, ecx
.text:60351033              jbe      short loc_6035104F
.text:60351035              push     offset ProcName     ; "ax_reg"
.text:6035103A              push     ecx                 ; hModule
.text:6035103B              call     ds:GetProcAddress
...
```

문자열 "ax_reg"는 어딘가 친숙하다. 실제로 이 문자열은 문자열 블록의 첫 번째 문자열이다. 이 함수의 이름이 "ax_reg"인 것 같다.

두 번째 함수는 다음과 같다.

```
.text:60351080 sub_60351080    proc near
.text:60351080
.text:60351080 arg_0    = dword ptr 8
.text:60351080 arg_4    = dword ptr 0Ch
.text:60351080
.text:60351080          push    ebp
.text:60351081          mov     ebp, esp
.text:60351083          mov     eax, dword_60353018
.text:60351088          cmp     eax, 0FFFFFFFFh
.text:6035108B          jnz     short loc_603510CF
.text:6035108D          mov     ecx, hModule
.text:60351093          xor     eax, eax
.text:60351095          cmp     ecx, 0FFFFFFFFh
.text:60351098          mov     dword_60353018, eax
.text:6035109D          jnz     short loc_603510B1
.text:6035109F          call    sub_603510F0
.text:603510A4          mov     ecx, eax
.text:603510A6          mov     eax, dword_60353018
.text:603510AB          mov     hModule, ecx
.text:603510B1
.text:603510B1 loc_603510B1:       ; CODE XREF: sub_60351080+1D
.text:603510B1          test    ecx, ecx
.text:603510B3          jbe     short loc_603510CF
.text:603510B5          push    offset aAx_unreg  ; "ax_unreg"
.text:603510BA          push    ecx                ; hModule
.text:603510BB          call    ds:GetProcAddress
...
```

문자열 "ax_unreg" 역시 문자열 블록의 두 번째 문자열이다.

두 번째 함수의 시작 주소는 0x60351080이며, 바이너리 블록의 두 번째 값은 10001080 이다. 이 값은 결국 기본 베이스 주소를 사용하는 DLL에 해당하는 주소다. 배열의 처음 66개 값(즉, 배열의 처음 절반)을 재빨리 확인하면 이들이 모두 DLL의 함수(일부 레이블 등 도 포함)의 주소라는 사실을 확인할 수 있다. 그렇다면 배열의 나머지 부분은 무엇일까?

나머지 66개의 값은 0x0000으로 시작하며 [0...0x3F8] 사이의 값이다. 숫자가 증가 하는 것을 보면 비트 필드로 보이진 않는다. 마지막 자릿수(16진수)가 불규칙하므로 뭔가의 주소일 것 같지도 않다(주소라면 4나 8, 또는 0x10으로 나눌 수 있을 것이다).

스스로에게 질문해보자. 오라클 RDBMS 개발자가 이 파일에 무엇을 저장했을까? 추 측해보면 텍스트 문자열(함수명)의 위치일 가능성도 있다.

확인해보면 실제로 각 숫자는 문자열 블록에서 각 문자열의 첫 번째 문자의 위치다.

이제 끝이다! 다 됐다.

.SYM 파일을 IDA 스크립트로 변환하는 유틸리티를 작성했다. 따라서 *.idc* 스크립트를 로딩해 함수명을 설정할 수 있다.

```c
#include <stdio.h>
#include <stdint.h>
#include <io.h>
#include <assert.h>
#include <malloc.h>
#include <fcntl.h>
#include <string.h>

int main (int argc, char *argv[])
{
    uint32_t sig, cnt, offset;
    uint32_t *d1, *d2;
    int h, i, remain, file_len;
    char *d3;
    uint32_t array_size_in_bytes;

    assert (argv[1]);   // 파일명
    assert (argv[2]);   // 추가적인 오프셋(필요한 경우 지정)

    // 추가적인 오프셋
    assert (sscanf (argv[2], "%X", &offset)==1);

    // 파일 크기 구하기
    assert ((h=open (argv[1], _O_RDONLY | _O_BINARY, 0))!=-1);
    assert ((file_len=lseek (h, 0, SEEK_END))!=-1);
    assert (lseek (h, 0, SEEK_SET)!=-1);

    // 시그니처 읽기
    assert (read (h, &sig, 4)==4);

    // 읽은 개수
    assert (read (h, &cnt, 4)==4);
    assert (sig==0x4D59534F); // OSYM

    // timedatestamp 건너뛰기(버전 11g용)
    //_lseek (h, 4, 1);
    array_size_in_bytes=cnt*sizeof(uint32_t);

    // 심볼 주소 배열 로드
    d1=(uint32_t*)malloc (array_size_in_bytes);
    assert (d1);
    assert (read (h, d1, array_size_in_bytes)==array_size_in_bytes);
```

```
    // 문자열 오프셋 배열 로드
    d2=(uint32_t*)malloc (array_size_in_bytes);
    assert (d2);
    assert (read (h, d2, array_size_in_bytes)==array_size_in_bytes);

    // 문자열 블록 크기 계산
    remain=file_len-(8+4)-(cnt*8);

    // 문자열 블록 로드
    assert (d3=(char*)malloc (remain));
    assert (read (h, d3, remain)==remain);

    printf ("#include <idc.idc>\n\n");
    printf ("static main() {\n");

    for (i=0; i<cnt; i++)
        printf ("\tMakeName(0x%08X, \"%s\");\n", offset + d1[i], &d3[d2[i]]);

    printf ("}\n");

    close (h);
    free (d1); free (d2); free (d3);
};
```

다음은 함수명 설정 예다.

```
#include <idc.idc>

static main() {
    MakeName(0x60351000, "_ax_reg");
    MakeName(0x60351080, "_ax_unreg");
    MakeName(0x603510F0, "_loaddll");
    MakeName(0x60351150, "_wtcsrin0");
    MakeName(0x60351160, "_wtcsrin");
    MakeName(0x603511C0, "_wtcsrfre");
    MakeName(0x603511D0, "_wtclkm");
    MakeName(0x60351370, "_wtcstu");
...
}
```

이 예에서 사용한 파일은 http://beginners.re/examples/oracle/SYM/에서 다운로드할 수 있다.

이번에는 Win64용 오라클 RDBMS도 도전해보자. 64비트 주소 값이 들어있으리라 예상할 수 있다.

다음을 보면 32비트보다 더 쉽게 8바이트 패턴을 확인할 수 있다.

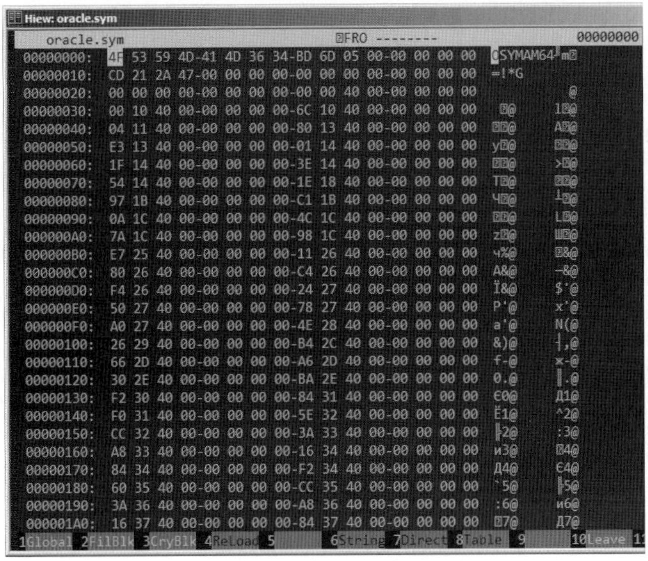

그림 9.26: Win64용 오라클 RDBMS에 포함된 .SYM 파일의 예

그렇다. 모든 테이블 항목, 심지어 문자열 오프셋까지도 64비트 값이다. 시그니처는 OSYMAM64로 대상 플랫폼을 구별하는 차원에서 다른 시그니처를 사용한 것 같다.

오라클 RDBMS의 .SYM 파일에 접근하는 라이브러리는 https://github.com/dennis714/porg/blob/master/oracle_sym.c에서 다운로드할 수 있다.

9.6 오라클 RDBMS: .MSB 파일

> 어떤 문제의 해결책을 연구할 때 정답을
> 이미 알고 있다면 이는 언제나 도움이 된다.
>
> – 머피의 법칙, 정확성 규칙

.MSB 파일은 에러 메시지와 그것의 번호를 담고 있는 바이너리 파일이다. 이번에는 이 파일의 포맷을 이해하고 파일 내용을 알아내보자.

텍스트 형태의 오라클 RDBMS 에러 메시지 파일이 존재하기 때문에 그 파일과 패킹된 바이너리 파일을 비교할 수 있다(오라클 RDBMS의 모든 .MSB 파일에 대해 텍스트 파일이 존재하는 것은 아니다).

불필요한 주석을 제거한 ORAUS.MSG 텍스트 파일의 시작 부분은 다음과 같다.

리스트 9.10 주석을 제거한 ORAUS.MSG 파일의 시작 부분

```
00000, 00000, "normal, successful completion"
00001, 00000, "unique constraint (%s.%s) violated"
00017, 00000, "session requested to set trace event"
00018, 00000, "maximum number of sessions exceeded"
00019, 00000, "maximum number of session licenses exceeded"
00020, 00000, "maximum number of processes (%s) exceeded"
00021, 00000, "session attached to some other process; cannot switch session"
00022, 00000, "invalid session ID; access denied"
00023, 00000, "session references process private memory; cannot detach session"
00024, 00000, "logins from more than one process not allowed in single-process mode"
00025, 00000, "failed to allocate %s"
00026, 00000, "missing or invalid session ID"
00027, 00000, "cannot kill current session"
00028, 00000, "your session has been killed"
00029, 00000, "session is not a user session"
00030, 00000, "User session ID does not exist."
00031, 00000, "session marked for kill"
...
```

첫 번째 숫자는 에러 코드다. 두 번째는 추가적인 플래그처럼 보인다. ORAUS.MSB 바이너리 파일을 열어 텍스트 파일에 있는 문자열을 검색해보자.

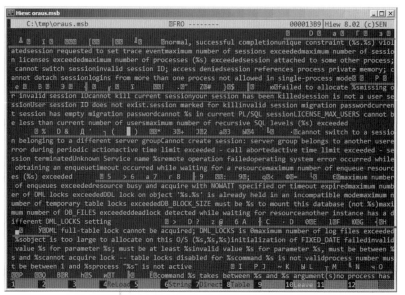

그림 9.27: Hiew: 첫 번째 블록

다양한 텍스트 문자열(ORAUS.MSG 파일의 시작 부분에 나오는 문자열 포함)을 볼 수 있으며, 문자열 사이에는 바이너리 값이 존재한다. 간단히 분석해보면 바이너리 파일의 주요 부분이 0x200(512)바이트의 블록으로 구성된다는 사실을 알 수 있다.

첫 번째 블록의 내용을 살펴보자.

그림 9.28: Hiew: 첫 번째 블록

첫 번째 에러 메시지의 텍스트를 볼 수 있다. 또한 에러 메시지 사이에 0바이트가 없다는 점도 알 수 있다. 다시 말해 이 문자열들은 0으로 끝나는 C 문자열이 아니다. 그러므로 에러 메시지의 길이가 어딘가에는 반드시 저장돼야 한다. 에러 번호도 찾아보자. ORAUS.MSG 파일은 0, 1, 17(0x11), 18(0x12), 19(0x13), 20(0x14), 21(0x15), 22(0x16), 23(0x17), 24(0x18)... 값으로 시작한다. 이 값들은 블록 시작 부분에서 발견할 수 있으며, 그림에는 밑줄로 표시했다. 에러 코드 사이의 간격은 6바이트다.

다시 말해 에러 메시지마다 6바이트의 정보가 할당된 것으로 보인다.

첫 번째 16비트 값(이 예에서는 0xA 또는 10)은 각 블록의 메시지 개수를 의미한다. 다른 블록에서도 이를 확인할 수 있다. 에러 메시지의 크기는 제각기 다르다. 어떤 메시지는 길고 어떤 것은 짧다. 하지만 블록 크기는 항상 똑같기 때문에 블록에 몇 개의 텍스트 메시지를 패킹할 수 있는지 알 수 있는 방법은 없다.

이미 언급했듯이 메시지가 0으로 끝나는 C 문자열이 아니므로 어딘가에 문자열 길이를 인코딩해야 한다.

첫 번째 문자열인 "normal, successful completion"의 길이는 29(0x1D)바이트다. 두 번째 문자열인 "unique constraint (%s.%s) violated"의 길이는 34(0x22)바이트다. 하지만 두 값(0x1D와 0x22)을 블록에서는 찾을 수 없다.

고려할 사항이 하나 더 있다. 오라클 RDBMS는 어떻게든 자신이 로딩할 문자열이 블록 내부의 어느 위치에 있는지 알아내야 한다. 첫 번째 문자열 "normal, successful completion"은 위치 0x1444(바이너리 파일의 시작 부분부터 센 경우) 또는 0x44(블록 시작 부분부터 센 경우)에서 시작한다. 두 번째 문자열 "unique constraint (%s.%s) violated"는 0x1461(파일 시작부터 센 경우) 또는 0x61(블록 시작부터 센 경우)에서 시작한다.

두 값(0x44와 0x61)은 친숙한 숫자다. 블록 시작 부분에서 두 숫자를 명확히 확인할 수 있다. 결국 6바이트 블록의 의미는 다음과 같다.

- 16비트 에러 번호
- 16비트 0(추가적인 플래그일 수 있음)
- 16비트로 표현한 텍스트 문자열의 블록 내 시작 위치

나머지 값을 재빨리 확인하면 이 분석이 정확하다는 것을 알 수 있다. 마지막에는 에러 번호가 0이고 시작 위치가 마지막 에러 메시지의 마지막 문자 이후를 가리키는 'dummy' 6바이트 블록이 나온다. 이를 이용해 텍스트 메시지의 길이를 알아낼 수 있지 않을까? 6바이트 블록들을 살펴보면서 필요한 에러 번호를 찾고 텍스트 문자열의 위치를 구한다. 그리고 다음 6바이트 블록을 보고 다음 텍스트 문자열의 위치를 구한다. 이런 방법으로 문자열 간의 경계를 판단할 수 있다. 이 방법을 이용하면 파일에 텍스트 문자열의 길이를 따로 저장하지 않아도 되기 때문에 공간을 절약할 수 있다. 많은 공간을 절약할 수 있는 건 아니지만 재치 있는 트릭이다.

.MSB 파일의 헤더 부분을 다시 살펴보자.

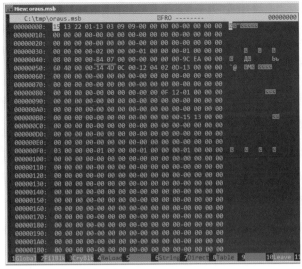

그림 9.29: Hiew: 파일 헤더

파일에 포함된 블록 개수를 쉽게 찾을 수 있다(밑줄로 표시). 다른 .MSB 파일을 조사해 봐도 마찬가지였다. 파일에는 다른 값도 많지만 목표(언패킹 유틸리티)를 달성했기 때문에 굳이 분석하지는 않았다.

.MSB 파일 패커를 개발하려면 나머지 값의 의미도 파악해야 할 수도 있다. 헤더 다음에는 16비트 값을 포함하는 것으로 보이는 테이블이 나온다.

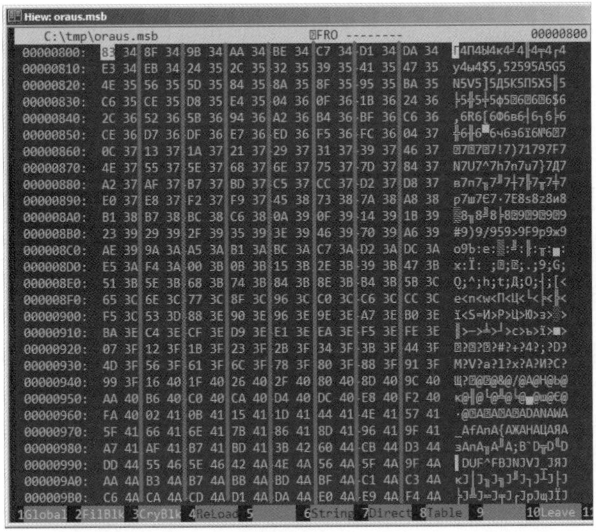

그림 9.30: Hiew: last_errnos 테이블

값의 크기는 시각적으로 유추할 수 있다(세로줄로 표시). 이 값들을 덤프해보면 각 블록의 마지막 에러 코드라는 사실을 알 수 있다.

오라클 RDBMS가 재빨리 에러 메시지를 찾는 과정은 다음과 같다.

- (각 블록의 마지막 에러 번호를 담고 있는) 테이블인 last_errnos(저자가 명명)를 로딩
- 블록과 파일 내에서 에러 코드는 항상 증가한다고 가정하고 필요한 에러 코드가 포함된 블록을 검색
- 찾은 특정 블록을 로드
- 특정 에러 번호를 찾을 때까지 6바이트 구조체 탐색
- 현재 6바이트 블록에서 첫 번째 문자의 위치 구하기
- 다음 6바이트 블록에서 마지막 문자의 위치 구하기
- 앞서 구한 범위 내의 문자를 모두 로드

.MSB 파일을 언패킹하는 C 프로그램은 http://beginners.re/examples/oracle/MSB/ oracle_msb.c에서 다운로드할 수 있다. 이 예에서 사용한 파일 두 개도 받을 수 있다(오라클 RDBMS 11.1.0.6).

http://beginners.re/examples/oracle/MSB/oraus.msb

http://beginners.re/examples/oracle/MSB/oraus.msg

9.6.1 정리

이런 파일 포맷은 현재 컴퓨터에 적용하기엔 너무 낡은 방식일 수 있다. 아마도 80년대 중반에 메인프레임용 프로그램을 개발하던 사람이 메모리/디스크 효율성을 고려하고 개발한 포맷일 것이다. 하지만 오라클 RDBMS의 코드를 보지 않고도 비공개 파일 포맷을 이해할 수 있는 흥미로운 예라고 할 수 있다.

9.7 연습

여러분들이 좋아하는 게임의 바이너리 파일(최고 점수 파일이나 리소스 파일 등)을 리버스 엔지니어링해보기 바란다.

utmp/wtmp 파일처럼 이미 포맷이 알려진 바이너리 파일도 있다. 해당 파일의 포맷을 설명하는 문서를 보지 않은 채 구조를 이해하려고 노력해보기 바란다.

JPEG 파일의 EXIF 헤더는 문서화돼 있다. 하지만 문서 없이 구조를 이해하려고 노력할 수 있다. 다양한 시간과 장소에서 사진을 찍어 EXIF에 있는 날짜와 시간, GPS 정보를 찾아보기 바란다. 그리고 GPS 위치를 패치한 JPEG 파일을 페이스북에 업로드해 지도상에서 해당 파일이 가리키는 위치가 어디로 표시되는지 확인해보기 바란다.

MP3 파일에 있는 정보를 패치해 MP3 플레이어가 어떻게 반응하는지 살펴보기 바란다.

9.8 추가 자료

피어 캐필론: 직접 만든 암호화 알고리즘의 블랙박스 암호화 분석: 실제 사례 연구 (https://yurichev.com/mirrors/SSTIC2016-Article-cryptanalyse_en_boite_noire_de_chiffrement_proprietaire-capillon.pdf): 아내로부터 죽임을 당하지 않고 비싼 카메라를 해킹하는 방법(https://alexhude.github.io/2019/01/24/hacking-leica-m240.html)

10

동적 바이너리 인스트루멘테이션

DBI^{Dynamic Binary Instrumentation} 도구는 고급 디버거라고 할 수 있다.

10.1 XOR을 가로채기 위한 PIN DBI

인텔에서 제공하는 PIN은 DBI 툴이다. 즉, 컴파일된 바이너리에 원하는 명령어를 그 안에 삽입할 수 있게 해준다.

모든 XOR 명령어를 가로채보자. 암호화에서는 XOR 명령어가 매우 많이 사용된다. 압축 프로그램인 WinRAR를 암호화 모드로 실행시켜 실제로 암호화를 수행하는 동인 XOR 명령어가 사용되는지 확인해보자.

https://github.com/DennisYurichev/RE-for-beginners/tree/master/DBI/XOR/files/XOR_ins.cpp에는 저자가 만든 PIN 툴의 소스코드가 있다.

소스코드를 보면 기능을 직관적으로 알 수 있을 것이다. 즉, 입력된 실행 파일에서 모든 XOR/PXOR 명령어를 찾아 해당 명령어가 실행되기 전에 호출되는 함수를 삽입한다. `log_info()` 함수는 XOR 명령어의 오퍼랜드가 서로 다른지 확인(XOR 명령어는 레지스터를 초기화하기 위한 용도(예, `XOR EAX, EAX`)로도 사용되기 때문에 이런 경우를 제외하기 위함)한다. 다르다면 카운터를 증가시킨다.

테스트를 위해 두 개의 파일을 준비했다. 하나는 test1.bin(30720바이트)이고 다른 하나는 test2.bin(5547752바이트)이다. 이 파일들을 패스워드를 이용해 RAR로 압축해서 결과를 비교해볼 것이다.

그리고 ASLR을 비활성시켜 두 경우에 대한 RAR 실행 파일의 RIP가 일정하게 보고되도록 만들어야 한다(https://stackoverflow.com/q/9560993 참고).

PIN 툴을 실행시켜보자.

```
c:\pin-3.2-81205-msvc-windows\pin.exe -t XOR_ins.dll -- rar a -pLongPassword tmp.rar test1.bin
c:\pin-3.2-81205-msvc-windows\pin.exe -t XOR_ins.dll -- rar a -pLongPassword tmp.rar test2.bin
```

test1.bin에 대한 실행 결과 파일은 https://github.com/DennisYurichev/RE-for-beginners/tree/master/DBI/XOR/files/XOR_ins.out.test에서, test2.bin에 대한 실행 결과 파일은 https://github.com/DennisYurichev/RE-for-beginners/tree/master/DBI/XOR/files/XOR_ins.out.test2에서 확인할 수 있다.

다른 DLL에 있는 `ip = 0x1400xxxxx` 이외의 모든 주소는 무시해도 된다.

두 실행 결과의 차이(https://github.com/DennisYurichev/RE-for-beginners/tree/master/DBI/XOR/files/XOR_ins.diff)를 살펴보자.

test2.bin(test1.bin보다 큰 파일)의 경우에는 test1.bin(test2.bin보다 작은 파일)의 경우보다 XOR 명령어가 더 많이 실행됐다. 결국 파일의 크기에 따라 실행 횟수가 달라진다는 것을 알 수 있다.

두 파일의 차이를 나타내는 첫 번째 블록은 다음과 같다.

```
< ip=0x140017b21 count=0xd84
< ip=0x140017b48 count=0x81f
< ip=0x140017b59 count=0x858
< ip=0x140017b6a count=0xc13
< ip=0x140017b7b count=0xefc
< ip=0x140017b8a count=0xefd
< ip=0x140017b92 count=0xb86
< ip=0x140017ba1 count=0xf01
```

```
---
> ip=0x140017b21 count=0x9eab5
> ip=0x140017b48 count=0x79863
> ip=0x140017b59 count=0x862e8
> ip=0x140017b6a count=0x99495
> ip=0x140017b7b count=0xa891c
> ip=0x140017b8a count=0xa89f4
> ip=0x140017b92 count=0x8ed72
> ip=0x140017ba1 count=0xa8a8a
```

다음은 실제로 RAR.EXE 내부에 있는 루프문이다.

```
.text:0000000140017B21 loc_140017B21:
.text:0000000140017B21                 xor     r11d, [rbx]
.text:0000000140017B24                 mov     r9d, [rbx+4]
.text:0000000140017B28                 add     rbx, 8
.text:0000000140017B2C                 mov     eax, r9d
.text:0000000140017B2F                 shr     eax, 18h
.text:0000000140017B32                 movzx   edx, al
.text:0000000140017B35                 mov     eax, r9d
.text:0000000140017B38                 shr     eax, 10h
.text:0000000140017B3B                 movzx   ecx, al
.text:0000000140017B3E                 mov     eax, r9d
.text:0000000140017B41                 shr     eax, 8
.text:0000000140017B44                 mov     r8d, [rsi+rdx*4]
.text:0000000140017B48                 xor     r8d, [rsi+rcx*4+400h]
.text:0000000140017B50                 movzx   ecx, al
.text:0000000140017B53                 mov     eax, r11d
.text:0000000140017B56                 shr     eax, 18h
.text:0000000140017B59                 xor     r8d, [rsi+rcx*4+800h]
.text:0000000140017B61                 movzx   ecx, al
.text:0000000140017B64                 mov     eax, r11d
.text:0000000140017B67                 shr     eax, 10h
.text:0000000140017B6A                 xor     r8d, [rsi+rcx*4+1000h]
.text:0000000140017B72                 movzx   ecx, al
.text:0000000140017B75                 mov     eax, r11d
.text:0000000140017B78                 shr     eax, 8
.text:0000000140017B7B                 xor     r8d, [rsi+rcx*4+1400h]
.text:0000000140017B83                 movzx   ecx, al
.text:0000000140017B86                 movzx   eax, r9b
.text:0000000140017B8A                 xor     r8d, [rsi+rcx*4+1800h]
.text:0000000140017B92                 xor     r8d, [rsi+rax*4+0C00h]
.text:0000000140017B9A                 movzx   eax, r11b
.text:0000000140017B9E                 mov     r11d, r8d
.text:0000000140017BA1                 xor     r11d, [rsi+rax*4+1C00h]
.text:0000000140017BA9                 sub     rdi, 1
```

```
.text:0000000140017BAD                    jnz     loc_140017B21
```

이것으로 무엇을 해야 할지 아직 명확하지 않다. 다음을 보자.

```
< ip=0x14002c4f1 count=0x4fce
---
> ip=0x14002c4f1 count=0x4463be
```

0x4fce(20430)는 test1.bin 파일의 크기(30720)와 가깝고, 0x4463be(4481982)는 test2. bin 파일의 크기(4481982)와 가깝다. 가까울 뿐 동일하지는 않다.

다음은 XOR 명령어를 이용하는 코드 블록이다.

```
.text:000000014002C4EA loc_14002C4EA:
.text:000000014002C4EA                    movzx   eax, byte ptr [r8]
.text:000000014002C4EE                    shl     ecx, 5
.text:000000014002C4F1                    xor     ecx, eax
.text:000000014002C4F3                    and     ecx, 7FFFh
.text:000000014002C4F9                    cmp     [r11+rcx*4], esi
.text:000000014002C4FD                    jb      short loc_14002C507
.text:000000014002C4FF                    cmp     [r11+rcx*4], r10d
.text:000000014002C503                    ja      short loc_14002C507
.text:000000014002C505                    inc     ebx
```

루프문을 다음과 같이 표현할 수 있다.

```
state = input_byte ^ (state<<5) & 0x7FFF}.
```

state를 어떤 테이블의 인덱스로 사용하고 있다. 이는 일종의 CRC^{Cyclic Redundancy Check} 루틴인지 여부는 모르겠지만 체크섬 루틴이라고 볼 수 있다. 또는 최적화된 CRC 루틴 일지도 모르겠다.

다음 블록을 보자.

```
< ip=0x14004104a count=0x367
< ip=0x140041057 count=0x367
---
> ip=0x14004104a count=0x24193
```

```
> ip=0x140041057 count=0x24193

.text:0000000140041039 loc_140041039:
.text:0000000140041039                      mov     rax, r10
.text:000000014004103C                      add     r10, 10h
.text:0000000140041040                      cmp     byte ptr [rcx+1], 0
.text:0000000140041044                      movdqu  xmm0, xmmword ptr [rax]
.text:0000000140041048                      jz      short loc_14004104E
.text:000000014004104A                      pxor    xmm0, xmm1
.text:000000014004104E
.text:000000014004104E loc_14004104E:
.text:000000014004104E                      movdqu  xmm1, xmmword ptr [rcx+18h]
.text:0000000140041053                      movsxd  r8, dword ptr [rcx+4]
.text:0000000140041057                      pxor    xmm1, xmm0
.text:000000014004105B                      cmp     r8d, 1
.text:000000014004105F                      jle     short loc_14004107C
.text:0000000140041061                      lea     rdx, [rcx+28h]
.text:0000000140041065                      lea     r9d, [r8-1]
.text:0000000140041069
.text:0000000140041069 loc_140041069:
.text:0000000140041069                      movdqu  xmm0, xmmword ptr [rdx]
.text:000000014004106D                      lea     rdx, [rdx+10h]
.text:0000000140041071                      aesenc  xmm1, xmm0
.text:0000000140041076                      sub     r9, 1
.text:000000014004107A                      jnz     short loc_140041069
.text:000000014004107C
```

PXOR 명령어와 AESENC 명령어(AES[Advanced Encryption Standard] 암호화를 위한 명령어)가 보인다. 따라서 AES 암호 알고리즘을 이용하는 함수라고 할 수 있다.

연속적으로 XOR 명령어를 사용하는 또 다른 코드 블록이 있다.

```
< ip=0x140043e10 count=0x23006
---
> ip=0x140043e10 count=0x23004
499c510
< ip=0x140043e56 count=0x22ffd
---
> ip=0x140043e56 count=0x23002
```

test1.bin/test2.bin을 압축/암호화하는 동안 XOR 명령어를 사용하는 수는 크게 다르지 않다. 다음의 코드는 무엇일까?

```
.text:0000000140043E07          xor       ecx, r9d
.text:0000000140043E0A          mov       r11d, eax
.text:0000000140043E0D          and       ecx, r10d
.text:0000000140043E10          xor       ecx, r8d
.text:0000000140043E13          rol       eax, 8
.text:0000000140043E16          and       eax, esi
.text:0000000140043E18          ror       r11d, 8
.text:0000000140043E1C          add       edx, 5A827999h
.text:0000000140043E22          ror       r10d, 2
.text:0000000140043E26          add       r8d, 5A827999h
.text:0000000140043E2D          and       r11d, r12d
.text:0000000140043E30          or        r11d, eax
.text:0000000140043E33          mov       eax, ebx
```

5A827999h를 구글로 검색해보면 SHA-1 알고리즘에 사용되는 상수로 보인다. 그렇다면 RAR는 암호화를 수행하는 동안 왜 SHA-1 알고리즘을 이용하는 것일까?

다음이 그에 대한 답이다.

WinRAR의 자체 키 생성 알고리즘에서는 (암호의 길이 * 2 + 11) * 4096 SHA-1 변환을 필요로 한다. 이는 암호화된 WinRAR 아카이브에 대한 무차별 대입 공격을 어렵게 하기 위함이다(http://www.tomshardware.com/reviews/password-recovery-gpu,2945-8.html).

키 스케줄링은 다음과 같다. 입력된 암호를 여러 번 해시한다. 그렇게 만들어진 해시 값은 AES의 키로 사용한다. 이 때문에 파일의 크기에 상관없이 XOR 명령어가 사용되는 횟수가 거의 변함이 없었던 것이다.

툴을 이용해 다음의 3가지를 파악하는 데 몇 시간이나 걸렸다. 1) 어떤 종류의 체크섬, 2) AES 암호화, 3) SHA-1 계산. 첫 번째는 여전히 정확히 파악하지 못했다. 그럼에도 불구하고 RAR 코드(물론 공개돼 있지 않음)를 참조하지 않고 분석했다는 것은 인상적이라고 할 수 있다. 또한 (유효한) UnRAR 소스코드를 들여다보지도 않았다.

테스트 파일과 분석에 사용된 RAR 실행 파일(win64, 5.40)은 https://github.com/DennisYurichev/RE-for-beginners/tree/master/DBI/XOR/files에서 다운로드할 수 있다.

10.2 PIN을 이용한 지뢰 찾기 게임 크랙

이미 앞(8.3절)의 윈도우 XP용 지뢰 찾기 게임을 크랙하는 것을 설명했다. 윈도우 비스타와 윈도우 7에 있는 지뢰 찾기 게임은 윈도우 XP에 있는 것과 다르다. 아마도 C++로 재작성된 것으로 보이며, 셀 정보는 더 이상 전역 변수 배열에 저장되지 않고 메모리 할당한 힙 영역에 저장된다.

이번에는 PIN DBI 툴을 이용해보자.

10.2.1 모든 rand() 함수 호출 가로채기

지뢰 찾기 게임은 지뢰를 임의로 위치시키기 때문에 rand()나 그와 유사한 함수를 호출해야만 한다. 따라서 모든 rand() 함수 호출을 가로채 보자(https://github.com/DennisYurichev/RE-for-beginners/tree/master/DBI/minesweeper/minesweeper1.cpp).

다음 명령으로 PIN을 실행시켜보자.

```
c:\pin-3.2-81205-msvc-windows\pin.exe -t minesweeper1.dll -- C:\PATH\TO\MineSweeper.exe
```

PIN은 먼저 rand() 함수에 대한 모든 호출을 찾아 호출 코드 바로 다음에 우리가 정의한 RandAfter() 함수를 삽입한다. RandAfter() 함수는 리턴 값과 리턴 주소를 로깅한다. 크기가 9*9이묘 지뢰고, 10개 숨어있는 경우에 대한 로그 파일은 https://github.com/DennisYurichev/RE-for-beginners/tree/master/DBI/minesweeper/minesweeper1.out.10mines에서 확인할 수 있다. rand() 함수는 여러 곳에서 많이 호출되며, 0x10002770d 주소에서는 10번 호출된다. 크기를 16*16으로 변경(40개의 지뢰가 숨어있음)해보면 0x10002770d에서 rand() 함수를 40번 호출한다.

윈도우 7용 minesweeper.exe를 IDA에 로드하면 마이크로소프트 웹 사이트에서 PDB 파일을 가져와 분석해주며, 그 결과 0x10002770d에서 rand() 함수를 호출해주는 함수가 Board::placeMines()라는 것을 알 수 있다.

10.2.2 rand() 함수 호출을 우리 함수로 교체

이번에는 rand() 함수를 우리가 작성한 함수(항상 0을 리턴하는 함수)로 교체해보자
(https://github.com/DennisYurichev/RE-for-beginners/tree/master/DBI/minesweeper/
minesweeper2.cpp). 프로그램이 시작되는 동안 PIN은 rand() 함수 호출 부분을 우리
가 작성한 함수를 호출하도록 수정한다. 그리고 프로그램이 시작되면 좌측 최상단의
셀을 클릭해보자.

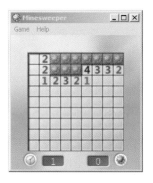

윈도우 XP의 지뢰 찾기 게임과는 달리 지뢰는 사용자가 셀을 클릭한 후에 무작위로
배치된다. 따라서 사용자가 처음 클릭하는 셀에는 항상 지뢰가 없다는 것이 보장된
다. 따라서 지뢰는 좌측 최상단이 아닌 다른 셀들에 배치된다.

이번에는 지뢰 찾기 게임이 시작되면 우측 최상단에 있는 셀을 클릭해보자.

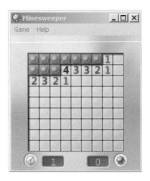

이번에는 최상단에 있는 열의 5번째 셀을 클릭해봤다.

결국 PRNG 루틴 부분을 임의로 조작해도 지뢰가 제대로 배치되는 것을 확인할 수 있다.

10.2.3 지뢰가 배치되는 방법

지뢰가 배치되는 위치에 대한 정보는 어떻게 얻을 수 있을까? rand() 함수의 결과로는 알 수 없을 것 같다. 즉, 항상 0을 리턴하게 만들어도 지뢰 찾기 게임은 매번 다른 셀에 지뢰를 배치하고 있기 때문이다.

C++로 작성됐기 때문에 전역 변수 배열을 사용하지 않는다.

프로그래머의 입장에서 생각해보면 지뢰 배치는 다음과 같은 루프여야 한다.

```
for (int i; i<mines_total; i++)
{
    // rand() 함수를 이용해 지뢰를 배치할 셀의 좌표를 얻는다.
    // 해당 셀에 지뢰를 배치한다. 즉, 힙에 할당된 메모리를 값을 변경한다.
};
```

위 코드의 두 번째 단계에서 값을 수정하는 힙의 메모리 블록에 대한 정보는 어떻게 얻을 수 있을까? 이를 위해 필요한 것은 1) malloc()/realloc()/free()와 같은 힙 메모리 할당 관련 함수를 모두 추적, 2) 메모리에 값을 쓰는 모든 작업을 추적(이 방법은 매우 느림), 3) rand() 함수 호출 가리채기다.

알고리즘을 구성하면 1) 0x10002770d에서 수행되는 첫 번째 rand() 함수와 두 번째 호출 사이에 이뤄지는 모든 힙 메모리 블록 관련 수정을 표시한다. 2) 힙 메모리 블록이 해제될 때마다 해당 내용을 덤프한다.

모든 메모리 쓰기 동작을 추적하는 것은 느린 작업이다. 하지만 두 번째 rand() 함수 호출 이후에는 추적할 필요가 없다(그때는 이미 메모리 블록 리스트를 얻는 상태기 때문이다).

소스코드는 https://github.com/DennisYurichev/RE-for-beginners/tree/master/DBI/minesweeper/minesweeper3.cpp에서 확인할 수 있다.

확인 결과 처음 두 번의 rand() 함수 호출 사이에는 4개의 힙 메모리 블록만 수정됐다.

```
free(0x20aa6360)
free(): we have this block in our records, size=0x28
0x20AA6360: 36 00 00 00 4E 00 00 00-2D 00 00 00 29 00 00 00    "6...N...-...)..."
0x20AA6370: 06 00 00 00 37 00 00 00-35 00 00 00 19 00 00 00    "....7...5......."
0x20AA6380: 46 00 00 00 0B 00 00 00-                           "F.......        "
...
free(0x20af9d10)
free(): we have this block in our records, size=0x18
0x20AF9D10: 0A 00 00 00 0A 00 00 00-0A 00 00 00 00 00 00 00    "................"
0x20AF9D20: 60 63 AA 20 00 00 00 00-                           "`c. ....        "
...
free(0x20b28b20)
free(): we have this block in our records, size=0x140
0x20B28B20: 02 00 00 00 03 00 00 00-04 00 00 00 05 00 00 00    "................"
0x20B28B30: 07 00 00 00 08 00 00 00-0C 00 00 00 0D 00 00 00    "................"
0x20B28B40: 0E 00 00 00 0F 00 00 00-10 00 00 00 11 00 00 00    "................"
0x20B28B50: 12 00 00 00 13 00 00 00-14 00 00 00 15 00 00 00    "................"
0x20B28B60: 16 00 00 00 17 00 00 00-18 00 00 00 1A 00 00 00    "................"
0x20B28B70: 1B 00 00 00 1C 00 00 00-1D 00 00 00 1E 00 00 00    "................"
0x20B28B80: 1F 00 00 00 20 00 00 00-21 00 00 00 22 00 00 00    ".... ...!..."..."
0x20B28B90: 23 00 00 00 24 00 00 00-25 00 00 00 26 00 00 00    "#...$...%...&..."
0x20B28BA0: 27 00 00 00 28 00 00 00-2A 00 00 00 2B 00 00 00    "'...(...*...+..."
0x20B28BB0: 2C 00 00 00 2E 00 00 00-2F 00 00 00 30 00 00 00    ",......./...0..."
0x20B28BC0: 31 00 00 00 32 00 00 00-33 00 00 00 34 00 00 00    "1...2...3...4..."
0x20B28BD0: 38 00 00 00 39 00 00 00-3A 00 00 00 3B 00 00 00    "8...9...:...;..."
0x20B28BE0: 3C 00 00 00 3D 00 00 00-3E 00 00 00 3F 00 00 00    "<...=...>...?..."
0x20B28BF0: 40 00 00 00 41 00 00 00-42 00 00 00 43 00 00 00    "@...A...B...C..."
0x20B28C00: 44 00 00 00 45 00 00 00-47 00 00 00 48 00 00 00    "D...E...G...H..."
0x20B28C10: 49 00 00 00 4A 00 00 00-4B 00 00 00 4C 00 00 00    "I...J...K...L..."
0x20B28C20: 4D 00 00 00 4F 00 00 00-50 00 00 00 50 00 00 00    "M...O...P...P..."
0x20B28C30: 50 00 00 00 50 00 00 00-50 00 00 00 50 00 00 00    "P...P...P...P..."
0x20B28C40: 50 00 00 00 50 00 00 00-50 00 00 00 50 00 00 00    "P...P...P...P..."
0x20B28C50: 50 00 00 00 00 00 00 00-00 00 00 00 00 00 00 00    "P..............."
...
free(0x20af9cf0)
free(): we have this block in our records, size=0x18
0x20AF9CF0: 43 00 00 00 50 00 00 00-10 00 00 00 20 00 74 00 "C...P....... .t."
```

```
0x20AF9D00: 20 8B B2 20 00 00 00 00-                    " .. ....        "
```

가장 큰 메모리 블록이 두 개(메모리 블록 크기가 각각 0x28과 0x140)가 있고 그 내용이 배열로 확인된다(배열에 있는 최댓값은 0x50). 0x50은 10진수로 80이며, 지뢰 찾기 게임의 디폴트 크기는 9 * 9 = 81이다.

조사를 해보면 배열 안의 32비트 값이 실제로 셀의 좌표 값이라는 것을 쉽게 확인할 수 있다. 배열의 이차원 배열이고 각 셀은 하나의 숫자로 표현된다. 지뢰의 위치를 나타내는 행과 열은 row=n/WIDTH; col=n % HEIGHT로 계산할 수 있다.

두 개의 큰 메모리 블록을 해석해보면 다음과 같이 지뢰가 있는 셀의 위치를 알아낼 수 있다.

```
try_to_dump_cells(). unique elements=0xa
......*..
..*......
.......*.
.........
.....*...
*.......*
**.......
.......*.
......*..

...
try_to_dump_cells(). unique elements=0x44
*.****.**
...******
*******.*
*********
*****.***
.*******.
..*******
*******.*
******.**
```

첫 번째 메모리 블록은 지뢰가 위치를 나타내는 리스트로 보인다. 두 번째 메모리 블록은 지뢰가 없는 셀의 리스트로 보인다. 그런데 첫 번째 블록과 두 번째 블록은 서로 동기화되지 않은 것으로 보인다. 첫 번째 블록 값의 반대가 두 번째 블록과 일치해야 하는 데 일부만 일치하기 때문이다.

사용자가 어딘가를 처음 클릭하면 지뢰 찾기 게임은 10개의 지뢰를 배치하는데, 기존의 지뢰 위치를 갖고 있는 메모리 블록은 해제하지 않는 것으로 보인다(아마도 그 전에 모든 데이터를 다른 블록에 복사하는 것이 아닐까?).

또한, `Array <NodeType>::Add (NodeType)` 메소드는 우리가 관찰한 블록을 수정하며 `Board::placeMines()`를 포함한 다양한 곳에서 호출된다. 자세한 세부 정보까지는 얻지 못했지만 이 모든 것을 PIN을 사용해 얻은 것이다(https://github.com/DennisYurichev/RE-for-beginners/tree/master/DBI/minesweeper).

10.2.4 연습

`rand()` 함수의 결과가 어떻게 지뢰의 좌표로 변환되는지 이해해보기 바란다. 지뢰의 위치가 어떤 기호나 그림 모양으로 배치되도록 `rand()` 함수를 조작해보는 것도 재미있을 것이다.

10.3 PIN 설치

윈도우에 PIN을 설치하려면 다음의 절차를 수행해야 한다.

- C:\pin-3.7\에 최신 버전의 PIN 툴을 압축 해제한다.
- 최신 버전의 Cygwin을 c:\cygwin64에 설치한다.
- MSVC 2015 또는 그것보다 최신 버전의 MSVC를 설치한다.
- C:\pin-3.7\source\tools\Config\makefile.default.rules 파일을 열어 `mkdir -p $@` 부분을 `/bin/mkdir -p $@`로 수정한다.
- (필요하다면) C:\pin-3.7\source\tools\SimpleExamples\makefile.rules의 `TEST_TOOL_ROOTS` 리스트에 PIN 툴을 추가한다.
- 'VS2015 x86 Native Tools Command Prompt'에서 다음을 입력한다.

```
cd c:\pin-3.7\source\tools\SimpleExamples
```

```
c:\cygwin64\bin\make all TARGET=ia32
```

이제 PIN 툴은 c:\pin-3.7\source\tools\SimpleExamples\obj-ia32에 위치하게 된다.

* winx64에서는 'x64 Native Tools Command Prompt'에서 다음을 입력한다.

```
c:\cygwin64\bin\make all TARGET=intel64
```

* PIN 툴을 실행한다.

```
c:\pin-3.7\pin.exe -t
C:\pin-3.7\source\tools\SimpleExamples\obj-ia32\XOR_ins.dll -- program.exe
arguments
```

10.4 인스트루멘테이션이라고 하는 이유

인스트루멘테이션^{instrumentation}은 코드 프로파일링 용어일 것이다. 코드 프로파일링을 위한 방법은 최소한 두 가지가 있다. 1) **샘플링:** 코드를 최대한 여러 번 실행시켜(초당 수백 개) 어디에서 그것이 호출되는지 확인, 2) **인스트루멘테이션:** 컴파일된 코드에 다른 코드를 삽입시켜 그것이 몇 번 실행되는지 등의 정보를 확인한다.

아마도 DBI 툴은 두 가지 방법을 모두 사용하는 것으로 보인다.

기타 사항

11.1 실행 파일 패치

11.1.1 텍스트 문자열

C 문자열은 (암호화돼 있지만 않다면) 어느 헥스 에디터를 이용하든 가장 쉽게 패치할 수 있다. 심지어 기계 코드나 실행 파일 포맷에 대한 지식이 없는 사람도 문자열 정도는 패치할 수 있다. 하지만 원래 문자열의 크기보다 크게 변경하면 안 된다. 그렇게 하면 기존의 다른 값이나 코드를 덮어쓸 수 있기 때문이다.

MS-DOS 시절에는 이 방법을 이용해 대부분의 소프트웨어를 현지화할 수 있었다. 적어도 80년대와 90년대의 소련 국가들에서는 그랬다. 기존 문자열 길이보다 더 길게 변경할 수 없었기 때문에 현지화한 소프트웨어에는 매번 이상한 약어가 자주 등장하곤 했다.

델파이에서는 필요하다면 문자열의 길이 정보도 수정해야 한다.

11.1.2 x86 코드

흔히 수행하는 패치 작업은 다음과 같다.

- 가장 흔한 작업 중 하나는 특정 명령어를 비활성화하는 것이다. 주로 해당 명령어를 0x90바이트(NOP)로 채우는 방식을 취한다.

- 74 xx(JZ) 등의 OP 코드를 갖는 조건부 점프도 두 개의 NOP으로 덮어쓸 수 있다. 또한 두 번째 바이트(점프 오프셋)를 0으로 덮어써도 조건부 점프를 비활성화할 수 있다.

- 자주 수행하는 패치 중에는 조건부 점프가 무조건 수행되게 만드는 작업도 있다. 원래의 OP 코드 대신 JMP를 의미하는 0xEB를 채우면 된다.

- 함수 시작 부분에 RETN(0xC3)을 기록하는 방식으로 함수 실행을 비활성화할 수 있다. 이 방법은 stdcall(6.1.2절)을 제외한 모든 함수에 적용할 수 있다. stdcall 함수를 패치할 때는 인자 개수를 알아낸 다음(예를 들어 대상 함수의 RETN 명령어를 보면 유추할 수 있다) 16비트 인자를 취하는 RETN(0xC2)을 사용해야 한다.

- 비활성화된 함수가 0이나 1을 리턴해야 하는 경우도 있다. MOV EAX, 0나 MOV EAX, 1을 이용할 수도 있지만 XOR EAX, EAX(0x31 0xC0의 2바이트)나 XOR EAX, EAX/INC EAX(0x31 0xC0 0x40의 3바이트)를 사용하는 것이 좀 더 좋은 방법이다.

소프트웨어에 변경 방지 기술이 적용돼 있을 수 있다.

이런 보호 기법은 종종 실행 코드의 체크섬을 확인하는 방식으로 구현된다. 즉, 실행 코드를 먼저 읽어 체크섬을 계산해야 한다. 따라서 메모리를 읽는 부분에 브레이크포인트를 설정하면 코드 보호를 수행하는 코드를 찾아낼 수 있다.

tracer에는 이런 작업을 도와주는 BPM 옵션이 있다.

코드를 패치할 때는 PE 실행 파일의 재배치 정보(6.5.2절)는 건드리지 말아야 한다. 윈도우 로더가 새 코드를 덮어쓸 수도 있기 때문이다(Hiew는 그림 1.21처럼 재배치 정보를 회색으로 표시한다).

꼭 필요한 경우라면 코드 재배치를 우회하도록 점프하게 만들거나 재배치 테이블을 수정해야 할 수도 있다.

11.2 함수 인자 수의 통계

함수에 전달되는 인자의 평균 개수가 무엇인지 항상 궁금했었다. 따라서 윈도우 7의 32비트 DLL 파일들(crypt32.dll, mfc71.dll, msvcr100.dll, shell32.dll, user32.dll, d3d11.dll, mshtml.dll, msxml6.dll, sqlncli11.dll, wininet.dll, mfc120.dll, msvbvm60.dll, ole32.dll, themeui.dll, wmp.dll)을 조사해봤다(이 DLL들은 stdcall 호출 규약을 사용하기 때문에 디스어셈블된 코드의 RETN X 부분만 조사하면 쉽게 파악할 수 있다).

- 인자가 없는 경우: $\approx 29\%$
- 인자가 1개인 경우: $\approx 23\%$
- 인자가 2개인 경우: $\approx 20\%$
- 인자가 3개인 경우: $\approx 11\%$
- 인자가 4개인 경우: $\approx 7\%$
- 인자가 5개인 경우: $\approx 3\%$
- 인자가 6개인 경우: $\approx 2\%$
- 인자가 7개인 경우: $\approx 1\%$

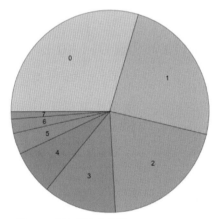

그림 11.1: 함수 인자 수 통계

이는 프로그래밍 스타일에 따라 크게 달라질 수 있으며, 다른 소프트웨어 제품에서는 결과가 다를 수 있다.

11.3 컴파일러 인트린직

컴파일러 인트린직^{Intrinsic}은 컴파일러에 특화된 함수로, 일반적인 라이브러리 함수가 아니다. 컴파일러는 라이브러리 함수를 호출하는 대신 특정 기계 코드를 생성한다. 즉, 특정 CPU 명령어용 의사 함수라고 할 수 있다. 예를 들면 C/C++ 언어에는 순환 시프트 연산이 존재하지 않지만 대부분의 CPU는 이 연산을 지원한다.

최소한 MSVC는 프로그래머에게 편의를 제공하는 차원에서 의사 함수인 _rotl()과 _rotr()(https://docs.microsoft.com/en-us/cpp/c-runtime-library/reference/rotl-rotl64-rotr-rotr64?redirectedfrom=MSDN&view=vs-2019)을 제공하며 컴파일러는 이런 인트린직을 바로 ROL/ROR x86 명령어로 변환한다.

또 다른 예로 SSE 명령어를 생성하는 함수가 있다.

MSVC 인트린직의 전체 목록은 https://docs.microsoft.com/en-us/cpp/intrinsics/compiler-intrinsics?redirectedfrom=MSDN&view=vs-2019에서 확인할 수 있다.

11.4 컴파일러 이상 동작

11.4.1 오라클 RDBMS 11.2와 인텔 C++ 10.1

오라클 RDBMS 11.2 리눅스86용으로 컴파일에 사용된 인텔 C++ 10.1은 두 개의 JZ 명령어를 연속해서 생성하기도 하는데, 두 번째 JZ 명령어는 전혀 참조하지 않는다. 즉, 두 번째 JZ 명령어는 무의미한 것이다.

리스트 11.1 libserver11.a의 kdli.o

```
.text:08114CF1                       loc_8114CF1:    ; CODE XREF: __PGOSF539_kdlimemSer+89A
.text:08114CF1                                       ; __PGOSF539_kdlimemSer+3994
.text:08114CF1 8B 45 08              mov     eax, [ebp+arg_0]
.text:08114CF4 0F B6 50 14           movzx   edx, byte ptr [eax+14h]
.text:08114CF8 F6 C2 01              test    dl, 1
.text:08114CFB 0F 85 17 08 00 00     jnz     loc_8115518
.text:08114D01 85 C9                 test    ecx, ecx
.text:08114D03 0F 84 8A 00 00 00     jz      loc_8114D93
.text:08114D09 0F 84 09 08 00 00     jz      loc_8115518
```

```
.text:08114D0F 8B 53 08          mov     edx, [ebx+8]
.text:08114D12 89 55 FC          mov     [ebp+var_4], edx
.text:08114D15 31 C0             xor     eax, eax
.text:08114D17 89 45 F4          mov     [ebp+var_C], eax
.text:08114D1A 50                push    eax
.text:08114D1B 52                push    edx
.text:08114D1C E8 03 54 00 00    call    len2nbytes
.text:08114D21 83 C4 08          add     esp, 8
```

리스트 11.2: 동일한 파일의 다른 코드

```
.text:0811A2A5                   loc_811A2A5:    ; CODE XREF: kdliSerLengths+11C
.text:0811A2A5                                   ; kdliSerLengths+1C1
.text:0811A2A5 8B 7D 08          mov     edi, [ebp+arg_0]
.text:0811A2A8 8B 7F 10          mov     edi, [edi+10h]
.text:0811A2AB 0F B6 57 14       movzx   edx, byte ptr [edi+14h]
.text:0811A2AF F6 C2 01          test    dl, 1
.text:0811A2B2 75 3E             jnz     short loc_811A2F2
.text:0811A2B4 83 E0 01          and     eax, 1
.text:0811A2B7 74 1F             jz      short loc_811A2D8
.text:0811A2B9 74 37             jz      short loc_811A2F2
.text:0811A2BB 6A 00             push    0
.text:0811A2BD FF 71 08          push    dword ptr [ecx+8]
.text:0811A2C0 E8 5F FE FF FF    call    len2nbytes
```

생성된 코드가 어쨌든 올바르게 동작하는 걸 봤을 때 아마도 테스팅 시에 발견하지 못한 코드 생성기의 버그로 보인다.

11.4.2 MSVC 6.0

약간 오래된 코드에서 발견할 수 있다.

```
        fabs
        fild    [esp+50h+var_34]
        fabs
        fxch    st(1)    ; 첫 번째 명령어
        fxch    st(1)    ; 두 번째 명령어
        faddp   st(1), st
        fcomp   [esp+50h+var_3C]
        fnstsw  ax
        test    ah, 41h
        jz      short loc_100040B7
```

첫 번째 FXCH 명령어는 ST(0)와 ST(1)을 교환한다. 두 번째 FXCH 명령어도 동일한 작업을 수행하기 때문에 결국 아무런 의미가 없게 된다. 이 프로그램은 MFC42.dll을 사용하기 때문에 1990년대의 MSVC 6.0이나 5.0 또는 MSVC 4.2이 만들어낸 코드일 것이다. 두 명령어는 결국 아무런 효과도 없기 때문에 MSVC 컴파일러 테스트 시에 발견되지 않았을 것이다.

11.4.3 정리

이 밖에도 이 책에서는 컴파일러 이상 동작을 몇 가지 다뤘다(1.22.2절, 3.7.3절, 3.15.7절, 1.20.7절, 1.14.4절, 1.22.5절을 참조하기 바란다).

컴파일러의 이상 동작을 소개하는 이유는 컴파일러 에러가 존재할 수 있다는 사실을 이해하고 있으면 컴파일러가 왜 이상한 코드를 생성했는지 분석하려고 필요 이상으로 고민하지 않아도 된다는 것을 보여주기 위해서다.

11.5 아이태니엄

거의 실패작이라고 할 수는 있지만 인텔 아이태니엄^{Itanium}(IA64$^{Intel\ Architecture\ 64}$)도 매우 흥미로운 아키텍처다.

OOE$^{Out-of-Order\ Execution}$ CPU가 명령어를 어떻게 재배치해 병렬적으로 실행할지 결정하는 반면 EPIC$^{Explicitly\ Parallel\ Instruction\ Computing}$은 이런 결정을 컴파일러 수준으로 옮기고자 하는 시도였다. 즉, 컴파일 단계에서 명령어를 그룹 짓고자 했다. 결과적으로 악명 높게 복잡한 컴파일러가 탄생했다.

IA64 코드의 예로 리눅스 커널의 간단한 암호 알고리즘을 하나 살펴보자.

리스트 11.3: 리눅스 커널 3.2.0.4

```
#define TEA_ROUNDS  32
#define TEA_DELTA   0x9e3779b9
static void tea_encrypt(struct crypto_tfm *tfm, u8 *dst, const u8 *src)
{
    u32 y, z, n, sum = 0;
```

```
    u32 k0, k1, k2, k3;
    struct tea_ctx *ctx = crypto_tfm_ctx(tfm);
    const __le32 *in = (const __le32 *)src;
    __le32 *out = (__le32 *)dst;

    y = le32_to_cpu(in[0]);
    z = le32_to_cpu(in[1]);

    k0 = ctx->KEY[0];
    k1 = ctx->KEY[1];
    k2 = ctx->KEY[2];
    k3 = ctx->KEY[3];

    n = TEA_ROUNDS;

    while (n-- > 0) {
        sum += TEA_DELTA;
        y += ((z << 4) + k0) ^ (z + sum) ^ ((z >> 5) + k1);
        z += ((y << 4) + k2) ^ (y + sum) ^ ((y >> 5) + k3);
    }

    out[0] = cpu_to_le32(y);
    out[1] = cpu_to_le32(z);
}
```

컴파일 결과는 다음과 같다.

리스트 11.4: 아이태니엄 2용 리눅스 커널 3.2.0.4(McKinley)

```
0090|                     tea_encrypt:
0090|08 80 80 41 00 21    adds    r16 = 96, r32       // ctx->KEY[2]에 대한 포인터
0096|80 C0 82 00 42 00    adds    r8 = 88, r32        // ctx->KEY[0]에 대한 포인터
009C|00 00 04 00          nop.i   0
00A0|09 18 70 41 00 21    adds    r3 = 92, r32        // ctx->KEY[1]에 대한 포인터
00A6|F0 20 88 20 28 00    ld4     r15 = [r34], 4      // z 로드
00AC|44 06 01 84          adds    r32 = 100, r32;;    // ctx->KEY[3]에 대한 포인터
00B0|08 98 00 20 10 10    ld4     r19 = [r16]         // r19=k2
00B6|00 01 00 00 42 40    mov     r16 = r0            // r0 값은 항상 0
00BC|00 08 CA 00          mov.i   r2 = ar.lc          // lc 레지스터 저장
00C0|05 70 00 44 10 10
     9E FF FF FF 7F 20    ld4     r14 = [r34]         // y 로드
00CC|92 F3 CE 6B          movl    r17 = 0xFFFFFFFF9E3779B9;; // TEA_DELTA
00D0|08 00 00 00 01 00    nop.m   0
00D6|50 01 20 20 20 00    ld4     r21 = [r8]          // r21=k0
00DC|F0 09 2A 00          mov.i   ar.lc = 31          // TEA_ROUNDS는 32
00E0|0A A0 00 06 10 10    ld4     r20 = [r3];;        // r20=k1
00E6|20 01 80 20 20 00    ld4     r18 = [r32]         // r18=k3
00EC|00 00 04 00          nop.i   0
00F0|
```

```
00F0|                              loc_F0:
00F0|09 80 40 22 00 20         add     r16 = r16, r17            // r16=sum, r17=TEA_DELTA
00F6|D0 71 54 26 40 80         shladd  r29 = r14, 4, r21         // r14=y, r21=k0
00FC|A3 70 68 52               extr.u  r28 = r14, 5, 27;;
0100|03 F0 40 1C 00 20         add     r30 = r16, r14
0106|B0 E1 50 00 40 40         add     r27 = r28, r20;;          // r20=k1
010C|D3 F1 3C 80               xor     r26 = r29, r30;;
0110|0B C8 6C 34 0F 20         xor     r25 = r27, r26;;
0116|F0 78 64 00 40 00         add     r15 = r15, r25            // r15=z
011C|00 00 04 00               nop.i   0;;
0120|00 00 00 00 01 00         nop.m   0
0126|80 51 3C 34 29 60         extr.u  r24 = r15, 5, 27
012C|F1 98 4C 80               shladd  r11 = r15, 4, r19         // r19=k2
0130|0B B8 3C 20 00 20         add     r23 = r15, r16;;
0136|A0 C0 48 00 40 00         add     r10 = r24, r18            // r18=k3
013C|00 00 04 00               nop.i   0;;
0140|0B 48 28 16 0F 20         xor     r9 = r10, r11;;
0146|60 B9 24 1E 40 00         xor     r22 = r23, r9
014C|00 00 04 00               nop.i   0;;
0150|11 00 00 00 01 00         nop.m   0
0156|E0 70 58 00 40 A0         add     r14 = r14, r22
015C|A0 FF FF 48               br.cloop.sptk.few loc_F0;;
0160|09 20 3C 42 90 15         st4     [r33] = r15, 4            // z 저장
0166|00 00 00 02 00 00         nop.m   0
016C|20 08 AA 00               mov.i   ar.lc = r2;;              // lc 레지스터 복원
0170|11 00 38 42 90 11         st4     [r33] = r14               // y 저장
0176|00 00 00 02 00 80         nop.i   0
017C|08 00 84 00               br.ret.sptk.many b0;;
```

모든 IA64 명령어는 3개의 명령어 번들로 묶을 수 있다. 각각의 명령어 번들은 크기가 16바이트(128비트)며 템플릿 코드(5비트)+3개의 명령어(각 명령어는 41비트)로 구성된다.

IDA는 명령어 번들을 6+6+4바이트로 쪼개서 보여주므로 패턴을 쉽게 확인할 수 있다. 각 번들에 있는 3개의 명령어 중 '정지 비트'가 설정돼 있는 명령어가 없다면 동일한 번들에 속한 3개의 명령어는 동시에 실행된다.

추측하건대 인텔과 HP 엔지니어들은 자주 사용되는 명령어 패턴의 통계 자료를 수집한 다음 번들 타입('템플릿'이라고도 함)을 도입하기로 결정한 것 같다. 번들 코드는 번들 내 명령어의 타입을 정의한다. 그리고 총 12개의 번들 타입이 있다. 예를 들면 0번째 번들 타입은 MII며, 첫 번째 명령어는 메모리(로딩이나 저장), 두 번째와 세 번째 명령어는 I(정수 명령어)라는 것을 의미한다.

번들 타입이 0x1d인 것은 MFB며, 첫 번째 명령어는 메모리(로딩이나 저장), 두 번째는 부동소수점(FPU 명령어), 그리고 세 번째는 분기(분기 명령어)라는 것을 의미한다.

컴파일러가 번들의 명령어 공간에 채울 적당한 명령어를 찾을 수 없을 때는 NOP을 삽입하기도 한다. 코드에서 nop.i 명령어(정수 명령어를 넣어야 할 위치의 NOP)와 nop.m(메모리 명령어를 넣어야 할 위치의 NOP)이 바로 그것이다.

사람이 직접 어셈블리어로 프로그래밍하는 경우에도 NOP이 자동으로 삽입된다. 이것이 전부가 아니다. 번들도 그룹으로 묶인다.

번들에는 '정지 비트'를 설정할 수 있는데, '정지 비트'가 설정된 번들이 나올 때까지 번들은 모두 동시에 실행될 수 있다. 실제로 아이태니엄 2는 한 번에 2개의 번들, 즉 6개의 명령어를 동시에 실행할 수 있다. 그러므로 번들과 번들 그룹에 속한 명령어는 서로 간섭이 이뤄지면 안 된다(다시 말해 데이터 해저드가 존재하면 안 된다).

명령어 사이에 간섭이 존재하면 예기치 않은 결과가 초래될 수 있다.

어셈블리어에서 정지 비트는 명령어 뒤에 두 개의 세미콜론(;;)을 추가하는 방식으로 표시한다.

예제 코드에서 [90-ac] 사이의 명령어들은 모두 동시에 실행할 수 있다. 이 명령어들은 서로 간섭하지 않는다. 동시에 실행할 수 있는 다음 그룹은 [b0-cc]다.

10c에도 정지 비트가 있으며 110에도 정지 비트가 있다. 이는 CISC^{Complex Instruction Set Computing}처럼 해당 명령어를 다른 명령어로부터 고립시킨 상태로 실행해야 한다는 의미다. 실제로 110에 위치한 명령어는 바로 앞 명령어의 결과(r26 레지스터의 값)를 이용하기 때문에 동시에 실행시킬 수 없다.

컴파일러는 명령어를 병렬화하는 더 나은 방법, 즉 CPU를 최대한으로 사용할 수 있는 방법을 찾지 못한 것이다. 그렇게 되면 많은 정지 비트와 NOP 명령어가 삽입되게 된다.

사람이 직접 어셈블리어로 프로그래밍하는 것 역시 지루한 작업이며, 직접 명령어 그룹을 처리해야 한다. 프로그래머가 각 명령어에 정지 비트를 추가할 수도 있겠지만, 그러면 아이태니엄의 성능을 저하시키며 아이태니엄을 만든 목적에도 반한다.

직접 IA64 어셈블리 코드로 작성한 예는 리눅스 커널 소스에서 찾아 볼 수 있다

(http://lxr.free-electrons.com/source/arch/ia64/lib/). 아이태니엄 어셈블리에 대한 자료로는 마이크 버렐의 『Writing Efficient Itanium 2 Assembly Code』(2010)(https://yurichev.com/mirrors/RE/itanium.pdf)나 『WRITING SHELLCODE FOR IA-64』(2001)(http://phrack.org/issues/57/5.html)를 참고하기 바란다.

아이태니엄의 또 다른 흥미로운 특징은 예측 실행이나 NaN[Not a Number]과 유사한 NaT[Not a Thing] 비트다(http://blogs.msdn.com/b/oldnewthing/archive/2004/01/19/60162.aspx).

11.6 8086 메모리 모델

MS-DOS나 Win16용 16비트 프로그램을 분석하다 보면(8.5.3절과 3.30.5절) 두 개의 16비트 값으로 구성된 포인터를 볼 수 있다. 이와 같은 형태의 포인터는 MS-DOS와 8086의 이상한 부산물이다.

8086/8088은 16비트 CPU지만 RAM의 20비트 주소(즉, 1MB의 외부 메모리에 접근할 수 있음)를 주소 지정할 수 있었다. 외부 메모리 주소 공간은 RAM(최대 640KB), ROM, 비디오 메모리용 윈도우, EMS 카드 등으로 나뉘었다.

8086/8088이 8비트 8080 CPU를 계승했다는 점을 기억하자.

8080의 메모리 공간은 16비트로 64KB까지만 주소를 지정할 수 있었다. 8086은 오래된 소프트웨어의 포팅을 위해 1MB 주소 공간 내에 많은 64KB 윈도우를 동시에 지원할 수 있었다. 이는 정말 단순하긴 하지만 일종의 가상화라고 할 수 있다.

8086 레지스터는 모두 16비트이므로 특수 세그먼트 레지스터(CS, DS, ES, SS)를 도입해 더 큰 공간을 주소 지정하는 데 사용했다.

20비트의 포인터는 세그먼트 레지스터와 주소 레지스터의 쌍(예, DS:BX)을 이용해 다음과 같은 방법으로 계산된다.

실제_주소 = (세그먼트_레지스터 ≪ 4) + 주소_레지스터

예를 들어 오래된 IBM 호환 PC의 그래픽(EGA[Enhanced Graphics Adapter], VGA[Video Graphics Array]) 비디오 RAM은 크기가 64KB였다.

그런 그래픽 메모리에 접근하려면 세그먼트 레지스터(예, DS)의 값을 0xA000으로 지정해야 했다. 그래서 DS:0는 비디오 RAM의 첫 번째 바이트가 되고 DS:0xFFFF는 비디오 RAM의 마지막 바이트가 된다. 즉, 20비트 주소 버스상의 실제 주소는 0xA0000에서 0xAFFFF까지의 값이 된다.

프로그램에 0x1234 같은 주소가 하드 코딩돼 있을 수도 있다. 하지만 운영체제는 임의의 주소에 프로그램을 로딩해야 할 수도 있다. 이런 경우를 대비해 운영체제는 프로그램이 RAM에서의 실제 위치를 신경 쓸 필요 없게 세그먼트 레지스터 값을 재계산해준다. 따라서 예전 MS-DOS 환경에서는 포인터가 세그먼트 주소와 세그먼트 내 주소, 즉 두 개의 16비트 값으로 구성됐다. 공간적인 측면에서는 20비트로 충분했지만 주소 재계산을 매우 자주 수행해야 했다. 공간과 편의성의 균형을 고려하면 스택을 이용해 더 많은 정보를 전달하는 편이 더 낫다고 볼 수 있다.

어쨌든 이런 제약 때문에 64KB보다 큰 메모리 블록을 할당할 수 없었다.

80286에서는 세그먼트 레지스터의 용도를 셀렉터^{selector}로 변경해 사용했다. 80386 CPU와 대용량 RAM을 탑재한 컴퓨터가 등장한 시점에도 MS-DOS가 여전히 널리 쓰였기 때문에 도스 확장자가 도입됐다. 보호 모드에서 CPU를 스위칭하고 프로그램을 위한 더 나은 메모리 API를 제공한다는 측면에서 본다면 운영체제의 의미 있는 진보라고 할 수 있다. 널리 쓰인 도스 확장자로는 DOS/4GW(비디오 게임인 DOOM이 도스 확장자용으로 컴파일됐다), Phar Lap, PMODE 등이 있다.

참고로 32비트 이전의 16비트 계열의 윈도우 3.x에서도 동일한 방식의 메모리 주소 지정 방법이 사용됐다.

11.7 기본 블록 재배치

11.7.1 프로필 기반 최적화

이 최적화 기법은 일부 기본 블록을 실행 바이너리 파일의 다른 섹션으로 이동시키는 방법이다.

당연히 함수 코드에는 매우 자주(예, 로프 내 코드) 실행되는 부분과 가끔(예, 에러 보고 코드, 예외 처리기) 실행되는 부분이 존재한다.

컴파일러가 실행 파일에 인스트루먼트 코드를 추가하면 개발자는 수많은 테스팅을 통해 통계 자료를 수집한다. 그리고 컴파일러는 수집된 통계치를 이용해 최종 실행 파일을 생성하며, 이때 자주 실행되지 않는 코드는 다른 섹션으로 이동시킨다.

결과적으로 자주 실행되는 함수 코드가 간결해지며, 이는 실행 속도와 캐시 메모리 측면에서 매우 중요한 요소다.

인텔 C++로 컴파일한 오라클 RDBMS 코드의 예를 살펴보자.

리스트 11.5: orageneric11.dll(win32)

```
        public _skgfsync
_skgfsync  proc near

; 주소 0x6030D86A

        db      66h
        nop
        push    ebp
        mov     ebp, esp
        mov     edx, [ebp+0Ch]
        test    edx, edx
        jz      short loc_6030D884
        mov     eax, [edx+30h]
        test    eax, 400h
        jnz     __VInfreq__skgfsync    ; 로그에 기록
continue:
        mov     eax, [ebp+8]
        mov     edx, [ebp+10h]
        mov     dword ptr [eax], 0
        lea     eax, [edx+0Fh]
        and     eax, 0FFFFFFFCh
        mov     ecx, [eax]
        cmp     ecx, 45726963h
        jnz     error                  ; 에러가 발생해 종료
        mov     esp, ebp
        pop     ebp
        retn
_skgfsync endp

...

; 주소 0x60B953F0
```

```
__VInfreq__skgfsync:
        mov     eax, [edx]
        test    eax, eax
        jz      continue
        mov     ecx, [ebp+10h]
        push    ecx
        mov     ecx, [ebp+8]
        push    edx
        push    ecx
        push    offset ...              ; "skgfsync(se=0x%x, ctx=0x%x, iov=0x%x)\n
        push    dword ptr [edx+4]
        call    dword ptr [eax]         ; 로그에 기록
        add     esp, 14h
        jmp     continue
error:
        mov     edx, [ebp+8]
        mov     dword ptr [edx], 69AAh  ; 27050 "function called with invalid FIB/IOV
    structure"
        mov     eax, [eax]
        mov     [edx+4], eax
        mov     dword ptr [edx+8], 0FA4h ; 4004
        mov     esp, ebp
        pop     ebp
        retn
; END OF FUNCTION CHUNK FOR _skgfsync
```

위 두 코드 묶음의 주소 차는 9MB에 가깝다.

함수에서 자주 실행되지 않는 코드 부분은 모두 DLL 파일 코드 섹션의 끝부분에 위치
한다.

인텔 C++ 컴파일러는 이와 같은 코드의 레이블 앞부분에 **VInfreq**를 붙인다.

로그 파일에 무엇인가를 기록하는 함수 부분은 오라클 개발자들이 통계치를 수집할
때 자주 실행(에러나 경고 등의 상황일 경우에 호출됐을 것이다)되지 않았을 것이다.

결과적으로 로그를 기록하는 기본 블록은 함수의 '자주 실행되는' 부분으로 제어 흐름
을 반환한다.

에러 코드 **27050**을 리턴하는 기본 블록도 '자주 실행되지 않는' 부분이다.

리눅스 ELF 파일의 경우 인텔 C++는 자주 실행되지 않는 코드를 모두 별도의 **text.
unlikely** 섹션으로 이동시키며, 자주 실행되는 코드는 **text.hot** 섹션에 남긴다.

리버스 엔지니어 입장에서 본다면 이와 같은 정보는 함수의 주요 부분과 에러 처리 부분을 나눌 때 요긴하게 사용할 수 있다.

11.8 Hex-Rays 2.2.0 사용 경험

11.8.1 버그

Hex-Rays에는 몇 가지 버그가 있었다.

우선 컴파일러 코드 생성기에 의해 FPU 명령어가 생성됐을 때 코드를 변경하면 분석을 제대로 수행하지 못한다. 예를 들면 다음과 같다.

```
f           proc    near

            lea     eax, [esp+4]
            fild    dword ptr [eax]
            lea     eax, [esp+8]
            fild    dword ptr [eax]
            fabs
            fcompp
            fnstsw  ax
            test    ah, 1
            jz      l01

            mov     eax, 1
            retn
l01:
            mov     eax, 2
            retn

f           endp
```

이는 제대로 디컴파일될 것이다.

```
signed int __cdecl f(signed int a1, signed int a2)
{
    signed int result; // eax@2

    if ( fabs((double)a2) >= (double)a1 )
        result = 2;
    else
        result = 1;
```

```
        return result;
}
```

이번에는 함수 끝부분에 있는 명령어 하나를 주석 처리해보자.

```
...
101:
                ;mov    eax, 2
                retn
...
```

그러면 Hex-Rays가 분석을 제대로 못하는 버그를 보게 된다.

```
void __cdecl f(char a1, char a2)
{
    fabs((double)a2);
}
```

다음은 또 다른 버그다.

```
extrn f1:dword
extrn f2:dword

f               proc    near

                fld     dword ptr [esp+4]
                fadd    dword ptr [esp+8]
                fst     dword ptr [esp+12]
                fcomp   ds:const_100
                fld     dword ptr [esp+16]      ; 이 명령어를 주석 처리
                fnstsw  ax
                test    ah, 1

                jnz     short 101

                call    f1
                retn
101:
                call    f2
                retn

f   endp

...

const_100 dd 42C80000h ; 100.0
```

디컴파일 결과는 다음과 같다.

```
int __cdecl f(float a1, float a2, float a3, float a4)
{
    double v5;      // st7@1
    char v6;        // c0@1
    int result;     // eax@2

    v5 = a4;
    if ( v6 )
        result = f2(v5);
    else
        result = f1(v5);
    return result;
}
```

변수 v6는 char 타입이다. 위 코드를 컴파일하면 컴파일러는 변수에 값이 할당되기 전에 사용됐다는 의미의 경고 메시지를 출력할 것이다.

또 다른 버그: FPATAN 명령어는 atan2()로 제대로 디컴파일되지만 인자들의 순서가 바뀐 상태로 디컴파일된다.

11.8.2 이상한 특징

Hex-Rays는 너무 자주 32비트 int를 64비트로 변환한다. 다음은 그 예다.

```
f               proc    near
                mov     eax, [esp+4]
                cdq
                xor     eax, edx
                sub     eax, edx
                ; EAX=abs(a1)

                sub     eax, [esp+8]
                ; EAX=EAX-a2

                ; 이때 EAX가 64비트(RAX)로 변환된다.

                cdq
                xor     eax, edx
                sub     eax, edx
                ; EAX=abs(abs(a1)-a2)

                retn
```

```
f               endp
```

디컴파일 결과는 다음과 같다.

```
int __cdecl f(int a1, int a2)
{
    __int64 v2;              // rax@1

    v2 = abs(a1) - a2;
    return (HIDWORD(v2) ^ v2) - HIDWORD(v2);
}
```

아마도 **CDQ** 명령어 때문이 아닐까? 어쨌든 32비트 코드에서 __int64 타입을 보게 된다면 주의하기 바란다.

다음도 이상한 결과를 만들어내는 예다.

```
f               proc    near
                mov     esi, [esp+4]

                lea     ebx, [esi+10h]
                cmp     esi, ebx
                jge     short 100

                cmp     esi, 1000
                jg  short 100

                mov     eax, 2
                retn
100:
                mov     eax, 1
                retn

f               endp
```

디컴파일 결과는 다음과 같다.

```
signed int __cdecl f(signed int a1)
{
    signed int result; // eax@3

    if ( __OFSUB__(a1, a1 + 16) ^ 1 && a1 <= 1000 )
        result = 2;
    else
```

```
        result = 1;
    return result;
}
```

코드는 올바르지만 추가적으로 직접 분석을 하게 만든다. 때때로 Hex-Rays는 곱하기 연산 코드를 장황하게 만들기도 한다.

```
f               proc    near

                mov     eax, [esp+4]
                mov     edx, 2AAAAAABh
                imul    edx
                mov     eax, edx

                retn
f               endp
```

디컴파일 결과는 다음과 같다.

```
int __cdecl f(int a1)
{
    return (unsigned __int64)(715827883i64 * a1) >> 32;
}
```

이처럼 이상하게 디컴파일되는 경우에는 명령어의 순서를 바꾸거나 어셈블리 코드를 다시 컴파일해 Hex-Rays가 다시 분석하게 만들면 대부분 해결할 수 있다.

11.8.3 침묵

```
extrn some_func:dword
f               proc    near

                mov     ecx, [esp+4]
                mov     eax, [esp+8]
                push    eax
                call    some_func
                add     esp, 4

                ; ECX 이용
                mov eax, ecx
```

```
            retn

  f    endp
```

디컴파일 결과는 다음과 같다.

```
int __cdecl f(int a1, int a2)
{
    int v2;             // ecx@1

    some_func(a2);
    return v2;
}
```

변수 v2(ECX)에 할당되는 값이 없어졌다. 물론 어셈블리 코드가 올바른 것은 아니지만 (다른 함수가 호출되기 전에 ECX의 값이 저장되지 않았기 때문) Hex-Rays가 그것을 경고해주면 더 좋을 것이다.

또 다른 예는 다음과 같다.

```
extrn some_func:dword

f               proc    near

                call    some_func
                jnz     101

                mov     eax, 1
                retn
101:
                mov     eax, 2

                retn

f               endp
```

디컴파일 결과는 다음과 같다.

```
signed int f()
{
    char v0;            // zf@1
    signed int result; // eax@2

    some_func();
    if ( v0 )
```

```
            result = 1;
        else
            result = 2;
        return result;
}
```

이 경우에도 경고 메시지를 출력해주면 좋았을 것이다.

어쨌든 char 타입의 변수를 보거나 초기화되지 않은 채 사용되는 변수를 보게 된다면 그 것은 무엇인가 잘못됐고 분석가가 직접 개입해야 한다는 명확한 표시라고 할 수 있다.

11.8.4 콤마

C/C++에서 콤마는 코드를 혼동하게 만드는 요소로 악명이 높다.

다음의 C/C++ 함수가 리턴하는 것은 무엇일까?

```
int f()
{
    return 1, 2;
};
```

2를 리턴한다. 컴파일러는 콤마를 발견하면 모든 하위 표현식을 실행하고 마지막 하위 표현식의 값을 리턴하는 코드를 생성한다. 실제 소프트웨어 제품에서도 이와 같은 형태의 코드를 본 적이 있다.

```
if (cond)
    return global_var=123, 456; // 456이 리턴된다.
else
    return global_var=789, 321; // 321이 리턴된다.
```

프로그래머는 분명 추가적인 괄호 없이 코드를 짧게 만들고 싶어 했을 것이다. 다시 말하면 콤마를 이용하면 중괄호 안에 명령문/코드 블록을 만들지 않고도 여러 개의 표현식을 하나로 묶을 수 있다.

C/C++에서의 콤마는 Scheme/Racket의 begin(https://docs.racket-lang.org/guide/begin. html)과 유사하다고 할 수 있다.

아마도 콤마가 유일하게 많이 사용되는 곳은 for()문일 것이다.

```
char *s="hello, world";
for(int i=0; *s; s++, i++);
// i = 문자열의 길이
```

s++와 i++는 루프가 반복될 때마다 실행된다. 관련해 좀 더 자세한 내용은 https://stackoverflow.com/q/52550을 참고하기 바란다.

Hex-Rays는 쉼표와 단락 표현이 풍부한 코드를 생성한다. 다음은 Hex-Rays의 실제 출력 내용이다.

```
if ( a >= b || (c = a, (d[a] - e) >> 2 > f) )
{
    ...
```

Hex-Rays가 만들어낸 코드는 컴파일되는 올바른 코드지만 이해하기 어렵다. 따라서 다음과 같이 다시 작성할 수 있다.

```
if (cond1 || (comma_expr, cond2))
{
    ...
```

간단히 코드를 단락으로 묶는 것이 효과적이다. 먼저 cond1을 체크하고 그것이 true면 이어지는 조건문은 무시하고 바로 if()문 안의 코드를 실행시킨다. cond1이 false면 comma_expr가 실행돼 cond2를 체크한다. 이때 cond2가 true면 if()문 안의 코드를 실행시키며 false면 실행시키지 않는다. 즉, cond1이나 cond2가 true면 if()문 안의 코드가 실행된다. 이제는 콤마가 왜 악명 높은지 이해했을 것이다.

초보 프로그래머는 하위 조건이 지정되지 않은 순서로 체크된다고 오해하는 경향이 있다. 그것은 사실이 아니다.

11.8.5 데이터 타입

디컴파일에서는 데이터 타입이 문제다.

데이터 타입이 디컴파일 전에 올바로 설정돼 있지 않으면 Hex-Rays는 로컬 스택에 있는 배열을 제대로 해석하지 못한다. 이는 전역 변수 배열의 경우에도 마찬가지다.

또 다른 문제는 함수가 너무 커서 여러 변수가 하나의 로컬 스택을 사용하는 경우다. 이는 흔하기 발생하는 경우로 하나의 로컬 스택 슬롯을 int 변수가 사용하다가 그다음에는 포인터가 사용하고 또 그다음에는 float 변수가 사용할 수 있다. Hex-Rays는 어떤 유형의 변수를 만든 다음 함수의 다양한 부분에서 그것을 다른 유형으로 형 변환한다. 이 문제는 함수를 여러 개의 작은 함수로 나누거나 지연 변수를 전역 변수로 변경하면 해결이 된다. 하지만 테스트해 검증하는 것을 잊어서는 안 된다.

11.8.6 길고 혼란스러운 표현

코드를 작성할 때 경우에 따라 if()에서 매우 길고 이해하기 어려운 표현을 사용할 때가 있다.

```
if ((! (v38 && v30 <= 5 && v27 != -1)) && ((! (v38 && v30 <= 5) && v27 != -1) || (v24 >= 5 ||
    v26)) && v25)
{
    ...
}
```

Mathematica의 BooleanMinimize[] 함수를 이용하면 이를 간단하게 만들 수 있다.

```
In[1]:= BooleanMinimize[(! (v38 && v30 <= 5 && v27 != -1)) && v38 && v30 <= 5 && v25 == 0]

Out[1]:= v38 && v25 == 0 && v27 == -1 && v30 <= 5
```

일반적인 하위 표현식을 찾는 방법도 있다.

```
In[2]:= Experimental`OptimizeExpression[(! (v38 && v30 <= 5 &&
    v27 != -1)) && ((! (v38 && v30 <= 5) &&
    v27 != -1) || (v24 >= 5 || v26)) && v25]

Out[2]= Experimental`OptimizedExpression[
    Block[{Compile`$1, Compile`$2}, Compile`$1 = v30 <= 5;
        Compile`$2 = v27 != -1; ! (v38 && Compile`$1 &&
            Compile`$2) && ((! (v38 && Compile`$1) && Compile`$2) ||
                v24 >= 5 || v26) && v25]]
```

Mathematica는 두 개의 새로운 변수(Compile`$1, Compile`$2)를 추가했다. 따라서 두 개의 변수를 추가적으로 이용할 수 있다.

11.8.7 문제 해결 방안

- 큰 함수를 작은 함수 여러 개로 나눈다(테스트를 잊어서는 안 된다). 경우에 따라서는 매우 큰 루프 코드에서 새로운 함수를 만드는 것은 많은 도움이 된다.
- 변수나 배열의 데이터 타입을 체크하고 설정한다.
- Hex-Rays의 결과가 이상하거나 초기화되지 않은 변수를 보게 된다면 명령어의 순서를 직접 바꿔서 그것을 다시 컴파일한 다음 Hex-Rays로 디컴파일을 시도한다.

11.8.8 정리

그럼에도 불구하고 Hex-Rays 2.2.0의 품질은 매우 좋으며 우리의 인생을 편하게 만들어준다.

12

추천 책과 블로그

12.1 책과 기타 자료

12.1.1 리버스 엔지니어링

* 엘닷 엘일람의 『Reversing: Secrets of Reverse Engineering』(2005)
* 브루스 당, 알렉산드르 가젯, 엘리어스 바카라니, 세바스찬 조세의 『Practical Reverse Engineering: x86, x64, ARM, Windows Kernel, Reversing Tools, and Obfuscation』(2014)
* 마이클 시코르스키, 앤드류 호닉의 『Practical Malware Analysis: The Hands-On Guide to Dissecting Malicious Software』(2012)
* 크리스 이글의 『IDA Pro Book』(2011)
* 레지날드 웡의 『Mastering Reverse Engineering: Re-engineer your ethical hacking skill』(2018), 그리고 크리스 카스퍼스키의 책들

12.1.2 윈도우

* 마크 루시노비치의 Microsoft Windows Internals 블로그

- Microsoft: 레이몬드 첸(http://blogs.msdn.com/oldnewthing/)

- http://www.nynaeve.net/

12.1.3 C/C++

- 브라이언 커니건, 데니스 M. 리치의 『C Programming Language 2/e』(1988)

- ISO/IEC 9899:TC3 (C C99 표준)(2007, http://www.open-std.org/jtc1/sc22/WG14/www/docs/n1256.pdf)

- 비야네 스트롭스트룹의 『C++ Programming Language, 4th Edition, (2013)

- C++11 표준(http://www.open-std.org/jtc1/sc22/wg21/docs/papers/2013/n3690.pdf)

- 애그너 포그의 『Optimizing software in C++』(2015)(https://www.agner.org/optimize/optimizing_cpp.pdf)

- 마샬 클라인의 C++ FAQ(http://www.parashift.com/c++-faq-lite/index.html)

- 데니스 유리체프의 『C/C++ programming language notes』(https://yurichev.com/C-book.html)

- C 프로그래밍 언어를 위한 JPL 기관 코딩 표준(https://yurichev.com/mirrors/C/JPL_Coding_Standard_C.pdf)

12.1.4 x86/x86-64

- 인텔의 매뉴얼(https://software.intel.com/en-us/articles/intel-sdm)

- AMD 매뉴얼(https://developer.amd.com/resources/developer-guides-manuals/)

- 애그너 포그의 『microarchitecture of Intel, AMD and VIA CPUs』(2016)(https://www.agner.org/optimize/microarchitecture.pdf)

- 애그너 포그의 『Calling conventions』(2015)(https://www.agner.org/optimize/calling_conventions.pdf)

- 『Intel® 64 and IA-32 Architectures Optimization Reference Manual』(2014)

- 『Software Optimization Guide for AMD Family 16h Processors』(2013)

다소 오래됐지만 여전히 읽어볼 만한 것은 다음과 같다.

마이클 아브라쉬의 『Graphics Programming Black Book』(1997)(https://github.com/jagregory/abrash-black-book)(그는 윈도우 NT 3.1 및 id Quake와 같은 프로젝트를 저수준에서 최적화한 것으로 유명하다).

12.1.5 ARM

- ARM 매뉴얼(http://infocenter.arm.com/help/index.jsp?topic=/com.arm.doc.subset.architecture.reference/index.html)
- 『ARM(R) Architecture Reference Manual, ARMv7-A and ARMv7-R edition』(2012)
- 『ARM Architecture Reference Manual, ARMv8, for ARMv8-A architecture profile』(2013)(https://yurichev.com/mirrors/ARMv8-A_Architecture_Reference_Manual_(Issue_A.a).pdf)
- 『Advanced RISC Machines Ltd, The ARM Cookbook』(1994)(https://yurichev.com/ref/ARM%20Cookbook%20(1994)/)

12.1.6 어셈블리어

리차드 블룸의 『Professional Assembly Language』

12.1.7 자바

팀 린드홀름, 프랭크 옐린, 길라드 브라차, 알렉스 버클리의 『Java(R) Virtual Machine Specification/Java SE 7 Edition』(https://docs.oracle.com/javase/specs/jvms/ se7/jvms7.pdf)

12.1.8 유닉스

에릭 레이몬드, 『Art of UNIX Programming』(2003)

12.1.9 프로그래밍 일반

- 브라이언 커니건, 롭 파이크의 『Practice of Programming』(1999)
- 헨리 S. 워렌의 『Hacker's Delight』(2002). 이 책에서 소개하는 트릭이나 해킹은 분기 명령이 효율적이지 않은 RISC CPU에만 적합한 것이기 때문에 현재는 그렇게 유효하지 않다고 말하는 사람도 있다. 그럼에도 불구하고 부울 대수와 같은 수학을 이해하는 데 많은 도움이 될 수 있다.
- (컴퓨터 과학 및 수학적 배경을 가진 굉장한 괴짜) 도널드 커누스의 『Art of Computer Programming』. 평범한 프로그래머가 이렇게 어려운 책을 열심히 읽으려고 노력할 가치가 있는지 의문이라고 말하는 사람도 있지만 훑어볼 만한 가치는 있다고 생각한다.

12.1.10 암호학

- 브루스 슈나이어의 『Applied Cryptography』(John Wiley & Sons, 1994)
- (무료) lvh, Crypto 101(https://www.crypto101.io/)
- (무료) 댄 보네, 빅터 숍의 『A Graduate Course in Applied Cryptography』(https://toc.cryptobook.us/)

13

커뮤니티

reddit.com에는 Reverse Engineering(http://www.reddit.com/r/ReverseEngineering/)과 REMath(http://www.reddit.com/r/remath)라는 두 개의 훌륭한 리버스 엔지니어링 관련 커뮤니티가 있다.

스택 익스체인지 웹 사이트에도 RE를 다루는 곳이 있다(http://reverseengineering. stackexchange.com/).

IRC 채널로는 FreeNode(https://freenode.net/)의 ##re 채널이 있다.

13.1 질문?

질문이 있다면 주저하지 말고 저자에게 물어보기 바란다(dennis@yurichev.com). 책 내용에 오류가 있거나 어떤 제안이라도 있다면 주저하지 말고 알려주기 바란다.

이 책의 내용을 계속 업데이트하고 있어 페이지나 리스트의 번호 등이 매우 빠르게 바뀌고 있다. 따라서 저자에게 메일을 보낼 때는 페이지나 리스트 번호 대신 문의할 페이지를 화면 캡처해 보내주기 바란다.

그러면 좀 더 빨리 내용을 수정할 수 있을 것이다. git이나 LATEX에 익숙하다면 소스

코드(https://github.com/DennisYurichev/RE-for-beginners)를 곧바로 수정해도 된다.

발견한 오류에 대한 확신이 없어 그것이 저자를 귀찮게 할 것이라고 걱정할 필요는 없다. 결국 저자는 초보자를 위해 이 책을 쓰고 있기 때문에 초보자의 의견은 매우 중요하다.

부록

.1 x86

.1.1 용어

다음은 16비트(8086/80286), 32비트(80386 등), 64비트에 공통적으로 적용된다.

바이트^{byte}: 8비트. 바이트 변수와 바이트 배열을 정의할 때는 어셈블리 지시어 DB를 사용한다. 바이트는 레지스터의 8비트 부분인 AL/BL/CL/DL/AH/BH/CH/DH/SIL/DIL/R*L을 이용해 전달한다.

워드^{word}: 16비트. 워드 변수와 워드 배열을 정의할 때는 어셈블리 지시어 DW를 사용한다. 워드는 레지스터의 16비트 부분인 AX/BX/CX/DX/SI/DI/R*W를 사용해 전달한다.

더블 워드^{dword}: 32비트. 더블 워드 변수와 더블 워드 배열을 정의할 때는 어셈블리 지시어 DD를 사용한다. 더블 워드는 레지스터 전체(x86)나 레지스터의 32비트 부분(x64)을 이용해 전달한다. 16비트 코드에서는 한 쌍의 16비트 레지스터를 사용해 하나의 더블 워드를 전달한다.

쿼드 워드^{qword}: 64비트. 쿼드 워드 변수와 쿼드 워드 배열을 정의할 때는 어셈블리 지시어 DQ를 사용한다. 32비트 환경에서는 한 쌍의 32비트 레지스터를 사용해 하나의 쿼드 워드를 전달한다.

tbyte: (10바이트) 80비트, 즉 10바이트(IEEE 754 FPU 레지스터에서 사용)

패러그래프paragraph: (16바이트) MS-DOS 환경에서 자주 사용하던 용어. 윈도우 API의 데이터 타입(BYTE, WORD, DWORD)도 이와 동일한 정의를 따르며 크기도 같다.

.1.2 범용 레지스터(GPR, General Purpose Registers)

일반적으로 바이트나 16비트 워드 부분을 통해 레지스터에 접근할 수 있다.

이는 모두 이전 인텔 CPU(8비트 8080까지 거슬러 올라감)의 유산으로 하위 호환성을 위해 여전히 지원된다.

예전의 8비트 CPU(8080)에는 두 부분으로 나뉘는 16비트 레지스터가 있었다.

8080용 프로그램은 16비트 레지스터의 하위 바이트 부분, 상위 바이트 부분, 또는 16비트 레지스터 전체에 접근할 수 있었다.

이 기능은 (아마도) 포팅을 쉽게 할 수 있도록 8086에서도 지원했다.

RISC CPU에는 보통 이런 기능이 없다.

80386에서는 E로 시작하는 레지스터가 x86-64에서는 R로 시작하는 레지스터가 도입됐다.

E로 시작하는 레지스터는 32비트를 나타내고 R로 시작하는 레지스터는 64비트를 나타낸다.

x86-86에서는 8개의 GPR(R8-R15) 레지스터가 추가됐다.

참고: 인텔 사용 설명서에서는 범용 레지스터의 바이트 부분을 나타낼 때 이름 끝에 L을 붙인다(예, R8L). 하지만 IDA에서는 B를 붙인다(예, R8B).

RAX/EAX/AX/AL

바이트 번호							
7번째	6번째	5번째	4번째	3번째	2번째	1번째	0번째
RAX^{x64}							
				EAX			
						AX	
						AH	AL

누산기^{Acumulator}라고도 한다. 보통 함수 결과를 리턴할 때 사용한다.

RBX/EBX/BX/BL

바이트 번호							
7번째	6번째	5번째	4번째	3번째	2번째	1번째	0번째
RBX^{x64}							
				EBX			
						BX	
						BH	BL

RCX/ECX/CX/CL

바이트 번호							
7번째	6번째	5번째	4번째	3번째	2번째	1번째	0번째
RCX^{x64}							
				ECX			
						CX	
						CH	CL

카운터라고도 한다. REP로 시작하는 명령어와 시프트 명령어(SHL/SHR/RxL/RxR)에서 카운터로 사용한다.

RDX/EDX/DX/DL

바이트 번호							
7번째	6번째	5번째	4번째	3번째	2번째	1번째	0번째
RDX^{x64}							
				EDX			
						DX	
						DH	DL

RSI/ESI/SI/SIL

바이트 번호							
7번째	6번째	5번째	4번째	3번째	2번째	1번째	0번째
RSI^{x64}							
				ESI			
						SI	
							SIL^{x64}

출발지 레지스터$^{source\ index}$라고도 한다. REP MOVSx, REP CMPSx 계열의 명령어에서 출발지로 사용한다.

RDI/EDI/DI/DIL

바이트 번호							
7번째	6번째	5번째	4번째	3번째	2번째	1번째	0번째
RDI^{x64}							
				EDI			
						DI	
							DIL^{x64}

목적지 레지스터$^{destination\ index}$라고도 한다. REP MOVSx, REP STOSx 계열의 명령어에서 목적지를 가리키는 포인터로 사용한다.

R8/R8D/R8W/R8L

바이트 번호							
7번째	6번째	5번째	4번째	3번째	2번째	1번째	0번째
R8							
				R8D			
						R8W	
							R8L

R9/R9D/R9W/R9L

바이트 번호							
7번째	6번째	5번째	4번째	3번째	2번째	1번째	0번째
R9							
				R9D			
						R9W	
							R9L

R10/R10D/R10W/R10L

바이트 번호							
7번째	6번째	5번째	4번째	3번째	2번째	1번째	0번째
R10							
				R10D			
						R10W	
							R10L

R11/R11D/R11W/R11L

바이트 번호							
7번째	6번째	5번째	4번째	3번째	2번째	1번째	0번째
R11							
				R11D			
						R11W	
							R11L

R12/R12D/R12W/R12L

바이트 번호							
7번째	6번째	5번째	4번째	3번째	2번째	1번째	0번째
R12							
				R12D			
						R12W	
							R12L

R13/R13D/R13W/R13L

바이트 번호							
7번째	6번째	5번째	4번째	3번째	2번째	1번째	0번째
R13							
				R13D			
						R13W	
							R13L

R14/R14D/R14W/R14L

바이트 번호							
7번째	6번째	5번째	4번째	3번째	2번째	1번째	0번째
R14							
				R14D			
						R14W	
							R14L

R15/R15D/R15W/R15L

바이트 번호							
7번째	6번째	5번째	4번째	3번째	2번째	1번째	0번째
R15							
				R15D			
						R15W	
							R15L

RSP/ESP/SP/SPL

바이트 번호							
7번째	6번째	5번째	4번째	3번째	2번째	1번째	0번째
RSP							
				ESP			
						SP	
							SPL

스택 포인터라고도 한다. 스택이 초기화되지 않은 경우를 제외하면 보통 현재 스택을 가리킨다.

RBP/EBP/BP/BPL

바이트 번호							
7번째	6번째	5번째	4번째	3번째	2번째	1번째	0번째
RBP							
				EBP			
						BP	
							BPL

프레임 포인터라고도 한다. 지역 변수와 함수 인자에 접근할 때 주로 사용한다. 1.9.1절에서 관련 내용을 참고할 수 있다.

RIP/EIP/IP

바이트 번호							
7번째	6번째	5번째	4번째	3번째	2번째	1번째	0번째
RIP^{x64}							
				EIP			
						IP	

명령어 포인터$^{instruction pointer}$(프로그램 카운터라고도 한다)라고도 한다. 항상 현재 실행할 명령어를 가리킨다. 값을 직접 수정할 수는 없지만 다음과 같은 코드를 이용해 간접적으로 변경할 수는 있다.

```
MOV EAX, ...
JMP EAX
```

또는 다음과 같다.

```
PUSH value
RET
```

CS/DS/ES/SS/FS/GS

16비트 레지스터로 코드 셀렉터(CS), 데이터 셀렉터(DS), 스택 셀렉터(SS) 등을 의미한다.

Win32에서는 FS가, 리눅스에서는 GS가 TLS를 가리킨다. 덕분에 TIB 같은 구조체나 TLS에 좀 더 빠르게 접근할 수 있다.

과거에는 이 레지스터들을 세그먼트 레지스터로 사용했다(11.6절).

플래그 레지스터

EFLAGS라고도 한다.

비트(mask)	약어(의미)	설명
0(1)	CF(Carry)	CLC/STC/CMC 명령어를 사용해 이 플래그를 설정/해제/값 뒤집기(토글)한다.
2(4)	PF(Parity)	(1.19.7절)
4(0x10)	AF(Adjust)	BCD(Binary-Coded Decimal) 번호 작업만을 위한 것
6(0x40)	ZF(Zero)	마지막 연산의 결과가 0이면 0으로 설정
7(0x80)	SF(Sign)	
8(0x100)	TF(Trap)	디버깅용 플래그. 활성화하면 명령어가 실행될 때마다 예외가 발생한다.
9(0x200)	IF(Interrupt enable)	인터럽트 활성화 여부를 나타낸다. CLI/STI 명령어를 사용해 이 플래그를 설정/해제한다.
10(0x400)	DF(Direction)	REP MOVSx, REP CMOPs, REP LODSx, REP SCASx 명령어의 방향을 설정하는 플래그다. CLD/STD 명령어를 사용해 설정/해제한다(3.24절 참고).
11(0x800)	OF(Overflow)	

12, 13(0x3000)	IOPL(I/O privilege level)[286]	
14(0x4000)	NT(Nested task)[286]	
16(0x10000)	RF(Resume)[i386]	디버깅용 플래그. 이 플래그가 설정된 경우 CPU 는 DRx의 하드웨어 브레이크포인트를 무시한다.
17(0x20000)	VM(Virtual 8086 mode)[i386]	
18(0x40000)	AC(Alignment check)[i486]	
19(0x80000)	VIF(Virtual interrupt)[i586]	
20(0x100000)	VIP(Virtual interrupt pending)[i586]	
21(0x200000)	ID(Identification)[i586]	

.1.3 FPU 레지스터

8개의 80비트 레지스터 ST(0)-ST(7)가 스택처럼 동작한다. 참고로 IDA는 ST(0)을 그 냥 ST로 표기한다. 숫자는 IEEE 754 포맷으로 저장한다. long double 값의 포맷은 다 음과 같다.

79 78		64 63	62	0
S	지수		I	가수 또는 분수부

(S – 부호, I – 정수부)

제어 워드

FPU의 동작을 제어하는 레지스터다.

비트	약어(의미)	설명
0	IM(유효하지 않은 연산 마스크)	
1	DM(정규화되지 않은 오퍼랜드 마스크)	
2	ZM(0으로 나누는 연산 마스크)	
3	OM(오버플로우 마스크)	
4	UM(언더플로우 마스크)	
5	PM(정밀도 마스크)	
7	IEM(인터럽트 활성화 마스크)	예외 활성화. 기본값은 1(비활성화)
8, 9	PC(정밀도 제어)	00: 24비트(REAL4) 10: 53비트(REAL8) 11: 64비트(REAL10)

비트	약의(의미)	설명
10, 11	RC(라운딩 제어)	00: (기본 값) 가장 가까운 값으로 라운딩
		01: − 무한대로 라운딩
		10: + 무한대로 라운딩
		11: 0으로 라운딩
12	IC(무한대 제어)	0: (기본 값) + 무한대와 − 무한대를 모두 부호는 무한대로 취급
		1: + 무한대와 − 무한대의 의미를 그대로 따름

PM, UM, OM, ZM, DM, IM 플래그는 그에 대응되는 에러가 발생할 경우 예외를 발생시킬지 여부를 정의한다.

상태 워드

읽기 전용 레지스터다.

비트	약의(의미)	설명
15	B(Busy)	1: FPU 작업 수행 중, 0: 결괏값 준비 완료
14	C3	
13, 12, 11	TOP	현재의 0번째 레지스터를 가리킴
10	C2	
9	C1	
8	C0	
7	IR(Interrupt Request, 인터럽트 요청)	
6	SF(Stack Fault, 스택 폴트)	
5	P(Precision, 정밀도)	
4	U(Underflow, 언더플로우)	
3	O(Overflow, 오버플로우)	
2	Z(Zero)	
1	D(Denormalized, 비정규화됨)	
0	I (Invalid operation, 유효하지 않은 연산)	

SF, P, U, O, Z, D, I 비트는 예외를 알릴 때 사용한다. C3, C2, C1, C0에 관한 내용은 1.19.7절을 참고하기 바란다.

참고: FPU는 ST(x) 사용 시 최상위(TOP)에 x를 더해(8로 모듈로 연산) 내부 레지스터의 번호를 구한다.

태그 워드

레지스터 사용 현황을 보여주는 레지스터다.

비트	약어(의미)
15, 14	Tag(7)
13, 12	Tag(6)
11, 10	Tag(5)
9, 8	Tag(4)
7, 6	Tag(3)
5, 4	Tag(2)
3, 2	Tag(1)
1, 0	Tag(0)

각 태그는 논리적인 레지스터(ST(x))가 아닌 물리적인 FPU 레지스터(R(x))에 대한 정보를 담고 있다.

태그 비트의 의미는 다음과 같다.

- **00:** 레지스터에 0이 아닌 값을 갖고 있음
- **01:** 레지스터 값이 0임
- **10:** 레지스터에 특수 값(NAN[Not a Number], 무한대, 비정규화 값)이 들어있음
- **11:** 레지스터 비어 있음

.1.4 SIMD 레지스터

MMX 레지스터

8개의 64비트 레지스터: MM0..MM7

SSE와 AVX 레지스터

SSE: 8개의 128비트 레지스터 XMM0..XMM7이 있다. 인텔 x86-64에서는 8개의 레지스터 XMM8..XMM15가 추가됐다.

AVX는 SSE 레지스터의 256비트 확장이다.

.1.5 디버깅 레지스터

하드웨어 브레이크포인터 제어에 사용한다.

- **DR0:** 브레이크포인트 #1의 주소
- **DR1:** 브레이크포인트 #2의 주소
- **DR2:** 브레이크포인트 #3의 주소
- **DR3:** 브레이크포인트 #4의 주소
- **DR6:** 브레이크포인트 사유
- **DR7:** 브레이크포인트 유형

DR6

비트(mask)	설명
0(1)	B0: 브레이크포인트 #1에 도달
1(2)	B1: 브레이크포인트 #2에 도달
2(4)	B2: 브레이크포인트 #3에 도달
3(8)	B3: 브레이크포인트 #4에 도달
13(0x2000)	BD: GD가 활성화된 경우 DRx 레지스터 중 하나를 수정하려는 시도가 발생
14(0x4000)	BS: 단일 스텝 브레이크포인트(EFLAGS의 TF 플래그가 설정됨). 가장 높은 우선순위. 다른 비트도 설정될 수 있다.
15(0x8000)	BT(작업 스위치 플래그)

참고: 단일 스텝 브레이크포인트는 단일 명령어 실행 시마다 발생하는 브레이크포인트를 말한다. EFLAGS의 TF를 설정하면 단일 스텝 브레이크포인트를 활성화할 수 있다(.1.2절).

DR7

브레이크포인트 타입은 다음과 같이 설정된다.

비트(mask)	설명
0(1)	L0: 현재 작업에 대해 브레이크포인트 #1 활성화
1(2)	G0: 모든 작업에 대해 브레이크포인트 #1 활성화
2(4)	L1: 현재 작업에 대해 브레이크포인트 #2 활성화

3(8)	G1: 모든 작업에 대해 브레이크포인트 #2 활성화
4(0x10)	L2: 현재 작업에 대해 브레이크포인트 #3 활성화
5(0x20)	G2: 모든 작업에 대해 브레이크포인트 #3 활성화
6(0x40)	L3: 현재 작업에 대해 브레이크포인트 #4 활성화
7(0x80)	G3: 모든 작업에 대해 브레이크포인트 #4 활성화
8(0x100)	LE: P6부터 지원 안 함
9(0x200)	GE: P6부터 지원 안 함
13(0x2000)	GD: MOV 명령어가 DRx 레지스터 중 하나를 수정하려고 할 때 예외 발생
16,17(0x30000)	브레이크포인트 #1: R/W — 타입
18,19(0xC0000)	브레이크포인트 #1: LEN — 길이
20,21(0x300000)	브레이크포인트 #2: R/W — 타입
22,23(0xC00000)	브레이크포인트 #2: LEN — 길이
24,25(0x3000000)	브레이크포인트 #3: R/W — 타입
26,27(0xC000000)	브레이크포인트 #3: LEN — 길이
28,29(0x30000000)	브레이크포인트 #4: R/W — 타입
30,31(0xC0000000)	브레이크포인트 #4: LEN — 길이

브레이크포인트 타입은 다음과 같이 설정된다(R/W).

- **00:** 명령어 실행
- **01:** 데이터 쓰기
- **10:** I/O 읽기 또는 쓰기(사용자 모드에서는 이용할 수 없음)
- **11:** 데이터 읽기 또는 쓰기

참고: 데이터 읽기를 나타내는 브레이크포인트 유형은 실제로 존재하지 않는다.

브레이크포인트 길이는 다음과 같이 설정된다(LEN).

- **00:** 1바이트
- **01:** 2바이트
- **10:** 32비트 모드에서는 정의 안 됨. 64비트에서는 8바이트
- **11:** 4바이트

.1.6 명령어

여기서 다루는 명령어 중에서 (M)으로 표시한 명령어는 일반적으로 컴파일러가 생성하는 명령어가 아니다. 이런 명령어는 개발자가 직접 작성한 어셈블리 코드이거나 컴파일러의 이상 동작(11.3절)으로 만들어진 것일 수 있다.

여기에서는 가장 많이 사용되는 명령어만을 다룬다. 12.1.4절에서는 모든 명령어의 정의를 확인할 수 있다.

명령어 OP 코드를 모두 알아야 하는 것은 아니다. 코드 패치에 사용하는 명령어의 OP 코드만 외우면 된다(11.1.2절).

(명령어 앞에 붙이는) 프리픽스

LOCK: 멀티프로세서 환경에서 한 CPU가 램에 배타적으로 접근하게 한다. 간단히 말하자면 이 프리픽스로 시작하는 명령어를 실행할 때는 멀티프로세서 시스템의 나머지 CPU가 정지한다. 이 프리픽스는 주로 크리티컬 섹션, 세마포어, 뮤텍스를 지원할 때 사용한다. 보통은 ADD, AND, BTR, BTS, CMPXCHG, OR, XADD, XOR 명령어와 함께 사용한다. 크리티컬 섹션에 대한 내용은 6.5.4절을 참고하기 바란다.

REP: MOVSx 및 STOSx 명령어와 함께 사용한다. 루프로 명령어를 실행하며 루프 카운터로는 CX/ECX/RCX 레지스터를 사용한다. 자세한 내용은 MOVSx(.1.6절)와 STOSx(.1.6절) 명령어를 다루는 부분에서 확인할 수 있다. REP로 시작하는 명령어는 방향을 설정하는 DF 플래그의 영향을 많이 받는다.

REPE/REPNE: (REPZ/REPNZ라고도 함) CMPSx 및 SCASx 명령어와 함께 사용한다. 루프로 명령어를 실행하며 루프 카운터로는 CX/ECX/RCX 레지스터를 사용한다. ZF가 0이거나(REPE) 1이면(REPNE) 실행을 중단한다. 자세한 설명은 CMPSx(.1.6절)와 SCASx(.1.6절) 명령어를 설명하는 부분에서 확인할 수 있다. REPE/REPNE로 시작하는 명령어는 방향을 설정하는 DF 플래그의 영향을 받는다.

가장 많이 사용되는 명령어

가장 먼저 알아둘 명령어부터 살펴보자. 여기서 다루는 명령어는 암기해도 좋다.

ADC(캐리 덧셈) 값을 더하고 CF 플래그가 설정돼 있으면 결과를 1만큼 증가시킨다. 종종 큰 값을 더할 때 사용한다. 예를 들어 32비트 환경에서 두 개의 64비트 값을 더할 때는 다음과 같이 ADD와 ADC 명령어를 사용한다.

```
; 64비트 값 처리하기: val2에 val1 더하기.
; .lo는 하위 32비트 부분, .hi는 상위 부분을 의미
ADD    val1.lo, val2.lo
ADC    val1.hi, val2.hi    ; 이전 명령어에서 설정/해제한 CF 값 이용
```

1.27절에서 관련 예제를 하나 더 찾아볼 수 있다.

ADD: 두 값을 더한다.

AND: 논리적 'AND'

CALL: 다른 함수를 호출한다.

      PUSH CALL_명령어_다음_주소; JMP 레이블

CMP: 값을 비교하고 플래그를 설정한다. SUB 명령어와 동일하지만 결과를 기록하지는 않는다.

DEC: 1 감소. 다른 산술 명령어와는 달리 CF 플래그는 손대지 않는다.

IMUL: 부호 있는 수를 곱한다. 종종 MUL 명령어 대신 사용된다. 자세한 내용은 2.2.1절을 참고한다.

INC: 1 증가. 다른 산술 명령어와는 달리 CF 플래그는 손대지 않는다.

JCXZ, JECXZ, JRCXZ: (M) CX/ECX/RCX=0면 점프

JMP: 다른 주소로 점프한다. OP 코드에 점프 오프셋을 가진다.

Jcc: (cc는 조건 코드) 프로그래머의 편의를 위해 이름은 다르지만 실제로는 동일한 명령어가 다수 존재한다. 이런 명령어들은 동일한 OP 코드로 변환된다. OP 코드에 점프할 오프셋이 포함된다.

    JAE(=JNC): 크거나 같으면 점프(부호 없는 수): CF=0

    JA(=JNBE): 크면 점프(부호 없는 수): CF=0 AND ZF=0

JBE: 작거나 같으면 점프(부호 없는 수): CF=1 OR ZF=1

JB(=JC): 작으면 점프(부호 없는 수): CF=1

JC(=JB): CF=1이면 점프

JE(=JZ): 같거나 0이면 점프: ZF=1

JGE: 크거나 같으면 점프(부호 있는 수): SF=OF

JG: 크면 점프(부호 있는 수): ZF=0 AND SF=OF

JLE: 작거나 같으면 점프(부호 있는 수): ZF=1 OR SF≠OF

JL: 작으면 점프(부호 있는 수): SF≠OF

JNAE(=JC): 크지 않거나 같으면 점프(부호 없는 수): CF=1

JNA: 크지 않으면 점프(부호 없는 수): CF=1 AND ZF=1

JNBE: 작지 않거나 같으면 점프(부호 없는 수): CF=0 AND ZF=0

JNB(=JNC): 작지 않으면 점프(부호 없는 수): CF=0

JNC(=JAE): CF=0이면 점프. JNB와 동일한 명령어

JNE(=JNZ): 같지 않거나 0이 아니면 점프: ZF=0

JNGE: 크지 않거나 같으면 점프(부호 있는 수): SF≠OF

JNG: 크지 않으면 점프(부호 있는 수): ZF=1 OR SF≠OF

JNLE: 작지 않으면 점프(부호 있는 수): ZF=0 AND SF=OF

JNL: 작지 않으면 점프(부호 있는 수): SF=OF

JNO: 오버플로우가 아니면 점프: OF=0

JNS: SF 플래그가 해제된 상태면 점프

JNZ(=JNE): 같지 않거나 0이 아니면 점프: ZF=0

JO: 오버플로우면 점프: OF=1

JPO: PF 플래그가 해제된 상태면 점프(홀수 패리티 점프)

JP(=JPE): PF 플래그가 설정된 상태면 점프

JS: SF 플래그가 설정된 상태면 점프

JZ(=JE): 같거나 0이면 점프: ZF=1

LAHF: AH에 플래그 비트 복사

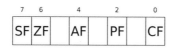

이 명령어는 주로 FPU와 관련된 코드에서 사용된다.

LEAVE: MOV ESP, EBP와 POP EBP 명령어를 합친 것과 동일하다. 즉, 스택 포인터(ESP)를 되돌리고 EBP 레지스터를 초기 상태로 복원한다.

LEA: (Load Effective Address) 이 명령어는 값을 더하거나 곱하기 위한 것이 아니라 주소 계산을 목적으로 만든 명령어. 예를 들어 배열 요소의 크기와 배열 요소의 인덱스를 곱한 후 배열 주소에 더하는 방식으로 특정 배열 요소의 주소를 계산할 때 이 명령어를 사용한다(https://en.wikipedia.org/wiki/Addressing_mode).

따라서 MOV 명령어와 LEA 명령어의 차이는, MOV 명령어는 메모리 주소를 계산한 다음 메모리 값을 로딩하거나 메모리에 값을 저장하는 반면 LEA 명령어는 단순히 주소만 계산한다는 점이다.

하지만 임의의 계산을 수행할 때도 LEA 명령어를 이용할 수 있다.

LEA 명령어는 계산 수행 시 CPU 플래그를 변경하지 않기 때문에 요긴하다. 특히 데이터 의존성을 낮춰야 하는 OOE^{Out-of-Order Execution} 프로세서의 경우에는 매우 중요할 수 있다.

또한 최소한 펜티엄 이후부터는 LEA 명령어가 1 사이클로 실행된다.

```c
int f(int a, int b)
{
    return a*8+b;
};
```

```
_a$ = 8 ; 크기= 4
_b$ = 12    ; 크기 = 4
_f  PROC
        mov     eax, DWORD PTR _b$[esp-4]
        mov     ecx, DWORD PTR _a$[esp-4]
        lea     eax, DWORD PTR [eax+ecx*8]
        ret     0
_f ENDP
```

인텔 C++는 LEA 명령어를 더 적극적으로 활용한다.

```
int f1(int a)
{
    return a*13;
};

_f1     PROC NEAR
        mov     ecx, DWORD PTR [4+esp] ; ecx = a
        lea     edx, DWORD PTR [ecx+ecx*8] ; edx = a*9
        lea     eax, DWORD PTR [edx+ecx*4] ; eax = a*9 + a*4 = a*13
        ret
```

두 개의 **LEA** 명령어가 하나의 **IMUL** 명령어보다 더 빨리 수행된다.

MOVSB/MOVSW/MOVSD/MOVSQ: SI/ESI/RSI의 주소에 있는 바이트/16비트 워드/32비트 워드/64비트 워드를 DI/EDI/RDI가 가리키는 주소로 복사한다.

REP 프리픽스와 함께 사용하면 루프를 구성할 수 있다. 루프 카운터는 **CX/ECX/RCX** 레지스터에 저장된다. 이 루프는 C 언어의 memcpy()와 유사하다. 컴파일러가 컴파일 단계에서 블록 크기를 알 수 있는 경우 컴파일러는 종종 **REP MOVSx** 명령어나 몇 개의 명령어를 사용한 짧은 코드로 memcpy()를 인라인 처리하기도 한다.

memcpy(EDI, ESI, 15)는 다음 코드와 동일하다.

```
; ESI에서 EDI로 15바이트를 복사
CLD         ; 복사할 방향을 "앞"으로 설정
MOV ECX, 3
REP MOVSD   ; 12바이트 복사
MOVSW       ; 2바이트를 추가로 복사
MOVSB       ; 나머지 1바이트를 복사
```

(추측하건대 이 코드는 하나의 REP MOVSB를 사용해 15바이트를 복사하는 것보다 빠를 것이다)

MOVSX: 부호 확장 로딩. 1.17.1절 참고

MOVZX: 값을 로딩하고 나머지 비트는 0으로 채움. 1.17.1절 참고

MOV: 값을 로딩한다. 명령어의 이름을 잘못 붙이는 바람에 혼란이 초래됐다(데이터를 옮기는 것이아니라 복사하는 것이기 때문이다). 다른 아키텍처에서는 동일한 명령어에 "LOAD"나 "STORE"와 같은 이름을 사용한다.

한 가지 중요한 사항: 32비트 모드에서 32비트 레지스터의 하위 16비트 부분을 설정하면 상위 16비트는 그대로 유지된다. 하지만 64비트 모드에서 레지스터의 하위 32비트를 수정하면 상위 32비트가 0으로 채워진다. 아마도 x86-64 코드 포팅을 단순화하기 위한 조치로 보인다.

MUL: 부호 없는 수를 곱한다. 종종 MUL 명령어 대신 IMUL 명령어가 사용된다. 2.2.1절 참고

NEG: 부호 뒤집기: op=-op. NOT op / ADD op, 1 명령어와 동일

NOP: OP 코드는 0x90으로 사실 XCHG EAX, EAX 명령어를 의미한다. 다시 말해 x86에는 (대부분의 RISC와 마찬가지로) 특별한 NOP 명령어가 존재하지 않는다. 이 책에서는 GDB가 NOP을 16비트 XCHG 명령어로 표현하는 예제로 최소한 하나(1.8.1절)를 제공하고 있다. .1.7절에서는 좀 더 많은 예를 볼 수 있다.

컴파일러는 16바이트 경계로 레이블을 정렬할 때 NOP을 생성하기도 한다. 또 다른 예로는 조건부 점프와 같은 명령어가 실행되지 않게 만들고자 그것을 직접 제거(패치)하기 위한 용도로도 자주 사용된다.

NOT: op1: op1= -op1. 논리 부정. 플래그에는 영향을 주지 않는다.

OR: 논리적 'OR'

POP: 스택에서 값을 가져온다. 값=SS:[ESP]; ESP=ESP+4(또는 8)

PUSH: 스택에 값을 저장한다. ESP=ESP-4(또는 8); SS:[ESP]=값

RET: 서브루틴에서 복귀한다. POP tmp; JMP tmp. 사실 RET는 어셈블리어 매크로로

윈도우와 *NIX 환경에서는 **RETN**('Return Near')으로 해석된다. 메모리를 다른 방식으로 주소 지정하던(11.6절) MS-DOS에서는 **RETF**('Return Far')로 해석된다.

RET: 명령어는 오퍼랜드를 취할 수 있으며, 그런 경우에는 `POP tmp; ADD ESP op1; JMP tmp`처럼 동작한다. 오퍼랜드를 취하는 **RET** 명령어는 보통 stdcall 호출 규약에 따라 함수를 종료할 때 사용된다(6.1.2절 참고).

SAHF: **AH**의 비트를 CPU 플래그로 복사한다.

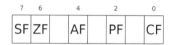

이 명령어는 주로 FPU와 관련된 코드에서 사용된다.

SBB: ('subtraction with borrow') 값을 빼는 명령어며 **CF** 플래그가 설정된 경우 결과를 1만큼 감소시킨다. **SBB** 명령어는 큰 값의 뺄셈을 계산할 때 주로 사용한다. 예를 들어 32비트 환경에서는 다음과 같이 **SUB**와 **SBB** 명령어를 사용해 두 개의 64비트 값을 뺀다.

```
; 64비트 값 처리하기: val1에서 val2 빼기
; .lo는 하위 32비트, .hi는 상위 32비트를 의미
SUB     val1.lo, val2.lo
SBB     val1.hi, val2.hi    ; 이전 명령어가 설정/해제한 CF 플래그 사용
```

1.27절에서 추가적인 예제를 확인할 수 있다.

SCASB/SCASW/SCASD/SCASQ: (M) AX/EAS/RAX에 저장된 바이트/16비트 워드/32비트 워드/64비트 워드를 DI/EDI/RDI의 주소가 가리키는 변수와 비교한다. CMP와 동일한 방식으로 플래그를 설정한다. 이 명령어는 종종 REPNE 프리픽스와 함께 사용해 AX/EAX/RAX에 저장된 특정 값을 찾을 때까지 버퍼를 스캔하는 데 사용된다. 즉, REPNE의 "NE"는 비교하는 값이 같을 때까지 스캔을 계속하고 같으면 중단한다는 의미다. 종종 ASCIIZ 문자열의 길이를 결정하는 **strlen()** C 표준 함수처럼 사용되기도 한다.

예를 들어 다음과 같다.

```
lea      edi, string
mov      ecx, 0FFFFFFFFh    ; 232-1바이트, 즉 거의 "무한대로" 스캔
xor      eax, eax           ; 0이 나오면 종료
repne    scasb
add      edi, 0FFFFFFFFh    ; EDI 값 조정
; EDI는 ASCIIZ 문자열의 마지막 문자를 가리킨다.
; 문자열 길이는 다음과 같이 구한다.
; 현재의 ECX = -1-strlen
not      ecx
dec      ecx
; 이제 ECX의 값이 문자열의 길이다.
```

이 코드에서 **AX/EAX/RAX** 값으로 0 이외의 값을 사용하면 memchr() 표준 C 함수, 즉 특정 바이트를 검색하는 함수가 된다.

SHL: 값을 좌측(왼쪽)으로 시프트

SHR: 값을 우측(오른쪽)으로 시프트

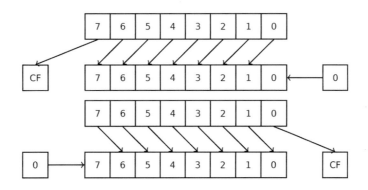

이 명령어는 2^n만큼 곱하거나 나눌 때 자주 사용한다. 비트 필드를 처리할 때도 매우 자주 사용한다(1.22절).

SHRD: op1, op2, op3: op2의 값을 op3 비트만큼 우측으로 시프트한다. 좌측에 생기는 공간은 op1의 비트로 채운다(예, 1.27절).

STOSB/STOSW/STOSD/STOSQ: AX/EAX/RAX의 바이트/16비트 워드/32비트 워드/64비트 워드를 DI/EDI/RDI의 주소에 저장한다.

REP와 함께 사용해 루프를 구성할 수도 있다. 루프 카운터는 **CX/ECX/RCX** 레지스터에 저장되며, C의 memset()과 동일하다고 할 수 있다. 컴파일러나 컴파일 단계에서

블록 크기를 알 수 있는 경우에 컴파일러는 종종 REP MOVSx를 사용하는 짧은 코드로 memset()을 인라인 처리하기도 한다.

memset(EDI, 0xAA, 15)는 다음 코드와 동일하다.

```
; 15 개의 0xAA 바이트를 EDI에 저장
CLD                         ; 방향을 "앞"으로 설정
MOV     EAX, 0AAAAAAAAh
MOV     ECX, 3
REP     STOSD               ; 12바이트 기록
STOSW                       ; 2바이트를 추가로 기록
STOSB                       ; 나머지 1바이트를 기록
```

(추측하건대 이 코드는 하나의 REP STOSB를 사용해 15바이트를 저장하는 것보다 빠를 것이다)

SUB: 값을 빼는 명령어다. 자주 등장하는 패턴은 SUB reg, reg로서 reg에 0을 기록하는 코드다.

TEST: AND 명령어와 동일하지만 결과를 저장하지는 않는다(1.22절 참고).

XOR: op1, op2: 값을 XOR한다. op1 = op1 ⊕ op2. 자주 등장하는 패턴은 XOR reg, reg로서 레지스터의 값을 0으로 만드는 코드다(2.6절 참고).

자주 사용되지 않는 명령어

BSF: 전방 비트 스캔(1.28.2절 참고)

BSR: 역방향 비트 스캔

BSWAP: (바이트 스왑) 값 엔디안 변경

BTC: 비트 테스트 및 보충

BTR: 비트 테스트 및 초기화

BTS: 비트 테스트 및 설정

BT: 비트 테스트

CBW/CWD/CWDE/CDQ/CDQE: 값의 부호 확장:

CBW: AL의 바이트를 AX의 워드로 변환

CWD: AX의 워드를 DX:AX의 더블 워드로 변환

CWDE: AX의 워드를 EAX의 더블 워드로 변환

CDQ: EAX의 더블 워드를 EDX:EAX의 쿼드 워드로 변환

CDQE: (x64) EAX의 더블 워드를 RAX의 쿼드 워드로 변환

이 명령어들은 값을 확장할 때 부호 있는 값으로 확장한다(1.27.5절 참고).

흥미롭게도 스티븐 P. 모스(인텔 8086 CPU 설계자 중 한 사람)에 따르면 이 명령어들을 처음에는 SEX('Sign EXtend')라고 불렀다(스티븐 P. 모스의 『8086 Primer』(1980)(https://archive.org/details/The8086Primer/mode/2up).

> 부호 비트를 확장해 숫자를 늘리는 과정을 부호 확장이라고 한다. 8086은 부호 확장 작업을 용이하게 하기 위한 명령어(그림 3.29)를 제공한다. 그런 명령어를 초기에는 SEX(sign extend)라고 명명했지만 나중에는 좀 더 보수적인 CBW(바이트를 워드로 변환)나 CWD(워드를 더블 워드로 변환)와 같은 이름으로 변경됐다.

CLD: DF 플래그 해제

CLI: (M) IF 플래그 해제

CMC: (M) CF 플래그 값 뒤집기(토글)

CMOVcc: 조건부 MOV: 조건이 참이면 값을 로드. 조건 코드는 Jcc 명령어의 것과 동일하다(.1.6절).

CMPSB/CMPSW/CMPSD/CMPSQ: (M) SI/ESI/RSI의 주소에 저장된 바이트/16비트 워드/32비트 워드/64비트 워드를 DI/EDI/RDI 주소의 변수와 비교한다. 이 명령어는 CMP와 동일하게 플래그를 설정한다. REP 프리픽스와 함께 사용해 루프를 구성할 수 있으며, 루프 카운터는 CX/ECX/RCX 레지스터에 저장된다. 루프는 ZF 플래그가 0이 될 때까지(예를 들어 비교하는 값이 서로 같아 질 때까지, 즉 REPE의 "E"가 만족될 때까지) 반복된다. 이 명령어는 C의 memcmp()와 유사하다.

윈도우 NT 커널(WRK v1.2)의 예를 살펴보자.

```
; ULONG
; RtlCompareMemory (
; IN PVOID Source1,
; IN PVOID Source2,
; IN ULONG Length
; )
;
; Routine Description:
;
;This function compares two blocks of memory and returns the number
; of bytes that compared equal.
;
; Arguments:
;
; Source1 (esp+4) - Supplies a pointer to the first block of memory to
; compare.
;
; Source2 (esp+8) - Supplies a pointer to the second block of memory to
; compare.
;
; Length (esp+12) - Supplies the Length, in bytes, of the memory to be
; compared.
;
; Return Value:
;
; The number of bytes that compared equal is returned as the function
; value. If all bytes compared equal, then the length of the original
; block of memory is returned.
;
;
--
RcmSource1       equ     [esp+12]
RcmSource2       equ     [esp+16]
RcmLength        equ     [esp+20]

CODE_ALIGNMENT
cPublicProc _RtlCompareMemory,3
cPublicFpo 3,0

        push    esi             ; save registers
        push    edi             ;
        cld                     ; clear direction
        mov     esi,RcmSource1 ; (esi) -> first block to compare
        mov     edi,RcmSource2 ; (edi) -> second block to compare

;
; Compare dwords, if any.
```

```
        ;
rcm10:  mov     ecx,RcmLength  ; (ecx) = length in bytes
        shr     ecx,2          ; (ecx) = length in dwords
        jz      rcm20          ; no dwords, try bytes
        repe    cmpsd          ; compare dwords
        jnz     rcm40          ; mismatch, go find byte

        ;
        ; Compare residual bytes, if any.
        ;
rcm20:  mov     ecx,RcmLength  ; (ecx) = length in bytes
        and     ecx,3          ; (ecx) = length mod 4
        jz      rcm30          ; 0 odd bytes, go do dwords
        repe    cmpsb          ; compare odd bytes
        jnz     rcm50          ; mismatch, go report how far we got

        ;
        ; All bytes in the block match.
        ;
rcm30:  mov     eax,RcmLength  ; set number of matching bytes
        pop     edi            ; restore registers
        pop     esi            ;
        stdRET  _RtlCompareMemory

        ;
        ; When we come to rcm40, esi (and edi) points to the dword after the
        ; one which caused the mismatch. Back up 1 dword and find the byte.
        ; Since we know the dword didn't match, we can assume one byte won't.
        ;
rcm40:  sub     esi,4          ; back up
        sub     edi,4          ; back up
        mov     ecx,5          ; ensure that ecx doesn't count out
        repe    cmpsb          ; find mismatch byte

        ;
        ; When we come to rcm50, esi points to the byte after the one that
        ; did not match, which is TWO after the last byte that did match.
        ;
rcm50:  dec     esi            ; back up
        sub     esi,RcmSource1 ; compute bytes that matched
        mov     eax,esi        ;
        pop     edi            ; restore registers
        pop     esi            ;
        stdRET  _RtlCompareMemory

stdENDP _RtlCompareMemory
```

참고: 이 함수는 블록 크기가 4의 배수인 경우에 32비트 워드 비교(CMPSD)를 수행하고 그 외의 경우에는 바이트 단위로 비교(CMPSB)를 수행한다.

CPUID: CPU 기능에 관한 정보를 가져온다(1.24.6절 참고).

DIV: 부호 없는 수의 나눗셈

IDIV: 부호 있는 수의 나눗셈

INT: (M): 16비트 환경에서 INT x는 PUSHF; CALL dword ptr [x*4]와 동일하다. MS-DOS에서 널리 사용하던 명령어로 시스템 호출 기능을 수행한다. AX/BX/CX/DX/SI/DI 레지스터에 인자를 채우고 인터럽트 벡터 테이블의 주소(주소 공간 시작 부분에 위치)로 점프한다. INT의 OP 코드가 짧고(2바이트) MS-DOS의 서비스가 필요한 프로그램 입장에서는 서비스의 진입점 주소를 찾지 않아도 되기 때문에 널리 사용됐다. 인터럽트 핸들러는 IRET 명령어를 사용해 제어 흐름을 반환한다.

가장 널리 사용되던 MS-DOS 인터럽트의 번호는 MS-DOS API의 상당수를 제공하는 0x21이었다. 대부분의 인터럽트 리스트와 MS-DOS의 정보를 알고 싶다면 랄프 브라운의 『Ralf Brown's Interrupt List』를 참고하기 바란다.

MS-DOS 이후의 시대에서도 리눅스와 윈도우에서 이 명령어를 이용해 시스템 호출을 했지만(6.3절) 지금은 SYSENTER나 SYSCALL 명령어로 대체됐다.

INT 3: (M): 이 명령어는 INT와 유사하다. 고유한 1바이트 OP 코드(0xCC)를 사용하며, 디버깅 시에 많이 사용한다. 디버거는 종종 브레이크포인트를 설정할 주소에 단순히 0xCC를 기록하고 예외가 발생하면 원본 바이트를 복원하기도 한다. 브레이크포인트 이후에는 해당 주소의 원본 명령어가 재실행된다.

윈도우 NT의 경우 CPU가 이 명령어를 실행하면 EXCEPTION_BREAKPOINT 예외가 발생했다. 디버거로 로드된 상태라면 디버거는 이 디버그 이벤트를 인터셉트해 처리하게 된다. 로드된 디버거가 없다면 윈도우는 시스템 디버거에 등록된 디버거 중 하나를 실행하게 제안한다. MSVS^Microsoft Visual Studio가 설치돼 있다면 MSVS 디버거가 로딩돼 해당 프로세스에 연결된다. 리버스 엔지니어링을 어렵게 만드는 차원에서 다양한 안티디버깅 기법으로 로딩된 코드의 무결성을 검사한다.

MSVC는 이 명령어를 위한 컴파일러 인트린직인 __debugbreak()(https://docs. microsoft.com/en-us/cpp/intrinsics/debugbreak?redirectedfrom=MSDN&view=vs-2019) 를 지원한다.

kernel32.dll에는 INT 3를 실행하는 DebugBreak()(https://docs.microsoft.com/ko-kr/ windows/win32/api/debugapi/nf-debugapi-debugbreak?redirectedfrom=MSDN)라는 Win32 함수가 있다.

IN: (M) 포트로부터 데이터 입력. 이 명령어는 보통 OS 드라이버나 오래된 MS-DOS 코드에서 볼 수 있다(8.5.3절 참고).

IRET: MS-DOS 환경에서 INT 명령어에 의해 호출된 인터럽트 핸들러로부터 복귀할 때 사용됐다. POP tmp; POPF; JMP tmp와 동일하다.

LOOP: (M) CX/ECX/RCX를 1만큼 감소시킨 다음 0이 아니면 점프한다. LOOP 명령어는 주로 외부 디바이스와 상호작용하는 DOS 코드에서 사용됐다. 또는 약간의 실행 지 연을 위해 사용되기도 했다.

```
        MOV     CX, nnnn
LABEL:  LOOP    LABEL
```

이 명령어의 단점은 분명하다. 즉, 코드가 실행되는 CPU 환경에 따라 지연되는 시 간이 달라진다.

OUT: (M) 포트로 데이터 출력. 이 명령어는 보통 OS 드라이버나 오래된 MS-DOS 코 드에서 볼 수 있다(8.5.3절 참고).

POPA: (M) 스택으로부터 (R|E)DI, (R|E)SI, (R|E)BP, (R|E)BX, (R|E)DX, (R|E)CX, (R|E)AX 레지스터 값을 복원한다.

POPCNT: 비트 수 세기. 값에서 비트의 값이 1인 것의 개수를 센다(2.7절 참고).

POPF: 스택으로부터 플래그(EFLAGS 레지스터라고도 함) 복원

PUSHA: (M) (R|E)AX, (R|E)CX, (R|E)DX, (R|E)BX, (R|E)BP, (R|E)SI, (R|E)DI 레지스 터의 값을 스택에 저장한다.

PUSHF: 플래그 푸시(EFLAGS 레지스터라고도 함)

RCL: (M) CF 플래그를 이용한 좌측 회전:

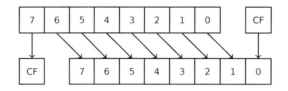

RCR: (M) CF 플래그를 이용한 우측 회전:

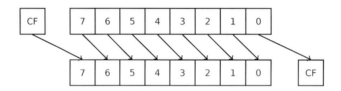

ROL/ROR: (M) 순환 시프트

   ROL: 좌측 회전:

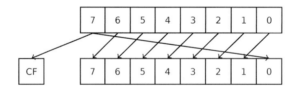

   ROR: 우측 회전:

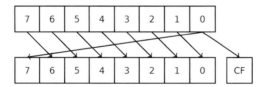

거의 모든 CPU가 이 명령어들을 지원하지만 C/C++에는 이에 해당하는 연산이 존재하지 않는다. 그래서 C/C++ 컴파일러는 보통 이런 명령어를 생성하지 않는다.

프로그래머에게 편의를 제공하는 차원에서 최소한 MSVC에는 의사 함수(컴파일러 인트린직)인 **_rotl()**과 **_rotr()**(https://docs.microsoft.com/en-us/cpp/c-runtime-library/

reference/rotl-rotl64-rotr-rotr64?view=vs-2019)이 존재하며, 컴파일러는 두 함수를
해당 명령어로 바로 변환한다.

SAL: 산술 좌측 시프트, SHL과 동일

SAR: 산술 우측 시프트

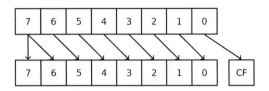

위 그림에서 알 수 있듯이 부호 비트는 항상 MSB^{Most Significant Bit}에 위치한다.

SETcc: op: 조건이 참이면 op에 1(한 바이트만), 아니면 0을 로딩한다. 조건 코드는 Jcc
명령어에서와 동일하다(.1.6절 참고).

STC: (M) CF 플래그 설정

STD: (M) DF 플래그 설정. 이 명령어는 일반적으로 컴파일러가 생성하지 않으며, 매우
드물게 사용된다. 예를 들어 ntoskrnl.exe 윈도우 커널 파일에서 프로그래머가 직
접 작성한 메모리 복사 루틴 정도에서만 찾아볼 수 있다.

STI: (M) IF 플래그 설정

SYSCALL: (AMD) 시스템 호출(6.3절 참고)

SYSENTER: (인텔) 시스템 호출(6.3절 참고)

UD2: (M) 정의되지 않은 명령어로, 예외를 발생시킨다. 테스트를 위해 사용된다.

XCHG: (M) 오퍼랜드의 값을 교환한다. 이 명령어는 일반적으로 컴파일러가 생성
하지 않으며 매우 드물게 사용된다. 펜티엄 이후부터 XCHG 명령어는 오퍼랜드가
메모리 주소라면 마치 LOCK 프리픽스가 있는 것처럼 실행된다(마이클 어브래쉬의
『Graphics Programming Black Book』(1997), 19장). 아마도 인텔 엔지니어는 동기화를
위해 그렇게 했을 것이다. 따라서 펜티엄 이후부터 XCHG 명령어는 이전보다 느려질
수 있다. 반면에 XCHG 명령어는 어셈블리어 프로그래머들에게는 매우 인기가 있
었다. 따라서 코드상에서 XCHG 명령어를 보게 된다면 해당 코드는 프로그래머가

작접 작성했다는 표시가 될 수 있다. 볼랜드 델파이 컴파일러는 XCHG 명령어를 만들어낸다.

FPU 명령어

명령어 이름이 -R로 끝난다면 보통 오퍼랜드가 역순이라는 의미가 된다. 그리고 명령어 이름이 -P로 끝난다면 명령어 실행 후 스택 요소를 하나 꺼낸다는 의미며, 명령어 이름이 -PP로 끝난다면 스택 항목을 두 개 꺼낸다는 의미가 된다.

-P 명령어들은 연산 후 FPU 스택의 값이 더 이상 필요하지 않을 때 유용하게 사용된다.

FABS: ST(0)의 값을 ST(0)의 절댓값으로 대체한다.

FADD: op: ST(0) = op + ST(0)

FADD: ST(0), ST(i): ST(0) = ST(0) + ST(i)

FADDP: ST(1) = ST(0) + ST(1); 스택 요소를 하나 꺼낸다. 즉, 스택에 있는 값을 스택에 있는 값을 더한 것으로 교체한다.

FCHS: ST(0) = -ST(0)

FCOM: ST(0)를 ST(1)와 비교한다.

FCOM: op: ST(0)를 op와 비교한다.

FCOMP: ST(0)를 ST(1)과 비교; 스택 요소를 하나 꺼낸다.

FCOMPP: ST(0)를 ST(1)과 비교; 스택 요소 두 개를 꺼낸다.

FDIVR: op: ST(0) = op / ST(0)

FDIVR: ST(i), ST(j): ST(i) = ST(j) / ST(i)

FDIVRP: op: ST(0) = op / ST(0); 스택 요소 하나를 꺼낸다.

FDIVRP: ST(i), ST(j): ST(i) = ST(j) / ST(i); 스택 요소 하나를 꺼낸다.

FDIV: op: ST(0) = ST(0) / op

FDIV: ST(i), ST(j): ST(i) = ST(i) / ST(j)

FDIVP: ST(1) = ST(0) / ST(1); 스택 요소 하나를 꺼낸다. 즉, 스택상의 피제수와 제수를 몫으로 대체한다.

FILD: op: 정수로 변환해 스택에 넣는다.

FIST: op: ST(0)를 정수 op로 변환한다.

FISTP: op: ST(0)를 정수 op로 변환; 스택 요소 하나를 꺼낸다.

FLD1: 스택에 1을 넣는다.

FLDCW: op: 16비트 op에서 FPU 제어 워드(.1.3절)를 로딩한다.

FLDZ: 스택에 0을 넣는다.

FLD: op: 스택에 op를 넣는다.

FMUL: op: ST(0) = ST(0) * op

FMUL: ST(i), ST(j): ST(i) = ST(i) * ST(j)

FMULP: op: ST(0) = ST(0) * op; 스택 요소 하나를 꺼낸다.

FMULP: ST(i), ST(j): ST(i) = ST(i) * ST(j); 스택 요소 하나를 꺼낸다.

FSINCOS: tmp = ST(0); ST(1) = sin(tmp); ST(0) = cos(tmp)

FSQRT: ST(0) = $\sqrt{ST(0)}$

FSTCW: op: 처리 대기 중인 예외를 확인한 후 16비트 op에 FPU 제어 워드(.1.3절)를 저장한다.

FNSTCW: op: 16비트 op에 FPU 제어 워드(.1.3절)를 저장한다.

FSTSW: op: 처리 대기 중인 예외를 확인한 후 16비트 op에 FPU 상태 워드(.1.3절)를 저장한다.

FNSTSW: op: 16비트 op에 FPU 상태 워드(.1.3절)를 저장한다.

FST: op: ST(0)를 op로 복사한다.

FSTP: op: ST(0)를 op로 복사; 스택 항목을 하나 꺼낸다.

FSUBR: op: ST(0) = op - ST(0)

FSUBR: ST(0), ST(i): ST(0) = ST(i) - ST(0)

FSUBRP: ST(1) = ST(0) - ST(1); 스택 항목을 하나 꺼낸다. 즉, 스택상의 뺄셈 오퍼랜
드를 뺄셈 결과로 대체한다.

FSUB: op: ST(0) = ST(0) - op

FSUB: ST(0), ST(i): ST(0) = ST(0) - ST(i)

FSUBP: ST(1) = ST(1) - ST(0); 스택 항목을 하나 꺼낸다. 즉, 스택상의 뺄셈 오퍼랜
드를 뺄셈 결과로 대체한다.

FUCOM: ST(i): ST(0)와 ST(i)를 비교한다.

FUCOM: ST(0)와 ST(1)를 비교한다.

FUCOMP: ST(0)와 ST(1) 비교; 스택 항목을 하나 꺼낸다.

FUCOMPP: ST(0)와 ST(1) 비교; 스택 항목을 두 개 꺼낸다. 이 명령어는 기본적으로
FCOM과 동일한 방식으로 동작하지만 오퍼랜드 중 하나가 SNaN인 경우에만 예외가
발생한다. QNaN 숫자는 그대로 처리된다.

FXCH: ST(i) ST(0)와 ST(i) 값을 교환한다.

FXCH: ST(0)와 ST(1) 값을 교환한다.

출력 가능한 아스키 OP 코드를 갖는 명령어

(32비트 모드)

셸코드를 구성 시 유용하게 활용할 수 있다(8.11.1절 참고).

아스키 문자	16진수 코드	x86 명령어
0	30	XOR
1	31	XOR
2	32	XOR
3	33	XOR
4	34	XOR
5	35	XOR
7	37	AAA
8	38	CMP

9	39	CMP
:	3a	CMP
;	3b	CMP
<	3c	CMP
=	3d	CMP
?	3f	AAS
@	40	INC
A	41	INC
B	42	INC
C	43	INC
D	44	INC
E	45	INC
F	46	INC
G	47	INC
H	48	DEC
I	49	DEC
J	4a	DEC
K	4b	DEC
L	4c	DEC
M	4d	DEC
N	4e	DEC
O	4f	DEC
P	50	PUSH
Q	51	PUSH
R	52	PUSH
S	53	PUSH
T	54	PUSH
U	55	PUSH
V	56	PUSH
W	57	PUSH
X	58	POP
Y	59	POP
Z	5a	POP
[	5b	POP
\	5c	POP
]	5d	POP
^	5e	POP
	5f	POP
_	60	PUSHA
a	61	POPA
h	68	PUSH

i	69	IMUL
j	6a	PUSH
k	6b	OMUL
p	70	JO
q	71	JNO
r	72	JB
s	73	JAE
t	74	JE
u	75	JNE
v	76	JBE
w	77	JA
x	78	JS
y	79	JNS
z	7a	JP

또한 다음과 같다.

아스키 문자	16진수 코드	x86 명령어
f	66	(32비트 모드) 16비트 오퍼랜드 크기로 전환
g	67	(32비트 모드) 16비트 주소 크기로 전환

정리하면 AAA, AAS, CMP, DEC, IMUL, INC, JA, JAE, JB, JBE, JE, JNE, JNO, JNS, JO, JP, JS, POP, POPA, PUSH, PUSHA, XOR다.

.1.7 npad

npad는 레이블을 특정 경계로 정렬할 때 사용하는 어셈블리어 매크로다.

루프 내 코드의 시작 부분처럼 제어 흐름이 자주 전달되는 레이블을 경계에 맞춰 정렬하면 CPU가 메모리 버스나 캐시 라인 등을 통해 메모리에서 데이터나 코드를 효율적으로 로딩할 수 있다.

다음은 listing.inc(MSVC)에서 발췌한 것이다.

참고로 이 파일에서는 다양한 방식으로 구현한 NOP의 예를 찾아볼 수 있다. 이들은 크기만 다를 뿐 아무런 효과도 내지 않는 명령어다.

몇 개의 NOP을 사용하는 대신 한 명령어로 NOP을 구현하는 게 CPU 성능 측면에서 더 낫다고 알려져 있다.

```
;; LISTING.INC
;;
;; This file contains assembler macros and is included by the files created
;; with the -FA compiler switch to be assembled by MASM (Microsoft Macro
;; Assembler).
;;
;; Copyright (c) 1993-2003, Microsoft Corporation. All rights reserved.
;; non destructive nops
npad macro size
if size eq 1
 nop
else
 if size eq 2
  mov edi, edi
 else
  if size eq 3
   ; lea ecx, [ecx+00]
   DB 8DH, 49H, 00H
  else
   if size eq 4
    ; lea esp, [esp+00]
    DB 8DH, 64H, 24H, 00H
   else
    if size eq 5
     add eax, DWORD PTR 0
    else
     if size eq 6
      ; lea ebx, [ebx+00000000]
      DB 8DH, 9BH, 00H, 00H, 00H, 00H
     else
      if size eq 7
       ; lea esp, [esp+00000000]
       DB 8DH, 0A4H, 24H, 00H, 00H, 00H, 00H
      else
       if size eq 8
        ; jmp .+8; .npad 6
        DB 0EBH, 06H, 8DH, 9BH, 00H, 00H, 00H, 00H
       else
        if size eq 9
         ; jmp .+9; .npad 7
         DB 0EBH, 07H, 8DH, 0A4H, 24H, 00H, 00H, 00H, 00H
        else
         if size eq 10
          ; jmp .+A; .npad 7; .npad 1
          DB 0EBH, 08H, 8DH, 0A4H, 24H, 00H, 00H, 00H, 00H, 90H
```

```
            else
             if size eq 11
               ; jmp .+B; .npad 7; .npad 2
               DB 0EBH, 09H, 8DH, 0A4H, 24H, 00H, 00H, 00H, 00H, 8BH, 0FFH
             else
              if size eq 12
                ; jmp .+C; .npad 7; .npad 3
                DB 0EBH, 0AH, 8DH, 0A4H, 24H, 00H, 00H, 00H, 00H, 8DH, 49H, 00H
              else
               if size eq 13
                 ; jmp .+D; .npad 7; .npad 4
                 DB 0EBH, 0BH, 8DH, 0A4H, 24H, 00H, 00H, 00H, 00H, 8DH, 64H, 24H, 00H
               else
                if size eq 14
                  ; jmp .+E; .npad 7; .npad 5
                  DB 0EBH, 0CH, 8DH, 0A4H, 24H, 00H, 00H, 00H, 00H, 05H, 00H, 00H, 00H, 00H
                else
                 if size eq 15
                   ; jmp .+F; .npad 7; .npad 6
                   DB 0EBH, 0DH, 8DH, 0A4H, 24H, 00H, 00H, 00H, 00H, 8DH, 9BH, 00H, 00H, 00H, 00H
                 else
                   %out error: unsupported npad size
                   .err
                 endif
                endif
               endif
              endif
             endif
            endif
           endif
          endif
         endif
        endif
       endif
      endif
     endif
    endif
   endif
  endif
 endif
endif
endm
```

.2 ARM

.2.1 용어

ARM은 처음부터 32비트 CPU로 개발됐기 때문에 x86과 달리 워드가 32비트다.

바이트: 8비트. 바이트 변수와 배열을 정의할 때는 어셈블리 지시어 DB를 사용한다.

하프워드(halfword): 16비트. 하프워드 변수와 배열을 정의할 때는 어셈블리 지시어 DCW를 사용한다.

워드: 32비트. 워드 변수와 배열을 정의할 때는 어셈블리 지시어 DCD를 사용한다.

더블 워드: 64비트

쿼드 워드: 128비트

.2.2 버전

- **ARMv4:** Thumb 모드가 처음 도입됐다.
- **ARMv6:** 1세대 아이폰과 아이폰 3G에서 사용(Thumb-2를 지원하는 삼성 32비트 RISC ARM 1176JZ(F)-S)
- **ARMv7:** Thumb-2 모드가 추가됨(2003년). 아이폰 3GS, 아이폰 4, 1세대 아이패드(ARM Cortex-A8), 아이패드 2(Cortex-A9), 3세대 아이패드에서 사용됐다.
- **ARMv7s:** 새로운 명령어 추가됨. 아이폰 5, 아이폰 5c, 4세대 아이패드(Apple A6)에서 사용
- **ARMv8:** 64비트 CPU로 ARM64나 AArch64로 부르기도 한다. 아이폰 5S, 아이패드 에어(Apple A7)에서 사용됐다. 64비트 모드에는 Thumb 모드가 없으며, ARM 모드(4바이트 명령어)만 존재한다.

.2.3 32비트 ARM(AArch32)

범용 레지스터

- **R0:** 보통 R0를 사용해 함수 결과를 리턴한다.

- **R1...R12**: GPR
- **R13**: SP(스택 포인터)
- **R14**: LR(링크 레지스터)
- **R15**: PC(프로그램 카운터)

R0-R3는 '스크래치 레지스터'라고도 한다. 주로 이 레지스터들을 이용해 함수 인자를 전달하며, 함수 종료 시 레지스터 값을 복원할 필요는 없다.

CPSR(Current Program Status Register)

비트	설명
0..4	M – 프로세서 모드
5	T – Thumb 상태
6	F – FIQ 비활성화
7	I – IRQ 비활성화
8	A – 부정확한 데이터 중단 비활성화
9	E – 데이터 엔디안
10..15, 25, 26	IT – if-then 상태
16..19	GE – 크거나 같은
20..23	DNM – 수정 금지
24	J – 자바 상태
27	Q – 스티키(sticky) 오버플로우
28	V – 오버플로우
29	C – 캐리/바로우/확장
30	Z – 0비트
31	N – 음수/~보다 작은

VFP(부동소수점)와 NEON 레지스터

0..31비트	32..64	65..96	97..127
Q0 ^{128비트}			
D0 ^{64비트}		D1	
S0 ^{32비트}	S1	S2	S3

S 레지스터는 32비트로 단정밀도 숫자를 저장할 때 사용한다.

D 레지스터는 64비트로 두 배 정밀도 숫자를 저장할 때 사용한다.

D와 S 레지스터는 CPU에서 물리적으로 동일한 공간을 공유하므로 S 레지스터를 통해 D 레지스터에 접근할 수 있다(무의미한 일이지만 말이다).

마찬가지로 NEON Q 레지스터는 128비트로 CPU에서 다른 부동소수점 레지스터와 같은 물리적 공간을 공유한다.

VFP에는 32개의 S 레지스터(S0..S31)가 존재한다.

VFPv2에서는 사실 S0..S31과 동일한 공간을 차지하는 16개의 D 레지스터가 추가됐다.

VFPv3(NEON 또는 '고급 SIMD')에서는 16개의 D 레지스터가 추가됐으며, D0..D31의 D 레지스터가 존재한다. 하지만 D16..D31 레지스터는 S 레지스터와 공간을 공유하지 않는다.

NEON 또는 '고급 SIMD'에서는 16개의 128비트 Q 레지스터도 추가됐으며, D0..D31과 동일한 공간을 공유한다.

.2.4 64비트 ARM(AArch64)

범용 레지스터

AArch32에 비해 레지스터의 개수가 두 배로 늘었다.

- X0: 주로 X0를 이용해 함수 결과를 리턴한다.
- X0...X7: 함수 인자를 전달하는 레지스터
- X8
- X9...X15: 임시 레지스터로 피호출자 함수는 이를 자유롭게 사용한 후 복원하지 않아도 된다.
- X16
- X17
- X18
- X19...X29: 피호출자 함수가 사용할 수는 있지만 종료 시 복원해야 한다.
- X29: FP로 사용(최소한 GCC에서는)한다.

- **X30**: '프로시저 링크 레지스터'. **LR**(링크 레지스터)라고도 한다.
- **X31**: 값이 항상 0인 레지스터로 **XZR**이나 '0 레지스터'라고도 한다. 이 레지스터의 32비트 부분은 **WZR**이라고 부르기도 한다.
- **SP**: 더 이상 범용 레지스터가 아니다.

참고: 『Procedure Call Standard for the ARM 64-bit Architecture (AArch64)』(2013) (http://infocenter.arm.com/help/topic/com.arm.doc.ihi0055b/IHI0055B_aapcs64.pdf)

X 레지스터의 32비트 부분은 **W** 레지스터(W0, W1 등)를 이용해 접근할 수 있다.

상위 32비트 부분	하위 32비트 부분
X0	
	W0

.2.5 명령어

ARM에는 -S로 끝나는 명령어가 있다. 이런 명령어는 결과에 따라 플래그를 설정하며 -S가 없는 명령어는 플래그를 수정하지 않는다. 예를 들어 **ADDS**와 달리 **ADD**는 숫자 두 개를 더하지만 플래그는 건드리지 않는다. 플래그를 설정하는 **CMP**(예, 조건부 점프) 명령어와 플래그를 사용하는 **CMP** 명령어의 차이라고 할 수 있다. 또한 데이터 종속성 분석 측면에서 더 좋다. 실행 중에 좀 더 적은 수의 레지스터가 수정되기 때문이다.

조건 코드 테이블

코드	설명	플래그
EQ	같다(Equal)	Z == 1
NE	같지 않다(Not Equal)	Z == 0
CS(HS(Higher or Same라고도 함)	Carry Set/부호 없음, ~보다 크거나 같다	C == 1
CC(LO(LOwer라고도 함)	Carry Clear/부호 없음, ~보다 작다	C == 0
MI	Minus, 음수/~보다 작다	N == 1
PL	Plus, 양수 또는 0/~보다 크거나 같다	N == 0
VS	오버플로우	V == 1
VC	오버플로우가 아님	V == 0
HI	부호 없음/~보다 크다	C == 1이고 Z == 0

LS	부호 없음/~보다 작거나 같다.	C == 0 또는 Z == 1
GE	부호 있음/~보다 크거나 같다.	N == V
LT	부호 있음/~보다 작다.	N != V
GT	부호 있음/~보다 크다.	Z == 0이고 N == V
LE	부호 있음/~보다 작거나 같다.	Z == 1 또는 N != V
None/AL	항상(Always)	Any

.3 MIPS

.3.1 레지스터

(O32 호출 규약)

범용 레지스터

번호	의사 이름(Pseudoname)	설명
$0	$ZERO	항상 0. 이 레지스터에 값을 쓰는 것은 NOP 연산과 같다.
$1	$AT	어셈블리 매크로와 의사 명령어를 위해 임시 레지스터로 사용된다.
$2...$3	$V0 ...$V1	함수의 수행 결과를 이 레지스터로 리턴한다.
$4...$7	$A0 ...$A3	함수에 인자를 전달할 때 사용된다.
$8...$15	$T0 ...$T7	임시 데이터를 위해 사용된다.
$16...$23	$S0 ...$S7	임시 데이터를 위해 사용된다. 피호출자는 이 값을 유지해야 한다.
$24...$25	$T8 ...$T9	임시 데이터를 위해 사용된다.
$26...$27	$K0 ...$K1	OS 커널을 위해 예약된 레지스터
$28	$GP	전역 포인터. 피호출자는 이 값을(PIC 코드(Position Independent Code)를 제외하고) 유지해야 한다.
$29	$SP	SP. 피호출자는 이 값을 유지해야 한다.
$30	$FP	FP. 피호출자는 이 값을 유지해야 한다.
$31	$RA	RA
n/a	PC	PC
n/a	HI	곱셈 연산의 상위 32비트 또는 나누기 연산 나머지의 상위 32비트. MFHI와 MFLO 명령어를 사용해 액세스할 수 있다.
n/a	LO	곱셈 연산의 하위 32비트 또는 나누기 연산 나머지의 하위 32비트. MFHI와 MFLO 명령어를 사용해 액세스할 수 있다.

부동소수점 레지스터

이름	설명
$F0..$F1	함수의 수행 결과를 이 레지스터로 리턴한다.
$F2..$F3	사용되지 않음
$F4..$F11	임시 데이터를 위해 사용된다.
$F12..$F15	처음 두 인자를 함수에 전달하기 위해 사용된다.
$F16..$F19	임시 데이터를 위해 사용된다.
$F20..$F31	임시 데이터를 위해 사용된다. 피호출자는 이 값을 유지해야 한다.

.3.2 명령어

3가지의 명령어가 있다.

- **R-타입**: 3개의 레지스터를 이용. R-타입 명령어는 일반적으로 다음과 같은 형태를 갖는다.

명령어 목적지, 출발지1, 출발지2

기억해야 할 사항은 첫 번째와 두 번째 레지스터가 동일한 경우에 IDA는 다음과 같은 형태로 보여준다.

명령어 목적지/출발지1, 출발지2

이는 x86 어셈블리어에 대한 인텔 구문과 비슷하다.

- **I-타입**: 2개의 레지스터와 16비트 값을 이용한다.
- **J-타입**: 점프/분기 명령어. 26비트의 오프셋 인코딩을 이용한다.

점프 명령어

B- 명령어(BEQ, B 등)와 J- 명령어(JAL, JALR 등) 사이의 차이점은 무엇일까?

B- 명령어는 I-타입 명령어이기 때문에 B- 명령어의 오프셋은 16비트 값으로 인코딩된다. 반면 JR과 JALR 명령어는 R-타입 명령어이기 때문에 레지스터에 명시된 절대 주소로 점프한다. J와 JAL 명령어는 J-타입 명령어이기 때문에 오프셋이 26비트로 인코딩된다.

즉, B- 명령어는 조건을 인코딩할 수 있다(B는 사실 BEQ $ZERO, $ZERO, LABEL을 위한 의사 명령어다). 반면 J- 명령어는 조건을 인코딩할 수 없다.

.4 GCC 라이브러리 함수

이름	의미
__divdi3	부호 있는 나눗셈
__moddi3	부호 있는 나눗셈의 나머지(모듈로) 구하기
__udivdi3	부호 없는 나눗셈
__umoddi3	부호 없는 나눗셈의 나머지(모듈로) 구하기

.5 MSVC 라이브러리 함수

함수명에 나오는 ll은 'long long'을 의미한다. 즉, 64비트 데이터 타입을 의미한다.

이름	의미
__alldiv	부호 있는 나눗셈
__allmul	곱셈
__allrem	부호 있는 나눗셈의 나머지
__allshl	좌측 시프트
__allshr	부호 있는 우측 시프트
__aulldiv	부호 없는 나눗셈
__aullrem	부호 없는 나눗셈의 나머지
__aullshr	부호 없는 우측 시프트

곱셈과 좌측 시프트 프로시저는 숫자의 부호 유무에 관계없이 동일하므로 하나의 함수만 제공된다.

이들 함수의 소스코드는 MSVS 설치 폴더의 VC/crt/src/intel/*.asm에서 찾을 수 있다.

.6 치트시트

.6.1 IDA

일부 단축키의 치트시트는 다음과 같다.

키	의미
스페이스	리스트와 그래프 뷰를 전환한다.
C	코드로 변환한다.
D	데이터로 변환한다.
A	문자열로 변환한다.
*	배열로 변환한다.
U	정의되지 않는다.
O	오퍼랜드의 오프셋을 만든다.
H	10진수를 만든다.
R	문자를 만든다.
B	2진수를 만든다.
Q	16진수를 만든다.
N	식별자 이름을 변경한다.
?	계산기
G	주소로 이동한다.
:	주석을 추가한다.
Ctrl-X	현재 함수, 레이블, 변수(로컬 스택상의 변수 포함)로의 참조를 출력한다.
X	함수, 레이블, 변수 등으로의 참조를 출력한다.
Alt-I	상수를 검색한다.
Ctrl-I	상수를 검색(다음)한다.
Alt-B	바이트 시퀀스를 검색한다.
Ctrl-B	바이트 시퀀스를 검색(다음)한다.
Alt-T	텍스트를 검색(명령어 등 포함)한다.
Ctrl-T	텍스트를 검색(다음)한다.
Alt-P	현재 함수를 수정한다.
엔터	함수, 변수 등으로 점프한다.
Esc	이전 위치로 복귀한다.
숫자 패드 -	함수 또는 선택 영역을 접는다.
숫자 패드 +	함수 또는 영역을 펼친다.

함수/영역 접기 기능은 함수에서 이미 파악한 부분을 숨길 때 유용하다. 필자가 작성

한 스크립트(https://github.com/yurichev/IDA_scripts)에서도 자주 사용되는 인라인 코드 패턴을 숨길 때 사용하고 있다.

.6.2 OllyDbg

OllyDbg 일부 단축키는 다음과 같다.

키	의미
F7	추적(trace)
F8	스텝 오버
F9	실행
Ctrl–F2	재시작

.6.3 MSVC

이 책에서의 유용한 MSVC 옵션 몇 가지는 다음과 같다.

옵션	의미
/O1	크기 최소화
/Ob0	인라인 확장 안 함
/Ox	최대 최적화
/GS-	보안 검사(버퍼 오버플로우) 비활성화
/Fa(파일)	어셈블리 리스트 생성
/Zi	디버깅 정보 활성화
/Zp(n)	구조체를 n바이트 경계로 패킹
/MD	MSVCR*.DLL을 사용하는 실행 파일을 생성

MSVC 버전과 관련된 정보는 5.1.1절을 참고하기 바란다.

.6.4 GCC

이 책에서의 유용한 GCC 옵션 몇 가지는 다음과 같다.

옵션	의미
-Os	코드 크기 최적화
-O3	최대 최적화
-regparm=	레지스터로 전달되는 인자의 개수 설정
-o	출력 파일명 설정
-g	생성할 실행 파일에 디버깅 정보 추가
-S	어셈블리 리스트 파일 생성
-masm=intel	인텔 구문을 따르는 리스트 생성
-fno-inline	인라인 함수를 만들지 않음

.6.5 GDB

이 책에서 사용한 GDB 명령 중 일부는 다음과 같다.

옵션	의미
break 파일명.c:숫자	소스코드의 해당 줄 번호에 브레이크포인트를 설정
break 함수명	해당 함수에 브레이크포인트 설정
break *주소	해당 주소에 브레이크포인트 설정
b	해당 주소에 브레이크포인트 설정
p 변수	변수 값 출력
run	실행
r	실행
cont	실행 계속
c	실행 계속
bt	스택 출력
set disassembly-flavor intel	인텔 구문으로 설정
disas	현재 함수 디스어셈블
disas 함수명	해당 함수 디스어셈블
disas function,+50	지정한 부분 디스어셈블
disas $eip,+0x10	지정한 부분 디스어셈블
disas/r	디스어셈블(OP 코드 출력)
info registers	모든 레지스터 값 출력
info float	FPU 레지스터 값 출력
info locals	(알려진) 로컬 변수 덤프
x/w ...	메모리를 32비트 워드로 덤프
x/w $rdi	RDI에 저장된 주소의 메모리를 32비트 워드로 덤프

x/10w ...	10개의 메모리 워드 덤프
x/s ...	메모리를 문자열로 덤프
x/i ...	메모리를 코드로 덤프
x/10c ...	문자 10개 덤프
x/b ...	바이트 덤프
x/h ...	16비트 하프워드 덤프
x/g ...	64비트 워드 덤프
finish	함수 끝부분까지 실행
next	다음 명령어(함수 내부로 진입하지 않음)
step	다음 명령어(함수 내부로 진입)
set step-mode on	명령어를 하나씩 실행할 때 줄 번호를 이용하지 않음
frame n	스택 프레임 전환
info break	브레이크포인트 나열
del n	브레이크포인트 제거
set args ...	커맨드라인 인자 설정

약어

OS^{Operating System}: 운영체제

OOP^{Object-Oriented Programming}: 객체지향 프로그래밍

PL^{Programming Language}: 프로그래밍 언어

PRNG^{Pseudorandom Number Generator}: 의사 난수 생성기

ROM^{Read-Only Memory}: 읽기 전용 메모리

ALU^{Arithmetic Logic Unit}: 산술 연산을 위한 논리 장치

PID^{Program/process ID}: 프로그램/프로세스 ID

LF^{Line Feed}: 라인피드(C/C++에서는 10 또는 '\n')

CR^{Carriage Return}: 캐리지 리턴(C/C++에서는 13 또는 '\r')

LIFO^{Last In First Out}

MSB^{Most Significant Bit}: 최상위 비트

LSB^{Least Significant Bit}: 최하위 비트

NSA^{National Security Agency}: 미국 국가안보국

CFB^{Cipher Feedback}: 암호 피트백, CFB 모드

CSPRNG^{Cryptographically Secure Pseudorandom Number Generator}: 암호학적으로 안전한 의사 난수 생성기

SICP^{Structure and Interpretation of Computer Programs}: 컴퓨터 프로그램의 구조와 해석

ABI^{Application Binary Interface}: 애플리케이션 바이너리 인터페이스

RA^{Return Address}: 리턴 주소

PE^{Portable Executable}: PE 파일 포맷

SP^{Stack Pointer}: 스택 포인터. x86/x64에서는 SP/ESP/RSP. ARM에서는 SP

DLL^{Dynamic-Link Library}: 동적 링크 라이브러리

PC^{Program Counter}: 프로그램 카운터. x86/64에서는 IP/EIP/RI. ARM에서는 PC

LR^{Link Register}: 링크 레지스터

IDA^{Interactive Disassembler and Debugger}: Hex-Rays에서 개발한 인터액티브 디스어셈블러

IAT^{Import Address Table}: 임포트 주소 테이블

INT^{Import Name Table}: 임포트 네임 테이블

RVA^{Relative Virtual Address}: 상대 가상 주소

VA^{Virtual Address}: 가상 주소

OEP^{Original Entry Point}: 원래 진입점

MSVC^{Microsoft Visual C++}: 마이크로소프트 비주얼 C++

MSVS^{Microsoft Visual Studio}: 마이크로소프트 비주얼 스튜디오

ASLR^{Address Space Layout Randomization}: 주소 공간 레이아웃 무작위화

MFC^{Microsoft Foundation Classes}: 마이크로소프트 파운데이션 클래스

TLS^{Thread Local Storage}: 스레드 로컬 저장소

AKA^{Also Known As}: ..라고도 알려진

CRT^{C Runtime library}: C 런타임 라이브러리

CPU^{Central Processing Unit}: 중앙 처리 장치

GPU^{Graphics Processing Unit}: 그래픽 처리 장치

FPU^{Floating-Point Unit}: 부동소수점 장치

CISC^{Complex Instruction Set Computing}: 복합 명령어 집합 컴퓨터

RISC^{Reduced Instruction Set Computing}: 축소 명령어 집합 컴퓨터

GUI^{Graphical User Interface}: 그래픽 사용자 인터페이스

RTTI^{Run-Time Type Information}: 런타임 타입 정보

BSS^{Block Started by Symbol}: 심볼로 시작하는 블록

SIMD^{Single Instruction, Multiple Data}: 단일 명령어, 다중 데이터

BSOD^{Blue Screen of Death}: 블루 스크린

DBMS^{Database Management Systems}: 데이터베이스 관리 시스템

ISA^{Instruction Set Architecture}: 명령어 집합 아키텍처

HPC^{High-Performance Computing}: 고성능 컴퓨팅

SEH^{Structured Exception Handling}: 구조화된 예외 처리

ELF^{Executable File format}: 리눅스를 포함한 *NIX 시스템에서 널리 사용되는 실행 파일 형식

TIB^{Thread Information Block}: 스레드 정보 블록

PIC^{Position Independent Code}: 위치 독립적 코드

NAN^{Not a Number}: 숫자 아님

NOP^{No Operation}: 연산 없음

BEQ^{Branch if Equal}: (PowerPC, ARM) 같으면 분기

TLS [Thread Local Storage]: 스레드 로컬 저장소

AKA [Also Known As]: ..라고도 알려진

CRT [C Runtime library]: C 런타임 라이브러리

CPU [Central Processing Unit]: 중앙 처리 장치

GPU [Graphics Processing Unit]: 그래픽 처리 장치

FPU [Floating-Point Unit]: 부동소수점 장치

CISC [Complex Instruction Set Computing]: 복합 명령어 집합 컴퓨터

RISC [Reduced Instruction Set Computing]: 축소 명령어 집합 컴퓨터

GUI [Graphical User Interface]: 그래픽 사용자 인터페이스

RTTI [Run-Time Type Information]: 런타임 타입 정보

BSS [Block Started by Symbol]: 심볼로 시작하는 블록

SIMD [Single Instruction, Multiple Data]: 단일 명령어, 다중 데이터

BSOD [Blue Screen of Death]: 블루 스크린

DBMS [Database Management Systems]: 데이터베이스 관리 시스템

ISA [Instruction Set Architecture]: 명령어 집합 아키텍처

HPC [High-Performance Computing]: 고성능 컴퓨팅

SEH [Structured Exception Handling]: 구조화된 예외 처리

ELF [Executable File format]: 리눅스를 포함한 *NIX 시스템에서 널리 사용되는 실행 파일 형식

TIB [Thread Information Block]: 스레드 정보 블록

PIC [Position Independent Code]: 위치 독립적 코드

NAN [Not a Number]: 숫자 아님

NOP [No Operation]: 연산 없음

BEQ [Branch if Equal]: (PowerPC, ARM) 같으면 분기

BNE^{Branch if Not Equal}: (PowerPC, ARM) 같지 않으면 분기

BLR^{Branch to Link Register}: (PowerPC) 링크 레지스터로 분기

XOR^{eXclusive OR}: 배타적 OR 연산

MCU^{Microcontroller Unit}: 마이크로 컨트롤러 장치

RAM^{Random-Access Memory}: 랜덤 액세스 메모리

GCC^{GNU Compiler Collection}: GNU 컴파일러

EGA^{Enhanced Graphics Adapter}: 개선된 그래픽 어댑터

VGA^{Video Graphics Array}: 비디오 그래픽 어레이

API^{Application Programming Interface}: 애플리케이션 프로그래밍 인터페이스

ASCII^{American Standard Code for Information Interchange}: 아스키, 미국 정보 교환 표준 코드

ASCIIZ^{ASCII Zero}: 널 종료 아스키 문자열

IA64^{Intel Architecture 64}: 인텔 아키텍처 64(Itanium)

EPIC^{Explicitly Parallel Instruction Computing}: 명시적 병렬 명령 컴퓨팅

OOE^{Out-of-Order Execution}: 비순차적 실행

MSDN^{Microsoft Developer Network}: 마이크로소프트 개발자 네트워크

STL^{Standard Template Library}: (C++) 표준 템플릿 라이브러리

PODT^{Plain Old Data Type}: (C++) 메모리상에 연속적으로 위치하는 데이터

HDD^{Hard Disk Drive}: 하드 디스크 드라이브

VM^{Virtual Memory}: 가상 메모리

WRK^{Windows Research Kernel}: 윈도우 리서치 커널

GPR^{General Purpose Registers}: 범용 레지스터

SSDT^{System Service Dispatch Table}: 시스템 서비스 디스패치 테이블

RE^{Reverse Engineering}: 리버스 엔지니어링

RAID^{Redundant Array of Independent Disks}: 독립적인 디스크의 중복된 어레이

BCD^{Binary-Coded Decimal}: 2진 코드 10진수

BOM^{Byte Order Mark}: 바이트 순서 표시

GDB^{GNU Debugger}: GNU 디버거

FP^{Frame Pointer}: 프레임 포인터

MBR^{Master Boot Record}: 마스터 부트 레코드

JPE^{Jump Parity Even}: (x86 명령어) 짝수 패리티 점프

CIDR^{Classless Inter-Domain Routing}: 클래스 없는 상호 도메인 간 라우팅

STMFD^{Store Multiple Full Descending}: ARM 명령어

LDMFD^{Load Multiple Full Descending}: ARM 명령어

STMED^{Store Multiple Empty Descending}: ARM 명령어

LDMED^{Load Multiple Empty Descending}: ARM 명령어

STMFA^{Store Multiple Full Ascending}: ARM 명령어

LDMFA^{Load Multiple Full Ascending}: ARM 명령어

STMEA^{Store Multiple Empty Ascending}: ARM 명령어

LDMEA^{Load Multiple Empty Ascending}: ARM 명령어

APSR^{Application Program Status Register}: (ARM) 애플리케이션 프로그래밍 상태 레지스터

FPSCR^{Floating-Point Status and Control Register}: (ARM) 부동소수점 상태 및 제어 레지스터

RFC^{Request for Comments}

TOS^{Top of Stack}: 스택의 꼭대기

LVA^{Local Variable Array}: (자바) 지역 변수 배열

JVM^{Java Virtual Machine}: 자바 가상 머신

JIT^{Just-In-Time compilation}: JIT 컴파일러

RAID Redundant Array of Independent Disks: 독립적인 디스크의 중복된 어레이

BCD Binary-Coded Decimal: 2진 코드 10진수

BOM Byte Order Mark: 바이트 순서 표시

GDB GNU Debugger: GNU 디버거

FP Frame Pointer: 프레임 포인터

MBR Master Boot Record: 마스터 부트 레코드

JPE Jump Parity Even: (x86 명령어) 짝수 패리티 점프

CIDR Classless Inter-Domain Routing: 클래스 없는 상호 도메인 간 라우팅

STMFD Store Multiple Full Descending: ARM 명령어

LDMFD Load Multiple Full Descending: ARM 명령어

STMED Store Multiple Empty Descending: ARM 명령어

LDMED Load Multiple Empty Descending: ARM 명령어

STMFA Store Multiple Full Ascending: ARM 명령어

LDMFA Load Multiple Full Ascending: ARM 명령어

STMEA Store Multiple Empty Ascending: ARM 명령어

LDMEA Load Multiple Empty Ascending: ARM 명령어

APSR Application Program Status Register: (ARM) 애플리케이션 프로그래밍 상태 레지스터

FPSCR Floating-Point Status and Control Register: (ARM) 부동소수점 상태 및 제어 레지스터

RFC Request for Comments

TOS Top of Stack: 스택의 꼭대기

LVA Local Variable Array: (자바) 지역 변수 배열

JVM Java Virtual Machine: 자바 가상 머신

JIT Just-In-Time compilation: JIT 컴파일러

CDFS^{Compact Disc File System}: 콤팩트 디스크 파일 시스템

CD^{Compact Disc}: 콤팩트 디스크

ADC^{Analog-to-Digital Converter}: 아날로그를 디지털로 변환하는 장치

EOF^{End of File}: 파일의 끝

DIY^{Do It Yourself}

MMU^{Memory Management Unit}: 메모리 관리 장치

DES^{Data Encryption Standard}: DES 암호화 표준

MIME^{Multipurpose Internet Mail Extensions}: 다목적 인터넷 메일 확장

DBI^{Dynamic Binary Instrumentation}: 동적 바이너리 인스트루멘테이션

XML^{Extensible Markup Language}: 확장 가능한 마크업 언어

JSON^{JavaScript Object Notation}: 자바스크립트 객체 표기법

URL^{Uniform Resource Locator}

IV^{Initialization Vector}: 초기 벡터

RSA^{Rivest Shamir Adleman}

CPRNG^{Cryptographically secure PseudoRandom Number Generator}: 암호학적으로 안전한 의사 난수 생성기

GiB^{Gibibyte}: 기가바이트

CRC^{Cyclic Redundancy Check}

AES^{Advanced Encryption Standard}: AES 암호화 알고리즘

GC^{Garbage Collector}: 가비지 컬렉터

용어

1 감소^{decrement}: 1만큼 감소

1 증가[increment]: 1만큼 증가

CP/M: 마이크로컴퓨터를 위한 제어 프로그램: MS-DOS 이전에 사용되던 매우 기본적인 디스크 운영체제다.

GiB: 기가바이트: 2^{30} 또는 1024 메가바이트 또는 1073741824바이트

NaN: 숫자 아님: 부동소수점 숫자의 특수한 경우 중 하나다. 일반적으로 에러를 발생시킨다.

NEON: '고급 SIMD'라고도 한다. ARM의 SIMD다.

NOP: 'no operation', 아무런 의미가 없는 명령어

NTAPI: 윈도우 NT 계열에서만 사용할 수 있는 API다. 대부분 마이크로소프트에 의해 문서화되지 않았다.

PDB: (Win32) 디버깅 정보 파일이며, 대개는 함수명만 들어있지만 함수 인자와 로컬 변수명까지 포함하는 경우도 있다.

POKE: 특정 주소에 바이트를 기록하는 베이직 언어의 명령어.

stdout: 표준 출력

Thunk 함수: 다른 함수를 호출하는 것이 유일한 기능인 간단한 함수다.

tracer: 필자가 직접 개발한 디버깅 도구(7.2.1절 참고)

xoring: XOR 연산을 적용한다는 의미다.

곱[product]: 곱셈 연산의 결과

기본 블록: 점프/분기 명령어가 없는 명령어 블록. 블록 외부에서 블록 안으로 점프하는 경우도 없는 블록. IDA에서는 빈 줄이 없는 명령어 블록으로 보인다.

동글[Dongle]: 동글은 LPT 프린터 포트(과거)나 USB에 연결하는 작은 하드웨어다.

레지스터 할당기: 로컬 변수를 CPU 레지스터에 할당하는 컴파일러의 일부분

루프 펼치기[loop unwinding]: 컴파일러가 루프 제어 명령어를 제거할 목적으로 n번 반복하는 루프 코드 대신 루프 내 코드를 n번 복사하는 작업이다.

리버스 엔지니어링: 어떤 것의 동작 원리를 이해하는 작업으로, 복제를 목적으로 수행하는 경우도 있다.

리프^{Leaf} **함수:** 다른 함수를 호출하지 않는 함수

링크 레지스터: (RISC) 보통 리턴 주소를 저장하는 레지스터다. 링크 레지스터를 사용하면 스택을 사용하지 않고, 즉 더 빠르게 리프 함수를 호출할 수 있다.

몫: 나누기 연산의 결과

보안 쿠키: 실행 시마다 달라지는 무작위 값이다(1.20.3절 참고).

사용자 모드: 애플리케이션 소프트웨어의 코드를 실행하는 제한된 CPU 모드다(비교: 커널 모드).

산술 평균: 모든 값을 더해 해당 값들의 수로 나눈 것

스택 포인터: 스택 내 위치를 가리키는 레지스터

스택 프레임: 스택의 일부며 현재 함수에 대한 정보(로컬 변수, 함수 인자, RA 등)를 담고 있다.

실수: 소수점을 포함하는 수. C/C++에서는 float와 double 타입이 실수에 해당한다.

아토믹 연산: 그리스어로 '$\alpha\tau o\mu o\varsigma$'는 '보이지 않는'다는 의미로, 아토믹 연산은 연산 도중에 다른 스레드가 끼어들 수 없게 보장된 연산을 말한다.

안티패턴: 일반적으로 잘못된 습관을 가리킴

엔디안: 바이트 순서

워드: GPR에 딱 들어맞는 크기의 데이터 타입이다. PC 이전 시대에는 종종 바이트가 아니라 워드 단위로 메모리 크기를 측정했다.

윈도우 NT: 윈도우 NT, 2000, XP, 비스타, 7, 8, 10

이름 맹글링: C++에서 사용되는 기법으로 컴파일러가 내부적인 함수명으로 사용하기 위해 클래스명, 메소드명, 인자 타입을 하나의 문자열로 인코딩하는 작업(3.18.1절 참고)

점프 오프셋: JMP나 Jcc 명령어 OP 코드의 일부로, 다음 명령어 주소에 이 값을 더하는

방식으로 새로운 PC를 계산한다. 이 값은 음수일 수도 있다.

정수형 데이터 타입: 부동소수점 숫자가 아닌 일반적인 숫자. 불리언 데이터 타입이나 열거형 데이터 타입의 변수를 전달할 때도 사용된다.

커널 모드: OS 커널과 드라이버를 실행하는 제한 없는 CPU 모드다(비교: 사용자 모드).

컴파일러 인트린직: 컴파일러가 만들어내는 특정 함수로 대개는 라이브러리 함수가 아니다. 컴파일러는 라이브러리 함수를 호출하는 코드 대신 특정 기계 코드를 생성한다. 인트린직은 특정 CPU 명령어를 지원하는 의사 함수 역할을 수행한다(11.3절 참고).

테일 콜$^{tail\ call}$**:** 컴파일러(또는 인터프리터)가 효율성을 높이고자 변환이 가능한 재귀(테일 재귀) 호출을 반복 구문으로 변환할 때 제거하는 서브루틴 호출

패딩^{Padding}**:** 영어에서 패딩은 원하는 (더 큰) 형태로 만들고자 무엇인가를 추가한다는 의미다. 컴퓨터 공학에서 패딩은 2^n바이트와 같은 크기로 데이터 블록을 만들고자 바이트 데이터를 추가한다는 의미를 갖는다.

피호출자: 다른 함수에 의해 호출되는 함수

호출자: 다른 함수를 호출하는 함수

힙^{Heap}**:** 애플리케이션이 필요에 따라 자유롭게 사용할 수 있도록 운영체제가 제공하는 비교적 큰 메모리 공간. `malloc()`/`free()`로 힙 메모리를 할당하고 해제한다.

찾아보기

모두를 위한 **리버싱 지침서** 2/e

리버싱을 통한 어셈블리 언어의 이해

발 행 | 2021년 3월 22일

지은이 | 데니스 유리체프
옮긴이 | 윤 우 빈

펴낸이 | 권 성 준
편집장 | 황 영 주
편 집 | 조 유 나
디자인 | 송 서 연

에이콘출판주식회사
서울특별시 양천구 국회대로 287 (목동)
전화 02-2653-7600, 팩스 02-2653-0433
www.acornpub.co.kr / editor@acornpub.co.kr

책값은 뒤표지에 있습니다.